Eisele/Seßinghaus/Walkenhorst

Steuerkompendium · Band 2

Ihr Doppelnutzen:
Online-Mehrwert inklusive!

Nutzen Sie den Inhalt dieses Produktes
zusätzlich kostenlos online.

Recherchieren Sie bequem und gezielt in **allen** digitalen Inhalten aus dem NWB Verlagsprogramm. Mit nur einer einzigen Abfrage bis in einzelne Dokumente.

Mit dieser Buchstaben-Kombination füllen Sie Ihr digitales Bücherregal:

▶ **Ihr Freischaltcode:** GWFVPTYZFKNLUXHX

Eisele u.a., Steuerkompendium Band 2

So einfach geht's:

Rufen Sie **www.nwb.de/go/online-buch** auf.

Geben Sie dort Ihren Freischaltcode ein und folgen Sie dem Anmeldedialog.

www.nwb.de

Steuerkompendium

Band 2:

Abgabenordnung/Finanzgerichtsordnung
Umsatzsteuer
Erbschaftsteuer

Von

Dipl.-Finanzwirt (FH), Verw. Dipl. Dirk Eisele

Vorsitzender Richter am FG Carsten Seßinghaus

Dipl.-Finanzwirt Ralf Walkenhorst

11., vollständig überarbeitete und aktualisierte Auflage

Bearbeitervermerk:

Fünfter Teil: Abgabenordnung/FGO	**Seßinghaus**
Sechster Teil: Umsatzsteuer	**Walkenhorst**
Siebenter Teil: Erbschaftsteuer	**Eisele**

ISBN 978-3-482-**61591**-7 (online)

ISBN 978-3-482-**59361**-1 (print) – 11., vollständig überarbeitete und aktualisierte Auflage 2009

© Verlag Neue Wirtschafts-Briefe GmbH & Co. KG, Herne 1980
www.nwb.de

Satz und Druck: Griebsch & Rochol Druck GmbH & Co. KG, Hamm

VORWORT ZUR 11. AUFLAGE

Wer sich in die verschiedenen Gebiete des Steuerrechts einarbeiten will, steht oft ratlos vor der Fülle des umfangreichen und schwierigen Stoffes. Die in der Praxis vorkommenden oder die denkbaren steuerlichen Probleme sind zahlenmäßig geradezu unbegrenzt, sodass es nicht möglich ist, sie auch nur annähernd komplett zu behandeln oder gar eingehend erörtern zu wollen. Dies zu versuchen, kann nur die Aufgabe eines Kommentars sein.

Bei der Abfassung unseres Kompendiums, das der Einführung in die einzelnen Steuerrechtsgebiete und gleichzeitig als Lehrbuch für die Prüfungsvorbereitung dienen soll, haben wir deshalb besonderen Wert darauf gelegt, das System der einzelnen Steuerrechtsgebiete und deren Zusammenhänge aufzuzeigen. Wer das System und die Zusammenhänge in den einzelnen Gebieten des Steuerrechts erfasst hat, wird in der Lage sein, auch neue, bisher nicht bekannte Probleme zu erkennen und zu lösen. Wir empfehlen deshalb für das Studium, sich besonders um das Erkennen und das Verstehen der systematischen Zusammenhänge zu bemühen.

Aus der Zielsetzung dieses Kompendiums ergibt sich, dass sein Umfang möglichst knapp gehalten wurde und somit auf die eingehende Erörterung nebensächlicher Einzelheiten bewusst verzichtet werden musste. Die notwendige Erörterung wichtiger Probleme nimmt wegen ihrer Vielzahl und ihrer Kompliziertheit dennoch einigen Raum ein.

Unser Kompendium ist – in zwei Bänden – vor allem als Arbeitsunterlage für Prüfungskandidaten auf den Gebieten des Steuerrechts gedacht. Gleichzeitig wird es für jeden Praktiker nützlich sein, der sich einen systematischen, aber dennoch einigermaßen intensiven Überblick über die verschiedenen Gebiete des Steuerrechts verschaffen will oder seine Kenntnisse auffrischen möchte. Band 1 beinhaltet die Ertragsteuern (Einkommensteuer, Bilanzsteuerrecht, Körperschaftsteuer, Gewerbesteuer), Band 2 des Steuerkompendiums behandelt die Gebiete Abgabenordnung/Finanzgerichtsordnung, Umsatzsteuer sowie Erbschaftsteuer einschließlich Bedarfsbewertung.

Die hier vorgelegte 11. Auflage wurde auf den Rechtsstand 1. 3. 2009 gebracht. Der Teil Erbschaftsteuer wird maßgeblich geprägt von den umfangreichen Änderungen des Erbschaftsteuer- und Bewertungsrechts durch das Anfang 2009 in Kraft getretene Erbschaftsteuerreformgesetz. Im Teil Umsatzsteuer sind bereits die ab dem 1. 1. 2010 wirkenden Änderungen – insbesondere zum Ort der sonstigen Leistungen – eingearbeitet. Die Änderungen sind im Rahmen des Jahressteuergesetzes 2009 vorgenommen worden.

Für Anregungen und Verbesserungsvorschläge sind wir jederzeit dankbar.

Köln, im Mai 2009

Horst Walter Endriss
Dirk Eisele
Carsten Seßinghaus
Ralf Walkenhorst

Kein Produkt ist so gut, dass es nicht noch verbessert werden könnte. Ihre Meinung ist uns wichtig! Was gefällt Ihnen gut? Was können wir in Ihren Augen noch verbessern? Bitte verwenden Sie für Ihr Feedback einfach unser Online-Formular auf:

www.nwb.de/go/campus

Als kleines Dankeschön verlosen wir unter allen Teilnehmern einmal pro Quartal ein Buchgeschenk.

INHALTSVERZEICHNIS

ABKÜRZUNGSVERZEICHNIS

A

a. A.	anderer Ansicht
a. a. O.	am angeführten Ort
ABl	Amtsblatt
Abs.	Absatz
Abschn.	Abschnitt
abzgl.	abzüglich
AdV	Aussetzung der Vollziehung
a. E.	am Ende
AEAO	Anwendungserlass zur AO
a. F.	alte Fassung
AfA	Absetzung für Abnutzung
AfaA	Absetzung für außergewöhnliche (technische oder wirtschaftliche) Abnutzung
AG	Aktiengesellschaft
AK	Anschaffungskosten
Aktenz.	Aktenzeichen
AktG	Aktiengesetz
Alt.	Alternative
AnfG	Gesetz betr. Anfechtung von Rechtshandlungen eines Schuldners außerhalb des Konkursverfahrens
Anm.	Anmerkung
AO	Abgabenordnung
Art.	Artikel
AStBV	Anweisungen für das Straf- und Bußgeldverfahren
AStG	Außensteuergesetz
Aufl.	Auflage

B

BAföG	Bundesausbildungsförderungsgesetz
BAG	Bundesarbeitsgericht
BauGB	Baugesetzbuch
Ba-Wü	Baden-Württemberg
BB	Betriebs-Berater (Zeitschrift)
Bd.	Band
BdF	Bundesminister der Finanzen
BerlinFG	Berlinförderungsgesetz
Beschl.	Beschluss
betr.	betrifft
BewG	Bewertungsgesetz
BewRGr	Richtlinien zur Bewertung des Grundvermögens

BfF	Bundesamt für Finanzen, jetzt: BZSt
BFH	Bundesfinanzhof
BFHE	Sammlung der Entscheidungen des BFH
BFH-EntlG	Gesetz zur Entlastung des BFH
BFH/NV	Sammlung amtlich nicht veröffentlichter Entscheidungen des BFH
BGB	Bürgerliches Gesetzbuch
BGBl	Bundesgesetzblatt
BGH	Bundesgerichtshof
BGHZ	Amtliche Sammlung der Entscheidungen des BGH in Zivilsachen
BMF	Bundesministerium der Finanzen
BMG	Bemessungsgrundlage
BMWF	Bundesministerium der Wirtschaft und Finanzen
Bp	Betriebsprüfung
BpO	Betriebsprüfungsordnung
BRD	Bundesrepublik Deutschland
BSG	Bundessozialgericht
BStBl	Bundessteuerblatt
BT-Drucks.	Bundestags-Drucksache
Buchst.	Buchstabe
BV	Betriebsvermögen
BVerfG	Bundesverfassungsgericht
BVerfGE	Amtliche Sammlung der Entscheidungen des BVerfG
BVerwG	Bundesverwaltungsgericht
BVerwGE	Amtliche Sammlung der Entscheidungen des Bundesverwaltungsgerichts
bzgl.	bezüglich
BZSt	Bundeszentralamt für Steuern
bzw.	beziehungsweise

D

DB	Der Betrieb (Zeitschrift)
DBA	Doppelbesteuerungsabkommen
DDR	Deutsche Demokratische Republik
dgl.	dergleichen
d. h.	das heißt
DM	Deutsche Mark
DStR	Deutsches Steuerrecht (Zeitschrift)
DStRE	Deutsches Steuerrecht Entscheidungsdienst (Zeitschrift)
DStZ	Deutsche Steuerzeitung (Zeitschrift)
DVR	Deutsche Verkehrsteuer-Rundschau (Zeitschrift)

E

EDV	Elektronische Datenverarbeitung
EFG	Entscheidungen der Finanzgerichte (Zeitschrift)
EG	Europäische Gemeinschaft

EGBGB	Einführungsgesetz zum BGB
EGAO	Einführungsgesetz zur AO
EGE	Europäische Größeneinheit
einschl.	einschließlich
EK	Eigenkapital
EMRK	Europäische Menschenrechtskonvention
Entw.	Entwicklung
Erg.	Ergänzung
ErbStDV	Erbschaftsteuer-Durchführungsverordnung
ErbStG	Erbschaftsteuergesetz
ErbStH	Amtliches Erbschaftsteuer-Handbuch
ErbStR	Erbschaftsteuer-Richtlinien
ErbStRG	Erbschaftsteuerreformgesetz
ESt	Einkommensteuer
EStDV	Einkommensteuer-Durchführungsverordnung
EStG	Einkommensteuergesetz
EStR	Einkommensteuerrichtlinien
EU	Europäische Union
EuGH	Europäischer Gerichtshof
€	Euro
EUR	Euro
EUSt	Einfuhrumsatzsteuer

F

FA	Finanzamt
FAG	Finanzausgleichsgesetz
Fa.	Firma
f./ff.	folgende/fortfolgende
FG	Finanzgericht
FGEntlG	Gesetz zur Entlastung der Gerichte in der (Verwaltungs- und) Finanzgerichtsbarkeit
FGO	Finanzgerichtsordnung
FinMin	Finanzministerium
FKPG	Gesetz zur Umsetzung des föderalen Konsolidierungsprogrammes
FVG	Finanzverwaltungsgesetz

G

G	Gesetz
GBl	Gesetzblatt
GBO	Grundbuchordnung
GbR	Gesellschaft bürgerlichen Rechts
gem.	gemäß
GemSOBG	Gemeinsamer Senat der Obersten Bundesgerichte
GenG	Genossenschaftsgesetz
GesO	Gesamtvollstreckungsordnung

GewSt	Gewerbesteuer
GewStDV	Gewerbesteuer-Durchführungsverordnung
GewStG	Gewerbesteuergesetz
GewStR	Gewerbesteuer-Richtlinien
GG	Grundgesetz
ggf.	gegebenenfalls
gl. A.	gleicher Ansicht
GmbH	Gesellschaft mit beschränkter Haftung
GmbHG	GmbH-Gesetz
grds.	grundsätzlich
GrEStG	Grunderwerbsteuergesetz
GrS	Großer Senat
GrSt	Grundsteuer
GrStG	Grundsteuergesetz
GuV	Gewinn- und Verlustrechnung
GVG	Gerichtsverfassungsgesetz

H

H	Hinweis (zu den Einkommensteuer-Richtlinien/Erbschaftsteuer-Richtlinien)
HFR	Höchstrichterliche Finanzrechtsprechung
HGB	Handelsgesetzbuch
H/H/Sp	Hübschmann/Hepp/Spitaler, Kommentar zur Abgabenordnung und Finanzgerichtsordnung
HK	Herstellungskosten
h. M.	herrschende Meinung

I

i. A.	im Auftrag
i. d. F.	in der Fassung
i. d. R.	in der Regel
i. d. S.	in diesem Sinne
i. e. S.	im engeren Sinne
i. H.	in Höhe
inkl.	inklusive
insbes.	insbesondere
InsO	Insolvenzordnung
i. S.	im Sinne
i. Ü.	im Übrigen
i. V.	in Verbindung
i. w. S.	im weiteren Sinne

J

| JGG | Jugendgerichtsgesetz |
| JStG | Jahressteuergesetz |

K

KAG	Kommunalabgabengesetz
KapESt	Kapitalertragsteuer
KBV	Kleinbetragsverordnung
Kfz	Kraftfahrzeug
KfzSt	Kraftfahrzeugsteuer
KG	Kommanditgesellschaft
KGaA	Kommanditgesellschaft auf Aktien
KO	Konkursordnung
KSt	Körperschaftsteuer
KStDV	Körperschaftsteuer-Durchführungsverordnung
KStG	Körperschaftsteuergesetz
KStR	Körperschaftsteuer-Richtlinien
KVStG	Kapitalverkehrsteuergesetz

L

LAG	Lastenausgleichsgesetz
Lfg.	Lieferung
LPartG	Lebenspartnerschaftsgesetz
LSt	Lohnsteuer
LStDV	Lohnsteuer-Durchführungsverordnung
LStR	Lohnsteuer-Richtlinien
lt.	laut

M

m. a. W.	mit anderen Worten
m. E.	meines Erachtens
m. w. N.	mit weiteren Nachweisen
MwStSystRL	Mehrwertsteuersystemrichtlinie

N

NJW	Neue Juristische Wochenschrift (Zeitschrift)
NW	Nordrhein-Westfalen
NWB	Neue Wirtschafts-Briefe (Zeitschrift)
n. F.	neue Fassung
Nr./Nrn.	Nummer/Nummern

O

o. a.	oben angegeben
o. Ä.	oder Ähnliches
OFD	Oberfinanzdirektion
o. g.	oben genannt
OHG	Offene Handelsgesellschaft

OLG	Oberlandesgericht
OR	ohne Rechnung
OWiG	Gesetz über Ordnungswidrigkeiten

P

PartGes	Partnerschaftsgesellschaft
PatGes	Patentgesetz
PB	Pauschbetrag
Pkw	Personenkraftwagen
PE	Privatentnahme

R

R	Richtlinie (der ESt-Richtlinien/ErbSt-Richtlinien)
RAO	Reichsabgabenordnung
Rb-Verfahren	Rechtsbehelfsverfahren
RegE	Regierungsentwurf
RFH	Reichsfinanzhof
RL	Richtlinie
RLEG	EG-Richtlinie
Rspr.	Rechtsprechung
Rz	Randziffer

S

s.	siehe
S.	Seite
SGB	Sozialgesetzbuch (mit Zusatz des entsprechenden Buches, z. B. X)
sog.	so genannt
SolZ	Solidaritätszuschlag
StÄndG	Steueränderungsgesetz
StAuskV	Steuerauskunftsverordnung
StBerG	Steuerberatungsgesetz
StBp	Steuerliche Betriebsprüfung (Zeitschrift)
StDAV	Steuerdatenabrufverordnung
StEK	Steuererlasse in Karteiform, herausgegeben von Felix
StEntlG	Steuerentlastungsgesetz
Steufa.	Steuerfahndung
StGB	Strafgesetzbuch
StIdV	Steueridentifikationsnummerverordnung
StMBG	Missbrauchsbekämpfungs- und Steuerbereinigungsgesetz
St.-Nr.	Steuernummer
Stpfl.	Steuerpflichtiger
StPO	Strafprozessordnung
str.	strittig
StraBEG	Strafbefreiungserklärungsgesetz

StromStG	Stromsteuergesetz
StSenkG	Steuersenkungsgesetz
StVB	Steuervorbilanz (§ 29 Abs. 1 KStG)
StVBG	Steuerverkürzungsbekämpfungsgesetz
s. u.	siehe unten

T

T/K	*Tipke/Kruse*, Kommentar zur Abgabenordnung und Finanzgerichtsordnung
Tz	Textziffer

U

u.	und
u. a.	unter anderem
u. Ä.	und Ähnliche
u. E.	unseres Erachtens
UR	USt-Rundschau (Zeitschrift)
UrhG	Urheberrechtsgesetz
Urt.	Urteil
USt	Umsatzsteuer
UStBMG	Umsatzsteuer-Binnenmarktgesetz
UStDV	Umsatzsteuer-Durchführungsverordnung
UStG	Umsatzsteuergesetz
USt-IdNr.	Umsatzsteuer-Identifikationsnummer
UStR	Umsatzsteuer-Richtlinien
USt-VA	Umsatzsteuer-Voranmeldung
USt-ZustV	Umsatzsteuer-Zuständigkeitsverordnung
u. U.	unter Umständen
u. v. a. m.	und viele andere mehr

V

v.	von/vom
v. A. w.	von Amts wegen
VdN	Vorbehalt der Nachprüfung
Vfg.	Verfügung
vGA	verdeckte Gewinnausschüttung
vgl.	vergleiche
VerglO	Vergleichsordnung
v. H.	vom Hundert
VO	Verordnung
VOB	Verdingungsordnung für Bauleistungen
VollstrA	Vollstreckungsanweisung
VollzA	Vollziehungsanweisung
VorSt	Vorsteuer
VSt	Vermögensteuer

VStG	Vermögensteuergesetz
VStR	Vermögensteuer-Richtlinien
VwV	Verwaltungsvorschrift
VZ	Veranlagungszeitraum

Z

z. B.	zum Beispiel
ZfZ	Zeitschrift für Zölle und Verbrauchsteuern
ZG	Zollgesetz
ZPO	Zivilprozessordnung
ZustV	Zuständigkeitsverordnung
ZVG	Gesetz über die Zwangsversteigerung und Zwangsverwaltung
zz.	zurzeit
zzgl.	zuzüglich

Fünfter Teil: Abgabenordnung und Grundriss der Finanzgerichtsordnung

A. Einführung

I. Wesentlicher Inhalt und Systematik der Abgabenordnung

Die Abgabenordnung (AO) ist ein *allgemeines* Steuergesetz (Steuergrundgesetz oder Mantelgesetz). Sie enthält Vorschriften, die für zahlreiche einzelne Steuern von Bedeutung sind und die deshalb aus Zweckmäßigkeitsgründen in einem Gesetz zusammengefasst wurden.

1

Die Bestimmungen der AO lassen sich einteilen in

▶ *materiellrechtliche* Vorschriften und

▶ *verfahrensrechtliche* Vorschriften (formelles Recht).

Das materielle Recht regelt z. B., unter welchen Voraussetzungen ein Steueranspruch entsteht und erlischt.

Das Verfahrensrecht (formelles Recht) regelt dagegen die Art und Weise, *wie* der Anspruch von der Finanzbehörde geltend zu machen ist und welche Möglichkeiten der Steuerpflichtige hat, dagegen vorzugehen.

> **BEISPIEL:** ▶ Durch eine Außenprüfung bei einer Kraftfahrzeugwerkstatt wird festgestellt, dass der Inhaber gestohlene Autos nach Veränderung veräußert hat. Die Umsätze und Gewinne aus diesen Geschäften wurden nicht versteuert. – Nach den *materiellrechtlichen* Vorschriften der Einzelsteuergesetze (UStG, EStG) liegen steuerpflichtige Umsätze und Einkünfte vor. Aus der *materiellrechtlichen* Vorschrift des § 40 AO ergibt sich, dass durch die Strafbarkeit des Verhaltens (Diebstahl, Hehlerei) die Besteuerung der Umsätze und Gewinne nicht ausgeschlossen wird. *Verfahrensrechtlichen* Charakter haben dagegen die Vorschriften der AO, wonach die Finanzbehörde berechtigt ist, bei der Kfz-Werkstatt eine Außenprüfung durchzuführen und die nicht versteuerten Umsätze und Gewinne durch Änderungsbescheide zu erfassen (§§ 193 ff., § 173 AO). Verfahrensrechtlicher Art sind auch die Vorschriften, wonach der Steuerpflichtige gegen die Änderungsbescheide binnen eines Monats schriftlich Einspruch einlegen kann (§§ 347, 355, 357 AO).

Die Unterscheidung zwischen materiellrechtlichen und verfahrensrechtlichen Normen hat insbesondere Bedeutung für das Revisionsverfahren (vgl. Tz 310 ff.).

Der Gesetzgeber hat sich bei der grundlegenden Neufassung der AO 1977 (Zusatz „1977" seit 2007 aufgehoben) von einigen Grundgedanken leiten lassen, die das Gesetz noch heute prägen. Die Kenntnis dieser Strukturprinzipien der AO erleichtert das Arbeiten mit der AO und das Auffinden der jeweils einschlägigen Vorschriften ungemein.

Der Gesetzgeber wollte grundsätzlich:

▶ materielles und Verfahrensrecht trennen,

▶ Allgemeines nach vorn, Spezielles in die späteren Teile verlegen,

▶ Übereinstimmung mit dem Verwaltungsverfahrensgesetz herstellen (allgemeiner Teil des Verfahrensrechts),

▶ die Paragraphenfolge an den chronologischen Ablauf des Besteuerungsverfahrens anlehnen,

▶ die Arten des Verfahrens (Amtstelle, Außenprüfung, Rechtsbehelfsverfahren usw.) voneinander trennen,

▶ die Stufen des Verfahrens, Erfassung, Mitwirkung, Festsetzung, Erhebung, Vollstreckung exakt abgrenzen.

Vorschriften, die von keinem dieser Prinzipien erfasst werden, sind selten. Sie haben einen eher zufälligen Standort gefunden, z. B. § 154 AO – Kontenwahrheit, § 32 AO – Haftung der Amtsträger. Die Einhaltung dieser Prinzipien führte notwendig zur Zersplitterung von Regelungen, die unter anderen Gesichtspunkten eine Einheit bilden. So ist z. B. das Haftungsrecht in drei verschiedenen Teilen des Gesetzes (Schuldrecht §§ 69 bis 77, Besteuerungsverfahren § 191, § 192, Erhebungsverfahren § 219) zu finden.

Die Strukturprinzipien überlagern teilweise die formale Gliederung der AO in neun Teile. Wesentlicher Inhalt der Teile:

---

1. Teil – Einleitende Vorschriften (§§ 1 bis 32)
Anwendungsbereich – Steuer – Amtsträger – Wohnsitz – Zuständigkeit – Steuergeheimnis

2. Teil – Steuerschuldrecht (§§ 33 bis 77)
Steuerpflichtiger – Steuerschuldverhältnis (Entstehen der Ansprüche, Gesamtschuldner, Erlöschen) – steuerbegünstigte Zwecke – Haftung

3. Teil – Allgemeine Verfahrensvorschriften (§§ 78 bis 133)
Beteiligte – Bevollmächtigte – Ausschluss und Ablehnung von Amtsträgern – Besteuerungsgrundsätze – Beweismittel – Fristen – Wiedereinsetzung in den vorigen Stand – Amtshilfe – Verwaltungsakte (Begriff, Wirksamkeit, Berichtigung, Rücknahme, Widerruf)

4. Teil – Durchführung der Besteuerung (§§ 134 bis 217)
Erfassung der Steuerpflichtigen – Anzeigepflichten – Buchführung – Steuererklärung – Kontenwahrheit – Steuerfestsetzung – Festsetzungsverjährung – Änderung von Steuerbescheiden – gesonderte Feststellungen – Messbescheide – Zerlegung und Zuteilung – Haftungsbescheide – Außenprüfung – verbindliche Zusagen

5. Teil – Erhebungsverfahren (§§ 218 bis 248)
Verwirklichung von Steueransprüchen – Zahlung – Aufrechnung – Erlass – Zahlungsverjährung – Verzinsung – Säumniszuschläge – Sicherheitsleistung

6. Teil – Vollstreckung (§§ 249 bis 346)

7. Teil – Außergerichtliches Rechtsbehelfsverfahren (§§ 347 bis 367, § 368 entfallen)
Zulässigkeit des Einspruchs – Verfahrensvorschriften für den Einspruch

8. Teil – Straf- und Bußgeldvorschriften, Straf- und Bußgeldverfahren (§§ 369 bis 412)
Steuerstraftaten – Steuerordnungswidrigkeiten – Strafverfahren – Bußgeldverfahren

9. Teil – Schlussvorschriften (§§ 413 bis 415)

II. Geschichtliches zur AO – Reformgründe

2   Die Reichsabgabenordnung (RAO) – das Vorgängergesetz der Abgabenordnung – ist 1919 in Kraft getreten. Sie fasste erstmals reichseinheitlich die Regeln des allgemeinen materiellen Steuerrechts und des Besteuerungsverfahrens in einem Gesetz zusammen. Der Entwurf der RAO ist das Werk des ehemaligen Oberlandesgerichtsrats und späteren Senatspräsidenten beim Reichsfinanzhof Enno Becker. Im Laufe der Jahrzehnte er-

gingen zahlreiche Nebengesetze und Rechtsverordnungen zur RAO (z. B. Steueranpassungsgesetz, Gemeinnützigkeitsverordnung, Steuersäumnisgesetz, Zuständigkeitsverordnung). Diese Rechtszersplitterung wurde durch die AO-Reform zum 1. 1. 1977 beseitigt. Weitere Reformziele waren die Schaffung der Voraussetzungen für ein rationelles und automationsgerechtes Besteuerungsverfahren sowie eine weitgehende Anpassung an das (allgemeine) Verwaltungsverfahrensgesetz, das ebenfalls am 1. 1. 1977 in Kraft getreten ist.

Die Rechtsentwicklung in der DDR begann ebenfalls mit der RAO. Diese wurde jedoch bald grundlegend umgestaltet. Insbesondere wurden die Vorschriften über den außergerichtlichen Rechtsschutz aufgehoben und in einer Verordnung geregelt. Gerichtlicher Rechtsschutz war nicht vorgesehen. Die AO der DDR wurde in der Fassung vom 18. 9. 1970 erneut bekannt gemacht. Parallel zum Vertrag über die Wirtschafts- und Währungsunion erhielt die DDR eine neue AO (AO 90), die im Wesentlichen der AO 77 entsprach. Das dazu ergangene Einführungsgesetz regelt, wann die Regeln der AO 1970 anzuwenden sind. Bedeutsam für die neuen Länder ist auch Artikel 19 des Einigungsvertrages, der bestimmt, dass grundsätzlich Verwaltungsakte, die auf altem Recht beruhen, wirksam bleiben.

III. Sonstige allgemeine Steuergesetze

1. Durch das *Einführungsgesetz zur* AO (EGAO) sind zahlreiche Gesetze der AO angepasst worden. Art. 97 EGAO enthält in den §§ 1–20 wichtige Übergangsvorschriften, die den zeitlichen Anwendungsbereich der AO regeln.   3

   BEISPIEL: Die verlängerte Verjährungsfrist (10 Jahre) nach § 376 Abs. 1 AO gilt für alle bei Inkrafttreten des JStG 2009 noch nicht abgelaufenen Verjährungsfristen (Art. 97 § 23 EGAO). Für die Gemeinnützigkeit ab 2009 gilt § 51 AO in der Fassung des JStG 2009; für frühere Jahre gilt das bis dahin gültige, alte Recht (Art. 97 § 1d Abs. 2 EGAO).

   Eine Besonderheit ist Art. 97 § 18a EGAO, mit dem geregelt wurde, dass Massenrechtsbehelfe ohne Einspruchsentscheidung als zurückgewiesen gelten. Umfangreiche Wirkungen zum 1. 1. 2004/5 sind in den Absätzen 4 ff. oder in Absatz 11 mit Wirkung zum 1. 1. 2007 geregelt. In Artikel 97a EGAO finden sich Sonderregeln und die Überleitungsregeln aus Anlass der Wiedervereinigung und wegen der teilweise unterschiedlichen Rechtslage im Beitrittsgebiet. Wichtig sind z. B. besondere Zuständigkeitsregeln (§ 1), Verjährungsrecht (§ 2 Tz 5 und 9) und Regeln über die Verzinsung.

2. Die Kommunalabgabengesetze (KAG) der Länder bestimmen, ob und inwieweit die Vorschriften der AO auf Kommunalabgaben anzuwenden sind (z. B. § 12 KAG NW).

3. Das Gesetz über die *Finanzverwaltung* (FVG) enthält die grundlegenden Organisationsvorschriften für die Bundes- und Landesfinanzbehörden und die Aufgabenzuweisung für die einzelnen Behörden (sachliche Zuständigkeit; vgl. § 16 AO). Besonders betroffen von der Umgestaltung der Finanzverwaltung ist § 5 FVG, mit der Aufgabenzuweisung an das Bundeszentralamt für Steuern (BZSt), bis Ende 2005 Bundesamt für Finanzen (BfF). Neu eingefügt wurde z. B. mit Wirkung ab 1. 1. 1996 § 5 Tz 11 FVG mit den Regelungen zu den Familienkassen, mit Wirkung ab Dezember

2000 § 5 Tz 13 mit der Zentralsammlung von Daten über Umsatzsteuerbetrug, mit Wirkung vom 20.12.2003 § 5 Tz 22 zur Vergabe des Identifikationsmerkmals nach §§ 139a ff. AO oder mit Wirkung zum 1.1.2005 § 5 Tz 24 zum Datenabruf nach § 93b AO.

Bedeutsam ist insbesondere die Umgestaltung der Bundesfinanzverwaltung, mit der die früheren (Bundes-)Oberfinanzdirektionen abgeschafft und 5 Bundesfinanzdirektionen (Hamburg, Potsdam, Köln, Neustadt a.d.W. und Nürnberg) geschaffen wurden (vgl. §§ 1, 8–10a FVG). Die mit § 2a FVG geschaffene Möglichkeit auf Mittelbehörden zu verzichten, hat zur Auflösung der OFD'en Bremen, Kiel und Berlin geführt.

4. Die Finanzgerichtsordnung (FGO) regelt den *gerichtlichen* Rechtsschutz, insbesondere das Klageverfahren vor den Finanzgerichten und das Revisionsverfahren vor dem BFH. Im Hinblick auf die immer wieder angedachte Verschmelzung der öffentlich-rechtlichen Gerichtsbarkeiten und das Ziel allgemeiner Verfahrensharmonisierung werden die Prozessordnungen aneinander angenähert.

5. Landesgesetze zur *Ausführung der Finanzgerichtsordnung* bestimmen den Sitz der Finanzgerichte. Ferner enthalten diese Gesetze Regelungen darüber, ob und inwieweit die FGO auf bestimmte Steuern und sonstige Abgaben anzuwenden ist (z.B. auf die Kirchensteuer; vgl. für Nordrhein-Westfalen Gesetz v. 1.2.1966, zuletzt geändert 1998).

IV. Rechtsquellen

4   Im Rechtsstaat darf in die Rechtssphäre eines Staatsbürgers nur durch oder aufgrund eines *Gesetzes* eingegriffen werden (vgl. auch § 3 Abs.1 AO). Gemäß § 4 AO ist Gesetz jede Rechtsnorm. Rechtsnormen sind abstrakte, generelle Regelungen, deren Verbindlichkeit innerhalb ihres zeitlichen und örtlichen Geltungsbereichs vom Staat garantiert wird. Man unterscheidet folgende Arten von Gesetzen (Rechtsnormen):

▶ *Förmliche Gesetze:* Förmliche Gesetze (Gesetze im formellen Sinn) sind Rechtsnormen, die in einem formalisierten Gesetzgebungsverfahren nach dem Grundgesetz oder den Verfassungen der Bundesländer ergehen und auf einem Beschluss des Parlaments (Bundestag, ggf. mit Zustimmung des Bundesrats, Landtag) beruhen. Sie werden in den dafür vorgeschriebenen, amtlichen Blättern verkündet.

▶ *Rechtsverordnungen:* Auch Rechtsverordnungen enthalten Rechtsnormen, sind also Gesetze. Da diese Gesetze jedoch nicht durch ein Parlament (Legislative) erlassen werden, sondern eine Rechtsetzung der Exekutive (Regierung, Ministerium) sind, handelt es sich „nur" um Gesetze im materiellen Sinn. Sie haben jedoch die gleiche Wirkung wie förmliche Gesetze. Sie binden die Finanzbehörden, den Steuerpflichtigen und die Finanzgerichte. Damit sich die Exekutive (z.B. ein Finanzministerium) keine Kompetenzen anmaßt, die nur dem Parlament zustehen, darf gem. Artikel 80 Abs.1 GG eine Rechtsverordnung nur aufgrund einer Ermächtigung durch ein formelles Gesetz erlassen werden. Zu zahlreichen Steuergesetzen sind Rechtsverordnungen ergangen (z.B. EStDV, UStDV). Als Gesetze im materiellen Sinne sind sie zu unterscheiden von Verwaltungsanordnungen, die unmittelbar nur für die Behörden bindend sind (vgl. Tz 5).

Mit der fortschreitenden Integration Europas werden Vorschriften bedeutsam, die sich nur teilweise in das bisherige System von förmlichen Gesetzen und Rechtsverordnungen einfügen. Der Gesetzgeber hat in § 1 Abs. 1 Satz 3, Abs. 3 Satz 1 AO den Vorrang des Europarechts ausdrücklich festgestellt.

► Doppelbesteuerungsabkommen (DBA): Die DBA sind förmliche Gesetze, da sie durch so genannte Transformationsgesetze in das innerstaatliche Rechtssystem integriert werden (siehe § 2 AO).

► Der Vertrag über die Europäische Gemeinschaft/Union: Auch dem Vertrag wurde durch Gesetz zugestimmt. Seit dem 1. 2. 2003 gilt der Vertrag in der Fassung des Vertrags von Nizza. Wann die Reformverträge in Kraft treten, kann z. Zt. nicht bestimmt werden.

► Verordnungen nach Artikel 249 Absatz 2 EG-Vertrag: Auch die EG-Verordnungen sind Gesetze i. S. des § 4 AO. Sie werden wirksam durch Veröffentlichung im Amtsblatt der EU; einer Veröffentlichung im Bundesgesetzblatt bedarf es dafür nicht.

► Richtlinien nach Artikel 249 Absatz 3 EG-Vertrag: Die Richtlinien sind nach heute herrschender Meinung keine Gesetze, haben aber unter bestimmten Bedingungen Anwendungsvorrang vor innerstaatlichen Rechtsnormen.

V. Verwaltungsanweisungen

Verwaltungsanweisungen sind nur *behördeninterne* Vorschriften. Sie werden häufig auch als Verwaltungsvorschriften, Erlasse, Verfügungen oder Richtlinien bezeichnet (z. B. EStR). Die Verwaltungsanweisungen binden – auch wenn sie veröffentlicht werden – grundsätzlich nur die Behörden, nicht dagegen die Steuerpflichtigen und die Gerichte. Diese sind nur an Gesetz und Recht (Artikel 20 GG) gebunden.

Wenn die Finanzverwaltung Verwaltungsvorschriften schafft, kann sie allerdings aus Gründen der Rechtsanwendungsgleichheit an die Vorschriften gebunden sein (Selbstbindung der Verwaltung). Dies folgt aus dem allgemeinen Gleichheitsgrundsatz des Artikels 3 des GG. Den Verwaltungsbehörden ist es dann verwehrt, in Einzelfällen, die von der Anweisung gedeckt werden, die Anwendung ohne triftige Gründe abzulehnen (vgl. BFH, HFR 1991, 650).

Die Selbstbindung der Verwaltung spielt insbesondere bei Ermessensregeln, Typisierungs- und Schätzungsvorschriften eine Rolle. Willkürliche Abweichungen kann der Steuerpflichtige ebenso vor den Finanzgerichten rügen (vgl. BFH, BStBl II 1982, 595) wie Verstöße der Verwaltungsanweisung gegen das Gesetz (vgl. BFH, BStBl II 2006, 642). Abweichungen sind allerdings, anders als bei Gesetzen, unter bestimmten Umständen möglich (z. B. bei offensichtlich unzutreffender Besteuerung, BFH, BStBl II 1992, 105).

Auf dem Gebiet des allgemeinen Abgabenrechts sind insbesondere folgende Verwaltungsanweisungen von Bedeutung:

Der Anwendungserlass zur AO (AEAO) vom 15. 7. 1998 (Neufassung in BStBl I 2008, 26; letzte hier berücksichtigte Änderung vom 2. 1. 2009) ist ein – für die Steuerpflichtigen

5

und die Finanzgerichte nicht verbindlicher – „Kurzkommentar" zur AO, aus dem sich die offizielle Verwaltungsauffassung ergibt. Durch den AEAO von 1998 ist der vorangegangene AEAO aufgehoben worden. Er ist eine gegenüber dem vorangegangenem Anwendungserlass wesentlich erweiterte Regelung. Besonders wichtig sind die Ausführungen zum neu gefassten Rechtsschutzverfahren, die Erläuterungen zum Gemeinnützigkeitsrecht oder zu den Fragen der Vollverzinsung (§ 233a AO). Außerdem sind die Regelungen über die Aussetzung der Vollziehung und der frühere Bekanntgabeerlass in den AEAO übernommen worden. Den AEAO ergänzen weitere bundeseinheitliche Erlasse, von denen die *Betriebsprüfungsordnung* (Steuer) – BpO – (BStBl I 2000, 358; letzte Änderung BStBl I 2008, 274) am wichtigsten ist. Es ist eine allgemeine Verwaltungsvorschrift für die Durchführung steuerlicher Betriebsprüfungen. Von besonderer praktischer Bedeutung ist die Einteilung der Betriebe in Größenklassen und die Beschränkung des Prüfungszeitraumes für Mittel-, Klein- und Kleinstbetriebe auf (grundsätzlich) drei Jahre (vgl. Tz 176, 180). Daneben ist auch der insoweit wesentlich erweiterte AEAO zu den Vorschriften über die Außenprüfung von erheblicher Bedeutung.

Die gleich lautenden Ländererlasse über die Organisation und Neuordnung des Besteuerungsverfahrens – Arbeitsweise in den Veranlagungsstellen – (BStBl I 1996, 1391) führen tendenziell zu einer Lockerung des Legalitätsprinzips (vgl. die Kritik bei Tipke/Kruse, Kommentar zur AO und FGO, im Folgenden T/K, Stand 10/08, § 85 AO Rdnr. 27 ff.). Das BMF kann nach § 21a FVG allgemeine Verfahrensgrundsätze aufstellen.

Die Allgemeine Verwaltungsvorschrift über die Durchführung der Vollstreckung nach der Abgabenordnung (Vollstreckungsanweisung – VollstrA), und die Allgemeine Verwaltungsvorschrift für die Vollziehungsbeamten der Finanzverwaltung (Vollziehungsanweisung – VollzA) regeln das Vollstreckungsverfahren.

Von großer Bedeutung ist weiterhin, dass die amtliche Veröffentlichung einer BFH-Entscheidung im BStBl Teil II zugleich eine Verwaltungsanweisung darstellt, die tragenden Rechtssätze auch in gleich gelagerten Fällen anzuwenden (Ausnahme: ausdrücklicher Nichtanwendungserlass im BStBl Teil I). Dies gilt auch hinsichtlich der vom BMF im Vorgriff auf die Veröffentlichung im BStBl II im Internet veröffentlichten Urteile.

6–19   *(Einstweilen frei)*

B. Einleitende Vorschriften der Abgabenordnung

I. Vorbemerkung

20   Die Gliederung der folgenden Darstellung weicht teilweise von der Gliederung der AO ab. Die Abweichungen beruhen auf lernpsychologischen Erwägungen, die der Gesetzgeber bei der systematischen Gliederung von Gesetzen nicht zu berücksichtigen pflegt.

II. Anwendungsbereich der AO

21   Die AO gilt für
- Steuern (einschließlich Steuervergütungen),
- die durch Bundes- oder EG-Recht geregelt sind,

► soweit sie durch Bundes- oder Landesfinanzbehörden verwaltet werden (§ 1 Abs. 1 AO).

Die wichtigsten Steuern beruhen auf Bundesgesetzen, z. B. USt, ESt, KSt, GewSt und Verbrauchsteuergesetze.

Die *Kirchensteuern* sind durch Landesgesetze und Kirchensteuerordnungen geregelt. Auf die Kirchensteuer findet deshalb die AO nur dann Anwendung, wenn dies landesrechtlich bestimmt ist.

Das *Gewerbesteuergesetz* ist ein Bundesgesetz. In den meisten Bundesländern wird jedoch die Gewerbesteuer von den Landesfinanzbehörden (Finanzämtern) nur bis zum Erlass des Gewerbesteuermessbescheides verwaltet. Die Festsetzung und Erhebung der Gewerbesteuer ist den Gemeindebehörden übertragen. Entsprechendes gilt für die *Grundsteuer*. Für diese Steuern (die Realsteuern) gelten die meisten Vorschriften der AO entsprechend (§ 1 Abs. 2 AO). *Nicht* anwendbar sind im Wesentlichen nur die Vorschriften der AO über das Rechtsbehelfsverfahren und die Vollstreckung. Die Gemeinden betreiben die Zwangsvollstreckung wegen ihrer Steuerforderungen nach landesrechtlichen Bestimmungen. Das Rechtsbehelfsverfahren richtet sich nach der Verwaltungsgerichtsordnung (Widerspruchsverfahren – soweit nicht abgeschafft – und Klage zum Verwaltungsgericht). Ausnahmen: § 351 AO (Beschränkung der Rechtsbehelfsbefugnis) und § 361 Abs. 1 Satz 2 und Abs. 3 AO (betr. Aussetzung der Vollziehung) gelten auch für die Realsteuern, soweit diese von den Gemeinden verwaltet werden. Wegen der Einzelheiten wird auf die Erläuterungen zu den vorbezeichneten Vorschriften verwiesen (Tz 246, 248, 266).

Die AO gilt nicht nur für Steuern, sondern auch für Steuererstattungen und Steuervergütungen (zu den Begriffen vgl. Tz 23).

Auf steuerliche *Nebenleistungen* (Verzögerungsgelder nach § 146 Abs. 2b AO, Verspätungszuschläge, Zuschläge nach § 162 Abs. 4 AO, Zinsen nach der AO und dem Zollkodex, Säumniszuschläge, Zwangsgelder, Kosten) ist die AO grundsätzlich sinngemäß anzuwenden. Nur beschränkt anwendbar sind die Vorschriften über das Festsetzungs- und Feststellungsverfahren, die Außenprüfung und die Steuerfahndung (§ 1 Abs. 3 AO).

Im Übrigen ist die AO anzuwenden, soweit dies in Einzelgesetzen besonders vorgeschrieben ist (z. B. weitgehend für Wohnungsbauprämien und Investitionszulagen).

III. Grundbegriffe der AO

1. Steuern

Der Begriff „Steuer" wird in § 3 Abs. 1 AO durch folgende Merkmale definiert: 22

► Nur *Geld*leistungen können Steuern sein. Andere Leistungen, die der Staat vom Bürger verlangt (z. B. Wehrdienst), sind begrifflich keine Steuern.

► Steuern sind *nicht Entgelt* (Gegenleistung) für eine bestimmte Leistung. Die Besteuerung richtet sich nicht danach, in welchem Umfang der Steuerpflichtige im Einzelfall Leistungen öffentlich-rechtlicher Gemeinwesen (z. B. Straßen, Schulen, subventionierte Theater, Schwimmbäder usw.) in Anspruch nimmt.

▶ Die Geldleistung muss von einem *öffentlich-rechtlichen* Gemeinwesen (einseitig) auferlegt sein. Die Befugnis dazu steht dem Bund, den Ländern, den Gemeinden und einigen Kirchen zu. *Freiwillige* Leistungen (z. B. Spenden) oder Subventionen sind keine Steuern.

▶ Die Geldleistung muss der Erzielung von *Einnahmen* dienen. Dies kann jedoch Nebenzweck sein. Wirtschaftslenkende Maßnahmen mit Hilfe des Steuerrechts (z. B. Mineralölsteuer; Tabaksteuer) sind zulässig. Zwangsgelder und Säumniszuschläge sind Druckmittel und deshalb begrifflich keine Steuern.

▶ Steuern müssen *allen* auferlegt werden, bei denen der *Tatbestand zutrifft,* an den das Gesetz die Leistungspflicht knüpft. Daraus ergibt sich der Grundsatz der *Tatbestandsmäßigkeit* der Besteuerung. Er besagt, dass in die Rechte des Bürgers durch Besteuerung nur dann und insoweit eingegriffen werden darf, wenn und wie dies durch *Gesetz* zugelassen ist. Ferner folgt daraus der Grundsatz der *Gleichmäßigkeit* der Besteuerung, wonach gleich gelagerte Sachverhalte nicht ungleich besteuert werden dürfen.

2. Steuererstattungen und Steuervergütungen

23 Erstattungs- und Vergütungsansprüche sind i. d. R. gleichsam „umgekehrte" Steueransprüche. Sie stehen dem „Steuerpflichtigen" gegen die steuerberechtigte Körperschaft (Bund, Land, Gemeinde, Kirche) zu. Bei den Erstattungsansprüchen handelt sich um öffentlich-rechtliche Ansprüche auf Rückzahlung gezahlter Steuern. *Erstattungsansprüche* stehen dem zu, für den die Steuer, Steuervergütung (oder eine Nebenleistung) gezahlt worden ist (z. B. BFH, BStBl II 2009, 38).

BEISPIEL: ▶ Bei überzahlter Einkommensteuer (Lohnsteuer) hat der Steuerpflichtige einen Erstattungsanspruch.

Erstattungsansprüche sind weiterhin dadurch charakterisiert, dass die Steuer objektiv zu Unrecht gezahlt worden ist (Zahlung ohne Rechtsgrund oder Rechtsgrund später weggefallen).

BEISPIEL: ▶ Bei der Einkommensteuer-Veranlagung wird festgestellt, dass aufgrund entsprechender Vorauszahlungsbescheide zu viel Einkommensteuer bezahlt worden ist. Die Vorauszahlungsbescheide waren zunächst eine Grundlage für die rechtmäßige Erhebung der überzahlten Beträge. Aus späterer Sicht zeigt sich jedoch, dass die Vorauszahlungen – soweit überhöht – objektiv zu Unrecht verlangt worden sind (§ 37 Abs. 2 AO).

Vergütungsansprüche dienen überwiegend der steuerlichen Entlastung bei Verbrauchsteuern (auch der Umsatzsteuer; vgl. Tz 24).

BEISPIEL: ▶ Mit Verbrauchsteuern belastete Waren werden (grundsätzlich) beim Export dadurch von inländischen Verbrauchsteuern entlastet, dass eine Vergütung der Verbrauchsteuern erfolgt. Bei der Umsatzsteuer erfolgt die Entlastung dadurch, dass der Export steuerfrei ist, der Vorsteuerabzug aber zulässig bleibt. Der Anspruch auf Rückzahlung der Vorsteuern ist ein Vergütungsanspruch (vgl. BFH, BStBl II 2009, 90). Für ausländische Unternehmer enthält die UStDV in den §§ 59 ff. UStDV ein spezielles Vergütungsverfahren, das auf der 8. Umsatzsteuerrichtlinie der EWG und § 18 Abs. 9 UStG beruht. Eine besondere Form der Steuervergütung ist das seit dem 1. 1. 1996 neu gestaltete Kindergeld, das in § 31 Satz 3 EStG ausdrücklich als Steuervergütung definiert wurde.

Der Vergütungsanspruch unterscheidet sich in zwei Punkten wesentlich vom Erstattungsanspruch. Beim Vergütungsanspruch ist anspruchsberechtigt nicht derjenige, für den die Steuern an das Finanzamt entrichtet wurden, sondern wer sie *wirtschaftlich* trägt.

BEISPIEL: Die nach altem Recht anrechenbare Körperschaftsteuer wird dem Gläubiger (der sie nicht gezahlt hat) auf die Einkommensteuer angerechnet, bei Nichtveranlagung direkt vergütet.

Der zweite Unterschied zum Erstattungsanspruch besteht darin, dass beim Vergütungsanspruch die Steuer vom „Vormann" – auch aus nachträglicher Sicht – objektiv *zu Recht* gezahlt worden ist.

3. Einteilung der Steuern

Steuern lassen sich nach zahlreichen Gesichtspunkten einteilen. Die praktisch wichtigsten Einteilungen sind Folgende: 24

▶ Einteilung nach der *Ertragshoheit* (Steuern des Bundes, der Länder, Gemeinschaftssteuern von Bund und Ländern, Gemeindesteuern, Kirchensteuern; vgl. Art. 106 GG, teilweise Ertragshoheit der EU).

▶ Einteilung nach der *wirtschaftlichen Auswirkung*. Bei den *direkten* Steuern ist derjenige, der die Steuer zahlt, mit dem identisch, der sie wirtschaftlich trägt (z. B. Einkommensteuer). *Indirekte* Steuern zahlt ein anderer als der, der sie wirtschaftlich trägt. Der Zahlende entlastet sich durch Überwälzung (Beispiele: Umsatzsteuer, spezielle Verbrauchsteuern).

▶ Einteilung nach dem *Gegenstand* der Besteuerung. *Besitzsteuern:* Einkommensteuer, Körperschaftsteuer. *Verkehrsteuern*: Grunderwerbsteuer, Kraftfahrzeugsteuer. Die Umsatzsteuer ist im Sinne der AO eine Verkehrsteuer, obwohl sie sich wirtschaftlich infolge der Überwälzung wie eine Verbrauchsteuer auswirkt. Ausnahme: Die *Einfuhrumsatzsteuer* ist Verbrauchsteuer i. S. der AO (§ 21 Abs. 1 UStG). *Verbrauchsteuern* i. S. der AO knüpfen an die Entfernung verbrauchsteuerpflichtiger Sachen aus der zollamtlichen Kontrolle in den nicht gebundenen Verkehr an (z. B. Mineralölsteuer, Tabaksteuer, Biersteuer, vgl. BFH, BStBl II 1973, 807). *Realsteuern* sind die Gewerbesteuer und die Grundsteuer.

Die Unterscheidung von Besitz- und Verkehrsteuern einerseits und Einfuhr- und Ausfuhrabgaben (§ 3 Abs. 3 AO) und Verbrauchsteuern andererseits ist insbesondere für die Verjährung und die Änderungsmöglichkeiten von Bedeutung. Die regelmäßige Frist für die Festsetzungsverjährung beträgt nach der AO bei Verbrauchsteuern (weitgehend theoretisch) ein Jahr, bei Besitz- und Verkehrsteuern vier Jahre (§ 169 Abs. 2 AO).

Die Verordnungen der EG zu Eingangs- oder Ausfuhrabgaben überlagern aber die Regelungen der AO insbesondere im Bereich der Verjährungsvorschriften und der Billigkeitsregeln. Von besonderer Bedeutung ist der Zollkodex, mit dem der gesamte Bereich des Zollrechtes europarechtlich einheitlich geregelt wurde. Wegen der Wirkungsweise und den Fundstellen wird auf die Kommentierungen bei T/K, Stand 04/06, § 1 AO Tz 21 ff., und Hübschmann/Hepp/Spitaler, Kommentar zur AO und FGO, im Folgenden H/H/Sp,

Stand 02/04, Band XIV, Zollkodex, Einf. Rz. 150 mit Nachweis der Kollisionen von AO und Zollkodex verwiesen.

Verbrauchsteuerbescheide können auch nach Unanfechtbarkeit bis zum Ablauf der Festsetzungsfrist nach dem Ermessen der Finanzbehörde aufgehoben oder geändert werden (§ 172 Abs. 1 Nr. 1 AO; für Einfuhr- und Ausfuhrabgabenbescheide und gelten die Vorschriften des Zollkodexes), Besitz- und Verkehrsteuerbescheide dagegen nur unter einschränkenden Voraussetzungen (§§ 172 ff. AO).

4. Steuerliche Nebenleistungen

25   Steuerliche Nebenleistungen sind (§ 3 Abs. 4 AO; numerus clausus):

- ▶ Verzögerungsgeld (§ 146 Abs. 2b AO)
- ▶ Verspätungszuschlag (§ 152 AO)
- ▶ Zuschlag nach § 162 Abs. 4 AO
- ▶ Zinsen (§§ 233 bis 237 AO)
- ▶ Säumniszuschläge (§ 240 AO)
- ▶ Zwangsgelder (§ 329 AO)
- ▶ Kosten für Auskünfte (§ 89 AO)
- ▶ Kosten für besondere Inanspruchnahme der Zollbehörde oder der Finanzbehörden (§§ 178, 178a AO)
- ▶ Kosten der Zwangsvollstreckung (§§ 337 bis 345 AO)
- ▶ Zinsen i. S. des Zollkodexes

Für steuerliche Nebenleistungen gelten zwar grundsätzlich die Vorschriften der AO entsprechend. Es gibt jedoch wichtige Ausnahmen (§ 1 Abs. 3 AO). Insbesondere sind die Vorschriften über die Steuerfestsetzung (§§ 155 ff. AO) auf steuerliche Nebenleistungen grundsätzlich nicht anwendbar. Dasselbe gilt für die Bestimmungen über die Aufhebung und Änderung von Steuerbescheiden (§§ 172 ff. AO). Auch die Haftung Dritter gem. §§ 69 ff. AO erstreckt sich nicht immer auf steuerliche Nebenleistungen (im Einzelnen streitig).

5. Ermessen

26   Ermessen bedeutet Entscheidungsspielraum. Wenn der Gesetzgeber den Finanzbehörden Ermessen einräumt, können innerhalb des Entscheidungsspielraums *mehrere unterschiedliche* Entscheidungen *rechtmäßig* sein. Im Gegensatz dazu gibt es bei den *„gebundenen" Verwaltungsakten* – jedenfalls theoretisch – nur eine richtige (rechtmäßige) Entscheidung.

> **BEISPIEL:** ▶ Die Höhe der festzusetzenden Steuer ergibt sich – von Ausnahmen abgesehen – „bis auf den € genau" aus dem Gesetz. Ob und in welcher Höhe eine Steuer festgesetzt wird, ist deshalb keine Ermessensentscheidung. Dies gilt auch bei einer Schätzung gem. § 162 AO.

> **BEISPIEL:** ▶ Ein Steuerpflichtiger gibt eine Erklärung verspätet ab. Die Finanzbehörde „kann" einen Verspätungszuschlag festsetzen (§ 152 AO). Sie kann auch davon absehen (Ermessensentscheidung), weil z. B. der Steuerpflichtige bislang seine Erklärungen stets pünktlich abgegeben hat und die Nachzahlung gering ist. Im Rahmen eines legitim ausgeübten Ermessens sind bei-

de Entscheidungen rechtmäßig. – Setzt die Behörde einen Verspätungszuschlag fest, so kann im Einzelfall ein Zuschlag von 30 €, 50 € oder 100 € *rechtmäßig* sein (keine starre Grenze, aber Bindung an allgemeine Verwaltungsanweisungen; vgl. dazu BFH, BStBl II 2006, 642).

Der Gesetzgeber räumt im Regelfall einen Ermessensspielraum ein, wenn er formuliert: Die Finanzbehörde „kann", „darf", „ist berechtigt", „soll„ „regelmäßig".

Beispiele für Ermessensentscheidungen:

Fristverlängerung, Buchführungserleichterung, Stundung, Erlass, einstweilige Einstellung oder Beschränkung der Zwangsvollstreckung, Anordnung einer Außenprüfung, Einzelmaßnahmen im Rahmen einer Außenprüfung.

Keine Ermessensentscheidungen sind z. B. die Schätzung der Besteuerungsgrundlagen gem. § 162 AO und die Inanspruchnahme eines Arbeitnehmers für nicht einbehaltene und abgeführte Lohnsteuer durch einen Einkommensteueränderungsbescheid (BFH, BStBl II 1985, 660).

Ermessen bedeutet nicht Willkür. Die Finanzbehörde muss die gesetzlichen Grenzen des Ermessens einhalten (§ 5 AO).

BEISPIEL: ▶ Wird eine Steuererklärung nicht abgegeben, so *kann* die Finanzbehörde nach ihrem Ermessen ein Zwangsgeld androhen und festsetzen (§§ 328 ff. AO). Das einzelne Zwangsgeld darf jedoch 25 000 € nicht übersteigen (§ 329 AO). Droht die Finanzbehörde ein höheres Zwangsgeld an, so liegt eine Ermessensüberschreitung vor. Die Androhung ist rechtswidrig und muss auf einen Einspruch hin aufgehoben werden.

Die Finanzbehörde muss ihr Ermessen entsprechend dem *Zweck* der Ermächtigung ausüben (Verbot sachfremder Kopplung; § 5 AO).

BEISPIEL: ▶ Ein Steuerpflichtiger legt Einspruch ein und beantragt die Aussetzung der Vollziehung des angefochtenen Steuerbescheides gem. § 361 AO. – Zweck der Vorschrift: Ein Steuerpflichtiger soll grundsätzlich nicht gezwungen werden, Steuern zu zahlen, wenn die Rechtmäßigkeit des Steuerbescheides ernstlich zweifelhaft ist. Dem Zweck dieser Vorschrift würde es zuwiderlaufen, wenn die Finanzbehörde den Aussetzungsantrag mit der Begründung ablehnte, der Steuerpflichtige befinde sich nicht in Zahlungsschwierigkeiten. Eine Ablehnung mit dieser Begründung ist rechtswidrig.

§ 5 AO stellt *keine abschließende Regelung* der Ermessensausübung dar. Insbesondere sind bei Ermessensentscheidungen außerdem folgende Prinzipien zu beachten:

Grundsatz der *Gleichmäßigkeit* der Besteuerung (insbesondere bei Selbstbindung der Verwaltung durch Verwaltungsanweisungen), *Verhältnismäßigkeit* der Mittel (Erforderlichkeit, Übermaßverbot), *Zumutbarkeit*, *Billigkeit*, *Treu* und *Glauben*, *Willkürverbot* (AEAO Tz 1 zu § 5).

Bei einem Verstoß gegen nur eines der vorgenannten Prinzipien ist die Ermessensentscheidung rechtswidrig und muss auf Anfechtung aufgehoben werden.

BEISPIELE: ▶ Ein gemäß § 363 Abs. 2 Satz 2 AO kraft Gesetzes ruhendes Einspruchsverfahren kann nach § 363 Abs. 2 Satz 4 AO fortgesetzt werden. Eine solche Entscheidung steht im pflichtgemäßen Ermessen der Finanzbehörde. Diese muss daher ihre Ermessenserwägungen offen legen, insbesondere zum Ausdruck bringen, weshalb sie im Rahmen ihres Ermessens im konkreten Einzelfall die gesetzliche Zwangsruhe beendet, in anderen Fällen aber den Ausgang des Musterverfahrens abwartet. Denn auch in verfahrensrechtlicher Hinsicht müssen staatliche Einrichtungen das Gleichbehandlungsgebot des Art. 3 Abs. 1 GG beachten (vgl. BStBl II 2007, 222).

Soweit Ermessensentscheidungen fehlerhaft (rechtswidrig) sind, unterliegen sie in vollem Umfang der gerichtlichen Nachprüfung (vgl. § 102 FGO). Das Finanzgericht kann jedoch nicht selbst eine Ermessensentscheidung treffen. Ausnahme: Nach den Umständen des Einzelfalles kann nur *eine* Entscheidung rechtmäßig sein. In einem derartigen Fall ist der Ermessensspielraum „bis auf Null" geschrumpft (Ermessenseinengung/ Ermessensreduktion auf 0).

BEISPIEL: ► Ein Steuerpflichtiger hat wegen überhöhter Vorauszahlungen einen Anspruch auf Erstattung von 5 000 € Einkommensteuer. Infolge Arbeitsüberlastung (Krankheit, Urlaub) des Sachbearbeiters oder aus ähnlichen Gründen, die in der Sphäre der *Verwaltung* liegen, wird die Einkommensteuererklärung, die zur Erstattung führen würde, zunächst nicht bearbeitet. Kurze Zeit nach Abgabe der Einkommensteuererklärung erhält der Steuerpflichtige einen Umsatzsteuerbescheid mit der Aufforderung, binnen eines Monats 3 000 € Umsatzsteuer zu entrichten. – Falls nicht außergewöhnliche Umstände vorliegen (z. B. erheblich verspätete Abgabe der Umsatzsteuererklärung), handelt die Finanzbehörde ermessensfehlerhaft (rechtswidrig), wenn sie einen Antrag auf Stundung der Umsatzsteuer bis zur Fälligkeit des Anspruchs auf Erstattung der Einkommensteuer ablehnt (BFH, BStBl II 1983, 397; 1985, 449).

Im *außergerichtlichen* Rechtsbehelfsverfahren braucht der Steuerpflichtige dagegen nicht geltend zu machen, die Ermessensentscheidung sei fehlerhaft (rechtswidrig). Es genügt die Darlegung einer Beschwer (§ 350 AO).

BEISPIEL: ► Das Finanzamt lehnt einen Stundungsantrag ab. Im Einspruchsverfahren kann das Finanzamt dem Einspruch auch dann stattgeben, wenn es zu der Überzeugung gelangt, dass die Ablehnung ermessensfehlerfrei (rechtmäßig) war, aber eine Stundung sachgerechter gewesen wäre (uneingeschränkte Überprüfung des Ermessens).

Schriftliche Ermessensentscheidungen müssen (grundsätzlich) schriftlich begründet werden (§ 121 Abs. 1 AO), damit der Steuerpflichtige und ggf. das Finanzgericht überprüfen kann, *ob* die Behörde ihr Ermessen *ausgeübt* hat und von *welchen* Gesichtspunkten sie sich hat leiten lassen. § 121 AO enthält jedoch wichtige Ausnahmen vom Begründungszwang, insbesondere für Verwaltungsakte, bei denen die Sach- und Rechtslage dem Betroffenen bereits bekannt ist, oder die in größerer Zahl mit Hilfe von Datenverarbeitungsanlagen erlassen werden.

BEISPIEL: ► Verhältnisse des Hauptschuldners waren einem Haftungsschuldner aufgrund enger Verbundenheit gut bekannt. BFH/NV 1993, 215, hielt erneute Sachdarstellung für entbehrlich. Gerade bei Ermessensentscheidungen – mit in der Regel mehreren rechtmäßigen Entscheidungen – ist § 364a AO bedeutsam, wonach der Steuerpflichtige eine mündliche Erörterung beim Finanzamt beantragen kann.

Eine wesentliche Änderung für Ermessensentscheidungen enthalten § 126 AO und § 102 FGO, wonach die Finanzbehörde Ermessenserwägungen nicht mehr nur bis zur Einspruchsentscheidung, sondern Begründungen bis zum Abschluss der Tatsacheninstanz nachholen (AO), Ermessenserwägungen ergänzen (FGO) kann. Der engere § 102 FGO geht vor (grundlegend BStBl II 2004, 579).

6. Wohnsitz und gewöhnlicher Aufenthalt

27   Zahlreiche steuergesetzliche Regelungen knüpfen an die Begriffe „Wohnsitz" und „gewöhnlicher Aufenthalt" an (z. B. die Zuständigkeitsregelung für die ESt und grundsätz-

lich die unbeschränkte Steuerpflicht gem. § 1 EStG). Die AO definiert diese Begriffe wie folgt (§§ 8, 9):

Ein *Wohnsitz* ist dort, wo jemand eine Wohnung unter Umständen inne hat, die darauf schließen lassen, dass er die Wohnung beibehalten und benutzen wird.

Es kommt nur auf die tatsächlichen Verhältnisse an. Die wesentlichen Fragen sind im AEAO zu § 8 von der Verwaltung kommentiert. Dabei nimmt der AEAO (§ 8 Tz 5) z. B. eine inländische Wohnung selbst dann an, wenn der Steuerpflichtige die inländische Wohnung während eines Auslandsaufenthaltes kurzfristig (bis zu sechs Monaten) vermietet.

Den *gewöhnlichen Aufenthalt* hat jemand da, wo er sich unter Umständen aufhält, die erkennen lassen, dass er dort nicht nur vorübergehend verweilt. Dabei ist als gewöhnlicher Aufenthalt im Geltungsbereich der AO stets ein zeitlich zusammenhängender Aufenthalt von mehr als sechs Monaten Dauer anzusehen. Kurzfristige Unterbrechungen bleiben dabei unberücksichtigt (§ 9 AO). Auch zu § 9 enthält der AEAO weitgehende Erläuterungen.

7. Geschäftsleitung – Sitz – Betriebsstätte

Auch diese Begriffe sind für zahlreiche steuergesetzliche Einzelregelungen von Bedeutung (vgl. z. B. § 1 KStG, § 2 GewStG, § 20 AO).   28

Geschäftsleitung ist der Mittelpunkt der geschäftlichen Oberleitung (§ 10 AO). Maßgebend sind die *tatsächlichen* Verhältnisse. Die Oberleitung befindet sich da, wo der für die *Geschäftsführung maßgebende Wille* gebildet wird. Dies geschieht im Regelfall im Büro der Geschäftsführung (vgl. BFH, HFR 1991, 609). Ob ein Unternehmen mehrere Orte der Geschäftsleitung, also mehrere Mittelpunkte der Oberleitung haben kann, ist streitig (vgl. BFH/NV 2000, 300 m.w. N.).

Die für die internationale Abwicklung der USt bedeutsame 8. und 13. USt-RL (ab 2010: RL 2008/9/EG statt 8. USt-RL) verwenden die Formulierung „Sitz der wirtschaftlichen Tätigkeit". Bei der Anwendung des UStG hat der BFH (BStBl II 2003, 819) eine richtlinienkonforme Auslegung der Begriffe vorgegeben.

Körperschaften, Personenvereinigungen oder Vermögensmassen haben ihren *Sitz* an dem Ort, der durch Gesetz (Gesellschaftsvertrag, Satzung usw.) dazu bestimmt wird (§ 11 AO; sog. Statutarischer Sitz). Es kommt folglich nicht auf die Gestaltung der tatsächlichen Verhältnisse, sondern auf die *rechtliche* Bestimmung an. Diese Regelung ermöglicht es den Körperschaften usw., durch eine entsprechende Gestaltung des Gesellschaftsvertrages oder der Satzung, ihren Sitz in das Ausland zu verlegen. Deshalb kommt es nach den Einzelsteuergesetzen im Regelfall für die Besteuerung *nicht* nur auf den *Sitz*, sondern auch auf *den Ort der Geschäftsleitung* oder der *Betriebsstätte* an (§ 1 KStG, § 2 GewStG). Der Sitz ist nur maßgebend, wenn es keine Geschäftsleitung bzw. Betriebsstätte im Inland gibt. In diesem Zusammenhang sind die Entscheidungen des EuGH zu beachten (EuGH-Urt. vom 9. 3. 1999, Rs C-212/97, NJW 1999, 2027 – Centros – und vom 30. 9. 2003, Rs C-167/01, NJW 2003, 3331 – Inspire Art; aber: EuGH-Urt. vom 16. 12. 2008 Rs-210/06, NJW 2009, 569 – Cartesio –), die die Niederlassungsfreiheit gem. Art. 43 EGV betonen und dazu führen, dass eine Vielzahl von Gesellschaften mit ausländischen Gesellschaftsformen in Deutschland unbeschränkt steuerpflichtig werden, weil ihre Geschäftsleitung im Inland liegt. Nach der Sitztheorie geht der BGH (Urt. vom 27. 10. 2008 II ZR 158/06, NJW 2009, 289) weiter davon aus, dass Gesellschaften aus Drittstaaten, wie z. B. der Schweiz, (zwangs-)aufgelöst werden und nach deutschem Gesellschaftsrecht neu gegründet werden müssen (gute Zusammenstellung: OFD Hannover, FR 2006, 193).

Betriebsstätte ist jede feste Geschäftseinrichtung oder Anlage, die der Tätigkeit eines Unternehmens dient. Die Begriffsbestimmung gilt auch für Freiberufler und Land- und Forstwirte (AEAO zu § 12 Tz 1). § 12 AO enthält eine beispielhafte (nicht abschließende) Aufzählung typischer Betriebsstätten. Diese Betriebsstätten, insbesondere die Geschäftsleitungsbetriebsstätte müssen keine festen Einrichtungen sein (BFH, BStBl II 1994, 148). Insbesondere wird klargestellt, dass auch Bauausführungen und Montagen, die sich länger als sechs Monate hinziehen, eine Betriebsstätte begründen (vgl. dazu BFH, BStBl II 1999, 694; DStRE 2004, 384). Zu den Betriebsstätten zählen auch bewegliche Geschäftseinrichtungen mit vorübergehend festem Standort (z. B. fahrbare Verkaufsstätten; vgl. AEAO zu § 12 AO). – Zur GewSt vgl. BFH, BStBl II 1982, 624.

An die Betriebsstätte sind insbesondere bei internationalen Steuerfällen weitgehende Rechtsfolgen geknüpft (vgl. § 49 Abs. 1 Nr. 2a EStG). Dabei ist zu beachten, dass in den Fällen, in denen sich der Sachverhalt teilweise in Staaten abspielt, mit denen Deutschland ein DBA (Tz 4) abgeschlossen hat, die Betriebsstättendefinition der AO nicht für die Anwendung des DBA gilt (vgl. Tz 4 des AEAO zu § 12). Das DBA enthält regelmäßig eine eigenständige Betriebsstättendefinition, die teilweise stark von § 12 AO abweicht (vgl. Art. 5 des OECD-Musterabkommens, BStBl I 2004, 286).

8. Wirtschaftlicher Geschäftsbetrieb

29 Der in § 14 AO definierte Begriff „wirtschaftlicher Geschäftsbetrieb" ist für zahlreiche Einzelvorschriften von Bedeutung. Er gilt einheitlich für alle Steuerarten. Insbesondere schränkt der Gesetzgeber häufig *Steuerbefreiungen insoweit ein,* wie ein wirtschaftlicher Geschäftsbetrieb vorliegt (vgl. z. B. § 64 AO i.V. mit § 5 Abs. 1 Nr. 9 KStG; § 3 Nr. 6 GewStG; § 12 Abs. 2 Nr. 8 Satz 2 UStG).

Wirtschaftlicher Geschäftsbetrieb ist eine selbständige und nachhaltige Tätigkeit, durch die wirtschaftliche Vorteile erzielt werden und die über den Rahmen einer Vermögensverwaltung hinausgeht. Gewinnerzielungsabsicht ist nicht erforderlich. Der wesentliche Unterschied von der bloßen Vermögensverwaltung, der insbesondere für die Gewerbesteuer von Bedeutung ist, liegt darin, dass die Einnahmen durch eine *Tätigkeit* und nicht nur durch die bloße *Nutzung* von Vermögen erzielt werden.

BEISPIEL: Die Errichtung und Vermietung eines Gebäudes stellt keinen wirtschaftlichen Geschäftsbetrieb, sondern lediglich die Nutzung von Vermögen dar (Vermögensverwaltung). Die Grenze von der privaten Vermögensverwaltung zum Gewerbebetrieb wird überschritten, wenn (bei Vorliegen der in § 15 Abs. 2 EStG genannten Voraussetzungen) nach dem Gesamtbild der Betätigung und unter Berücksichtigung der Verkehrsauffassung die Ausnutzung substantieller Vermögenswerte durch Umschichtung gegenüber der Nutzung von Grundbesitz im Sinne einer Fruchtziehung aus zu erhaltenden Substanzwerten (z. B. durch Selbstnutzung oder

Vermietung) entscheidend in den Vordergrund tritt (z. B. Großer Senat des BFH, BStBl II 2002, 291).

Kein ermäßigter USt-Satz bei Umsätzen im wirtschaftl. Geschäftsbetrieb im Carsharing-Verein, BFH/NV 2008, 1783

9. Angehörige

Der Begriff „Angehörige" spielt in zahlreichen Steuergesetzen eine Rolle. Ein Amtsträger darf nicht in einem steuerlichen Verfahren tätig werden, in dem ein Angehöriger beteiligt ist (z. B. keine Steuerfestsetzung gegenüber seinem Vater vornehmen; § 82 Abs. 1 AO). Angehörige haben Auskunfts- und Eidesverweigerungsrechte (§§ 101, 103 AO). Gegenüber Angehörigen ist (unentgeltliche) Hilfeleistung in Steuersachen auch Personen erlaubt, denen die berufliche Qualifikation gem. § 3 bis 4 Steuerberatungsgesetz (StBerG) fehlt (§ 6 StBerG). Auch für die unbeschränkte Einkommensteuerpflicht spielt der Begriff „Angehörige" eine Rolle (§ 1 Abs. 2 EStG).

30

Gemäß § 15 AO sind *Angehörige:* Verlobte, Ehegatten, Verwandte und Verschwägerte in gerader Linie, Geschwister und deren Kinder, Ehegatten der Geschwister, Geschwister der Ehegatten und Eltern, Pflegeeltern und Pflegekinder (gilt auch für „Patchwork"-Familien, vgl. AEAO Tz 6 zu § 15).

Verwandt sind Personen, die gemeinsame Vorfahren haben (§ 1589 BGB). Verwandtschaft in *gerader* Linie bedeutet, dass eine Person von der anderen abstammt. Ein Kind ist z. B. mit seinem Vater, Großvater und Urgroßvater in gerader Linie verwandt.

Zwischen Personen mit gemeinsamen Vorfahren besteht *Verwandtschaft in der Seitenlinie,* wenn sie nicht in gerader Linie miteinander verwandt sind (z. B. Geschwister). Verwandte in *gerader* Linie sind *stets* Angehörige (§ 15 Abs. 1 Nr. 3 AO), Verwandte in der Seitenlinie nur in den Fällen des § 15 Abs. 1 Nrn. 4, 5 und 7 AO.

Verschwägert ist man mit den Ehegatten seiner Verwandten und den Verwandten seines Ehegatten (§ 1590 BGB). Schwägerschaft wird also stets durch eine *Verwandtschaft* vermittelt. Die Linie der Schwägerschaft (gerade Linie oder Seitenlinie) richtet sich nach der Linie der sie vermittelnden Verwandtschaft.

BEISPIELE: Ein Ehemann ist mit dem Vater seiner Frau in gerader Linie verschwägert. Denn seine Frau ist mit ihrem Vater in gerader Linie verwandt. – Mit dem Bruder seiner Frau ist der Ehemann in der Seitenlinie verschwägert, weil seine Ehefrau mit ihrem Bruder in der Seitenlinie verwandt ist.

Angehörige sind gem. § 15 Abs. 1 Nr. 3 *alle geradlinig* Verschwägerten. Von den Verschwägerten in der Seitenlinie sind Angehörige dagegen nur die Ehegatten der Geschwister und die Geschwister der Ehegatten (§ 15 Abs. 1 Nr. 6 AO).

Bei Vertragsverhältnissen spielt in der Rspr. des BFH der Begriff des „nahen Angehörigen" eine Rolle. Er ist nicht in der AO definiert, sondern Richterrecht (vgl. auch Definition in § 138 der Insolvenzordnung – InsO).

IV. Zuständigkeit der Finanzbehörden

1. Sachliche Zuständigkeit

31 Sachliche Zuständigkeit bedeutet, dass einer Behörde (einem Gericht) einer bestimmten Art durch genaue Beschreibung von Tätigkeiten Kompetenzen zugewiesen werden. Für das Steuerrecht ist die sachliche Zuständigkeit – insbesondere die Aufgabenverteilung auf Finanzämter, Bundes- oder Oberfinanzdirektionen oder die an deren Stelle tretenden Behörden (§ 6 Abs. 2 Nr. 4a AO) und Ministerien – vom FVG geregelt (vgl. § 16 AO). Auch die AO und andere Gesetze enthalten Vorschriften über die sachliche Zuständigkeit.

> **BEISPIELE:** Die Steuerberaterkammer ist für die Zulassung zur Steuerberaterprüfung und der Prüfungsausschuss für die Abnahme der Prüfung sachlich zuständig (§§ 35 Abs. 5, 37b StBerG); vgl. ferner §§ 208, 249, 361, 367, 386, 387 AO.

Verwaltungsakte, die unter einem schwerwiegenden und offenkundigen Verstoß gegen Vorschriften über die sachliche Zuständigkeit erlassen werden, sind gem. § 125 Abs. 1 AO nichtig. Nichtigkeit ist z. B. anzunehmen, wenn die OFD statt des Finanzamtes einen Steuerbescheid erlässt. Vgl. hierzu obiter dicta BFH, BStBl II 1970, 556; FG Baden-Württemberg, EFG 1986, 509. Nichtigkeit liegt ferner vor, wenn nicht die nach Landesrecht sachlich zuständige Kirchenbehörde, sondern ein Finanzamt Kirchensteuer erlässt (BFH, BStBl II 1976, 99).

Zur Rücknahme und Aufhebung von Verwaltungsakten bei Verstößen gegen die Normen über die sachliche Zuständigkeit vgl. § 130 Abs. 2 Nr. 1 und § 172 Abs. 1 Nr. 2b AO.

2. Örtliche Zuständigkeit

32 Die Vorschriften über die *örtliche* Zuständigkeit regeln die Frage, welche von mehreren sachlich zuständigen Behörden (Gerichten) nach örtlichen Merkmalen (z. B. Wohnsitz, Ort der Geschäftsleitung usw.) *regional* zuständig ist (z. B. das Finanzamt in der Stadt A oder in der Nachbargemeinde B).

Die örtliche Zuständigkeit ist in den §§ 17 ff. und §§ 388 ff. AO geregelt. Ergänzend greifen die Einzelsteuergesetze ein. So enthält z. B. § 42f EStG eine Zuständigkeitsregelung für Lohnsteueraußenprüfungen.

§ 125 Abs. 3 Nr. 1 AO stellt klar, dass der von einer örtlich unzuständigen Behörde erlassene Verwaltungsakt nicht aus diesem Grunde nichtig ist. Auch auf eine Anfechtung muss ein derartiger Verwaltungsakt nicht aufgehoben werden, wenn keine andere Entscheidung in der Sache hätte getroffen werden können (§ 127 AO). Dies gilt nach h. M. auch für Schätzungen (vgl. BFH, BStBl II 1999, 382; zur Gegenansicht vgl. Nachweise bei T/K, Stand 04/08, § 127 AO Tz 17).

Örtlich zuständig sind

▶ für die *gesonderten Feststellungen* gem. § 180 AO bei Betrieben der Land- und Forstwirtschaft, Grundstücken, Betriebsgrundstucken und Mineralgewinnungsrechten die Lagefinanzämter, bei gewerblichen Betrieben die Finanzämter, in deren Bezirk sich die Geschäftsleitung befindet (Betriebsfinanzämter), bei freiberuflicher Tätigkeit die Finanzämter, von deren Bezirk aus die Berufstätigkeit vorwiegend ausgeübt wird, und in den übrigen Fällen das Finanzamt, von dessen Bezirk aus die Einkünfte verwaltet werden (§ 18 AO).

Auf der Grundlage des § 180 Abs. 2 AO ist die Rechtsverordnung über die gesonderte Feststellung von Besteuerungsgrundlagen vom 19. 12. 1986 ergangen (BStBl I 1987, 2; letzte Änderung BStBl I 2007, 4, 27). Durch diese VO ist die Möglichkeit, einheitliche und gesonderte Feststellungen vorzunehmen, erweitert worden (z. B. auf Bauherrengemeinschaften). § 2 der VO enthält für diese Feststellungen spezielle Regelungen der örtlichen Zuständigkeit. Die VO gilt nicht für Feststellungen nach § 180 Abs. 1 AO.

► für Steuern vom *Einkommen* und *Vermögen* bei natürlichen Personen das Wohnsitzfinanzamt, hilfsweise das Finanzamt des gewöhnlichen Aufenthalts (§ 19 AO), Besonderheiten bei bestimmten beschränkt Steuerpflichtigen (§ 19 Abs. 6 AO; bei *Körperschaften,* Personenvereinigungen und Vermögensmassen das Finanzamt, in dessen Bezirk sich die Geschäftsleitung (hilfsweise: der Sitz) befindet (§ 20 AO; Besonderheiten für ausländische Bauunternehmer in § 20a AO);

► für die *Umsatzsteuer* das Finanzamt, von dessen Bezirk aus das Unternehmen vorwiegend betrieben wird (§ 21 AO). Ausnahmeregelungen bestehen für die Einfuhrumsatzsteuer (§ 23 AO, § 21 Abs. 2 UStG), die Besteuerung gem. § 16 Abs. 5 UStG (Bus-Verkehr vom Drittlandsgebiet) und nach § 2 Abs. 3 der VO zu § 180 Abs. 2 AO v. 19. 12. 1986 für besondere Fälle der Beteiligung mehrerer Unternehmer an bestimmten Gesamtobjekten. Für ausländische Unternehmer ergeben sich aus § 21 Abs. 1 Satz 3 AO i. V. mit der Umsatzsteuerzuständigkeitsverordnung des BMF und aus der UStDV teilweise Sonderregelungen (z. B. § 61 UStDV mit Zuständigkeit des BZSt, das diese aber auf Antrag an ein – zustimmendes – Finanzamt abgeben kann, § 5 Abs. 1 Nr. 8 Satz 2 FVG;

► für die Grundsteuer das Lagefinanzamt (§ 22 Abs. 1 AO);

► für die Gewerbesteuer das Betriebsfinanzamt (§ 22 Abs. 1 AO);

► für Einfuhr- und Ausfuhrabgaben und Verbrauchsteuern das Hauptzollamt, in dessen Bezirk der steuerlich erhebliche Sachverhalt verwirklicht wird; außerdem das Hauptzollamt, von dessen Bezirk aus das Unternehmen betrieben wird (§ 23 AO).

Ändern sich die für die Zuständigkeit maßgebenden Umstände, so tritt ein Zuständigkeitswechsel erst ein, wenn eine der beiden Finanzbehörden davon erfährt (§ 26 AO; Ausnahmen in Liquidations- und Insolvenzfällen in § 26 Satz 3 Nrn. 1–3 AO).

BEISPIEL: ► Ein Steuerpflichtiger verlegt seinen Wohnsitz von Köln nach Bonn. Erfährt weder das Finanzamt in Köln noch das als zuständig in Betracht kommende Finanzamt in Bonn von der Verlegung des Wohnsitzes, so bleibt das Finanzamt in Köln für die Einkommensteuer zuständig.

Bei einem Zuständigkeitswechsel kann die bisher zuständige Finanzbehörde ein Verwaltungsverfahren *fortführen*, wenn dies unter Wahrung der Interessen der Beteiligten einer einfachen und zweckmäßigen Durchführung des Verfahrens dient und die nunmehr zuständige Finanzbehörde zustimmt (§ 26 AO). Vereinigungsbedingte Besonderheiten finden sich in Art. 97a § 1 EGAO.

V. Steuergeheimnis

33 Gemäß § 40 AO wird die Besteuerung nicht dadurch ausgeschlossen, dass ein Verhalten gegen die guten Sitten, ein Strafgesetz oder ein anderes gesetzliches Verbot verstößt. Z. B. müssen Umsätze und Gewinne aus verbotenem gewerbsmäßigem Glücksspiel oder Hehlergeschäften versteuert werden. Der Steuerpflichtige muss deshalb grundsätzlich darauf vertrauen können, dass nichtsteuerliche Straftaten, die er der Finanzbehörde in Erfüllung steuerlicher Verpflichtungen offenbart, den Strafverfolgungsbehörden nicht mitgeteilt werden. Schon aus diesem rechtsstaatlichen Grunde ist der Schutz des Steuergeheimnisses unentbehrlich (vgl. AEAO Tz 7.1 zu § 30; BFH, BStBl II 2008, 850 zu Mitteilung in Fällen des § 4 Abs. 5 Nr. 10 EStG). Darüber hinaus haben Steuerpflichtige aus nahe liegenden Gründen ein Interesse daran, dass insbesondere ihre Betriebs- und Geschäftsgeheimnisse, aber auch ihre Einkommens- und Vermögensverhältnisse nicht jedem bekannt werden. Schließlich besteht auch ein fiskalisches Interesse am Schutz des Steuergeheimnisses. Dem Steuerpflichtigen wird die Abgabe wahrheitsgemäßer Steuererklärungen erleichtert, wenn er davon ausgehen darf, dass die Finanzbehörde grundsätzlich nicht befugt ist, seine Verhältnisse Dritten zu offenbaren. Indirekt dient somit das Steuergeheimnis auch der Allgemeinheit. Der Schutz des Steuergeheimnisses im öffentlichen Interesse reicht jedoch nicht weiter als der Schutz im Interesse des Steuerpflichtigen. Es gibt deshalb *kein Steuergeheimnis gegen den Willen* des Steuerpflichtigen (BFH, BStBl III 1967, 572).

Zur Geheimhaltung sind gem. § 30 AO *Amtsträger verpflichtet.* Amtsträger sind gem. § 7 AO Beamte und Richter (auch ehrenamtliche), andere Personen in einem öffentlich-rechtlichen Amtsverhältnis (z. B. Mitglieder der Bundesregierung, parlamentarische Staatssekretäre) und jeder, der dazu bestellt ist, Aufgaben der öffentlichen Verwaltung wahrzunehmen (z. B. ein Betriebsprüfer im Angestelltenverhältnis). Den Amtsträgern stehen Personen gleich, die nach dem Verpflichtungsgesetz besonders verpflichtet worden sind (z. B. Schreibkräfte, Boten), amtlich zugezogene Sachverständige und Amtsträger öffentlich-rechtlicher Religionsgemeinschaften (§ 30 Abs. 3 AO).

Die Schweigepflicht ist nicht auf Angehörige der Finanzbehörden, Finanzgerichte und Kirchen beschränkt. Sie erstreckt sich z. B. auch auf Staatsanwälte und Angehörige einer kommunalen Behörde. Dagegen sind nicht gem. § 30 AO zur Geheimhaltung verpflichtet: Der Steuerpflichtige, Angehörige der steuerberatenden Berufe (aber berufliche Schweigepflicht, vgl. § 57 StBerG, § 203 StGB), vom Finanzamt gem. §§ 92 ff. AO zugezogene Auskunftspersonen, der im Lohnsteuerabzugsverfahren tätig werdende Arbeitgeber.

Dem Schutz des Steuergeheimnisses unterliegen „Verhältnisse eines anderen" sowie „fremde Betriebs- und Geschäftsgeheimnisse", „Verhältnisse" sind alle persönlichen, wirtschaftlichen und rechtlichen Umstände (z. B. Umsatz, Gewinn, Einkommen, Vermögen, Alter, Kinderzahl, Religionszugehörigkeit, Krankheit, das Verwaltungsverfahren selbst). Der Begriff ist weit zu fassen. Der Schutzbereich des § 30 AO erstreckt sich nicht nur auf Steuerpflichtige, sondern auf jeden „anderen", z. B. auch auf Auskunftspersonen.

Eine Geheimhaltungspflicht besteht nur bezüglich solcher Umstände, die dem Amtsträger bekannt geworden sind

► in einem Steuerverfahren, Steuerstrafverfahren oder steuerlichen Bußgeldverfahren;

► durch die Mitteilung einer Finanzbehörde, die gesetzlich vorgeschriebene Vorlage eines Steuerbescheides oder einer Bescheinigung über die bei der Besteuerung getroffenen Feststellungen.

Außerdienstlich erlangte Kenntnisse begründen somit *keine Geheimhaltungspflicht.*

Das Steuergeheimnis kann verletzt werden durch

► Offenbaren von Verhältnissen eines anderen;

► die Verwertung fremder Betriebs- oder Geschäftsgeheimnisse.

Offenbaren ist jedes Verhalten (Tun, Dulden oder Unterlassen), durch das eine Bekanntgabe erfolgt oder ermöglicht wird. Soweit sich jedermann zuverlässig Kenntnis aus unschwer zugänglichen Quellen verschaffen kann (z. B. einem Lexikon, Internet), ist ein Offenbaren begrifflich nicht möglich. Die Bestätigung eines Gerüchts kann jedoch eine Offenbarung sein. Verwerten bedeutet ein Ausnutzen zum eigenen oder fremden Vorteil.

Nur eine *unbefugte* Durchbrechung des Steuergeheimnisses ist rechtswidrig. § 30 AO enthält in den Abs. 4 bis 6 einen *abschließenden* Katalog von *Rechtfertigungsgründen* für die Durchbrechung des Steuergeheimnisses. *Danach ist die Offenbarung befugt,*

► soweit sie der Durchführung eines *Steuer-, Steuerstraf- oder Steuerbußgeldverfahrens* dient (z. B. Weiterleitung von Kontrollmaterial, Abgabe einer Steuerstrafsache an die Staatsanwaltschaft);

► soweit sie durch *Gesetz* ausdrücklich zugelassen ist (vgl. z. B. §§ 31, 31a, 31b, 309 AO, § 4 Abs. 5 Nr. 10 EStG, § 10 StBerG, § 21 Abs. 4 SGB X). Der AEAO Tz 5 zu § 30 AO enthält einen umfangreichen Katalog gesetzlicher Bestimmungen, nach denen die Durchbrechung des Steuergeheimnisses zulässig ist;

► soweit *alle* Betroffenen *zustimmen*;

► soweit sie der Durchführung eines Strafverfahrens wegen einer *nichtsteuerlichen* Straftat dient *und* die Kenntnisse in einem steuerstraf- oder steuerlichem Bußgeldverfahren erlangt worden sind. *Ausnahmen:* Der Steuerpflichtige hat die Tatsachen in *Unkenntnis* des Verfahrens offenbart oder sie sind *vor* Einleitung des steuerlichen Straf- oder Bußgeldverfahrens bekannt geworden (vgl. § 393 Abs. 2 AO);

► falls die Tatsachen ohne Bestehen einer steuerlichen Verpflichtung oder unter Verzicht auf ein Auskunftsverweigerungsrecht erlangt worden sind;

► soweit für die Offenbarung ein *zwingendes öffentliches Interesse* besteht (z. B. Verbrechen oder vorsätzliche schwere Vergehen gegen Leib und Leben, gegen Staat, gravierende Wirtschaftsstraftaten);

► gegenüber Strafverfolgungsbehörden, soweit es sich um vorsätzliche falsche Angaben handelt (z. B. bei wissentlich falscher Anzeige wegen einer angeblichen Steuerhinterziehung);

▶ zur Bekämpfung der Schwarzarbeit und bei bestimmten Verstößen gegen das Arbeitsförderungs- und Arbeitnehmerüberlassungsgesetz nach Maßgabe des § 31a AO bzw. Bekämpfung der Geldwäsche nach § 31b AO.

Wegen der weiteren Einzelheiten und der Auflistung der Gesetze, welche eine Offenbarung erlauben, wird auf den AEAO zu §§ 30 – 31b AO Bezug genommen.

Zur Zulässigkeit des Abrufs von Daten, die in einem Steuerverfahren i. S. des § 30 Abs. 2 Nr. 1 AO gespeichert worden sind vgl. § 30 Abs. 6 AO und die Steuerdaten-Abrufverordnung (StDAV) vom 13. 10. 2005 und zur Auskunft über gespeicherte Daten das BMF-Schreiben zur Auskünfteerteilung (BMF, BStBl I 2009, 6) und BVerfG, BStBl II 2009, 23.

Die unbefugte Durchbrechung des Steuergeheimnisses ist gem. § 355 StGB strafbar. Die Tat wird nur auf Antrag des Dienstvorgesetzten oder des Verletzten verfolgt.

Zum Schutz von Bankkunden (§ 30a AO) vgl. Tz 115.

34–36   *(Einstweilen frei)*

C. Steuerschuldrecht

37   Zwischen den Finanzbehörden und dem Steuerbürger besteht ein kompliziertes Geflecht *wechselseitiger Rechte und Pflichten*. Der Staatsbürger ist z. B. verpflichtet, Steuererklärungen abzugeben, Steuern zu zahlen, eine Betriebsprüfung zu dulden. Andererseits ist er nach Lage des Einzelfalles auch berechtigt, von der Behörde Zahlung zu verlangen (z. B. die Erstattung überzahlter Steuern), Rechtsbehelfe einzulegen, eine Berücksichtigung der zu seinen Gunsten sprechenden Tatsachen zu verlangen usw. Die Gesamtheit dieser wechselseitigen Rechte und Pflichten bezeichnet man als Steuerrechtsverhältnis. Soweit durch das Steuerrechtsverhältnis Ansprüche geregelt werden, die auf eine *Geld*leistung zielen, handelt es sich um ein *Steuerschuldverhältnis,* das im zweiten Teil der AO unter der Überschrift „Steuerschuldrecht" geregelt ist. Wichtige steuerschuldrechtliche Vorschriften sind auch im 5. Teil der AO (Erhebungsverfahren, §§ 218 ff.) enthalten, z. B. die Bestimmungen über Fälligkeit, Stundung, Zahlung, Aufrechnung, Erlass.

I. Grundbegriffe

1. Steuerpflichtiger

38   Steuerpflichtiger ist, wer eine Steuer schuldet, für sie haftet, sie für Rechnung eines Dritten einzubehalten oder abzuführen hat, und wer eine Steuererklärung abzugeben, Sicherheit zu leisten, Bücher und Aufzeichnungen zu führen oder andere ihm durch die Steuergesetze auferlegte Verpflichtungen zu erfüllen hat. Dagegen ist *nicht* Steuerpflichtiger, wer in einer *fremden* Steuersache Auskünfte erteilen, Urkunden vorlegen, ein Sachverständigengutachten erstatten oder das Betreten von Grundstücken gestalten muss (§ 33 AO).

2. Steuerrechtsfähigkeit

Steuerpflichtiger kann nur sein, wer die Fähigkeit besitzt, Träger steuerlicher Rechte   39
und Pflichten zu sein (Steuerrechtsfähigkeit). Die *Steuerrechtsfähigkeit* ist nicht in der
AO geregelt, weil sie sich zwangsläufig nach den Einzelsteuergesetzen richten muss.

> **BEISPIELE:** ▶ Natürliche Personen sind i. S. des EStG steuerrechtsfähig, dagegen nicht i. S. des
> KStG. Umsatzsteuerlich ist eine OHG (KG, GbR) Unternehmerin. Einkommensteuerlich sind da-
> gegen Personengesellschaften nicht steuerrechtsfähig, sondern nur die einzelnen Gesellschaf-
> ter als natürliche Personen (Mitunternehmer). – Im Sinne des Grunderwerbsteuerrechts kön-
> nen zivilrechtlich nicht oder teilrechtsfähige Personenzusammenschlüsse rechtsfähig sein
> (BFH, BStBl II 1987, 183; zur Rechtsentwicklung bei der GbR vgl. BGH, NJW 2001, 1056; BFH/NV
> 2005, 1257).

3. Handlungsfähigkeit

Von der Steuerrechtsfähigkeit ist zu unterscheiden die *steuerliche Handlungsfähigkeit*.   40
Handlungsfähigkeit bedeutet die Fähigkeit, im Steuerrechtsverhältnis durch eigenes
Handeln Rechtswirkungen herbeiführen zu können.

> **BEISPIEL:** ▶ Ein Säugling erbt einen Gewerbebetrieb. Der Säugling ist z. B. steuerrechtsfähig
> i. S. des Umsatz-, Einkommen-, Gewerbe- und Erbschaftsteuergesetzes. Er ist verpflichtet, Steu-
> ererklärungen abzugeben und die Steuern zu zahlen (Steuerschuldner). Da er wegen Ge-
> schäftsunfähigkeit seine steuerlichen Pflichten nicht erfüllen kann (§ 79 AO i. V. mit §§ 104 ff.
> BGB), obliegt die Erfüllung seiner steuerlichen Pflichten seinen gesetzlichen Vertretern (§ 34
> Abs. 1 AO).

Steuerlich handlungsfähig sind (§ 79 i. V. mit § 104 ff. BGB):

▶ natürliche Personen, die nach bürgerlichem Recht geschäftsfähig sind,

▶ zivilrechtlich beschränkt Geschäftsfähige, soweit sie für den Gegenstand des Verfahrens bürgerlich-rechtlich als geschäftsfähig anerkannt sind,

▶ juristische Personen, Vereinigungen und Vermögensmassen durch ihre gesetzlichen
  Vertreter oder besonders Beauftragte (vgl. BFH/NV 2009, 495 zu wirksamem Antrag
  auf Investitionszulage).

Volle Geschäftsfähigkeit besteht nach Vollendung des 18. Lebensjahres, beschränkte
Geschäftsfähigkeit ab Vollendung des 7. Lebensjahres. Willenserklärungen (Verfahrenshandlungen) eines Geschäftsunfähigen sind unwirksam. Ermächtigt der gesetzliche
Vertreter einen *beschränkt* Geschäftsfähigen mit Genehmigung des Vormundschafts-
gerichts zum selbständigen Betrieb eines Erwerbsgeschäfts, so ist er für solche Rechtsgeschäfte *unbeschränkt* geschäftsfähig und steuerrechtlich handlungsfähig, die der Geschäftsbetrieb mit sich bringt (§ 112 BGB, § 79 Abs. 1 Nr. 2 AO).

> **BEISPIEL:** ▶ Ein 17-Jähriger betreibt mit Genehmigung seiner Eltern und des Vormundschafts-
> gerichts eine erfolgreiche Jugendband. Der Minderjährige kann wirksam die Umsatzsteuerer-
> klärungen abgeben und gegen die Bescheide Rechtsbehelfe einlegen.

Begründet ein beschränkt Geschäftsfähiger *mit Genehmigung* des gesetzlichen Vertreters ein Arbeitsverhältnis, so ist er in Bezug auf *dieses* Arbeitsverhältnis unbeschränkt
geschäftsfähig (§ 113 BGB). Steuerrechtlich folgt daraus, dass er für das Gebiet der
Lohnsteuer handlungsfähig wird.

Die Abgabe der Einkommensteuererklärung durch den beschränkt Geschäftsfähigen ist i. d. R. von der Genehmigung nicht gedeckt, da nicht nur das Arbeitsverhältnis Besteuerungsmerkmale begründet (vgl. T/K, Stand 08/06, § 79 AO Tz 18).

Den Veränderungen durch das Betreuungsgesetz (vgl. §§ 1896 ff. BGB) trägt u. a. § 79 Abs. 2 und 3 AO Rechnung (vgl. H/H/Sp, 08/02, § 79 AO Rdnr. 66–71).

4. Steuerschuldner

41 Steuerschuldner ist, wer selbst zur Zahlung der Steuer verpflichtet ist oder für dessen Rechnung ein anderer Beteiligter die Steuer zu entrichten hat (z. B. der Arbeitnehmer bezüglich der Lohnsteuer § 38 Abs. 2 EStG). *Steuerentrichtungspflichtiger* ist, wer Steuern für Rechnung eines anderen zu entrichten hat (z. B. der Arbeitgeber, soweit es sich um die Lohnsteuer seiner Arbeitnehmer handelt; § 38 Abs. 3 EStG). Wer Steuerschuldner und wer Steuerentrichtungspflichtiger ist, bestimmen die Einzelsteuergesetze (§ 43 AO).

5. Gesamtschuldner

42 Gesamtschuldner sind Personen, die nebeneinander *dieselbe* Leistung schulden oder für sie haften. Soweit im Einzelfall nichts anderes bestimmt ist, schuldet jeder Gesamtschuldner die gesamte Leistung. Die Erfüllung durch einen Gesamtschuldner wirkt auch für die übrigen Schuldner (§ 44 AO). Gesamtschuldner sind z. B.: zusammenveranlagte Personen (§ 44 Abs. 1 AO), Miterben für Schulden des Erblassers (§ 45 Abs. 2 AO), Steuerschuldner und Haftungsschuldner (§ 44 Abs. 1 AO), Arbeitnehmer und Arbeitgeber bezüglich der Lohnsteuer (§ 42d EStG). Die Finanzbehörde hat nach pflichtgemäßem Ermessen zu entscheiden, welchen Gesamtschuldner sie in welcher Höhe in Anspruch nimmt (vgl. Tz 26).

II. Entstehung des Steueranspruchs

1. Grundsatz und Ausnahmen

43 Gemäß § 38 AO entsteht der Anspruch aus dem Steuerschuldverhältnis, sobald der Tatbestand verwirklicht ist, an den das Gesetz die Leistungspflicht knüpft. Die Steuerfestsetzung begründet folglich i. d. R. nicht den Steueranspruch, sondern stellt lediglich die Existenz des kraft Gesetzes entstandenen Anspruchs fest (zur Festsetzung nicht entstandener Ansprüche vgl. BFH, BStBl II 1989, 563, 566).

In zahlreichen *Einzelsteuergesetzen* ist der Entstehungszeitpunkt *abweichend* bzw. *ergänzend* geregelt.

BEISPIELE: Gemäß § 13 UStG entsteht die *Umsatzsteuer* i. d. R. mit Ablauf des Voranmeldungszeitraums (i. d. R. das Kalendervierteljahr), in dem die Leistung ausgeführt (bei Sollbesteuerung) oder das Entgelt vereinnahmt worden ist (bei Istbesteuerung).

Die *Einkommensteuer* entsteht mit Ablauf des Veranlagungszeitraums, soweit es sich nicht um Vorauszahlungen oder Abzugsteuern handelt (z. B. §§ 36 Abs. 1, 37 Abs. 1, 38 Abs. 2, § 44, 50a Abs. 5 EStG).

Zinsen und *Säumniszuschläge* entstehen kraft Gesetzes bei Tatbestandsverwirklichung (§§ 233 ff., 240 AO; bei Vollverzinsung ist aber zu beachten, dass zum Tatbestand die Wirksamkeit der zugrunde liegenden Steuerfestsetzung, also i. d. R. die Bekanntgabe des Steuerbescheides gehört). *Verspätungszuschläge* (§ 152 AO) und *Zwangsgelder* (§ 333 AO) entstehen dagegen erst durch die Bekanntgabe des (rechtsbegründenden) Verwaltungsakts. Die Entstehung der Zuschläge nach § 162 Abs. 4 AO ist unklar. Bei Anwendung der allgemeinen Regeln müsste der Zuschlag mit seinem Grundbetrag mit Tatbestandsverwirklichung, mit dem überschießenden Betrag bei Festsetzung (Ermessensausübung) entstehen. Es spricht aber viel dafür, den Zuschlag insgesamt als ermessensgeregelt zu behandeln, also Entstehung erst mit Festsetzung anzunehmen (vgl. T/K, 04/08, § 162 AO Rdnr. 74 ff.; BMF, BStBl I 2005, 570 – Verwaltungsgrundsätze-Verfahren unter 4.6.3).

Die allgemeine Regel des § 38 AO gilt grundsätzlich auch für Erstattungsansprüche. Bei einer irrtümlichen Doppelzahlung entsteht z. B. der Erstattungsanspruch kraft Gesetzes mit Eingang der zweiten Zahlung (vgl. auch § 37 Abs. 2 AO). Bei Fehlleitung einer Zahlung an einen unbeteiligten Dritten durch die Finanzkasse entsteht der Rückforderungsanspruch des Finanzamts mit Zugang der Zahlung (BFH, BStBl II 1986, 704). Auch bei Erstattungsansprüchen sind die Regelungen der Einzelsteuergesetze zu beachten. Nicht völlig klar ist die Rechtslage bei Erstattungsansprüchen, die sich aus Änderungsbescheiden ergeben. Während der BFH teilweise (vgl. BFH, BStBl II 1991, 281) annahm, dass der Erstattungsanspruch mit der Änderung des Bescheides entsteht, wurde dies von wesentlichen Kommentatoren und anderen Gerichten abgelehnt (vgl. die Nachweise bei T/K, Stand 10/06, § 37 AO Tz 33 ff.). Der BFH wendet teilweise auch die materielle Theorie an (BFH/NV 1994, 839), er hat die Frage nach der anzuwendenden Theorie aber in BStBl II 1997, 796; 2003, 43 und BFH, BStBl II 2004, 203 erneut offen gelassen (vgl. auch BFH, BStBl II 2008, 626).

Die Anwendung der formellen Theorie in der Rechtsprechung des BFH führte bei Abtretungen und Pfändungen (§ 46 AO) zu untragbaren Ergebnissen, da die Erstattungsanprüche erst nach Entstehung gepfändet werden können und die Abtretung erst mit Anzeige nach Entstehung gegenüber der Finanzbehörde wirksam wird.

Der BFH vertrat daher zu § 46 AO schon früher die Auffassung, dass der Erstattungsanspruch nach materiellem Recht mit Ablauf des Veranlagungszeitraums entsteht (vgl. BFH, BStBl II 1990, 946). Allein die Auffassung, dass der Erstattungsanspruch – wie die Steuer – nach materiellem Recht entsteht, kann überzeugen. Die Theorie liegt im Übrigen auch der Regelung in § 233a AO (Vollverzinsung) zugrunde.

BEISPIEL: ▶ Der Einkommensteuerbescheid 2005 über 30 000 € wird aufgrund einer Betriebsprüfung 2008 auf 20 000 € geändert.

Der Erstattungsanspruch ist mit Ablauf des Jahres 2005 – oder bei späterer Zahlung mit Zahlungseingang bei der Behörde – entstanden.

Der Steuerpflichtige konnte das Geld aber nicht verlangen (§§ 37, 218 AO), weil es an einem den Anspruch bestätigenden Verwaltungsakt mangelte. Die Verzinsung nach § 233a AO knüpft aber an das Entstehungsjahr 2005 und ggf. an die spätere Zahlung an (vgl. § 233a Absätze 2 und 3 Satz 3 AO).

Von der *Entstehung* des Anspruchs ist die *Fälligkeit* zu unterscheiden. Ein Anspruch ist fällig, sobald sofortige Zahlung verlangt werden kann.

BEISPIEL: ▶ Die ESt-Forderung auf die Abschlusszahlung entsteht mit Ablauf des Veranlagungszeitraums. Fällig wird sie erst einen Monat nach Bekanntgabe des Bescheids (§ 36 Abs. 1 und 4 EStG).

2. Bedeutung des Entstehungszeitpunkts

44 *Der Entstehungszeitpunkt ist insbesondere von Bedeutung*

▶ für die Abtretung. Die Abtretung eines Erstattungs- und Vergütungsanspruchs wird erst wirksam, wenn sie der Gläubiger (auf amtlich vorgeschriebenem Vordruck) der zuständigen Finanzbehörde *nach Entstehung* des Anspruchs anzeigt (§ 46 Abs. 2 AO; AEAO zu § 46). – Zur Wirksamkeit der Abtretung (Zession) vgl. BFH, BStBl II 1983, 123.

▶ für die Pfändung. Sie ist erst zulässig, wenn der Anspruch entstanden ist (§ 46 Abs. 6 AO). Vor Ablauf des Jahres kann deshalb z. B. ein Anspruch auf Einkommensteuererstattung nicht gepfändet werden. Eine vorher erwirkte Pfändung wird auch nicht mit Entstehung des Anspruchs wirksam (§ 46 Abs. 6 AO). Entscheidend ist der Zeitpunkt des *Erwirkens* (Abgabe aus dem internen Geschäftsgang der erlassenden Stelle; vgl. T/K, Stand 07/08, § 46 AO Tz 10), nicht der Zustellung.

▶ für die Aufrechnung. Die Aufrechnung setzt die Existenz wechselseitiger Ansprüche voraus (§ 226 AO).

▶ für die Haftung. Die Haftung des Betriebsübernehmers für betriebliche Steuerschulden und Steuerabzugsbeträge beschränkt sich auf Steuern, die seit Beginn des letzten Kalenderjahres vor der Betriebsübertragung entstanden sind (§ 75 AO).

▶ für die Festsetzungsverjährung. Sie beginnt frühestens mit Ablauf des Kalenderjahres, in dem die Steuer entstanden ist (§ 170 Abs. 1 AO).

III. Vorschriften der AO zur wirtschaftlichen Betrachtungsweise

1. Steueranspruch und Zurechnung – wirtschaftliches Eigentum

45 § 39 AO regelt die Zurechnung von Wirtschaftsgütern. Die Vorschrift wirkt sich folglich auf zahlreiche Steuern aus: z. B. auf die ertragsabhängigen Steuern (ESt, KSt, GewSt nach dem Ertrag wegen der Berechtigung, die AfA vorzunehmen), ebenso auf die Erbschaft- und Schenkungsteuer.

Gem. § 39 Abs. 1 AO sind Wirtschaftsgüter dem Eigentümer zuzurechnen. Der Wortlaut dieser Vorschrift ist zu eng gefasst. Gemeint ist: Wirtschaftsgüter sind (grundsätzlich) dem *Rechtsinhaber* zuzurechnen. Denn Eigentum kann nur an (körperlichen) Sachen i. S. des § 90 BGB bestehen, nicht dagegen z. B. an Forderungen, Urheberrechten, dem Goodwill. Auch für nicht eigentumsfähige Wirtschaftsgüter soll aber die Regel des § 39 Abs. 1 AO gelten.

Abweichend von diesem Grundsatz, wonach für die steuerrechtliche Zurechnung die zivilrechtliche Rechtslage maßgebend ist, stellt § 39 Abs. 2 AO auf die wirtschaftlichen

Verhältnisse, das sog. *„wirtschaftliche Eigentum"*, ab. Wirtschaftliches Eigentum liegt vor, wenn ein anderer als der Eigentümer (= Rechtsinhaber) die tatsächliche Herrschaft über ein Wirtschaftsgut in einer Weise ausübt, dass er den Eigentümer (Rechtsinhaber) im Regelfall für die gewöhnliche Nutzungsdauer von der Einwirkung auf das Wirtschaftsgut wirtschaftlich ausschließen kann. In einem derartigen Fall wird das Wirtschaftsgut nicht dem zivilrechtlichen, sondern dem wirtschaftlichen Eigentümer zugerechnet.

BEISPIEL: ▶ Beim Kauf unter Eigentumsvorbehalt kann der Käufer – solange er die Kaufpreisraten vertragsgemäß entrichtet – den Eigentümer (Verkäufer) von der Einwirkung auf die gekaufte Sache ausschließen. Der Käufer ist wirtschaftlicher Eigentümer. Das Wirtschaftsgut ist ihm zuzurechnen. Entsprechendes gilt bei der Sicherungsübereignung. Wirtschaftlicher Eigentümer ist der Sicherungsgeber.

Der landwirtschaftliche Pächter ist grundsätzlich nicht als wirtschaftlicher Eigentümer zu behandeln (AEAO Tz 1 zu § 39 AO). Bei *Leasing*-Verträgen sind unterschiedliche Gestaltungen möglich. Deckt sich die betriebsgewöhnliche Nutzungsdauer des Wirtschaftsguts mit der fest vereinbarten Mietzeit, so wird im Regelfall das Leasing-Gut dem *Leasingnehmer* zuzurechnen sein (BFH, BStBl II 1970, 264. – Hinweis auf die Darstellung des Leasing in Band 1 des Kompendiums, Teil „Einkommensteuer").

Bei *Treuhandverhältnissen* sind die Wirtschaftsgüter dem Treugeber zuzurechnen (§ 39 Abs. 2 Nr. 1 AO).

Zinsen, die auf einem Anderkonto eines Notars (Treuhandkonto) anfallen, sind dem Treugeber (Mandanten) zuzurechnen. Bei Einrichtung eines Anderkontos durch einen Notar lässt sich der Treugeber durch den Inhalt des jeweiligen Verwahrungsvertrags bestimmen (BFH, BStBl II 1986, 404).

Sachen im *Eigenbesitz* sind dem Eigenbesitzer zuzurechnen (§ 39 Abs. 1 Nr. 1 AO). Besitz ist die *tatsächliche* Sachherrschaft (§ 854 BGB), Eigentum die (umfassendste) *rechtliche* Sachherrschaft (§ 903 BGB). Ein besitzender Nichteigentümer ist Eigenbesitzer, wenn er eine Sache als *ihm gehörend* besitzt (§ 872 BGB). Zum Eigenbesitz gehört der Wille, die Sache (das Wirtschaftsgut) wie ein Eigentümer zu beherrschen.

BEISPIEL: ▶ Wer gestohlene Sachen z. B. in Unkenntnis dessen ankauft und in Besitz nimmt, kann daran – von Ausnahmen abgesehen – kein Eigentum erwerben (§ 935 BGB). Er will jedoch die Sachen wie ein Eigentümer als ihm gehörend besitzen. Die Sachen sind ihm folglich steuerlich zuzurechnen.

Mieter (und Pächter) sind nicht Eigenbesitzer und nicht wirtschaftliche Eigentümer. Sie besitzen die mietweise überlassene Sache nicht als ihnen gehörend. Auch sind sie im Regelfall nicht in der Lage, den Eigentümer für die gewöhnliche Nutzungsdauer von der Einwirkung auf das Wirtschaftsgut auszuschließen, weil dieser das Besitzrecht des Mieters durch Kündigung beenden und das Mietobjekt veräußern kann. Ausnahmen sind jedoch denkbar: wird z. B. in einem unkündbaren Mietvertrag vereinbart, dass das Mietobjekt nach dem Tod des Vermieters Eigentum des Mieters werden soll, so kann in dieser Vereinbarung die Übertragung des wirtschaftlichen Eigentums liegen (BFH, BStBl II 1975, 281). Weitere Ausnahmen können sich bei Mietereinbauten (vgl. dazu BFH, BStBl II 1997, 774) oder Bauten auf fremdem Grund und Boden ergeben (vgl. BFH, BStBl II 1998, 97, 2002, 741) sowie bei Nießbrauch ergeben, wenn der Nießbraucher die

Kosten für das zu nutzende Wirtschaftsgut getragen hat (BFH, BStBl II 2005, 80). Zu wirtschaftlichem Eigentum bei Gesellschaftsanteilen vgl. BFH, BStBl II 2007, 296 – Doppeloption –, BFH/NV 2008, 659 und 1908.

Die Zurechnungsregeln des § 39 AO gelten grundsätzlich für alle Steuern. Im Einzelfall kann jedoch die Auslegung von Vorschriften der Einzelsteuergesetze ergeben, dass nicht das wirtschaftliche Eigentum, sondern das zivilrechtliche Eigentum maßgebend ist. Dies gilt insbesondere für den Bereich der Verkehrsteuern. Nach der Rechtsprechung wird beispielsweise die sicherungsweise Übereignung eines Grundstücks von der Grunderwerbsteuer erfasst (BFH, BStBl III 1952, 310). Auch die Übereignung eines Grundstücks auf einen Treuhänder löst Grunderwerbsteuer aus, obwohl gem. § 39 Abs. 2 Nr. 1 AO ein Grundstück z. B. für die Einkommen- und Vermögensteuer dem Treugeber zuzurechnen ist (ausführlich zur Grunderwerbsteuer bei Treuhandgeschäften über Grundstücke: Erlasse der Obersten Finanzbehörden der Länder, BStBl I 1984, 378; vgl. auch BFH/NV 2001, 66 m. w. N.).

Für die *Zwangsvollstreckung* kommt es *nicht* auf das wirtschaftliche, sondern auf das zivilrechtliche Eigentum an.

> **BEISPIEL:** ▶ Ein Vollstreckungsschuldner hat einen Flachbildschirm unter Eigentumsvorbehalt gekauft. Er ist wirtschaftlicher Eigentümer. Dennoch darf der Vollziehungsbeamte des Finanzamts dieses Gerät nicht verwerten, weil ein Dritter (der Verkäufer) an diesem Gerät „ein die Veräußerung hinderndes Recht" hat, nämlich das zivilrechtliche Eigentum (§ 262 Abs. 1 AO).

2. Steueranspruch und gesetzwidriges Handeln

46   Die Steuerpflicht entfällt nicht dadurch, dass ein Verhalten gegen ein gesetzliches Gebot oder Verbot oder gegen die guten Sitten verstößt (§ 40 AO). Diese Regelung ist erforderlich, weil andernfalls ein Anreiz bestünde, durch sittenwidriges oder strafbares Verhalten Steuerfreiheit zu erlangen.

> **BEISPIEL:** ▶ Gewerbsmäßige Hehlerei begründet Umsatz-, Einkommen- und Gewerbesteuerpflicht. – Ein Hauseigentümer erpresst von einem Gastarbeiter, der keine Aufenthaltsgenehmigung besitzt, eine Wuchermiete. Der Vertrag ist wegen Verstoßes gegen die guten Sitten nichtig (§ 138 BGB). Dennoch unterliegen die Einkünfte der Einkommensteuer. Dies ist verfassungsmäßig (BVerfG, HFR 1996, 597). Teilweise wird § 40 AO aber durch europarechtliche Vorgaben überlagert. So hat der EuGH entschieden, dass Waren, die in keinem Mitgliedstaat der EU legal gehandelt werden können, nicht umsatzsteuerbar seien (Ableitung aus Artikel 2 der 6. USt RL, jetzt Art. 2 MwStSystRL; vgl. z. B. EuGH-Urteil zum Drogenhandel in UR 1989, 309).

3. Unwirksame Rechtsgeschäfte

47   Die Unwirksamkeit eines Rechtsgeschäfts schließt die Besteuerung nicht aus, wenn und soweit die Beteiligten das wirtschaftliche Ergebnis des Geschäfts eintreten und bestehen lassen (§ 41 Abs. 1 AO). Rechtsgeschäfte können z. B. wegen Geschäftsunfähigkeit, Formmangels, Gesetzesverstoßes oder Sittenwidrigkeit unwirksam sein (§§ 105, 125, 134, 138 BGB).

> **BEISPIEL:** ▶ Ein Erblasser hat sein „Testament" auf Tonband gesprochen. Das Testament ist unwirksam, weil die gesetzlich vorgeschriebene Schriftform fehlt (§§ 2247, 125 BGB). – Steuerrechtlich ist die Unwirksamkeit unbeachtlich, *soweit* sich die Erben nach dem unwirksamen Testament richten (vgl. BFH, BStBl II 1982, 28; BFH/NV 2006, 554).

Der BFH wandte § 41 Abs. 1 Satz 1 AO im Ertragsteuerrecht nicht an, wenn es sich um   48
Verträge zwischen nahen Angehörigen handelte (so ausdrücklich BFH, BStBl II 1992,
506; jetzt anders im Sinne einer Indizienabwägung BFH, BStBl II 2007, 294).

Der Begriff des nahen Angehörigen ist im Gesetz nicht definiert. Jedenfalls gehören zu
dem betroffenen Personenkreis die Ehegatten, Kinder und Eltern und von entsprechenden Personen beherrschte Gesellschaften (vgl. BFH, BStBl II 1991, 581) sowie die Partner
nichtehelicher Lebensgemeinschaften (BFH/NV 2007, 2235). Zur steuerlichen Anerkennung von Verträgen zwischen nahen Angehörigen verlangt der BFH in ständiger Rechtsprechung, dass die Verträge *ernstlich gewollt und durchgeführt* werden und dem
Fremdvergleich entsprechen (vgl. BFH, BStBl II 1986, 798 m. w. N. auch zur älteren Verfassungsrechtsprechung). Die indizielle Wirkung der zivilrechtlichen Unwirksamkeit der
Verträge ist besonders stark bei klarer Zivilrechtslage. Die Rechtsprechung hat praktische Bedeutung insbesondere bei Darlehen, Miet- und Gesellschafts- und Arbeitsverhältnissen. Das BVerfG hat die Rechtsprechung des BFH 1995 erneut im Prinzip bestätigt, aber die sehr formelle Rechtsprechung zur Nichtanerkennung von Ehegatten-
arbeitsverhältnissen, wenn der Lohn auf ein Oder-Konto der Ehepartner fließt, als „objektiv willkürlich" kassiert (BVerfG, BStBl II 1996, 34; erneut bestätigt in BVerfG, NJW
2003, 1442).

Im Anschluss an die Oderkonto-Entscheidung des BVerfG hat der BFH seine Rechtsprechung zu Verträgen zwischen nahen Angehörigen fortentwickelt. Tendenziell sind die
Anforderungen an die Steuerpflichtigen gesunken. Nicht jede marginale Abweichung
vom Üblichen und nicht jeder Verstoß gegen zivilrechtliche Formvorschriften führt
(zwingend) zur Nichtanerkennung der entsprechenden Verträge. So hat der BFH in
BStBl II 2000, 386, einen Vertrag steuerlich berücksichtigt, der zunächst aus Unkenntnis
formunwirksam abgeschlossen worden war, bei dem aber sofort nach Erkennen der
Formproblematik der Formmangel behoben wurde. Zu weiteren Änderungen in der
Rechtsprechung siehe auch Nachweise in BFH, BStBl II 2007, 294.

Die Rechtsprechung ist nicht auf die Verkehrsteuern zu übertragen (vgl. BFH, BStBl II
1989, 913; 1993, 562), da die o. b. Rechtsprechung im Ertragsteuerrecht formal auf § 12
EStG aufbaut.

4. Scheingeschäfte

Scheingeschäfte und *Scheinhandlungen* sind für die Besteuerung unerheblich (§ 41   49
Abs. 2 AO). Beim Scheingeschäft sind sich die Beteiligten darüber einig, dass die abge-
gebenen Willenserklärungen nicht die nur zum Schein angestrebten Rechtsfolgen haben sollen. Scheingeschäfte sind zivilrechtlich nichtig (§ 117 Abs. 1 BGB).

BEISPIEL: Ein Unternehmer schließt mit seinem Sohn einen Arbeitsvertrag, um den einkommensteuerlichen Progressionseffekt und die Gewerbesteuer zu mindern. Beide sind sich darüber einig, dass der Arbeitsvertrag nicht tatsächlich durchgeführt werden soll. Der Vertrag ist
zivilrechtlich nichtig und steuerlich unbeachtlich.

Wird durch ein Scheingeschäft ein anderes – ernsthaft gewolltes – Rechtsgeschäft ver-   50
deckt, so ist für die Besteuerung das verdeckte Geschäft maßgebend.

27

> **BEISPIEL:** Um Grunderwerbsteuer zu sparen, lassen Verkäufer und Käufer eines Grundstücks als Kaufpreis 400 000 € notariell beurkunden. Mündlich vereinbaren sie einen Preis von 500 000 €. Die beurkundete Abrede ist als Scheingeschäft nichtig. Durch das nichtige Geschäft wird die tatsächliche Vereinbarung (Preis: 500 000 €) verdeckt. Gemäß § 41 Abs. 2 Satz 2 AO gilt das verdeckte Rechtsgeschäft – also die Preisvereinbarung über 500 000 €. Zwar ist diese mündliche Preisabsprache gem. §§ 311b, 125 BGB nichtig. Halten sich die Beteiligten jedoch an die nichtige Absprache – zahlt also der Käufer 500 000 € –, so ist für die Grunderwerbsteuer der Betrag von 500 000 € maßgebend.

51 Auch bloße *Scheinhandlungen* (ohne rechtsgeschäftlichen Charakter) sind für die Besteuerung ohne Belang (§ 41 Abs. 2 AO).

> **BEISPIEL:** Ein Steuerpflichtiger begründet unter (scheinbarer) Aufgabe seines inländischen Wohnsitzes einen Schein-Wohnsitz im Ausland, um der unbeschränkten Steuerpflicht zu entgehen. Vgl. auch Tz 27.

5. Steuerumgehung – Treu und Glauben

52 Durch Missbrauch von Gestaltungsmöglichkeiten des Rechts kann ein Steuergesetz nicht umgangen werden. Bei einem Missbrauch entsteht der Steueranspruch so, wie er bei einer wirtschaftlich angemessenen Rechtsgestaltung entsteht (§ 42 AO).

§ 42 AO ist eine Vorschrift, mit der der Gesetzgeber die missbräuchliche Ausnutzung der textlichen Unvollkommenheit des Gesetzes verhindern will. „Steuerumgehung ist ein Unterfall der Gesetzesumgehung. Sie besteht in einem Verhalten, auf das die durch Auslegung ermittelte Regelung des Gesetzes nicht anwendbar ist, obwohl dieses Verhalten dem Zweck der Gesetzesvorschrift entspricht" (BFH, BStBl II 1986, 620, 621). „Den Steuerpflichtigen ist es zwar grundsätzlich nicht verwehrt, ihre rechtlichen Verhältnisse so zu gestalten, dass sich eine geringere steuerliche Belastung ergibt. ... Die vom Steuerpflichtigen gewählte Rechtsgestaltung ist der Besteuerung jedoch dann nicht zugrunde zu legen, wenn sie ausschließlich der Steuerminderung dient und bei sinnvoller, Zweck und Ziel der Rechtsordnung berücksichtigender Auslegung vom Gesetz missbilligt wird" (BFH, BStBl 1992, 486).

Damit stellt sich die Anwendung von § 42 als ein Unterfall der Gesetzesanalogie dar, also als ein methodischer Vorgang, bei dem das Gesetz auf einen Sachverhalt angewendet wird, der nicht dem Tatbestand unterfällt, obwohl der Sachverhalt nach dem Zweck der Regelung besteuert werden sollte. Soweit es um Subventionsnormen geht, dreht sich die Situation dergestalt, dass der Steuerpflichtige in den Bereich der Subventionsvorschrift gelangen möchte. Insoweit stellt sich § 42 AO als ein Fall der teleologischen Reduktion der jeweiligen Steuervorschrift dar, als ein methodischer Vorgang, bei dem das Gesetz auf einen Sachverhalt nicht angewendet wird, weil der Fall nach dem Zweck der Subventionsvorschrift nicht subventioniert werden soll, obwohl der Wortlaut der Norm erfüllt ist.

Voraussetzung für die Anwendung von § 42 AO ist also:

▶ Das Steuergesetz muss unmittelbar oder mittelbar an Gestaltungsformen des Rechts anknüpfen.

▶ Der Gesetzeszweck muss die Besteuerung der zugrunde liegenden wirtschaftlichen Vorgänge oder Ergebnisse sein.

► Die beschriebene Gestaltungsform darf nicht alle Vorgänge, deren Besteuerung bezweckt ist, erfassen (planwidrige Lücke im Gesetz).

► Der Steuerpflichtige muss sich dem wirtschaftlichen Zweck unangemessener rechtlicher Gestaltungen bedienen.

► Die gewählte Gestaltung muss zur Tatbestandsvermeidung (belastende Norm) oder Tatbestandserschleichung (begünstigende Norm) führen, also einem gesetzlich nicht vorgesehenen Steuervorteil (AEAO Tz 2.4 zu § 42).

► Der Steuerpflichtige muss missbräuchlich handeln (Umgehungsabsicht; str.; BFH/NV 1999, 284).

Bei der Prüfung, ob eine unangemessene rechtliche Gestaltung vorliegt, ist nach der Neufassung des § 42 AO ab 2008 zunächst ein Vergleich zwischen den steuerlichen Auswirkungen einer angemessenen rechtlichen Gestaltung und den steuerlichen Auswirkungen der gewählten rechtlichen Gestaltung vorzunehmen. Ergibt dieser Vergleich einen Steuervorteil beim Steuerpflichtigen oder einem Dritten, ist weiter zu prüfen, ob dieser Steuervorteil gesetzlich vorgesehen ist. Dies kann z. B. der Fall sein bei Ausübung gesetzlicher Wahlrechte oder bei Nutzung steuergesetzlicher Lenkungs- und Fördernormen. Ist der Steuervorteil gesetzlich nicht vorgesehen, ist zu prüfen, ob die gewählte Gestaltung unangemessen ist. Eine rechtliche Gestaltung ist nach der Rechtsprechung des BFH insbesondere dann unangemessen, wenn sie von verständigen Dritten in Anbetracht des wirtschaftlichen Sachverhalts und der wirtschaftlichen Zielsetzung ohne den Steuervorteil nicht gewählt worden wäre. Die Finanzverwaltung muss also zunächst darlegen, dass der Steuervorteil gesetzlich nicht vorgesehen ist. Dabei ist mit Hilfe der normalen Auslegungskriterien, insbesondere anhand der Gesetzesbegründung zu prüfen, welchen Zweck der Gesetzgeber mit der betreffenden Norm verfolgen wollte. Nur so kann dargelegt werden, dass der erzielte Vorteil gesetzlich nicht vorgesehen ist. Ein Gestaltungsmissbrauch liegt nach § 42 Abs. 2 Satz 2 AO nicht vor, wenn der Steuerpflichtige für die von ihm gewählte, unangemessene Gestaltung außersteuerliche Gründe nachweist, die nach dem Gesamtbild der Verhältnisse beachtlich sind. Diese Regelung eröffnet dem Steuerpflichtigen die Möglichkeit, die Annahme eines Gestaltungsmissbrauchs durch Nachweis außersteuerlicher Gründe zu entkräften. Die vom Steuerpflichtigen vorgetragenen außersteuerlichen Gründe müssen aber nach dem Gesamtbild der Verhältnisse beachtlich sein. Was als beachtlich anzusehen ist, ist bei der Beurteilung des Einzelfalls zu entscheiden. Zur Neufassung vgl. z. B. Fischer, FR 2008, 306. Von großer praktischer Bedeutung sind die Ausführungen im AEAO zu § 42 (BStBl I 2008, 694), wo insbesondere das Verhältnis von spezialgesetzlichen Missbrauchsvorschriften und § 42 AO Sicht der Verwaltung dargestellt ist. Danach ist in Fällen, in denen der Tatbestand einer spezialgesetzlichen Regelung nicht erfüllt ist, in einem weiteren Schritt zu prüfen ist, ob ein Missbrauch im Sinne des § 42 Abs. 2 AO vorliegt (anders bisher BFH, BStBl II 2003, 50; 2008, 978).

Seit Mitte der 90er Jahre sind eher großzügige Entscheidungen speziell zu Mietverträgen ergangen (vgl. z. B. BFH, BStBl II 1996, 214; 2003, 627). Eine grundlegende Rechtsprechungsänderung betrifft Mietverträge zwischen Eltern und unterhaltsberechtigten Kindern. Die Zahlung der Miete aus dem Barunterhalt wird nicht mehr als rechtsmissbräuchlich angesehen (vgl. BFH, BStBl II 2000, 223, 224). Auch zur Übertragung von

Grundstücken und anschließender „Rück"-Vermietung liegen zahlreiche neue Urteile vor (BStBl II 2004, 641, 643, 646, 648; 2006, 359 zu Gesamtplan).

Neben den klassischen Fällen der Steuerumgehung hatte der BFH diverse Fälle mit – vorgeschalteten – Angehörigen oder Gesellschaften zu entscheiden. Dabei hat er bei Fällen, bei denen wirtschaftlich abhängige Personen als „fremdbestimmte Objekte im Gestaltungsplan des Steuerpflichtigen" handelten, den Gestaltungen die steuerliche Anerkennung versagt (vgl. BFH, BStBl II 1991, 607; BFH/NV 2000, 1147; BStBl II 2007, 344). In den meisten bisher entschiedenen Fällen ging es um die Erschleichung des Vorsteuerabzugs durch nicht vorsteuerabzugsberechtigte „Hintermänner" (z. B. Ärzte oder Arbeitnehmer; Banken). In diesem Zusammenhang ist auf die Oderkonto-Entscheidung des BVerfG hinzuweisen, die es der Rechtsprechung grundsätzlich verwehrt, quasi Tatbestandsmerkmale zu entwickeln, die vom Gesetzgeber nicht vorgegeben worden sind. Die vom BFH im Zusammenhang mit den Vorschaltfällen entwickelte Theorie läuft aber auf eine derartige „Tatbestandsmäßigkeit" einzelner Indizien hinaus. Im Lichte der Verfassungsrechtsprechung ist auch insoweit ein Übergang zu einer Abwägung auf der Basis aller Indizien geboten.

IV. Fälligkeit

1. Begriff und Bedeutung der Fälligkeit

53   Von der Entstehung eines Anspruchs ist die Fälligkeit zu unterscheiden. *Entstehung* bedeutet: Der Anspruch wird existent (vgl. Tz 46). *Fälligkeit* bedeutet: Der Gläubiger kann die Leistung (sofort) verlangen.

> **BEISPIEL:** ► Der Anspruch auf die Einkommensteuer-Vorauszahlung entsteht mit Beginn des Kalendervierteljahres, in dem die Vorauszahlungen zu entrichten sind (§ 37 Abs. 1 Satz 2 EStG). Zu Beginn des Quartals ist die Vorauszahlung jedoch noch nicht zu entrichten (sie ist noch nicht fällig). Die Fälligkeit tritt erst ein am 10. des letzten Monats des betreffenden Quartals (§ 37 Abs. 1 Satz 1 EStG). Ein am 1. Januar, 0 Uhr, entstandener Anspruch auf Einkommensteuer-Vorauszahlung wird erst am 10. März des betreffenden Jahres fällig.

Praktische Bedeutung des Fälligkeitszeitpunkts:

► Vor Fälligkeit kann weder die Finanzbehörde Zahlung verlangen, noch kann der Steuerpflichtige die Tilgung von Erstattungs- und Vergütungsansprüchen beanspruchen.

► Zahlt der Steuerpflichtige bei Fälligkeit nicht, so entstehen kraft Gesetzes Säumniszuschläge (§ 240 AO, beachte § 240 Abs. 1 Satz 3 AO).

► Die Zahlungsverjährung *beginnt* (grundsätzlich) mit Ablauf des Kalenderjahres, in dem der Anspruch erstmals *fällig* geworden ist (§ 229 AO).

► Die Aufrechnung mit einer Forderung setzt Fälligkeit voraus (vgl. Tz 66).

► Die Zwangsvollstreckung darf erst beginnen, wenn die Leistung fällig ist (§ 254 Abs. 1 AO).

2. Bestimmung des Fälligkeitszeitpunkts

Die Fälligkeit des *Steuer*anspruchs richtet sich zunächst nach den Einzel-Steuergesetzen. Vgl. z. B. § 18 UStG; §§ 36 Abs. 4, 37 Abs. 1, § 41a Abs. 1 Nr. 2, § 44 Abs. 1 EStG; § 31 KStG, §§ 19, 20 GewStG, § 31 Abs. 7 ErbStG. Enthält das Einzel-Steuergesetz keine Regelung, so wird der Anspruch mit der Entstehung fällig, falls die Finanzbehörde keine Zahlungsfrist einräumt (§ 220 Abs. 2 Satz 1 AO). Veranlagungssteuern sind – soweit nicht bezüglich der Vorauszahlungen und Abzugsteuern eine frühere Fälligkeit eintritt – nicht vor Bekanntgabe der Festsetzung fällig (§ 220 Abs. 2 Satz 2 AO).

Erstattungs- und *Vergütungs*ansprüche des Steuerpflichtigen sind nicht vor Bekanntgabe des Verwaltungsakts fällig, durch den der Anspruch festgesetzt wird (§ 220 Abs. 2 Satz 2 AO).

> **BEISPIELE:** ▶ Die ESt-Vorauszahlungen sind höher als die ESt-Schuld des betreffenden Jahres. Der Steuerpflichtige kann Zahlung mangels Fälligkeit seines Anspruchs nicht verlangen, bevor ihm der ESt-Bescheid bekannt gegeben worden ist. – Hat ein Unternehmer einen Vorsteuerüberhang, so wird sein Anspruch auf Vergütung der Vorsteuern mit Zustimmung der Finanzbehörde zu der abgegebenen Voranmeldung fällig. Die Zustimmung kann stillschweigend (z. B. durch Auszahlung des Vorsteuerbetrages auf das Konto des Steuerpflichtigen) erfolgen; vgl. § 168 Satz 2 i.V. mit § 220 Abs. 2 Satz 2 AO.

3. Abweichende Fälligkeitsbestimmung

Bei Verbrauchsteuern i. S. der AO (z. B. Mineralöl-, Tabaksteuer) und der Umsatzsteuer (Verkehrsteuer i. S. der AO, Verbrauchsteuer nach ihrer Auswirkung) kann die Finanzbehörde nach Maßgabe des § 221 AO die Fälligkeit vorverlegen.

4. Hinausschieben der Fälligkeit

Die Finanzbehörde kann die Fälligkeit einer Steuer oder einer steuerlichen Nebenleistung hinausschieben. Dann besteht zwar die Geldforderung, der Schuldner braucht jedoch noch nicht zu zahlen. Die Fälligkeit wird hinausgeschoben durch eine Stundung (§ 222 AO). Das Hinausschieben der Fälligkeit hat folgende Rechtswirkungen:

▶ Es entstehen keine Säumniszuschläge (§ 240 AO).

▶ Die Finanzbehörde darf die Zwangsvollstreckung nicht beginnen oder fortsetzen (§§ 254 Abs. 1, 257 Abs. 1 Nr. 4 AO).

Die Aussetzung der Vollziehung lässt nach der Rechtsprechung des BFH (BStBl II 1988, 366, und BFH, BStBl II 2006, 578) die Fälligkeit nicht entfallen und schiebt sie auch nicht hinaus. Vgl. aber Tz 60 und 257 bzgl. der Säumniszuschläge!

Die *einstweilige Einstellung oder Beschränkung der Zwangsvollstreckung* aus Billigkeitsgründen gem. § 258 AO bewirkt *kein Hinausschieben der Fälligkeit*. Es entstehen deshalb trotz Einstellung der Zwangsvollstreckung Säumniszuschläge gem. § 240 AO (BFH, BStBl II 1985, 489). Oft wird jedoch – wenn Gründe für einen Vollstreckungsschutz nach § 258 AO gegeben sind – ein *Rechtsanspruch* auf Teilerlass von Säumniszuschlägen bestehen. Säumniszuschläge sind nämlich nach h. M. teilweise ein Druckmittel, das den Steuerpflichtigen zur alsbaldigen Zahlung veranlassen soll. Dieses Druckmittel kann nicht zum Erfolg führen, wenn der Steuerpflichtige nicht in der Lage ist, die Zah-

Tz-Randnummern: 54, 55, 56

lung zu bewirken. Das Druckmittel ist aber auch unberechtigt, wenn die Verwaltung dem Steuerpflichtigen durch Verwaltungsakt (Vollstreckungsaufschub nach § 258 AO) erlaubt, in Raten zu zahlen. Der Säumniszuschlag verliert dann seine Berechtigung. In derartigen Fällen besteht ein *Rechtsanspruch auf teilweisen – regelmäßig hälftigen – Erlass* der Säumniszuschläge (so auch AEAO zu § 240 Tz 5). Laut BFH ist ein hälftiger Erlass aus *sachlichen* Billigkeitsgründen auszusprechen (BFH/NV 1999, 1440 m.w.N.). Davon unberührt bleibt die Frage, ob ggf. ein vollständiger Erlass aus persönlichen Billigkeitsgründen auszusprechen ist (AEAO Tz 5 zu § 240 a.E.).

5. Stundung

57   Bedeutet die Einziehung eines Anspruchs aus dem Steuerschuldverhältnis bei Fälligkeit eine erhebliche Härte für den Schuldner, so kann die Finanzbehörde den Anspruch ganz oder teilweise stunden. Sie darf nicht stunden, wenn der Anspruch durch die Stundung gefährdet erscheint. Im Regelfall soll die Stundung nur auf Antrag und gegen Sicherheitsleistung gewährt werden (§ 222 AO). Die Stundung ist eine Ermessensentscheidung (BFH, BStBl II 1977, 587). Lange war streitig, ob Einbehaltungsansprüche für Steuern beim Arbeitslohn und bei Kapitalerträgen stundbar waren. § 222 AO enthält jetzt in den Sätzen 3 und 4 ausdrückliche Stundungsverbote. Wie sich aus Satz 4 besonders deutlich ergibt, liegt dem die Überlegung zugrunde, dass der Arbeitgeber durch die Abführung der einbehaltenen Lohnsteuern nicht belastet ist, da er sie aus dem Vermögen der Arbeitnehmer (Bruttolohn) zurückbehalten hat. Diese Überlegung gilt sinngemäß auch für die sonstigen Einbehaltungs- und Abführungspflichten, die von § 222 Satz 4 AO erfasst werden (z.B. § 44 Abs. 1 Satz 3 EStG). Nach BFH, BStBl II 1999, 3 ist der Anspruch auf Einbehaltung und Abführung der Steuer durch den Entrichtungspflichtigen kein stundbarer Anspruch aus dem Steuerschuldverhältnis. Danach würde § 222 Satz 4 AO leer laufen (in BStBl II 2001, 742 lässt der BFH offen, ob er an BStBl II 1999, 3 festhält).

Rechtsfolge der Stundung: Es entstehen keine Säumniszuschläge, weil die Fälligkeit hinausgeschoben wird, Zinsen werden jedoch erhoben, wenn nicht aus Billigkeitsgründen darauf verzichtet wird (§ 234 AO).

Eine erhebliche Härte kann gegeben sein:

58   a) *aus sachlichen Gründen*. Eine *sachliche* Härte liegt vor, wenn – unabhängig von den Liquiditäts-, Vermögens- und Einkommensverhältnissen des Steuerpflichtigen – die Einziehung eine Härte bedeuten würde.

> **BEISPIEL:** Ein Steuerpflichtiger hat Anspruch auf Erstattung von USt-Vorauszahlungen, weil er nach dem Soll versteuert und durch den Konkurs eines Großkunden erhebliche Forderungsausfälle erlitten hat (§ 17 UStG). Durch Umstände, die er nicht zu vertreten hat, wird die Umsatzsteuererklärung nicht bearbeitet. Das Finanzamt verlangt jedoch von ihm eine Körperschaftsteuerzahlung. – In einem derartigen Fall wäre es sachlich unbillig, wenn das Finanzamt auf Zahlung der Körperschaftsteuer zum Fälligkeitszeitpunkt bestehen (also nicht auf Antrag stunden) würde (vgl. BFH, BStBl II 1983, 397; 1985, 449).

59   b) *aus persönlichen Gründen*. Diese Formulierung kann dahin missverstanden werden, der Grund müsse in der *persönlichen* (privaten) Sphäre des Steuerpflichtigen liegen.

Gemeint sind indes Gründe, die in *Zahlungsschwierigkeiten* ihre Ursache haben. Diese Zahlungsschwierigkeiten können betrieblich aber auch privat bedingt sein.

BEISPIELE: ▶ Liquiditätsschwierigkeiten, die durch nicht vorhersehbare Umstände bedingt sind (z. B. plötzliche Krankheit, deren Kosten nicht durch eine Versicherung gedeckt sind; nicht vorhersehbare Forderungsausfälle; saisonal nicht vorhersehbare Minderung der Einnahmen, z. B. bei einem Bauunternehmen extrem späte und lange Frostperiode im Frühjahr).

Auf *vorhersehbare* Steuerforderungen und Minderungen seiner Gewinne (z. B. bei Saisonbetrieben) muss sich der Steuerpflichtige einstellen. Soweit er seinen Finanzbedarf durch Kreditaufnahme decken kann, kommt eine Stundung nicht in Betracht (BFH, BStBl II 1974, 307).

Neben dem Vorliegen persönlicher Stundungsgründe ist die Stundungswürdigkeit eine weitere Voraussetzung für eine Stundung. Stundungswürdig ist nur, wer sich nicht auf vorwerfbare Weise stundungsbedürftig gemacht hat (vgl. BFH/NV 1987, 696). Außerdem darf der Steuerpflichtige nicht in erheblichem Maße gegen seine steuerlichen Verpflichtungen verstoßen haben, z. B. oft verspätet zahlen. Wichtig ist auch die Beachtung der Zuständigkeitserlasse, mit denen geregelt wird, wann eine Stundung o. Ä. einer Zustimmung der OFD, des Landes- oder des Bundesfinanzministeriums bedarf (vgl. z. B. BStBl I 2008, 534).

Für die Zölle und Verbrauchsteuern wird die AO weitestgehend durch den Zollkodex überlagert (vgl. H/H/Sp, Stand 09/99, § 222 AO Tz 39 ff.), auch für einige Einzelsteuern, z. B. Erbschaftsteuern, bestehen einzelgesetzliche Spezialregeln.

6. Aussetzung der Vollziehung

Die Aussetzung der Vollziehung, die nach Einlegung eines Rechtsbehelfs möglich ist, führt *nicht* zum Hinausschieben der Fälligkeit (§ 361 AO, § 69 FGO). Obwohl die Fälligkeit nicht hinausgeschoben wird, entstehen keine Säumniszuschläge (§ 240 AO), weil dies mit dem Charakter der Säumniszuschläge als Druck- oder Zwangsmittel zur Vollziehung unvereinbar ist (BFH/NV 1988, 752; str. Nachweise zur Gegenmeinung: Hinausschieben der Fälligkeit, bei T/K, Stand 04/06, § 69 FGO Tz 10). Die Vollstreckung ausgesetzter Verwaltungsakte ist unzulässig (§ 251 Abs. 1 AO). Eine Aufrechnung mit ausgesetzten Forderungen ist unzulässig (BFH, BStBl II 1996, 55; BFH, BStBl II 2006, 578). 60

Es entstehen jedoch Zinsen, soweit der Rechtsbehelf keinen Erfolg hat (§ 237 AO). Einzelheiten zur Aussetzung der Vollziehung: Hinweis auf Tz 257 ff.

V. Erlöschen der Ansprüche aus dem Steuerschuldverhältnis

Ansprüche aus dem Steuerschuldverhältnis (Steuern und steuerliche Nebenansprüche) *erlöschen* durch *Zahlung, Aufrechnung, Erlass, Verjährung* sowie durch den Eintritt einer *Bedingung* bei auflösend bedingten Steueransprüchen (§ 47 AO). Es gibt daneben weitere Erlöschensgründe, z. B. Befriedigung in der Zwangsvollstreckung (§ 362 BGB analog) oder Konfusion (Vereinigung von Forderung und Schuld; vgl. BFH, BStBl II 2006, 584). 61

1. Zahlung

62 Einzelheiten zum Erlöschen durch Zahlung sind in § 224 AO geregelt. Besonderheiten der Tilgung durch Hingabe von Kunstwerken regelt § 224a AO.

Für Scheckzahlungen gilt § 224 Abs. 2 Nr. 1 AO, wonach eine *Zahlung durch Scheck erst 3 Tage nach Eingang des Schecks als entrichtet* gilt (dazu Art. 97 § 6 EGAO) und § 240 Abs. 3 Satz 2 AO, wonach ein entstandener Säumniszuschlag auch erhoben wird (keine Zahlungsschonfrist nach § 240 Abs. 3 Satz 1 AO).

Schuldet ein Steuerpflichtiger mehrere Beträge und reicht bei freiwilliger Zahlung der gezahlte Betrag nicht zur Tilgung sämtlicher Steuerschulden aus, so kann der Steuerpflichtige bestimmen, welche Schuld getilgt wird. Trifft er keine Bestimmung, so richtet sich die Reihenfolge der Tilgung nach § 225 Abs. 2 AO. Die Tilgungsreihenfolge ist in der Vorschrift doppelt gegliedert. Zunächst werden Ansprüche getilgt, die mit Strafrecht (Bußgelder) oder Haftrisiko (Zwangsgeld) oder Ordnungswidrigkeiten (Steuerabzugs-beträge; § 380 AO) verbunden sind. Danach folgen die Steueransprüche, die verzinst werden, und erst zuletzt die Nebenleistungen, die keine Zinsen auslösen. Erst wenn mehrere Ansprüche einer „Qualitätsstufe" nicht voll getilgt werden können, kommt es insoweit zu einer Gliederung nach Fälligkeit, das heißt, dass der älteste Anspruch zuerst getilgt wird. Wird die Zahlung im Verwaltungswege erzwungen, bestimmt die Behörde die Reihenfolge der Tilgung (§ 225 Abs. 3 AO).

2. Aufrechnung

63 Aufrechnung bedeutet: Tilgung *wechselseitiger* Forderungen durch *einseitige* Willens-erklärung. Eine Aufrechnung wirkt wie eine Zwangsvollstreckung. Der Erklärungsgegner kann sich nicht dagegen wehren, dass seine Forderung erlischt. Seine Zustimmung ist nicht erforderlich. Gemäß § 226 AO gelten für die Aufrechnung mit Ansprüchen aus dem Steuerschuldverhältnis die Vorschriften des BGB entsprechend, soweit nichts anderes bestimmt ist.

Eine *Beschränkung* der Aufrechnungsmöglichkeiten auf dem Gebiet des Steuerrechts ergibt sich aus § 226 AO insofern, als

▶ nur mit oder gegen Ansprüche aus dem *Steuerschuldverhältnis* (§ 37 AO) aufgerech-net werden kann. Die Entscheidung über eine Aufrechnung mit rechtswegfremden Forderungen wird vom BFH abgelehnt, weil damit in die Kompetenz einer anderen Gerichtsbarkeit eingegriffen würde (BStBl II 2002, 509; BFH/NV 2005, 1759). § 17 Absatz 2 des Gerichtsverfassungsgesetzes (GVG) ist insoweit nicht anzuwenden (vgl. T/K, Stand 04/06, § 226 AO Rdnr. 63 mit Nachweisen auch zur Gegenmeinung). Das Steuerverfahren ist bis zur Entscheidung des zuständigen Gerichts über die Gegenforderung auszusetzen (§ 74 FGO).

▶ eine Aufrechnung mit Ansprüchen aus dem Steuerschuldverhältnis nicht möglich ist, wenn sie durch Verjährung oder Ablauf einer Ausschlussfrist erloschen sind. Im Zivilrecht führt die Verjährung nicht zum Untergang der Forderung, sondern be-gründet nur ein Leistungsverweigerungsrecht (§ 214 Abs. 1 BGB). Zivilrechtlich kann deshalb mit einer verjährten Forderung noch aufgerechnet werden, wenn zum Zeitpunkt der Aufrechnungslage noch keine Verjährung eingetreten war (§ 215 BGB).

▶ der Steuerpflichtige nur mit *unbestrittenen* oder *rechtskräftig festgestellten* Gegenansprüchen aufrechnen kann (z. B. wenn durch ein finanzgerichtliches Urteil rechtskräftig festgestellt ist, dass dem Steuerpflichtigen ein Erstattungsanspruch zusteht).

Die entsprechende Anwendung der Vorschriften des BGB ergibt, dass die Aufrechnung folgende Voraussetzungen hat (§§ 387 ff. BGB):

a) Gegenseitigkeit

Gemäß § 387 BGB ist die Aufrechnung nur möglich, wenn jeweils der Gläubiger der einen Forderung Schuldner der anderen Forderung ist und umgekehrt. 64

BEISPIEL: ▶ Eine KG schuldet Umsatzsteuer. Ein Gesellschafter der KG hat einen Anspruch auf Erstattung von Einkommensteuer. Der Gesellschafter kann mit dem Erstattungsanspruch nicht gegen die Umsatzsteuerforderung aufrechnen, weil sich diese gegen die KG richtet. – Er kann jedoch die Aufrechnung dadurch ermöglichen, dass er seinen Erstattungsanspruch an die KG unter Beachtung der Vorschriften des § 46 AO abtritt. Dann muss die Aufrechnung jedoch von der KG erklärt werden.

Durch die *Abtretung* einer Forderung wird die Aufrechnung i. d. R. *nicht* ausgeschlossen (§ 406 BGB).

BEISPIEL: ▶ Ein Steuerpflichtiger schuldet Umsatzsteuer und hat einen Anspruch auf Erstattung von Einkommensteuer. Er tritt den Erstattungsanspruch an den Zessionar (Z) ab. Die Finanzbehörde kann mit der Umsatzsteuerforderung gegenüber dem Z wirksam aufrechnen (vgl. BFH, BStBl II 1990, 523).

Nach § 226 Abs. 4 AO gilt als Gläubiger oder Schuldner *auch* die Körperschaft, die die Steuer verwaltet.

Das bedeutet, dass die Gegenseitigkeit sowohl auf der Ebene der *Ertragshoheit* als auch auf der Ebene der *Verwaltungshoheit* vorliegen kann. In beiden Fällen kann aufgerechnet werden.

BEISPIEL: ▶ Der Steuerpflichtige schuldet dem FA Wetzlar 10 000 € Umsatzsteuer, gleichzeitig hat er vom FA Wiesbaden 15 000 € Einkommensteuer zu bekommen. Da beide Finanzämter zu der gleichen Körperschaft (Land Hessen) gehören, kann der Steuerpflichtige aufrechnen.

Der Steuerpflichtige schuldet dem Zollamt 40 000 € Mineralölsteuer, gleichzeitig hat er Umsatzsteueransprüche von 110 000 € gegen ein FA. Da die Verwaltung der Steuer hier einmal durch den Bund (Zollamt), einmal durch das Land (FA) erfolgt, kann nur auf der Ebene der Ertragshoheit aufgerechnet werden.

Die Mineralölsteuer steht dem Bund zu, die Umsatzsteuer gem. § 1 FAG – nach Vorabzügen – zu 50,5 % dem Bund und zu 49,5 % den Ländern. Da allein der Bundesanteil an der Umsatzsteuer über 40 000 DM beträgt, kann hier in voller Höhe aufgerechnet werden.

Auch nach § 226 Abs. 4 AO ist jedoch eine Aufrechnung unzulässig, wenn z. B. ein Finanzamt eine Grunderwerbsteuerforderung (Landessteuer) geltend macht, der Steuerpflichtige dagegen die Erstattung einer Bundessteuer von einer Bundesfinanzbehörde verlangen kann (z. B. einer überzahlten Verbrauchsteuer). Hier besteht weder Gegenseitigkeit kraft Identität der Gläubiger/Schuldnerstellung (Land: nur Gläubiger; Bund: nur Schuldner) noch der Verwaltungskompetenz. Nach Meinung der Verwaltung kann in derartigen Fällen die Aufrechnungslage durch Abtretung der dem Land zustehenden Forderung an den Bund herbeigeführt werden (vgl. AEAO Tz 3, 5 zu § 226 AO).

Das Erfordernis der Kassenidentität nach § 395 BGB findet im Bereich der Aufrechnung nach § 226 AO keine Anwendung (vgl. BFH, BStBl II 1989, 949).

b) Gleichartigkeit

65   Die Aufrechnung setzt voraus, dass die sich gegenüberstehenden Forderungen *gleichartig* sind, d. h. auf gleichartige Gegenstände zielen. Ansprüche aus dem Steuerschuldverhältnis sind nahezu *stets Geldforderungen* (§ 37 AO). Der Steuerpflichtige kann deshalb auch mit *zivilrechtlichen* Geldforderungen gegen Ansprüche aus dem Steuerschuldverhältnis aufrechnen.

> **BEISPIEL:** Ein Unternehmer hat gegen ein Bundesland Ansprüche aus der Lieferung von Büromöbeln, Heizöl, oder aus Bauleistungen. Er kann – falls die anderen Voraussetzungen vorliegen – mit seinen zivilrechtlichen Forderungen gegen Steuerforderungen aufrechnen (siehe aber oben Tz 63).

c) Fälligkeit der Gegenforderung

66   Die Forderung, *mit* der aufgerechnet wird, muss nicht nur entstanden, sondern auch fällig sein. Das heißt, der Aufrechnende muss im Zeitpunkt der Aufrechnung die Leistung verlangen können (vgl. Tz 53).

> **BEISPIEL:** Die Finanzbehörde hat eine Einkommensteuer-Abschlusszahlung, die am 31. August fällig war, bis zum 30. November gestundet. Am 10. Oktober gibt der Steuerpflichtige eine Umsatzsteuervoranmeldung ab, die infolge eines Vorsteuerüberhangs zu einer Vergütung führt. Die Finanzbehörde darf die Aufrechnung vorerst nicht erklären, weil der Einkommensteuer-Anspruch infolge der Stundung noch nicht fällig ist. Die Finanzbehörden stunden jedoch im Regelfall unter dem Vorbehalt des Widerrufs. Es ist nicht ermessensfehlerhaft, wenn die Finanzbehörde die Stundung gem. § 131 Abs. 2 AO widerruft, um die Aufrechnung zu ermöglichen (BFH, BStBl II 1973, 513).

Aufrechnung mit von der Vollziehung ausgesetzten Forderungen ist nicht möglich, weil die Aussetzung der Vollziehung jegliches Gebrauchmachen vom Regelungsinhalt des Verwaltungsaktes verbietet (vgl. BFH, BStBl II 1996, 55; 2001, 246).

Die Forderung, *mit* der „aufgerechnet" wird – *Aktivforderung oder Gegenforderung* –, braucht nicht fällig zu sein, wenn der Aufrechnungsgegner mit der Aufrechnung *einverstanden* ist. Begrifflich liegt in einem derartigen Fall jedoch keine (einseitige) Aufrechnung, sondern ein Verrechnungsvertrag vor.

> **BEISPIEL:** Eine Einkommensteuer-Vorauszahlung ist am 10. März fällig. Der Steuerpflichtige hat einen Erstattungsanspruch, der am 25. Februar fällig ist. Die Finanzbehörde rechnet am 23. Februar mit der erst am 10. März fälligen Einkommensteuer-Vorauszahlung auf. Es liegt keine wirksame Aufrechnung vor. Wenn der Steuerpflichtige widerspricht, muss die Finanzbehörde den am 25. Februar fälligen Betrag erstatten.

Die Forderung *gegen* die aufgerechnet wird – *Passivforderung oder Hauptforderung* – muss nicht fällig, sondern nur entstanden sein.

d) Aufrechnung im Rechtsbehelfsverfahren

Eine (hilfsweise) Aufrechnung im Rechtsbehelfsverfahren ist unzulässig (BFH, 67
BStBl 1976, 676). Denn die Aufrechnung gehört in das *Erhebungsverfahren*. Im Rechtsbehelfsverfahren gegen einen Steuerbescheid kann es naturgemäß für die Frage, ob
dieser *rechtmäßig* ist (vgl. § 40 FGO), keine Rolle spielen, ob die streitige Steuerschuld –
falls sie besteht – bereits durch Aufrechnung (oder Zahlung) getilgt ist. Soweit der Bescheid aufgehoben wird, ist die Aufrechnung unwirksam. Bereits geleistete Zahlungen
sind zu erstatten (§ 37 Abs. 2 AO).

e) Wirkung der Aufrechnung

Die wirksame Aufrechnung führt zum Erlöschen der wechselseitigen Ansprüche, soweit 68
diese sich der Höhe nach decken (§ 47 AO). Die Aufrechnung wirkt auf den *Zeitpunkt
zurück*, in dem sich die wechselseitigen Ansprüche erstmals *aufrechenbar* gegenüberstehen (§ 389 BGB). Die Rückwirkung geht jedoch nicht über den Zeitpunkt hinaus, zu
dem der Aufrechnende hätte zahlen müssen (in dem seine Schuld fällig war; vgl. BGHZ
Bd. 27, 123; AEAO zu § 226 Tz 2). Die Auswirkungen auf Säumniszuschläge sind in § 240
Abs. 1 Satz 5 AO geregelt.

> **BEISPIEL:** ▶ Eine USt-Zahlung ist am 10. 3. i. H. von 5 000 € fällig. Der Steuerpflichtige hat einen
> ESt-Erstattungsanspruch von 3 000 €, der am 2. 4. fällig ist. – Am 20. 5. rechnet das Finanzamt
> auf. Nach der Fiktion des § 389 BGB ist am 2. 4. die Forderung des Finanzamts i. H. von 3 000 €
> und die Forderung des Steuerpflichtigen in voller Höhe (3 000 €) erloschen. – Die bis zum 2. 4.
> entstandenen Säumniszuschläge (50 €) bleiben bestehen (§ 240 AO).

f) Rechtsbehelfe

Die Aufrechnung ist *kein* Verwaltungsakt (BFH, BStBl II 1987, 536). Begründung: Es fehlt 69
an einer *hoheitlichen* Maßnahme (einem Subordinationsverhältnis; vgl. § 118 AO). Ein
förmlicher Rechtsbehelf (Einspruch, Klage) ist deshalb nur dann zulässig, wenn der Anschein eines Verwaltungsakts erzeugt wird (z. B. durch eine Rechtsbehelfsbelehrung).
Ist die Forderung, mit der die Behörde aufrechnet, noch nicht bestandskräftig, so kann
der Steuerpflichtige *diese* mit dem Einspruch angreifen. Hält er dagegen nur die Aufrechnung für unwirksam, kann er die Streitfrage im *Erhebungsverfahren* klären und einen Abrechnungsbescheid verlangen, gegen den der Einspruch zulässig ist (§§ 218
Abs. 2, 347 Abs. 1 Nr. 1 AO; BFH a. a. O.). Nach der Rechtsprechung des BFH (BFH/NV
1988, 349; 1999, 440) lassen der Erlass eines Abrechnungsbescheides und die damit
eröffneten Rechtsschutzmöglichkeiten das Rechtsschutzbedürfnis für Rechtsbehelfe gegen die Abrechnungsverfügung eines Bescheides entfallen. Die Erwartung, dass damit
faktisch die Bestandskraft der Abrechnungsverfügungen unterlaufen werde, hat der
BFH nicht erfüllt. Er knüpft bei der Frage des Erlasses von Abrechnungsbescheiden an
die Korrekturmöglichkeiten (§§ 130, 131 AO) bzgl. der Anrechnungsverfügung an (vgl.
BFH, BStBl II 1997, 787; 2005, 457; 2007, 742 str.).

g) Verrechnungsvertrag

Aufrechnung bedeutet Tilgung wechselseitiger Forderungen durch einseitige Erklärung. 70
Sie bedarf, falls die gesetzlichen Voraussetzungen vorliegen, zur Wirksamkeit nicht der

Zustimmung des Erklärungsgegners. Liegen die Voraussetzungen für eine Aufrechnung nicht vor, so kann jedoch im *wechselseitigen Einvernehmen eine vertragliche Verrechnung* vorgenommen werden (AEAO zu § 226 Tz 5).

> **BEISPIEL:** Der Steuerpflichtige rechnet gegen eine fällige Steuerforderung am 1. Februar mit einer Forderung gegenüber dem Finanzamt auf, die erst am 20. Februar fällig wird. – Als (einseitige) Aufrechnung ist die Erklärung des Steuerpflichtigen mangels Fälligkeit seiner Forderung unwirksam. Bei Einverständnis des Finanzamts – das auch stillschweigend erklärt werden kann – erlöschen die Forderungen jedoch wechselseitig, soweit sie sich decken.

3. Erlass

71   Durch Erlass erlischt der Anspruch aus dem Steuerschuldverhältnis (§§ 47, 163, 227 AO). Der Erlass ist eine Billigkeitsmaßnahme. Aus systematischen Gründen ist er in zwei Vorschriften der AO geregelt: Gemäß § 163 AO können bereits *bei der Festsetzung* von Steuern Besteuerungsgrundlagen unberücksichtigt bleiben (Inzident-Erlass). Nach § 227 AO kann die Finanzbehörde aus Billigkeitsgründen bereits *festgesetzte* Ansprüche aus dem Steuerschuldverhältnis erlassen.

> **BEISPIEL:** Ein 70-jähriger Unternehmer veräußert seinen Betrieb aus Altersgründen. Durch die Auflösung der stillen Reserven ergibt sich ein erheblicher Veräußerungsgewinn. Trotz der Tarifbegünstigung (§§ 16, 34 EStG) kann die Besteuerung des Veräußerungsgewinns eine unbillige Härte darstellen, wenn z. B. die Altersversorgung des Unternehmers nur durch den Veräußerungsgewinn gesichert ist. – Der Unternehmer kann bereits bei Abgabe der Einkommensteuererklärung beantragen, dass der Veräußerungsgewinn nicht besteuert wird (§ 163 AO). Stellt er diesen Antrag nicht, so besteht noch die Möglichkeit, den Erlass der bereits festgesetzten Steuer gem. § 227 AO zu beantragen. – Ggf. besteht in derartigen Fällen ein *Rechtsanspruch* auf Erlass (Ermessenseinengung, vgl. BFH, BStBl II 1987, 612, BFH/NV 1991, 430; zu Schonvermögen BFH/NV 2004, 466).

a) Voraussetzungen für den Billigkeitserlass

72   Eine Forderung aus dem Steuerschuldverhältnis kann erlassen werden, wenn die Erhebung (Einziehung) nach Lage des Einzelfalles *unbillig* wäre (§§ 163, 227 AO). Rechtsprechung und Verwaltungspraxis unterscheiden zwischen sachlichen und persönlichen Billigkeitsgründen.

Sachliche Billigkeitsgründe liegen vor, wenn die Besteuerung als solche unbillig ist, d. h. zwar nach dem Wortlaut des Gesetzes erfolgen soll, aber nach dem mutmaßlichen Willen des Gesetzgebers, der nicht jeden Einzelfall vorsehen kann, dennoch nicht durchgeführt werden sollte. Liegt eine Unbilligkeit „in der Sache" vor, so kann ein Anspruch aus dem Steuerschuldverhältnis auch dann erlassen werden, wenn der Steuerpflichtige nach seinen wirtschaftlichen Verhältnissen in der Lage ist, die Forderung zu begleichen (BFH, BStBl II 1972, 819; 1978, 169; BFH/NV 2009, 438 zu USt-Erlass bei irrtümlich angenommener Ausfuhrlieferung). Nach ständiger Rechtsprechung des BFH liegt dagegen keine sachliche Unbilligkeit vor, wenn die Finanzbehörde die Tilgung einer rechtswidrig aber bestandskräftig festgesetzten Forderung verlangt.

> **BEISPIEL:** Die Finanzbehörde setzt nach Ablauf der Festsetzungsfrist (§§ 169 ff. AO) eine verjährte (erloschene) Steuerforderung fest. Der Steuerpflichtige lässt den Bescheid unanfechtbar werden. Der Steuerbescheid ist zwar rechtswidrig. Der Steuerpflichtige kann sich jedoch bei

einem Erlassantrag nicht mit Erfolg auf die Rechtswidrigkeit berufen, weil er es unterlassen hat, den Bescheid anzufechten.

Ausnahmen sind denkbar. Nach der Rechtsprechung des BFH ist bei einem Erlassantrag die Rechtswidrigkeit eines bestandskräftigen Steuerbescheides grundsätzlich dann zu berücksichtigen, wenn in dem Bescheid die rechtliche Würdigung *offensichtlich* falsch ist und es dem Steuerpflichtigen nicht zumutbar war, sich gegen die fehlerhafte Festsetzung zu wehren oder die Geltendmachung der Steuerforderung gegen den Grundsatz von *Treu und Glauben* (§ 242 BGB) verstößt (BFH, BStBl II 1970, 503; 1975, 789; 1981, 611; BFH/NV 1989, 432; 2008, 1889 zu europarechtswidriger Besteuerung; dazu anhängig: BVerfG 1 BvR 2601/08).

Persönliche Billigkeitsgründe brauchen nicht − wie die Formulierung vermuten lassen könnte − in der Privatsphäre des Steuerpflichtigen zu liegen. Sie können auch im Unternehmensbereich ihre Ursache haben. Sie liegen vor, wenn die Einziehung der Ansprüche aus dem Steuerschuldverhältnis mit Rücksicht auf die *wirtschaftliche Lage* des Steuerpflichtigen unbillig erscheint. Eine Unbilligkeit, die einen Steuererlass begründen kann, ist nicht gegeben, wenn dem Steuerpflichtigen durch ein *zeitweiliges* Absehen von der Einziehung der Forderungen geholfen werden kann (z. B. durch Stundung, einstweilige Einstellung der Zwangsvollstreckung). Ein Erlass wegen persönlicher Unbilligkeit setzt voraus, dass der Steuerschuldner voraussichtlich *auf Dauer* nicht in der Lage sein wird, die Schuld zu tilgen. Insbesondere kommt ein Erlass in Betracht, wenn bei einer Versagung des Erlasses die wirtschaftliche Existenz des Steuerschuldners gefährdet würde. Ein Erlassgrund besteht nicht, wenn der Steuerpflichtige Vermögen besitzt, dessen Verwertung ihm zugemutet werden kann. Auch bei drohender Insolvenz ist im Regelfall ein Erlass nicht möglich, weil der Erlass nicht die wirtschaftliche Existenz des Steuerpflichtigen sichern würde, sondern den Insolvenzgläubigern zugute käme. Die Finanzbehörde kann von einem Steuerpflichtigen, der einen Erlassantrag stellt, die Vorlage eines Vermögens- und Liquiditätsstatus verlangen (auch Einsatz von Liquiditätsprüfern möglich).

Nach der Rechtsprechung setzt ein Erlass aus persönlichen Billigkeitsgründen Erlasswürdigkeit voraus. Ein Steuerpflichtiger, der seine Zahlungsschwierigkeiten schuldhaft herbeigeführt hat (z. B. durch einen verschwenderischen Lebensstil), kann im Regelfall einen Erlass nicht mit Erfolg beantragen (BFH, BStBl III 1958, 153; 1961, 288; 1981, 726). Beim Erlass aus sachlichen Billigkeitsgründen hat die Erlasswürdigkeit keine Bedeutung (so BFH/NV 2002, 1072; 2004, 1505).

b) Bedeutung der Steuerart

Grundsätzlich können alle Steuern und sonstige Ansprüche aus dem Steuerschuldverhältnis dem Steuerschuldner erlassen werden. Nicht erlassen werden kann dem Arbeitgeber die Verpflichtung zur *Einbehaltung* der Lohnsteuer (Schuldner die Kapitalertragsteuer, BFH/NV 2000, 1066). Denn diese zielt nicht auf eine Geldleistung. Dagegen stellt die Verpflichtung des Arbeitgebers, die einbehaltene Lohnsteuer abzuführen, eine Zahlungspflicht dar. Insoweit wäre zwar theoretisch ein Erlass möglich. In aller Regel wird jedoch keine Unbilligkeit vorliegen, weil die Lohnsteuer Bestandteil des Arbeitslohnes ist und somit vom Arbeitnehmer getragen wird; der BFH nimmt an, dass es sich

73

nicht um einen Anspruch aus dem Steuerschuldverhältnis i. S. des § 37 AO handelt und deshalb § 222 AO nicht einschlägig ist (streitig, vgl. Tz 57). Dem *Arbeitnehmer* kann nach § 222 Satz 3 AO die Lohnsteuer nicht gestundet werden (streitig!, vgl. H/H/Sp, Stand 9/1999, § 222 AO Tz 180 ff., 185; T/K, Stand 07/08, § 222 AO Rdnr. 6 f.). Der Erlass der Lohnsteuer gegenüber dem Steuerschuldner (Arbeitnehmer) ist aber möglich. Ein Erlass der Entrichtungspflicht gegenüber dem Arbeitgeber wird allgemein abgelehnt. Grundsätzlich erlassfähig ist aber der Haftungsanspruch nach § 42d EStG.

Bei überwälzbaren Steuern (Eingangs- und Ausfuhrabgaben, Verbrauchsteuern, Umsatzsteuer) wird im Regelfall nur dann ein Erlass in Betracht kommen, wenn die vorrangigen Regeln des Zollkodex einen Erlass vorsehen. Für die Anwendung des § 227 AO bleibt nur ein sehr eingeschränkter Anwendungsbereich, soweit man nicht der Auffassung folgt, dass der Zollkodex die AO in seinem Anwendungsbereich völlig verdrängt (vgl. T/K, Stand 10/05, § 227 AO Tz 10 ff.). Für die inländische Umsatzsteuer, die dem Zollkodex nicht unterfällt, wird ein Erlass i. d. R. nur dann in Betracht kommen, wenn die USt nicht überwälzt werden konnte.

c) Ermessensentscheidung

74   Nach einer Entscheidung des Gemeinsamen Senats der obersten Gerichtshöfe des Bundes stellt die Entscheidung über einen Erlassantrag eine *Ermessensentscheidung* dar. Inhalt und Grenzen des pflichtgemäßen Ermessens werden durch den Maßstab der Billigkeit bestimmt (BStBl II 1972, 603). Daraus ergibt sich eine eingeschränkte gerichtliche Nachprüfbarkeit. Im Einzelfall kann jedoch der Ermessensspielraum der Finanzbehörde „auf Null schrumpfen" (Ermessenseinengung; vgl. Tz 26).

> **BEISPIEL:** ▸ Wegen Nichtzahlung einer Steuerschuld bei Fälligkeit schuldet ein Steuerpflichtiger Säumniszuschläge (§ 240 AO). Der Steuerpflichtige ist überschuldet und zahlungsunfähig. Säumniszuschläge sind – teilweise – ein Druckmittel, das den Steuerpflichtigen zur rechtzeitigen Zahlung anhalten soll. Ein überschuldeter und zahlungsunfähiger Steuerpflichtiger kann durch diesen Druck jedoch nicht zur Zahlung veranlasst werden. In einem derartigen Fall hat der Steuerpflichtige einen *Rechtsanspruch* auf Teil-Erlass der Säumniszuschläge, die seit der Zahlungsunfähigkeit und Überschuldung entstanden sind. Jede andere Entscheidung als ein zumindest 50 %iger Erlass dieser Zuschläge wäre ermessensfehlerhaft und rechtswidrig (AEAO Tz 5 zu § 240 AO; vgl. Tz 56).

Insbesondere bei Erlassanträgen über höhere Beträge sind oft zeitraubende Rückfragen, Verhandlungen, Einholung der Zustimmung der OFD oder des Ministeriums erforderlich, obwohl die Zuständigkeit der obersten Finanzbehörden mit Aufhebung des § 227 Abs. 2 AO entfallen ist (vgl. zur Zuständigkeit BStBl I 2008, 534). Es empfiehlt sich deshalb, gleichzeitig mit dem Erlass eine Stundung bis zur Entscheidung über den Erlassantrag zu beantragen.

4. Verjährung

75   Ansprüche aus dem Steuerschuldverhältnis (auch Ansprüche des Steuerpflichtigen) erlöschen durch Verjährung (§ 47 AO; im Zivilrecht nur Leistungsverweigerungsrecht, § 214 BGB). Die Finanzbehörden müssen die Verjährung von Amts wegen beachten. Wird eine bereits verjährte Steuerforderung festgesetzt, so ist der Steuerbescheid nicht

gem. § 125 AO nichtig, sondern i. d. R. lediglich rechtswidrig. Der Bescheid kann rechtmäßig vollstreckt werden, solange er nicht aufgehoben ist. Die AO unterscheidet zwischen dem Festsetzungs- und Erhebungsverfahren. Diese Unterscheidung findet sich auch bei der Verjährung wieder:

▶ *Festsetzungsverjährung* bedeutet, dass eine *Steuerfestsetzung* sowie ihre Aufhebung, Änderung oder Berichtigung nach Fristablauf nicht mehr zulässig ist (§ 169 ff. AO).

▶ *Zahlungsverjährung* bedeutet, dass *festgesetzte Ansprüche* erlöschen (§§ 228 ff. AO).

BEISPIEL: ▶ Aufgrund einer unzutreffenden Einkommensteuererklärung wird die Einkommensteuer statt richtig auf 20 000 € auf 17 000 € festgesetzt. – Der Anspruch auf den Differenzbetrag von 3 000 € unterliegt der *Festsetzungs*verjährung gem. §§ 169 ff. AO. Der Zahlungsanspruch in Höhe des festgesetzten Betrages von 17 000 € unterliegt der *Zahlungs*verjährung gem. §§ 228 ff. AO, soweit er noch nicht durch Vorauszahlungen getilgt ist.

Die Unterscheidung zwischen Festsetzungs- und Zahlungsverjährung ist insbesondere von Bedeutung für den Beginn, den Ablauf und die Dauer der Verjährungsfrist.

a) Festsetzungsverjährung

Bei Fristberechnungen sind folgende Fragen zu prüfen: 76

▶ Dauer der Frist?

▶ Beginn der Frist?

▶ Ablauf der Frist?

Die Festsetzungsfrist beträgt (§ 169 AO)

▶ *für Einfuhr- und Ausfuhrabgaben (Steuern nach § 3 Abs. 3 AO) fast vollständige Verdrängung durch EG-Recht (Zollkodex)*

Der Zollkodex ist eine Verordnung i. S. des Artikels 249 EG-Vertrag. Er sieht eine dreijährige Nacherhebungsfrist vor (Überblick zum Zollkodex in H/H/Sp, Bd. XIV, ZK, Einführung; Besonderheiten bei Art. 221 Abs. 4 ZK Tz 9–11). Bedeutsam bleibt die verlängerte Festsetzungsfrist bei Hinterziehung.

▶ für Verbrauchsteuern und Verbrauchsteuervergütungen *ein Jahr* (soweit nicht EG-Recht vorgeht, dann 3 Jahre; vgl. Tz 24).

▶ für übrige Steuern *vier Jahre*.

▶ bei *leichtfertiger* Steuerverkürzung (§ 378 AO) *fünf Jahre*.

▶ bei *vorsätzlicher* Steuerverkürzung (Steuerhinterziehung § 370 AO) *zehn Jahre*.

Der gesetzliche Regeltatbestand für den Fristbeginn ist § 170 Abs. 1 AO. Danach beginnt die Festsetzungsverjährungsfrist grundsätzlich mit Ablauf des Kalenderjahres zu laufen, in dem die Steuer entstanden ist. Das bedeutete z. B. für die Einkommensteuer, dass die Verjährungsfrist mit Ablauf des Veranlagungskalenderjahres zu laufen begänne. Die Einkommensteuer 2008 ist mit Ablauf des 31. 12. 2008 entstanden (vgl. Tz 46), die Festsetzungsverjährungsfrist begänne ebenfalls mit Ablauf des 31. 12. 2008 zu laufen. Dieser gesetzliche Regeltatbestand wird aber in fast allen praktisch relevanten Fällen durch die Tatbestände der *Anlaufhemmung* in den Absätzen 2 bis 6 des § 170 AO überlagert und verdrängt. Nachfolgend sollen die wichtigsten Anlaufhemmungstatbestände aufgezeigt werden:

▶ Besteht die Pflicht, eine *Steuererklärung* abzugeben oder eine Anzeige zu erstatten, so beginnt die Festsetzungsfrist mit *Ablauf des Kalenderjahres,* in dem die Erklärung eingereicht (Anzeige erstattet) wird, *spätestens* jedoch mit Ablauf des dritten Kalenderjahres, das auf das Jahr folgt, in dem die Steuer entstanden ist. Dabei ist zu beachten, dass die Steuererklärung den Anforderungen der Steuergesetze in formaler Hinsicht genügen muss. Eine nicht unterschriebene Einkommensteuererklärung löst daher die Verjährung nicht aus (vgl. BFH, BStBl II 1999, 203; 2005, 244; Sonderfall BFH/NV 2003, 292).

BEISPIEL: ▶ Ein Steuerpflichtiger gibt seine Einkommensteuererklärung für das Jahr 2003 erst im Jahre 2008 ab. Die Festsetzungsfrist beginnt spätestens mit Ablauf des dritten Kalenderjahres, das auf das Kalenderjahr folgt, in dem die Steuer entstanden ist. Die Steuer für das Jahr 2003 ist mit Ablauf des 31. 12. 2003 entstanden. Die Festsetzungsfrist beginnt deshalb spätestens mit Ablauf des 31. 12. 2006 und endet mit Ablauf des 31. 12. 2010.

▶ Die Feststellungsfrist für die gesonderte Feststellung von *Einheitswerten* beginnt mit Ablauf des Kalenderjahres, auf dessen Beginn die Feststellung, Fortschreibung oder Aufhebung des Einheitswertes vorzunehmen ist (§ 181 Abs. 3 AO).

▶ Die Festsetzungsfrist für Erbschaft- und Schenkungssteuer kann insbesondere bei der Schenkungssteuer viele Jahre anlaufgehemmt sein (§ 170 Abs. 5 AO).

▶ Für Feststellungsbescheide gelten nach § 181 Abs. 1 AO die Regeln über die Steuerbescheide sinngemäß.

▶ Bei *Haftungsbescheiden* beginnt die Festsetzungsfrist mit Ablauf des Kalenderjahres, in dem der Haftungstatbestand verwirklicht worden ist (§ 191 Abs. 3 AO; vgl. BFH, BStBl II 2004, 967).

Mit *Ablauf der Festsetzungsfrist* verjähren die Ansprüche. In § 171 AO sind die wichtigsten Gründe (weitere z. B. in § 174 AO) aufgeführt, die den Fristablauf *hemmen, die so genannten Fälle der Ablaufhemmung.* Solange die Hemmungstatbestände wirken, kann keine Verjährung eintreten. Bei den meisten Hemmungstatbeständen kann mit ihrem Wegfall sofort Verjährung eintreten, die Verjährungsfrist verlängert sich also nicht um die Zeiten der Hemmung (anders aber z. B. § 171 Abs. 1 AO).

BEISPIEL: ▶ Die Einkommensteuererklärung für 2000 ist 2001 abgeben worden. Nach Ergehen des Steuerbescheides in 2001 kam es zu einem Einspruchsverfahren, welches Anfang 2005 abgeschlossen wird. Die Festsetzungsverjährung beginnt dann mit dem Ablauf des 31. 12. 2001 und endet mit Ablauf des 31. 12. 2005. Die zwischenzeitliche Verwirklichung des Hemmungstatbestandes gem. § 171 Abs. 3a AO wirkt sich damit auf den Ablauf der Verjährungsfrist nicht aus.

Die Hemmungsgründe wirken sich – je nach Sachlage – zum Vorteil oder zum Nachteil des Steuerpflichtigen aus, denn nach Fristablauf kann auch zu *seinen Gunsten keine Änderung oder Aufhebung* mehr erfolgen (§ 169 Abs. 1 AO).

Die praktisch wichtigsten Gründe, die gem. § 171 AO den Ablauf der Frist für die Festsetzungsverjährung hemmen, sind Folgende:

▶ Offenbare Unrichtigkeit (§ 129 AO). Sie kann bis zum Ablauf eines Jahres nach Bekanntgabe des Bescheides berichtigt werden, auch wenn im Übrigen die Verjährungsfrist abgelaufen ist (§ 171 Abs. 2 AO).

► Antrag auf Steuerfestsetzung, Aufhebung oder Änderung einer Steuerfestsetzung vor Ablauf der Festsetzungsfrist (§ 171 Abs. 3 AO).

► Anfechtung (Einspruch, Klage etc.; § 171 Abs. 3a AO).

► Anordnung und Beginn einer Außenprüfung oder Beginn einer Fahndungsprüfung (§ 171 Abs. 4 und 5 AO).

► Aussetzung der Festsetzung oder vorläufige Festsetzung gem. § 165 AO (§ 171 Abs. 8 AO).

► Berichtigung von Erklärungen und Selbstanzeige (§§ 153, 371, 378 AO; § 171 Abs. 9 AO).

► Bekanntgabe von Grundlagenbescheiden (§ 171 Abs. 10 AO).

Mit der Schaffung des Absatzes 3a hat der Gesetzgeber für die Formalrechtsbehelfe klargestellt, dass im laufenden Rechtsbehelfsverfahren keine Teilfestsetzungsverjährung eintreten kann. Der neu gefasste Absatz 10 Satz 2 regelt das Zusammentreffen geänderter Grundlagenbescheide mit einer Außenprüfung. Die Festsetzungsfrist für die Auswertung der Grundlagenbescheide wird entsprechend der Frist für die Auswertung der sonstigen Außenprüfungsergebnisse verlängert.

Auch wenn die maßgebliche Steuerfestsetzung erst nach Ablauf der Verjährungsfrist erfolgt, ist die Festsetzungsfrist gewahrt, wenn der Steuerbescheid vor Ablauf der Festsetzungsfrist den Bereich der für die Festsetzung zuständigen Finanzbehörde *verlassen hat* (§ 169 Abs. 1 Satz 3 AO).

BEISPIEL: ► Die Frist für die Festsetzung der Einkommensteuer des Jahres 2001 soll am 31.12. des Jahres 2006 ablaufen. Am 31.12.2006 wird der Einkommensteuerbescheid zur Post gegeben und geht dem Steuerpflichtigen am 3.1.2007 zu. Die Festsetzungsfrist ist gewahrt.

Ob der Bescheid zugehen muss, war lange streitig (vgl. BFH, BStBl II 1990, 518 gegen 1990, 942). Inzwischen ist unstreitig, dass nur wirksame Verwaltungsakte die verjährungshemmende Wirkung entfalten können (BStBl II 2003, 548; AEAO Tz 1 zu § 169). Ein Verwaltungsakt, der nie zugeht, ist mangels Bekanntgabe nicht existent (§ 124 AO). Neben den Ablaufhemmungstatbeständen in § 171 Absätze 1 bis 14 AO finden sich an diversen anderen Stellen im Gesetz Regelungen über Ablaufhemmungstatbestände. Die wichtigsten Regelungen finden sich in § 174 AO, der nur zur Hälfte Korrekturnorm, zur anderen Hälfte aber Verjährungsvorschrift ist. Praktisch besonders wichtig ist § 174 Abs. 4 Satz 3 AO.

Gemäß § 47 AO erlöschen auch *Ansprüche auf Nebenleistungen* (§ 3 AO) *durch Verjährung.*

Auf *Zinsen* sind zwar – grundsätzlich – die für Steuern geltenden Vorschriften entsprechend anzuwenden. Gemäß § 239 AO beträgt jedoch die Festsetzungsfrist *ein Jahr.* Zum Beginn der Festsetzungsfrist vgl. § 239 Abs. 1 AO. Es bestehen unterschiedliche Regelungen für Stundungszinsen, Prozesszinsen, Zinsen auf Steuernachforderungen usw.

Säumniszuschläge entstehen kraft Gesetzes, nicht durch eine Festsetzung. Sie verjähren nach den Regeln über die *Zahlungs*verjährung (§ 228 ff. AO).

Verspätungszuschläge (§ 152 AO) entstehen durch Festsetzung. Der Gesetzgeber hat keine Frist für die Festsetzung bestimmt. Von der Festsetzung eines Verspätungszuschlages ist jedoch abzusehen, wenn die Festsetzungsfrist für die Steuer abgelaufen ist (AEAO zu § 169 Tz 5).

Zwangsgelder können so lange angedroht und festgesetzt werden, wie der Steuerpflichtige verpflichtet ist, die betreffende Handlung vorzunehmen (§§ 328 ff. AO).

Bei *Vollstreckungskosten* beträgt die Frist für den Ansatz ein Jahr (§ 346 Abs. 2 AO).

b) Zahlungsverjährung

77   Ansprüche aus dem Steuerschuldverhältnis unterliegen der *Zahlungsverjährung*. Dies gilt sowohl für Ansprüche, die der Fiskus geltend macht, als auch für Ansprüche des Steuerbürgers auf Erstattung und Vergütung. Wie bei der Festsetzungsverjährung ist zu prüfen: Wie lange dauert die Frist, wann beginnt sie, wann läuft sie ab? Die Verjährungsfrist beträgt für alle Zahlungsansprüche *fünf* Jahre (§ 228 AO).

Die Zahlungsverjährung *beginnt* (grundsätzlich) mit Ablauf des Kalenderjahres, in dem der Anspruch erstmals *fällig* geworden ist (§ 229 Abs. 1 AO; zur Fälligkeit vgl. Tz 53 ff.).

> **BEISPIEL:** Nach dem Einkommensteuer-Bescheid für das Jahr 2001 ist die Einkommensteuerabschlusszahlung am 15. 10. 2002 fällig. Die Zahlungsverjährung beginnt mit Ablauf des 31. 12. des Jahres 2002.

Ein Anlaufhemmungstatbestand ist in § 229 Abs. 1 Satz 2 AO geregelt. Damit soll verhindert werden, dass die Fälligkeitssteuern vor Festsetzung oder Anmeldung zu verjähren beginnen.

Der Fristablauf ist *gehemmt* bei *höherer Gewalt* (§ 230 AO). Es handelt sich um einen echten Hemmungstatbestand, das heißt, dass sich die Verjährungsfrist um die Zeit der Hemmung verlängert. Nach Wegfall des Hemmungstatbestandes läuft also eine Restfrist, die dem Zeitraum der Hemmung innerhalb der letzten 6 Monate der Frist entspricht. Durch Handlungen der Finanzbehörde kann der Fristablauf *unterbrochen* werden. Die Unterbrechung bewirkt, dass

► mit Ablauf des Kalenderjahres, in dem die Unterbrechungshandlung erfolgt, eine neue (5-jährige) Verjährungsfrist beginnt (§ 231 Abs. 3 AO).

§ 231 Abs. 1 AO enthält einen *abschließenden* Katalog der Unterbrechungshandlungen. In der Praxis wichtigste Unterbrechungshandlungen sind:

► schriftliche Geltendmachung des Anspruchs (z. B. Mahnung)

► Stundung

► Aussetzung der Vollziehung

► Vollstreckungsaufschub

► Vollstreckungsmaßnahmen

► Anmeldung in der Insolvenz

Da die Finanzbehörde durch eine Unterbrechungshandlung (z. B. Mahnung) die Zahlungsverjährung um mindestens 5 Jahre hinausschieben kann, tritt die Zahlungsverjährung im Regelfall nur ein, wenn die Finanzbehörde eine Forderung endgültig *niederschlägt* und deshalb nicht weiter mahnt. Niederschlagung bedeutet, dass die Finanzbehörde von der Beitreibung einer Forderung absieht, weil sie voraussichtlich erfolglos sein wird oder die Kosten nicht in einem angemessenen Verhältnis zu dem geschuldeten Betrag stehen (§ 261 AO). Die Niederschlagung ist *kein Verwaltungsakt*. Sie hat keinen Einfluss auf den Steueranspruch. Es entstehen weiterhin *Säumniszuschläge*. Die Finanzbehörde kann trotz Niederschlagung bis zum Ablauf der Verjährungsfrist jederzeit Zahlung verlangen und die Zwangsvollstreckung betreiben.

Im Zusammenhang mit der Zahlungsverjährung ist allerdings auch die Rechtsprechung zu § 169 Abs. 1 Satz 3 AO von besonderer Bedeutung, da § 231 Abs. 1 Satz 2 AO die sinngemäße Anwendung vorschreibt. Insbesondere bei der Mahnung als Maßnahme der Verjährungsunterbrechung ist erforderlich, dass die Mahnung zugegangen ist (BFH, BStBl II 2003, 933).

VI. Steueranspruch und steuerbegünstigte Zwecke

Zahlreiche Einzelsteuergesetze enthalten Steuervergünstigungen für *Körperschaften* (nicht für natürliche Personen und Personengesellschaften) unter der Voraussetzung, dass ein *steuerbegünstigter* Zweck i. S. der §§ 51 ff. AO vorliegt.   78

> **BEISPIELE:** Gemäß § 5 Abs. 1 Nr. 9 KStG sind Körperschaften von der Körperschaftsteuer befreit, die satzungsgemäß ausschließlich und unmittelbar steuerbegünstigten Zwecken dienen. Gemäß § 12 Abs. 2 Nr. 8 UStG unterliegen Leistungen von Körperschaften, die steuerbegünstigten Zwecken dienen, dem ermäßigten Steuersatz von 7 %. Weitere Steuervergünstigungen enthält z. B. § 3 Nr. 6 GewStG.

Das Gesetz verwendet den Begriff *„steuerbegünstigte Zwecke"* als *Oberbegriff*. Darunter sind zu verstehen

▶ gemeinnützige Zwecke (§ 52 AO),

▶ mildtätige Zwecke (§ 53 AO) und

▶ kirchliche Zwecke (§ 54 AO).

Ab 2009 setzt die Steuervergünstigung, wenn die steuerbegünstigten Zwecke im Ausland verwirklicht werden, nach § 51 AO voraus, dass natürliche Personen, die ihren Wohnsitz oder ihren gewöhnlichen Aufenthalt im Geltungsbereich der AO haben, gefördert werden oder die Tätigkeit der Körperschaft neben der Verwirklichung der steuerbegünstigten Zwecke auch zum Ansehen der Bundesrepublik Deutschland im Ausland beitragen kann. Außerdem darf die Körperschaft nach ihrer Satzung und bei ihrer tatsächlichen Geschäftsführung keine Bestrebungen im Sinne des § 4 des Bundesverfassungsschutzgesetzes fördern und dem Gedanken der Völkerverständigung nicht zuwiderhandeln. Wird eine Körperschaft im Verfassungsschutzbericht des Bundes oder eines Landes als extremistische Organisation aufgeführt, wird widerlegbar vermutet, dass sie den Anforderungen nicht entspricht (§ 51 AO 2009 ist europarechtlich bedenklich).

1. Gemeinnützige Zwecke

liegen vor, wenn die Tätigkeit einer Körperschaft darauf gerichtet ist, die Allgemeinheit   79
auf materiellem, geistigem oder sittlichem Gebiet selbstlos zu fördern. Im Sinne der

Vorschrift ist keine Förderung der Allgemeinheit gegeben, wenn der geförderte Personenkreis

▶ fest abgeschlossen ist (z. B. durch Familienzugehörigkeit oder Zugehörigkeit zu einem Unternehmen, siehe aber: BFH, BStBl II 1993, 20).

▶ dauernd nur klein sein kann (z. B. nach räumlichen oder beruflichen Merkmalen; religiöse Minisekte mit extremen Zielen).

Ein Personenzusammenschluss, der sich von der Allgemeinheit erkennbar absetzen will (z. B. eine Freimaurerloge) ist nach Rechtsprechung des BFH zu der Vorgängervorschrift des § 52 AO nicht förderungswürdig (BFH, BStBl II 1973, 430). Seit 2007 hat § 52 Abs. 2 Satz 1 AO einen Katalog mit 25 privilegierten Zwecken erhalten. § 52 Abs. 2 Satz 2 AO enthält eine Erweiterungsklausel mit Zentralzuständigkeit..

2. Mildtätige Zwecke

80   verfolgt eine Körperschaft, die Personen selbstlos unterstützt, wenn es sich um den in § 53 AO näher bezeichneten Personenkreis handelt.

3. Kirchliche Zwecke

81   werden verfolgt, wenn die Tätigkeit darauf abzielt, eine *öffentlich-rechtliche Religionsgemeinschaft* selbstlos zu fördern (§ 54 Abs. 1 AO). Privatrechtliche Religionsgemeinschaften verfolgen i. S. der Vorschrift keine kirchlichen Zwecke. Doch können sie wegen Förderung der *Religion* als gemeinnützig gem. § 52 Abs. 2 Nr. 1 AO anerkannt werden.

§ 54 Abs. 2 AO enthält Beispiele für die „Verfolgung kirchlicher Zwecke". Danach sind kirchliche Zwecke insbesondere die Errichtung, Ausschmückung und Unterhaltung von Gotteshäusern, die Abhaltung von Gottesdiensten, die Ausbildung von Geistlichen, die Erteilung von Religionsunterricht und die Beerdigung von Toten.

4. Selbstlos

82   ist die Förderung oder Unterstützung, wenn dadurch nicht primär eigenwirtschaftliche Zwecke verfolgt werden (z. B. gewerbliche Zwecke) und wenn die folgenden Voraussetzungen gegeben sind (§ 55 AO):

▶ Die Mittel dürfen nur für die satzungsmäßigen Zwecke verwendet werden.

▶ Die Mitglieder dürfen bei ihrem Austritt oder bei Auflösung der Körperschaft nicht mehr als ihre eingezahlten Kapitalanteile und den gemeinen Wert der Sacheinlagen zurückerhalten.

▶ Die Körperschaft darf niemand durch zweckfremde Ausgaben oder durch unverhältnismäßig hohe Vergütungen begünstigen.

▶ Bei Auflösung der Körperschaft darf das Vermögen nur für steuerbegünstigte Zwecke verwendet werden, soweit es die Anteile der Mitglieder übersteigt

▶ Die Körperschaft muss ihre Mittel zeitnah für satzungsmäßige Zwecke verwenden.

5. Umfang der Steuervergünstigung

Wird gesetzlich die Steuervergünstigung für Körperschaften eingeschränkt, die einen   83
wirtschaftlichen Geschäftsbetrieb (§ 14 AO; vgl. Tz 29) unterhalten, so entfällt für die
Werte, Einkünfte und Umsätze, die zu diesem Betrieb gehören, die Steuervergünstigung (§ 64 AO).

In § 64 Abs. 3 AO ist eine betragsmäßige Grenze von 35.000 € aufgenommen worden.
Wenn die jährlichen Einnahmen aus wirtschaftlichen Geschäftsbetrieben unter dieser
Grenze liegen, unterliegen sie nicht der Körperschaft- und Gewerbesteuer. § 64 Abs. 4
AO enthält eine Klausel gegen die missbräuchliche Aufteilung von Körperschaften. § 64
Abs. 5 und 6 AO enthalten Vorgaben für Gewinnschätzungen.

Zweckbetriebe sind jedoch steuerrechtlich nicht schädlich. Zweckbetriebe liegen insbesondere vor bei Einrichtungen der Wohlfahrtspflege, Krankenhäusern, Altenheimen,
Kindergärten (vgl. §§ 65 bis 68 AO).

Die AO enthält in der Anlagen 1 zu § 60 AO eine ab 2009 (vgl. § 1f Abs. 2 EGAO) für Neu-
gründungen und Satzungsänderungen verbindliche Mustersatzung für Körperschaften,
die steuerbegünstigten Zwecken dienen.

Mit § 67a AO soll gewährleistet werden, dass Sportvereine die Gemeinnützigkeit nicht
verlieren, wenn sie für einzelne Veranstaltungen Einnahmen erzielen. Der AEAO enthält
weitgehende Erläuterungen zu den Gemeinnützigkeitsvorschriften, insbesondere auch
zu § 67a AO.

In den §§ 10b EStG und 9 KStG wurde ein besonderer Vertrauensschutz für Spender geregelt. Ihnen verbleibt der steuerliche Vorteil, auch wenn sich später herausstellt, dass
die Spenden – ohne Wissen der Spender – nicht für steuerbegünstigte Zwecke verwendet wurden. Derjenige, der eine falsche Bescheinigung ausstellt oder veranlasst, dass
Zuwendungen nicht für begünstigte Zwecke verwendet werden, haftet bei Vorsatz und
grober Fahrlässigkeit i. H. von 30 % des zugewendeten Betrages. Im Übrigen haften Ver-
einsvorstände nach § 69 AO für grob fahrlässige Verstöße gegen steuerliche Verpflichtungen (BFH, BStBl II 2003, 556).

VII. Haftung

Haften bedeutet Einstehen für fremde Schuld.   84

> **BEISPIEL:** ▶ Wer einen Betrieb übernimmt, schuldet nicht die Betriebssteuern des Veräußerers
> als Erstschuldner. Nach Maßgabe des § 75 AO muss er jedoch für dessen betriebliche Steuer-
> schulden einstehen (haften).

Nur in ganz seltenen Fällen kann der Steuerschuldner selbst Haftungsschuldner sein.

> **BEISPIEL:** ▶ Der Geschäftsführer einer GmbH schuldet die Lohnsteuer auf sein Gehalt als Erst-
> schuldner. Wenn er die Lohnsteuer als Geschäftsführer nicht abführt, kann er dafür nach §§ 69,
> 34 AO haften (vgl. BFH, BStBl II 2007, 594).

Steuerschuldner und Personen, die für die Steuerschuld haften, sind *Gesamtschuldner*
(§§ 44 Abs. 1 AO; vgl. Tz 45).

1. Haftung kraft Gesetzes

a) Akzessorietät

85   Nach § 191 Abs. 1 AO ist Haftungsschuldner, wer kraft Gesetzes für eine Steuer haftet.

Voraussetzung für Haftung ist also grundsätzlich, dass ein Steueranspruch besteht (Akzessorietät). Nicht erforderlich ist, dass die Steuer festgesetzt wurde. Insbesondere bei der Inhaftungnahme gesetzlicher Vertreter liquidierter Kapitalgesellschaften sieht die Finanzverwaltung oft gem. § 156 AO von der Steuerfestsetzung gegenüber der vermögenslosen Gesellschaft ab und nimmt sofort die gesetzlichen Vertreter in Haftung.

Haftung setzt aber nicht in allen Fällen voraus, dass ein Steueranspruch materiell (noch) besteht.

Nach § 191 Abs. 5 AO ist es z. B. möglich, den Steuerhinterzieher in Haftung zu nehmen, obwohl die Steuer gegenüber dem Steuerschuldner bereits festsetzungsverjährt ist. Nach § 166 AO muss z. B. der gesetzliche Vertreter einer GmbH die fehlerhafte, unanfechtbare (zu hohe) *Steuer*festsetzung (nicht Haftungsschuldfestsetzung, vgl. BFH/NV 1996, 285, aber Steueranmeldung, vgl. BFH/NV 2003, 1540) gegen sich gelten lassen, wenn er sie hätte anfechten können.

b) Haftungstatbestände

86   Der Haftungsschuldner muss außerdem einen gesetzlichen Haftungstatbestand verwirklicht haben.

Die Haftungstatbestände ergeben sich sowohl aus der AO als auch aus den Einzelsteuergesetzen und dem Zivilrecht.

Die wichtigsten Haftungstatbestände der AO sind:

▶ § 69 Haftung gesetzlicher Vertreter (Tz 87)

▶ § 71 Haftung der Steuerhinterzieher (Tz 88)

▶ § 72 Haftung bei Verstoß gegen die Kontenwahrheit (Tz 88)

▶ § 73 Haftung bei der Organschaft (Tz 88)

▶ § 75 Haftung des Betriebsübernehmers (Tz 89)

Die wichtigsten Haftungstatbestände der Einzelsteuergesetze sind:

▶ § 42d EStG Lohnsteuerhaftung des Arbeitgebers

▶ § 44 EStG Kapitalertragsteuerhaftung des Schuldners der Kapitalerträge bzw. des Auszahlenden

▶ § 48a EStG Einkommen-, Körperschaft- und Lohnsteuerhaftung des Leistungsempfängers bei Bauleistungen ausländischer Unternehmer (ab 2002)

▶ § 25d UStG Haftung für schuldhaft nicht abgeführte Umsatzsteuer (dazu BFH, BStBl II 2008, 586)

▶ § 50a EStG Haftung für einzubehaltende Einkommensteuer bei beschränkt Steuerpflichtigen

▶ § 20 ErbStG Haftung des Nachlasses für die Erbschaftsteuer

Die wichtigsten Haftungstatbestände des Zivilrechts sind:

► § 25 HGB Haftung des Firmenfortführers

► § 128 HGB Haftung der OHG-Gesellschafter

► § 128 HGB analog Haftung der Gesellschafter der BGB-Gesellschafter (vgl. BFH, BStBl II 2007, 600)

► § 60 InsO Haftung des (vorläufigen) Insolvenzverwalters (Tz 90)

► Haftung bei Existenz vernichtendem Eingriff, Durchgriff durch die GmbH entgegen § 13 GmbHG (Tz 90)

c) Haftung der Vertreter

Die wichtigste Haftungsvorschrift (nicht nur) der AO ist § 69 AO. Die Haftung setzt voraus, dass in §§ 34, 35 AO bezeichnete Personen in Haftung genommen werden sollen.   87

Unter §§ 34, 35 AO fallen z. B.:

► Eltern

► Vorstände der AG oder von Vereinen

► Geschäftsführer der GmbH

► Pfleger und Betreuer

► Insolvenzverwalter

► Testamentsvollstrecker

Am häufigsten trifft die Haftung GmbH-Geschäftsführer sowohl als Haftungsschuldner für Steuerschulden der GmbH als auch in der GmbH & Co. KG als Haftungsschuldner für die Komplementär-GmbH (§§ 161, 128 HGB i. V. mit § 69 AO).

Die Haftungsschuldner müssen bei der Erfüllung der ihnen auferlegten Pflichten (§§ 33 bis 35 AO) pflichtwidrig handeln. In der Regel liegt die Pflichtwidrigkeit in der Nichtabgabe oder verspäteten Abgabe von Erklärungen und/oder der Nichtzahlung von fälligen Steuern (§ 69 AO). Allerdings kann schon im Vorfeld der Besteuerung eine Pflichtwidrigkeit begangen werden, z. B. wenn der Vertreter sich der Mittel zur Zahlung von vorhersehbaren Steuern in vorwerfbarer Weise begibt (vgl. BFH, BStBl II 1991, 678; BStBl II 2004, 967).

Bei der Haftung für (regelversteuerte) Lohnsteuer ist die Pflichtwidrigkeit meist kein großes Problem, weil der Arbeitgeber zur Einbehaltung von Lohnsteuern aus den Bruttolöhnen der Arbeitnehmer verpflichtet ist (vgl. § 38 EStG; BFH, BStBl II 1988, 859; BFH/NV 1999, 1445; dagegen: T/K, Stand 07/07, § 69 AO Tz 41).

Mit BGH, NJW 2007, 2118 hat der BGH unter Aufgabe seiner bisherigen Rechtsprechung entschieden, dass ein organschaftlicher Vertreter, der bei Insolvenzreife der Gesellschaft den sozial- oder steuerrechtlichen Normbefehlen folgend Arbeitnehmeranteile zur Sozialversicherung oder Lohnsteuer abführt, mit der Sorgfalt eines ordentlichen und gewissenhaften Geschäftsleiters handelt und daher nicht gegenüber der Gesellschaft erstattungspflichtig wird (ebenso BGH, NJW 2008, 2504). Der BFH (BStBl II 2009, 129) hat daraufhin entschieden, dass allein der Antrag auf Eröffnung des Insolvenzverfahrens den GmbH-Geschäftsführer nicht von der Haftung wegen Nichtabführung der einbehaltenen Lohnsteuer befreit. Sind im Zeitpunkt der Lohnsteuer-Fälligkeit noch liquide Mittel zur Zahlung der Lohnsteuer vorhanden, besteht die Verpflichtung des Geschäftsführers zu deren Abführung so lange, bis ihm durch Bestellung eines (starken) Insolvenzverwalters oder Eröffnung des Insolvenzverfahrens die Verfügungsbefugnis entzogen wird. Die Haftung ist auch nicht ausgeschlossen, wenn die Nichtzahlung der fälligen Steuern in die dreiwöchige Schonfrist fällt, die dem Geschäftsführer zur Massesicherung ab Feststellung der Zahlungsunfähigkeit gemäß § 64 GmbHG eingeräumt ist (anders der BGH in NJW 2009, 295).

Anders als bei der (Regel-)Lohnsteuer ist die Lage bei Umsatz-, Gewerbe- und pauschalierter Lohnsteuer (insoweit str.). Hier muss der Vertreter die Steuer genauso bedienen wie die sonstigen Verbindlichkeiten des betreffenden Haftungszeitraums (er muss die Steuerschuld nur aus den Mitteln, die er verwaltet, tilgen; § 34 Abs. 1 Satz 2 AO). Man spricht von der „quotierlichen Haftung" oder dem Prinzip der „anteilsmäßigen Tilgung" (grundsätzlich: BFH, BStBl II 1991, 678; 2001, 271 zu steuerlichen Nebenleistungen).

BEISPIEL: ▶ Der Geschäftsführer G hat im Haftungszeitraum nur noch 10 000 € an verfügbaren Mitteln in der GmbH. Die GmbH hat aber noch 10 000 € Umsatzsteuerschulden und 10 000 € Lieferantenverbindlichkeiten.

Wenn G die 10 000 € an die Lieferanten zahlt, löst er den Haftungsanspruch aus. Bei pflichtgemäßem Handeln hätte G die USt und die Lieferantenverbindlichkeiten mit der gleichen Quote befriedigt, also 5 000 € auf die USt bezahlt. Insoweit ist durch seine pflichtwidrige (ungleiche) Behandlung der USt ein Schaden entstanden. Für diesen Schaden haftet G bei Vorliegen der übrigen Haftungsvoraussetzungen. Hätte G auf USt und Lieferantenschulden je 5 000 € gezahlt, hätte er nicht gehaftet.

Zur Durchführung einer Haftungsprüfung gehört bei den Steuern, für die nach dem Grundsatz der anteilmäßigen Tilgung gehaftet wird, dass die Voraussetzungen der Haftung ermittelt werden:

▶ Haftungszeitraum;

▶ haftungsrelevante Steuer, i. d. R. USt oder GewSt/KSt des Zeitraums;

▶ sonstige Verbindlichkeiten des Haftungszeitraums (ohne LSt: BStBl II 2008, 508);

▶ verfügbare Mittel des Haftungszeitraums (ohne LSt: BStBl II 2008, 508).

Zu diesen Fragen enthalten die BFH-Entscheidungen in BStBl II 1988, 172 und 980 Hinweise. Der Haftungszeitraum beginnt grundsätzlich mit dem Tag der ältesten Fälligkeit der für die Haftung in Betracht kommenden Ansprüche und endet mit dem Ende der Pflichtwidrigkeit, also z. B. dem Zeitpunkt, zu dem der Steuerschuldner zahlungsunfähig geworden ist.

Wichtig ist, dass der potenzielle Haftungsschuldner mitwirkungspflichtig ist (BFH, BStBl II 1990, 357). Bei Verstoß gegen die Mitwirkungspflichten kann das Finanzamt schätzen (BFH/NV 2004, 1498). Allerdings hat der BFH in seiner Rechtsprechung deutlich gemacht, dass die Mitwirkungspflichten – insbesondere bei eingeschränktem Zugriff des potenziellen Haftungsschuldners auf die maßgeblichen Unterlagen – Grenzen haben und das Finanzamt auch von Amts wegen ermitteln muss (vgl. dazu BFH/NV 1999, 447).

Die Pflichtwidrigkeit muss schuldhaft begangen werden. Schuldformen sind Vorsatz und grobe Fahrlässigkeit.

Die Pflichtwidrigkeit muss kausal sein für den Eintritt eines Haftungsschadens. Der BFH hält § 69 AO für eine Schadensersatzvorschrift und verlangt deshalb in ständiger Rechtsprechung, dass die Pflichtwidrigkeit nicht nur kausal für den Eintritt eines abstrakten Haftungsschadens (z. B. Nichtfestsetzung), sondern auch für den Eintritt des Steuerausfalls ist (vgl. dazu die Grundsatzurteile in BStBl II 1991, 282 und 678).

d) Haftung nach §§ 71, 72, 73, 74 AO

Die weiteren Haftungstatbestände der AO haben in den letzten Jahren eine weitgehende Änderung in der Rechtsprechung des BFH erfahren.

88

aa) Haftung der Steuerhinterzieher

Die Haftung nach § 71 AO richtet sich auf die verkürzten Steuern oder die zu Unrecht gewährten Steuervorteile. Dies führte stets zur Haftung auf den vollen Betrag der hinterzogenen Steuer und nur in extremen Fällen (BFH, BStBl II 1989, 118) ließ der BFH eine Abweichung zu. Mit der Entscheidung in BStBl II 1993, 8 hat der BFH mit dieser Tradition gebrochen und fasst seither auch § 71 AO als Schadensersatznorm auf. Damit findet auch bei der Haftung nach § 71 AO der Grundsatz der anteilsmäßigen Tilgung Anwendung. Die Literatur folgt dem BFH nur teilweise (vgl. Nachweise bei T/K, Stand 10/04, § 71 AO Tz 1, 16). Mit BFH, BStBl II 2004, 919; BFH/NV 2006, 1246 ist aber die Haftung des Gehilfen der Hinterziehung auf die **volle** verkürzte Steuer bestätigt worden (so auch BFH/NV 2008, 23). Sehr instruktiv zur Ermessensausübung (-vorprägung) bei Haftung wegen Steuerhinterziehung ist BFH/NV 2007, 1822.

Erhebliche Bedeutung hat bei der Hinterziehung naturgemäß auch die Frage, wie für den Vorsatz der Beweis zu führen ist. Der BFH nimmt an, dass der Grundsatz „in dubio pro reo" (im Zweifel für den Angeklagten) auch im Steuerrecht gilt (vgl. BFH/NV 1999, 1185; BStBl II 2007, 364; anders noch BStBl II 1999, 28). Die Grenzziehung zu der Schätzungsbefugnis des Finanzamtes ist aber nicht eindeutig.

bb) Haftung bei Verstoß gegen den Grundsatz der Kontenwahrheit

Der BFH hat in BStBl II 1990, 263, die Haftung der Bank für das Fehlverhalten ihrer Erfüllungshilfen und Organe bejaht und damit § 72 AO zu einem Anwendungsbereich verholfen. In dem Zusammenhang ist von Bedeutung, dass der Begriff des Verfügungsberechtigten neu definiert wurde (AEAO Tz 7 zu § 154). Der Haftungstatbestand spielt aber trotzdem eine eher untergeordnete Rolle. Die wesentlichen Streitigkeiten im Zusammenhang mit der Kontenwahrheit – und dem Geldwäschegesetz – spielen im strafrechtlichen Bereich. Wenn es der Finanzverwaltung im Einzelfall gelingt, der Bank die Beihilfe zur Steuerhinterziehung nachzuweisen, wird als Haftungstatbestand der wesentlich einfachere § 71 AO herangezogen (Grundlegend zur Strafbarkeit der Bankmitarbeiter: BGH, BStBl II 2001, 79).

cc) Haftung bei Organschaft

Nach § 73 AO haften die Organgesellschaften für die Steuern des Organträgers. Dies kann z. B. eine Rolle spielen, wenn bei der Betriebsaufspaltung die Besitzgesellschaft als Organträger der Betriebsgesellschaft angesehen wird und die Besitzgesellschaft illiquide wird (vgl. BFH, BStBl II 2006, 3: keine Anwendung auf Zinsen). Wesentlich wichtiger ist aber die Annahme der umsatzsteuerlichen Organschaft für den umgekehrten Fall, nämlich im Konkurs der Betriebsgesellschaft. Die Besitzgesellschaft als Organträger ist dann der Unternehmer i. S. des UStG gewesen und ist Steuerschuldner für die vor der Insolvenz ausgelösten Umsatzsteuern (vgl. zur Organschaft bei Betriebsaufspaltung BFH/NV 1995, 749). Die Haftungsbeschränkung, die i. d. R. mit der Betriebsaufspaltung erreicht werden sollte, tritt hinsichtlich der Umsatzsteuern nicht ein.

dd) Haftung bei Überlassung von Gegenständen

Bei der Haftung nach § 74 AO handelt es sich um eine echte Ausfallhaftung, die an eine wesentliche Unternehmensbeteiligung und an die Gebrauchsüberlassung eines bestimmten Gegenstandes anknüpft. Der BFH hat die Haftung des Grundstückseigentümers bei Vermietung des Grundstücks an eine in Insolvenz geratene GmbH auf § 74 AO gestützt (vgl. BFH/NV 2006, 1615). Die Haftung ist auf die überlassenen Gegenstände beschränkt.

e) Haftung des Betriebsübernehmers

89   Nach § 75 AO haftet der Betriebsübernehmer, wenn

- ► ein Unternehmen (vgl. § 2 UStG) oder
- ► ein gesondert geführter Betrieb (vgl. § 16 EStG)
- ► im Ganzen übereignet wird

für die

- ► Betriebsteuern (z. B. USt oder GewSt; nicht: ESt oder KSt) und
- ► Steuerabzugsbeträge (z. B. Lohnsteuern),
- ► die seit dem Beginn des letzten vor der Übereignung liegenden Kalenderjahres entstanden sind und
- ► bis zum Ablauf eines Jahres nach Anmeldung des Betriebes durch den Erwerber angemeldet oder festgesetzt werden.

Die Haftung ist auf den Bestand des übernommenen Vermögens beschränkt. Ausnahmen enthält § 75 Abs. 2 AO. Bedeutsam ist insoweit die Rechtsprechung des BFH zum Erwerb vom vorläufigen Insolvenzverwalter (vgl. BFH, BStBl II 1998, 765).

Es handelt sich bei der Haftung nach § 75 AO um eine verschuldensunabhängige Haftung, die insbesondere wegen der Haftung für Lohn- und Umsatzsteuer hohe Summen erreichen kann.

BEISPIEL: ► Nach dem Erwerb eines Unternehmens durch X am 2. 1. 2007 werden für die Jahre 2004 bis 2006 Umsatzsteuern von je 10 000 € festgesetzt. X haftet nach § 75 AO nur für die USt des Jahres 2006, da alle anderen vor dem 1. 1. 2006 entstanden sind und damit von § 75 AO nicht mehr erfasst werden.

f) Haftung kraft zivilrechtlicher Gesetze

Praktisch bedeutsam ist hier § 25 HGB, der bei Betriebsübernahmen neben § 75 AO ein-   **90**
schlägig sein kann, aber auch Fälle erfasst, bei denen eine Haftung nach § 75 AO ausscheidet (vgl. BGH, NJW 2006, 1002).

Die Haftung der Gesellschafter der BGB-Gesellschaft ist durch den BFH konsequent entwickelt worden (vgl. BFH, BStBl II 1986, 156; 1995, 300; BGH, NJW 2001, 1056 stützt
die Haftung jetzt auf die analoge Anwendung des § 128 HGB). Auch der BFH stützt sich
nunmehr klar auf die analoge Anwendung von § 128 HGB (BFH, BStBl II 2007, 600).

Problematisch ist die Haftung der Insolvenzverwalters, weil die Haftung sowohl auf
§ 69 AO als auch auf § 60 InsO gestützt werden kann (vgl. Grundsatzentscheidung des
BGH, NJW 1989, 303). Die Rechtswegfrage ist noch nicht abschließend geklärt. Eigentlich müsste der Zivilrechtsweg verschlossen sein, weil die Finanzverwaltung ihre Ansprüche durch Haftungsbescheid geltend machen kann und damit das Rechtsschutzbedürfnis für eine Zivilklage fehlt.

Die Haftung des vorläufigen Insolvenzverwalters, die sich auf § 82 KO/§ 60 InsO analog
stützt, war Gegenstand einer Reihe von Musterverfahren. Fraglich war, ob der vorläufige Insolvenzverwalter bei Veräußerung wesentlicher Vermögensgegenstände in der
vorläufigen Insolvenzverwaltung für die Umsatzsteuer (die dann Insolvenzforderung
und nicht Masseverbindlichkeit war) haftet. Der BGH hat die Haftung abgelehnt (vgl.
BGH, ZIP 1993, 48). Die Frage hat für die Gegenwart teilweise weiterhin Bedeutung.
Ordnet das Insolvenzgericht eine so genannte starke vorläufige Insolvenzverwaltung
an, d. h. dass der vorläufige Insolvenzverwalter verwaltungs- und verfügungsbefugt
wird (§§ 22, 21 Abs. 2 Nr. 2 InsO), dann werden die durch den vorläufigen Insolvenzverwalter ausgelösten Umsatzsteuern mit Verfahrenseröffnung Masseverbindlichkeiten
(vgl. § 55 Abs. 2 InsO). Ein Haftungsproblem ergibt sich nicht. Bei der so genannten
schwachen Insolvenzverwaltung können sich die Fragen in ähnlicher Weise wieder stellen (vgl. insoweit auch die zu § 25d UStG ergangene Entscheidung in BStBl II 2008,
586).

Keine große Bedeutung für den Bereich des steuerlichen Haftungsrechts hat die neue
mit § 826 BGB begründete Rechtsprechung des BGH zur Existenzvernichtungshaftung
(NJW 2007, 2689).

2. Verfahrensrechtliche Geltendmachung der gesetzlichen Haftung

a) Haftungsbescheid

Aus § 191 AO ergibt sich, dass die Haftung kraft Gesetzes durch Haftungsbescheid gel-   **91**
tend gemacht werden kann (zu § 60 InsO siehe Tz 90). Dabei ist zu beachten, dass die
Beweislast für die haftungsbegründenden Tatsachen bei der Finanzbehörde liegen. Allerdings ist der potenzielle Haftungsschuldner grundsätzlich mitwirkungspflichtig;
wenn er seine Mitwirkung verweigert, kann geschätzt werden (vgl. BFH, BStBl II 1990,
357; BFH/NV 2004, 1498).

Die Haftungsinanspruchnahme ist grundsätzlich eine Ermessensentscheidung („kann") und daher ist das Ermessen durch die Finanzbehörde auszuüben und i.d.R. (§ 121 Abs. 1 AO) schriftlich zu begründen.

Bei der Inhaftungnahme gibt es:

► Entschließungsermessen und

► Auswahlermessen.

Bei der Ausübung des Entschließungsermessens entscheidet die Behörde, ob sie jemand in Haftung nimmt oder nicht. Einer Begründung bedarf dies bei grob fahrlässiger Pflichtverletzung (BFH, BStBl II 1989, 219). Bei vorsätzlicher Pflichtverletzung ist das Ermessen als stillschweigend zutreffend ausgeübt anzusehen (BFH/NV 1998, 1325). Auswahlermessen ist in den Fällen auszuüben, in denen mehr als ein potenzieller Schuldner existiert. Das Auswahlermessen ist zu begründen (BFH/NV 1993, 143 m.w.N.; BFH, BStBl II 1998, 761).

b) Zahlungsaufforderung

92 Von dem eigentlichen Haftungsbescheid ist die Zahlungsaufforderung zu unterscheiden. Sie ist in § 219 AO, also systematisch richtig im Erhebungsverfahren, geregelt. Nach § 219 AO darf der Haftungsschuldner nur in Anspruch genommen werden, soweit die Vollstreckung in das bewegliche Vermögen des Steuerschuldners erfolglos geblieben ist oder aussichtslos sein würde. Man spricht von der Subsidiarität der Haftungsschuld.

Diese gängige Bezeichnung ist in mehrfacher Weise missverständlich, weil sich die Subsidiarität nur auf die Zahlungsaufforderung, nicht auf den Haftungsbescheid bezieht und weil § 219 AO in Satz 2 wesentliche Ausnahmen enthält, die den Grundsatz in der Praxis völlig entwerten.

So kann der Haftungsschuldner z.B. unmittelbar auf Zahlung in Anspruch genommen werden, wenn

► er Steuerhinterziehung begangen hat,

► er gesetzlich verpflichtet war, Steuern einzubehalten und abzuführen oder zu Lasten eines anderen abzuführen.

Damit ist die Subsidiarität für die wichtigen Fälle der §§ 69, 71 AO aufgehoben.

c) Korrektur und Rechtsbehelfsverfahren

93 Der Haftungsbescheid ist kein Steuerbescheid und kann deshalb nicht nach den Vorschriften über die Korrektur von Steuerbescheiden (§§ 172 ff. AO) korrigiert werden. Die Korrektur kann nur auf die §§ 129, 130, 131 AO gestützt werden. Auch die Korrektur der Zahlungsaufforderung kann auf diese Vorschriften gestützt werden.

Der Einspruch ist bei beiden Verwaltungsakten, dem Haftungsbescheid und der Zahlungsaufforderung, der außergerichtliche Rechtsbehelf, die Anfechtungsklage der gerichtliche.

3. Vertragliche Haftung

Die vertragliche Haftung ist in § 192 AO geregelt. Denkbar sind insbesondere Verpflich- 94
tungsgründe, wie Bürgschaft (§§ 765 ff. BGB) oder Sicherheitenbestellungen durch
Grundschulden. Die Finanzbehörde kann diese Ansprüche nicht durch Verwaltungsakt
(Haftungsbescheid) geltend machen, sondern muss nach den Vorschriften des Zivilrechts vorgehen. Das bedeutet, dass entweder vor dem Zivilgericht geklagt werden
muss oder dass die Finanzbehörde bei der Sicherheitenbestellung auf vollstreckbare Urkunden besteht. Praktisch bedeutsam sind selbstschuldnerische Bürgschaften von Banken im Rahmen von Sicherheitsleistungen (§ 241 Abs. 1 Nr. 7 i. V. mit § 244 AO).

4. Duldungsbescheide

Duldungsansprüche sind teilweise in der AO geregelt (§ 77 AO). Wichtiger ist, dass die 95
Finanzverwaltung die Ansprüche aus dem Anfechtungsgesetz (AnfG) z. B. bei unentgeltlicher Übertragung (§ 4 AnfG) oder vorsätzlicher Benachteiligung (§ 3 AnfG) durch
Duldungsbescheid nach § 191 AO geltend machen kann (§ 191 Abs. 1 Satz 2 AO; vgl.
z. B. BFH/NV 2008, 1855).

(Einstweilen frei) 96–99

D. Allgemeine Verfahrensvorschriften

Der dritte Teil der AO (§§ 78 ff.) enthält wesentliche Teile des Verfahrensrechts, d. h. Vor- 100
schriften darüber, in *welcher Art und Weise* Ansprüche aus dem Steuerschuldverhältnis
geltend zu machen sind (zum Begriff Verfahrensrecht vgl. Tz 1). Aus der Überschrift „Allgemeine Verfahrensvorschriften" ergibt sich, dass die Regeln des dritten Teils nur insoweit gelten, wie nicht *spezielle* Vorschriften eingreifen. Die *allgemeinen* Verfahrensvorschriften gelten z. B. *nicht* für das Steuerstraf- und Bußgeldverfahren (§ 385 AO,
§§ 409 ff. AO). Sie werden teilweise durch spezielle Verfahrensvorschriften ergänzt oder
ausgeschlossen (z. B. bei Außenprüfungen, im Vollstreckungs- und Rechtsbehelfsverfahren).

> **BEISPIEL:** ▶ Die allgemeinen Verfahrensvorschriften (§§ 78 ff. AO) gelten *grundsätzlich* auch bei
> Außenprüfungen. Die Anwendung des § 93 Abs. 2 Satz 2 und des § 97 Abs. 2 ist jedoch aus-
> geschlossen (§ 200 Abs. 1 letzter Satz AO). Das bedeutet: Auskunftsersuchen im Rahmen einer
> Außenprüfung muss die Behörde auch dann nicht schriftlich stellen, wenn der Steuerpflichtige
> es verlangt. Die Vorlage von Büchern, Aufzeichnungen, Geschäftspapieren usw. kann ohne Ein-
> schränkung verlangt werden (auch z. B. dann, wenn der Vorlagepflichtige Auskünfte erteilt und
> keine Bedenken gegen die Richtigkeit bestehen). Ohne diese Sonderregelung wären Außenprü-
> fungen praktisch nicht durchführbar.

I. Verfahrensgrundsätze

1. Beteiligte

§ 78 AO definiert den Begriff des Verfahrensbeteiligten. Im Regelfall sind Beteiligte, der 101
Steuerpflichtige oder ein Dritter, gegen den die Finanzbehörde einen Verwaltungsakt
richten will oder erlässt (z. B. Aufforderung, eine Auskunft zu erteilen).

Die Finanzbehörde ist Verfahrensträgerin, nicht Beteiligte i. S. des § 78 AO. Der Begriff des Beteiligten ist in vielfacher Hinsicht von Bedeutung.

BEISPIELE: ▶ Andere Personen als die Beteiligten (z. B. Geschäftsfreunde eines Steuerpflichtigen) sollen erst dann zur Auskunft angehalten werden, wenn die Sachverhaltsaufklärung durch den Beteiligten (Steuerpflichtigen) nicht zum Ziel führt oder keinen Erfolg verspricht (§ 93 Abs. 1 AO). – Nichtbeteiligte können durch das Finanzgericht auf Antrag der Finanzbehörde *eidlich* vernommen werden. Ein Beteiligter darf dagegen nur aufgefordert werden, eine eidesstattliche Versicherung abzugeben (§§ 94, 95 AO). – Bei Gefahr strafrechtlicher Verfolgung darf im *Besteuerungsverfahren* nur ein *Nicht*beteiligter die Auskunft auf Fragen verweigern, deren Beantwortung die Gefahr strafrechtlicher Verfolgung begründen würde (§ 103 AO). Soweit gegen einen Beteiligten ein Strafverfahren eingeleitet ist, darf die Auskunft jedoch *nicht erzwungen* werden (§ 393 Abs. 1 AO; vgl. Tz 351).

Ein abweichender Begriff des Beteiligten ist für das Einspruchsverfahren in § 359 AO enthalten.

2. Handlungsfähigkeit

102   Hinweis auf § 79 AO und Tz 40.

3. Bevollmächtigte und Beistände

103   Beteiligte und deren gesetzliche Vertreter können sich durch Bevollmächtigte vertreten lassen (§ 80 Abs. 1 AO). Eine Vollmacht, die nicht auf bestimmte Handlungen beschränkt ist, ermächtigt grundsätzlich zu allen Verfahrenshandlungen. Ausnahme: Zum Empfang von *Erstattungen* und *Vergütungen* ermächtigt eine Vollmacht nur dann, wenn dies vom Vollmachtgeber (Steuerpflichtigen) bestimmt ist. Sieht ein Steuergesetz vor, dass ein Steuerpflichtiger die Steuererklärung *eigenhändig* unterschreiben muss, so ist die Unterzeichnung durch einen Bevollmächtigten nur zulässig, wenn der Steuerpflichtige an der Unterschrift *gehindert* ist (vgl. § 150 Abs. 3 Satz 1 AO).

BEISPIELE: ▶ *Einkommen*steuererklärungen müssen vom Steuerpflichtigen (ggf. auch vom Ehegatten) *eigenhändig* unterschrieben sein (§ 25 Abs. 3 EStG). Die Unterschrift kann bei elektronischer Übermittlung durch Signatur ersetzt werden (vgl. AEAO Tz 3 zu § 87a). Anders als die USt-Voranmeldung muss die USt-Jahreserklärung *eigenhändig* unterschrieben werden (§ 18 Abs. 1 und 3 UStG). – Eine Einspruchs- oder Beschwerdeschrift sollte zwar – muss aber nicht – unterschrieben werden. Es genügt, wenn sich aus dem Schriftstück ergibt (z. B. Briefkopf), wer den Rechtsbehelf eingelegt hat (§ 357 Abs. 1 AO).

Die Vollmacht kann *mündlich* erteilt werden, ist jedoch auf Verlangen der Finanzbehörde schriftlich nachzuweisen (§ 80 Abs. 1 AO). Sie endet mit Widerruf, durch Zeitablauf, Erledigung des Auftrags (Geschäftsbesorgungsvertrags), nicht dagegen durch den Tod des Vollmachtgebers (§§ 168, 672 BGB, § 80 Abs. 2 AO). Der Finanzbehörde gegenüber wird ein Widerruf der Vollmacht erst wirksam, wenn er der Behörde zugeht (§ 80 Abs. 1 AO).

Der Bevollmächtigte muss nicht Angehöriger der steuerberatenden Berufe sein. Bevollmächtigte und Beistände (§ 80 Abs. 4 AO), die unbefugt *geschäftsmäßige* Hilfe in Steuersachen leisten, müssen jedoch zurückgewiesen werden (soweit es sich nicht um Notare und Patentanwälte handelt; § 80 Abs. 5 AO). Auch eine unentgeltliche Hilfeleistung in Steuersachen kann „geschäftsmäßig" sein (§ 2 Steuerberatungsgesetz). Geschäftsmäßig ist eine Hilfeleistung, wenn sie selbständig erfolgt und davon auszugehen ist, dass der Helfer in ähnlicher Situation wiederum tätig werden wird. Nicht geschäftsmäßig ist die Hilfeleistung, wenn sie aus Anlass eines besonderen Einzelfalles ausgeübt wird (BFH, BStBl II 1973, 743). Zur vorübergehenden grenzüberschreitenden Hilfeleistung vgl. FG Köln, EFG 2006, 1721 m. w. N. zum Europarecht und zur BFH-Rechtsprechung.

4. Ausschließung und Ablehnung von Amtsträgern und anderen Personen

Die §§ 82 bis 84 enthalten Vorschriften, durch die ein korrektes Verfahren sichergestellt werden soll. Danach dürfen z. B. für eine Finanzbehörde Personen, die an dem Verwaltungsverfahren selbst beteiligt oder *Angehörige* eines Beteiligten sind, nicht tätig werden.   104

> **BEISPIEL:** ▶ Ein Finanzbeamter darf weder sich selbst noch einen Angehörigen veranlagen (§ 82 AO; zu Angehörigen vgl. Tz 30).

Behauptet ein Beteiligter Befangenheit, so hat der Amtsträger den Leiter der Behörde zu unterrichten und sich auf dessen Anordnung der Mitwirkung an dem Verfahren zu enthalten (§ 83 AO). Im Regelfall wird der Behördenleiter eine entsprechende Anordnung treffen.

> **BEISPIEL:** ▶ Der Leiter einer Betriebsprüfungsstelle beauftragt den Prüfer (P) mit der Prüfung des Bauunternehmers (B). Für P hat B ein Einfamilienhaus errichtet und ihn auf Zahlung verklagt, weil P sich unter Berufung auf Baumängel weigerte, den noch nicht gezahlten Restbetrag von 10 000 € zu entrichten. Gemäß § 83 AO ist der Betriebsprüfer verpflichtet, den Vorsteher oder den Leiter der Betriebsprüfungsstelle über den Sachverhalt zu informieren, auch wenn B kein Misstrauen gegen die Unparteilichkeit des P äußert (AEAO zu § 83).

5. Besteuerungsgrundsätze – Beweismittel

a) Gesetzmäßigkeit und Gleichmäßigkeit der Besteuerung

§ 85 AO enthält die Grundsätze der Gesetzmäßigkeit und der Gleichmäßigkeit. Die Gesetzmäßigkeit ergibt sich auch aus § 38 AO (Tatbestandsmäßigkeit der Besteuerung; Tz 46) und aus der Steuerdefinition (§ 3 AO). Allerdings wird dieser Gesetzmäßigkeitsgrundsatz an einigen Stellen von Zweckmäßigkeitserwägungen durchsetzt (vgl. AEAO Tz 1 zu § 88). Insbesondere in Fällen schwierig zu ermittelnder Lebenssachverhalte können die Parteien sich über den der Besteuerung zugrunde zu legenden Sachverhalt einigen (BFH, BStBl II 1985, 354; 1991, 45, 673). Man spricht von einer „tatsächlichen Verständigung" (vgl. BMF-Schreiben, BStBl I 2008, 831). Die tatsächliche Verständigung darf nicht mit einem Vergleich über Steuergesetze verwechselt werden. Ein solcher Vergleich wäre wegen Verstoßes gegen den Legalitätsgrundsatz nichtig.   105

Bei der tatsächlichen Verständigung sind einige Grundregeln zu beachten:

▶ Nur bei schwierig zu ermittelnden Sachverhalten ist die tatsächliche Verständigung zulässig (BFH, BStBl II 1985, 354; 2004, 742).

▶ Nur Verständigungen über Lebenssachverhalte, nicht über Rechtsfragen sind zulässig (BFH, BStBl II 1985, 354; 2004, 742; BFH/NV 2008, 532, Paketlösung; BMF-Schreiben, Tz 2.1).

▶ Nur zur Steuerfestsetzung berufene Amtsträger können sie eingehen (BFH, BStBl II 1991, 45).

▶ Sie entfaltet nach der überwiegenden Rechtsprechung des BFH Bindungswirkung nach Treu und Glauben (BFH, BStBl II 1991, 673; 1996, 625; ebenso: BMF-Schreiben Tz 6.1).

Der Gleichheitsgrundsatz verpflichtet die Finanzbehörden, auch bei *Ermessensentscheidungen* (z. B. Stundung, Fristverlängerung, Verspätungszuschlag) im Rahmen des Möglichen einheitlich zu verfahren, insbesondere die für Ermessensentscheidungen erlassenen generellen Verwaltungsanweisungen zu befolgen (vgl. Tz 26). Die Finanzbehörden haben ferner sicherzustellen, dass Steuern nicht verkürzt, zu Unrecht erhoben oder Steuererstattungen sowie Vergütungen nicht zu Unrecht gewährt oder versagt werden (§ 85 AO).

Das BVerfG hat in der Zinssteuerentscheidung (BStBl II 1991, 654; Folgeentscheidung z. B. BStBl II 2008, 651) aus dem Gleichheitssatz einige grundlegende Ableitungen für das Steuerrecht vorgenommen. Der Gleichheitssatz führt dazu, dass im Steuerrecht die Belastungsgleichheit im Ergebnis eintreten muss und nicht nur in der materiellen Norm stehen darf.

„Der Gesetzgeber muss die Steuerehrlichkeit durch hinreichende, die steuerliche Belastungsgleichheit gewährleistende Kontrollmöglichkeiten abstützen. Im Veranlagungsverfahren bedarf das Deklarationsprinzip (Veranlagung nach Erklärung) der Ergänzung durch das Verifikationsprinzip". Die Entscheidung zur Verfassungswidrigkeit der Besteuerung der Spekulationsgeschäfte 1997/98 knüpft an die Zinssteuerentscheidung an (BVerfG, BStBl II 2005, 56). Der BFH hat aus diesen Grundsätzen weitgehende Folgerungen für die Außenprüfung abgeleitet (BFH, BStBl II 1992, 220), aber z. B. in BFH, BStBl II 2008, 928 – Abgeordnetenpauschale – eine Abgrenzung vorgenommen.

b) Beginn des Verfahrens – Amtssprache, elektronische Kommunikation

106 Grundsätzlich entscheidet die Finanzbehörde nach pflichtgemäßem Ermessen, ob und wann sie ein Verwaltungsverfahren durchführt (§ 86 AO).

> **BEISPIEL:** ▶ Zur Abgabe einer Steuererklärung ist jeder verpflichtet, der hierzu nach pflichtgemäßem Ermessen von der Finanzbehörde aufgefordert wird (§ 149 AO).

Ein Ermessensspielraum der Finanzbehörde besteht insoweit nicht, als sie von Amts wegen oder auf Antrag tätig werden *muss* oder kein Antrag vorliegt und sie nur auf Antrag tätig werden darf (§ 86 AO).

> **BEISPIELE:** ▶ Die Finanzbehörde *muss* tätig werden (entscheiden), wenn ein Stundungsantrag gestellt ist. – Sie *muss* entscheiden, wenn eine Einkommensteuererklärung oder ein Antrag auf Lohnsteuerjahresausgleich mit dem Ziele der Erstattung abgegeben wird. – Sie *darf* nicht tätig werden, wenn ein Anspruch auf eine Wohnungsbauprämie besteht, jedoch ein Antrag nicht gestellt wird. Sie kann aber den Antrag anregen (§ 89 AO).

Die Amtssprache ist deutsch. § 87 AO enthält Vorschriften für Übersetzungen und die Fristwahrung bei Anträgen usw., die in einer Fremdsprache verfasst sind.

Eine erhebliche Bedeutung kommt inzwischen der elektronischen Kommunikation zu. Die LSt- und USt-Anmeldungen müssen regelmäßig elektronisch eingereicht/übermittelt werden (§ 41a EStG, § 18 Abs. 1 UStG i. V. mit der StDÜV; ab 2011 müssen ESt-Erklärungen von Gewinnermittlern und alle Feststellungserklärungen nach § 180 Abs. 1 Nr. 2 AO elektronisch eingereicht werden, vgl. §§ 25 Abs. 4, 52 Abs. 39 EStG, §§ 150 Abs. 7, 181 Abs. 2a AO, Art. 97 § 10a EGAO). Generell enthält § 87a AO Regeln über elektronische Dokumente, insbesondere in Absatz 4 die Möglichkeit die gesetzlich angeordnete Schriftform – soweit nichts anderes bestimmt ist – durch die elektronische Form zu ersetzen. Der AEAO zu § 87a AO enthält eine gute Erläuterung (vgl. dazu auch §§ 52a, 52b FGO).

c) Untersuchungsgrundsatz

Die Finanzbehörden müssen den steuerlich erheblichen Sachverhalt von Amts wegen auch zugunsten des Steuerpflichtigen ermitteln (§ 88 AO). Der Umfang der Ermittlungspflicht richtet sich nach den Umständen des Einzelfalles. Die Pflicht geht bis zur Grenze des Zumutbaren (BFH, BStBl III 1964, 569). Es kann der Finanzbehörde nicht zugemutet werden, Sachverhalte auf alle theoretisch möglichen Ausnahmen zugunsten des Steuerpflichtigen zu überprüfen. Nicht zumutbar sind der Behörde Ermittlungen, die einen unverhältnismäßigen Aufwand an Zeit und Arbeit erfordern (BFH, BStBl III 1967, 322). Es ist legitim, wenn die Finanzbehörde die Intensität ihrer Ermittlungen von dem Verhältnis des voraussichtlichen Arbeitsaufwandes zum steuerlichen Erfolg abhängig macht (BVerfGE 35, 283; ausführlich: AEAO zu § 88). | 107

Sachverhalte, die unter keinem denkbaren steuerlichen Gesichtspunkt von Bedeutung sein können, *darf* die Finanzbehörde *nicht erforschen*. Daraus folgt, dass der Steuerpflichtige bei der Aufklärung derartiger Sachverhalte nicht mitwirken muss. Besonderheiten bei der Ermittlungsbefugnis gegenüber Banken sind durch § 30a Abs. 1 AO normiert worden. Die Norm ist im Zusammenhang mit dem Zinssteuerbeschluss des BVerfG indirekt (das BVerfG hat sich mit dem Bankenerlass beschäftigt) als eine Ursache für die verfassungswidrige Ungleichheit bei der Kapitaleinkünftebesteuerung ausgemacht worden. Der BFH hat sich mehrfach mit § 30a AO beschäftigt. In BStBl II 1997, 499 ist § 30a AO verfassungskonform so ausgelegt worden, dass er praktisch völlig ausgehöhlt wäre. In BFH/NV 1998, 424, hat der BFH § 30a AO mehr entsprechend dem Wortlaut und der Entstehungsgeschichte ausgelegt, so dass ein erheblicher Anwendungsbereich verbliebe. Die weitere Entwicklung ist im Hinblick auf die Abgeltungssteuer ab 2009 und die Steueroasenbekämpfung offen. § 30a AO erscheint zumindest der Verfassung gegenläufig. Eine überraschende Lösung weist BFH, BStBl II 2000, 648, wo der BFH unter Bezug auf die Terminologie des 4. und 5. Abschnitts des 4. Teils der AO feststellt, dass die Steuerfahndungsprüfung keine Außenprüfung i. S. des § 30a Abs. 3 AO und deshalb § 30a AO insoweit unanwendbar ist. Interessant auch BFH/NV 2005, 1226 wo zutreffend festgestellt wird, dass bankinterne Konten nicht unter § 30a Abs. 3 AO fallen (aktuell zu Kontrollmitteilungen vgl. BFH/NV 2009, 808).

An Selbstbeschränkungen bezüglich des Ermittlungsumfangs sind die Finanzbehörden grundsätzlich gebunden.

BEISPIEL: ▸ Nach Maßgabe des § 4 Abs. 3 BpO sollen Mittel-, Klein- und Kleinstbetriebe nur für drei zusammenhängende Jahre einer Betriebsprüfung unterzogen werden. Über die in dieser Verwaltungsanweisung vorgesehenen Ausnahmen hinaus ist eine Ausdehnung des Prüfungszeitraumes nicht zulässig, weil sie gegen den Gleichheitsgrundsatz verstoßen würde (vgl. auch Tz 26). Die BpO eröffnet dem FA aber weitgehende Möglichkeiten.

d) Beratungs- und Auskunftspflicht

108   Unterlässt es ein Steuerpflichtiger *offensichtlich* nur versehentlich oder aus Unkenntnis, für ihn günstige Erklärungen abzugeben bzw. Anträge zu stellen, so soll ihn die Finanzbehörde darauf hinweisen. Die Behörde erteilt auch im Rahmen des Erforderlichen Auskunft über die dem Steuerpflichtigen im Verwaltungsverfahren zustehenden Rechte und Pflichten (§ 89 AO; AEAO Tz 1 – 2 zu § 89).

§ 89 AO enthält auch eine Regelung zur verbindlichen Auskunft. Danach können die Finanzbehörden auf Antrag verbindliche Auskünfte über die steuerliche Behandlung von bestimmten, noch nicht verwirklichten Lebenssachverhalten erteilen. Die Einzelheiten regelt die Steuerauskunftsverordnung. Die Auskunft ist nach § 89 Abs. 3 bis 5 AO kostenpflichtig. Eine sehr ausführliche Kommentierung enthält der AEAO zu § 89.

e) Mittel der Sachaufklärung

109   Die AO stellt den Finanzbehörden ein umfangreiches Instrumentarium zur Sachaufklärung zur Verfügung. Den Rechten der Finanzbehörden entsprechen jeweils Pflichten der Beteiligten und Dritter.

aa) Allgemeine Mitwirkungspflichten

110   Gemäß § 90 Abs. 1 AO sind die Beteiligten, insbesondere der Steuerpflichtige, zur Mitwirkung bei der Ermittlung des Sachverhalts verpflichtet. Insbesondere müssen sie die für die Besteuerung erheblichen Tatsachen vollständig und wahrheitsgemäß offen legen und die Beweismittel angeben. Daraus folgt das Verbot, Ermittlungen der Finanzbehörden zu behindern.

bb) Besondere Mitwirkungspflichten

111   Besondere Mitwirkungspflichten enthalten die speziellen Steuergesetze, z. B. die Pflicht zur Abgabe von Steuererklärungen und die Pflicht, Buch- und Belegnachweise zu erbringen. Auch die AO begründet spezielle Pflichten des Steuerbürgers, z. B.

▶ erhöhte Mitwirkungspflichten bei Auslandsbeziehungen (§ 90 Abs. 2 AO)

▶ erhöhte Mitwirkungspflichten bei Geschäften mit nahe stehenden Personen im Ausland (§ 90 Abs. 3 AO i.V. mit GewinnabgrenzungsaufzeichnungsVO; eine umfassende Darstellung aus Sicht der Finanzverwaltung enthält BMF, BStBl I 2005, 570)

▶ Auskunftspflichten der Beteiligten und anderer Personen (§ 93 AO)

▶ Pflicht zur Abgabe eidesstattlicher Versicherungen (§ 95 AO)

▶ Vorlagepflicht bei Büchern, Geschäftspapieren, Wertsachen usw. (§§ 97, 100 AO)

▶ Pflicht, das Betreten von Grundstücken und Räumen zu dulden (§ 99 AO)

▶ Mitwirkungs- und Anzeigepflichten bei der Erfassung der Steuerpflichtigen, insbesondere bei Betriebsgründungen (§§ 134 ff.)

▶ Buchführungs-, Aufzeichnungs- und Aufbewahrungspflichten (§§ 140 ff. AO)

▶ Erklärungpflichten (§§ 149 ff.)

▶ Pflicht zur Berichtigung nachträglich als unrichtig erkannter Steuererklärungen (§ 153 AO)

▶ Pflicht zur Kontenwahrheit (§ 154 AO)

▶ spezielle Pflichten bei Außenprüfungen (§ 200 AO) oder USt-Nachschau (§ 27b UStG)

cc) Kontrollmitteilungen

Die Finanzbehörden erhielten in der Vergangenheit von anderen Behörden Kontrollmit- 112
teilungen, insbesondere über Zahlungen aus öffentlichen Mitteln. Dies bedarf im Hinblick auf die informationelle Selbstbestimmung einer gesetzlicher Grundlage (BVerfGE 65, 1; 67, 100). § 93a AO enthält eine Ermächtigung für die MitteilungsVO.

Durch die MitteilungsVO wurden die mitteilenden Stellen und die mitzuteilenden Angaben im Einzelnen bestimmt. Dabei gibt es Ausnahmen für Fälle von geringer steuerlicher Bedeutung (vgl. § 93a Abs. 3 Satz 2 AO und § 7 Abs. 2 der VO).

Nach der Mitteilungsverordnung sollen u. a. mitgeteilt werden:

▶ Erlaubnisse zum Betrieb einer Gastwirtschaft,

▶ Erlaubnisse zum Aufstellen von Spielautomaten,

▶ Bestimmte Zahlungen aus öffentlichen Kassen, Erlaubnisse zur gewerbsmäßigen Arbeitnehmerüberlassung.

Neben den Kontrollmitteilungen nach der Verordnung gibt es weiterhin die Mitteilungen anlässlich von Feststellungen bei einer Außenprüfung (vgl. Tz 179).

dd) Beweismittel

§ 92 AO enthält eine – nicht abschließende – Aufzählung von Beweismitteln. Danach 113
kann die Finanzbehörde insbesondere

▶ Auskünfte von Beteiligten und anderen Personen einholen

▶ Sachverständige hinzuziehen

▶ Urkunden und Akten beiziehen

▶ den Augenschein einnehmen.

Darüber hinaus stehen der Finanzbehörde u. a. folgende Beweismittel zur Verfügung:

▶ Antrag auf eidliche Vernehmung von Auskunftspersonen (nicht des Steuerpflichtigen) durch das Finanzgericht gem. § 94 AO

▶ Verlangen einer eidesstattlichen Versicherung von Beteiligten (nicht erzwingbar § 95 AO).

▶ Betreten von Grundstücken und Räumen im Rahmen einer Augenscheinnahme. *Wohnräume* dürfen *gegen* den Willen des Inhabers nur zur Verhütung dringender

Gefahren für die öffentliche Sicherheit und Ordnung betreten werden. Dies gilt auch für das Betreten von Wohnräumen im Rahmen einer Außenprüfung (vgl. Tz 186). Zur zwangsweisen Betretung von Wohnräumen bei Vollstreckungsmaßnahmen vgl. Tz 210.

Die Auswahl der Beweismittel steht im pflichtgemäßen Ermessen der Finanzbehörde (§ 88 Abs. 1 AO). Ermessen bedeutet jedoch nicht Willkür. Bei der Auswahl der Beweismittel muss die Finanzbehörde insbesondere den Grundsatz der „Verhältnismäßigkeit der Mittel" beachten (vgl. Tz 26). Deshalb darf z. B. im Regelfall die Behörde wegen eines Sachverhalts, der nur eine geringfügige steuerliche Auswirkung haben kann, das Finanzgericht nicht um die eidliche Vernehmung einer Auskunftsperson ersuchen (vgl. § 94 Abs. 1 AO).

Darüber hinaus enthält die AO u. a. folgende *Regeln für das Beweisverfahren:*

▶ Wer nicht Beteiligter ist, soll erst dann zur Auskunft angehalten werden, wenn die Sachverhaltsaufklärung durch die Beteiligten nicht zum Ziel führt oder keinen Erfolg verspricht (§ 93 Abs. 1 AO).

▶ Die Finanzbehörde kann anordnen, dass der Auskunftspflichtige eine mündliche Auskunft an Amtsstelle erteilt. Der Steuerpflichtige hat jedoch einen *Anspruch* auf *schriftliche* Erteilung des Auskunftsersuchens (§ 93 Abs. 2 und 5 AO). Das gilt nicht bei Außenprüfungen (§ 200 Abs. 1 AO).

▶ Nur wenn andere Mittel zur Erforschung der Wahrheit nicht vorhanden sind, zu keinem Ergebnis geführt haben oder einen unverhältnismäßigen Aufwand erfordern, soll die Abgabe einer Versicherung an Eides statt gefordert werden (§ 95 Abs. 1 AO). Aus der Weigerung des Steuerpflichtigen, eine eidesstattliche Versicherung abzugeben, können für ihn nachteilige Schlüsse gezogen werden (AEAO zu § 95).

▶ Die Vorlage von Büchern und anderen Urkunden soll im Regelfall erst verlangt werden, wenn der Vorlagepflichtige eine Auskunft nicht erteilt hat, die Auskunft unzureichend ist oder Bedenken gegen ihre Richtigkeit bestehen. *Ausnahmen:* Ein Beteiligter macht eine steuerliche Vergünstigung geltend, eine alsbaldige Klärung ist geboten, die Finanzbehörde will eine zulässige Außenprüfung nicht durchführen (§ 97 Abs. 2 AO). – Die Regelung gilt nicht für Außenprüfungen (§ 200 Abs. 1 AO).

▶ Bei der Anwendung des § 97 AO ist insbesondere die Frage der Vorlagepflicht von privaten Bankkontenauszügen umstritten. Guter Überblick bei HHSp, Stand 09/03, § 194 AO Tz 37 ff. Auswirkungen hat die Frage hauptsächlich bei der Würdigung der Nichtvorlage der entsprechenden Unterlagen.

f) Beweislast

114   Lässt sich ein Sachverhalt trotz Aufklärung durch die Finanzbehörde und Mitwirkung des Steuerpflichtigen bis an die Grenze des Zumutbaren nicht mit Sicherheit feststellen, so stellt sich die Frage, zu wessen Nachteil sich dies auswirkt. Es gilt folgende Regel: Handelt es sich um Tatsachen, die für die Existenz oder Höhe (Erhöhung) eines Steueranspruchs von Bedeutung sind, so geht die Unmöglichkeit der Aufklärung zu Lasten der Finanzbehörde. Diese darf den (nur möglicherweise bestehenden) Steueranspruch nicht geltend machen. Dagegen geht es zu Lasten des Steuerpflichtigen,

wenn Tatsachen nicht festgestellt werden können, die den Steueranspruch *mindern* oder zum *Erlöschen* bringen (z. B. die tatsächlichen Voraussetzungen für eine Steuerbefreiung oder eine Steuervergünstigung). Ebenso wirkt es sich zum Nachteil des Steuerpflichtigen aus, wenn er im Zweifelsfall die Voraussetzungen für die Entstehung eines Erstattungs- oder Vergütungsanspruches nicht beweisen kann.

BEISPIEL: ▶ Ein Steuerpflichtiger macht Sonderausgaben geltend. Das Finanzamt verlangt einen belegmäßigen Nachweis (z. B. über gezahlte Versicherungs- oder Bausparkassenbeiträge). Erbringt der Steuerpflichtige den Nachweis nicht, so kann das Finanzamt den Abzug versagen.

Wenn der Steuerpflichtige aber seine Mitwirkungspflicht verletzt, kann dies zu einer Minderung des Beweismaßes für die Finanzbehörde führen (Schätzung, Tz 166). Aus der Verletzung der Mitwirkungspflichten können für den Steuerpflichtigen nachteilige Schlüsse gezogen werden (BFH, BStBl II 1989, 462; BFH/NV 2005, 1765). Der BFH hat in einem grundlegenden Urteil zur Beweislast und zur Schätzungsbefugnis (BStBl II 1992, 128) entschieden, dass in den Fällen, bei denen die *Verwirklichung eines Straftatbestandes Voraussetzung für die Besteuerung* ist, der Grundsatz „in dubio pro reo" Anwendung findet und deshalb die Finanzbehörde den Straftatbestand nicht schätzen darf. Diese Rechtsprechung ist zwar in BStBl II 1998, 466 und 1999, 28 in Frage gestellt worden. In BFH, BStBl II 2007, 364 bestätigt der BFH aber, dass bei nicht behebbaren Zweifeln die Feststellung einer Steuerhinterziehung mittels reduziertem Beweismaß nicht zulässig ist. Hängt die Rechtmäßigkeit eines Bescheides davon ab, dass eine Steuerhinterziehung vorliegt, kann die Finanzbehörde und evtl. ein Finanzgericht eine Straftat nur feststellen, wenn sie/es von ihrem Vorliegen überzeugt ist. Diese Rechtsprechung hat weit reichende Auswirkungen bei der Verjährung (Tz 76), bei Hinterziehungszinsen und der Anwendung von § 4 Abs. 5 Nr. 10 EStG.

g) Auskunfts- und Vorlageverweigerungsrechte

Grundsätzlich sind die Beteiligten und Dritte (z. B. Auskunftspersonen) unbeschränkt auskunfts- und vorlagepflichtig. Die AO gewährt jedoch in bestimmten Fällen Auskunfts- und Vorlageverweigerungsrechte, von denen die praktisch wichtigsten nachstehend stichwortartig wiedergegeben sind.   115

Auskunfts- und Vorlageverweigerungsrechte haben

▶ Angehörige eines Beteiligten (§§ 101, 15 AO).

▶ Geistliche, Parlamentarier, Verteidiger, Rechtsanwälte, Notare, Angehörige der steuerberatenden Berufe, Ärzte, Zahnärzte, Apotheker, Hebammen, Journalisten nach Maßgabe des § 102 AO.

▶ Bei Verfolgungsgefahr wegen einer Straftat oder Ordnungswidrigkeit alle, die nicht Beteiligte sind (§ 103 AO). Beteiligte, insbesondere Steuerpflichtige, bleiben auch während eines Strafverfahrens für Zwecke der Besteuerung auskunftspflichtig. Die Auskunft darf jedoch nicht mehr erzwungen werden, soweit sich der Beteiligte dadurch straf- oder bußgeldrechtlich belasten würde (§ 393 Abs. 1 AO). Ein Verstoß gegen die Belehrungspflicht gem. § 393 Abs. 1 Satz 4 AO führt nicht zu einem steuerlichen Verwertungsverbot (BFH, BStBl II 2002, 328).

Wenn die Finanzbehörde Auskunftspersonen nicht über ihr Verweigerungsrecht informiert, kann dies ein Verwertungsverbot bezüglich der so erlangten Informationen nach sich ziehen (vgl. BFH, BStBl II 1991, 204).

Soweit das Auskunftverweigerungsrecht reicht, besteht auch das Recht, die *Vorlage von Urkunden oder Wertsachen oder die Erstattung von Gutachten zu verweigern* (§ 104 Abs. 1 AO). Wer jedoch *für einen Beteiligten* Urkunden oder Wertsachen aufbewahrt, ist zur Vorlage verpflichtet, soweit der Beteiligte bei *eigenem* Gewahrsam *vorlagepflichtig* wäre (§ 104 Abs. 2 AO).

BEISPIEL: Ein Angehöriger der steuerberatenden Berufe bewahrt für seinen Mandanten Geschäftsbücher oder andere steuerlich relevante Urkunden auf. Er ist zwar berechtigt, Auskünfte über alles zu verweigern, was ihm in seiner Eigenschaft als steuerlicher Berater anvertraut worden ist (§ 102 Abs. 1 AO). Die für den Steuerpflichtigen aufbewahrten Geschäftsbücher usw. muss er jedoch vorlegen, weil der Steuerpflichtige – wäre er selbst im Besitz dieser Urkunden – ebenfalls vorlagepflichtig wäre.

Auskunfts- und vorlagepflichtig sind auch *Banken*. Die AO gewährt ihnen mit dem § 30a Abs. 2 bis 5 AO allerdings ein Verfahrens-Sonderrecht (zur Verfassungsmäßigkeit vgl. Tz 107). Wesentlicher Inhalt des § 30a AO:

▶ Die Finanzämter dürfen von den Kreditinstituten zum Zwecke der *allgemeinen* Überwachung die einmalige oder periodische Mitteilung von Konten *bestimmter Art* oder *bestimmter Höhe nicht* verlangen (Abs. 2).

▶ Die Guthabenkonten oder Depots, bei deren Errichtung eine Legitimationsprüfung nach § 154 Abs. 2 AO vorgenommen worden ist, dürfen anlässlich der Außenprüfung bei einem Kreditinstitut nicht zwecks Nachprüfung der ordnungsmäßigen Versteuerung festgestellt oder abgeschrieben werden. Die Ausschreibung von Kontrollmitteilungen soll insoweit unterbleiben (Abs. 3); dazu BFH/NV 2009, 808.

▶ In Vordrucken für Steuererklärungen soll die Angabe der Nummern von *Konten* und *Depots,* die der Steuerpflichtige unterhält, nicht verlangt werden, *soweit* nicht *steuermindernde* Ausgaben oder Vergünstigungen geltend gemacht werden oder die *Abwicklung des Zahlungsverkehrs* mit dem Finanzamt dies bedingt (Abs. 4).

▶ *Einzelauskunftersuchen an Kreditinstitute sind zulässig.* Für das Verfahren gelten die Vorschriften der §§ 93 ff. AO. Ist die Person des Steuerpflichtigen bekannt, so soll das Kreditinstitut erst um Auskunft gebeten werden, wenn die Sachverhaltsaufklärung durch den Steuerpflichtigen nicht zum Ziele geführt hat oder keinen Erfolg verspricht (Abs. 5).

▶ *§ 93 Abs. 7 und 8 i. V. mit § 93b AO* zum automatisierten Abruf von Konteninformationen hat zu erheblichen Veränderungen im Bereich des § 30a AO geführt, da der automatisierte Kontenabruf in wesentlich höherem Maße zu Kontrollmöglichkeiten der Finanzverwaltung geführt hat. Das BVerfG hat die Suspendierung der Regelungen abgelehnt (BVerfG, NJW 2005, 1179). Der BFH geht auf der Basis der Neuregelung von der Verfassungsmäßigkeit der Kapitaleinkünftebesteuerung aus (BFH, BStBl II 2006, 61, 178; 2008, 383). Das BMF hat den AEAO zu § 93 Abs. 7 AO in der ab 2009 geltenden Fassung umfassend überarbeitet (BStBl I 2009, 8, 9).

▶ Für die *Steuerfahndung* gilt § 208 AO. Ist die Person des Steuerpflichtigen bekannt *und* gegen ihn *kein* Verfahren wegen einer Steuerstraftat oder einer Steuerordnungswidrigkeit eingeleitet, so soll auch im Verfahren nach § 208 Abs. 1 Satz 1 AO das Kreditinstitut erst um Auskunft und Vorlage von Urkunden gebeten werden, wenn die Sachverhaltsaufklärung durch den Steuerpflichtigen nicht zum Ziele geführt hat oder keinen Erfolg verspricht (Abs. 5).

h) Grundsatz des rechtlichen Gehörs

Bevor ein Verwaltungsakt erlassen wird, der in die Rechte eines Beteiligten eingreift, soll diesem Gelegenheit gegeben werden, sich zu den für die Entscheidung erheblichen Tatsachen zu äußern. Dies gilt insbesondere, wenn zum Nachteil des Steuerpflichtigen von einer Steuererklärung *wesentlich* abgewichen werden soll (§ 91 Abs. 1 AO).   116

> **BEISPIEL:** ▸ Ein Steuerpflichtiger macht in seiner Steuererklärung Steuervergünstigungen geltend (z. B. Steuerbefreiungen, Sonderausgaben). Ist die Finanzbehörde der Auffassung, dass die Voraussetzungen für die Steuervergünstigung nicht vorliegen, so muss sie *vor* der Steuerfestsetzung dem Steuerpflichtigen Gelegenheit zur Stellungnahme geben.

Von einer vorherigen Anhörung des Steuerpflichtigen kann ausnahmsweise abgesehen werden (z. B. bei Gefahr im Verzug, bei Vollstreckungsmaßnahmen, bei zwingendem öffentlichen Interesse; § 91 Abs. 2 AO). Wird der Grundsatz des rechtlichen Gehörs verletzt, so kann dieser Verfahrensverstoß bis zum Abschluss eines außergerichtlichen Rechtsbehelfsverfahrens oder bis zu einer unmittelbaren Klageerhebung durch nachträgliche Anhörung geheilt werden (§ 126 AO). In der Praxis werden Abweichungen oft in Anlagen zum Bescheid erläutert (AEAO Tz 1 § 91). Im finanzgerichtlichen Verfahren gilt § 133a FGO.

Ein *Rechtsanspruch* auf *Akteneinsicht* besteht nach der AO nicht. Die Finanzbehörden können jedoch nach pflichtgemäßem Ermessen dem Steuerpflichtigen auf Antrag Akteneinsicht gewähren (BFH, BStBl 1985, 571; AEAO Tz 4 zu § 91 und zu § 364). Im Einzelfall kann es sehr effektiv sein, nach § 364 AO vorzugehen und die Finanzbehörde zur Mitteilung der Besteuerungsunterlagen aufzufordern. Im *finanzgerichtlichen* Verfahren hat der Steuerpflichtige einen *Rechtsanspruch* auf Akteneinsicht (§ 78 Abs. 1 FGO). Zu weitergehenden Ansprüchen auf Erteilung von Auskünften über gespeicherte Daten vgl. BMF-Schreiben, BStBl I 2009, 6 und BVerfG, BStBl II 2009, 23.

II. Fristen und Wiedereinsetzung

1. Fristen – Termine

Für die Berechnung von Fristen und die Bestimmung von Terminen verweist § 108 Abs. 1 AO auf die §§ 187 bis 193 BGB, soweit § 108 AO nicht etwas anderes bestimmt.   117

Ein *Termin* ist ein *Zeitpunkt*. *Fristen* sind *Zeiträume*, an deren Ablauf Rechtsfolgen geknüpft sind. Die Festsetzung eines Termins kann der Bestimmung eines Fristablaufs dienen.

> **BEISPIEL:** ▸ Eine am 10. April fällige Einkommensteuerabschlusszahlung wird bis zum 10. Juni gestundet. Die Zahlungsfrist läuft am 10. Juni ab.
>
> Rechtsfolge: Wird nicht fristgerecht gezahlt, so entstehen Säumniszuschläge (§ 240 AO).

Das Gesetz unterscheidet zwischen Fristen, die *verlängert* werden können, und nicht verlängerungsfähigen Fristen. Fristen zur Abgabe von Steuererklärungen und Fristen, die von der Behörde gesetzt sind (z. B. Stundungsfristen, Fristen zur Stellungnahme), können – auch rückwirkend – verlängert werden. Bei gesetzlichen *Ausschlussfristen* kommt dagegen grundsätzlich keine Verlängerung, sondern lediglich eine Wiedereinsetzung in den vorigen Stand in Betracht (vgl. Tz 121 ff.). Auch eine gesetzliche Ausschlussfrist kann verlängert werden, wenn dies im Gesetz vorgesehen ist (z. B. die Revisionsbegründungsfrist gem. § 120 Abs. 2 FGO). Eine Besonderheit stellen die richterlichen Präklusionsvorschriften (z. B. § 65 Abs. 2 Satz 2 FGO) und die Präklusionsvorschrift im Einspruchsverfahren (§ 364b AO) dar. Es handelt sich um Ausschlussfristen. Die Anwendung des § 110 AO oder des § 56 FGO (Wiedereinsetzung) ist ausdrücklich angewiesen. Man geht aber davon aus, dass eine Verlängerung in Betracht kommt, wenn vor Ablauf der Frist die Verlängerung beantragt wird (vgl. z. B. AEAO Tz 4 zu § 364b AO).

Bei der Berechnung von Fristen sind der *Beginn*, die *Dauer* und der *Ablauf* der Frist festzustellen.

a) Fristbeginn

118 Für den *Beginn* einer Frist ist gem. § 108 Abs. 1 AO, § 187 BGB zu unterscheiden:

▶ Ist für den Beginn einer Frist ein Ereignis oder ein in den Lauf eines Tages fallender Zeitpunkt maßgebend, wird der betreffende Tag *nicht mitgerechnet*.

▶ Bei Fristen, die mit Beginn eines Tages anlaufen, wird dieser Tag *mitgerechnet*. Dies gilt insbesondere für den Geburtstag bei Berechnung des Lebensalters, das für zahlreiche steuerrechtliche Vorschriften von Bedeutung ist.

BEISPIEL: ▶ Dem Steuerpflichtigen wird ein Verwaltungsakt am 20. 2. um 10 Uhr mit Postzustellungsurkunde zugestellt. Die Monatsfrist für den außergerichtlichen Rechtsbehelf (§ 355 Abs. 1 AO) beginnt am 21. 2. um 0 Uhr und endet am 20. 3. um 24 Uhr.

BEISPIEL: ▶ Wer am 1. Januar eines Jahres zwischen 0 und 24 Uhr geboren ist, wird mit Ablauf des 31. Dezember dieses Jahres ein Jahr, mit Ablauf des 31. Dezember des Folgejahres zwei Jahre alt usw. Der Geburtstag wird mitgerechnet.

Für den *Fristbeginn* ist in der Praxis insbesondere § 122 Abs. 2 AO von Bedeutung. Nach dieser Vorschrift gilt ein schriftlicher Verwaltungsakt, der durch die Post (ohne förmliche Zustellung, vgl. Tz 128) im Inland übermittelt wird, als am 3. Tage nach der Aufgabe zur Post bekannt gegeben, außer wenn er nicht – oder zu einem späteren Zeitpunkt – zugegangen ist (das Gleiche gilt nach § 122 Abs. 2a AO für elektronisch übermittelte Verwaltungsakte; nach BFH, BStBl II 1989, 695, hat das Finanzamt auch den Postabgang zu beweisen). Im *Zweifel* hat die *Behörde* den Zugang des Verwaltungsakts und den Zeitpunkt des Zugangs nachzuweisen (zur Beweisführung: BFH, BStBl II 1989, 534).

BEISPIEL: ▶ Ein Steuerbescheid wird am 20. 2. zur Post gegeben. Die Bekanntgabe gilt als am 23. 2. erfolgt. Die Rechtsbehelfsfrist für den Einspruch beginnt am 24. 2. um 0 Uhr und endet am 23. 3. um 24 Uhr.

Legt der Steuerpflichtige Gründe dar, aus denen sich Zweifel am normalen Ablauf der postalischen Übermittlung ergeben, so liegt die Beweislast bei der Finanzbehörde.

BEISPIEL: Die Finanzbehörde gibt einen Steuerbescheid in Köln am Freitag vor Rosenmontag um 15 Uhr zur Post. Grundsätzlich greift hier die Vermutung ein, denn der Brief kann während des Dreitageszeitraums zugehen, da am Samstag und am Montag die Post arbeitet. Allerdings ist es durchaus wahrscheinlich, dass die Bekanntgabe später erfolgt. Letztlich geht es um die Frage, welche Substantiierungspflichten dem Steuerpflichtigen bezüglich des Bestreitens des Zuganges innerhalb des Dreitageszeitraums auferlegt werden (vgl. z. B. BFH/NV 2006, 1683).

Auf die Dreitagevermutung des § 122 Abs. 2 AO ist § 108 Abs. 3 AO (bei Ende der Frist an Samstag, Sonntag, Feiertag Verlängerung bis zum Ablauf des nächsten Werktages) anzuwenden (BStBl II 2003, 898; AEAO Tz 2 zu § 108). Bei Übermittlung an einen Beteiligten im *Ausland* gilt ein schriftlicher Verwaltungsakt *einen Monat* nach Aufgabe zur Post als bekannt gegeben (§ 122 Abs. 2 Nr. 2 AO). Dieselbe Frist gilt für Beteiligte ohne Wohnsitz (gewöhnlichen Aufenthalt, Sitz, Geschäftsleitung, Empfangsbevollmächtigten) im Inland (§ 123 AO). Bei elektronischer Bekanntgabe, wozu auch die Bekanntgabe per Telefax gehört (vgl. AEAO Tz 1.8.2 zu § 122 AO; BGH, NJW 2006, 2263), gilt der VA am 3. Tag nach der Absendung als zugegangen. Die Ausnahmen entsprechen denen bei § 122 Abs. 2 AO.

Wichtig ist, dass eine Bekanntgabe am Samstag möglich ist, nur nicht im Fall der Bekanntgabevermutungen z. B. nach § 122 Abs. 2 oder 2a AO (vgl. BFH, BStBl II 2006, 219).

b) Dauer der Frist

Die *Dauer* der Fristen ist in der AO, der FGO und den Einzelsteuergesetzen geregelt. Für den Praktiker sind insbesondere folgende Fristen wichtig: 119

▶ Die *Frist* für den Einspruch, die Klage, die Nichtzulassungsbeschwerde und die Revision beträgt einen Monat (§ 355 AO; §§ 47, 116, 120 FGO).

▶ Die *Frist* für die Wiedereinsetzung beträgt einen Monat (§ 110 AO) oder 2 Wochen oder einen Monat (§ 56 FGO)

▶ Die Frist für die *Festsetzungsverjährung* beträgt bei Verbrauchsteuern, z. B. die Stromsteuer, ein Jahr (ggf. bei Verweisung auf den Zollkodex auch 3 Jahre), für andere Steuern (ohne Einfuhr- und Ausfuhrabgaben) vier Jahre. Bei Steuerhinterziehung verlängert sie sich auf 10 Jahre, bei leichtfertiger Verkürzung auf fünf Jahre (§ 169 AO).

▶ Ein Säumniszuschlag wird bei einer Säumnis bis zu 3 Tagen nicht erhoben (§ 240 Abs. 3 AO; gilt nicht für Scheckzahler!).

c) Ablauf der Frist

Fristen, die nach Tagen bestimmt sind, enden mit Ablauf des letzten Tages der Frist um   120
24 Uhr. Dies gilt auch, wenn die Finanzbehörde z. B. um 16.30 Uhr die Diensträume schließt. Fristen, die nach Wochen oder Monaten berechnet werden, enden mit Ablauf des Tages der letzten Woche oder des letzten Monats, der durch seine Benennung oder Zahl dem Tag entspricht, in den das Ereignis oder der Zeitpunkt fällt, soweit für den Anlauf der Frist nicht der Beginn eines Tages maßgebend ist (vgl. §§ 188 Abs. 1, 187 Abs. 2 BGB).

BEISPIEL: Ein Steuerbescheid wird am 15. Juni bekannt gegeben. Die Monatsfrist für den außergerichtlichen Rechtsbehelf läuft am 15. Juli um 24 Uhr ab.

Gemäß § 108 Abs. 3 AO endet die Frist erst mit dem Ablauf des nächstfolgenden Werktages, wenn das Fristende auf einen Sonntag, gesetzlichen *Feiertag* oder einen *Sonnabend* fällt. Diese Regelung greift nach auch für Zugangsvermutungen (z. B. die Drei-Tage-„Regel" des § 122 Abs. 2 AO). Dieser Zeitraum von drei Tagen ist zwar keine so genannte echte Frist i. S. der §§ 108 ff. AO (str.), weil vor seinem Ablauf nicht eine Handlung vorgenommen werden (ein Ereignis eintreten) muss, um Wirkungen zu erzeugen, wird aber zumindest im Wege der Analogie dem § 108 Abs. 3 AO unterworfen.

BEISPIEL: Ein Arbeitgeber gibt die Lohnsteuer-Anmeldung am 10. Oktober – einem Samstag – für den Monat September ab. Gemäß § 41a EStG hat er gleichzeitig die Lohnsteuer abzuführen, d. h. sie ist (grundsätzlich) fällig. Die Frist läuft jedoch gem. § 108 Abs. 3 AO nicht ab. Die dreitägige Schonfrist für Säumniszuschläge (§ 240 Abs. 3 AO) beginnt erst mit Ablauf des nachfolgenden Montags um 24 Uhr. Das bedeutet: Die Zahlungsschonfrist läuft erst am nächstfolgenden Donnerstag um 24 Uhr ab. Geht an diesem Tag die Zahlung beim Finanzamt ein, so darf die Finanzbehörde keine Säumniszuschläge erheben.

BEISPIEL: Ein Steuerbescheid wird am Donnerstag zur Post gegeben. Gemäß § 122 Abs. 2 Nr. 1 AO gilt die Bekanntgabe als am nächsten Sonntag erfolgt. Nach § 108 Abs. 3 AO analog tritt Bekanntgabe erst Montag ein. Die Rechtsbehelfsfrist beginnt am folgenden Dienstag um 0 Uhr und läuft einen Monat später ab. Wenn der Ablauf der Rechtsbehelfsfrist auch auf einen Samstag, Sonntag oder gesetzlichen Feiertag fällt, endet die Frist erst mit Ablauf des nächstfolgenden Werktages, falls dieser kein Samstag ist.

2. Wiedereinsetzung in den vorigen Stand

121   Wiedereinsetzung in den vorigen Stand bedeutet: Wer eine *gesetzliche* Frist *schuldlos* versäumt hat, wird so gestellt, als sei die Frist nicht verstrichen (§ 110 AO, § 56 FGO).

a) Gesetzliche Frist und Verweisungsfälle

122   Es muss sich grundsätzlich um *gesetzliche* und nicht verlängerungsfähige oder nicht verlängerte Ausschlussfristen handeln, innerhalb derer eine *Handlung* vorzunehmen ist.

BEISPIELE: Die Monatsfrist für den Einspruch (§ 355 AO). Monatsfrist für den Antrag auf Wiedereinsetzung in den vorigen Stand (§ 110 Abs. 2 AO), 2-Wochenfrist bei Wiedereinsetzung (§ 56 FGO).

Eine Wiedereinsetzung ist *nicht* möglich bei gesetzlichen *Zahlungs*fristen (z. B. § 18 Abs. 4 UStG), der Festsetzungsfrist gem. § 169 AO (Zweck der Verjährung, Rechtssicherheit zu schaffen, schließt Wiedereinsetzung aus; vgl. BFH/NV 2008, 838), behördlich gesetzten Fristen (z. B. zur Beantwortung von Anfragen, Vorlage von Belegen, Erteilung von Auskünften usw.). Bei den gesetzlichen Ausschlussfristen gem. § 110 Abs. 3 AO und § 356 Abs. 2 AO kommt eine Wiedereinsetzung in den vorigen Stand nur bei höherer Gewalt in Betracht.

Neben den gesetzlichen Fristen unterfallen auch bestimmte behördliche oder richterliche Ausschlussfristen den Regeln über die Wiedereinsetzung. Dies setzt aber eine gesetzliche Verweisung auf die für gesetzliche Ausschlussfristen vorgesehenen Vorschriften (§ 110 AO und § 56 FGO) voraus. Entsprechende Verweisungen finden sich z. B. in § 364b Abs. 2 Satz 3 AO oder § 65 Abs. 2 Satz 3 FGO.

b) Kein Verschulden

Eine *schuldhafte* Fristversäumung schließt die Wiedereinsetzung in den vorigen Stand aus. Verschulden ist Vorsatz und Fahrlässigkeit.   123

► Vorsatz ist ein bewusstes Verhalten, das auf einen Erfolg zielt oder diesen billigend mit in Kauf nimmt.

► Fahrlässig handelt, wer die im Verkehr erforderliche und zumutbare Sorgfalt außer Acht lässt (vgl. § 276 Abs. 2 BGB).

Kraft Gesetzes gilt insbesondere die Versäumung einer Rechtsbehelfsfrist als *nicht verschuldet, wenn*

► einem Verwaltungsakt die *erforderliche* Begründung fehlt oder die *erforderliche* Anhörung eines Beteiligten vor Erlass des Verwaltungsakts unterblieben ist

► *und dadurch* die rechtzeitige Anfechtung des Verwaltungsakts versäumt wurde (§ 126 Abs. 3 AO). Wer einen Brief des Finanzamts ungeöffnet beiseite legt, kann sich bei Versäumung der Einspruchsfrist nicht darauf berufen, er sei vor Erlass des Verwaltungsakts nicht gehört worden (BFH, BStBl II 1986, 908).

Eine fehlende Rechtsbehelfsbelehrung ist bei Versäumung der Rechtsbehelfsfrist kein Wiedereinsetzungsgrund. Fehlt einem schriftlichen Verwaltungsakt eine Rechtsbehelfsbelehrung, so läuft jedoch die Rechtsbehelfsfrist nicht an (§ 356 Abs. 1 AO). Zu beachten ist aber die Ausschlussfrist gem. § 356 Abs. 2 AO.

Das Verschulden eines *Vertreters* steht dem Verschulden der *Vertretenen* gleich (§ 110 Abs. 1 AO). Diese Vorschrift hat insbesondere *Bedeutung für die Angehörigen der steuerberatenden Berufe.*

Die Wiedereinsetzung in den vorigen Stand ist *keine Ermessensentscheidung.* Liegen die Voraussetzungen vor (schuldlose Versäumung einer gesetzlichen Frist), so besteht ein *Rechtsanspruch* auf die Wiedereinsetzung. Ob ein Verschulden vorliegt, muss in vollem Umfang vom Finanzgericht nachgeprüft werden (BFH, BStBl II 1962, 45).

c) Wiedereinsetzungsverfahren

Der Wiedereinsetzungsantrag ist *binnen eines Monats* nach Wegfall des Hindernisses zu stellen (2 Wochen oder 1 Monat bei § 56 FGO). Das Hindernis fällt weg, wenn die Ursache der Verhinderung entweder behoben ist oder das Fortbestehen des Hindernisses nicht mehr als unverschuldet angesehen werden kann (vgl. BGH, NJW 2000, 592).   124

BEISPIEL: ► Ein Steuerpflichtiger beabsichtigt, Einspruch einzulegen. Zwei Wochen vor Ablauf der Einspruchsfrist erleidet er einen Autounfall und wird bewusstlos in ein Krankenhaus eingeliefert. – Die Monatsfrist für den Wiedereinsetzungsantrag beginnt, sobald der Steuerpflichtige wieder in der Lage ist, sich um seine steuerlichen Belange zu kümmern.

Die Tatsachen, die zur Begründung des Wiedereinsetzungsantrags dienen, müssen innerhalb der Wiedereinsetzungsfrist im Kern vorgetragen werden (BFH/NV 2004, 156; 459). Dazu gehört auch die Darstellung, dass die Wiedereinsetzungsfrist eingehalten wurde. Die Tatsachen, die zur Begründung des Wiedereinsetzungsantrags dienen, sind glaubhaft zu machen. Glaubhaftmachung bedeutet: Weniger als voller Beweis, aber mehr als bloße Behauptung. Es muss eine *überwiegende* Wahrscheinlichkeit dargetan werden. Der Steuerpflichtige sollte der Finanzbehörde alle vorhandenen Beweismittel anbieten (Bescheinigung eines Arztes, Benennung von Auskunftspersonen, Angebot der Inaugenscheinnahme, eidesstattliche Versicherung).

Abgesehen von Fällen *höherer Gewalt* ist eine Wiedereinsetzung in den vorigen Stand nach Ablauf eines Jahres seit Ende der versäumten Frist nicht zulässig (§ 110 Abs. 3 AO).

d) Wiedereinsetzung im finanzgerichtlichen Verfahren

125 Mit nachfolgenden *Abweichungen* gelten die Ausführungen zur Wiedereinsetzung gem. § 110 AO im *finanzgerichtlichen* Verfahren entsprechend:

aa) Der Antrag auf Wiedereinsetzung ist binnen i. d. R. *zwei* Wochen nach Wegfall des Hindernisses zu stellen (§ 56 Abs. 2 FGO). Nach § 110 Abs. 2 AO beträgt die Frist dagegen einen Monat. Nach § 56 Abs. 2 FGO beträgt die Frist bei Versäumung der Begründungsfrist für Revision und Nichtzulassungsbeschwerde einen Monat.

bb) Die *Wiedereinsetzung* durch das Finanzgericht ist *unanfechtbar* (§ 56 Abs. 5 FGO). Daraus ergibt sich, dass der BFH die Wiedereinsetzung durch ein Finanzgericht auch nicht von Amts wegen überprüfen und aufheben darf. Lehnt dagegen das Finanzgericht die Wiedereinsetzung ab, so kann der BFH im Revisionsverfahren selbst die Wiedereinsetzung aussprechen, wenn er der Meinung ist, das Finanzgericht habe sie zu Unrecht abgelehnt (BFH, BStBl II 1978, 214).

Auch für Wiedereinsetzungen im finanzgerichtlichen Verfahren gilt der Grundsatz, dass ein Verschulden des Vertreters dem Verschulden des Vertretenen gleichsteht, obwohl das in § 56 FGO nicht ausdrücklich erwähnt wird.

e) Einzelfälle zur Wiedereinsetzung

Abwesenheit (Urlaub, Geschäftsreise)

126 Wer öfter oder längere Zeit abwesend ist, so dass für ihn die Abwesenheit zur Regel wird, muss (z. B. durch Bestellung eines Vertreters, Nachsendeantrag bei der Post) dafür sorgen, dass ihn Fristsachen rechtzeitig erreichen. Unterlässt er dies, so handelt er schuldhaft (BFH, BStBl II 1971, 144; 1982, 165). Dagegen nimmt der BFH bei normaler Abwesenheit infolge Urlaubs- und Geschäftsreisen nur dann eine schuldhafte Fristversäumnis an, wenn der Steuerpflichtige die Frist nicht wahrt, obwohl er dazu nach Rückkehr noch in der Lage gewesen wäre (BFH, BStBl II 1975, 18 und 213). Bei Angehörigen steuerberatender Berufe ist im Hinblick auf die Rechtsprechung (BGH, HFR 1985, 386; BFH, BStBl II 1987, 305) durch Bestellung eines Vertreters für die Dauer der Abwesenheit dafür zu sorgen, dass Fristen gewahrt werden. – Ein Prozessbevollmächtigter darf sich nicht darauf verlassen, dass ein mit der Führung des Fristenkalenders beauftragter Angestellter seine eigene Urlaubsvertretung in einwandfreier Weise regelt. Unterlässt

er die Vertretungsregelung, so liegt ein Verschulden vor (Organisationsmangel; BGH, HFR 1986, 207; NJW 2007, 1453).

Arbeitsüberlastung

Arbeitsüberlastung ist (grundsätzlich) kein Wiedereinsetzungsgrund (BFH, BStBl II 1975, 213; aber BAG, NJW 2005, 173). Eine Ausnahme ist denkbar, wenn die Arbeitsüberlastung *plötzlich* und *unvorhersehbar* eintritt.

Ausgangskontrolle

Ein Prozessbevollmächtigter muss im Rahmen seines Auftrags nicht nur auf die rechtzeitige Herstellung der erforderlichen Schriftsätze (z. B. Klageschrift, Einspruchsschrift) achten, sondern auch den *Ausgang* fristgebundener Schriftsätze daraufhin kontrollieren, ob ein rechtzeitiger Eingang bei dem zuständigen Gericht (der zuständigen Behörde) gewährleistet ist (BGH, HFR 1986, 86; BFH, BStBl II 1989, 267). Nach der Rechtsprechung des BFH (BStBl II 1989, 267) ist im Regelfall die Führung eines Fristenkontrollbuches unerlässlich. Im Einzelfall kann eine ausdrückliche und eindeutige Anweisung an eine Hilfskraft hinreichend sein. Ein Prozessbevollmächtigter muss dafür sorgen, dass ein Fristablauf auch dann noch überwacht wird, wenn die Handakten bereits auf eine notierte Vorfrist vorgelegt worden sind (BGH, HFR 1985, 193).

Ausländer

Für Ausländer genügt es zur Fristwahrung, dass sie innerhalb der Frist einen Schriftsatz in ihrer Landessprache einreichen (§ 87 Abs. 4 Satz 1 AO). In angemessener Frist muss jedoch eine Übersetzung in die Amtssprache (deutsch) vorgelegt werden (§ 87 Abs. 1 AO). Ein Ausländer, der einen ihm bekannt gegebenen Bescheid sechs Wochen lang liegen lässt, ohne sich um eine Übersetzung zu bemühen, handelt schuldhaft. Eine Wiedereinsetzung in den vorigen Stand ist nicht möglich (BFH, BStBl II 1976, 440; vgl. auch BFH, HFR 1965, 37).

Beförderung durch Boten

Wer einen Frist wahrenden Schriftsatz zu befördern hat, darf sich eines Boten bedienen. Er muss diesen jedoch eindringlich und genau darauf hinweisen, dass es auf die Übermittlung bis zu einem ganz bestimmten Zeitpunkt ankommt. Der Hinweis „die Beförderung sei dringend" genügt nicht (BGH, HFR 1986, 206; BFH, BStBl II 1989, 266).

Eingangsstempel

Ein Steuerpflichtiger, der nach Mitternacht ein Schriftstück in den Briefkasten der Behörde einwirft, darf sich nicht darauf verlassen, dass dieses noch den Eingangsstempel des Vortags erhält (BFH, BStBl II 1970, 230). – Der Eingangsstempel, mit dem ein Schriftstück im Büro des Prozessbevollmächtigten versehen wird, ist für die Fristberechnung unbeachtlich. Der Bevollmächtigte handelt schuldhaft, wenn er sich bei Berechnung einer Frist an diesem Stempel und nicht am Zustellungsvermerk orientiert (BGH, HFR 1985, 193).

Fristausnutzung auf die Minute

Wer einen Frist wahrenden Schriftsatz erst wenige Minuten vor Fristablauf in den Nachtbriefkasten eines Gerichts einwirft und sich dabei auf seine eigene Uhr verlässt, muss sich vergewissern, ob die angezeigte Zeit richtig ist. Unterlässt er dies, handelt er schuldhaft. Eine Wiedereinsetzung kommt nicht in Betracht (BFH, HFR 1986, 262).

Krankheit

Kein Verschulden liegt vor, wenn und solange dem Kranken nicht zugemutet werden kann, die Frist zu wahren.

Mitverschulden der Finanzbehörden

Bei Versand an falsche Behörde lässt deren Säumnis bei der Weitersendung das Verschulden des Steuerpflichtigen zwar nicht entfallen, unter Umständen ist aber trotzdem Wiedereinsetzung zu gewähren. Hat die unzuständige Behörde die Übermittlung schuldhaft verzögert oder überhaupt unterlassen, kommt im Falle willkürlichen, offenkundig nachlässigen und nachgewiesenen Fehlverhaltens der Behörde nach der in der finanzgerichtlichen Rechtsprechung und der Literatur vertretenen Ansicht die Gewährung von Wiedereinsetzung in den vorigen Stand in Betracht (BFH/NV 2007, 944; BGH, NJW 2006, 3499; 2008, 854). Auch bei von der Behörde erzeugtem Irrtum über Zuständigkeit ggf. Wiedereinsetzung (BFH/NV 2000, 987).

Postalische Verzögerung

Die Rechtsprechung ist nicht einheitlich. Nach dem BFH (BStBl II 71, 240) soll es beim Schriftverkehr innerhalb einer Großstadt genügen, dass ein Brief am Nachmittag des Vortages in den Briefkasten eingeworfen wird, wenn die Frist am nächsten Tage abläuft. Andererseits handelt nach Meinung des BFH schuldhaft, wer am Gründonnerstag gegen 18 Uhr einen Einschreibebrief aufgibt, wenn die Frist am Dienstag nach Ostern abläuft (BStBl 1973, 663). Drei Werktage vor Fristablauf am 28.12. zur Post gegeben, reicht (BFH/NV 2004, 559). Auf „normale Postlaufzeiten" darf man in der Regel vertrauen (BVerfG, BStBl II 1980, 544; BGH, NJW 2003, 3712; vgl. auch BFH/NV 2002, 778).

Steuerberatende Berufe

Angehörige steuerberatender Berufe müssen ein *Fristenkontrollbuch* führen (BFH, BStBl II 1977, 643; 1979, 743; BFH/NV 2003, 199). Zu den Anforderungen bei Führung eines EDV-gestützten Fristenkalenders vgl. BGH, NJW 1999, 582. Das Kontrollsystem muss Postausgangsbuch und Fristenkalender verbinden (BFH, BStBl II 1989, 267). Sie dürfen die Führung des Fristenkontrollbuchs und die Berechnung von einfachen und in der Praxis geläufigen Fristen gut *ausgebildeten und sorgfältig überwachten* Angestellten übertragen (BFH, BStBl II 1969, 190; BFH/NV 2004, 526). Stellt der Berater Unzuverlässigkeit fest, so muss er persönlich die Fristen kontrollieren (BFH, BStBl III 1960, 427). Ein Prozessbevollmächtigter, der nicht die Eintragung einer Fristsache in das Fristenbuch veranlasst, sondern lediglich ohne Zeitangabe die Wiedervorlage verfügt, handelt schuldhaft (BVerwG, HFR 1986, 30). Er ist verpflichtet, für Fälle seiner *Erkrankung oder sonstigen Verhinderung für eine Vertretung* zu sorgen (BFH, BStBl II 1972, 19). Versäumen Angestellte eines Angehörigen der steuerberatenden Berufe eine Frist, so hat dieser deren Verschulden nur dann zu vertreten, wenn er bei der *Auswahl* oder *Beaufsichtigung* schuldhaft gehandelt hat (BFH, BStBl II 1968, 238; BFH/NV 2003, 801 zu Organisationsverschulden und notwendigem Sachvortrag im Wiedereinsetzungsverfahren). Bei Untervollmachten muss die Mandatsübernahme durch den beauftragten Rechtsanwalt oder Steuerberater innerhalb der Frist überprüft werden (BFH, BStBl II 1988, 546).

Weitere Einzelfälle finden sich in der Kommentierung des § 110 AO bei H/H/Sp, Stand 10/06.

III. Der Steuerverwaltungsakt

§ 118 AO definiert den Begriff des Steuerverwaltungsakts. Der Verwaltungsakt hat *vornehmlich folgende praktische Bedeutung:*

127

▶ Die *materiellrechtliche* Wirkung eines Verwaltungsaktes liegt darin, dass er ein *Rechtsverhältnis begründet, ändert, aufhebt oder feststellt.*

BEISPIELE: ▶ Durch die Festsetzung eines Verspätungszuschlages wird eine Zahlungspflicht *begründet.* – Ein (zutreffender) Steuerbescheid *stellt fest,* dass die Jahressteuerschuld 20 000 DM beträgt. – Aufgrund einer Außenprüfung wird ein Bescheid *geändert* oder *aufgehoben.*

▶ Der Verwaltungsakt ist die *Grundlage für die Verwirklichung der Ansprüche aus dem Steuerschuldverhältnis und die Zwangsvollstreckung* (§§ 218 Abs. 1, 249 Abs. 1 AO). Nur Verwaltungsakte (und Säumniszuschläge) kann die Finanzbehörde zwangsweise durchsetzen! Vgl. Tz 205 ff.

▶ *Verfahrensrechtlich* ist der Verwaltungsakt *Voraussetzung* für den *außergerichtlichen* Rechtsbehelf des Einspruchs. Liegt *kein Verwaltungsakt* vor, so ist ein (förmlicher) außergerichtlicher Rechtsbehelf grundsätzlich *nicht zulässig,* sondern nur die frist- und formlose Gegenvorstellung oder die Dienstaufsichtsbeschwerde (vgl. Tz 240). Ausnahme: Der *Untätigkeitseinspruch* kann eingelegt werden, wenn über den Antrag auf Erlass eines Verwaltungsakts ohne Mitteilung eines zureichenden Grundes binnen angemessener Frist nicht entschieden worden ist (§ 347 Abs. 1 Satz 2 AO).

BEISPIEL: ▶ Ein Steuerpflichtiger beantragt eine Stundung (Fristverlängerung, Steuererlass). Er erhält über Monate hinweg von der Finanzbehörde keine Nachricht. Er kann – obwohl ein Verwaltungsakt nicht erlassen worden ist – einen Untätigkeitseinspruch erheben. Auch der Untätigkeitseinspruch setzt jedoch voraus, dass der Antrag auf den Erlass eines *Verwaltungsakts* zielt.

▶ Im *finanzgerichtlichen* Verfahren ist der Verwaltungsakt *Gegenstand der Anfechtungsklage* (§ 40 Abs. 1 FGO), Ziel der *Verpflichtungsklage* bei abgelehntem oder unterlassenem Verwaltungsakt (§ 40 Abs. 1 FGO) und Gegenstand der *Feststellungsklage* bei Nichtigkeit (§ 41 Abs. 1 FGO), vgl. Tz 281 ff.

1. Definition des Verwaltungsakts – Bekanntgabe

128   Gemäß § 118 AO ist Verwaltungsakt *jede hoheitliche Maßnahme, die eine Behörde zur Regelung eines Einzelfalles auf dem Gebiet des öffentlichen Rechts trifft und die auf eine unmittelbare Rechtswirkung nach außen gerichtet ist.*

Zu den einzelnen Begriffsmerkmalen:

▶ *Maßnahme* ist ein willensgetragenes Handeln mit *Entscheidungscharakter.* Die Entscheidung muss auf eine *Regelung* zielen, d. h. verbindlich eine Rechtswirkung herbeiführen (konstitutiver Verwaltungsakt) oder einen bestehenden Rechtszustand bindend feststellen (deklaratorischer Verwaltungsakt).

> **BEISPIEL:** ▶ Durch einen (zutreffenden) Steuerbescheid wird die Existenz des *kraft Gesetzes entstandenen* Steueranspruchs verbindlich betragsmäßig *festgestellt* (deklaratorischer Verwaltungsakt). Dagegen wird durch die Festsetzung eines Zwangsgeldes der Anspruch auf Zahlung erst *begründet* (konstitutiver Verwaltungsakt).

▶ Die Behörde muss hoheitlich handeln. Dies bedeutet, dass sie von der Befugnis der öffentlichen Gewalt gegenüber einem Gewaltunterworfenen Gebrauch macht. Auf der Ebene rechtlicher Gleichordnung können keine Verwaltungsakte erlassen werden.

> **BEISPIEL:** ▶ Das Finanzamt rechnet mit einer Steuerforderung gegen einen Vergütungsanspruch auf. Es handelt sich nicht um einen Verwaltungsakt, da das Finanzamt sich auf der Ebene rechtlicher Gleichordnung bewegt. Auch der Steuerpflichtige könnte aufrechnen.

▶ Die Regelung (Maßnahme) muss sich auf einen *Einzelfall* beziehen. Dieses Begriffsmerkmal dient der Abgrenzung des Verwaltungsakts von generell abstrakten Regelungen, also Rechtsnormen. Zugleich findet eine Abgrenzung von *Allgemeinverfügungen* (z. B. die allgemeine Aufforderung zur Abgabe von Steuererklärungen oder zwecks Anordnung des Ruhens von Verfahren nach § 363 Abs. 2 Satz 3 AO) statt, die aber nach § 118 Satz 2 AO auch als Verwaltungsakte definiert sind (konkret-generelle Regelungen; vgl. H/H/Sp Stand 06/06, § 118 AO Tz 196 ff.).

▶ Die Regelung muss auf eine *unmittelbare Rechtswirkung* nach *außen* zielen. Behördeninterne Maßnahmen sind deshalb keine Verwaltungsakte (z. B. die Anweisung der Oberfinanzdirektion oder eines Vorstehers an die Rechtsbehelfsstelle, einen Einspruch zurückzuweisen (vgl. auch Tz 5)).

▶ Die Regelung muss von einer *Behörde* auf dem Gebiet des *öffentlichen Rechts* (Steuerrechts) getroffen werden. Die privatrechtliche Betätigung einer Behörde (z. B. Kauf von Büromöbeln, Verkauf eines gebrauchten Dienstwagens) stellt keinen Verwaltungsakt dar.

§ 124 AO zieht aus der (intendierten) Außenwirkung des Verwaltungsakts eine wichtige Konsequenz: Verwaltungsakte werden erst mit *Bekanntgabe* wirksam. Es gibt Ausnahmen (z. B. Arrestanordnung, § 324 Abs. 2 AO). Eine wirksame Bekanntgabe setzt den Bekanntgabewillen des für den Erlass des Verwaltungsaktes zuständigen Bediensteten voraus (BFH, BStBl II 1986, 832). Schriftliche Verwaltungsakte werden regelmäßig durch einfachen Brief bekannt gegeben. Ist eine förmliche *Zustellung* vorgeschrieben, so gelten die Vorschriften des Verwaltungszustellungsgesetzes (z. B. für die Zustellung einer

Forderungspfändung oder Arrestanordnung, §§ 309 Abs. 2, 324 Abs. 2 AO, vgl. § 122 Abs. 5 AO).

Der AEAO zu § 122 AO und zu § 197 AO enthält ausführliche Darlegungen über die bei Bekanntgaben und förmlichen Zustellungen zu beachtenden Formalitäten und die Rechtsfolgen (weitgehend: Unwirksamkeit des Verwaltungsakts!) bei Verstößen gegen die Regeln einer ordnungsgemäßen Bekanntgabe.

BEISPIEL: ▶ Die Bekanntgabe eines Verwaltungsakts an eine durch Umwandlung in eine KG untergegangene GmbH führt auch dann zur Unwirksamkeit, wenn der Verwaltungsakt in den Machtbereich der KG gelangt, von deren gesetzlichen Vertretern zur Kenntnis genommen und als für die KG bestimmt behandelt wird (BFH, GrS, BStBl II 1986, 230; BFH/NV 2006, 1243).

Zur Bedeutung der Bekanntgabe für den Beginn von Fristen vgl. Tz 118.

2. Einzelfälle

Verwaltungsakte sind: 129

Steuerbescheid und Grundlagenbescheid; Verspätungszuschlag (§ 152 AO); Zinsbescheid (§ 239 AO); Zwangsgeld (§ 328 AO); Anordnung, Abbruch einer Außenprüfung; Ablehnung einer Schlussbesprechung (BFH, BStBl II 1973, 542); verbindliche Zusage nach einer Außenprüfung (§§ 204 ff. AO); Erleichterung bei Buchführungs- und Aufzeichnungspflichten (§ 148 AO); Anordnung der Vorlage von Urkunden (§ 97 AO); Aufforderung zur Abgabe von Steuererklärungen; Bescheinigung als Voraussetzung für die Inanspruchnahme von Rechten oder Vergünstigungen (z. B. grunderwerbsteuerliche Unbedenklichkeitsbescheinigung als Voraussetzung für die Eintragung in das Grundbuch gem. § 22 GrEStG; vgl. BFH/NV 1995, 1089); Antrag auf Eintragung einer Zwangshypothek gem. § 322 Abs. 3 AO. Mitteilung über die Buchführungspflicht gem. § 141 Abs. 2 AO (BFH, BStBl II 1983, 254); Ablehnung beantragter Verwaltungsakte (z. B. eines Stundungsantrags, eines Antrags auf Aussetzung der Vollziehung).

Bei der Anordnung, Auskunft zu erteilen (§§ 93 ff. AO) differenziert der BFH. Auskunftsersuchen an Dritte sind grundsätzlich Verwaltungsakte. Auskunftsersuchen an den Steuerpflichtigen selbst sollen nur dann Verwaltungsakte sein, wenn die Aufforderung erzwingbar ist (vgl. BFH, BStBl II 1999, 199; 2007, 365), also wenn ihre zwangsweise Durchsetzung (zur Vollstreckung vgl. Tz 216) nicht im Hinblick auf mögliche geringere Eingriffe des Staates (z. B. Schätzung) ermessensfehlerhaft wäre.

Keine Verwaltungsakte sind:

Belehrungen; Erläuterungen; Hinweise; in Aussicht stellen eines Verwaltungsakts; Fahrtenbuchauflage im Steuerbescheid (vgl. BFH/NV 2005, 1755); Meinungsäußerungen; Betriebsprüfungsberichte; Rechtsgespräche; Mahnung (§ 259 AO); Lohnsteuer-Anrufungsauskunft gem. § 42e EStG (streitig; für Verwaltungsakt z. B. T/K, Stand 04/08 § 89 AO Rz 98 ff. m. w. N., dagegen: BFH, BStBl II 1979, 451; ggf. besteht jedoch Vertrauensschutz nach Treu und Glauben).

3. Form des Verwaltungsakts

130   Grundsätzlich können Verwaltungsakte formlos – z. B. mündlich – erlassen werden (§ 119 Abs. 2 AO). In der Praxis ist aber Schriftform auch dann die Regel, wenn sie nicht ausdrücklich vorgeschrieben ist. Dies dient der Klarheit und Beweissicherung. Eine Buchführungserleichterung, Stundung oder ein Erlass kann z. B. rechtswirksam mündlich bewilligt werden. In der Praxis erlassen die Finanzbehörden jedoch derartige Verwaltungsakte schriftlich. Bei berechtigtem Interesse des Steuerpflichtigen *muss* die Behörde einen mündlichen Verwaltungsakt schriftlich *bestätigen*, wenn der Steuerpflichtige dies unverzüglich verlangt (§ 119 Abs. 2 AO).

Schriftform ist insbesondere vorgeschrieben für

▶ Steuerbescheide (§ 157 Abs. 1), soweit nichts anderes bestimmt ist (z. B. bei Steueranmeldungen gem. § 168 AO letzter Satz);

▶ die Anordnung einer Außenprüfung (§ 196 AO);

▶ die Androhung eines Zwangsgeldes (§ 332 AO);

▶ Rechtsbehelfsentscheidungen (§ 366 AO).

Bei *schriftlichen* Verwaltungsakten beginnt die Frist für einen Rechtsbehelf nur, wenn eine ordnungsgemäße Rechtsbehelfsbelehrung erteilt wird (§ 356 Abs. 1 AO).

Mit der Einfügung von § 87a AO ist die Möglichkeit der elektronischen Kommunikation geschaffen worden. In § 87a Abs. 3 und 4 AO ist die weitgehende Möglichkeit geschaffen worden die Schriftform durch die elektronische Form zu ersetzen. Der AEAO enthält eine gute Einführung. Die Bekanntgabe elektronischer Verwaltungsakte regelt § 122 Abs. 2a AO. Der Weg vom Angebot moderner Kommunikationswege bis zum Zwang der Benutzung ist allerdings nicht weit. Seit 2005 ist z. B. die elektronische USt-Voranmeldung als gesetzlicher Regelfall vorgeschrieben (§ 18 Abs. 1 UStG). Zu weiteren Fällen vgl. Tz 106.

4. Nebenbestimmungen

131   Nebenbestimmungen sind Ergänzungen zu einem Verwaltungsakt.

> **BEISPIELE:** ▶ Befristung, Bedingung, Widerrufsvorbehalt, Auflage.

Besteht ein *Rechtsanspruch* auf den Erlass eines Verwaltungsakts mit einem *bestimmten* Inhalt (gebundener Verwaltungsakt), so ist eine Nebenbestimmung nur zulässig, wenn sie gesetzlich vorgesehen ist oder sicherstellen soll, dass die gesetzlichen Voraussetzungen des Verwaltungsakts erfüllt werden (§ 120 Abs. 1 AO).

> **BEISPIEL:** ▶ Steuerbescheide sind gebundene Verwaltungsakte, weil sich der Steueranspruch nach Grund und Höhe aus dem Gesetz ergibt (kein Ermessensspielraum, vgl. Tz 26). Ein Steuerbescheid unter einem Widerrufsvorbehalt ist unzulässig, weil diese Nebenbestimmung nicht durch Gesetz zugelassen ist. Dagegen sind der *Nachprüfungsvorbehalt* und die *Vorläufigkeitserklärung* bei Steuerbescheiden zulässige Nebenbestimmungen (§§ 164, 165 AO).

Bei *nicht gebundenen* Entscheidungen (Ermessens-Verwaltungsakten) sind dagegen Nebenbestimmungen nach Maßgabe des § 120 Abs. 2 AO zulässig.

> **BEISPIELE:** ▶ Stundung unter Widerrufsvorbehalt, Befristung einer Buchführungs-Erleichterung, Aussetzung der Vollziehung gegen Sicherheitsleistung.

Während Bedingung, Befristung und Widerrufsvorbehalt unselbständige Nebenbestimmungen sind, also nicht isoliert angefochten werden können, ist die Auflage selbständig und kann dementsprechend auch isoliert angegriffen werden.

5. Begründungszwang

Schriftliche oder schriftlich bestätigte Verwaltungsakte sind schriftlich zu *begründen*, soweit dies zu ihrem Verständnis erforderlich ist (§ 121 Abs. 1 AO).   132

BEISPIEL: Die Finanzbehörde setzt antragsgemäß die Vollziehung aus (stundet, erlässt, stellt die Zwangsvollstreckung ein). Eine Begründung ist nicht erforderlich. Lehnt die Behörde dagegen Anträge auf Aussetzung der Vollziehung (Stundung usw.) ab, so muss sie die Ablehnung begründen, damit der Steuerpflichtige aufgrund der Darlegung der Behörde prüfen kann, ob ein Rechtsbehelf Aussicht auf Erfolg hat.

Die Frage, in welchem Umfang Schätzungsbescheide zu begründen sind, hat der BFH geklärt. Grundsätzlich ist nur die Angabe der Besteuerungsgrundlagen der Höhe nach erforderlich. Nur in Sonderfällen sind weitergehende Angaben geboten (vgl. BFH, BStBl II 1999, 382).

§ 121 Abs. 2 AO lässt Ausnahmen vom Begründungszwang zu. Praktisch bedeutsam ist insbesondere § 121 Abs. 2 Nr. 1 AO, also die Stattgabe bei Anträgen und erklärungsgemäßes Handeln. Dagegen ist § 121 Abs. 2 Nr. 3 AO nicht von Bedeutung. Danach ist eine Begründung nicht erforderlich, wenn die Finanzbehörde *gleichartige* Verwaltungsakte in *größerer* Zahl oder Verwaltungsakte mit Hilfe *automatischer* Einrichtungen erlässt und eine Begründung nach den Umständen des Einzelfalles nicht geboten ist. Die Anwendung der Vorschrift wird von der Literatur bei Steuerbescheiden und Ermessensentscheidungen weitgehend abgelehnt. Praktisch relevant sind allerdings formularmäßige Begründungen insbesondere bei unbegründeten Anträgen.

BEISPIEL: Steuerberater beantragt für 20 Mandanten Fristverlängerung für die Abgabe der Erklärung 2007 bis zum 30. 6. 2009 ohne einen besonderen Grund anzugeben. Das Finanzamt lehnt formularmäßig die Fristverlängerung ab, weil keine Begründung für die Verlängerung ersichtlich sei.

6. Der fehlerhafte Verwaltungsakt/Nichtigkeit

Ein Verwaltungsakt ist *fehlerfrei* (rechtmäßig), wenn er auf einer *rechtswirksamen gesetzlichen Grundlage beruht* und *nicht gegen ein Gesetz verstößt. Fehlerhaft* (rechtswidrig) sind Verwaltungsakte, die *ohne gesetzliche Grundlage* ergehen, oder die *gegen ein Gesetz verstoßen* (weil z. B. ein Gesetz unzutreffend ausgelegt oder das Ermessen gesetzwidrig ausgeübt wurde). Rechtswidrige Verwaltungsakte müssen *auf Anfechtung* aufgehoben werden, soweit die Rechtswidrigkeit reicht.   133

BEISPIEL: Die Finanzbehörde besteuert in rechtsfehlerhafter Beurteilung eine Rente in voller Höhe, obwohl sie zutreffend gem. § 22 EStG nur mit dem Ertragsanteil zu besteuern ist. Der Verwaltungsakt ist rechtswidrig.

BEISPIEL: Ein Unternehmer beantragt eine Erleichterung bezüglich seiner Buchführungs- oder Aufzeichnungspflichten. Das Finanzamt bewilligt die Erleichterung unter der Bedingung, dass der Unternehmer künftig seine Umsatzsteuervoranmeldungen pünktlich abgibt. Diese Bedingung widerspricht dem Zweck der Ermächtigung des § 148 AO. Die Ermessensentscheidung ist gesetzwidrig (§ 5 AO; sachfremde Kopplung; vgl. Tz 26). Sachgerecht wäre die Festsetzung eines Verspätungszuschlags und ggf. eines Zwangsgeldes gewesen (§§ 152, 328 ff. AO).

Auch fehlerhafte (rechtswidrige) Verwaltungsakte sind *wirksam, soweit sie nicht mit Erfolg angefochten werden*. Rechtswidrige Verwaltungsakte bilden deshalb die Grundlage für eine *rechtmäßige* Vollstreckung. Der Gesetzgeber überlässt es dem Steuerpflichtigen, sich durch fristgerechte Einlegung des Rechtsbehelfs gegen rechtswidrige Verwaltungsakte zu wehren. Wer das unterlässt, muss die zwangsweise Durchsetzung des Verwaltungsakts dulden.

BEISPIEL: ▶ Steuerfreie Einkünfte werden zu Unrecht besteuert. Ficht der Steuerpflichtige den Steuerbescheid nicht fristgerecht an, so wird dieser bestandskräftig (unanfechtbar). Der Steuerpflichtige muss die festgesetzte Steuerschuld tilgen und ggf. die (rechtmäßige) Zwangsvollstreckung dulden. Dies gilt auch dann, wenn die Behörde ein *Verschulden* trifft.

Vollstreckungsmaßnahmen auf der Basis nichtiger Steuerbescheide oder ohne Leistungsgebot sind nicht nichtig, sondern nur anfechtbar (BFH, BStBl 2003, 109).

Eine Ausnahme gilt für *nichtige* Verwaltungsakte. Verwaltungsakte sind *nichtig,* soweit sie an *besonders schwerwiegenden Fehlern* leiden und dies bei verständiger Würdigung aller in Betracht kommenden Umstände *offenkundig ist* (§ 125 AO). Nichtige Verwaltungsakte erzeugen keine Rechtswirkung. Sie sind unwirksam (§ 124 Abs. 3 AO). Der Steuerpflichtige kann sie unbeachtet lassen und die Nichtigkeit noch im *Vollstreckungsverfahren* (z. B. gegen eine Pfändung) geltend machen (§ 256 AO; BFH/NV 2002, 660). Aus Gründen der Rechtsklarheit sollte jedoch jeder Steuerpflichtige nichtige Verwaltungsakte „anfechten", damit auch der bloße Anschein eines wirksamen Verwaltungsaktes beseitigt wird.

Ein Rechtsbehelf gegen einen nichtigen Verwaltungsakt braucht nicht innerhalb eines Monats nach Bekanntgabe des Verwaltungsakts eingelegt zu werden (BFH, BStBl II 1986, 834). Wird ein nichtiger Bescheid formell aufgehoben, so kann bis zur Verjährung jederzeit ein neuer Bescheid erlassen werden. Einem neuen Bescheid stehen die Änderungsvorschriften der AO und der einzelnen Steuergesetze nicht entgegen (BFH, BStBl II 1986, 775). Nichtige Verwaltungsakte sind in der Praxis selten. § 125 Abs. 2 AO enthält einige absolute Nichtigkeitsgründe. § 125 Abs. 3 AO stellt u. a. klar, dass Verwaltungsakte nicht allein deshalb nichtig sind, weil die Vorschriften über die *örtliche* Zuständigkeit nicht eingehalten worden sind oder kraft Gesetzes von der Mitwirkung ausgeschlossene Personen beim Erlass des Verwaltungsakts mitgewirkt haben (z. B. der Angehörige eines Beteiligten).

BEISPIELE FÜR NICHTIGE VERWALTUNGSAKTE: ▶ In der Insolvenz ergeht ein Steuerbescheid mit Leistungsgebot über Insolvenzforderungen (BStBl II 2003, 630; § 240 ZPO). Auch Grundlagenbescheide (z. B. Gewinnfeststellungsbescheide) können nicht mehr erlassen werden, wenn und soweit diese sich auf die Ermittlung und Feststellung von zur Tabelle anzumeldenden Insolvenzforderungen auswirken (BFH, BStBl II 1998, 428; zu einheitlich und gesonderten Feststellungen vgl. BFH, BStBl II 2005, 246). Insolvenzfeststellungsbescheide gem. § 251 Abs. 3 AO können jedoch wirksam erlassen werden. – Es ergeht ein Einheitswertbescheid über ein nicht existentes Grundstück. – Ein Finanzamt erlässt Gewerbesteuer, obwohl dafür die Gemeinde zuständig ist. – Ein Finanzbeamter entscheidet über einen von ihm selbst als Steuerpflichtigem gestellten Erlassantrag. Ein Verwaltungsakt, der abschließend von einem Sachbearbeiter gezeichnet wird, obwohl nach Verwaltungsvorschriften das Zeichnungsrecht dem Sachgebietsleiter zusteht, ist im Regelfall *nicht nichtig* (BFH, BStBl II 1981, 404; 1987, 592). – Relativ häufig führen *Bekanntgabemängel* zur Unwirksamkeit von Verwaltungsakten (vgl. AEAO zu § 122).

Nicht zur Nichtigkeit führen selbst grobe Schätzungsfehler (BFH, BStBl II 1993, 259; BFH/NV 2000, 164; anders bei Willkürschätzung: BFH, BStBl II 2001, 381). Wird ein Verwaltungsakt, der *nicht nichtig ist,* unter Verstoß gegen *Verfahrens- und Formvorschriften* erlassen, so kann er zwar mit einem förmlichen Rechtsbehelf angegriffen werden. Die Erfolgsaussicht eines derartigen Rechtsbehelfs ist jedoch in den Fällen der §§ 126, 127 AO eingeschränkt. Danach ist z. B. der Gesetzesverstoß unbeachtlich, wenn ein erforderlicher Antrag nachträglich gestellt, eine erforderliche Begründung nachträglich gegeben wird, oder die erforderliche Anhörung eines Beteiligten nachträglich erfolgt. Entsprechendes gilt, wenn Vorschriften über die örtliche Zuständigkeit nicht eingehalten worden sind, falls keine andere Sachentscheidung hätte getroffen werden können. Entgegen teilweise anderer Auffassungen hält der BFH daran fest, dass § 127 AO auch auf Schätzungsbescheide Anwendung findet (vgl. z. B. BFH, BStBl II 1999, 382).

IV. Widerruf, Rücknahme, Aufhebung und Änderung von Steuerverwaltungsakten

Verwaltungsakte enthalten rechtliche Regelungen. Im Einzelfall kann die Regelung falsch (rechtswidrig) oder unzweckmäßig sein. Daraus ergibt sich folgendes Problem: Soll eine rechtswidrige oder unzweckmäßige (aber nicht nichtige) Regelung *endgültig* bestehen bleiben oder geändert werden können? *Für* die freie Änderbarkeit spricht das Prinzip der (materiellen) *Gerechtigkeit* oder *Zweckmäßigkeit.* Gegen eine freie Änderbarkeit spricht das Prinzip der *Rechtssicherheit.* Im Steuerrecht ist das Verhältnis von Rechtssicherheit zur materiellen Gerechtigkeit wie folgt geregelt: Legt der Betroffene keinen *förmlichen* (vgl. Tz 240) Rechtsbehelf ein, so ist eine Aufhebung oder Änderung des Verwaltungsakts *nur zulässig,* soweit die Einzelsteuergesetze oder die AO dies *ausdrücklich vorsehen.*

134

Wegen der weitgehend unterschiedlichen *Voraussetzungen* und *Rechtsfolgen* bei erstrebten Korrekturen ist es außerordentlich wichtig zu unterscheiden, ob die Finanzbehörde

▶ als zuständige Instanz im außergerichtlichen Rechtsbehelfsverfahren (Einspruch) über den Rechtsbehelf zu entscheiden hat (vgl. §§ 347 ff., insbes. 367 AO; Tz 240 ff.)

   oder

▶ *außerhalb* eines Rechtsbehelfsverfahrens als *Festsetzungsinstanz* über den Erlass, die Aufhebung oder Korrektur eines Verwaltungsakts zur Entscheidung berufen ist (z. B. auf der Grundlage der §§ 129 bis 131, 164, 165, 172 ff. AO).

BEISPIEL: ▶ Verlangt der Steuerpflichtige die Korrektur eines Rechenfehlers zu seinen Gunsten gem. § 129 AO, so kann er den Antrag noch Jahre nach Ablauf der Einspruchsfrist telefonisch stellen (Zeitgrenze: Verjährung vgl. § 169 AO). – Im Einspruchsverfahren kann er dagegen eine Korrektur nur erreichen, wenn er sie binnen *Monatsfrist schriftlich* beantragt (§§ 355, 357 AO).

BEISPIEL: ▶ Die Aussetzung der Vollziehung (§ 361 AO, § 69 FGO) ist nur möglich, wenn ein förmlicher *Rechtsbehelf* eingelegt wird. Wird außerhalb eines Rechtsbehelfsverfahrens die Korrektur eines Verwaltungsakts (z. B. eines Steuerbescheids unter dem Vorbehalt der Nachprüfung gem. § 164) beantragt, kommt eine Aussetzung nicht in Betracht.

In den Tz 135 ff. werden die Vorschriften abgehandelt, die eine Korrektur (Änderung, Aufhebung, Berichtigung, Rücknahme, Widerruf) von Verwaltungsakten *außerhalb eines Rechtsbehelfsverfahrens* ermöglichen. Zum Rechtsbehelfsverfahren vgl. Tz 240 ff., 280 ff.

135 **1. Schematische Übersicht**

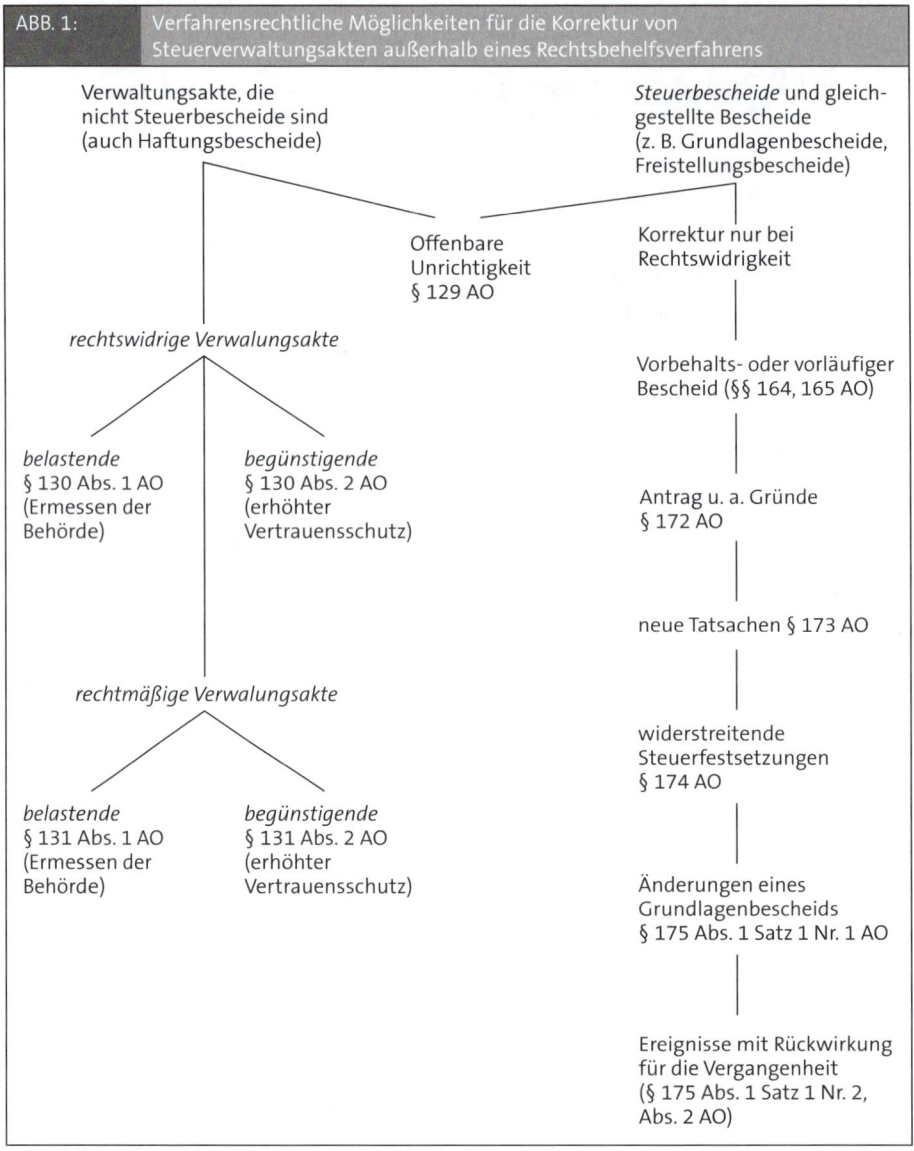

ABB. 1: Verfahrensrechtliche Möglichkeiten für die Korrektur von Steuerverwaltungsakten außerhalb eines Rechtsbehelfsverfahrens

Daneben bestehen spezielle Regelungen

▶ *in der AO:* z. B. § 148 (Buchführungserleichterung), § 207 (Zusage), § 280 (Aufteilung)

▶ *In Einzelsteuergesetzen:* z. B. § 10d EStG betr. Verlustabzug, § 35b GewStG betr. Änderung des Gewerbesteuermessbescheides bei Änderung z. B. eines Einkommen-

und Körperschaftsteuerbescheides; § 32a KStG zur korrespondierenden Besteuerung der vGA bei Körperschaft und Anteilseigner; § 16 GrEStG; §§ 20, 21 GrStG; Kirchensteuergesetze der Länder bei Änderung der Maßstabsteuer.

Die vorstehend bezeichneten Bestimmungen ermöglichen die Korrektur von unanfechtbaren Steuerverwaltungsakten *außerhalb* eines Rechtsbehelfsverfahrens. Sie sind jedoch *auch* anwendbar während eines *Rechtsbehelfsverfahrens*. Das Finanzamt kann z. B. einen Steuerbescheid, der Gegenstand eines Revisionsverfahrens vor dem BFH ist, wegen offenbarer Unrichtigkeit (§ 129 AO) oder Bekanntwerdens neuer Tatsachen (§ 173 AO) ändern (vgl. § 132 AO).

2. Berichtigung offenbarer Unrichtigkeiten

Die Finanzbehörde kann *Schreibfehler, Rechenfehler* und ähnliche *offenbare Unrichtigkeiten* berichtigen. Bei berechtigtem Interesse des Beteiligten *muss* sie korrigieren. Die Behörde kann die Vorlage des Schriftstücks verlangen, das berichtigt werden soll (§ 129 AO). Diese Regelung gilt für *Steuerverwaltungsakte aller Art,* insbesondere auch für Steuerbescheide und gleichgestellte Bescheide (z. B. Grundlagenbescheide).

136

Offenbare Unrichtigkeiten sind *Flüchtigkeitsfehler* (mechanische Versehen), die den vom Gesetz beispielhaft erwähnten Schreib- und Rechenfehlern ähneln. Um *kein* bloß mechanisches Versehen handelt es sich nach der Rechtsprechung regelmäßig, wenn der Fehler auf mangelhafter Sachverhaltsaufklärung beruht (BFH, BStBl II 1988, 932; 2000, 375). Besteht auch nur die *Möglichkeit,* dass es sich um einen Fehler im Bereich der *Rechtsanwendung,* des *Schlussfolgerns* oder des *Beurteilens* handelt, so kommt eine Berichtigung gem. § 129 AO nicht in Betracht (BFH, BStBl II 1985, 218; 1986, 293; zu fehlerhafter Eingabe in Computerprogramm vgl. BFH/NV 2006, 1793; 2007, 1810). Auch das Übersehen eines Grundlagenbescheides kann zu einer offenbaren Unrichtigkeit führen (BFH, BStBl II 2003, 867). „Offenbar" bedeutet nicht, dass sich die Unrichtigkeit aus dem schriftlichen Verwaltungsakt selbst ergeben muss (BFH, BStBl II 1987, 588; 2006, 400 zu vergessenem Vorbehalt; BFH/NV 1990, 205). Dieser kann in sich stimmig sein (wenn z. B. erklärte Einkünfte nicht in den Bescheid übernommen werden). Schreib- und Rechenfehler sind nach dem Gesetz immer offenbare Unrichtigkeiten (BFH, BStBl II 1988, 164). Andere Fehler sind offenbar, wenn sie sich unschwer aus den Finanzamtsakten ersehen lassen.

Eine Berichtigung gem. § 129 AO setzt einen Fehler *„beim Erlass* eines Verwaltungsaktes" voraus. Es muss sich um einen Fehler *der Behörde* handeln. Ein für die Finanzbehörde nicht erkennbarer Rechenfehler kann nicht gem. § 129 AO korrigiert werden (möglicherweise aber gem. § 173 AO).

BEISPIEL: ▶ Infolge eines Rechenfehlers erklärt ein Unternehmer seine steuerpflichtigen Umsätze um 10 000 € zu hoch. Der Fehler ist aus der Steuererklärung nicht zu erkennen. Die Steuerfestsetzung kann nicht nach § 129 AO berichtigt werden. – Anders, wenn der Rechenfehler aus der *Erklärung* ersichtlich ist (BFH, BStBl II 1980, 18; BFH/NV 2007, 2056). Trifft den Unternehmer kein grobes Verschulden, kommt eine Korrektur zu seinen Gunsten gem. § 173 Abs. 1 Nr. 2 AO in Betracht; lag eine Steueranmeldung vor, kann nach § 164 Abs. 2 AO geändert werden.

Die Berichtigung ist nur bis zum Ablauf der Festsetzungsfrist zulässig (§ 169 Abs. 1 AO). Lehnt die Finanzbehörde die Berichtigung eines Verwaltungsakts ab, so ist gegen die

Ablehnung der förmliche Rechtsbehelf Einspruch zulässig. Vgl. dazu BFH, BStBl II 1984, 511; so ausdrücklich: AEAO Tz 2 zu § 347 AO.

3. Rücknahme und Widerruf von Verwaltungsakten (außer Steuerbescheiden)

a) Überblick

137 Grundsatz: Die Finanzbehörde kann nach ihrem *Ermessen*

► *rechtswidrige* Verwaltungsakte mit Wirkung für die *Vergangenheit* und die *Zukunft* zurücknehmen (§ 130 Abs. 1 AO);

► *rechtmäßige* Verwaltungsakte mit Wirkung für die *Zukunft* widerrufen (§ 131 Abs. 1 AO).

Von dem Grundsatz gibt es wichtige Ausnahmen:

► Der Widerruf eines *rechtmäßigen* Verwaltungsaktes ist nicht zulässig, wenn ein Verwaltungsakt *gleichen* Inhalts erneut erlassen werden *müsste* (§ 131 Abs. 1 AO). Das bedeutet: § 131 Abs. 1 AO gilt nicht für gebundene Verwaltungsakte und Fälle der Ermessenseinengung (vgl. Tz 26).

► Für *begünstigende* Verwaltungsakte besteht eine *erhöhte Bestandskraft* (erhöhter Vertrauensschutz zugunsten des Steuerpflichtigen). Soweit Verwaltungsakte begünstigend sind, dürfen sie nur aus Gründen zurückgenommen bzw. widerrufen werden, die in den §§ 130 Abs. 2 und 131 Abs. 2 AO festgelegt sind.

► Für *Steuerbescheide* und gleichgestellte Bescheide gelten die §§ 130 und 131 *nicht* (§ 172 Abs. 1 Nr. 2d AO), aber für Haftungs- und Duldungsbescheide. Zur Aufhebung und Änderung von Steuerbescheiden vgl. Tz 144 ff., 171.

► *Sonderregelungen* enthält die AO z. B. für die Aufhebung bzw. die Änderung der Bewilligung von *Buchführungserleichterungen* (§ 148 AO), *verbindliche Zusagen* (§ 207 AO), *Aufteilungsbescheide* (§ 280 AO) und die Aufhebung bzw. Beschränkung von *Vollstreckungsmaßnahmen* (§§ 257, 258 AO).

b) Rücknahme rechtswidriger Verwaltungsakte

138 Ein *rechtswidriger* (nicht begünstigender) Verwaltungsakt kann auch nach Unanfechtbarkeit ganz oder teilweise mit Wirkung für die Zukunft oder die Vergangenheit zurückgenommen werden (§ 130 Abs. 1 AO). *Rechtswidrig* ist ein Verwaltungsakt, wenn ihm eine rechtliche Grundlage fehlt oder er gegen ein Gesetz verstößt. Handelt es sich dabei nicht um einen gravierenden, offenkundigen Fehler, der zur Nichtigkeit führt (§ 125 AO), so wird der fehlerhafte Verwaltungsakt (zunächst) wirksam (vgl. Tz 133).

> **BEISPIEL:** ► Weil der Eingangsstempel auf einer Steuererklärung unleserlich ist, nimmt die Finanzbehörde irrtümlich an, die Steuererklärung sei verspätet abgegeben worden. Sie setzt deshalb gem. § 152 AO einen Verspätungszuschlag fest. Tatsächlich lag eine Verspätung nicht vor. Der Verwaltungsakt ist rechtswidrig, aber rechtswirksam. Er kann jedoch gem. § 130 Abs. 1 AO zurückgenommen werden.

Nach BFH, BStBl II 1989, 749, muss die Finanzbehörde bei Antrag des Steuerpflichtigen nach Ablauf der Rechtsbehelfsfrist eine Ermessensentscheidung treffen (vgl. aber AEAO Tz 2 zu § 130). Allerdings ist die Ablehnung der Rücknahme in der Regel ermessensgerecht, wenn der Steuerpflichtige in der Rechtsbehelfsfrist hätte vortragen können (vgl. BFH, BStBl II 1991, 552; BFH/NV 2008, 1647).

Für *begünstigende* Verwaltungsakte besteht *erhöhter Vertrauensschutz*. Ein *rechtswidriger begünstigender* Verwaltungsakt darf gem. § 130 Abs. 2 AO *nur* zurückgenommen werden, wenn

▶ er von einer sachlich unzuständigen Behörde erlassen worden ist,

▶ er durch unlautere Mittel wie arglistige Täuschung, Drohung oder Bestechung erwirkt worden ist,

▶ ihn der Begünstigte durch Angaben erwirkt hat, die in wesentlicher Beziehung unrichtig oder unvollständig waren,

▶ seine Rechtswidrigkeit dem Begünstigten bekannt oder infolge grober Fahrlässigkeit nicht bekannt war.

BEISPIELE: ▶ Ein Steuerpflichtiger erwirkt durch Bestechung oder durch bewusst falsche Angaben über seine Einkommens- und Vermögensverhältnisse einen Steuererlass. Der Erlass kann mit Wirkung für die *Vergangenheit* zurückgenommen werden (§ 130 Abs. 2 Nr. 2 AO).

Ein Steuerpflichtiger beantragt eine Stundung. Die Finanzbehörde fordert ihn auf, seine Vermögens- und Liquiditätsverhältnisse darzulegen. Er beauftragt eine Angestellte mit der Vermögensaufstellung. Diese nimmt in die Aufstellung versehentlich ein privates Sparguthaben des Steuerpflichtigen nicht auf, obwohl der Steuerpflichtige es ihr angegeben hatte. Bei Kenntnis von dem Sparguthaben hätte die Finanzbehörde den Stundungsantrag abgelehnt. Die erwirkte Stundung kann mit Wirkung für die Zukunft oder die Vergangenheit zurückgenommen werden. Es genügt, dass die Angaben des Steuerpflichtigen *objektiv* unrichtig waren. Eine Täuschung ist nicht erforderlich (§ 130 Abs. 2 Nr. 3 AO).

Nach dem *Wortlaut* des Gesetzes dürfen *begünstigende rechtswidrige* Verwaltungsakte „nur" aus den vorstehenden Gründen zurückgenommen werden. Die Aufzählung in § 130 Abs. 2 AO ist dennoch *nicht abschließend*. Die Rücknahme muss z. B. auch zulässig sein, wenn der Betroffene *zustimmt* (praktisch seltener Fall), wenn die Rücknahme im Verwaltungsakt *vorbehalten* ist oder der Begünstigte eine *Auflage nicht erfüllt*. Denn unter diesen Voraussetzungen kann sogar ein *rechtmäßiger* Verwaltungsakt widerrufen werden (§ 131 Abs. 2 AO). Dann ist erst recht die Rücknahme eines *rechtswidrigen* Verwaltungsaktes zulässig (BFH, BStBl II 1983, 187).

Erhält die Finanzbehörde von den Tatsachen *Kenntnis*, die die Rücknahme eines rechtswidrigen begünstigenden Verwaltungsaktes rechtfertigen, so ist die Rücknahme nur *innerhalb eines Jahres* seit der Kenntniserlangung zulässig. Diese zeitliche Beschränkung gilt nicht, wenn der Steuerpflichtige den Verwaltungsakt durch unlautere Mittel (arglistige Täuschung, Drohung, Bestechung) erwirkt hat (§ 130 Abs. 3 AO).

Belastende Verwaltungsakte können zugleich *begünstigend* sein. *Soweit* ein belastender Verwaltungsakt eine *Begünstigung* enthält, ist die Rücknahme eines rechtswidrigen Verwaltungsaktes nur unter den einschränkenden Voraussetzungen des *§ 130 Abs. 2 AO* (§ 131 Abs. 2 AO, vgl. BFH, BStBl II 1983, 187) zulässig.

BEISPIEL: ▶ Ein Steuerpflichtiger gibt eine Einkommensteuererklärung verspätet ab. Die festgesetzte Jahresschuld beträgt 50 000 €, die Abschlusszahlung 10 000 €. Gemäß § 152 AO wird ein Verspätungszuschlag von 100 € festgesetzt. Aufgrund einer Außenprüfung ergibt sich für das betreffende Jahr eine Steuernachforderung von 5 000 €. Da die Behörde bei der Festsetzung des Verspätungszuschlags einen für die Ermessensausübung wichtigen Sachverhalt (Höhe der richtigen Abschlusszahlung = 15 000 €; vgl. § 152 Abs. 2 AO) nicht kannte, konnte sie ihr Ermessen nicht zutreffend ausüben. Die Entscheidung über die Höhe des Verspätungszuschlags (100 €) ist deshalb *zugunsten* des Steuerpflichtigen *rechtswidrig*. Auch belastende Verwaltungsakte (Verspätungszuschlag: 100 €) können insoweit begünstigend sein, als sie *keine höhere* Belastung festsetzen. Nach der Verwaltungsauffassung ist eine Rücknahme der Festsetzung über 100 € und eine Erhöhung zulässig, weil die erste Festsetzung auf (objektiv) unrichtigen Angaben des Steuerpflichtigen beruht (§ 130 Abs. 2 Nr. 3 AO; AEAO zu § 130 AO). Liegen die Voraussetzungen des § 130 Abs. 2 AO nicht vor, so ist eine Erhöhung des Verspätungszuschlags nicht zulässig (AEAO zu § 152 AO). Bei einer *Herabsetzung* der Steuer muss die Finanzbehörde zugunsten des Steuerpflichtigen eine Überprüfung des bisher ausgeübten Ermessens vornehmen (BFH, BStBl II 1979, 641).

c) Widerruf rechtmäßiger Verwaltungsakte

139 *Rechtmäßige* Verwaltungsakte können nach Maßgabe des § 131 AO widerrufen werden. Die Vorschrift gilt *nicht für Steuerbescheide* (§ 172 Abs. 1 Nr. 2d AO), aber für Haftungs- und Duldungsbescheide (Umkehrschluss aus § 191 Abs. 3 AO; vgl. auch BFH, BStBl II 1998, 4).

Es erscheint zunächst nicht einleuchtend, weshalb die Behörde einen rechtmäßigen – also dem Gesetz entsprechenden – Verwaltungsakt widerrufen sollte. Es gibt jedoch im Ermessensbereich rechtmäßige aber *unzweckmäßige* Verwaltungsakte, deren Widerruf tunlich ist.

BEISPIEL: ▶ Die Finanzbehörde ordnet das persönliche Erscheinen eines Auskunftspflichtigen an Amtsstelle an, damit dieser dort eine mündliche Auskunft erteilt. Der Auskunftspflichtige gibt die Auskunft schriftlich und bittet, die Anordnung des persönlichen Erscheinens aufzuheben, weil sie ihn zeitlich zu sehr belaste. – Die Finanzbehörde kann nach ihrem Ermessen die (rechtmäßige) Anordnung des persönlichen Erscheinens gem. § 131 Abs. 1 AO aufheben. Sie wird dies im Regelfall tun, wenn sie keine Zweifel an der Richtigkeit und Vollständigkeit der schriftlichen Auskunft hat.

Eines Widerrufs bedarf es nur insoweit, als über einen bestimmten Sachverhalt bereits *entschieden* ist. Bei einer nachträglichen *Erweiterung* oder *Ergänzung* handelt es sich um zusätzliche Verwaltungsakte, die *ohne Widerruf* des früheren Verwaltungsakts ergehen dürfen.

BEISPIELE: ▶ Gegen einen Mittelbetrieb ergeht eine Prüfungsanordnung für die Jahre 2005 bis 2007. Der Prüfer gelangt zu der Auffassung, der Steuerpflichtige habe eine Steuerhinterziehung begangen. Soll nunmehr gem. § 4 Abs. 3 Betriebsprüfungsordnung der Prüfungszeitraum auf die Jahre 2002 bis 2004 erweitert werden, bedarf es keines Widerrufs der früheren Betriebsprüfungsanordnung. Die Erweiterungsanordnung tritt selbständig neben die ursprüngliche Anordnung. Entsprechendes gilt für die Verlängerung oder Erhöhung einer Stundung, Gewährung zusätzlicher Buchführungserleichterungen, weiterer Fristverlängerungen.

Der Widerruf eines *rechtmäßigen* Verwaltungsaktes steht im *Ermessen* der Finanzbehörde. Der Widerruf ist aber *unzulässig,* wenn ein Verwaltungsakt *gleichen* Inhalts erneut erlassen werden müsste. Daraus folgt, dass die Vorschrift nicht für gebundene Verwaltungsakte gilt, bei denen die Behörde keine Wahl hat, ob und mit welchem Inhalt sie einen Verwaltungsakt erlässt. Der Anwendungsbereich des § 131 Abs. 1 AO beschränkt sich somit auf *Ermessensentscheidungen* (vgl. Tz 26).

BEISPIEL: ▶ Wegen Nichtzahlung bei Fälligkeit ist ein Säumniszuschlag von 50 € entstanden (§ 240 AO). Der Steuerpflichtige wird zur Zahlung des Säumniszuschlages aufgefordert. Die Anforderung des Säumniszuschlages ist ein *gebundener* Verwaltungsakt. Er darf nicht gem. § 131 AO aufgehoben werden, weil es nicht im Ermessen der Behörde steht, ob sie kraft Gesetzes entstandene Ansprüche aus dem Steuerschuldverhältnis geltend macht. Es kommt allenfalls unter den Voraussetzungen des § 227 AO ein Billigkeitserlass in Betracht.

Ein *rechtmäßiger begünstigender* Verwaltungsakt darf gem. § 131 Abs. 2 AO ganz oder teilweise nur widerrufen werden, wenn

▶ der Widerruf durch Rechtsvorschrift zugelassen oder im Verwaltungsakt vorbehalten ist,

▶ der Begünstigte eine mit dem Verwaltungsakt verbundene Auflage nicht oder nicht fristgemäß erfüllt,

▶ die Behörde aufgrund nachträglich eingetretener Tatsachen berechtigt wäre, den Verwaltungsakt nicht zu erlassen und wenn ohne den Widerruf das öffentliche Interesse gefährdet würde.

aa) Widerrufsvorbehalt

In der Praxis werden begünstigende Verwaltungsakte oft mit einem Widerrufsvorbehalt verbunden (z. B. Stundungen). Die Finanzbehörde darf von diesem Widerrufsvorbehalt nicht willkürlich, sondern nur nach pflichtgemäßem Ermessen Gebrauch machen (§ 131 Abs. 2 Nr. 1 AO).

140

BEISPIEL: ▶ Nachdem sich der Steuerpflichtige bereit erklärt hat, monatliche Teilzahlungen zu leisten, ist die Zwangsvollstreckung durch einen dem Steuerpflichtigen bekannt gegebenen Verwaltungsakt gem. § 258 AO einstweilen unter Widerrufsvorbehalt eingestellt worden. Solange der Vollstreckungsschuldner die Teilzahlungen pünktlich leistet und sich die Verhältnisse nicht geändert haben (§ 131 Abs. 2 Nr. 3 AO), wird im Regelfall ein Widerruf nicht pflichtgemäßem Ermessen entsprechen (vgl. Tz 26).

bb) Widerruf bei Auflagen

Auflagen sind *Nebenbestimmungen* zum Verwaltungsakt, die den Betroffenen zu einem bestimmten Tun, Dulden oder Unterlassen verpflichten (z. B. bei einer Stundung Teilzahlungen zu leisten). Die Nichterfüllung einer Auflage ist ein Widerrufsgrund (§ 131 Abs. 2 Nr. 2 AO). – Dagegen stellt eine Stundung gegen Sicherheitsleistung eine Stundung unter einer Bedingung dar, die erst bei Leistung der Sicherheit wirksam wird (BFH, BStBl II 1979, 666). Daraus folgt, dass in der Zeit ab Fälligkeit bis zur Leistung der Sicherheit Säumniszuschläge entstehen.

141

cc) Widerruf bei Änderung der Verhältnisse

Die Änderung der Verhältnisse ist ein Widerrufsgrund, wenn es sich um *nachträglich eingetretene Tatsachen* handelt und die Finanzbehörde berechtigt gewesen wäre, den Verwaltungsakt nicht zu erlassen, wenn diese Tatsachen bereits bei Erlass des Verwaltungsakts vorgelegen hätten. Auch dann ist jedoch die Behörde zum Widerruf nur berechtigt, wenn *ohne den Widerruf das öffentliche Interesse gefährdet würde* (§ 131 Abs. 2 Nr. 3 AO). Nach dem AEAO Tz 2 zu § 131 AO liegt eine Gefährdung des öffentlichen Inte-

142

resses stets vor, wenn bei einem Verwaltungsakt mit Dauerwirkung das Festhalten an der früheren Entscheidung den Betroffenen gegenüber anderen Steuerpflichtigen bevorzugen würde.

> **BEISPIEL:** Nach einer Stundung entwickeln sich die Einkommens- und Vermögensverhältnisse sowie die Liquidität günstig. Die Stundung kann ganz oder teilweise widerrufen werden.

Da ein Widerruf nur mit Wirkung für die *Zukunft* zulässig ist, kann ein *Billigkeitserlass* (§ 227 AO) nicht wirksam mit einem Widerrufsvorbehalt verbunden oder wegen später eintretender Tatsachen (Erbschaft, Spielgewinn) widerrufen werden. Denn ein Widerruf für die Zukunft kann nicht bewirken, dass die erloschene Steuerschuld wiederauflebt (BFH, BStBl II 1972, 83). Liegen dagegen die Voraussetzungen des § 130 Abs. 2 AO vor (z. B. Täuschung, Bestechung), so ist eine Rücknahme des Erlasses mit *Wirkung für die Vergangenheit* möglich. Die erloschene Steuerschuld wird wieder existent.

d) Berichtigung, Rücknahme, Widerruf, Aufhebung und Änderung während eines Einspruchs oder finanzgerichtlichen Verfahrens

143 Gemäß § 132 AO gelten die § 130 bis 131 AO ebenso wie die Vorschriften über die Aufhebung und Änderung von Steuerbescheiden (§§ 172 ff. AO) auch während eines außergerichtlichen *Rechtsbehelfsverfahrens (Einspruch)* und eines *finanzgerichtlichen Verfahrens*. Es besteht weitgehend Einvernehmen, dass § 129 AO auch ohne Erwähnung in § 132 AO während eines Rechtsschutzverfahrens anwendbar ist. Dies ergibt sich schon aus der Formulierung „jederzeit" in § 129 AO (vgl. z. B. T/K, Stand 07/07 § 132 AO Rdnr. 5).

> **BEISPIEL:** Ein Steuerpflichtiger hat gegen einen Steuerbescheid nach erfolglosem Einspruch Klage vor dem Finanzgericht erhoben. Während des Verfahrens findet eine Außenprüfung statt. Der Prüfer stellt neue Tatsachen fest, die sich für den Steuerpflichtigen nachteilig auswirken. Die Finanzbehörde ist berechtigt, trotz des gerichtlichen Verfahrens gem. § 173 Abs. 1 Nr. 1 AO den angefochtenen Steuerbescheid zu ändern. Der geänderte Bescheid wird automatisch nach § 68 FGO zum Gegenstand des finanzgerichtlichen Verfahrens.

4. Aufhebung und Änderung von Steuerbescheiden

144 Für die Aufhebung und Änderung von *Steuerbescheiden* und gleichgestellten Bescheiden gelten die §§ 130, 131 AO *nicht* (§ 172 Abs. 1 Nr. 2d AO). Insbesondere dürfen *rechtmäßige* Steuerbescheide nicht aufgehoben oder geändert werden. Für die Aufhebung und Änderung von Steuerbescheiden gilt gem. §§ 172 ff. AO eine Regelung, die wesentlich von den §§ 130, 131 AO abweicht. Dagegen können Steuerbescheide bei offenbarer Unrichtigkeit gem. § 129 AO berichtigt werden.

Den Steuerbescheiden stehen gleich (Korrektur nach §§ 172 ff. AO):

Freistellungsbescheide, Ablehnung eines Antrags auf Steuerfestsetzung, Vergütungsbescheide (§ 155 Abs. 1 und 3 AO), Feststellungsbescheide (§ 181 Abs. 1 AO), Steuermessbescheide (§ 184 Abs. 1 AO), Zerlegungsbescheide (§ 185 AO – für Änderung der Zerlegung gilt jedoch § 189 AO), Zuteilungsbescheide (§§ 190, 185 – Änderung der Zuteilung gem. § 189 AO), Zinsbescheide (§ 239 AO), – Abrechnungs- oder Haftungsbescheide können dagegen nach den §§ 130, 131 AO zurückgenommen bzw. widerrufen, Aufteilungsbescheide nach § 280 AO geändert werden.

Zahlreiche Steuerbescheide und gleichgestellte Bescheide ergehen unter dem Vorbehalt der Nachprüfung gem. § 164 AO. Liegt ein derartiger Vorbehalt vor, so kann der Bescheid auf der Grundlage des § 164 Abs. 2 AO *vorbehaltlich der Einschränkungen des § 176 AO aufgehoben und geändert werden.* Es bedarf keiner Prüfung, ob eine Änderung gem. §§ 172 ff. AO möglich ist. – Entsprechendes gilt, insoweit ein Steuerbescheid gem. § 165 AO vorläufig ergangen ist (vgl. Tz 171).

Die Aufhebung oder Änderung einer Steuerfestsetzung ist *unzulässig,* wenn die *Festsetzungsfrist abgelaufen* ist (§ 169 Abs. 1 AO). Diese Aufhebungs- und Änderungssperre gilt für sämtliche Aufhebungs- und Änderungsmöglichkeiten (auch für die Berichtigung wegen offenbarer Unrichtigkeit gem. § 129 AO). Bei jeder beabsichtigten Aufhebung oder Änderung eines Steuerbescheides ist deshalb ggf. vorweg zu prüfen, ob die Aufhebungs- bzw. Änderungssperre des § 169 Abs. 1 AO eingreift.

Danach ist zu prüfen, ob *Einzelsteuergesetze Spezialregelungen* für die Änderung und Aufhebung von Steuerbescheiden oder gleichgestellten Bescheiden enthalten. Vgl. z. B. die in Tz 135 zitierten Vorschriften der speziellen Steuergesetze.

Greift keine spezielle Regelung durch ein Einzelsteuergesetz ein, so gelten für die Aufhebung und Änderung von Steuerbescheiden und gleichgestellten Bescheiden die §§ 172 ff. AO. Dabei ist zu beachten, dass sie nur für *rechtswidrige* Bescheide gelten (anders § 131 AO!). Ein rechtmäßiger Steuerbescheid darf weder aufgehoben noch geändert werden (Grundsatz der Gesetzmäßigkeit der Verwaltung). Es kommt dann allenfalls ein Steuererlass aus Billigkeitsgründen gem. §§ 163, 227 AO in Betracht.

a) Aufhebung und Änderung von Steuerbescheiden gem. § 172 AO

aa) Verbrauchsteuern

Die Rechtslage bei Einfuhr- und Ausfuhrabgaben wird heute durch europarechtliche Regelungen geprägt, die die Vorschriften der AO weitgehend verdrängen. Der Zollkodex (vgl. zum hier interessierenden Komplex den teilweisen Abdruck bei H/H/Sp, Stand 08/02 § 172 AO Tz 74 ff. m. w. N.; Bd. XIV Zollkodex) regelt die Fragen der Korrektur von zollrechtlichen Entscheidungen abweichend von der AO. Hinsichtlich der Verbrauchsteuern ist grundsätzlich zwischen rein nationalen und EU-internen Vorgängen und Einfuhrvorgängen zu differenzieren. Bei der Einfuhr gelten i. d. R. europarechtliche Regelungen. Bei internen Vorgängen greift die AO ein. Dies beruht darauf, dass die meisten nationalen Verbrauchsteuergesetze eine dynamische Verweisung auf das Zollrecht enthalten (vgl. die Darstellung bei H/H/Sp, Stand bis 02/04, Einf. Zollkodex Tz 26 f., 78 ff.). Anders ist dies beim Stromsteuergesetz, für das die AO gilt. Rein rechtstechnisch wird die Einfuhr von Strom allerdings auch nicht besteuert, sondern die Entnahme von Strom, den ein ausländischer Anbieter in das Steuergebiet eingeleitet hat (vgl. § 7 StromStG).

Bescheide über Verbrauchsteuern ergehen regelmäßig aufgrund einer nur summarischen Prüfung. Sie können deshalb ohne einschränkende Voraussetzungen aufgehoben

145

oder geändert werden (§ 172 Abs. 1 Nr. 1 AO). Dadurch entsteht Rechtsunsicherheit. Der Gesetzgeber hat die Unsicherheit jedoch auf einen kurzen Zeitraum beschränkt. Bei Verbrauchsteuern beträgt die Festsetzungsfrist gem. § 169 Abs. 2 AO (regelmäßig) nur ein Jahr. Nach Fristablauf ist eine Änderung oder Aufhebung nicht mehr zulässig (§ 169 AO). Wichtig ist, dass die zollrechtlichen Regelungen kraft ausdrücklicher (dynamischer) Verweisung in § 21 Abs. 2 UStG auch für die Einfuhrumsatzsteuer gelten.

Neben § 172 AO sind die §§ 173 – 175a AO nicht anwendbar. Dies ergibt sich aus der Formulierung „nur" in § 172 Abs. 1 Satz 1 Nr. 1 AO.

bb) Besitz- und Verkehrsteuern

146   Eine abweichende Regelung trifft § 172 Abs. 1 Nr. 2 AO für „andere Steuern". Das sind insbesondere die von den Landesfinanzbehörden verwalteten *Besitz- und Verkehrsteuern* (z. B. ESt, KSt, USt, GewSt, KfzSt, GrESt, GrSt). Die Aufhebung oder Änderung eines Steuerbescheids über diese Steuern ist auf der Grundlage des § 172 Abs. 1 Nr. 2a AO ausnahmslos nur insoweit zulässig, wie der Steuerpflichtige zustimmt (die Zustimmung kann auch in einem Antrag liegen). Dabei ist zu unterscheiden:

▶ Zum *Nachteil* des Steuerpflichtigen darf die Änderung auch noch *nach Ablauf der Einspruchsfrist* (Bestandskraft) erfolgen (praktisch seltener Fall, weil der Steuerpflichtige der ihn benachteiligenden Änderung selten zustimmen wird).

▶ Eine Änderung zum *Vorteil* des Steuerpflichtigen setzt nach § 172 Abs. 1 Nr. 2a AO voraus, dass er entweder

  – den Bescheid wirksam *angefochten*

  oder

  – *vor Ablauf der Einspruchs- oder Klagefrist* der Änderung zugestimmt (den sog. „schlichten Änderungsantrag" gestellt) hat (vgl. § 172 Abs. 1 Nr. 2a, Satz 2 und 3 AO).

Die Frage, ob im Einzelfall ein Einspruch oder ein schlichter Änderungsantrag für den Steuerpflichtigen günstiger ist, bedarf sorgfältiger Prüfung. Dabei sind u. a. folgende unterschiedliche Voraussetzungen und Wirkungen zu bedenken:

▶ *Zum schlichten Änderungsantrag:*

▶ Der Antrag ist formlos (z. B. telefonisch) zulässig, kann jedoch wirksam nur bis zum *Ablauf* der *Einspruchsfrist* gestellt werden (Besonderheiten bei § 172 Abs. 1 Satz 2 AO). Durch den Antrag kann der Steuerpflichtige den *Umfang* der möglichen Änderung *bestimmen*. Eine Verböserung ist gegen seinen Willen nicht möglich. Beantragt werden muss eine *konkrete* Änderung (z. B. die Einkommensteuer festzusetzen, die sich nach zusätzlicher Berücksichtigung eines Kinderfreibetrages, einer bestimmten Betriebsausgabe, Sonderausgabe usw. ergibt). Nach *Ablauf* der Einspruchsfrist kann der Antrag *nicht erweitert* werden, da Bestandskraft eingetreten ist (AEAO zu § 172 AO Tz 2). Eine *Aussetzung* der Vollziehung gem. § 361 AO, § 69 FGO ist *nicht* möglich (kein Rechtsbehelf eingelegt). Allenfalls kann bei Liquiditätsschwierigkeiten *gestundet* werden (vgl. Tz 57 ff.). Entscheidet das Finanzamt über einen schlichten Änderungsantrag ohne Mitteilung eines zureichenden Grundes nicht binnen angemessener Frist, so kommt ein Untätigkeitseinspruch in Betracht (§ 347 Abs. 1 Satz 2 AO).

► Wird der schlichte Änderungsantrag (ganz oder teilweise) *abgelehnt,* kann der Steuerpflichtige Einspruch einlegen (§ 347 AO; AEAO Tz 2 zu § 347). Mit dem Einspruch (und einer sich etwa anschließenden Klage) kann der Steuerpflichtige jedoch nur die Überprüfung der Frage erreichen, ob der schlichte Änderungsantrag (ganz oder teilweise) abgelehnt werden durfte. Eine weitere Überprüfung ist nicht möglich. Die in § 172 Abs. 3 AO 2007 eingeführte Möglichkeit Massenanträge per Allgemeinverfügung zurückzuweisen, führt direkt in die Klage (Einspruchsausschluss in § 348 Nr. 6 AO).

► *Zum Einspruch:*

Statt den schlichten Änderungsantrag zu stellen, kann der Steuerpflichtige Einspruch einlegen (vgl. hierzu Tz 241 ff.). Dies ist nur *schriftlich/elektronisch – also auch per Telefax –* binnen *Monatsfrist* möglich (vgl. Tz 249, 250). Auf den Einspruch erfolgt eine *volle* Überprüfung. Eine Beschränkung auf den Antrag des Steuerpflichtigen ist nicht möglich (§ 367 Abs. 2 AO). Der Antrag ist nur eine Anregung. Eine Teilfestsetzungsverjährung kann im laufenden Formalrechtsbehelfsverfahren nicht eintreten (vgl. § 171 Abs. 3a AO). *Vorteil:* der Steuerpflichtige kann jederzeit – auch noch mit einem Einspruch gegen den, dem Einspruchsbegehren voll entsprechenden, Änderungsbescheid – sein ursprüngliches Begehren *erweitern. Nachteil:* Eine *Verböserung* ist im Einspruchsverfahren zulässig, jedoch erst nach rechtlichem Gehör (§ 367 Abs. 2 AO). Der Steuerpflichtige kann jedoch nach einem entsprechenden Hinweis des Finanzamts durch *Rücknahme* des Einspruchs die Verböserung vermeiden (§ 362 AO). Im Einspruchsverfahren kann eine *Aussetzung* der Vollziehung erreicht werden (§ 361 AO, § 69 FGO; vgl. Tz 257 f.). Wird über den Einspruch nicht binnen sechs Monaten entschieden, ist nach Maßgabe des § 46 FGO die Untätigkeitsklage gegeben. Auch das Einspruchsverfahren ist – unabhängig vom Erfolg – kostenfrei.

Auch wenn Einspruch eingelegt wird, hat § 172 Abs. 1 Nr. 2a AO praktische Bedeutung. Denn die Behörde braucht keine Einspruchentscheidung zu erlassen, wenn sie während des Einspruchsverfahrens auf der Grundlage dieser Vorschrift den angegriffenen Bescheid entsprechend dem Einspruchsantrag ändert. Sie wird insoweit *nicht im Einspruchsverfahren als Rechtsbehelfsinstanz,* sondern *im Festsetzungsverfahren als Festsetzungsbehörde tätig* (§§ 155 ff. AO vgl. Tz 134). Diese Unterscheidung hat praktisch wichtige Konsequenzen.

BEISPIEL: ► Der Steuerpflichtige legt gegen eine Steuerfestsetzung Einspruch ein und beantragt die Ermäßigung der Steuer um 1 000 €. Die Behörde hält den Einspruch für begründet. Da die Voraussetzungen des § 172 Abs. 1 Nr. 2a AO vorliegen, kann die Behörde auf der Grundlage dieser Vorschrift (außerhalb des Einspruchsverfahrens!) den Bescheid ändern. *Die Änderung ist keine Einspruchsentscheidung* (§ 367 Abs. 2 Satz 3 AO). Folglich bedarf sie keiner Begründung. Der Änderungsbescheid ist mit einem erneuten *Einspruch* angreifbar (§ 347 AO). Der ändernde Verwaltungsakt in Form einer Einspruchsentscheidung wäre dagegen mit der *Klage* vor dem FG anfechtbar.

Eine Aufhebung und Änderung von Bescheiden auf der Grundlage des § 172 Abs. 1 Nr. 2a AO ist auch dann noch möglich, wenn ein Rechtsstreit vor dem FG oder dem BFH schwebt (so ausdrücklich § 172 Abs. 1 Nr. 2a AO). Dies gilt auch nach einer rechtmäßig gesetzten Frist nach § 364b AO (AEAO Tz 5 zu § 364b).

Die Aufhebung und Änderung eines Steuerbescheids gem. § 172 Abs. 1 Nr. 2b bis d AO ist außerdem zulässig, soweit

► er von einer sachlich unzuständigen Behörde erlassen (vgl. Tz 31)

► er durch unlautere Mittel (z. B. Täuschung, Drohung, Bestechung) erwirkt wurde

► es sonst gesetzlich zugelassen ist (z. B. §§ 173 ff. AO, durch Einzelsteuergesetze wie § 10d EStG; vgl. Tz 135; AEAO vor §§ 172 bis 177 Tz 3).

cc) Kleinbetragsverordnung – KBV

147 Der Gesetzgeber hat in § 156 AO die Rechtsgrundlage geschaffen, die Festsetzung oder Änderung wegen Bagatellbeträgen zu unterbinden. Durch die auf der Grundlage des § 156 Abs. 1 AO erlassene KBV (BStBl 2001, 3, 18) ist für die praktisch wichtigsten Steuern eine Mindestgrenze von 10 € für die Änderung oder Berichtigung festgesetzt worden. Außerdem kann die Festsetzung von Steuern und steuerlichen Nebenleistungen unterbleiben, wenn feststeht, dass die Einziehung keinen Erfolg haben wird oder wenn die Kosten der Einziehung oder Festsetzung außer Verhältnis zu dem Betrag stehen (§ 156 Abs. 2 AO).

> **BEISPIEL:** ► Bei einer Außenprüfung wird eine neue Tatsache festgestellt, deren Auswertung zu einer Steuernachforderung von 5 € führen würde. Da die Kosten für den Erlass eines Änderungsbescheides (Betriebsprüfungsbericht, Bekanntgabe des Berichts, Stellungnahme des Steuerpflichtigen, Antwort auf die Stellungnahme, Fertigung des Eingabewertbogens, Auswertung im Rechenzentrum, Bekanntgabe des Steuerbescheids) zuzüglich der Kosten der Einziehung nicht in einem angemessenen Verhältnis zur Steuernachforderung stehen, unterbleibt gem. § 1 KBV die Nachforderung.
>
> Hinweis:
>
> Für die Erhebung gibt es eine besondere Kleinbetragsregelung (BStBl I 2001, 242; fortgeltend laut BStBl I 2007, 369).

b) Aufhebung und Änderung von Bescheiden gem. § 173 AO

148 § 173 AO schreibt die Aufhebung (Änderung) von Steuerbescheiden und gleichgestellten Bescheiden vor, wenn *Tatsachen* oder *Beweismittel* bekannt werden, die zu einer *höheren* oder *niedrigeren* Steuer führen. Diese Vorschrift trägt insbesondere dem Umstand Rechnung, dass der Finanzbehörde sehr komplexe Sachverhalte im Gewande verdichteter Zahlen erklärt oder ohne gründliche Prüfung der Besteuerung zugrunde gelegt werden.

> **BEISPIEL:** ► Der Steuerpflichtige erklärt „Einkünfte aus Gewerbebetrieb" von 100 000 €. Diese Zahl beruht auf zahlreichen Tatsachen, die dem Finanzamt nicht bekannt sind.

aa) Aufhebung und Änderung zum Nachteil des Steuerpflichtigen

Steuerbescheide *sind* aufzuheben oder zu ändern, soweit Tatsachen oder Beweismittel   149
nachträglich bekannt werden, die zu einer höheren Steuer führen (§ 173 Abs. 1 Nr. 1
AO). *Tatsachen* sind Fakten (Sachverhalte, Lebensvorgänge), die nach Maßgabe der Einzelsteuergesetze für die Besteuerung von Bedeutung sein können, also Zustände, Vorgänge, Beziehungen und Eigenschaften materieller und immaterieller Art (BFH, BStBl II
1984, 785; 1987, 161; 1993, 569).

> **BEISPIELE:** Existenz eines Wirtschaftsguts, einer betrieblichen Forderung; Höhe des Gesamtumsatzes (§ 19 Abs. 3 UStG); betriebliche oder nichtbetriebliche Veranlassung einer Ausgabe
> (§ 4 Abs. 4 EStG); Uneinbringlichkeit einer Forderung; Konfessionszugehörigkeit; Alter; Familienstand.

Schätzungen als solche sind keine Tatsachen. Dagegen sind Tatsachen i. S. der Vorschrift Schätzungs*grundlagen*, die im Rahmen einer Außenprüfung nachträglich bekannt werden (z. B. ein bislang unbekannter Vermögenszuwachs; BFH, BStBl II 1986,
233). Insbesondere liegen neue Tatsachen, die zu einer niedrigeren Steuer führen, nach
einer Schätzung nur dann vor, wenn sich aus der Gesamtwürdigung der Tatsachen eine
niedrigere Steuer ergibt (vgl.: BFH, BStBl II 1991, 606). Weitere Einzelfragen bei Schätzungen: BFH, BStBl II 1986, 120; 1987, 161; BFH/NV 2007, 395 zu reduziertem Beweismaß; BFH/NV 2008, 190; vgl. Tz 149.

Keine Tatsachen sind logische *Schlussfolgerungen, Werturteile* und *rechtliche Würdigungen* (BFH, a. a. O.). Deshalb ist z. B. die abweichende Bewertung einer dubiosen Forderung durch die Finanzbehörde als solche keine Tatsache.

> **BEISPIELE:** Ein Unternehmer überführt ein Grundstück zu dem von ihm geschätzten Teilwert
> von 100 000 € in das Privatvermögen. Dabei war ihm nicht bekannt, dass dieses Grundstück in
> den kommunalen Bebauungsplan als Bauerwartungsland aufgenommen worden war. Als Bauerwartungsland hätte das Grundstück mit einem Teilwert von 300 000 € angesetzt werden
> müssen. Dieser Sachverhalt wird im Rahmen einer Außenprüfung aufgedeckt. Es handelt sich
> um eine neue Tatsache, weil der unzutreffende Wertansatz nicht auf einer Wertung (Schätzung) beruhte, sondern auf der Unkenntnis einer *Wert begründenden* Tatsache (Ausweis als
> Bauerwartungsland).
>
> Für die Jahre 2004 bis 2006 findet eine Außenprüfung statt. Der Prüfer stellt fest, dass der
> Steuerpflichtige im Jahre 2004 Anschaffungskosten für ein Wirtschaftsgut i. H. von 1 800 € in
> Einzelbeträge unter 410 € zerlegt und diese gem. § 6 Abs. 2 EStG sofort als Betriebsausgaben
> abgesetzt hat. Es liegt eine Tatsache nur bezüglich des *Erstjahres* vor, in dem zu aktivieren ist.
> Die sich daraus ergebende Absetzungsmöglichkeit für die Folgejahre ist dagegen keine Tatsache, sondern lediglich eine *Rechtsfolge*, die keine Änderung des Steuerbescheids zugunsten des
> Steuerpflichtigen gem. § 173 Abs. 1 Nr. 2 AO rechtfertigt. Die Steuerfestsetzungen für die Jahre 2005 und 2006 können aber nach § 175 Abs. 1 Nr. 2 AO durch Berücksichtigung der AfA geändert werden (vgl. Tz 155; BFH, BStBl II 2000, 18; AEAO Tz 2.4 zu § 175 AO).

Beweismittel sind alle Erkenntnismittel, die geeignet sind, das Vorliegen oder Nichtvorliegen von Tatsachen zu beweisen.

Eine Korrektur gem. § 173 AO setzt voraus, dass die Tatsachen oder Beweismittel *nachträglich*, d. h. nach *Abschluss der Willensbildung* des zuständigen Amtsträgers, bekannt
werden. Regelmäßig ist die Willensbildung mit der endgültigen *Zeichnung der Verfügung* abgeschlossen. Das gilt auch, wenn es sich nur um einen Eingabewertbogen für
das Rechenzentrum handelt (BFH, BStBl II 1987, 416). Bei der heute häufigen „papierlo-

sen" Veranlagung kann der Abschluss der Willensbildung auch mit der Freigabe zur Bearbeitung durch den Computer umschrieben werden. Wie die Fälle der elektronischen Steuererklärungen, die unter Einsatz von Kontroll- und Plausibilitätsprogrammen nur durch den Computer besteuert werden, zu erfassen sind, ist noch nicht geklärt. Nicht maßgebend ist jedenfalls der Zeitpunkt der Bekanntgabe an den Steuerpflichtigen. Wird im automatisierten Verfahren nach der Zeichnung des Eingabewertbogens noch eine Kontrolle der gesamten Steuerfestsetzung vorgenommen oder bestand eine Verpflichtung zu einer entsprechenden Überprüfung, so sind alle bis dahin bekannt gewordenen Tatsachen zu berücksichtigen, insbesondere zwischenzeitlich eingegangene Kontrollmitteilungen (BFH, BStBl II 1989, 259 u. 263; AEAO Tz 2.2 zu § 173 AO). Wenn der zuständige Amtsträger nur zu einer punktuellen materiellen Überprüfung oder einer rein formellen Prüfung verpflichtet war, liegt kein die Anwendung von § 173 AO hindernder Eingriff in die Willensbildung vor, so dass Änderungen zu anderen als den überprüften materiellen Fragen zulässig bleiben (BFH, a. a. O.). Dem Steuerpflichtigen ist das Datum der Unterzeichnung auf Verlangen mitzuteilen (AEAO Tz 2.1 zu § 173). Eine Änderung nach § 173 AO bleibt möglich, wenn der Steuerbescheid nach Bekanntwerden der neuen Tatsache nach § 175 Abs. 1 AO geändert wurde (BFH, BStBl II 1989, 438).

Personell kommt es auf die Kenntnis des zur *Entscheidung berufenen* Amtsträgers an (BFH, BStBl II 1985, 191 und 492; 1987, 416; AEAO Tz 2.3 zu § 173 AO; streitig). Welche Tatsachen als bekannt i. S. des § 173 AO anzusehen sind, ist noch nicht abschließend geklärt (BFH, BStBl II 1989, 789; 1990, 1047; 1998, 371; FG Ba-Wü, EFG 1989, 386; instruktiv AEAO Tz 2.3 bis 2.3.6). Der BFH hat für § 173 Abs. 1 Nr. 1 und 2 AO differenziert bei den Tatsachen, die der zuständige Beamte hätte kennen können oder müssen, aber nicht kannte (vgl. BFH, BStBl II 1997, 422).

BEISPIELE: ▶ Bei der *veranlagenden* Betriebsprüfung entscheidet der Prüfer auch über die Steuerfestsetzung. Hat es deshalb z. B. ein Betriebsprüfer versehentlich unterlassen, festgestellte Tatsachen zum Nachteil des Steuerpflichtigen auszuwerten, so ist eine nachträgliche Änderung auf der Grundlage des § 173 Abs. 1 Nr. 1 AO nicht zulässig. Denn dem „entscheidenden" Beamten (Betriebsprüfer) war die Tatsache bei Erlass des Änderungsbescheides bekannt. Dasselbe gilt, wenn nicht der Betriebsprüfer, sondern der Sachgebietsleiter der Betriebsprüfung für die abschließende Zeichnung des Änderungsbescheides zuständig ist.

In einem Fall mit Trennung zwischen Betriebsprüfung und Veranlagung nimmt ein Prüfer versehentlich in einen Bericht Tatsachen nicht auf, die zu einer Steuererhöhung führen würden. Auf der Grundlage seines Berichts ergehen Änderungsbescheide. Erkennt der Prüfer später, dass sein Bericht unvollständig war und erstellt er einen Nachtragsbericht, so werden der Veranlagungsstelle neue Tatsachen bekannt. Die Voraussetzungen für eine Änderung gem. § 173 Abs. 1 Nr. 1 AO sind deshalb gegeben. Da jedoch aufgrund einer Außenprüfung bereits Änderungsbescheide ergangen sind, dürfen diese gem. § 173 Abs. 2 AO nur geändert werden, wenn eine Steuerhinterziehung oder eine leichtfertige Steuerverkürzung vorliegt.

Die Änderung zum Nachteil des Steuerpflichtigen gem. § 173 Abs. 1 Nr. 1 AO ist unter bestimmten Voraussetzungen unzulässig, wenn das nachträgliche Bekanntwerden der Tatsache auf einer Verletzung der Ermittlungspflicht des Finanzamts beruht (BFH, BStBl II 1986, 241; BFH/NV 2008, 924; AEAO Tz 4 bis 4.2 zu § 173). Diese Einschränkung der Änderungsbefugnis greift nur ein, wenn der Steuerpflichtige die ihm obliegenden Mitwirkungspflichten in zumutbarer Weise erfüllt hat (BFH, BStBl II 1988, 115). Haben sowohl das Finanzamt als auch der Steuerpflichtige den Sachverhalt nicht hinreichend aufgeklärt, kann i. d. R. nach § 173 AO geändert werden (BFH, BStBl II 1989, 585; BFH/ NV 2006, 1059). Bleibt z. B. eine Kontrollmitteilung, die sich bei den Steuerakten befindet, infolge eines Versehens des zuständigen Beamten unbeachtet, so ist eine nachträgliche Korrektur des Steuerbescheides auf der Grundlage des § 173 Abs. 1 Nr. 1 AO nicht möglich (siehe aber BFH, BStBl II 1986, 541 zu § 129 AO).

Eine Aufhebung oder Änderung des Steuerbescheides ist nur *insoweit* möglich, als sich die neue Tatsache oder das neu bekannt gewordene Beweismittel *auswirkt*.

BEISPIEL: ▶ Bei einer Außenprüfung wird bekannt, dass der Steuerpflichtige zu Unrecht privat veranlasste Kosten als Betriebsausgaben abgesetzt hat (neue Tatsache). Eine Korrektur führt – isoliert betrachtet – zu einer Erhöhung der ESt von 3 000 €. Gleichzeitig stellt der Prüfer fest, dass wegen fehlerhafter Würdigung einer *bekannten* Tatsache (z. B. unzutreffende Besteuerung einer Rente) die Steuer um 2 000 € zu niedrig festgesetzt worden ist. Die Festsetzung ist um 3 000 € zu erhöhen. Die fehlerhafte Behandlung der Rente kann weder auf der Grundlage des § 173 Abs. 1 Nr. 1 AO („soweit") noch nach § 177 AO korrigiert werden (vgl. dazu Tz 157).

bb) Aufhebung und Änderung zugunsten des Steuerpflichtigen

Bei Bekanntwerden neuer Tatsachen oder Beweismittel ist die Aufhebung oder Änderung eines Steuerbescheides auch *zugunsten* des Steuerpflichtigen möglich, soweit sich die Tatsachen bzw. Beweismittel auswirken (§ 173 Abs. 1 Nr. 2 AO). Der Steuerpflichtige kann deshalb noch *nach Ablauf der Einspruchsfrist* (Unanfechtbarkeit) dem Finanzamt neue Tatsachen mitteilen, die sich zu seinen Gunsten auswirken. Der Steuerpflichtige hat einen *Rechtsanspruch* auf die Änderung zu seinen Gunsten (keine Ermessensentscheidung der Finanzbehörde), wenn alle Voraussetzungen des § 173 Abs. 1 Nr. 2 AO vorliegen.

150

Eine Änderung der Rechtsauffassung der Gerichte oder der Verwaltung kann dann nicht zu einer Korrektur nach § 173 Abs. 1 Nr. 2 AO führen, wenn der Steuerpflichtige später (für das Finanzamt neue) Tatsachen vorbringt, die er aufgrund der bisherigen Rechtsauffassung für unerheblich halten durfte.

BEISPIEL: ▶ Der Steuerpflichtige macht bestimmte Aufwendungen in seiner Steuererklärung nicht geltend, weil er weiß, dass die Finanzverwaltung derartige Aufwendungen nicht als Werbungskosten anerkennt. Nach Eintritt der Bestandskraft des entsprechenden Einkommensteuerbescheides entscheidet der BFH in einem von einem anderen Steuerpflichtigen angestrengtem Prozess, dass derartige Aufwendungen doch als Werbungskosten abzugsfähig sind.

Der Große Senat (BFH, BStBl II 1988, 180) hat dazu entschieden: Ein Steuerbescheid ist wegen nachträglich bekannt gewordener Tatsachen oder Beweismittel nicht aufzuheben oder zu ändern, wenn das Finanzamt bei ursprünglicher Kenntnis der Tatsachen nicht anders entschieden hätte. BFH/NV 2008, 191 führt dazu aus, dass rechtfertigender Grund für die Durchbrechung der Bestandskraft nach § 173 AO nicht die Unrichtigkeit der Steuerfestsetzung sei, sondern der Umstand, dass das FA bei seiner Entscheidung von einem unvollständigen Sachverhalt ausgegangen sei. Die Unkenntnis der Tatsachen oder Beweismittel muss für die ursprüngliche Veranlagung *ursächlich* gewesen sein (*Rechtserheblichkeit*). Die Rechtsprechung ist in BStBl II 1989, 694 und z. B. in BFH/ NV 2003, 1395; 2006, 911, bestätigt worden.

Die Rechtserheblichkeit der neuen Tatsache ist zu verneinen, wenn das Finanzamt auch bei rechtzeitiger Kenntnis von der Tatsache mit an Sicherheit grenzender Wahrscheinlichkeit nicht anders veranlagt hätte. Dabei ist auf das zum Entscheidungszeitpunkt geltende Gesetz, die damalige BFH-Rechtsprechung und die bindenden Verwaltungsanweisungen abzustellen (BFH, BStBl II 1989, 694). Eine Besonderheit – kein Abstellen auf die damalige Rechtsprechung – besteht dann, wenn anderweitig feststeht, dass auch bei rechtzeitiger Kenntnis von der Tatsache nicht anders entschieden worden wäre (hier: konkrete Handlungsanweisung des Vorgesetzten; vgl. BFH, BStBl II 1999, 433).

Die zweite wichtige Voraussetzung für eine Änderung nach § 173 Abs. 1 Nr. 2 AO: Die Änderung zugunsten des Steuerpflichtigen darf nur erfolgen, wenn ihn *kein grobes Verschulden* daran trifft, dass die Tatsachen oder Beweismittel erst nachträglich bekannt werden. Ein grobes Verschulden liegt bei vorsätzlichem oder grob fahrlässigem Verhalten des Steuerpflichtigen vor. Grobe Fahrlässigkeit liegt vor, wenn der Steuerpflichtige bei Abgabe der Steuererklärung „die ihm zuzumutende Sorgfalt in ungewöhnlichem Maße und in nicht entschuldbarer Weise verletzt" (BFH, BStBl II 1983, 324; 1993, 80; 2005, 75).

> **BEISPIEL:** ► Ein Steuerpflichtiger gibt trotz Mahnung keine Steuererklärungen ab. Daraufhin werden die Besteuerungsgrundlagen gem. § 162 AO geschätzt. Der Steuerpflichtige legt keinen Einspruch ein. Nach Ablauf der Einspruchsfrist reicht der Steuerpflichtige die Umsatz-, Einkommen- und Gewerbesteuererklärungen ein, die niedrigere Besteuerungsgrundlagen ausweisen. – Im Regelfall wird ein *grobes Verschulden* vorliegen, so dass eine Änderungsmöglichkeit zugunsten des Steuerpflichtigen gem. § 173 Abs. 2 Nr. 2 AO nicht besteht (BFH, BStBl II 1986, 120).

Nach dem AEAO Tz 5.1 bis 5.1.4 (hier 5.1.2) zu § 173 AO ist im Regelfall ein grobes Verschulden anzunehmen, wenn ein Steuerpflichtiger gegen allgemein anerkannte Grundsätze der ordnungsgemäßen Buchführung verstößt oder ausdrückliche Hinweise der Finanzbehörde in Vordrucken, Merkblättern, Mitteilungen usw. nicht beachtet oder trotz Aufforderung keine Steuererklärung abgibt (vgl. auch BFH, BStBl II 1984, 693). Die bloße Unkenntnis steuerrechtlicher Vorschriften begründet i. d. R. keine grobe Fahrlässigkeit beim Steuerpflichtigen. In einer außergewöhnlich weitgehenden Entscheidung hat der BFH die Anforderungen an die Steuerpflichtigen weit gesenkt:

> **BEISPIEL NACH BFH, BSTBL II 1993, 80:** ► Ein Kfz-Mechaniker und -Sachverständiger machte in seiner Steuererklärung kein Arbeitszimmer geltend. Nach bestandskräftiger Veranlagung begehrte er erstmals die Anerkennung der Kosten für das Arbeitszimmer. Das FA lehnte die Änderung nach § 173 AO „wegen groben Verschuldens" ab. Der BFH entschied, dass der Steuerpflichtige nicht habe wissen müssen, dass man Arbeitszimmerkosten steuerlich absetzen könne. In den Erklärungsvordrucken habe kein ausdrücklicher Hinweis auf Arbeitszimmer gestanden.

Neben den Ausführungen zum Rechtsirrtum und grober Fahrlässigkeit entschied der BFH grundlegend zur Darlegungslast:

... Anhaltspunkte für ein grobes Verschulden nicht erkennbar. Solche wären vom FA darzulegen und ggf. zu beweisen. Denn grundsätzlich ist davon auszugehen, dass Fehler des Steuerpflichtigen im Regelfall auf einem Versehen, also auf leichter Fahrlässigkeit, beruhen (BFH, a.a.O. unter II, 1b, ee). Die Finanzverwaltung geht in *Tz 5.1 des*

AEAO zu § 173 im Gegensatz dazu davon aus, dass der Steuerpflichtige die Feststellungslast dafür trägt, dass kein grobes Verschulden vorliegt.

In BFH/NV 2005, 156 hat der BFH ausgeführt:

> ... Drängen sich dem Steuerpflichtigen aufgrund der zu erklärenden Sachverhalte und/oder angesichts seiner eigenen Kenntnisse Zweifel auf, dass er seinen steuerlichen Pflichten und Obliegenheiten ohne fachkundigen Rat nachzukommen im Stande ist, oder hätten sich ihm nach Lage des Falles solche Zweifel aufdrängen müssen, so handelt er *grob fahrlässig*, wenn er die Inanspruchnahme solcher fachlicher Hilfestellung – die im Übrigen nicht notwendigerweise die (entgeltliche) Beauftragung eines steuerlichen Beraters erfordert, sondern auch darin liegen kann, dass der Steuerpflichtige den aus seiner Sicht Zweifel begründenden Sachverhalt vollständig dem FA zur Prüfung unterbreitet bzw. von dort eine Auskunft einholt – unterlässt und infolgedessen für ihn günstige Tatsachen nicht rechtzeitig geltend macht. ...

Die Unkenntnis steuerlicher Bestimmungen wird danach dann ein grobes Verschulden sein, wenn der Steuerpflichtige durch einen Angehörigen der steuerberatenden Berufe vertreten ist oder sich die Einholung von Hilfe aufdrängt. Ein Verschulden des steuerlichen Beraters liegt nicht vor, wenn dieser bei zweifelhafter Rechtslage die für den Steuerpflichtigen günstigere Rechtsauffassung vertritt (z. B. bei sich widersprechenden Entscheidungen von Finanzgerichten; Sachverhalt muss aber erkennbar sein).

Im Rahmen des § 173 Abs. 1 Nr. 2 Satz 1 AO muss der Steuerpflichtige ein grobes Verschulden seines steuerlichen Beraters in gleicher Weise vertreten wie das Verschulden eines Bevollmächtigten (Analogie zu § 85 ZPO, str., vgl. umfangreiche Darstellung in BFH, BStBl II 2006, 412; AEAO Tz 5.3 bis 5.5 zu § 173). Die vom BFH gewählte Konstruktion für die Zurechnung von Beraterverschulden führt dazu, dass der Steuerpflichtige sich das Verschulden der Mitarbeiter des Bevollmächtigten nicht zurechnen lassen muss (aber BFH/NV 2009, 178: Volle Zurechnung, wenn angestellter Steuerberater nicht nur unselbständige Hilfs- und Bürotätigkeiten ausübt, sondern die Streitsache weitgehend selbständig und abschließend bearbeitet). Ansonsten werden nur Auswahl-, Organisations- und Überwachungsverschulden des Bevollmächtigten selbst zugerechnet. Grobes Verschulden liegt auch dann vor, wenn der Steuerpflichtige eine ihm nach Veranlagung bekannt gewordene Tatsache nicht in der Einspruchsfrist geltend macht (BFH, BStBl II 1984, 256; BFH/NV 1998, 682; streitig).

cc)　Die Rückausnahmeklausel in § 173 Abs. 1 Satz 2 AO

Auch bei grobem Verschulden besteht ein Rechtsanspruch auf Änderung, wenn die *zugunsten* des Steuerpflichtigen sprechenden Tatsachen in einem unmittelbaren oder mittelbaren *Zusammenhang* mit Tatsachen stehen, die sich für den Steuerpflichtigen *nachteilig* auswirken (vgl. z. B. BFH, BStBl II 2005, 451). Dies gilt auch bei einer Steuerhinterziehung.

BEISPIEL: Ein Steuerpflichtiger hinterzieht Umsatz-, Einkommen- und Gewerbesteuer, indem er Betriebseinnahmen aus Warenverkäufen nicht verbucht und erklärt. Damit kein auffälliges Missverhältnis zwischen den erklärten Umsätzen und Gewinnen (Gewerbeerträgen) besteht, kürzt er in einem entsprechenden Verhältnis den Wareneinsatz und den darauf beruhenden Vorsteuerabzug (sog. Parallel- oder Doppelverkürzung). Bei einer Betriebsprüfung wird der Sachverhalt aufgeklärt. Trotz vorsätzlichen Handelns sind wegen des Sachzusammenhanges mit der Verkürzung der Wareneinsatz und die Vorsteuern in voller Höhe zugunsten des Steuer-

151

pflichtigen zu berücksichtigen (beachte dazu auch § 177 AO und BFH, BStBl II 1996, 149, zur Schätzung der zu den Umsätzen gehörenden Vorsteuern).

Die Korrektur zugunsten des Steuerpflichtigen wird – theoretisch – nicht durch eine erhöhende Änderung limitiert (so noch BFH, BStBl II 1984, 4; streitig). Daraus folgt im Ergebnis, dass sich – theoretisch – aus einem groben Verschulden für den Steuerpflichtigen Vorteile ergeben können.

> **BEISPIEL:** Ein Steuerpflichtiger vergaß, in seiner ESt-Erklärung ein steuerbegünstigtes Berlin-Darlehen von 20 000 DM geltend zu machen, obwohl im Erklärungsvordruck ausdrücklich danach gefragt war. *Nachteil:* Der Steuerabzugsbetrag von 12 % (2 400 DM) wurde nicht berücksichtigt. Aufgrund desselben Versehens erklärte er nicht die aus dem Darlehen angefallenen Zinsen, deren Berücksichtigung zu einer Steuererhöhung von 400 DM geführt hätte. – BFH, a. a. O.: Trotz groben Verschuldens ist wegen des Sachzusammenhangs mit der steuererhöhenden Tatsache (Zins wird erfasst) eine Berücksichtigung des Steuerabzugsbetrages von 2 400 DM geboten. Der Abzugsbetrag wirkte sich *voll aus*, so dass sich per Saldo eine Erstattung von 2 000 DM ergab. Es tritt keine Limitierung der Korrektur zum Vorteil des Steuerpflichtigen durch den Betrag der ihn benachteiligenden Änderung ein, was im Beispielsfall zur Folge hätte, dass der Steuerbescheid unverändert bestehen bliebe.

Das Gesetz führte zu dem merkwürdigen Ergebnis, dass belohnt wird, wer bei grob schuldhaftem Handeln i. S. des § 173 Abs. 1 Nr. 2 AO noch eine damit zusammenhängende neue Tatsache darlegen kann, die eine ihn *benachteiligende* Korrektur nach § 173 Abs. 1 Nr. 1 AO erzwingt. Hätte im Beispielsfall der Steuerpflichtige die Zinsen nicht vergessen, sondern erklärt, wäre als Folge der korrekten Erfüllung steuerlicher Pflichten keine Korrektur zu seinen Gunsten möglich gewesen.

Der BFH unterläuft dieses Ergebnis in den Fällen der Vollschätzung schon seit längerem, indem er das Gesamtergebnis der nachträglich vorgelegten Erklärung als *eine* Tatsache i. S. des § 173 AO definiert (BFH, BStBl II 1991, 606). In der Entscheidung BFH, BStBl II 1994, 346, erweitert er diese Überlegung auf Fälle der Nachdeklaration einer Einkunftsart und auf den Fall, dass eine einzelne Erwerbsgrundlage nachträglich bekannt wird (vgl. BFH/NV 1999, 743). Eine einzelne Kapitalquelle (ein Konto) kann eine derartige Erwerbsgrundlage darstellen. Der BFH würde den Fall mit dem Berlindarlehn heute mit gegenteiligem Ergebnis entscheiden. Die Rechtsprechung führt zu einer weitgehenden Aufhebung des § 173 Abs. 1 Nr. 2 Satz 2 AO und damit zu einer Lösung nach § 177 AO (vgl. auch AEAO Tz 6.1 bis 6.3 zu § 173). Anwendungsbereiche für die Rückausnahmeklausel in § 173 AO bleiben insbesondere bei der USt (vgl. AEAO Tz 6.3 zu § 173 m. w. N. zur Rechtsprechung des BFH; OFD Magdeburg, DStR 2004, 1748).

dd) Änderungssperre bei vorangegangener Außenprüfung

152   Hat eine Außenprüfung stattgefunden, so wird die Änderungsmöglichkeit durch § 173 Abs. 2 AO eingeschränkt. Soweit Bescheide aufgrund einer Außenprüfung ergangen sind, ist eine Änderung auf der Grundlage des § 173 Abs. 1 AO nur möglich, wenn eine Steuerhinterziehung (§ 370 AO) oder eine leichtfertige Steuerverkürzung (§ 378 AO) vorliegt. Dies gilt auch, wenn der Steuerpflichtige gem. § 202 Abs. 1 AO eine Mitteilung erhält, wonach die Außenprüfung nicht zu einer Änderung der Bescheide führt. Inwie weit ein Bescheid aufgrund einer Außenprüfung ergangen ist, richtet sich nach dem

Inhalt der Prüfungsanordnung (§§ 196, 197 AO). Es kommt nicht darauf an, worauf sich die Prüfung tatsächlich erstreckt hat.

> **BEISPIEL:** Es findet eine Umsatzsteuer-Sonderprüfung statt. Nach der Prüfungsanordnung erstreckt sich die Prüfung auf die steuerfreien Exportlieferungen gem. § 4 Nr. 1 UStG und die damit zusammenhängenden Vorsteuern. Tatsächlich werden jedoch stichprobenhaft auch steuerpflichtige Umsätze überprüft. Die *Änderungssperre* erstreckt sich nur auf die *Exportlieferungen* und den damit zusammenhängenden *Vorsteuerabzug*. Die Finanzbehörde kann deshalb Umsatzsteuernachforderungen wegen nicht verbuchter Einnahmen bei einer späteren umfassenden Betriebsprüfung auch dann geltend machen, wenn der Steuerpflichtige keine Hinterziehung oder leichtfertige Verkürzung begangen hat.

Die Änderungssperre des § 173 Abs. 2 AO gilt auch, wenn eine Korrektur *zugunsten* des Steuerpflichtigen in Betracht kommt (BFH, BStBl II 1987, 410; 1998, 367). Die Entscheidung entspricht dem Gesetzeswortlaut (keine Differenzierung nach Korrekturen zum Vorteil und zum Nachteil des Steuerpflichtigen). Sie wird auch dem Zweck des Gesetzes gerecht, endgültig Klarheit und Rechtssicherheit zu schaffen. Bedeutsam ist, dass die Änderungssperre nicht für Steuerfahndungsprüfungen gilt (vgl. BFH, BStBl II 1998, 367).

c) Widerstreitende Steuerfestsetzungen

Widerstreitende Steuerfestsetzungen sind Bescheide, die einander steuerrechtlich ausschließen. Gemäß § 174 AO ist von den sich widersprechenden Steuerfestsetzungen die fehlerhafte (rechtswidrige) Festsetzung aufzuheben. Dabei gibt es Fälle des positiven Widerstreits (§ 174 Abs. 1 und 2 AO), d. h. ein Sachverhalt ist mehrfach berücksichtigt, obwohl er nur einmal hätte Berücksichtigung finden dürfen. Daneben stehen die Fälle des negativen Widerstreits (§ 174 Abs. 3–5 AO), bei denen ein Sachverhalt fehlerhaft mehrfach unberücksichtigt bleibt, obwohl er hätte zumindest einmal besteuert werden müssen.

153

Positiv widerstreitende Steuerfestsetzungen liegen z. B. vor, wenn derselbe Sachverhalt in *mehreren Steuerbescheiden* oder bei *mehreren Steuerpflichtigen* zugrunde gelegt wird, obgleich er steuerrechtlich nur Grundlage für *eine* Steuerfestsetzung ist. Fälle dieses Widerstreits sind in § 174 Abs. 1 und Abs. 2 AO geregelt. Die unzulässige Mehrfachberücksichtigung kann sich zum Vorteil wie zum Nachteil des Steuerpflichtigen auswirken, sie kann irrtümlich oder bewusst herbeigeführt sein (vgl. BFH, BStBl II 1996, 148).

> **BEISPIELE:** Ein Unternehmer stirbt. Von ihm erzielte Gewinne werden sowohl im Nachlass und bei dem Erben als Einkünfte erfasst. Da die beiden Einkommen- und Erbschaftsteuerbescheide sich rechtlich ausschließen, ist der unrichtige (rechtswidrige) Steuerbescheid gem. § 174 Abs. 1 AO zu ändern, soweit er rechtswidrig ist.
>
> Ein Unternehmer, der seinen Gewinn durch Bestandsvergleich ermittelt, zahlt am 1. Dezember des Jahres 2001 Kfz-Steuer für 1 Jahr im Voraus. Irrtümlich wird in der Bilanz zum 31. 12. 2001 kein Rechnungsabgrenzungsposten gebildet, sodass sich die Kfz-Steuer in voller Höhe mindernd auf den Gewinn des Jahres 2001 auswirkt. Dennoch macht der Unternehmer im Jahre 2002 die darauf anteilig entfallende Kfz-Steuer (11 Monate) als Betriebsausgabe geltend. Die Steuerfestsetzungen widersprechen sich zugunsten des Steuerpflichtigen (Doppelberücksichtigung einer Betriebsausgabe). Fehlerhaft ist der Steuerbescheid für das Jahr 2001. Er muss – weil er auf eine Erklärung des Steuerpflichtigen zurückzuführen ist – zum Nachteil des Steuerpflichtigen geändert werden (§ 174 Abs. 2 AO).

Wird in einem Bescheid ein Sachverhalt *erkennbar* deshalb nicht berücksichtigt, weil er nach (irrtümlicher) Meinung der Finanzbehörde bei einer anderen Steuerfestsetzung zugrunde zu legen ist, so kann die Steuerfestsetzung gem. § 174 Abs. 3 AO insoweit nachgeholt (aufgehoben, geändert) werden.

BEISPIEL: ▸ Im Rahmen einer Veräußerung werden wesentliche Bestandteile eines Grundstücks von der Finanzbehörde mit der dem Steuerpflichtigen bekannt gegebenen Begründung nicht der Umsatzsteuer unterworfen, dass deren Veräußerung der Grunderwerbsteuer unterliege. Die Veräußerung der Bestandteile, die Betriebsvorrichtungen sind, wird bei der Grunderwerbsteuerfestsetzung aber nicht erfasst. Es handelt sich um widerstreitende Steuerfestsetzungen. Die zutreffende Besteuerung kann nachgeholt werden (vgl. § 4 Nr. 9a UStG, § 2 Abs. 1 Nr. 1 GrEStG).

Die wichtigste Teilvorschrift ist § 174 Abs. 4 AO. Wird aufgrund eines *Rechtsbehelfs oder Antrags* eine Steuerfestsetzung *zugunsten* des Steuerpflichtigen geändert – Entsprechendes gilt bei Aufhebung eines Bescheids –, so können aus dem Sachverhalt nachträglich die richtigen steuerlichen Konsequenzen durch Erlass oder Änderung eines oder mehrerer Steuerbescheide gezogen werden. Irrige Beurteilung eines Sachverhaltes bedeutet, dass sich die Beurteilung eines bestimmten Sachverhaltes nachträglich als unrichtig erweist. Unter einem „bestimmten" Sachverhalt i. S. des § 174 Abs. 4 Satz 1 AO ist der einzelne Lebensvorgang zu verstehen, an den das Gesetz steuerliche Folgen knüpft. Der Begriff des bestimmten Sachverhalts ist dabei nicht auf eine einzelne steuererhebliche Tatsache oder ein einzelnes Merkmal beschränkt, sondern erfasst den einheitlichen, für diese Besteuerung maßgeblichen Sachverhaltskomplex. Unerheblich ist, ob der für die rechtsirrige Beurteilung maßgebliche Fehler im Tatsächlichen oder im Rechtlichen gelegen hat (BFH, BStBl II 2007, 602 m. w. N.).

BEISPIEL: ▸ Es findet eine Betriebsprüfung für die Jahre 2005 bis 2007 statt. Nach Auffassung des Prüfers hat der Steuerpflichtige zu Unrecht eine in das Jahr 2006 fallende Betriebsausgabe bereits im Jahre 2005 geltend gemacht. Das Finanzamt ändert gem. § 173 Abs. 1 Nr. 1 und 2 AO die Steuerbescheide, indem es die Steuer für das Jahr 2005 erhöht und für das Jahr 2006 herabsetzt. Per Saldo ergibt sich wegen der Progression im Jahre 2005 eine Einkommensteuernachforderung. Der Steuerpflichtige lässt den Änderungsbescheid für das Jahr 2006 (Ermäßigung) bestandskräftig werden und ficht den Einkommensteuerbescheid für das Jahr 2005 nach erfolglosem Einspruch vor dem Finanzgericht an. Entscheidung des Gerichts: Der Steuerpflichtige konnte die Betriebsausgabe im Jahre 2005 geltend machen. Das Gericht setzt die Steuer für das Jahr 2005 entsprechend herab. Vorläufige Wirkung: Dieselbe Betriebsausgabe wirkt sich doppelt aus. Gemäß § 174 Abs. 4 AO kann die Finanzbehörde deshalb auch nach Bestandskraft den Bescheid für das Jahr 2006 ändern.

Die besondere Bedeutung des § 174 Abs. 4 AO ergibt sich aus seiner doppelten Wirkung. Einerseits ist er eine Änderungsvorschrift, andererseits eine wichtige Verjährungsvorschrift. Wenn in dem Beispielsfall die FG-Entscheidung erst im Jahr 15 ergeht, dann wäre die Veranlagung 06 lange festsetzungsverjährt. Wegen der Regelung in § 174 Abs. 4 Satz 3 AO kann aber binnen eines Jahres nach Änderung des Bescheides für 2005 der Bescheid für 2006 noch angepasst werden. Im Extremfall kann die Rechtskraft widerstreitender Urteile nach § 174 Abs. 4 AO aufgehoben werden (BFH, BStBl II 2004, 763).

Diese gleiche weitgehende Regelung gilt in den Fällen des § 174 Abs. 5 AO auch gegen-über Dritten. Diese müssen aber an dem Änderungsverfahren beteiligt werden; dies ge-schieht in der Regel durch Hinzuziehung oder Beiladung (s. Tz 255, 296).

> **BEISPIEL:** ► Der Sohn leistet an den Vater Rentenzahlungen, die bei ihm wegen Behandlung als dauernde Last in voller Höhe als Betriebsausgaben erfasst werden. Der Vater wehrt sich gegen die Versteuerung des vollen Zuflusses. Er trägt vor, es läge eine mit dem Ertragsanteil zu be-steuernde Rente vor (was beim Sohn entsprechende Betriebsausgabenkürzungen zur Folge hätte). Im Jahr 2006 wird der Sohn zu den Einspruchsverfahren der Jahre 2001–2005 des Va-ters hinzugezogen. Wenn der Vater obsiegt, können beim Sohn die Festsetzungen 2001–2005 geändert werden.

Wichtig ist insoweit, dass der Dritte grundsätzlich nur zu den Rechtsbehelfen des An-fechtenden hinzugezogen werden kann, wenn für ihn die korrespondierende Veranla-gung noch nicht wegen Festsetzungsverjährung unabänderlich geworden ist (AEAO Tz 6 zu § 174).

> **BEISPIEL:** ► Der Sohn leistet an den Vater seit 1990 Rentenzahlungen, die bei ihm wegen Be-handlung als dauernde Last in voller Höhe als Betriebsausgaben erfasst worden sind (Die Erklä-rungen wurden immer im Folgejahr abgegeben.). Der Vater wehrt sich seit der ersten Veranla-gung im Jahr 1992 gegen die Versteuerung des vollen Zuflusses. Er trägt vor, es läge eine mit dem Ertragsanteil zu besteuernde Rente vor (was beim Sohn entsprechende Betriebsausgaben-kürzungen zur Folge hätte). Im Jahr 2004 soll der Sohn zu den Einspruchsverfahren der Jahre 1990–2002 des Vaters hinzugezogen werden.
>
> Eine Hinzuziehung kann nur noch für die Jahre erfolgen, die nicht festsetzungsverjährt sind. Da die Erklärungen für die Jahre bis 1998 spätestens 1999 abgegeben worden sind, ist inso-weit mit Ablauf 2003 Verjährung eingetreten. Eine Hinzuziehung kann nur noch für 1999 bis 2002 erfolgen.

Insoweit besteht Einvernehmen zwischen Finanzverwaltung und BFH (vgl. Nachweise zur BFH-Rechtsprechung in AEAO Tz 6 zu § 174).

d) Korrektur als Folge der Aufhebung oder Änderung eines Grundlagenbescheides

Grundlagenbescheide (z. B. Feststellungs- und Messbescheide) sind für Folgebescheide (Steuerbescheide) bindend – vgl. §§ 171 Abs. 10, 182 Abs. 1 AO. Dies gilt auch, wenn der Grundlagenbescheid aufgehoben oder geändert wird (§ 175 Abs. 1 Nr. 1 AO). Wenn der Folgebescheid bereits bestandskräftig ist, kann eine Korrektur bis zum Eintritt der Ver-jährung erfolgen. § 171 Abs. 10 AO enthält insoweit eine Spezialregelung (vgl. BFH, BStBl II 1989, 593). 154

> **BEISPIELE:** ► Aufgrund einer Betriebsprüfung wird der einheitliche und gesonderte Gewinnfest-stellungsbescheid für eine KG geändert. Soweit die Änderungen reichen, müssen die Einkom-mensteuerbescheide der Gesellschafter gem. § 175 Abs. 1 Nr. 1 AO von Amts wegen geändert werden.

Ein Sonderfall der Folgeberichtigung ist durch § 35b GewStG geregelt. Nach dieser Vor-schrift ist ein Gewerbesteuermessbescheid (folglich auch der Gewerbesteuerbescheid) zu ändern, wenn ein Feststellungs-, Einkommen- oder Körperschaftsteuerbescheid be-züglich der Gewinne aus Gewerbebetrieb geändert wird, soweit dadurch die Höhe des Gewerbeertrages beeinflusst wird (kein Grundlagenbescheid, aber in der Wirkung *ähn-*

lich; Vorsicht: z. B. bei mangelnder Beschwer bei ESt oder KSt unbedingt GewSt-Bescheid anfechten.).

Grundlagenbescheide können auch Verwaltungsakte von Behörden sein, die *nicht Finanzbehörden sind* (z. B. Feststellung des Versorgungsamtes über eine Behinderung und die Minderung der Erwerbsfähigkeit, BFH, BStBl II 1986, 245; AEAO Tz 1.4 zu § 175).

e) Korrektur bei Ereignissen mit Rückwirkung

155   Gemäß § 175 Abs. 1 Nr. 2 AO sind Steuerbescheide zu erlassen, aufzuheben oder zu ändern, *soweit* Ereignisse eintreten, die steuerliche Wirkung für die *Vergangenheit* haben. Ob ein „Ereignis" eine steuerrechtliche Wirkung für die Vergangenheit hat, ist nach den *steuerrechtlichen* Vorschriften zu entscheiden.

> **BEISPIELE:** Im Jahre 2004 wird ein Pkw zum Preis von 20 000 € zuzüglich Umsatzsteuer geliefert. Der Käufer erhebt eine Mängelrüge und verlangt Minderung. Im Jahre 2006 wird durch ein rechtskräftiges Urteil festgestellt, dass er wegen erheblicher Mängel nur 15 000 € zuzüglich Umsatzsteuer zu zahlen hat. Der Veräußerer hat die Umsatzsteuer abgeführt, der Erwerber hat in entsprechender Höhe den Vorsteuerabzug vorgenommen. Nach § 17 Abs. 1 UStG ist der Veräußerer berechtigt, seine Umsatzsteuer zu reduzieren. Der Erwerber muss den ursprünglich vorgenommenen Vorsteuerabzug mindern. Es handelt sich *nicht* um ein Ereignis mit steuerlicher Rückwirkung i. S. des § 175 Abs. 1 Nr. 2 AO, weil gem. § 17 Abs. 1 i. V. mit § 18 Abs. 1 Satz 2 UStG die Korrekturen im *Voranmeldungszeitraum* der Änderung der Bemessungsgrundlage vorzunehmen sind (keine Korrektur der USt-Veranlagung des Jahres 2004).

Bei Auflösung einer gem. §§ 51 ff. AO begünstigten Körperschaft darf deren Vermögen nach Maßgabe des § 55 Abs. 1 Nr. 4 AO nur für steuerbegünstigte Zwecke verwendet werden (Grundsatz der Vermögensbindung). Dazu bestimmt § 61 Abs. 3 AO: Wird eine Vorschrift der Satzung über die Vermögensbindung nachträglich so geändert, dass kein begünstigter Zweck mehr vorliegt, so gilt sie „von Anfang an als steuerlich nicht ausreichend". M. a. W.: Es tritt eine *Rückwirkung* ein. Steuerbescheide können nachträglich erlassen oder geändert werden (aber die zeitliche Beschränkung in § 61 Abs. 3 Satz 2 AO).

Ein Ereignis, das steuerliche Rückwirkungen für die Vergangenheit hat, ist nach der Rechtsprechung die *Korrektur der Bilanz des Vorjahres (vgl. z. B. BFH, BStBl II 2000, 18; 2005, 809;* kritisch differenzierend zwischen Bilanzberichtigung und -änderung T/K, Stand 08/06 § 175 AO Tz 39/40).

> **BEISPIELE:** Im Rahmen einer Außenprüfung wird festgestellt, dass der Steuerpflichtige Anschaffungskosten für ein Wirtschaftsgut im Gesamtbetrag von 3 000 € in Teilbeträge unter 410 € zerlegt und sofort als Betriebsausgabe abgesetzt hat. Betriebsgewöhnliche Nutzungsdauer: 5 Jahre. Auswirkung: Aktivierung von 3 000 € im Jahre 2001 abzüglich 600 € AfA für das Jahr 2001. Einkommensteuerliche Auswirkung für die Jahre 2002, 2003, 2004 und 2005: Zusätzliche AfA von jeweils 600 €. Nach BFH- und Verwaltungsauffassung können die Einkommensteuerbescheide der Jahr 2002 bis 2005 nach § 175 Abs. 1 Nr. 2 AO korrigiert werden.

Die Folgeänderung gem. § 175 Abs. 1 Nr. 2 AO hat auch bei einem Widerruf des Antrags auf getrennte Veranlagung (§ 26 Abs. 2 EStG) Bedeutung.

> **BEISPIEL:** Auf Antrag der Ehefrau werden Ehegatten getrennt veranlagt. Die Ehefrau legt gegen den Steuerbescheid Einspruch ein, der Ehemann lässt den Bescheid bestandskräftig werden. Im Rahmen des Einspruchsverfahrens ist (grundsätzlich) der Widerruf des Antrags auf getrennte Veranlagung zulässig. Auf Antrag der Ehefrau muss nachträglich eine Zusammenveranla-

gung erfolgen. Als Folgeänderung ist gem. § 175 Nr. 2 AO die getrennte Veranlagung des Ehemannes aufzuheben (BFH/NV 2006, 548).

Zivilrechtlich können Verträge grundsätzlich mit *rückwirkender* Kraft geschlossen werden. Ob ein Ereignis steuerrechtlich rückwirkende Kraft hat, ist nach dem jeweils anzuwendenden Steuergesetz zu entscheiden (BFH, BStBl II 1984, 786).

BEISPIELE: ▶ Vater und Sohn schließen im Dezember rückwirkend einen Gesellschaftsvertrag zum 1. Januar des Jahres. – Eine Ehefrau, die bis Jahresmitte unentgeltlich im Betrieb ihres Mannes mitgearbeitet hat, wird mit Rückwirkung zum Jahresbeginn entlohnte Arbeitnehmerin ihres Ehemannes. Steuerrechtlich sind derartige Verträge ohne Auswirkung.

Ein Veräußerungsgewinn aus der Übertragung eines Mitunternehmeranteils wird im Zeitpunkt der Übertragung realisiert. Wird ein der Höhe nach streitiger Abfindungsanspruch für die Veräußerung später im Wege des Vergleichs festgelegt, so handelt es sich um ein Ereignis mit steuerlicher Wirkung für die Vergangenheit (BFH, a. a. O.). Der Große Senat des BFH hat in zwei Grundsatzverfahren entschieden, dass z. B. ein rückwirkendes Ereignis vorliegt, wenn eine gestundete Kaufpreisforderung aus Betriebsveräußerung später uneinbringlich wird. Die Entscheidungen des Großen Senats sind grundlegend für die Behandlung nachträglicher Veränderungen bei Veräußerungsgewinnen und -verlusten (BStBl II 1993, 894 und 897). In Abgrenzung zu dieser gesicherten Rechtsprechung hat der BFH betont, dass nur bei Störungen in der Vertragsabwicklung ein rückwirkendes Ereignis vorliegt, bei Realisation bewusst eingegangener Wagnisse trägt § 175 AO eine Änderung nicht (BFH, BStBl II 2000, 179).

§ 175 Abs. 1 Nr. 2 AO greift auch bei der Erstattung von Sonderausgaben ein (vgl. zu KiSt BFH, BStBl II 2004, 1058; BFH/NV 2009, 5).

f) Vertrauensschutz bei der Korrektur von Steuerbescheiden

Nach Maßgabe des § 176 AO wird das Vertrauen des Steuerpflichtigen auf Gesetze, Rechtsprechung und Verwaltungsvorschriften, die zu seinen *Gunsten* ergangen sind, geschützt. Bei Aufhebung oder Änderung eines Steuerbescheides darf nicht zum Nachteil des Steuerpflichtigen berücksichtigt werden, dass

156

▶ das Bundesverfassungsgericht die Nichtigkeit eines Gesetzes feststellt, auf dem eine Steuerfestsetzung beruht,

▶ ein oberster Gerichtshof des Bundes – z. B. der BFH – ein verfassungswidriges Gesetz nicht anwendet, auf dem eine Steuerfestsetzung beruht,

▶ sich die Rechtsprechung eines obersten Gerichtshofes des Bundes (z. B. des Bundesfinanzhofs) geändert hat, die bisher angewandt worden ist,

▶ eine allgemeine Verwaltungsvorschrift der Bundesregierung, einer obersten Bundes- oder Landesbehörde von einem obersten Gerichtshof des Bundes als nicht mit dem geltenden Recht in Einklang stehend bezeichnet worden ist.

BEISPIELE: ▶ Ein Steuergesetz sieht die Möglichkeit einer Pauschal-Besteuerung vor. Auf der Grundlage dieser Regelung ergeht ein Steuerbescheid unter dem Vorbehalt der Nachprüfung. Die gesetzlich vorgesehene Pauschalierung wird wegen eines Verstoßes gegen den Gleichheitsgrundsatz (Art. 3 GG) vom Bundesverfassungsgericht für nichtig erklärt. Bei der endgültigen Steuerfestsetzung darf dieses Urteil nicht zum Nachteil des Steuerpflichtigen berücksichtigt werden, d.h. das nichtige Gesetz muss zugunsten des Steuerpflichtigen weiter angewendet werden.

Nach der Rechtsprechung des BFH besteht für bestimmte Umsätze eine Tarifbegünstigung gem. § 12 Abs. 2 UStG. Unter Berücksichtigung dieser für den Unternehmer günstigen Rechtsprechung sind Umsatzsteuerfestsetzungen unter dem Vorbehalt der Nachprüfung ergangen (§ 164 AO). Ändert sich die Rechtsprechung dahin, dass der Regelsteuersatz gem. § 12 Abs. 1 UStG für die betreffenden Umsätze maßgebend ist, so darf anlässlich der Überprüfung der Vorbehaltsfestsetzungen aufgrund der geänderten Rechtsprechung des BFH keine höhere Steuerfestsetzung erfolgen. – Ändert sich dagegen die Rechtsprechung des BFH im umgekehrten Sinn (statt Regelsteuersatz ermäßigter Steuersatz), so *muss* diese Änderung von der Finanzbehörde *zugunsten* des Steuerpflichtigen berücksichtigt werden.

Bei einer Verschärfung der Rechtsprechung muss die Finanzverwaltung – soweit nicht § 176 AO einschlägig ist – unter bestimmten Voraussetzungen den betroffenen Steuerpflichtigen mit allgemeinen oder individuellen Billigkeitsmaßnahmen (§§ 163, 227 AO) Vertrauensschutz gewähren (BFH, BStBl II 1991, 610; 2004, 927).

g) Berichtigung von materiellen Fehlern

157   Materielle Fehler sind als solche kein Korrekturgrund. Liegt ein Grund für die Aufhebung oder Änderung eines Steuerbescheides vor, so können *aus diesem Anlass nach Maßgabe* des § 177 AO auch *materielle Fehler* korrigiert werden.

Materielle Fehler sind nach der Legaldefinition in § 177 Abs. 3 AO alle Fehler, die zu einer von der richtigen Steuer abweichenden Steuerfestsetzung führen. Ein materieller Fehler liegt also nicht nur dann vor, wenn die Behörde das Recht falsch angewendet hat, sondern auch dann, wenn der Steuerfestsetzung ein falscher Sachverhalt zugrunde gelegt wurde. Eine Tatsache i. S. des § 173 Abs. 1 Nr. 2 AO, die wegen groben Verschuldens des Steuerpflichtigen an dem nachträglichen Bekanntwerden nicht zu einer Änderung führen kann, ist daher als materieller Fehler im Rahmen des § 177 AO zu berücksichtigen.

Die Berichtigung von materiellen Fehlern ist nur zulässig, *soweit die* (zunächst möglich erscheinende) *Änderung reicht*. Ausnahmen: Bei einer Steuerfestsetzung unter dem Vorbehalt der Nachprüfung (§ 164 Abs. 2 AO) und *insoweit* eine Steuerfestsetzung vorläufig erfolgt (§ 165 Abs. 2 AO), sind materielle Fehler *ohne Einschränkung* zu korrigieren (§ 177 Abs. 4 AO).

> **BEISPIEL:** ► Ein Unternehmer erklärt eine Betriebsveräußerung bei zutreffender Schilderung des Sachverhalts und beantragt eine Tarifbegünstigung gem. §§ 16, 34 EStG. Die Finanzbehörde setzt die Steuer gem. der Erklärung fest, wobei sie rechtsirrtümlich annimmt, es handele sich um eine begünstigte Betriebsveräußerung im Ganzen, obwohl die Voraussetzungen nicht vorliegen. Die Steuerfestsetzung erfolgt unter *dem Vorbehalt der Nachprüfung*. Im Rahmen der umfassenden Überprüfung kann die Finanzbehörde den materiellen Fehler ohne jegliche Einschränkung zum Nachteil des Steuerpflichtigen korrigieren und die Tarifvergünstigung versagen.

Soweit Vertrauensschutz gem. § 176 AO besteht (vgl. Tz 156), dürfen im Rahmen einer Aufhebung oder Änderung materielle Fehler nicht zum *Nachteil* des Steuerpflichtigen korrigiert werden (§ 177 Abs. 4 AO). Im Übrigen gilt der Grundsatz: *Bei Aufhebung oder Änderung eines Steuerbescheides sind zugunsten wie zu ungunsten des Steuerpflichtigen sämtliche materiellen Fehler zu korrigieren, soweit die Änderung reicht (§ 177 Abs. 1 und 2 AO; kein Ermessensspielraum).*

Die Regelungen über die Korrektur materieller Fehler wirft schwierige rechtsdogmatische Fragen auf. Nachstehend können nur die Grundzüge anhand von Beispielen dargestellt werden. Dabei wird die Verwaltungsauffassung wiedergegeben.

BEISPIELE: ▶ Es werden neue Tatsachen bekannt, deren Berücksichtigung gem. § 173 Abs. 1 Nr. 1 AO die Erhöhung eines Steuerbescheides von 20 000 € auf 23 000 € rechtfertigen würde. Gleichzeitig wird ein materieller Fehler aufgedeckt: Die Finanzbehörde hat zu Unrecht eine Befreiungsvorschrift nicht angewendet. Eine Berichtigung des materiellen Fehlers würde zu einer Steuerminderung von 4 000 € führen. – Gemäß § 177 Abs. 1 AO kann der materielle Fehler berichtigt werden, jedoch nur, *soweit* die Änderung aufgrund der neuen Tatsache reicht. Es darf also nicht – entsprechend der wirklichen Rechtslage – ein Änderungsbescheid über 19 000 € ergehen, sondern es verbleibt bei der ursprünglich festgesetzten Steuer von 20 000 € (kein neuer Bescheid).

Sachverhalt wie vorstehend. Eine Berichtigung des materiellen Fehlers würde aber – isoliert betrachtet – zu einer *Steuererhöhung* von 2 000 € führen. Die Änderung gem. § 173 Abs. 1 Nr. 1 AO reicht nur bis 23 000 €. Folglich muss der materielle Fehler in voller Höhe unberücksichtigt bleiben. Es ergeht ein Änderungsbescheid über 23 000 €.

Infolge Änderung eines Grundlagenbescheides soll gem. § 175 Nr. 1 AO ein Folgebescheid von 25 000 € auf 30 000 € geändert werden. Es liegen zwei materielle Fehler vor, deren Berichtigung zu einer Steuererhöhung von 2 000 € und zu einer Ermäßigung von 3 000 € führen würde. Die *Auswirkung der materiellen Fehler ist zunächst zu saldieren.* Es ergibt sich dann noch eine Ermäßigung von 1 000 €. Dieser Betrag ist der Erhöhung von 5 000 € voll gegenzurechnen, so dass ein Änderungsbescheid über 29 000 € ergehen muss.

Sachverhalt zunächst wie vorstehend, jedoch würde sich die volle Berücksichtigung von materiellen Fehlern wie folgt auswirken: Erhöhung um 3 000 €, Ermäßigung um 2 000 €. Die Saldierung der materiellen Fehler ergibt eine Erhöhung von 1 000 €. Der „richtige" Änderungsbescheid müsste über 31 000 € lauten. Die Berücksichtigung des materiellen Fehlersaldos ist jedoch nur insoweit zulässig, als die Änderung reicht, also bis zum Betrag von 30 000 €. Der Fehlersaldo darf sich folglich nicht auswirken. Die Steuer muss auf 30 000 € festgesetzt werden.

Es werden nachträglich Tatsachen bekannt, die zu einer um 5 000 € höheren Steuer führen (§ 173 Abs. 1 Nr. 1 AO). Außerdem ist ein geänderter Grundlagenbescheid zu berücksichtigen, der zu einer um 5 500 € niedrigeren Steuer führt (§ 175 Nr. 1 AO). Zugleich werden materielle Fehler festgestellt, die sich seinerzeit i. H. von 8 500 € zugunsten und i. H. von 6 000 € zum Nachteil des Steuerpflichtigen ausgewirkt haben. – Es sind zunächst die Auswirkungen der *materiellen Fehler zu saldieren,* so dass ein erhöhender Saldo von 2 500 € übrig bleibt. Dieser Betrag ist der Ermäßigung durch den Grundlagenbescheid von 5 500 € gegenzurechnen. Es verbleibt eine Steuerminderung von 3 000 €. Diese Minderung ist wiederum mit der Nachforderung von 5 000 € zu verrechnen, so dass die Steuerfestsetzung im Ergebnis um 2 000 € erhöht wird.[1]

Nach der Neufassung des § 177 AO ist klar, dass eine Berichtigung nach § 177 AO auch dann vorzunehmen ist, wenn eine offenbare Unrichtigkeit nach § 129 AO vorliegt. Im

---

1 Beispiel entnommen aus dem AEAO zu § 177. Soweit es sich um einkommensteuerliche Auswirkungen innerhalb der Progressionszone handelt, beruht das Beispiel auf irrealen Annahmen. Innerhalb der Progressionszone ist nicht feststellbar, welcher Änderungsgrund zu welcher Steueränderung führt. Meines Erachtens kann deshalb in derartigen Fällen nicht auf die (potenzielle) Änderung der *Steuer*, sondern nur auf die in Betracht kommende Änderung der *Besteuerungsgrundlagen* abgestellt werden .

Rahmen einer Korrektur nach § 129 AO ist der Rechtsgedanke des § 177 AO bei der Ermessensausübung sinngemäß zur Anwendung zu bringen (AEAO Tz 2 zu § 129).

BEISPIEL: Eine Steuerfestsetzung soll wegen eines Rechenfehlers um 1 000 € erhöht werden.
Dabei wird ein materieller Fehler festgestellt, dessen Berücksichtigung zu einer Steuerermäßigung von 500 € führen würde. Der materielle Fehler muss nach heutiger Verwaltungsmei-
nung im Rahmen der Ermessensausübung bei § 129 AO entsprechend der Regelung in § 177
AO steuermindernd berücksichtigt werden.

158–159   *(Einstweilen frei)*

E. Durchführung der Besteuerung

Der 4. Teil der AO (§§ 134 ff.) enthält Vorschriften über die Durchführung der Besteuerung. Nachstehend werden die für den Praktiker bedeutsamen Bestimmungen ihrem
wesentlichen Inhalt nach wiedergegeben.

I. Erfassungs-, Erklärungs-, Festsetzungsverfahren

1. Mitwirkungs- und Anzeigepflichten

160   Die §§ 134 AO ff. regeln die Personenstands- und Betriebsaufnahme, die §§ 137 ff. AO
normieren *Anzeigepflichten* insbesondere bei *Gründung* von Betrieben, Körperschaften,
Vereinigungen, Vermögensmassen. In § 138 Abs. 1a AO ist die Möglichkeit zur elektronischen Erfüllung der Anzeigepflichten und in § 138 Abs. 1b AO die Verordnungs-
ermächtigung zur Erzwingung der elektronischen Anzeige geregelt. Die §§ 139a bis
139d AO regeln das Identifikationsmerkmal, dass jeden Steuerpflichtigen eindeutig
kennzeichnen und die Steuernummern und USt-Identifikationsnummern ersetzen soll.
§ 139b AO regelt die Wirtschafts-Identifikationsnummer, die juristische Personen, Personenvereinigungen und wirtschaftlich tätige natürliche Personen erhalten sollen. Die
Steueridentifikationsnummerverordnung – StIdV – regelt weitere Einzelheiten, insbesondere die Zuteilung. Bei dem für das BZSt zuständigen FG Köln sind 2008 eine Vielzahl von Klagen gegen die Zuteilung der Steueridentifikationsnummern wegen Verstoßes gegen das Grundrecht auf informationelle Selbstbestimmung eingegangen.

2. Buchführung und Aufzeichnungen

161   Gemäß § 140 AO sind Bücher und Aufzeichnungen, die nach *außer*steuerlichen Vorschriften geführt werden müssen, auch für *steuerliche* Zwecke zu führen. Wer deshalb
z. B. nach dem Handelsgesetzbuch oder dem Aktiengesetz Buchführungs- oder Aufzeichnungspflichten hat, ist dazu auch steuerrechtlich verpflichtet. Für zahlreiche Betriebe und Berufe bestehen aufgrund außersteuerlicher Bestimmungen spezielle Buch-
führungs- bzw. Aufzeichnungspflichten (z. B. für Apotheker, Bauunternehmer, Reisebüros, Versicherungsunternehmer, Metallhändler). Diese Pflichten bestehen auch für
steuerliche Zwecke.

Für die Buchführungspflicht der Land- und Forstwirte sowie der gewerblichen Unternehmer sind die in § 141 AO festgelegten Umsatz-, Gewinn- und Wertgrenzen maßgebend.

Buchführungspflichtige Land- und Forstwirte haben neben den jährlichen Bestandsaufnahmen und Abschlüssen ein *Anbauverzeichnis* zu führen, in dem nachzuweisen ist, mit welchen Fruchtarten die selbst bewirtschafteten Flächen im abgelaufenen Wirtschaftsjahr bestellt waren (§ 142 AO). Ausführlich zur Buchführung der Land- und Forstwirte: BMF, BStBl 1981, 878; fortgeltend laut BMF, BStBl I 2007, 369.

Die Verpflichtung zur Buchführung ist erst ab *Beginn* des Wirtschaftsjahres zu erfüllen, das auf die *Bekanntgabe* der Mitteilung folgt, durch die die Finanzbehörde auf den Beginn der Verpflichtung hingewiesen hat (§ 141 Abs. 2 AO). Teilt die Finanzbehörde dem Steuerpflichtigen mit, er sei zur Buchführung verpflichtet, so handelt es sich um einen *Verwaltungsakt,* der mit dem Einspruch anfechtbar ist (§ 347 AO; BFH, BStBl II 1983, 254; BFH/NV 1990, 617).

Den *Wareneingang* (auch Rohstoffe, Hilfsstoffe und Zutaten) müssen gewerbliche Unternehmer *gesondert* aufzeichnen. Die Aufzeichnungen müssen enthalten: Datum des Eingangs oder der Rechnung, Namen und Anschrift des Lieferanten, handelsübliche Bezeichnung und Preis der Ware sowie einen Beleghinweis (§ 143 AO).

Gewerbliche Unternehmer, die regelmäßig an andere *gewerbliche Unternehmer zur Weiterveräußerung* liefern (Großhändler), müssen den *Warenausgang* nach Maßgabe des § 144 AO aufzeichnen. Dies gilt auch für buchführungspflichtige Land- und Forstwirte.

3. Ordnungsgemäße Buchführung

Die §§ 145, 146 AO enthalten folgende Grundsätze zur *Ordnungsmäßigkeit der Buchführung und der Aufzeichnungen:*   162

► Die Buchführung muss einem sachverständigen Dritten innerhalb *angemessener* Zeit einen Überblick über die *Vermögenslage* des Unternehmens vermitteln.

► Geschäftsvorfälle müssen sich in ihrer *Entstehung* und *Abwicklung verfolgen* lassen.

► Aufzeichnungen sind so vorzunehmen, dass der *Zweck,* den sie für die *Besteuerung* erfüllen sollen, erreicht wird.

► Buchungen und Aufzeichnungen sind *vollständig, richtig, zeitgerecht* und *geordnet* vorzunehmen.

► *Kasseneinnahmen* und *Kassenausgaben sollen täglich* festgehalten werden.

► Buchungen und Aufzeichnungen dürfen nicht in einer Weise verändert werden, dass der ursprüngliche Inhalt nicht mehr festgestellt werden kann. Eine *Radierung* oder *Löschung* (z. B. mit chemischen Mitteln) ist deshalb unzulässig.

► Buchungen und Aufzeichnungen sind in einer lebenden Sprache vorzunehmen. Bei fremdsprachigen Buchungen (Aufzeichnungen) kann die Finanzbehörde Übersetzungen verlangen. Werden Abkürzungen, Ziffern oder Symbole verwendet, so muss deren Bedeutung eindeutig festliegen.

► Bücher und Aufzeichnungen können auch in der geordneten Ablage von Belegen bestehen oder auf Datenträgern geführt werden. Bei einer EDV-Buchführung oder Aufzeichnung muss sichergestellt sein, dass die Daten während der Aufbewahrungsfrist jederzeit unverzüglich lesbar gemacht werden können.

▶ Bei einer EDV-Buchführung oder Aufzeichnung muss nach § 147 Abs. 6 AO sichergestellt sein, dass die Daten während der Aufbewahrungsfrist unverzüglich *maschinell ausgewertet* werden können. Vgl. dazu die Grundsätze zum Datenzugriff und zur Prüfung digitaler Unterlagen, BStBl I 2001, 415; instruktive Darstellung in T/K, Stand 04/07 § 147 Rdnr. 69 ff.

4. Aufbewahrung von Unterlagen

163   Bücher, Aufzeichnungen, Inventare, Jahresabschlüsse, Lageberichte, die Eröffnungsbilanz, die dazu erforderlichen Arbeitsanweisungen und sonstigen Organisationsunterlagen sowie die Buchungsbelege sind *10 Jahre* geordnet aufzubewahren (§ 147 AO). Eingegangene Geschäfts*briefe und* Kopien abgesandter Geschäftsbriefe sind *6 Jahre* aufzubewahren (§ 147 AO). Wenn bei Ablauf der sechs oder zehn Jahre die Festsetzungsfrist noch nicht abgelaufen ist, verlängert sich ggf. die Aufbewahrungsfrist (§ 147 Abs. 3 Satz 3 AO). Einzelheiten zur Möglichkeit, Unterlagen elektronisch zu speichern, sind in § 147 Abs. 2 AO geregelt. Vgl. dazu auch AEAO zu § 147 AO und die Grundsätze der ordnungsmäßigen Speicherbuchführung in BStBl I 1995, 738, und zum Datenzugriff in BStBl I 2001, 415.

Grundsätzlich sind die Bücher und Aufzeichnungen im Geltungsbereich der AO zu führen und aufzubewahren (Besonderheiten gelten für ausländische Betriebstätten und Organgesellschaften). Mit dem JStG 2009 ist § 146 Abs. 2a AO eingefügt worden, der die – zustimmungspflichtige – Möglichkeit, die elektronische Buchführung in einem EU-Mitgliedstaat (ggf. Europäischer Wirtschaftsraum) zu führen, schafft. Voraussetzung ist insbesondere die Möglichkeit des elektronischen Zugriffs durch die deutsche Finanzverwaltung und die Erfüllung der Mitwirkungspflichten gemäß §§ 90, 93, 97, 140 – 147 und 200 AO.

5. Erleichterungen

164   Gemäß § 148 AO kann die Finanzbehörde Erleichterungen bewilligen, wenn die Einhaltung der Buchführungs-, Aufzeichnungs- oder Aufbewahrungspflicht Härten mit sich bringt und die Besteuerung durch die Erleichterung nicht beeinträchtigt wird. Die Bewilligung ist ein begünstigender Verwaltungsakt, der kraft Gesetzes unter dem Vorbehalt des Widerrufs steht (§ 148 Satz 3 AO).

6. Beweiskraft der Buchführung – Aufzeichnungen

165   Die Buchführung und die Aufzeichnungen des Steuerpflichtigen, die nach Maßgabe der §§ 140 ff. AO ordnungsgemäß sind, müssen der Besteuerung zugrunde gelegt werden, *soweit* nach den Umständen des Einzelfalles kein Anlass besteht, an ihrer Richtigkeit zu zweifeln (§ 158 AO). Diese Vermutung kann erschüttert werden. Nach der Rechtsprechung des BFH steht fest, dass bloße Zweifel nicht geeignet sind, die Vermutung des § 158 AO zu erschüttern. Vielmehr muss die Buchführung der Besteuerung zugrunde gelegt werden, wenn nicht der Sachverhalt ergibt, dass die Buchführung mit an Sicherheit grenzender Wahrscheinlichkeit ganz oder teilweise sachlich unrichtig ist (vgl. BFH, BStBl II 1992, 55).

Diese Feststellung kann z. B. mit Hilfe einer Geldverkehrsrechnung oder einer Vermögenszuwachsrechnung getroffen werden (vgl. BFH, BStBl II 1990, 268). In derartigen Fällen ist die Finanzbehörde befugt, die Besteuerungsgrundlagen zu schätzen (§ 162 AO). – Zur Eingrenzung der „Schätzungsunschärfen" und der davon abhängigen Schätzungsbefugnis (keine Ermessensentscheidung!) vgl. BFH, BStBl II 1983, 618; 1984, 88; 1986, 732.

7. Schätzung von Besteuerungsgrundlagen

Eine Schätzung der *Besteuerungsgrundlagen* (nicht Steuer!) ist vorzunehmen, soweit   166
die Finanzbehörde sie nicht ermitteln oder berechnen kann (§ 162 AO). Eine Schätzung kommt insbesondere in Betracht, *soweit* der Steuerpflichtige

▶ keine ausreichenden Auskünfte zu geben vermag,

▶ Auskünfte oder eine Versicherung an Eides statt verweigert,

▶ Mitwirkungspflichten nach § 90 Abs. 2 oder 3 AO verletzt,

▶ Bücher oder Aufzeichnungen, die er nach den Steuergesetzen zu führen hat, nicht vorlegen kann,

▶ Bücher oder Aufzeichnungen wegen sachlicher oder formeller Mängel der Besteuerung nicht gem. § 158 AO zugrunde gelegt werden oder

▶ bei Anhaltspunkten für fehlerhafte Angaben und Nichtzustimmung zum Kontenabruf.

Schätzung bedeutet nicht Willkür. Es sind die Besteuerungsgrundlagen zu schätzen, für die die *größte Wahrscheinlichkeit* spricht. Dabei gehen Unsicherheitsfaktoren, die der Steuerpflichtige verursacht hat, zu seinen Lasten. Wird z. B. dem Steuerpflichtigen bei einer Außenprüfung durch Stichproben *nachgewiesen,* dass er zahlreiche Einnahmen im Gesamtbetrag von 50 000 € nicht verbucht hat, so spricht eine Vermutung dafür, dass durch die Stichproben nicht sämtliche nicht verbuchten Einnahmen erfasst worden sind. Die Finanzbehörde ist berechtigt, die verbleibende Unsicherheit bei der Schätzung zum Nachteil des Steuerpflichtigen durch einen Sicherheitszuschlag (auch Unsicherheitszuschlag genannt) zu berücksichtigen. Der BFH (BStBl II 2007, 364) hat aber klargestellt, dass bei nicht behebbaren Zweifeln hinsichtlich des Vorliegens eines besteuerungsrelevanten Straftatbestandes eine Schätzung insoweit unzulässig ist.

Die *Schätzungsmethode* richtet sich nach den Umständen des Einzelfalls. Es kommen insbesondere in Betracht

▶ innerer und äußerer Betriebsvergleich,

▶ Schätzung des wirtschaftlichen Umsatzes aufgrund des Material- und Lohneinsatzes,

▶ Schätzung nach dem Rohgewinn,

▶ Richtsatzschätzungen (vgl. z. B. BStBl I 2008, 696),

▶ Vermögenszuwachsrechnung (vgl. BFH, BStBl II 1986, 732),

▶ Gesamtgeldverkehrsrechnung (BFH/NV 2005, 1346),

▶ bei Verstößen gegen § 90 Abs. 3 AO nach den besonderen Regeln in § 162 Abs. 3 AO.

Die Finanzverwaltung darf im Rahmen pflichtgemäßen Ermessens die Schätzungsmethode auswählen, die sie im Einzelfall zur Anwendung bringen will (BFH/NV 1999,
290).

Eine Schätzung ist keine Ermessensentscheidung. Sie ist im vollen Umfang vom Finanzgericht nachprüfbar (BFH, a. a. O.). Das Finanzgericht kann die Besteuerungsgrundlagen
auch selbst schätzen (§ 96 FGO). Nach BFH (z. B. BStBl II 1993, 259; BFH/NV 2000, 164)
führen selbst grobe Schätzungsfehler regelmäßig nur zur Rechtswidrigkeit, nicht zur
Nichtigkeit des Steuerbescheides (anders bei Willkürschätzung: BFH, BStBl II 2001,
381).

Sanktionen nach § 162 Abs. 4 AO werden bei den Verspätungszuschlägen (Tz 173) behandelt.

8. Benennung von Gläubigern und Zahlungsempfängern, Nachweis der Treuhänderschaft

167   Im Regelfall sind Betriebsausgaben, Werbungskosten und Verbindlichkeiten nicht steuermindernd zu berücksichtigen, wenn der Steuerpflichtige auf Verlangen der Finanzbehörden den Gläubiger oder den Empfänger nicht namentlich benennt (§ 160 AO). *Zweck
der Vorschrift ist die Erfassung der Einnahmen beim Empfänger* (vgl. BFH, BStBl II 1999,
434). Empfänger im Sinne der Norm ist nach ständiger Rechtsprechung des BFH derjenige, dem der in der Betriebsausgabe enthaltene wirtschaftliche Wert übertragen wurde. Ist eine natürliche oder juristische Person, die die Zahlungen unmittelbar entgegen-
nahm, lediglich zwischengeschaltet, weil sie entweder mangels eigener wirtschaftlicher Betätigung die ausbedungenen Leistungen nicht erbringen konnte oder weil sie
aus anderen Gründen die ihr erteilten Aufträge und die empfangenen Gelder an Dritte
weiterleitete, ist sie nicht Empfänger i. S. des § 160 Abs. 1 Satz 1 AO, so dass die hinter
ihr stehenden Personen, an die die Gelder letztlich gelangt sind, zu benennen sind
(BFH/NV 2005, 1739). Wenn der Steuerpflichtige den Empfänger nicht benennt, trifft
ihn § 160 AO wie eine Art Haftung, unabhängig davon, ob ihm Aufwendungen unzweifelhaft tatsächlich entstanden sind (BFH, BStBl II 1989, 995).

Die Vorschrift ist als *doppelte Ermessensvorschrift* ausgestaltet. Das Finanzamt muss
zunächst entscheiden, ob es die Frage nach § 160 AO stellt oder nicht. Wenn die Frage
rechtmäßig gestellt worden ist und der Steuerpflichtige darauf keine zureichende Antwort gibt, ist zu entscheiden, ob (ggf. teilweise) der Betriebsausgabenabzug etc. versagt
wird oder nicht. Eine zureichende Antwort ist gegeben, wenn der Empfänger mit Name
und Adresse zum Zeitpunkt der Geschäftsabwicklung benannt wird. Spätere Adressen-
änderungen gehen nicht zu Lasten des Steuerpflichtigen. Erhebliche Bedeutung hat
§ 160 AO im Zusammenhang mit den so genannten „illegalen Subunternehmern", die
insbesondere im Bau- und Baunebengewerbe eine erhebliche Rolle spielen. Diese arbeiten häufig unter so genannten „Scheinfirmen" oder rechnen mit Rechnungsvordrucken
anderer Unternehmen ab. Es ist dann für den Auftraggeber häufig schwer oder unmöglich, die Personen, die die tatsächlichen Empfänger der Zahlungen geworden sind, in
der § 160 AO genügenden Form zu bezeichnen. Der Empfänger von Inländischen Bauleistungen von einem Bauunternehmer, der sich dem Abzugsverfahren nach §§ 48 EStG

ff. unterwirft, erlangt dadurch Schutz vor der Anwendung des § 160 AO (§§ 48 Abs. 4, 48b Abs. 5 EStG).

Aus dem Zweck der Vorschrift – die Besteuerung beim Empfänger sicherzustellen – ergeben sich Besonderheiten bei Leistungen an Gläubiger, die nicht der deutschen Besteuerung unterliegen. Bei plausibel gemachtem Abfluss von Betriebsausgaben ins Ausland (beachte § 90 Abs. 2 AO), soll § 160 AO nicht angewandt werden.

Die Rechtsprechung ist sehr rigoros, wenn Zahlungen an Domizilgesellschaften in Niedrigsteuerländern (oder Hochsteuerländern mit Niedrigbesteuerung für Domizilgesellschaften) geltend gemacht werden. Dann müssen i. d. R. die hinter der Gesellschaft stehenden natürlichen Personen benannt werden, um die Versagung des Betriebsausgabenabzugs nach § 160 AO (i. V. mit § 16 AStG) zu verhindern (vgl. BFH, BStBl II 1987, 481; BFH, BStBl II 2007, 855).

Wesentliche Veränderungen haben sich bei den Schmiergeldern ins Ausland ergeben. § 4 Abs. 5 Nr. 10 EStG hat erhebliche Auswirkungen. Auslandsschmiergelder werden überwiegend von der neueren Regelung erfasst. Dies hängt mit der weitgehenden Änderung der Norm gegenüber der Vorgängerregelung zusammen. Andererseits wirkt hier die Tatsache, dass die Bundesrepublik mehreren internationalen Abkommen zur Bekämpfung der Korruption beigetreten ist (vgl. z. B. Gesetz zur Bekämpfung der internationalen Bestechung; EU-Bestechungsgesetz). Die gesetzgeberischen Maßnahmen haben dazu geführt, dass die Auslandsbestechung weitgehend in Deutschland strafbar ist. Dies führt nach § 4 Abs. 5 EStG zur Nichtabziehbarkeit der Schmiergelder als Betriebsausgaben (vgl. BMF, BStBl I 2002, 1031 mit Auszügen aus den Rechtsquellen). Bei Inlandsschmiergeldern wurde wegen der Strafbarkeit auch in der Vergangenheit der Empfänger regelmäßig nicht benannt. Insoweit ergeben sich keine wesentlichen Änderungen. Allerdings führt die vermehrte Anwendung des § 299 StGB (Bestechlichkeit und Bestechung im geschäftlichen Verkehr) zunehmend zur Anwendung von § 4 Abs. 5 EStG.

Wenn die Zahlungsempfänger zwar nicht exakt bekannt sind, soll der Betriebsausgabenabzug nur teilweise versagt werden, wenn offenkundig ist, dass die Empfänger wesentlich niedriger besteuert würden als der Steuerpflichtige (vgl. BFH, BStBl II 1989, 995; 1999, 434; anders BFH, BStBl II 1996, 51).

BEISPIEL: ▶ Die X-GmbH beschäftigt Studenten für Werbemaßnahmen und zahlt ihnen Zeithonorare. Bei einer Betriebsprüfung können die Empfänger nicht benannt werden. Im Hinblick auf den geringen Steuersatz der Empfänger wäre nur eine teilweise Versagung des Betriebsausgabenabzugs ermessensgerecht. Alle Unklarheiten gehen aber zu Lasten der GmbH.

Nach BFH und AEAO ist das Benennungsverlangen nach § 160 AO kein Verwaltungsakt (vgl. BStBl II 1988, 927; Tz 1AEAO zu § 160). Wenn man von der neueren Definition des Verwaltungsaktes in der Rechtsprechung des BFH ausgeht (vgl. BStBl II 1999, 199), erscheint dies zutreffend.

§ 159 AO ist im Prinzip genauso wie § 160 AO aufgebaut (vgl. das instruktive Urteil des BFH in BStBl II 1997, 404). Es geht dabei um die Zurechnung von Treugut (vgl. BFH/NV 2008, 745 und 1159), allerdings ggf. mittelbar auch um Einnahmen. Besonderheiten gegenüber § 160 AO ergeben sich dadurch, dass § 159 AO nicht in § 96 FGO erwähnt ist, das FG also insoweit nur die Ermessensausübung des FA prüfen kann (BFH, BStBl II 2007, 39) und aus der Privilegierung spezieller Auskunftsverweigerungsrechte (§ 102 AO; vgl. aber auch BFH/NV 1995, 954).

9. Steuerbescheide – Grundlagenbescheide – Messbescheide

a) Steuerbescheide

168   Steuern werden durch schriftlichen Bescheid festgesetzt, der die Steuer nach Art und Betrag bezeichnen und den Steuerschuldner benennen muss. Außerdem ist eine Rechtsbehelfsbelehrung beizufügen (§§ 155, 157 AO). Ausnahmsweise kann eine Steuerfestsetzung unterbleiben (z. B. bei Steueranmeldungen und bei Entrichtung durch Entwertung von Steuerzeichen, vgl. § 167 AO) oder aufgrund von Sonderregelungen in Einzelsteuergesetzen.

Bei den Veranlagungssteuern werden in der Praxis als „Begründung" i. S. des § 121 AO die Besteuerungsgrundlagen (z. B. Umsätze, Einkünfte, Gewerbeerträge) in den Bescheid aufgenommen. In derartigen Fällen können die Besteuerungsgrundlagen nicht selbständig mit einem förmlichen Rechtsbehelf angegriffen werden (§ 157 Abs. 2 AO).

b) Grundlagenbescheide/Feststellungsbescheide

169   Grundlagenbescheide sind nach der Legaldefinition in § 171 Abs. 10 AO Feststellungs- und Messbetragsbescheide sowie andere Verwaltungsakte, die für die Festsetzung einer Steuer bindend sind. In den im Gesetz bestimmten Fällen erscheint es zweckmäßig, die Besteuerungsgrundlagen durch einen besonderen (selbständig anfechtbaren) Grundlagenbescheid festzustellen.

Die praktisch wichtigsten Fälle sind die in § 180 AO geregelten Feststellungen. Der wichtigste Unterfall der in § 180 AO geregelten gesonderten Feststellungen betrifft einkommen- und körperschaftsteuerpflichtige Einkünfte, an denen mehrere Personen beteiligt sind. Dieses Verfahren dient der Vereinfachung. Die einmalige Feststellung eines Gewinns einer KG z. B. macht eine jeweils erneute Ermittlung bei Festsetzung der Einkommensteuern der Gesellschafter entbehrlich und stellt sicher, dass bei allen Gesellschaftern der gleiche Gesamtgewinn der KG zugrunde gelegt wird. Neben den Regelungen der AO gibt es eine Anzahl von Feststellungen, die in Einzelsteuergesetzen geregelt sind. Wichtig sind § 10d EStG, § 39 Abs. 3b EStG, § 12 ErbStG und § 151 BewG oder § 10a GewStG.

Die Einheitswertfeststellungen haben ihre Bedeutung weitgehend verloren. Sie bleiben aber für § 9 Nr. 1 GewStG oder die Grundsteuer bedeutsam. Die Bedarfsbewertung (vgl. z. B. § 151 BewG) führt nicht zu Einheitswertfeststellungen.

Die Feststellungsbescheide sind als *Grundlagenbescheide* für andere Feststellungsbescheide, Messbescheide, Steuerbescheide und Steueranmeldungen (Folgebescheide) bindend, soweit die getroffenen Feststellungen für die Folgebescheide von Bedeutung sind (§ 182 Abs. 1 AO). Die Folgebescheide können deshalb nicht erfolgreich mit der Begrundung angefochten werden, der Grundlagenbescheid sei rechtswidrig (§ 351 Abs. 2 AO). Nach der Rechtsprechung des BFH ist ein Rechtsbehelf gegen den Folgebescheid zwar *zulässig*, auch wenn die Begründung sich nur gegen den Grundlagenbescheid richtet (BFH, BStBl II 1988, 142; anders BFH, DStR 2009, 217: kein aktuelles Rechtsschutzbedürfnis). Um eine *materielle* Prüfung des Grundlagenbescheides zu erreichen, muss der Rechtsbehelf sich gegen den Grundlagenbescheid richten (vgl. Tz 246).

BEISPIEL: ▶ Der Gesellschafter einer Personengesellschaft kann mit dem Einspruch gegen den Einkommensteuerbescheid nicht erfolgreich geltend machen, der Gewinnfeststellungsbescheid sei unrichtig. Er muss (vgl. aber § 352) vorweg gegen den Gewinnfeststellungsbescheid Einspruch einlegen, denn nur über eine Änderung des Grundlagenbescheides kann eine Änderung des Folgebescheides erreicht werden (vgl. §§ 182 Abs. 1, 175 Abs. 1 AO).

Die besonderen Regeln über Grundlagenbescheide finden auch auf andere als die im Gesetz ausdrücklich benannten Feststellungs- und Messbetragsbescheide Anwendung. Dabei kann es sich um außersteuerliche Verwaltungsakte, z. B. Verwaltungsakte der unteren Denkmalbehörde bei der Anwendung des § 7i EStG aber auch um Steuerbescheide handeln. Ursache ist, dass Steuerbescheide nicht nur Folgebescheide, sondern auch Grundlagenbescheide sein können. So ist der Einkommensteuerbescheid zum Beispiel Folgebescheid zum Gewinnfeststellungsbescheid und Grundlagenbescheid für den Bescheid über den Solidaritätszuschlag oder den Kirchensteuerbescheid.

Auf Feststellungsbescheide finden die Vorschriften über Steuerbescheide nach Maßgabe des § 181 AO entsprechende Anwendung. Besonderheiten der Verjährung ergeben sich insbesondere aus § 181 Abs. 5 AO.

c) Messbescheide

Bei den Realsteuern (Gewerbesteuer, Grundsteuer) erfolgt die Steuerfestsetzung durch die Gemeinde (Ausnahme: Stadtstaaten) aufgrund eines *Messbescheides*. Der Messbescheid wird vom Finanzamt erlassen und der Gemeinde mitgeteilt (§ 184 AO). Gegen den Folgebescheid (Steuerbescheid) kann nicht mit Erfolg geltend gemacht werden, der zugrunde liegende Messbescheid sei unzutreffend. Die vorstehenden Ausführungen zum Grundlagenbescheid gelten für Messbescheide als in § 171 Abs. 10 AO genannte Grundlagenbescheide. Dabei ist auf die ausdrückliche Anwendungsregel in § 1 Abs. 2 AO zu achten.

170

10. Nachprüfungsvorbehalt und vorläufige Steuerfestsetzung

Nachprüfungsvorbehalt und Vorläufigkeitserklärung sind gesetzlich zugelassene *Nebenbestimmungen* zum Steuerbescheid (§§ 120, 164, 165 AO). Beide bewirken, dass der Steuerbescheid bis zum Ablauf der Festsetzungsfrist (§ 169 AO) ohne weitere Voraussetzungen auch nach Eintritt der formellen Bestandskraft zugunsten und zuungunsten des Steuerpflichtigen geändert werden kann, also ganz (§ 164 AO) oder teilweise (§ 165 AO) nicht materiell bestandskräftig wird. *Kraft Gesetzes* stehen *immer* unter dem Vorbehalt der Nachprüfung die Festsetzung einer *Vorauszahlung* und *Steueranmeldungen* (§§ 164, 168 AO). Wegen des unterschiedlichen Ablaufs der Festsetzungsfrist (§ 164 Abs. 4, § 171 Abs. 8 AO) kann es zweckmäßig sein, den Nachprüfungsvorbehalt mit einem Vorläufigkeitsvermerk zu verbinden.

171

Der Vorbehalt darf gesetzt werden, solange der Fall nicht abschließend geprüft ist. Die Finanzämter setzen die Steuern stets unter dem Vorbehalt der Nachprüfung fest, wenn ein Betrieb der regelmäßigen Betriebsprüfung unterliegt (Großbetrieb) oder innerhalb der nächsten drei Jahre für eine Betriebsprüfung vorgesehen ist. Mittel- und Kleinbetriebe werden meist nicht unter dem Vorbehalt der Nachprüfung veranlagt. In einem Turnus von zwei bis drei Jahren werden die regelmäßig der Steuererklärung entsprechenden Vorbehaltsfestsetzungen überprüft und falls erforderlich geändert. Die Überprüfung erfolgt heute i. d. R. im Wege einer Außenprüfung. Führt die Außenprüfung nicht zu einer Änderung, so muss der Vorbehalt aufgehoben werden (§ 164 Abs. 3 AO). Ist die Außenprüfung eine abschließende Prüfung i. S. des § 164 Abs. 1 AO, muss auch bei Änderungen nach Betriebsprüfung der Vorbehalt aufgehoben werden. Anders kann es bei sachlich begrenzten Prüfungen sein (zu USt-Sonderprüfung vgl. BFH, BStBl II 1987, 486).

Das Finanzamt kann in einer *Einspruchsentscheidung*

▶ den Vorbehalt der Nachprüfung trotz § 367 Abs. 2 Satz 1 AO (erneute Vollprüfung) und § 164 Abs. 1 Satz 1 AO (keine abschließende Prüfung) aufrechterhalten, weil über § 365 Abs. 1 AO auch § 164 AO im Einspruchsverfahren anwendbar ist (BFH, BStBl II 1980, 527),

▶ einen Steuerbescheid *erstmals* mit dem Nachprüfungsvorbehalt versehen (BFH, a. a. O.; bestätigt BStBl II 1981, 150; aber § 367 Abs. 2 Satz 2 AO).

Dagegen kann im *Klageverfahren* ein ohne Nachprüfungsvorbehalt ergangener Bescheid *nicht* erstmals unter den Vorbehalt der Nachprüfung gestellt werden, es sei denn, dass der Steuerpflichtige zustimmt (§ 172 Abs. 1 Nr. 2a AO; BFH, BStBl II 1981, 150).

Da der Nachprüfungsvorbehalt untrennbar mit dem sonstigen Inhalt des Steuerbescheides verbunden ist, handelt es sich um eine *unselbständige* Nebenbestimmung, die nicht isoliert, sondern nur mit der Anfechtungsklage gegen den *Bescheid samt* Prüfungsvorbehalt angegriffen werden kann. Eine Anfechtungsklage, mit der nur der Prüfungsvorbehalt angegriffen wird, ist *unzulässig* (BFH, BStBl II 1981, 150).

Der Nachprüfungsvorbehalt entfällt nur, wenn er ausdrücklich aufgehoben wird (BFH, BStBl II 1984, 788; 1985, 448) oder durch Eintritt der Festsetzungsverjährung (§ 164 Abs. 4 AO). Das Finanzamt darf eine Vorbehaltsfestsetzung auch dann vornehmen, wenn es von der Steuererklärung abweicht (BFH, BStBl II 1984, 6).

Der Vorläufigkeitsvermerk nach § 165 AO führt dazu, dass ein Bescheid hinsichtlich der für vorläufig erklärten Tatsachen- oder Rechtsfragen nicht materiell bestandskräftig wird. Ursprünglich regelte § 165 AO von seinem Wortlaut her nur die Fälle der Sachverhaltsungewissheit. Neben den Fällen der Sachverhaltsungewissheit (§ 165 Abs. 1 Satz 1 AO) sind auch die Fälle der Rechtsungewissheit wegen der Wirkung von DBA, hinsichtlich der Neuregelung von Steuertatbeständen nach Verfassungswidrigkeitsfeststellung durch das Bundesverfassungsgericht und wegen anhängiger Musterverfahren – wesentlich erweitert um Nr. 4 ab 2009 – beim EuGH, BVerfG oder einem obersten Bundesgericht (Nr. 4 beim BFH) in den Tatbestand des § 165 AO aufgenommen. Seit 2009 ist auch § 165 Abs. 2 Satz 3 AO geregelt, dass die Finanzverwaltung durch allgemeine Anwendungsregelungen über den Wegfall der Ungewissheit i.S.d. § 165 Abs. 1 Satz 2 Nr. 4 AO entscheidet.

Wichtig ist die Regelung in Satz 3 des ersten Absatzes, wonach Umfang und Grund der Vorläufigkeit anzugeben sind. Unterlässt die Finanzbehörde die Angabe des Umfangs (und ist dieser auch nicht durch Auslegung zu ermitteln) führt dies zur Nichtigkeit des Vermerks oder des gesamten Bescheides oder zur Vorläufigkeit zur Gänze (streitig; Nachweise bei T/K, Stand 03/05, § 165 AO Tz 21–23). Die Nichtangabe des Grundes führt lediglich zur Rechtswidrigkeit.

Besondere Bedeutung kommt der Ablaufhemmung bei der Festsetzungsverjährung nach § 171 Abs. 8 AO zu. Ab Beseitigung der Ungewissheit und Kenntnis davon bei der Behörde läuft das letzte Jahr der Ablaufhemmung (vgl. zu Liebhaberei z. B. BFH/NV 2009, 434).

Die Wirkung des Vorläufigkeitsvermerks im Hinblick auf eine Besteuerungsgrundlage besteht darin, dass wegen der Änderungen, die mit dieser Besteuerungsgrundlage zusammenhängen, auch formell bestandskräftige Bescheide noch geändert werden können (grundlegend: BFH, BStBl II 1992, 588).

BEISPIEL: ➤ Der Einkommensteuerbescheid 2007 des Steuerpflichtigen X war wegen der Frage der Verfassungsmäßigkeit der Pendlerpauschale vorläufig ergangen. Nach der Entscheidung des BVerfG wird der Bescheid nach § 165 AO geändert und X erhält für den Aufwand für die ersten 20 km des Weges zur Arbeit die Pendlerpauschale.

Der Vorläufigkeitsvermerk hat auch Auswirkungen auf die Finanzgerichtsprozesse. Ohne den Vermerk müssten viele Verfahren ausgesetzt werden (§ 74 FGO; BFH, BStBl II 1992, 408). Mit dem Vermerk kann über die anderen Streitpunkte bereits entschieden werden (vgl. BFH, BStBl II 1992, 592; 2008, 26).

Unterschiede und Gemeinsamkeiten der §§ 164, 165 AO ergeben sich aus folgender schematischer Übersicht: 172

	Prüfungsvorbehalt § 164 AO	Vorläufigkeit § 165 AO
Voraussetzung	keine abschließende Prüfung	Ungewissheit
Begründung	nicht erforderlich	Begründungszwang
Zeitgrenze für Aufhebung oder Änderung	bis Ablauf Festsetzungsfrist § 169; Ablaufhemmung bei *Änderungsantrag* des Stpfl. gem. § 171 Abs. 3	bis Ablauf Festsetzungsfrist § 169; Ablaufhemmung gem. § 171 Abs. 8
Umfang der Änderungsmöglichkeit	Prüfungsvorbehalt ist *total*. Keine Beschränkung auf einzelne Sachverhalte oder Besteuerungsgrundlagen zulässig. Sperre gem. § 176 gilt; im Übrigen auch materielle Fehler in vollem Umfang korrigierbar, § 177 Abs. 4	Vorläufigkeit nur zulässig, *soweit* die Ungewissheit reicht (punktuell). Sperre gem. § 176 gilt; im Übrigen materielle Fehler voll korrigierbar, soweit Vorläufigkeit reicht, § 177 Abs. 4

	Prüfungsvorbehalt § 164 AO	Vorläufigkeit § 165 AO
Pflicht der Behörde zur Tätigkeit	a) *ohne Antrag:* kein Anspruch auf Aufhebung des Vorbehalts, Überprüfung oder Änderung	Bei Beseitigung der Ungewissheit: *Pflicht*, v. A. w. die Festsetzung aufzuheben, zu ändern oder für endgültig zu erklären
	b) *auf Antrag:* Anspruch auf Entscheidung in *angemessener* Frist	
	c) Aufhebung des Vorbehalts v. A. w. jederzeit möglich	
	d) Nach Außenprüfung *ohne* Änderung: Pflicht zur Aufhebung v. A. w.	

11. Verspätungszuschläge/§ 162 Abs. 4 AO-Zuschläge – Säumniszuschläge – Zinsen

a) Verspätungszuschläge/§ 162 Abs. 4 AO-Zuschläge

173   Bei verspäteter Abgabe oder Nichtabgabe einer Steuererklärung kann die Finanzbehörde einen *Verspätungszuschlag* festsetzen (§ 152 AO). Die Festsetzung setzt ein Verschulden des Erklärungspflichtigen oder seines Vertreters (z. B. Steuerberaters) voraus. Festsetzung gegen den Erklärungspflichtigen i. S. des § 34 AO ist möglich, aber die Ausnahme (BFH, BStBl II 1989, 955; 1991, 384 und 675). In der Praxis nehmen die Finanzbehörden ein Verschulden an, wenn der Erklärungspflichtige bzw. sein Vertreter nicht unaufgefordert Entschuldigungsgründe vorträgt. Macht der Steuerpflichtige im Einspruchsverfahren glaubhaft, dass ein Verschulden nicht vorliegt, so muss der Verspätungszuschlag aufgehoben werden. Arbeitsüberlastung schließt im Regelfall ein Verschulden nicht aus (vgl. auch Tz 123, 126).

Der Verspätungszuschlag darf höchstens 25 000 € betragen und 10 % der festgesetzten Steuer oder des festgesetzten Messbetrages nicht übersteigen. Wird eine Steuerfestsetzung zugunsten des Steuerpflichtigen geändert und dadurch die 10-%-Grenze überschritten, so ist der Verspätungszuschlag zu ermäßigen.

> **BEISPIEL:** Wegen verspäteter Abgabe von Steuererklärungen, die zu hohen Abschlusszahlungen führten, setzt die Finanzbehörde einen Verspätungszuschlag von 2 500 € fest. Die festgesetzte Steuer beträgt 30 000 €. Wird später der Steuerbescheid aufgrund einer Außenprüfung zugunsten des Steuerpflichtigen auf 20 000 € geändert, so ist der Verspätungszuschlag auf höchstens 2 000 € zu ermäßigen. Wird die Steuer aufgrund eines *Rechtsbehelfs* herabgesetzt, so muss das Finanzamt prüfen, ob die für die Ermessensausübung bei Festsetzung des Verspätungszuschlags maßgebenden Gesichtspunkte noch gegeben sind und ggf. den Zuschlag auch dann herabsetzen, wenn die 10-%-Grenze nicht überschritten ist (BFH, BStBl II 1979, 641; BFH/NV 1997, 578; siehe aber auch BFH/NV 2008, 335 mit Verböserung im Einspruchsverfahren).

Auch bei Grundlagenbescheiden ist die Festsetzung eines Verspätungszuschlags zulässig. Für die Berechnung des Höchstbetrags ist dabei die steuerliche Auswirkung nach den Grundsätzen zu schätzen, die die Rechtsprechung zur Bemessung des Streitwerts entwickelt hat (§ 152 Abs. 4 AO). Führt eine Veranlagung nicht zu einer Nachforderung des Finanzamts, so ist zu unterscheiden:

▶ Wird der Steuer- oder Messbetrag auf 0 € oder einen negativen Betrag (z. B. bei einem Vorsteuerüberhang) festgesetzt, so ist ein Verspätungszuschlag unzulässig.

Das folgt aus § 152 Abs. 2 Satz 1 AO, wonach der Zuschlag 10 % der festgesetzten Steuer (bzw. des Messbetrags) nicht übersteigen darf.

▶ Ist dagegen ein *positiver* Steuer- oder Messbetrag festgesetzt worden, ergibt sich aber z. B. wegen überhöhter Vorauszahlungen ein *Erstattungsanspruch,* so kann dennoch im Einzelfall (z. B. wegen der Dauer der Fristüberschreitung) ein Zuschlag festgesetzt werden. Denn der Zweck des Verspätungszuschlags besteht u. a. auch darin, den ordnungsgemäßen Gang des Veranlagungsverfahrens zu sichern (BFH, BStBl II 2002, 679). Es sind alle in § 152 Abs. 2 AO aufgeführten Ermessensrichtpunkte im Einzelfall zu berücksichtigen (BFH, BStBl II 1989, 693; BFH/NV 2007, 1076, 1450 und 1617).

Gegen Eheleute, die zusammenveranlagt werden und eine gemeinsame ESt-Erklärung abzugeben haben, kann ein einheitlicher Verspätungszuschlag festgesetzt und in einen zusammengefassten Steuerbescheid aufgenommen werden (§ 155 Abs. 3 AO). Die Festsetzung eines Verspätungszuschlags ist eine *Ermessensentscheidung* (vgl. Tz 26). Bei Ausübung des Ermessens *muss* die Finanzbehörde neben dem Zweck, den Steuerpflichtigen zur rechtzeitigen Abgabe der Erklärung anzuhalten, folgende *Ermessensrichtpunkte* berücksichtigen:

▶ die Dauer der Fristüberschreitung,

▶ die Höhe des Zahlungsanspruchs,

▶ die aus der verspäteten Abgabe gezogenen Vorteile (vgl. BFH, BStBl II 1995, 680),

▶ den Grad des Verschuldens,

▶ die wirtschaftliche Leistungsfähigkeit.

Eine schriftliche Begründung der Ermessensentscheidung ist nicht erforderlich, wenn die Auffassung der Finanzbehörde dem Betroffenen erkennbar ist (§ 121 Abs. 2 Nr. 2 AO). Spätestens im Einspruchsverfahren gegen einen Verspätungszuschlag muss die Finanzbehörde im Einzelnen darlegen, dass sie ihr Ermessen nach Maßgabe des § 152 Abs. 2 AO korrekt ausgeübt hat. Grundlegende Ausführungen zur Ermessensausübung bei Verspätungszuschlägen finden sich in BFH, BStBl II 1989, 693 und 2001, 60.

Mit der neu geschaffenen Regelung in § 162 Abs. 4 AO (zugehörig: § 90 Abs. 3 und § 162 Abs. 3 AO) hat das FA die Möglichkeit, bei Verstößen gegen die Aufzeichnungs- und Vorlagepflichten nach § 90 Abs. 3 AO einen Zuschlag zu verhängen. Die Regelung sieht hinsichtlich der Nichtvorlage/Vorlage unverwertbarer Unterlagen oder der verspäteten Vorlage zunächst Zuschläge von 5 000 € bzw. 100 €/Tag vor. Unter bestimmten Voraussetzungen, die weitgehend von § 152 AO übernommen sind, *können* bei Nichtvorlage oder verspäteter Vorlage der Unterlagen über die Mindestbeträge hinaus Zuschläge i. H. von 5–10 % der Mehrbeträge nach § 162 Abs. 3 AO bzw. wegen der Verspätung maximal 1 000 000 € festgesetzt werden (vgl. Darstellung bei T/K, Stand 04/08, § 162 AO Rdnr. 72 ff.). Wenn man § 162 Abs. 4 AO als Ermessensvorschrift ansieht, liegt wegen der Pflicht zur Verhängung bei Erfüllung des Tatbestandes nur eingeschränktes Entschließungsermessen, aber Auswahlermessen (zur Höhe) vor (vgl. T/K a. a. O., Rdnr. 77).

b) Säumniszuschläge

174 Säumniszuschläge entstehen *kraft Gesetzes* (ohne Festsetzung durch die Finanzbehörde) wenn eine *Steuer* nicht bis zum Ablauf des Fälligkeitstages entrichtet wird. Dies gilt auch, wenn die Nichtzahlung bei Fälligkeit *unverschuldet* ist (BFH, BStBl II 1986, 122; ggf. aber Erlass möglich, AEAO Tz 5 zu § 240 AO). Der Zahlungsverzug bei steuerlichen *Nebenleistungen* (z. B. Zinsen, Verspätungszuschlägen, Säumniszuschlägen) löst keinen Säumniszuschlag aus.

Stundung und Aussetzung der Vollziehung bewirken, dass keine Säumniszuschläge entstehen (§§ 222, 361 AO, § 69 FGO). Dagegen hat eine Billigkeitsmaßnahme im Vollstreckungsverfahren gem. § 258 AO (z. B. einstweilige Einstellung der Zwangsvollstreckung) keinen Einfluss auf die Entstehung von Säumniszuschlägen (BFH, BStBl II 1979, 429; AEAO Tz 7 zu § 240). Die entstehenden Säumniszuschläge können ggf. erlassen werden. Bevor eine Steuer festgesetzt oder angemeldet wird, tritt eine Säumnis nicht ein (§ 240 AO).

> **BEISPIEL:** ▶ Die Zahllast aus der Summe der Umsatzsteuervoranmeldungen für das Jahr 2007 beträgt 30 000 €. Die im Dezember des Jahres 2008 abgegebene Jahreserklärung führt zu einer Nachzahlung von 2 000 €. Bezüglich der Nachzahlung von 2 000 € entstehen zunächst keine Säumniszuschläge. Sie ist erst binnen eines Monats nach der Abgabe der Jahreserklärung zu entrichten (§ 18 Abs. 4 UStG).

Wird eine Steuerfestsetzung zugunsten des Steuerpflichtigen geändert, so bleiben die bis dahin verwirkten Säumniszuschläge bestehen (§ 240 Abs. 1 Satz 4 AO).

> **BEISPIEL:** ▶ Nach Festsetzung einer Steuer von 20 000 € und Verrechnung der Vorauszahlungen sind noch 5 000 € zu zahlen. Der Steuerpflichtige zahlt nicht termingerecht, so dass Säumniszuschläge entstehen. Später wird die Steuerfestsetzung wegen offenbarer Unrichtigkeit gem. § 129 AO auf 14 000 € herabgesetzt. Obwohl feststeht, dass der Steuerpflichtige den Betrag von 5 000 € nicht geschuldet hat, bleiben die verwirkten Säumniszuschläge bestehen.

Der Säumniszuschlag beträgt für jeden *angefangenen* Monat der Säumnis 1 % des auf volle 50 € abgerundeten Steuerbetrages. Für die Frage, ob der zweite Monat der Säumnis bereits begonnen hat, bleibt die 3-tägige Schonfrist (§ 240 Abs. 3 AO) außer Betracht.

> **BEISPIEL:** ▶ Das Finanzamt gibt am 13. 1. 2009 einen ESt-Bescheid zur Post. Der Bescheid führt zu einer Abschlusszahlung von 1 030 €. Ferner wird ein Verspätungszuschlag von 50 € festgesetzt. Der Steuerpflichtige zahlt am 17. 3. – *Bemessungsgrundlage*: Die Abschlusszahlung von 1 030 € ist auf 1 000 € abzurunden. Der Verspätungszuschlag bleibt außer Betracht. *Berechnung des Zahlungsverzugs*: Die Zahlungsfrist beginnt am 17. 1., 0 Uhr und endet am 16. 2., 24 Uhr (§ 122 Abs. 2 AO). Da die Zahlung erst am 17. 3. erfolgt, hat der *zweite Monat* der Säumnis bereits begonnen. Folglich beträgt der Säumniszuschlag 20 €.

Der Säumniszuschlag stellt ein *Druckmittel* dar, das den Steuerschuldner zur pünktlichen Zahlung veranlassen soll. Nach der Auffassung der Verwaltung (AEAO Tz 5 zu § 240) ist der Säumniszuschlag zur Hälfte Zins und zur anderen Hälfte Druckmittel. Der BFH folgt diesem Ansatz weitgehend. In den Fällen, in denen ein Schuldner überschuldet und zahlungsunfähig ist, kann er auch durch Säumniszuschläge nicht zur Zahlung veranlasst werden. Wenn man den Säumniszuschlag *nur* als Druckmittel ansähe, dann bestünde in derartigen Fällen ein *Rechtsanspruch auf Erlass* der gesamten Säumniszuschläge (BFH, BStBl II 1990, 673). Der Säumniszuschlag ist aber zur Hälfte Zins. Deshalb ist nur ein hälftiger Erlass auszusprechen (AEAO Tz 5 zu § 240; vgl. auch BFH, BStBl II 2003, 901). Entsprechendes gilt, wenn bei Fälligkeit die Voraussetzungen für eine Stundung oder einen Erlass der Hauptschuld gegeben waren (BFH, BStBl II 1985, 489; BFH/NV 1989, 71). Der BFH bejaht einen Erlassanspruch bezüglich der Säumniszuschläge auch bei Ratenzahlung im Rahmen einer Beschränkung der Zwangsvollstreckung nach § 258 AO, wenn die Raten am äußersten Rand der Leistungsfähigkeit des Steuerpflichtigen orientiert sind (vgl. BFH, BStBl II 1991, 864; AEAO Tz 5d zu § 240 AO). Darüber hinaus können nach dem AEAO zu § 240 AO Säumniszuschläge insbesondere bei fehlendem Verschulden (z. B. infolge plötzlicher Erkrankung) und bei einem offenbaren Versehen eines sonst pünktlichen Steuerzahlers erlassen werden. Wenn der Steuerpflichtige die Entstehung der Säumniszuschläge (dem Grunde oder der Höhe nach) bestreitet, ist darüber durch Abrechnungsbescheid gem. § 218 Abs. 2 AO zu entscheiden (vgl. AEAO Tz 8 zu § 240).

c) Zinsen

Für alle Zinsen gelten die gleichen Regeln über die Zinshöhe (0,5 % für jeden vollende-   175
ten Monat der Tatbestandserfüllung; § 238 AO) und die Festsetzungsfrist von einem Jahr (§ 239 Abs. 1 Satz 1 AO). Die Regeln über den Beginn von Festsetzungsfristen sind je nach Tatbestand unterschiedlich. Die einzelnen Zinstatbestände werfen teilweise enorme Probleme auf. Der Gesetzgeber hat im Rahmen des Steuerreformgesetzes 1990 mit § 233a AO eine Vorschrift zur wechselseitigen Vollverzinsung geschaffen. Danach sind Steuernachforderungen und -erstattungen (ESt, KSt, USt und GewSt) nach folgenden Regeln zu verzinsen:

► der Zinslauf beginnt 15 Monate nach Ablauf des Jahres, in dem die Steuer entstanden ist (bei überwiegenden Einkünften aus Land- und Forstwirtschaft: 21 Monate), Besonderheiten gelten bei rückwirkenden Ereignissen (§ 233a Abs. 2a AO),

► der Zinslauf endet mit Wirksamwerden der Steuerfestsetzung.

► der Zinsberechnung sind die Nachzahlungs- oder Erstattungsbeträge nach § 233a Abs. 3 AO (Unterschiedsbeträge) zugrunde zu legen.

Nach § 233a Abs. 5 AO ist bei jeder Änderung der Steuerfestsetzung auch die Zinsfestsetzung zu ändern.

Zur Zinsberechnung nach erstmaligen Gewinnausschüttungsbeschlüssen (vgl. AEAO Tz 10.3.1 zu § 233a und BFH/NV 2007, 1065 wonach der Begriff des erstmaligen Gewinnverteilungsbeschlusses eng auszulegen ist und weitere Gewinnausschüttungen zu einem späteren Zeitpunkt als Änderungen des ursprünglichen Ausschüttungsbeschlusses nicht erfasst werden). Nach BStBl II 2008, 332 ist eine nach § 50 Abs. 5 EStG festgesetzte Erstattung von Abzugsteuern gem. § 50a EStG nicht nach § 233a AO zu verzinsen, da die Verzinsung für Steuerabzugsbeträge nach § 233a Abs. 1 Satz 2 AO ausdrücklich ausgeschlossen ist. Nach BFH, BStBl II 2009, 2 ist der Vergütungsanspruch nach § 18 Abs. 9 UStG als auf einer Festsetzung der Umsatzsteuer i. S. des § 233a Abs. 1 Satz 1 AO beruhend nach § 233a AO zu verzinsen.

Zu den erheblichen Problemen der Regelung vergleiche man insbesondere den AEAO zu § 233a mit umfangreichen Beispielen zur Zinsberechnung.

Exemplarisch ist nachfolgend das Beispiel 12 aus Tz 55 des AEAO zu § 233a AO wiedergegeben:

Einkommensteuer 2004

a) Steuerfestsetzung vom 12. 12. 2006, bekannt gegeben am

15. 12. 2006	22 500 €
abzüglich anzurechnende Steuerabzugsbeträge	./. 2 500 €
Soll	20 000 €
abzüglich festgesetzte Vorauszahlungen	./. 13 000 €
Unterschiedsbetrag (Mehrsoll)	7 000 €

Der Steuerpflichtige hat innerhalb der Karenzzeit die Vorauszahlungen i. H. v. 13 000 € sowie am 15. 6. 2007 die Abschlusszahlung i. H. v. 7 000 € gezahlt.

Zu verzinsen sind 7 000 € zuungunsten des Steuerpflichtigen für die Zeit vom 1. 4. 2006 bis 15. 12. 2006 (8 volle Monate × 0,5 % = 4 %).

festzusetzende Zinsen (Nachzahlungszinsen):   280 €

b) Änderung der Steuerfestsetzung nach § 173 (Bescheid

vom 12. 10. 2007, bekannt gegeben am 15. 10. 2007)	17 500 €
abzüglich anzurechnende Steuerabzugsbeträge	./. 2 500 €
Soll	15 000 €
abzüglich bisher festgesetzte Steuer (Soll):	./. 20 000 €
Unterschiedsbetrag (Mindersoll):	./. 5 000 €

Zu erstatten sind 5 000 €.

Zu verzinsen sind 5 000 € zugunsten des Steuerpflichtigen für die Zeit vom 15. 6. 2007 bis 15. 10. 2007 (4 volle Monate × 0,5 % = 2 %).

festzusetzende Zinsen (Erstattungszinsen):   ./. 100 €

c) Bisher festgesetzte Zinsen   + 280 €

Minderung zuvor festgesetzter Nachzahlungszinsen:

7 000 € abgerundet: 7 000 €

./. 5 000 €

./. 2 000 € maximal: ./. 2 000 €

 5 000 €

5 000 € vom 1. 4. 2006 bis zum 15. 12. 2006

(8 volle Monate × 0,5 % = 4 %)	./. 200 €	
	+ 80 €	+ 80 €
Insgesamt festzusetzende Zinsen		./. 20 €

Problematischer ist die Berechnung der Zinsen in Fällen, bei denen § 233a Absätze 2a und 7 AO einschlägig sind. In diesen Fällen, bei denen rückwirkende Ereignisse oder Verlustrückträge Ursache für Nachzahlungen oder Erstattungen sind, müssen ggf. Teilunterschiedsbeträge ermittelt und getrennt verzinst werden. Die Norm ist fast nur noch mit Beispielsrechnungen verständlich zu machen. Einen guten Einstieg bietet BFH, BStBl II 2007, 82, dem das folgende Beispiel nachgebildet ist.

1. Körperschaftsteuerbescheid 2001 aus Mai/04

Zu versteuerndes Einkommen negativ   KSt 0 €

2. Körperschaftsteueränderungsbescheid 2001 aus Mai/06

a) Zu versteuerndes Einkommen + 400 (darauf entfallende Steuer: 100 €)

b) Verlustrücktrag aus 2002 ./. 400   KSt 0 €

Zinsbescheid nach § 233a AO

Zinsfestsetzung für den Zeitraum 1. 4. 2003 bis 1. 4. 2004 =   6 €

Frage: Ist die Zinsfestsetzung rechtmäßig?

a) § 233a Absätze 1, 2, 3, 5, 7 AO   fiktive Nachforderung 100 €

zu verzinsen vom 1. 4. 2003 bis zur Bekanntgabe des Änderungsbescheides im Mai 2006

b) § 233a Absätze 1, 2, 2a, 3, 5, 7 AO   fiktive Rückzahlung 100 €

zu verzinsen vom 1. 4. 2004 bis zur Bekanntgabe des Änderungsbescheides im Mai 2006

Durch den unterschiedlichen Zinslauf von 2003 oder 2004 bleibt eine 6 %ige Differenz der Zinsen, der Zinsbescheid ist rechtmäßig

Diese auf der Anwendung von § 233a Absätze 2a und 7 AO beruhende Berechnung zeigt, dass in derartigen Fällen der Griff zum AEAO geboten ist, da man sich mit Hilfe der Beispiele im AEAO, z. B. Tz 33 ff. zu Teilunterschiedsbeträgen, noch am besten in die spröde Materie einarbeiten kann. Sehr instruktiv ist auch BFH, BStBl II 2007, 82.

Zinsen sind außer bei der Vollverzinsung festzusetzen:

► bei einer Stundung (§ 234 AO). Dies gilt auch bei einer Stundung der Rückforderung von z. B. Arbeitnehmer-Sparzulagen (§§ 234, 37 Abs. 1 AO). Für Investitionszulagen enthält z. B. § 11 Investitionszulagegesetz 2007 eine Spezialregelung. Aus Billigkeitsgründen kann auf die Erhebung verzichtet werden. Vgl. zu den Ansprüchen und Sondervorschriften, T/K, Stand 10/07 § 234 Tz 1, 2;

► bei Steuerhinterziehung (vorsätzlicher Steuerverkürzung gem. § 370 AO, § 235 AO);

► bei Herabsetzung einer *Steuer* durch eine rechtskräftige gerichtliche Entscheidung und in gleichgestellten Fällen (§ 236 AO; vgl. BFH, BStBl II 2007, 598 zur Festsetzungsfrist). § 236 AO erfasst wegen des Zuschnitts auf Steuer- und Steuervergütungsbescheide keine Ansprüche aus Haftungs- oder Abrechnungsbescheiden;

► soweit ein Einspruch oder eine Anfechtungsklage gegen einen Steuerbescheid oder einen gleichgestellten Bescheid endgültig keinen Erfolg gehabt hat und die Vollziehung des angefochtenen Verwaltungsakts bezüglich des geschuldeten Betrags ausgesetzt worden war (§ 237 AO).

► Im AEAO zu § 234 werden aus der Sicht der Verwaltung zahlreiche Einzelheiten und konkrete Beispiele für die Berechnung der Zinsen und mögliche Fälle des Zinsverzichts dargestellt. Gegen Zinsbescheide ist der Einspruch gegeben (§ 347 AO). Wenn in einem Bescheid mit der Zinsfestsetzung auch eine Billigkeitsentscheidung gem. § 234 Abs. 2 AO getroffen wurde, ist sowohl gegen die Festsetzung als auch gegen die Billigkeitsentscheidung ein Einspruch möglich (vgl. zur zweifachen Rechtsbehelfsmöglichkeit: BFH, BStBl II 1988, 402; BFH/NV 1991, 717). Durch die Begründung des Einspruchs sollte deutlich gemacht werden, gegen welchen der beiden Verwaltungsakte der Steuerpflichtige vorgehen will.

▶ Werden nach erfolglosem Einspruch gegen eine Steuerfestsetzung Aussetzungszinsen festgesetzt, ist die Zinsfestsetzung bei einer späteren Herabsetzung der Steuer nicht herabzusetzen (§ 237 Abs. 5 AO).

II. Außenprüfung

176   Insbesondere bei Steuerpflichtigen mit Gewinneinkünften lässt sich eine gründliche Überprüfung der erklärten Besteuerungsgrundlagen nicht „vom grünen Tisch aus" vornehmen. Das Gesetz lässt deshalb eine Prüfung in den Geschäftsräumen (ggf. auch der Wohnung) des Steuerpflichtigen zu. Ergänzend greifen Spezialvorschriften für Sonderprüfungen ein (z. B. § 42f EStG für die Lohnsteuer-Außenprüfung). Weitere Einzelheiten sind im AEAO und in der Betriebsprüfungsordnung – BpO – geregelt. Die §§ 5 bis 12, 20 bis 24, 29 und 30 der BpO sind bei LSt- und USt-Sonderprüfungen größtenteils entsprechend anzuwenden (§ 1 Abs. 2 BpO).

1. Zulässigkeit der Außenprüfung

177   Außenprüfungen sind *generell zulässig* bei Gewerbebetrieben, Land- und Forstwirten, Freiberuflern und anderen Steuerpflichtigen, soweit sie verpflichtet sind, für Rechnung eines anderen Steuern zu entrichten oder einzubehalten und abzuführen (z. B. bei Arbeitgebern bezüglich der Lohnsteuer; § 193 Abs. 1 und Abs. 2 Nr. 1 AO). Darüber hinaus ist eine Außenprüfung stets zulässig, wenn ein aufklärungsbedürftiger Sachverhalt vorliegt und eine Prüfung an Amtsstelle „nach Art und Umfang des zu prüfenden Sachverhalts nicht zweckmäßig ist" (§ 193 Abs. 2 Nr. 2 AO).

> **BEISPIEL:** ▶ Ein Steuerpflichtiger hat umfangreiche Einkünfte aus der Vermietung mehrerer Gebäude, die er in wechselndem Umfang teils umsatzsteuerfrei und teils umsatzsteuerpflichtig vermietet. Insbesondere zur Überprüfung der Zulässigkeit des Vorsteuerabzugs kann im Einzelfall eine Außenprüfung zweckmäßig sein (§§ 4 Nr. 12a, 9, 15 Abs. 2 UStG).

Bei der Zusammenveranlagung von Ehegatten ist eine Außenprüfung nur bei dem Ehegatten zulässig, der die gesetzlichen Voraussetzungen für die Außenprüfung in *seiner* Person erfüllt (BFH, BStBl II 1982, 208). Liegen die Voraussetzungen für eine Außenprüfung in der Person *jedes* Ehegatten vor, so können die Prüfungsanordnungen in einer Verfügung zusammengefasst werden (AEAO Tz 3 zu § 197 AO; BFH, BStBl 1989, 257).

Es besteht *kein Rechtsanspruch* auf die Durchführung einer Außenprüfung zugunsten des Steuerpflichtigen (BFH, BStBl II 1970, 767; 1973, 275). Die Anordnung steht im pflichtgemäßen Ermessen der Finanzbehörde.

2. Sachlicher Umfang der Außenprüfung

178   Eine Außenprüfung kann eine oder mehrere Steuerarten, einen oder mehrere Besteuerungszeiträume umfassen und sich auf bestimmte Sachverhalte beschränken. Eine „Vollprüfung" ist zulässig, aber nicht gesetzlich vorgeschrieben (§ 194 Abs. 1 AO). Die bei einem Unternehmer aufgrund des § 193 Abs. 1 AO angeordnete Außenprüfung

kann sich auch auf nichtbetriebliche Sachverhalte erstrecken (BFH, BStBl II 1986, 437; streitig, vgl. auch BFH/NV 2003, 1394). Eine Außenprüfung ist auch nach einer endgültigen (vorbehaltlosen) Steuerfestsetzung zulässig (BFH, BStBl II 1986, 36). Eine Außenprüfung kann auch noch für Zeiträume angeordnet werden, für die die regelmäßige Verjährungsfrist bereits abgelaufen ist, und eine Steuerfestsetzung (Änderung) nur vorgenommen werden kann, wenn infolge einer Steuerstraftat die Verjährungsfrist 10 Jahre beträgt (BFH, BStBl II 1988, 113; BFH/NV 2003, 1034).

Bei der Prüfung einer Personengesellschaft ist *kraft Gesetzes* die Prüfung der steuerlichen Verhältnisse der *Gesellschafter* insoweit zulässig, als diese für die einheitlichen Feststellungen von Bedeutung sind (§ 194 Abs. 1 AO). Daraus ergibt sich z. B., dass aufgrund einer Prüfungsanordnung gegen eine Personengesellschaft die Finanzbehörde nicht steuerliche Verhältnisse eines Gesellschafters überprüfen darf, die nicht mit den einheitlichen Feststellungen zusammenhängen. Insbesondere dürfen Einkünfte, die nicht mit der Beteiligung zusammenhängen, Sonderausgaben, außergewöhnliche Belastungen und sonstige für die Besteuerung des Gesellschafters relevanten Umstände nicht überprüft werden. Im Einzelfall kann jedoch aufgrund einer *besonderen Prüfungsanordnung* gegen die *Gesellschafter* (§ 197 Abs. 1 Satz 3 AO) aus Zweckmäßigkeitsgründen auch insoweit eine Außenprüfung vorgenommen werden (§ 193 Abs. 2 Nr. 2 AO). Die steuerlichen Verhältnisse von Gesellschaftern und Mitgliedern sowie von Mitgliedern der Überwachungsorgane können stets dann in die Prüfung einer Gesellschaft einbezogen werden, wenn dies im Einzelfall zweckmäßig ist (§ 194 Abs. 2 AO).

3. Kontrollmitteilungen

Die Auswertung steuerrechtlich relevanter Feststellungen, die „anlässlich" einer Außenprüfung getroffen werden, ist gegenüber Dritten zulässig (§ 194 Abs. 3 AO). Durch diese Vorschrift wird das Recht der Finanzbehörde, Kontrollmitteilungen zu fertigen und auszuwerten, gesetzlich verankert. Es ist jedoch *unzulässig*, im Rahmen einer Außenprüfung ohne besondere Prüfungsanordnung die steuerlichen Verhältnisse *Dritter systematisch* zu überprüfen (Ausnahme: bei Steuerentrichtungspflichtigen, insbesondere Arbeitgebern bezüglich der Lohnsteuer; vgl. § 194 Abs. 1 Satz 4 AO; AEAO zu § 194 AO Tz 5; zu Bankenprüfung vgl. BFH, BStBl II 2004, 1032 und BFH/NV 2009, 808; wichtig auch BStBl II 2007, 227 – Tanzkapellenentscheidung).

179

BEISPIELE: Geprüft wird ein Handelsvertreter. Will der Prüfer die Provisionsgutschriften systematisch über einen längeren Zeitraum hinweg prüfen *und gegenüber einem Dritten* (Geschäftsherrn) auswerten, so ist dies ohne Erteilung einer Prüfungsanordnung gegenüber dem Geschäftsherrn nicht zulässig.

Die Grenzen zwischen einer nur *gelegentlichen* Fertigung von Kontrollmitteilungen und der *systematischen* Ausforschung der steuerlichen Verhältnisse eines Dritten bei der Prüfung seines Geschäftspartners können nicht exakt festgelegt werden. Maßgebend sind insbesondere folgende Umstände: Die Größe des Betriebs, die Anzahl der Bargeschäfte, die steuerliche Zuverlässigkeit (z. B. Bestrafung wegen Steuerhinterziehung), unübliche Abwicklung von Geschäften, unübliche Kontierung, Verdacht auf OR-Geschäfte, Zahlungen auf Privatkonten. Durch den § 30a AO hat der Gesetzgeber die Fertigung von Kontrollmitteilungen bei Prüfung von Banken eingeschränkt (vgl. Tz 107,

115). Die Verwaltung sieht sich durch die BFH-Rechtsprechung berechtigt, in höherem Maße Kontrollmitteilungen zu fertigen (AEAO § 194 Tz 6).

4. Prüfungsanordnungen und Prüfungszeitraum

180   Die Finanzbehörde bestimmt den zeitlichen und sachlichen (Steuerart) Umfang der Außenprüfung nach ihrem Ermessen in einer schriftlich zu erteilenden Prüfungsanordnung (§ 196 AO). Mit der Prüfungsanordnung ist die im BStBl I 2001, 502/03 abgedruckte Darstellung der wesentlichen Rechte und Pflichten des Steuerpflichtigen bei einer Außenprüfung bekannt zu geben. Für die Bestimmung des *Prüfungszeitraums* trifft § 4 BpO folgende Regelung:

▶ Bei *Großbetrieben* (vgl. hierzu Größenklassen-Verzeichnis, BMF, BStBl I 2006, 530) soll der Prüfungszeitraum an den vorhergehenden Prüfungszeitraum anschließen, d. h. kein Zeitraum ungeprüft bleiben. Ergeht eine Prüfungsanordnung zu einem Zeitpunkt, in dem ein Unternehmen Großbetrieb ist, kann die Außenprüfung auf die mehr als drei Jahre zurückliegenden Besteuerungszeiträume auch dann erstreckt werden, wenn das Unternehmen in der zurückliegenden Zeit noch kein Großbetrieb war (BFH, BStBl II 1986, 36). Der Normalprüfungszeitraum kann auch bei Anhangbetrieben zu Großbetrieben überschritten werden (BFH, BStBl II 1987, 361).

▶ Bei *Mittel-, Klein- und Kleinstbetrieben* soll der Prüfungszeitraum in der Regel nicht mehr als drei zusammenhängende Besteuerungszeiträume umfassen. Dies gilt nicht, wenn mit *nicht unerheblichen Steuernachforderungen* oder nicht unerheblichen *Steuererstattungen* (Vergütungen) zu rechnen ist oder der Verdacht einer *Steuerstraftat* oder *Steuerordnungswidrigkeit* besteht. Zu § 4 Abs. 3 BpO vgl. AEAO § 194 Tz 4 mit Regelung zur Prüfung der Verlustentstehungsjahre bei der Verlustfeststellung.

> **BEISPIEL:** ▶ Für die Jahre 2007 bis 2009 wird eine Betriebsprüfung angeordnet. Der Prüfer stellt einen Vermögenszuwachs fest, der nicht aus versteuerten Einkünften dieser Jahre stammen kann. Eine überschlägige Berechnung ergibt, dass der Vermögenszuwachs auch nicht aus den versteuerten Einkünften der Jahre 2004 bis 2006 zu erklären ist. Der Steuerpflichtige gibt keine plausiblen Erklärungen für den Vermögenszuwachs ab. Die Prüfungsanordnung kann erweitert werden. Ergibt sich der Verdacht einer Steuerhinterziehung, so ist eine Erweiterung des Prüfungszeitraumes bis zur Grenze der 10-jährigen Verjährungsfrist zulässig (§ 169 Abs. 2 AO).

Nach den Feststellungen eines Betriebsprüfers ist damit zu rechnen, dass sich bei zeitlicher Ausdehnung der Betriebsprüfung über den vorgesehenen 3-Jahres-Zeitraum hinaus, je Steuerart und Besteuerungszeitraum Nachforderungen über mehr als 500 € ergeben. Nach bisheriger Praxis der Finanzbehörden liegt im Regelfall eine „nicht unerhebliche Steuernachforderung" vor, die zu einer Erweiterung des Prüfungszeitraumes berechtigt; OFD München, Vfg. v. 10. 2. 1984 – S 0401 – 1 St 315; StEK AO 1977 § 194 Nr. 5. Daneben stellt die Praxis auf einen Betrag von 1 500 € für alle Steuerarten zusammen je Veranlagungszeitraum ab (OFD München, a. a. O.; Bp-Kartei OFDen Düsseldorf, Köln und Münster zu § 194 AO; vgl. FG Hamburg VII 67/09, NWB 2006, 2433). Die Beträge wirken anachronistisch. Erweitert das Finanzamt den Prüfungszeitraum gem. § 4 Abs. 3 BpO über den Regel-Zeitraum von drei Jahren hinaus, so muss die Erweiterung begründet werden. Fehlt die Begründung, so kann dieser Mangel dadurch geheilt werden, dass die Begründung nachgeholt wird (z. B. in der Entscheidung über den Einspruch gegen die Erweiterung der Prüfungsanordnung; vgl. §§ 121 Abs. 1, 126 Abs. 1 Nr. 2 AO; BFH, BStBl II 1983, 286; 1987, 248).

Liegen nach Meinung des Steuerpflichtigen die Voraussetzungen für eine Erweiterung des Prüfungszeitraumes gem. § 4 Abs. 3 BpO nicht vor, so empfiehlt es sich, sofort gegen die Erweiterungsanordnung *Einspruch* einzulegen und die *Aussetzung der Vollziehung* gem. § 361 AO zu beantragen. Denn nach der Rechtsprechung des BFH ist es im Regelfall unerheblich, ob neue Tatsachen, die zu einer Änderungsveranlagung führen, unter Verletzung von Vorschriften der BpO bekannt werden (BFH, BStBl II 1969, 636). Wird deshalb die Prüfungsanordnung nicht wirksam angefochten, so ist die Auswertung der Prüfungsergebnisse durch Erlass von Änderungsbescheiden rechtmäßig. Mit dem Einspruch gegen den Korrekturbescheid kann also nicht mehr die *Rechtswidrigkeit* (allenfalls die Nichtigkeit, vgl. Tz 133) der Prüfungsanordnung geltend gemacht werden (BFH, BStBl II 1982, 659; 1984, 285; 2002, 328). Jedoch besteht bei endgültigen Veranlagungen ein *Verwertungsverbot* für die aufgrund der Außenprüfung festgestellten neuen Tatsachen, soweit die *Prüfungsanordnung aufgehoben* wird. Allerdings kann die Verwaltung in derartigen Fällen eine Wiederholungsprüfung anordnen (vgl. BFH, BStBl II 1989, 180 und 440; AEAO zu § 196 Tz 2 bis 4).

Allerdings gilt nach BFH in BStBl II 2006, 400, dass Feststellungen anlässlich einer Außenprüfung trotz fehlender wirksamer Prüfungsanordnung keinem Verwertungsverbot unterliegen, wenn die Prüfungsfeststellungen im Rahmen einer *erstmaligen Steuerfestsetzung* verwertet werden oder wenn ein zuvor erlassener Steuerbescheid *unter dem Vorbehalt der Nachprüfung* stand und nunmehr nach § 164 Abs. 2 AO geändert wird. In beiden Fällen besteht ein Verwertungsverbot nur dann, wenn entweder die rechtlichen Voraussetzungen für die Anordnung einer Außenprüfung nicht gegeben waren oder wenn im Rahmen der Prüfung schwerwiegende Verfahrensfehler unterlaufen sind und die Prüfungsfeststellungen hierauf beruhen. Anderenfalls sind bei einer Außenprüfung festgestellte Tatsachen auch dann verwertbar, wenn sie durch Prüfungshandlungen aufgedeckt wurden, die nicht auf einer (wirksamen) Prüfungsanordnung beruhen.

5. Bekanntgabe der Prüfungsanordnung

Die Prüfungsanordnung, der voraussichtliche *Prüfungsbeginn* und die Namen der Prüfer sind dem Steuerpflichtigen *angemessene Zeit* vor der Prüfung bekannt zu geben, wenn der Prüfungszweck dadurch nicht gefährdet wird (§ 197 Abs. 1 AO). Darüber hinaus muss die Prüfungsanordnung gem. § 5 Abs. 2 BpO insbesondere enthalten: Die zu prüfenden *Steuerarten* und *-vergütungen,* den *Prüfungszeitraum* und ggf. bestimmte Sachverhalte, die überprüft werden sollen (vgl. § 194 Abs. 1 AO). Besonderheiten können sich bei der Anordnung einer Außenprüfung nach § 180 Abs. 2 AO i.V. mit der VO zu § 180 Abs. 2 AO ergeben (Problem: Inhaltsadressat, BFH, BStBl II 1989, 590). Eine umfangreiche Darstellung der speziellen Probleme der Bekanntgabe von Prüfungsanordnungen enthält der AEAO zu § 197.

181

6. Terminverschiebung

182   Auf Antrag des Steuerpflichtigen soll der Beginn der Außenprüfung auf einen anderen Zeitpunkt verlegt werden, wenn dafür wichtige Gründe glaubhaft gemacht werden (§ 197 Abs. 2 AO). Wichtige Gründe für eine Terminverlegung können z. B. sein: langfristig geplanter Urlaub, plötzliche Krankheit oder Tod des Steuerpflichtigen, seines Beraters oder Buchhalters. Liegen diese oder vergleichbar wichtige Gründe vor, so dürfte im Regelfall die Ablehnung eines Antrags auf zeitliche Verschiebung der Außenprüfung ermessensfehlerhaft sein. Die *Ablehnung* eines Antrags auf Terminverschiebung ist ein mit dem *Einspruch* anfechtbarer Verwaltungsakt (§ 347 AO). Zum Einfluss auf den Ablauf der Festsetzungsverjährung: Hinweis auf § 171 Abs. 4 AO. Nach BFH, BStBl II 1989, 483 (488), liegt in einem Antrag auf Aussetzung der Vollziehung nach Anfechtung der Prüfungsanordnung immer ein Verschiebungsantrag nach § 171 Abs. 4 AO. In BStBl II 2003, 827 grenzt der BFH ab. Bei einer rechtswidrigen Prüfungsanordnung soll der Antrag auf AdV keinen Verschiebungsantrag i. S. des § 171 Abs. 4 AO beinhalten.

7. Ausweispflicht – Beginn der Außenprüfung

183   Die Prüfer müssen sich bei Erscheinen unverzüglich ausweisen. Der Beginn der Prüfung ist unter Angabe von Datum und Uhrzeit aktenkundig zu machen (§ 198 AO). Der Zeitpunkt des Prüfungsbeginns ist von Bedeutung für die Festsetzungsverjährung (vgl. § 171 Abs. 4 AO). Nach Erscheinen des Prüfers ist eine strafbefreiende Selbstanzeige nicht mehr möglich (§ 371 AO). Eine Selbstanzeige wegen *leichtfertiger* Verkürzung kann jedoch noch wirksam erstattet werden (§ 378 Abs. 3 AO).

8. Prüfungsgrundsätze

184   Der Außenprüfer muss die tatsächlichen und rechtlichen Verhältnisse (Besteuerungsgrundlagen) *zugunsten* wie *zuungunsten* des Steuerpflichtigen prüfen. Er hat den Steuerpflichtigen schon *während der Prüfung* über die festgestellten Sachverhalte und möglichen steuerlichen Auswirkungen zu unterrichten, wenn dadurch Zweck und Ablauf der Prüfung nicht beeinträchtigt werden (§ 199 AO). Die Prüfungs*methode* und die Auswahl der Prüfungs*schwerpunkte* stehen im Ermessen des Prüfers. Die Auswahl der Methode (z. B. innerer und äußerer Betriebsvergleich, Umsatzverprobung, Belegprüfung, statistische Erhebungen für Wahrscheinlichkeitsrechnungen) stellt keinen Verwaltungsakt dar. Der Steuerpflichtige kann folglich dagegen keinen förmlichen Rechtsbehelf einlegen, sondern allenfalls Gegenvorstellungen erheben oder Dienstaufsichtsbeschwerde einlegen (vgl. Tz 240). Mit dem Einspruch anfechtbar sind lediglich *einzelne, konkrete Aufforderungen,* bestimmte Handlungen vorzunehmen oder zu dulden, soweit es sich um *Verwaltungsakte* handelt.

> **BEISPIEL:** ▸ Der Prüfer ordnet die Vorlage bestimmter Unterlagen an. Der Steuerpflichtige ist der Auffassung, er brauche diese Unterlagen nicht vorzulegen, weil sie steuerlich nicht relevant seien. – Der Steuerpflichtige kann die Anordnung des Prüfers (Verwaltungsakt) mit dem Einspruch anfechten (vgl. z. B. BFH, BStBl II 1968, 365 und 592) und die Aussetzung der Vollziehung beantragen (§ 361 AO, § 69 FGO), wenn es sich im Einzelfall bei der Anordnung um einen Verwaltungsakt handelt. Dies ist nach der neueren Rechtsprechung des BFH danach zu entscheiden, ob die einzelne Anordnung des Prüfers erzwingbar wäre oder ob bei sachgerechter

Ermessensausübung eine Erzwingung – z. B. wegen der Möglichkeit der Schätzung – unmöglich wäre (vgl. grundlegend BFH, BStBl II 1999, 199; 2007, 227, 233).

Von besonderer praktischer Bedeutung ist der in § 147 Abs. 6 AO geregelte Datenzugriff, bei dem der Steuerpflichtige nach § 200 Abs. 1 Satz 2 AO mitwirken muss. Die Aufforderung eine bestimmte Form des Datenzugriffs zu dulden oder daran mitzuwirken ist Verwaltungsakt (vgl. T/K, Stand 04/07, § 147 Rdnr. 82 m. w. N.).

Der Prüfer soll zunächst den *Steuerpflichtigen* oder von ihm *benannte* Personen um Auskunft ersuchen (§ 200 Abs. 1 Satz 3 AO). Nur wenn diese nicht zur Auskunftserteilung in der Lage sind (oder ihre Auskünfte nicht zureichend oder nicht Erfolg versprechend sind), soll der Prüfer *andere* Personen um Auskunft ersuchen. § 8 BpO bestätigt, dass sich der Prüfer an nicht als Auskunftspersonen benannte Betriebsangehörige wenden darf.

9.　Mitwirkungspflichten des Steuerpflichtigen

Im Rahmen einer Außenprüfung hat der Steuerpflichtige zunächst die allgemeinen Mitwirkungspflichten, insbesondere die Pflicht, die für die Besteuerung erheblichen Tatsachen vollständig und wahrheitsgemäß darzulegen und die ihm bekannten Beweismittel anzugeben (§ 90 AO). Bei Außenprüfungen besteht darüber hinaus eine erhöhte Mitwirkungspflicht nach Maßgabe des § 200 AO. Das Gesetz verlangt – im Rahmen des Zumutbaren – eine aktive Mitwirkung. Das ist mehr als ein lediglich passives Dulden der Prüfung. Das Recht die schriftliche Bestätigung von mündlichen Verwaltungsakten zu verlangen ist ebenso wie die Regel über das Absehen der Anforderung von Büchern etc. suspendiert (§ 200 Abs. 1 Satz 4 AO). Der Steuerpflichtige muss im Rahmen einer Außenprüfung alle Urkunden (Aufzeichnungen, Bücher, Geschäftspapiere usw.) zur Einsicht vorlegen. Auch Protokolle über Sitzungen eines Vorstands oder Aufsichtsrats einer AG sind (grundsätzlich) vorlagepflichtig (BFH, BStBl II 1968, 365 und 592). Eine Vorlage dieser Protokolle „en bloc" wird jedoch im Allgemeinen nicht verlangt werden können.

Eine erhöhte Mitwirkungspflicht besteht bei *Buchführungssystemen* auf *EDV-Basis*. Das gilt insbesondere dann, wenn während des Prüfungszeitraumes das Datenaufzeichnungssystem geändert wird und keine ordnungsgemäße Dokumentation vorgelegt werden kann. Verdichtete Zahlen müssen aufgegliedert werden, soweit das für steuerliche Zwecke erforderlich ist (vgl. § 146 Abs. 5, § 147 Abs. 2 und 5 AO; AEAO zu § 146 Tz 2; Grundsätze ordnungsgemäßer Speicherbuchführung, BStBl I 1995, 738). Seit 2002 müssen nach § 200 Abs. 1 Satz 2 AO die Finanzbehörden bei der maschinellen Auswertung der elektronischen Daten nach § 147 Abs. 6 AO unterstützt werden (vgl. BFH, BStBl II 2008, 415; vgl. auch BStBl I 2001, 415).

10.　Ort und Zeit der Prüfung

Außenprüfungen finden regelmäßig in den *Geschäftsräumen* des Steuerpflichtigen statt. Er muss dem Prüfer einen geeigneten Raum oder Arbeitsplatz und die erforderlichen Hilfsmittel (z. B. Stuhl, Schreibtisch) unentgeltlich zur Verfügung stellen (§ 200 Abs. 2 AO). Ist kein geeigneter Geschäftsraum vorhanden, so muss er die zu prüfenden Unterlagen in seiner Privatwohnung oder an Amtsstelle vorlegen. Das Betreten *privater*

185

186

Wohnräume zur Durchführung einer Außenprüfung darf jedoch *nicht erzwungen werden* (Ausschussbericht zu § 200 AO, BT-Drucks. 7/4292). Erzwingbar ist aber eine Außenprüfung in den Geschäftsräumen und an Amtsstelle, falls keine geeigneten Geschäftsräume vorhanden sind (zur Verfassungsmäßigkeit: BFH, BStBl II 1989, 180). Zum Antrag auf Prüfung in der Kanzlei des Steuerberaters: BFH, BStBl II 1987, 360; 1989, 265; ablehnend AEAO zu § 200 Tz 2 und § 6 Satz 3 BpO.

Die Prüfung findet während der *üblichen Geschäfts- oder Arbeitszeit* statt (§ 200 Abs. 3 AO). Mit Einverständnis des Steuerpflichtigen kann die Prüfung auch zu einem anderen Zeitpunkt durchgeführt werden.

Die Prüfer sind berechtigt, Grundstücke zu betreten und zu besichtigen (§ 200 Abs. 3 AO). Das Betreten von *Wohn*räumen ist *gegen den Willen* des Inhabers nur zulässig zur Verhütung dringender Gefahren für die öffentliche Sicherheit und Ordnung (§ 99 Abs. 1 AO). Diese Voraussetzung dürfte nur außerordentlich selten vorliegen. Weigert sich ein Steuerpflichtiger, private Wohnräume durch den Prüfer betreten zu lassen, obwohl dies erforderlich ist (Abgrenzung des betrieblich und privat genutzten Anteils), so kann die Finanzbehörde gem. § 162 AO eine Schätzung vornehmen und dabei Unsicherheitsfaktoren zu Lasten des Steuerpflichtigen berücksichtigen.

11. Schlussbesprechung

187   Über das Ergebnis der Außenprüfung ist eine Besprechung (Schlussbesprechung) abzuhalten, es sei denn, dass

► sich nach dem Ergebnis der Außenprüfung *keine* Änderung der Besteuerungsgrundlagen ergibt,

► der Steuerpflichtige auf die Besprechung *verzichtet,*

► es sich um eine *abgekürzte* Außenprüfung handelt (§§ 201 Abs. 1, 203 Abs. 2 AO).

Die Besprechungspunkte und der Termin sind angemessene Zeit vorher bekannt zu geben. Es sind insbesondere strittige Sachverhalte und Rechtsfragen zu erörtern. *Erörterung bedeutet nicht Entscheidung.* Grundsätzlich sind deshalb weder einvernehmliche Sachverhaltsfeststellungen noch deren rechtliche Beurteilung für die Finanzbehörde und den Steuerpflichtigen verbindlich. Die Schlussbesprechung als solche ist kein Verwaltungsakt. Im Einzelfall kann jedoch aufgrund einer Schlussbesprechung eine Bindung der Finanzbehörde nach dem Grundsatz von Treu und Glauben entstehen. Dies gilt insbesondere dann, wenn sich eine Einigung bei der Schlussbesprechung auf Streitpunkte *tatsächlicher* Art bezieht, die das Finanzamt innerhalb des durch die Ermittlungen begrenzten Spielraumes würdigen kann (z. B. Einigung über die Höhe von Privatanteilen oder der AfA; BFH, BStBl III 1963, 104; BStBl II 1985, 354; Tz 105; BMF, BStBl I 2008, 831). Dagegen bewirken Zusagen in einer Schlussbesprechung, die im Betriebsprüfungsbericht nicht aufrechterhalten werden, grundsätzlich keine Bindung der Finanzbehörde (BFH, BStBl II 1977, 623). Handelt es sich dagegen um eine verbindliche Zusage nach einer Außenprüfung gem. §§ 204 ff. AO (Schriftform!), so ist die Finanzbehörde auch dann gebunden, wenn die Zusage zugunsten des Steuerpflichtigen dem Gesetz widerspricht (§ 206 AO).

Besteht die *Möglichkeit*, dass ein Straf- oder Bußgeldverfahren durchgeführt werden muss, so „soll" (= muss) in der Schlussbesprechung darauf hingewiesen werden (§ 201 Abs. 2 AO). Dieser „strafrechtliche Hinweis" hat m. E. keine rechtliche Bedeutung. Insbesondere wird durch diesen Hinweis kein Strafverfahren eingeleitet (§ 397 AO). Ergibt sich im Rahmen einer Außenprüfung ein *konkreter Verdacht*, so hat der Prüfer bereits *vor* der Schlussbesprechung die für die Bearbeitung der Straftat oder Ordnungswidrigkeit zuständige Stelle unverzüglich zu unterrichten (§ 10 BpO). Gibt die Betriebsprüfungsstelle den Bericht zur strafrechtlichen Überprüfung an die Strafsachenstelle weiter, so liegt *kein* mit dem Einspruch anfechtbarer *Verwaltungsakt* vor. Es handelt sich lediglich um eine verwaltungsinterne Information (vgl. zu Mitteilung nach § 4 Abs. 5 Nr. 10 EStG BFH, BStBl II 2007, 850). – Zum Verhältnis Besteuerungs- und Strafverfahren: vgl. BStBl II 2002, 328 und BFH/NV 2003, 1034; 2008, 1371.

12. Inhalt und Bekanntgabe des Prüfungsberichts

Über das Ergebnis der Außenprüfung ergeht ein schriftlicher Bericht. Ergibt sich keine Änderung der Besteuerungsgrundlagen, so ergeht eine dementsprechende Mitteilung an den Steuerpflichtigen. Auf Antrag hat die Finanzbehörde dem Steuerpflichtigen den Bericht vor der Auswertung zu übersenden und ihm Gelegenheit zu geben, in angemessener Zeit dazu Stellung zu nehmen (§ 202 AO).   **188**

Der Bericht enthält im Regelfall keine Entscheidungen (Verwaltungsakte) und ist deshalb nicht mit dem Einspruch, sondern nur mit der Gegenvorstellung und der Dienstaufsichtsbeschwerde angreifbar. Will die Finanzbehörde bei Auswertung des Berichts wesentlich zum Nachteil des Steuerpflichtigen von den Feststellungen des Prüfers abweichen, so soll sie dem Steuerpflichtigen Gelegenheit geben, sich dazu zu äußern (§ 12 BpO). – Feststellungen eines Prüfers werden oft für amtsinterne Zwecke in sog. „Rot-" oder „Grünbögen" vermerkt. Dabei handelt es sich meist um Tatsachenfeststellungen und Meinungsäußerungen des Prüfers, die strafrechtlich oder für ein Vollstreckungsverfahren von Bedeutung sein können. Es besteht kein Rechtsanspruch auf Einsichtnahme in derartige amtsinterne Vermerke (streitig). Auch kann der Steuerpflichtige nicht verlangen, dass der Prüfer Mitteilungen, die für den Innendienst oder spätere Besteuerungszeiträume von Bedeutung sind, in den Bericht aufnimmt (BFH, BStBl III 1961, 290).

13. Abgekürzte Außenprüfung

Eine abgekürzte Außenprüfung kommt bei Steuerpflichtigen in Betracht, bei denen die Finanzbehörde eine Außenprüfung in regelmäßigen Zeitabständen nach den Umständen des Falles nicht für erforderlich hält. Die Prüfung hat sich auf die wesentlichen Besteuerungsgrundlagen zu beschränken. Die Besonderheiten der abgekürzten Außenprüfungen bestehen darin, dass die Schlussbesprechung und die Übersendung des Prüfungsberichts (auf Antrag des Steuerpflichtigen) vor Auswertung nicht zwingend vorgeschrieben sind (§ 203 AO).   **189**

Von der *abgekürzten* Außenprüfung ist die *betriebsnahe Veranlagung* zu unterscheiden. Bei der betriebsnahen Veranlagung sucht im Regelfall ein Beamter des Innendienstes

(z. B. der Amtsprüfstelle) den Steuerpflichtigen auf, um konkrete Einzelfragen, die sich aufgrund einer Steuererklärung ergeben, an Ort und Stelle zu klären. Dadurch sollen umständliche schriftliche Erörterungen vermieden werden. Die betriebsnahe Veranlagung ist *keine (abgekürzte) Außenprüfung*, sondern eine Ermittlungsmaßnahme im Rahmen des Festsetzungsverfahrens gem. §§ 88, 93 ff. AO. Die speziellen Vorschriften für Gewährung des „rechtlichen Gehörs" bei Außenprüfungen gelten nicht (keine laufende Informationspflicht gem. § 199 Abs. 2 AO, keine Schlussbesprechung gem. § 201 Abs. 1 AO, keine Übersendung eines Prüfungsberichts gem. § 202 Abs. 2 AO). Anders als eine (abgekürzte) Außenprüfung führt die betriebsnahe Veranlagung nicht zu einer Hemmung der Verjährung (vgl. § 171 Abs. 4 AO) und nicht zu einer Änderungssperre gem. § 173 Abs. 2 AO. Dies gilt ebenfalls für die Umsatzsteuer-Nachschau (vgl. dazu Abschnitt 282b UStR 2008).

14. Rechtswirkungen der Außenprüfung

190   Durch Außenprüfungen sollen die zutreffenden Besteuerungsgrundlagen ermittelt werden. Eine Außenprüfung (auch die abgekürzte Prüfung gem. § 203 AO) löst darüber hinaus zahlreiche Rechtsfolgen aus. Insbesondere bewirkt eine Außenprüfung, dass

▶ i. d. R. eine nachfolgende Steuerfestsetzung unter dem Vorbehalt der Nachprüfung unzulässig ist (§ 164 Abs. 1 Satz 1 AO; vgl. T/K, Stand 03/05, § 164 AO Rdnr. 46/47),

▶ der Vorbehalt einer Nachprüfung aufgehoben werden *muss*, wenn die Außenprüfung nicht zu einer Änderung gegenüber der Steuerfestsetzung unter dem Vorbehalt der Nachprüfung führt (§ 164 Abs. 3 AO),

▶ der Ablauf der Frist für die Festsetzungsverjährung gehemmt wird (§ 171 Abs. 4 AO),

▶ die Änderungssperre gem. § 173 Abs. 2 AO eingreift,

▶ im Regelfall ein Anspruch auf eine verbindliche Zusage gem. §§ 204 ff. AO besteht,

▶ eine strafbefreiende Selbstanzeige nach Erscheinen des Prüfers bei einer (vorsätzlichen) Steuerhinterziehung nicht mehr möglich ist (§ 371 Abs. 2 Nr. 1a AO). Bei nur leichtfertiger Steuerverkürzung ist dagegen die Selbstanzeige noch nach Erscheinen des Prüfers wirksam, solange dem Steuerpflichtigen die Einleitung eines Straf- oder Bußgeldverfahrens nicht bekannt gegeben worden ist (§ 378 Abs. 3 AO).

15. Rechtsbehelfe bei Außenprüfungen

191   Alle Verwaltungsakte und tatsächlichen Handlungen eines Außenprüfers können mit der Gegenvorstellung und der Dienstaufsichtsbeschwerde angegriffen werden (vgl. Tz 240). *Verwaltungsakte* im Rahmen von Außenprüfungen, die mit dem *Einspruch binnen Monatsfrist* angefochten werden können (§§ 347, 355 AO), sind insbesondere:

▶ die Prüfungsanordnung gem. § 196 AO (z. B. bezüglich der Zulässigkeit der Prüfung, des Prüfungszeitraumes, der zu prüfenden Steuerarten, BFH, BStBl II 1986, 21),

▶ die Bestimmung des Prüfungsbeginns (BFH, BStBl II 1987, 408; 1989, 483),

▶ die Festlegung des Prüfungsortes (BFH, BStBl II 1989, 483),

▶ die Erweiterung des Prüfungszeitraums bei Mittel-, Klein- und Kleinstbetrieben über die drei Jahre hinaus (§ 4 Abs. 3 BpO; es handelt sich um eine neue Prüfungsanordnung),

▶ die Ausdehnung der Prüfung auf die steuerlichen Verhältnisse der Gesellschafter usw. gem. § 194 Abs. 2 AO,

▶ die Aufforderung, bestimmte Aufzeichnungen, Bücher oder Urkunden vorzulegen oder bestimmte Auskünfte zu erteilen (BFH, BStBl II 1968, 365; Abgrenzung bei BFH, BStBl II 1999, 199; 2007, 227, 233),

▶ die Anordnung und Festsetzung von Zwangsgeldern zur Durchsetzung von Anordnungen, die im Rahmen einer Außenprüfung ergehen (§§ 328 ff. AO),

▶ die Ablehnung eines Antrags, die Außenprüfung zeitlich zu verschieben (§ 197 Abs. 2 AO),

▶ der Abbruch einer Außenprüfung, insbesondere, wenn der Prüfer sich weigert, die Prüfung zugunsten des Steuerpflichtigen fortzusetzen (BFH, BStBl II 1973, 542),

▶ die Ablehnung einer Schlussbesprechung (BFH, BStBl II 1973, 542),

▶ die Ablehnung einer im Anschluss an eine Außenprüfung beantragten *verbindlichen Zusage* (§§ 204 ff. AO) oder die Zusage, die nicht dem Antrag des Steuerpflichtigen entspricht.

▶ Bei *schriftlichen* Verwaltungsakten beginnt die Frist für die Einlegung des Rechtsbehelfs nur, wenn eine Rechtsbehelfsbelehrung erfolgt (§ 356 Abs. 1 AO). Bei Außenprüfungen ergehen *zahlreiche Verwaltungsakte formlos* (mündlich). Derartige formlose Verwaltungsakte muss der Steuerpflichtige binnen *Monatsfrist seit Bekanntgabe* mit dem Einspruch anfechten. Zweckmäßigerweise wird gleichzeitig die Aussetzung der Vollziehung gem. § 361 AO beantragt.

16. Verwertungsverbote

Erkenntnisse der Finanzverwaltung im Rahmen einer Außenprüfung dürfen unter bestimmten Voraussetzungen nicht für Steuerfestsetzungen oder -änderungen oder die Durchführung von Strafverfahren verwertet werden.   192

Einem umfassenden steuerlichen und strafrechtlichen Verwertungsverbot unterliegen alle Erkenntnisse, die durch verbotene Methoden i. S. des § 136a StPO – z. B. körperliche Gewalt – erlangt werden (ausführlich dazu H/H/Sp, Stand 06/02, Vor §§ 193–203, Rdnr. 560 ff.). Dies gilt nicht für die in § 136a StPO ebenfalls genannte Täuschung. In dem praktisch relevanten Fall, dass der Betriebsprüfer während der Prüfung auf strafrechtlich relevante Lebenssachverhalte stößt und trotzdem – entgegen § 10 BpO – die Prüfung fortführt, ohne den Steuerpflichtigen zu informieren, greift daher nur das in § 393 Abs. 2 AO geregelte Verwertungsverbot hinsichtlich der strafrechtlichen Auswertung von „Nicht"-Steuerstraftaten (einschränkend BGH, wistra 2003, 429 zur Urkundenfälschung; bestätigt durch BVerfG, NJW 2005, 352). Zu den Folgen einer Feststellung der Rechtswidrigkeit der Prüfungsanordnung vgl. Randnummer 180. Ohne Anfechtung der Prüfungsanordnung kann die Verwertung der Prüfungsergebnisse nur bei Nichtigkeit der Prüfungsanordnung verhindert werden (BFH, BStBl II 1984, 285). Ist keine Prüfungsanordnung ergangen, müssen die einzelnen Anforderungen des Betriebsprüfers angefochten werden, soweit sie Verwaltungsakte sind (BFH, BStBl II 1984, 285; 1986, 2; beachte auch BStBl II 2006, 400 zur Auswertung in erstmaligen Festsetzungen oder im Rahmen des § 164 AO). Hat die Finanzverwaltung trotz Anfechtung der Prüfungsanordnung geprüft und die Erkenntnisse bereits in Steuerfestsetzungen einfließen lassen, muss auch die Steuerfestsetzung angefochten werden (BFH, BStBl II 1985, 579). Diese Rechtsprechung des BFH ist deshalb bedeutsam, weil eine später aufgehobene, rechtswidrige Prüfungsanordnung die Verjährung nicht hemmt (BFH, BStBl II 1988, 165).

III. Verbindliche Zusagen – Auskünfte – Treu und Glauben

193   Im Anschluss an eine Außenprüfung soll die Finanzbehörde auf Antrag verbindlich zusagen, wie ein für die Vergangenheit geprüfter und im Bericht dargestellter Sachverhalt in Zukunft steuerrechtlich behandelt wird, wenn die Kenntnis der künftigen steuerrechtlichen Behandlung für die geschäftlichen Maßnahmen des Steuerpflichtigen von Bedeutung ist. Die Zusage ist *schriftlich* zu erteilen, muss den ihr zugrunde gelegten *Sachverhalt* und die für die Entscheidung maßgeblichen *Gründe* sowie eine Angabe darüber enthalten, für welche *Steuern* und für welchen *Zeitraum* sie gilt (§§ 204, 205 AO). Die verbindliche Zusage ist für die künftige Besteuerung maßgebend. Ausnahme: Widerspricht die Zusage zum *Nachteil* des Antragstellers dem geltenden Recht, so kann der Antragsteller stets geltend machen, dass die Zusage nicht dem Gesetz entspricht. Eine gesetzwidrige Zusage darf sich also nicht zum Nachteil des Steuerpflichtigen auswirken (§ 206 AO).

Verbindliche Zusagen treten außer Kraft, wenn die Rechtsvorschriften, auf denen sie beruhen, geändert werden. Mit Wirkung für die *Zukunft* kann die Finanzbehörde Zusagen aufheben oder ändern (Ermessensentscheidung; § 207 Abs. 2 AO). *Rückwirkend* darf eine verbindliche Zusage nur aufgehoben oder geändert werden, wenn der Steuerpflichtige *zustimmt*, die Zusage von einer *sachlich unzuständigen* Behörde erteilt oder durch *unlautere* Mittel (z. B. Täuschung, Drohung, Bestechung) erwirkt worden ist (§ 207 Abs. 3 AO).

Die Finanzbehörde kann unabhängig von den Voraussetzungen des § 204 AO verbindliche Auskünfte nach § 89 Abs. 2 AO erteilen. *Auskünfte* nach § 89 Abs. 2 AO sind Verwaltungsakte (vgl. AEAO Tz 3.5.5 zu § 89). Hinsichtlich der Zolltarifauskünfte nach Artikel 11 und 12 des Zollkodex bestehen umfangreiche Sonderregeln in Artikel 5 bis 15 der Zollkodex-Durchführungsverordnung. Ansonsten stellen Auskünfte lediglich einen Hinweis auf die nach Meinung der Finanzbehörde bestehende Rechtslage dar. Obwohl sie keine Verwaltungsakte sind, können sie unter dem Gesichtspunkt des Vertrauensschutzes (Treu und Glauben) Rechtswirkungen erzeugen, so dass der Steuerpflichtige sich im Regelfall darauf verlassen kann (BFH, BStBl II 1990, 274). Neben den gesetzlich geregelten Zusagen und Auskünften wird in der Praxis oft geltend gemacht, dass das Finanzamt an einer bestimmten steuerlichen Behandlung nach Treu und Glauben (§ 242 BGB) gehindert sei. Zugrunde liegen in der Regel Fälle, bei denen die Finanzverwaltung von einer langjährigen Praxis abrückt, die sie inzwischen als fehlerhaft erkannt hat. Das Vertrauen der Steuerpflichtigen auf die bisherige Handhabung und die Verpflichtung zur Legalität kollidieren. Nach dem „Grundsatz der *Abschnittsbesteuerung*" muss das Finanzamt in jedem Abschnitt die Rechtsgrundlagen prüfen und eine falsche Rechtsansicht zum frühesten Zeitpunkt aufgeben. Nur wenn das Finanzamt in besonderer Weise einen schützenswerten Vertrauenstatbestand geschaffen hat, ist es ggf. an die falsche Rechtsansicht gebunden (vgl. BFH/NV 1991, 217; 1993, 294).

IV. Steuerfahndung (Zollfahndung)

Die Steuer- und Zollfahndungsstellen sind die Kriminalpolizei der Finanzverwaltung. Sie können gem. § 208 AO   194

▶ Steuerstraftaten und Steuerordnungswidrigkeiten erforschen,

▶ Besteuerungsgrundlagen im Zusammenhang mit Steuerstraftaten und Steuerordnungswidrigkeiten ermitteln,

▶ unbekannte Steuerfälle aufdecken und ermitteln,

▶ auch mit einer Außenprüfung beauftragt werden. Im Regelfall wird die Steuerfahndung jedoch im Rahmen eines *strafrechtlichen* Ermittlungsverfahrens tätig.

Wird die Steuerfahndung im Auftrag der Staatsanwaltschaft tätig, so sind ihre Beamten Hilfsbeamte der Staatsanwaltschaft und an deren Weisungen gebunden. Die Steuerfahndung kann aber auch ohne Weisung der Staatsanwaltschaft im strafrechtlichen Ermittlungsverfahren tätig werden. Im Strafverfahren hat jeder Beamte der Steuerfahndung die Rechtsstellung eines Polizeibeamten nach den Vorschriften der Strafprozessordnung (teilweise weitergehend: § 404 AO). Bei Beginn einer Steuerfahndungs-Prüfung ist dem Steuerpflichtigen ein Merkblatt über seine Rechte und Pflichten auszuhändigen, soweit dazu Anlass besteht (abgedruckt in: BStBl I 1979, 115). Strafprozessuale Maßnahmen der Steuerfahndung können nicht mit förmlichen Rechtsbehelfen nach der AO angefochten werden. Nimmt z. B. die Steuerfahndung bei Gefahr im Verzug Beschlagnahmungen und Hausdurchsuchungen vor, so ist zunächst eine Entscheidung des Amtsgerichts herbeizuführen (§ 98 Abs. 2 StPO). Gegen die gerichtliche Entscheidung ist die Beschwerde nach Maßgabe der §§ 304 ff. StPO gegeben. Gegen eine vollzogene Hausdurchsuchung war nach h. M. eine Beschwerde unzulässig, da sich die Durchsuchung erledigt hatte. Das BVerfG hat dazu eine abweichende Auffassung entwickelt (vgl. BVerfG, NJW 1997, 2163; NJW 2006, 40) und sieht eine Überprüfung trotz der Erledigung als möglich an. Aktuell sind diverse Entscheidungen zur Beschlagnahme von Handakten der Bevollmächtigten oder die Spiegelung der Computerdatenbestände der Bevollmächtigten, BVerfG, NJW 2005, 1917 und 2009, 281.

(Einstweilen frei)   195–199

F. Vollstreckung

I. Allgemeine Vorschriften

Die Vollstreckung von Verwaltungsakten, durch die eine Geldleistung oder eine sonstige Handlung (Duldung, Unterlassung) gefordert wird, ist im 6. Teil der AO geregelt (§§ 249 ff.). Vollstreckungsbehörden sind die Finanzämter (Hauptzollämter). Grundsätz-   200 lich setzen die Finanzämter Verwaltungsakte selbst zwangsweise durch (z. B. durch Pfändung von Forderungen oder beweglichen Sachen). Bei der Zwangsvollstreckung in *unbewegliches* Vermögen (Grundstücke) muss jedoch das Amtsgericht eingeschaltet werden (§ 322 AO).

Die Vollstreckungsbehörden sind mit *Innen- und Außendienstbeamten* besetzt. Der *Innendienst* entscheidet über die *Einleitung* der Vollstreckung und die *Art* der Vollstreckungsmaßnahmen. Er ist ferner zuständig für die Pfändung von *Forderungen* und sonstigen *Vermögensrechten.* Der *Außendienst* ist mit Vollziehungsbeamten besetzt. Ihnen obliegt vornehmlich die Pfändung beweglicher Sachen. Sie sind die „Gerichtsvollzieher" des Finanzamts.

Verwaltungsanweisungen auf dem Gebiet des Vollstreckungsrechts sind die VollstrA und die VollzA (vgl. Tz 5).

1. Ermessen im Vollstreckungsverfahren

201 Grundsätzlich *müssen* die Finanzämter Ansprüche aus dem Steuerschuldverhältnis zwangsweise durchsetzen, wenn der Schuldner sie nicht freiwillig tilgt (Legalitätsprinzip). Die Vollstreckung steht deshalb grundsätzlich nicht im Ermessen der Finanzbehörde. Nur in Ausnahmefällen kann sie aus Billigkeitsgründen eine Forderung erlassen, stunden, oder die Zwangsvollstreckung einstweilen einstellen (§ 258 AO). Dagegen hat die Vollstreckungsstelle einen *erheblichen Ermessensspielraum* (vgl. Tz 26), soweit es sich um die Auswahl der *Vollstreckungsmaßnahmen im Einzelfall* handelt. Die Behörde kann z. B. nach ihrem Ermessen *Forderungen* pfänden, *bewegliche Sachen* pfänden oder die Zwangsvollstreckung in das *unbewegliche Vermögen* betreiben. Bei der *Auswahl* der Vollstreckungsmaßnahmen muss die Vollstreckungsstelle jedoch auch die *Interessen des Vollstreckungsschuldners* berücksichtigen. Es gilt insbesondere der Grundsatz *der Verhältnismäßigkeit der Mittel.* Er besagt, dass belastende behördliche Maßnahmen in einem angemessenen Verhältnis zum erstrebten Erfolg stehen müssen. Das bedeutet im Vollstreckungsverfahren: Kann die Behörde zwischen mehreren *Erfolg versprechenden* Vollstreckungsmaßnahmen wählen, so *muss* sie in der Regel die den Schuldner am wenigsten belastende Maßnahme treffen. Allerdings darf die Verwaltung Effektivitätserwägungen anstellen. Ggf. sind Billigkeitsmaßnahmen angezeigt. Das Übermaßverbot ist eine zwingende Konsequenz des Rechtsstaatsprinzips (Art. 20 GG) sowie des Grundrechts auf freie Entfaltung der Persönlichkeit (Art. 2 Abs. 1 GG) und hat deshalb Verfassungsrang. Im Vollstreckungsverfahren kann auch Art. 14 GG (Eigentumsgarantie) tangiert sein.

BEISPIEL: ▶ Die Vollstreckungsstelle beantragt die Eintragung einer Zwangshypothek wegen einer Forderung von 800 € und betreibt daraus die Zwangsversteigerung des Grundstücks. Das Grundstück ist unbelastet und hat einen Verkehrswert von 130 000 €. Nach einer Entscheidung des Bundesgerichtshofes muss das Finanzamt bei einem derartigen Missverhältnis von Forderung und Wert des Vollstreckungsobjekts von Amts wegen prüfen, ob ein Vollstreckungsaufschub, eine Stundung oder ein Billigkeitserlass in Betracht kommt. Eine Verletzung dieser Pflicht kann ggf. eine Schadensersatzforderung des Vollstreckungsschuldners begründen (BGH, NJW 1973, 894). Vgl. dazu auch BVerfG NJW 1978, 368 (betr. gerichtliche Zwangsversteigerung eines Grundstücks).

2. Allgemeine Vorschriften für die Vollstreckung

a) Grundlagen und Arten der Vollstreckung

Die Vollstreckung erfolgt auf der Grundlage eines *Verwaltungsakts* (auch *Steueranmeldung*, §§ 218, 249, 168 AO). Durch einen Verwaltungsakt kann eine *Geldleistung* festgesetzt oder angefordert werden. Danach richtet sich die zwangsweise Durchsetzung nach den Vorschriften über die Vollstreckung wegen *Geldforderungen* (§§ 259 bis 327 AO). Zielt der Verwaltungsakt auf eine andere Leistung (Tun, Dulden oder Unterlassen), so erfolgt die Vollstreckung durch Festsetzung eines Zwangsgelds, Zwangshaft oder durch Ersatzvornahme oder unmittelbaren Zwang nach Maßgabe der §§ 328 ff. AO.

BEISPIELE: Festsetzung eines Zwangsgelds zur Erzwingung der Abgabe von Steuererklärungen, Erteilung von Auskünften, Duldung einer Betriebsprüfung.

Wegen der Arten der Vollstreckung vgl. das nachfolgende Schema.

202

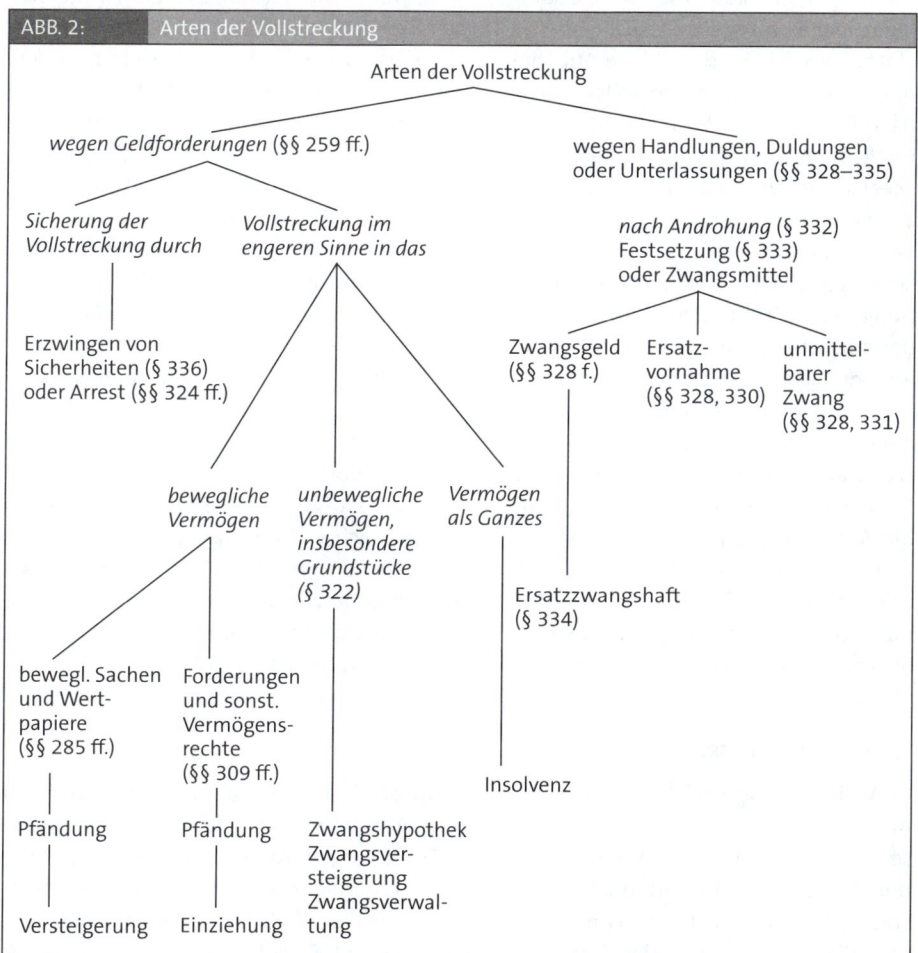

ABB. 2: Arten der Vollstreckung

b) Ermittlungsbefugnisse der Vollstreckungsbehörde

203   Die Finanzämter können zur Vorbereitung der Vollstreckung die Vermögens- und Einkommensverhältnisse des Vollstreckungsschuldners ermitteln (§ 249 Abs. 2 AO). Die Vollstreckungsstelle hat dieselben Ermittlungsbefugnisse wie die Finanzbehörde im steuerlichen Ermittlungs- und Festsetzungsverfahren. Insbesondere kann sie vom Vollstreckungsschuldner und von Dritten Auskünfte verlangen und den Vollziehungsbeamten mit der Feststellung der Einkommens- und Vermögensverhältnisse beauftragen. Die §§ 85 bis 107 und 111 bis 117 AO sind entsprechend anwendbar (zur Anwendung von § 93 AO ausführlich: BFH, BStBl II 1989, 537; 2000, 366 und 2007, 365). Zur Ermittlung der Einkommens- und Vermögensverhältnisse ist auch eine Außenprüfung zulässig (T/K, Stand 10/03 § 249 AO Tz 29).

Bei tatsächlicher oder mutmaßlicher *Ergebnislosigkeit* der Vollstreckung in das *bewegliche* Vermögen kann die Vollstreckungsbehörde vom Vollstreckungsschuldner die Vorlage eines Vermögensverzeichnisses verlangen. Der Schuldner hat zu Protokoll an *Eides statt zu versichern,* dass er die Angaben im Vermögensverzeichnis nach bestem Wissen und Gewissen richtig und vollständig gemacht hat. Ob die eidesstattliche Versicherung nach § 95 AO oder § 284 AO verlangt werden kann, ist streitig (BFH, BStBl II 1992, 57; bei § 284 AO: Eintragung in das Schuldnerverzeichnis). Der BFH sieht § 284 AO als lex specialis an (zustimmend H/H/Sp, Stand 06/08, § 284 AO Tz 18–23; für Abstellen auf Verhältnismäßigkeitsgrundsatz T/K, Stand 08/06 § 284 AO Tz 13 m. w. N.). Die Vollstreckungsbehörde kann nach ihrem Ermessen von der Abnahme der eidesstattlichen Versicherung absehen. Weigert sich der Schuldner, so kann sie das Amtsgericht um Anordnung der Haft zur Erzwingung der Vorlage des Vermögensverzeichnisses oder der eidesstattlichen Versicherung ersuchen. Nach Abgabe der eidesstattlichen Versicherung wird der Schuldner beim Amtsgericht in das Schuldnerverzeichnis eingetragen. Solange die Eintragung nicht gelöscht ist, muss er in den ersten drei Jahren nach Abgabe der eidesstattlichen Versicherung eine erneute eidesstattliche Versicherung nur abgeben, wenn anzunehmen ist, dass er später Vermögen erworben hat oder ein bisher bestehendes Arbeitsverhältnis mit ihm aufgelöst worden ist (§ 284 AO). Der Schuldner kann die Anordnung, eine eidesstattliche Versicherung nach § 284 AO abzugeben, mit dem Einspruch anfechten. Der Einspruch hat aufschiebende Wirkung. Die Anordnung darf folglich vor Unanfechtbarkeit der Entscheidung über den Einspruch nicht zwangsweise durchgesetzt werden (§ 284 Abs. 6 Satz 2 AO). Ein Antrag auf einstweiligen gerichtlichen Rechtsschutz ist deshalb nicht zulässig (BFH, BStBl II 1985, 197).

c) Vollstreckungsgläubiger

204   Im Vollstreckungsverfahren *gilt die Körperschaft als Gläubigerin* der zu vollstreckenden Ansprüche, der die *Vollstreckungsbehörde angehört* (§ 252 AO). Die Finanzämter müssen als Landesfinanzbehörden auch wegen Forderungen vollstrecken, die nicht oder nur teilweise dem betreffenden Bundesland als Steuergläubiger zustehen (z. B. Kirchensteuer, Einkommensteuer, Umsatzsteuer). § 252 AO ermöglicht in derartigen Fällen, dass die Forderung von dem betreffenden Bundesland als *Gläubiger* geltend gemacht wird.

BEISPIEL: ▶ Die Vollstreckungsstelle eines Finanzamts beantragt beim Amtsgericht die Eintragung einer Zwangshypothek wegen rückständiger Umsatz-, Einkommen- und Kirchensteuer. Das Land kann als Gläubiger sämtlicher Steuern einer Zwangshypothek eingetragen werden.

d) Die Voraussetzungen der Vollstreckung

Von Ausnahmen abgesehen (z. B. beim Arrest, vgl. § 324 AO, Tz 223, 224) darf die Vollstreckung nur beginnen, wenn aufgrund des Verwaltungsakts   205

▶ die verlangte Leistung *fällig* ist, d. h. wenn die Finanzbehörde die sofortige Erfüllung des Anspruchs verlangen kann,

▶ der Vollstreckungsschuldner durch ein *Leistungsgebot* zur Leistung (Zahlung, Duldung, Unterlassung) *aufgefordert* worden ist (nicht erforderlich bei Steueranmeldungen),

▶ das Leistungsgebot dem Vollstreckungsschuldner *bekannt gegeben* worden ist,

▶ seit Bekanntgabe des Leistungsgebots mindestens eine Woche verstrichen ist (§ 254 Abs. 1 AO),

▶ der Verwaltungsakt nicht von der Vollziehung ausgesetzt ist (§ 251 Abs. 1 AO).

Ein Leistungsgebot ist nicht erforderlich, wenn der Schuldner eine von ihm *aufgrund einer Steueranmeldung* geschuldete Leistung nicht erbracht hat (§ 254 Abs. 1 AO). Dann ersetzt der kraft Gesetzes bestehende *Leistungsbefehl* das Leistungsgebot (z. B. § 18 Abs. 2 UStG).

BEISPIEL: ▶ Der Steuerpflichtige gibt eine Umsatzsteuervoranmeldung (Lohnsteuer-Anmeldung) ab, zahlt jedoch nicht. Die Vollstreckung darf *ohne Leistungsgebot* erfolgen. – Gibt aber der Steuerpflichtige *keine Steueranmeldung ab*, muss ihm die Finanzbehörde vor der Vollstreckung eine mit einem Leistungsgebot verbundene Steuerfestsetzung (ggf. Schätzung) bekannt geben und die Schonfrist abwarten.

Ein Leistungsgebot ist auch entbehrlich, wenn *Säumniszuschläge, Zinsen* oder *Vollstreckungskosten zusammen* mit dem Hauptanspruch beigetrieben werden (§ 254 Abs. 2 AO). Die Vorschrift ist dahin zu interpretieren, dass eine *formalisierte* Aufforderung (z. B. durch schriftlich zu erteilenden Verwaltungsakt) nicht erfolgen muss. Selbstverständlich muss ein Vollziehungsbeamter vor einer Vollstreckungsmaßnahme den Schuldner zur Leistung (Zahlung der Zinsen, Säumniszuschläge, Kosten) auffordern (so ausdrücklich Abschn. 24 Abs. 1 VollzA). Diese (mündliche) Zahlungsaufforderung kann ein anfechtbares Leistungsgebot sein.

Vollstreckungsmaßnahmen ohne erforderliches Leistungsgebot sind nach BFH, BStBl II 2003, 109 rechtswidrig und nicht *nichtig*. Vollstreckungsmaßnahmen, die nach einem Leistungsgebot aber *vor* Ablauf der einwöchigen Schonfrist vorgenommen werden, sind nicht nichtig, sondern nur auf Anfechtung aufzuheben. Es tritt – falls ein Rechtsbehelf eingelegt wird – keine Heilung mit Ablauf der Schonfrist ein (BFH, BStBl II 1979, 589; 2003, 109).

Das Leistungsgebot wird im Regelfall mit dem Verwaltungsakt verbunden (z. B. dem Steuerbescheid). Aus dem *Leistungsgebot* muss sich eindeutig ergeben, *wer, was, an wen, bis wann und auf welche Weise leisten soll* (Zahlungspflichtiger, Betrag, Zahlungsaufforderung, Fälligkeit, zuständige Kasse). Da Zahlungen im Regelfall unbar zu leisten sind, soll auch die Kontonummer der zuständigen Kasse angegeben werden (§ 224 Abs. 1 AO). Die Erteilung eines Kontoauszuges durch die Finanzkasse ist kein Leistungsgebot (BFH, BStBl II 1977, 83).

Auf Grund eines *Haftungsbescheids* darf nach dem gesetzlichen Regeltatbestand in § 219 Satz 1 AO ein *Leistungsgebot* gegen den Haftungsschuldner nur ergehen, soweit die Vollstreckung in das bewegliche Vermögen des Steuerschuldners erfolglos geblieben ist oder mutmaßlich aussichtslos sein wird. Von diesem Grundsatz gibt es zahlreiche Ausnahmen (§ 219 Satz 2 AO; Tz 92; der gesetzliche Regelfall ist der statistische Ausnahmefall).

Negativ setzt die *Vollstreckung* eines Verwaltungsakts voraus, dass

► der Anspruch *nicht erloschen* ist (z. B. durch Verjährung, Erlass; § 257 AO),

► die Vollstreckung nicht gehindert ist z. B. durch Stundung, Aussetzung der Vollziehung, einstweilige Anordnung eines Finanzgerichts (§§ 257, 361 AO; § 114 FGO),

► die Vollstreckung nicht durch bekannt gegebenen Verwaltungsakt aus *Billigkeitsgründen einstweilen eingestellt* worden ist (§ 258 AO).

e) Aufhebung von Vollstreckungsmaßnahmen

206 Vollstreckungsmaßnahmen (z. B. Pfändungen) *sind* aufzuheben, soweit der Verwaltungsakt, aus dem vollstreckt wurde, aufgehoben wird oder soweit der Anspruch auf die Leistung (z. B. durch Aufrechnung) erloschen ist. Bei einer *Stundung oder Aussetzung* der Vollziehung bleiben jedoch bereits *getroffene Vollstreckungsmaßnahmen* bestehen, soweit nicht ihre Aufhebung *ausdrücklich angeordnet wird* (§ 257 AO).

> **BEISPIEL:** ► Die Vollstreckungsstelle hat bewegliche Sachen gepfändet. Dem Schuldner wird antragsgemäß für zwei Monate gestundet. – Die Pfändung bleibt trotz der Stundung bestehen, falls nicht ihre Aufhebung ausdrücklich angeordnet wird. Einen Antrag auf Aufhebung der Pfändung wird die Finanzbehörde im Regelfall ohne Ermessensfehler ablehnen können, weil gem. § 222 AO regelmäßig nur gegen *Sicherheitsleistung* gestundet werden soll und bei einer Stundung die zwangsweise erreichte Sicherung einer freiwilligen Sicherheitsleistung gleichgestellt werden kann. Verwertungsmaßnahmen (z. B. die Versteigerung einer gepfändeten Sache) sind jedoch unzulässig.

f) Einstweilige Einstellung und Beschränkung der Vollstreckung

207 Soweit im Einzelfall die Vollstreckung *unbillig* ist, kann die Vollstreckungsbehörde

► sie einstweilen einstellen,

► sie beschränken,

► Vollstreckungsmaßnahmen aufheben (§ 258 AO).

Die Billigkeitsmaßnahme gem. § 258 AO kann in einem „schlichten Nichtstun" der Vollstreckungsstelle bestehen. Dann liegt *kein Verwaltungsakt* vor. Gibt die Vollstreckungsstelle dem Schuldner die Einstellung der Zwangsvollstreckung *bekannt,* so handelt es sich um einen *Verwaltungsakt.* Dasselbe gilt für die *Ablehnung* eines Antrags auf Vollstreckungsschutz. Die Ablehnung ist mit dem Einspruch anfechtbar (§ 347 AO).

Die *Fälligkeit* des Anspruchs wird durch eine dem Steuerpflichtigen bekannt gegebene Billigkeitsmaßnahme gem. § 258 AO *nicht hinausgeschoben,* so dass weiterhin Säumniszuschläge entstehen (BFH, BStBl II 1979, 427). Ist der Steuerpflichtige jedoch *zahlungs-unfähig und überschuldet,* so verlieren Säumniszuschläge ihre Berechtigung als Druck-mittel und es besteht ein *Rechtsanspruch auf hälftigen Erlass* aus Billigkeitsgründen (vgl. Tz 174 mit Darstellung der verschiedenen Problemstellungen).

II. Vollstreckung wegen Geldforderungen

Die *§§ 259 bis 284 enthalten allgemeine* Vorschriften für die Vollstreckung wegen Geld-forderungen. Folgende Vorschriften sind von besonderer Bedeutung:

1. Aufteilung einer Gesamtschuld

Personen, die zusammen zur Einkommensteuer (oder für alte Jahre zur Vermögensteu-er) veranlagt werden, sind Gesamtschuldner (§ 44 AO). Jeder Gesamtschuldner kann gem. § 268 AO beantragen, dass die Vollstreckung wegen dieser Steuern nach Maßgabe der §§ 269 ff. AO beschränkt wird. Die Aufteilung, auf die ein *Rechtsanspruch* besteht, erfolgt i. d. R. nach dem Verhältnis der Beträge, die sich bei einer (fiktiven) getrennten Veranlagung ergeben würden (allgemeiner Aufteilungsmaßstab nach § 270 AO für die Einkommensteuer).

208

> **BEISPIEL:** ▶ Die Zusammenveranlagung eines Ehepaares ergibt eine Einkommensteuerschuld von 18 000 €, rückständig sind 1 200 €. Bei einer getrennten Veranlagung würde sich für den Ehe-mann eine Steuerschuld von 14 000 € und für die Ehefrau eine Steuerschuld von 7 000 € erge-ben. Im Verhältnis 14 000 : 7 000 = ($^{2}/_{3}$: $^{1}/_{3}$) ist die rückständige Steuer aufzuteilen. – Hat ein (ehemaliger) Ehepartner keine oder nur geringfügige Einkünfte, die nach dem Tarif keine Steu-er auslösen, so kann er durch den Aufteilungsantrag eine völlige Entlastung erreichen.

Besonders wichtig bei den Aufteilungsvorschriften ist § 276 AO. In dieser Vorschrift ist geregelt, welche Beträge aufzuteilen sind und zu wessen Gunsten welche Teiltilgungs-beträge anzurechnen sind. In die Aufteilung werden immer die an einem bestimmten Stichtag (§ 276 Abs. 1 und 2 i. V. mit Abs. 5 AO) rückständigen Steuern, derentwegen vollstreckt wird, bzw. die geschuldet werden, einbezogen. Darüber hinaus werden nach § 276 Abs. 3 AO auch getilgte Beträge, insbesondere Lohnsteuern, in die Aufteilung ein-bezogen. Hinzu kommen nach § 276 Abs. 4 AO die Nebenleistungen. Der so ermittelte – gerundete – (Einkommensteuer-)Betrag wird nach Maßgabe der Verhältniszahl aus den beiden getrennten Veranlagungen auf beide Ehepartner verteilt. Nach § 276 Abs. 6 AO werden dann die Tilgungsbeiträge dem jeweilig begünstigten Ehepartner angerech-net (vgl. BFH, BStBl II 1995, 492). Die Aufteilung kann im Extremfall zu Erstattungen führen (§ 276 Abs. 6 Satz 2 AO). Ansonsten führt sie zu einer Vollstreckungsbeschrän-kung, die allerdings in Fällen mit Vermögensverschiebungen u. U. nicht greift (vgl. § 278 Abs. 2 AO; zeitliche Beschränkung auf 10 Jahre durch JStG 2009).

2. Vollstreckung in das bewegliche Vermögen

Bewegliches Vermögen sind bewegliche Sachen, Forderungen und andere Vermögens-rechte.

209

Die Vollstreckung in das *bewegliche* Vermögen erfolgt durch *Pfändung* (§ 281 AO). Die Pfändung begründet

- ein *Pfandrecht* (§ 282 AO). Aufgrund des Pfandrechts darf der Gläubiger den gepfändeten Gegenstand, die gepfändete Forderung verwerten, z. B. eine gepfändete Sache versteigern, eine gepfändete Geldforderung einziehen.

- eine *Pfandverstrickung* (Beschlagnahmewirkung der Pfändung). Die Pfandverstrickung bewirkt, dass der Vollstreckungsschuldner oder der Drittschuldner bei einer Forderungspfändung keine Verfügungen mehr über den gepfändeten Gegenstand vornehmen darf. Das Verfügungsverbot besteht bei der Forderungspfändung ausdrücklich (§ 309 Abs. 1 AO), bei gepfändeten Sachen wird es ggf. durch Wegnahme bewirkt. Wer gepfändete Gegenstände der Vollstreckung entzieht (z. B. beiseite schafft) oder Pfandsiegel entfernt, macht sich nach Maßgabe des § 136 StGB strafbar.

Pfändungen dürfen nicht *weiter ausgedehnt* werden, als es zur Deckung der beizutreibenden Geldbeträge und Kosten der Vollstreckung erforderlich ist (Verbot der Überpfändung; § 281 Abs. 2 AO).

Bei *mehreren* Pfändungen hat die *frühere* Pfändung den Vorrang.

BEISPIEL: ► Ein privater Gläubiger hat wegen einer Forderung von 1 000 € ein Ölgemälde gepfändet. Danach wird das Gemälde von dem Vollziehungsbeamten der Vollstreckungsstelle für eine Forderung von 2 000 € abermals gepfändet. Die Versteigerung des Gemäldes ergibt einen Erlös nach Kosten von 1 500 €. Der private Gläubiger wird aus diesem Erlös voll befriedigt. Die Vollstreckungsstelle erhält dagegen nur den verbleibenden Betrag von 500 €.

a) Vollstreckung in bewegliche Sachen

210 Die Pfändung *beweglicher Sachen* erfolgt durch den Vollziehungsbeamten, der dabei einen schriftlichen Vollstreckungsauftrag vorzuzeigen hat (§ 285 AO). Der Vollziehungsbeamte nimmt Geld, Kostbarkeiten und Wertpapiere in Besitz. Andere Sachen sind im Gewahrsam des Vollstreckungsschuldners zu belassen, wenn die Befriedigung dadurch nicht gefährdet wird. Bleiben die Sachen im Gewahrsam des Schuldners, so ist die Pfändung nur wirksam, wenn sie durch Anlegung von Siegeln oder in sonstiger Weise *ersichtlich* gemacht wird (§ 286 AO).

Sachen, die sich im Gewahrsam eines *Dritten* befinden, darf der Vollziehungsbeamte nur pfänden, wenn dieser zur *Herausgabe bereit* ist (§ 286 Abs. 4).

BEISPIEL: ► Der Vollstreckungsschuldner hat ein möbliertes Zimmer einschließlich des sich darin befindenden Klaviers vermietet. Ist der Mieter nicht zur Herausgabe bereit, so muss die Pfändung des Klaviers unterbleiben.

Der Vollziehungsbeamte darf Wohn- und Geschäftsräume sowie Behältnisse *durchsuchen,* soweit dies der Zweck der Vollstreckung erfordert. Er kann verschlossene Türen und Behältnisse öffnen lassen, bei Widerstand Gewalt anwenden und dabei die Amtshilfe durch Polizeibeamte in Anspruch nehmen (§ 287 AO). Diese Regelung ist (nach einem Beschluss des Bundesverfassungsgerichts zu der entsprechenden Bestimmung der Zivilprozessordnung [§ 758 ZPO]) mit Art. 13 Abs. 2 GG nur dann vereinbar, wenn Gefahr im Verzug besteht. Andernfalls ist für die Durchsuchung eine richterliche Anordnung erforderlich (BVerfG, BStBl II 1979, 601; Abschnitt 28 VollzA). Für die richterliche Anordnung der Durchsuchung ist das *Amtsgericht* zuständig, in dessen Bezirk die

Durchsuchung vorgenommen werden soll (§ 287 Abs. 4 AO). Für das Verfahren vor dem AG gilt nicht die FGO, sondern die ZPO (Kammergericht, NJW 1982, 2326). Nach der Rechtsprechung des BFH liegt keine Durchsuchung i. S. des Art. 13 GG vor, wenn der Vollziehungsbeamte die Geschäftsräume des Vollstreckungsschuldners nur betritt oder besichtigt und offen ausgelegte Waren pfändet (BStBl II 1989, 55).

§ 295 AO enthält das *Verbot der Kahlpfändung*. Die Vorschrift verweist auf einen umfangreichen Katalog von *Pfändungsverboten*, die in der Zivilprozessordnung und in anderen Gesetzen enthalten sind. Danach dürfen insbesondere nicht gepfändet werden (keine abschließende Aufzählung):

▶ Sachen, die für eine bescheidene Lebensführung erforderlich sind (§ 811 Nr. 1 ZPO),

▶ Sachen, die für eine Erwerbstätigkeit benötigt werden (§ 811 Nr. 5 ZPO),

▶ bei Personen mit wiederkehrenden Einkünften (z. B. Arbeitnehmern, Rentnern) ein Bargeldbetrag in Höhe des anteiligen als Forderung unpfändbaren Betrags (§ 811 Nr. 8 ZPO).

BEISPIEL: ▶ Nach Maßgabe des § 850c ZPO soll in einem konkreten Fall das Gehalt i. H. von 900 € unpfändbar sein. Der Vollziehungsbeamte findet am 20. eines Monats beim Steuerpflichtigen 500 € Bargeld vor. Davon darf er nur 200 € pfänden. $^1/_3$ des (als Arbeitseinkommen) unpfändbaren Betrages (300 €) muss er dem Schuldner belassen, weil der Monat erst zu $^2/_3$ abgelaufen ist.

Die Entscheidung über die Pfändungsschutzvorschriften trifft das Finanzamt, das kraft ausdrücklicher Regelung in § 295 AO an die Stelle des Vollstreckungsgerichts tritt. Bei Unpfändbarkeit kann eine Austauschpfändung in Betracht kommen (§ 811a ZPO).

BEISPIEL: ▶ Der Vollziehungsbeamte will wegen eines Rückstandes von 3 000 € pfänden. Bei der Steuerschuldnerin findet er als einziges Objekt, dessen Pfändung sich lohnen würde, einen Designermantel vor, dessen Verkehrswert er auf 2 500 € schätzt. Die Steuerschuldnerin macht geltend, dies sei ihr einziger Wintermantel. – Der Vollziehungsbeamte kann den Designermantel pfänden und versteigern, muss der Schuldnerin aber den zum Kauf eines einfachen Mantels erforderlichen Geldbetrag zur Verfügung stellen.

Wird eine derzeit unpfändbare Sache *demnächst voraussichtlich pfändbar*, so kann sie gepfändet werden, ist jedoch im Gewahrsam des Schuldners zu belassen (§ 811d ZPO).

Grundstücksbestandteile (z. B. i. d. R. sanitäre Installationen im Bad) und *Grundstückszubehör* (z. B. Hotelinventar) unterliegen auch dann *nicht* der Zwangsvollstreckung in das *bewegliche* Vermögen, wenn es sich um bewegliche Sachen handelt. Sie können nur im Wege der Zwangsvollstreckung in das *unbewegliche* Vermögen erfasst werden (§ 322 Abs. 1 AO, 865 ZPO; zu den Rechtsfolgen einer trotzdem erfolgten Mobiliarpfändung vgl. BGH, NJW 1988, 2789).

Die *Verwertung* gepfändeter Sachen erfolgt regelmäßig dadurch, dass sie der Vollziehungsbeamte öffentlich versteigert (§ 296 AO). Sie kann aus Billigkeitsgründen unter Anordnung von Zahlungsfristen zeitweilig ausgesetzt werden (§ 297 AO). Auf Antrag des Vollstreckungsschuldners oder aus Zweckmäßigkeitsgründen kann auch eine anderweitige Verwertung erfolgen, z. B. durch freihändigen Verkauf an einen vom Vollstreckungsschuldner benannten Interessenten (§ 305 AO).

b) Vollstreckung in Forderungen und andere Vermögensrechte

211 Gepfändet werden können nicht nur Sachen, sondern auch

- ► Geldforderungen (§§ 309 ff. AO),

- ► Ansprüche auf Herausgabe oder Leistung von Sachen (z. B. auf Herausgabe einer Sache, die der Schuldner vermietet hat, § 318 AO),

- ► andere Vermögensrechte, z. B. Gesellschaftsanteile, Urheberrechte (§ 321 AO).

Beschränkungen und *Verbote,* die gem. §§ 850 bis 852 ZPO und nach anderen gesetzlichen Bestimmungen für die Pfändung von Forderungen und Ansprüchen bestehen, gelten entsprechend (§ 319 AO). Danach sind *unpfändbar* insbesondere (keine abschließende Aufzählung):

- ► Forderungen, soweit sie *nicht abtretbar* sind; das sind z. B. *höchstpersönliche* Forderungen (z. B. Ansprüche auf Dienstleistungen).

- ► Ansprüche auf *Arbeitseinkommen,* das in Geld zahlbar ist, soweit sie nicht den unpfändbaren Betrag übersteigen (§ 850a bis 850i ZPO).

- ► Nach näherer Maßgabe des § 850b ZPO Unterhaltsrenten, Renten wegen Körperverletzung, Bezüge aus Unterstützungskassen, Lebensversicherungen auf den Todesfall unter 3 579 €.

Die vorbezeichneten Bezüge können jedoch nach den für Arbeitseinkommen geltenden Vorschriften gepfändet werden, wenn dies der Billigkeit entspricht. Auch hinsichtlich dieser Vollstreckungsschutzvorschriften entscheidet die Finanzbehörde (vgl. BFH, BStBl II 1997, 308).

Geldforderungen werden durch die Vollstreckungsbehörden (Innendienst) gepfändet. Die Pfändung erfolgt dadurch, dass die Vollstreckungsbehörde dem Drittschuldner schriftlich verbietet, an den Vollstreckungsschuldner zu zahlen und dem Vollstreckungsschuldner schriftlich gebietet, sich jeder Verfügung über die Forderung, insbesondere ihrer Einziehung zu enthalten (Pfändungsverfügung). Die Pfändung ist bewirkt, wenn die Pfändungsverfügung dem *Drittschuldner* zugestellt ist (§ 309 AO). Mit der Pfändungsverfügung wird in der Praxis regelmäßig die *Einziehungsverfügung* verbunden (§ 314 AO). Sie bewirkt, dass die Vollstreckungsbehörde die Forderung im eigenen Namen geltend machen (einziehen) kann.

BEISPIEL: ► Wegen rückständiger Kfz-Steuer stellt die Finanzbehörde dem Arbeitgeber (Drittschuldner) des Steuerschuldners schriftlich eine Pfändungsverfügung zu und ordnet gleichzeitig die Einziehung an. Der Arbeitgeber darf – soweit der Lohnanspruch pfändbar ist – den Arbeitslohn nicht dem Vollstreckungsschuldner auszahlen, sondern muss ihn an das Finanzamt überweisen.

Der Drittschuldner hat der Vollstreckungsbehörde auf Verlangen binnen zwei Wochen seit Zustellung der Pfändung zu erklären, inwieweit er die Forderung anerkennt und zahlungsbereit ist, ob andere Personen Ansprüche an die Forderung erheben und ob die Forderung bereits für andere Gläubiger gepfändet worden ist (§ 316 AO). Bestreitet der Drittschuldner, dass die gepfändete Forderung besteht, so kann die Finanzbehörde entweder die Pfändung klarstellend aufheben oder den Drittschuldner vor dem zuständigen Gericht verklagen (wenn die Behörde davon ausgeht, dass die Forderung doch besteht).

Um einem Schuldner, dessen Guthaben bei einem *Geldinstitut* gepfändet wird, Gelegenheit zu geben, die Unpfändbarkeit geltend zu machen, darf das Geldinstitut erst zwei Wochen nach der Zustellung des Überweisungsbeschlusses an den Gläubiger (z. B. die Bank an das Finanzamt) zahlen (§ 314 Abs. 3 AO i.V. mit § 835 Abs. 3 Satz 2 ZPO).

Für die Vollstreckung in *Ansprüche auf Herausgabe oder Leistung von Sachen* gelten zunächst die für die Pfändung von Geldansprüchen maßgeblichen Vorschriften entsprechend (§ 318 Abs. 1, §§ 309 bis 317 AO). Ergänzende Bestimmungen sind in § 318 Abs. 2 bis 5 AO enthalten. Danach ist bei der Pfändung eines Anspruchs, der eine *bewegliche* Sache betrifft, anzuordnen, dass die Sache an den Vollziehungsbeamten herauszugeben ist. Bei Pfändung eines Anspruchs, der eine *unbewegliche* Sache betrifft, ist die Herausgabe an einen Treuhänder anzuordnen, den das Amtsgericht bestellt.

> **BEISPIEL:** Der Vollstreckungsschuldner gibt im Vermögensverzeichnis (§ 284 AO) an, er habe ihm gehörige Wertgegenstände einem Verwandten geliehen. Die Vollstreckungsbehörde kann den Herausgabeanspruch des Vollstreckungsschuldners pfänden und gleichzeitig anordnen, dass der Verwandte den Wertgegenstand an den Vollziehungsbeamten herauszugeben hat. Die Sache wird wie eine gepfändete Sache verwertet.

> **BEISPIEL:** Die Vollstreckungsbehörde kann einen Anspruch des Vollstreckungsschuldners auf Übereignung eines Grundstücks pfänden und die Herausgabe an einen Treuhänder anordnen. Die Übereignung erfolgt an den Vollstreckungsschuldner, vertreten durch den Treuhänder. Geht das Eigentum auf den Schuldner über, so entsteht kraft Gesetzes eine Sicherungshypothek für die von der Vollstreckungsstelle geltend gemachte Forderung (§ 318 Abs. 3 AO).

Die Vorschriften über die Vollstreckung in Geld- und Sachansprüche gelten für die Vollstreckung in *andere Vermögensrechte* entsprechend (§ 321 Abs. 1 AO). Andere Vermögensrechte i. S. der Vorschrift sind z. B. Anteile an Gesellschaften oder Erbengemeinschaften und Urheberrechte. Urheberrechte können regelmäßig als solche nicht übertragen, sondern nur einem anderen *zur Ausübung* überlassen werden (Ausnahme: Patentrechte § 15 PatG). Unveräußerliche Rechte sind insoweit pfändbar, als die Ausübung einem anderen überlassen werden kann (§ 321 AO).

> **BEISPIEL:** Das literarische Urheberrecht steht dem Autor zu. Es kann nicht übertragen, jedoch z. B. einem Verlag zur Auswertung überlassen werden. Dieses Verwertungsrecht ist pfändbar (§§ 28, 31 ff., 112 – 119 UrhG).

Bei einem *veräußerlichen* Recht kann die Vollstreckungsbehörde die Veräußerung anordnen.

> **BEISPIEL:** Patentrechte können gem. § 15 Patentgesetz als solche übertragen werden. Die Vollstreckungsbehörde kann deshalb die Veräußerung des Patents anordnen.

3. Vollstreckung in das unbewegliche Vermögen

Die Vollstreckung in das *unbewegliche* Vermögen erfolgt nach den Vorschriften der Zivilprozessordnung (ZPO) und nach dem Gesetz über die Zwangsversteigerung und Zwangsverwaltung (ZVG). Sonderregelungen bestehen teilweise für die Vollstreckung in Schiffe und Luftfahrzeuge (§ 322 AO). 212

Bei unbeweglichem Vermögen bestehen – von Sonderregelungen abgesehen – drei Möglichkeiten (§ 322 AO i.V. mit § 866 ZPO):

► *Eintragung einer Sicherungshypothek* (Zwangshypothek),

► *Zwangsversteigerung*,

► *Zwangsverwaltung*.

a) Sicherungshypothek

213 Die Sicherungshypothek wird auf Antrag des Gläubigers (Vollstreckungsbehörde) in das beim Amtsgericht (Ausnahmen: vgl. § 1 Grundbuchordnung) geführte Grundbuch eingetragen. Die Behörde hat zu bestätigen, dass die gesetzlichen Voraussetzungen für die Vollstreckung vorliegen. Die Sicherungshypothek entfällt nicht dadurch (wird nicht Eigentümergrundschuld), dass die gesicherte Forderung gestundet oder deren Vollziehung ausgesetzt wird (§ 322 Abs. 1 AO). Eine Sicherungshypothek kann nur eingetragen werden, wenn der Vollstreckungsschuldner als Eigentümer des Grundstücks in das Grundbuch eingetragen ist. Wirtschaftliches Eigentum (§ 39 Abs. 2 AO) genügt nicht. Die Schuld muss größer sein als 750 € (§ 866 ZPO). Die Hypothek führt nur zur Sicherung, nicht dagegen zur Tilgung der Forderung. Nach der Rechtsprechung des BFH ist schon der Antrag auf Eintragung einer Sicherungshypothek ein mit dem Einspruch anfechtbarer und aussetzungsfähiger Verwaltungsakt, weil er in einem Teilbereich eine Außenwirkung (Bindung des Gerichts) zur Folge hat (BStBl II 1986, 236; 1988, 566; vgl. Tz 129). Wenn die Bekanntgabe des Eintragungsantrags zunächst unterblieb, kann die Bekanntgabe nachgeholt werden; damit erfolgt dann die erstmalige Bekanntgabe an den Steuerpflichtigen (vgl. dazu ausführlich: BFH, BStBl II 1990, 44).

b) Zwangsversteigerung

214 Auf Grund der Sicherungshypothek (oder eines freiwillig bestellten Grundpfandrechts) kann die Vollstreckungsstelle die *Zwangsversteigerung* beantragen. Sie führt – falls der Versteigerungserlös unter Berücksichtigung der vorrangigen Rechte ausreicht – zur Befriedigung. Die Vollstreckungsbehörde soll die Zwangsversteigerung – ebenso wie die Zwangsverwaltung – nur beantragen, wenn feststeht, dass der Geldbetrag durch Vollstreckung in das bewegliche Vermögen nicht beigetrieben werden kann (§ 322 Abs. 4 AO). Der Grundsatz der Verhältnismäßigkeit der Mittel ist zu beachten (vgl. das Beispiel in Tz 201).

Das *Zwangsversteigerungsverfahren* verläuft nach dem ZVG wie folgt: Das Amtsgericht ordnet auf Antrag des Gläubigers die Zwangsversteigerung durch Beschluss an. Die Anordnung der Zwangsversteigerung bewirkt eine *Beschlagnahme* des Grundstücks. Die Beschlagnahmewirkung erstreckt sich auch auf Zubehör und Bestandteile des Grundstücks (§ 20 ZVG). Durch die Beschlagnahme werden jedoch *nicht Mietforderungen* erfasst. Das Amtsgericht setzt einen Versteigerungstermin fest, der öffentlich bekanntzumachen ist. Das Verfahren im Versteigerungstermin ist stark formalisiert (Feststellung der Rangfolge, geringstes Gebot, Bargebot, Abgabe von Geboten, Bieterstunde, Zuschlag, Zahlung, Verteilung des Erlöses). Die Zahlung ist inzwischen an die üblichen Gepflogenheiten beim bargeldlosen Verkehr angepasst worden. In Härtefällen kann das Vollstreckungsgericht das Verfahren einstweilen einstellen. Das Verfahren ist nach einer einstweiligen Einstellung *aufzuheben,* wenn der Gläubiger nicht *binnen 6 Monaten* die Fortsetzung des Verfahrens beantragt (§ 30a ZVG).

c) Zwangsverwaltung

Durch die *Zwangsverwaltung* sollen die *Erträge* des Grundstückes, insbesondere die Miet- und Pachtzinsen erfasst werden. Die Zwangsverwaltung kann neben der Zwangsversteigerung angeordnet werden. Auch Zwangsverwaltung soll die Vollstreckungsbehörde nur beantragen, wenn der Geldbetrag durch Vollstreckung in das *bewegliche* Vermögen *nicht beigetrieben* werden kann (§ 322 Abs. 4 AO). Die Anordnung der Zwangsverwaltung hat *Beschlagnahmewirkung.* Dem Schuldner wird die *Verwaltung* und die *Nutzung* des Grundstücks entzogen. Das Amtsgericht bestellt einen Zwangsverwalter, der für Rechnung der Gläubiger die Nutzungen aus dem Grundstück zieht. Die Überschüsse werden nach einem Teilungsplan auf die Gläubiger verteilt.

215

III. Vollstreckung wegen Handlungen, Duldungen und Unterlassungen

Zahlreiche Verwaltungsakte im Steuerrecht zielen nicht auf eine Geldleistung, sondern auf die *Vornahme, Duldung* oder *Unterlassung* einer anderen *Handlung.*

216

BEISPIELE: Aufforderung zur Abgabe einer Steuererklärung, Erteilung einer Auskunft, Vorlage von Belegen, Abgabe der Drittschuldnererklärung; Anordnung, eine Betriebsprüfung oder das Betreten von Räumen zu dulden.

Derartige Verwaltungsakte können nach Maßgabe der §§ 328 ff. AO vollstreckt werden durch

► Zwangsgeld/Zwangshaft,

► Ersatzvornahme,

► unmittelbaren Zwang.

Es ist die Zwangsmaßnahme zu wählen, die den Pflichtigen und die Allgemeinheit am wenigsten belastet, aber dennoch (voraussichtlich) zum Erfolg führt. Das Zwangsgeld muss in einem angemessenen Verhältnis zu seinem Zweck stehen (§ 328 Abs. 2 AO; vgl. Tz 201).

Zwangsmittel müssen *schriftlich* angedroht werden. Eine mündliche Androhung genügt, wenn zu besorgen ist, dass durch eine schriftliche Androhung der Vollzug vereitelt wird. Die Androhung muss das Zwangsmittel konkret bezeichnen und für jede *einzelne* Verpflichtung getrennt ergehen. Nach BFH/NV 2004, 309 sind keine getrennten Schriftstücke erforderlich (weitere Nachweise bei T/K, Stand 07/07 § 332 Tz 10). Ein angedrohtes Zwangsgeld muss betragsmäßig angegeben werden (§ 332 Abs. 2 AO).

BEISPIEL: Wegen nicht rechtzeitiger Abgabe der USt-, GewSt- und ESt-Erklärung fordert die Finanzbehörde einen Steuerpflichtigen unter Androhung eines Zwangsgeldes von 100 € auf, diese Steuererklärungen bis zum 15. November abzugeben. Die Androhung dieses Zwangsgeldes ist wegen eines Verstoßes gegen § 332 Abs. 2 AO rechtswidrig (m. E. nichtig). Es ist ungewiss, in welcher Höhe das Zwangsgeld festgesetzt werden soll, wenn der Steuerpflichtige z. B. die

Umsatzsteuererklärung, jedoch nicht die Einkommen- und Gewerbesteuererklärung fristgerecht abgibt (vgl. auch § 119 Abs. 1 AO).

Auch *juristische* Personen können als solche auskunftspflichtig sein und durch ein Zwangsgeld zur Auskunft angehalten werden (BFH, BStBl 1982, 141 betr. GmbH). Wird die Verpflichtung nach Festsetzung eines Zwangsmittels erfüllt, so ist der Vollzug einzustellen (§ 335 AO).

Gegen die Androhung und Festsetzung eines Zwangsmittels ist der Einspruch gegeben. Nach § 256 AO kann im Rechtsbehelfsverfahren gegen die Zwangsmaßnahme nicht geltend gemacht werden, der zu erzwingende Verwaltungsakt sei rechtswidrig. Dieses Vorbringen kann nur im Rechtsbehelfsverfahren gegen den zugrunde liegenden Verwaltungsakt (z. B. das Auskunftsersuchen) Erfolg haben (T/K, Stand 07/07 AO, § 328 Tz 48, § 332 Tz 21 mit Hinweis auf § 256 AO).

1. Zwangsgeld

217   Das einzelne Zwangsgeld darf 25 000 € nicht übersteigen (§ 329 AO). Die Höhe des Zwangsgeldes wird von der Finanzbehörde nach pflichtgemäßem Ermessen bestimmt. Ermessensrichtpunkte sind insbesondere: Die zeitliche Dauer, die Häufigkeit der Pflichtverletzung sowie die Einkommens- und Vermögensverhältnisse des Steuerpflichtigen. Es handelt sich um ein in die Zukunft gerichtetes Beugemittel (BFH, BStBl II 1981, 110). Ist ein gegen eine natürliche Person festgesetztes Zwangsgeld uneinbringlich, so kann nach Anhörung des Steuerpflichtigen das Amtsgericht Ersatzzwangshaft anordnen, wenn bei der Androhung des Zwangsgeldes darauf hingewiesen worden ist (§ 334 AO).

2. Ersatzvornahme

218   Bei *vertretbaren* Handlungen kann die Vollstreckungsbehörde einen anderen mit der Vornahme der Handlung auf Kosten der Steuerpflichtigen beauftragen. Vertretbar sind Handlungen, deren Vornahme durch einen *anderen* möglich ist (§ 330 AO). Die Beauftragung mit der Ersatzvornahme kommt in der Praxis kaum vor. Theoretisch mögliches Beispiel: Auftrag an einen Steuerberater, die Bilanz zu erstellen.

3. Unmittelbarer Zwang

219   Die Finanzbehörde kann den Steuerpflichtigen zu einer Handlung (Duldung, Unterlassung) zwingen oder die Handlung selbst vornehmen, wenn ein Zwangsgeld oder die Ersatzvornahme nicht zum Ziele führen oder „untunlich" sind (§ 331 AO). Auch diese Regelung spielt in der Praxis kaum eine Rolle.

IV. Kosten der Vollstreckung

220   Die Kosten der Vollstreckung (Gebühren und Auslagen) fallen dem Steuerpflichtigen zur Last. Für eine Mahnung werden keine Kosten erhoben. Der Vollstreckungsschuldner hat jedoch die Kosten zu tragen, die durch einen Postnachnahmeauftrag entstehen (§§ 337, 259 AO). Einzelheiten zu den Pfändungs-, Wegnahme- und Verwertungsgebüh-

ren sowie den Auslagen im Vollstreckungsverfahren sind in den §§ 338 ff. AO geregelt. Kosten, die bei richtiger Sachbehandlung nicht entstanden wären, sind nicht zu erheben (§ 346 Abs. 1 AO).

V. Rechtsbehelfe des Schuldners gegen Vollstreckungsmaßnahmen

Gegen Vollstreckungsmaßnahmen, die Verwaltungsakte sind, ist der Einspruch gegeben (§ 347 AO). 221

> **BEISPIELE:** ▶ Der Einspruch ist zulässig gegen eine Pfändung, die Ablehnung eines Antrags auf einstweilige Einstellung der Zwangsvollstreckung, die Anordnung, ein Vermögensverzeichnis zu erstellen und dessen Richtigkeit an Eides statt zu versichern.

Rechtsbehelfe gegen Vollstreckungsmaßnahmen können nicht erfolgreich mit der Begründung eingelegt werden, *der zugrunde liegende Verwaltungsakt* sei rechtswidrig. Gemäß § 256 AO sind Einwendungen gegen den zu vollstreckenden Verwaltungsakt *außerhalb* des Vollstreckungsverfahrens mit den dafür zulässigen Rechtsbehelfen zu verfolgen.

> **BEISPIEL:** ▶ Das Finanzamt setzt bestandskräftig eine verjährte Steuer fest. Trotzdem ist die Beitreibung *rechtmäßig. Im Vollstreckungsverfahren* könnte der Schuldner sich auf eine etwaige Nichtigkeit eines Verwaltungsakts (vgl. § 125 AO) mit Erfolg berufen. Die Festsetzung einer durch Verjährung erloschenen Steuerschuld ist jedoch i. d. R. *nicht* nichtig, sondern nur rechtswidrig (aufgrund einer Anfechtung aufzuheben).

Der Vollstreckungsschuldner kann alle Einwendungen vorbringen, die sich auf die *Existenz* und *Fälligkeit* des Anspruchs sowie die *Art und Weise der Zwangsvollstreckung* beziehen. Insbesondere kann er geltend machen, dass

▶ die Forderung erloschen ist (Zahlung, Aufrechnung, Erlass, Zahlungsverjährung; nicht: Festsetzungsverjährung, vgl. § 257 AO),

▶ die Forderung nicht vollstreckbar ist (z. B. wegen Stundung oder Aussetzung der Vollziehung, § 257 AO),

▶ eine Überpfändung vorliegt (§ 281 Abs. 2 AO),

▶ die gepfändete Sache oder Forderung unpfändbar ist,

▶ die Vollstreckungsmaßnahme ermessensfehlerhaft ist, weil sie z. B. gegen den Grundsatz der Verhältnismäßigkeit der Mittel verstößt (vgl. Tz 201),

▶ kein Leistungsgebot ergangen oder die Schonfrist noch nicht abgelaufen ist (§ 254 Abs. 1 AO).

Will der *Vollziehungsbeamte* eine Sache pfänden, so kann der Vollstreckungsschuldner die Pfändung nur abwenden, wenn er (§ 292 AO; Abschn. 7 Abs. 5 und Abschn. 11 VollzA)

▶ zahlt,

▶ nachweist, dass eine Zahlungsfrist bewilligt worden oder die Schuld erloschen ist,

▶ eine Bankquittung vorlegt, aus der sich ergibt, dass er den geschuldeten Betrag eingezahlt hat,

▶ oder eine Entscheidung vorlegt, aus der sich die Unzulässigkeit der Pfändung ergibt (z. B. Aussetzung der Vollziehung, einstweilige Einstellung der Zwangsvollstreckung, Stundung, Vollstreckungsverbot durch einstweilige Anordnung des Finanzgerichts; vgl. § 114 FGO).

Kann der Schuldner einen Nachweis der bezeichneten Art nicht erbringen, so muss er zunächst die Pfändung dulden. Er kann jedoch die Pfändung mit dem Einspruch anfechten.

> **BEISPIEL:** ▶ Ein Vollziehungsbeamter erscheint und will pfänden. Der Schuldner behauptet, er habe den geschuldeten Betrag vor drei Tagen überwiesen, könne jedoch den Bankbeleg nicht auffinden. – Der Vollziehungsbeamte muss pfänden. Der Schuldner kann gegen die Pfändung Einspruch einlegen und Zahlung behaupten. Die Finanzbehörde muss dann von *Amts wegen* nachprüfen, ob die Zahlung eingegangen ist und ggf. die Pfändung aufheben.

VI. Einwendungen Dritter gegen Vollstreckungsmaßnahmen

222   Im Vollstreckungsverfahren ist *Dritter* jeder, der nicht Vollstreckungsgläubiger oder Vollstreckungsschuldner ist. Insbesondere folgende Einwendungen Dritter haben im Vollstreckungsverfahren praktische Bedeutung:

Ein Dritter kann mit dem Formalrechtsbehelf Einspruch geltend machen, es sei eine in seinem Gewahrsam befindliche Sache des Vollstreckungsschuldners gepfändet worden, zu deren Herausgabe er nicht bereit gewesen sei (§§ 286 Abs. 4 AO).

> **BEISPIEL:** ▶ Der Vollstreckungsschuldner hat eine möblierte Ferienwohnung vermietet. Der Vollziehungsbeamte darf vermietete Gegenstände nur pfänden, wenn der Mieter zur Herausgabe bereit ist. Verweigert der Mieter die Herausgabe, so kann er eine dennoch vorgenommene Pfändung erfolgreich mit dem Einspruch angreifen.

Ein Dritter kann gegen die Pfändung ferner geltend machen, ihm stehe am Gegenstand der Vollstreckung ein die „Veräußerung hinderndes Recht" zu (§ 262 AO). Der praktisch wichtigste Fall des „die Veräußerung hindernden Rechts" ist das Eigentum eines Dritten.

Bei der Zwangsvollstreckung kommt es *nicht* auf das für die steuerliche Zurechnung maßgebende *wirtschaftliche* Eigentum, sondern auf das *zivilrechtliche* Eigentum an. § 39 Abs. 2 AO gilt nicht. Ein Vorbehaltsverkäufer (Eigentümer) kann deshalb gegen die Pfändung seiner Sache klagen, obwohl der Käufer wirtschaftlicher Eigentümer ist.

> **BEISPIEL:** ▶ Der Vollziehungsbeamte pfändet ein Fernsehgerät, das der Vollstreckungsschuldner unter Eigentumsvorbehalt des Verkäufers erworben und noch nicht voll bezahlt hat. Der Verkäufer (Eigentümer) kann die Aufhebung der Pfändung verlangen.

Der Dritte kann im vorbezeichneten Beispiel sein Eigentum jedoch nicht mit dem Formalrechtsbehelf Einspruch geltend machen, sondern förmlich nur durch *Klage vor dem ordentlichen Gericht* (Zivilprozess; § 262 AO). Dieser Rechtsweg schließt den Einspruch aus, da dieser das notwendige Vorverfahren zum Finanzprozess (§ 44 FGO) darstellt. Die sofortige Klage vor dem Zivilgericht hat der Gesetzgeber durch das Wort „erforderlichenfalls" praktisch unterbunden. Der Dritte wird die Klage zweckmäßigerweise nicht erheben, bevor er die Finanzbehörde erfolglos unter Anbietung von Beweismitteln aufgefordert hat, die Pfändung aufzuheben. Klagt er ohne diese Aufforderung, so fallen

ihm die Prozesskosten zur Last, wenn die Finanzbehörde den Anspruch sofort anerkennt (§ 93 ZPO). Die Klage war dann nicht erforderlich, sondern hätte durch Anforderung der Pfandfreigabe beim Finanzamt vermieden werden können.

VII. Arrest

1. Dinglicher Arrest

Der Arrest ist eine *Sicherungsmaßnahme*. Aufgrund einer Arrestanordnung ist die Fi- 223
nanzbehörde *nicht befugt, Zahlung* zu verlangen. Deshalb dürfen z. B. Sachen, die aufgrund der Arrestanordnung gepfändet sind, nicht versteigert oder freihändig verwertet
werden. Jede Maßnahme, die über eine Sicherung hinausgeht, hat zu unterbleiben. Die
Anordnung des Arrestes in das bewegliche oder unbewegliche Vermögen ist *keine Beschlagnahme*. Die Beschlagnahmewirkung tritt erst dann und insoweit ein, als die Arrestanordnung vollzogen wird (z. B. durch Pfändung oder Eintragung einer Zwangshypothek). *Die Bedeutung der Arrestanordnung besteht lediglich darin, dass sie die
Rechtsgrundlage für Zwangsmaßnahmen zu Sicherungszwecken bildet,* ohne dass vorweg durch Verwaltungsakt eine Geldforderung festgesetzt, ein Leistungsgebot ergangen und die Schonfrist abgelaufen ist (§ 254 AO).

Die Anordnung eines Arrests setzt zunächst eine *Geldforderung* voraus, die im Verwaltungswege gem. §§ 249 ff. AO beigetrieben werden kann (§ 324 AO). Der dem Anspruch
zugrunde liegende Sachverhalt braucht jedoch nicht mit der Gewissheit festzustehen,
die für den Erlass eines Steuerbescheides erforderlich ist. Es genügt eine wesentlich geringere Wahrscheinlichkeit. Die Finanzbehörde kann die Besteuerungsgrundlagen
gem. § 162 AO schätzen und die Höhe des Anspruchs vorläufig beziffern. Ein dinglicher
Arrest darf nur angeordnet werden, wenn zu befürchten ist, dass die *Beitreibung vereitelt* oder *wesentlich erschwert* wird (Arrestgrund: § 324 AO).

BEISPIEL: Nach Beginn einer Steuerfahndungsprüfung transferiert der Steuerpflichtige Bankguthaben in das Ausland und versucht, bewegliches und unbewegliches Vermögen zu veräußern (BFH/NV 2001, 458).

Die Anordnung eines Arrests ist unzulässig, wenn feststeht, dass der Steuerpflichtige
ohne Einkünfte und Vermögen ist, weil dann keine Sicherungsmaßnahmen getroffen
werden können. Die Arrestanordnung ist ferner nicht zulässig, wenn durch eine Steuerfestsetzung (ggf. unter Vorbehalt gem. § 164 AO) die Vollstreckung ermöglicht werden
kann. Dabei ist jedoch zu beachten, dass die Vollstreckung aufgrund eines Steuerbescheids erst nach Bekanntgabe des Leistungsgebots, Fälligkeit und Ablauf der Schonfrist erfolgen darf (§ 254 AO). Dagegen ist der Vollzug eines Arrests schon *vor* Zustellung der Arrestanordnung und Fälligkeit des Anspruchs zulässig (§ 324 Abs. 3 AO). Ist zu
besorgen, dass bei Bekanntgabe eines Steuerbescheides der Schuldner innerhalb der
einwöchigen Schonfrist die Betreibung vereiteln oder wesentlich erschweren wird, so
liegt ein Arrestgrund vor.

Die Arrestanordnung ist *keine Steuerfestsetzung*. Sie darf *kein Leistungsgebot enthalten*.
In der Arrestanordnung ist jedoch die zu sichernde Forderung zu bezeichnen, zu beziffern und zu begründen. Ferner ist ein Geldbetrag zu bestimmen, durch dessen Hinterle-

gung die Vollziehung des Arrestes gehemmt und ein vollzogener Arrest aufzuheben ist. Die Vollziehung (Pfändung, Eintragung einer Arresthypothek) ist zwar schon vor Zustellung zulässig. Die Zustellung muss jedoch innerhalb einer Woche nach der Vollziehung und innerhalb eines Monats nach der Unterzeichnung erfolgen. Andernfalls ist die Vollziehung unwirksam (§ 324 Abs. 3 AO). Die Finanzbehörde kann bei oder unmittelbar nach Anordnung des Arrests eine Steuerfestsetzung vornehmen und diese – verbunden mit einem Leistungsgebot – bekannt geben. Nach Ablauf der Schonfrist und Eintritt der Fälligkeit ist sie befugt, Sicherheiten, die sie aufgrund der Arrestanordnung erlangt hat, zu verwerten (§ 327 AO).

> **BEISPIEL:** ▶ Aufgrund einer Arrestanordnung hat die Finanzbehörde ein Wertpapierdepot gepfändet. Die Pfändung begründet zunächst nur ein Sicherungsrecht. Erst wenn der Anspruch aus dem Steuerbescheid vollstreckbar wird (§ 254 AO), darf sie das Depot verwerten.

Gegen die Anordnung des dinglichen Arrests ist der Einspruch gegeben (§ 347 AO). Der Steuerpflichtige kann aber gem. § 45 Abs. 2 FGO auch sofort Klage erheben. Ein Vorverfahren ist nicht erforderlich. Ob *neben* dem Einspruch *gleichzeitig* die sofortige Klage (Sprungklage) zulässig ist, ist streitig (vgl. T/K, Stand 08/06 § 324 Tz 47).

2. Persönlicher Arrest

224 Der Vollzug eines *persönlichen* Sicherheitsarrests (gem. § 326 AO) besteht in einer Beschränkung der persönlichen Freiheit der Steuerpflichtigen (Inhaftierung, Hausarrest, Überwachung, Wegnahme von Ausweispapieren). Der persönliche Sicherheitsarrest wird durch das Amtsgericht angeordnet. Er setzt – ebenso wie der dingliche Arrest – einen *Arrestanspruch* und einen *Arrestgrund* voraus. Die Freiheitsbeschränkung ist nur zulässig, wenn sie erforderlich ist, um die gefährdete Vollstreckung in das Vermögen des Steuerpflichtigen zu sichern. Kann diese Sicherung durch einen dinglichen Arrest erfolgen, so ist der persönliche Arrest unzulässig.

> **BEISPIEL:** ▶ Es besteht der Verdacht, dass der Steuerpflichtige sich in das Ausland absetzen will. Er ist Eigentümer eines inländischen Grundstücks. Kann der Arrestanspruch durch eine Zwangshypothek gesichert werden, ist ein persönlicher Sicherheitsarrest unzulässig.

VIII. Insolvenz

1. Überblick

225 Im Vollstreckungsverfahren nach der AO bleiben die Vorschriften der Insolvenzordnung (InsO) *unberührt* (§ 251 Abs. 2 AO). Das bedeutet insbesondere, dass eine *Einzelzwangsvollstreckung* nach Eröffnung eines Insolvenzverfahrens durch beteiligte Gläubiger nicht zulässig ist.

Das *Insolvenzverfahren* bezweckt eine (grundsätzlich) gleichmäßige Verteilung des Schuldnervermögens auf die Gläubiger, wobei allerdings bestimmte Gläubiger vorweg oder vorrangig befriedigt werden. Soweit die Gläubiger im Insolvenzverfahren leer ausgehen, können sie nach Beendigung des Verfahrens ihre Forderungen wieder geltend machen (vgl. § 201 InsO), wenn nicht eine so genannte Restschuldbefreiung (§§ 286 ff. InsO) eingreift. Für sanierungsfähige Unternehmen sieht die Insolvenzordnung die

Möglichkeit eines Insolvenzplanverfahrens vor. Wird ein Plan angenommen und bestätigt, so *erlöschen* die danach nicht zu befriedigenden Forderungen der Gläubiger auch insoweit, als sie nicht befriedigt werden (vgl. § 254 InsO).

Vor dem Inkrafttreten der Insolvenzordnung galten in Deutschland im Westen die alte Konkursordnung und die Vergleichsordnung und im Beitrittsgebiet die Gesamtvollstreckungsordnung. Für alle vor dem 1.1.1999 beantragten Verfahren ist das alte Recht weiter anzuwenden. Nachfolgend wird das geltende Recht dargestellt.

2. Insolvenz

a) Eröffnung

Ein Insolvenzverfahren kann auf Antrag des Insolvenzschuldners oder eines Gläubigers eröffnet werden, wenn der Insolvenzschuldner *zahlungsunfähig* ist (vgl. § 13 InsO). Bei einem Antrag des Schuldners ist auch die drohende Zahlungsunfähigkeit Insolvenzgrund (§ 18 InsO). Bei Gesellschaften, die juristische Personen sind (z.B. AG, GmbH, KGaA), und der GmbH & Co. KG (auch OHG, an der nur GmbHs beteiligt sind) ist außer der Zahlungsunfähigkeit die *Überschuldung Insolvenz*grund (§ 19 InsO). Durch die Insolvenzeröffnung wird dem Insolvenzschuldner die *Verwaltungs- und Verfügungsbefugnis* über die Insolvenzmasse *entzogen*. Diese Befugnisse gehen auf den Insolvenzverwalter über (§ 80 InsO). Die Insolvenzgläubiger können ihre Ansprüche nur nach den Vorschriften der InsO und nicht mehr im Wege der Einzelvollstreckung durchsetzen. Dies gilt auch für die Finanzbehörden. Sie müssen grundsätzlich – wie private Gläubiger – ihre Ansprüche zur Insolvenztabelle anmelden (Grundsatz: Insolvenzrecht geht vor Steuerrecht, § 251 Abs. 2 und 3 AO). 226

Praktisch wichtig ist die Frage, ob im Zeitpunkt der Insolvenzeröffnung bereits ein Verwaltungsakt ergangen ist oder nicht. Bei Insolvenzforderungen (Tz 227) ist zu unterscheiden:

▶ *Forderung nicht tituliert (kein Bescheid ergangen)*

▶ *Steuerbescheid und Leistungsgebot unzulässig (unwirksam RFH, GrS Bd. 19, 355; BFH, BStBl II 1985, 650).* Anmeldung zur Insolvenztabelle (kein Verwaltungsakt).

▶ Grundlagenbescheid ist nur eingeschränkt zulässig, z.B. Feststellungsbescheid, Messbescheid (BFH, BStBl II 1998, 428; 2003, 630).

▶ Bei Widerspruch durch Insolvenzverwalter oder Gläubiger gegen Anmeldung: Insolvenzfeststellungsbescheid (§ 251 Abs. 3 AO).

▶ Bei Widerspruch durch den Insolvenzschuldner: Vgl. § 201 Abs. 2 InsO. Kein Einfluss auf das Insolvenzverfahren. Einzelvollstreckung *nach* Abschluss des Insolvenzverfahrens gegen den Insolvenzschuldner unzulässig.

▶ *Forderung tituliert (Bescheid ergangen)*

▶ *Falls bestandskräftig: Anmeldung* zur Tabelle; kein Widerspruch zu erwarten.

▶ Falls Monatsfrist für Rechtsbehelf läuft: Unterbrechung der Rechtsbehelfsfrist (§ 155 FGO i.V. mit § 240 ZPO analog). Anmeldung zur Tabelle und bei Bestreiten durch Insolvenzverwalter ggf. Aufnahme mit der Folge, dass die Rechtsbehelfsfrist erneut läuft. Wird die Forderung anerkannt, wirkt dies wie ein Urteil gegenüber Insolvenzverwalter und -gläubigern (§ 178 Abs. 3 InsO).

▶ Falls Rechtsbehelfsverfahren anhängig (Einspruch, Klage, Revision): Unterbrechung (§ 240 ZPO; BFH, BStBl II 1978, 472). §§ 180, 185 InsO: ggf. Aufnahme des Verfahrens nach Anmeldung der Forderung zur Tabelle und Bestreiten seitens des Insolvenzverwalters (vgl. BFH, BStBl II 2005, 591). Verfahren wandelt sich kraft Gesetzes in ein Insolvenzfeststellungsverfahren um (BFH, BStBl II 2006, 573; 2008, 790). Zur Anerkennung vgl. § 178 Abs. 3 InsO.

Eine für die Steuerfestsetzung oder anschließende Rechtsschutzverfahren bedeutsame Änderung enthält § 240 ZPO n. F. in Verbindung mit den neuen Regeln über die vorläufige Insolvenzverwaltung (vgl. §§ 21, 22 InsO). Danach kann bereits die Anordnung einer so genannten starken vorläufigen Insolvenzverwaltung zur Unterbrechung anhängiger Titulierungs- oder Rechtsschutzverfahren führen.

b) Insolvenzforderungen

227 Steuerforderungen sind *Insolvenzforderungen*, wenn sie im Zeitpunkt der Insolvenzeröffnung begründet sind (§ 38 InsO). „Begründet" bedeutet nicht, dass die Forderung bei Insolvenzeröffnung bereits nach den Vorschriften der Steuergesetze rechtlich *entstanden* sein muss. Es genügt, dass der Lebenssachverhalt, auf dem die spätere Entstehung des Steueranspruchs beruht, bereits bei Insolvenzeröffnung realisiert war (BFH, BStBl II 1976, 77; 1984, 602; 2006, 193).

> **BEISPIELE:** ▶ Am 15. Oktober wird das Insolvenzverfahren eröffnet. Gemäß § 13 UStG entsteht bei Sollbesteuerung rechtlich die USt für Oktober erst mit Ablauf des Voranmeldungszeitraumes (des Monats/Quartals). Bezüglich der Umsätze, die in die Zeit vom 1. Oktober bis zur Insolvenzeröffnung fallen, ist jedoch der Rechtsgrund für die spätere entstehende Umsatzsteuer bereits gelegt. Die Umsatzsteuer für diese Umsätze ist deshalb Insolvenzforderung. – Die Einkommensteuer entsteht (soweit es sich nicht um Vorauszahlungen und Abzugsbeträge handelt) mit Ablauf des Kalenderjahres. Sie ist aber Insolvenzforderung, *soweit* sie auf Einkünfte entfällt, die bis zur Insolvenzeröffnung erzielt worden sind.

Nach dem Entwurf des JStG 2007 sollte § 251 AO um einen Absatz 4 erweitert werden, der die von einem vorläufigen Insolvenzverwalter oder mit dessen Zustimmung begründeten Steuerverbindlichkeiten nach Eröffnung des Verfahrens zu Masseverbindlichkeiten gemacht hätte. Jetzt soll zunächst die Entwicklung der Rspr. abgewartet werden (vgl. Tz 230).

c) Absonderung und Aussonderung

228 Gläubiger, die dingliche Rechte an Sachen haben, können *abgesonderte Befriedigung* nach Maßgabe der §§ 49 ff. InsO verlangen.

> **BEISPIELE:** ▶ Für die Finanzbehörde ist vor Insolvenzeröffnung wirksam eine Zwangshypothek eingetragen worden. Die Finanzbehörde ist zur abgesonderten Befriedigung berechtigt, die nach den Vorschriften des Zwangsversteigerungsgesetzes erfolgt. – Die Finanzbehörde hat sich vor Insolvenzeröffnung wirksam ein Kraftfahrzeug zur Sicherung übereignen lassen. Sie ist berechtigt, das Fahrzeug außerhalb des Insolvenzverfahrens zu verwerten.

Von der Absonderung ist die *Aussonderung* zu unterscheiden. Aussonderungsberechtigt ist ein Gläubiger, der gegen den Gemeinschuldner einen Anspruch auf *Herausgabe* von Gegenständen hat, weil diese nicht dem Gemeinschuldner gehören (vgl. § 47 InsO).

BEISPIEL: ▸ Wer dem Gemeinschuldner eine Sache vermietet oder unter Eigentumsvorbehalt verkauft hat, ist aussonderungsberechtigt. Der Sicherungseigentümer kann dagegen nur eine abgesonderte Befriedigung verlangen.

Aussonderungsberechtigte sind nicht Insolvenzgläubiger. Mit dem Inkrafttreten der InsO haben sich für Absonderungsrechte wesentliche Änderungen ergeben, die von erheblicher Bedeutung für die Möglichkeit das Insolvenzverfahren fortzuführen und die Steueransprüche sind. Insbesondere die Verpflichtung bei der Verwertung oder Freigabe von Absonderungsgut die Umsatzsteuer vorab zu entrichten, führt zu einer Entlastung der Masse (vgl. § 170 InsO).

d) Masseansprüche

Ansprüche, die durch die Tätigkeit des Insolvenzverwalters entstehen, sind Masseansprüche. Hinzu kommen die Gerichtskosten und die Kosten des vorläufigen Insolvenzverwalters, des Insolvenzverwalters und der Mitglieder des Gläubigerausschusses (vgl. §§ 54, 55 InsO). Der Insolvenzverwalter hat sie aus der Insolvenzmasse vorweg zu erfüllen. Eine wesentliche Regelung enthält § 55 Abs. 2 InsO, wonach in den Fällen, in denen die Verfügungsbefugnis auf den vorläufigen Insolvenzverwalter übergegangen ist, von diesem begründete Verbindlichkeiten nach Eröffnung des Insolvenzverfahrens zu Masseverbindlichkeiten werden. Die Erfahrungen seit Inkrafttreten der InsO zeigen aber, dass ganz überwiegend die so genannte schwache Insolvenzverwaltung angeordnet wird.

229

Bedeutende Masseforderungen sind insbesondere die *Umsatzsteuer* und die *Lohnsteuer* bei Weiterführung eines Betriebes. Hat ein Bauunternehmer im Auftrag des späteren Insolvenzschuldners mit der Errichtung eines Gebäudes begonnen und lehnt der Insolvenzverwalter die Erfüllung des Vertrages ab (§ 103 InsO, zur Wirkung vgl. BGH, NJW 1992, 507), so beschränkt sich die Werklieferung des Bauunternehmers auf den bis zur Insolvenzeröffnung errichteten Teil des Gebäudes. Die darauf entfallende Umsatzsteuer ist nicht Masseanspruch (§ 55 InsO), sondern Insolvenzforderung (BFH, BStBl II 1978, 483; Abschn. 28 und 178 UStR 2008). Wählt der Insolvenzverwalter aber die Erfüllung, ist nach der Rechtsprechung des BFH (BStBl II 2000, 703) keine doppelte Berichtigung nach § 17 UStG vorzunehmen.

Eine wichtige Entscheidung hat der BFH in BStBl II 2005, 848 (bestätigt in BFH/NV 2008, 819) gefällt; danach sind die USt für eine neue gewerbliche Tätigkeit des Schuldners im Insolvenzverfahren keine Masseschulden.

e) Insolvenzprivilegien für Lohnsteuern und Sozialversicherungsbeiträge

Im Konkursverfahren wurden nicht alle Gläubiger gleichmäßig befriedigt. Es galt vielmehr die Rangfolge des § 61 KO. In dieser Rangfolge standen Steuerforderungen an zweiter Stelle. Das Konkursprivileg bestand jedoch nur für Forderungen, die im letzten Jahr vor der Konkurseröffnung fällig geworden sind. Das Vorrecht ist mit der InsO abge-

230

schafft worden. Korrespondierend ist der Fiskus zwar durch die Regelungen in § 55 Abs. 2 InsO (Masseverbindlichkeiten aus Handlungen des vorläufigen Insolvenzverwalters), § 170 InsO (Umsatzsteuer bei Absonderung) und § 290 Abs. 1 Nr. 2 InsO (Versagung der Restschuldbefreiung bei Verstoß gegen u. a. Steuererklärungspflichten) privilegiert, das kann aber wie die Praxis zeigt, den Verlust des Vorrechtes nicht aufwiegen. Die Abschaffung des Vorrechts führt zu sehr weitgehenden Folgen bei der Insolvenzanfechtung, wobei der BGH die vom BFH angenommene Bevorrechtigung der Lohnsteuer in Abrede stellte (BGH, NJW 2004, 1444; dazu BFH/NV 2006, 897). Die Rechtsprechung der Strafsenate des BGH (z. B. NJW 2005, 3650) und des BFH zur Zahlung der Sozialversicherungsbeiträge und Lohnsteuer in den letzten Monaten vor dem Insolvenzantrag hat zur Änderung der Rechtspr. des II. Zivilsenats (NJW 2007, 2118 und 2008, 2504) geführt. Der BFH geht von einer Pflicht zur vorrangigen Lohnsteuerzahlung auch nach Insolvenzantrag aus (BStBl II 2009, 129, anders BGH, NJW 2009, 295).

f) Anmeldung und Feststellung der Insolvenzforderung

231 Die Finanzbehörde muss Insolvenzforderungen zur Feststellung in der Insolvenztabelle anmelden. Das Insolvenzgericht (Amtsgericht) bestimmt einen Prüfungstermin, in dem die angemeldeten Forderungen aller Gläubiger erörtert werden (§§ 27–29, 174–176 InsO). Die Tabelle wird vom Insolvenzverwalter geführt (§§ 174, 175 InsO). Wird eine Forderung weder vom Insolvenzverwalter noch von einem Gläubiger bestritten oder wird ein etwaiger Widerspruch ausgeräumt, so gilt die Forderung als festgestellt und wird in die Tabelle eingetragen. Die Eintragung in die Tabelle wirkt wie ein rechtskräftiges Urteil (§ 178 Abs. 3 InsO). Aus der Insolvenztabelle kann nach Abschluss des Insolvenzverfahrens vollstreckt werden. Dies gilt nicht, wenn der Insolvenzschuldner widerspricht. Sein Widerspruch bewirkt, dass nach Beendigung des Insolvenzverfahrens gegen ihn aus der Tabelle nicht die Einzelvollstreckung betrieben werden kann (§ 201 Abs. 2 InsO). Vom Insolvenzverwalter oder einem Gläubiger bestrittene Steuerforderungen sind gem. § 251 Abs. 3 AO durch schriftlichen Verwaltungsakt festzustellen, falls noch kein Bescheid vorliegt. Ansonsten sind die begonnenen Rechtsschutzverfahren fortzusetzen bzw. Einspruch einzulegen.

g) Verteilung

232 Nach *Verteilung* der Masse und einem *Schlusstermin* hebt das Insolvenzgericht das Verfahren auf (§§ 196–200 InsO). Damit erhält der Insolvenzschuldner wieder seine Verwaltungs- und Verfügungsbefugnis. Soweit Gläubiger im Insolvenzverfahren nicht in voller Höhe befriedigt worden sind, können sie nunmehr gegen den früheren Insolvenzschuldner die Einzelzwangsvollstreckung betreiben.

h) Restschuldbefreiung

233 Mit der InsO ist das Institut der Restschuldbefreiung bundesweit eingeführt worden. Damit soll dem Insolvenzschuldner, dessen Schulden in der Regel in der Insolvenz nicht voll getilgt werden, die Möglichkeit gegeben werden nach einer Übergangsphase (vgl. § 287 Abs. 2 InsO – 6 Jahre), in der er freiwillig bestimmte Teile seines Einkommens an einen Treuhänder abtritt, eine Befreiung von den Schulden zu erlangen, die zu dem Insolvenzverfahren geführt haben.

i) Eigenverwaltung

Der Gesetzgeber hat versucht, vereinfachte Verfahren für Sondertatbestände zu schaf- | 234
fen. Eines ist die Eigenverwaltung (§§ 270 ff. InsO), bei der der Insolvenzschuldner unter
der Aufsicht eines Sachwalters selbst die Insolvenzmasse verwaltet.

j) Verbraucherinsolvenz

Das zweite vereinfachte Verfahren, dass insbesondere im Hinblick auf die Überschul- | 235
dung vieler Privathaushalte geschaffen worden ist, ist die Verbraucherinsolvenz
(§§ 304 ff. InsO). In diesem Verfahren ist zunächst ein außergerichtlicher Einigungsver-
such vorgesehen, bei dessen Scheitern ein gerichtliches Einigungsverfahren über einen
Schuldenbereinigungsplan folgt. Wenn auch dies scheitert, folgt ein vereinfachtes Insolvenzverfahren.

3. Insolvenzplan

Der frühere Vergleich nach der VerglO und der Zwangsvergleich sind durch das Institut | 236
des Insolvenzplans ersetzt worden. Dieser ist in der InsO (§§ 217 ff. InsO) geregelt.

Ziel der Regeln über den Insolvenzplan ist es, den Beteiligten einen Rechtsrahmen für
die einvernehmliche Bewältigung der Insolvenz im Wege von Verhandlungen und pri-
vatautonomen Austauschprozessen zu geben. Ziel ist also letztlich die Sanierung oder
Liquidation des Gemeinschuldners im Vertragsweg. Der Plan kann mit der Insolvenz-
antragstellung verbunden werden und ist bis zur Abhaltung des Schlusstermins theoretisch möglich (§ 218 InsO). Der Plan muss einerseits die Darstellung der geplanten
Maßnahmen sowie die erwarteten Auswirkungen, andererseits die Festlegung der Umgestaltung der Beteiligtenrechte enthalten (§§ 220, 221 InsO). Dabei sind die unterschiedlichen Rechtsstellungen der betroffenen Beteiligten zu beachten und Gruppen zu
bilden, z. B. absonderungsberechtigte und nicht nachrangige Insolvenzgläubiger (§ 222
InsO). Der Plan wird vorrangig durch das Insolvenzgericht geprüft und ggf. zurückgewiesen. Ansonsten ist der Plan bestimmten Betroffenen zur Stellungnahme zuzulei-
ten.

Falls es im Rahmen der einzelnen Zustimmungserfordernisse (vgl. §§ 235 ff. InsO) zu einer Annahme des Plans kommt, treten die in dem Plan festgelegten gestaltenden Wirkungen ein (§ 254 InsO). In der Regel werden dies erhebliche Reduktionen der zuvor bestehenden Forderungen sein. Der rechtskräftige Plan stellt im Zusammenhang mit der
Eintragung in die Tabelle einen Vollstreckungstitel dar, den z. B. das Finanzamt im
Wege der Verwaltungsvollstreckung vollstrecken kann (§ 257 InsO, § 251 Abs. 2 AO).
Das Insolvenzverfahren wird nach der rechtskräftigen Bestätigung des Planes aufgehoben.

(Einstweilen frei) | 237–239

G. Das außergerichtliche Rechtsbehelfsverfahren

Es gibt einen außergerichtlichen Rechtsbehelf, den *„Einspruch"*. Der Einspruch hat keinen Devolutiveffekt (das bedeutet, dass die Behörde, die den angefochtenen Bescheid erlassen hat, über den Einspruch entscheidet; anders früher bei der Beschwerde).

I. Förmliche und nichtförmliche Rechtsbehelfe

240   Nichtförmliche Rechtsbehelfe sind gesetzlich nicht geregelt. Ihre Zulässigkeit ergibt sich daraus, dass in einem Rechtsstaat kein Bürger gehindert werden kann, sich mit Anträgen, Bitten und Beschwerden an Behörden zu wenden. Man unterscheidet bei nichtförmlichen Rechtsbehelfen zwischen der Gegenvorstellung und der Aufsichtsbeschwerde. Mit der *Gegenvorstellung* wendet sich der Bürger an die Behörde, mit deren Verhalten er nicht einverstanden ist. Die *Aufsichtsbeschwerde* richtet sich an die vorgesetzte Behörde oder den Dienstvorgesetzten. Mit der *Dienst*aufsichtsbeschwerde wird ein *persönliches* Verhalten eines Behördenangehörigen beanstandet (z. B. unhöfliches Verhalten). Die *Sach*aufsichtsbeschwerde zielt auf die Beanstandung der sachlichen Behandlung eines Vorganges. Gegenvorstellung und Aufsichtsbeschwerde können mündlich, fernmündlich oder schriftlich erhoben werden. Eine Frist besteht nicht. Es entstehen keine Verfahrenskosten. Zu den nichtförmlichen Rechtsbehelfen zählt letztlich noch die Petition.

Bei einem nichtförmlichen Rechtsbehelf besteht *kein Rechtsanspruch* auf eine Entscheidung. Die Behörde darf ihn aber nicht ohne jegliche Reaktion lassen. Bei *förmlichen* Rechtsbehelfen hat der Staatsbürger dagegen einen *Anspruch* auf eine Sachentscheidung. *Förmliche* Rechtsbehelfe sind *frist- und formgebunden*. Das Verfahren ist gesetzlich geregelt.

II. Einspruch

241   Im Steuerrecht ist bei den förmlichen Rechtsbehelfen zu unterscheiden zwischen *gerichtlichen* Rechtsbehelfen (z. B. Klage, Revision) und dem *außer*gerichtlichen Rechtsbehelf Einspruch. Das außergerichtliche Rechtsbehelfsverfahren bezeichnet man auch als *Vorverfahren*. Ein *erfolgloses Vorverfahren* ist – falls nicht Ausnahmen gegeben sind (vgl. z. B. § 348 Nr. 3 bis 6 AO, §§ 45, 46 FGO) – Voraussetzung für eine *Klageerhebung* beim Finanzgericht (§ 44 FGO).

Über den *Einspruch* entscheidet i. d. R. *die Behörde,* die den angegriffenen Verwaltungsakt *erlassen* hat. Sie kann im Einspruchsverfahren den Verwaltungsakt auch zum *Nachteil* des Steuerpflichtigen ändern (verbösern). Vor einer Verbösserung muss die Behörde den Steuerpflichtigen auf die Verbösserungsmöglichkeit unter Angabe von Gründen hinweisen und ihm Gelegenheit geben, sich dazu zu äußern (vgl. z. B. BFH/NV 2008, 730). Der Steuerpflichtige kann dann durch *Rücknahme* des Einspruchs eine ihn benachteiligende Entscheidung vermeiden (§§ 367 Abs. 2, 362 AO).

III. Zulässigkeit der außergerichtlichen Rechtsbehelfe

Der Einspruch ist zulässig gegen alle Verwaltungsakte in Abgabenangelegenheiten, auf 242
die die AO Anwendung findet. Außerdem ist der Einspruch in bestimmten berufsrecht-
lichen Streitigkeiten nach dem Steuerberatungsgesetz (vgl. § 164a StBerG) und bei Verweisungen auf die AO gegeben (§ 347 AO). Die Vorschriften über den Einspruch sind
z. B. durch folgende Gesetze für anwendbar erklärt worden:

► Investitionszulagengesetz, 2007 (§ 13 InvZulG 2007),

► Wohnungsbau-Prämiengesetz (§ 8 Abs. 1),

► Gesetz über Bergmannsprämien (§ 5a Abs. 1),

► Fünftes Vermögensbildungsgesetz (§ 14 Abs. 2).

Die Rechtsbehelfsbehörde muss von Amts wegen prüfen, ob der Rechtsbehelf zulässig
ist. Ein nicht zulässiger Rechtsbehelf ist als unzulässig zu verwerfen (§ 358 AO). Über
die materiell-rechtliche Streitfrage wird dann nicht entschieden.

BEISPIEL: ► Ein Steuerpflichtiger legt gegen einen rechtswidrigen (nicht nichtigen) Verwaltungsakt Einspruch ein. Der Einspruch ist verspätet. Ein Wiedereinsetzungsgrund (vgl. Tz 121 ff.) liegt
nicht vor. Die Finanzbehörde muss den Einspruch *als unzulässig verwerfen*, auch wenn materiell-rechtlich der Einspruch begründet ist (z. B. weil der Steuerpflichtige eine Betriebsausgabe
nachträglich zu Recht geltend gemacht hat). Handelt es sich aber um eine neue Tatsache, die
der Steuerpflichtige ohne grobes Verschulden nachträglich vorbringt, so kommt eine Änderung
des Steuerbescheides zugunsten des Steuerpflichtigen *außerhalb des Rechtsbehelfsverfahrens*
gem. § 173 Abs. 1 Nr. 2 AO in Betracht.

Checkliste: Zulässigkeit des Einspruchs
243
(Sachentscheidungsvoraussetzungen, vgl. § 358 AO)

1. Ist der Finanzrechtsweg gegeben (§ 347 AO)?
2. Sachliche und örtliche Zuständigkeit der angerufenen Behörde (§§ 18 ff., § 367 AO; §§ 2 ff. FVG)?
3. Handlungsfähigkeit (§ 79 AO)?
4. Ordnungsgemäße Vertretung (§ 79, §§ 80 f. AO)?
5. Rechtsbehelfsbefugnis?
   a) Beschwer (§ 350 AO)?
   b) Rechtsbehelfsbefugnis bei einheitlichen Feststellungen (§ 352 AO)?
6. Anfechtungsbeschränkung
   a) bei Anfechtung der Änderung formell bestandskräftiger Verwaltungsakte (§ 351 Abs. 1 AO)?
   b) bei Grundlagenbescheiden (§ 351 Abs. 2 AO)?
7. Ist der Einspruch „an sich statthaft"?
   a) Einspruchsfähiger Verwaltungsakt (§§ 347, 348, 363 Abs. 3 AO)?
   b) Untätigkeitseinspruch (§ 347 Abs. 1 Satz 2 AO)?
8. Ist auf den Rechtsbehelf wirksam verzichtet worden (§ 354 AO)?
9. Ist der Rechtsbehelf zurückgenommen und nicht innerhalb der Rechtsbehelfsfrist wirksam erneut eingelegt worden (§ 362 AO)?
10. Schriftform (§ 357 AO)?
11. Erkennbar, welcher Verwaltungsakt von wem angegriffen wird (§ 357 Abs. 1 und 3 AO)?
12. Bei Untätigkeitseinspruch (§ 347 Abs. 1 AO): Erkennbar, welcher Verwaltungsakt beantragt,
    aber nicht erlassen worden ist?
13. Frist (§§ 355, 356 AO)? – Bei Fristversäumnis: Wiedereinsetzung in den vorigen Stand (§ 110
    AO)?

Zu den wichtigsten Zulässigkeitsvoraussetzungen vgl. die nachfolgenden Textziffern.

1. Finanzrechtsweg und Zuständigkeit

244 In der Regel ist offensichtlich, ob der Finanzrechtsweg eröffnet ist oder nicht. Aufmerksam zu prüfen ist die Frage aber immer, wenn die Steuerfahndung tätig wird, da § 347 Abs. 3 AO eine ausdrückliche Ausschlussklausel für Straf- und Bußgeldverfahren enthält. Der Einspruch kann also nur eröffnet sein, wenn die Steuerfahndung als Finanzbehörde und nicht als Strafverfolgungsbehörde tätig geworden ist. Eine Prüfung ist auch dann geboten, wenn ein Streit über Kindergeld ansteht, da dieses zwar in der Regel Steuerrecht (Definition als Steuervergütung in § 31 Satz 3 EStG) betrifft und deshalb in den Finanzrechtsweg führt, aber in besonderen Fällen (vgl. Bundeskindergeldgesetz) weiter als Sozialleistung gezahlt wird.

Der Einspruch ist bei der Finanzbehörde anzubringen, deren Verwaltungsakt angefochten wird. Diese ist grundsätzlich für die Durchführung des Einspruchsverfahrens zuständig. Wenn allerdings nachträglich – z. B. durch Umzug – ein anderes Finanzamt zuständig wird, geht auch die Zuständigkeit für die Durchführung des Einspruchsverfahrens mit an das neu zuständige Finanzamt. Besonderheiten regelt § 26 Satz 2 AO für den Fall, dass es sinnvoller ist das Einspruchsverfahren beim ursprünglichen Finanzamt abzuwickeln und § 26 Satz 3 AO für Fälle der Liquidation und der Insolvenz.

Diese Regeln gelten auch für Grundlagenbescheide, insbesondere Feststellungs- und Messbescheide. Für sie enthält § 357 Abs. 2 Satz 2 AO aber die Besonderheit, dass der Einspruch gegen den Grundlagenbescheid auch bei der für die Erteilung des Folgebescheides (im Gesetzeswortlaut zu eng: Steuerbescheid) zuständigen Behörde fristwahrend angebracht werden kann.

2. Rechtsbehelfsbefugnis

a) Beschwer

245 Nur wer geltend macht, durch einen *Verwaltungsakt oder dessen Unterlassung beschwert* zu sein, ist befugt, Einspruch einzulegen (§ 350 AO). Der Steuerpflichtige kann beschwert sein durch

▶ einen *rechtswidrigen* Verwaltungsakt (z. B. unrichtigen Steuerbescheid, ermessensfehlerhafte Ablehnung einer Stundung),

▶ einen *rechtmäßigen* Verwaltungsakt, der ihn benachteiligt (z. B. ermessensfehlerfreie Ablehnung eines Stundungsantrags). Im *gerichtlichen* Verfahren muss der Steuerpflichtige dagegen *Rechtswidrigkeit* geltend machen (§ 40 Abs. 2 FGO, vgl. Tz 26);

▶ die Unterlassung eines beantragten Verwaltungsakts (z. B.: Die Finanzbehörde reagiert nicht auf den Antrag, die Vollziehung gem. § 361 AO auszusetzen; vgl. § 347 Abs. 1 Satz 2 AO).

Beschwer i. S. des § 350 AO bedeutet *materielle* Beschwer. Wird einer Erklärung oder einem Antrag des Steuerpflichtigen formell entsprochen, kann dennoch materiell (der Sache nach) eine Beschwer vorliegen.

BEISPIEL: Ein Steuerpflichtiger wird entsprechend seiner Einkommensteuererklärung veranlagt. Er hat es versehentlich unterlassen, steuermindernde Beträge (z. B. Betriebsausgaben) geltend zu machen. Der Steuerpflichtige ist beschwert, obwohl die Behörde nicht von der Steuererklärung abgewichen ist. Er ist deshalb befugt, die bislang nicht geltend gemachte Betriebsausgabe im Einspruchsverfahren nachzuschieben.

Dem Einspruch des Steuerpflichtigen, die Steuer auf 10000 € herabzusetzen, wird durch Abhilfebescheid stattgegeben. Er kann erneut Einspruch einlegen, denn auch eine antragsgemäße Festsetzung über 10000 € beschwert den Steuerpflichtigen (BStBl II 2007, 736).

Bei *Steuerbescheiden* muss die Beschwer grundsätzlich im *Tenor* liegen. Das bedeutet, dass i. d. R. eine Beschwer in der *Höhe* der festgesetzten Steuer liegen muss. Eine falsche Begründung für die richtige Steuerfestsetzung führt grundsätzlich nicht zu einer Beschwer i. S. des § 350 AO. Lautet die Steuerfestsetzung auf 0 €, so ist der Steuerpflichtige im Regelfall nicht beschwert, es sei denn, dass eine niedrigere Steuer als 0 € möglich ist (z. B. bei der Umsatzsteuer) oder dass im Einzelfall von den Besteuerungsgrundlagen eine eigenständige Beschwer ausgeht (vgl. AEAO zu § 350 Tz 2/3). Ausnahmsweise kann der Steuerpflichtige auch durch eine zu *niedrige* Steuerfestsetzung beschwert sein, wenn sich diese z. B. wegen des Bilanzenzusammenhangs in späteren Jahren ungünstig auswirkt (BFH, BStBl II 1973, 323; 1982, 211) oder wenn durch die Festsetzung verbindlich über die Ausübung von AfA-Wahlrechten entschieden wird oder wenn die Besteuerungsgrundlagen verbindlich für Sozialleistungen festgestellt werden (Wohngeld oder BAföG; vgl. dazu die einschränkenden Entscheidungen BFH/NV 2003, 1331 und 1332). Wenn die Verpflichtung zur Zahlung der Kammerumlage (IHK) an den Ansatz von Gewerbeeinkünften im Einkommensteuerbescheid geknüpft ist, kann der Ansatz gewerblicher statt freiberuflicher Einkünfte im Einkommensteuerbescheid eine Beschwer bedeuten, auch wenn dies keine einkommensteuerliche Auswirkung hat.

BEISPIEL: Der Eigentümer eines Grundstücks errichtete ein Gebäude, das er an Nichtunternehmer zu Wohnzwecken vermietet. Er optiert für die Umsatzsteuerpflicht der Mietumsätze. Die Vorsteuer auf die Baukosten wird ihm vergütet. Per Saldo ergibt sich eine negative Zahllast (Vergütung) von 40 000 €. Bei einer betriebsnahen Veranlagung wird der Sachverhalt (gem. § 9 UStG unwirksame Option) aufgedeckt. Es ergeht ein USt-Bescheid über 0 €. Kraft Gesetzes entsteht ein Rückforderungsanspruch (§ 37 Abs. 2 AO). Der Steuerpflichtige ist beschwert, obgleich die Steuer auf 0 € festgesetzt wurde (vgl. BFH, BStBl II 1986, 776).

Keine Beschwer liegt vor, wenn ein Steuerpflichtiger eine andere Rechtsauffassung als das Finanzamt vertritt, sich die Meinungsverschiedenheit aber nicht auf das steuerliche Ergebnis auswirkt und keine Bindungswirkung hinsichtlich außersteuerlicher Ansprüche eintritt.

BEISPIEL: Ein Architekt deklariert Einkünfte aus der Vermittlung von Grundstücksverkäufen als Einkünfte aus selbständiger Arbeit. Nach Auffassung des Finanzamts hat sich der Architekt gewerblich als Grundstücksmakler betätigt. Es behandelt deshalb die Vermittlungsprovisionen als Einkünfte aus Gewerbebetrieb und erlässt einen Gewerbesteuermessbescheid. – Durch den *Gewerbesteuermessbescheid* ist der Architekt beschwert. Er kann ihn mit dem Einspruch anfechten. Aus der gewerbesteuerlichen Beschwer folgt jedoch nicht, dass auch *einkommensteuerlich* eine Beschwer vorliegt. Denn der Einkommensteuerbescheid ist für den Gewerbesteuermessbescheid nicht bindend. Die Finanzbehörde kann den Gewerbesteuermessbescheid aufheben, ohne den Einkommensteuerbescheid zu ändern. *Einkommensteuerlich* ist der Architekt nur beschwert, wenn die Qualifikation als Einkünfte aus Gewerbebetrieb eine *höhere* Einkommensteuer ergibt oder für die Kammerumlage bindend ist. Ist dies nicht der Fall, so wirkt sich eine unzutreffende Qualifizierung der Einkünfte nicht auf die Höhe der Einkommensteuer aus. Dann ist der Einspruch mangels Beschwer unzulässig (§ 350 Abs. 1 AO).

Besonderheiten ergeben sich bei fehlerhafter Einordnung der Einkünfte in einem Grundlagenbescheid. Eine Beschwer ist dann allein wegen der Bindungswirkung gegeben, auch wenn sich keine Auswirkungen auf die Belastung ergeben (BFH, BStBl II 1985, 676).

b) Rechtsbehelfsbefugnis bei Grundlagenbescheiden

246   Grundlagenbescheide sind Bescheide, die für andere Bescheide (Folgebescheide) bindend sind (Legaldefinition in § 171 Abs. 10 AO). Ist ein Steuerpflichtiger mit den Feststellungen in einem Grundlagenbescheid nicht einverstanden, so muss er den *Grundlagenbescheid* anfechten. Im Rechtsbehelfsverfahren gegen Folgebescheide kann er nicht mit Erfolg geltend machen, der Grundlagenbescheid sei rechtswidrig (§ 351 Abs. 2 AO; Tz 169), weil der Grundlagenbescheid zwingend in den Folgebescheid übernommen werden muss, wenn er nicht nichtig ist. Auf die Rechtmäßigkeit des Grundlagenbescheides kommt es nicht an, nur auf seine Wirksamkeit.

> **BEISPIEL:** ► Ein Steuerpflichtiger lässt einen Gewinnfeststellungsbescheid für sein Einzelunternehmen unanfechtbar werden. Im Rechtsbehelfsverfahren gegen Folgebescheide (z. B. über Einkommensteuer) kann er nicht mit Erfolg vorbringen, der Feststellungsbescheid sei rechtswidrig.

c) Rechtsbehelfsbefugnis bei einheitlichen Feststellungen

247   Gegen Bescheide über einheitliche Feststellungen können grundsätzlich nur die besonders einspruchsbefugten Personen, nicht jeder Betroffene, Einspruch einlegen. Die Vorschrift beruht auf dem Gedanken, dass mehrere, die sich freiwillig zusammenschließen und einen Geschäftsführer oder ähnlichen Vertreter bestimmen, sich an dieser Organisationsentscheidung auch im Steuerrecht festhalten lassen müssen. Grundsätzlich kann daher nach § 352 Abs. 1 Nr. 1 AO nur der geschäftsführende Gesellschafter oder Gemeinschafter gegen den Feststellungsbescheid Einspruch einlegen. Auch die Einsichtsrechte bzw. deren Beschränkung für nicht geschäftsführende Gesellschafter im Handelsrecht spielen eine Rolle bei der sachlichen Begründung der Einspruchsbefugnis.

> **BEISPIEL:** ► Eine KG erhält einen Gewinnfeststellungsbescheid über 100 000 €. Beteiligt sind der Komplementär A mit 60 % und die Kommanditisten B und C mit je 20 %. Die KG ist der Auffassung, der Gewinn betrage nicht 100 000 €, sondern 90 000 €. Die *prozentuale* Aufteilung des Gewinns wird anerkannt. Befugt zur Einlegung des Rechtsbehelfs gegen den Gewinnfeststellungsbescheid ist nur der Komplementär als Geschäftsführer.

Nach herrschender Meinung (vgl. BFH, BStBl II 2004, 964) muss die Gesellschaft, vertreten durch den Geschäftsführer als Vertreter für alle Gesellschafter Einspruch einlegen. Das gilt nach BFH, BStBl II 2004, 898, 929 auch für eine GbR mit Vermietungseinkünften und Bruchteilsgemeinschaften. Dabei darf man nicht vergessen, dass der Ausgang des Einspruchsverfahrens zwingend für alle Beteiligten verbindlich sein wird, weil in einem Feststellungsverfahren notwendig einheitlich entschieden wird. Dies bedeutete in anderem Zusammenhang, dass alle vom Ausgang des Einspruchsverfahrens notwendig betroffenen Beteiligten zum Einspruchsverfahren hinzugezogen werden müssten. Der

Gesetzgeber hat dies hier durch die Ausschlussklausel in § 360 Abs. 3 Satz 2 AO ausgeschlossen. Der Vorteil dieser Beschränkung des Rechtsschutzes für die nicht zur Einspruchseinlegung Befugten liegt in der Konzentration auf die Auseinandersetzung über die materiell-rechtlichen Streitfragen. Es ist nicht nötig zehn Einspruchsführer und zwanzig weitere Beteiligte mühselig in ein Verfahren zu bringen, um dann endlich zur Sache entscheiden zu können.

Ausgehend von der Ursprungsidee ist klar, dass die Beschränkung der Einspruchsbefugnis nicht mehr gilt, wenn kein Geschäftsführer mehr vorhanden ist, weil z. B. die Gesellschaft beendet ist (§ 352 Abs. 1 Nr. 2 AO). Auch können ausgeschiedene Gesellschafter Einspruch einlegen, da für sie die Grundsatzüberlegung einer freiwilligen Organisationsentscheidung nicht (mehr) gilt (§ 352 Abs. 1 Nr. 3 AO). In zwei Teilbereichen behalten die nicht geschäftsführenden Gesellschafter eine sachlich beschränkte (soweit) Einspruchsbefugnis. Wenn ihre Beteiligung an den Einkünften generell oder hinsichtlich der Quote (§ 352 Abs. 1 Nr. 4 AO) streitig ist oder wenn eine Frage sie persönlich angeht (z. B. Sonderbetriebsausgaben; § 352 Abs. 1 Nr. 5 AO), können sie *insoweit* Einspruch einlegen. Das Grundkonzept der Vorschrift passt für Gewinneinkünfte. Die Anwendung auf alle Einkunftsarten wirft insbesondere hinsichtlich des Geschäftsführers oder geschäftsführenden Gesellschafters Probleme auf. Wann hat z. B. eine Erbengemeinschaft mit Vermietungseinkünften einen Geschäftsführer? Der Gesetzgeber hat in § 352 Abs. 2 AO den Einspruchsbefugten für diese Fälle geschaffen. Er ist i. d. R. mit dem Empfangsbevollmächtigten des § 183 AO identisch, der den Beteiligten unter Umständen vom Finanzamt aufgezwungen werden kann.

d) Rechtsbehelfsbefugnis bei Änderung nach Unanfechtbarkeit

Verwaltungsakte, die *unanfechtbare* Verwaltungsakte ändern, können nur *insoweit* angegriffen werden, als die *Änderung reicht* (§ 351 Abs. 1 AO).

248

> **BEISPIEL:** ▶ Eine (endgültige) Einkommensteuerfestsetzung ist unanfechtbar. Durch eine Kontrollmitteilung erfährt das Finanzamt, dass der Steuerpflichtige Einkünfte aus Kapitalvermögen nicht erklärt hat und erhöht daraufhin die Einkommensteuer um 1 000 € (§ 173 Abs. 1 Nr. 1 AO). – Der Steuerpflichtige kann den Änderungsbescheid anfechten und zur Begründung alles vorbringen, was er gegen den ursprünglichen Einkommensteuerbescheid hätte geltend machen können (z. B. Nachschieben von Betriebsausgaben, Werbungskosten, Sonderausgaben; Rechtsfehler). Weil er es jedoch unterlassen hat, diese Einwendungen mit dem Einspruch gegen den *ursprünglichen* Bescheid geltend zu machen, greifen die Einwendungen im Einspruchsverfahren gegen den Änderungsbescheid nur insoweit durch, als durch diesen Bescheid die Steuer *erhöht* worden ist. Deshalb kann der Steuerpflichtige im günstigsten Fall erreichen, dass der Änderungsbescheid aufgehoben wird, so dass es bei der ursprünglich festgesetzten Steuer verbleibt.

> **BEISPIEL:** ▶ Steuerfestsetzung (unanfechtbar)   25 000 €
>
> Änderungsbescheid   28 000 €
>
> Einspruchsantrag: Ermäßigung auf   24 000 €
>
> erreichbares Ziel: Ermäßigung auf   25 000 €

Die Einschränkung gem. § 351 Abs. 1 AO gilt nicht, soweit eine Berichtigung, Aufhebung oder Änderung *außerhalb* des Rechtsbehelfsverfahrens aufgrund besonderer Vorschriften zulässig ist (z. B. gem. § 129 oder §§ 172 ff. AO).

> **BEISPIEL:** Der Steuerpflichtige stellt anlässlich eines Einspruchsverfahrens fest, dass der angefochtene Steuerbescheid zu seinem Nachteil infolge einer offenbaren Unrichtigkeit fehlerhaft ist. Er hat auch nach Unanfechtbarkeit (unabhängig von einem Rechtsbehelfsverfahren) einen Rechtsanspruch auf Berichtigung dieser offenbaren Unrichtigkeit (§ 129 AO).

Die Sperre des § 351 Abs. 1 AO gilt nach dem Wortlaut („ändern") nicht für Verwaltungsakte, die nach § 130 AO zurückgenommen oder nach § 131 AO widerrufen werden. Die Anwendung der Vorschrift auf einen Haftungsbescheide oder andere nicht „änderbare" Geldverwaltungsakte lehnt der BFH (ebenso AEAO Tz 3 zu § 351) deshalb ab (zur Gegenmeinung vgl. T/K, Stand 04/07 § 351 AO Tz 6). In der Regel führen die Regeln über die Teilbestandskraft und über die Berichtigung materieller Fehler (§ 177 AO; vgl. Tz 157) bei den änderbaren Verwaltungsakten zu den gleichen Ergebnissen. Nur wenn gleichzeitig mehrere gegenläufige Korrekturen vorzunehmen sind, können sich Abweichungen ergeben.

3. Formzwang für förmliche Rechtsbehelfe

249 Der Einspruch muss *schriftlich* eingelegt oder bei der Behörde zu Protokoll erklärt werden. Ein telefonisch eingelegter Rechtsbehelf genügt auch dann nicht, wenn darüber eine Niederschrift aufgenommen wird. Andererseits wird die Schriftform auch dann durch ein Telegramm gewahrt, wenn das Telegramm telefonisch aufgegeben wird (§ 357 Abs. 1 AO). Die Einlegung eines Rechtsbehelfs durch Telebrief (Briefübermittlung im Wege der Fernkopie) genügt für die Wahrung der Schriftform (BFH, BStBl II 1986, 563); ggf. ist E-Mail ausreichend (AEAO Tz 1 zu § 357 mit Hinweis auf § 87a AO).

Eine unrichtige Bezeichnung des Rechtsbehelfs schadet nicht. Es muss jedoch aus dem Schriftstück erkennbar sein, dass die Überprüfung eines (genau bezeichneten) Verwaltungsakts begehrt wird (§ 357 Abs. 1 AO). Zur Umdeutung bei rechtskundigen Personen wird auf die in den letzten Jahren nachsichtiger gewordene Rechtsprechung des BFH (z. B. BFH/NV 2003, 1534; BStBl II 2006, 578) hingewiesen.

> **BEISPIEL:** Ein Steuerpflichtiger beantragt die „Niederschlagung seiner Gewerbesteuerschuld", nachdem er einen Gewerbesteuermessbescheid vom Finanzamt erhalten hat. Er begründet den Antrag damit, dass er nicht Gewerbetreibender, sondern Freiberufler sei. – Offensichtlich ist keine Niederschlagung i. S. des § 261 AO, sondern eine Überprüfung im Einspruchsverfahren gewollt.

Im *außergerichtlichen* Rechtsbehelfsverfahren ist eine Unterschrift unter die Rechtsbehelfsschrift nicht erforderlich. Es genügt, wenn aus dem Schriftstück hervorgeht, wer den Rechtsbehelf eingelegt hat (z. B. aus dem Briefkopf). Im *gerichtlichen* Verfahren wird dagegen eine (halbwegs) leserliche Unterschrift verlangt. Seit dem Grundsatzbeschluss des Gemeinsamen Senats der Obersten Gerichtshöfe des Bundes, NJW 2000, 2340 ist aber klar, dass auch ein Computerfax (ohne Unterschrift) die Schriftform wahrt (vgl. Tz 290), nicht aber ein normales Fax mit eingescannter Unterschrift (BVerfG, NJW 2007, 3117 m. w. N.).

4. Rechtsbehelfsfrist und Wiedereinsetzung in den vorigen Stand

a) Frist

Der Einspruch ist als förmlicher Rechtsbehelf nur innerhalb *eines Monats* nach Bekannt-   250
gabe des Verwaltungsakts zulässig (§ 355 AO). Nur der *Untätigkeits*einspruch
gem. § 347 Abs. 1 Satz 2 AO ist *nicht befristet.*

Im Regelfall werden Steuerverwaltungsakte durch die Post ohne förmliche Zustellung
übermittelt. Daneben tritt die elektronische Form. Dann gilt der Verwaltungsakt am
dritten Tag nach der Aufgabe zur Post als bekannt gegeben (§ 122 Abs. 2, 2a AO, vgl.
Tz 118).

Bei *schriftlichen* oder elektronischen Verwaltungsakten beginnt die Rechtsbehelfsfrist
nur, wenn der Adressat über den Rechtsbehelf, die Frist und die zuständige Behörde
schriftlich/elektronisch belehrt worden ist. Auch bei unterbliebener oder unzutreffender
Belehrung ist der Rechtsbehelf nur *binnen eines Jahres* seit Bekanntgabe des Verwaltungsaktes zulässig. Ausnahme: Die Einlegung des Rechtsbehelfs war infolge höherer
Gewalt unmöglich oder der Steuerpflichtige ist schriftlich unzutreffend dahin belehrt
worden, dass ein Rechtsbehelf nicht gegeben ist (§ 356 AO).

Bei *Steueranmeldungen* beginnt – grundsätzlich – die Rechtsbehelfsfrist bereits mit
dem Eingang der Anmeldung beim Finanzamt oder mit dem Bekanntwerden der Zustimmung gem. § 168 Satz 2 AO (§ 355 AO). Praktisch hat der Fristablauf kaum Bedeutung, weil Steueranmeldungen unter dem Vorbehalt der Nachprüfung stehen und
auch nach Unanfechtbarkeit bis zum Ablauf der Verjährungsfrist auf Antrag geändert
werden müssen (§§ 168, 164 Abs. 2 AO); bei Änderungsanträgen gibt es aber keinen
vorläufigen Rechtsschutz durch AdV (Tz 258 ff.).

Die Beweislast für den fristgerechten Zugang des Einspruchs trägt der Steuerpflichtige
(BFH/NV 2008, 22).

b) Wiedereinsetzung in den vorigen Stand

Wer *unverschuldet* die Frist für die Einlegung eines außergerichtlichen Rechtsbehelfs   251
versäumt, hat einen *Rechtsanspruch* auf *Wiedereinsetzung in den vorigen Stand* (§ 110
AO). Entsprechendes gilt für die Versäumung einer Rechtsmittelfrist im finanzgerichtlichen Verfahren (§ 56 FGO). Wegen der Einzelheiten wird auf Tz 121 ff. verwiesen.

5. Negative Zulässigkeitsvoraussetzungen

a) Kein Rechtsbehelfsverzicht

Ein Rechtsbehelf, der trotz wirksamen Verzichts auf den Rechtsbehelf eingelegt wird,   252
ist unzulässig (§ 354 AO). Auf den Rechtsbehelf kann grundsätzlich erst *nach Erlass* des
Verwaltungsakts verzichtet werden. Ausnahme: Bei der Abgabe einer Steueranmeldung (z. B. für die Umsatzsteuer, Kapitalertragsteuer) ist ein *vorheriger* Rechtsbehelfsverzicht für den Fall zulässig, dass die Steuer nicht abweichend von der Steueranmeldung festgesetzt wird. In der Praxis spielt diese Ausnahme kaum eine Rolle, weil Steu-

eranmeldungen kraft Gesetzes unter dem Vorbehalt der Nachprüfung stehen (§§ 168, 164 Abs. 2 AO).

b) Keine Rücknahme

253   Der *Rechtsbehelfsverzicht* bezieht sich auf noch *nicht* eingelegte Rechtsbehelfe. *Zurückgenommen* können dagegen nur Rechtsbehelfe werden, die *eingelegt* sind (§ 362 AO). Ein „Verzicht" auf eingelegte Rechtsbehelfe wird im Regelfall als Rücknahme auszulegen sein. Durch die Verweisung auf § 357 Abs. 1 AO wird für die Rücknahme *Schriftform* vorgeschrieben. Die Rücknahme hat nur den Verlust des *eingelegten* Rechtsbehelfs zur Folge. Solange die Rechtsbehelfsfrist noch nicht abgelaufen ist, kann der zurückgenommene Rechtsbehelf erneut eingelegt werden (§ 362 AO).

> **BEISPIEL:** ► Ein Steuerpflichtiger legt eine Woche nach Bekanntgabe eines Steuerbescheids Einspruch ein. Zehn Tage später nimmt er den Einspruch zurück. Trotz Rücknahme kann er innerhalb der Monatsfrist erneut Einspruch einlegen.

IV. Die Durchführung des Rechtsbehelfsverfahrens

1. Allgemeine Verfahrensgrundsätze

254   Die AO enthält allgemeine Verfahrensvorschriften für das außergerichtliche Rechtsbehelfsverfahren (§§ 355 bis 366 AO). Soweit die zitierten Vorschriften keine speziellen Regelungen für das Rechtsbehelfsverfahren enthalten, gelten die allgemeinen Verfahrenvorschriften für den Erlass des angefochtenen Verwaltungsakts sinngemäß (§ 365 Abs. 1 AO). Die wichtigsten Verfahrensregeln für das Rechtsbehelfsverfahren werden nachstehend wiedergegeben.

2. Hinzuziehung Dritter

255   Hinzuziehung bedeutet: Es wird jemand am Rechtsbehelfsverfahren beteiligt, der den Rechtsbehelf nicht eingelegt hat (§ 360 i.V. mit § 359 Nr. 2 AO). Die Hinzuziehung steht im Ermessen der Behörde, wenn die rechtlichen Interessen eines Dritten durch die Entscheidung über den Rechtsbehelf berührt werden (einfache Hinzuziehung). Sind jedoch an dem streitigen Rechtsverhältnis Dritte in einer Weise beteiligt, dass die Entscheidung ihnen gegenüber nur *einheitlich* ergehen *kann,* so *muss* die Finanzbehörde diese hinzuziehen (notwendige Hinzuziehung).

> **BEISPIEL:** ► E (Erwerber) hat einen Gewerbebetrieb übernommen. E haftet als Betriebsübernehmer für die Betriebssteuern des Veräußerers (V) nach Maßgabe des § 75 AO. Legt V gegen einen Umsatzsteuer- oder Gewerbesteuermessbescheid Einspruch ein, so *kann* durch die Entscheidung über den Einspruch auch das Interesse des haftenden E berührt werden. Folglich kann (nicht: muss) die Finanzbehörde E zum Rechtsbehelfsverfahren über diese Bescheide hinzuziehen (einfache Hinzuziehung).

> **BEISPIEL:** ► Ein Vater nimmt seinen Sohn in sein Einzelhandelsgeschäft unter Begründung einer OHG auf und beantragt, die Gewinne einheitlich und gesondert festzustellen. Das Finanzamt lehnt die einheitliche Gewinnfeststellung mit der Begründung ab, der Gesellschaftsvertrag sei nicht ernsthaft abgeschlossen und durchgeführt; in Wahrheit sei der Vater noch Alleinunternehmer. Der Vater legt Einspruch ein. Die Entscheidung über den Einspruch betrifft *zwangsläu-*

fig auch den Sohn. Denn es muss darüber entschieden werden, ob dieser Mitunternehmer ist oder nicht. Das Finanzamt *muss* folglich den Sohn zum Verfahren hinzuziehen (notwendige Hinzuziehung).

Legt ein Ehegatte bei *Zusammenveranlagung* Einspruch ein, so kann die Verwaltung nach einer „Empfehlung" des AEAO Tz 3 zu § 360 AO den anderen Ehegatten auch dann gem. § 360 Abs. 1 AO hinzuziehen, wenn dieser keine eigenen Einkünfte (kein eigenes Vermögen) hat. Im Entwurf des Grenzpendlergesetzes sollte § 155 AO geändert werden, um bei zusammenveranlagten Ehegatten notwendige Hinzuziehung zu begründen. Dazu ist es nicht gekommen, es kann daher auch weiterhin zu unterschiedlichen Steuerbescheiden gegenüber zusammenveranlagten Ehegatten kommen. Es empfiehlt sich für beide Ehegatten, Einspruch einzulegen, um die Vorteile eines erfolgreichen Einspruchsverfahrens auch tatsächlich für beide sicherzustellen.

Wer hinzugezogen wird, ist Beteiligter (§ 359 AO). Er kann dieselben Rechte geltend machen wie der Hauptbeteiligte (z. B. Stellungnahmen abgeben, Beweisanträge stellen). Er hat Anspruch auf rechtliches Gehör. Die Rechtsbehelfsentscheidung wirkt auch gegenüber dem Hinzugezogenen. Dadurch wird ein sich anderenfalls möglicherweise anschließendes zweites Verfahren mit vielleicht abweichendem Ergebnis vermieden. Der Hinzugezogene kann gegen eine Rechtsbehelfsentscheidung, die ihn beschwert, Klage erheben.

BEISPIEL: ▶ Bei einer Betriebsveräußerung im Ganzen wird der Erwerber in einem Rechtsstreit um Umsatzsteuern des Veräußerers hinzugezogen, weil er für diese möglicherweise gem. § 75 AO haftet. Wird in der Einspruchsentscheidung festgestellt, dass die USt-Schuld besteht, so kann der Erwerber in einem späteren Streit um die Haftung nicht mehr mit Erfolg geltend machen, die Schuld habe nicht bestanden. Er kann jedoch gegen die Einspruchsentscheidung klagen.

Ein besonderer Fall der Hinzuziehung ist die Hinzuziehung bei widerstreitender Steuerfestsetzung i. S. des § 174 AO. Der Hinzugezogene muss dann ggf. die Änderung seiner eigenen Steuerfestsetzung nach § 174 Absätze 4 und 5 AO hinnehmen. Im finanzgerichtlichen Verfahren entspricht die Hinzuziehung der *Beiladung* (vgl. dazu Tz 296).

3. Aussetzung und Ruhen des Verfahrens

Die Vorschrift eröffnet zunächst die Möglichkeit, der Aussetzung wegen vorgreiflicher Rechtsverhältnisse. 256

BEISPIEL: ▶ Zwei Erben streiten vor dem Zivilgericht unter anderem über die Auslegung eines Testamentes hinsichtlich der Verteilung von Wertgegenständen. Es ist sinnvoll, das Einspruchsverfahren wegen Erbschaftsteuer auszusetzen.

Auch das Ruhen mit Zustimmung des Einspruchsführers ist weiterhin möglich. Ein derartiges Ruhen kommt in der Praxis häufig vor, wenn eine Dauerproblematik in einem Rechtsschutzverfahren für ein Vorjahr geklärt werden soll.

BEISPIEL: ▶ Zwischen der Steuerpflichtigen und dem Finanzamt ist streitig, ob bestimmte Gewinne in einem Einzelunternehmen oder in einer BGB-Gesellschaft erzielt wurden. Für das Jahr 1998 ist ein Finanzgerichtsverfahren gegen den negativen Feststellungsbescheid anhängig. Die Einsprüche gegen die Feststellungsbescheide 1999 bis 2000 können bis zur Entscheidung über den negativen Feststellungsbescheid 1998 ruhen.

Zahlenmäßig überwiegen Ruhensfälle wegen Musterverfahren. Das bedeutet, dass Einsprüche, in denen die Problematik aus einem Musterverfahren im Streit ist, auf welches sich der Steuerpflichtige beruft, automatisch ruhen. In weiteren Fällen kann das Ruhen durch Allgemeinverfügung angeordnet werden. Diese Regelung ist inzwischen i. d. R. unproblematisch, weil auch nach Auffassung der Finanzverwaltung (AEAO Tz 2/3 zu § 363) über Fragen, die nicht Anlass des Ruhens sind, während der Verfahrensruhe durch Teileinspruchsentscheidung entschieden werden kann. Unerwünschte Folgen können außerdem regelmäßig durch Vorläufigkeitsvermerke vermieden werden.

Wichtig ist, dass ein ruhendes Verfahren nicht ohne ermessensgerechte Fortsetzungsentscheidung gegen den Willen des Steuerpflichtigen mit Einspruchsentscheidung abgeschlossen und damit der Steuerpflichtige in das kostenpflichtige Klageverfahren getrieben werden darf (BStBl II 2007, 222; AEAO zu § 363).

4. Rechtliches Gehör – Akteneinsicht

257 Jedermann hat *vor Gericht* Anspruch auf rechtliches Gehör (Art. 103 Abs. 1 GG). Dieser Grundsatz gilt auch in Verwaltungsverfahren, hat jedoch hier keinen Verfassungsrang. Der Grundsatz des rechtlichen Gehörs besagt, dass niemand „plötzlich durch eine Entscheidung überfahren werden darf". Er wird in den Vorschriften über das außergerichtliche Rechtsbehelfsverfahren mehrfach ausdrücklich hervorgehoben (vgl. § 360 Abs. 1 Satz 2, § 367 Abs. 2 Satz 2 AO, Sonderfall: BFH, BStBl II 1990, 414). Zu den Rechtsfolgen bei einem Verstoß gegen den Grundsatz des rechtlichen Gehörs vgl. Tz 116.

Aus dem Grundsatz des rechtlichen Gehörs lässt sich *kein Rechtsanspruch auf Akteneinsicht* im Besteuerungsverfahren und im außergerichtlichen Rechtsbehelfsverfahren ableiten. Dennoch sollte die Finanzbehörde auf Antrag Akteneinsicht gewähren, wenn keine zwingenden Gründe entgegenstehen (vgl. AEAO Tz 4 zu § 91 und zu § 364; siehe auch BMF-Schreiben zur Auskunft in BStBl I 2009, 6). Wenn die Finanzbehörde im Einspruchsverfahren keine Akteneinsicht gewährt, muss sie aber (ggf. nur auf Antrag) die Unterlagen der Besteuerung mitteilen, soweit dies noch nicht geschehen ist. Dies ist insbesondere bei Verfahren, die durch Kontrollmitteilungen oder Steuerfahndungsprüfungen ausgelöst sind, bedeutsam. Im *finanzgerichtlichen* Verfahren hat der Steuerpflichtige (Kläger) einen *Rechtsanspruch* auf Akteneinsicht (§§ 78, 71 Abs. 2 FGO).

5. Mündliche Erörterung

258 Mit § 364a AO ist erstmals die Möglichkeit einer Art mündlicher Verhandlung im Einspruchsverfahren gesetzlich geregelt worden. Sinnvoll kann eine Erörterung insbesondere bei Einspruchsverfahren über Ermessensentscheidungen sein, da die Finanzbehörde insoweit mehr als eine reine Rechtmäßigkeitsprüfung unternimmt. Bei unübersichtlichen Sachverhalten, unklaren Beweisproblemen oder wenn ein Beteiligter das Gefühl hat, dass die Beteiligten aneinander vorbei reden (schreiben), kann ein Gespräch oft mehr bewirken als viele Briefe. Nach bisheriger Erkenntnis übergehen die Finanzbehörden nicht selten die Anträge der Steuerpflichtigen. Dies kann insbesondere bei Ermessensentscheidungen zu einer isolierten Aufhebung der Einspruchsentscheidung führen (vgl. dazu BFH/NV 2005, 2166 mit Darstellung der Voraussetzungen).

6. Ausschlussfrist

Mit § 364b AO wird der Finanzbehörde die Möglichkeit gegeben, Ausschlussfristen zu setzen. Das bedeutet, dass nach Ablauf der Frist vorgebrachte Tatsachen oder Beweismittel nicht mehr bei der Einspruchsentscheidung berücksichtigt werden dürfen.   259

> **BEISPIEL:** ▶ Die Finanzbehörde setzt im Einspruchsverfahren gegen einen Schätzungsbescheid eine Ausschlussfrist nach § 364b AO. Der Steuerpflichtige legt zwei Wochen nach Ablauf der Frist die Steuererklärung vor, die zu einer wesentlich niedrigeren Steuer führt. Wenn zwei Monate später die Einspruchsentscheidung ergeht, ist die Erklärung nicht zu berücksichtigen (§ 364b Abs. 2 Satz 1 AO).

Die Vorschrift geht damit deutlich weiter als die entsprechende Präklusionsvorschrift der FGO, bei der die Nichtberücksichtigung nur bei Verzögerung eintritt (vgl. § 79b Abs. 3 FGO). Sie wird als unzulässige Einschränkung des Justizgrundrechts (Artikel 19 Abs. 4 GG) angesehen, weil die Ausschlussfristsetzung eine gerichtliche Prüfung in der Sache verhindere, wenn dies nicht durch ermessensgerechte Anwendung der prozessualen Folgevorschriften vermieden werden kann. Die entsprechenden Regelungen finden sich in § 76 Abs. 3 und § 79b Abs. 3 FGO. Während die verspätete Vorlage der betroffenen Unterlagen etc. im Einspruchsverfahren i. d. R. zwingend zur Nichtberücksichtigung führt (bei steuererhöhenden Erkenntnissen allerdings Änderungsmöglichkeiten nach § 173 AO oder § 367 AO), ist für den Richter im nachfolgenden Prozess eine Ermessensentscheidung vorgesehen, die sich an den Regeln des § 79b FGO zu orientieren hat. Während üblicherweise die Präklusionswirkung in der Instanzenfolge gleich bleibt (vgl. z. B. §§ 296, 530 ZPO), ist die Präklusionswirkung hier in der Gerichtsinstanz geringer als im Einspruchsverfahren. Dies kann zu absurden Ergebnissen führen. Wenn z. B. im Einspruchsverfahren nach Ablauf der Frist eine Urkunde als Beweismittel vorgelegt wird, ist sie nicht zu berücksichtigen, obwohl sie mangels Verzögerungswirkung im Prozess zu berücksichtigen ist (zu Kosten vgl. § 137 Satz 3 FGO n. F.). Diese Situation wird durch die Rechtsprechung des BFH verschärft, der zu Recht die Finanzgerichte im Rahmen der Prozessförderungspflicht dazu anhält, alle Maßnahmen zu ergreifen damit nachgereichte Unterlagen nicht zu einer Verzögerung des Prozesses führen (BFH, BStBl II 1999, 664; weitere Nachweise in BFH/NV 2005, 1225).

Ein weiteres Problem der Vorschrift liegt in dem vergessenen Einspruchsausschluss. Während in § 363 Abs. 3 AO für die Streitfälle beim Ruhen einen isolierten Einspruch ausschließt, hat er eine entsprechende Regelung bei § 364b AO vergessen. Je nach Einstellung zur Verfassungsmäßigkeit der Norm, wird diese Lücke durch Analogie zu § 79b FGO (Einspruchsausschluss, da Fristsetzung verfahrensleitende Maßnahme) geschlossen oder die Zulässigkeit des dem Wortlaut nach statthaften Einspruchs bejaht (vgl. dazu H/H/Sp, Stand 11/98 § 364b AO Rdnr. 68 ff.; T/K, Stand 04/07 Rdnr. 38 ff.; BFH/NV 2003, 1436). Wenn man den Einspruch für zulässig hält, sollte dieser i. d. R. mit einem Aussetzungs- und einem Fristverlängerungsantrag verbunden werden.

7. Entscheidung über den Einspruch

In § 367 Abs. 2 AO ist geregelt, wie ein Einspruchsverfahren abgeschlossen werden kann, wenn es nicht durch Rücknahme (§ 362 AO) oder in Sonderformen (Artikel 97 § 18a EGAO und neu § 367 Abs. 2b AO) beendet wird. Eine Beendigung setzt danach   260 stets voraus, dass entweder eine Einspruchsentscheidung ergeht oder dem Begehren des Steuerpflichtigen in vollem Umfang stattgegeben wird. Ergeht ein Teilabhilfebescheid wird das Einspruchsverfahren dadurch nicht abgeschlossen. Es setzt sich automatisch am Änderungsbescheid fort (vgl. auch § 365 Abs. 3 AO; vgl. dazu auch Tz 270). Im Rahmen des Einspruchsverfahrens ist die Sache in vollem Umfang neu zu prüfen. Das bedeutet bei Ermessensentscheidungen, dass das Ermessen im Einspruchsverfahren erneut auszuüben ist (das ergibt sich auch aus § 365 Abs. 1 AO). Bei gebundenen Entscheidungen ist die Rechtmäßigkeit des Bescheides unabhängig von dem Antrag des Steuerpflichtigen zu überprüfen. Das bedeutet, dass der Steuerpflichtige keine auf bestimmte Sachverhalte begrenzte Überprüfung erzwingen kann. § 367 AO enthält auch einen eigenständigen Korrekturtatbestand, der eine verbösernde Änderung im Einspruchsverfahren zulässt. Der Einspruchsführer ist aber zuvor auf die Verböserungsmöglichkeit hinzuweisen. Er kann dann ggf. den Einspruch zurücknehmen und die Verböserung vermeiden. Diese Wirkung hat die Einspruchsrücknahme natürlich nur, wenn keine Änderung nach allgemeinen Vorschriften (z. B. § 164 Abs. 2 AO oder § 173 AO) möglich ist. Wird das Verfahren streitig beendet, muss eine Einspruchsentscheidung ergehen, die den Formvorgaben des § 366 AO entspricht. Die Einspruchsentscheidung kann mit einfachem Brief bekannt gegeben werden.

Seit dem JStG 2007 kann aber das Finanzamt vorab über Teile des Einspruchs entscheiden (§ 367 Abs. 2a AO). Die Entscheidung, ob eine Teileinspruchsentscheidung ergeht, ist in das Ermessen des Finanzamtes gestellt. Der AEAO (Tz 6 ff. zu § 367) enthält ermessensregelnde Vorgaben. Das Finanzamt muss seine Ermessenserwägungen deutlich machen, also insbesondere, warum eine Teilentscheidung sachdienlich ist (Niedersächsisches FG, EFG 2008, 1931; Rev. III R 39/08). Fast unlösbar ist der Widerspruch zwischen der Gesamtüberprüfung (§ 367 Abs. 2 Satz 1 AO) und der Verbindlichkeit der Entscheidung nur über die Steuer und nicht über einzelne Sachverhalte (vgl. § 157 Abs. 2 AO) mit dem Ziel der verbindlichen Entscheidung über Sachverhalte (vgl. T/K, Stand 07/08, § 367 AO Rdnr. 60 ff.).

8. Aussetzung der Vollziehung

261   Die Vollziehung *angefochtener* Verwaltungsakte kann ausgesetzt werden (§ 361 AO, § 69 FGO). Die Aussetzung der Vollziehung bewirkt, dass

▶ der Steuerpflichtige (noch) keine Leistung erbringen muss. Er muss z. B. (vorläufig) eine angeordnete Betriebsprüfung nicht dulden, eine Auskunft nicht erteilen, Steuern nicht bezahlen;

▶ bei *Zahlungs*ansprüchen keine Säumniszuschläge (§ 240 AO) entstehen, vgl. Tz 174,

▶ die Finanzbehörde den Verwaltungsakt nicht vollziehen, insbesondere nicht vollstrecken darf (z. B. durch Pfändung).

a)   Rechtsbehelf

262   Die Aussetzung der Vollziehung setzt die Einlegung eines *Rechtsbehelfs* voraus. Jedoch wird durch den Rechtsbehelf die Vollziehung des angefochtenen Verwaltungsakts grundsätzlich nicht gehemmt (§ 361 Abs. 1 AO, § 69 Abs. 1 FGO).

BEISPIELE: ▶ Ein Steuerbescheid wird mit dem Einspruch angegriffen. Trotz des Einspruchs ist die Finanzbehörde befugt, wegen des Zahlungsanspruchs zu vollstrecken (z. B. Forderungen oder Sachen zu pfänden, die Eintragung einer Zwangshypothek zu beantragen). – Der Steuerpflichtige legt gegen die Anordnung einer Betriebsprüfung Einspruch ein. Trotzdem kann die Finanzbehörde die Betriebsprüfung durchführen.

Ausnahmen von diesem Grundsatz (§ 361 Abs. 4 AO und § 69 Abs. 5 FGO): Untersagt die Finanzbehörde die Ausübung eines Gewerbes oder Berufes, so wird durch Einlegung eines Rechtsbehelfs die Vollziehung gehemmt. Gewerbe oder Beruf können folglich während des Rechtsbehelfsverfahrens weiterhin ausgeübt werden. Nach § 284 Abs. 6 Satz 2 AO kann die Abgabe der eidesstattlichen Versicherung erst nach Unanfechtbarkeit der Entscheidung über einen Rechtsbehelf erzwungen werden.

Der Antrag auf schlichte Änderung nach § 172 Abs. 1 Nr. 2a AO ist kein Rechtsbehelf.

b) Aussetzungsfähiger Verwaltungsakt

Die Aussetzung der Vollziehung ist nur zulässig, wenn ein *aussetzungsfähiger* Verwaltungsakt vorliegt. Verwaltungsakte, deren Inhalt sich in der Ablehnung eines Antrags *erschöpfen,* haben keinen aussetzungsfähigen Inhalt. Folglich kann die Vollziehung dieser Verwaltungsakte nicht ausgesetzt werden.

263

BEISPIEL: ▶ Die Finanzbehörde lehnt einen Antrag auf Stundung (Erlass, Vollstreckungsschutz, Buchführungserleichterung, Änderung eines Steuerbescheides usw.) ab.

Eine Aussetzung der Vollziehung derartiger Bescheide bei Einlegung eines Rechtsbehelfs ist nicht zulässig. Denn die Aussetzung der Ablehnung z. B. eines Stundungsantrages könnte nur in einer Stundung bestehen. Unter den Voraussetzungen des § 114 FGO kann jedoch das Finanzgericht durch eine *einstweilige Anordnung* verhindern, dass bei Ablehnung eines Antrags durch die Finanzbehörde dem Betroffenen erhebliche Nachteile entstehen (vgl. BStBl III 1967, 142; II 1970, 1813; vgl. auch BFH/NV 2003, 738).

Ob verfahrensrechtlich ein Antrag auf *Aussetzung der Vollziehung* (§ 361 AO, § 69 FGO) oder ein Antrag auf *einstweilige Anordnung* (§ 114 FGO) in Betracht kommt, richtete sich bis zur Entscheidung des BFH in BStBl II 1987, 637 danach, ob

▶ in einem etwaigen gerichtlichen Verfahren allein die *Anfechtungsklage* zum Erfolg führte. Dann war die *Aussetzung der Vollziehung* die richtige Maßnahme für den vorläufigen Rechtsschutz;

▶ der Erfolg nur durch eine *Verpflichtungsklage* erreicht werden konnte. Dann wurde vorläufiger Rechtschutz nur durch eine einstweilige Anordnung gewährt (BFH, BStBl II 1978, 15; 1978, 584; 1979, 567; zum Klagesystem vgl. Tz 280 ff.).

Schon vor der Entscheidung des Großen Senats des BFH in BStBl II 1987, 637, hatte der BFH definiert:

Vollziehbar sind Verwaltungsakte, deren Wirkung sich nicht auf eine Negation beschränken, sondern die (auch) eine positive Regelung enthalten oder die positive Regelung eines anderen Verwaltungsaktes aufheben (ebenso z. B. BFH/NV 2005, 492).

In derartigen Fällen wurde stets die Anfechtungsklage als gegebene Klageart angesehen. In Fällen wie dem folgenden Beispielsfall wurde hingegen die Aussetzung der Vollziehung abgelehnt, weil die Verpflichtungsklage die zutreffende Klageart sei.

BEISPIEL: Ein Gewerbetreibender nimmt unter Gründung einer Gesellschaft bürgerlichen Rechts seinen Sohn in das Unternehmen auf. Er beantragt zusammen mit dem Sohn, den gewerblichen Gewinn einheitlich und gesondert festzustellen (§ 180 Abs. 1 Nr. 2a AO). Das Finanzamt lehnt die Feststellung mit der Begründung ab, der Gesellschaftsvertrag sei nur zum Schein abgeschlossen und nicht tatsächlich vollzogen worden.

Der BFH, a. a. O., lässt die Aussetzung der Vollziehung zu, weil die Ablehnung des Feststellungsbescheides (negativer Feststellungsbescheid) sich nicht in einer bloßen Negation erschöpfe, sondern die Feststellung, dass keine Mitunternehmerschaft vorliege, bei der Einkommensteuerveranlagung Bindungswirkung entfalte.

Obwohl die Verpflichtungsklage (mit Elementen der Anfechtungsklage) die richtige Klageart ist, wird vorläufiger Rechtsschutz durch Aussetzung der Vollziehung gewährt. Im Regelfall führt die bisherige Abgrenzung nach den Klagearten weiterhin zum richtigen Ergebnis. Diesbezügliche Einzelfragen werden in Form von Beispielen ausführlich im AEAO zu § 361 AO behandelt.

BEISPIEL: Es ergeht folgender Umsatzsteuerbescheid:

Umsatzsteuer	0 €
·/. Vorsteuer	20 000 €
zu vergüten	20 000 €

Aufgrund einer Außenprüfung wird festgestellt, dass die Voraussetzungen für den Vorsteuerabzug nicht vorliegen. Es ergeht ein Änderungsbescheid gem. § 173 Abs. 1 Nr. 1 AO, durch den die Steuer auf 0 € festgesetzt wird. Vorläufiger Rechtsschutz kann durch einen Antrag auf Aussetzung der Vollziehung erreicht werden. Obwohl der neue Bescheid auf 0 € lautet, hat er einen aussetzungsfähigen Inhalt. Denn aufgrund dieses Bescheides kann die Finanzbehörde die Rückzahlung von 20 000 € verlangen (§ 37 Abs. 2 Satz 3 AO). Für den Erfolg genügt eine Anfechtungsklage. Denn bei Aufhebung des Bescheides über 0 € tritt automatisch der frühere Bescheid (Vergütung von 20 000 €) wieder in Kraft. Eine Klage auf Erlass eines abgelehnten oder unterlassenen Verwaltungsakts (Verpflichtungsklage) ist nicht erforderlich (§ 40 Abs. 1 FGO); vgl. AEAO zu § 361 Tz 2.3.1.

BEISPIEL: Für eine KG wird erstmals ein Verlust von 500 000 € festgestellt. Die KG begehrt im Rechtsbehelfsverfahren die Feststellung eines Verlustes von 1 Mio. €. – Nach der Rechtsprechung des BFH ist eine Aussetzung der Vollziehung möglich. Vgl. AEAO zu § 361 Tz 5.1–5.3.

Im Zuge der immer weitergehenden Verbesserung des vorläufigen Rechtsschutzes hat der Große Senat des BFH unter Aufgabe einer langjährigen gegenteiligen Rechtsprechung entschieden, dass Steuerbescheide auch insoweit vollziehbar sind, wie sie die Rechtsgrundlage für das Behalten von Beträgen darstellen, die aufgrund von Vorauszahlungsbescheiden bereits entrichtet worden sind (BFH, BStBl II 1995, 730). Dieser Rechtsansatz wirkt gleichermaßen für Lohnsteuern, Körperschaft- und Kapitalertragsteuern (BFH, BStBl II 1996, 316).

BEISPIEL: Der Steuerpflichtige erhält einen Einkommensteuerbescheid 2003 über 100 000 €. Die Abschlusszahlung beträgt 20 000 €, da der Steuerpflichtige für die restlichen Beträge Vorauszahlungen geleistet hat. Wenn im Rahmen eines Einspruchs die Minderung der Steuer um 30 000 € begehrt wird, könnten im Aussetzungsverfahren nicht nur die 20 000 € Abschlusszahlung ausgesetzt werden (keine Zahlungsverpflichtung), sondern auch die weiteren streitbefangenen 10 000 € (Wirkung: vorläufige Erstattung).

Der Gesetzgeber hat § 361 AO (laut BFH, BStBl II 2000, 57: verfassungsgemäß) geändert. Es bleibt zwar dabei, dass auch der Teil des Bescheides aussetzungsfähig ist, der infolge vorangegangener Bescheide bzw. Zahlungen nicht zu einem neuen oder andauernden Leistungsgebot führt. Die Aussetzung wird insoweit aber für den Regelfall ausgeschlossen. In § 361 Abs. 2 Satz 4 AO ist geregelt, dass die Aussetzung der Vollziehung des Steuerbescheides insoweit eingeschränkt ist, wie die Festsetzung vorangegangene Körperschaftsteuer-, Lohnsteuer- oder Kapitalertragsteuer- oder Vorauszahlungsfestsetzungen bestätigt. Damit ist nicht nur die vorherige Beschränkung der Aussetzung der Vollziehung wieder hergestellt, sondern sogar eine Verschärfung eingetreten, da festgesetzte, nicht gezahlte Vorauszahlungen nicht mehr ausgesetzt werden können. Eine Aussetzung der Vollziehung hinsichtlich der Beträge, die auf vorangegangene Bescheide entfallen, ist aber dann möglich, wenn dies zur Abwendung wesentlicher Nachteile erforderlich erscheint. Damit knüpft der Gesetzgeber sprachlich an § 114 FGO an, wo die einstweilige Anordnung geregelt ist. Die Erstattung von Steuerabzugsbeträgen, Körperschaftsteuer und Vorauszahlungen kann daher nur im absoluten Ausnahmefall erfolgen (Beispiel in BFH, BStBl II 2004, 367 zur angenommenen Verfassungswidrigkeit der Verlängerung der Spekulationsfrist bei Grundstücken).

Auch das Problem, wie Aussetzung der Vollziehung bei Änderungsbescheiden zu gewähren ist, ist durch den BFH ansatzweise geklärt. So hat der BFH in BStBl II 1999, 335, zu Änderungsbescheiden, die unter dem Vorbehalt der Nachprüfung stehende Bescheide korrigieren, ausgeführt, dass grundsätzlich die Aussetzung in dem Umfang möglich ist, wie eine Änderung herbeigeführt werden kann. Dies hat der BFH in BFH/NV 1999, 1205, noch fortentwickelt und insoweit darauf hingewiesen, dass es bei Änderungsbescheiden nicht auf früher festgesetzte Vorauszahlungen ankommen könne. Insoweit sei der Gesetzeswortlaut teleologisch (vom Zweck der Norm her) zu reduzieren.

Zur Einarbeitung in den Problemkreis sind nachfolgend die Beispiele aus dem AEAO (zu § 361 AO) übernommen, die Fälle betreffen, wo die streitbefangene Steuer größer als die Abschlusszahlung ist:

4.3 Die streitbefangene Steuer ist größer als die Abschlusszahlung

BEISPIEL: ▸ festgesetzte Steuer   15 000 €

festgesetzte und entrichtete Vorauszahlungen   8 000 €

Steuerabzugsbeträge   4 000 €

Abschlusszahlung   3 000 €

streitbefangene Steuer   5 000 €

Die Vollziehung ist nur i. H. von 3 000 € auszusetzen (15 000 € − festgesetzte Steuer − ·/. 8 000 € − festgesetzte Vorauszahlungen − ·/. 4 000 € − anzurechnende Steuerabzugsbeträge −). Die Abschlusszahlung muss nicht geleistet werden, solange die Aussetzung der Vollziehung wirksam ist.

4.4 Die streitbefangene Steuer ist größer als die Abschlusszahlung einschließlich nicht geleisteter Vorauszahlungen

BEISPIEL 1: ▶ festgesetzte Steuer   15 000 €

festgesetzte Vorauszahlungen   8 000 €

entrichtete Vorauszahlungen   5 000 €

rückständige Vorauszahlungen   3 000 €

Steuerabzugsbeträge   6 000 €

Abschlusszahlung (einschließlich der rückständigen Vorauszahlungen)   4 000 €

streitbefangene Steuer   5 000 €

Die Vollziehung ist nur i. H. von 1 000 € auszusetzen (15 000 € – festgesetzte Steuer – ·/. 8 000 € – festgesetzte Vorauszahlungen – ·/. 6 000 € – anzurechnende Steuerabzugsbeträge –). Die rückständigen Vorauszahlungen i. H. von 3 000 € sind sofort zu entrichten.

BEISPIEL 2: ▶ festgesetzte Steuer   15 000 €

festgesetzte Vorauszahlungen   8 000 €

Vollziehungsaussetzung des Vorauszahlungsbescheids i. H. von   3 000 €

entrichtete Vorauszahlungen   5 000 €

Steuerabzugsbeträge   6 000 €

Abschlusszahlung

(einschließlich der in der Vollziehung ausgesetzten Vorauszahlungen)   4 000 €

streitbefangene Steuer   5 000 €

Die Vollziehung ist nur i. H. von 1 000 € auszusetzen (15 000 € – festgesetzte Steuer – ·/. 8 000 € – festgesetzte Vorauszahlungen – ·/. 6 000 € – anzurechnende Steuerabzugsbeträge –). Die in der Vollziehung ausgesetzten Vorauszahlungen i. H. von 3 000 € sind innerhalb der von der Finanzbehörde zu setzenden Frist (vgl. Nr. 8.2.2) zu entrichten. Der Restbetrag der Abschlusszahlung (1 000 €) muss nicht geleistet werden, solange die Aussetzung der Vollziehung wirksam ist.

4.5 Die Steuerfestsetzung führt zu einer Erstattung

BEISPIEL 1: ▶ festgesetzte Steuer   15 000 €

festgesetzte und entrichtete Vorauszahlungen   12 000 €

Steuerabzugsbeträge   5 000 €

Erstattungsbetrag   2 000 €

streitbefangene Steuer   5 000 €

Eine Aussetzung der Vollziehung ist nicht möglich (15 000 € – festgesetzte Steuer – ·/. 12 000 € – festgesetzte Vorauszahlungen – ·/. 5 000 € – anzurechnende Steuerabzugsbeträge –).

BEISPIEL 2: ▶ Nach einem Erstbescheid gem. Beispiel 1 ergeht ein Änderungsbescheid:

festgesetzte Steuer nunmehr   16 000 €

festgesetzte und entrichtete Vorauszahlungen   12 000 €

Steuerabzugsbeträge   5 000 €

neuer Erstattungsbetrag   1 000 €

Rückforderung der nach dem Erstbescheid geleisteten Erstattung

(Leistungsgebot) i. H. von   1 000 €

streitbefangene Steuer   5 000 €

Der Änderungsbescheid kann i. H. von 1 000 € in der Vollziehung ausgesetzt werden.

c) Ernstliche Zweifel an der Rechtmäßigkeit

Die Finanzbehörde *soll* auf Antrag die Vollziehung aussetzen, wenn *ernstliche* Zweifel   264
an der Rechtmäßigkeit des angefochtenen Verwaltungsaktes bestehen. Daraus ergibt
sich eine Beschränkung des Ermessensspielraums der Finanzbehörde. Im Regelfall ist es
ermessensfehlerhaft, wenn die Behörde bei ernstlichen Zweifeln an der Rechtmäßigkeit
des angefochtenen Verwaltungsakts die Vollziehung nicht aussetzt. Ernstliche Zweifel
bestehen, wenn *gewichtige Gründe* gegen die Rechtmäßigkeit des Verwaltungsakts
sprechen, die eine Unentschiedenheit oder Unsicherheit in der Beurteilung der Rechtsfragen oder eine Unklarheit in der Beurteilung der Sachverhaltsfragen auslösen. Die
Zweifel an der Rechtmäßigkeit müssen nicht stärker sein als die Gründe, die für die
Rechtmäßigkeit sprechen. Die – in einem summarischen Verfahren zu prüfende – Erfolgsaussicht des Rechtsbehelfs muss nicht größer sein als die Wahrscheinlichkeit eines
Misserfolgs. Auch bei nicht überwiegender Erfolgsaussicht des eingelegten Rechtsbehelfs soll die Finanzbehörde die Vollziehung aussetzen, wenn die Rechtslage unklar
ist, im Schrifttum Bedenken gegen die Rechtsmeinung der Finanzbehörden erhoben
werden oder die Finanzverwaltung die Rechtsfrage in der Vergangenheit nicht einheitlich beurteilt hat (BFH, BStBl II 1975, 239); auch bei unterschiedlicher Rechtsprechung
verschiedener Obergerichte, z. B. BGH und BFH, und Divergenzen zwischen BFH-Sena-
ten soll ausgesetzt werden. Ebenso die Auffassung der Verwaltung vgl. AEAO zu § 361
Tz 2.5 ff.

Bei ernstlichen Zweifeln an der Verfassungsmäßigkeit von Steuervorschriften ist nach
bisheriger Rechtsprechung des BFH (z. B. BFH, BStBl II 1991, 104) zwischen dem individuellen Aussetzungsinteresse und dem Interesse der Allgemeinheit an der Haushalts-
sicherheit abzuwägen (offen gelassen in BFH, BStBl II 2003, 663). I. d. R. dominiert das
öffentliche Interesse; in jüngerer Vergangenheit wird das Individualinteresse stärker
betont (vgl. z. B. bei BStBl II 2004, 367; 2005, 287; 2007, 799; BFH/NV 2007, 914).

d) Unbillige Härte

Die Aussetzung der Vollziehung ist auch dann möglich, wenn die Vollziehung für den   265
Betroffenen eine unbillige, nicht durch überwiegende öffentliche Interessen gebotene
Härte zur Folge hat (§ 361 Abs. 2 AO). Aus der systematischen Einordnung dieser Vorschrift in die Bestimmungen über das Rechtsbehelfsverfahren folgt, dass die Unbilligkeit spezifisch im Vollzug des Verwaltungsakts vor Bestandskraft (Unanfechtbarkeit)
liegen muss. Eine Unbilligkeit i. S. des § 361 Abs. 2 AO liegt z. B. nicht vor, wenn der
Steuerpflichtige nach Einlegung eines Rechtsbehelfs einen Aussetzung mit der Begründung beantragt, er sei zur Zeit nicht zahlungsfähig. Dies ist allenfalls ein Stundungs-
grund (§ 222 AO). Eine Aussetzung der Vollziehung nach der Billigkeitsalternative der
§§ 361 AO, 69 FGO kommt nur dann in Betracht, wenn geringfügige Zweifel an der
Rechtmäßigkeit des angefochtenen Verwaltungsakts bestehen, die nicht ausreichen,
die Vollziehung wegen ernstlicher Zweifel auszusetzen, der Vollzug des Verwaltungsakts jedoch für den Betroffenen zu irreparablen Schäden führen würde, die er allenfalls
im Wege einer Schadensersatzklage gegen die Finanzbehörden geltend machen könnte. Die Billigkeits-AdV kommt sehr selten vor. Der BFH (BFH/NV 2005, 1834) hat aber in

einem praktisch bedeutsamen Fall die Aussetzung der Vollziehung aus Billigkeitsgründen bejaht.

> **BEISPIEL:** FA verwertet nach gewonnener erster Instanz gepfändete Lebensversicherung. Der BFH führt aus: Eine unbillige Härte ist anzunehmen, wenn durch die Vollziehung der angefochtenen Steuerbescheide wirtschaftliche Nachteile drohen, die durch eine etwaige spätere Rückzahlung der eingezogenen Beiträge nicht ausgeglichen werden oder nur schwer gutzumachen sind, oder wenn die Vollziehung zu einer Gefährdung der wirtschaftlichen Existenz führen würde. Die Verwertung einer Lebensversicherung zum Rückkaufswert führt i. d. R. zu einem wirtschaftlichen Schaden, der bei späterer Rückzahlung der eingezogenen Beträge nicht ausgeglichen werden würde.

e) Aussetzung von Grundlagen- und Folgebescheiden

266 Wird die Vollziehung eines *Grundlagenbescheides* ausgesetzt, so ist *von Amts wegen* insoweit auch die Vollziehung des Folgebescheides auszusetzen (§ 361 Abs. 3 AO).

> **BEISPIEL:** Es ergeht ein Feststellungsbescheid für eine Vermietungsgemeinschaft mit einem Überschuss von 100 000 €. Der Steuerpflichtige legt Einspruch ein und verlangt eine Herabsetzung der Einkünfte auf 60 000 €. Wird die Vollziehung des Feststellungsbescheides i. H. von 40 000 € ausgesetzt, so muss die Finanzbehörde insoweit auch die Vollziehung der Folgebescheide (z. B. Einkommensteuerbescheid) von Amts wegen aussetzen.

Die Regelungen in § 351 Abs. 2 AO zur Einspruchsbeschränkung bei Folgebescheiden und in § 361 Abs. 3 AO zur Folgeaussetzung bei Aussetzung der Vollziehung des Grundlagenbescheides führen dazu, dass ein Aussetzungsantrag im Einspruchsverfahren gegen den Folgebescheid, der mit Fehlern des Grundlagenbescheides begründet wird, als unzulässig zu verwerfen ist (BFH, BStBl II 1988, 240; AEAO Tz 6 zu § 361). Ausnahmen macht der BFH z. B. bei der – einheitlichen – Aussetzung der Vollziehung des Einkommensteuerbescheides als Grundlagenbescheid und des Kirchensteuer- oder Solidaritätszuschlagsbescheides als Folgebescheid (vgl. BFH/NV 2003, 187).

f) Sicherheitsleistung

267 Nach der Rechtsprechung des BFH dient die Anordnung der Sicherheitsleistung im Verfahren des einstweiligen Rechtsschutzes der Vermeidung von Steuerausfällen. Diese können im Gefolge einer Aussetzung der Vollziehung vor allem dadurch entstehen, dass der Steuerpflichtige im Verfahren zur Hauptsache letztlich unterliegt und zu diesem Zeitpunkt die Durchsetzung der Steuerforderung gefährdet oder erschwert ist. Nur einer solchen Entwicklung soll durch die Sicherheitsleistung vorgebeugt werden. Deshalb ist, wenn eine entsprechende Gefahr im konkreten Fall nicht besteht, für die Anordnung einer Sicherheitsleistung kein Raum. Das gilt unabhängig vom Grad der Zweifel an der Rechtmäßigkeit des angefochtenen Verwaltungsakts (vgl. BFH, BStBl II 2005, 351).

Im Verfahren mit Grundlagen- und Folgebescheiden ist über die *Anordnung* einer *Sicherheitsleistung* bei der Aussetzung des *Folgebescheides* zu entscheiden, es sei denn, bei der Aussetzung der Vollziehung des Grundlagenbescheides wird die Sicherheitsleistung – wegen ganz überwiegender Rechtszweifel – ausdrücklich ausgeschlossen.

BEISPIEL: ▶ Die Finanzbehörde erlässt einen Gewerbesteuermessbescheid. Der Steuerpflichtige legt gegen diesen Bescheid Einspruch ein und beantragt die Aussetzung der Vollziehung. Die Finanzbehörde darf die Aussetzung der Vollziehung nicht von einer Sicherheitsleistung abhängig machen. Sie ist lediglich befugt, die Sicherheitsleistung *auszuschließen*. Die Anordnung der Sicherheitsleistung obliegt (Ausnahme: Stadtstaaten) der kommunalen Behörde, die den Gewerbesteuerbescheid erlässt (§ 361 Abs. 3 AO).

Einzelheiten und Problemfälle: vgl. BFH, BStBl II 1982, 135, und 1983, 49; AEAO zu § 361 Tz 9.2. ff.

g) Dauer der Aussetzung

Die Finanzbehörden setzen die Vollziehung regelmäßig bis einen Monat nach Bekanntgabe der Entscheidung über den eingelegten Rechtsbehelf aus (AEAO zu § 361 Tz 8.2.1). Zu diesem Zeitpunkt wird – wenn kein Rechtsbehelf eingelegt wird – die angefochtene Entscheidung bestandskräftig. Dann verliert die Aussetzung der Vollziehung ihre Berechtigung. Wird jedoch vor Ablauf dieser Frist ein Rechtsbehelf eingelegt, so kann die Finanzbehörde aufgrund eines erneuten Aussetzungsantrags darüber befinden, ob eine weitere Aussetzung der Vollziehung erfolgen soll. 268

h) Aussetzung durch Finanzbehörde und Finanzgericht

Der Antrag auf Aussetzung der Vollziehung kann grundsätzlich auch an das Finanzgericht gerichtet werden. Der *Zugang* zum Finanzgericht ist aber durch § 69 Abs. 4 FGO ganz wesentlich begrenzt. Ein Aussetzungsantrag an das Finanzgericht ist danach nur zulässig, wenn 269

▶ die Finanzbehörde einen Antrag auf Aussetzung ganz oder teilweise abgelehnt hat oder

▶ ohne zureichenden Grund über einen Antrag nicht innerhalb angemessener Frist entschieden hat oder

▶ eine Vollstreckung droht.

Der Zweck der Regelung in § 69 Abs. 4 FGO ist die Entlastung der Finanzgerichte. Die Finanzbehörde soll die Möglichkeit haben, den Antrag auf Aussetzung zunächst selbst zu prüfen und dadurch ein Gerichtsverfahren zu vermeiden. Der BFH lehnt eine über den Wortlaut des § 69 Abs. 4 FGO hinausgehende Einschränkung des Zugangs zu den Finanzgerichten ab. Er hält deshalb einen erstmalig begründeten Antrag an das Finanzgericht auch dann für zulässig, wenn die Finanzbehörde zuvor nur einen unbegründeten Antrag abgelehnt hat. Der Steuerpflichtige muss dann allerdings gewärtigen, dass ihm auch bei Obsiegen die Kosten des Verfahrens auferlegt werden (BFH, BStBl II 1998, 744).

Unstreitig handelt es sich bei § 69 Abs. 4 FGO um eine *Zugangsvoraussetzung*. Das bedeutet, dass diese Voraussetzungen im Zeitpunkt des Zugangs bei Gericht erfüllt sein müssen. Der spätere Eintritt der Voraussetzung ändert nichts an der Unzulässigkeit eines an das Gericht gerichteten Aussetzungsantrages.

Auch nach einem Einspruchsverfahren gegen die Ablehnung der AdV gibt es nur den Antrag nach § 69 Abs. 3 FGO (so § 69 Abs. 7 FGO). Eine Klage ist insoweit ausgeschlossen.

9. Änderung und Festsetzung während des Rechtsbehelfsverfahrens

270   Nach § 132 AO kann die Behörde auch während eines außergerichtlichen Rechtsbehelfsverfahrens aufgrund bestimmter Vorschriften den angegriffenen Verwaltungsakt ändern (vgl. Tz 97, 109). Der geänderte Verwaltungsakt wird automatisch Gegenstand des anhängigen Rechtsbehelfsverfahrens (§ 365 Abs. 3 AO).

> **BEISPIEL:** ▶ Der Steuerpflichtige legt gegen einen ESt-Bescheid Einspruch ein und begehrt die Berücksichtigung von Werbungskosten bei den Einkünften aus Vermietung. Während des anhängigen Verfahrens findet eine Außenprüfung statt, die zu einer Steuererhöhung wegen Änderungen bei den gewerblichen Einkünften führt. – Der Änderungsbescheid wird kraft Gesetzes Gegenstand des Einspruchsverfahrens. Er braucht nicht erneut angefochten zu werden. – Entsprechendes gilt, wenn der Verwaltungsakt während des Rechtsbehelfsverfahrens teilweise widerrufen (§ 131 AO), teilweise zurückgenommen (§ 130 AO) oder wegen offenbarer Unrichtigkeit gem. § 129 AO korrigiert wird (AEAO Tz 2 zu § 365 AO; BFH, BStBl II 1982, 292).

Praktisch wichtig ist auch, dass ein Einspruchsverfahren z. B. gegen einen ESt-Vorauszahlungsbescheid sich automatisch am Jahressteuerbescheid fortsetzt. Eine besondere Regelung enthält § 365 Abs. 3 Nr. 2 AO. Danach wird auch ein Verwaltungsakt, der an die Stelle eines angefochtenen unwirksamen Verwaltungsaktes tritt, automatisch zum Gegenstand des Verfahrens. In *finanzgerichtlichen* Verfahren entspricht dem die Regelung des § 68 FGO in der Fassung seit 2001 (vgl. Tz 297).

271–279   *(Einstweilen frei)*

H. Das gerichtliche Rechtsbehelfsverfahren

280   Grundsätzlich entscheidet nach § 5 FGO im finanzgerichtlichen Verfahren ein Senat (drei Berufsrichter und ggf. zwei ehrenamtliche Richter). In einfacheren Fällen kann der Rechtsstreit auf einen Einzelrichter übertragen werden (§ 6 FGO). Außerdem können unter bestimmten Voraussetzungen Entscheidungen durch den Vorsitzenden oder den Berichterstatters erfolgen (§ 79a FGO).

I. Das Klagesystem der FGO

281   Die FGO unterscheidet zwischen folgenden Klagetypen:

▶ Anfechtungsklage (Gestaltungsklage),

▶ Leistungsklage,

▶ Feststellungsklage.

Durch die verschiedenen Klagearten wird es ermöglicht, in unterschiedlichen verfahrensrechtlichen Situationen sachgerechte Entscheidungen herbeizuführen.

> **BEISPIEL:** ▶ Die Anfechtungsklage gegen einen Steuerbescheid (Einspruchsentscheidung) ist nur binnen Monatsfrist zulässig (§ 47 Abs. 1 FGO). Nach Ablauf der Monatsfrist wird auch ein rechtswidriger (aber nicht nichtiger) Steuerbescheid bestandskräftig und kann vollstreckt wer-

den. Die Nichtigkeit eines Verwaltungsakts kann dagegen auch noch nach Ablauf der Monatsfrist mit der (unbefristeten) Feststellungsklage geltend gemacht werden (§ 41 Abs. 1 FGO).

1. Schematische Darstellung des Klagesystems

282

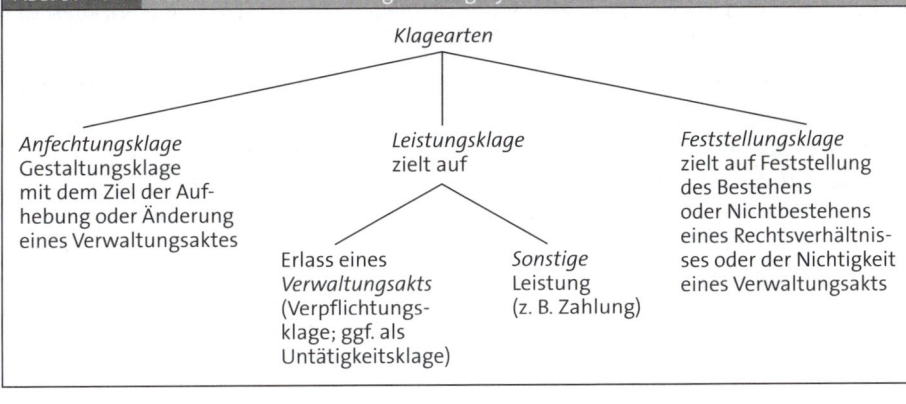

ABB. 3: Schematische Darstellung des Klagesystems

Klagearten

Anfechtungsklage
Gestaltungsklage
mit dem Ziel der Aufhebung oder Änderung
eines Verwaltungsaktes

Leistungsklage
zielt auf

Erlass eines
Verwaltungsakts
(Verpflichtungsklage; ggf. als
Untätigkeitsklage)

Sonstige
Leistung
(z. B. Zahlung)

Feststellungsklage
zielt auf Feststellung
des Bestehens
oder Nichtbestehens
eines Rechtsverhältnisses oder der Nichtigkeit
eines Verwaltungsakts

2. Anfechtungsklage

Die Anfechtungsklage zielt auf die *Aufhebung* oder die Änderung eines Verwaltungs- 283
akts (§ 40 Abs. 1 FGO). Sie ist grundsätzlich nur zulässig, wenn gegen den Verwaltungsakt zuvor (teilweise) erfolglos Einspruch – soweit zulässig (vgl. § 348 AO) – eingelegt
worden ist (§ 44 Abs. 1 AO).

Ausnahmsweise ist ein *Vorverfahren nicht erforderlich* bei:

► der *Sprungklage* gem. § 45 FGO. Die Sprungklage setzt voraus, dass die Finanzbehörde binnen Monatsfrist nach Klagezustellung zustimmt. – Eine Sprungklage erscheint nur zweckmäßig, wenn mit hoher Wahrscheinlichkeit angenommen werden
kann, dass die Behörde den Rechtsbehelf zurückweisen wird (z. B. weil das Finanzamt an Verwaltungsanweisungen, Richtlinien o. Ä. gebunden ist). Ist der Sachverhalt
noch nicht hinlänglich aufgeklärt, empfiehlt sich keine Sprungklage. Dann nämlich
liegt die Möglichkeit nahe, dass das Gericht die Sache an die Finanzbehörde zur
Durchführung des Vorverfahrens abgibt (§ 45 Abs. 2 FGO). Dann ist die Sprungklage
als außergerichtlicher Rechtsbehelf zu behandeln. Dasselbe gilt, wenn die Finanzbehörde ihre Zustimmung verweigert. – Kraft Gesetzes ist die Sprungklage stets zulässig gegen die Anordnung des dinglichen Arrests gem. § 324 AO (§ 45 Abs. 4 FGO);

► der *Untätigkeitsklage.* Sie ist zulässig, wenn über einen Einspruch oder eine Beschwerde ohne Mitteilung eines zureichenden Grundes in angemessener Frist sachlich nicht entschieden worden ist. Sie kann grundsätzlich (Ausnahmen möglich)
nicht vor Ablauf von 6 Monaten seit Einlegung des außergerichtlichen Rechtsbehelfs
erhoben werden (§ 46 FGO).

Die Anfechtungsklage ist nur zulässig, wenn der Kläger geltend macht, durch einen
Verwaltungsakt *in seinen Rechten* verletzt zu sein. Er muss einen *Rechtsanspruch* auf
Aufhebung oder Änderung des angefochtenen Verwaltungsakts darlegen (§ 40 Abs. 2

FGO). Eine Rechtsverletzung liegt vor, wenn ein Verwaltungsakt ohne gesetzliche Grundlage oder unter Verstoß gegen gesetzliche Bestimmungen in die Rechte des Klägers eingreift. Auch dann hat eine Klage keine Erfolgsaussicht, wenn

► Vorschriften über das Verfahren, die Form oder die örtliche Zuständigkeit verletzt sind und keine andere Entscheidung hätte getroffen werden können (§ 127 AO),

► Verfahrens- oder Formfehler gem. § 126 AO geheilt wurden (z. B. eine erforderliche Begründung nachträglich gegeben wurde).

Der Darlegung einer Rechtsverletzung kommt insbesondere bei Ermessensentscheidungen eine besondere Bedeutung zu (vgl. hierzu Tz 26). Bei Ermessensentscheidungen wirken sich §§ 126 AO, 102 FGO aus, weil rechtswidrige Ermessensentscheidungen auch im Klageverfahren durch Ergänzung von Begründungen noch rechtmäßig gemacht werden können. Es ist aber nur die Vertiefung, Verbreiterung oder Verdeutlichung bereits angestellter Ermessenserwägungen zulässig, keine Nachholung (vgl. grundlegend BFH, BStBl II 2004, 579).

Gegenstand der Anfechtungsklage ist auch nach einem Vorverfahren der ursprüngliche Verwaltungsakt in der Gestalt, die er durch die Entscheidung über den außergerichtlichen Rechtsbehelf gefunden hat. Die Klage ist gegen die Behörde zu richten, die den ursprünglichen Verwaltungsakt oder die Einspruchsentscheidung erlassen hat (§§ 44 Abs. 2, 63 Abs. 1 Nr. 1, Abs. 2 FGO).

Richtiger Beklagter in den Fällen, in denen nach § 195 AO ein anderes Finanzamt als das örtlich und sachlich für die Steuerfestsetzung zuständige mit der Durchführung einer Außenprüfung beauftragt wird, ist das beauftragte Finanzamt, wenn es die Prüfungsanordnung erlassen hat (vgl. BFH/NV 2008, 1874; ebenso für das Einspruchsverfahren BFH/NV 2009, 625).

3. Leistungsklage

284 Mit einer Leistungsklage kann ein Rechtsanspruch auf den Erlass eines abgelehnten oder unterlassenen *Verwaltungsakts* oder auf eine *andere Leistung* geltend gemacht werden (§ 40 Abs. 1 FGO). Leistungsklage ist ein Oberbegriff: Zielt die Klage auf den Erlass eines Verwaltungsaktes, so handelt es sich um eine Leistungsklage vom Typ der *Verpflichtungsklage*, die auch Vornahmeklage genannt wird (§§ 46, Abs. 2, 47 Abs. 1 FGO). Wird dagegen eine Leistung begehrt, die nicht in dem Erlass eines Verwaltungsakts besteht, sondern in einer anderen Leistung, so liegt eine Leistungsklage im engeren Sinne vor.

> **BEISPIEL:** ► Ein Steuerpflichtiger beantragt die Bewilligung einer Buchführungserleichterung gem. § 148 AO. Das Finanzamt lehnt den Antrag ab. Der Einspruch des Steuerpflichtigen wird zurückgewiesen. – Zwar ist gegen die Ablehnung die Anfechtungsklage zulässig. Damit kann der Steuerpflichtige aber nur erreichen, dass der ablehnende Verwaltungsakt aufgehoben wird. Die Bewilligung der Buchführungserleichterung kann er nur durchsetzen, wenn er die Klage mit dem Antrag erhebt, die Finanzbehörde zu verpflichten, die beantragte Erleichterung zu bewilligen (Verpflichtungsklage). In einem derartigen Fall erübrigt sich eine zusätzliche Anfechtungsklage gegen den ablehnenden Verwaltungsakt.

285 Probleme entstehen bei der auf Steuererstattung gerichteten Leistungsklage. Teilweise wird angenommen, dass eine solche Klage als Klage auf eine sonstige Leistung (kein

VA) ohne Vorverfahren zulässig sei. Dies ist nur zutreffend, wenn die Finanzbehörde die Auszahlung eines in einem Verwaltungsakt festgestellten Erstattungs- oder Vergütungsanspruchs ohne weitere Begründung ablehnt. Dieser Fall kommt praktisch nicht vor.

Häufig besteht allerdings Streit, ob in Verwaltungsakten festgestellte Erstattungsansprüche durch Umbuchung (Aufrechnung; Tz 63 ff.) erloschen sind. In diesem Fall besteht ein Streit über die Verwirklichung von Ansprüchen aus dem Steuerschuldverhältnis, der durch Abrechnungsbescheid (§ 218 Abs. 2 AO) zu entscheiden ist. Vor Ergehen eines Abrechnungsbescheides fehlt es an der Feststellung eines fortbestehenden Zahlungsanspruches. Gegen den Abrechnungsbescheid ist der Einspruch und dann die Anfechtungsklage gegeben (vgl. BFH, BStBl II 1986, 702; BFH/NV 2000, 412).

4. Feststellungsklage

Das Ziel der *Feststellungsklage* ist eine gerichtliche Feststellung der   286

▶ Existenz oder Nichtexistenz eines Rechtsverhältnisses oder

▶ Nichtigkeit eines Verwaltungsaktes (§ 41 FGO).

Die Feststellungsklage zielt somit nicht auf eine *Rechtsgestaltung* (z. B. den Erlass, die Aufhebung oder Änderung eines Verwaltungsakts) oder eine Leistung (z. B. Fristverlängerung, verbindliche Zusage, Zahlung), sondern auf die verbindliche Feststellung eines *bestehenden Rechtszustandes* (Deklaration). Sie ist nur zulässig, soweit der Kläger seine Rechte nicht durch eine Gestaltungsklage (Anfechtungsklage) oder eine Leistungsklage verfolgen kann oder hätte verfolgen können. Dies gilt nicht bei einer Klage auf Feststellung der Nichtigkeit eines Verwaltungsakts (§ 41 Abs. 2 FGO; vgl. auch BFH, BStBl II 2008, 686). Die Feststellungsklage ist nicht fristgebunden. Sie hat praktische Bedeutung in der Form der so genannten Fortsetzungsfeststellungsklage.

> **BEISPIEL:** ▶ Der Steuerpflichtige klagt gegen eine Betriebsprüfungsanordnung. Während des Klageverfahrens wird die Bp abgeschlossen. Die Anfechtung der Bp-Anordnung ist nicht mehr zulässig, da der Verwaltungsakt durch Vollzug erledigt ist. Wenn der Steuerpflichtige die Auswertung der Bp-Ergebnisse verhindern will, muss er zur Fortsetzungsfeststellungsklage wechseln, weil ein Verwertungsverbot voraussetzt, dass die Rechtswidrigkeit der Anordnung festgestellt wird.

II. Das Klageverfahren

Das Klageverfahren ist wesentlich stärker *formalisiert* als das außergerichtliche Rechts-   287
behelfsverfahren. Die Gerichte achten genau auf die Einhaltung bestimmter Formalitäten und weisen gegebenenfalls Klagen als unzulässig ab, die materiell-rechtlich gute Erfolgsaussichten haben. Der BFH verwirft jedes Jahr ca. 1 000 Revisionen oder Nichtzulassungsbeschwerden und sonstige Rechtsmittel als unzulässig. Auch der Geschäftsbericht 2008 des BFH weist neben ca. 500 Rücknahmen fast 1000 Unzulässigkeitsverwerfungen aus.

1. Checkliste zur Zulässigkeit der Klage

288
1. Zulässigkeit des Finanzrechtsweges (§ 33 FGO)

2. Zuständigkeit des Gerichts (§§ 33–39 FGO)

3. Beteiligtenfähigkeit (§ 57 FGO)

4. Prozessfähigkeit (§ 58 FGO)

5. Durchführung eines (teilweise) erfolglosen Vorverfahrens (§ 44 FGO)
   Ausnahmen: Sprungklage (§ 45 FGO)
   Untätigkeitsklage (§ 46 FGO)
   kein Einspruch gegeben (§ 348 Nr. 3, 4 AO, § 44 FGO)
   Leistungs- und Feststellungsklagen

6. Zulässigkeit der Klageart (§ 41 FGO)

7. Ordnungsmäßigkeit der Klageerhebung (§§ 64, 65 FGO)

8. Klagefrist (§ 47 FGO)

9. Klagebefugnis
   a) Rechtsverletzung (§ 40 Abs. 2 FGO)
   b) Teilbestandskraft (§ 42 FGO i. V. mit § 351 Abs. 1 AO)
   c) Grundlagenbescheidsbindung (§ 42 FGO i. V. mit §§ 351 Abs. 2 AO)
   d) Einheitliche Feststellungen (§ 48 FGO)

10. Ordnungsgemäße Vertretung (§ 62 FGO)

11. Kein Klageverzicht (§ 50 FGO)

12. Keine Klagerücknahme (§ 72 FGO)

13. Richtiger Klagegegner (§ 63 FGO)

14. Fehlen anderweitiger Rechtshängigkeit (§ 17 GVG)

15. Kein rechtskräftig abgeschlossenes Verfahren über den gleichen Streitgegenstand
Ausnahme: Nichtigkeits- und Restitutionsklage (§ 134 FGO)

Zu den wichtigsten Zulässigkeitsvoraussetzungen vgl. die vorangegangene Kurzdarstellung zu den Klagearten und die nachfolgenden Textziffern.

2. Die Ordnungsmäßigkeit der Klageerhebung

a) Inhalt

289
Zum notwendigen Inhalt einer Klage gehören (§ 65 Abs. 1 FGO):

► Die Bezeichnung des Klägers. Sie muss so genau sein, dass eine einwandfreie Identifizierung möglich ist. Zweckmäßigerweise werden angegeben: Name, Vorname, genaue Anschrift.

► Die Bezeichnung des Beklagten (z. B. des Finanzamts, das den angefochtenen Verwaltungsakt erlassen hat oder von dem ein Verwaltungsakt oder eine andere Leistung begehrt wird). Bei vorangegangenem Vorverfahren kann die zu verklagende Behörde aus der Entscheidung über den außergerichtlichen Rechtsbehelf entnommen werden.

► Die Angabe des Gegenstandes des Klagebegehrens (Streitgegenstand). Streitgegenstand ist die Rechtsbehauptung des Klägers, er sei durch den angefochtenen Verwaltungsakt (oder: seine Ablehnung oder Unterlassung) in dem durch den Klageantrag bezeichneten Umfang in seinen *Rechten* verletzt (BFH, GrS, BStBl II 1968, 344; BFH, BStBl II 1984, 840; Streitgegenstand im *materiellen* Sinne; zur Klageerweiterung BFH, GrS, BStBl II 1990, 327; dagegen BFH, NJW 1996, 1776).

▶ Die Bezeichnung des angefochtenen Verwaltungsakts. Aus der Bezeichnung muss sich zweifelsfrei ergeben, welcher Verwaltungsakt angefochten wird. (Zweckmäßig ist z. B. die Formulierung: Anfechtung des vom Beklagten gegen den Kläger erlassenen ESt-Bescheides für 2005, vom 10.8.2008, in der Fassung der Einspruchsentscheidung vom 23.3.2009, Steuernummer …). Der angefochtene Verwaltungsakt ist der Streitgegenstand im „formellen Sinne". Allerdings kommt der BFH in den letzten Jahren zu immer weiter gehenden Auslegungen. Klagen werden gegen den Wortlaut im Interesse der sinnvollen Anfechtung des tatsächlich relevanten Bescheides ausgelegt (vgl. z. B. BFH/NV 2006, 2035).

Fehlt eines dieser „Muss"-Erfordernisse in der Klageschrift, so ist die Klage – zunächst – schwebend unzulässig (falls überhaupt eine Klage vorliegt). Die Unzulässigkeit kann grundsätzlich bis zur mündlichen Verhandlung durch Ergänzung der Klage beseitigt werden. Davon gibt es aber wesentliche Abweichungen. Bei fristgebundenen Klagen muss innerhalb der Klagefrist der richtige Kläger und Beklagte bezeichnet sein (vgl. BFH/NV 2007, 2322). Nur bei unklaren Kläger- oder Beklagtenbezeichnungen kann ausgelegt werden.   **290**

BEISPIEL: ▶ Steuerberater A klagt für seinen Mandanten B gegen das Finanzamt C. Erst nach Ablauf der Klagefrist bemerkt A, dass der angefochtene Steuerbescheid vom Finanzamt D war und deshalb D hätte verklagt werden müssen. Die Klage ist unzulässig. C hat keinen Bescheid erlassen, gegen D ist nicht innerhalb der Frist geklagt worden (vgl. BFH/NV 1997, 588).

Anders wäre die Sachlage, wenn A in der Klageschrift die Steuernummer des Finanzamtes D angegeben oder die Einspruchsentscheidung in Kopie beigefügt hätte. Dann hätte eine widersprüchliche Klage (formal gegen C gerichtet, erkennbar auf D abzielend) vorgelegen, die als Klage gegen D auszulegen gewesen wäre.

In § 65 FGO ist weiter geregelt, dass der Klage Ur- oder Abschriften des angefochtenen Verwaltungsaktes und der Einspruchsentscheidung beigefügt werden *sollen*. Im Übrigen kann der Vorsitzende/Berichterstatter/Einzelrichter den Kläger jedoch nach § 65 Abs. 2 FGO zu der erforderlichen Ergänzung innerhalb einer bestimmten Frist auffordern. Dabei handelt es sich *nicht* um eine *Ausschlussfrist* (BFH, BStBl II 1980, 696; 1983, 476, 479). Nach § 65 Abs. 2 Satz 2 FGO kann der Vorsitzende oder der Berichterstatter/Einzelrichter aber auch eine Frist mit *ausschließender* Wirkung zur Bestimmung des Gegenstandes des Klageverfahrens setzen. Dann verkürzt sich die Frist, bis zu deren Ablauf die Konkretisierung des Klagebegehrens erfolgt sein muss, auf den letzten Tag der Ausschlussfrist.

Die Konkretisierung des Streitgegenstandes durch einen *bestimmten* Antrag hat verschiedene praktische Auswirkungen: **291**

▶ Das Gericht darf über das Klagebegehren nicht hinausgehen (z. B. dem Steuerpflichtigen keine größere Steuerermäßigung zubilligen als er begehrt; § 96 Abs. 1 FGO).

▶ Der Antrag ist für den Streitwert und damit für die Höhe der Gebühren maßgebend.

Wegen der Begrenzung der gerichtlichen Entscheidungsbefugnis auf den Antrag des Steuerpflichtigen kann das Gericht ohne Antrag keine Sachentscheidung treffen. Die

Klage ist daher als unzulässig abzuweisen. Zu den Anforderungen an die Bestimmung des Klagebegehrens und zur Auslegung der Klageschrift vgl. die Entscheidungen des BFH in BFH/NV 2000, 196 u. 198; 2003, 790.

Ob die Möglichkeit, bei fristgerechter Klage nach Ablauf der Klagefrist einen konkreten Klageantrag zu ändern, beschränkt wird, ist streitig.

> **BEISPIEL:** Der Kläger ficht einen ESt-Bescheid an und stellt innerhalb der Klagefrist den Antrag, die Steuer von 30 000 € auf 11 000 € herabzusetzen. Nach Ablauf der Klagefrist ändert er den Klageantrag. Er beantragt nunmehr die Aufhebung des Steuerbescheids in vollem Umfang. Nach BFH GrS ist diese Veränderung des Klageantrages regelmäßig zulässig.

Nach der Entscheidung des Großen Senats in BStBl II 1990, 327 stand fest, dass es eine Teilbestandskraft gibt und nach ihrem Eintritt die Klageerweiterung grundsätzlich unzulässig ist. Für den Bereich der Einkommensteuer (!) sollte aber wegen der Komplexität des ESt-Bescheides *regelmäßig* anzunehmen sein, dass der Kläger mit der Nennung eines Betrages keine Teilbestandskraft herbeiführen wolle, sondern nur andeute, was sich möglicherweise bei seinem Obsiegen ergäbe. Die Frage ist inzwischen indirekt durch die Novellierung des § 171 Abs. 3 AO (jetzt Abs. 3 und 3a) geregelt worden, wonach im laufenden Formalrechtsbehelfsverfahren keine Teilfestsetzungsverjährung eintreten kann. Dies kann als Stellungnahme im Sinne der Rechtsprechung des Großen Senates des BFH zur Anfechtung von Einkommensteuerbescheiden verstanden werden (vgl. BFH/NV 2006, 1140).

Zu der Frage einer Erweiterung der Klage nach Ablauf einer Ausschlussfrist nach § 65 Abs. 2 FGO gibt es gegenläufige Entscheidungen (vgl. BFH, BStBl II 1996, 16 und BFH, NJW 1996, 1776; vgl. T/K, Stand 03/05, § 65 FGO Rdnr. 28). Die Rechtsprechung des GrS hat viel Kritik erfahren (vgl. Nachweise bei H/H/Sp, Stand 04/01, § 47 FGO Rdnr. 136/37).

Ein bestimmter Antrag i. S. des § 65 Abs. 1 FGO erfordert nicht, dass der Betrag, um den ein Verwaltungsakt ermäßigt werden soll, beziffert wird. Es reicht völlig aus, wenn der Kläger z. B. beantragt, die Umsatzsteuer, Einkommensteuer und den Gewerbesteuermessbetrag insoweit herabzusetzen, als sich das durch die Berücksichtigung eines vom Finanzamt abweichend bewerteten Sachverhaltes ergibt.

b) Form und Vollmacht

292   Klagen sind *schriftlich* zu erheben. Sie können auch zur Niederschrift bei der Geschäftsstelle des Finanzgerichts erklärt werden (§ 64 Abs. 1 FGO). Nach bisheriger Rechtsprechung ist eine *eigenhändige* Unterschrift des Klägers oder seines Bevollmächtigten erforderlich; jedoch kann die Klage auch telegraphisch und durch Telebrief erhoben werden (BFH, BStBl II 1986, 563; vgl. auch Tz 249). Bei der Unterschrift muss es sich um „einen die Identität des Unterschreibenden ausreichend kennzeichnenden, individuellen Schriftzug handeln, der einmalig ist, entsprechende charakteristische Merkmale aufweist und sich als Unterschrift eines Namens darstellt. Es müssen mindestens mehrere einzelne Buchstaben zu erkennen sein, weil es sonst an dem Merkmal einer Schrift überhaupt fehlt". Eine Paraphe genügt nicht (BFH, BStBl II 1986, 856 und 489 m.w.N.). Der Gemeinsame Senat der obersten Gerichtshöfe des Bundes hat die grundsätzliche

Frage zum Gebrauch moderner Kommunikationsmittel im Umgang mit Gerichten geklärt (vgl. GemS OGB, NJW 2000, 2340); danach ist die wirksame Klageerhebung mit Computerfax, d. h. ohne oder mit eingescannter Unterschrift, möglich. Der BFH folgt dem (BFH/NV 2001, 479) für das Computerfax. Beim herkömmlichen Fax ist aber eine Unterschrift auf dem Original erforderlich (vgl. BVerfG, NJW 2007, 3117).

Nach BGH, NJW 1988, 210 ist ein mit dem Zusatz „i. A." eingelegtes Rechtsmittel nicht wirksam eingelegt. Der BFH hat entschieden, dass eine Klage auch wirksam erhoben ist, wenn sie mit dem Zusatz i. A. unterschrieben ist (BFH/NV 1991, 100); bei der Revisionseinlegung (oder Nichtzulassungsbeschwerde) muss aber eine nach § 62a FGO a. F. (jetzt § 62 Abs. 4 FGO) vertretungsberechtigte Person unterschrieben haben (BFH/NV 1992, 405, 622).

Wesentliche Entwicklungsmöglichkeiten in Richtung elektronischer Klageerhebung eröffnen die §§ 52a, 52b FGO. Die Vorschriften regeln die elektronische Kommunikation, elektronische Dokumente und elektronisch geführte Akten. Einen guten Überblick über die Rechtsentwicklung gibt die Internetseite www.egvp.bund.de (elektronisches Gerichts- und Verwaltungspostfach – EGVP –), von wo aus man unmittelbar die Texte der einschlägigen Gesetze in ihrer zeitlichen Abfolge aufrufen kann. Die Einreichung elektronischer Dokumente bei den Finanzgerichten der Bundesländer setzt nach § 52a FGO voraus, dass die Landesregierungen eine entsprechende Rechtsverordnung mit der Zulassung des elektronischen Rechtsverkehrs erlassen. Dies ist z. B. in Nordrhein-Westfalen mit der Verordnung über den elektronischen Rechtsverkehr bei den Verwaltungsgerichten und den Finanzgerichten im Lande Nordrhein-Westfalen – ERVVO VG/FG – vom 23. November 2005 erfolgt. In § 1 Abs. 2 der Verordnung ist die Möglichkeit elektronische Dokumente einzureichen für alle Verfahren vor den Finanzgerichten eröffnet worden. Weitere Informationen bieten die Internetauftritte der einzelnen Finanzgerichte.

Der BFH hat dazu entschieden, dass eine monetäre Beschränkung der Signatur für die Klageerhebung unschädlich ist (BStBl II 2007, 276).

Nach § 62 Abs. 6 FGO ist eine Vollmacht grundsätzlich schriftlich nachzuweisen. Besonderheiten gelten für Berater. Bei diesen braucht das Gericht den Mangel der Vollmacht nicht von Amts wegen zu berücksichtigen (§ 62 Abs. 6 Satz 4 FGO). Das heißt, dass bei Beratern i. d. R. hinreichend ist, dass sie eine Bevollmächtigung vortragen. Wenn das Gericht aber im Einzelfall eine Vollmacht verlangt, gelten die allgemeinen Regeln. Der BFH hat aber die Möglichkeiten des Finanzgerichts mit Ausschlussfristverfügung die Vollmacht bei Beratern anzufordern, stark eingeschränkt. Er verlangt, dass das Finanzgericht seine Zweifel an der Existenz der Vollmacht besonders begründet (BFH, BStBl II 2003, 606; BFH/NV 2008, 1856). Dabei ist die Wahrung des Steuergeheimnisses zu beachten.

293

Auch bei den Vollmachten ist eine unübersichtliche Rechtsprechung zur Schriftlichkeit zu bedauern. Nur wer innerhalb der einschlägigen Fristen eine *Originalvollmacht* bei Gericht einreicht kann sicher sein, dass die Klage nicht an der fehlenden Vollmachtsvorlage scheitert (vgl. BFH, BStBl II 1996, 105 und 299 und 319).

c) Frist

294   Anfechtungsklagen sind *binnen Monatsfrist* nach Zugang der vollständigen Einspruchsentscheidung (BFH, BStBl II 2008, 94) zu erheben (§ 47 FGO). Bei unverschuldeter Fristversäumung besteht ein Anspruch auf Wiedereinsetzung in den vorigen Stand (vgl. § 56 FGO, Tz 125).

Die Klagefrist gilt als gewahrt, wenn die Klage bei der *Behörde,* die den angefochtenen Verwaltungsakt erlassen oder den Beteiligten bekannt gegeben hat oder nachträglich zuständig geworden ist, innerhalb der Frist angebracht oder zu Protokoll erklärt wird (§ 47 Abs. 2 FGO). Nach BStBl II 1995, 601 reicht es zur Fristwahrung durch „Anbringen" aus, wenn die Klageschrift innerhalb der Klagefrist in den Machtbereich des Finanzamtes (Briefkasten) gekommen ist (vgl. BFH/NV 2006, 1118).

295   Für die *Begründung* der Klage gem. § 65 Abs. 1 Satz 2 FGO besteht *keine gesetzliche* Frist. Bei Zeitnot kann es sich empfehlen, zunächst die Klage zu erheben, um die Monatsfrist zu wahren und beim Gericht eine Frist für die Begründung zu beantragen. Eine derartige gerichtliche Frist kann verlängert werden. Sollte sich allerdings bei sorgfältiger Prüfung ergeben, dass die Klage doch nicht die zunächst erhoffte Erfolgsaussicht hat, so kann sie nur mit nachteiligen Kostenfolgen zurückgenommen werden. Das Verfahren vor dem Finanzgericht kostet 4 Gebühren, bei Rücknahme oder Erledigungserklärungen reduzieren sich diese auf 2 Gebühren.

296   Für die Fragen der Klagebefugnis kann weitgehend auf die Ausführungen zum außergerichtlichen Rechtsbehelfsverfahren verwiesen werden. Teilweise ergibt sich dies schon daraus, dass die FGO auf die Vorschriften der AO verweist (§ 42 FGO). Auch bei Klagen in Fällen einheitlicher Feststellungsbescheide entspricht die FGO der AO. § 48 FGO enthält eine § 352 AO entsprechende Regelung. Auf Tz 247 wird verwiesen. Im Hinblick auf die häufig langen Prozessverfahren ergeben sich allerdings häufiger Probleme, weil im laufenden Prozess die Voraussetzungen des § 48 FGO entfallen (z. B. durch Vollbeendigung einer Gesellschaft). Dann ist das Verfahren mit den betroffenen Gesellschaftern abzuschließen (vgl. BFH/NV 1994, 159; 1999, 291).

3. Gang des Verfahrens

a) Beiladung

297   Nach Prüfung der Zulässigkeit einer Klage wird das Gericht prüfen, ob ein *Dritter beizuladen* ist (§ 60 FGO). Die Beiladung entspricht im Wesentlichen der Hinzuziehung im außergerichtlichen Vorverfahren (vgl. § 360 AO). Die Ausführungen zu Tz 255 gelten entsprechend. Liegt ein Fall der *notwendigen* Beiladung vor und ist im Vorverfahren eine notwendige Hinzuziehung unterblieben (vgl. Tz 255), darf sich das Gericht i. d. R. nicht auf die Aufhebung der Einspruchsentscheidung und die Rückverweisung der Sache mit der Maßgabe, dass das Finanzamt nach Hinzuziehung des notwendig Beteiligten erneut über den Einspruch entscheiden muss beschränken. Das Gericht muss vielmehr selbst die notwendige Beiladung vornehmen (vgl. T/K, Stand 07/07 § 60 FGO, Tz 112). Ausnahmsweise darf es sich auf die isolierte Aufhebung der Einspruchsentscheidung beschränken, wenn das Gericht aufwendige Ermittlungen für erforderlich hält (§ 100 Abs. 3 FGO) oder der notwendig Beigeladene, dessen Hinzuziehung im Vorver-

fahren unterblieben ist, ein erneutes Einspruchsverfahren unter seiner Beteiligung beantragt und ein berechtigtes Interesse an diesem Verfahren darlegt (BFH, BStBl II 1983, 21; 1985, 711).

Fehlt eine *notwendige* Beiladung, so handelt es sich um einen Verstoß gegen die Grundordnung des Verfahrens, die der BFH im Revisionsverfahren auch *ohne* Verfahrensrüge beachten muss (BFH, BStBl II 1986, 524). §§ 123, 126 Abs. 2 FGO sehen aber die Möglichkeit eines Verfahrensabschlusses ohne Rückverweisung vor. Vgl. auch Tz 255, 312. Für die Fälle, in denen eine Massenbeiladung erforderlich wäre, sieht § 60a FGO ein vereinfachtes Verfahren vor.

b) Rechtliches Gehör

Im gerichtlichen Verfahren hat jeder Beteiligte einen im Grundgesetz festgeschriebenen Anspruch auf *rechtliches Gehör* (Art. 103 GG). Das bedeutet, dass der Bürger nicht zum bloßen Objekt staatlichen Handelns werden darf, sondern vor der Entscheidung zu Wort kommen soll, um Einfluss auf das Verfahren nehmen zu können. Um dieses Recht wahrnehmen zu können, muss der Steuerpflichtige Gelegenheit haben, sich zum Sach- und Streitstoff zu äußern. Er muss in der Lage sein, sich über den wesentlichen Sachverhalt zu informieren. Er kann dazu die Gerichtsakten und die Behördenakten einsehen und sich Abschriften erteilen lassen (§§ 71, 75, 78 FGO). Ob das Gericht auf Anforderung einem Angehörigen der steuerberatenden Berufe die Akten, also Prozessakten und Behördenakten, zur Einsicht übersendet, ist eine Ermessensfrage. Häufig ist es für den Steuerpflichtigen von besonderer Bedeutung, dass auch tatsächlich die gesamten entscheidungserheblichen Behördenakten vorgelegt werden, was z. B. hinsichtlich der Prüferhandakten bei der Großbetriebsprüfung nicht immer geschieht. Wenn der Richter nicht seinerseits diese Akten anfordert, kann es sinnvoll sein, ihre Beiziehung zu beantragen. 298

Weiterhin schützt der Grundsatz des rechtlichen Gehörs vor so genannten Überraschungsentscheidungen. Wenn das Gericht seine Entscheidung auf einen rechtlichen Gesichtspunkt stützen will, der von keinem Beteiligten gesehen oder angesprochen worden ist, muss es die Beteiligten vorher auf diesen Gesichtspunkt hinweisen. Bei Verstößen gegen den Grundsatz auf rechtliches Gehör kann bei nicht rechtsmittelfähigen Entscheidungen nach § 133a FGO eine Gehörsrüge erhoben werden. Ansonsten stellt der Verstoß gegen das rechtliche Gehör einen Revisionsgrund nach § 119 Nr. 3 FGO dar.

c) Untersuchungsgrundsatz

Das Gericht muss den Sachverhalt *von Amts wegen* erforschen (Amtsmaxime). Die Mitwirkungspflichten der Beteiligten (i. d. R. des Klägers und des Finanzamts) bleiben jedoch in vollem Umfang bestehen (§ 76 FGO). Zur Ermittlung des Sachverhalts kann das Gericht insbesondere Zeugen vernehmen, Sachverständige hören, Beteiligte (z. B. den Kläger persönlich) vernehmen, das persönliche Erscheinen der Beteiligten anordnen und Urkunden heranziehen (§§ 80 ff. FGO). 299

Die Pflicht des Finanzgerichtes, den Sachverhalt aufzuklären, ist durch die Mitwirkungspflichten der Parteien begrenzt. Je geringer die – vom Fall her gebotene – Mitwirkung der Parteien ist, um so geringer die Aufklärungspflicht des Gerichts. Das Gericht muss aber immer Zweifeln oder Beweismitteln nachgehen, die sich nach Lage der Akten aufdrängen. Die Mitwirkung der Beteiligten wird ggf. durch konkrete Aufforderungen des Gerichts eingefordert. Dabei setzen die Gerichte auch oft Ausschlussfristen. Bei der Frage, wie konkret diese Aufforderungen zu sein haben, entscheidet sich ganz wesentlich, ob das Finanzgerichtsverfahren tatsächlich vom Amtsaufklärungsgrundsatz getragen ist oder ob eine Art vermindertes Dispositionsprinzip überhand gewinnt. M. E. überzeugend die Betonung des Amtsaufklärungsgrundsatzes durch enge Auslegung des § 79b FGO (vgl. BFH, BStBl II 1995, 545; teilweise anders wohl BFH, BStBl II 1995, 417; vgl. Darstellung in der Kommentierung zu § 76 FGO, § 79b FGO Rdnr. 3 bei T/K, Stand 10/06, 03/05).

d) Korrektur des angefochtenen Verwaltungsaktes

300   Wird ein angefochtener Verwaltungsakt nach Klageerhebung durch einen anderen Verwaltungsakt *geändert oder ersetzt,* so wird der neue Verwaltungsakt *automatisch* Gegenstand des Verfahrens (§ 68 FGO). Das früher bestehende *Wahlrecht* des Steuerpflichtigen, ob er bei einer Änderung des angefochtenen Bescheides erneut Einspruch einlegte oder ob er den geänderten Verwaltungsakt ohne Vorverfahren per Antrag zum Gegenstand des finanzgerichtlichen Verfahrens machte, ist ebenso entfallen wie die Monatsfrist.

> **BEISPIEL:** Der Steuerpflichtige erhält einen ESt-Bescheid über 130 000 €. Er legt erfolglos Einspruch ein und klagt danach vor dem FG. Streitig ist die Berechnung eines Betriebsaufgabegewinns mit einer steuerlichen Auswirkung von 70 000 €. Infolge eines geänderten Grundlagenbescheides wird die Steuer um 300 € erhöht. Der Änderungsbescheid wird automatisch Gegenstand des Klageverfahrens.

Die Frage, wem im laufenden Prozess die Änderungsbescheide bekannt zu geben sind, ist nicht mehr von so entscheidender Bedeutung. Der BFH hatte dazu entschieden, dass grundsätzlich Änderungsbescheide im laufenden Prozess dem Prozessbevollmächtigten bekannt zu geben sind (BFH, BStBl II 1998, 266; BFH/NV 2005, 1062). Das ist dem Grunde nach weiterhin so. Die Bekanntgabe an den Steuerpflichtigen wirft aber keine grundlegenden Probleme mehr auf, weil keine Fristen ablaufen können.

Erhebliche Probleme wirft § 68 FGO bei Ermessensverwaltungsakten auf, da einerseits Ermessenserwägungen nur ergänzt werden dürfen (§ 102 FGO), andererseits ersetzende Verwaltungsakte mit vollkommen neuer Ermessensausübung zum Gegenstand des Klageverfahrens werden könnten (vgl. BFH-Urteil v. 16. 12. 2008 - I R 29/08).

e) Mündliche Verhandlung und Gerichtsbescheid

301   Über Klagen entscheidet das Gericht grundsätzlich aufgrund einer *mündlichen* Verhandlung. Das Gericht kann ohne mündliche Verhandlung entscheiden, wenn die Beteiligten (i. d. R. der klagende Steuerpflichtige und das Finanzamt) damit einverstanden sind (§ 90 FGO) oder wenn nur Bagatellbeträge im Streit sind und kein Beteiligter ausdrücklich mündliche Verhandlung beantragt (§ 94a FGO). Ein Verzicht auf die mündliche Verhandlung kann angezeigt sein, wenn der Sachverhalt zwischen den Beteiligten unstreitig feststeht und ausschließlich *Rechtsfragen* zur Entscheidung anstehen.

Bei der Ladung zur mündlichen Verhandlung muss das Gericht darauf hinweisen, dass auch beim Ausbleiben eines Beteiligten verhandelt und entschieden werden kann (§ 91 Abs. 2 FGO). Das Gericht kann das persönliche Erscheinen eines Beteiligten anordnen und für den Fall des Ausbleibens als Sanktion Ordnungsgelder wie gegen nicht erschienene Zeugen androhen (§ 80 Abs. 1 i.V. mit § 82 FGO und §§ 380, 381 ZPO).

Ein Gerichtsbescheid (§ 90a FGO) kann vom Senat ohne mündliche Verhandlung erlassen werden; der Einzelrichter (§ 6 FGO), der Vorsitzende oder der Berichterstatter (§ 79a FGO) können ebenfalls durch Gerichtsbescheid entscheiden. Die Rechtsbehelfe gegen den Gerichtsbescheid sind teilweise unterschiedlich (§§ 79a, 90a FGO). Gerichtsbescheide ergehen häufig in Fällen der Unzulässigkeitsverwerfung wegen Versäumens von Ausschlussfristen. — 302

Mit der Neufassung dieser Vorschrift hat der Gesetzgeber das Mündlichkeitsprinzip gestärkt. Der Steuerpflichtige kann immer nach einem Gerichtsbescheid mündliche Verhandlung beantragen und hat damit stets die Möglichkeit, zumindest eine mündliche Verhandlung zu erreichen.

Die mündliche Verhandlung findet grundsätzlich *öffentlich* statt. Abgesehen von den Gründen, in denen die Öffentlichkeit nach dem GVG ausgeschlossen werden kann (vgl. die Verweisung in § 52 Abs. 1 FGO), *muss* die Öffentlichkeit ausgeschlossen werden, wenn ein Beteiligter, der nicht Finanzbehörde ist, dies beantragt – insbesondere also auf Antrag des Klägers (§ 52 Abs. 2 FGO). Dadurch wird in einem erhöhten Maße der Schutz des Steuergeheimnisses gewährleistet. — 303

Nach § 91a FGO können die am Verfahren Beteiligten sowie ihre Bevollmächtigten und Beistände beantragen, sich während der mündlichen Verhandlung an einem anderen Ort aufzuhalten und dort Verfahrenshandlungen vorzunehmen. Das Gericht kann nach seinem Ermessen mit einer prozessleitenden Verfügung (unanfechtbar nach § 128 FGO) die Durchführung einer solchen *Videokonferenz* gestatten. Bei der Videokonferenz soll zeitgleich die mündliche Verhandlung in Bild und Ton an den Ort, an dem sich die Beteiligten aufhalten, und in das Sitzungszimmer übertragen werden.

Nach § 93a FGO kann das Gericht im Einverständnis mit den Verfahrensbeteiligten eine solche Videokonferenz auch zur Vernehmung eines Zeugen oder eines Sachverständigen anordnen. In diesen Fällen soll die Aussage aufgezeichnet werden, wenn zu besorgen ist, dass der Zeuge oder Sachverständige in einer weiteren mündlichen Verhandlung nicht vernommen werden kann und die Aufzeichnung zur Erforschung des Sachverhalts erforderlich ist.

Die Einführung der neuen Technik steht naturgemäß unter dem Vorbehalt, dass die Gerichte mit einer entsprechenden technischen Ausstattung versehen worden sind (ein Anspruch der Steuerbürger, dass das Gericht mit entsprechenden technischen Möglichkeiten ausgestattet wird, kann aus der Regelung nicht abgeleitet werden). Die Steuerbürger und Bevollmächtigten haben allerdings häufig Vorbehalte auf die Präsenz im Gerichtssaal zu verzichten. Fragen des Steuergeheimnisses oder der Sitzungsöffentlichkeit sind bei der Videokonferenz zu beachten.

304   Wegen der Möglichkeit, nach Klageerhebung (auch im Revisionsverfahren) die Vollziehung des angefochtenen Verwaltungsakts auszusetzen, wird auf Tz 261 ff. und §§ 69, 121 FGO verwiesen.

305   **4. Beendigung des Verfahrens**

Das gerichtliche Verfahren wird – im Regelfall – durch eine gerichtliche Entscheidung beendet. Bei seiner Entscheidung hat das Gericht folgende *Grundsätze zu beachten:*

▶ Das Gericht darf dem Kläger nicht mehr zusprechen als dieser beantragt hat (§ 96 Abs. 1 FGO). Es kann jedoch darauf hinwirken, dass der Kläger zu seinen Gunsten sachdienliche Anträge stellt (§ 76 Abs. 2 FGO).

▶ Für das Gericht gilt das *Verböserungsverbot* (Verbot der reformatio in peius). Die FGO enthält zwar keine ausdrückliche Vorschrift, in der dieses Verbot zum Ausdruck kommt. Die Unzulässigkeit einer Verböserung ergibt sich jedoch indirekt daraus, dass die in der Regierungsvorlage zur FGO vorgesehene Verböserungsmöglichkeit ersatzlos gestrichen wurde (vgl. BT-Drucks. IV/1447 v. 2. 8. 1963 zu § 98 Abs. 2 FGO). Weil das Gericht eine Entscheidung der Behörde nicht zum Nachteil des Klägers ändern darf, riskiert der Kläger nur eine *Klageabweisung* und die Belastung mit den *Kosten* des Rechtsstreits, nicht aber eine Verschlechterung. – Eine wichtige Grundsatzfrage zum Verböserungsverbot ist durch den Großen Senat des BFH geklärt worden (BStBl II 1968, 344; 1984, 840).

BEISPIEL: ▶ Ein Rentner, der sich gewerblich betätigt, erhält einen ESt-Bescheid über 10 000 €. Nach erfolglosem Einspruch klagt er mit dem Antrag, die Steuer um 1 000 € zu ermäßigen. Begründung: Das Finanzamt habe zu seinem Nachteil eine unzutreffende Abgrenzung privater Kosten von Betriebsausgaben vorgenommen. – Das Finanzgericht gelangt zu der Überzeugung, der Rentner habe insoweit Recht. Es stellt jedoch fest, dass nachträgliche Einkünfte aus nichtselbständiger Arbeit – eine Werksrente (§ 19 Abs. 1 Nr. 2 EStG) – vom Finanzamt irrigerweise nur mit dem Ertragsanteil besteuert wurde (§ 22 Nr. 1 Satz 3a EStG). Eine zutreffende Besteuerung der Werksrente würde zu einer Steuererhöhung von 1 200 € führen. Die Festsetzung der *richtigen* Steuer würde per Saldo zu einer Erhöhung von 200 € führen müssen. Dies ist dem Gericht verboten. Ob das Gericht überhaupt zum Nachteil des Klägers die rechtsirrtümliche Behandlung der Rente (bislang von den Beteiligten unbemerkt) berücksichtigen darf, hängt von dem Begriff des Gegenstandes des Klagebegehrens ab. Klagegegenstand ist die Darlegung des Klägers, er sei in dem von ihm behaupteten Umfang durch den angefochtenen Verwaltungsakt in seinen Rechten verletzt. Es kommt also *nicht* darauf an, was der Kläger und das Finanzamt als Streitstoff in den Prozess eingeführt haben. Durch den Steuerbescheid über 10 000 € kann der Kläger im Ergebnis nicht in seinen Rechten verletzt sein. Denn der Bescheid ist *zumindest* in dieser Höhe rechtmäßig – aus welchen Gründen auch immer. Der zutreffende (materiell rechtmäßige) Steuerbescheid würde über 10 200 € lauten. Das Gericht muss deshalb – begrenzt durch das Verböserungsverbot die rechtsirrtümliche Behandlung der Rente durch die Finanzbehörde berücksichtigen, darf jedoch nicht verbösern. Ergebnis: Es muss die Klage abweisen. – Zur Begründung lässt sich auch § 126 Abs. 4 FGO heranziehen (BFH, a. a. O.).

Keine unzulässige Verböserung liegt vor, wenn der BFH ein vom Finanzamt angefochtenes Urteil eines Finanzgerichts zum Nachteil des Steuerpflichtigen ändert, aber dabei nicht über die Steuer hinausgeht, die durch den angefochtenen Bescheid festgesetzt worden war.

BEISPIEL: Ein Steuerpflichtiger klagt nach erfolglosem Einspruch gegen eine ESt-Festsetzung von 50 000 € mit dem Antrag, die Steuer um 10 000 € herabzusetzen. Das FG gibt der Klage statt und ermäßigt die Steuer auf 40 000 €. Auf eine Revision des Finanzamts kann der BFH das FG-Urteil aufheben und die Klage abweisen.

Die *Behörde* kann dagegen *während – aber außerhalb –* des Klage- und Revisionsverfahrens auf der Grundlage spezieller Korrekturnormen (z. B. § 129 AO, §§ 173 bis 175 AO) den angefochtenen Verwaltungsakt verbösern (§ 132 AO).

Erfolgt die formale Beendigung des *Klage*verfahrens durch *Urteil* (§ 95 FGO), kann das   306
Finanzgericht die richtige Steuer selbst berechnen oder bei teilweiser Aufhebung eines Bescheides die Berechnung des festzusetzenden Betrages dem Finanzamt übertragen (§ 100 Abs. 2 FGO). Durch die zunächst formlose Mitteilung des Ergebnisses (§ 100 Abs. 2 Satz 3 FGO), also nicht durch Verwaltungsakt (BFH, BStBl II 2005, 217) werden Schwierigkeiten vermieden.

Statt durch Urteil kann das Verfahren auch durch Gerichtsbescheid abgeschlossen werden (Tz 301).

Beim schlichten Antragsverfahren entscheidet das Gericht durch *Beschluss* (z. B. über einen Antrag auf Aussetzung der Vollziehung gem. § 69 Abs. 3 FGO; Antrag auf einstweilige Anordnung gem. § 114 FGO).

Ein Rechtsstreit kann sich auch ohne gerichtliche Entscheidung in der Hauptsache *erle-*   307
digen, z. B. wenn das Finanzamt während des Klageverfahrens entsprechend dem Klageantrag den angefochtenen Verwaltungsakt ändert (vgl. § 132 AO; Tz 134 ff.). Dann müssen die Beteiligten die Hauptsache für erledigt erklären, ggf. kann auch der Kläger die Klagerücknahme erklären. Gibt der Kläger die Erledigungserklärung trotz Erledigung nicht ab, so ist die Klage wegen fehlenden Rechtsschutzbedürfnisses als unzulässig abzuweisen (BFH, GrS, BStBl II 1979, 375 und 705; 1982, 407). Der BFH sieht auch ein Schweigen des Klägers in den Fällen, wo eine Erledigungserklärung die günstigste Form der Verfahrensbeendigung ist, im Zweifel als Erledigungserklärung an. Nach § 72 Abs. 1 Satz 3 FGO und in § 138 Abs. 3 FGO kommt dem Schweigen des Finanzamtes nach zustimmungsbedürftiger Rücknahme oder Erledigungserklärung des Klägers ggf. der Charakter einer zustimmenden Willenserklärung zu.

Die Erledigung bezieht sich nur auf die *Hauptsache.* Über die *Kosten* hat das Gericht nach billigem Ermessen zu entscheiden. Wichtigster Entscheidungsrichtpunkt: Wer hätte voraussichtlich bei einer Weiterführung des Rechtsstreits obsiegt (§ 138 FGO) und beruht das Obsiegen auf der verspäteten Geltendmachung von Tatsachen? Nach altem Kostenrecht war es unter Umständen billiger, die Klage zurückzunehmen. Nach aktuellem Recht unterscheiden sich Rücknahme und Erledigungserklärung bei Anwendung des § 137 FGO in ihren Kostenfolgen nicht mehr.

308   **5. Muster einer Klageschrift**

E. Klug	5000 Köln 1, den 2. April 2009
Steuerberater	Musterstraße 1

Finanzgericht Köln (Anschrift)

Klage

des Felix Muster, Immobilienmakler in 5000 Köln 1, Musterstraße 10,

– Kläger –

Prozessbevollmächtigter: Steuerberater E. Klug

gegen

das Finanzamt Köln-Ost

– Beklagter –

wegen der Einkommensteuerfestsetzung 2007 vom 1. 08. 2008, bestätigt durch Einspruchsentscheidung vom 10. 3. 2009, St.-Nr. . . . .

Namens und in Vollmacht des Klägers erhebe ich gegen den vorbezeichneten Steuerbescheid *Klage* und beantrage (ggf. unter Verzicht auf eine mündliche Verhandlung):

1. den angefochtenen Bescheid auf den Einkommensteuerbetrag zu ermäßigen, der sich bei einer Herabsetzung der Einkünfte aus Gewerbebetrieb um 10 000 € ergibt.

2. die Vollziehung auszusetzen, soweit der Bescheid angefochten ist.

3. festzustellen, dass im Vorverfahren die Zuziehung eines Steuerberaters notwendig war (§ 139 FGO).

4. das Urteil wegen der Kosten vorläufig für vollstreckbar zu erklären.

Schriftliche Vollmacht und Abschrift der Klage sind beigefügt.

Begründung

Durch den angefochtenen Einkommensteuerbescheid wird der Kläger aus folgenden Gründen in seinen Rechten verletzt:

(Darstellung des Sachverhalts, Angabe der Beweismittel, Ausführungen zur Rechtslage; Anlagen: Kopien des Bescheides und der Einspruchsentscheidung)

Unterschrift

(Steuerberater)

III. Revision

1. Allgemeines

309   Gegen Urteile der Finanzgerichte ist unter den nachstehend dargestellten Voraussetzungen das Rechtsmittel der Revision an den Bundesfinanzhof zulässig (§§ 115 ff. FGO). Die Revision dient nicht vorrangig der Gerechtigkeit im Einzelfall. Sie soll vielmehr die *Einheitlichkeit* der Rechtsanwendung durch die Finanzbehörden und die Finanzgerichte gewährleisten und der Fortbildung des Rechts dienen. Außerdem wird im Revisionsverfahren die Beachtung der *verfahrensrechtlichen* Vorschriften kontrolliert. Der BFH darf als Revisionsinstanz nicht neue Tatsachen und Beweismittel berücksichtigen. Die Ermittlung des Sachverhalts und die Beweiswürdigung ist ausschließlich Sache der Finanzgerichte. An deren tatsächliche Feststellungen ist der BFH gebunden, falls sie nicht

unter Verletzung von Verfahrensvorschriften oder der Denkgesetze zustande gekommen sind. Mit der Revision können deshalb grundsätzlich nur Rechtsfehler des Finanzgerichts erfolgreich gerügt werden.

Für das Revisionsverfahren gelten die Vorschriften über den ersten Rechtszug, Urteile
und andere Entscheidungen, soweit sich nicht aus den Revisionsvorschriften anderes
ergibt (§ 121 FGO).

Vor dem BFH muss sich der Beteiligte i. d. R. durch einen Rechtsanwalt, Steuerberater
oder Wirtschaftsprüfer vertreten lassen (vgl. auch wegen der sonstigen Postulations-
fähigen § 62 Abs. 4 und Abs. 2 Satz 1 FGO; dazu gehören auch Rechtsanwalts-, Steuer-
beratungs- und Wirtschaftsprüfungsgesellschaften). Juristische Personen des öffentlichen Rechts und Behörden können sich durch Beamte oder Angestellte mit Befähi-
gung zum Richteramt vertreten lassen.

2.　Zulässigkeit der Revision

a)　Gerichtliche Zulassung

Es gibt nur zulassungsbedürftige Revisionen. Die Revision findet daher nur statt, wenn
das Finanzgericht oder auf eine Nichtzulassungsbeschwerde der Bundesfinanzhof sie
zugelassen hat (§ 115 Abs. 1 FGO).

310

b)　Zulassungsgründe (§ 115 Abs. 2 FGO)

► *Die rechtsgrundsätzliche Bedeutung*

311

Eine Sache ist dann von grundsätzlicher Bedeutung, wenn die für die Beurteilung des
Streitfalles maßgebende *Rechtsfrage* das abstrakte Interesse der Allgemeinheit an der
einheitlichen Fortentwicklung und Handhabung des Rechts berührt (BFH, BStBl II 1998;
BFH/NV 2003, 60). Das ist i. d. R. nicht der Fall, wenn es um die Anwendung fester
Rechtsgrundsätze auf einen bestimmten Sachverhalt geht und deswegen von einer erneuten Entscheidung eine weitere Klärung nicht zu erwarten ist (BFH, BStBl II 1986,
282). Maßgebend ist nach der Rechtsprechung also nicht das individuelle Interesse des
Revisionsklägers, sondern das generelle Interesse der Allgemeinheit, die Entscheidung
muss eine Vielzahl gleichartiger Fälle betreffen (BFH/NV 2002, 1350). Das Allgemein-
interesse kann in einer Förderung der Rechtssicherheit, der einheitlichen Rechtsanwendung oder der Rechtsentwicklung liegen (BFH, BStBl II 1985, 625). Die Rechtsfrage muss
rechtssystematisch bedeutsam, klärbar und klärungsbedürftig sein. Auf die Erfolgsaussichten einer Revision kommt es dabei ebenso wenig an wie auf die finanziellen Auswirkungen (BFH/NV 2005, 1826). Wendet die Finanzverwaltung BFH-Urteile nicht an,
so dürfte fast immer eine Rechtssache von grundsätzlicher Bedeutung vorliegen (vgl.
BStBl II 1968, 779; zu Sonderfällen siehe BFH/NV 2003, 1581).

► *Fortbildung des Rechts oder Sicherung einer einheitlichen Rechtsprechung*

312

Die Zulassung der Revision wegen *Rechtsfortbildung* nach § 115 Abs. 2 Nr. 2 FGO setzt
voraus, dass ein Fall vorliegt, in dem der BFH zur Fortbildung des Rechts über bisher
ungeklärte Rechtsfragen zu entscheiden hat, so beispielsweise, wenn der Einzelfall Ver-

anlassung gibt, Grundsätze für die Auslegung von Gesetzesbestimmungen des materiellen oder des Verfahrensrechts aufzustellen oder Gesetzeslücken rechtsschöpferisch auszufüllen. *Erforderlich* ist eine Entscheidung des BFH nur dann, wenn die Rechtsfortbildung über den Einzelfall hinaus im allgemeinen Interesse liegt und wenn die Frage nach dem *Ob* und ggf. *Wie* der Rechtsfortbildung klärungsbedürftig ist. Es gelten insoweit die zur Darlegung der grundsätzlichen Bedeutung nach § 115 Abs. 2 Nr. 1 FGO entwickelten strengen Darlegungsanforderungen (BFH/NV 2006, 1256). Eine Rechtsfortbildung ist also erforderlich, wenn das Gesetz eine Lücke in der Weise aufweist, dass es an einer gesetzlichen Regelung für den zu beurteilende Sachverhalt fehlt und dieser Mangel sich als eine planwidrige Unvollständigkeit des positiven Rechts erweist, indem das Gesetz, gemessen an seiner eigenen Absicht und immanenten Teleologie unvollständig, also ergänzungsbedürftig, ist und die Ergänzung nicht etwa einer vom Gesetz gewollten Beschränkung auf bestimmte Tatbestände widerspricht. Auch Fälle, in denen Veranlassung besteht, Leitsätze zur Auslegung von Gesetzesbestimmungen aufzustellen, können unter die neue Regelung fallen.

Die Revision zur *Sicherung einer einheitlichen Rechtsprechung* nach § 115 Abs. 2 Nr. 2, 2. Alternative FGO ist zuzulassen, wenn die Sicherung einer einheitlichen Rechtsprechung eine Entscheidung des BFH erfordert. Dieses Tatbestandsmerkmal erfasst die sog. *Divergenzrevision* nach altem Recht (Abweichung des Finanzgerichts von einer Entscheidung des BVerfG, des BFH, GemSOGB), aber auch die Sicherung einer einheitlichen Rechtsprechung durch Vermeidung von Abweichungen von der Rechtsprechung des EuGH (str. a. A. BFH/NV 2001, 325: für § 115 Abs. 2 Nr. 1 FGO), BVerwG, BSG, BGH, BAG oder eines anderen FG (vgl. Nachweise bei H/H/Sp, Stand 10/06, § 115 FGO Rdnr. 172 ff.). Die Sicherung einer einheitlichen Rechtsprechung *erfordert* also dann eine Entscheidung des BFH, wenn ein FG bei gleichem oder vergleichbarem Sachverhalt in einer entscheidungserheblichen Rechtsfrage eine andere Rechtsauffassung vertritt als der BFH, oder ein anderes der genannten Obergerichte oder ein anderes FG (BFH/NV 2005, 6). Es kommt nicht darauf an, welcher Art die Entscheidung des anderen Gerichts ist (Urteil oder Beschluss).

Eine Divergenzzulassung ist nach dem Gesetzeswortlaut nur möglich, wenn das Urteil des FG auf der Abweichung *beruht*. Das bedeutet, die Abweichung muss ursächlich für die finanzgerichtliche Entscheidung sein. Dabei genügt es, wenn mindestens die *Möglichkeit* besteht, dass das FG bei Zugrundelegung der BFH-Auffassung zu einem anderen Ergebnis gekommen wäre.

Der neue Revisionsgrund geht also weit über die alten Divergenzfälle hinaus. Das Ziel, eine einheitliche Rechtsprechung durch eine Entscheidung des BFH herbeizuführen, muss sein, generell Unterschiede in der Rechtsanwendung durch die Rechtsprechung zu vermeiden oder, soweit sie bereits eingetreten sind, zu beseitigen. Rechtsprechung i. S. des Zulassungsgrundes ist daher nicht nur die Rechtsprechung der Finanzgerichtsbarkeit im Ganzen, sondern auch Abweichungen der Finanzrechtsprechung von der maßgeblichen Rechtsprechung der anderen obersten Bundesgerichte in Betracht, soweit identische Rechtsfragen zu beurteilen sind (BFH/NV 2002, 373). So erscheint es durchaus möglich, dass Abweichungen zur Rechtsprechung des Bundesgerichtshofs bezüglich der Auslegung handelsrechtlicher Vorschriften bestehen oder verfassungsrechtliche Normen unterschiedlich beurteilt werden.

Unter diesen Revisionsgrund fallen auch die Fälle „objektiv willkürlicher" und greifbar gesetzwidriger Entscheidungen. Diese setzen Fehler bei der Auslegung revisiblen Rechts voraus, die von erheblichem Gewicht und geeignet sind, das Vertrauen in die Rechtsprechung zu beschädigen. Denn nur dann können sie über den Einzelfall hinaus allgemeine Interessen nachhaltig berühren (BFH, BStBl II 2004, 25; BFH/NV 2006, 1318).

Verfahrensmangel

313

Die Revision ist auch zuzulassen, wenn die angefochtene Entscheidung auf einem geltend gemachten und auch vorliegenden Verfahrensmangel beruhen „kann" (§ 115 Abs. 2 Nr. 3 FGO). Daraus folgt, dass eine tatsächliche Kausalität zwischen Verfahrensmangel und dem Ergebnis der Entscheidung nicht vorliegen muss. Es genügt die bloße Möglichkeit einer anderweitigen Entscheidung bei korrekter Einhaltung der Verfahrensvorschriften.

§ 119 enthält einen Katalog von sechs Verfahrensfehlern, bei denen zwingend anzunehmen ist, dass das Urteil auf der Gesetzesverletzung beruht.

Verfahrensmängel sind beispielsweise:

► die Verletzung des Grundsatzes des rechtlichen Gehörs (BFH, BStBl II 1970, 97; 1982, 355),

► das Unterlassen einer notwendigen Beiladung (vgl. Tz 296),

► die Verletzung der Aufklärungspflicht durch das Finanzgericht, insbesondere die Unterlassung beantragter Beweisaufnahmen, wenn diese für das Urteil erheblich werden konnten (§ 76 Abs. 1 FGO).

Der Verfahrensmangel muss vom Revisionskläger geltend gemacht werden. Die Zulassung wegen eines Verfahrensmangels hängt prinzipiell nicht davon ab, dass dieser Mangel bereits im finanzgerichtlichen Verfahren gerügt worden ist. Dies wird häufig schon deshalb nicht möglich sein, weil sich der Verfahrensmangel erst aus (oder im Zusammenhang mit) dem Urteil des Finanzgerichts ergibt. Die spätere Geltendmachung im Revisionsverfahren kann jedoch ausgeschlossen sein, wenn der Verfahrensfehler bereits in der mündlichen Verhandlung vor dem FG hätte gerügt werden können.

BEISPIEL: ► Der Kläger beruft sich auf eine Verletzung der Ermittlungspflicht durch das Finanzgericht (§ 76 Abs. 1 FGO), weil das FG einen angebotenen Zeugenbeweis nicht erhoben hat. Wenn dem Steuerpflichtigen bzw. seinem Prozessvertreter in der mündlichen Verhandlung klar sein musste, dass über die Klage ohne die Zeugenvernehmung entschieden werden würde, so musste er dies bereits in der mündlichen Verhandlung rügen. Eine Rüge mit der Revision ist ausgeschlossen (BFH, BStBl II 1972, 572; vgl. § 155 FGO i. V. mit § 295 ZPO). Bei nicht rechtskundig vertretenen Steuerpflichtigen gilt dies i. d. R. nicht (BFH/NV 1996, 757; BFH/NV 2004, 371).

Soweit ein Verzicht auf die Einhaltung bestimmter Verfahrensnormen möglich ist (z. B. über Ladungsfristen und die Öffentlichkeit), läuft der Betroffene Gefahr, dass die Nichtrüge wie ein stillschweigender Verzicht behandelt wird, so dass eine spätere Geltendmachung des Verfahrensmangels ausgeschlossen ist. Das ergibt sich aus der über die Generalklausel in § 155 FGO in Bezug genommenen Regelung in § 295 ZPO.

Bezüglich der Rüge des Unterlassens einer notwendigen Beiladung wird auf die Neuregelung in §§ 123, 126 FGO verwiesen.

c) Nichtzulassungsbeschwerde

314 Das Finanzgericht hat im Rahmen des Urteils von Amts wegen über die Zulassung der Revision zu entscheiden. Wird die Revision nicht zugelassen, so steht dem Kläger die Nichtzulassungsbeschwerde offen (§ 116 FGO). Die nicht verlängerungsfähige *Frist* beträgt *einen Monat* nach Zustellung des Urteils. Die Beschwerde muss *beim BFH* (früher FG) innerhalb dieser Frist eingegangen sein. Entsprechend der Regelung zur Klage muss sie das angefochtene Urteil bezeichnen. Ihr soll eine Ausfertigung oder Abschrift des Urteils beigefügt werden. Die Nichtzulassungsbeschwerde bewirkt, dass das finanzgerichtliche Urteil zunächst *nicht rechtskräftig* wird. Die Vertretung vor dem BFH obliegt auch bei der Nichtzulassungsbeschwerde den in § 62 Abs. 4 FGO bezeichneten Vertretern (Postulationsfähigkeit).

Die Beschwerde ist innerhalb von zwei Monaten nach der Zustellung des vollständigen Urteils zu begründen. Auch die Begründung ist *beim BFH* einzureichen. In der Begründung müssen die Voraussetzungen des § 115 Abs. 2 FGO *dargelegt* werden. Die Begründungsfrist kann auf fristgerecht gestellten Antrag einmal (!) verlängert werden (BFH, BStBl II 2001, 768).

In der Begründungsschrift muss detailliert *dargelegt* werden, welcher Zulassungsgrund i. S. des § 115 Abs. 2 FGO nach Meinung des Beschwerdeführers vorliegt. Er muss also im Einzelnen dartun,

▶ weshalb die Rechtssache grundsätzliche Bedeutung hat oder (und)

▶ warum die Fortbildung des Rechts oder die Sicherung einer einheitlichen Rechtsprechung eine Entscheidung des BFH erfordert oder (und)

▶ in welchen Tatsachen welcher Verfahrensfehler liegt.

Dabei müssen die Zulassungsgründe klar, verständlich und überschaubar dargelegt werden (BFH, BStBl II 2008, 878).

Der BFH entscheidet durch Beschluss. Wenn der BFH einen gerügten Verfahrensmangel für durchgreifend hält, kann er in dem Beschluss über die Nichtzulassungsbeschwerde das angefochtene Urteil aufheben und den Rechtsstreit zur anderweitigen Verhandlung und Entscheidung zurückverweisen (§ 116 Abs. 6 FGO).

Nach § 116 Abs. 7 FGO wird, wenn der Beschwerde gegen die Nichtzulassung der Revision stattgegeben wird, das Beschwerdeverfahren als Revisionsverfahren fortgesetzt, wenn nicht der BFH das angefochtene Urteil nach Abs. 6 des § 116 FGO aufhebt.

315 Die Regeln über die AdV und die einstweilige Anordnung sind harmonisiert worden. In beiden Verfahren entscheidet das FG durch Beschluss; Urteile gibt es im vorläufigen Rechtsschutz nicht mehr (vgl. § 69 Abs. 7 und § 114 Abs. 4 FGO). Entscheidungen im vorläufigen Rechtsschutz sind nicht revisibel (zur Beschwerde siehe Tz 327).

d) Form und Frist der Revision

Nach § 120 Abs. 1 FGO muss die Revision innerhalb eines Monats schriftlich eingelegt werden. Die Frist beginnt mit der Zustellung des vollständigen Urteils. Die Frist kann nicht verlängert werden. Bei unverschuldeter Versäumung ist eine Wiedereinsetzung in den vorigen Stand möglich (§ 56; vgl. hierzu Tz 121 ff.).

316

Die Revision ist beim *BFH* einzulegen. Wird die Revisionsschrift fälschlicherweise an das Finanzgericht gesandt und geht sie nach Weiterleitung durch das FG beim BFH erst nach Ablauf der Revisionsfrist ein, so ist die Revision unzulässig. Bei Eröffnung der Revision durch Beschluss über eine Nichtzulassungsbeschwerde wird das Verfahren als Revision fortgesetzt (§ 116 Abs. 7 FGO).

Die Revisionsschrift muss von einem Rechtsanwalt, Steuerberater oder Wirtschaftsprüfer etc. *unterschrieben* sein (vgl. § 62 Abs. 4 FGO). Zum Erfordernis der Lesbarkeit der Unterschrift und die Möglichkeiten der Einlegung der Revision auf elektronischem Wege vgl. Tz 291.

Das angefochtene Urteil muss bereits in der Revisionsschrift so genau bezeichnet werden, dass *Zweifel* und *Missverständnisse ausgeschlossen* sind. Anderenfalls ist die Revision unzulässig (BFH, BStBl II 1973, 684).

BEISPIEL: ► Das Finanzgericht weist zwei Anfechtungsklagen betr. das Jahr 2001 (Klage gegen einen Einkommensteuerbescheid und Klage gegen einen Umsatzsteuerbescheid) durch zwei Urteile gleichen Datums ab. Lässt die Revisionsschrift nicht erkennen, welches der beiden Urteile angefochten werden soll, ist die Revision unzulässig (BFH, a. a. O.).

Eine eindeutige Bezeichnung ist gewährleistet bei Bezeichnung des Finanzgerichts, des Datums des Urteils, des Aktenzeichens des FG und des angefochtenen Verwaltungsakts (z. B. ESt-Bescheid für das Jahr 2001; wegen Verspätungszuschlag vom ...). Darüber hinaus verlangt der BFH die Bezeichnung des Revisions*klägers*. Ist z. B. unklar, ob der Prozessbevollmächtigte die Revision für den Kläger, für einen Beigeladenen oder für beide Personen einlegt, so ist die Revision unzulässig (BFH, BStBl II 1977, 163).

Die Revisionsschrift sollte auch den Revisionsbeklagten (bei einer Revision des erstinstanzlichen Klägers i. d. R. das Finanzamt) bezeichnen. Zwar genügt es nach einer BFH-Entscheidung, dass der Revisionsbeklagte noch innerhalb der Revisionsfrist aus sonstigen Umständen, insbesondere aus den Akten der Vorinstanz festgestellt werden kann (BFH, BStBl II 1981, 105), Unklarheiten gehen jedoch zu Lasten des Klägers.

e) Revisionsbegründung

Von der Revisionsschrift ist die Revisions*begründung* zu unterscheiden. Die Begründung muss spätestens bis zum Ablauf des *zweiten* Monats nach Zustellung des vollständigen FG-Urteils oder eines Monats nach Zustellung des Beschlusses über die Zulassung der Revision schriftlich erfolgen. Die Begründungsfrist kann (anders als die Revisionsfrist) verlängert werden, ggf. auch mehrfach. Der Verlängerungsantrag muss *begründet* werden und spätestens bis zum Ablauf des letzten Tages der (ggf. schon einmal verlängerten) Begründungsfrist gestellt werden. Eine Entscheidung über den Antrag kann auch nach Fristablauf erfolgen. Jedoch sollte sich der Prozessvertreter nicht darauf verlassen, dass einem kurz vor Fristablauf gestellten Antrag noch nach Fristablauf entsprochen

317

wird. Zuständig für die Verlängerung ist der Senatsvorsitzende beim BFH (§ 120 Abs. 2 FGO). Bei unverschuldeter Versäumung einer Revisionsbegründungsfrist ist eine Wiedereinsetzung in den vorigen Stand zulässig (§ 56 FGO; vgl. Tz 121 ff.).

318   *Spätestens* die Revisionsbegründung muss zwingend Folgendes enthalten:

▶ Dem Revisionsbegehren muss eindeutig zu entnehmen sein, inwieweit das finanzgerichtliche Urteil angefochten und dessen Aufhebung beantragt wird. Der Antrag braucht nicht beziffert zu sein. (Nicht erforderlich z. B. Antrag: Herabsetzung der Einkommensteuer um 20 000 €). Es genügt, wenn sich aus der Antragsformulierung in Verbindung mit der Begründung des Revisionsantrags das *konkrete* Ziel der Revision *eindeutig* definieren lässt. Diese „Zieldefinition" muss bis zum Ablauf der Revisionsbegründungsfrist erfolgen. Ob eine spätere Erweiterung zulässig ist, hängt davon ab, ob eine betragsmäßige Erweiterung eine Klageänderung darstellt (vgl. dazu Tz 290). Keinesfalls zulässig ist die Erweiterung über das ursprüngliche Klagebegehren hinaus, weil es insoweit an einer Vorentscheidung fehlt (vgl. im Einzelnen: T/K, Stand 03/05 § 123 FGO Tz 4 und 5).

319   ▶ Die verletzte Rechtsnorm muss nach neuem Recht nicht mehr bezeichnet werden. Stattdessen müssen nunmehr die Umstände, aus denen sich die Rechtsverletzung ergibt, bezeichnet werden. Der Zweck der Begründungspflicht ist die Entlastung des BFH durch Klarstellung des Inhalts, des Umfangs und des Zwecks des Revisionsangriffes. Das Wesen des Revisionsverfahrens besteht auch nach neuem Recht in einer *Rechtskontrolle*. An die tatsächlichen Feststellungen des Finanzgerichts (auch die Beweiswürdigung) ist der BFH gebunden. Daraus folgt, dass die darzulegende Rechtsverletzung im Zusammenhang mit dem vom Finanzgericht festgestellten Sachverhalt stehen muss. *Indirekt* kann der Steuerpflichtige auch den vom Finanzgericht prinzipiell verbindlich festgestellten Sachverhalt angreifen, wenn er nämlich darlegt, dass die Sachverhaltsfeststellung selbst auf Verletzung von Rechtsnormen beruht. Insoweit kommt insbesondere eine Verletzung der Aufklärungspflicht durch das FG in Betracht (§ 76 FGO). Als Rechtsverletzungen sind auch anerkannt: Die Verletzung von Denkgesetzen und das Außerachtlassen klarer Akteninhalte oder allgemein anerkannter Erfahrungssätze. Vom Revisionskläger wird grundsätzlich eine Auseinandersetzung mit den Gründen der angefochtenen FG-Entscheidung erwartet.

320   ▶ Werden *Verfahrensmängel* gerügt, so sind die *Tatsachen* zu bezeichnen, aus denen sich der Verfahrensfehler ergibt (§ 120 Abs. 3 Nr. 2b FGO). Der BFH ist nicht gezwungen Verfahrensmängel von Amts wegen aufzuspüren.

321   ▶ Soweit nicht Revisionsgründe i. S. des § 119 FGO vorliegen, muss der Revisionskläger dartun, dass das angefochtene Urteil auf der Verletzung von Bundesrecht *beruht* (§ 118 Abs. 1 FGO). Es muss also schlüssig dargelegt werden, dass zwischen der Normverletzung und dem Inhalt des angegriffenen Urteils eine kausale Beziehung besteht. Diese Kausalbeziehung fehlt beispielsweise, wenn dem Revisionskläger kein rechtliches Gehör in Bezug auf Tatsachen gewährt worden ist, die für die Entscheidung des FG völlig unerheblich sind.

322   Liegt eines der vorbezeichneten Erfordernisse nicht vor, so ist die Revision *unzulässig* (Beispiele bei H/H/Sp, Stand 06/04, § 120 FGO Tz 183 ff.). Etwaige Mängel können nur

bis zum Ablauf der Revisionsbegründungsfrist behoben werden. Eine Wiedereinsetzung in den vorigen Stand gem. § 56 FGO ist insoweit unzulässig. Wesentliche Form- und Inhaltsfehler können durch eine Wiedereinsetzung nicht geheilt werden (BFH, BStBl II 1977, 613; BFH/NV 1990, 47). Im Übrigen setzt die Wiedereinsetzung in die Begründungsfrist eine Begründung innerhalb der Wiedereinsetzungsfrist voraus (BFH, GrS, BStBl II 1987, 264; § 56 Abs. 2 FGO, Tz 125).

f) Anschlussrevision

Die Anschlussrevision ist in entsprechender Anwendung des § 554 ZPO über § 155 FGO zulässig (BFH, BStBl II 1981, 534). Sie existiert nur (noch) in der Form der   323

▶ *unselbständigen* Anschlussrevision. Sie muss spätestens innerhalb eines Monats nach Zustellung der Hauptrevisions-Begründung eingelegt und begründet werden (BFH, a. a. O.). Durch diese Anschlussrevision wird für den Anschließenden die Möglichkeit eröffnet, *außerhalb* einer selbständig eingelegten Revision eine Änderung des finanzgerichtlichen Urteils zum Nachteil des Revisionsklägers zu erreichen (Grenze: Verböserungsverbot vgl. Tz 304; vgl. H/H/Sp, Stand 10/06, § 120 FGO Rdnr. 240 ff.).

▶ Die Anschlussrevision hat *akzessorischen* Charakter. Sie ist abhängig von der Zulässigkeit der Hauptrevision (BFH, BStBl II 1970, 849). Sie wird bei Rücknahme der Hauptrevision unzulässig.

3. Begründetheit der Revision

Ist eine Revision unbegründet, so weist der BFH sie zurück (§ 126 Abs. 2 FGO). Eine Revision ist unbegründet, wenn durch das finanzgerichtliche Urteil kein *Bundesrecht* verletzt wird (ausnahmsweise kommt auch Landesrecht in Betracht, § 118 Abs. 1 Satz 2 FGO).   324

Eine Revision ist auch dann unbegründet, wenn sich aus den Entscheidungs*gründen* des FG-Urteils eine Rechtsnormverletzung ergibt, im *Ergebnis* die Entscheidung aber aus anderen Gründen zutreffend ist.

> **BEISPIEL:** ▶ Das FG hat eine Klage abgewiesen, weil das Finanzamt zu Recht eine Betriebsausgabe als nicht abzugsfähig behandelt habe. Die Anerkennung der Betriebsausgabe hätte zu einer Steuerermäßigung von 20 000 € geführt. Die Überprüfung im Revisionsverfahren ergibt, dass die Betriebsausgabe entgegen der Meinung des FG abgezogen werden konnte. Der BFH stellt aber einen Rechtsirrtum des FG in einem anderen Punkte fest. Eine volle Korrektur dieses materiellen Fehlers (§ 177 AO) würde zu einer Erhöhung der Steuer um 25 000 € führen. Im Ergebnis hätte – auch bei Berücksichtigung des materiellen Fehlers – das FG die Klage abweisen müssen (vgl. Tz 304).

Im vorbezeichneten Beispiel ist der Revisionskläger durch den Tenor (das Ergebnis) des angefochtenen Urteils nicht beschwert. Deshalb bestimmt § 126 Abs. 4 FGO, dass die Revision *zurückzuweisen ist*. Die rechtsfehlerhaften Erörterungen zum Betriebsausgabenabzug konnten sich auf das Ergebnis (Klageabweisung) auch bei rechtlich zutreffender Würdigung nicht auswirken.

Begründet ist eine Revision, wenn die Entscheidung des FG auf einer Rechtsnormverletzung i. S. des § 118 Abs. 1 FGO beruht. Die Revision hat dann Erfolg.

4. Entscheidung über die Revision

325   Bei begründeter Revision kommen verfahrensrechtlich zwei Möglichkeiten in Betracht (§ 126 Abs. 3 FGO):

▶ Ist die Sache entscheidungsreif – sind insbesondere keine weiteren Tatsachenfeststellungen mehr erforderlich –, so entscheidet der BFH in der Sache *selbst abschließend.*

▶ Fehlt die Entscheidungsreife, so hebt er das angefochtene finanzgerichtliche Urteil auf und verweist die Sache zur anderweitigen Verhandlung und Entscheidung *an das FG zurück.* Dieses ist an die rechtliche Beurteilung des BFH gebunden (§ 126 Abs. 5 FGO). Bei der Zurückverweisung handelt es sich meist um Fälle, in denen noch Feststellungen tatsächlicher Art oder Beweiswürdigungen vorzunehmen sind oder wenn ein Beigeladener ein berechtigtes Interesse daran hat.

Eine Zurückverweisung kommt insbesondere in Betracht, wenn ein geänderter Steuerbescheid nach § 68 FGO Gegenstand des Revisionsverfahrens wird (vgl. Tz 299). Denn hinsichtlich des neuen Verfahrensgegenstandes (Änderungsbescheid) fehlen im finanzgerichtlichen Urteil in aller Regel die erforderlichen tatsächlichen Feststellungen i. S. des § 118 Abs. 2 FGO (BFH, BStBl II 1986, 625; § 127 FGO).

In einer Vielzahl von Fällen entscheidet der BFH auch nach Erlass von Änderungsbescheiden nach Ergehen des FG-Urteils durch, wenn sich der eigentliche Streitgegenstand nicht geändert hat (vgl. BFH, BStBl II 2006, 20).

Die Entscheidung über eine Revision ergeht grundsätzlich durch Urteil aufgrund einer öffentlichen mündlichen Verhandlung (vgl. Tz 300, 302 entsprechend, § 121 FGO). In der Praxis wird oft auf die mündliche Verhandlung verzichtet.

Hält der zuständige Senat des BFH die Revision einstimmig für unbegründet und eine mündliche Verhandlung nicht für erforderlich, so kann er nach Anhörung der Beteiligten über die Revision in der Besetzung von fünf Richtern einstimmig durch Beschluss entscheiden. Die Voraussetzungen des Beschlussverfahrens sind im Beschluss festzustellen. Der Beschluss soll eine kurze Begründung enthalten (§ 126a FGO); einer Begründung bedarf es nicht, wenn der BFH Rügen über Verfahrensmängel in bestimmten Fällen für nicht durchgreifend erachtet (§ 126 Abs. 6, § 126a FGO).

5. Muster für eine Revisionsschrift   326

E. Klug	5000 Köln 1, den 2. Mai 2006
Steuerberater	Musterstraße 1

Bundesfinanzhof (Anschrift)

Revision

des Felix Muster, Immobilienmakler in 5000 Köln 1, Musterstraße 10 – Kläger und Revisionskläger – Prozessbevollmächtigter: Steuerberater E. Klug

gegen das Finanzamt Köln-Ost, vertreten durch den Vorsteher, – Beklagter und Revisionsbeklagter –

wegen Umsatzsteuer des Jahres 2002.

Gegen das am 19. 4. 2006 zugestellte Urteil des Finanzgerichts Köln vom 3. 4. 2006, Aktenzeichen … wird Revision eingelegt.

Antrag und Begründung folgen in einer gesonderten Revisionsbegründungsschrift. Zweitschrift und Abschrift des Urteils sind beigefügt.

Unterschrift (Steuerberater)

IV. Beschwerde

Gegen Entscheidungen des Finanzgerichts, des Vorsitzenden oder des Berichterstatters,   327
die nicht Urteile oder Gerichtsbescheide sind, ist grundsätzlich die Beschwerde eröffnet
(§ 128 Abs. 1 FGO). Prozessleitende Verfügungen, Aufklärungsanordnungen, Vertagungs- oder Beweisbeschlüsse, Verbindungen und Trennungen von Verfahren können
aber nicht mit der Beschwerde angefochten werden.

Außerdem können Beschlüsse in Verfahren wegen der Ablehnung von Gerichtspersonen etc., wegen Prozesskostenhilfe und bei Einstellung nach Klagerücknahme sowie nach Zurückweisung nicht vertretungsbefugter Bevollmächtigter (§ 62 Abs. 3 FGO) nicht mit der Beschwerde angefochten werden. Nach § 128 Abs. 3 FGO ist die Beschwerde gegen Entscheidungen über vorläufige Rechtsschutzanträge (§§ 69, 114 FGO) nur zulässig, wenn sie in der Entscheidung zugelassen wurde. Die Beschwerde in Kostensachen ist nach § 128 Abs. 4 FGO ausgeschlossen; ebenso ausgeschlossen ist die Beschwerde gegen Streitwertfestsetzungen (§ 66 Abs. 3 i. V. mit § 68 Abs. 2 Satz 6 Gerichtskostengesetz).

Zur Nichtzulassungsbeschwerde vgl. Tz 313.

Die Frist für eine statthafte Beschwerde beträgt zwei Wochen (Nichtzulassungsbeschwerde: 1 Monat, vgl. Tz 313). Sie ist beim FG einzulegen, es ist *Schriftform* vorgeschrieben (§ 129 FGO) und Vertretungszwang (§ 62 Abs. 4 Satz 2 FGO; BFH, GrS, BStBl II 1984, 439; vgl. H/H/Sp, Stand 09/08, § 62 FGO Rdnr. 102). Hilft das FG der Beschwerde nicht ab, so entscheidet der BFH durch Beschluss (§§ 130, 132 FGO).

V. Kosten

Das gerichtliche Rechtsbehelfsverfahren ist kostenpflichtig. Gemäß § 139 FGO sind Kos-   328
ten die Gerichtskosten (Gebühren und Auslagen) und die zur zweckentsprechenden

Rechtsverfolgung oder Verteidigung notwendigen Aufwendungen der Beteiligten einschließlich der Kosten des Vorverfahrens. Die Aufwendungen der Finanzbehörde sind auch dann nicht zu erstatten, wenn diese den Rechtsstreit gewinnt. Die Kosten eines Bevollmächtigten oder Beistandes für das *Vorverfahren* sind erstattungsfähig, wenn das Gericht die Zuziehung für das Vorverfahren für notwendig erklärt. Ein entsprechender Antrag kann mit dem Kostenfestsetzungsantrag verbunden werden.

Grundsätzlich trägt die Kosten des Verfahrens, wer *unterliegt* (§ 135 Abs. 1 FGO). Unterliegt z. B. die Finanzbehörde, so muss sie die Gerichtskosten tragen und dem obsiegenden Steuerpflichtigen die notwendigen Aufwendungen (Honorar des Prozessbevollmächtigten und dessen Auslagen) ersetzen. Gewinnt die Finanzbehörde den Rechtsstreit, so muss der Steuerpflichtige die Gerichtskosten und seine eigenen Kosten tragen. Die Kosten der Finanzbehörde fallen ihm jedoch nicht zur Last.

Gewinnt ein Steuerpflichtiger einen Rechtsstreit vor dem Finanzgericht nur teilweise, so sind die Kosten in einem entsprechenden Verhältnis zu teilen (§ 136 Abs. 1 FGO).

BEISPIEL: ➤ Der Steuerpflichtige beantragt, einen Steuerbescheid um 10 000 € zu ermäßigen. Das Finanzgericht gibt der Klage nur teilweise statt und ermäßigt die Steuer um 3 000 €. Der Steuerpflichtige trägt 70 % der Kosten, weil er nur i. H. von 30 % seines Klageantrages obsiegt hat.

Auch einem Beteiligten, der einen Rechtsstreit vor dem Finanzgericht gewinnt, können die Kosten ganz oder teilweise auferlegt werden, wenn er Tatsachen, auf denen die Entscheidung beruht, früher hätte geltend machen oder beweisen können und sollen (Spezialregelung für Vorlage von Unterlagen nach Frist gemäß § 364b AO in § 137 Satz 3 FGO). Ferner können Kosten, die durch das Verschulden eines Beteiligten entstanden sind, diesem auferlegt werden (§ 137 FGO).

Wer einen Antrag, eine Klage, eine Beschwerde oder Revision *zurücknimmt,* trägt die Kosten (§ 136 Abs. 2 FGO). Erledigt sich die Hauptsache ohne gerichtliche Entscheidung (z. B. weil sich die Beteiligten einigen), so entscheidet das Gericht unter Berücksichtigung der Prozessaussichten nach billigem Ermessen über die Kosten (§ 138 Abs. 1 FGO).

Für die *Prozesskostenhilfe* gelten nach § 142 FGO die Vorschriften der ZPO sinngemäß. Ist Prozesskostenhilfe bewilligt, kann ein Berater beigeordnet werden. Grundsätzlich besteht die Hilfe nur in einer Befreiung von der *sofortigen* und *vollen* Entrichtung der Verfahrenskosten bei Auferlegung von Ratenzahlungen. Wegen der Einzelheiten wird auf die über § 142 FGO anwendbaren §§ 114 ff. ZPO verwiesen.

Die Arten der in den verschiedenen Verfahren anfallenden Gebühren und deren Höhe ergeben sich aus dem Gerichtskostengesetz und den Anlagen zu diesem Gesetz.

Zur Beschwerde in Kostensachen siehe Tz 327.

329–339   *(Einstweilen frei)*

I. Steuerstraf- und Steuerordnungswidrigkeitenrecht

I. Einführung

Der 8. Teil der AO enthält Straf- und Bußgeldvorschriften und Bestimmungen über das   340
Straf- und Bußgeldverfahren (§§ 369 ff. AO). In der AO ist das Steuerstraf- und Ord-
nungswidrigkeitenrecht nicht abschließend geregelt. Ergänzend greifen insbesondere
Vorschriften des Strafgesetzbuches (StGB, Allgemeiner Teil), der Strafprozessordnung
(StPO) und des Gesetzes über Ordnungswidrigkeiten (OWiG) ein.

Straftaten sind gesetzlich mit *Strafe* bedrohte Handlungen. Die in der AO geregelten
Straftatbestände können nur *vorsätzlich* (bewusst und gewollt) verwirklicht werden.
Die praktisch häufigste Steuerstraftat ist die *Steuerhinterziehung* (vorsätzliche Steuerverkürzung gem. § 370 AO). Die Finanzbehörden (Strafsachenstellen) dürfen keine Stra-
fen verhängen. Die Bestrafung ist ausschließlich Sache der ordentlichen Gerichte. Das
Steuerstrafverfahren ist ein normales Strafverfahren; es gilt daher grundsätzlich das Legalitätsprinzip. Aus § 152 Abs. 2 StPO ergibt sich, dass die Staatsanwaltschaft, soweit
nicht gesetzlich ein anderes bestimmt ist, verpflichtet ist, wegen aller verfolgbaren
Straftaten einzuschreiten, sofern zureichende tatsächliche Anhaltspunkte vorliegen
(*Verfolgungszwang*). § 386 Abs. 1 AO regelt die entsprechende Verpflichtung für die Finanzbehörde. Folgerichtig besteht grundsätzlich eine Pflicht bei Vorliegen eines An-
fangsverdachtes ein Strafverfahren einzuleiten bzw. bei hinreichendem Tatverdacht
Anklage zu erheben oder den Antrag auf Erlass eines Strafbefehls zu stellen. Verständigungen und Vereinbarungen im Strafverfahren sind nur innerhalb der Grenzen zulässig, die das Strafrecht selber setzt (vgl. BVerfG, wistra 1987, 134; BGH, NJW 1998, 86
zur tatsächlichen Verständigung im Steuerstrafverfahren). Straftaten werden in ein
Strafregister eingetragen.

Im Übrigen ist stets zu beachten, dass § 393 Abs. 1 AO das Verhältnis von Steuerverfahren und Steuerstrafverfahren dahingehend regelt, dass beide Verfahren nach den für
sie einschlägigen Vorschriften zu betreiben sind. Das hat große Bedeutung, wenn im
Steuerverfahren (z. B. bei §§ 71 oder 235 AO) strafrechtliche Vorfragen entschieden
werden müssen. Die *Vermutung der Schuldlosigkeit (in dubio pro reo)* ist wie das Recht
auf ein faires Strafverfahren im Rechtsstaatsprinzip (Art. 20 GG; auch Art. 6 EMRK) verankert. Bei nicht behebbaren Zweifeln ist für Straf- wie Steuerrecht die Feststellung einer Steuerhinterziehung mittels reduzierten Beweismaßes – also im Schätzungswege –
nicht zulässig. Hängt die Rechtmäßigkeit eines Bescheides davon ab, dass eine Steuerhinterziehung vorliegt, kann das Gericht eine Straftat nur feststellen, wenn es von ihrem Vorliegen überzeugt ist (BFH, BStBl II 2007, 364). Die Schätzung der Höhe nach ist
aber sowohl strafrechtlich als auch steuerrechtlich zulässig (BGH, NJW 2007, 2934;
BFH/NV 2008, 597).

Der Steuerpflichtige hat auch im Strafverfahren Anspruch auf rechtliches Gehör
(Art. 103 Abs. 1 GG; Art. 6 EMRK). Anders als im Steuerverfahren, wo die Verweigerung
der Mitwirkung regelmäßig zur Schätzung nach § 162 AO führt, steht dem Beschuldigten im Strafverfahren ein Aussageverweigerungsrecht zu. Der Beschuldigte ist in den
einzelnen Phasen des Verfahrens nach § 136 Abs. 1 Satz 2 und § 243 Abs. 4 Satz 1 StPO

darauf hinzuweisen, dass es ihm freisteht, sich zu einer Beschuldigung zu äußern oder nicht zur Sache auszusagen. Verweigert der Beschuldigte jede Aussage zur Sache, so dürfen hieraus für ihn bei der Beweiswürdigung keine nachteiligen Folgerungen gezogen werden. Dies gilt auch, wenn ihm mehrere Taten vorgeworfen werden und er nur zu einer oder mehreren dieser Taten die Aussage verweigert. Anders kann es sein, wenn er nur zu einzelnen Punkten einer Tat schweigt. Der fehlende Hinweis auf das Aussageverweigerungsrecht nach § 136 Abs. 1 Satz 2 StPO kann zu einem Beweisverwertungsverbot führen (vgl. BGH, NJW 2003, 1123). Wird also zum Beispiel im Verlaufe einer Außenprüfung ein Strafverfahren eingeleitet, muss das Finanzamt den Steuerpflichtigen belehren, wenn es den Eintritt eines strafrechtlichen Verwertungsverbotes verhindern will (vgl. BGH, NJW 2005, 2723). Über die Frage, ob über das Aussageverweigerungsrecht belehrt wurde, ist im Freibeweis zu entscheiden. Der Grundsatz in dubio pro reo gilt insoweit nicht.

Ordnungswidrigkeiten sind Gesetzesverstöße, die nach dem Gesetz mit *Geldbuße* geahndet werden können. Die Einstufung als Ordnungswidrigkeit bedeutet, dass der Gesetzgeber den Gesetzesverstoß nicht für kriminelles Unrecht (moralisch vorwerfbares Verhalten) hält. Steuerordnungswidrigkeiten können von den *Finanzbehörden* mit einem Bußgeld geahndet werden. Gegen den Bußgeldbescheid ist der Einspruch zulässig, über den das zuständige ordentliche Gericht entscheidet. Im Ordnungswidrigkeitenverfahren gilt nach § 47 OWiG bzw. nach § 377 Abs. 2 AO das Opportunitätsprinzip. Die Verfolgung der Ordnungswidrigkeiten liegt im pflichtgemäßen Ermessen der Verfolgungsbehörden. Es besteht *kein Verfolgungszwang*. Steuerordnungswidrigkeiten werden nicht in ein Register eingetragen.

II. Strafrecht – Allgemeiner Teil

1. Straftat

341   Strafbar ist eine

► tatbestandsmäßige,

► mit Strafe bedrohte,

► rechtswidrige und

► schuldhaft begangene Handlung.

Ein Verhalten darf nur bestraft werden, wenn es *alle* Merkmale eines gesetzlichen Straftatbestandes erfüllt. Die Bestrafung darf nur aufgrund eines Gesetzes erfolgen, das *vor der Tat* in Kraft getreten ist (Rückwirkungsverbot für Strafgesetze; §§ 1, 2 StGB; Art. 103 Abs. 2 GG). Wird ein Gesetz, das kein Zeitgesetz (befristetes Gesetz i. S. des § 2 Abs. 4 StGB) ist, vor der Entscheidung geändert, so ist das mildeste Gesetz anzuwenden. Das spielte bei der Frage, ob Vermögensteuerhinterziehungen für die Jahre vor 1997 strafbar sind, eine bedeutsame Rolle (vgl. BGH, BStBl II 2002, 259).

Es gibt zwei Grundformen der Verwirklichung des subjektiven Tatbestands: Vorsatz und Fahrlässigkeit. *Vorsatz* ist *bewusste* und *gewollte* Verwirklichung des Straftatbestandes. *Fahrlässig* handelt, wer die erforderliche Sorgfalt außer Acht lässt, obwohl er seine Sorgfaltspflicht nach den Umständen des Falles und seinen persönlichen Fähigkeiten erfüllen könnte. *Leichtfertig* handelt nach BFH/NV 1996, 731 wer diejenige Sorg-falt außer Acht lässt, zu der er nach den besonderen Umständen des Falles und seinen persönlichen Fähigkeiten und Kenntnissen verpflichtet und imstande ist, obwohl sich ihm hätte aufdrängen müssen, dass dadurch eine Steuerverkürzung eintreten wird.

Steuerstraftaten können nur vorsätzlich begangen werden. Steuerordnungswidrigkeiten dagegen auch fahrlässig. Zum Tatbestandsirrtum siehe nachfolgend bei der Schuld.

Wer den Tatbestand eines Strafgesetzes erfüllt, handelt *rechtswidrig,* wenn kein Recht-fertigungsgrund vorliegt. Die Rechtfertigungsgründe (z. B. Notwehr, Notstand gem. §§ 32 ff. StGB) sind für das Steuerrecht praktisch bedeutungslos.

Auch wer *tatbestandsmäßig* und *rechtswidrig* handelt, kann nur bestraft werden, wenn ein *Verschulden* vorliegt. Verschulden bedeutet, dass dem Täter *subjektiv* vorzuwerfen ist, er habe anders handeln *können* und *müssen.* Verschulden setzt Schuldfähigkeit vo-raus. Das ist die Fähigkeit, das Unrecht des tatbestandsmäßigen Verhaltens *einzusehen und* nach dieser *Einsicht zu handeln.* Kinder sind bis zur Vollendung des 14. Lebensjah-res schuldunfähig (§ 19 StGB). Bei Jugendlichen (14 bis 18 Jahre) *kann* die Schuldfähig-keit fehlen (§§ 1, 3 Jugendgerichtsgesetz – JGG). Auf Heranwachsende (18 bis 21 Jahre) kann ggf. Jugendstrafrecht angewendet werden (§§ 1, 105 JGG). Erwachsene über 21 Jahre sind grundsätzlich voll schuldfähig.

Ein Verschulden entfällt, wenn ein *Schuldausschließungsgrund* vorliegt. Als *Schuldaus-schließungsgrund* kommt im Steuerstrafrecht praktisch nur der *Irrtum* in Betracht. Da-bei ist zu unterscheiden zwischen dem *Tatbestandsirrtum* und einem *Verbotsirrtum.*

Ein *Tatbestandsirrtum* liegt vor, wenn der Täter infolge eines Irrtums bei Begehung der Tat einen Umstand nicht kennt, der zum gesetzlichen Tatbestand gehört (der Täter weiß nicht, was er tut). Durch diesen Irrtum wird bereits der zum Tatbestand gehören-de *Vorsatz ausgeschlossen.* Eine Bestrafung wegen fahrlässiger Begehung ist jedoch möglich (§ 16 StGB). Tatumstände im Sinne dieser Vorschrift sind nicht nur tatsächliche Vorgänge (Fakten). Auch steuerrechtliche Unkenntnis kann den Vorsatz ausschließen.

BEISPIEL: Der alleinstehende Arbeitnehmer geht mit 62 Jahren in den Ruhestand. Er erhält eine Rente und eine Betriebsrente. Bei einer Prüfung fällt auf, dass der Arbeitnehmer – neben vielen anderen – seit dem Ausscheiden aus dem aktiven Dienst keine ESt-Erklärungen mehr abge-geben hat. Die beiden hohen Renten zusammen führten aber zu einer Steuerpflicht in erheb-lichem Umfang. Der Arbeitnehmer wendet ein, dass er nicht gewusst habe, dass Renten steu-erpflichtig seien.

Wenn der Irrtum nicht widerlegbar ist, kommt eine Bestrafung wegen Hinterziehung nicht in Betracht, da es an einer bewussten und gewollten Steuerverkürzung fehlt.

Beim *Verbotsirrtum* irrt sich der Täter über das *Unerlaubte* seines Tuns, obwohl ihm alle tatsächlichen Umstände bekannt sind. Der Vorsatz wird nicht ausgeschlossen. Denn der Täter kennt die Merkmale des gesetzlichen Tatbestandes und will sie verwirklichen. Ist der *Irrtum über das Unrecht* des Verhaltens für den Täter *unvermeidbar,* so schließt der Verbotsirrtum trotz Vorsatzes die *Schuld* aus (§ 17 StGB). Konnte der Täter den Irr-tum nach seinen subjektiven Kenntnissen und Fähigkeiten *vermeiden,* so kommt eine Strafmilderung gem. § 49 Abs. 1 StGB in Betracht. Im Steuerstrafrecht ist wegen der

Möglichkeit und Pflicht, fachkundigen Rat einzuholen, der Verbotsirrtum in aller Regel vermeidbar.

Die Ahndung einer Straftat ist ausgeschlossen, wenn die Tat verjährt ist. Die Regelung der *Verjährung* findet sich im fünften Abschnitt des Allgemeinen Teils des StGB, in den §§ 78 ff. StGB. Dort sind die Regeln über die Verjährungsfrist (§ 78 StGB), über den Beginn der Verjährung (§ 78a StGB) und Unterbrechungen (§ 78c StGB) zu finden. Nach § 376 Abs. 1 AO beträgt die Verjährungsfrist in den Fällen der besonders schweren Steuerhinterziehung gemäß § 370 Abs. 3 Satz 2 Nr. 1 bis 5 AO abweichend von den allgemeinen Regeln 10 Jahre.

Wichtig ist, dass die Unterbrechung – wie auch im Steuerrecht (§ 231 AO) – zu einer kompletten neuen Verjährungsfrist, höchstens aber zu einer Verdopplung der Verjährungsfrist (§ 78c Abs. 3 Satz 2 StGB) führt. Nach § 78 Abs. 2 Nr. 4 StGB *verjährt die Steuerhinterziehung* grundsätzlich in *fünf* Jahren (beachte aber § 376 Abs. 1 AO: 10 Jahre). Die Verjährung beginnt zu laufen, wenn die Tat beendet ist, also z. B. bei der Umsatzsteuer mit der Abgabe der falschen Steueranmeldung nach § 168 Satz 1 AO.

2. Täterschaft und Teilnahme

342   Täter ist, wer selbst oder durch einen anderen eine Straftat begeht (§ 25 StGB). Führen mehrere eine Straftat gemeinsam aus, wobei jeder einen Tatbeitrag leistet und jeder den Tatbeitrag des anderen in seinen Willen mit aufnimmt, so sind alle Beteiligten *Mittäter*. Jeder muss sich strafrechtlich das Handeln des anderen zurechnen lassen.

> **BEISPIEL:** Aufgrund einer Gehaltserhöhung erklärt sich der Buchhalter einer OHG bereit, Einnahmen nicht zu verbuchen. Er erstellt unrichtige Steuererklärungen, die vom geschäftsführenden Gesellschafter der OHG unterschrieben und abgegeben werden. Obwohl die Nichtverbuchung der Einnahmen und der Entwurf der Steuererklärung als solche noch keine (versuchte) Steuerhinterziehung darstellen, sondern bloße Vorbereitungshandlungen sind (vgl. Tz 343), kann der Buchhalter wegen Steuerhinterziehung als *Täter* bestraft werden.

Beihilfe und *Anstiftung* sind Formen der Teilnahme an strafbaren Handlungen. Wer einem anderen zu einer Straftat Hilfe leistet, wird als *Gehilfe* milder bestraft (§ 27 StGB).

Anstifter ist, wer vorsätzlich einem anderen zu einer vorsätzlichen und rechtswidrigen Straftat bestimmt. „Bestimmen" bedeutet: Hervorrufen des Tatentschlusses (§ 26 StGB). Anstifter werden wie Täter bestraft.

3. Vorbereitung – Versuch – Vollendung

343   Die *Vorbereitung* einer Straftat ist (grundsätzlich als solche) nicht mit Strafe bedroht (vgl. Tz 355).

> **BEISPIEL:** Der Steuerpflichtige verfälscht eine Eingangsrechnung über 1 000 + 160 € Umsatzsteuer, indem er eine Null hinzufügt (10 000 + 1 600 € Umsatzsteuer). Er will die verfälschte Rechnung seinen Steuererklärungen zugrunde legen. – Es liegen eine Urkundenfälschung (§ 267 StGB) und eine Steuergefährdung durch unrichtige Verbuchung vor (§ 379 AO). Diese Tatbestände sind vollendet. Bezüglich der geplanten *Steuerhinterziehung* handelt es sich jedoch nur um eine straflose *Vorbereitungshandlung*.

Ein *Versuch* ist gegeben, wenn der Täter nach seiner Vorstellung unmittelbar zur Verwirklichung des Tatbestandes ansetzt (§ 22 StGB). Da die meisten Steuerstraftaten *Vergehen* sind, ist insoweit eine *versuchte Steuerstraftat nur strafbar (§ 23 StGB),* wenn dies im Gesetz ausdrücklich vorgesehen ist (z. B. bei der Steuerhinterziehung; § 370 AO). Der Versuch kann milder bestraft werden als die vollendete Tat (§ 23 StGB). *Vollendung* liegt vor, wenn *sämtliche* Merkmale des gesetzlichen Tatbestandes erfüllt sind.

> **BEISPIEL:** Der Steuerpflichtige gibt bewusst eine zu seinem Vorteil unrichtige Steuererklärung ab. Die Fertigung der unrichtigen Steuererklärung ist *straflose Vorbereitungshandlung,* die Abgabe der Erklärung eine versuchte Steuerhinterziehung. *Vollendet* ist die Steuerhinterziehung, wenn die Finanzbehörde aufgrund der unrichtigen Steuererklärung die *Steuer festsetzt.*

Von besonderer Bedeutung ist die Abgrenzung von Vorbereitungshandlung und Tathandlung (Beihilfe) bei der Mithilfe von Bankmitarbeitern beim anonymisierten Geldtransfer ins Ausland (Luxemburg-Fälle). Der BGH hat in BStBl II 2001, 79 bei Erfüllung bestimmter Voraussetzungen die Beihilfe des Bankmitarbeiters zu der erst in der Abgabe der Steuererklärung in den Folgejahren liegenden Hinterziehung bejaht (Beihilfe im Vorbereitungsstadium). Bei neutralen Handlungen von Berufsträgern hat der BGH nach Maßgabe der Kenntnis des Berufsträgers abgegrenzt (BGH, NJW 2003, 2996). Viele Vorbereitungshandlungen fallen unter § 379 AO, Steuergefährdung.

4. Strafbefreiende Selbstanzeige

Wer Steuern hinterzieht, aber unrichtige oder unvollständige Angaben berichtigt, ergänzt oder unterlassene Angaben nachholt, wird *insoweit* straffrei (§ 371 AO). Die Straffreiheit tritt jedoch nicht ein, wenn

344

▶ *vor* der Berichtigung ein Amtsträger zur steuerlichen Prüfung oder zur Ermittlung einer Steuerstraftat oder Ordnungswidrigkeit *erschienen* oder dem Täter die Einleitung des Straf- oder Bußgeldverfahrens wegen der Tat bekannt gegeben worden ist,

▶ im Zeitpunkt der Selbstanzeige die Tat bereits *entdeckt* war und der Täter dies wusste oder damit rechnen musste.

> **BEISPIEL:** Ein Steuerpflichtiger hat vorsätzlich Steuererklärungen abgegeben, die zu seinen Gunsten unrichtig sind. Die Finanzbehörde hat die Steuer entsprechend den Erklärungen festgesetzt. Später ordnet die Finanzbehörde eine Betriebsprüfung für die betreffenden Veranlagungszeiträume an. Der Steuerpflichtige kann noch *nach* Zugang der Prüfungsanordnung eine Selbstanzeige mit strafbefreiender Wirkung erstatten. Eine wirksame Selbstanzeige ist jedoch nicht mehr möglich, wenn der Betriebsprüfer zur Prüfung *erschienen* ist (anders bei nur leichtfertiger Verkürzung, vgl. § 378 Abs. 3 AO).

Eine bloß *pauschale* Erklärung, wonach Steuern hinterzogen sind, und ein Antrag auf Durchführung einer Außenprüfung zur Feststellung hinterzogener Steuern reichen für eine wirksame Selbstanzeige *nicht* aus. Der Steuerpflichtige muss der Finanzbehörde konkrete Angaben machen, die es ihr ermöglichen, ohne umfangreiche weitere Ermittlungen die Steuern zutreffend festzusetzen. Wenn bereits eine Steuerverkürzung eingetreten ist, tritt für denjenigen Anzeigeerstatter, zu dessen Gunsten die Steuer hinterzogen wurde, die Straffreiheit nur ein, wenn er die hinterzogenen Steuern entrichtet. Dazu ist ihm eine Frist zu setzen (§ 371 Abs. 3 AO). Da die Fristsetzung strafrechtliche Bedeutung hat (es geht um den Wegfall der Strafbarkeit; persönlicher Strafaufhebungsgrund), ist gegen eine zu kurze Fristsetzung kein finanzrechtlicher Rechtsschutz eröffnet.

Die strafbefreiende Selbstanzeige kann jeder Tatbeteiligte erstatten. Dabei kann ggf. der Mittäter für mehrere Tatbeteiligte die Erklärung abgeben. *Dritte* – auch: Angehörige steuerberatender Berufe – können einen wirksame Selbstanzeige nur erstatten, wenn sie dazu vom Täter *beauftragt* sind. Die allgemeine Vollmacht nach § 80 AO reicht nicht aus.

5. Das Strafbefreiungserklärungsgesetz – StraBEG

345 Mit Wirkung zum 1.1.2004 hatte der Gesetzgeber das Strafbefreiungserklärungsgesetz – StraBEG – als Teil des Gesetzes zur Förderung der Steuerehrlichkeit erlassen. Das StraBEG sollte bisher Steuerunehrlichen einen Anreiz bieten, freiwillig in die Steuerehrlichkeit zurückzukehren. Mit dem StraBEG hat der Gesetzgeber die AO und das FVG geändert. Seit 1.4.2005 ergeben sich durch §§ 93, 93b AO die Möglichkeiten zum automatisierten Abruf von Kontoinformationen. Das BZSt hat die Möglichkeit auf Kundenstammdaten der Kreditinstitute zuzugreifen (§ 5 Abs. 1 Nr. 24 FVG i.V. mit § 24c Abs. 1 Satz 1 des Kreditwesengesetzes).

Voraussetzung der strafbefreienden Erklärung war das Vorliegen bestimmter Steuerstraftaten oder Steuerordnungswidrigkeiten wie z. B. § 370 AO (Steuerhinterziehung), § 26c UStG (gewerbsmäßige oder bandenmäßige Schädigung des Umsatzsteueraufkommens) oder § 378 AO (leichtfertige Steuerverkürzung). Die *Reichweite der Amnestie* umfasst Hinterziehung von ESt, KSt, USt, VSt, GewSt, ErbSt oder SchenkSt sowie von Abzugsteuern nach dem EStG (zum Beispiel Lohnsteuer). Die Berechnung der in der strafbefreienden Erklärung zu deklarierenden Einnahmen erfolgt nach § 1 Abs. 2 bis 5 StraBEG. Die strafbefreiende *Erklärung* konnte nur zwischen dem 1.1.2004 und dem 31.3.2005 abgegeben werden. Die wirksame Erklärung hat eine doppelte Wirkung. Es tritt *Straffreiheit* ein, die betroffenen *Steueransprüche erlöschen*. Der Umfang der Strafbefreiung ergibt sich aus § 4 StraBEG. Straffrei werden alle Tatbeteiligten, sofern nicht ein Ausschlusstatbestand i. S. des § 4 Abs. 2 Satz 2 StraBEG vorliegt. Die Strafbefreiung erfasst auch andere Taten, die bisher von der Steuerhinterziehung gem. §§ 370, 370a AO verdrängt wurden (§ 5 StraBEG). Dies gilt sinngemäß auch für Steuerordnungswidrigkeiten. Soweit durch eine strafbefreiende Erklärung und die Zahlung des entsprechenden Betrages Straf- oder Bußgeldbefreiung eingetreten ist, erlöschen die Steueransprüche sowie Ansprüche auf zu Unrecht nicht entrichtete Steuerabzugsbeträge. Von der Abgeltungswirkung sind auch Zuschlagsteuern, wie Solidaritätszuschlag und Kirchensteuern und steuerliche Nebenleistungen erfasst (§ 8 StraBEG). Die Abgeltungswirkung erstreckt sich auf alle Gesamtschuldner.

Die jetzt entschiedenen Fälle (z. B. BFH, BStBl II 2008, 7, 279, 344) enthalten häufig Aussagen, die für Außenprüfungen oder § 371 AO weiterhin bedeutsam sind.

III. Steuerstrafrecht – Besonderer Teil

1. Steuerhinterziehung

346 Die „schlichte Nichtzahlung" von Steuern ist nicht strafbar. Strafbar ist eine Steuerverkürzung (objektiver Tatbestand) als Hinterziehung nur, wenn der Steuerpflichtige vorsätzlich

► der Behörde über steuerliche Tatsachen *unrichtige oder unvollständige* Angaben macht oder

▶ die Finanzbehörden *pflichtwidrig* über steuerlich erhebliche Tatsachen *in Unkenntnis* lässt oder

▶ pflichtwidrig die Verwendung von Steuerzeichen oder Steuerstempeln unterlässt (§ 370 AO).

BEISPIEL: ▶ Ein Steuerpflichtiger gibt zutreffende Lohnsteueranmeldungen (Umsatzsteuervoranmeldungen) ab, zahlt jedoch nicht. Eine Steuerhinterziehung liegt nicht vor. – Wer vorsätzlich oder leichtfertig Steuerabzugsbeträge nicht einbehält oder abführt (obwohl er sie anmeldet), begeht jedoch gem. § 380 AO eine Ordnungswidrigkeit.

Steuern sind insbesondere dann verkürzt, wenn sie aufgrund unrichtiger Angaben

▶ nicht oder nicht in voller Höhe festgesetzt oder

▶ nicht rechtzeitig festgesetzt werden.

BEISPIEL: ▶ Der Steuerpflichtige erwirkt durch unzutreffende Angaben, dass die Umsatzsteuer Januar 2001 zu niedrig festgesetzt wird. In der Voranmeldung für Juni 2001 deklariert der Steuerpflichtige die Umsätze aus Januar nach. Eine Steuerhinterziehung auf Zeit ist gegeben.

Der Tatbestand der Steuerhinterziehung wird *nicht* dadurch ausgeschlossen, dass dem Täter kein Vorteil und dem Fiskus kein Nachteil entsteht. § 370 AO setzt tatbestandsmäßig *keinen Schaden voraus!*

BEISPIEL: ▶ Ein Unternehmer gestellt Waren bei der Einfuhr nicht der Zollbehörde. Im Strafverfahren wegen Hinterziehung der Einfuhrumsatzsteuer lässt er sich ein, er habe keinen Vorteil erstrebt, sondern die Ware lediglich aus Gründen der Zeitersparnis nicht gestellt. Die Entrichtung der Einfuhrumsatzsteuer sei eine überflüssige Formalität, weil er die Einfuhrumsatzsteuer als Vorsteuer hätte verrechnen können. – Die Einlassung ist unerheblich. Es liegt eine Steuerhinterziehung vor. Dass dem Steuerpflichtigen nur ein geringfügiger Zinsvorteil entstanden sein kann, spielt jedoch für die Frage der Einstellung des Verfahrens wegen Geringfügigkeit und die Strafzumessung eine Rolle.

Eine Steuerhinterziehung entfällt nicht dadurch, dass die Steuer aus anderen Gründen hätte ermäßigt werden müssen (Kompensationsverbot gem. § 370 Abs. 4 Satz 3 AO).

BEISPIEL: ▶ Bei einer Außenprüfung wird festgestellt, dass der Steuerpflichtige durch Nichtverbuchung von Einnahmen Umsatz- und Einkommensteuer verkürzt hat. Die Prüfung führt jedoch per Saldo zu einer Steuererstattung, weil der Steuerpflichtige zu seinem Nachteil andere Umsätze ohne Steuerausweis in Rechnungen mit 19 % statt mit 7 % versteuert und außerdem mit den Einnahmen nicht zusammenhängende Betriebsausgaben nicht geltend gemacht hat. – Die Erstattung schließt den Tatbestand der Steuerhinterziehung nicht aus.

Steuerhinterziehung begeht auch, wer dadurch nicht gerechtfertigte Steuervorteile erlangt, dass er der Finanzbehörde unrichtige (unvollständige) Angaben macht, z. B. Vermögensverschleierung bei Erlassantrag, oder sie pflichtwidrig über steuerlich erhebliche Tatsachen in Unkenntnis lässt.

2. Bannbruch

Wer Gegenstände entgegen einem Verbot einführt, ausführt oder durchführt, begeht Bannbruch. Ist die Tat nicht in anderen Vorschriften mit Strafe oder Geldbuße bedroht, so wird sie wie eine Steuerhinterziehung bestraft (§ 372 AO).

347

3. Gewerbsmäßiger, gewaltsamer und bandenmäßiger Schmuggel

348 Unter den Voraussetzungen des § 373 AO kann die Hinterziehung von Eingangsabgaben (z. B. Einfuhrumsatzsteuer, Einfuhrabgaben) und der Bannbruch schärfer bestraft werden.

4. Steuerhehlerei

349 Wer Gegenstände (z. B. Tabakwaren), hinsichtlich deren Verbrauchsteuern oder Einfuhrabgaben hinterzogen oder Bannbruch begangen worden ist, ankauft oder auf andere Weise sich oder einem Dritten verschafft, sie absetzt oder bei der Absetzung behilflich ist, um sich oder einen Dritten zu bereichern, begeht eine Steuerhehlerei (§ 374 AO). Die Steuerhehlerei wird wie eine Steuerhinterziehung bestraft. Bei gewerbsmäßiger Begehung richtet sich die Strafe nach § 373 AO.

IV. Strafverfahrensrecht

350 Im Strafverfahren wegen Steuerstraftaten gelten die allgemeinen Gesetze über das Strafverfahren, insbesondere die Strafprozessordnung, das Gerichtsverfassungsgesetz und das Jugendgerichtsgesetz, soweit nicht in den §§ 385 ff. AO eine abweichende Regelung enthalten ist. Umfangreiche Regelungen finden sich in den Anweisungen für das Straf- und Bußgeldverfahren (Steuer) – AStBV (St) 2009, BStBl I 2009, 210.

1. Zuständigkeit

351 Die Finanzbehörden dürfen keine Strafen verhängen (nur Bußgelder). Ihre Zuständigkeit beschränkt sich auf die *Ermittlung*. Bei dem Verdacht einer Steuerstraftat *muss* die Finanzbehörde grundsätzlich den Sachverhalt selbst ermitteln. Sie kann die Strafsache jedoch auch an die Staatsanwaltschaft abgeben. Die Staatsanwaltschaft kann die Strafsache jederzeit an sich ziehen (Evokationsrecht, § 386 Abs. 4 AO).

2. Einleitung des Strafverfahrens – Verteidigung

352 Gemäß § 397 Abs. 1 AO ist das Strafverfahren *kraft Gesetzes* eingeleitet, sobald die Finanzbehörde (Polizei, Staatsanwaltschaft, der Strafrichter) eine *Maßnahme trifft, die erkennbar* darauf abzielt, gegen jemanden wegen einer Steuerstraftat *strafrechtlich* vorzugehen. Die Einleitung des Strafverfahrens muss dem Beschuldigten *spätestens* mitgeteilt werden, wenn er aufgefordert wird, strafrechtlich relevante Tatsachen darzulegen (§ 397 Abs. 3 AO).

Nach Einleitung eines Strafverfahrens ist der Beschuldigte darüber zu belehren, welche Tat ihm zur Last gelegt wird, dass ihm ein *Aussageverweigerungsrecht zusteht* und er sich jederzeit eines Verteidigers seiner Wahl bedienen kann (§ 136 Abs. 1 StPO). Zwar bleibt der Beschuldigte auch *während* eines *Strafverfahrens* im *Besteuerungsverfahren insoweit* auskunftspflichtig, als er sich durch die Auskunft der Gefahr strafrechtlicher Verfolgung aussetzt. Insoweit darf die Auskunft jedoch *nicht erzwungen werden* (§ 393 Abs. 1 AO). Verweigert der Steuerpflichtige Auskünfte, so können die Besteuerungsgrundlagen geschätzt werden (§ 162 AO; beachte aber Tz 114, 340). Nach Bekanntgabe der Einleitung eines Strafverfahrens oder Bußgeldverfahrens ist eine strafbefreiende Selbstanzeige nicht mehr möglich (§ 371 Abs. 2, § 378 Abs. 3 AO). Die Bekanntgabe der Einleitung hemmt den Ablauf der Festsetzungsfrist (§ 171 Abs. 5 AO) und unterbricht die Verjährung der Strafverfolgung (§ 376 Abs. 2 AO).

Steuerberater, Steuerbevollmächtigte, Wirtschaftsprüfer und vereidigte Buchprüfer können im Strafverfahren zu *Verteidigern* nur gewählt werden, soweit die *Finanzbehörde* das Strafverfahren *selbständig* durchführt, im Übrigen nur zusammen mit einem Rechtsanwalt oder Rechtslehrer an einer deutschen Hochschule (§ 392 AO).

3. Befugnisse der Finanzbehörde als Strafverfolgungsbehörde

Führt die Finanzbehörde ein strafrechtliches Ermittlungsverfahren durch, so nimmt sie die Rechte und Pflichten wahr, die der *Staatsanwaltschaft* im Ermittlungsverfahren zustehen. Sie kann insbesondere den Beschuldigten vernehmen und Zeugen hören (§§ 133 ff., 161 f. StPO). Bei Gefahr im Verzug kann die Finanzbehörde die Wohnung des Verdächtigen durchsuchen und Beschlagnahmen vornehmen. Ist Gefahr im Verzug und besteht dringender Tatverdacht, sind die Finanzbehörden auch zur vorläufigen Festnahme befugt, wenn Flucht- oder Verdunkelungsgefahr vorliegt (§§ 127 ff., 112 StPO).   353

Die Finanzbehörde hat das Recht auf Akteneinsicht in die Akten, die dem Gericht vorliegen bzw. ggf. dem Gericht vorzulegen sind (§ 395 AO). Das dient sowohl der Sicherung der Teilhabe am Strafverfahren wie der Besteuerung. Daneben besteht das Akteneinsichtsrecht nach § 474 StPO, welches der (weiteren) Strafverfolgung dient.

Übernimmt die Staatsanwaltschaft das Ermittlungsverfahren gem. § 386 Abs. 4 AO, so führen unter ihrer Leitung regelmäßig die Steuer- oder Zollfahndungsstellen die Ermittlungen durch. Steuerfahndungsbeamte sind Hilfsbeamte der Staatsanwaltschaft. Sie haben polizeiliche Befugnisse nach der StPO. Darüber hinaus steht ihnen das Recht „zur Durchsicht der Papiere des von der Durchsuchung Betroffenen" zu (§ 404 AO).

Die Beamten der Steuerfahndung können auch unabhängig von der Staatsanwaltschaft tätig werden. Will die Steuerfahndungsstelle unbekannte Steuerfälle aufdecken oder ermitteln, so muss sie dem Steuerpflichtigen ein amtlich vorgeschriebenes Merkblatt über seine Rechte und Pflichten schon zu Beginn der Prüfung aushändigen, soweit dazu Anlass besteht (vgl. BStBl I 1979, 115).

V. Steuerordnungswidrigkeiten

1. Leichtfertige Steuerverkürzung

Wird eine Steuerverkürzung i. S. des § 370 AO nicht vorsätzlich (bewusst und gewollt), sondern *leichtfertig* (grob fahrlässig, vgl. Tz 341) begangen, so liegt eine mit Geldbuße bedrohte *Ordnungswidrigkeit* vor (§ 378 AO). Wer sich wirtschaftlich betätigt und keine steuerlichen Kenntnisse hat, handelt i. d. R. leichtfertig, wenn er sich nicht über seine steuerlichen Pflichten informiert.   354

2. Tatbestände der Steuergefährdung

355   Bei den *Gefährdungstatbeständen* wird „die Verteidigungslinie vorverlagert". Der Gesetzgeber erfasst Fälle, die nicht als vorsätzliche oder leichtfertige Steuerverkürzung geahndet werden können, aber im Regelfall eine Hinterziehung *vorbereiten* sollen (vgl. Tz 343).

Folgende Gefährdungstatbestände sind als *Ordnungswidrigkeit* mit Geldbuße bedroht (§§ 379 bis 383a AO):

► Ausstellen unrichtiger Belege,

► Entgeltliches in Verkehr bringen von Belegen,

► Nichtverbuchung, unrichtige Verbuchung,

► Nichtanzeige der Gründung oder des Erwerbs eines ausländischen Betriebes oder einer Beteiligung an ausländischen Personengesellschaften oder Körperschaften,

► Verletzung der Pflicht zur Kontenwahrheit,

► Zuwiderhandlung gegen eine Auflage, die einem Verwaltungsakt für Zwecke der Steueraufsicht beigefügt worden ist,

► Verletzung der Pflicht, Steuerabzugsbeträge einzubehalten und rechtzeitig abzuführen,

► Zuwiderhandlungen gegen bestimmte Vorschriften der Verbrauchsteuergesetze und die dazu erlassenen Rechtsverordnungen,

► Gefährdung von Eingangsabgaben

► unzulässiger Erwerb von Erstattungs- und Vergütungsansprüchen.

► zweckwidrige Verwendung des Identifikationsmerkmals nach § 139a AO

► Ordnungswidrigkeiten nach §§ 26a, 26b UStG

► Ordnungswidrigkeiten nach §§ 50e, 50f, 96 Abs. 7 EStG

BEISPIEL: Ein Steuerpflichtiger verkauft Tankquittungen im Internet. Es liegt eine Ordnungswidrigkeit nach § 379 Abs. 1 Nr. 2 AO vor.

Die *Gefährdungstatbestände* gelten nur *hilfsweise* (subsidiär). Das bedeutet: Führt die Gefährdung zu einer Steuerverkürzung, die als Steuerhinterziehung oder leichtfertige Steuerverkürzung geahndet werden kann (§§ 370, 378 AO), so wird die in der Gefährdung liegende Ordnungswidrigkeit nicht verfolgt.

BEISPIEL: Ein Steuerpflichtiger unterlässt es, Betriebseinnahmen zu verbuchen (Ordnungswidrigkeit gem. § 379 Abs. 1 Nr. 3 AO). Die unrichtige Buchführung legt er seinen Steuererklärungen zugrunde. Die Finanzbehörde übernimmt bei den Steuerfestsetzungen die vom Steuerpflichtigen erklärten Daten. – Es liegt eine Steuerhinterziehung vor, die gem. § 370 AO strafbar ist. Eine Ahndung der Steuergefährdung durch Nichtverbuchung (Ordnungswidrigkeit gem. § 379 Abs. 1 Nr. 3 AO) kommt nicht in Betracht.

VI. Bußgeldverfahren

356   Die Regelung des Bußgeldverfahrens ist kompliziert. Es gelten zunächst die speziellen Vorschriften der AO (§§ 409 bis 412), die zahlreiche Verweisungen auf die für das Strafverfahren geltenden Vorschriften und andere Bestimmungen enthalten. Im Übrigen ist

das Ordnungswidrigkeitengesetz maßgebend. Das Ordnungswidrigkeitengesetz verweist wiederum auf die Strafprozessordnung, das Gerichtsverfassungsgesetz und das Jugendgerichtsgesetz (§ 46 OWiG).

Die wesentlichen Unterschiede zwischen einem Strafverfahren und einem Bußgeldverfahren sind Folgende:

► Die Finanzbehörde kann Bußgelder (nicht Strafen) verhängen (§ 35 OWiG).

► Ordnungswidrigkeiten *können* nach dem pflichtgemäßen *Ermessen* der Finanzbehörde verfolgt werden (kein Verfolgungszwang; § 47 OWiG).

► Die Finanzbehörde kann das Verfahren wegen einer Ordnungswidrigkeit in eigener Zuständigkeit einstellen. Ein *Strafverfahren* kann wegen Geringfügigkeit dagegen nur durch die Staatsanwaltschaft oder das ordentliche Gericht eingestellt werden (§ 47 OWiG, § 398 AO).

Bevor gegen einen *Angehörigen der steuerberatenden Berufe* wegen einer Tat, die mit der Berufsausübung zusammenhängt, ein *Bußgeldbescheid* erlassen wird, muss die Finanzbehörde die zuständige Berufskammer anhören (§ 411 AO). Die Vorschrift trägt dem Interessenkonflikt Rechnung, der sich daraus ergibt, dass der steuerliche Berater vertraglich verpflichtet ist, die Interessen seines Mandanten zu vertreten, dies jedoch nur innerhalb der Grenzen der Legalität darf. Die Kammern sollen der Finanzbehörde bei der Prüfung der Frage, ob eine legitime Interessenvertretung oder ein ordnungswidriges Verhalten vorliegt, eine Entscheidungshilfe geben.

Gegen einen Bußgeldbescheid kann binnen zwei Wochen schriftlich Einspruch eingelegt werden (§ 67 OWiG). Über den Einspruch entscheidet das ordentliche Gericht. Dessen Entscheidung ist mit der Rechtsbeschwerde angreifbar (§§ 79, 80 OWiG). 357

Sechster Teil: Umsatzsteuer

A. Einführung

I. Geschichtliche Entwicklung

Die Umsatzsteuer (USt) wurde durch das Umsatzsteuergesetz (UStG) vom 26.7.*1918* 1
zu einer selbständigen Reichssteuer. Eine grundsätzliche Reform der USt erfolgte durch
das UStG vom 29.5.1967 (BGBl 1967 I S. 545), das mit Wirkung vom 1.1.*1968* die *All-
phasen-Nettoumsatzsteuer mit Vorsteuerabzug* einführte. Dies bedeutet, dass die Umsatzbesteuerung grundsätzlich auf jeder Wirtschaftsstufe stattfindet. Die nächste wesentliche Änderung des UStG erfolgte durch das UStG *1980* vom 26.11.1979
(BGBl 1979 I S. 654), mit dem eine Anpassung des deutschen Rechts an die vom Rat der
EWG am 17.5.1977 erlassene 6. EG-Richtlinie vorgenommen wurde. Die bisher letzte
grundlegende Reform des UStG ist durch das USt-Binnenmarktgesetz vom 25.8.1992
(BGBl 1992 I S. 1548) mit Wirkung ab dem 1.1.*1993* eingetreten.

Der Rat der Wirtschafts- und Finanzminister hat am 16.12.1991 die *Richtlinie*   2
91/680/EWG zur Ergänzung des gemeinsamen Mehrwertsteuersystems und zur Änderung der Richtlinie 77/388/EWG im Hinblick auf die Beseitigung der Steuergrenzen verabschiedet. Durch diese Richtlinie wurde die 6. EG-Richtlinie vom 17.5.1977 zur Harmonisierung der USt umfassend ergänzt.

Die durch die Richtlinie vom 16.12.1991 getroffene Regelung stellt gem. Artikel 28 I
der 6. EG-Richtlinie nur eine *Übergangsregelung* dar. Die 6. EG-Richtlinie ist mit Wirkung ab dem 1.1.2007 durch die Mehrwertsteuer-Systemrichtlinie ersetzt worden.

Der EU gehören zurzeit folgende *Mitgliedstaaten* an: 3

Belgien	Niederlande
Bulgarien (ab 1.1.2007)	Österreich (ab 1.1.1995)
Dänemark	Polen (ab 1.5.2004)
Deutschland	Portugal
Estland (ab 1.5.2004)	Rumänien (ab 1.1.2007)
Finnland (ab 1.1.1995)	Schweden (ab 1.1.1995)
Frankreich	Slowakei (ab 1.5.2004)
Griechenland	Slowenien (ab 1.5.2004)
Irland	Spanien
Italien	Tschechien (ab 1.5.2004)
Lettland (ab 1.5.2004)	Ungarn (ab 1.5.2004)
Litauen (ab 1.5.2004)	Vereinigtes Königreich
Luxemburg	Zypern (teilweise) (ab 1.5.2004)
Malta (ab 1.5.2004)	

Eine detaillierte Auflistung der Mitgliedstaaten enthält Abschn. 13a UStR 2008.

Seit dem 1.1.1993 ist das UStG durch zahlreiche Änderungsgesetze in mehr oder weni-   4
ger erheblichem Umfang geändert worden. Diese zahlreichen Änderungen führten zur

Neufassung des UStG 2005 in der Fassung der Bekanntmachung vom *21.2.2005* (BGBl 2005 I S. 386).

II. Rechtsgrundlagen

5   Rechtsgrundlagen für die USt sind das UStG und die Umsatzsteuerdurchführungsverordnung (UStDV). Die Verwaltung ist darüber hinaus noch an die Umsatzsteuerrichtlinien (UStR) sowie an die Schreiben des Bundesministeriums der Finanzen, die Erlasse der jeweiligen Finanzministerien der Länder und die Verfügungen der Oberfinanzdirektionen gebunden.

III. Einordnung in das Steuersystem

6   Die USt ist

▶ eine *Sach- oder Objektsteuer*; d. h. persönliche Verhältnisse werden nicht berücksichtigt,

▶ eine Verkehrsteuer, da wirtschaftliche Verkehrsvorgänge (Umsätze) besteuert werden,

▶ eine indirekte Steuer, da Steuerschuldner (Unternehmer) und Steuerträger (Endverbraucher) verschiedene Personen sind,

▶ eine Veranlagungssteuer, da sie nach dem Prinzip der Selbstberechnung durch den Unternehmer (Steueranmeldung) erhoben wird,

▶ eine periodische Steuer, da sie auf der Basis eines jährlichen Besteuerungszeitraums erhoben wird,

▶ eine Gemeinschaftssteuer, da das Aufkommen zwischen dem Bund, den Ländern und den Gemeinden verteilt wird.

7   Die USt ist eine *Netto-Allphasen-USt mit Vorsteuerabzug*; d. h. die Besteuerung findet grundsätzlich auf jeder Wirtschaftsstufe statt.

BEISPIELE:

1) Unternehmer U1 stellt eine Ware in seinem Unternehmen her; Vorsteuerbeträge sind hierfür nicht angefallen. Die Ware wird für 1 000 € zzgl. 190 € USt an den Unternehmer U2 veräußert. U2 veräußert die Ware für 2 000 € zzgl. 380 € an den Unternehmer U3. U3 veräußert die Ware für 3 000 € zzgl. 570 € USt an den Privatmann P. Es ist davon auszugehen, dass sämtliche Rechnungen ordnungsgemäß sind.

   U1 muss aus dem Verkauf der Ware an U2 eine USt-Zahllast i. H. von 190 € an das Finanzamt abführen.

   U2 schuldet aus dem Verkauf der Ware an U3 eine USt i. H. von 380 €. Da U2 ein Vorsteuerabzug i. H. von 190 € zusteht, ergibt sich eine Zahllast von insgesamt 190 €.

   U3 schuldet aus dem Verkauf der Ware an P eine USt i. H. von 570 €. Da U3 ein Vorsteuerabzug von 380 € zusteht, ergibt sich eine Zahllast von insgesamt 190 €.

   P ist wirtschaftlicher Träger der USt i. H. von 570 €.

2) Wie hoch ist die Steuereinnahme des Staates wenn die Ware bei U3 vernichtet wird?

   Bei Vernichtung der Ware bei U3 ergeben sich für U1 und U2 keine Änderungen; d. h. U1 hat eine USt-Zahllast von 190 € und U2 hat ebenfalls unter Berücksichtigung der Vorsteuer eine Zahllast i. H. von 190 €.

U3 schuldet keine USt, da es nicht zu einem Verkauf der Ware kommt. U3 steht allerdings ein Vorsteueranspruch i. H. von 380 € aus der Rechnung des U2 zu. Folglich hat U3 einen Erstattungsanspruch gegenüber dem Finanzamt i. H. von 380 €.

Aus der Sicht des Staates ergibt sich zusammengefasst eine Steuereinnahme von 0 €.

IV. Zuständigkeit

Nach Artikel 105 Abs. 2 GG hat der *Bund* die *konkurrierende Gesetzgebung* für die USt, da dem Bund das Aufkommen an der USt zum Teil zusteht und eine bundesgesetzliche Regelung der USt zur Wahrung der Rechts- und Wirtschaftseinheit erforderlich ist.   8

Die USt wird von den *Landesfinanzbehörden* im Auftrag des Bundes gem. Artikel 108 Abs. 3 GG verwaltet. Sachlich zuständig für die Verwaltung der USt sind die Finanzämter als örtliche Landesbehörden; die Verwaltung der Einfuhrumsatzsteuer (EUSt) obliegt den Hauptzollämtern als örtliche Bundesbehörden.

Die *örtliche Zuständigkeit*, also die Frage, welches Finanzamt zuständig ist, richtet sich nach den Vorschriften der Abgabenordnung (AO). § 21 Abs. 1 Satz 1 AO bestimmt, dass für die USt mit Ausnahme der EUSt grundsätzlich das Finanzamt zuständig ist, von dessen Bezirk aus der Unternehmer sein Unternehmen im Geltungsbereich des Gesetzes ganz oder vorwiegend betreibt.   9

> **BEISPIEL:** ▶ A ist selbständiger Steuerberater mit Wohnsitz in Ibbenbüren. A betreibt im Bezirk des Finanzamts Münster-Innenstadt seine Steuerberatungspraxis.
>
> Zuständig für die USt des A ist das Finanzamt Münster-Innenstadt, da A von dessen Bezirk aus sein Unternehmen betreibt (§ 21 Abs. 1 Satz 1 AO).

Abweichend von diesem Grundsatz kann das Bundesministerium der Finanzen gem. § 21 Abs. 1 Satz 2 AO zur Sicherstellung der Besteuerung durch Rechtsverordnung mit Zustimmung des Bundesrates für Unternehmer, die Wohnsitz, Sitz oder Geschäftsleitung außerhalb des Geltungsbereichs der AO haben, die örtliche Zuständigkeit einem Finanzamt für den Geltungsbereich des Gesetzes übertragen. Von dieser Ermächtigung ist durch Erlass der *USt-Zuständigkeits-VO* vom 21. 2. 1995 (BGBl 1995 I S. 225) Gebrauch gemacht worden. Die Verordnung ist am 1. 3. 1995 in Kraft getreten und bestimmt für die im § 1 der VO aufgeführten Länder jeweils ein bestimmtes Finanzamt, das für die USt der Unternehmer zuständig ist, die ihr Unternehmen von diesem Staat aus betreiben. Nach dem Willen des Gesetzgebers soll die zentrale Zuständigkeit nach § 21 Abs. 1 Satz 2 AO bereits dann eingreifen, wenn auch nur ein Anknüpfungspunkt der Kriterien Wohnsitz, Sitz oder Geschäftsleitung im Ausland gegeben ist (BMF-Schreiben vom 29. 10. 2001, BStBl 2001 I S. 765).

> **BEISPIELE:**
>
> 1) Zuständig für die im Königreich der Niederlande ansässigen Unternehmer ist das Finanzamt Kleve.
> 2) Zuständig für die in der Französischen Republik ansässigen Unternehmer ist das Finanzamt Offenburg.

Für die USt von Personen, die *keine Unternehmer* sind, ist das Finanzamt zuständig, das auch für die Besteuerung nach dem Einkommen zuständig ist; in den Fällen des § 180

Abs. 1 Nr. 2 Buchst. a AO ist das Finanzamt für die USt zuständig, das auch für die gesonderte Feststellung zuständig ist (§ 21 Abs. 2 AO).

> **BEISPIEL:** ► Der Angestellte A mit Wohnsitz in Recklinghausen erwirbt von dem französischen Pkw-Händler F in Paris ein neues Fahrzeug der Marke Renault.
>
> A muss den Erwerb des neuen Fahrzeugs in Deutschland der Besteuerung unterwerfen. Zuständig für die USt des A ist das Finanzamt Recklinghausen, da A kein Unternehmer ist und für die Besteuerung nach dem Einkommen das Finanzamt Recklinghausen gem. § 19 Abs. 1 Satz 1 AO örtlich zuständig ist.

V. Prüfungsschema

10 Es ist folgendes Prüfungsschema einzuhalten:

► Steuerbarkeit (§ 1 UStG)

► Steuerfreiheit/Steuerpflicht (§§ 4, 4b, 5 UStG)

► Bemessungsgrundlage (§§ 10, 11 UStG)

► Steuersatz (§ 12 UStG)

► Sondertatbestände (z. B. § 14c UStG)

► Entstehung (§§ 13, 13b UStG)

► Vorsteuerabzug (§ 15 UStG)

► Vorsteuerberichtigung (§ 15a UStG)

B. Steuerbarkeit

I. Allgemeines

11 Steuergegenstand der USt ist gem. *§ 1 UStG* der *steuerbare Umsatz*. Nur die im § 1 Abs. 1 UStG abschließend aufgeführten Umsätze sind steuerbar; es liegt eine enumerative Aufzählung vor. Es handelt sich um folgende Umsätze:

► Lieferungen und sonstige Leistungen (§ 1 Abs. 1 Nr. 1 UStG),

► Einfuhr von Gegenständen im Inland (§ 1 Abs. 1 Nr. 4 UStG),

► innergemeinschaftlicher Erwerb (§ 1 Abs. 1 Nr. 5 UStG).

Die Nummern 2 (Eigenverbrauch) und 3 (unentgeltliche Leistungen von Personenvereinigungen an ihre Mitglieder) des § 1 UStG sind im Rahmen des Steuerentlastungsgesetzes 1999/2000/2002 mit Wirkung ab dem *1. 4. 1999* aufgehoben worden. Damit wurde eine Anpassung an die 6. EG-Richtlinie vorgenommen. Die bisher erfassten Umsätze werden teilweise den Lieferungen (§ 3 Abs. 1b UStG), teilweise den sonstigen Leistungen (§ 3 Abs. 9a UStG) gleichgestellt und teilweise wird ein Vorsteuerabzug versagt (§ 15 Abs. 1a UStG).

II. Steuerbarkeit gem. § 1 Abs. 1 Nr. 1 UStG

1. Voraussetzungen

Der USt unterliegen gem. § 1 Abs. 1 Nr. 1 Satz 1 UStG die Lieferungen und sonstigen   12
Leistungen, die ein Unternehmer im Inland gegen Entgelt im Rahmen seines Unternehmens ausführt.

2. Lieferung und sonstige Leistung

a) Lieferung

aa) Begriff

Lieferungen eines Unternehmers sind Leistungen, durch die er oder in seinem Auftrag   13
ein Dritter den Abnehmer oder in dessen Auftrag einen Dritten befähigt, im eigenen
Namen über einen Gegenstand zu verfügen. Oberbegriff für die Lieferung i. S. des § 3
Abs. 1 UStG und die sonstige Leistung i. S. des § 3 Abs. 9 UStG ist die *Leistung*. Eine Leistung setzt regelmäßig ein willensgesteuertes Verhalten des Unternehmers voraus.

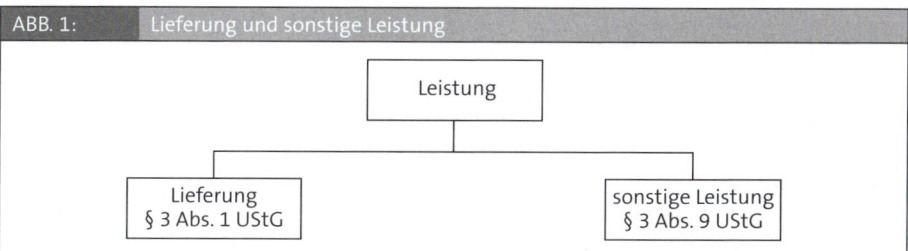

Eine Lieferung liegt vor, wenn die Verfügungsmacht an einem Gegenstand verschafft
wird. *Voraussetzungen der Lieferung* sind somit:

► Gegenstand,

► Verschaffung der Verfügungsmacht.

bb) Liefergegenstand

Es können nur *Gegenstände* geliefert werden. Der umsatzsteuerrechtliche Begriff des   14
Gegenstandes ist enger gefasst als der zivilrechtliche Gegenstandsbegriff. Das *Zivilrecht*
verwendet den Gegenstandsbegriff als Oberbegriff für körperliche Gegenstände (= Sachen, § 90 BGB) und nichtkörperliche Gegenstände. Zu den nichtkörperlichen Gegenständen gehören die Rechte, wie beispielsweise Geldforderungen, Patente, Eigentum
und Besitz. *Gegenstände i. S. des UStG* sind hingegen körperliche Gegenstände (Sachen
gem. § 90 BGB, Tiere gem. § 90a BGB), Sachgesamtheiten und solche Wirtschaftsgüter,
die im Wirtschaftsverkehr wie körperliche Sachen behandelt werden (Abschn. 24 Abs. 1
Satz 2 UStR 2008).

Körperliche Gegenstände sind Sachen i. S. des § 90 BGB und Tiere i. S. des § 90a BGB.
Hierbei kann es sich sowohl um bewegliche als auch um unbewegliche Sachen, wie
z. B. Grundstücke, handeln.

Sachgesamtheiten können Gegenstand der Lieferung sein. Eine Sachgesamtheit stellt die Zusammenfassung mehrerer selbständiger Gegenstände zu einem einheitlichen Ganzen dar, das wirtschaftlich als ein anderes Verkehrsgut angesehen wird als die Summe der einzelnen Gegenstände (BFH vom 25. 1. 1968, BStBl 1968 II S. 331). Beispiele für solche Sachgesamtheiten sind z. B. der Betrieb, die Briefmarken- oder Münzsammlung, der Blumenstrauß, die Stereoanlage.

Auch bestimmte *nichtkörperliche Gegenstände* können Gegenstand einer Lieferung i. S. des UStG sein. Hierbei muss es sich um solche Wirtschaftsgüter handeln, die zwar nicht körperlich sind, im Wirtschaftsleben aber wie körperliche Sachen behandelt werden. Dies gilt z. B. für elektrischen Strom, Wärme, Wasserkraft, Firmenwert und Kundenstamm (BFH vom 21. 12. 1988, BStBl 1989 II S. 430).

15   *§ 3 Abs. 5 UStG* stellt klar, dass in den Fällen, in denen der Abnehmer dem Lieferer die Nebenerzeugnisse oder Abfälle, die bei der Bearbeitung oder Verarbeitung des ihm übergebenen Gegenstandes entstehen, zurückzugeben hat, sich die Lieferung auf den Gehalt des Gegenstandes an den Bestandteilen, die dem Abnehmer verbleiben, beschränkt.

cc)   Verschaffung der Verfügungsmacht

16   Eine Lieferung setzt zwingend die Verschaffung der Verfügungsmacht voraus. Die Verschaffung der Verfügungsmacht beinhaltet den von den Beteiligten *endgültig gewollten Übergang* von wirtschaftlicher Substanz, Wert und Ertrag eines Gegenstandes vom Leistenden auf den Leistungsempfänger. Der Abnehmer muss faktisch in der Lage sein, mit dem Gegenstand nach Belieben zu verfahren, insbesondere ihn wie ein Eigentümer nutzen und veräußern zu können (BFH vom 12. 5. 1993, BStBl 1993 II S. 847).

Die Verschaffung der Verfügungsmacht ist in aller Regel mit dem Übergang des *bürgerlich-rechtlichen Eigentums* verbunden. Das Zivilrecht regelt den Eigentumsübergang in den §§ 925, 929 ff. BGB. Hiernach sind folgende Übertragungen möglich:

► Bei beweglichen Sachen erfolgt die Eigentumsübertragung grundsätzlich durch Einigung und Übergabe (§ 929 Satz 1 BGB).

► Ist der Erwerber bereits im Besitz der Sache, genügt die Einigung (§ 929 Satz 2 BGB).

► Übereignung durch Einigung und Abschluss eines Besitzmittlungsverhältnisses (§ 930 BGB).

► Eigentumsübertragung durch Einigung und Abtretung des Herausgabeanspruchs (§ 931 BGB).

► Eigentumsübertragung durch Übergabe eines Traditionspapieres.

► Das Eigentum an Grundstücken wird durch Einigung (Auflassung) und die Eintragung im Grundbuch übertragen (§§ 873, 925 ff. BGB). Die Lieferung i. S. des UStG ist nicht erst im Zeitpunkt der Grundbucheintragung, sondern bereits mit dem Zeitpunkt des Übergangs von Nutzen und Lasten ausgeführt.

Diese Verbindung von bürgerlich-rechtlichem Eigentumsübergang und der Verschaffung der Verfügungsmacht ist aber nicht zwingend (BFH vom 24. 4. 1969, BStBl 1969 II

S. 451). Das Umsatzsteuerrecht knüpft an wirtschaftliche Vorgänge an, so dass die Verschaffung *wirtschaftlichen Eigentums* i. S. des § 39 Abs. 2 AO ausreichend ist.

BEISPIEL: ▶ Der Dieb A veräußert die von ihm gestohlenen Gegenstände an einen Hehler, der diese an Dritte weiterverkauft.

Sowohl der Dieb als auch der Hehler führen Lieferungen i. S. des § 3 Abs. 1 UStG aus, da sie die Verfügungsmacht an den gestohlenen Gegenständen verschaffen. Ein zivilrechtlicher Eigentumsübergang ist nicht gegeben, da weder der Dieb noch der Hehler jemals zivilrechtlicher Eigentümer der gestohlenen Gegenstände gewesen ist.

Bei einer Veräußerung unter *Eigentumsvorbehalt* behält sich der Veräußerer das Eigentum vor bis zur Zahlung des gesamten Kaufpreises, d. h., das zivilrechtliche Eigentum geht erst im Zeitpunkt der endgültigen Zahlung über. Die Lieferung i. S. des UStG ist indessen bereits mit Übergabe des Gegenstandes ausgeführt; denn der Käufer kann ab diesem Zeitpunkt über den Gegenstand tatsächlich verfügen.   17

An einem zur *Sicherheit übereigneten Gegenstand* wird durch die Übertragung des Eigentums noch keine Verfügungsmacht verschafft (Abschn. 24 Abs. 2 Satz 5 UStR 2008; BFH vom 6. 10. 2005, UR 2006 S. 119).   18

Die Verschaffung der Verfügungsmacht setzt auf der Seite des Leistenden einen *Willen zur Leistung* voraus. Der *Diebstahl von Waren* stellt keine „Lieferung von Gegenständen gegen Entgelt" i. S. von Artikel 2 der 6. EG-Richtlinie dar und kann daher nicht als solcher der Mehrwertsteuer unterliegen (EuGH-Urteil vom 14. 7. 2005, UR 2005 S. 491 und S. 543).   19

dd) Sonderfälle

(1) Kommissionsgeschäft

Nach § 383 HGB versteht man unter einem „Kommissionär" denjenigen, der es gewerbsmäßig übernimmt, Waren oder Wertpapiere für Rechnung eines anderen (des Kommittenten) in eigenem Namen zu kaufen oder zu verkaufen. Der Kommissionär ist an die Weisungen des Kommittenten gebunden. Der Kommissionär hat gegenüber dem Kommittenten einen Anspruch auf Provision und Aufwendungsersatz. Bei einem derartigen Kommissionsgeschäft liegt gem. *§ 3 Abs. 3 Satz 1 UStG* zwischen dem Kommittenten und dem Kommissionär eine Lieferung vor.   20

(2) Leasinggeschäft

Werden Gegenstände im Leasingverfahren überlassen, so ist die Übergabe des Leasinggegenstandes durch den Leasinggeber an den Leasingnehmer eine *Lieferung*, wenn der Leasinggegenstand einkommensteuerrechtlich dem Leasingnehmer zuzurechnen ist (Abschn. 25 Abs. 4 UStR 2008). Gegenleistung für die Lieferung des Leasinggebers ist die Summe sämtlicher Leasingraten bis zum Ablauf der voraussichtlichen Nutzungsdauer einschließlich des Kaufpreises bei der Ausübung der Kaufoption oder der Verlängerungsraten (BFH vom 1. 10. 1970, BStBl 1971 II S. 34).   21

Ist der Leasinggegenstand nicht dem Leasingnehmer zuzurechnen, liegt eine *sonstige Leistung*, eine Vermietungsleistung, des Leasinggebers an den Leasingnehmer vor.

22   Beim *Mietkauf* ist der Mieter berechtigt, innerhalb einer bestimmten Frist den Gegenstand zu einem vereinbarten Preis unter Anrechnung der bis zur Ausübung der Kaufoption gezahlten Miete zu erwerben. Umsatzsteuerrechtlich verschafft der Vermieter
dem Mieter die Verfügungsmacht an dem Mietkaufgegenstand bei dessen Übergabe.
Voraussetzung hierfür ist allerdings, dass der Mieter den Gegenstand wie ein Vor-
behaltskäufer beherrscht und er ihm nicht nur wie einem Mieter zum Gebrauch überlassen worden ist (BFH vom 27. 1. 1955, BStBl 1955 III S. 94).

ee)   Verbringen eines Gegenstandes

23   Gemäß *§ 3 Abs. 1a UStG* gilt das Verbringen eines Gegenstandes des Unternehmens
aus dem Inland in das übrige Gemeinschaftsgebiet durch einen Unternehmer zu seiner
Verfügung, ausgenommen zu einer nur vorübergehenden Verwendung, als Lieferung
gegen Entgelt. Dies gilt auch, wenn der Unternehmer den Gegenstand in das Inland
eingeführt hat. Der Unternehmer gilt als Lieferer.

Die *Lieferfiktion* steht im Zusammenhang mit der *Erwerbsfiktion* des § 1a Abs. 2 UStG,
die das Verbringen eines Gegenstandes des Unternehmens aus dem übrigen Gemeinschaftsgebiet in das Inland durch einen Unternehmer zu seiner Verfügung, ausgenommen zu einer nur vorübergehenden Verwendung, als innergemeinschaftlichen Erwerb
fingiert.

Mit Hilfe dieser Lieferfiktion und der Steuerbefreiung des § 6a UStG im Ursprungsland
und der Fiktion des innergemeinschaftlichen Erwerbs im Bestimmungsland wird sichergestellt, dass die verbrachten Gegenstände mit der Steuer des Bestimmungslandes belastet werden.

BEISPIEL: ▶ Unternehmer A aus Köln transportiert einen Schreibtisch und Handelswaren auf sein
Auslieferungslager in Paris.

Dieses Verbringen von einem Unternehmensteil in einen anderen Unternehmensteil innerhalb
der Gemeinschaft wird als Lieferung gegen Entgelt und als steuerbarer Umsatz gem. § 1 Abs. 1
Nr. 1 Satz 1 UStG angesehen. Dieser steuerbare Umsatz ist als innergemeinschaftliche Lieferung steuerfrei. A unterliegt der Erwerbsbesteuerung in Frankreich.

Ausgenommen von der Lieferfiktion ist das Verbringen eines Gegenstandes zu einer
nur *vorübergehenden Verwendung*.

ff)   Gleichgestellte Lieferungen

(1)   Entnahme eines Gegenstandes

24   Durch das *Steuerentlastungsgesetz 1999/2000/2002* vom 24. 3. 1999 wurde § 3 Abs. 1b
UStG mit Wirkung ab dem 1. 4. 1999 in das UStG eingefügt. Danach wird einer Lieferung gegen Entgelt gleichgestellt:

▶ die Entnahme eines Gegenstandes durch einen Unternehmer aus seinem Unternehmen für Zwecke, die außerhalb des Unternehmens liegen (§ 3 Abs. 1b Satz 1 Nr. 1
UStG);

▶ die unentgeltliche Zuwendung eines Gegenstandes durch einen Unternehmer an sein Personal für dessen privaten Bedarf, sofern keine Aufmerksamkeiten vorliegen (§ 3 Abs. 1b Satz 1 Nr. 2 UStG);

▶ jede andere unentgeltliche Zuwendung eines Gegenstandes, ausgenommen Geschenke von geringem Wert und Warenmuster für Zwecke des Unternehmens (§ 3 Abs. 1b Satz 1 Nr. 3 UStG).

Voraussetzung für die Gleichstellung ist nach *§ 3 Abs. 1b Satz 2 UStG*, dass der Gegenstand oder seine Bestandteile zum vollen oder teilweisen *Vorsteuerabzug* berechtigt haben.

§ 3 Abs. 1b Satz 1 Nr. 1 UStG ersetzt den zum 1. 4. 1999 weggefallenen Entnahmeeigenverbrauch.   25

Die Entnahme eines Gegenstandes aus dem Unternehmen setzt zwingend voraus, dass der Gegenstand *zum Unternehmen* gehört hat. Entscheidend hierbei ist, ob der Unternehmer den Gegenstand dem unternehmerischen oder dem nichtunternehmerischen Tätigkeitsbereich zugewiesen hat (BFH vom 21. 4. 1988, BStBl 1988 II S. 746); auf die ertragssteuerliche Behandlung kommt es insoweit nicht an. Bei gemischt genutzten Gegenständen obliegt dem Unternehmer die *Wahl der Zuordnung*. Nach dem Urteil des EuGH vom 4. 10. 1995 (UR 1995 S. 485) ist der Steuerpflichtige für die Frage der Zuordnung eines Gegenstandes zu seinem Unternehmen weitgehend frei. Bezüglich eines gemischt genutzten Grundstücks hat er z. B. folgende Wahlmöglichkeiten:

▶ Zuordnung des Grundstücks insgesamt zum nichtunternehmerischen Bereich, auch wenn das Gebäude teilweise unternehmerisch genutzt wird,

▶ Zuordnung des Grundstücks insgesamt zum unternehmerischen Bereich, auch wenn die unternehmerische Nutzung nur geringfügig ist,

▶ ein nichtunternehmerisch genutzter Gebäudeteil kann ganz oder teilweise dem nichtunternehmerischen Bereich zugeordnet werden.

Zur Frage der Zuordnung zum Unternehmen hat das *BMF* mit Schreiben vom 30. 3. 2004 (BStBl 2004 I S. 451) Stellung genommen. Danach erfordert die Zuordnung eines Gegenstands zum Unternehmen eine *durch Beweisanzeichen gestützte Zuordnungsentscheidung* des Unternehmers bei Anschaffung, Herstellung oder Einlage eines Gegenstands. Gibt es keine Beweisanzeichen für eine Zuordnung des Gegenstands zum Unternehmen, kann diese nicht unterstellt werden (Abschn. 192 Abs. 21 Nr. 2 UStR 2008). Ggf. ist eine schriftliche Erklärung gegenüber dem Finanzamt abzugeben.

BEISPIEL: Unternehmer A nutzt einen Computer zu 80 % für betriebliche Zwecke und zu 20 % für private Zwecke. A hatte den Computer nicht seinem Unternehmen zugeordnet. Diesen Computer schenkt A seiner Tochter zum Geburtstag.

Obwohl der Computer ertragsteuerlich zum notwendigen Betriebsvermögen gehört, gehört er nicht zum Unternehmensvermögen. A war nicht gezwungen, den Computer seinem Unternehmensvermögen ganz oder teilweise zuzuordnen. Da der Computer nicht zum Unternehmensvermögen gehört, liegt auch kein steuerbarer Umsatz i. S. des § 1 Abs. 1 Nr. 1 Satz 1 UStG vor.

Eine *Einschränkung der Zuordnung* zum Unternehmen ist durch das Steuerentlastungsgesetz 1999/2000/2002 eingetreten. Nach § 15 Abs. 1 Satz 2 UStG gilt die Lieferung, die Einfuhr oder der innergemeinschaftliche Erwerb eines Gegenstandes, den der Unternehmer zu weniger als *10 %* für sein Unternehmen nutzt, nicht als für das Unternehmen ausgeführt.

> **BEISPIEL:** ▶ Der Unternehmer erwirbt einen Gegenstand, den er zu 95 % privat und zu 5 % unternehmerisch nutzen will. Später schenkt er den Gegenstand seiner Tochter.
>
> Die Lieferung an den Unternehmer gilt nicht als für das Unternehmen ausgeführt; ein Vorsteuerabzug aus der Anschaffung ist gem. § 15 Abs. 1 Satz 1 Nr. 1 UStG i.V. mit § 15 Abs. 1 Satz 2 UStG nicht möglich. Die Schenkung an die Tochter stellt keine Lieferung i. S. des § 3 Abs. 1b Satz 1 Nr. 1 UStG dar, da kein unternehmerischer Gegenstand vorhanden ist und der Unternehmer im Übrigen auch nicht zum Vorsteuerabzug berechtigt war.

26   Der Gegenstand muss aus *außerunternehmerischen* (privaten) *Gründen* aus dem Unternehmen entnommen werden. Dies ist aus der Sicht des Unternehmers zu beurteilen. Hat die Wertabgabe sowohl unternehmerische als auch private, nichtunternehmerische Gründe, ist darauf abzustellen, welche Gründe überwiegen.

27   Eine Entnahme i. S. des § 3 Abs. 1b Satz 1 Nr. 1 UStG kann nur dann vorliegen, wenn der Vorgang bei entsprechender Ausführung an einen Dritten als *Lieferung* anzusehen wäre. Dies gilt auch dann, wenn es sich gegenüber einem Dritten um eine Werklieferung handeln würde.

28   Der BFH hat mit Beschluss vom 29. 8. 1991 (BStBl 1992 II S. 267) unter Hinweis auf das Urteil des EuGH vom 27. 6. 1989 (UR 1989 S. 373) entschieden, dass Artikel 5 Abs. 6 der 6. EG-Richtlinie die Besteuerung der Entnahme eines Betriebsgegenstandes zu privaten Zwecken ausschließt, wenn dieser Gegenstand nicht zu einem vollen oder teilweisen *Vorsteuerabzug* berechtigt hat, und dass sich ein Steuerpflichtiger auf dieses Besteuerungsverbot berufen kann. Mit Beschluss vom 17. 12. 1992 (BStBl 1994 II S. 370) hat der BFH an dieser Auffassung festgehalten. Diese Grundsätze sind durch das *Steuerentlastungsgesetz 1999/2000/2002* mit Wirkung ab dem 1. 4. 1999 in das UStG übernommen worden. Nach § 3 Abs. 1b Satz 2 UStG steht eine Entnahme einer Lieferung gegen Entgelt nur dann gleich, wenn der Gegenstand oder seine Bestandteile zum vollen oder teilweisen Vorsteuerabzug berechtigt haben.

Nach Abschn. *24b Abs. 2 Satz 3 UStR 2008* gelten als Bestandteile alle diejenigen gelieferten Wirtschaftsgüter, die auf Grund ihres Einbaus ihre körperliche und wirtschaftliche Eigenart endgültig verloren haben und die ferner zu einer dauerhaften, im Zeitpunkt der Entnahme nicht vollständig verbrauchten *Werterhöhung* des Gegenstandes geführt haben (z. B. eine nachträglich in ein Kraftfahrzeug eingebaute Klimaanlage). Nicht zu einem Bestandteil führen Aufwendungen für den Gebrauch und die Erhaltung des Gegenstandes, die ertragsteuerrechtlich sofort abziehbaren Erhaltungsaufwand darstellen (z. B. Aufwendungen für Reparatur-, Ersatz- oder Verschleißteile). Dienstleistungen (sonstige Leistungen) einschließlich derjenigen, für die zusätzlich kleinere Lieferungen von Gegenständen erforderlich sind (z. B. Karosserie- und Lackarbeiten an einem Pkw), führen nicht zu „Bestandteilen" des Gegenstandes (BFH vom 20. 12. 2001, BStBl 2002 II S. 557).

Aus *Vereinfachungsgründen* wird keine dauerhafte Werterhöhung des Wirtschaftsgutes angenommen, wenn die vorsteuerentlasteten Aufwendungen für den Einbau von Bestandteilen *20 % der Anschaffungskosten* des Wirtschaftsgutes oder einen Betrag von *1 000 €* nicht übersteigen. In diesen Fällen kann auf eine Besteuerung der Bestandteile nach § 3 Abs. 1b Satz 1 Nr. 1 i.V. mit Satz 2 UStG bei der Entnahme eines dem Unternehmen zugeordneten Wirtschaftsgutes, das der Unternehmer ohne Berechtigung zum Vorsteuerabzug erworben hat, verzichtet werden (Abschn. 24b Abs. 4 UStR 2008). Auf die Regelung des § 15a Abs. 3 Satz 2 UStG wird hingewiesen.

Falls an dem Pkw nach seiner Anschaffung Arbeiten ausgeführt worden sind, die zum Einbau von Bestandteilen geführt haben und für die der Unternehmer zum Vorsteuerabzug berechtigt war, unterliegen bei einer Entnahme des Pkw *nur diese Bestandteile* der Umsatzbesteuerung (BFH vom 18. 10. 2001, BStBl 2002 II S. 551).

> **BEISPIEL:** Der Unternehmer A mit Sitz in Dortmund erwirbt aus privater Hand einen gebrauchten Pkw für 5 000 €. Der Pkw wird zulässigerweise seinem Unternehmen zugeordnet. A lässt eine Inspektion (einschließlich einer Wagenwäsche) ausführen sowie die Kupplung und Bremsbeläge erneuern. Das Entgelt hierfür beträgt 1 500 €. Später entnimmt A den Pkw in sein Privatvermögen.
>
> Die Entnahme unterliegt nicht der USt. Ein Vorsteuerabzug war für den Pkw selbst nicht möglich. Die Aufwendungen für Verbesserungen, Reparaturen und Wartungsarbeiten (1 500 €) führen nicht zur Annahme eines Bestandteils. Der Umsatz ist nicht steuerbar.

Wird ein dem Unternehmen dienender Gegenstand während der Dauer einer nicht-unternehmerischen Verwendung aufgrund äußerer Einwirkung *zerstört*, so liegt keine Entnahme eines Gegenstandes aus dem Unternehmen vor.   29

Die unentgeltliche Übertragung eines *Betriebsgrundstücks* durch einen Unternehmer auf seine Tochter unter Anrechnung auf ihren Erb- und Pflichtteil steht einer Lieferung gegen Entgelt gleich, auch wenn das Grundstück aufgrund eines mit der Tochter geschlossenen Pachtvertrages weiterhin für die Zwecke des Unternehmens verwendet wird und die Tochter als Nachfolgerin des Unternehmers nach dessen Tod vorgesehen ist (BFH vom 2. 10. 1986, BStBl 1987 II S. 44).   30

Der Ort der einer Lieferung gleichgestellten Entnahme ist dort, wo der Unternehmer sein Unternehmen betreibt. Auf die Ausführungen zu *§ 3f UStG* wird hingewiesen.   31

> **BEISPIEL:** Textilunternehmer A mit Sitz in Berlin unternimmt eine Verkaufsfahrt nach Norwegen. In Norwegen entschließt er sich, seinen dort lebenden Bruder zu besuchen und ihm einen noch vorhandenen Anzug zu schenken.
>
> A erbringt eine Lieferung gegen Entgelt i. S. des § 3 Abs. 1b Satz 1 Nr. 1 UStG; denn er entnimmt einen Gegenstand (Anzug) aus seinem Unternehmen für unternehmensfremde, private Zwecke. Ort der Lieferung ist gem. § 3f Satz 1 UStG Berlin. Der Umsatz ist steuerbar gem. § 1 Abs. 1 Nr. 1 Satz 1 UStG.

Zur Frage der *Bemessungsgrundlage* wird auf die Ausführungen zu § 10 UStG verwiesen.

(2) Zuwendungen an das Personal

Nach *§ 3 Abs. 1b Satz 1 Nr. 2 UStG* steht die unentgeltliche Zuwendung eines Gegenstandes durch einen Unternehmer an sein Personal für dessen privaten Bedarf einer Lieferung gegen Entgelt gleich. Dies gilt nicht, sofern Aufmerksamkeiten vorliegen.   32

Hierbei sind unter *„Aufmerksamkeiten"* Zuwendungen zu verstehen, die ihrer Art und ihrem Wert nach *Geschenken* entsprechen, die im gesellschaftlichen Verkehr üblicherweise ausgetauscht werden und zu keiner ins Gewicht fallenden Bereicherung des Personals führen. Demnach zählen zu den Aufmerksamkeiten gelegentliche Sachzuwendungen (Blumen, Buch, Tonträger, Genussmittel) bis zu einem Wert von *40 €*.

Leistungen, die überwiegend durch das *betriebliche Interesse* des Arbeitgebers veranlasst sind, sind dann anzunehmen, wenn betrieblich veranlasste Maßnahmen zwar auch die Befriedigung eines privaten Bedarfs des Personals zur Folge haben, dies aber durch die mit den Maßnahmen angestrebten betrieblichen Zwecke überlagert wird. Als solche nicht steuerbaren Leistungen sind z. B. übliche Zuwendungen im Rahmen von Betriebsveranstaltungen anzusehen.

33 Voraussetzung für die Gleichstellung mit einer Lieferung gegen Entgelt ist, dass der Gegenstand oder seine Bestandteile zum vollen oder teilweisen *Vorsteuerabzug* berechtigt haben (§ 3 Abs. 1b Satz 2 UStG).

> **BEISPIEL:** ▶ A betreibt einen Getränkegroßhandel in Dülmen. A überlässt seinem leitenden Angestellten B unentgeltlich Getränke für seinen privaten Verbrauch. Die Aufmerksamkeitsgrenze ist überschritten.
>
> Die Leistung des A ist steuerbar gem. § 1 Abs. 1 Nr. 1 Satz 1 UStG. Die unentgeltliche Zuwendung der Getränke steht gem. § 3 Abs. 1b Satz 1 Nr. 2 UStG einer Lieferung gegen Entgelt gleich. Es handelt sich auch nicht um Aufmerksamkeiten. A war bei der Anschaffung der Getränke zum vollen Vorsteuerabzug berechtigt.

(3) Andere unentgeltliche Zuwendungen

34 Nach *§ 3 Abs. 1b Satz 1 Nr. 3 UStG* steht jede andere Zuwendung eines Gegenstandes, ausgenommen Geschenke von geringem Wert und Warenmuster für Zwecke des Unternehmens, einer Lieferung gegen Entgelt gleich.

Die Vorschrift dient dazu, einen *unversteuerten Letztverbrauch* zu verhindern. In Betracht kommen unentgeltliche Zuwendungen von Gegenständen aus *unternehmerischen* Gründen.

Da durch den § 15 Abs. 1a UStG i. V. mit § 4 Abs. 5 Satz 1 Nr. 1 EStG *Aufwendungen betreffend Geschenke* von nicht geringem Wert vom Vorsteuerabzug ausgeschlossen sind, kann eine derartige unentgeltliche Abgabe aus unternehmerischen Gründen gem. § 3 Abs. 1b Satz 2 UStG den Tatbestand des § 3 Abs. 1b Satz 1 Nr. 3 UStG nicht erfüllen.

35 Voraussetzung für die Gleichstellung der Zuwendung mit einer Lieferung gegen Entgelt ist, dass der zugewendete Gegenstand oder seine Bestandteile zum vollen oder teilweisen *Vorsteuerabzug* berechtigt haben (§ 3 Abs. 1b Satz 2 UStG).

36 Der Tatbestand des § 3 Abs. 1b Satz 1 Nr. 3 UStG bleibt auf *seltene Fälle* beschränkt, in denen aufgrund einer speziellen einkommensteuerrechtlichen Wertung Gegenstände aus unternehmerischen Gründen zwar unentgeltlich weggegeben werden; es jedoch trotzdem beim Betriebsausgabenabzug verbleiben kann. Hierunter fallen z. B. (Abschn. 24b Abs. 9 Satz 8 UStR 2008):

▶ Sachspenden an Vereine,

▶ Warenabgaben anlässlich von Preisausschreiben.

Zur Besteuerung der unentgeltlichen Wertabgaben i. S. des § 3 Abs. 1b Satz 1 Nr. 3 UStG hat das BMF mit Schreiben vom 10. 7. 2000 (BStBl 2000 I S. 1185, vgl. auch Abschn. 24b Abs. 9 bis 18 UStR 2008) ausführlich Stellung genommen.

> **BEISPIEL:** Die A-GmbH betreibt in Mainz eine Maschinenfabrik. Die GmbH schenkt einem Gesellschafter, der ein Bauunternehmen betreibt, einen Baukran. Die GmbH rechnet damit, dass der Gesellschafter einen weiteren Baukran nach seiner Erprobung erwerben wird.
>
> Es liegt ein steuerbarer Umsatz i. S. des § 1 Abs. 1 Nr. 1 Satz 1 UStG vor. Eine Gleichstellung mit einer Lieferung gegen Entgelt kommt in Betracht, da der Gegenstand zum vollen oder teilweisen Vorsteuerabzug berechtigt hat. Der Vorsteuerabzug ist auch nicht gem. § 15 Abs. 1a UStG i. V. mit § 4 Abs. 5 Satz 1 Nr. 1 EStG ausgeschlossen, da der zugewendete Gegenstand beim Empfänger ausschließlich betrieblich genutzt werden kann (R 4.10 Abs. 2 Satz 4 EStR 2005).

Nicht unter diese Vorschrift fallen Leistungen, die nicht im Rahmen eines Unternehmens erbracht werden, z. B. Leistungen, die ein Verein aufgrund seiner Satzung zur Erfüllung des Vereinszwecks für die Belange sämtlicher Mitglieder erbringt und die mit den Mitgliedsbeiträgen abgegolten sind. Diese Leistungen sind nicht steuerbar (BFH vom 4. 7. 1985, BStBl 1986 II S. 153).　　37

Zur *Bemessungsgrundlage* wird auf die Ausführungen zu § 10 UStG verwiesen.

b)　Sonstige Leistung

aa)　Begriff

Sonstige Leistungen sind gem. *§ 3 Abs. 9 Satz 1 UStG* Leistungen, die keine Lieferungen sind. Die sonstige Leistung stellt sich als die willentliche Zuwendung eines wirtschaftlichen Vorteils dar, der nicht in der Verschaffung der Verfügungsmacht über einen Gegenstand besteht. Als sonstige Leistungen kommen insbesondere in Betracht:　　38

► Dienstleistungen,

► Werkleistungen,

► Beförderungsleistungen,

► Gebrauchs- und Nutzungsüberlassungen,

► Vermittlungsleistungen,

► Einräumung, Übertragung und Wahrnehmung von Patenten, Urheberrechten, Warenzeichenrechten und ähnlichen Rechten,

► Reiseleistungen,

► Darlehensgewährungen,

► Bewirtungen.

bb)　Besonderheiten

(1)　Dulden und unterlassen

Die sonstige Leistung muss nicht zwingend in einem positiven Tun bestehen. Nach *§ 3 Abs. 9 Satz 2 UStG* können sonstige Leistungen auch in einem Unterlassen oder im Dulden einer Handlung oder eines Zustandes bestehen.　　39

Dulden ist die Hinnahme fremder Aktivität im eigenen Rechtskreis. Die Bestellung eines Nießbrauchs und eines Erbbaurechts ist eine Duldungsleistung in der Form der Dauerleistung i. S. von § 3 Abs. 9 Satz 2 UStG (BFH vom 20. 4. 1988, BStBl 1988 II S. 744). Auch die Gestattung der Nutzung von Patenten und anderen Urheberrechten stellt eine Duldungsleistung dar.

Unterlassen ist der bewusste Verzicht auf die Vornahme eigener Handlungen. Es liegt allerdings nur dann eine sonstige Leistung vor, wenn durch den Verzicht auf die Vornahme eigener Handlungen einem anderen ein wirtschaftlicher Vorteil zugewendet werden soll. Eine sonstige Leistung durch Unterlassen liegt z. B. vor beim Verzicht auf Wettbewerb, auf die Ausübung einer gewerblichen Tätigkeit und auf die Ausnutzung bewilligter Kontingente.

(2) Urheberrechtsgesetz

40   *§ 3 Abs. 9 Satz 3 UStG* stellt klar, dass in den Fällen der §§ 27 und 54 des Urheberrechtsgesetzes (UrhG) sowohl die *Verwertungsgesellschaften* als auch die *Urheber* sonstige Leistungen ausführen. § 27 UrhG regelt das Vermieten und Verleihen von Vervielfältigungsstücken eines geschützten Werkes. § 54 UrhG betrifft die Vergütungspflicht der Hersteller von Geräten bzw. Bild- und Tonträgern, mit denen geschützte Werke üblicherweise vervielfältigt werden. Die Regelung hat vor allem Bedeutung für die *Bibliotheksabgabe* und die *Leerkassettenvergütung*.

(3) Restaurationsumsätze

41   Die Abgabe von Speisen und Getränken zum Verzehr an Ort und Stelle ist eine sonstige Leistung. Speisen und Getränke werden zum Verzehr an Ort und Stelle abgegeben, wenn sie nach den Umständen der Abgabe dazu bestimmt sind, an einem Ort verzehrt zu werden, der mit dem Abgabeort in einem räumlichen Zusammenhang steht, und besondere Vorrichtungen für den Verzehr an Ort und Stelle bereitgehalten werden.

Mit Urteil vom 2. 5. 1996 (BStBl 1998 II S. 282) hat der EuGH entschieden, dass Restaurationsumsätze als Dienstleistungen i. S. von Artikel 6 Abs. 1 der 6. EG-Richtlinie anzusehen sind, als deren Ort nach Artikel 9 Abs. 1 der Richtlinie derjenige Ort gilt, an dem der Dienstleistende den Sitz seiner wirtschaftlichen Tätigkeit hat. Der EuGH stellt zur Abgrenzung von Lieferung und Dienstleistung eine *Gesamtbetrachtung* an. Die Abgabe von Speisen und Getränken zum sofortigen Verzehr sei das Ergebnis einer Reihe von Dienstleistungen, vom Zubereiten bis zum Darreichen der Speisen. Sie überwögen bei weitem den Teil der Vorgänge, der in der Lieferung von Nahrungsmitteln bestehe. Etwas anderes gelte, wenn sich der Umsatz auf Nahrungsmittel zum Mitnehmen beziehe und daneben keine Dienstleistungen erbracht würden, die den Verzehr an Ort und Stelle in einem geeigneten Rahmen entsprechend gestalten sollen.

Ein Verzehr von Speisen und Getränken an *Ort und Stelle* liegt vor, wenn

► zwischen dem Abgabeort und dem Ort des Verzehrs ein räumlicher Zusammenhang besteht und

► besondere Vorrichtungen für den Verzehr an Ort und Stelle bereitgestellt werden.

Auf Abschn. 25a UStR 2008 wird hingewiesen.

(4) Werkleistung bei Umtausch

In *§ 3 Abs. 10 UStG* wird ein Sonderfall zur sonstigen Leistung geregelt. Überlässt ein 42
Unternehmer einem Auftraggeber, der ihm einen Stoff zur Herstellung eines Gegenstandes übergeben hat, an Stelle des herzustellenden Gegenstandes einen gleichartigen Gegenstand, wie er ihn in seinem Unternehmen aus solchem Stoff herzustellen
pflegt, so gilt die Leistung des Unternehmers dann als Werkleistung, wenn das Entgelt
nach Art eines Werklohns berechnet wird. Es liegt somit eine sonstige Leistung vor, obwohl Gegenstände ausgetauscht werden. Abgestellt wird aber auf den *wirtschaftlichen
Gehalt* der Leistung.

> **BEISPIEL:** Ein Landwirt bringt Getreide zu einem Müller, um dieses zu Mehl vermahlen zu las-
> sen. Bei der Anlieferung seines Getreides bekommt er sofort vom Müller die entsprechende
> Menge Mehl gegen Zahlung des Mahllohns.
>
> Der Müller erbringt gem. § 3 Abs. 10 UStG eine Werkleistung.

(5) Besorgungsleistung

Wird ein Unternehmer in die Erbringung einer sonstigen Leistung eingeschaltet und 43
handelt er dabei im eigenen Namen, jedoch für fremde Rechnung, gilt diese Leistung
gem. *§ 3 Abs. 11 UStG* als an ihn und von ihm erbracht. Es wird eine Leistungskette fingiert. Die beiden Leistungen sind vom Inhalt her gleich, jede aber gesondert für sich
nach den allgemeinen Regeln des UStG zu beurteilen. Die Fiktion bezieht sich auf die
Leistungen und nicht auf die leistenden Personen.

Liegt eine Besorgungsleistung vor, dann sind die für die besorgte Leistung geltenden 44
Vorschriften auf die Besorgungsleistung entsprechend anzuwenden. Die *sachbezoge-
nen* umsatzsteuerlichen Merkmale der besorgten Leistung, wie z. B. der Leistungsort,
sind für die Besorgungsleistung maßgebend, soweit keine besonderen Regelungen für
die Besorgungsleistung bestehen. Diese Grundsätze gelten auch für die Frage der Steuerbefreiung.

> **BEISPIELE:**
>
> 1) Der im Inland ansässige Spediteur A besorgt für den Unternehmer B die Beförderung eines
>   Gegenstandes von Köln nach Zürich. Die Beförderungsleistung bewirkt der Unternehmer C.
>
>   Die grenzüberschreitende Beförderung des C ist, soweit sie steuerbar ist, nach § 4 Nr. 3
>   Satz 1 Buchst. a Doppelbuchstabe aa UStG steuerfrei. Das Gleiche gilt für die Besorgungs-
>   leistung des A.
>
> 2) Nach Fertigstellung einer Ferienwohnung schließt Unternehmer A mit einer Ferienwoh-
>   nungsvermietungsfirma eine Vermietungsvereinbarung. Die Ferienwohnungsvermietungs-
>   firma schließt daraufhin im eigenen Namen für fremde Rechnung Mietverträge mit den
>   Feriengästen ab.
>
>   Nach § 3 Abs. 11 UStG liegt einerseits eine Vermietungsleistung des Unternehmers A an
>   die Ferienwohnungsvermietungsfirma und andererseits eine Vermietungsleistung der Feri-
>   enwohnungsvermietungsfirma an die Feriengäste vor.

Personenbezogene umsatzsteuerliche Merkmale der besorgten Leistung sind jedoch im
Rahmen der entsprechenden Anwendung auf die Besorgungsleistung nicht übertrag-

bar (Abschn. 32 Abs. 3 UStR 2008). Dies gilt z. B. für die Nichterhebung der USt bei Anwendung der Kleinunternehmerregelung des § 19 Abs. 1 UStG.

Der Unternehmer erbringt nicht noch eine (andere) Leistung (Vermittlungsleistung). Die umsatzsteuerrechtlichen Konsequenzen für die Dienstleistungskommission sind bewusst *abweichend vom Zivilrecht* geregelt. Die Fiktion vollzieht umsatzsteuerrechtlich ebenso wie beim Kommissionsgeschäft nach § 3 Abs. 3 UStG die zivilrechtlich vereinbarte Geschäftsbesorgung nicht nach.

(6) Abgrenzung zur Lieferung

45   Ein Umsatzgeschäft, das mehrere Leistungen zusammenfasst oder das sowohl Lieferungselemente als auch Elemente einer sonstigen Leistung aufweist, ist daraufhin zu untersuchen, ob es sich

► um eine einheitliche Leistung,

► um Haupt- und Nebenleistung oder

► um mehrere selbständige Leistungen handelt.

Eine *einheitliche Leistung* liegt vor, wenn die einzelnen Elemente so aufeinander abgestimmt sind, dass die einzelnen Faktoren hinter dem Ganzen zurücktreten und ein selbständiges „Drittes" bilden (BFH vom 26. 9. 1991, BStBl 1992 II S. 313). Ein einheitlicher wirtschaftlicher Vorgang darf umsatzsteuerrechtlich nicht in mehrere Leistungen aufgeteilt werden (Abschn. 29 Abs. 3 Satz 1 UStR 2008). Der Grundsatz der *Einheitlichkeit der Leistung* führt dazu, dass Vorgänge, die bürgerlich-rechtlich selbständig und je für sich betrachtet werden, nach umsatzsteuerrechtlichen Gesichtspunkten als ein einheitlicher wirtschaftlicher Vorgang behandelt werden müssen, wenn sie wirtschaftlich zusammengehören und als ein unteilbares Ganzes anzusehen sind. Es ist auf die Sicht des *Durchschnittsverbrauchers* abzustellen (BFH vom 31. 5. 2001, BStBl 2001 II S. 658).

Nebenleistungen teilen das Schicksal der Hauptleistung. Eine Leistung ist grundsätzlich dann als Nebenleistung zu einer Hauptleistung anzusehen, wenn sie im Vergleich zur Hauptleistung nebensächlich ist, mit ihr eng – im Sinne einer wirtschaftlich gerechtfertigten Abrundung und Ergänzung – zusammenhängt und üblicherweise in ihrem Gefolge vorkommt (BFH vom 3. 3. 1988, BStBl 1989 II S. 205). Typische Nebenleistungen sind z. B. Verpackungs- und Beförderungskosten. Zur Frage, ob die Kreditgewährung im Zusammenhang mit anderen Umsätzen eine gesonderte Leistung oder aber eine unselbständige Nebenleistung darstellt, wird auf Abschn. 29a UStR 2008 verwiesen.

46   Bei einer einheitlichen Leistung, die sowohl Lieferungselemente als auch Elemente einer sonstigen Leistung enthält, richtet sich die Einstufung als Lieferung oder sonstige Leistung danach, welche dieser Elemente unter Berücksichtigung des Willens der Vertragspartner tatsächlich den wirtschaftlichen Gehalt der Geschäfte bedingen (BFH vom 25. 11. 1976, BStBl 1977 II S. 270). Ausschlaggebend muss der Teil der Leistung sein, der im Rahmen des Leistungsaustauschs den *wirtschaftlichen Gehalt* bestimmt; d. h., für den die Gegenleistung erbracht wird.

(7) Gleichgestellte sonstige Leistungen

(a) Verwendung eines unternehmerischen Gegenstandes

§ 3 Abs. 9a UStG wurde durch das Steuerentlastungsgesetz 1999/2000/2002 mit Wirkung ab dem 1. 4. 1999 in das UStG eingefügt. Einer sonstigen Leistung gegen Entgelt werden danach gleichgestellt: 47

▶ die Verwendung eines dem Unternehmen zugeordneten Gegenstandes, der zum vollen oder teilweisen Vorsteuerabzug berechtigt hat, durch einen Unternehmer für Zwecke, die außerhalb des Unternehmens liegen, oder für den privaten Bedarf seines Personals, sofern keine Aufmerksamkeiten vorliegen;

▶ die unentgeltliche Erbringung einer anderen sonstigen Leistung durch den Unternehmer für Zwecke, die außerhalb des Unternehmens liegen, oder für den privaten Bedarf seines Personals, sofern keine Aufmerksamkeiten vorliegen.

§ 3 Abs. 9a UStG, der nur bei einem Unternehmer vorliegen kann, erstreckt sich auf alles, was seiner Art nach Gegenstand einer sonstigen Leistung i. S. des § 3 Abs. 9 UStG sein kann (BFH vom 5. 4. 1984, BStBl 1984 II S. 499). Im Wesentlichen steht nach § 3 Abs. 9a Nr. 1 UStG die *Verwendung von Unternehmensgegenständen* für unternehmensfremde Zwecke einer sonstigen Leistung gleich. Beispiel hierfür ist die private Nutzung eines betrieblichen Computers, die private Nutzung eines Pkw oder die Nutzung einer Wohnung im ansonsten vermieteten Gebäude, wenn für den Gegenstand ein voller oder teilweiser Vorsteuerabzug gegeben war.   48

Im Gegensatz zu der Entnahme bleibt der für nichtunternehmerische Zwecke verwendete Gegenstand im Unternehmen; nur die *Nutzung* dieses Gegenstandes erfolgt für außerunternehmerische Zwecke.   49

Eine sonstige Leistung ist nur dann anzunehmen, wenn der Unternehmensgegenstand zum vollen oder teilweisen *Vorsteuerabzug* berechtigt hat. Die Verwendung von Räumen in einem dem Unternehmen zugeordneten Gebäude für Zwecke außerhalb des Unternehmens kann eine steuerbare oder nicht steuerbare Wertabgabe sein. Die Nutzung ist *nur steuerbar*, wenn die unternehmerische Nutzung anderer Räume zum vollen oder teilweisen Vorsteuerabzug berechtigt hat (Abschn. 24c Abs. 7 UStR 2008).   50

BEISPIEL: ▶ Unternehmer A ist Eigentümer eines Zehnfamilienhauses. Seit der Anschaffung sind neun Wohnungen an Privatleute zu Wohnzwecken vermietet. Eine Wohnung nutzt A zu eigenen Wohnzwecken. A hat das gesamte Grundstück seinem Unternehmen zugeordnet. Ein Vorsteuerabzug ist bei der Anschaffung nicht vorgenommen worden.

Bezüglich der vermieteten Wohnungen liegen steuerbare und nach § 4 Nr. 12 Satz 1 Buchst. a UStG steuerfreie Vermietungsumsätze vor. Für die eigen genutzte Wohnung liegt kein steuerbarer Umsatz vor. Der Gegenstand, das Gebäude, hat nicht zum vollen oder teilweisen Vorsteuerabzug berechtigt, so dass die Verwendung nicht einer sonstigen Leistung gegen Entgelt gleichgestellt wird.

Bezüglich der *Telefonnutzung* ist Folgendes zu beachten: 51

Der BFH hat durch Urteil vom 23. 9. 1993 (BStBl 1994 II S. 200) entschieden, dass ein Unternehmer Telefondienstleistungen der Deutschen Bundespost nur insoweit für sein Unternehmen bezieht, als er das Telefon unternehmerisch nutzt. Nutzt ein Unternehmer Fernsprecheinrichtungen der Deutschen TELEKOM AG oder anderer Unternehmer sowohl für unternehmerische als auch für nichtunternehmerische (private) Zwecke, so hat er die auf die Grundgebühren, Gesprächsgebühren und die Geräteanmietung entfallende USt entsprechend dem Verwendungszweck in einen abziehbaren und einen nicht abziehbaren Anteil *aufzuteilen.*

Zur privaten Nutzung *betrieblicher Personalcomputer* und Telekommunikationsgeräte durch Arbeitnehmer hat das BMF mit Schreiben vom 11.4.2001 (UR 2001 S. 319) an die Spitzenverbände der deutschen Wirtschaft Stellung genommen. Danach sind drei Fallgestaltungen zu unterscheiden:

1. Überlassung gegen Entgelt

Stellt der Arbeitgeber die Nutzung betrieblicher Computer oder Telekommunikationsgeräte entgeltlich für Privatzwecke des Arbeitnehmers zur Verfügung, so handelt es sich um einen steuerbaren und steuerpflichtigen Vorgang. Es liegt eine entgeltliche sonstige Leistung des Arbeitgebers an den Arbeitnehmer vor.

2. Überlassung ohne Entgelt

Wenn Arbeitnehmer betriebliche Telekommunikationsgeräte (inkl. PC) kostenlos für ihre Privatzwecke (z. B. privaten Schriftverkehr, privates Internetsurfen) nutzen dürfen, erbringt der Arbeitgeber ihnen gegenüber grundsätzlich steuerbare und steuerpflichtige unentgeltliche Wertabgaben i. S. des § 3 Abs. 9a UStG. Nach Abschn. 12 Abs. 4 UStR 2008 liegen allerdings nicht steuerbare Leistungen vor, die überwiegend durch das betriebliche Interesse des Arbeitgebers veranlasst sind, wenn die Nutzung betrieblicher Einrichtungen zwar auch die Befriedigung eines privaten Bedarfs der Arbeitnehmer zur Folge haben, diese Folge aber durch die mit der Nutzung angestrebten betrieblichen Zwecke überlagert wird.

Aufmerksamkeiten, die bereits den Tatbestand der unentgeltlichen Wertabgabe nicht erfüllen würden, liegen hier nicht vor.

3. Nutzung gegen den Willen des Arbeitgebers

Wenn der Arbeitnehmer gegen den Willen des Arbeitgebers Telekommunikationsgeräte privat nutzt, fehlt es an der willentlichen Wertabgabe des Arbeitgebers. Es liegt ein nicht steuerbarer Vorgang vor, aus dem ggf. zivil- bzw. arbeitsrechtliche Konsequenzen zu ziehen sind.

52   USt aus den *Anschaffungskosten* unternehmerisch genutzter Fernsprechendgeräte (z. B. von Telefonanlagen nebst Zubehör, Telefaxgeräten, Mobilfunkeinrichtungen) kann der Unternehmer grundsätzlich in voller Höhe als Vorsteuer abziehen. Die nichtunternehmerische (private) Nutzung dieser Geräte unterliegt als sonstige Leistung gegen Entgelt (§ 3 Abs. 9a Nr. 1 UStG) der USt. Bemessungsgrundlage sind die anteiligen Ausgaben (§ 10 Abs. 4 Satz 1 Nr. 2 UStG). Nicht zur Bemessungsgrundlage gehören die Grund- und Gesprächsgebühren.

53   Überlässt eine Gemeinde im Rahmen eines Betriebes gewerblicher Art eine *Mehrzweckhalle* unentgeltlich an Schulen, Vereine usw., so handelt es sich um steuerbare Umsätze, wenn die Halle nicht ausnahmsweise zur Anbahnung späterer Geschäftsbeziehun-

gen mit Mietern für kurze Zeit unentgeltlich überlassen wird (BFH vom 28.11.1991, BStBl 1992 II S. 569).

Steuerbare Umsätze liegen auch vor, wenn Schulen und Vereine ein gemeindliches *Schwimmbad* unentgeltlich nutzen können (Abschn. 24c Abs. 6 Satz 2 UStR 2008). Voraussetzung ist der volle oder teilweise Vorsteuerabzug bei der Anschaffung oder Herstellung des Schwimmbads.

Der *Leistungsort* ist dort, wo der Unternehmer sein Unternehmen betreibt (§ 3f UStG). 54

BEISPIEL: Der Unternehmer A gestattet seiner Tochter mit dem betrieblichen Pkw, für den ein voller Vorsteuerabzug möglich war, eine Urlaubsreise nach Spanien durchzuführen. Der Pkw ist zu 100 % dem unternehmerischen Bereich zugeordnet worden. Die Tochter legt mit dem Pkw 500 km im Inland und 1 000 km im Ausland zurück.

A erbringt einen steuerbaren Umsatz i. S. des § 1 Abs. 1 Nr. 1 Satz 1 UStG; denn es wird die Nutzung des unternehmerischen Pkw zu außerunternehmerischen Zwecken entnommen. Dies steht gem. § 3 Abs. 9a Nr. 1 UStG einer sonstigen Leistung gegen Entgelt gleich. Der Ort dieser Leistung liegt im Inland (§ 3f UStG). Auf die zurückgelegte Strecke im Inland und Ausland kommt es insoweit nicht an.

Zur *Bemessungsgrundlage* wird auf die Ausführungen zu § 10 UStG verwiesen.

Einer sonstigen Leistung gegen Entgelt wird auch die Verwendung eines unternehmeri- 55
schen Gegenstandes für den *privaten Bedarf des Personals* gleichgestellt, sofern keine Aufmerksamkeiten vorliegen. Bei der *Firmenwagenüberlassung* muss allerdings zunächst geprüft werden, ob es sich nicht um eine entgeltliche Leistung, einen tauschähnlichen Umsatz gem. § 3 Abs. 12 UStG, handelt.

(b) Andere unentgeltliche Leistungen

Nach *§ 3 Abs. 9a Nr. 2 UStG* unterliegen auch alle anderen – nicht bereits unter § 3 56
Abs. 9a Nr. 1 UStG fallenden – unentgeltlichen Dienstleistungen für nichtunternehmerische Zwecke oder für den privaten Bedarf des Personals, ausgenommen Aufmerksamkeiten, der USt. Hierunter fallen z. B.:

► Einsatz betrieblicher Arbeitskräfte für den Haushalt des Unternehmers,

► Überlassung eines unternehmerischen Kraftfahrzeugs nebst Fahrer an das Personal für dessen Privatfahrten,

► unentgeltliche Arbeitnehmersammelbeförderung.

Eine sonstige Leistung gegen Entgelt ist nicht anzunehmen, wenn es sich um Aufmerksamkeiten handelt oder aber um Leistungen, die überwiegend durch das betriebliche Interesse des Arbeitgebers veranlasst sind.

Leistungen, die überwiegend durch das *betriebliche Interesse des Arbeitgebers* veranlasst sind, sind dann anzunehmen, wenn betrieblich veranlasste Maßnahmen zwar auch die Befriedigung eines privaten Bedarfs der Arbeitnehmer zur Folge haben, dies aber durch die mit den Maßnahmen angestrebten betrieblichen Zwecke überlagert wird. Als solche Leistungen sind z. B. anzusehen:

► Leistungen zur Verbesserung der Arbeitsbedingungen,

► betriebsärztliche Betreuung,

- ▶ betriebliche Fort- und Weiterbildungsleistungen,

- ▶ Zurverfügungstellung von Parkplätzen,

- ▶ Zurverfügungstellung von Betriebskindergärten,

- ▶ Zurverfügungstellung von Übernachtungsmöglichkeiten bei weit vom Heimatort entfernten Tätigkeitsstellen.

c) Werklieferung und Werkleistung

aa) Werklieferung

57   Eine Werklieferung liegt gem. *§ 3 Abs. 4 UStG* vor, wenn der Unternehmer die Bearbeitung oder Verarbeitung eines Gegenstandes übernommen hat und hierbei Stoffe verwendet, die er selbst beschafft hat, wenn es sich bei den Stoffen nicht nur um Zutaten oder Nebensachen handelt. Das gilt gem. § 3 Abs. 4 Satz 2 UStG auch dann, wenn die Gegenstände mit dem Grund und Boden fest verbunden werden. Die Werklieferung ist eine Lieferung. Als Werklieferung ist z. B. die Errichtung von Bauwerken anzusehen.

Besteht das Werk aus mehreren *Hauptstoffen*, bewirkt der Werkunternehmer bereits dann eine Werklieferung, wenn er nur einen Hauptstoff oder einen Teil eines Hauptstoffes selbst beschafft hat, während alle übrigen Stoffe vom Besteller beigestellt werden (Abschn. 27 Abs. 1 Satz 2 UStR 2008). In Zweifelsfällen ist nach der Verkehrsauffassung zu entscheiden, ob es sich um einen Hauptstoff oder aber um einen Nebenstoff bzw. eine Zutat handelt (BFH vom 28. 5. 1953, BStBl 1953 III S. 217). Entscheidend für die Einordnung ist, ob die Stoffe ihrer Art nach bzw. nach dem Willen der Beteiligten und der Bedeutung des Stoffes für die Leistung des Unternehmers als Hauptstoffe oder als Nebenstoffe anzusehen sind. Für die Abgrenzung zwischen Hauptstoff und Nebenstoff ist das Wertverhältnis von Stoff und Arbeitsleistung bzw. Arbeitserfolg grundsätzlich unerheblich. Die Unentbehrlichkeit eines Gegenstandes allein (z. B. Nägel, Schrauben) macht diesen noch nicht zu einem Hauptstoff. Verbrauchsmaterial und elektrischer Strom, deren Substanz im fertigen Werk nicht mehr enthalten ist, können keine Hauptstoffe sein (BFH vom 8. 7. 1971, BStBl 1972 II S. 44). Bei richtlinienkonformer Auslegung des § 3 Abs. 4 Satz 1 UStG sind unter „Zutaten" und „sonstige Nebensachen" Lieferungen zu verstehen, die bei einer Gesamtbetrachtung aus der *Sicht des Durchschnittsbetrachters* nicht das Wesen des Umsatzes bestimmen (BFH vom 9. 6. 2005, BStBl 2006 II S. 98). Die orthopädische Zurichtung von Konfektionsschuhen ist eine sonstige Leistung.

58   Bei Werklieferungen scheiden *Materialbeistellungen* des Bestellers aus dem Leistungsaustausch aus. Eine Materialbeistellung liegt vor, wenn der Besteller einen Teil der zur Herstellung des Gegenstandes erforderlichen Hauptstoffe bzw. einige oder sämtliche Nebenstoffe oder Zutaten dem Werkunternehmer zur Verfügung stellt. Dieses beigestellte Material geht nicht in die Verfügungsmacht des Werkherstellers über (BFH vom 17. 1. 1957, BStBl 1957 III S. 92) und ist damit nicht Gegenstand des Leistungsaustauches zwischen dem Werkhersteller und dem Besteller.

59   In den Fällen, in denen die Bearbeitung oder Verarbeitung des Werkunternehmers durch Kündigung des Bestellers oder durch die Insolvenz des Bestellers oder des Werk-

unternehmers nicht vollendet wird, beschränkt sich die Werklieferung auf das *nicht fertig gestellte Werk* (vgl. Abschn. 28 UStR 2008). Insoweit wird der Gegenstand der Werklieferung neu bestimmt.

bb)   Werkleistung

Eine Werkleistung liegt vor, wenn der Werkunternehmer bei seiner Leistung *keinerlei* selbst beschaffte Stoffe oder nur Stoffe, die als Zutaten oder sonstige Nebensachen anzusehen sind, verwendet. Auf die Werkleistung sind die für die sonstige Leistung geltenden Vorschriften anzuwenden. Typische Werkleistungen sind   60

▶ Reparaturleistungen ohne Verwendung von Hauptstoffen,

▶ Anfertigung eines Kleidungsstückes aus dem mitgebrachten Stoff des Kunden.

Gibt der Auftraggeber zur Herstellung des Werks den gesamten Hauptstoff hin, so liegt eine *Materialgestellung* vor (BFH vom 10. 9. 1959, BStBl 1959 III S. 435). Der Werkunternehmer erbringt nur eine Arbeitsleistung. Die vom Auftraggeber gestellten Hauptstoffe nehmen nicht am Leistungsaustausch teil.

cc)   Abgrenzung

Aus Vereinfachungsgründen kann die *Reparatur* eines Beförderungsmittels, z. B. eines Kraftfahrzeuges, eines Sportbootes, einer Yacht oder eines Sportflugzeuges, ohne weitere Nachprüfung als Werklieferung angesehen werden, wenn der Entgeltsteil, der auf das bei der Reparatur verwendete Material entfällt, *mehr als 50 %* des für die Reparatur berechneten Gesamtentgelts beträgt (Abschn. 144 Abs. 2 Satz 1 UStR 2008).   61

d)   Tausch und tauschähnlicher Umsatz

aa)   Tausch

Ein Tausch liegt gem. *§ 3 Abs. 12 Satz 1 UStG* vor, wenn das Entgelt für eine Lieferung in einer Lieferung besteht. Beim Tausch ist wechselseitig jede Lieferung Steuerobjekt und gleichzeitig das Entgelt für die Gegenlieferung. Für die Annahme eines Tausches ist die ursprüngliche Vereinbarung unerheblich.   62

Werden *verschiedenartige Gegenstände* hingegeben und zurückgegeben, so handelt es sich in aller Regel um einen steuerbaren Tausch; z. B. beim Briefmarkentausch. Kein Tauschgeschäft ist hingegen der Umtausch wegen Mängeln der gekauften Sache. Ein steuerbarer Tausch setzt wechselseitig Leistungen voraus.

Beim *Gefälligkeitsdarlehen* bezüglich vertretbarer Sachen liegt ein Tauschumsatz nicht vor.

BEISPIEL: ▶ Heizölhändler A ist aufgrund eines Lieferengpasses das Heizöl ausgegangen. Um seine Kunden weiter beliefern zu können, beschafft er sich Öl bei dem Heizölhändler B. Nach Auffüllung seiner Vorräte gibt A die gleiche Menge Heizöl an B zurück.

Es liegt kein steuerbarer Tauschumsatz vor. Das Geschäft war von Anfang an nicht auf einen Leistungsaustausch gerichtet.

63   Um einen Wertausgleich zwischen den Tauschgegenständen herzustellen, wird häufig ein *Tausch mit Baraufgabe* durchgeführt. Beim Tausch mit Baraufgabe besteht das Entgelt bei einem der Leistenden in einer Lieferung und in einer Geldzahlung. Ein Tausch mit Baraufgabe liegt z. B. dann vor, wenn ein Kfz-Händler ein Neufahrzeug veräußert und dafür neben einer Geldzahlung noch ein gebrauchtes Fahrzeug in Zahlung nimmt. Auch beim sog. *Austauschverfahren* in der Kraftfahrzeugwirtschaft handelt es sich in aller Regel um einen Tausch mit Baraufgabe.

bb) Tauschähnlicher Umsatz

64   Ein tauschähnlicher Umsatz liegt gem. *§ 3 Abs. 12 Satz 2 UStG* vor, wenn das Entgelt für eine sonstige Leistung in einer Lieferung oder sonstigen Leistung besteht. Die dargestellten Grundsätze zum Tausch gelten für die tauschähnlichen Umsätze entsprechend.

Die *Überlassung eines Pkw* vom Arbeitgeber an den Arbeitnehmer zur privaten Nutzung ist grundsätzlich als entgeltliche Leistung anzusehen. Bei dieser entgeltlichen Fahrzeugüberlassung zu Privatzwecken des Arbeitnehmers liegt ein tauschähnlicher Umsatz vor (BMF-Schreiben vom 27. 8. 2004, BStBl 2004 I S. 864).

3. Unternehmer

a) Unternehmerbegriff

aa) Unternehmerfähigkeit

65   Der „Unternehmer" ist ein *zentraler Begriff* im Umsatzsteuerrecht, der an verschiedenen Stellen im UStG zu finden ist, so z. B. im

- ► *§ 1 Abs. 1 Nr. 1 Satz 1 UStG:* Nur Lieferungen und sonstige Leistungen eines Unternehmers können steuerbar sein;
- ► *§ 13a Abs. 1 Nr. 1 UStG:* Steuerschuldner ist der Unternehmer;
- ► *§ 15 Abs. 1 UStG:* Nur ein Unternehmer kann Vorsteuerbeträge abziehen;
- ► *§ 18 Abs. 1 und 3 UStG:* Der Unternehmer muss Voranmeldungen und Jahressteuererklärungen abgeben;
- ► *§ 18a UStG:* Der Unternehmer muss Zusammenfassende Meldungen abgeben;
- ► *§ 22 UStG:* Der Unternehmer hat Aufzeichnungspflichten zu befolgen;
- ► *§ 27a UStG:* Nur Unternehmer können eine Umsatzsteuer-Identifikationsnummer erhalten.

66   Unternehmer ist gem. *§ 2 Abs. 1 Satz 1 UStG,* wer eine gewerbliche oder berufliche Tätigkeit selbständig ausübt. Voraussetzungen für die Unternehmereigenschaft sind:

- ► Unternehmerfähigkeit,
- ► berufliche oder gewerbliche Tätigkeit,
- ► Selbständigkeit.

67   *Steuerfähig,* d. h. Träger von Rechten und Pflichten im umsatzsteuerlichen Sinne, ist jedes selbständig tätige Wirtschaftsgebilde, das nachhaltig Leistungen gegen Entgelt

ausführt (BFH vom 4.7.1956, BStBl 1956 III S. 275) oder die durch objektive Anhaltspunkte belegte Absicht hat, eine unternehmerische Tätigkeit gegen Entgelt und selbständig auszuüben und erste Investitionsausgaben für diesen Zweck tätigt (BFH vom 22.2.2001, BStBl 2003 II S. 426, und vom 8.3.2001, BStBl 2003 II S. 430). Es kommt weder auf die Rechtsform noch auf die Rechtsfähigkeit des Leistenden an (BFH vom 21.4.1994, BStBl 1994 II S. 671). Ebenso wenig ist nach § 41 Abs. 1 AO von Bedeutung, ob das Gebilde zivilrechtlich wirksam errichtet worden ist. Unternehmerfähig können demnach sein:

► natürliche Personen,

► Personenzusammenschlüsse (z. B. OHG, KG, GbR, Partnerschaftsgesellschaft, nichtrechtsfähiger Verein, Erbengemeinschaft),

► juristische Personen des privaten Rechts (z. B. AG, GmbH, KGaA, e.V.),

► juristische Personen des öffentlichen Rechts (z. B. Bund, Land, Gemeinde).

Auf die *Staatsangehörigkeit* oder den *Wohnsitz* kommt es für den Begriff des Unternehmers nicht an. Für die Besteuerung kommt es gem. § 1 Abs. 2 Satz 3 UStG nicht darauf an, ob der Unternehmer deutscher Staatsangehöriger ist, seinen Wohnsitz oder Sitz im Inland hat, im Inland eine Betriebsstätte unterhält, die Rechnung erteilt oder die Zahlung empfängt.

Unternehmer kann auch eine *Bruchteilsgemeinschaft* sein.

Als Unternehmer ist in erster Linie derjenige anzusehen, der nach *außen* hin als Unternehmer auftritt; diesem ist die Leistung zuzurechnen. *Beweisanzeichen* für die Unternehmereigenschaft sind z. B.:

► Name in der Gewerbeanmeldung,

► Name auf Briefbögen,

► Unterzeichnung der Steuererklärungen,

► Leistung der Steuerzahlungen,

► Name auf den Lieferantenrechnungen,

► Name auf dem Ladenschild,

► Eintragung im Telefonbuch.

Trotz dieser vorliegenden Beweisanzeichen liegt dann keine Unternehmereigenschaft vor, wenn es an der *Selbständigkeit* fehlt. Aus diesem Grund ist grundsätzlich der weisungsgebundene vorgeschobene *Strohmann* kein Unternehmer; Unternehmer ist vielmehr der die Weisungen erteilende Hintermann. Indessen kann ein Strohmann, der im eigenen Namen Gegenstände verkauft und bewirkt, dass dem Abnehmer die Verfügungsmacht daran eingeräumt wird, umsatzsteuerrechtlich Leistender sein (BFH vom 28.1.1999, BStBl 1999 II S. 628, und BFH-Beschluss vom 31.1.2002, BStBl 2004 II S. 622).

Innengesellschaften, die ohne eigenes Vermögen, ohne Betrieb, ohne Rechtsfähigkeit 68 und ohne Firma bestehen, sind umsatzsteuerrechtlich unbeachtlich, weil ihnen mangels Auftretens nach außen hin die Unternehmereigenschaft fehlt.

69 Die Unternehmereigenschaft ist nicht *vererblich*. Der Erbe wird nur dann zum Unternehmer, wenn er selbst die Voraussetzungen für die Unternehmereigenschaft in seiner Person erfüllt.

Zur umsatzsteuerrechtlichen Behandlung des Forderungskaufes und des Forderungseinzuges (*Factoring*) wird auf Abschn. 18 Abs. 9 bis 12 UStR 2008 verwiesen. Der Factor wird zum Unternehmer und erbringt regelmäßig eine steuerbare und steuerpflichtige sonstige Leistung (Inkassotätigkeit) gegenüber dem Anschlusskunden.

bb) Gewerbliche oder berufliche Tätigkeit

(1) Überblick

70 Unternehmer ist gem. *§ 2 Abs. 1 Satz 1 UStG*, wer eine gewerbliche oder berufliche Tätigkeit selbständig ausübt. Gewerblich oder beruflich ist nach *§ 2 Abs. 1 Satz 3 UStG* jede nachhaltige Tätigkeit zur Erzielung von Einnahmen, auch wenn die Absicht, Gewinn zu erzielen, fehlt oder eine Personenvereinigung nur gegenüber ihren Mitgliedern tätig wird. Der Begriff der gewerblichen oder beruflichen Tätigkeit i. S. des UStG geht über den Begriff des Gewerbebetriebes nach dem Einkommensteuergesetz und dem Gewerbesteuergesetz hinaus (BFH vom 5. 9. 1963, BStBl 1963 III S. 520). Unter *Tätigkeit* i. S. des § 2 Abs. 1 UStG ist jedes aktive oder passive Verhalten Dritten gegenüber zu verstehen, soweit es auf ein wirtschaftliches Ergebnis gerichtet ist; z. B. das Vermieten eines Grundstücks. Eine gewerbliche oder berufliche Tätigkeit kann auch dann vorliegen, wenn sich jemand verpflichtet, eine bestimmte Geschäftstätigkeit nicht auszuüben.

Voraussetzung für eine gewerbliche oder berufliche Tätigkeit ist, dass *Leistungen im wirtschaftlichen Sinne* ausgeführt werden. Leistungen ausschließlich im Rechtssinne stellen keine gewerbliche oder berufliche Tätigkeit dar. So begründet z. B. die Unterhaltung von Giro-, Bauspar- und Sparkonten sowie das Eigentum an Wertpapieren für sich allein noch nicht die Unternehmereigenschaft einer natürlichen Person (BFH vom 1. 2. 1973, BStBl 1973 II S. 172, und vom 11. 10. 1973, BStBl 1974 II S. 47). Auch das bloße *Erwerben und Halten von Beteiligungen* an Kapitalgesellschaften ist keine nachhaltige gewerbliche oder berufliche Tätigkeit.

Die gewerbliche oder berufliche Tätigkeit setzt voraus:

► Nachhaltigkeit
► Erzielung von Einnahmen

(2) Nachhaltigkeit

71 Die gewerbliche oder berufliche Tätigkeit wird nachhaltig ausgeübt, wenn sie auf Dauer zur Erzielung von Entgelten angelegt ist (BFH vom 30. 7. 1986, BStBl 1986 II S. 874). Auch die Schaffung eines Dauerzustandes kann eine nachhaltige Tätigkeit sein. Entscheidend ist der Wille des Leistenden. Die Absicht, *Gewinn* zu erzielen, ist nicht erforderlich.

Die für und gegen die Nachhaltigkeit sprechenden Merkmale müssen gegeneinander abgewogen werden. Kriterien, die für die Nachhaltigkeit sprechen können (vgl. BFH vom 18. 7. 1991, BStBl 1991 II S. 776; Abschn. 18 Abs. 3 Satz 4 UStR 2008), sind insbesondere:

► mehrjährige Tätigkeit,

► planmäßiges Handeln,

► auf Wiederholung angelegte Tätigkeit,

► die Ausführung mehr als nur eines Umsatzes,

► Vornahme mehrerer gleichartiger Handlungen unter Ausnutzung derselben Gelegenheit oder desselben dauernden Verhältnisses,

► langfristige Duldung eines Eingriffs in den eigenen Rechtskreis,

► Intensität des Tätigwerdens,

► Beteiligung am Markt,

► Auftreten wie ein Händler,

► Unterhalten eines Geschäftslokals,

► Auftreten nach außen, z. B. gegenüber Behörden.

Entscheidend ist das Gesamtbild der Verhältnisse.

Soweit der Betreiber einer *Anlage zur Stromgewinnung* den erzeugten Strom ganz oder teilweise, regelmäßig und nicht nur gelegentlich in das allgemeine Stromnetz einspeist, dient diese Anlage ausschließlich der nachhaltigen Erzielung von Einnahmen aus der Stromerzeugung. Das Betreiben einer solchen Anlage durch sonst nicht unternehmerisch tätige Personen ist daher unabhängig von der leistungsmäßigen Auslegung der Anlage und dem Entstehen von Stromüberschüssen eine nachhaltige Tätigkeit und begründet die *Unternehmereigenschaft* (BMF-Schreiben vom 4. 12. 2001, BStBl 2001 I S. 1012, und Abschn. 18 Abs. 5 UStR 2008).

(3) Erzielung von Einnahmen

Die Tätigkeit muss auf die Erzielung von Einnahmen gerichtet sein (Abschn. 18 Abs. 7 Satz 1 UStR 2008). Abzustellen ist auf die *Absicht* der nachhaltigen Einnahmeerzielung. Unter „Einnahmen" ist alles das zu verstehen, was der Empfänger aufwendet, um die Leistung zu erhalten. Es kann sich hierbei um Geld, um Sachen oder um sonstige Leistungen handeln. Die Erzielung der Einnahmen braucht nicht der Hauptzweck der nachhaltigen Tätigkeit zu sein. Die Absicht, Gewinn zu erzielen, ist nicht erforderlich. | 72

Die vormalige Auffassung der Finanzverwaltung, wonach die bloße Absicht, entgeltliche Leistungen auszuführen, die Unternehmereigenschaft nicht begründen kann (*erfolgloser Unternehmer*), ist seit dem Urteil des EuGH vom 29. 2. 1996 (BStBl 1996 II S. 655) überholt. Hat die Behörde aufgrund der ihr von einem Unternehmer übermittelten Angaben festgestellt, dass diesem die Eigenschaft als Unternehmer zuzuerkennen ist, so kann ihm diese Stellung ab diesem Zeitpunkt grundsätzlich nicht wegen des Eintritts oder des Nichteintritts bestimmter Ereignisse nachträglich aberkannt werden. Ausgenommen hiervon sind die Fälle von Betrug oder Missbrauch.

Die nachhaltige Tätigkeit von *Personenvereinigungen gegenüber ihren Mitgliedern* gegen Entgelt ist gem. § 2 Abs. 1 Satz 3 UStG kraft ausdrücklicher gesetzlicher Bestim- | 73 mung in die gewerbliche oder berufliche Tätigkeit einbezogen. Eine Personenvereinigung kann auch dann steuerbare Leistungen ausführen, wenn sie nur gegenüber ihren Mitgliedern tätig wird (BFH vom 28. 11. 2002, BStBl 2003 II S. 443).

cc) Selbständigkeit

74   Eine selbständige Tätigkeit liegt vor, wenn sie auf *eigene Rechnung* und auf *eigene Verantwortung* ausgeübt wird. Ausschlaggebend ist grundsätzlich das *Innenverhältnis* zum Auftraggeber. Aus dem *Außenverhältnis* lassen sich im Allgemeinen nur Beweisanzeichen herleiten (BFH vom 6. 12. 1956, BStBl 1957 III S. 42). Entscheidend ist auch hier das Gesamtbild der Verhältnisse. Es müssen die für und gegen die Selbständigkeit sprechenden Umstände gegeneinander abgewogen werden; die gewichtigeren Merkmale sind dann für die Gesamtbeurteilung maßgebend (BFH vom 24. 11. 1961, BStBl 1962 III S. 125). Die Frage der Selbständigkeit natürlicher Personen ist für die USt, Einkommensteuer und Gewerbesteuer nach denselben Grundsätzen zu beurteilen (BFH vom 27. 7. 1972, BStBl 1972 II S. 810).

75   Die gewerbliche oder berufliche Tätigkeit wird gem. § 2 Abs. 2 Nr. 1 UStG *nicht selbständig* ausgeübt, soweit natürliche Personen, einzeln oder zusammengeschlossen, einem Unternehmen so eingegliedert sind, dass sie den Weisungen des Unternehmers zu folgen verpflichtet sind.

Anhaltspunkte für die *Unselbständigkeit* sind z. B.:

► Schulden der Arbeitskraft und nicht des Erfolgs,

► Eingliederung in den Betrieb,

► in der Regel nur ein Auftraggeber,

► Aufsicht,

► Weisungsgebundenheit,

► Wahrnehmung fremder Interessen,

► geregelte Arbeits- und Urlaubszeit,

► fehlendes Unternehmerrisiko.

Anhaltspunkte für die *Selbständigkeit* sind z. B.:

► Unternehmerrisiko,

► unverhältnismäßige Höhe einer Erfolgsbeteiligung,

► Tätigkeit für mehrere Auftraggeber,

► Beschäftigung von Arbeitskräften,

► Unterhaltung eines Büros auf eigene Kosten,

► Unternehmerinitiative.

Entscheidend ist das Gesamtbild der Verhältnisse.

Natürliche Personen können *zum Teil selbständig*, zum Teil unselbständig sein. Abzustellen ist auf die jeweilige einzelne Tätigkeit der natürlichen Person. So sind z. B. in Krankenanstalten angestellte Ärzte insoweit selbständig tätig, als ihnen für die

Behandlung von Patienten ein Liquidationsrecht zusteht (Abschn. 17 Abs. 4 Satz 2 UStR 2008).

Geschäftsführungs- und Vertretungsleistungen, die eine GmbH als Gesellschafterin für eine GbR aufgrund eines Geschäftsbesorgungsvertrages gegen Vergütung ausführt, sind umsatzsteuerbar (BFH vom 6. 6. 2002, BStBl 2003 II S. 36). Hierzu hat das *BMF* mit Schreiben vom 31. 5. 2007, BStBl 2007 I S. 503 Stellung genommen.

Auch der *Geschäftsführer einer Kapitalgesellschaft* kann selbständig tätig sein (BFH vom 10. 3. 2005, BStBl 2005 II S. 730). Die Organstellung des Geschäftsführers steht dem nicht entgegen. Hierzu hat das *BMF* mit Schreiben vom 21. 9. 2005; BStBl 2005 I S. 936, Stellung genommen.

b) Beginn und Ende der Unternehmereigenschaft

aa) Bedeutung

Die Festlegung von Beginn und Ende der Unternehmereigenschaft hat Bedeutung da- | 76
für, ab wann die Leistungen der Besteuerung unterliegen und ab wann ein Vorsteuerabzug in Anspruch genommen werden kann. Entsprechendes gilt für die Erweiterung
des Tätigkeitsbereichs.

bb) Beginn

Die Unternehmereigenschaft beginnt mit dem *ersten nach außen erkennbaren*, auf eine | 77
Unternehmertätigkeit gerichteten Tätigwerden, wenn die spätere Ausführung entgelt-
licher Leistungen beabsichtigt ist (*Verwendungsabsicht*) und die Ernsthaftigkeit dieser
Absicht durch objektive Merkmale nachgewiesen oder glaubhaft gemacht wird. Die
Unternehmereigenschaft beginnt demzufolge nicht erst mit den ersten Umsätzen; die
Unternehmereigenschaft wird bereits mit den *Vorbereitungshandlungen* begründet.
Auch solche Vorbereitungsmaßnahmen, die der Prüfung dienen, ob ein Unternehmen
betrieben werden soll, begründen bereits die Unternehmereigenschaft. Deshalb erfolgt
schon die Einholung von Marktanalysen, Gutachten, Rentabilitätsstudien u. Ä. für das
Unternehmen i. S. des § 15 Abs. 1 Satz 1 Nr. 1 UStG. Die spätere Ausführung entgeltlicher Leistungen muss ernsthaft beabsichtigt sein und die Ernsthaftigkeit dieser Absicht
muss durch objektive Merkmale nachgewiesen oder glaubhaft gemacht werden
(Abschn. 19 Abs. 1 Satz 1 UStR 2008). Die objektive Beweislast dafür, dass eine unternehmerische Tätigkeit beabsichtigt ist, trifft denjenigen, der die Vergütung der Vorsteuerbeträge beantragt.

Besondere Bedeutung hat der Beginn der Unternehmereigenschaft bei der *Gründung* | 78
von Gesellschaften.

Bei *Personengesellschaften* gehört bereits der Gründungsvorgang (Abschluss des Gesellschaftsvertrages) zur Unternehmertätigkeit. Vorsteuern, die bei der Gründung anfallen,
wie z. B. Vorsteuern aus Notarleistungen, können deshalb abgezogen werden.

Bei der Gründung einer *Kapitalgesellschaft* ist zwischen der Vorgründungsgesellschaft
und der Vorgesellschaft zu unterscheiden. Die *Vorgründungsgesellschaft*, eine BGB-
Gesellschaft, besteht in der Zeit bis zum Abschluss des Gesellschaftsvertrages. Sie ist

mit der späteren Kapitalgesellschaft nicht identisch. Die *Vorgesellschaft*, die in der Zeit nach Abschluss des Gesellschaftsvertrags und Eintragung der Kapitalgesellschaft in das Handelsregister besteht, ist mit der durch Eintragung ins Handelsregister entstandenen Kapitalgesellschaft identisch. Dies bedeutet, dass die Kapitalgesellschaft unter den Voraussetzungen des § 15 UStG Vorsteuern aus Leistungsbezügen der Vorgesellschaft geltend machen kann.

cc) Ende

79   Die Unternehmereigenschaft endet mit dem *letzten Tätigwerden*. Es kommt nicht entscheidend darauf an, wann der Gewerbebetrieb eingestellt oder abgemeldet wird. Unternehmen und Unternehmereigenschaft erlöschen erst, wenn der Unternehmer *alle Rechtsbeziehungen* abgewickelt hat, die mit dem (aufgegebenen) Betrieb in Zusammenhang stehen (BFH vom 21.4.1993, BStBl 1993 II S. 696).

Die Unternehmereigenschaft endet nicht mit der Einstellung der werbenden Tätigkeit. Die *Abwicklung*, die spätere Veräußerung von Gegenständen sowie die nachträgliche Vereinnahmung von Entgelten gehören noch zur Unternehmertätigkeit. Der Vorsteuerabzug aus Rechnungen, die nach Beendigung der werbenden Tätigkeit eingehen, sowie Korrekturen der USt oder Vorsteuer bei später eintretenden Änderungen des Entgelts i.S.des § 17 UStG sind noch möglich; denn sie gehören noch zur Abwicklung der Rechtsbeziehungen.

80   Eine Gesellschaft besteht als Unternehmer so lange fort, bis alle *Rechtsbeziehungen*, zu denen auch das Rechtsverhältnis zwischen der Gesellschaft und dem Finanzamt gehört, beseitigt sind (BFH vom 21.5.1971, BStBl 1971 II S. 540, und vom 18.11.1999, BStBl 1999 II S. 241). Dies hat zur Folge, dass eine aufgelöste GmbH auch noch nach ihrer Löschung im Handelsregister Umsätze im Rahmen ihres Unternehmens ausführen kann (BFH vom 9.12.1993, BStBl 1994 II S. 483).

Der *EuGH* hat mit Urteil vom 3.3.2005 (UR 2005 S. 433) entschieden, dass derjenige, der seine wirtschaftliche Tätigkeit eingestellt hat, aber für die Räume, die er für diese Tätigkeit genutzt hatte, wegen einer Unkündbarkeitsklausel im Mietvertrag weiterhin Miete und Nebenkosten zahlt, als Steuerpflichtiger anzusehen ist und die *Vorsteuer* abziehen kann.

81   Die Unternehmereigenschaft kann nicht im *Erbgang* übergehen (BFH vom 19.11.1970, BStBl 1971 II S. 121). Der Erbe wird nur dann zum Unternehmer, wenn in seiner Person die Voraussetzungen verwirklicht werden, an die das Umsatzsteuerrecht die Unternehmereigenschaft knüpft.

c) Organschaft

aa) Begriffsbestimmung

82   Eine Organschaft ist gem. *§ 2 Abs. 2 Nr. 2 Satz 1 UStG* anzunehmen, wenn eine juristische Person nach dem Gesamtbild der tatsächlichen Verhältnisse finanziell, wirtschaftlich und organisatorisch in das Unternehmen des Organträgers eingegliedert ist. Liegen die Voraussetzungen der Organschaft vor, ist die *Organgesellschaft* (die unterge-

ordnete juristische Person) als nichtselbständig anzusehen; vergleichbar einem Angestellten. Unternehmer ist in den Fällen der Organschaft nicht die Organgesellschaft, sondern nur der *Organträger*. Die Umsätze der Organgesellschaft sind dem Organträger zuzurechnen und bei diesem zu erfassen. Leistungsbewegungen zwischen der Organgesellschaft und dem Organträger stellen grundsätzlich steuerlich unbeachtliche Innenumsätze dar.

Voraussetzung für das Vorliegen einer Organschaft ist, dass der Organträger ein Unternehmen betreibt; d. h., eine *unternehmerische Tätigkeit* ausübt. Für die Frage, ob der Organträger eine unternehmerische Tätigkeit ausübt, ist nicht erforderlich, dass er Umsätze im eigenen Namen bewirkt, also nach außen erkennbar hervortritt (Abschn. 21 Abs. 2 Satz 6 UStR 2008).   83

Organträger kann jeder Unternehmer sein. Somit kommen als Organträger natürliche Personen, Personenvereinigungen und juristische Personen des privaten und des öffentlichen Rechts in Betracht. *Organgesellschaft* hingegen kann nur eine juristische Person des Zivil- oder Handelsrechts sein (BFH vom 20. 12. 1973, BStBl 1974 II S. 311). Eine GmbH, die an einer KG als persönlich haftende Gesellschafterin beteiligt ist, kann nicht als Organgesellschaft in das Unternehmen dieser KG eingegliedert sein (BFH vom 14. 12. 1978, BStBl 1979 II S. 288, und BMF-Schreiben vom 23. 12. 2003, BStBl 2004 I S. 240).   84

Die Organschaft *endet*, wenn die Eingliederungsmerkmale nicht mehr erfüllt sind. Mit der Eröffnung des Insolvenzverfahrens über das Vermögen der Organgesellschaft endet das Organschaftsverhältnis, da das Verfügungs- und Verwaltungsrecht auf den Insolvenzverwalter übergeht; die organisatorische und wirtschaftliche Eingliederung entfällt. Bei Organschaften, bei denen der Organträger Geschäftsführer der Organgesellschaft ist, endet die Organschaft nur dann bereits vor Eröffnung des Insolvenzverfahrens mit der Bestellung eines vorläufigen Insolvenzverwalters, wenn dieser den maßgeblichen Einfluss auf die Organgesellschaft erhält und ihm eine vom Willen des Organträgers abweichende Willensbildung in der Organgesellschaft möglich ist (BFH vom 13. 3. 1997, BStBl 1997 II S. 580, und vom 1. 4. 2004, BStBl 2004 II S. 905).   85

Die Wirkungen der Organschaft sind nach § 2 Abs. 2 Nr. 2 Satz 2 UStG auf Innenleistungen zwischen den im Inland gelegenen Unternehmensteilen beschränkt.   86

Das Vorliegen einer umsatzsteuerlichen Organschaft setzt eine   87

▶ finanzielle,

▶ wirtschaftliche und

▶ organisatorische

Eingliederung voraus.

Es ist nicht erforderlich, dass alle drei Eingliederungsmerkmale gleichermaßen ausgeprägt sind; Organschaft kann auch gegeben sein, wenn die Eingliederung auf einem dieser drei Gebiete nicht vollkommen, dafür aber auf den anderen Gebieten um so eindeutiger ist, so dass sich die Eingliederung aus dem *Gesamtbild* der tatsächlichen Verhältnisse ergibt (BFH vom 22. 6. 1967, BStBl 1967 III S. 715).

bb) Eingliederungsmerkmale

(1) Finanzielle Eingliederung

88   Unter der finanziellen Eingliederung ist der Besitz der entscheidenden *Anteilsmehrheit* an der Organgesellschaft zu verstehen, die es ermöglicht, Beschlüsse in der Organgesellschaft durchzusetzen. Wenn die Beteiligungsverhältnisse den Stimmrechtsverhältnissen entsprechen, liegt eine finanzielle Eingliederung vor, wenn die Beteiligung *mehr als 50 %* beträgt. Entsprechen die Beteiligungsverhältnisse nicht den Stimmrechtsverhältnissen, so kommt es auf die Mehrheit der *Stimmrechte* an. Die Beteiligung braucht nicht unmittelbar zu bestehen; eine *mittelbare Beteiligung* reicht aus.

> **BEISPIEL:** A ist an der B-GmbH zu 60 % beteiligt. Die B-GmbH ihrerseits ist an der C-GmbH zu 30 % beteiligt. A ist ebenfalls an der C-GmbH zu 30 % selbst beteiligt.
>
> Neben der B-GmbH ist auch die C-GmbH in das Unternehmen des A finanziell eingegliedert. A kann über seine eigene Beteiligung (unmittelbar) und die Beteiligung der von ihm beherrschten B-GmbH an der C-GmbH (mittelbar) seinen Willen in der C-GmbH durchsetzen. Es liegt auch in Bezug auf die C-GmbH eine finanzielle Eingliederung vor, da A aus der Kombination der unmittelbaren und mittelbaren Beteiligung über die Mehrheit der Stimmen in der C-GmbH verfügt.

(2) Wirtschaftliche Eingliederung

89   Eine wirtschaftliche Eingliederung liegt vor, wenn die Organgesellschaft gem. dem Willen des Unternehmers im Rahmen des Gesamtunternehmens, und zwar in engem wirtschaftlichem Zusammenhang mit diesem, es fördernd und ergänzend, wirtschaftlich tätig ist (BFH vom 22. 6. 1967, BStBl 1967 III S. 715). Dies ist gegeben, wenn eine *Verflechtung der Geschäftstätigkeiten* von Organträger und Organgesellschaft vorliegt. Die Tätigkeit der Organgesellschaft muss in das wirtschaftliche Gesamtkonzept des Organträgers eingegliedert sein; die Tätigkeit muss das Gesamtunternehmen fördern und ergänzen. Dies ist z. B. dann der Fall, wenn der Vertrieb der Erzeugnisse des Organträgers durch die Organgesellschaft erfolgt. Der Betrieb der Organgesellschaft braucht aber nicht ausschließlich auf den Organträger ausgerichtet zu sein. Die für die umsatzsteuerrechtliche Organschaft erforderliche wirtschaftliche Eingliederung kann bereits dann vorliegen, wenn zwischen dem Organträger und der Organgesellschaft aufgrund gegenseitiger Förderung und Ergänzung mehr als nur unerhebliche wirtschaftliche Beziehungen bestehen; insbesondere braucht die Organgesellschaft nicht wirtschaftlich vom Organträger abhängig zu sein (BFH vom 3. 4. 2003, BStBl 2004 II S. 434).

Bei einer *Betriebsaufspaltung* in eine Besitzgesellschaft (Personengesellschaft) und eine Betriebsgesellschaft (Kapitalgesellschaft) und Verpachtung des Betriebsvermögens von der Besitzgesellschaft an die Betriebsgesellschaft steht die durch die Betriebsaufspaltung entstandene Kapitalgesellschaft im Allgemeinen in einem Abhängigkeitsverhältnis zu der Besitzgesellschaft (BFH vom 28. 1. 1965, BStBl 1965 III S. 243 und BFH vom 17. 11. 1966, BStBl 1967 III S. 103). Auch wenn bei einer Betriebsaufspaltung nur das Betriebsgrundstück ohne andere Anlagegegenstände verpachtet wird, kann eine wirtschaftliche Eingliederung vorliegen (BFH vom 9. 9. 1993, BStBl 1994 II S. 129). Voraussetzung ist, dass es sich bei dem Grundstück um eine *wesentliche Betriebsgrundlage* handelt. Dies ist dann der Fall, wenn das Grundstück für die Betriebsgesellschaft eine besondere Bedeutung hat; d. h., wenn es für deren Tätigkeit besonders gestaltet ist, dem Betriebsablauf angepasst ist oder nach Lage, Größe, Bauart und Gliederung besonders zugeschnitten ist.

(3) Organisatorische Eingliederung

Eine organisatorische Eingliederung liegt vor, wenn der Organträger durch organisato-   90
rische Maßnahmen sicherstellt, dass in der Organgesellschaft sein *Wille* auch tatsächlich ausgeführt wird (Abschn. 21 Abs. 6 Satz 1 UStR 2008). Ob dies gewährleistet ist,
richtet sich nach den jeweiligen Umständen des Einzelfalls. Die Durchsetzung des Willens des Organträgers in der Organgesellschaft kann z. B. durch *Personalunion der Geschäftsführer* in beiden Gesellschaften sichergestellt werden (BFH vom 23. 4. 1959,
BStBl 1959 III S. 256 und BFH vom 13. 4. 1961, BStBl 1961 III S. 343). Anzeichen für eine
organisatorische Eingliederung können auch gemeinsame Geschäftsräume und eine
gemeinsame Buchhaltung sein. Nicht von entscheidender Bedeutung ist, dass die Organgesellschaft in eigenen Räumen arbeitet, eine eigene Buchhaltung und eigene Ein-
kaufs- und Verkaufsabteilungen hat, da dies dem Willen des Organträgers durchaus
entsprechen kann (BFH vom 23. 7. 1959, BStBl 1959 III S. 376).

cc) Grenzüberschreitende Organschaft

Die Wirkungen der Organschaft sind gem. *§ 2 Abs. 2 Nr. 2 Satz 2 UStG* auf Innenleistun-   91
gen zwischen den im Inland gelegenen Unternehmensteilen beschränkt. Die im Inland
gelegenen Unternehmensteile sind gem. § 2 Abs. 2 Nr. 2 Satz 3 UStG als ein Unternehmen zu behandeln. Die Wirkungen der Organschaft bestehen demzufolge *nicht* im Verhältnis zu den im Ausland gelegenen Unternehmensteilen sowie zwischen diesen Unternehmensteilen.

Der *Begriff des Unternehmens* bleibt von der Beschränkung der Organschaft auf das In-   92
land unberührt (Abschn. 21a Abs. 2 Satz 1 UStR 2008). Daher sind grenzüberschreitende
Leistungen innerhalb des Unternehmens, insbesondere zwischen dem Unternehmer
und seinen Betriebsstätten oder umgekehrt grundsätzlich nicht steuerbare *Innenumsätze*. Etwas anderes gilt nur dann, wenn es sich um Warenbewegungen aufgrund
eines innergemeinschaftlichen Verbringens handelt.

Ist der Organträger *im Inland* ansässig, so gehören zu seinem Unternehmen: 93

► inländischer Organträger,

► inländische Organgesellschaften,

► inländische Betriebsstätten des Organträgers und seiner in- und ausländischen Organgesellschaften,

► ausländische Betriebsstätten des Organträgers.

Nicht zum Unternehmen des inländischen Organträgers gehören die Organgesellschaften im Ausland. Diese im Ausland ansässigen Organgesellschaften sind jeweils als nicht
im Inland ansässige Unternehmer anzusehen. Auch im Ausland belegene Betriebsstätten von inländischen Organgesellschaften gehören nicht zum Unternehmen des inlän-

dischen Organträgers. Leistungen zwischen diesen Betriebsstätten und dem Organträger oder anderen Organgesellschaften stellen keine Innenumsätze dar.

> **BEISPIEL:** Der im Inland ansässige Organträger OT hat eine Organgesellschaft OG 1 im Inland und eine Organgesellschaft OG 2 in Italien. Daneben hat der Organträger OT noch eine Betriebsstätte B in der Schweiz. OT versendet jeweils Waren an OG 1, OG 2 und B.
>
> Zum Unternehmen des inländischen Organträgers OT gehört die Organgesellschaft OG 1 im Inland und die Betriebsstätte B in der Schweiz. Zwischen OT und OG 1 bzw. B liegen nicht steuerbare Innenumsätze vor. Bei der Lieferung von OT an die Organgesellschaft OG 2 in Italien handelt es sich um eine im Inland steuerbare Lieferung (keinen Innenumsatz), die unter den Voraussetzungen des § 4 Nr. 1 Buchst. b UStG i.V. mit § 6a UStG als innergemeinschaftliche Lieferung steuerfrei ist.

94   Ist der Organträger *im Ausland* ansässig, so gehören zu seinem Unternehmen:

► inländische Organgesellschaften,

► inländische Betriebsstätten des Organträgers und seiner in- und ausländischen Organgesellschaften.

Hat der Organträger seine Geschäftsleitung im Ausland, gilt gem. § 2 Abs. 2 Nr. 2 Satz 4 UStG der wirtschaftlich *bedeutendste Unternehmensteil* im Inland als der Unternehmer.

> **BEISPIEL:** Der Organträger OT ist in Italien ansässig. OT hat im Inland die Organgesellschaften OG 1 und OG 2 sowie eine Betriebsstätte B. Der Jahresumsatz von OG 1 und B beträgt jeweils 1 Mio. € und der Jahresumsatz von OG 2 beträgt 500 000 €. Zwischen OG 1, OG 2 und B finden Warenlieferungen statt.
>
> OG 1, OG 2 und B bilden das Unternehmen. OG 1 ist als wirtschaftlich bedeutendster Unternehmensteil der Unternehmer. Die Warenlieferungen zwischen OG 1, OG 2 und B stellen nicht steuerbare Innenumsätze dar.

d) Juristische Personen des öffentlichen Rechts

aa) Begriffsbestimmung

95   Die juristischen Personen des öffentlichen Rechts sind gem. § 2 Abs. 3 Satz 1 UStG grundsätzlich nur im Rahmen ihrer *Betriebe gewerblicher Art* und ihrer *land- und forstwirtschaftlichen Betriebe* gewerblich oder beruflich tätig. Juristische Personen des öffentlichen Rechts i. S. des § 2 Abs. 3 UStG sind insbesondere die Gebietskörperschaften (Bund, Länder, Gemeinden, Gemeindeverbände, Zweckverbände), die öffentlich-rechtlichen Religionsgesellschaften, die Innungen, Handwerkskammern, Industrie- und Handelskammern und sonstige Gebilde, die aufgrund öffentlichen Rechts eigene Rechtspersönlichkeit besitzen. Dazu gehören neben Körperschaften auch Anstalten und Stiftungen des öffentlichen Rechts, z. B. Rundfunkanstalten des öffentlichen Rechts, Bundesbank, Landeszentralbank, öffentliche Sparkassen, Bundes- und Landesversicherungsanstalten. Ebenfalls dazu gehören Universitäten, Studentenwerke und Jagdgenossenschaften. Auf ausländische juristische Personen des öffentlichen Rechts ist die Vorschrift des § 2 Abs. 3 UStG analog anzuwenden (Abschn. 23 Abs. 1 Satz 4 UStR 2008).

96   Die *Gesamtheit* aller Betriebe gewerblicher Art und aller land- und forstwirtschaftlicher Betriebe stellt das Unternehmen der juristischen Person des öffentlichen Rechts dar. Unternehmer sind somit nicht die Betriebe gewerblicher Art als solche, sondern die juristische Person des öffentlichen Rechts.

bb) Umfang des Unternehmens

Zum Unternehmen der juristischen Person des öffentlichen Rechts gehören *sämtliche* **97** Betriebe gewerblicher Art sowie alle land- und forstwirtschaftlichen Betriebe. Für die Frage, ob ein *Betrieb gewerblicher Art* vorliegt, ist auf § 1 Abs. 1 Nr. 6 und § 4 KStG in der jeweils geltenden Fassung abzustellen (Abschn. 23 Abs. 4 Satz 1 UStR 2008). Danach sind Betriebe gewerblicher Art von juristischen Personen des öffentlichen Rechts alle Einrichtungen, die einer nachhaltigen wirtschaftlichen Tätigkeit zur Erzielung von Einnahmen außerhalb der Land- und Forstwirtschaft dienen und die sich innerhalb der Gesamtbetätigung der juristischen Person wirtschaftlich herausheben. Die Absicht, Gewinn zu erzielen, und die Beteiligung am allgemeinen wirtschaftlichen Verkehr sind nicht erforderlich.

Für die Annahme eines Betriebs gewerblicher Art ist Voraussetzung, dass die ausgeübte Tätigkeit von *einigem Gewicht* ist und sich innerhalb der Gesamtbetätigung der juristischen Person *wirtschaftlich heraushebt*.

Zu den Betrieben gewerblicher Art gehören gem. *§ 4 Abs. 5 KStG* nicht Betriebe, die **98** überwiegend der Ausübung der öffentlichen Gewalt dienen (*Hoheitsbetriebe*). Für die Annahme eines Hoheitsbetriebs reichen Zwangs- oder Monopolrechte nicht aus. Für die Annahme der Ausübung öffentlicher Gewalt kommt es entscheidend darauf an, dass die Tätigkeit der juristischen Person des öffentlichen Rechts als Trägerin der öffentlichen Gewalt eigentümlich und vorbehalten ist. In Zweifelsfällen ist auf das Gesamtbild der Tätigkeit abzustellen. Typische Hoheitsbetriebe sind Einrichtungen der staatlichen Eingriffsverwaltung, z. B. Gerichtsbarkeit, Strafvollstreckung, Landesverteidigung, Steuerverwaltung, Polizei und Feuerwehr.

Bei *gemischten*, d. h., teils hoheitlichen und teils privatwirtschaftlichen, *Tätigkeiten* ist **99** entscheidend, ob diese Tätigkeiten voneinander trennbar sind oder aber untrennbar miteinander verbunden sind. So ist z. B. die Friedhofsverwaltung einer Gemeinde ein Hoheitsbetrieb, soweit sie Aufgaben des Bestattungswesens wahrnimmt. Blumenverkäufe und Grabpflegeleistungen sind dagegen wirtschaftliche, vom Hoheitsbetrieb abgrenzbare Tätigkeiten (BFH vom 14. 4. 1983, BStBl 1983 II S. 491).

Nicht unter § 2 Abs. 3 UStG fallen die sog. *Eigenbetriebe* der öffentlichen Hand, die **100** rechtlich verselbständigt in Formen des Privatrechts (z. B. als GmbH oder AG) betrieben werden. Derartige Eigenbetriebe sind *selbständige Unternehmer*, wenn sie nicht als Organgesellschaften in das Unternehmen der juristischen Person des öffentlichen Rechts eingegliedert sind.

Zum Unternehmen der juristischen Person des öffentlichen Rechts gehören neben den **101** Betrieben gewerblicher Art auch die *land- und forstwirtschaftlichen Betriebe*.

cc) Sondertätigkeiten

Auch wenn die Voraussetzungen eines Betriebs gewerblicher Art oder eines land- und **102** forstwirtschaftlichen Betriebs nicht vorliegen, *gelten* die in § 2 Abs. 3 Satz 2 UStG aufgeführten Tätigkeiten als gewerbliche oder berufliche Tätigkeit i. S. des UStG. Diese Regelung ist aus *Wettbewerbsgründen* erforderlich, da die juristische Person des öffentlichen Rechts insoweit im Wettbewerb zu Privatunternehmen steht.

Es handelt sich hierbei um folgende *Tätigkeiten*:

► die Tätigkeit der Notare im Landesdienst und der Ratschreiber im Land Baden-Württemberg, soweit Leistungen ausgeführt werden, für die nach der Bundesnotarordnung die Notare zuständig sind;

► die Abgabe von Brillen und Brillenteilen einschließlich der Reparaturarbeiten durch Selbstabgabestellen der gesetzlichen Träger der Sozialversicherung;

► die Leistungen der Vermessungs- und Katasterbehörden bei der Wahrnehmung von Aufgaben der Landesvermessung und des Liegenschaftskatasters mit Ausnahme der Amtshilfe;

► die Tätigkeit der Bundesanstalt für Landwirtschaft und Ernährung, soweit Aufgaben der Marktordnung, der Vorratshaltung und der Nahrungsmittelhilfe wahrgenommen werden.

e) Fahrzeuglieferer

aa) Personenkreis

103   Erstmalig im deutschen Umsatzsteuerrecht werden durch die Vorschrift des § 2a UStG private Verbraucher als Unternehmer angesehen, nämlich wenn sie ein neues Fahrzeug liefern, das bei der Lieferung in das übrige Gemeinschaftsgebiet gelangt. Als *Nichtunternehmer* in Betracht kommen insbesondere

► Privatpersonen,

► juristische Personen des öffentlichen Rechts,

► sonstige Personenzusammenschlüsse, die ansonsten nichtunternehmerisch tätig sind.

Demgegenüber handelt es sich bei *Kleinunternehmern* i. S. des § 19 UStG nicht um Fahrzeuglieferer i. S. des § 2a UStG. § 19 Abs. 4 UStG enthält für Kleinunternehmer eine Regelung für die innergemeinschaftliche Lieferung eines neuen Fahrzeugs.

§ 2a UStG betrifft auch *Unternehmer*, die ein neues Fahrzeug nicht im Rahmen ihres Unternehmens in das übrige Gemeinschaftsgebiet liefern. Sie werden auch insoweit wie ein Unternehmer behandelt. Es wird nicht fingiert, dass die Lieferung im Rahmen des Unternehmens ausgeführt wird.

bb) Bestimmte Lieferung

104   § 2a UStG findet nur dann Anwendung, wenn ein *neues Fahrzeug* von dem bestimmten Personenkreis geliefert wird. Was ein Fahrzeug i. S. des UStG ist, wird in *§ 1b Abs. 2 UStG* geregelt. Wann ein Fahrzeug als neu i. S. des UStG gilt, wird in *§ 1b Abs. 3 UStG* bestimmt. Danach gilt z. B. ein Landfahrzeug als neu, wenn es im Zeitpunkt der Lieferung (identisch mit dem Erwerbszeitpunkt) nicht mehr als 6 000 Kilometer zurückgelegt hat oder seine erste Inbetriebnahme zu diesem Zeitpunkt nicht mehr als sechs Monate zurückliegt.

Die Beschränkung des § 2a UStG auf die Lieferung neuer Fahrzeuge resultiert aus den besonderen Regelungen beim Erwerb eines neuen Fahrzeugs innerhalb der EU. Jeder

Erwerber unterliegt beim Erwerb eines neuen Fahrzeugs der *Erwerbsbesteuerung* im Bestimmungsland. Da für neue Fahrzeuge auch bei Lieferungen zwischen Privatpersonen eine Besteuerung im Bestimmungsland stattfindet, musste auch für solche Fälle eine Entlastung von der USt im Ursprungsland sichergestellt werden. Dies geschieht durch die Unternehmerfiktion des § 2a UStG, die Steuerbefreiung gem. § 4 Nr. 1 Buchst. b UStG i.V. mit § 6a UStG und die Vorsteuerabzugsberechtigung gem. § 15 Abs. 4a UStG.

Es muss eine *tatsächliche Warenbewegung* vom Inland in das übrige Gemeinschaftsgebiet erfolgen. Es muss eine innergemeinschaftliche Lieferung eines neuen Fahrzeugs vorliegen.   105

Das neue Fahrzeug muss bei der Lieferung in das übrige Gemeinschaftsgebiet gelangen. Es ist unerheblich, ob das Fahrzeug durch den Lieferer oder den Abnehmer befördert oder versendet wird. Das neue Fahrzeug muss *nicht unverzüglich* in das übrige Gemeinschaftsgebiet gelangen.

Verbringt der Fahrzeuglieferer i. S. des § 2a UStG das neue Fahrzeug zunächst vom Inland in einen anderen Mitgliedstaat, um es dort gegen Entgelt zu veräußern, liegt ein nach § 3 Abs. 1a UStG i.V. mit § 1 Abs. 1 Nr. 1 Satz 1 UStG steuerbares Verbringen vor. Dieses Verbringen gilt nach § 6a Abs. 2 UStG i.V. mit § 4 Nr. 1 Buchst. b UStG als steuerfreie innergemeinschaftliche Lieferung. In dem Bestimmungsland ist der Vorgang als innergemeinschaftlicher Erwerb zu versteuern.   106

cc) Folgen für die Besteuerung

Der Nichtunternehmer oder der Unternehmer, der die Lieferung nicht im Rahmen seines Unternehmens ausführt, wird für die innergemeinschaftliche Lieferung des neuen Fahrzeugs *wie ein Unternehmer* behandelt. Die Lieferung ist im Inland steuerbar gem. § 1 Abs. 1 Nr. 1 Satz 1 UStG. Diese steuerbare Lieferung ist unter den Voraussetzungen des § 6a UStG i.V. mit § 4 Nr. 1 Buchst. b UStG als innergemeinschaftliche Lieferung steuerfrei. Die Voraussetzungen der Steuerbefreiung müssen vom Fahrzeuglieferer als Unternehmer nachgewiesen sein.   107

Da der Fahrzeuglieferer für diese Lieferung wie ein Unternehmer behandelt wird, steht ihm unter Beachtung der Voraussetzungen des § 15 Abs. 1 UStG ein *Vorsteuerabzug* gem. § 15 Abs. 2 Satz 1 Nr. 1 UStG i.V. mit § 15 Abs. 3 Nr. 1 Buchst. a UStG zu. Dieser Vorsteuerabzug ist allerdings gem. *§ 15 Abs. 4a UStG* wie folgt eingeschränkt:

1. Abziehbar ist nur die auf die Lieferung, die Einfuhr oder den innergemeinschaftlichen Erwerb des neuen Fahrzeugs entfallende Steuer.

2. Die Steuer kann nur bis zu dem Betrag abgezogen werden, der für die Lieferung des neuen Fahrzeugs geschuldet würde, wenn die Lieferung nicht steuerfrei wäre.

3. Die Steuer kann erst in dem Zeitpunkt abgezogen werden, in dem der Fahrzeuglieferer die innergemeinschaftliche Lieferung des neuen Fahrzeugs ausführt.

Der Fahrzeuglieferer ist gem. § 14a Abs. 3 UStG zur *Ausstellung einer Rechnung* verpflichtet, in der er u. a. auf die Steuerfreiheit hinweist. Die Rechnung muss auch die in § 1b Abs. 2 und 3 UStG bezeichneten Merkmale enthalten (§ 14a Abs. 4 UStG). Der Un-   108 ternehmer hat gem. § 14b Abs. 1 UStG von dieser Rechnung ein Doppel zehn Jahre aufzubewahren.

109   Ist der Fahrzeuglieferer ansonsten Nichtunternehmer muss er gem. § 18 Abs. 4a UStG für den Voranmeldungszeitraum eine *Voranmeldung* abgeben, in dem die Lieferung ausgeführt wurde. Darüber hinaus muss er auch noch eine *Jahressteuererklärung* abgeben. In diesen Erklärungen ist die Vorsteuer gem. § 15 Abs. 4a UStG geltend zu machen. Eine *Zusammenfassende Meldung* i. S. des § 18a UStG ist vom Fahrzeuglieferer nicht abzugeben, da § 18a Abs. 1 UStG nur auf die Unternehmer i. S. des § 2 UStG abstellt.

Der Fahrzeuglieferer hat die *Aufzeichnungspflichten* des § 22 UStG zu befolgen.

4. Rahmen des Unternehmens

a) Begriffsbestimmung

110   Das Unternehmen umfasst die gesamte gewerbliche oder berufliche Tätigkeit des Unternehmers. Das Unternehmen ist *tätigkeitsbezogen*, d. h., Tätigkeiten, die nicht unternehmerisch sind, gehören nicht zum Unternehmen. Dadurch unterscheidet sich der Begriff des Unternehmens im umsatzsteuerlichen Sinne von der Bedeutung des Unternehmens im allgemeinen Sprachgebrauch, der von einer gegenständlichen Definition ausgeht.

Aus der tätigkeitsbezogenen Definition ergibt sich, dass jeder Unternehmer einen *unternehmerischen* und einen *nichtunternehmerischen* Bereich hat. Zur Abgrenzung dieser Bereiche bei Vereinen, Forschungsbetrieben und ähnlichen Einrichtungen wird auf Abschn. 22 UStR 2008 verwiesen.

b) Umfang des Unternehmens

111   Das Unternehmen umfasst nach § 2 Abs. 1 Satz 2 UStG die *gesamte gewerbliche oder berufliche Tätigkeit* des Unternehmers. Sämtliche Betriebe oder berufliche Tätigkeiten desselben Unternehmers bilden das Unternehmen. *Ein Unternehmer hat immer nur ein Unternehmen.* In diesem Unternehmen sind alle unternehmerischen Aktivitäten des Unternehmers zusammengefasst. Betriebsstätten im In- und Ausland gehören zum Unternehmen.

Innerhalb eines einheitlichen Unternehmens sind steuerbare Umsätze grundsätzlich nicht möglich; es handelt sich bei derartigen unternehmensinternen Vorgängen um nicht steuerbare *Innenumsätze*. Eine Ausnahme von diesem Grundsatz stellt das innergemeinschaftliche Verbringen dar.

BEISPIEL: Unternehmer A verbringt Ware aus seinem Unternehmensteil im Inland in seinen Unternehmensteil nach Frankreich, um die Ware in Frankreich zu veräußern.

Es handelt sich nicht um einen Innenumsatz. Das Verbringen wird im Inland gem. § 3 Abs. 1a UStG wie eine Lieferung gegen Entgelt behandelt. Diese Lieferung ist als innergemeinschaftliche Lieferung steuerfrei gem. § 4 Nr. 1 Buchst. b UStG i. V. mit § 6a Abs. 2 UStG. A muss in Frankreich die Erwerbsbesteuerung durchführen.

112   In den Rahmen des Unternehmens fallen nicht nur die *Grundgeschäfte*, sondern auch die *Hilfsgeschäfte* (BFH vom 24. 2. 1988, BStBl 1988 II S. 622). Unter „Grundgeschäften"

sind die Tätigkeiten des Unternehmers zu verstehen, die den eigentlichen Gegenstand der geschäftlichen Betätigung bilden, d. h., die berufs- bzw. gewerbetypischen Tätigkeiten. „Hilfsgeschäfte" sind die Tätigkeiten, die eng mit der Haupttätigkeit verbunden sind. Zu den Hilfsgeschäften gehört jede Tätigkeit, die die Haupttätigkeit mit sich bringt (BFH vom 28.10.1964, BStBl 1965 III S. 34). Auf die *Nachhaltigkeit* der Hilfsgeschäfte kommt es nicht an (BFH vom 20.9.1990, BStBl 1991 II S. 35); auch ein einmaliger, ohne Wiederholungsabsicht ausgeführter Hilfsumsatz unterliegt der USt. Ein Verkauf von Vermögensgegenständen fällt ohne Rücksicht auf die Nachhaltigkeit in den Rahmen des Unternehmens, wenn der Gegenstand zum unternehmerischen Bereich des Veräußerers gehörte.

BEISPIEL: ▶ Textilunternehmer A hatte von seinem Onkel im Januar 01 eine Eigentumswohnung geerbt. Da A selbst keine Verwendung für die Eigentumswohnung hatte, veräußerte er diese im August 01 an einen Käufer.

a) In der Zeit von Januar 01 bis August 01 war die Eigentumswohnung vermietet und A hatte sie auch seinem Unternehmen zugeordnet. Es liegt kein Teilbetrieb vor.

b) In der Zeit von Januar 01 bis August 01 war die Eigentumswohnung nicht vermietet.

a) Die Eigentumswohnung gehörte zum unternehmerischen Bereich des A. Die Veräußerung stellt ein Hilfsgeschäft im Rahmen des Unternehmens dar. Bei Hilfsgeschäften kommt es auf die Nachhaltigkeit nicht an.

b) Ein Hilfsgeschäft liegt nicht vor; denn die Eigentumswohnung hat nicht zum unternehmerischen Bereich des A gehört. Der Verkauf stellt sich als ein Vorgang auf der privaten Vermögensebene dar und gehört somit nicht in den Rahmen des Unternehmens des A.

5. Inland

a) Begriff

Inland i. S. des UStG ist gem. *§ 1 Abs. 2 Satz 1 UStG* das Gebiet der Bundesrepublik Deutschland mit Ausnahme 113

▶ des Gebietes von Büsingen,

▶ der Insel Helgoland,

▶ der Freizonen des Kontrolltyps I nach § 1 Abs. 1 Satz 1 des Zollverwaltungsgesetzes (Freihäfen),

▶ der Gewässer und Watten zwischen der Hoheitsgrenze und der jeweiligen Strandlinie,

▶ der deutschen Schiffe und der deutschen Luftfahrzeuge in Gebieten, die zu keinem Zollgebiet gehören.

Freihäfen sind die Teile der Häfen Bremerhaven, Cuxhaven, Emden, Hamburg und Kiel, die vom übrigen deutschen Teil des Zollgebiets der Gemeinschaft getrennt sind; die Freizonen des Kontrolltyps II Deggendorf und Duisburg sind hingegen ab dem 1.1.2004 als Inland zu behandeln (Abschn. 13 Abs. 1 Satz 2 UStR 2008).

Bestimmte Umsätze, die in den Freihäfen und in den Gewässern und Watten zwischen der Hoheitsgrenze und der jeweiligen Strandlinie bewirkt werden, werden gem. *§ 1 Abs. 3 UStG* wie Umsätze im Inland behandelt. Auf die Abschnitte 14 und 15 UStR 2008 wird insoweit verwiesen.

b) Lieferort

aa) Überblick

114 Nur wenn sich der *Lieferort im Inland* befindet, kann die Lieferung gem. § 1 Abs. 1 Nr. 1 Satz 1 UStG steuerbar sein.

Die Vorschrift des *§ 3 Abs. 5a UStG* bestimmt, dass sich der Lieferort vorbehaltlich der §§ 3c, 3e, 3f und 3g UStG nach den Absätzen 6 bis 8 des § 3 UStG richtet. Damit wird folgende *Prüfungsreihenfolge* vorgegeben:

► § 3c UStG: Ort der Lieferung in besonderen Fällen

► § 3e UStG: Ort der Lieferung während einer Beförderung an Bord eines Schiffes, in einem Luftfahrzeug oder in einer Eisenbahn

► § 3f UStG: Ort der unentgeltlichen Lieferungen und sonstigen Leistungen

► § 3g UStG: Ort der Lieferung von Gas oder Elektrizität

► § 3 Abs. 8 UStG: Ort der Lieferung in Fällen der Einfuhr aus dem Drittlandsgebiet

► § 3 Abs. 7 UStG: Ort der Lieferung in Fällen ohne Beförderung oder Versendung

► § 3 Abs. 6 UStG: Ort der Lieferung in Fällen der Beförderung oder Versendung

115 § 3 Abs. 6 und 7 UStG sind durch das *Umsatzsteuer-Änderungsgesetz 1997* vom 12. 12. 1996 (BGBl 1996 I S. 1851) mit Wirkung ab dem 1. 1. 1997 geändert worden. Die Regelung diente der Anpassung an Artikel 8 Abs. 1 der 6. EG-Richtlinie. § 3f UStG ist durch das *Steuerentlastungsgesetz 1999/2000/2002* mit Wirkung ab dem 1. 4. 1999 in das UStG aufgenommen worden. § 3g UStG ist im Rahmen des *Richtlinien-Umsetzungsgesetzes* vom 9. 12. 2004 (BGBl 2004 I S. 3310) in das UStG eingefügt worden. Die Regelung gilt ab dem 1. 1. 2005.

bb) Bewegte Lieferung

116 Für die Bestimmung des Lieferorts ist zu entscheiden, ob eine *bewegte* oder eine *unbewegte* Lieferung vorliegt. Der Lieferort für eine bewegte Lieferung bestimmt sich grundsätzlich nach *§ 3 Abs. 6 Satz 1 UStG*. Wird der Gegenstand der Lieferung durch den Lieferer, den Abnehmer oder einen vom Lieferer oder vom Abnehmer beauftragten Dritten befördert oder versendet, gilt die Lieferung dort als ausgeführt, wo die Beförderung oder Versendung an den Abnehmer oder in dessen Auftrag an einen Dritten beginnt. Diese Regelung macht eine Unterscheidung zwischen „Abholen", „Befördern" und „Versenden" überflüssig. Der *Abholfall* ist der Beförderung oder Versendung gleichgestellt.

Befördern ist gem. § 3 Abs. 6 Satz 2 UStG jede Fortbewegung eines Gegenstandes. Der Lieferer, der Abnehmer oder der beauftragte Dritte transportiert den Gegenstand der Lieferung mit eigenen, gemieteten oder geliehenen Fahrzeugen. Beauftragter Dritter kann z. B. ein Dienstleister (Lohnveredelungsunternehmen, Lagerhalter), ein Verkaufskommissionär oder im innergemeinschaftlichen Dreiecksgeschäft ein nachfolgender Unternehmer sein, der jeweils nicht unmittelbar in die Liefervorgänge eingebunden ist. Beauftragter Dritter ist nicht der selbständige Spediteur, da der Transport in diesem Fall dem Auftraggeber zugerechnet wird. Eine Beförderung liegt auch vor, wenn der Gegenstand der Lieferung mit eigener Kraft fortbewegt wird, z. B. bei Kraftfahrzeugen

Fortbewegung auf eigener Achse, bei Schiffen auf eigenem Kiel (Abschn. 30 Abs. 2 Satz 2 UStR 2008).

Die Bewegung eines Unternehmensgegenstandes innerhalb des Unternehmens, die lediglich der Vorbereitung des Transports dient, stellt keine Beförderung i. S. des § 3 Abs. 6 Satz 2 UStG dar.

Versenden liegt gem. § 3 Abs. 6 Satz 3 UStG vor, wenn jemand die Beförderung durch einen selbständigen Beauftragten ausführen oder besorgen lässt. Die Versendung beginnt mit der Übergabe des Gegenstandes an den Beauftragten (§ 3 Abs. 6 Satz 4 UStG). Der mit der Versendung Beauftragte muss selbständig sein. Als selbständige Beauftragte kommen insbesondere Frachtführer, Verfrachter, Reeder, Spediteure, die Bahn oder die Post in Betracht. Eine Versendung ist auch in den Fällen anzunehmen, in denen der Beauftragte kein Unternehmer ist oder nicht gegen Entgelt tätig wird (z. B. ein Freund des Unternehmers).

Die Versendung kann auch durch *mehrere Beförderungsunternehmer* durchgeführt werden, die nacheinander tätig werden (BFH vom 17. 9. 1992, BFH/NV 1993 S. 279). Bei derartigen hintereinander geschalteten Versendungen kommt es auf die Übergabe an den ersten Beförderer an. Vergleichbares gilt beim Transport des Liefergegenstandes durch Befördern und Versenden; entscheidend ist der Beginn der ersten Beförderung.

In den Fällen, in denen der Versendungsauftrag *nachträglich geändert* wird, beginnt erst mit der Umbenennung die Versendung an den neuen Abnehmer. Der Lieferort ist dann dort, wo sich der Liefergegenstand im Zeitpunkt der Umbenennung befindet.

Der Ort der Lieferung bestimmt sich *nicht* nach § 3 Abs. 6 UStG, wenn der Gegenstand der Lieferung nach dem Beginn der Beförderung oder nach der Übergabe des Gegenstandes an den Beauftragten *vom Lieferer* noch einer Behandlung unterzogen wird, die seine Marktgängigkeit ändert (Abschn. 30 Abs. 4 Satz 1 UStR 2008). Dies ist insbesondere dann der Fall, wenn Gegenstand der Lieferung eine vom Lieferer errichtete ortsgebundene Anlage oder eine einzelne Maschine ist, die am Bestimmungsort fundamentiert oder funktionsfähig gemacht wird, indem sie in einen Satz bereits vorhandener Maschinen eingefügt und hinsichtlich ihrer Arbeitsgänge auf diese Maschinen abgestimmt wird (*Montagelieferung*). Ort der Lieferung ist dort, wo die Zusammenfügung vorgenommen wird. Dagegen gilt die Lieferung mit dem Beginn der Beförderung oder mit der Übergabe des Gegenstandes an den Beauftragten als ausgeführt, wenn eine betriebsfertig hergestellte Maschine lediglich zum Zwecke eines besseren und leichteren Transportes in einzelne Teile zerlegt und dann von einem Monteur des Lieferers am Bestimmungsort wieder zusammengesetzt wird (BFH vom 22. 6. 1961, BStBl 1961 III S. 393). § 3 Abs. 6 UStG ist auch dann anzuwenden, wenn die sich an den Transport anschließende Bearbeitung oder Verarbeitung vom Abnehmer selbst oder in seinem Auftrag von einem Dritten vorgenommen wird.

117

Die Anwendung des § 3 Abs. 6 UStG setzt voraus, dass der *Abnehmer* zu Beginn des Transports bereits *feststeht*. An Stelle des Abnehmers kann die Ware im Auftrag des Abnehmers auch an einen Dritten befördert oder versendet werden. Auch der Liefergegenstand muss feststehen.

118

119 Strittig war, ob die Vorschrift des § 3 Abs. 6 UStG nur den Lieferort bestimmt oder ob aus der Vorschrift auch der *Zeitpunkt* der Lieferung hervorgeht. In der Begründung zur Neuregelung wird ausgeführt, dass die Regelung nur noch ortsbezogen sei und keine Aussage mehr zum Zeitpunkt der Lieferung treffe. Der Lieferzeitpunkt bestimme sich für jede einzelne Lieferung nach dem Zivilrecht. In der Literatur wird aber auch mit guten Gründen die Auffassung vertreten, dass nicht nur der Lieferort, sondern auch der Lieferzeitpunkt durch die Vorschrift des § 3 Abs. 6 UStG festgelegt wird. Dies wird nunmehr auch vom *BMF* vertreten (BMF-Schreiben vom 26. 9. 2005, BStBl 2005 I S. 937).

§ 3 Abs. 6 Sätze 5 und 6 UStG betreffen die *Reihengeschäfte*.

cc) Unbewegte Lieferung

120 Wird der Gegenstand der Lieferung nicht befördert oder versendet (unbewegte oder ruhende Lieferung) ist der Lieferort gem. *§ 3 Abs. 7 Satz 1 UStG* dort, wo sich der Gegenstand zurzeit der Verschaffung der Verfügungsmacht befindet. Es handelt sich hierbei um Lieferungen, bei denen tatsächlich keine Warenbewegung zur Verschaffung der Verfügungsmacht erforderlich ist.

Durch die Vorschrift des § 3 Abs. 7 Satz 1 UStG werden folgende *Fallgruppen* betroffen:

▶ Grundstückslieferungen:

Lieferort ist der Grundstücksort.

▶ Lieferung durch bloße Einigung:

Ist der Abnehmer bereits vor der Verschaffung der Verfügungsmacht im Besitz des Gegenstandes und erfolgt demzufolge nur noch eine Einigung über den Eigentumsübergang, bestimmt sich der Lieferort nach § 3 Abs. 7 Satz 1 UStG.

▶ Lieferung durch Vereinbarung eines Besitzmittlungsverhältnisses:

In den Fällen, in denen der Lieferer das Eigentum an einer beweglichen Sache durch Einigung und Vereinbarung eines Besitzmittlungsverhältnisses auf den Erwerber überträgt, ist eine unbewegte Lieferung an dem Ort bewirkt, an dem sich der Gegenstand bei der Eigentumsübertragung befindet.

▶ Lieferung durch Abtretung des Herausgabeanspruchs:

Wenn das Eigentum an einer beweglichen Sache, die sich im Besitz eines Dritten befindet, vom Eigentümer auf den Erwerber durch Einigung und Abtretung des Herausgabeanspruchs übertragen wird, liegt eine unbewegte Lieferung vor, deren Lieferort sich nach § 3 Abs. 7 Satz 1 UStG bestimmt.

▶ Lieferung durch Übergabe von Traditionspapieren (z. B. Lagerschein, Konnossement):

Die Übergabe des Traditionspapiers ist wie die Übergabe der Sache selbst zu behandeln. Es wird eine unbewegte Lieferung an dem Ort ausgeführt, an dem sich die Ware im Zeitpunkt der Verschaffung der Verfügungsmacht befindet.

BEISPIEL: ▶ Händler A aus Rostock verkauft eine Schiffsladung Bananen an den Händler B aus Berlin. Die Ware befindet sich auf hoher See. Das Konnossement wird in Berlin an B übergeben.

A erbringt eine Lieferung i. S. des § 3 Abs. 1 UStG, da er B die Verfügungsmacht an den Bananen verschafft. Die Übergabe der Bananen wird durch die Übergabe des Konnossements ersetzt. Die Lieferung ist nicht steuerbar, da sich der Liefergegenstand zum Zeitpunkt der Verschaffung der Verfügungsmacht auf hoher See (Ausland) befindet.

▶ Werklieferung:

Handelt es sich um die Werklieferung eines unbeweglichen Gegenstandes, z. B. eines Gebäudes, liegt eine unbewegte Lieferung am Grundstücksort vor. Handelt es sich um die Werklieferung eines beweglichen Gegenstandes und entsteht der Gegenstand der Werklieferung erst durch Errichtung einer ortsgebundenen Anlage, durch Umbau, Einbau oder Anbau beim Abnehmer, ist eine unbewegte Lieferung am Abnahmeort gegeben.

▶ Lieferungen durch Leitungen:

Strom, Gas, Wasser, Kälte und Wärme werden an dem Ort geliefert, an dem der Zähler angebracht worden ist (RFH-Urteil vom 25. 6. 1943, RStBl 1943 S. 698). Der Rat der EU hat am 7. 10. 2003 die Richtlinie 2003/92/EG (ABl. EU 2003 Nr. L 260 S. 8) zur Änderung der Richtlinie 77/388/EWG hinsichtlich der Vorschriften über den Ort der Lieferung von Gas und Elektrizität erlassen. Die Mitgliedstaaten mussten diese Richtlinie bis zum 1. 1. 2005 umsetzen. § 3g UStG ist zum 1. 1. 2005 eingefügt worden und geht dem § 3 Abs. 7 UStG gem. § 3 Abs. 5a UStG vor.

Lieferzeitpunkt ist dann, wenn die Verfügungsmacht auf den Abnehmer übertragen wird. Bei Werklieferungen ist dies in der Regel dann der Fall, wenn der Abnehmer das fertige Werk durch Schlussabnahme abnimmt. 121

§ 3 Abs. 7 Satz 2 UStG betrifft die *Reihengeschäfte*.

dd) Einfuhrlieferung

§ 3 Abs. 8 UStG regelt den Lieferort in den Fällen, in denen der Gegenstand der Lieferung bei der Beförderung oder Versendung an den Abnehmer oder in dessen Auftrag an einen Dritten aus dem Drittlandsgebiet in das Inland gelangt. Voraussetzung für die Anwendung des § 3 Abs. 8 UStG ist, dass der Lieferer oder sein Beauftragter Schuldner der EUSt ist. Liegen diese Voraussetzungen vor, dann gilt der Ort der Lieferung dieses Gegenstandes als im Inland gelegen. 122

Sinn und Zweck der Regelung ist es, einen teilweise steuerfreien Verbrauch zu verhindern. Ohne die Vorschrift des § 3 Abs. 8 UStG wäre es möglich, dass nur der unter dem Verkaufspreis liegende Einfuhrwert der USt unterläge; die Differenz zwischen Einfuhrwert und Verkaufspreis bliebe unversteuert. Durch § 3 Abs. 8 UStG wird erreicht, dass der gesamte Verkaufswert besteuert wird. Der Lieferer kann die gezahlte EUSt gem. § 15 Abs. 1 Satz 1 Nr. 2 UStG als Vorsteuer abziehen.

Neben einer Warenbewegung aus dem Drittland in das Inland ist auch erforderlich, dass der Lieferer oder sein Beauftragter (z. B. ein Spediteur) *Schuldner der EUSt* ist. Maßgeblich ist, unabhängig von den Lieferkonditionen, wer nach den zollrechtlichen Vorschriften Schuldner der EUSt ist (Abschn. 31 Abs. 1 Satz 2 UStR 2008). In den typischen Fällen der Überführung der Ware in den freien Verkehr ist der Anmelder, der die Zollanmeldung im eigenen Namen abgibt oder für dessen Namen die Anmeldung abgegeben wird, Schuldner der EUSt. Bei indirekter Stellvertretung, bei der der Anmelder im eigenen Namen, aber für fremde Rechnung handelt, ist auch die Person Zollschuldner, für deren Rechnung die Zollanmeldung abgegeben worden ist. Schuldner der EUSt kann somit der Lieferer oder der Abnehmer sein. § 3 Abs. 8 UStG kommt nur dann zur Anwendung, wenn der Lieferer (oder sein Beauftragter) Schuldner der EUSt ist.

123   Liegen die Voraussetzungen des § 3 Abs. 8 UStG vor, gilt der Lieferort als im Inland gelegen. Der Lieferer führt dann eine im Inland steuerbare Lieferung aus.

> **BEISPIEL:** ▶ Der Unternehmer S mit Sitz in der Schweiz liefert dem Unternehmer D mit Sitz in München eine Maschine. S versendet die Maschine „verzollt und versteuert" an D nach München.
>
> Die Lieferung des S an den D ist in Deutschland steuerbar und steuerpflichtig. Der Lieferort ist im Einfuhrland Deutschland anzunehmen, da die Warenbewegung aus dem Drittlandsgebiet in das Inland ausgeführt wird und der Unternehmer S bzw. sein Beauftragter Schuldner der EUSt in Deutschland ist (Lieferkondition „verzollt und versteuert"). S ist zum Abzug der EUSt als Vorsteuer berechtigt, da die Maschine für sein Unternehmen eingeführt worden ist.

Die *örtliche Zuständigkeit* eines Finanzamtes für die USt im Ausland ansässiger Unternehmer richtet sich nach § 21 Abs. 1 Satz 2 AO i. V. mit der USt-Zuständigkeits-VO (Abschn. 31 Abs. 1 Satz 5 UStR 2008).

Der Lieferort nach § 3 Abs. 8 UStG ist auch im *Reihengeschäft* anwendbar.

ee) Ort der Lieferung von Gas oder Elektrizität

124   § 3g UStG ist im Rahmen des *Richtlinien-Umsetzungsgesetzes* vom 9. 12. 2004 (BGBl 2004 I S. 3310) mit Wirkung ab dem *1. 1. 2005* in das UStG eingefügt worden. Die Einfügung dient der Umsetzung der Richtlinie zum Lieferort von Gas und Elektrizität vom 7. 10. 2003 (ABl. EU Nr. L 260 S. 8) in nationales Recht.

Die Ortsvorschrift des § 3g UStG geht gem. *§ 3 Abs. 5a UStG* den Ortsbestimmungen in § 3 Abs. 6 bis 8 UStG voran.

Ausgehend vom *Empfänger* der Lieferung sind folgende Fallgestaltungen zu unterscheiden:

▶ Für den Fall, dass Gas über das Erdgasnetz oder Elektrizität an einen Wiederverkäufer geliefert wird, gilt das Empfängerortprinzip.

▶ Für den Fall, dass die Lieferung von Gas über das Erdgasnetz oder von Elektrizität nicht an einen Wiederverkäufer bewirkt wird, wird die Besteuerung an dem Ort durchgeführt, wo der Abnehmer die Gegenstände tatsächlich nutzt bzw. verbraucht. Sollte der Abnehmer die Gas- oder Elektrizitätslieferung insgesamt oder zum Teil nicht tatsächlich nutzen bzw. verbrauchen, gilt das Empfängerortprinzip.

Bei der Lieferung an einen *Wiederverkäufer* gilt das *Empfängerortprinzip* unabhängig davon, wie der Wiederverkäufer die gelieferten Gegenstände tatsächlich verwendet. Als Wiederverkäufer wird ein Unternehmer angesehen, dessen Haupttätigkeit in Bezug auf den Erwerb von Gas über das Erdgasnetz oder von Elektrizität im Wiederverkauf dieser Gegenstände besteht. Maßgebend ist dabei nicht die Gesamttätigkeit des Wiederverkäufers, sondern nur dessen Tätigkeit in der *Sparte* „Kauf von Gas oder Elektrizität". Der Verbrauch dieses Unternehmers zu eigenen unternehmerischen oder nichtunternehmerischen Zwecken muss von untergeordneter Bedeutung sein. Untergeordnet ist der Verbrauch dann, wenn er bezogen auf den gesamten Veranlagungszeitraum gegenüber dem Wiederverkauf nicht wesentlich ins Gewicht fällt. Auf das *BMF-Schreiben* vom 1. 8. 2005 (BStBl 2005 I S. 849) und Abschn. 42n UStR 2008 wird hingewiesen.

BEISPIEL: Unternehmer A mit Sitz in Dortmund liefert Gas über das Erdgasnetz an den Unternehmer B in Bielefeld, der gewerbsmäßig das Gas weiter verkauft.

A führt eine Lieferung i. S. des § 3 Abs. 1 UStG aus. Lieferort ist gem. § 3g Abs. 1 Satz 1 UStG Bielefeld, da der Abnehmer B ein Wiederverkäufer ist. Steuerschuldner für die steuerbare und steuerpflichtige Lieferung ist der leistende Unternehmer A.

Bei der Lieferung an *andere Abnehmer* als Wiederverkäufer wird auf den Ort des tatsächlichen Verbrauchs dieser Gegenstände abgestellt. Das ist normalerweise der Ort, wo sich der *Zähler* des Abnehmers befindet. Sollte es zu keinem Verbrauch kommen, weil z. B. Überkapazitäten verkauft werden, wird für die Lieferung der Verbrauch dort fingiert, wo dieser Abnehmer sein Unternehmen betreibt oder eine Betriebsstätte hat, für die die Gegenstände geliefert werden.

BEISPIEL: Unternehmer A mit Sitz in Dortmund liefert Gas über das Erdgasnetz zum Verbrauch an die Privatperson P mit Sitz in Bielefeld.

A führt eine Lieferung i. S. des § 3 Abs. 1 UStG aus. Lieferort ist gem. § 3g Abs. 2 Satz 1 UStG in Bielefeld, da hier der Verbrauch stattfindet. Steuerschuldner für die steuerbare und steuerpflichtige Lieferung ist der leistende Unternehmer A.

Bei Lieferungen von Gas über das Erdgasnetz oder von Elektrizität durch einen *im Ausland ansässigen Unternehmer* an einen Wiederverkäufer im Inland oder an einen anderen Unternehmer im Inland ist *Steuerschuldner der Leistungsempfänger* gem. § 13b Abs. 1 Satz 1 Nr. 5 UStG i. V. mit § 13b Abs. 2 UStG. Dadurch wird vermieden, dass sich der im Ausland ansässige leistende Unternehmer im Inland für Umsatzsteuerzwecke erfassen lassen muss, wenn er nur derartige Umsätze erbringt. Eine ggf. vorliegende Einfuhr ist gem. § 5 Abs. 1 Nr. 6 UStG steuerfrei. **125**

BEISPIEL: Der russische Unternehmer U liefert Gas über das Erdgasnetz an das deutsche Unternehmen A, das mit Gas handelt.

Es handelt sich um eine Lieferung i. S. des § 3 Abs. 1 UStG. Der Lieferort ist gem. § 3g Abs. 1 Satz 1 UStG im Inland, da der Wiederverkäufer A im Inland sein Unternehmen betreibt. Steuerschuldner für die steuerbare und steuerpflichtige Lieferung ist der Leistungsempfänger A gem. § 13b Abs. 1 Satz 1 Nr. 5 UStG i. V. mit § 13b Abs. 2 UStG. Hinsichtlich der Rechnungslegung ist § 14a Abs. 5 UStG zu beachten.

Die Einfuhr des Erdgases ist steuerbar gem. § 1 Abs. 1 Nr. 4 UStG und steuerfrei gem. § 5 Abs. 1 Nr. 6 UStG.

Durch *§ 3g Abs. 3 UStG* wird ausdrücklich klargestellt, dass bei Lieferungen von Gas über das Erdgasnetz und von Elektrizität unter den Bedingungen von § 3g Abs. 1 oder Abs. 2 UStG *kein innergemeinschaftliches Verbringen* vorliegt. **126**

BEISPIEL: Unternehmer A aus Amsterdam verbringt Gas über das Erdgasnetz in das Inland, um das Gas im Inland zu veräußern.

Es liegt kein innergemeinschaftlicher Erwerb durch A vor. Gemäß § 3g Abs. 3 UStG ist die Vorschrift des § 1a Abs. 2 UStG nicht anzuwenden. Die Weiterveräußerung ist – abhängig vom Empfänger – nach § 3g Abs. 1 oder Abs. 2 UStG zu behandeln.

Die Vorschrift des § 3g UStG findet *keine Anwendung* auf den Verkauf von Erdgas in Flaschen.

ff) Ort der unentgeltlichen Lieferungen und sonstigen Leistungen

127 § 3f wurde durch das *Steuerentlastungsgesetz 1999/2000/2002* mit Wirkung ab dem 1. 4. 1999 in das UStG eingefügt. Die Vorschrift steht im Zusammenhang mit der Neuregelung der Eigenverbrauchsbesteuerung.

Lieferungen i. S. des § 3 Abs. 1b UStG und sonstige Leistungen i. S. des § 3 Abs. 9a UStG werden gem. § 3f Satz 1 UStG an dem Ort ausgeführt, von dem aus der Unternehmer sein Unternehmen betreibt. Es gilt somit das *Unternehmersitzprinzip*. Werden diese Leistungen von einer Betriebsstätte ausgeführt, gilt die Betriebsstätte als Ort der Leistungen (§ 3f Satz 2 UStG).

> **BEISPIEL:** ► Unternehmer A mit Sitz in Hannover schenkt seinem Sohn zu dessen Geburtstag einen Computer, den A bisher in seinem Unternehmen eingesetzt hatte. Bei der Anschaffung des Computers konnte A den vollen Vorsteuerabzug in Anspruch nehmen. Der Computer wird dem Sohn an dessen Wohnsitz in Barcelona übergeben.
>
> A erbringt einen steuerbaren Umsatz i. S. des § 1 Abs. 1 Nr. 1 Satz 1 UStG. Die Entnahme des Computers zu privaten Zwecken steht gem. § 3 Abs. 1b Satz 1 Nr. 1 UStG einer Lieferung gegen Entgelt gleich. Diese Lieferung wird von einem Unternehmer im Rahmen seines Unternehmens ausgeführt. Lieferort ist gem. § 3f Satz 1 UStG Hannover, da A von Hannover aus sein Unternehmen betreibt. Der Umsatz ist steuerbar und steuerpflichtig.

gg) Ort der Lieferung während einer Beförderung an Bord eines Schiffes, in einem Luftfahrzeug oder in einer Eisenbahn

128 § 3e UStG regelt den *Lieferort* von bestimmten Gegenständen, die an Bord eines Schiffes, in einem Luftfahrzeug oder in einer Eisenbahn während der Beförderung innerhalb des Gemeinschaftsgebiets geliefert werden. Diese Lieferortbestimmung geht gem. § 3 Abs. 5a UStG den übrigen Ortsbestimmungen für die Lieferung (§ 3 Abs. 6 bis 8 UStG) vor.

Die Vorschrift des § 3e UStG dient der *Steuervereinfachung*. Der liefernde Unternehmer muss bei diesen Beförderungen innerhalb des Gemeinschaftsgebiets nicht mehr erfassen, in welchem Mitgliedstaat die Lieferung tatsächlich ausgeführt wird. Eine Erfassung des Unternehmers für umsatzsteuerliche Zwecke in allen betroffenen Mitgliedstaaten ist insoweit nicht erforderlich.

129 Bei den *typischen* unter § 3e UStG fallenden *Gegenständen*, die an Bord eines Schiffes, in einem Luftfahrzeug oder in einer Eisenbahn veräußert werden, handelt es sich insbesondere um

► Zigaretten,

► Alkohol,

► Kaffee,

► Parfüm,

► Kosmetika.

§ 3e UStG kommt nur dann zur Anwendung, wenn der Gegenstand   130

► an Bord eines Schiffes,

► in einem Luftfahrzeug oder

► in einer Eisenbahn

geliefert wird.

Auf Lieferungen, die in *anderen Beförderungsmitteln* stattfinden, z. B. in Bussen, ist § 3e UStG nicht anwendbar.

§ 3e UStG kommt nur dann zur Anwendung, wenn der Gegenstand während einer *Be-*   131
förderung innerhalb des Gemeinschaftsgebiets geliefert wird. Als Beförderung innerhalb des Gemeinschaftsgebiets gilt gem. *§ 3e Abs. 2 Satz 1 UStG* die Beförderung oder der Teil der Beförderung zwischen dem Abgangsort und dem Ankunftsort des Beför-derungsmittels im Gemeinschaftsgebiet ohne Zwischenaufenthalt außerhalb des Ge-meinschaftsgebiets. *Abgangsort* ist der erste Ort innerhalb des Gemeinschaftsgebiets, an dem Reisende in das Beförderungsmittel einsteigen können. *Ankunftsort* ist der letz-te Ort innerhalb des Gemeinschaftsgebiets, an dem Reisende das Beförderungsmittel verlassen können. Auch eine Beförderung über Drittlandsgebiet ist als innergemein-schaftliche Beförderung i. S. des § 3e Abs. 1 UStG anzusehen, wenn der Abgangsort und der Ankunftsort innerhalb des Gemeinschaftsgebiets liegen und kein Zwischenaufent-halt im Drittlandsgebiet erfolgt.

Für die Anwendung des § 3e UStG ist nicht erforderlich, dass die gesamte Beför-derungsstrecke innerhalb des Gemeinschaftsgebiets liegt. Es reicht aus, wenn die in-nergemeinschaftliche Beförderungsstrecke einen *Teil* der gesamten Beförderungsstre-cke darstellt.

BEISPIEL: ► Eine Eisenbahn fährt von Budapest über die Haltebahnhöfe Wien, München und Kon-stanz nach Zürich.

Der Teil der Beförderungsstrecke zwischen dem ersten Abgangsort im Gemeinschaftsgebiet (Budapest) und dem letzten Ankunftsort im Gemeinschaftsgebiet (Konstanz) stellt eine Beför-derung innerhalb des Gemeinschaftsgebiets dar. Für die Lieferungen, die in der Eisenbahn zwi-schen Budapest und Konstanz erfolgen, ist § 3e UStG anzuwenden, mit der Folge, dass als Lie-ferort Budapest anzusehen ist. Für die Lieferungen, die nicht zwischen Budapest und Konstanz ausgeführt werden, sind die allgemeinen Ortsvorschriften anzuwenden.

Wird ein Gegenstand während einer Beförderung innerhalb des Gemeinschaftsgebiets   132
an Bord eines Schiffes, in einem Luftfahrzeug oder in einer Eisenbahn geliefert, so ist der Lieferort am *Abgangsort* des jeweiligen Beförderungsmittels im Gemeinschafts-gebiet. Es kommt nicht darauf an, wo der Gegenstand tatsächlich dem Käufer überge-ben wird.

BEISPIEL: ► Der Unternehmer A mit Sitz in Düsseldorf führt u. a. Flüge von Düsseldorf nach Mai-land durch. Während des Fluges werden Waren, die nicht zum Verzehr an Ort und Stelle be-stimmt sind, an die Reisenden veräußert.

A veräußert nicht zum Verzehr an Ort und Stelle bestimmte Gegenstände während einer Be-förderung innerhalb des Gemeinschaftsgebiets in einem Luftfahrzeug. Der Abgangsort des

Luftfahrzeugs im Gemeinschaftsgebiet ist gem. § 3e Abs. 1 UStG als Lieferort anzusehen. Als Ort der Warenlieferungen ist somit Düsseldorf anzusehen.

hh)   Ort der Lieferung in besonderen Fällen

(1)   Allgemeines

133   § 3c UStG enthält eine Sonderregelung für den Ort der Lieferung. Die Ortsbestimmung betrifft insbesondere die *Versandhandelsgeschäfte*. Hierbei ist allerdings zu beachten, dass diese sog. Versandhandelsregelung nicht nur den Versandhandel nach dem allgemeinen Sprachgebrauch betrifft. Die Regelung sieht eine besondere – von § 3 Abs. 6 bis 8 UStG abweichende – Bestimmung des Ortes der Lieferung für die Fälle vor, in denen der Lieferer Gegenstände in einen anderen Mitgliedstaat befördert oder versendet und der Abnehmer einen innergemeinschaftlichen Erwerb nicht zu versteuern hat. Die Ortsbestimmung hat vor allem Bedeutung für innergemeinschaftliche Versandhandelsgeschäfte mit Privatpersonen und stellt über eine Besteuerung der Lieferungen eine Steuerbelastung des Letztverbrauchs im Gemeinschaftsgebiet sicher. § 3c UStG geht den Ortsvorschriften des § 3 Abs. 6 bis 8 UStG vor; dies ergibt sich aus § 3 Abs. 5a UStG.

(2)   Warenbewegung

134   Die Anwendung der Vorschrift des § 3c UStG setzt eine *tatsächliche Warenbewegung* in Form einer Beförderung oder Versendung von einem Mitgliedstaat in einen anderen Mitgliedstaat voraus. Um einen unbelasteten Letztverbrauch, z. B. in den deutschen Freihäfen, zu verhindern, werden gem. § 3c Abs. 1 Satz 1 UStG auch Warenbewegungen aus dem übrigen Gemeinschaftsgebiet in die in § 1 Abs. 3 UStG bezeichneten Gebiete in die Regelung des § 3c UStG mit aufgenommen. Wird ein Gegenstand aus dem Drittlandsgebiet befördert oder versendet und im Rahmen dieser Beförderung oder Versendung in einem Mitgliedstaat der Einfuhrbesteuerung unterworfen, d. h., zum freien Verkehr abgefertigt, und endet die Beförderung oder Versendung in einem anderen (als dem der Einfuhr) Mitgliedstaat, ist § 3c UStG gem. § 3c Abs. 1 Satz 2 UStG anwendbar.

Liegt eine derartige Warenbewegung vor, ist es für die Anwendung des § 3c UStG entscheidend, *wer* die Beförderung oder Versendung durchgeführt bzw. veranlasst hat. § 3c UStG kommt nur dann zur Anwendung, wenn die Beförderung oder Versendung von dem *Lieferer* oder einem von ihm beauftragten Dritten durchgeführt wird. In den Fällen, in denen der Abnehmer die Ware abholt oder einen Dritten mit dem Transport beauftragt, ist der Lieferort nach § 3 Abs. 6 UStG zu bestimmen. Dies gilt auch dann, wenn der Lieferer im Namen und für Rechnung des Abnehmers einen Dritten mit dem Transport beauftragt und hierzu von dem Abnehmer bevollmächtigt wurde. In diesem Fall ist der Abnehmer der Auftraggeber für den Transport, was die Anwendung des § 3c UStG ausschließt.

BEISPIEL: Unternehmer A betreibt in Bielefeld ein Möbeleinzelhandelsgeschäft. A verkauft dem französischen Privatmann P einen Schrank. P lässt den Schrank durch einen von ihm beauftragten Frachtführer aus Bielefeld abholen und nach Frankreich transportieren. Die maßgebende Lieferschwelle ist überschritten.

A erbringt einen steuerbaren Umsatz i. S. des § 1 Abs. 1 Nr. 1 Satz 1 UStG. Der Ort der Lieferung ist gem. § 3 Abs. 6 Satz 1 UStG in Bielefeld. § 3c UStG kommt nicht zur Anwendung, da nicht der Lieferer A, sondern der Abnehmer P den Versendungsauftrag erteilt hat. Der steuerbare Umsatz ist auch steuerpflichtig. Eine innergemeinschaftliche Lieferung liegt nicht vor, da der Abnehmer P kein Unternehmer ist und nicht der Erwerbsbesteuerung unterliegt (§ 6a Abs. 1 Satz 1 Nr. 2 und 3 UStG).

Liegen neben der Warenbewegung auch die weiteren Voraussetzungen des § 3c Abs. 2 bis 5 UStG vor, gilt die Lieferung dort als ausgeführt, wo die Beförderung oder Versendung *endet*. Der liefernde Unternehmer muss seinen steuerlichen Pflichten im Bestimmungsland der Lieferung nachkommen.

(3) Abnehmerkreis

Die weiteren Voraussetzungen für die Anwendung der Versandhandelsregelung sind in § 3c Abs. 2 bis 5 UStG aufgeführt. *§ 3c Abs. 2 UStG* nennt den bestimmten Abnehmerkreis. Hierbei handelt es sich um Abnehmer, die mit ihrem Erwerb *nicht der Erwerbsbesteuerung* unterliegen.   135

Im Einzelnen kommen als *Abnehmer* in Betracht:

► Privatpersonen;

► Unternehmer, die den Gegenstand nicht für ihr Unternehmen erwerben;

► Unternehmer, die nur steuerfreie Umsätze ausführen, die zum Ausschluss vom Vorsteuerabzug führen, und die die maßgebende Erwerbsschwelle nicht überschreiten und auch nicht auf die Anwendung der Erwerbsschwelle gem. § 1a Abs. 4 UStG verzichtet haben;

► Kleinunternehmer, die nach dem Recht des für die Besteuerung zuständigen Mitgliedstaates von der Steuer befreit sind oder auf andere Weise von der Besteuerung ausgenommen sind, und die die maßgebende Erwerbsschwelle nicht überschreiten und auch nicht auf die Anwendung der Erwerbsschwelle gem. § 1a Abs. 4 UStG verzichtet haben;

► Unternehmer, die nach dem Recht des für die Besteuerung zuständigen Mitgliedstaates die Pauschalregelung für landwirtschaftliche Erzeuger anwenden, und die die maßgebende Erwerbsschwelle nicht überschreiten und auch nicht auf die Anwendung der Erwerbsschwelle gem. § 1a Abs. 4 UStG verzichtet haben;

► juristische Personen, die nicht Unternehmer sind oder die den Gegenstand nicht für ihr Unternehmen erwerben, und die die maßgebende Erwerbsschwelle nicht überschreiten und auch nicht auf die Anwendung der Erwerbsschwelle gem. § 1a Abs. 4 UStG verzichtet haben.

Bei Beförderungs- oder Versendungslieferungen in das übrige Gemeinschaftsgebiet ist der Abnehmerkreis – unter Berücksichtigung der von dem jeweiligen EU-Mitgliedstaat festgesetzten Erwerbsschwelle – entsprechend abzugrenzen (Abschn. 42j Abs. 2 UStR 2008). Im Falle der Beendigung der Beförderung oder Versendung im Gebiet eines anderen Mitgliedstaates ist die von diesem Mitgliedstaat festgesetzte Erwerbsschwelle maßgebend. Die Höhe der *Erwerbsschwelle* in den einzelnen EU-Mitgliedstaaten ist in Abschn. 42j Abs. 2 UStR 2008 aufgeführt.

(4) Lieferschwelle

136   Das Ende der Beförderung oder Versendung eines Gegenstandes gilt als Lieferort, wenn die Lieferungen des Lieferanten in einem anderen Mitgliedstaat einen bestimmten Umfang – die *Lieferschwelle* – überschreiten. Der Gesamtbetrag der Entgelte, der den Lieferungen in einen Mitgliedstaat zuzurechnen ist, muss gem. *§ 3c Abs. 3 UStG* bei dem Lieferer im vorangegangenen oder im laufenden Kalenderjahr die maßgebende Lieferschwelle übersteigen. Ausreichend ist, wenn die Lieferschwelle entweder im vorangegangenen Kalenderjahr tatsächlich überschritten ist oder aber im laufenden Kalenderjahr überschritten wird. Für das laufende Kalenderjahr kommt es bei Überschreiten der Lieferschwelle zur Anwendung des § 3c UStG ab diesem Zeitpunkt.

Für die Ermittlung der jeweiligen Lieferschwelle ist von dem *Gesamtbetrag der Entgelte*, der den Lieferungen i. S. von § 3c UStG in einen EU-Mitgliedstaat zuzurechnen ist, auszugehen. Die Berechnung ist für jeden einzelnen Mitgliedstaat gesondert durchzuführen. Einzubeziehen sind nur die Lieferungen an die in § 3c Abs. 2 UStG aufgelisteten Erwerber. *Nicht einzubeziehen* in die Berechnung der maßgebenden Lieferschwelle sind die Entgelte für die Lieferungen neuer Fahrzeuge und für die Lieferungen verbrauchsteuerpflichtiger Waren. Nicht zu berücksichtigen sind ebenfalls die Lieferungen, die die Voraussetzungen einer innergemeinschaftlichen Lieferung i. S. von § 6a UStG erfüllen.

BEISPIEL: ▶ Der deutsche Unternehmer A liefert jährlich Waren (keine neuen Fahrzeuge und keine verbrauchsteuerpflichtigen Waren) an Privatpersonen in die Niederlande für 150 000 € und für 5 000 € an Privatpersonen nach Belgien. A erteilt die entsprechenden Transportaufträge und A hat auch nicht auf die Anwendung der Lieferschwelle verzichtet.

Die Lieferungen des A an die Privatpersonen in die Niederlande sind in Deutschland nicht steuerbar. Lieferort ist in den Niederlanden, da die maßgebende Lieferschwelle in den Niederlanden überschritten ist und auch die weiteren Voraussetzungen für die Anwendung der Versandhandelsregelung erfüllt sind. A muss seinen steuerlichen Pflichten in den Niederlanden nachkommen.

Die Lieferungen des A an die Privatpersonen in Belgien sind in Deutschland steuerbar und mangels einer Steuerbefreiung auch steuerpflichtig. Der Lieferort bestimmt sich nach § 3 Abs. 6 Satz 1 UStG und ist am Beginn des Transports. Die Versandhandelsregelung des § 3c UStG kommt nicht zur Anwendung, da die maßgebende Lieferschwelle in Belgien nicht überschritten ist und A auch insoweit nicht auf die Anwendung der Lieferschwelle verzichtet hat.

Deutschland hat die Lieferschwelle auf 100 000 € festgesetzt. Die maßgebenden Lieferschwellen in den *anderen EU-Mitgliedstaaten* betragen (vgl. Abschn. 42j Abs. 3 UStR 2008):

Belgien	35 000,00 €	Niederlande	100 000,00 €
Bulgarien	70 000,00 BGN	Österreich	100 000,00 €
Dänemark	280 000,00 DKK	Polen	35 000,00 €
Estland	550 000,00 EEK	Portugal	31 424,00 €
Finnland	35 000,00 €	Rumänien	35 000,00 €
Frankreich	100 000,00 €	Schweden	320 000,00 SEK
Griechenland	35 000,00 €	Slowakei	35 000,00 €
Irland	35 000,00 €	Slowenien	35 000,00 €
Italien	27 889,00 €	Spanien	35 000,00 €
Lettland	24 000,00 LVL	Tschechien	35 000,00 €
Litauen	125 000,00 LTL	Ungarn	35 000,00 €
Luxemburg	100 000,00 €	Vereinigtes Königreich	70 000,00 GBP
Malta	35 000,00 €	Zypern	20 000,00 CYP

Nach *§ 3c Abs. 4 UStG* hat der Lieferer die Möglichkeit, auf die Anwendung des § 3c   137
Abs. 3 UStG, also auf die Anwendung der Lieferschwelle, zu verzichten. Bei ausgespro-
chenem *Verzicht* auf die Anwendung der Lieferschwelle gilt bei Nichtüberschreiten der
Lieferschwelle die Lieferung als am Ende der Beförderung oder Versendung ausgeführt.
Die Lieferung ist im Bestimmungsland der Besteuerung zu unterwerfen.

Der Lieferer kann für jeden Mitgliedstaat, dessen Lieferschwelle er nicht überschreitet,
gesondert entscheiden, ob er von der Verzichtsmöglichkeit des § 3c Abs. 4 UStG Gebrauch machen will oder nicht.

BEISPIEL: Der deutsche Unternehmer A liefert an Privatpersonen nach Luxemburg und nach
Dänemark jeweils unterhalb der maßgebenden Lieferschwellen.

A hat folgende Möglichkeiten:

► Besteuerung sämtlicher Umsätze am Abgangsort in Deutschland.

► Besteuerung der Umsätze nach Luxemburg unter Inanspruchnahme der Verzichtsmöglichkeit des § 3c Abs. 4 UStG in Luxemburg und Besteuerung der Umsätze nach Dänemark in
Deutschland.

► Besteuerung der Umsätze nach Dänemark unter Inanspruchnahme der Verzichtsmöglichkeit des § 3c Abs. 4 UStG in Dänemark und Besteuerung der Umsätze nach Luxemburg in
Deutschland.

► Besteuerung der Umsätze nach Luxemburg unter Inanspruchnahme der Verzichtsmöglichkeit des § 3c Abs. 4 UStG in Luxemburg und Besteuerung der Umsätze nach Dänemark
ebenfalls unter Inanspruchnahme der Verzichtsmöglichkeit des § 3c Abs. 4 UStG in Dänemark.

Der Verzicht ist gem. § 3c Abs. 4 Satz 2 UStG gegenüber der *zuständigen Behörde* zu erklären. Die Verzichtserklärung ist grundsätzlich form- und fristlos möglich. Aus Beweis-
gründen sollte die an sich formfreie Erklärung aber schriftlich abgegeben werden. Zuständige Behörde ist die Finanzbehörde, die unter Inanspruchnahme der Option für die
Besteuerung der Lieferung zuständig ist. Der Lieferer, der aus Deutschland in das übrige
Gemeinschaftsgebiet liefert, muss den Verzicht gegenüber der Finanzbehörde in dem
anderen EU-Mitgliedstaat erklären und hiervon seinem für die USt zuständigen Finanzamt Mitteilung machen. Die Option kann nur solange ausgesprochen werden, wie die
USt-Veranlagungen in beiden betroffenen Mitgliedstaaten noch geändert werden können.

Die Option *bindet* den Lieferer gem. § 3c Abs. 4 Satz 3 UStG mindestens für *zwei Kalenderjahre*. Dieser zweijährige Bindungszeitraum beginnt mit dem Beginn des Kalenderjahres, auf das sich die Option bezieht. Ohne Widerruf besteht die Option fort. Ein Widerruf der Option ist erst nach Ablauf des zweijährigen Bindungszeitraums möglich.
Der Widerruf für das dritte und alle folgenden Jahre ist bis zur Bestandskraft der Veranlagungen möglich. Nach dem Widerruf kann in der Folgezeit jederzeit mit zweijäh-
riger Bindungsfrist ab Beginn eines Folgejahres wieder optiert werden.

(5) Sonderregelungen

(a) Lieferung neuer Fahrzeuge

Die Versandhandelsregelung des § 3c UStG gilt gem. *§ 3c Abs. 5 Satz 1 UStG* nicht für   138
die Lieferung neuer Fahrzeuge. Zum Begriff „neues Fahrzeug" wird auf § 1b UStG ver-

wiesen. Der Lieferort in den Fällen der Lieferung eines neuen Fahrzeugs bestimmt sich grundsätzlich nach § 3 Abs. 6 Satz 1 UStG und ist am Beginn des Transports. Die Lieferung neuer Fahrzeuge unterliegt ausnahmslos der Besteuerung des innergemeinschaftlichen Erwerbs im Bestimmungsland, so dass § 3c UStG nicht erforderlich ist.

(b) Lieferung verbrauchsteuerpflichtiger Waren

139 § 3c Abs. 2 Satz 1 Nr. 2 UStG und § 3c Abs. 3 UStG gelten gem. *§ 3c Abs. 5 Satz 2 UStG* nicht für die Lieferung verbrauchsteuerpflichtiger Waren. *Verbrauchsteuerpflichtige Waren* i. S. des UStG sind nur:

► Mineralöle,

► Alkohol,

► alkoholische Getränke,

► Tabakwaren.

Nicht zu den verbrauchsteuerpflichtigen Waren i. S. des UStG gehört z. B. Kaffee.

Die Lieferung verbrauchsteuerpflichtiger Waren unterliegt immer dann der Versandhandelsregelung des § 3c UStG, wenn der Abnehmer eine *Privatperson* ist. Der Lieferer hat in diesen Fällen stets eine Besteuerung im *Bestimmungsland* der Ware vorzunehmen. Der Umfang der Lieferungen spielt dabei keine Rolle, da die Lieferschwelle des § 3c Abs. 3 UStG bei verbrauchsteuerpflichtigen Waren nicht anzuwenden ist.

Bei der Lieferung verbrauchsteuerpflichtiger Waren an die in *§ 3c Abs. 2 Satz 1 Nr. 2 UStG* genannten Abnehmer gilt die Versandhandelsregelung nicht. In diesen Fällen liegt immer eine innergemeinschaftliche Lieferung vor. Der Erwerb der verbrauchsteuerpflichtigen Waren ist stets als innergemeinschaftlicher Erwerb durch den Abnehmer zu besteuern.

(c) Differenzbesteuerung

140 Gemäß *§ 25a Abs. 7 Nr. 3 UStG* ist die Anwendung des § 3c UStG bei der Differenzbesteuerung ausgeschlossen.

c) Ort der sonstigen Leistung

aa) Überblick

141 *§ 3a UStG* enthält die Hauptanwendungsvorschriften für die Bestimmung des Ortes der sonstigen Leistung. Die Ortsbestimmung ist entscheidend für die Steuerbarkeit der sonstigen Leistung. Steuerbar sind gem. § 1 Abs. 1 Nr. 1 Satz 1 UStG nur die im Inland erbrachten Leistungen.

Bezüglich der Bestimmung des Ortes der sonstigen Leistung gilt bis 31. 12. 2009 folgende *Prüfungsreihenfolge*:

§ 3b UStG:	Ort der Beförderungsleistungen und der damit zusammenhängenden sonstigen Leistungen
§ 3f UStG:	Ort der unentgeltlichen Lieferungen und sonstigen Leistungen

§ 3a Abs. 2 UStG:	Ort der sonstigen Leistung im Zusammenhang mit Grundstücken; bei künstlerischen und ähnlichen Leistungen; bei Arbeiten an beweglichen körperlichen Gegenständen und bei Vermittlungsleistungen
§ 3a Abs. 4 i.V. mit Abs. 3 bzw. Abs. 3a UStG:	Ort der im § 3a Abs. 4 UStG aufgeführten Leistungen (Katalogleistungen)
§ 1 UStDV:	Sonderfälle des Ortes der sonstigen Leistung
§ 3a Abs. 1 UStG:	Grundsatz: Unternehmersitzprinzip

Im Rahmen des **Jahressteuergesetzes 2009** vom 19. 12. 2008 (BGBl 2008 I S. 2794) wurden die Ortsbestimmungen für die sonstigen Leistungen mit Wirkung ab dem **1. 1. 2010** neu gefasst. Diese Änderungen dienen der Umsetzung der Richtlinie 2008/8/EG vom 12. 2. 2008 in das nationale Recht.

Ab dem 1. 1. 2010 ist folgende **Prüfungsreihenfolge** zu beachten:

§ 3f UStG:	Ort der unentgeltlichen Lieferungen und sonstigen Leistungen
§ 3b UStG:	Ort der Beförderungsleistungen und der damit zusammenhängenden sonstigen Leistungen
§ 3e UStG:	Ort der Lieferungen und Restaurationsleistungen während einer Beförderung an Bord eines Schiffs, in einem Luftfahrzeug oder in einer Eisenbahn
§ 3a Abs. 3 UStG:	Ort der sonstigen Leistung im Zusammenhang mit Grundstücken, bei kurzfristigen Vermietungen von Beförderungsmitteln, bei künstlerischen und ähnlichen Leistungen, bei der Abgabe von Speisen und Getränken zum Verzehr an Ort und Stelle, bei Arbeiten an beweglichen körperlichen Gegenständen und bei Vermittlungsleistungen
§ 3a Abs. 4 UStG:	Ort der im § 3a Abs. 4 UStG aufgeführten Leistungen (Katalogleistungen)
§ 3a Abs. 5 UStG:	Ort der sonstigen Leistung bei bestimmten elektronischen Dienstleistungen
§ 3a Abs. 6 UStG:	Ort bei bestimmten sonstigen Leistungen eines Drittlandunternehmers
§ 3a Abs. 7 UStG:	Ort bei bestimmten Fahrzeugvermietungen
§ 3a Abs. 2 UStG:	Grundsatz: Empfängerortprinzip, wenn Leistungsempfänger Unternehmer ist
§ 3a Abs. 1 UStG:	Grundsatz: Unternehmersitzprinzip, wenn Leistungsempfänger Privatperson ist

bb) Ort der sonstigen Leistung nach § 3a Abs. 1 UStG

§ 3a Abs. 1 UStG enthält den *Grundsatz* für die Ortsbestimmung in den Fällen der sonstigen Leistung. Eine sonstige Leistung wird danach grundsätzlich an dem Ort ausgeführt, von dem aus der Unternehmer sein Unternehmen betreibt. Das Unternehmen wird dort betrieben, wo der Unternehmer tätig wird, d. h., insbesondere dort, wo er seine Tätigkeit anbietet, wo er Aufträge entgegennimmt, ihre Ausführung vorbereitet und die Zahlungen an ihn geleistet werden. Ein *Freiberufler* betreibt sein Unternehmen in der Regel dort, wo sich seine Praxis befindet. Das Betreiben eines Unternehmens ist nicht abhängig von dem Unterhalten einer Betriebsstätte.

142

Ab dem **1. 1. 2010** kommt dieser Grundsatz nur noch dann zur Anwendung, wenn die sonstige Leistung **nicht** an einen Unternehmer für dessen Unternehmen und auch nicht an eine nicht unternehmerisch tätige juristische Person, der eine Umsatzsteuer-Identifikationsnummer erteilt worden ist, ausgeführt wird. Falls die Leistung an diese Leistungsempfänger erbracht wird, gilt der Grundsatz des **§ 3a Abs. 2 UStG**, wonach der Leistungsort dort ist, wo der Leistungsempfänger sein Unternehmen betreibt.

143   Wird die sonstige Leistung von einer *Betriebsstätte* ausgeführt, so gilt nach § 3a Abs. 1 Satz 2 UStG die Betriebsstätte als Ort der sonstigen Leistung. Betriebsstätte i. S. des UStG ist jede *feste Geschäftseinrichtung* oder *Anlage*, die der Tätigkeit des Unternehmers dient. Eine solche Einrichtung oder Anlage kann aber nur dann als Betriebsstätte angesehen werden, wenn sie über einen ausreichenden *Mindestbestand an Personal und Sachmitteln* verfügt, der für die Erbringung der betreffenden Dienstleistungen erforderlich ist. Außerdem muss die Einrichtung oder Anlage einen hinreichenden Grad an *Beständigkeit* sowie eine Struktur aufweisen, die von der personellen und technischen Ausstattung her eine autonome Erbringung der jeweiligen Dienstleistungen ermöglicht. Eine solche beständige Struktur liegt z. B. vor, wenn die Einrichtung über eine Anzahl von Beschäftigten verfügt, von hier aus Verträge abgeschlossen werden können, Rechnungslegung und Aufzeichnungen dort erfolgen und Entscheidungen getroffen werden, z. B. über den Wareneinkauf (Abschn. 33 Abs. 3 UStR 2008).

Für die Bestimmung des Leistungsorts nach der Belegenheit der Betriebsstätte ist Voraussetzung, dass der Umsatz von der Betriebsstätte ausgeführt worden ist, d. h., die sonstige Leistung muss in *tatsächlicher Hinsicht* der Betriebsstätte zuzurechnen sein. Dies ist der Fall, wenn die für die sonstige Leistung erforderlichen einzelnen Arbeiten ganz oder überwiegend durch Angehörige oder Einrichtungen der Betriebsstätte ausgeführt werden. Es ist nicht erforderlich, dass die Betriebsstätte das Umsatzgeschäft selbst abgeschlossen hat (Abschn. 33 Abs. 2 Sätze 1 bis 3 UStR 2008). Der Ort einer einheitlichen sonstigen Leistung eines Unternehmers, der sein Unternehmen vom Inland aus betreibt, liegt auch dann im Inland, wenn *einzelne Leistungsteile* im Ausland erbracht werden (BFH vom 26. 3. 1992, BStBl 1992 II S. 929).

144   Da die Ortsbestimmungsvorschriften der §§ 3f, 3b, 3a Abs. 2 und 3a Abs. 3 bzw. Abs. 3a i.V. mit Abs. 4 UStG und des § 1 UStDV dem § 3a Abs. 1 UStG vorgehen, kommt die Anwendung des *Unternehmersitzprinzips* nur in Ausnahmefällen zur Anwendung. Vorrangig sind die aufgeführten Sonderregelungen zu prüfen; kommen diese nicht zur Anwendung, bestimmt sich der Leistungsort nach dem Grundsatz des § 3a Abs. 1 UStG.

§ 3a Abs. 1 UStG kommt z. B. bei folgenden sonstigen Leistungen zur *Anwendung*:

► Reiseleistungen i. S. des § 25 Abs. 1 UStG,

► Leistungen der Vermögensverwalter und Testamentsvollstrecker (BFH vom 5. 6. 2003, BStBl 2003 II S. 734),

► Leistungen der Notare, soweit sie nicht Grundstücksgeschäfte beurkunden oder nicht selbständige Beratungsleistungen erbringen,

► sonstige Leistungen i. S. des § 3a Abs. 4 UStG, wenn der Leistungsempfänger kein Unternehmer und innerhalb der EU ansässig ist (Ausnahme: bestimmte Leistungen, die auf elektronischem Weg erbracht werden),

► Stellung eines Rennservices (BFH vom 26. 3. 1992, BStBl 1992 II S. 929),

► Reisebetreuungsleistungen von angestellten Reiseleitern (BFH vom 23. 9. 1993, BStBl 1994 II S. 272),

► Vermittlung eines Joint-venture-Vertrags (BFH-Beschluss vom 1. 9. 1994, BFH/NV 1995 S. 458),

► Seebestattungen (BFH vom 15. 9. 1994, BFH/NV 1995 S. 553),

► Restaurationsumsätze (BFH vom 26. 6. 1996, BStBl 1998 II S. 278),

► Vermietung von Beförderungsmitteln,

► Leistungen der *Ärzte*, Zahnärzte und Tierärzte.

BEISPIELE: ►

1) A ist als Arzt für Allgemeinmedizin in Münster selbständig tätig. Während eines Urlaubs- aufenthalts in Spanien erbringt A eine entgeltliche Behandlungsleistung.

   Die sonstige Leistung, die Behandlungsleistung, wird am Sitz des Unternehmens, in Müns- ter, ausgeführt. Die sonstige Leistung ist in Deutschland steuerbar.

2) Ein kanadischer Staatsbürger tritt eine Europareise in München an und mietet ein Kraft- fahrzeug bei einer Firma in München.

   Die Vermietung des Kraftfahrzeugs durch einen im Inland ansässigen Unternehmer ist ins- gesamt steuerbar, und zwar auch dann, wenn das vermietete Beförderungsmittel während der Vermietung im Ausland genutzt wird.

cc) Ort der sonstigen Leistung nach § 3a Abs. 2 UStG

(1) Leistungen im Zusammenhang mit Grundstücken

Abweichend von § 3a Abs. 1 UStG wird eine sonstige Leistung im Zusammenhang mit einem Grundstück gem. *§ 3a Abs. 2 Nr. 1 Satz 1 UStG* dort ausgeführt, wo das Grund- stück liegt (*Belegenheitsprinzip*). Zu einem Grundstück gehören auch die wesentlichen Bestandteile. Zu den *wesentlichen Bestandteilen* eines Grundstücks gehören gem. § 94 Abs. 1 BGB die mit dem Grund und Boden fest verbundenen Sachen, insbesondere die Gebäude. Dies gilt auch für wesentliche Bestandteile, die ertragsteuerlich selbständige Wirtschaftsgüter sind (Abschn. 34 Abs. 1 Satz 4 UStR 2008). Auch sonstige Leistungen an *Scheinbestandteilen* stehen im Zusammenhang mit einem Grundstück. Schein- bestandteile sind gem. § 95 Abs. 1 BGB Bestandteile, die nur zu einem vorübergehen- den Zweck mit dem Grund und Boden verbunden sind. Dagegen sind sonstige Leistun- gen am *Zubehör* nicht im Zusammenhang mit einem Grundstück zu sehen. Zubehör sind gem. § 97 Abs. 1 BGB bewegliche Sachen, die, ohne Bestandteil der Hauptsache zu sein, dem wirtschaftlichen Zwecke der Hauptsache zu dienen bestimmt sind und zu ihr in einem dieser Bestimmung entsprechenden räumlichen Verhältnisse stehen.   145

Die sonstige Leistung muss nach dem *Sinn und Zweck* der Vorschrift in *engem Zusam- menhang* mit dem Grundstück stehen. Ein enger Zusammenhang ist gegeben, wenn sich die sonstige Leistung nach den tatsächlichen Umständen überwiegend auf die Be- bauung, Verwertung, Nutzung oder Unterhaltung des Grundstücks selbst bezieht.

Ab dem 1. 1. 2010 befindet sich diese Regelung in § 3a Abs. 3 Nr. 1 UStG.

In § 3a Abs. 2 Nr. 1 Satz 2 UStG werden sonstige Leistungen aufgeführt, die im Zusam- menhang mit einem Grundstück stehen. Es handelt sich *nicht* um eine abschließende Aufzählung.   146

Als sonstige Leistungen im Zusammenhang mit einem Grundstück sind die sonstigen Leistungen der in § 4 Nr. 12 UStG bezeichneten Art anzusehen *(§ 3a Abs. 2 Nr. 1 Satz 2 Buchst. a UStG)*. Hierzu gehört insbesondere die *Vermietung und Verpachtung* von Grundstücken oder Grundstücksteilen und zwar unabhängig davon, ob die Vermietungs- oder Verpachtungsleistung steuerfrei oder steuerpflichtig ist. Damit fallen u. a. auch folgende Vermietungs- und Verpachtungsleistungen unter die Regelung des § 3a Abs. 1 Nr. 1 Satz 2 Buchst. a UStG:

► die Vermietungen von Wohn- und Schlafräumen, die ein Unternehmer zur kurzfristigen Beherbergung von Fremden bereithält,

► die Vermietung von Fahrzeugabstellplätzen,

► die Überlassung von Wasser- und Bootsliegeplätzen für Sportboote (BFH vom 8. 10. 1991, BStBl 1992 II S. 368),

► die kurzfristige Vermietung auf Campingplätzen,

► die Vermietung und Verpachtung von Maschinen und Vorrichtungen aller Art, die zu einer Betriebsanlage gehören, wenn sie wesentliche Bestandteile oder Scheinbestandteile eines Grundstücks sind.

Als Leistungen im Zusammenhang mit einem Grundstück sind die sonstigen Leistungen im Zusammenhang mit der Veräußerung oder dem Erwerb von Grundstücken anzusehen *(§ 3a Abs. 2 Nr. 1 Satz 2 Buchst. b UStG)*. Hierunter fallen insbesondere die Leistungen der *Grundstücksmakler* und *Grundstückssachverständigen* sowie der *Notare* bei der Beurkundung von Grundstückskaufverträgen. *Nicht* hierunter fallen u. a.:

► der Verkauf von Anteilen an Grundstücksgesellschaften,

► die Veröffentlichung von Immobilienanzeigen,

► die Finanzierung und Finanzierungsberatung im Zusammenhang mit dem Kauf eines Grundstücks,

► die Rechts- und Steuerberatung in Grundstückssachen.

Als Leistungen im Zusammenhang mit einem Grundstück sind sonstige Leistungen anzusehen, die der Erschließung von Grundstücken oder der Vorbereitung oder der Ausführung von Bauleistungen dienen *(§ 3a Abs. 2 Nr. 1 Satz 2 Buchst. c UStG)*. Hierunter fallen z. B. die Leistungen der *Architekten*, Bauingenieure, Vermessungsingenieure, Bauträgergesellschaften, Sanierungsträger und der Unternehmer, die Abbruch- und Erdarbeiten ausführen. Ferner gehören hierzu die Leistungen zum Aufsuchen oder Gewinnen von Bodenschätzen und die Begutachtung von Grundstücken.

Im engen Zusammenhang mit einem Grundstück stehen auch die *Einräumung dinglicher Rechte*; z. B. dinglicher Nießbrauch, Dienstbarkeiten, Erbbaurechte, sowie sonstige Leistungen, die dabei ausgeführt werden; z. B. Beurkundungsleistungen eines Notars. Unter die Vorschrift des § 3a Abs. 2 Nr. 1 UStG fällt ferner die *Vermittlung von Vermietungen* von Grundstücken, Wohnungen, Ferienhäusern und Hotelzimmern (Abschn. 34 Abs. 8 UStR 2008). *Reparaturarbeiten*, *Gartenarbeiten* und die Leistungen der Fensterputzer stehen gleichfalls im Zusammenhang mit einem Grundstück und werden dem zufolge am Belegenheitsort des Grundstücks ausgeführt.

Zu dem Ort der sonstigen Leistung bei *Messen* und *Ausstellungen* nimmt Abschn. 34a   147
UStR 2008 ausführlich Stellung.

Sonstige Leistungen im Zusammenhang mit einem Grundstück können zugleich Leis-   148
tungen sein, die im § 3a Abs. 4 UStG aufgeführt sind. Die Ortsbestimmung des § 3a
Abs. 2 UStG geht der Ortsbestimmung des § 3a Abs. 4 i. V. mit Abs. 3 bzw. Abs. 3a UStG
vor.

(2) Tätigkeitsbezogene Leistungen

(a) Künstlerische und ähnliche Leistungen

Kulturelle, künstlerische, wissenschaftliche, unterrichtende, sportliche, unterhaltende   149
oder ähnliche Leistungen einschließlich der Leistungen der jeweiligen Veranstalter sowie die damit zusammenhängenden Tätigkeiten, die für die Ausübung der Leistungen
unerlässlich sind, werden gem. *§ 3a Abs. 2 Nr. 3 Buchst. a UStG* dort ausgeführt, wo der
Unternehmer jeweils ausschließlich oder zum wesentlichen Teil tätig wird. Die Tätigkeit selbst bestimmt den Leistungsort. Es gilt das *Schwerpunktprinzip*. Der Ort, an dem
der Erfolg eintritt oder die sonstige Leistung sich auswirkt, ist ohne Bedeutung (BFH
vom 4. 4. 1974, BStBl 1974 II S. 532). Maßgebend für den Leistungsort ist, wo die entscheidenden Bedingungen zum Erfolg gesetzt werden (BFH vom 26. 11. 1953,
BStBl 1954 III S. 63).

Durch das Wort *„jeweils"* wird klargestellt, dass es nicht entscheidend darauf ankommt,
wo der Unternehmer, z. B. Künstler, im Rahmen seiner Gesamttätigkeit überwiegend
tätig wird, sondern dass der *einzelne Umsatz* zu betrachten ist (Abschn. 36 Abs. 1 Satz 4
UStR 2008).

Ab dem **1. 1. 2010** findet sich diese Regelung in § 3a Abs. 3 Nr. 3 Buchst. a UStG. Das
Schwerpunktprinzip wird erweitert auf die Abgabe von Speisen und Getränken zum
Verzehr an Ort und Stelle, wenn § 3e UStG nicht zur Anwendung kommt (§ 3a Abs. 3
Nr. 3 Buchst. b UStG). Wird eine Restaurationsleistung an Bord eines Schiffs, in einem
Luftfahrzeug oder in einer Eisenbahn während einer Beförderung innerhalb des Ge-
meinschaftsgebiets ausgeführt, gilt der Abgangsort des jeweiligen Beförderungsmittels
im Gemeinschaftsgebiet als Ort der sonstigen Leistung.

Unter *künstlerischen Leistungen* i. S. des § 3a Abs. 2 Nr. 3 Buchst. a UStG sind nur die   150
sonstigen Leistungen zu verstehen, nicht die Lieferung bzw. Werklieferung von Kunstgegenständen. Des Weiteren sind die künstlerischen Leistungen abzugrenzen zu den
urheberrechtlichen Leistungen, deren Leistungsort nach § 3a Abs. 4 Nr. 1 UStG i. V. mit
§ 3a Abs. 3 UStG zu bestimmen ist.

BEISPIEL: ▶ Ein Sänger gibt aufgrund eines Vertrages mit einer Konzertagentur ein Konzert im
Inland. Aufgrund eines anderen Vertrages mit dem Sänger zeichnet eine ausländische Schall-
plattengesellschaft das Konzert auf.

Der Ort der Leistung für das Konzert befindet sich nach § 3a Abs. 2 Nr. 3 Buchst. a UStG (ab
1. 1. 2010: § 3a Abs. 3 Nr. 3 Buchst. a UStG) im Inland, da es sich um eine künstlerische Leistung
handelt. Mit der Aufzeichnung des Konzerts für eine Schallplattenproduktion überträgt der
Sänger Nutzungsrechte an seinem Urheberrecht i. S. des § 3a Abs. 4 Nr. 1 UStG. Für den Ort die-

ser Leistung ist § 3a Abs. 3 UStG maßgeblich. Ab dem 1.1.2010 ist diese Leistung nach § 3a Abs. 2 UStG zu bestimmen und am Sitz des Leistungsempfängers ausgeführt.

151   Die *Abgrenzung* der wissenschaftlichen Tätigkeit von der Beratung ist bei Gutachten nach dem *Zweck* vorzunehmen, den der Auftraggeber mit dem Gutachten verfolgt. Soll das Gutachten eine *konkrete Entscheidungshilfe* darstellen, handelt es sich um eine Beratungsleistung i. S. des § 3a Abs. 4 Nr. 3 UStG, deren Leistungsort sich nach § 3a Abs. 3 UStG bestimmt.

> **BEISPIEL:** Ein Wirtschaftsforschungsunternehmen erhält den Auftrag, in Form eines Gutachtens Struktur- und Standortanalysen für die Errichtung von Gewerbebetrieben zu erstellen.
>
> Auch wenn das Gutachten nach wissenschaftlichen Grundsätzen erstellt worden ist, handelt es sich um eine Beratung, da das Gutachten zur Lösung konkreter wirtschaftlicher Fragen verwendet werden soll. § 3a Abs. 2 Nr. 3 Buchst. a UStG findet keine Anwendung. Ab dem 1.1.2010 richtet sich der Leistungsort nach § 3a Abs. 2 UStG.

152   *Sportliche Leistungen* liegen vor, wenn körperliche oder geistige Fähigkeiten in einem reglementierten Wettbewerb gemessen werden. Unter *unterhaltenden Tätigkeiten* sind Leistungen ohne künstlerischen Wert zu verstehen, die auf die Aufmerksamkeit von Zuhörern oder Zuschauern abzielen (BFH vom 23.9.1993, BStBl 1994 II S. 272).

153   *Ähnliche Leistungen* sind vorhanden, wenn Dienstleistungen erbracht werden, die selbst keine der gesetzlich bezeichneten (wissenschaftlichen, künstlerischen, kulturellen, unterrichtenden, sportlichen oder unterhaltenden) Tätigkeiten darstellen, für deren Ausübung aber unerlässlich sind (EuGH-Urteil vom 26.9.1996, BStBl 1998 II S. 313).

Für die *Veranstalter* der genannten Tätigkeiten gilt derselbe Leistungsort. Veranstalter ist derjenige, der die Leistung einem größeren Publikum zugänglich macht und einerseits mit dem Leistenden, andererseits mit dem Publikum in unmittelbare Rechtsbeziehungen tritt.

(b)   Arbeiten an beweglichen körperlichen Gegenständen

154   Arbeiten an beweglichen körperlichen Gegenständen und die Begutachtung dieser Gegenstände werden gem. *§ 3a Abs. 2 Nr. 3 Buchst. c UStG* grundsätzlich dort ausgeführt, wo der Unternehmer jeweils ausschließlich oder zum wesentlichen Teil tätig wird. Bei den Arbeiten muss es sich um sonstige Leistungen handeln; bei Werklieferungen findet § 3a Abs. 2 Nr. 3 Buchst. c UStG keine Anwendung. Nicht unter die Vorschrift fallen Arbeiten an unbeweglichen Gegenständen, z. B. an Grundstücken, und „Arbeiten" an Menschen. § 3a Abs. 2 Nr. 3 Buchst. c UStG findet insbesondere bei *Reparatur- oder Wartungsleistungen* an Fahrzeugen und Maschinen Anwendung.

Die Vorschrift gilt auch für die *Begutachtung* beweglicher körperlicher Gegenstände. Eine Begutachtung setzt voraus, dass das fachmännische Urteil über Art, Beschaffenheit, Brauchbarkeit, Echtheit oder Wert eines beweglichen körperlichen Gegenstandes oder über den Umfang einer Schädigung und die zu seiner Beseitigung notwendigen Arbeiten schriftlich oder mündlich abgegeben wird. Bei der Begutachtung beweglicher körperlicher Gegenstände durch Sachverständige hat § 3a Abs. 2 Nr. 3 Buchst. c UStG *Vorrang* vor § 3a Abs. 3 und Abs. 4 Nr. 3 UStG. Auf die Verhältnisse des Leistungsempfängers kommt es daher in diesen Fällen nicht an (Abschn. 36 Abs. 8 UStR 2008).

Ab dem **1.1.2010** findet sich diese Regelung in § 3a Abs. 3 Nr. 3 Buchst. c UStG. Es ist allerdings zu beachten, dass die Regelung nur noch dann zur Anwendung kommt, wenn der Leistungsempfänger weder Unternehmer noch juristische Person mit Umsatzsteuer-Identifikationsnummer ist.

Durch die Änderung im *Jahressteuergesetz 1996* besteht seit dem 1.1.1996 die Möglichkeit, den Leistungsort durch die Verwendung einer *Umsatzsteuer-Identifikationsnummer* zu verschieben. Verwendet der Leistungsempfänger gegenüber dem leistenden Unternehmer eine ihm von einem anderen Mitgliedstaat erteilte Umsatzsteuer-Identifikationsnummer, gilt die unter dieser Nummer in Anspruch genommene Leistung als in dem Gebiet des anderen Mitgliedstaates ausgeführt. Der Ort dieser sonstigen Leistung wird jedoch durch die Verwendung einer Umsatzsteuer-Identifikationsnummer nicht in das Gebiet eines anderen Mitgliedstaates verlagert, wenn der Gegenstand im Anschluss an die Leistung in dem Mitgliedstaat verbleibt, in dem der leistende Unternehmer jeweils ausschließlich oder zum wesentlichen Teil tätig geworden ist. Der Gegenstand darf nicht in dem Mitgliedstaat der Bearbeitung oder Begutachtung *verbleiben*. Nicht erforderlich ist, dass der Gegenstand in den Mitgliedstaat gelangt, dessen Umsatzsteuer-Identifikationsnummer vom Leistungsempfänger verwendet wurde. Dies gilt nur noch bis zum 31.12.2009.

155

BEISPIEL: ▶ Der deutsche Unternehmer A bekommt von dem niederländischen Unternehmer NL den Auftrag, Blechbehälter herzustellen. Die hierfür erforderlichen Bleche werden von NL gestellt. Nach der Fertigstellung werden die Blechbehälter von A zu NL in die Niederlande befördert.

a) NL hat keine Umsatzsteuer-Identifikationsnummer verwendet.

b) NL hat eine niederländische Umsatzsteuer-Identifikationsnummer gegenüber A verwendet.

a) A erbringt eine sonstige Leistung an beweglichen körperlichen Gegenständen. Der Leistungsort liegt gem. § 3a Abs. 2 Nr. 3 Buchst. c UStG im Inland, da A ausschließlich im Inland tätig geworden ist. Eine Verschiebung des Leistungsorts kommt nicht in Betracht, da der Leistungsempfänger keine Umsatzsteuer-Identifikationsnummer verwendet hat. Ab dem 1.1.2010 ist der Leistungsort in den Niederlanden, da der Leistungsempfänger in den Niederlanden sein Unternehmen betreibt (§ 3a Abs. 2 UStG).

b) A erbringt eine sonstige Leistung an beweglichen körperlichen Gegenständen. Der Leistungsort verschiebt sich gem. § 3a Abs. 2 Nr. 3 Buchst. c Sätze 2 und 3 UStG (ab 1.1.2010: § 3a Abs. 2 UStG) in die Niederlande, da der Leistungsempfänger NL gegenüber A eine niederländische Umsatzsteuer-Identifikationsnummer verwendet hat und der Gegenstand im Anschluss an die Leistung nicht im Inland verbleibt.

(3) Vermittlungsleistungen

Eine Vermittlungsleistung liegt vor, wenn der Vermittler erkennbar im *fremden Namen* und für *fremde Rechnung* auftritt. Der Vermittler verhandelt im Namen und für Rechnung des Auftraggebers mit einem Dritten mit dem Ziel, zwischen dem Auftraggeber und dem Dritten einen Vertrag zustande zu bringen. Dem Leistungsempfänger muss beim *Abschluss* des Umsatzgeschäfts nach den Umständen des Falles bekannt sein, dass er zu einem Dritten in unmittelbare Rechtsbeziehungen tritt (BFH vom 21.12.1965, BStBl 1966 III S. 162). Ein Handeln in fremdem Namen kann sich aus den Umständen ergeben; es setzt nicht voraus, dass der Name des Vertretenen bei Ver-

156

tragsabschluss genannt wird (BFH vom 16. 3. 2000, BStBl 2000 II S. 361). Typische Vermittler sind Handelsvertreter, Makler und auch Spediteure, wenn sie in fremdem Namen handeln.

Eine Vermittlungsleistung wird gem. *§ 3a Abs. 2 Nr. 4 Satz 1 UStG* grundsätzlich an dem Ort erbracht, an dem der vermittelte Umsatz ausgeführt wird. Die Regelung ist auch dann zu beachten, wenn der Leistungsempfänger nicht Unternehmer ist (EuGH-Urteil vom 27. 5. 2004, UR 2004 S. 355).

Maßgebend für den Ort der Vermittlungsleistung ist der *Ort der vermittelten Leistung*. Vor der Bestimmung des Leistungsorts des Vermittlers muss der Ort der vermittelten Umsätze festgestellt werden. Hierbei ist von Bedeutung, für wen der Vermittler tätig wird.

Ab dem **1. 1. 2010** findet sich diese Regelung in § 3a Abs. 3 Nr. 4 UStG. Es ist allerdings zu beachten, dass diese Ortsvorschrift nur dann noch anzuwenden ist, wenn der Leistungsempfänger weder Unternehmer noch juristische Person mit Umsatzsteuer-Identifikationsnummer ist.

BEISPIELE:

1) Der Vermittler A mit Sitz in Berlin vermittelt im Namen und für Rechnung des deutschen Unternehmers D eine Warenlieferung von D zu dem niederländischen Unternehmer NL. D befördert die Ware mit eigenem Lkw zu NL in die Niederlande.

   A erbringt eine sonstige Leistung, eine Vermittlungsleistung. Der Ort der Vermittlungsleistung ist dort, wo der vermittelte Umsatz, die Warenlieferung, ausgeführt wird. Die Warenlieferung wird gem. § 3 Abs. 6 Satz 1 UStG am Beginn der Beförderung, im Inland, ausgeführt. Der Ort der Vermittlungsleistung ist gem. § 3a Abs. 2 Nr. 4 Satz 1 UStG ebenfalls im Inland. Ab dem 1. 1. 2010 bestimmt sich der Leistungsort nach § 3a Abs. 2 UStG und ist dort, wo der Leistungsempfänger sein Unternehmen betreibt.

2) Der Vermittler A mit Sitz in Berlin vermittelt im Namen und für Rechnung des niederländischen Unternehmers NL den Erwerb einer Ware von dem deutschen Unternehmer D. D befördert die Ware mit eigenem Lkw zu NL in die Niederlande.

   A erbringt eine sonstige Leistung, eine Vermittlungsleistung. Der Ort der Vermittlungsleistung ist dort, wo der vermittelte Umsatz, der innergemeinschaftliche Erwerb, ausgeführt wird. Der Erwerb wird entsprechend § 3d Satz 1 UStG in den Niederlanden ausgeführt. Der Ort der Vermittlungsleistung ist gem. § 3a Abs. 2 Nr. 4 Satz 1 UStG ebenfalls in den Niederlanden. Im Inland liegt kein steuerbarer Umsatz des A vor. Ab dem 1. 1. 2010 bestimmt sich der Leistungsort nach § 3a Abs. 2 UStG und ist dort, wo der Leistungsempfänger sein Unternehmen betreibt.

157   Eine *Verschiebung* des Leistungsorts der Vermittlung tritt gem. *§ 3a Abs. 2 Nr. 4 Satz 2 UStG* dann ein, wenn der Leistungsempfänger gegenüber dem Vermittler eine ihm von einem anderen (als dem, wo der vermittelte Umsatz ausgeführt wird) Mitgliedstaat erteilte *Umsatzsteuer-Identifikationsnummer* verwendet. In diesem Fall gilt die Vermittlungsleistung als in dem Gebiet des anderen Mitgliedstaates ausgeführt. Dies gilt bis zum 31. 12. 2009.

BEISPIEL: Der Vermittler A mit Sitz in Berlin vermittelt im Namen und für Rechnung des deutschen Unternehmers D eine Warenlieferung an den niederländischen Unternehmer NL. D befördert die Ware mit eigenem Lkw von seinem Lager in Brüssel zu NL in die Niederlande. D hat gegenüber dem Vermittler A seine deutsche Umsatzsteuer-Identifikationsnummer verwendet.

A erbringt eine sonstige Leistung, eine Vermittlungsleistung. Der Ort der Vermittlungsleistung ist grundsätzlich dort, wo der vermittelte Umsatz, die Warenlieferung, ausgeführt wird. Die Warenlieferung wird entsprechend § 3 Abs. 6 Satz 1 UStG in Brüssel ausgeführt. Da der Leistungsempfänger D aber gegenüber dem Vermittler A eine andere, nämlich seine deutsche Umsatzsteuer-Identifikationsnummer verwendet hat, verschiebt sich der Ort für die Vermittlungsleistung gem. § 3a Abs. 2 Nr. 4 Satz 2 UStG in den Mitgliedstaat, dessen Identifikationsnummer verwendet wurde, d. h., nach Deutschland. A erbringt einen in Deutschland steuerbaren Umsatz. Ab dem 1. 1. 2010 bestimmt sich der Leistungsort nach § 3a Abs. 2 UStG und ist dort, wo der Leistungsempfänger sein Unternehmen betreibt.

Die vorstehenden Regelungen gelten *nicht* für sämtliche Vermittlungsleistungen. Folgende Regelungen zu Vermittlungsleistungen gehen dem § 3a Abs. 2 Nr. 4 UStG (bis 31. 12. 2009) *vor*: | 158

▶ § 3a Abs. 4 Nr. 10 UStG: Der Ort der Vermittlung der in § 3a Abs. 4 UStG bezeichneten Leistungen richtet sich grundsätzlich nach § 3a Abs. 3 UStG.

▶ § 3b Abs. 5 UStG: Die Vermittlung der innergemeinschaftlichen Beförderung eines Gegenstandes wird grundsätzlich an dem Ort erbracht, an dem die Beförderung beginnt.

▶ § 3b Abs. 6 UStG: Die Vermittlung einer in § 3b Abs. 2 UStG bezeichneten und mit der innergemeinschaftlichen Beförderung eines Gegenstandes in Zusammenhang stehenden Leistung wird grundsätzlich an dem Ort erbracht, an dem die Leistung erbracht wird.

Weil § 3a Abs. 2 Nr. 1 UStG den Ort für Vermittlungsleistungen im *Zusammenhang mit einem Grundstück* bestimmt, hat diese besondere Regelung den Vorrang vor der allgemeinen Ortsbestimmung für Vermittlungsleistungen in § 3a Abs. 2 Nr. 4 Sätze 1 und 2 UStG.

dd) Ort der sonstigen Leistung nach § 3a Abs. 3 bzw. Abs. 3a UStG

(1) Leistungskatalog des § 3a Abs. 4 UStG

§ 3a Abs. 4 UStG enthält einen *Katalog* von sonstigen Leistungen für die sich der Leistungsort grundsätzlich nach § 3a Abs. 3 bzw. Abs. 3a UStG bestimmt. | 159

Ab dem **1. 1. 2010** ist § 3a Abs. 4 UStG nur noch dann von Bedeutung, wenn die Katalogleistungen an Privatpersonen mit Wohnsitz im Drittland ausgeführt werden. Der Leistungsort ist dann dort, wo die Privatperson ihren Wohnsitz hat.

Sonstige Leistungen i. S. des § 3a Abs. 3 UStG sind die Einräumung, Übertragung und Wahrnehmung von Patenten, Urheberrechten, Markenrechten und ähnlichen Rechten *(§ 3a Abs. 4 Nr. 1 UStG)*. Die Rechtsvorschriften für die genannten Rechte sind in Abschn. 39 Abs. 1 UStR 2008 aufgeführt. Eine Einräumung und Übertragung von Urheberrechten findet z. B. auch im Rahmen der schriftstellerischen Arbeit statt. Der Schriftsteller räumt dem Verlag das Recht ein, das ihm zustehende Urheberrecht zu nutzen. *Nicht* unter die Vorschrift des § 3a Abs. 4 Nr. 1 UStG fällt der Verkauf von *Standardsoftware* auf Diskette. Die Veräußerung von Standardsoftware durch einen Händler ist keine Einräumung, Übertragung oder Wahrnehmung von Rechten, die sich aus dem Urheberrechtsgesetz ergeben (BFH vom 13. 3. 1997, BStBl 1997 II S. 372 und BFH vom | 160

27. 9. 2001, BStBl 2002 II S. 114). Es liegt umsatzsteuerrechtlich ebenso wie bei dem Verkauf eines Buches oder einer CD eine Lieferung vor.

Als *ähnliche Rechte* kommen insbesondere die Verlagsrechte und die Gebrauchsmusterrechte in Betracht. Die Überlassung von Fernsehübertragungsrechten und die Freigabe eines Berufsfußballspielers gegen Ablösezahlung sind als ähnliche Rechte i. S. des § 3a Abs. 4 Nr. 1 UStG anzusehen (Abschn. 39 Abs. 2 Satz 4 UStR 2008).

161   Sonstige Leistungen i. S. des § 3a Abs. 3 UStG sind die sonstigen Leistungen, die der Werbung oder der Öffentlichkeitsarbeit dienen, einschließlich der Leistungen der Werbungsmittler und der Werbeagenturen *(§ 3a Abs. 4 Nr. 2 UStG)*. Unter dem Begriff „*Leistungen, die der Werbung dienen*", sind die Leistungen zu verstehen, die bei den Werbeadressaten den Entschluss zum Erwerb von Gegenständen oder zur Inanspruchnahme von sonstigen Leistungen auslösen sollen (BFH vom 24. 9. 1987, BStBl 1988 II S. 303). Unter den Begriff fallen auch die Leistungen, die bei den Werbeadressaten ein bestimmtes außerwirtschaftliches, z. B. politisches, soziales, religiöses Verhalten herbeiführen sollen (Abschn. 39 Abs. 3 Satz 2 UStR 2008). Zu den Leistungen, die der Werbung dienen, gehören z. B.:

► die Werbeberatung,

► die Werbevorbereitung,

► die Werbeplanung,

► die Werbegestaltung,

► die Werbemittelherstellung,

► die Werbemittlung,

► die Durchführung von Werbung.

Nach dem Urteil des *EuGH* vom 5. 6. 2003 (UR 2003 S. 344) erfasst Artikel 9 Abs. 2 Buchst. e der 6. EG-Richtlinie Leistungen auf dem Gebiet der Werbung, die dem Werbetreibenden *indirekt* erbracht und einem Zwischenempfänger in Rechnung gestellt werden, der sie seinerseits dem Werbetreibenden in Rechnung stellt.

Zeitungsanzeigen von Unternehmern, die Stellenangebote enthalten, ausgenommen Chiffreanzeigen, und sog. Finanzanzeigen, z. B. Veröffentlichung von Bilanzen, Emissionen, Börsenzulassungsprospekten usw. sind Werbeleistungen (Abschn. 39 Abs. 5 Satz 1 UStR 2008).

Ausdrücklich aufgeführt in § 3a Abs. 4 Nr. 2 UStG sind die Leistungen der *Werbungsmittler* und der *Werbeagenturen*. Werbungsmittler sind Unternehmer, die Werbeaufträge für andere im eigenen Namen und für eigene Rechnung an Unternehmer erteilen, die die Werbung durchführen (BFH vom 27. 5. 1971, BStBl 1971 II S. 755). Eine Werbeagentur ist ein Unternehmer, der neben der Tätigkeit eines Werbungsmittlers weitere Leistungen, die der Werbung dienen (z. B. Werbeberatung, Werbeplanung, Werbegestaltung, Beschaffung von Werbemitteln, Werbeüberwachung) ausführt.

162   Sonstige Leistungen i. S. des § 3a Abs. 3 UStG sind die sonstigen Leistungen aus der Tätigkeit als *Rechtsanwalt*, Patentanwalt, *Steuerberater*, Steuerbevollmächtigter, Wirtschaftsprüfer, vereidigter Buchprüfer, Sachverständiger, Ingenieur, Aufsichtsratsmitglied, Dolmetscher und Übersetzer sowie ähnliche Leistungen anderer Unternehmer,

insbesondere die rechtliche, wirtschaftliche und technische Beratung *(§ 3a Abs. 4 Nr. 3 UStG)*. Es werden die *berufstypischen Leistungen* der bezeichneten Berufsgruppen erfasst. *Keine berufstypische Tätigkeit* ist z. B. die Vermögensverwaltung durch einen Wirtschaftsprüfer oder die Tätigkeit eines Steuerberaters oder Wirtschaftsprüfers als Testamentsvollstrecker (BFH vom 5. 6. 2003, BStBl 2003 II S. 734). Die Vorschrift des § 3a Abs. 4 Nr. 3 UStG findet auch dann keine Anwendung, wenn die Beratung nur als Nebenleistung z. B. zu einer Werklieferung anzusehen ist.

Rechtliche, wirtschaftliche oder technische Beratung leisten beratende Volks- und Betriebswirte, Unternehmensberater, EDV-Berater, Informatiker, Rechtsbeistände, Notare (soweit sie nicht beurkunden), Handelschemiker (soweit sie neben einer chemischen Analyse auch beraten) und andere Sachverständige. Zu den Beratungsleistungen von Sachverständigen gehören z. B. die Anfertigung von rechtlichen, wirtschaftlichen und technischen Gutachten, soweit diese nicht im Zusammenhang mit einem Grundstück (Vorrang des § 3a Abs. 2 Nr. 1 UStG) oder mit beweglichen körperlichen Gegenständen (Vorrang des § 3a Abs. 2 Nr. 3 Buchst. c UStG) stehen.

Sonstige Leistungen i. S. des § 3a Abs. 3 UStG sind die sonstigen Leistungen durch Datenverarbeitung *(§ 3a Abs. 4 Nr. 4 UStG)*. Unter *Datenverarbeitung* ist die manuelle, mechanische oder elektronische Speicherung, Umwandlung, Verknüpfung und Verarbeitung von Daten zu verstehen. *Nicht* zu den Datenverarbeitungsleistungen gehören die *Programmierungsarbeiten*, falls sie eine eigenständige Hauptleistung darstellen. 163

Sonstige Leistungen i. S. des § 3a Abs. 3 UStG sind die Überlassung von Informationen einschließlich gewerblicher Verfahren und Erfahrungen *(§ 3a Abs. 4 Nr. 5 UStG)*. Unter die Vorschrift fällt die Überlassung aller *Erkenntnisse*, die ihrer Art nach geeignet sind, technisch oder wirtschaftlich verwendet zu werden. Dies gilt z. B. für die Überlassung von *Know-how* und nicht standardisierter Software sowie von Ergebnissen einer Meinungsumfrage auf dem Gebiet der Marktforschung und für die Überlassung von Informationen durch Journalisten oder Pressedienste, soweit es sich nicht um die Überlassung urheberrechtlich geschützter Rechte handelt (Abschn. 39 Abs. 16 Sätze 5 und 6 UStR 2008). 164

Gewerbliche Erfahrungen und Verfahren sind Erkenntnisse, die technisch oder wirtschaftlich ausgewertet werden können und die nicht urheberrechtlich geschützt sind (BFH vom 29. 9. 1987, BStBl 1988 II S. 49). Sie können durch Auftragsforschung erworben, im Rahmen des laufenden Betriebs gesammelt oder durch die Geschäftstätigkeit erlangt worden sein.

Sonstige Leistungen i. S. des § 3a Abs. 3 UStG sind 165

a) die sonstigen Leistungen der in § 4 Nr. 8 Buchst. a bis h und Nr. 10 UStG bezeichneten Art sowie die Verwaltung von Krediten und Kreditsicherheiten,

b) die sonstigen Leistungen im Geschäft mit Gold, Silber und Platin. Das gilt nicht für Münzen und Medaillen aus diesen Edelmetallen *(§ 3a Abs. 4 Nr. 6 UStG)*.

Bei den in *§ 4 Nr. 8 Buchst. a bis h und Nr. 10 UStG* aufgeführten Leistungen handelt es sich im Wesentlichen um Geschäfte i. V. mit *Krediten*, gesetzlichen Zahlungsmitteln, Forderungen, Wertpapieren, Gesellschaftsanteilen, die Übernahme von Verbindlichkeiten sowie Bürgschaften und ähnlichen Sicherheiten sowie um *Versicherungsleistungen*. Die Verweisung auf § 4 Nr. 8 Buchst. a bis h und Nr. 10 UStG erfasst auch die dort als nicht steuerfrei bezeichneten Leistungen (Abschn. 39 Abs. 17 Satz 2 UStR 2008).

Durch § 3a Abs. 4 Nr. 6 Buchst. b UStG werden sonstige Leistungen im Zusammenhang mit *Edelmetallgeschäften* erfasst.

166 Sonstige Leistungen i. S. des § 3a Abs. 3 UStG sind die Gestellungen von Personal *(§ 3a Abs. 4 Nr. 7 UStG)*. Unter *Personalgestellung* ist die entgeltliche Überlassung von Arbeitskräften durch einen Unternehmer zu verstehen. Unerheblich hierbei ist, ob die Personalgestellung gesetzlich zulässig ist und ob es sich bei der Personalgestellung um die Haupttätigkeit des Unternehmers handelt. Unerheblich ist ferner, ob die Personalgestellung steuerpflichtig oder steuerfrei nach § 4 Nr. 27 UStG ist.

167 Sonstige Leistung i. S. des § 3a Abs. 3 UStG ist der Verzicht auf Ausübung eines der in § 3a Abs. 4 Nr. 1 UStG bezeichneten Rechte *(§ 3a Abs. 4 Nr. 8 UStG)*. Durch diese Vorschrift wird sichergestellt, dass für den *Verzicht* auf derartige Rechte (z. B. Urheberrechte) dieselbe Ortsvorschrift gilt wie für die Einräumung und Bestellung derartiger Rechte.

168 Sonstige Leistung i. S. des § 3a Abs. 3 UStG ist der Verzicht, ganz oder teilweise eine gewerbliche oder berufliche Tätigkeit auszuüben *(§ 3a Abs. 4 Nr. 9 UStG)*. Hierbei handelt es sich im Wesentlichen um die sog. *Konkurrenzklauseln* (z. B. Gebietsschutz; Verzicht, in einer bestimmten Branche tätig zu werden). Gesetzlich oder behördlich veranlasste Betriebsstilllegungen gegen Entschädigung sind nicht nach § 3a Abs. 4 Nr. 9 UStG zu beurteilen.

169 Sonstige Leistungen i. S. des § 3a Abs. 3 UStG sind die Vermittlungen der in § 3a Abs. 4 UStG bezeichneten Leistungen *(§ 3a Abs. 4 Nr. 10 UStG)*. Die Ortsvorschrift des § 3a Abs. 4 Nr. 10 i. V. mit Abs. 3 UStG geht der Regelung in § 3a Abs. 2 Nr. 4 UStG vor. Diese Regelung entfällt ab dem 1. 1. 2010.

170 Sonstige Leistungen i. S. des § 3a Abs. 3 UStG sind die Vermietungen beweglicher körperlicher Gegenstände, ausgenommen Beförderungsmittel *(§ 3a Abs. 4 Nr. 11 UStG)*. Ausdrücklich ausgenommen ist die *Vermietung von Beförderungsmitteln*. Für derartige Vermietungen ist grundsätzlich die Ortsvorschrift des § 3a Abs. 1 UStG anzuwenden. Als *Beförderungsmittel* sind Gegenstände anzusehen, deren Hauptzweck auf die Beförderung von Personen und Gütern zu Lande, zu Wasser oder in der Luft gerichtet ist und die sich auch tatsächlich fortbewegen (Abschn. 33a Abs. 2 UStR 2008).

171 Sonstige Leistungen i. S. des § 3a Abs. 3 UStG sind die sonstigen Leistungen auf dem Gebiet der Telekommunikation *(§ 3a Abs. 4 Nr. 12 UStG)*.

Als sonstige Leistungen auf dem Gebiet der *Telekommunikation* sind die Leistungen anzusehen, mit denen die Übertragung, die Ausstrahlung oder der Empfang von Signalen, Schrift, Bild und Ton oder Informationen jeglicher Art über Draht, Funk, optische oder sonstige elektromagnetische Medien gewährleistet werden. Dazu gehören auch die Abtretung und die Einräumung von Nutzungsrechten an Einrichtungen zur Übertragung, Ausstrahlung oder zum Empfang. Von der Begriffsbestimmung werden ferner die Ermöglichung des Zugangs zu einem Informationsnetz und die Einräumung des Rechts erfasst, das Informationsnetz zu nutzen (BMF-Schreiben vom 29. 4. 1997, BStBl 1997 I S. 410; Abschn. 39a UStR 2008).

Von den sonstigen Leistungen auf dem Gebiet der Telekommunikation sind u. a. die über globale Informationsnetze (z. B. Online-Dienste, Internet) entgeltlich angebotenen Inhalte der übertragenen Leistungen, die sog. *Teledienste*, zu unterscheiden.

Sonstige Leistungen i. S. des § 3a Abs. 3 UStG sind die *Rundfunk- und Fernsehdienstleistungen (§ 3a Abs. 4 Nr. 13 UStG)*. Diese Bestimmung ist durch das Steuervergünstigungsabbaugesetz (BGBl 2003 I S. 660) mit Wirkung ab dem *1. 7. 2003* in das UStG aufgenommen worden. Rundfunk- und Fernsehdienstleistungen sind Rundfunk- und Fernsehprogramme, die über Kabel, Antenne oder Satellit verbreitet werden. Dies gilt auch dann, wenn die Verbreitung gleichzeitig über das Internet oder ein ähnliches elektronisches Netz erfolgt. Ein Rundfunk- und Fernsehprogramm, das *nur* über das Internet oder ein ähnliches elektronisches Netz verbreitet wird, gilt dagegen als auf elektronischem Weg erbrachte sonstige Leistung (§ 3a Abs. 4 Nr. 14 UStG). Auf Abschn. 39b UStR 2008 wird hingewiesen.

172

Sonstige Leistungen i. S. des § 3a Abs. 3 UStG sind die *auf elektronischem Weg erbrachten sonstigen Leistungen (§ 3a Abs. 4 Nr. 14 UStG)*. Diese Bestimmung ist durch das Steuervergünstigungsabbaugesetz mit Wirkung ab dem *1. 7. 2003* in das UStG aufgenommen worden.

173

Auf *elektronischem Weg erbrachte sonstige Leistungen* sind insbesondere:

► Bereitstellung von Web-Sites, Webhosting, Fernwartung von Programmen und Ausrüstungen,

► Bereitstellung von Software und deren Aktualisierung,

► Bereitstellung von Bildern, Texten und Informationen sowie Bereitstellung von Datenbanken,

► Bereitstellung von Musik, Filmen und Spielen, einschließlich Glücksspielen und Lotterien, sowie von Sendungen und Veranstaltungen aus den Bereichen Politik, Kultur, Kunst, Sport, Wissenschaft und Unterhaltung,

► Fernunterrichtsleistungen. Nicht hierunter fallen aber z. B. Leistungen einer Fernuniversität.

Auf das *BMF-Schreiben* vom 12. 6. 2003 (BStBl 2003 I S. 375) und Abschn. 39c UStR 2008 wird hingewiesen.

Sonstige Leistungen i. S. des § 3a Abs. 3 UStG sind die Gewährung des Zugangs zu Erdgas- und Elektrizitätsnetzen und die Fernleitung, die Übertragung oder Verteilung über diese Netze sowie die Erbringung anderer damit unmittelbar zusammenhängender sonstiger Leistungen (*§ 3a Abs. 4 Nr. 15 UStG*). Diese Bestimmung ist durch das *Richtlinien-Umsetzungsgesetz* vom 9. 12. 2004 (BGBl 2004 I S. 3310) mit Wirkung ab dem *1. 1. 2005* in das UStG aufgenommen worden. Auf das *BMF-Schreiben vom 1. 8. 2005* (BStBl 2005 I S. 849) und auf Abschn. 39d UStR 2008 wird hingewiesen.

174

(2) Ort des Leistungsempfängers

175 Ist die sonstige Leistung im Leistungskatalog des § 3a Abs. 4 UStG enthalten, bestimmt sich der Leistungsort bis 31. 12. 2009 grundsätzlich nach *§ 3a Abs. 3 bzw. Abs. 3a UStG*. Maßgebend ist der Ort des Leistungsempfängers. Hängt die Bestimmung des Leistungsortes davon ab, dass der Leistungsempfänger Unternehmer ist, so kommt es darauf an, dass die Leistung für das Unternehmen des Leistungsempfängers bestimmt ist. Der Leistungsort bei einer in § 3a Abs. 4 UStG genannten sonstigen Leistung, die *sowohl für den unternehmerischen als auch für den nichtunternehmerischen Bereich* des Leistungsempfängers erbracht wird, ist einheitlich nach § 3a Abs. 3 UStG zu bestimmen (Abschn. 38 Abs. 1 Satz 4 UStR 2008).

Nach § 3a Abs. 3 UStG sind folgende Fallgestaltungen zu unterscheiden:

1. Ist der *Empfänger* der sonstigen Leistung ein Unternehmer, wird die sonstige Leistung dort ausgeführt, wo der Empfänger sein Unternehmen betreibt (§ 3a Abs. 3 Satz 1 UStG). Wird die sonstige Leistung an die Betriebsstätte eines Unternehmers ausgeführt, so ist stattdessen der Ort der Betriebsstätte maßgebend (§ 3a Abs. 3 Satz 2 UStG).

2. Ist der *Empfänger* der sonstigen Leistung *kein* Unternehmer und hat er seinen Wohnsitz oder Sitz im *Drittlandsgebiet*, wird die sonstige Leistung im Drittlandsgebiet ausgeführt (§ 3a Abs. 3 Satz 3 UStG).

3. Ist der *Empfänger* der sonstigen Leistung *kein* Unternehmer und hat er seinen Wohnsitz oder Sitz im *Inland* oder im *übrigen Gemeinschaftsgebiet*, wird die sonstige Leistung an dem Ort ausgeführt, von dem aus der leistende Unternehmer sein Unternehmen betreibt (§ 3a Abs. 1 UStG). § 3a Abs. 3a UStG und § 1 UStDV sind zu beachten.

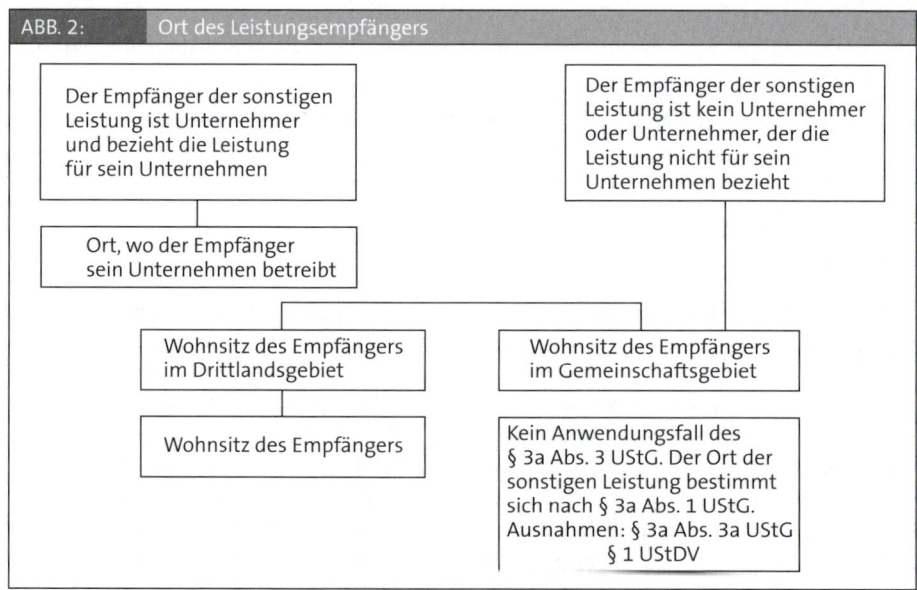

ABB. 2:   Ort des Leistungsempfängers

Der Empfänger der sonstigen Leistung ist Unternehmer und bezieht die Leistung für sein Unternehmen

Der Empfänger der sonstigen Leistung ist kein Unternehmer oder Unternehmer, der die Leistung nicht für sein Unternehmen bezieht

Ort, wo der Empfänger sein Unternehmen betreibt

Wohnsitz des Empfängers im Drittlandsgebiet

Wohnsitz des Empfängers im Gemeinschaftsgebiet

Wohnsitz des Empfängers

Kein Anwendungsfall des § 3a Abs. 3 UStG. Der Ort der sonstigen Leistung bestimmt sich nach § 3a Abs. 1 UStG. Ausnahmen: § 3a Abs. 3a UStG § 1 UStDV

1) Rechtsanwalt A aus München verteidigt einen dänischen Unternehmer in einer betrieblichen Angelegenheit vor einem deutschen Gericht.

   Leistungsort für die sonstige Leistung des A ist gem. § 3a Abs. 4 Nr. 3 UStG i.V. mit § 3a Abs. 3 Satz 1 UStG in Dänemark, da der Leistungsempfänger in Dänemark sein Unternehmen betreibt. Ab dem 1. 1. 2010 richtet sich der Leistungsort nach § 3a Abs. 2 UStG und ist ebenfalls in Dänemark.

2) Rechtsanwalt A aus München verteidigt eine türkische Privatperson mit Wohnsitz in Ankara vor einem deutschen Gericht.

   Leistungsort für die sonstige Leistung des A ist gem. § 3a Abs. 4 Nr. 3 UStG i.V. mit § 3a Abs. 3 Satz 3 UStG in der Türkei, da der Leistungsempfänger kein Unternehmer ist und seinen Wohnsitz im Drittlandsgebiet hat. Dies gilt auch ab dem 1. 1. 2010 gem. § 3a Abs. 4 UStG.

3) Rechtsanwalt A aus München verteidigt eine spanische Privatperson mit Wohnsitz in Madrid vor einem deutschen Gericht.

   Leistungsort für die sonstige Leistung des A ist gem. § 3a Abs. 4 Nr. 3 UStG i.V. mit § 3a Abs. 3 UStG i.V. mit § 3a Abs. 1 UStG in München, da Rechtsanwalt A von München aus sein Unternehmen betreibt. Dies gilt auch ab dem 1. 1. 2010 gem. § 3a Abs. 1 UStG.

Ist der Empfänger einer in *§ 3a Abs. 4 Nr. 14 UStG* bezeichneten sonstigen Leistung kein Unternehmer und hat er seinen Wohnsitz oder Sitz im Gemeinschaftsgebiet, wird die sonstige Leistung abweichend von § 3a Abs. 1 UStG dort ausgeführt, wo er seinen Wohnsitz oder Sitz hat, wenn die sonstige Leistung von einem Unternehmer ausgeführt wird, der im Drittlandsgebiet ansässig ist oder dort eine Betriebsstätte hat, von der die Leistung ausgeführt wird *(§ 3a Abs. 3a UStG)*. Durch diese Regelung werden für im Gemeinschaftsgebiet ansässige Unternehmer und im Drittland ansässige Unternehmer, soweit sie auf elektronischem Weg Dienstleistungen erbringen, gleiche umsatzsteuerrechtliche Bedingungen geschaffen. Ab dem 1. 1. 2010 findet sich diese Regelung in § 3a Abs. 5 UStG.

176

1) Ein Unternehmer mit Sitz in den USA erbringt eine sonstige Leistung i.S. des § 3a Abs. 4 Nr. 14 UStG an einen deutschen Unternehmer für dessen Unternehmen.

   Der Leistungsort bestimmt sich nach § 3a Abs. 4 Nr. 14 UStG i.V. mit § 3a Abs. 3 Satz 1 UStG und ist dort, wo der Leistungsempfänger sein Unternehmen betreibt, also im Inland. Die Steuerschuldnerschaft wechselt gem. § 13b UStG auf den Leistungsempfänger. Ab dem 1. 1. 2010 bestimmt sich der Leistungsort nach § 3a Abs. 2 UStG.

2) Ein Unternehmer mit Sitz in den USA erbringt eine sonstige Leistung i.S. des § 3a Abs. 4 Nr. 14 UStG an eine deutsche Privatperson.

   Der Leistungsort bestimmt sich gem. § 3a Abs. 4 Nr. 14 UStG i.V. mit § 3a Abs. 3a UStG nach dem Wohnsitz des Leistungsempfängers und ist demzufolge im Inland. Steuerschuldner ist der ausländische Unternehmer, der sich wegen dieser Umsätze im Gemeinschaftsgebiet umsatzsteuerlich erfassen lassen muss. Dies gilt auch ab dem 1. 1. 2010 gem. § 3a Abs. 4 Nr. 13 UStG i.V. m. § 3a Abs. 5 UStG.

Damit sich die im Drittland ansässigen Unternehmer nicht in mehreren Mitgliedstaaten der EU aufnehmen lassen müssen, haben sie die Möglichkeit, sich nur in einem EU-Mitgliedstaat für umsatzsteuerliche Zwecke erfassen zu lassen, soweit sie Umsätze an im Gemeinschaftsgebiet ansässige Nichtunternehmer erbringen *(Einortregistrierung)*. In den abzugebenden Erklärungen (Besteuerungszeitraum ist gem. § 16 Abs. 1a UStG das *Kalendervierteljahr*) ist der jeweilige Steuersatz des Mitgliedstaates anzuwenden, in dem der Leistungsempfänger ansässig ist.

Wenn sich der im Drittland ansässige Unternehmer als Registrierungsmitgliedstaat Deutschland auswählt, ist gem. *§ 18 Abs. 4c UStG* das *Bundeszentralamt für Steuern* zuständig. An diese Behörde ist die vierteljährliche Erklärung auf elektronischem Weg zu übersenden. *Vorsteuerbeträge* können in diesen Erklärungen nicht geltend gemacht werden; insoweit ist das Vorsteuer-Vergütungsverfahren anzuwenden. Eine Erklärung für das Kalenderjahr muss nicht abgegeben werden. Das Bundeszentralamt für Steuern hat die erhaltenen Steuern auf die entsprechenden Mitgliedstaaten zu verteilen.

BEISPIEL: Softwareanbieter A mit Sitz in den USA erbringt in der Zeit vom 1. 7. 2008 bis zum 30. 9. 2008 elektronische Dienstleistungen an Privatpersonen in Deutschland für 10 000 €, an Privatpersonen in Schweden für 10 000 sKr und an Privatpersonen in Frankreich für 10 000 €. A wählt Deutschland als Registrierungsland und teilt dies dem Bundeszentralamt für Steuern auch vor dem 1. 7. 2008 mit.

A muss zum 20. 10. 2008 auf seiner zu erstellenden Steuererklärung für das 3. Kalendervierteljahr 2008 seine Umsätze getrennt nach den in den erwähnten Mitgliedstaaten erzielten Entgelten – zu den dort geltenden Steuersätzen – erklären, wobei er gem. § 16 Abs. 6 UStG die Werte in den fremden Währungen in Euro umzurechnen hat. Das Bundeszentralamt für Steuern muss dann den EU-Mitgliedstaaten Schweden und Frankreich die Steuern überweisen, die auf die dort ausgeführten Umsätze entfallen.

Sucht sich der Unternehmer einen *anderen EU-Mitgliedstaat* aus, in dem er seine Umsätze anmelden will, muss er in Deutschland insoweit keine Erklärung abgeben. Dies ergibt sich aus *§ 18 Abs. 4d UStG.*

ee)   Sonderfälle des Ortes der sonstigen Leistung

177   Gemäß *§ 3a Abs. 5 UStG* kann das Bundesministerium der Finanzen mit Zustimmung des Bundesrates durch Rechtsverordnung, um eine Doppelbesteuerung oder Nichtbesteuerung zu vermeiden oder um Wettbewerbsverzerrungen zu verhindern, bei den in § 3a Abs. 4 Nr. 1 bis 13 UStG bezeichneten sonstigen Leistungen und bei der Vermietung von Beförderungsmitteln den Ort dieser Leistungen abweichend von § 3a Abs. 1 und 3 UStG danach bestimmen, wo die sonstigen Leistungen *genutzt oder ausgewertet* werden. Von dieser Ermächtigungsgrundlage ist im *§ 1 UStDV* Gebrauch gemacht worden.

Die Sonderregelung des *§ 1 Abs. 1 UStDV* betrifft Unternehmer, die ihr Unternehmen bzw. ihre die sonstige Leistung ausführende Betriebsstätte im Drittlandsgebiet betreiben. Es muss eine *ganz bestimmte sonstige Leistung* erbracht werden, nämlich

▶ eine sonstige Leistung, die in § 3a Abs. 4 Nr. 1 bis 11 UStG bezeichnet ist, an eine im Inland ansässige juristische Person des öffentlichen Rechts, soweit sie nicht Unternehmer ist,

▶ eine sonstige Leistung, die in § 3a Abs. 4 Nr. 12 und 13 UStG bezeichnet ist, oder

▶ die Vermietung von Beförderungsmitteln.

Leistungsort für diese Leistungen ist abweichend von § 3a Abs. 1 UStG das Inland, wenn die sonstige Leistung im Inland *genutzt* oder *ausgewertet* wird. Dies ist dann der Fall, wenn sich die sonstigen Leistungen im Inland auswirken. Sonstige Leistungen, die der *Werbung* oder der Öffentlichkeitsarbeit dienen, werden dort genutzt oder ausgewertet, wo die Werbung oder Öffentlichkeitsarbeit wahrgenommen werden soll (Abschn. 42 Abs. 1 Satz 2 und 3 UStR 2008). Wenn eine sonstige Leistung sowohl im Inland als auch im Ausland genutzt oder ausgewertet wird, ist darauf abzustellen, wo dies überwiegend geschieht. Bei der Vermietung eines *Beförderungsmittels* ist auf die Kilometerfahrleistung abzustellen.

Ab dem **1. 1. 2010** findet sich diese Regelung in § 3a Abs. 6 UStG.

BEISPIEL: ▶ Ein Unternehmer im Inland mietet bei einem in der Schweiz ansässigen Autovermieter einen Pkw und nutzt diesen im Inland.

Der Ort der Leistung bei der Vermietung eines Beförderungsmittels richtet sich grundsätzlich nach § 3a Abs. 1 UStG. Da der Unternehmer sein Unternehmen vom Drittlandsgebiet aus betreibt, es sich um die Vermietung eines Beförderungsmittels handelt und diese Leistung im Inland genutzt wird, verschiebt sich der Leistungsort gem. § 1 Abs. 1 UStDV in das Inland. Steuerschuldner ist gem. § 13b UStG der deutsche Unternehmer. Ab dem 1. 1. 2010 ergibt sich dieses Ergebnis aus § 3a Abs. 6 UStG.

Die Sonderregelung des § 1 Abs. 2 UStDV betrifft Unternehmer, die ihr Unternehmen bzw. die die Leistung ausführende Betriebsstätte im *Inland* betreiben. Der Unternehmer muss eine ganz bestimmte sonstige Leistung, nämlich die *Vermietung eines Schienenfahrzeugs, eines Kraftomnibusses oder eines ausschließlich zur Beförderung von Gegenständen bestimmten Straßenfahrzeugs*, erbringen. Diese sonstige Leistung wird abweichend von § 3a Abs. 1 UStG als im Drittlandsgebiet ausgeführt behandelt, wenn

▶ der Leistungsempfänger ein im Drittlandsgebiet ansässiger Unternehmer ist,

▶ das Fahrzeug für das Unternehmen des Leistungsempfängers bestimmt ist und

▶ das Fahrzeug im Drittlandsgebiet genutzt wird.

Wird das Fahrzeug sowohl im Inland als auch im Drittlandsgebiet genutzt, ist auf die *überwiegende Nutzung* abzustellen.

Ab dem **1. 1. 2010** findet sich diese Regelung in § 3a Abs. 7 UStG. Voraussetzung ist dann allerdings eine „kurzfristige" Vermietung.

BEISPIEL: ▶ Der Fahrzeugvermieter A aus Dresden vermietet dem türkischen Unternehmer T kurzfristig einen Lkw. T setzt den Lkw für Güterbeförderungen innerhalb der Türkei ein.

Der Leistungsort für die Vermietungsleistung ist gem. § 1 Abs. 2 UStDV (ab 1. 1. 2010: § 3a Abs. 7 UStG) in der Türkei; denn

▶ T ist ein im Drittlandsgebiet ansässiger Unternehmer,

▶ das ausschließlich zur Güterbeförderung bestimmte Fahrzeug ist für das Unternehmen des T bestimmt und

▶ das Straßenfahrzeug wird im Drittlandsgebiet genutzt.

ff) Ort der Beförderungsleistungen

(1) Allgemeines

178 *§ 3b UStG* enthält eine *Sonderregelung* zum Ort der Beförderungsleistung und der damit zusammenhängenden sonstigen Leistungen, die der allgemeinen Ortsvorschrift des § 3a Abs. 1 UStG vorgeht (§ 3a Abs. 1 Satz 1 UStG). § 3b UStG ist im Rahmen des **Jahressteuergesetzes 2009** mit Wirkung ab dem 1. 1. 2010 neu gefasst worden.

Beförderungsleistungen und damit zusammenhängende Leistungen sind sowohl als *unselbständige Nebenleistungen* zur Hauptleistung als auch als eigenständige *Hauptleistungen* denkbar. Handelt es sich um unselbständige Nebenleistungen, teilen sie das umsatzsteuerliche Schicksal der Hauptleistung. In diesem Fall sind die Regelungen des § 3b UStG nicht zu beachten.

> **BEISPIEL:** Möbelhändler A mit Sitz in Münster veräußert dem Kunden K eine Polstergarnitur. Vereinbarungsgemäß transportiert A die Polstergarnitur zu K und berechnet hierfür zusätzlich ein Entgelt.
>
> A erbringt eine einheitliche Leistung; eine Lieferung. Die Beförderung der Polstergarnitur stellt eine Nebenleistung dar, die das umsatzsteuerliche Schicksal der Hauptleistung teilt. Die Sonderregelung des § 3b UStG kommt nicht zur Anwendung. Das zusätzliche Entgelt ist in die Bemessungsgrundlage für die Lieferung der Polstergarnitur einzubeziehen.

(2) Personenbeförderungen

(a) Personenbeförderungen im Inland

179 Eine Personenbeförderungsleistung wird gem. *§ 3b Abs. 1 Satz 1 UStG* dort ausgeführt, wo die Beförderung *bewirkt* wird. Die Beförderungsleistung wird auf der tatsächlichen Beförderungsstrecke bewirkt. Erstreckt sich die Beförderung ausschließlich auf das Inland, so ist die Leistung in vollem Umfang steuerbar. Dies gilt auch ab dem 1. 1. 2010 weiterhin.

(b) Personenbeförderungen zwischen dem Inland und dem Ausland

180 *Grenzüberschreitende Personenbeförderungen*, also Beförderungen zwischen dem Inland und dem Drittlandsgebiet bzw. zwischen dem Inland und dem übrigen Gemeinschaftsgebiet, werden dort ausgeführt, wo die Beförderung *bewirkt* wird. Steuerbar im Inland ist gem. *§ 3b Abs. 1 Satz 2 UStG* nur der Teil der Leistung, der auf das Inland entfällt. Die einheitliche Beförderungsleistung ist somit in einen im Inland steuerbaren und einen im Inland nicht steuerbaren Teil *aufzuteilen*. Dies gilt gem. § 3 Abs. 11 UStG auch für Besorgungsleistungen, wenn grenzüberschreitende Beförderungen besorgt werden. Eine Aufteilung ist nicht vorzunehmen, wenn es sich um grenzüberschreitende Beförderungen mit kurzen in- oder ausländischen Beförderungsstrecken handelt und diese Beförderungen insgesamt als steuerbar oder aber insgesamt als nicht steuerbar zu behandeln sind. Dies gilt auch ab dem 1. 1. 2010 weiterhin.

Bei einer vorbezeichneten grenzüberschreitenden Personenbeförderung ist *Bemessungsgrundlage* für den steuerbaren Teil das Entgelt, das auf diesen Teil entfällt. Wird bei einer derartigen Beförderungsleistung ein Gesamtpreis vereinnahmt, so ist der auf den inländischen Streckenanteil entfallende Entgeltsanteil anhand dieses Gesamtprei-ses zu ermitteln. Grundsätzlich ist von dem vereinbarten oder vereinnahmten *Nettobe-förderungspreis* auszugehen (Abschn. 42a Abs. 4 Satz 2 Nr. 1 UStR 2008). Bei Personen-beförderungen ist es aber auch nicht zu beanstanden, wenn zur Ermittlung des auf den inländischen Streckenanteil entfallenden Entgelts vom vereinbarten oder vereinnahm-ten *Bruttobeförderungspreis* ausgegangen wird (Abschn. 42a Abs. 4 Satz 2 Nr. 2 UStR 2008). In beiden Berechnungsmethoden ist grundsätzlich nach der Länge der inländi-schen und ausländischen Streckenanteile aufzuteilen. Diese Aufteilung ist vom EuGH (EuGH-Urteil vom 6. 11. 1997, UR 1998 S. 146) bestätigt worden.

Innerhalb eines Besteuerungszeitraums muss bei allen Beförderungen einer Verkehrs-art nach ein und derselben Methode verfahren werden (Abschn. 42a Abs. 4 Satz 3 UStR 2008).

Verfahrensrechtlich gibt es bei Beförderungen von Personen im Gelegenheitsverkehr **181** mit Kraftomnibussen, die nicht im Inland zugelassen sind, die sog. *Beförderungseinzel-besteuerung* gem. §§ 16 Abs. 5, 18 Abs. 5 UStG. Hier kommt als Bemessungsgrundlage ein *Durchschnittsbeförderungsentgelt* gem. § 10 Abs. 6 UStG zur Anwendung.

Für grenzüberschreitende Beförderungen von Personen im *Luftverkehr* kommt unter be-stimmten Voraussetzungen ein Erlass der USt gem. *§ 26 Abs. 3 UStG* in Betracht.

Innerhalb der EU war eine *Personenbeförderungsrichtlinie* geplant, die die Personenbe- **182** förderungsleistungen einheitlich regeln sollte und zwar entsprechend den Regelungen für innergemeinschaftliche Güterbeförderungsleistungen. Da eine Einigung aller Mit-gliedstaaten nicht erreicht werden konnte, ist die Richtlinie zunächst nicht verabschie-det worden.

(c) Vereinfachungsregelungen

Durch *§ 3b Abs. 1 Satz 3 UStG* wird die Bundesregierung ermächtigt, mit Zustimmung **183** des Bundesrates Rechtsverordnungen zur Vereinfachung des Besteuerungsverfahrens für grenzüberschreitende Beförderungsleistungen zu erlassen. Von dieser Ermächti-gung ist in den *§§ 2 bis 7 UStDV* Gebrauch gemacht worden.

Es handelt sich um folgende Vereinfachungsregelungen: **184**

a) Verbindungsstrecken im Inland

Nach *§ 2 UStDV* wird eine inländische Verbindungsstrecke zwischen zwei ausländischen Orten als ausländische Beförderungsstrecke angesehen, wenn diese Verbindungsstre-cke den nächsten oder verkehrstechnisch günstigsten Weg darstellt und der inländi-sche Streckenanteil nicht länger als *30 Kilometer* ist.

b) Verbindungsstrecken im Ausland

Nach *§ 3 UStDV* sind Verbindungsstrecken im Ausland zwischen zwei inländischen Or-ten als inländische Beförderungsstrecke anzusehen, wenn der ausländische Strecken-anteil nicht länger als *10 Kilometer* ist.

c) Anschlussstrecken im Schienenbahnverkehr

Bei grenzüberschreitenden Personenbeförderungen mit Schienenbahnen sind die Anschlussstrecken im Ausland, die von Eisenbahnverwaltungen mit Sitz im Inland betrieben werden, als inländische Beförderungsstrecken anzusehen *(§ 4 UStDV)*.

d) Kurze Straßenstrecken im Inland

Nach *§ 5 UStDV* sind bei grenzüberschreitenden Personenbeförderungen im Gelegenheitsverkehr mit Kraftfahrzeugen inländische Streckenanteile, die in einer Fahrtrichtung nicht länger als *10 Kilometer* sind, als ausländische Beförderungsstrecken anzusehen. Der Gelegenheitsverkehr mit Kraftfahrzeugen umfasst den Verkehr mit *Taxen*, die Ausflugsfahrten und Ferienziel-Reisen sowie den Verkehr mit Mietomnibussen und Mietwagen.

e) Straßenstrecken in den in § 1 Abs. 3 UStG bezeichneten Gebieten

Nach *§ 6 UStDV* werden bei grenzüberschreitenden Personenbeförderungen mit Kraftfahrzeugen von und zu den in § 1 Abs. 3 UStG bezeichneten Gebieten sowie zwischen diesen Gebieten die Streckenanteile in diesen Gebieten als inländische Beförderungsstrecken angesehen. Damit sind diese Beförderungen insgesamt steuerbar und mangels einer Befreiungsvorschrift auch steuerpflichtig (Abschn. 42a Abs. 11 Satz 2 UStR 2008).

f) Kurze Strecken im grenzüberschreitenden Verkehr mit Wasserfahrzeugen

Nach *§ 7 Abs. 1 UStDV* sind bei grenzüberschreitenden Beförderungen im Passagier- und Fährverkehr mit Wasserfahrzeugen, die sich ausschließlich auf das Inland und die in § 1 Abs. 3 UStG bezeichneten Gebiete erstrecken, die Streckenanteile in den in § 1 Abs. 3 UStG bezeichneten Gebieten als inländische Beförderungsstrecken anzusehen.

Für in inländischen Häfen beginnende und endende grenzüberschreitende Beförderungen im Passagier- und Fährverkehr mit Wasserfahrzeugen enthält *§ 7 Abs. 2 UStDV* eine Vereinfachungsregelung. Inländische Häfen sind nach *§ 7 Abs. 4 UStDV* auch die Freihäfen und die Insel Helgoland.

Nach *§ 7 Abs. 3 UStDV* werden inländische Streckenanteile und Streckenanteile in den in § 1 Abs. 3 UStG bezeichneten Gebieten nicht als inländische Beförderungsstrecken angesehen. Dies gilt dann, wenn es sich um grenzüberschreitende Beförderungen im Passagier- und Fährverkehr mit Wasserfahrzeugen für die Seeschifffahrt handelt, die zwischen ausländischen Seehäfen oder zwischen einem inländischen Seehafen und einem ausländischen Seehafen durchgeführt werden.

Nach *§ 7 Abs. 5 UStDV* sind bei grenzüberschreitenden Beförderungen im *Fährverkehr* über den Rhein, die Donau, die Elbe, die Oder und die Neiße die inländischen Streckenanteile als ausländische Beförderungsstrecken anzusehen.

185 Auch bei den Personenbeförderungsleistungen ist der *Grundsatz der Einheitlichkeit der Leistung* zu beachten. Die Gewährung von Unterkunft und Verpflegung sind Nebenleistungen zur Personenbeförderung (BFH vom 19. 9. 1996, BStBl 1997 II S. 164).

(3) Güterbeförderungen

(a) Güterbeförderungen im Inland

Bei Güterbeförderungen, die ausschließlich im Inland erfolgen, bestimmt sich der Leistungsort nach *§ 3b Abs. 1 Satz 1 UStG*. Die Beförderungsleistung wird dort ausgeführt, wo die Beförderung *bewirkt* wird, d. h., auf der Beförderungsstrecke. Die Beförderungsleistung ist in vollem Umfang steuerbar. Dies gilt ab dem 1. 1. 2010 nur noch dann, wenn der Leistungsempfänger weder Unternehmer noch juristische Person mit Umsatzsteuer-Identifikationsnummer ist.

186

Eine *Steuerbefreiung*, insbesondere nach § 4 Nr. 3 UStG, kommt nicht in Betracht. Die Anwendung des ermäßigten Steuersatzes gem. § 12 Abs. 2 Nr. 10 UStG scheidet aus.

(b) Güterbeförderungen zwischen dem Inland und dem Drittlandsgebiet

Bei Güterbeförderungen, die zwischen dem Inland und dem Drittlandsgebiet erfolgen, bestimmt sich der Leistungsort nach *§ 3b Abs. 1 Satz 1 UStG*. Die Beförderungsleistung wird dort ausgeführt, wo die Beförderung *bewirkt* wird. Steuerbar im Inland ist gem. *§ 3b Abs. 1 Satz 2 UStG* nur der Teil der Leistung, der auf das Inland entfällt. Dies gilt ab dem 1. 1. 2010 nur noch dann, wenn der Leistungsempfänger weder Unternehmer noch juristische Person mit Umsatzsteuer-Identifikationsnummer ist.

187

Für den im Inland steuerbaren Teil kommt die *Steuerbefreiung* des § 4 Nr. 3 UStG in Betracht. Grund für diese Steuerbefreiung ist, dass die Beförderungskosten bis zum ersten Bestimmungsort in die *Bemessungsgrundlage für die Einfuhr* einzubeziehen sind und hierdurch die Besteuerung sichergestellt wird. Außerdem dient die Vorschrift der vollständigen *Entlastung der Ausfuhren* von der USt.

Wird bei einer derartigen Beförderungsleistung ein Gesamtpreis vereinbart oder vereinnahmt, so ist der auf den inländischen Streckenanteil entfallende *Entgeltsanteil* anhand dieses Gesamtpreises zu ermitteln. Sofern nicht besondere Umstände (wie z. B. tarifliche Vereinbarungen im internationalen Eisenbahnverkehr) eine andere Aufteilung rechtfertigen, ist der *Nettobeförderungspreis* für jede einzelne Beförderungsleistung im Verhältnis der Längen der inländischen und ausländischen Streckenanteile – einschließlich sog. Leerkilometer – aufzuteilen (BFH vom 12. 3. 1998, BStBl 1998 II S. 523). Die Berechnung erfolgt nach der *Nettomethode*. Die Bruttomethode gilt nur für Personenbeförderungen und ist auf Güterbeförderungen nicht anwendbar.

(c) Güterbeförderungen zwischen dem Inland und dem übrigen Gemeinschaftsgebiet

Für *innergemeinschaftliche Güterbeförderungen* bestimmt sich der Leistungsort nach *§ 3b Abs. 3 UStG*. § 3b Abs. 3 UStG geht als *Sonderregelung* dem Grundsatz des § 3b Abs. 1 UStG vor. Eine innergemeinschaftliche Güterbeförderung liegt vor, wenn die Beförderung des Gegenstandes in dem Gebiet von zwei verschiedenen Mitgliedstaaten beginnt und endet. Die Anfahrt des Beförderungsunternehmers zum Abgangsort ist unerheblich. Die Voraussetzungen einer innergemeinschaftlichen Güterbeförderung sind für jeden Beförderungsauftrag gesondert zu prüfen; sie müssen sich aus den im Beförderungs- und Speditionsgewerbe üblicherweise verwendeten Unterlagen (z. B.

188

schriftlicher Speditionsauftrag oder Frachtbrief) ergeben (Abschn. 42d Abs. 1 Satz 4 UStR 2008). Entscheidend ist der *Abgangsort* und der *Ankunftsort* der Beförderung; diese Orte müssen sich in verschiedenen EU-Mitgliedstaaten befinden. Unerheblich ist, ob die Beförderungsstrecke ausschließlich über Gemeinschaftsgebiet führt oder aber das Drittlandsgebiet im Wege der *Durchfuhr* passiert wird. Ab dem 1. 1. 2010 gilt die Regelung des § 3b Abs. 3 UStG für innergemeinschaftliche Güterbeförderungen nur noch dann, wenn der Leistungsempfänger weder Unternehmer noch juristische Person mit Umsatzsteuer-Identifikationsnummer ist.

189   Liegt eine innergemeinschaftliche Güterbeförderung vor, dann bestimmt sich der Leistungsort grundsätzlich nach *§ 3b Abs. 3 Satz 1 UStG* und ist dort, wo die Beförderung des Gegenstandes *beginnt*, d. h. am *Abgangsort*. Eine Aufteilung der innergemeinschaftlichen Güterbeförderung in einen im Inland steuerbaren und einen im Inland nicht steuerbaren Teil ist nicht vorzunehmen. Liegt der Abgangsort im Inland, dann ist die gesamte Beförderungsleistung im Inland steuerbar und mangels einer Steuerbefreiung i. S. des § 4 UStG auch steuerpflichtig. Insbesondere die Steuerbefreiungsvorschrift des § 4 Nr. 3 UStG kommt nicht zur Anwendung; eine Einbeziehung der Beförderungskosten in die Bemessungsgrundlage für die Einfuhr ist innergemeinschaftlich seit dem 1. 1. 1993 nicht mehr möglich. Der ermäßigte Steuersatz gem. § 12 Abs. 2 Nr. 10 UStG kommt für Güterbeförderungen ebenfalls nicht in Betracht.

Eine *Ausnahme* von dem Grundsatz des § 3b Abs. 3 Satz 1 UStG enthält der *§ 3b Abs. 3 Satz 2 UStG*. Verwendet der Leistungsempfänger der Beförderungsleistung gegenüber dem Beförderungsunternehmer eine ihm von einem anderen Mitgliedstaat (als dem, in dem die Beförderung beginnt) erteilte *Umsatzsteuer-Identifikationsnummer*, so gilt die unter dieser Nummer in Anspruch genommene Beförderungsleistung als in dem Gebiet des anderen Mitgliedstaates ausgeführt. Die Verwendung einer Umsatzsteuer-Identifikationsnummer soll grundsätzlich vor Ausführung der Leistung vereinbart und in dem üblicherweise verwendeten Dokument (z. B. Speditionsauftrag) schriftlich festgehalten werden. Der Begriff *„Verwendung"* setzt ein *positives Tun* des Leistungsempfängers, in der Regel bereits bei Vertragsabschluss, voraus. Eine im Briefkopf eingedruckte Umsatzsteuer-Identifikationsnummer reicht allein *nicht* aus, damit sich der Leistungsort in den EU-Mitgliedstaat verlagert, der dem Leistungsempfänger die eingedruckte Umsatzsteuer-Identifikationsnummer erteilt hat (Abschn. 42c Abs. 3 Satz 5 UStR 2008).

Aus Vereinfachungsgründen ist bei der innergemeinschaftlichen Güterbeförderung stets der *Rechnungsempfänger als der Leistungsempfänger* anzusehen.

BEISPIEL: ▶ Der in Deutschland ansässige Unternehmer A versendet Güter per Frachtnachnahme an den Empfänger B in Italien.

Bei Frachtnachnahmen wird regelmäßig vereinbart, dass der Beförderungsunternehmer die Beförderungskosten dem Empfänger der Sendung in Rechnung stellt und dieser die Beförderungskosten zahlt. Der Rechnungsempfänger B der innergemeinschaftlichen Güterbeförderung ist als Empfänger der Beförderungsleistung (Leistungsempfänger) i. S. des § 3b Abs. 3 Satz 2 UStG anzusehen, auch wenn er den Transportauftrag nicht unmittelbar erteilt hat.

190   Der die Beförderungsleistung ausführende Unternehmer ist gem. § 14a Abs. 1 UStG zur *Ausstellung von Rechnungen* verpflichtet, in denen auch die Umsatzsteuer-Identifikationsnummer des Unternehmers und die des Leistungsempfängers anzugeben sind.

191
192

> **BEISPIELE:**
>
> 1) Der in der Schweiz ansässige Unternehmer S beauftragt den in Deutschland ansässigen Frachtführer F, Güter von Italien nach Deutschland zu befördern. S hat keine Umsatzsteuer-Identifikationsnummer.
>
>   F erbringt keinen steuerbaren Umsatz in Deutschland. Da eine innergemeinschaftliche Güterbeförderung i. S. des § 3b Abs. 3 Satz 1 UStG vorliegt, wird die Leistung an dem Ort ausgeführt, an dem die Beförderung des Gegenstandes beginnt. Die gesamte Beförderungsleistung ist somit in Italien steuerbar. Eine Verschiebung des Leistungsortes gem. § 3b Abs. 3 Satz 2 UStG kommt nicht in Betracht. Ab dem 1. 1. 2010 richtet sich der Leistungsort nach § 3a Abs. 2 UStG und ist dort, wo der Leistungsempfänger sein Unternehmen betreibt; also in der Schweiz.
>
> 2) Der in Deutschland ansässige Unternehmer D hat in Portugal eine Ware gekauft. Er beauftragt den in Portugal ansässigen Frachtführer F, die Beförderung von Portugal nach Deutschland zu übernehmen. D verwendet gegenüber F seine deutsche Umsatzsteuer-Identifikationsnummer.
>
>   F erbringt einen in Deutschland steuerbaren Umsatz. Der Ort der innergemeinschaftlichen Güterbeförderung liegt gem. § 3b Abs. 3 Satz 1 UStG grundsätzlich in Portugal, da in Portugal die Beförderung beginnt. Da aber der Leistungsempfänger D gegenüber dem Frachtführer F seine deutsche Umsatzsteuer-Identifikationsnummer verwendet hat, verschiebt sich der Leistungsort gem. § 3b Abs. 3 Satz 2 UStG nach Deutschland. D wird für diesen Umsatz unter Berücksichtigung des § 13b UStG zum Steuerschuldner. Ab dem 1. 1. 2010 ergibt sich der Leistungsort Deutschland aus § 3a Abs. 2 UStG.

Seit dem *1. 1. 1996* ist die Beförderung eines Gegenstandes, die in dem Gebiet desselben Mitgliedstaates beginnt und endet, einer innergemeinschaftlichen Güterbeförderung gleichgestellt, wenn diese Beförderung unmittelbar mit einer innergemeinschaftlichen Beförderung eines Gegenstandes im Zusammenhang steht (§ 3b Abs. 3 Satz 3 UStG). Bei diesen sog. *Vor- bzw. Nachläufen* kann somit durch die Verwendung einer Umsatzsteuer-Identifikationsnummer der Leistungsort verlagert werden. Dies gilt insbesondere für die *gebrochenen innergemeinschaftlichen Güterbeförderungen*. Eine gebrochene Güterbeförderung liegt vor, wenn einem Beförderungsunternehmer für eine Güterbeförderung über die gesamte Beförderungsstrecke ein Auftrag erteilt wird, bei der Durchführung der Beförderung indessen mehrere Beförderungsunternehmer nacheinander mitwirken. Liegen dabei Beginn und Ende der Beförderung in zwei verschiedenen EU-Mitgliedstaaten, ist eine gebrochene innergemeinschaftliche Güterbeförderung gegeben. Bei einer gebrochenen innergemeinschaftlichen Güterbeförderung sind nicht nur Beförderungen als innergemeinschaftliche Güterbeförderungen anzusehen, bei denen Abgangsort und Ankunftsort in zwei verschiedenen EU-Mitgliedstaaten liegen. Auch Beförderungen, die einer innergemeinschaftlichen Güterbeförderung *vorangehen* oder sich daran *anschließen* und sich auf einen EU-Mitgliedstaat beschränken, sind wie die innergemeinschaftliche Güterbeförderung zu behandeln (Abschn. 42e Abs. 1 UStR 2008). Durch den Auftrag über die gesamte Beförderungsstrecke wird der unmittelbare Zusammenhang der Vor- und Nachläufe mit der innergemeinschaftlichen Beförderung des Gegenstandes hergestellt.

(d) Vereinfachungsregelungen

Die Vereinfachungsregelungen der *§§ 2 bis 7 UStDV* gelten nicht in vollem Umfang für die Güterbeförderungen. Die Regelungen der §§ 4 bis 6 UStDV sind nach dem eindeutigen Wortlaut der Vorschriften ausschließlich auf grenzüberschreitende Personenbeförderungen beschränkt. Die *§§ 2, 3 und 7 UStDV* sind auch auf grenzüberschreitende Güterbeförderungen anzuwenden.

(4) Mit der Güterbeförderung zusammenhängende Leistungen

193   Gemäß *§ 3b Abs. 2 UStG* werden die mit der Beförderung eines Gegenstandes im Zusammenhang stehenden Leistungen dort ausgeführt, wo der Unternehmer jeweils ausschließlich oder zum wesentlichen Teil tätig wird. Als mit der Beförderung eines Gegenstandes im Zusammenhang stehende Leistungen sind z. B. das *Beladen, Entladen, Lagern* und *Umschlagen* anzusehen. Ab dem 1. 1. 2010 kommt § 3b Abs. 2 UStG nur noch dann zur Anwendung, wenn der Leistungsempfänger weder Unternehmer noch juristische Person mit Umsatzsteuer-Identifikationsnummer ist.

Die Regelung des § 3b Abs. 2 UStG kommt nur dann zur Anwendung, wenn diese zusammenhängenden Leistungen nicht vom befördernden Unternehmer selbst ausgeführt werden. Werden sie vom befördernden Unternehmer selbst ausgeführt, handelt es sich in der Regel um *unselbständige Nebenleistungen*, die das Schicksal der Hauptleistung, der Güterbeförderung, teilen.

194   Der Grundsatz des § 3b Abs. 2 UStG, der Leistungsort ist dort, wo der ausführende Unternehmer jeweils ausschließlich oder zum wesentlichen Teil tätig wird, gilt grundsätzlich auch für Leistungen, die im Zusammenhang mit innergemeinschaftlichen Güterbeförderungen stehen. Eine *Ausnahme* von dem Grundsatz enthält *§ 3b Abs. 4 UStG* (bis 31. 12. 2009). Danach gilt abweichend von § 3b Abs. 2 UStG für Leistungen, die im Zusammenhang mit der innergemeinschaftlichen Beförderung eines Gegenstandes stehen, § 3b Abs. 3 Satz 2 UStG entsprechend. Verwendet also der Leistungsempfänger gegenüber dem leistenden Unternehmer eine ihm von einem anderen (als dem, wo der Unternehmer ausschließlich oder zum wesentlichen Teil tätig wird) Mitgliedstaat erteilte *Umsatzsteuer-Identifikationsnummer*, so gilt die unter dieser Nummer in Anspruch genommene Leistung als in dem Gebiet des anderen Mitgliedstaates ausgeführt. Dabei ist es unerheblich, ob der Empfänger der Leistung mit dem Leistungsempfänger der innergemeinschaftlichen Güterbeförderung identisch ist oder nicht.

Der ausführende Unternehmer muss *nachweisen*, dass seine Leistung im Zusammenhang mit einer innergemeinschaftlichen Güterbeförderung steht. Als Nachweis kann eine vom Leistungsempfänger ausgestellte *Bescheinigung* angesehen werden, mit der der Leistungsempfänger den Zusammenhang mit einer genau bezeichneten innergemeinschaftlichen Güterbeförderung bestätigt. Ein Muster einer derartigen Bescheinigung enthält Abschn. 42f Abs. 3 UStR 2008.

BEISPIEL: ▶ Der in Portugal ansässige Unternehmer P beauftragt den portugiesischen Frachtführer F, Güter von Deutschland nach Portugal zu befördern. Außerdem beauftragt P den deutschen Unternehmer D mit dem Beladen der Güter in Deutschland. P teilt dem D den Abgangsort und den Ankunftsort der Beförderung mit und verwendet sowohl gegenüber F als auch gegenüber D seine portugiesische Umsatzsteuer-Identifikationsnummer.

F erbringt eine sonstige Leistung, eine innergemeinschaftliche Güterbeförderung. Ort dieser Leistung ist gem. § 3b Abs. 3 Satz 1 UStG grundsätzlich Deutschland, da die Beförderung in Deutschland beginnt. Da der Leistungsempfänger P aber seine portugiesische Umsatzsteuer-

Identifikationsnummer verwendet hat, verschiebt sich der Leistungsort gem. § 3b Abs. 3 Satz 2 UStG nach Portugal. Die Beförderungsleistung ist in Deutschland nicht steuerbar. Ab dem 1. 1. 2010 ergibt sich dies aus § 3a Abs. 2 UStG.

D erbringt eine sonstige Leistung, die im Zusammenhang mit einer innergemeinschaftlichen Güterbeförderung steht. Der Leistungsort ist gem. § 3b Abs. 2 UStG grundsätzlich in Deutschland, da die Leistung hier ausschließlich ausgeführt wird. Da es sich um eine Leistung im Zusammenhang mit einer innergemeinschaftlichen Güterbeförderung handelt, verschiebt sich der Leistungsort gem. § 3b Abs. 4 UStG i. V. mit § 3b Abs. 3 Satz 2 UStG nach Portugal, da der Leistungsempfänger P seine portugiesische Umsatzsteuer-Identifikationsnummer verwendet hat. Die Leistung ist in Deutschland nicht steuerbar. Steuerschuldner der portugiesischen Umsatzsteuer ist grundsätzlich der Leistungsempfänger P. D darf in seiner Rechnung an P weder deutsche noch portugiesische USt ausweisen. Ab dem 1. 1. 2010 ergibt sich der Leistungsort Portugal aus § 3a Abs. 2 UStG.

(5) Vermittlungsleistungen

(a) Vermittlung der innergemeinschaftlichen Güterbeförderung

Der Ort einer Vermittlungsleistung bestimmt sich grundsätzlich nach § 3a Abs. 2 Nr. 4   195
UStG und ist im *Regelfall* dort, wo der vermittelte Umsatz ausgeführt wird. Dieser Grundsatz gilt gem. *§ 3a Abs. 2 Nr. 4 Satz 3 UStG* u. a. nicht für die in *§ 3b Abs. 5 und 6 UStG* bezeichneten Vermittlungsleistungen. § 3b Abs. 5 und 6 UStG gehen der Vorschrift des § 3a Abs. 2 Nr. 4 UStG vor. § 3b Abs. 5 und Abs. 6 UStG sind ab dem 1. 1. 2010 weggefallen.

§ 3b Abs. 5 Satz 1 UStG bestimmt, dass die Vermittlung der innergemeinschaftlichen Beförderung eines Gegenstandes grundsätzlich an dem Ort erbracht wird, an dem die Beförderung des Gegenstandes *beginnt*.

Nach *§ 3b Abs. 5 Satz 2 UStG* gilt § 3b Abs. 3 Satz 2 UStG entsprechend. Verwendet demzufolge der Leistungsempfänger der Vermittlungsleistung gegenüber dem Vermittler eine ihm von einem anderen (als dem, in dem die innergemeinschaftliche Güterbeförderung beginnt) Mitgliedstaat erteilte *Umsatzsteuer-Identifikationsnummer*, so gilt die unter dieser Nummer in Anspruch genommene Vermittlungsleistung als in dem Gebiet des anderen Mitgliedstaates ausgeführt.

> **BEISPIEL:** ➤ Der in Deutschland ansässige Unternehmer A beauftragt den spanischen Vermittler V, die Beförderung eines Gegenstandes von Amsterdam nach Madrid zu vermitteln. A verwendet gegenüber V seine deutsche Umsatzsteuer-Identifikationsnummer.
>
> Da A gegenüber V seine deutsche Umsatzsteuer-Identifikationsnummer verwendet, verschiebt sich der Leistungsort für die Vermittlungsleistung des V von Amsterdam (§ 3b Abs. 5 Satz 1 UStG) nach Deutschland (§ 3b Abs. 5 Satz 2 UStG i. V. mit § 3b Abs. 3 Satz 2 UStG); denn der Leistungsempfänger A hat gegenüber dem Vermittler V eine andere als die niederländische, nämlich eine deutsche Umsatzsteuer-Identifikationsnummer angegeben. A ist als Leistungsempfänger Steuerschuldner nach § 13b UStG. Ab dem 1. 1. 2010 richtet sich der Leistungsort nach § 3a Abs. 2 UStG und ist ebenfalls im Inland gelegen.

(b) Vermittlung der mit der Güterbeförderung zusammenhängenden Leistungen

Die Vermittlung der mit den Güterbeförderungen zusammenhängenden Leistungen   196
richtet sich grundsätzlich nach § 3a Abs. 2 Nr. 4 UStG und ist dort, wo der vermittelte Umsatz ausgeführt wird. Für die Vermittlung der mit einer innergemeinschaftlichen

Beförderung eines Gegenstandes zusammenhängenden Leistung enthält *§ 3b Abs. 6 UStG* (bis 31. 12. 2009) eine *Sonderregelung*, die dem § 3a Abs. 2 Nr. 4 UStG vorgeht.

Die Vermittlung einer in § 3b Abs. 2 UStG bezeichneten und mit der innergemeinschaftlichen Beförderung eines Gegenstandes in Zusammenhang stehenden Leistung wird an dem Ort erbracht, an dem die *Leistung erbracht* wird. Dies gilt unabhängig davon, wie sich der Ort der selbständigen Leistung nach § 3b Abs. 2 und 4 UStG bestimmt. Gemäß *§ 3b Abs. 6 Satz 2 UStG* ist § 3b Abs. 3 Satz 2 UStG entsprechend anzuwenden. Verwendet der Empfänger der Vermittlungsleistung eine *Umsatzsteuer-Identifikationsnummer* eines anderen EU-Mitgliedstaates, gilt die Vermittlungsleistung als in dem Gebiet des anderen EU-Mitgliedstaates ausgeführt.

> **BEISPIEL:** Der in Frankreich ansässige Unternehmer U beauftragt den deutschen Vermittler V, für einen Gegenstand, der von Kiel nach Paris befördert werden soll, das Umladen in Brüssel im Namen und für Rechnung des U zu vermitteln. U verwendet gegenüber V seine französische Umsatzsteuer-Identifikationsnummer.
>
> Grundsätzlich wäre der Ort der Vermittlungsleistung nach dem Umladeort Brüssel zu bestimmen (§ 3b Abs. 6 Satz 1 UStG). Da jedoch U gegenüber V seine französische Umsatzsteuer-Identifikationsnummer verwendet hat, liegt nach § 3b Abs. 6 Satz 2 UStG i. V. mit § 3b Abs. 3 Satz 2 UStG der Leistungsort in Frankreich. Steuerschuldner der französischen USt ist grundsätzlich der Leistungsempfänger U. In der Rechnung an U darf keine französische USt enthalten sein (vgl. Abschn. 42i Abs. 6 UStR 2008). Ab dem 1. 1. 2010 ergibt sich der Leistungsort aus § 3a Abs. 2 UStG und ist in Frankreich.

gg) Ort der unentgeltlichen Lieferungen und sonstigen Leistungen

197 *§ 3f UStG* wurde durch das *Steuerentlastungsgesetz 1999/2000/2002* mit Wirkung ab dem 1. 4. 1999 in das UStG eingefügt.

Lieferungen i. S. des § 3 Abs. 1b UStG und sonstige Leistungen i. S. des § 3 Abs. 9a UStG werden gem. § 3f Satz 1 UStG an dem Ort ausgeführt, von dem aus der Unternehmer sein Unternehmen betreibt. Es gilt somit das *Unternehmersitzprinzip*. Werden diese Leistungen von einer *Betriebsstätte* ausgeführt, gilt die Betriebsstätte als Ort der Leistungen (§ 3f Satz 2 UStG).

> **BEISPIEL:** Unternehmer A mit Sitz in Hannover nutzt einen zu 100 % dem Unternehmen zugeordneten Computer auch für private Zwecke. Bei der Anschaffung des Computers konnte A den vollen Vorsteuerabzug in Anspruch nehmen.
>
> A erbringt einen steuerbaren Umsatz i. S. des § 1 Abs. 1 Nr. 1 Satz 1 UStG. Die Verwendung des Computers zu privaten Zwecken steht gem. § 3 Abs. 9a Nr. 1 UStG einer sonstigen Leistung gegen Entgelt gleich. Diese sonstige Leistung wird von einem Unternehmer im Rahmen seines Unternehmens ausgeführt. Leistungsort ist gem. § 3f Satz 1 UStG Hannover, da A von Hannover aus sein Unternehmen betreibt. Der Umsatz ist steuerbar und steuerpflichtig.

6. Entgelt

a) Allgemeines

198 Steuerbar sind gem. *§ 1 Abs. 1 Nr. 1 Satz 1 UStG* nur die Lieferungen und sonstigen Leistungen, die gegen Entgelt ausgeführt werden. *Entgelt* ist alles, was der Leistungsempfänger aufwendet, um die Leistung zu erhalten; jedoch abzüglich der USt (§ 10 Abs. 1 Satz 2 UStG).

b) Voraussetzungen des Leistungsaustauschs

Ein *Leistungsaustausch* ist unter folgenden Voraussetzungen gegeben: 199

► Es müssen zwei Beteiligte, zwei verschiedene Personen, vorhanden sein.

► Es muss eine Leistung und eine Gegenleistung vorhanden sein.

► Zwischen Leistung und Gegenleistung muss eine innere wirtschaftliche Verknüpfung bestehen.

Fehlt nur eine dieser Voraussetzungen, liegt kein Leistungsaustausch und damit auch grundsätzlich keine steuerbare Leistung i. S. des § 1 Abs. 1 Nr. 1 Satz 1 UStG vor.

Die *Gegenleistung*, das Entgelt, muss nicht in Geld bestehen. Das Entgelt kann auch in einer Lieferung oder in einer sonstigen Leistung bestehen. Besteht das Entgelt für eine Lieferung in einer Lieferung handelt es sich um einen *Tausch*. Wenn die Wertdifferenz der Liefergegenstände durch einen Geldbetrag ausgeglichen wird, liegt ein *Tausch mit Baraufgabe* vor. Besteht das Entgelt für eine sonstige Leistung in einer Lieferung oder sonstigen Leistung handelt es sich um einen *tauschähnlichen Umsatz* (§ 3 Abs. 12 UStG).

Der Annahme eines Leistungsaustausches steht nicht entgegen, dass sich die Entgelts- 200
erwartung nicht erfüllt, dass das Entgelt *uneinbringlich* wird oder dass es sich nachträglich mindert (BFH vom 22. 6. 1989, BStBl 1989 II S. 913). Entscheidend ist, dass sich die Leistung auf den Erhalt einer Gegenleistung richtet und damit die gewollte, erwartete oder erwartbare Gegenleistung auslöst, so dass schließlich die wechselseitig erbrachten Leistungen miteinander innerlich verbunden sind.

Der Leistungsaustausch umfasst alles, was Gegenstand eines Rechtsverkehrs sein kann. 201
Leistungen im Rechtssinne unterliegen gem. Abschn. 1 Abs. 3 Satz 2 UStR 2008 nur insoweit der USt, als sie auch *Leistungen im wirtschaftlichen Sinne* sind, d. h., Leistungen, bei denen ein über die reine Entgeltsentrichtung hinausgehendes eigenes wirtschaftliches Interesse des Entrichtenden verfolgt wird. So stellt z. B. die Unterhaltung von Giro-, Bauspar- und Sparkonten für sich allein keine Leistung im wirtschaftlichen Sinne dar (BFH vom 1. 2. 1973, BStBl 1973 II S. 172).

c) Fehlender Leistungsaustausch

Ein Leistungsaustausch liegt nicht vor, wenn eine Lieferung rückgängig gemacht wird 202
(Rückgabe). Ob eine nicht steuerbare *Rückgabe* oder eine steuerbare *Rücklieferung* vorliegt, ist aus der Sicht des ursprünglichen *Lieferungsempfängers* und nicht aus der Sicht des ursprünglichen Lieferers zu beurteilen (BFH vom 17. 12. 1981, BStBl 1982 II S. 233).

Ein Leistungsaustausch ist z. B. auch in folgenden Fällen nicht gegeben: 203

Innenumsatz

Bei einem Innenumsatz fehlt es an den zwei verschiedenen Personen. Innerhalb eines einheitlichen Unternehmens sind steuerbare Umsätze grundsätzlich nicht möglich.

Echter Schadensersatz (Abschn. 3 UStR 2008)

Schadensersatz ist der Ausgleich des einer Person entstandenen Schadens durch einen anderen. Der Schadensersatzanspruch kann auf der Verletzung von Vertragspflichten oder auf gesetzlicher Regelung beruhen. Wer zum Schadensersatz verpflichtet ist, hat grundsätzlich den früheren Zustand wiederherzustellen (§ 249 BGB). Es kann auch ein Geldbetrag geleistet werden.

Beim *echten Schadensersatz* liegt kein Leistungsaustausch vor, weil der Geschädigte dem Schädiger gegenüber keine umsatzsteuerbare Leistung erbringt. Der Schädiger zahlt nicht für eine erhaltene Leistung, sondern weil er einen Schaden verursacht hat.

Beispiele für echten Schadensersatz:

► Versicherungsleistungen aus einer Schadensversicherung,

► Zahlungen aus Warenkreditversicherungen,

► Verzugszinsen, Fälligkeitszinsen, Prozesszinsen, Zeugenentschädigungen,

► Vertragsstrafen,

► Mahngebühren.

Tritt in einem Schadensersatzfall der Ersatzleistung des Schädigers vereinbarungsgemäß eine individuelle und konkrete Gegenleistung des Geschädigten gegenüber, so hat ein Leistungsaustausch stattgefunden, und die Entschädigung ist ein Entgelt für eine Leistung (*unechter Schadensersatz*). Der Schadensersatzvorgang geht in diesem Fall unter.

Echter Mitgliederbeitrag (Abschn. 4 UStR 2008)

Soweit eine Vereinigung zur Erfüllung ihrer den Gesamtbelangen sämtlicher Mitglieder dienenden *satzungsgemäßen Gemeinschaftszwecke* tätig wird und dafür echte Mitgliederbeiträge erhebt, die dazu bestimmt sind, ihr die Erfüllung dieser Aufgaben zu ermöglichen, fehlt es an einem Leistungsaustausch mit dem einzelnen Mitglied. Anhaltspunkte für echte Mitgliederbeiträge sind *gleich hohe* bzw. nach einem einheitlichen Maßstab (z. B. Alter, Einkommen) erhobene *Beiträge*. Werden hingegen mit Mitgliederbeiträgen konkrete *Sonderleistungen* der Vereinigung gegenüber den Mitgliedern abgegolten, so handelt es sich um *unechte Mitgliederbeiträge* und somit um eine Gegenleistung für die Sonderleistung.

Der *EuGH* hat mit Urteil vom 21. 3. 2002 (UR 2002 S. 320) entschieden, dass die Jahresbeiträge der Mitglieder eines Sportvereins die *Gegenleistung* für die von diesem Verein erbrachten Dienstleistungen darstellen können, auch wenn diejenigen Mitglieder, die die Einrichtungen des Vereins nicht oder nicht regelmäßig nutzen, verpflichtet sind, ihren Jahresbeitrag zu zahlen. Die Umsetzung dieses Urteils ins deutsche Recht bleibt abzuwarten.

Echte Zuschüsse (Abschn. 150 UStR 2008)

Nicht steuerbare echte Zuschüsse liegen vor, wenn die Zahlungen nicht aufgrund eines Leistungsaustauschverhältnisses erbracht werden. Dies ist dann der Fall, wenn die Zahlung *unabhängig von einer bestimmten Leistung* gewährt wird.

Folgende **Fallgruppen** sind zu unterscheiden:

1) Entgelt für eine Leistung an den Zuschussgeber

Der Zuschussempfänger erbringt eine Leistung gegenüber dem Zuschussgeber. Es besteht ein unmittelbarer wirtschaftlicher Zusammenhang zwischen einer konkreten Leistung und der Zuschussgewährung.

2) Zusätzliches Entgelt eines Dritten

Der Dritte zahlt für die Leistung, wenn ein unmittelbarer wirtschaftlicher Zusammenhang zwischen der Leistung des Unternehmers und der Zuwendung des Dritten feststellbar ist. Entscheidend ist, ob die Zahlung für die Leistung gewährt wird, oder ob sie für den leistenden Unternehmer erfolgt, d.h., dieser aus bestimmten (strukturpolitischen, volkswirtschaftlichen oder allgemeinpolitischen) Gründen gefördert werden soll. Zusätzliches Entgelt liegt vor, wenn der Leistungsempfänger auf die Zahlung einen Rechtsanspruch hat, der Zuschuss an ihn in Erfüllung einer öffentlich-rechtlichen Verpflichtung gewährt oder zumindest im Interesse des Leistungsempfängers geleistet wird.

3) Echter, nicht steuerbarer Zuschuss

Echte Zuschüsse liegen vor, wenn sie nicht an bestimmte Umsätze oder Leistungen anknüpfen, sondern unabhängig davon hingegeben werden. Sie sind in der Regel dadurch gekennzeichnet, dass sie an die Kosten des Zuschussempfängers anknüpfen. Echte Zuschüsse liegen auch dann vor, wenn sie lediglich dem Verlustausgleich dienen oder den Zuschussempfänger zu einem bestimmten Verhalten anregen sollen. Die Verknüpfung mit bestimmten Auflagen führt nicht allein zum Leistungsaustausch. Echte Zuschüsse liegen auch dann vor, wenn der Unternehmer in die Lage versetzt werden soll, überhaupt tätig werden zu können.

d) Leistungsaustausch zwischen Gesellschaft und Gesellschafter

Zwischen Personen- und Kapitalgesellschaften und ihren Gesellschaftern ist ein Leistungsaustausch möglich (BFH vom 23.7.1959, BStBl 1959 III S. 379). Zwischen einem Gesellschafter und seiner Gesellschaft kommt es zu einem Leistungsaustausch, wenn der Gesellschafter *eine Leistung gegen besonderes Entgelt* erbringt. Ein nicht steuerbarer *Gesellschafterbeitrag* liegt vor, wenn der Gesellschafter eine Leistung erbringt, die durch die Beteiligung am Gewinn und Verlust abgegolten wird (BFH vom 16.3.1993, BStBl 1993 II S. 529). Einzelfälle enthält Abschn. 6 Abs. 7 UStR 2008. 204

Eine *Leistung* gegen Entgelt liegt regelmäßig auch dann vor, wenn ein Geschäftsführer gegen Aufwendungsersatz tätig wird. *Keine Leistung* gegen Entgelt liegt regelmäßig vor, soweit ein Gesellschafter aus Gründen, die im Gesellschaftsverhältnis begründet sind, die Verluste seiner Gesellschaft übernimmt, um ihr die weitere Tätigkeit zu ermöglichen (BFH vom 11.4.2002, BStBl 2002 II S. 782). *Geschäftsführungs- und Vertretungsleistungen*, die eine GmbH als Gesellschafterin für eine GbR aufgrund eines Geschäftsbesorgungsvertrages gegen Vergütung ausführt, sind nach dem Urteil des BFH vom 6.6.2002 (BStBl 2003 II S. 36) *umsatzsteuerbar*. Der *BMF* schließt sich dieser

Rechtsauffassung an (BMF-Schreiben vom 31. 5. 2007, BStBl 2007 I S. 503). Auf Abschn. 6 Abs. 3 bis 5 UStR 2008 wird hingewiesen.

Häufig ist ein *Kommanditist* einer GmbH & Co. KG zugleich Geschäftsführer der Komplementär-GmbH. Die lediglich ertragsteuerliche Umqualifizierung der Einkünfte aus nichtselbständiger Arbeit in gewerbliche bei einem Kommanditisten, der Geschäftsführer der Komplementär-GmbH ist, führt *nicht automatisch* dazu, dass der Kommanditist selbständig Geschäftsführungsleistungen gegenüber der Komplementär-GmbH erbringt (BMF-Schreiben vom 21. 9. 2005, BStBl 2005 I S. 936). Im Verhältnis zwischen Komplementär-GmbH und GmbH & Co. KG kann ein umsatzsteuerbarer Leistungsaustausch vorliegen.

7. Sonderregelung des § 1 Abs. 1 Nr. 1 Satz 2 UStG

205 Nach der ausdrücklichen Regelung des § 1 Abs. 1 Nr. 1 Satz 2 UStG entfällt die Steuerbarkeit nicht, wenn der Umsatz auf Grund gesetzlicher oder behördlicher Anordnung ausgeführt wird oder nach gesetzlicher Vorschrift als ausgeführt gilt.

In diesen Fällen fehlt der ansonsten für die Bewirkung steuerbarer Leistungen erforderliche *Leistungswille*. Beispielsweise kommen hier in Betracht die Beschlagnahme von Grundstücken für Besatzungszwecke, die Betriebsverlegung im Zusammenhang mit einer Grundstücksenteignung oder die Zurückverlegung einer Ladenfront wegen einer Straßenverbreiterung im Rahmen eines Umlegungsverfahrens und damit zusammenhängende zeitweilige Räumung der Geschäftsräume durch den Geschäftsinhaber gegen Zahlung eines Entgelts.

III. Steuerbarkeit gem. § 1 Abs. 1 Nr. 4 UStG

206 Steuerbar ist gem. § 1 Abs. 1 Nr. 4 UStG die *Einfuhr* von Gegenständen im Inland oder in den österreichischen Gebieten Jungholz und Mittelberg. Die Einfuhrumsatzsteuer (EUSt) ist ein Teil der USt.

Steuerbar ist gem. § 1 Abs. 1 Nr. 4 UStG die Einfuhr von Gegenständen im Inland. Für den umsatzsteuerrechtlichen Einfuhrtatbestand ist nicht allein entscheidend, dass der Gegenstand aus dem Drittland in das Inland gelangt, sondern hier auch grundsätzlich der Besteuerung unterliegt, d. h., im Regelfall eine *Einfuhrumsatzsteuerschuld* entsteht. Danach liegt z. B. keine Einfuhr im umsatzsteuerrechtlichen Sinne vor, wenn sich die Drittlandsware in einem *zollrechtlichen Versandverfahren* befindet. Seit dem *1. 1. 1993* ist eine Einfuhr begrifflich nur noch im Zusammenhang mit einem *Drittlandsgebiet* möglich. Innergemeinschaftlich ist die Besteuerung der Einfuhr durch die Besteuerung des innergemeinschaftlichen Erwerbs (§ 1 Abs. 1 Nr. 5 UStG) ersetzt worden.

207 Die österreichischen Gemeinden Mittelberg (Kleines Walsertal) und Jungholz in Tirol gehören zum Ausland i. S. des § 1 Abs. 2 Satz 2 UStG; die Einfuhr in diese Gebiete unterliegt jedoch der deutschen EUSt.

208 Die Besteuerung der Einfuhr obliegt nicht den Finanzämtern, sondern erfolgt durch die *Zollverwaltung*. Bei der Berechnung der USt werden die Einfuhrtatbestände nicht mit berücksichtigt. Die EUSt wird nicht von den Landesfinanzbehörden verwaltet. Für die

EUSt gelten die Vorschriften für Zölle mit geringen Ausnahmen sinngemäß. Die entrichtete EUSt kann gem. § 15 Abs. 1 Satz 1 Nr. 2 UStG als Vorsteuer abgezogen werden.

BEISPIEL: ▶ A betreibt in Darmstadt eine Schreinerei. A bestellte bei dem Unternehmer S mit Sitz in Zürich eine Hobelbank für sein Unternehmen. Diese Hobelbank lässt A mit eigenem Lkw in Zürich abholen und nach Darmstadt transportieren.

Es liegt für A ein steuerbarer Umsatz i. S. des § 1 Abs. 1 Nr. 4 UStG vor; denn es handelt sich um die Einfuhr eines Gegenstandes (Hobelbank) aus dem Drittlandsgebiet (Schweiz) in das Inland. Die Besteuerung der Einfuhr obliegt der Zollverwaltung.

IV. Steuerbarkeit gem. § 1 Abs. 1 Nr. 5 UStG

1. Allgemeines

Steuerbar ist gem. *§ 1 Abs. 1 Nr. 5 UStG* der innergemeinschaftliche Erwerb im Inland gegen Entgelt. *Tatbestandsmerkmale* für die Steuerbarkeit sind: 209

▶ innergemeinschaftlicher Erwerb,

▶ im Inland,

▶ gegen Entgelt.

§ 1a UStG enthält die *Legaldefinition* des innergemeinschaftlichen Erwerbs. Die Besteuerung des innergemeinschaftlichen Erwerbs ersetzt die seit dem 1. 1. 1993 innerhalb der EU weggefallene EUSt. Untypisch für das bis dahin geltende Umsatzsteuerrecht ist, dass der Abnehmer (Erwerber) zum Steuerschuldner wird. Es sollte durch die Erwerbsbesteuerung keine neue zusätzliche Steuerbelastung erzeugt werden; es sollte lediglich die EUSt innergemeinschaftlich durch die sog. *Erwerbsteuer* ersetzt werden.   210

Die Besteuerung des Erwerbs, d. h. die Besteuerung im *Bestimmungsland*, stellt nur eine Übergangsregelung dar. Ziel bleibt eine Besteuerung im *Ursprungsland*. Um bei der Verwirklichung dieses Ziels nicht die Systematik des UStG vollständig ändern zu müssen, sind die „Übergangsvorschriften" (z. B. § 1a UStG) mit Kleinbuchstaben versehen worden, um somit eine Streichung problemlos vornehmen zu können.

Nach dem *System* der EG-Richtlinie korrespondiert die Besteuerung des Erwerbs im Bestimmungsland mit einer Steuerbefreiung im Ursprungsland. Die Erwerbsbesteuerung ist allerdings auch dann durchzuführen, wenn die Steuerbefreiung im Ursprungsland nicht anerkannt wird. Eine direkte rechtliche Abhängigkeit besteht nicht. Eine danach denkbare *Doppelbesteuerung* widerspräche indes der Zielsetzung der EG-Richtlinie. Dies ist bei der Auslegung des § 1 Abs. 1 Nr. 5 UStG i. V. mit § 1a UStG zu berücksichtigen.

Überblick über die für die Erwerbsbesteuerung wichtigen Vorschriften: 211

§ 1 Abs. 1 Nr. 5 UStG	Steuerbar ist der innergemeinschaftliche Erwerb im Inland gegen Entgelt (= Umsatzart).
§ 1a UStG	Definition des Erwerbstatbestandes
§ 3d UStG	Ortsbestimmung für den innergemeinschaftlichen Erwerb
§ 4b UStG	Steuerbefreiung des innergemeinschaftlichen Erwerbs
§ 10 Abs. 1 UStG	Bemessungsgrundlage für den innergemeinschaftlichen Erwerb ist grundsätzlich das Entgelt.

§ 12 UStG	Abhängig vom erworbenen Gegenstand kommt entweder der Regelsteuersatz oder der ermäßigte Steuersatz zur Anwendung.
§ 13 Abs. 1 Nr. 6 UStG	Die Erwerbsteuer entsteht grundsätzlich mit Ausstellung der Rechnung.
§ 15 Abs. 1 Satz 1 Nr. 3 UStG	Die Erwerbsteuer kann grundsätzlich als Vorsteuer abgezogen werden.
§ 16 Abs. 6 UStG	Regelung für die Umrechnung von in ausländischer Währung erstellten Rechnungen
§ 22 Abs. 2 Nr. 7 UStG	Besondere Aufzeichnungspflichten für innergemeinschaftliche Erwerbe

2. Innergemeinschaftlicher Erwerb

a) Innergemeinschaftlicher Erwerb bei Lieferungen

aa) Warenbewegung

212 Ein innergemeinschaftlicher Erwerb setzt voraus, dass an den Erwerber eine *Lieferung* ausgeführt wird und der Gegenstand dieser Lieferung aus dem Gebiet eines EU-Mitgliedstaates in das Gebiet eines anderen EU-Mitgliedstaates oder aus dem übrigen Gemeinschaftsgebiet in die in § 1 Abs. 3 UStG bezeichneten Gebiete gelangt (§ 1a Abs. 1 Nr. 1 UStG; Abschn. 15a Abs. 1 Satz 1 UStR 2008). Während bei der Lieferung des leistenden Unternehmers darauf abgestellt werden muss, ob der leistende Unternehmer dem Abnehmer Verfügungsmacht an einem Gegenstand verschafft hat, muss bei dem Erwerbstatbestand des § 1a UStG darauf abgestellt werden, ob der *Abnehmer* (Erwerber) *Verfügungsmacht* an dem Gegenstand erhalten hat. Das Erlangen der Verfügungsmacht ist aus der Sicht des Empfängers zu betrachten. An den Erwerber ist eine Lieferung dann ausgeführt, wenn er oder in seinem Auftrag ein Dritter befähigt ist, im eigenen Namen über einen Gegenstand zu verfügen. Damit ist der Erwerb das exakte *Gegenstück einer Lieferung* und setzt eine solche voraus. Aus diesem Zusammenhang von Lieferung und Erwerb ist auch der Grundsatz: *Lieferzeitpunkt = Erwerbszeitpunkt* abzuleiten.

Auch eine *Werklieferung* ist eine Lieferung. Der Erhalt einer Werklieferung führt allerdings nur dann zu einem innergemeinschaftlichen Erwerb, wenn die Werklieferung nicht als an dem Ort ausgeführt anzusehen ist, an dem die Beförderung oder Versendung endet. Dies ist dann der Fall, wenn das fertige Werk Gegenstand der grenzüberschreitenden Warenbewegung ist; z. B. wenn die Zerlegung des fertigen Werkes lediglich aus Gründen des besseren Transports erfolgt ist.

> **BEISPIELE:**
>
> 1) Unternehmer A in Deutschland erwirbt von dem Unternehmer B in Belgien eine Maschine, die von B in eine bestehende Gesamtanlage einzubauen ist. Nach Einbau und Probelauf erfolgt die Abnahme durch A.
>
>   Es liegt eine Werklieferung des B vor. Ort dieser Werklieferung ist bei A, nämlich dort, wo die Maschine in die Gesamtanlage eingefügt wird. Da dieser Ort am Ende des Transports liegt, kommt ein innergemeinschaftlicher Erwerb für A nicht in Betracht.

2) Unternehmer A in Deutschland lässt von dem Unternehmer B in Belgien eine Einzelmaschine herstellen. B stellt die Maschine mit selbst beschafften Hauptstoffen her, probiert sie aus und zerlegt sie anschließend zum besseren Transport in mehrere Einzelteile, die er bei A wieder zu einer Maschine zusammenfügt.

Es liegt eine Werklieferung des B vor. Ort dieser Werklieferung ist bei B in Belgien. Bei Vorliegen der übrigen Voraussetzungen hat A einen innergemeinschaftlichen Erwerb zu besteuern.

Voraussetzung des innergemeinschaftlichen Erwerbs ist das *Gelangen* des Liefergegenstandes aus dem Gebiet eines Mitgliedstaates in das Gebiet eines anderen Mitgliedstaates oder aus dem übrigen Gemeinschaftsgebiet in die in § 1 Abs. 3 UStG bezeichneten Gebiete. Ein Gegenstand gelangt aus dem Gebiet eines EU-Mitgliedstaates in das Gebiet eines anderen EU-Mitgliedstaates, wenn die Beförderung oder Versendung durch den Lieferer oder durch den Abnehmer im Gebiet des einen EU-Mitgliedstaates beginnt und im Gebiet des anderen EU-Mitgliedstaates endet (Abschn. 15a Abs. 1 Satz 3 UStR 2008).

213

Der Gegenstand muss bei der Lieferung in einen anderen Mitgliedstaat *gelangen*. Es kommt nicht darauf an, ob der Gegenstand durch den Lieferer oder den Abnehmer befördert oder versendet wird. Entscheidend ist die *tatsächliche innergemeinschaftliche Warenbewegung*. „Gelangen" i. S. des § 1a UStG ist nicht rein „beförderungstechnisch", sondern „einfuhrumsatzsteuertechnisch" gemeint. Der Erwerbstatbestand ist auch möglich, wenn der Gegenstand aus einem Drittlandsgebiet in ein Gebiet eines Mitgliedstaates gelangt, wenn der Gegenstand vorher in einem anderen Mitgliedstaat der EUSt unterworfen wurde. Kein Fall des innergemeinschaftlichen Erwerbs liegt vor, wenn die Ware aus einem Drittland im Wege der Durchfuhr durch das Gebiet eines anderen EU-Mitgliedstaates in das Inland gelangt und erst hier einfuhrumsatzsteuerrechtlich zum freien Verkehr abgefertigt wird.

BEISPIELE:

1) Die vom Unternehmer A aus Deutschland bestellte Ware wird aus den USA über die Niederlande nach Deutschland geliefert. Die Ware wird durch den Lieferer in den Niederlanden zum freien Verkehr abgefertigt und anschließend nach Deutschland befördert.

Da die Ware in den Niederlanden der EUSt unterworfen wurde, liegt bei Vorliegen der übrigen Voraussetzungen ein innergemeinschaftlicher Erwerb in Deutschland vor.

2) Die vom Unternehmer A aus Deutschland bestellte Ware wird aus den USA über die Niederlande nach Deutschland geliefert. Die Ware wird erst in Deutschland einfuhrumsatzsteuerrechtlich zum freien Verkehr abgefertigt.

Für A liegt kein innergemeinschaftlicher Erwerb vor. Es ist in Deutschland der Tatbestand der Einfuhr (§ 1 Abs. 1 Nr. 4 UStG) erfüllt.

Ein innergemeinschaftlicher Erwerb liegt auch in den Fällen vor, in denen der Gegenstand auf dem Weg von einem Mitgliedstaat in einen anderen Mitgliedstaat durch Drittlandsgebiet bewegt wird. Abzustellen ist auf den *Beginn* und das *Ende der Warenbewegung*.

Falls der Gegenstand auf dem Transport von einem Mitgliedstaat in einen anderen Mitgliedstaat vor dem Grenzübergang verloren geht oder zerstört wird (*Untergang der Ware*), kommt es nicht zu einem innergemeinschaftlichen Erwerb.

Ein innergemeinschaftlicher Erwerb liegt ebenfalls nicht vor, wenn im Zeitpunkt der Beförderung oder Versendung der *Erwerber noch nicht feststeht*. Ein Transport vom übrigen Gemeinschaftsgebiet in ein *Auslieferungslager* im Inland führt demzufolge bei dem anschließenden Verkauf nicht zu einem innergemeinschaftlichen Erwerb beim Abnehmer. Es handelt sich um eine inländische Lieferung des Verkäufers. Dieser muss ggf. das Verbringen der Erwerbsbesteuerung unterwerfen.

214   Eine Warenbewegung i. S. des § 1a Abs. 1 Nr. 1 UStG liegt ebenfalls vor, wenn der Liefergegenstand aus dem übrigen Gemeinschaftsgebiet in die in § 1 Abs. 3 UStG bezeichneten Gebiete gelangt. Dies sind die *Freihäfen* (Freizonen des Kontrolltyps I) und die Gewässer und Watten zwischen der Hoheitsgrenze und der jeweiligen Strandlinie. Diese Gebiete gehören nach § 1 Abs. 2 UStG nicht zum Inland; es handelt sich aus deutscher Sicht um Drittlandsgebiete. Da der Erwerbsort bei einer Warenbewegung in die in § 1 Abs. 3 UStG bezeichneten Gebiete nicht im Inland ist, kommt ein steuerbarer innergemeinschaftlicher Erwerb grundsätzlich nicht in Betracht. Da diese Handhabung in den unter § 1 Abs. 3 Satz 1 Nr. 1 und 7 UStG genannten Fällen zu einem unbelasteten Letztverbrauch führen würde, musste durch die Vorschrift des *§ 1 Abs. 3 Satz 1 Nr. 1 und 7 UStG* i. V. mit § 1a Abs. 1 Nr. 1 UStG ein steuerbarer innergemeinschaftlicher Erwerb fingiert werden.

bb)   Erwerber

215   Der Erwerber muss gem. *§ 1a Abs. 1 Nr. 2 UStG* einem bestimmten Personenkreis angehören. Der Erwerber muss

► Unternehmer sein, der den Gegenstand für sein Unternehmen erwirbt,

   oder

► juristische Person sein, die nicht Unternehmer ist oder die den Gegenstand nicht für ihr Unternehmen erwirbt.

Unternehmer ist gem. § 2 Abs. 1 Satz 1 UStG, wer eine gewerbliche oder berufliche Tätigkeit selbständig ausübt. Die Unternehmereigenschaft kann durch die Angabe der Umsatzsteuer-Identifikationsnummer nachgewiesen werden. Wer Erwerber ist, richtet sich nach den schuldrechtlichen Verhältnissen, die der Lieferung zugrunde liegen.

Die Erwerbsbesteuerung greift nur dann ein, wenn der Unternehmer den Gegenstand *für sein Unternehmen* erwirbt. Der Liefergegenstand muss dem Unternehmensvermögen des Erwerbers zugerechnet werden können. Maßgebend ist die Zuordnungsentscheidung des Erwerbers, die im Regelfall mit der Inanspruchnahme des Vorsteuerabzugs zum Ausdruck kommt. Gemischt (unternehmerisch und nichtunternehmerisch) nutzbare Gegenstände werden für das Unternehmen erworben, wenn sie der Unternehmer dem Unternehmen zuordnet. Er hat ein Wahlrecht, den erworbenen gemischt nutzbaren Gegenstand insgesamt, teilweise oder nicht dem Unternehmen zuzuordnen (vgl. EuGH-Urteil vom 4. 10. 1995, UR 1995 S. 485). Die *10-%-Regelung* des § 15 Abs. 1 Satz 2 UStG ist zu beachten. Eine Zuordnung zum Unternehmen scheidet auch dann aus, wenn nach den Gesamtumständen die Lieferung allein für den privaten nichtunternehmerischen Bereich bestimmt ist. In diesen Fällen führt auch die Verwendung der Umsatzsteuer-Identifikationsnummer durch den Erwerber nicht dazu, dass der Gegenstand Unternehmensvermögen wird. Die Verwendung der Umsatzsteuer-Identifikationsnummer hat insoweit keine rechtlich bindende Bedeutung. Eine Erwerbsbesteuerung beim Erwerber ist nicht durchzuführen, da der Gegenstand nicht für das Unternehmen erworben wird.

Juristische Personen unterliegen selbst dann der Besteuerung des Erwerbs, wenn sie

▶ nicht Unternehmer sind

oder

▶ Unternehmer sind und den Gegenstand nicht für ihr Unternehmen erwerben.

cc) Lieferer

Der Lieferer muss gem. *§ 1a Abs. 1 Nr. 3 UStG*   216

▶ Unternehmer sein, der die Lieferung gegen Entgelt im Rahmen seines Unternehmens ausführt

und

▶ darf nach dem Recht des Mitgliedstaates, der für die Besteuerung des Lieferers zuständig ist, aufgrund der Sonderregelung für Kleinunternehmer nicht steuerbefreit sein.

Weitere Voraussetzung ist, dass die Lieferung/der Erwerb *gegen Entgelt* ausgeführt wird. Für das Merkmal „gegen Entgelt" gelten dieselben Kriterien wie im Rahmen des § 1 Abs. 1 Nr. 1 Satz 1 UStG.

Ob ein Lieferer als *Kleinunternehmer* steuerbefreit ist, richtet sich nach dem Recht des   217
Mitgliedstaates, in dessen Gebiet der Lieferort ist. Die Steuerbefreiung für Kleinunternehmer ist in den einzelnen Mitgliedstaaten *unterschiedlich* gestaltet. Verzichtet ein Kleinunternehmer auf die Befreiung, so wird er wie ein „normaler" Unternehmer behandelt und die Erwerbsbesteuerung kommt für den Erwerber zur Anwendung.

Der Erwerber kann grundsätzlich davon ausgehen, dass der Lieferer die o. g. Bedingungen   218
gen erfüllt, wenn in der Rechnung des Lieferers die *Umsatzsteuer-Identifikationsnummer* des Lieferers angegeben und unter Hinweis auf die Steuerbefreiung für die innergemeinschaftliche Lieferung keine ausländische USt in Rechnung gestellt wird. Diese Angaben in der Rechnung haben aber nur Bedeutung als *Beweisanzeichen*.

b) Innergemeinschaftliches Verbringen

aa) Erwerbsfiktion

Nach *§ 1a Abs. 2 UStG* gilt das Verbringen eines Gegenstandes des Unternehmens aus   219
dem übrigen Gemeinschaftsgebiet in das Inland durch einen Unternehmer zu seiner Verfügung, ausgenommen zu einer nur vorübergehenden Verwendung, als innergemeinschaftlicher Erwerb gegen Entgelt. Diese Erwerbsfiktion war erforderlich, um die bisherige Besteuerung der Einfuhr innergemeinschaftlich durch die Erwerbsbesteuerung zu ersetzen. Dabei gilt das Verbringen des Gegenstandes

▶ in dem Ausgangsmitgliedstaat als steuerbefreite innergemeinschaftliche Lieferung (§ 3 Abs. 1a UStG, § 6a Abs. 2 UStG);

► in dem Eingangsmitgliedstaat als innergemeinschaftlicher Erwerb (§ 1a Abs. 2 UStG).

bb) Warenbewegung

220 Voraussetzung für ein Verbringen ist eine *tatsächliche Warenbewegung* aus dem übrigen Gemeinschaftsgebiet in das Inland. Es ist hierbei unerheblich, ob der Unternehmer den Gegenstand selbst befördert oder ob er die Beförderung durch einen selbständigen Beauftragten (z. B. Spediteur, Frachtführer) ausführen oder besorgen lässt. Entscheidend ist allein der Beginn und das Ende des Transports.

Ist der Gegenstand aus dem Drittlandsgebiet in das übrige Gemeinschaftsgebiet und von dort in das Inland verbracht worden, liegt ein fiktiver innergemeinschaftlicher Erwerb im Inland nur dann vor, wenn der Unternehmer den Gegenstand zuvor in das übrige Gemeinschaftsgebiet eingeführt hat.

cc) Unternehmensgegenstand

221 Ein innergemeinschaftliches Verbringen setzt voraus, dass der Gegenstand im Ausgangsmitgliedstaat bereits dem *Unternehmen zugeordnet* war. Ordnet der Unternehmer den Gegenstand nur *zum Teil* seinem Unternehmen zu, so wird der Verbringenstatbestand auch nur hinsichtlich dieses Teils verwirklicht.

dd) Verfügung des Unternehmers

222 Der Gegenstand muss *zur Verfügung des Unternehmers* vom Ausgangsmitgliedstaat in das Inland verbracht werden. Der Gegenstand muss sich bei Beendigung der Beförderung oder Versendung im Bestimmungsmitgliedstaat weiterhin in der Verfügungsmacht des Unternehmers befinden. Diese Voraussetzung ist insbesondere dann erfüllt, wenn der Gegenstand von dem im Ausgangsmitgliedstaat gelegenen Unternehmensteil erworben, hergestellt oder in diesen EU-Mitgliedstaat eingeführt, zur Verfügung des Unternehmers in den Bestimmungsmitgliedstaat verbracht und anschließend von dem dort gelegenen Unternehmensteil auf Dauer verwendet oder verbraucht wird (Abschn. 15b Abs. 4 Satz 2 UStR 2008). Dass der Unternehmer über einen im Inland belegenen Unternehmensteil verfügt, ist allerdings nicht Voraussetzung.

223 Ein Verbringen zur Verfügung des Unternehmers liegt grundsätzlich *nicht* vor, wenn der Abnehmer bereits bei Beginn des Transports feststeht; der Gegenstand also bereits verkauft war und nunmehr zum Abnehmer gebracht wird. Eine *Ausnahme* hiervon enthält Abschn. *15b Abs. 14 UStR 2008*. Danach kann aus *Vereinfachungsgründen* unter folgenden Voraussetzungen ein innergemeinschaftliches Verbringen angenommen werden:

► Die Lieferungen werden regelmäßig an eine größere Zahl von Abnehmern im Bestimmungsland ausgeführt.

► Bei entsprechenden Lieferungen aus dem Drittlandsgebiet wären die Voraussetzungen für eine Verlagerung des Ortes der Lieferung in das Gemeinschaftsgebiet nach § 3 Abs. 8 UStG erfüllt.

▶ Der liefernde Unternehmer behandelt die Lieferung im Bestimmungsmitgliedstaat als steuerbar. Er wird bei einem Finanzamt des Bestimmungsmitgliedstaates für Umsatzsteuerzwecke geführt. Er gibt in den Rechnungen seine Umsatzsteuer-Identifikationsnummer des Bestimmungsmitgliedstaates an.

▶ Die beteiligten Steuerbehörden im Ausgangs- und Bestimmungsmitgliedstaat sind mit dieser Behandlung einverstanden.

BEISPIEL: ▶ Der niederländische Großhändler N in Venlo beliefert im grenznahen deutschen Raum eine Vielzahl von Kleinabnehmern (z. B. Imbissbuden, Gaststätten und Kasinos) mit Pommes frites. N verpackt und portioniert die Waren bereits in Venlo nach den Bestellungen der Abnehmer und liefert sie an diese mit eigenem Lkw aus.

N kann die Gesamtsendung als innergemeinschaftliches Verbringen (innergemeinschaftlicher Erwerb nach § 1a Abs. 2 UStG) behandeln und alle Lieferungen als Inlandslieferungen bei dem zuständigen inländischen Finanzamt versteuern, sofern er in den Rechnungen seine deutsche Umsatzsteuer-Identifikationsnummer angibt und seine örtlich zuständige niederländische Steuerbehörde diesem Verfahren zustimmt.

Durch diese Regelung wird vermieden, dass die *Abnehmer* sich eine Umsatzsteuer-Identifikationsnummer beschaffen müssen und den besonderen Aufzeichnungspflichten des § 22 Abs. 2 Nr. 7 UStG unterliegen.

ee) Nicht nur zur vorübergehenden Verwendung

(1) Allgemeines

Weitere Voraussetzung des innergemeinschaftlichen Verbringens ist, dass der Gegenstand zu einer *nicht nur vorübergehenden Verwendung* durch den Unternehmer in den Bestimmungsmitgliedstaat gelangt. Dies ist erfüllt, wenn der Gegenstand in dem im Bestimmungsmitgliedstaat gelegenen Unternehmensteil dem *Anlagevermögen zugeführt* oder dort als Roh-, Hilfs- oder Betriebsstoff *verarbeitet* oder *verbraucht* wird. Entscheidend ist die konkrete *Absicht* des Unternehmers zum Zeitpunkt des Verbringens in den Bestimmungsmitgliedstaat. Voraussetzung ist nicht, dass der Unternehmensteil im Bestimmungsmitgliedstaat die abgabenrechtlichen Voraussetzungen einer Betriebsstätte i. S. des § 12 AO erfüllt (Abschn. 15b Abs. 6 Satz 2 UStR 2008).

224

Eine *Vereinfachungsregelung* enthält Abschn. 15b Abs. 6 Satz 3 UStR 2008. Verbringt der Unternehmer Gegenstände zum Zwecke des Verkaufs außerhalb einer Betriebsstätte in den Bestimmungsmitgliedstaat und gelangen die nicht verkauften Waren unmittelbar anschließend wieder in den Ausgangsmitgliedstaat zurück, kann das innergemeinschaftliche Verbringen aus Vereinfachungsgründen auf die tatsächlich verkaufte Warenmenge beschränkt werden.

BEISPIEL: ▶ Der niederländische Gemüsehändler N befördert im eigenen Lkw Gemüse nach Bonn, um es dort auf dem Wochenmarkt zu verkaufen. Das nicht verkaufte Gemüse nimmt er am selben Tag wieder mit zurück in die Niederlande.

N bewirkt in Bezug auf das verkaufte Gemüse einen innergemeinschaftlichen Erwerb nach § 1a Abs. 2 UStG in Deutschland. Er hat den Verkauf des Gemüses als Inlandslieferung zu versteuern. Das Verbringen des nicht verkauften Gemüses ins Inland muss nicht als innergemeinschaftlicher Erwerb i. S. des § 1a Abs. 2 UStG, das Zurückverbringen des nicht verkauften Gemüses muss nicht als innergemeinschaftliche Lieferung i. S. des § 3 Abs. 1a UStG i. V. mit § 6a Abs. 2 UStG behandelt werden.

225 Das Verbringen zu einer nur vorübergehenden Verwendung ist von der Lieferungs- und Erwerbsfiktion ausgenommen. Da dies nicht dem Wortlaut der EG-Richtlinie entspricht (nach der EG-Richtlinie ist das Verbringen zu bestimmten Zwecken von der Besteuerung generell ausgenommen) ist die deutsche Regelung *richtlinienkonform auszulegen*. Danach liegt kein innergemeinschaftliches Verbringen vor, wenn die Verwendung des Gegenstandes im Bestimmungsmitgliedstaat

▶ ihrer Art nach nur vorübergehend ist

oder

▶ befristet ist (Abschn. 15b Abs. 9 Satz 3 UStR 2008).

(2) Vorübergehende Verwendung der Art nach

226 Eine ihrer Art nach vorübergehende Verwendung liegt nach Abschn. *15b Abs. 10 UStR 2008* in folgenden Fällen vor:

1. Der Unternehmer verwendet den Gegenstand bei einer Werklieferung, die im Bestimmungsmitgliedstaat steuerbar ist. Es ist gleichgültig, ob der Gegenstand Bestandteil der Lieferung wird und im Bestimmungsmitgliedstaat verbleibt oder ob er als Hilfsmittel verwendet wird und später wieder in den Ausgangsmitgliedstaat zurückgelangt.

   BEISPIEL: ▶ Der deutsche Bauunternehmer D errichtet in Frankreich ein Hotel. Er verbringt zu diesem Zwecke Baumaterial und einen Baukran an die Baustelle. Der Baukran gelangt nach Fertigstellung des Hotels nach Deutschland zurück.

   Das Verbringen des Baumaterials und des Baukrans ist keine innergemeinschaftliche Lieferung i. S. des § 3 Abs. 1a UStG und § 6a Abs. 2 UStG. Beim Zurückgelangen des Baukrans in das Inland liegt ein innergemeinschaftlicher Erwerb i. S. des § 1a Abs. 2 UStG nicht vor.

2. Der Unternehmer verbringt den Gegenstand im Rahmen oder in unmittelbarem Zusammenhang mit einer sonstigen Leistung in den Bestimmungsmitgliedstaat.

   BEISPIELE: ▶
   a) Der deutsche Unternehmer D vermietet eine Baumaschine an den niederländischen Bauunternehmer N und verbringt die Maschine zu diesem Zweck in die Niederlande.
   b) Der französische Gärtner F führt im Inland Baumschneidearbeiten aus und verbringt zu diesem Zweck Arbeitsmaterial und Leitern in das Inland.
   In beiden Fällen ist ein innergemeinschaftliches Verbringen nicht anzunehmen.

3. Der Unternehmer lässt an dem Gegenstand im Bestimmungsmitgliedstaat eine sonstige Leistung (z. B. Reparatur) ausführen.

4. Der Unternehmer überlässt einen Gegenstand an eine Arbeitsgemeinschaft als Gesellschafterbeitrag und verbringt den Gegenstand dazu in den Bestimmungsmitgliedstaat.

227 Bei einer der Art nach vorübergehenden Verwendung kommt es auf die *Dauer* der tatsächlichen Verwendung des Gegenstandes im Bestimmungsmitgliedstaat nicht an. Stellt sich aber heraus, dass der Gegenstand nicht mehr aus dem Inland heraus gelangen wird (z. B. weil er untergeht oder verkauft wird), gilt der Gegenstand als *in diesem*

Zeitpunkt als verbracht. Zu diesem Zeitpunkt ist die Erwerbsbesteuerung durchzuführen.

BEISPIEL: ▸ Der deutsche Unternehmer D vermietet eine Baumaschine an den niederländischen Bauunternehmer N und verbringt die Maschine zu diesem Zweck in die Niederlande. Da dem N die Baumaschine gut gefällt, kauft er diese später von D.

1. Vermietung der Baumaschine

Diese Leistung ist in Deutschland nicht steuerbar. Der Ort der Leistung ist gem. § 3a Abs. 4 Nr. 11 UStG i. V. mit § 3a Abs. 3 UStG in den Niederlanden. Es liegt kein Verbringen vor, da es sich um eine der Art nach vorübergehende Verwendung handelt.

2. Veräußerung der Baumaschine

Zum Zeitpunkt der Veräußerung liegt eine im Inland steuerbare aber steuerfreie innergemeinschaftliche Lieferung (§§ 4 Nr. 1 Buchst. b, 6a Abs. 2 UStG) vor; denn es handelt sich um eine endgültige Verwendung. D muss die Erwerbsbesteuerung in den Niederlanden durchführen. Die anschließende Lieferung ist in den Niederlanden steuerbar.

(3) Befristete Verwendung

Die Regelungen zur befristeten Verwendung schließen an die *Befreiung von den Einfuhrabgaben* an; denn durch die Erwerbsbesteuerung sollte keine neue zusätzliche Steuerbelastung geschaffen werden. Von einer befristeten Verwendung ist auszugehen, wenn der Unternehmer einen Gegenstand in den Bestimmungsmitgliedstaat im Rahmen eines Vorgangs verbringt, für den bei einer entsprechenden Einfuhr im Inland wegen vorübergehender Verwendung eine vollständige Befreiung von den Einfuhrabgaben bestehen würde (Abschn. 15b Abs. 12 Satz 1 UStR 2008). Es gelten die zu den zoll- und einfuhrumsatzsteuerrechtlichen Abgabenbefreiungen erlassenen Rechts- und Verwaltungsvorschriften entsprechend.   228

Nach den zollrechtlichen Vorschriften gilt eine *Höchstdauer* der Verwendung von *24 Monaten* (z. B. für Berufsausrüstung, Werbematerial). Für bestimmte Gegenstände gelten allerdings kürzere Verwendungsfristen. Eine Verwendungsfrist von *18 Monaten* gilt für zum eigenen Gebrauch verwendete Beförderungsmittel der See- und Binnenschifffahrt. Eine Verwendungsfrist von *12 Monaten* gilt für Schienenbeförderungsmittel. Eine Verwendungsfrist von *6 Monaten* gilt z. B. für Waren, die im Rahmen eines Kaufvertrages mit Erprobungsvorbehalt eingeführt und dieser Erprobung unterzogen werden. Eine Verwendungsfrist von *2 Monaten* gilt u. a. für Waren zur Ansicht, die nicht als Muster eingeführt werden können und für die von Seiten des Versenders eine Verkaufsabsicht und beim Empfänger eine mögliche Kaufabsicht nach Ansicht besteht.

Werden die Verwendungsfristen für den jeweiligen Gegenstand *überschritten*, ist ein innergemeinschaftliches Verbringen anzunehmen, und zwar im *Zeitpunkt des Überschreitens*. Das Zurückgelangen des Gegenstandes in den Ausgangsmitgliedstaat nach einer befristeten Verwendung ist umsatzsteuerrechtlich unbeachtlich.

ff) Bemessungsgrundlage

Bemessungsgrundlage für das innergemeinschaftliche Verbringen ist nach § 10 Abs. 4 Satz 1 Nr. 1 UStG der *Einkaufspreis* zzgl. der Nebenkosten für den Gegenstand oder für einen gleichartigen Gegenstand oder mangels eines Einkaufspreises die *Selbstkosten*, jeweils zum Zeitpunkt des Umsatzes.   229

Die Steuer auf den fiktiven innergemeinschaftlichen Erwerb kann unter den weiteren Voraussetzungen des § 15 UStG als *Vorsteuer* abgezogen werden.

c) Sonderregelungen

aa) Erwerb unterhalb der Erwerbsschwelle

(1) Allgemeines

230   Für bestimmte Erwerber, den sog. *Exoten*, gilt eine Ausnahme. Für diese bestimmten Erwerber greift die Verpflichtung zur Besteuerung des Erwerbs nur dann, wenn eine sog. *Erwerbsschwelle* überschritten wird. Ein innergemeinschaftlicher Erwerb liegt gem. *§ 1a Abs. 3 UStG* nicht vor, wenn

► ein bestimmter Erwerber vorhanden ist (§ 1a Abs. 3 Nr. 1 UStG)

und

► die Erwerbsschwelle nicht überschritten ist (§ 1a Abs. 3 Nr. 2 UStG).

Sind diese Erwerber danach nicht verpflichtet, den Erwerb zu versteuern, und verzichten sie auch nicht auf die Anwendung dieser Regelung gem. § 1a Abs. 4 UStG, so entfällt für den Lieferer die *Steuerbefreiung* im Ursprungsland. Die Entbindung von der Erwerbsbesteuerung gilt auch für die innergemeinschaftlichen Verbringenstatbestände des § 1a Abs. 2 UStG.

(2) Bestimmte Erwerber

231   Die Ausnahmeregelung des *§ 1a Abs. 3 UStG* gilt nur für bestimmte Erwerber. Hierbei handelt es sich um vier Gruppen:

1. Unternehmer, die nur steuerfreie Umsätze ausführen, die zum Ausschluss vom Vorsteuerabzug führen (§ 1a Abs. 3 Nr. 1 Buchst. a UStG)

   Zu diesem Kreis gehören z. B.

   ► Versicherungsgesellschaften (§ 4 Nr. 10 UStG)

   ► Bausparkassen- und Versicherungsvertreter (§ 4 Nr. 11 UStG)

   ► Wohnungsvermieter (§ 4 Nr. 12 UStG)

   ► Ärzte (§ 4 Nr. 14 UStG)

   ► Krankenhäuser, Pflegeheime (§ 4 Nr. 16 UStG)

   ► Theater, Museen (§ 4 Nr. 20 UStG)

   ► Berufsbildende Einrichtungen, Privatschulen (§ 4 Nr. 21 UStG)

2. Unternehmer, für dessen Umsätze USt nach § 19 Abs. 1 UStG nicht erhoben wird (§ 1a Abs. 3 Nr. 1 Buchst. b UStG)

3. Unternehmer, die den Gegenstand zur Ausführung von Umsätzen verwenden, für die die Steuer nach den Durchschnittssätzen des § 24 UStG festgesetzt ist (§ 1a Abs. 3 Nr. 1 Buchst. c UStG)

4. Juristische Personen, die nicht Unternehmer sind oder die den Gegenstand nicht für ihr Unternehmen erwerben (§ 1a Abs. 3 Nr. 1 Buchst. d UStG)

(3) Erwerbsschwelle

Ein innergemeinschaftlicher Erwerb der o. g. Erwerber liegt nur dann nicht vor, wenn   232
der *Gesamtbetrag der Entgelte für Erwerbe* i. S. des § 1a Abs. 1 Nr. 1 UStG und des § 1a
Abs. 2 UStG die sog. Erwerbsschwelle weder im vorangegangenen Kalenderjahr überstiegen hat noch voraussichtlich im laufenden Kalenderjahr übersteigen wird. Bei größeren innergemeinschaftlichen Erwerben unterliegen auch die Exoten der Besteuerung
des Erwerbs.

Die Erwerbsschwelle wird auf den *Gesamtbetrag der innergemeinschaftlichen Erwerbe*
nach § 1a Abs. 1 Nr. 1 UStG und § 1a Abs. 2 UStG aus allen EU-Mitgliedstaaten bezogen.
Nicht in den Gesamtbetrag (= Summe der Entgelte) einzubeziehen sind:

► die Erwerbe neuer Fahrzeuge und

► die Erwerbe von verbrauchsteuerpflichtigen Waren (Abschn. 15a Abs. 2 Satz 2 UStR
2008).

Die *Höhe der Erwerbsschwelle* ist in den Mitgliedstaaten der EU unterschiedlich. Die Er-   233
werbsschwelle ist in Deutschland auf *12 500 €* festgesetzt worden. Die Erwerbsschwel-
len in den anderen Mitgliedstaaten betragen (vgl. auch Abschn. 42j Abs. 2 Satz 4 UStR
2008):

Belgien	11 200,00 €	Niederlande	10 000,00 €
Bulgarien	20 000,00 BGN	Österreich	11 000,00 €
Dänemark	80 000,00 DKK	Polen	10 000,00 €
Estland	160 000,00 EEK	Portugal	8 978,00 €
Finnland	10 000,00 €	Rumänien	10 000,00 €
Frankreich	10 000,00 €	Schweden	90 000,00 SEK
Griechenland	10 000,00 €	Slowakei	10 000,00 €
Irland	41 000,00 €	Slowenien	10 000,00 €
Italien	8 263,00 €	Spanien	10 000,00 €
Lettland	7 000,00 LVL	Tschechien	10 000,00 €
Litauen	35 000,00 LTL	Ungarn	10 000,00 €
Luxemburg	10 000,00 €	Vereinigtes Königreich	61 000,00 GBP
Malta	10 000,00 €	Zypern	6 000,00 CYP

Wird die Erwerbsschwelle im vorangegangenen Kalenderjahr nicht überschritten und
ist zu Beginn des Jahres zu erwarten, dass sie auch im laufenden Kalenderjahr nicht
überschritten wird, kann die Erwerbsbesteuerung unterbleiben, wenn die *tatsächlichen*
innergemeinschaftlichen Erwerbe im Laufe des Kalenderjahres die Grenze von 12 500 €
überschreiten. Erst ab dem folgenden Kalenderjahr ist die Erwerbsbesteuerung durchzuführen, da die Erwerbsschwelle im vorangegangenen Kalenderjahr tatsächlich überschritten ist. Bei der *Prognose* zu Beginn des Jahres sind die vorhersehbaren Verhältnisse maßgebend. Diese realistische Prognose bleibt auch dann maßgebend, wenn sie
sich nachträglich als unrichtig herausstellt.

Bei *Beginn* der Tätigkeit im Laufe eines Jahres ist auf die im laufenden Kalenderjahr zu
erwartenden innergemeinschaftlichen Erwerbe abzustellen. Bei *Aufnahme* der unternehmerischen Tätigkeit im Laufe des Jahres erfolgt keine Umrechnung auf einen Jahreswert.

Juristische Personen des öffentlichen Rechts haben grundsätzlich alle in ihrem Bereich vorgenommenen innergemeinschaftlichen Erwerbe zusammenzufassen. Bei den großen Gebietskörperschaften *Bund* und *Länder* können auch einzelne Organisationseinheiten (z. B. Ressorts, Behörden, Ämter) für ihre innergemeinschaftlichen Erwerbe als Steuerpflichtige behandelt werden. Dabei wird aus *Vereinfachungsgründen* davon ausgegangen, dass die Erwerbsschwelle überschritten ist. In diesem Fall können die einzelnen Organisationseinheiten eine eigene Umsatzsteuer-Identifikationsnummer erhalten (vgl. Abschn. 15a Abs. 3 UStR 2008).

234   Liegen die Voraussetzungen des § 1a Abs. 3 UStG vor, ist keine Erwerbsbesteuerung beim Erwerber vorzunehmen. Die Besteuerung hat durch den *Lieferer* zu erfolgen. Eine innergemeinschaftliche Lieferung kann nicht vorliegen, da der Erwerber nicht der Erwerbsbesteuerung unterliegt (§ 6a Abs. 1 Satz 1 Nr. 3 UStG). Für die Ortsbestimmung der Lieferung ist *§ 3c UStG* zu prüfen.

(4)   Option

235   Der Erwerber kann gem. *§ 1a Abs. 4 UStG* auf die Anwendung der Erwerbsschwelle *verzichten*. Macht er von der Verzichtsmöglichkeit Gebrauch, dann unterliegt er in jedem Fall der Erwerbsbesteuerung nach § 1a Abs. 1 und Abs. 2 UStG.

Der Verzicht ist gegenüber dem *Finanzamt* zu erklären. Eine bestimmte *Form* ist für den Verzicht nicht vorgeschrieben. Es genügt jede einseitige Erklärung, die eindeutig erkennen lässt, dass der Erwerber auf die Anwendung der Erwerbsschwelle verzichtet. Dies kann auch z. B. dadurch geschehen, dass der Erwerber die Erwerbsteuer anmeldet und entrichtet. Da die Optionserklärung gegenüber dem Finanzamt abzugeben ist, ist in der Verwendung der Umsatzsteuer-Identifikationsnummer gegenüber dem Lieferer kein wirksamer Verzicht zu sehen. Auch der an das Bundeszentralamt für Steuern gerichtete Antrag auf Erteilung einer Umsatzsteuer-Identifikationsnummer ist nicht als Verzicht i. S. des § 1a Abs. 4 UStG zu werten.

Eine *Beschränkung* des Verzichts auf die Erwerbe aus bestimmten EU-Mitgliedstaaten ist nicht zulässig.

Der Verzicht *bindet* den Erwerber mindestens für *zwei Kalenderjahre*. Darüber hinaus gilt der Verzicht so lange bis der Erwerber den Verzicht widerruft. Der *Widerruf* muss für ein volles Kalenderjahr erfolgen.

Der Verzicht ist möglich, solange die Steuerfestsetzung noch *nicht unanfechtbar* geworden ist oder unter dem Vorbehalt der Nachprüfung steht. Die Rückgängigmachung des Verzichts ist möglich, solange die Steuerfestsetzung noch nicht unanfechtbar geworden ist.

bb)   Erwerb neuer Fahrzeuge

236   Die Erwerbsschwelle gilt gem. *§ 1a Abs. 5 Satz 1 UStG* nicht für den Erwerb neuer Fahrzeuge. Was ein neues Fahrzeug i. S. des UStG ist, ist in § 1b UStG definiert. Auch die Exoten haben stets eine Erwerbsbesteuerung durchzuführen, wenn sie ein neues Fahrzeug innergemeinschaftlich erwerben. Eine Erwerbsschwelle ist insoweit nicht zu prüfen.

cc) Erwerb verbrauchsteuerpflichtiger Waren

Die Erwerbsschwelle gilt gem. *§ 1a Abs. 5 Satz 1 UStG* nicht für den Erwerb verbrauchsteuerpflichtiger Waren. Auch die Exoten haben stets eine Erwerbsbesteuerung durchzuführen, wenn sie verbrauchsteuerpflichtige Waren innergemeinschaftlich erwerben.
Eine Erwerbsschwelle ist insoweit nicht zu prüfen.

237

Verbrauchsteuerpflichtige Waren i. S. des UStG sind nach § 1a Abs. 5 Satz 2 UStG:

► Mineralöle,

► Alkohol,

► alkoholische Getränke,

► Tabakwaren.

Es handelt sich um eine *abschließende Aufzählung*. Andere Waren fallen nicht unter diese Regelung, selbst dann nicht, wenn sie verbrauchsteuerpflichtig sind (z. B. Kaffee).

> **BEISPIEL:** ► Eine Gemeinde in Deutschland erwirbt von einem dänischen Heizölhändler Heizöl
> für ihr Rathaus. Die Gemeinde hat die Erwerbsschwelle weder im vorangegangenen Kalender-
> jahr überschritten noch wird sie diese voraussichtlich im laufenden Kalenderjahr überschrei-
> ten.
>
> Die Gemeinde erwirbt das Heizöl für ihren hoheitlichen Bereich. Auf das Überschreiten einer
> Erwerbsschwelle i. S. des § 1a Abs. 3 UStG kommt es nicht an, da die Gemeinde eine verbrauch-
> steuerpflichtige Ware i. S. des § 1a Abs. 5 UStG erworben hat. Der innergemeinschaftliche Er-
> werb des Heizöls ist in Deutschland steuerpflichtig. In die Bemessungsgrundlage ist gem. § 10
> Abs. 1 Satz 4 UStG auch die Mineralölsteuer einzubeziehen.

d) Innergemeinschaftlicher Erwerb neuer Fahrzeuge

aa) Allgemeines

§ 1b UStG stellt einen Unterfall des innergemeinschaftlichen Erwerbs nach § 1a UStG
dar. Die Vorschrift bewirkt, dass ein innergemeinschaftlicher Erwerb von neuen Fahrzeugen der Erwerbsbesteuerung auch dann unterliegt, wenn der Erwerber nicht zu den
in § 1a Abs. 1 Nr. 2 UStG genannten Personen gehört. Der *Sinn und Zweck* der Vorschrift
besteht darin, Wettbewerbsverzerrungen und Haushaltsausfälle im innergemeinschaftlichen Handel mit neuen Fahrzeugen zu verhindern. Aus den Vorschriften § 1a
Abs. 1 UStG, § 1a Abs. 5 UStG und § 1b UStG ergibt sich, dass *jeder* innergemeinschaftliche Erwerb neuer Fahrzeuge zu versteuern ist.

238

bb) Erwerberkreis

Unter die Regelung des § 1b UStG fallen die Erwerber, die nicht zu den in § 1a Abs. 1
Nr. 2 UStG genannten Personen gehören. § 1a Abs. 1 Nr. 2 UStG nennt als Erwerber die
Unternehmer, die für ihr Unternehmen erwerben und die juristischen Personen, die
nicht Unternehmer sind oder nicht für ihr Unternehmen erwerben. Im Umkehrschluss
bedeutet dies, dass von § 1b UStG folgende *Erwerber* erfasst werden:

239

► Privatpersonen,

► nichtunternehmerisch tätige Personenvereinigungen,

► Unternehmer, die das Fahrzeug für ihren nichtunternehmerischen Bereich erwerben.

cc) Erwerbsvorgang

240   Der Erwerb neuer Fahrzeuge durch den genannten Personenkreis unterliegt nur dann der Erwerbsbesteuerung, wenn die *Voraussetzungen des § 1a Abs. 1 Nr. 1 UStG* vorliegen. Es muss demnach eine *entgeltliche Lieferung* an den Erwerber ausgeführt werden und es muss eine *tatsächliche Warenbewegung* aus einem anderen Mitgliedstaat in das Inland oder in die in § 1 Abs. 3 UStG bezeichneten Gebiete erfolgen.

dd) Neue Fahrzeuge

(1) Fahrzeugbegriff

241   Die Erwerbsbesteuerung nach § 1b UStG kommt nur für bestimmte Fahrzeuge in Betracht. Diese Fahrzeuge i. S. des UStG werden in *§ 1b Abs. 2 UStG* aufgeführt. Fahrzeuge i. S. des § 1b UStG sind zur *Personen- oder Güterbeförderung* bestimmte Wasserfahrzeuge, Luftfahrzeuge und motorbetriebene Landfahrzeuge, die die in § 1b Abs. 2 UStG bezeichneten Merkmale aufweisen. Maßgebend ist die konkrete Zweckbestimmung. Fahrzeuge, die als *Sammler- oder Museumsstücke* und nicht für Beförderungszwecke genutzt werden, werden nicht erfasst.

Landfahrzeuge müssen motorbetrieben sein und einen Hubraum von mehr als 48 Kubikzentimeter oder eine Leistung von mehr als 7,2 Kilowatt haben. Hierzu gehören insbesondere:

► Personenkraftwagen,

► Lastkraftwagen,

► Motorräder,

► Motorroller,

► Mopeds,

► motorbetriebene Wohnmobile,

► Caravane.

Die straßenverkehrsrechtliche Zulassung ist nicht erforderlich (Abschn. 15c Satz 4 UStR 2008).

Wasserfahrzeuge mit einer Länge von mehr als 7,5 Metern. Es kommt nicht darauf an, ob sie mit einem Motor ausgerüstet sind oder nicht. Hierzu gehören insbesondere:

► Motorboote,

► Segelboote,

► Ruderboote.

Luftfahrzeuge, deren Starthöchstmasse mehr als 1 550 Kilogramm beträgt. Hierzu gehören insbesondere:

► Motorflugzeuge,

► Segelflugzeuge,

► Hubschrauber.

242   Ausdrücklich *ausgenommen* vom „Fahrzeugbegriff" werden gem. *§ 1b Abs. 2 Satz 2 UStG* die in § 4 Nr. 12 Satz 2 und Nr. 17 Buchst. b UStG bezeichneten Fahrzeuge. Der Be-

griff des „Fahrzeugs" wird ebenfalls in § 4 Nr. 12 Satz 2 und Nr. 17 Buchst. b UStG verwendet. Er unterscheidet sich inhaltlich von der Begriffsbestimmung in § 1b Abs. 2 UStG. Durch § 1b Abs. 2 Satz 2 UStG wird sichergestellt, dass der in den Befreiungsvorschriften verwendete Fahrzeugbegriff weiter nach den bisherigen Grundsätzen ausgelegt werden kann.

(2) Neuheitskriterien

Der Erwerbsbesteuerung unterliegt der Erwerb eines *neuen* Fahrzeugs. Damit ist nicht ein „fabrikneues" Fahrzeug gemeint. § 1b Abs. 3 UStG legt fest, was *nach dem UStG* ein „neues Fahrzeug" ist.   243

Ein *Landfahrzeug* gilt als neu, wenn es nicht mehr als *6 000 Kilometer* zurückgelegt hat *oder* wenn seine erste Inbetriebnahme im Zeitpunkt des Erwerbs nicht mehr als *sechs Monate* zurückliegt. Die erste Inbetriebnahme erfolgt mit der *erstmaligen tatsächlichen Nutzung*; nicht maßgebend ist der Tag der Zulassung. Der Zeitpunkt des Erwerbs ist mit dem Zeitpunkt der Lieferung identisch. Es handelt sich um eine „*Oder-Verknüpfung*", d. h., die Voraussetzungen Laufleistung und Alter des Fahrzeugs müssen nicht gleichzeitig, sondern nur alternativ vorliegen. So ist z. B. ein Fahrzeug, dessen erste Inbetriebnahme 10 Jahre zurückliegt, aber nur 5 000 Kilometer zurückgelegt hat, ein neues Fahrzeug i. S. des § 1b UStG. Das Fahrzeug ist nicht mehr neu, wenn keine der Voraussetzungen erfüllt ist.

Ein *Wasserfahrzeug* gilt als neu, wenn es nicht mehr als *100 Betriebsstunden* auf dem Wasser zurückgelegt hat *oder* wenn seine erste Inbetriebnahme im Zeitpunkt des Erwerbs nicht mehr als *drei Monate* zurückliegt. Der Nachweis der Voraussetzungen kann zu Schwierigkeiten führen, zumal Schiffe nur von einer bestimmten Größe an registriert werden.

Ein *Luftfahrzeug* gilt als neu, wenn es nicht länger als *40 Betriebsstunden* genutzt worden ist *oder* wenn seine erste Inbetriebnahme im Zeitpunkt des Erwerbs nicht mehr als *drei Monate* zurückliegt. Auch bei diesen Fahrzeugen können Nachweisschwierigkeiten auftreten.

Liegt nach den o. g. Grundsätzen kein neues Fahrzeug vor, sondern handelt es sich um ein *gebrauchtes Fahrzeug*, findet § 1b UStG keine Anwendung. In diesem Fall muss die Besteuerung beim Lieferer sichergestellt werden; die Ortsvorschrift des § 3c UStG ist zu prüfen.   244

ee) Besteuerungsverfahren

Beim innergemeinschaftlichen Erwerb neuer Fahrzeuge durch den Erwerberkreis des § 1b UStG ist die *Fahrzeugeinzelbesteuerung* gem. § 16 Abs. 5a UStG durchzuführen. Die Steuer ist für jeden einzelnen steuerpflichtigen Erwerb zu berechnen. Der Erwerber muss gem. § 18 Abs. 5a UStG spätestens bis zum 10. Tag nach Ablauf des Tages, an dem die Steuer entstanden ist, eine Steuererklärung abgeben, in der er die zu entrichtende Steuer selbst zu berechnen hat. Die Steuer entsteht gem. § 13 Abs. 1 Nr. 7 UStG am Tag des Erwerbs.   245

Zur *Sicherung des Steueranspruchs* im Falle des innergemeinschaftlichen Erwerbs neuer motorbetriebener Landfahrzeuge und neuer Luftfahrzeuge trifft *§ 18 Abs. 10 UStG* eingehende Regelungen. Danach sind die für die Zulassung oder die Registrierung von Fahrzeugen zuständigen Behörden verpflichtet, den Finanzbehörden ohne Ersuchen *Mitteilungen* zu machen.

e) Innergemeinschaftlicher Erwerb durch diplomatische Missionen etc.

aa) Allgemeines

246 *§ 1c UStG* steht im ursächlichen Zusammenhang mit der Vorschrift des § 1a UStG. Nach § 1a Abs. 1 Nr. 2 Buchst. b UStG unterliegen auch juristische Personen, die nicht Unternehmer sind, oder die den Gegenstand nicht für ihr Unternehmen erwerben, der Erwerbsbesteuerung. § 1c UStG nimmt als *Spezialvorschrift* einen bestimmten Personenkreis von der Besteuerung des innergemeinschaftlichen Erwerbs nach § 1a UStG aus.

bb) Innergemeinschaftlicher Erwerb

247 Von der Regelung des § 1c UStG sind solche innergemeinschaftlichen Erwerbe betroffen, die ansonsten der Erwerbsbesteuerung nach § 1a UStG unterliegen würden.

cc) Personenkreis

248 § 1c UStG findet auf folgende *Einrichtungen* Anwendung:

► im Inland ansässige ständige diplomatische Missionen und berufskonsularische Vertretungen (z. B. ausländische Botschaften),

► im Inland ansässige zwischenstaatliche Einrichtungen (z. B. das Europäische Patentamt),

► im Inland stationierte Streitkräfte anderer Vertragsparteien des Nordatlantikvertrages.

Diese Einrichtungen gelten *nicht* als Erwerber i. S. des § 1a Abs. 1 Nr. 2 UStG.

dd) Erwerb neuer Fahrzeuge

249 Die Ausnahmeregelung des § 1c UStG gilt *nicht* für den Erwerb neuer Fahrzeuge. Nach § 1c Abs. 1 Satz 3 UStG bleibt § 1b UStG unberührt. Dieser Erwerb kann nach § 4b Nr. 3 UStG steuerfrei sein, wenn eine entsprechende Einfuhr steuerfrei wäre.

ee) Innergemeinschaftliches Verbringen durch Streitkräfte

250 Das Verbringen von umsatzsteuerunbelasteten Gegenständen aus dem übrigen Gemeinschaftsgebiet in das Inland durch die *deutschen Streitkräfte* wird gem. § 1c Abs. 2 UStG i. V. mit § 1a Abs. 2 UStG als innergemeinschaftlicher Erwerb gegen Entgelt fingiert. *Sinn und Zweck* dieser Regelung ist es, einen unversteuerten Letztverbrauch zu verhindern.

Voraussetzung für die Erwerbsbesteuerung der deutschen Streitkräfte ist:

► Verbringen vom übrigen Gemeinschaftsgebiet in das Inland,

► für den Gebrauch oder Verbrauch der Streitkräfte oder ihres zivilen Begleitpersonals,

► Lieferung oder Einfuhr war in dem anderen Mitgliedstaat von der Besteuerung befreit.

3. Ort des innergemeinschaftlichen Erwerbs

a) Allgemeines

Der USt unterliegen gem. § 1 Abs. 1 Nr. 5 UStG die innergemeinschaftlichen Erwerbe   251
gegen Entgelt, die im *Inland* ausgeführt werden. *§ 3d UStG* enthält die Regelung zur Bestimmung des *Erwerbsorts*.

b) Ortsbestimmung gem. § 3d Satz 1 UStG

Der innergemeinschaftliche Erwerb eines Gegenstandes wird gem. *§ 3d Satz 1 UStG* in   252
dem Gebiet des Mitgliedstaates bewirkt, in dem sich der Gegenstand am *Ende* der Beförderung oder Versendung befindet. Entscheidend ist das tatsächliche Ende des Transports zum Erwerber. Durch diese Bestimmung wird das *Bestimmungslandprinzip* verwirklicht.

Für die Anwendung des § 3d UStG kommt es nicht darauf an, *wer* die Beförderung oder Versendung durchführt.

Die Ortsvorschrift des § 3d UStG kommt auch bei einem *innergemeinschaftlichen Verbringen* und beim innergemeinschaftlichen Erwerb neuer Fahrzeuge durch Privatpersonen zur Anwendung.

Der *Erwerbsort* bestimmt sich stets nach der Vorschrift des § 3d UStG. Davon zu unterscheiden ist der *Ort der Lieferung*; dieser bestimmt sich nach den Vorschriften § 3c UStG, § 3e UStG, § 3f UStG, § 3g UStG, § 3 Abs. 6 bis 8 UStG.

BEISPIEL: ► Unternehmer A aus Stuttgart erwirbt von dem irischen Unternehmer I aus Dublin Autozubehörteile für sein Unternehmen. Im Auftrag von A werden die Zubehörteile von Dublin nach Stuttgart versendet. A gehört nicht zu dem Personenkreis des § 1a Abs. 3 UStG und A hat bei der Bestellung seine deutsche Umsatzsteuer-Identifikationsnummer gegenüber I verwendet.

I erbringt Lieferungen, die in Irland steuerbar sind. Der Lieferort ist in Dublin (entsprechend § 3 Abs. 6 Satz 1 UStG). Unter den weiteren Voraussetzungen handelt es sich um eine innergemeinschaftliche Lieferung, die in Irland steuerfrei ist.

A erbringt einen innergemeinschaftlichen Erwerb gegen Entgelt i. S. des § 1a UStG. Der Erwerbsort bestimmt sich nach § 3d Satz 1 UStG und ist dort, wo die Versendung endet; dies ist in Stuttgart. Der Erwerb ist im Inland steuerbar und mangels einer Steuerbefreiung i. S. des § 4b UStG auch steuerpflichtig.

c) Sonderregelung des § 3d Satz 2 UStG

aa) Verwendung einer Umsatzsteuer-Identifikationsnummer

Verwendet der Erwerber gegenüber dem Lieferer eine ihm von einem anderen (als   253
dem, in dem die Beförderung oder Versendung endet) Mitgliedstaat erteilte *Umsatz-*

steuer-Identifikationsnummer, gilt der Erwerb gem. *§ 3d Satz 2 UStG* so lange (auch) in dem Gebiet dieses Mitgliedstaates als bewirkt, bis der Erwerber nachweist, dass der Erwerb durch den in § 3d Satz 1 UStG bezeichneten Mitgliedstaat besteuert worden ist. Durch die Regelung des § 3d Satz 2 UStG wird die Regelung des § 3d Satz 1 UStG nicht aufgehoben, d. h., der Erwerbsort ist in jedem Fall dort, wo sich der Gegenstand am Ende der Beförderung oder Versendung befindet. In den Fällen, in denen der Erwerber eine nicht von dem Mitgliedstaat des Ankunftsortes erteilte Umsatzsteuer-Identifikationsnummer verwendet, ist eine zweite Erwerbsbesteuerung in diesem anderen Mitgliedstaat durchzuführen. Es kommt demzufolge zu einer *doppelten Besteuerung* des Erwerbs, nämlich in dem Mitgliedstaat, in dem die Beförderung oder Versendung endet und in dem Mitgliedstaat, dessen Umsatzsteuer-Identifikationsnummer verwendet wird. Die Rechtsfolge des § 3d Satz 2 UStG ist nur *subsidiär* und *auflösend bedingt*.

Die doppelte Erfassung des Erwerbs dauert so lange an, bis der Erwerber nachweist, dass der Erwerb durch den Mitgliedstaat, in dem der Transport endet, besteuert worden ist. Wird dieser *Nachweis* erbracht, wird die Erwerbsbesteuerung in dem Mitgliedstaat rückgängig gemacht, dessen Umsatzsteuer-Identifikationsnummer verwendet worden ist. Dies wird durch *§ 17 Abs. 2 Nr. 4 UStG* gesetzlich geregelt. Der erforderliche Nachweis kann nur durch die Vorlage entsprechender Aufzeichnungen über die in dem Mitgliedstaat des Transportendes versteuerten Erwerbe des Unternehmers selbst geführt werden.

BEISPIEL: ▶ A ist Unternehmer in Münster. Neben seinem Hauptsitz in Münster hat er noch eine Betriebsstätte in Wien. Für diese Betriebsstätte kauft er unter Verwendung seiner deutschen Umsatzsteuer-Identifikationsnummer eine Maschine von dem niederländischen Unternehmer NL mit Sitz in Amsterdam. NL, der in den Niederlanden kein Kleinunternehmer ist, transportiert die Maschine mit eigenem Lkw von Amsterdam nach Wien.

Es liegt auch ein steuerbarer Umsatz i. S. des § 1 Abs. 1 Nr. 5 UStG in Deutschland vor. Es handelt sich um einen innergemeinschaftlichen Erwerb gem. § 1a Abs. 1 UStG; denn

▶ es liegt eine tatsächliche Warenbewegung zwischen zwei EU-Mitgliedstaaten (Niederlande und Österreich) vor;

▶ A ist Unternehmer, der die Maschine für sein Unternehmen erworben hat, und

▶ NL ist Unternehmer, der die Maschine gegen Entgelt im Rahmen seines Unternehmens liefert, und ist in den Niederlanden kein Kleinunternehmer.

Da A seine deutsche Umsatzsteuer-Identifikationsnummer verwendet hat, gilt gem. § 3d Satz 2 UStG der Erwerb auch so lange in Deutschland als bewirkt, bis A nachweist, dass der Erwerb in Österreich besteuert worden ist. Weist A die Erwerbsbesteuerung in Österreich nach, dann wird die Erwerbsbesteuerung in Deutschland gem. § 17 Abs. 2 Nr. 4 UStG berichtigt und zwar in dem Zeitraum, in dem der Nachweis geführt wird.

bb) Innergemeinschaftliches Dreiecksgeschäft

254 Verwendet der *mittlere Unternehmer* in den Fällen des innergemeinschaftlichen Dreiecksgeschäftes eine ihm von einem anderen (als dem, in dem die Beförderung oder Versendung endet) Mitgliedstaat erteilte Umsatzsteuer-Identifikationsnummer, gilt der Erwerb (auch) so lange in dem Gebiet dieses Mitgliedstaates als bewirkt, bis der Erwerber nachweist, dass der Erwerb nach § 25b Abs. 3 UStG als besteuert gilt, sofern der erste Abnehmer seiner Erklärungspflicht nach § 18a Abs. 4 Satz 1 Nr. 3 UStG nachgekommen ist. Diese Ergänzung des § 3d Satz 2 UStG ist durch das *Umsatzsteuer-Änderungsgesetz*

1997 mit Wirkung ab dem *1.1.1997* in das UStG aufgenommen worden und steht im Zusammenhang mit § 25b Abs. 3 UStG.

4. Entgelt

Steuerbar ist der innergemeinschaftliche Erwerb im Inland *gegen Entgelt*. Erbringt der   255
Lieferer eine unentgeltliche Lieferung (z. B. unentgeltliche Überlassung von Gegenständen für Forschungs- oder Versuchszwecke) entfällt die Besteuerung des Erwerbs.

V. Umsätze in Freihäfen

Bestimmte Umsätze in Freihäfen (Freizonen des Kontrolltyps I) und im Küstengebiet   256
werden gem. *§ 1 Abs. 3 Satz 1 UStG* wie Umsätze im Inland behandelt. Hierbei handelt
es sich um folgende Umsätze:

► die Lieferungen und die innergemeinschaftlichen Erwerbe von Gegenständen, die zum Gebrauch oder Verbrauch in den bezeichneten Gebieten oder zur Ausrüstung oder Versorgung eines Beförderungsmittels bestimmt sind, wenn die Gegenstände nicht für das Unternehmen des Abnehmers erworben werden, oder vom Abnehmer ausschließlich oder zum Teil für eine nach § 4 Nr. 8 bis 27 UStG steuerfreie Tätigkeit verwendet werden;

► die sonstigen Leistungen, die nicht für das Unternehmen des Leistungsempfängers ausgeführt werden, oder vom Leistungsempfänger ausschließlich oder zum Teil für eine nach § 4 Nr. 8 bis 27 UStG steuerfreie Tätigkeit verwendet werden;

► die Lieferungen i. S. des § 3 Abs. 1b UStG und die sonstigen Leistungen i. S. des § 3 Abs. 9a UStG;

► die Lieferungen von Gegenständen, die sich im Zeitpunkt der Lieferung

– in einem zollamtlich bewilligten Freihafen-Veredelungsverkehr oder in einer zollamtlich besonderers zugelassenen Freihafenlagerung oder

– einfuhrumsatzsteuerrechtlich im freien Verkehr befinden;

► die sonstigen Leistungen, die im Rahmen eines Veredelungsverkehrs oder einer Lagerung i. S. des § 1 Abs. 3 Satz 1 Nr. 4 Buchst. a UStG ausgeführt werden;

► der innergemeinschaftliche Erwerb eines neuen Fahrzeugs durch die in § 1a Abs. 3 UStG und § 1b Abs. 1 UStG genannten Erwerber.

Bei Lieferungen und sonstigen Leistungen an *juristische Personen des öffentlichen Rechts*   257
sowie bei deren innergemeinschaftlichem Erwerb in den bezeichneten Gebieten enthält § 1 Abs. 3 Satz 2 UStG die *Vermutung*, dass die Umsätze an diese Personen für ihren hoheitlichen und nicht für ihren unternehmerischen Bereich ausgeführt werden. Der Unternehmer kann jedoch anhand von Aufzeichnungen und Belegen, z. B. durch eine Bescheinigung des Abnehmers, das Gegenteil glaubhaft machen.

VI. Geschäftsveräußerung

Nach *§ 1 Abs. 1a Satz 1 UStG* unterliegen die Umsätze im Rahmen einer Geschäftsver-   258
äußerung an einen anderen Unternehmer für dessen Unternehmen *nicht* der USt. Eine

Geschäftsveräußerung liegt vor, wenn ein Unternehmen oder ein in der Gliederung eines Unternehmens gesondert geführter Betrieb im Ganzen entgeltlich oder unentgeltlich übereignet oder in eine Gesellschaft eingebracht wird. Der erwerbende Unternehmer tritt an die Stelle des Veräußerers.

Eine Geschäftsveräußerung liegt vor, wenn die *wesentlichen Grundlagen* eines Unternehmens oder eines gesondert geführten Betriebes an einen Unternehmer für dessen Unternehmen übertragen werden. Voraussetzung dabei ist, dass eine organische Zusammenfassung von Sachen und Rechten übertragen wird, die dem Erwerber die Fortführung des Unternehmens oder des in der Gliederung gesondert geführten Teils *ohne großen finanziellen Aufwand* ermöglicht (BFH vom 28. 11. 2002, BStBl 2004 II S. 664 und BFH vom 24. 2. 2005, BStBl 2007 II S. 61). Dies gilt auch dann, wenn der Erwerber mit dem Erwerb des Unternehmens oder des gesondert geführten Betriebs seine unternehmerische Tätigkeit *beginnt* oder diese nach dem Erwerb in veränderter Form fortführt. Der durch die Übertragung Begünstigte muss beabsichtigen, den übertragenen Geschäftsbetrieb oder Unternehmensteil zu betreiben und nicht nur die betreffende Geschäftstätigkeit sofort abzuwickeln sowie ggf. den Warenbestand zu verkaufen (EuGH-Urteil vom 27. 11. 2003, UR 2004 S. 19). Welches die wesentlichen Grundlagen sind, richtet sich nach den tatsächlichen Verhältnissen im Zeitpunkt der Übereignung (BFH vom 25. 11. 1965, BStBl 1966 III S. 333, und vom 7. 11. 2002, BStBl 2003 II S. 226). Bei einem Herstellungsunternehmen bilden die *Betriebsgrundstücke* mit den Maschinen und sonstigen der Fertigung dienenden Anlagen regelmäßig die wesentlichen Grundlagen des Unternehmens (BFH vom 5. 2. 1970, BStBl 1970 II S. 365). Der Annahme einer Geschäftsveräußerung steht nicht entgegen, wenn einzelne Wirtschaftsgüter nicht übertragen werden (BFH vom 1. 8. 2002, BStBl 2004 II S. 626). Bei einer *Einbringung* eines Betriebes *in eine Gesellschaft* liegt eine nicht steuerbare Geschäftsveräußerung im Ganzen auch dann vor, wenn einzelne wesentliche Wirtschaftsgüter nicht mit dinglicher Wirkung übertragen, sondern an die Gesellschaft vermietet oder verpachtet werden (BFH vom 26. 1. 1994, BStBl 1994 II S. 458). Eine Geschäftsveräußerung i. S. des § 1 Abs. 1a UStG liegt auch vor, wenn einzelne wesentliche Betriebsgrundlagen nicht mit übereignet worden sind, sofern sie dem Unternehmer *langfristig* zur Nutzung überlassen werden und eine dauerhafte Fortführung des Unternehmens oder des gesondert geführten Betriebes durch den Unternehmer gewährleistet ist (BFH vom 4. 7. 2002, BStBl 2004 II S. 662 und BFH vom 28. 11. 2002, BStBl 2004 II S. 665 sowie BFH-Beschluss vom 1. 4. 2004, BStBl 2004 II S. 802).

Eine Übereignung in *mehreren Akten* ist dann als eine Geschäftsveräußerung anzusehen, wenn die einzelnen Teilakte in wirtschaftlichem Zusammenhang stehen und der Wille auf Erwerb des Unternehmens gerichtet ist (BFH vom 16. 3. 1982, BStBl 1982 II S. 483).

259 Ein in der Gliederung eines Unternehmens *gesondert geführter Betrieb* liegt vor, wenn er wirtschaftlich selbständig ist, d. h., einen wirtschaftlich lebensfähigen Organismus gebildet hat, der unabhängig von den anderen Geschäften des Unternehmens nach Art eines selbständigen Unternehmens betrieben worden ist und nach außen hin ein selbständiges, in sich abgeschlossenes Wirtschaftsgebilde gewesen ist. Dabei ist nicht Voraussetzung, dass mit dem Unternehmen oder mit dem in der Gliederung des Unter-

nehmens gesondert geführten Teil in der Vergangenheit bereits Umsätze erzielt wurden; die *Absicht*, Umsätze erzielen zu wollen, muss jedoch anhand objektiver, vom Unternehmer nachzuweisender Anhaltspunkte spätestens im Zeitpunkt der Übergabe bestanden haben (Abschn. 5 Abs. 3 Satz 3 UStR 2008). Soweit einkommensteuerrechtlich eine *Teilbetriebsveräußerung* angenommen wird, kann umsatzsteuerrechtlich von der Veräußerung eines gesondert geführten Betriebs ausgegangen werden (Abschn. 5 Abs. 3 Satz 4 UStR 2008). Ob ein Betriebsteil die für die Annahme eines Teilbetriebs erforderliche Selbständigkeit besitzt, ist nach dem Gesamtbild der Verhältnisse – beim Veräußerer – zu entscheiden. Wird ein Betriebsteil einer *Fahrschule* veräußert, so kann dessen Eigenständigkeit nicht allein aus dem Grund verneint werden, dass dem Betriebsteil im Zeitpunkt der Veräußerung nicht mindestens ein Schulungsfahrzeug zugeordnet ist (BFH vom 5. 6. 2003, BStBl 2003 II S. 838). Ein *Grundstück* kann ein wirtschaftlich selbständiger Teilbetrieb sein (BFH vom 7. 7. 2005, UR 2005 S. 608). Tritt der Erwerber in die Mietverträge ein, kann er grundsätzlich die unternehmerische Tätigkeit ohne nennenswerte finanzielle Aufwendungen fortsetzen (BFH-Beschluss vom 1. 4. 2004, BStBl 2004 II S. 802).

Im Falle des *Steuerausweises* schuldet der Veräußerer die USt gem. *§ 14c Abs. 1 UStG*.

Eine nicht steuerbare Geschäftsveräußerung ist *kein Verwendungsumsatz* i. S. des § 15 Abs. 2 UStG. Gemäß *§ 15a Abs. 10 UStG* wird bei einer Geschäftsveräußerung der für das Wirtschaftsgut maßgebliche Berichtigungszeitraum nicht unterbrochen. Der Veräußerer ist verpflichtet, dem Erwerber die für die Durchführung der Berichtigung erforderlichen Angaben zu machen. **260**

BEISPIEL: A ist Unternehmer in Münster. Er veräußert seinen Betrieb mit sämtlichen wesentlichen Betriebsgrundlagen an den Unternehmer B, der diesen Betrieb unverändert fortführen will.

Es liegt eine Geschäftsveräußerung im Ganzen vor, da alle wesentlichen Betriebsgrundlagen entgeltlich an einen anderen Unternehmer für dessen Unternehmen veräußert werden. Es liegt somit ein nicht steuerbarer Umsatz vor.

C. Steuerbefreiungen

I. Allgemeines

Die Frage der Steuerbefreiung oder Steuerpflicht stellt sich nur bei *steuerbaren Umsätzen*. Nur steuerbare Umsätze i. S. des § 1 Abs. 1 UStG können steuerfrei oder steuerpflichtig sein. **261**

Für die steuerbaren Umsätze i. S. des § 1 Abs. 1 UStG kommen folgende *Steuerbefreiungsvorschriften* in Betracht:

Steuerbare Umsätze	Steuerbefreiungsvorschrift
gem. § 1 Abs. 1 Nr. 1 UStG: Lieferungen und sonstige Leistungen	§ 4 UStG
gem. § 1 Abs. 1 Nr. 4 UStG: Einfuhr	§ 5 UStG
gem. § 1 Abs. 1 Nr. 5 UStG: innergemeinschaftlicher Erwerb	§ 4b UStG

Sonderregelungen zur Steuerbefreiung enthalten darüber hinaus die §§ 25 Abs. 2, 25c und 26 Abs. 5 UStG.

Durch die Steuerbefreiung hat der Gesetzgeber die Möglichkeit, *wirtschaftspolitische*, *sozialpolitische* und *kulturpolitische* Ziele zu verfolgen, z. B. Exportorientierung der Wirtschaft (§ 4 Nr. 1 UStG), Mietpreisgestaltung (§ 4 Nr. 12 UStG) oder Heilbehandlung/Gesundheitsvorsorge (§ 4 Nr. 14 UStG). Andere Steuerbefreiungen dienen dazu, eine *Doppelbelastung* mit anderen Steuerarten zu verhindern, z. B. § 4 Nr. 9 Buchst. a UStG.

262 Eine *vollständige Entlastung* von der USt tritt nur hinsichtlich der Steuerbefreiungen ein, die einen Vorsteuerabzug zulassen (§ 15 Abs. 3 UStG). Bei den übrigen Steuerbefreiungen tritt eine vollständige Entlastung von der USt grundsätzlich nicht ein, da in diesen Fällen gem. § 15 Abs. 2 Satz 1 Nr. 1 UStG ein Ausschluss vom Vorsteuerabzug eintritt.

Die Steuerbefreiungsregelungen des *§ 4 UStG* können danach in zwei Gruppen eingeteilt werden:

▶ § 4 Nr. 1 bis 7 UStG: Steuerbefreiungen mit Vorsteuerabzug

▶ § 4 Nr. 8 bis 28 UStG: Steuerbefreiungen ohne Vorsteuerabzug

263 Der leistende Unternehmer kann unter den Voraussetzungen des *§ 9 UStG* für bestimmte steuerfreie Umsätze auf die Steuerbefreiung *verzichten*; d. h., zur Steuerpflicht optieren. Der Umsatz wird dann als steuerpflichtig behandelt, mit der Folge, dass die Möglichkeit zum Vorsteuerabzug besteht.

264 Übersicht über die Steuerbefreiungen

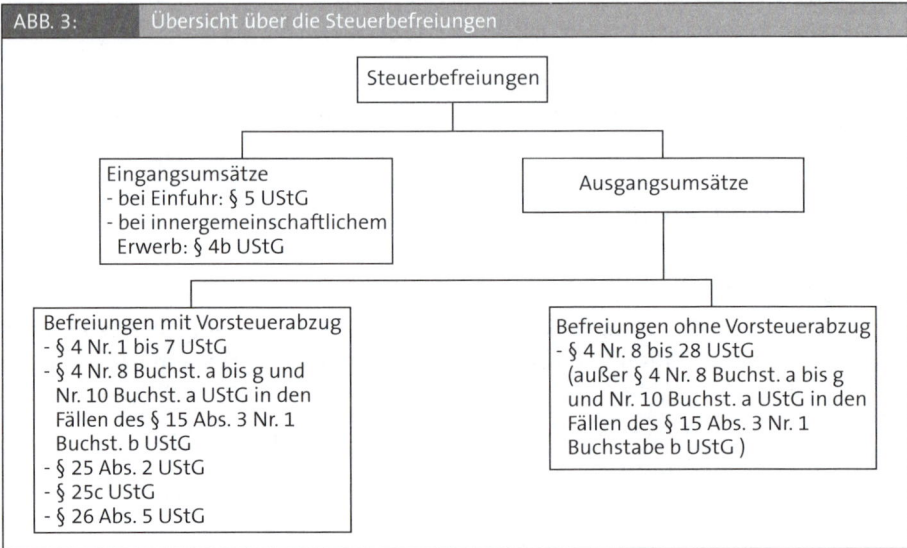

ABB. 3:   Übersicht über die Steuerbefreiungen

II. Steuerbefreiungen gem. § 4 UStG

1. Ausfuhrlieferung

a) Ausfuhrlieferung gem. § 6 Abs. 1 UStG

aa) Ausfuhr durch Lieferer

§ 4 Nr. 1 Buchst. a UStG befreit die Ausfuhrlieferungen von der USt. § 6 UStG definiert den Begriff der Ausfuhrlieferung. **265**

Eine Ausfuhrlieferung liegt gem. § 6 Abs. 1 Satz 1 Nr. 1 UStG vor, wenn bei einer Lieferung der Unternehmer den Gegenstand der Lieferung in das Drittlandsgebiet, ausgenommen Gebiete nach § 1 Abs. 3 UStG, befördert oder versendet hat.

In den Fällen, in denen der *liefernde Unternehmer* den Liefergegenstand selbst befördert oder versendet, reicht es für das Vorliegen einer Ausfuhrlieferung aus, dass der Liefergegenstand bei der Lieferung in das *Drittlandsgebiet* gelangt. Eine Ausfuhrlieferung gem. § 6 Abs. 1 Satz 1 Nr. 1 UStG liegt *nicht* vor, wenn der Liefergegenstand in die Gebiete nach § 1 Abs. 3 UStG befördert oder versendet wird.

Hat der liefernde Unternehmer den Gegenstand der Lieferung in das Drittlandsgebiet außerhalb der in § 1 Abs. 3 UStG bezeichneten Gebiete befördert oder versendet, so kommt es auf den *Status des Abnehmers* nicht an.

> **BEISPIEL:** Unternehmer A mit Sitz in München stellt Werkzeuge her. Einen Posten dieser Werkzeuge veräußert A an den Unternehmer B mit Sitz in Berlin. Vereinbarungsgemäß transportiert A die Werkzeuge mit eigenem Fahrzeug zu der Betriebsstätte des B nach Oslo.
>
> Die Lieferung des A ist im Inland steuerbar gem. § 1 Abs. 1 Nr. 1 Satz 1 UStG und steuerfrei gem. § 4 Nr. 1 Buchst. a UStG i. V. mit § 6 Abs. 1 Satz 1 Nr. 1 UStG. Es handelt sich um eine Ausfuhrlieferung, da der Lieferer A die Gegenstände der Lieferungen in das Drittlandsgebiet (Norwegen) befördert hat. Auf den Abnehmer kommt es insoweit nicht an.

Es liegen Ausfuhrlieferungen vor, wenn der Liefergegenstand durch den Unternehmer auf die Insel *Helgoland* oder in das Gebiet von *Büsingen* befördert oder versendet wird; denn diese Gebiete gehören umsatzsteuerrechtlich nicht zum Inland i. S. des § 1 Abs. 2 Satz 1 UStG und zählen nicht zu den in § 1 Abs. 3 UStG bezeichneten Gebieten (Abschn. 128 Abs. 1 Satz 3 UStR 2008). **266**

Für Lieferungen von *Kraftfahrzeugen*, die mit eigener Antriebskraft in das Drittlandsgebiet gelangen, kann die Steuerbefreiung für Ausfuhrlieferungen in Betracht kommen. Eine Ausfuhr i. S. des § 6 Abs. 1 UStG liegt nur dann vor, wenn das Kraftfahrzeug nicht nur zur vorübergehenden, sondern zur endgültigen Verwendung in das Drittlandsgebiet gelangt. Zu den Voraussetzungen und zur technischen Abwicklung wird auf die BMF-Schreiben vom 22. 12. 1980 (BStBl 1981 I S. 25) und vom 8. 5. 1989 (BStBl 1989 I S. 188) sowie auf Abschn. 135 Abs. 10 bis 12 UStR 2008 verwiesen. **267**

Eine Ausfuhrlieferung liegt nicht vor, wenn Gegenstände, die einem *absoluten Verkehrsverbot* in allen Mitgliedstaaten der EU unterliegen, in das Drittlandsgebiet befördert oder versendet werden (EuGH-Urteil vom 6. 12. 1990, UR 1991 S. 148). Derartige Waren, die aufgrund ihrer besonderen Merkmale weder in Verkehr gebracht noch in den Wirtschaftskreislauf einbezogen werden dürfen, werden nicht steuerbar geliefert. **268**

Dies gilt z. B. für *Falschgeld* und für *Rauschgift*. Liegen dagegen nur *einzelstaatliche Verbotsvorschriften* vor, liegt eine steuerfreie Ausfuhrlieferung vor.

bb) Ausfuhr durch den Abnehmer

(1) Transport in das Drittlandsgebiet

269 Eine Ausfuhrlieferung liegt gem. *§ 6 Abs. 1 Satz 1 Nr. 2 UStG* vor, wenn der *Abnehmer* den Gegenstand der Lieferung in das Drittlandsgebiet, ausgenommen Gebiete nach § 1 Abs. 3 UStG, befördert oder versendet hat und ein ausländischer Abnehmer ist.

Ebenso wie bei der Ausfuhrlieferung gem. § 6 Abs. 1 Satz 1 Nr. 1 UStG ist auch bei der Ausfuhrlieferung gem. § 6 Abs. 1 Satz 1 Nr. 2 UStG Voraussetzung, dass der Liefergegenstand bei der Lieferung in das *Drittlandsgebiet*, ausgenommen Gebiete nach § 1 Abs. 3 UStG, befördert oder versendet wird.

Der Liefergegenstand muss durch den *Abnehmer* befördert oder versendet werden. Dies ist insbesondere dann der Fall, wenn der Abnehmer den Gegenstand selbst abholt oder aber einen Dritten mit dem Transport beauftragt.

(2) Ausländischer Abnehmer

270 Hat der Abnehmer den Gegenstand der Lieferung in das Drittlandsgebiet außerhalb der in § 1 Abs. 3 UStG bezeichneten Gebiete befördert oder versendet, so liegt eine Ausfuhrlieferung nur dann vor, wenn der Abnehmer ein *ausländischer Abnehmer* ist.

Ausländischer Abnehmer ist nach *§ 6 Abs. 2 Satz 1 UStG*

► ein Abnehmer, der seinen Wohnort oder Sitz im Ausland, ausgenommen die in § 1 Abs. 3 UStG bezeichneten Gebiete, hat

oder

► eine Zweigniederlassung eines im Inland oder in den in § 1 Abs. 3 UStG bezeichneten Gebieten ansässigen Unternehmers, die ihren Sitz im Ausland, ausgenommen die bezeichneten Gebiete, hat, wenn sie das Umsatzgeschäft im eigenen Namen abgeschlossen hat.

Der Begriff des „Wohnorts" unterscheidet sich von dem Begriff des „Wohnsitzes" in § 8 AO. Während eine Person mehrere Wohnsitze haben kann, kann sie nur *einen Wohnort* i. S. des § 6 Abs. 2 Satz 1 Nr. 1 UStG haben. Für die Bestimmung des Wohnortes stellt die zeitliche Dauer des Aufenthalts ein wichtiges, aber nicht allein entscheidendes Merkmal dar. Auch der Zweck des Aufenthalts muss in Betracht gezogen werden. Arbeitnehmer eines ausländischen Unternehmers, die lediglich zur Durchführung eines bestimmten, zeitlich begrenzten Auftrags in das Inland kommen, ohne hier objektiv erkennbar den örtlichen Mittelpunkt ihres Lebens zu begründen, bleiben daher ausländische Abnehmer, auch wenn ihr Aufenthalt im Inland von längerer Dauer ist. Zur Verfahrensweise bei Abnehmern mit *wechselndem Aufenthalt* wird auf Abschn. 129 Abs. 3 UStR 2008 hingewiesen.

> **BEISPIEL:** ▶ Unternehmer A veräußert dem seit Jahren im Inland lebenden und arbeitenden türkischen Staatsbürger T eine Ware, die T an seine Angehörigen in die Türkei verschickt. Die erforderlichen Ausfuhrnachweise liegen vor.
>
> A erbringt eine im Inland steuerbare und steuerpflichtige Lieferung. Eine Ausfuhrlieferung i. S. des § 6 Abs. 1 Satz 1 Nr. 2 UStG liegt nicht vor. Der Liefergegenstand wird vom Abnehmer T zwar in das Drittlandsgebiet (Türkei) versendet, aber T ist kein ausländischer Abnehmer gem. § 6 Abs. 2 Satz 1 Nr. 1 UStG. T hat mit Beginn seines Arbeitsverhältnisses seinen Wirkungskreis in das Inland verlegt und damit seinen Wohnort im Inland begründet.

cc) Ausfuhr in Freihäfen

Eine Ausfuhrlieferung liegt gem. *§ 6 Abs. 1 Satz 1 Nr. 3 UStG* vor, wenn bei einer Lieferung der Unternehmer oder der Abnehmer den Gegenstand der Lieferung in die in § 1 Abs. 3 UStG bezeichneten Gebiete (insbesondere Freihäfen) befördert oder versendet hat und ein besonderer Abnehmer gegeben ist. Der *Abnehmer* muss entweder   271

▶ ein Unternehmer sein, der den Gegenstand für sein Unternehmen erwirbt,

  oder

▶ ein ausländischer Abnehmer sein, der kein Unternehmer ist. Der Gegenstand muss in das übrige Drittlandsgebiet (außer Gebiete i. S. des § 1 Abs. 3 UStG) gelangen.

Durch diese Regelung wird ein steuerfreier Endverbrauch durch einen im Gemeinschaftsgebiet oder im Gebiet nach § 1 Abs. 3 UStG ansässigen Unternehmer oder Nichtunternehmer vermieden.

b) Sonderregelungen

aa) Be- oder Verarbeitung des Ausfuhrgegenstandes

Der Gegenstand der Lieferung kann gem. *§ 6 Abs. 1 Satz 2 UStG* durch Beauftragte vor der Ausfuhr sowohl im Inland als auch in einem anderen EU-Mitgliedstaat bearbeitet oder verarbeitet worden sein. Es kann sich nur um *Beauftragte des Abnehmers* oder eines folgenden Abnehmers handeln.   272

§ 6 Abs. 1 Satz 2 UStG betrifft z. B. die Fälle, in denen ein ausländischer Abnehmer im Inland Rohmaterial einkauft, es im Inland verarbeiten lässt und anschließend in das Drittlandsgebiet ausführt. Bei Vorliegen der weiteren Voraussetzungen, insbesondere des beleg- und buchmäßigen Nachweises, erbringt der *Lieferant* des Rohmaterials eine steuerfreie Ausfuhrlieferung.

> **BEISPIEL:** ▶ Unternehmer A mit Sitz in Köln verkauft dem Unternehmer S mit Sitz in Zürich einen Posten Bleche. S lässt im Inland aus den Blechen Dosen herstellen und transportiert die fertigen Dosen in die Schweiz. Die erforderlichen Ausfuhrnachweise liegen vor.
>
> A erbringt eine im Inland steuerbare aber steuerfreie Ausfuhrlieferung. Es liegt eine Ausfuhrlieferung gem. § 6 Abs. 1 Satz 1 Nr. 2 UStG vor; denn die Bleche werden vom Abnehmer S in das Drittlandsgebiet (Schweiz) transportiert und S ist ein ausländischer Abnehmer i. S. des § 6 Abs. 2 Satz 1 Nr. 1 UStG. Die Bearbeitung oder Verarbeitung der Bleche durch Beauftragte des S vor der Ausfuhr ändert an dem Vorliegen einer steuerfreien Ausfuhrlieferung nichts.

bb) Ausrüstung oder Versorgung eines Beförderungsmittels

273   Für Gegenstände, die zur Ausrüstung oder Versorgung eines Beförderungsmittels bestimmt sind, enthält *§ 6 Abs. 3 UStG* eine *Sonderregelung*. Ist in den Fällen des § 6 Abs. 1 Satz 1 Nr. 2 und 3 UStG der Gegenstand der Lieferung zur Ausrüstung oder Versorgung eines Beförderungsmittels bestimmt, so liegt eine Ausfuhrlieferung nur vor, wenn

▶ der Abnehmer ein ausländischer Unternehmer ist

   und

▶ das Beförderungsmittel den Zwecken des Unternehmens des Abnehmers dient.

Zum Begriff des *„Beförderungsmittels"* wird auf Abschn. 33a Abs. 2 UStR 2008 verwiesen. Zur *Ausrüstung* eines Beförderungsmittels gehören alle Fahrzeugteile einschließlich der Ersatzteile und Zubehörteile. Zu den Ausrüstungsgegenständen gehören z. B. Abschleppseil, Warndreieck, Reservereifen, Verbandskasten, Automatten, Bordwerkzeug, Seekarten und Schiffszubehör. Keine Anwendung findet die einschränkende Regelung des § 6 Abs. 3 UStG auf Ersatz- und Zubehörteile, die im Rahmen einer Werklieferung mit dem Beförderungsmittel fest verbunden worden sind (Abschn. 130 Abs. 1 Satz 3 UStR 2008). Zur *Versorgung* eines Beförderungsmittels gehören Gegenstände, die zum Verbrauch in dem Fahrzeug bestimmt sind, z. B. Treibstoff, Motoröl, Bremsflüssigkeit, Autowaschmittel und Autopflegemittel, Farben und Frostschutzmittel.

Voraussetzung für eine Ausfuhrlieferung ist, dass der Abnehmer ein ausländischer Unternehmer ist und das ausgerüstete oder versorgte Beförderungsmittel den Zwecken seines Unternehmens dient. Die Ausrüstung und Versorgung von *privaten* Beförderungsmitteln ist nicht als steuerfreie Ausfuhrlieferung anzusehen, selbst dann nicht, wenn diese Beförderungsmittel ausländischen Abnehmern gehören. Wird das Beförderungsmittel sowohl für unternehmerische als auch für nichtunternehmerische Zwecke genutzt, so ist auf die *überwiegende Nutzung* abzustellen.

274   Eine Einschränkung der Ausfuhrlieferung gilt nicht in den Fällen, in denen der liefernde *Unternehmer* den Gegenstand in das Drittlandsgebiet, ausgenommen Gebiete nach § 1 Abs. 3 UStG, befördert oder versendet hat.

275   Die Ausnahmeregelung des § 6 Abs. 3 UStG findet nach ihrem Sinn und Zweck nur auf diejenigen Lieferungen Anwendung, bei denen die Gegenstände zur Ausrüstung oder Versorgung des *eigenen Beförderungsmittels des Abnehmers* oder des von ihm mitgeführten fremden Beförderungsmittels bestimmt sind. Die Regelung gilt nicht für Lieferungen von Ausrüstungsgegenständen und Versorgungsgegenständen, die ein Unternehmer zum Zwecke der *Weiterlieferung* oder der Verwendung in seinem Unternehmen, z. B. für Reparaturen, erworben hat (Abschn. 130 Abs. 4 UStR 2008 mit Beispielen).

cc) Ausfuhr im persönlichen Reisegepäck

276   Eine Einschränkung der steuerfreien Ausfuhrlieferung gilt gem. *§ 6 Abs. 3a UStG* für die Ausfuhr im persönlichen Reisegepäck. Wird in den Fällen des § 6 Abs. 1 Satz 1 Nr. 2 und 3 UStG der Gegenstand der Lieferung *nicht für unternehmerische Zwecke* erworben und durch den Abnehmer im persönlichen Reisegepäck ausgeführt, liegt eine Ausfuhrlieferung nur vor, wenn

► der Abnehmer seinen Wohnort oder Sitz im Drittlandsgebiet, ausgenommen die Gebiete nach § 1 Abs. 3 UStG, hat

und

► der Gegenstand der Lieferung vor Ablauf des dritten Kalendermonats, der auf den Monat der Lieferung folgt, ausgeführt wird (Hinweis auf das Merkblatt des BMF vom 28. 5. 2004, BStBl 2004 I S. 535).

Bei Lieferungen an ausländische Touristen wird der Unternehmer dem Käufer regelmäßig zunächst den Bruttopreis berechnen und sich verpflichten, dem Käufer die USt zu erstatten, sobald ihm der Ausfuhr- und Abnehmernachweis vorliegt. In der Praxis erfolgt die Erstattung der USt häufig durch Einschaltung einer so genannten *Erstattungsorganisation*.

c) Nachweis der Ausfuhrlieferung

aa) Beförderungsfälle

Die Voraussetzungen der Ausfuhrlieferung i. S. des § 6 Abs. 1, 3 und 3a UStG sowie die Bearbeitung oder Verarbeitung i. S. des § 6 Abs. 1 Satz 2 UStG müssen vom Unternehmer *nachgewiesen* sein. Nach der Ermächtigungsvorschrift des *§ 6 Abs. 4 Satz 2 UStG* kann das Bundesministerium der Finanzen mit Zustimmung des Bundesrates durch Rechtsverordnung bestimmen, wie der Unternehmer den Nachweis zu führen hat. Von dieser Ermächtigung ist in den *§§ 8 bis 17 UStDV* Gebrauch gemacht worden. Erforderlich sind ein Ausfuhrnachweis und ein buchmäßiger Nachweis. 277

Der *Ausfuhrnachweis* ist eine materiell-rechtliche Voraussetzung für die Steuerbefreiung (BFH vom 28. 2. 1980, BStBl 1980 II S. 415). Der Ausfuhrnachweis kann als Bestandteil des buchmäßigen Nachweises noch bis zur letzten mündlichen Verhandlung vor dem Finanzgericht über eine Klage gegen die erstmalige endgültige Steuerfestsetzung oder den Berichtigungsbescheid geführt werden. 278

Gemäß § 8 Abs. 1 UStDV *muss* der Unternehmer im Geltungsbereich der UStDV durch Belege nachweisen, dass er oder der Abnehmer den Gegenstand der Lieferung in das Drittlandsgebiet befördert oder versendet hat. Wie der Ausfuhrnachweis in Beförderungsfällen aussehen *soll*, bestimmt § 9 UStDV.

Neben dem Belegnachweis, dem Ausfuhrnachweis, ist für die steuerfreie Ausfuhrlieferung auch ein *Buchnachweis* erforderlich. Auch der buchmäßige Nachweis ist eine materiell-rechtliche Voraussetzung für die Steuerbefreiung (Abschn. 136 Abs. 1 Satz 1 UStR 2008). 279

Gemäß § 13 Abs. 1 UStDV *muss* der Unternehmer im Geltungsbereich der UStDV die Voraussetzungen der Steuerbefreiung buchmäßig nachweisen. Es *soll* vom Unternehmer regelmäßig Folgendes aufgezeichnet werden:

► die handelsübliche Bezeichnung und die Menge des Liefergegenstandes,

► der Name und die Anschrift des Abnehmers,

► der Tag der Lieferung,

▶ das vereinbarte Entgelt oder bei der Besteuerung nach vereinnahmten Entgelten das vereinnahmte Entgelt und der Tag der Vereinnahmung,

▶ die Ausfuhr.

280 Die erforderlichen Aufzeichnungen müssen *laufend* und unmittelbar nach Ausführung des jeweiligen Umsatzes vorgenommen werden. Der buchmäßige Nachweis darf lediglich um den ggf. später eingegangenen Ausfuhrnachweis vervollständigt werden (BFH vom 28. 2. 1980, BStBl 1980 II S. 415).

bb) Versendungsfälle

281 Versendungsfälle liegen vor, wenn der Unternehmer oder der Abnehmer die Beförderung des Liefergegenstandes in das Drittlandsgebiet durch einen selbständigen Beauftragten ausführen oder besorgen lässt. Die Voraussetzungen der Steuerbefreiung *müssen* beleg- und buchmäßig nachgewiesen sein.

282 In Versendungsfällen *soll* der Unternehmer gem. *§ 10 Abs. 1 UStDV* den Ausfuhrnachweis (Belegnachweis) regelmäßig wie folgt führen:

▶ durch einen Versendungsbeleg (z. B. Frachtbrief, Konnossement, Posteinlieferungsschein oder deren Doppelstücke)

oder

▶ durch einen sonstigen handelsüblichen Beleg (z. B. Spediteurbescheinigung oder Versandbestätigung des Lieferers).

Wegen weiterer Einzelheiten hierzu wird auf Abschn. 133 UStR 2008 verwiesen.

283 Bezüglich des *Buchnachweises* wird auf die Ausführungen zum Buchnachweis in Beförderungsfällen verwiesen.

cc) Bearbeitungs- und Verarbeitungsfälle

284 Ist der Gegenstand der Lieferung durch Beauftragte vor der Ausfuhr bearbeitet oder verarbeitet worden, so *muss* sich dies gem. *§ 8 Abs. 2 UStDV* aus den Belegen eindeutig und leicht nachprüfbar ergeben.

Wenn der Gegenstand der Lieferung vor der Ausfuhr durch einen Beauftragten bearbeitet oder verarbeitet worden ist, *soll* der Unternehmer gem. *§ 11 Abs. 1 UStDV* den Ausfuhrnachweis regelmäßig durch einen Beleg nach § 9 oder § 10 UStDV führen. Dieser Beleg soll folgende *zusätzliche Angaben* enthalten:

▶ den Namen und die Anschrift des Beauftragten,

▶ die handelsübliche Bezeichnung und die Menge des an den Beauftragten übergebenen oder versendeten Gegenstandes,

▶ den Ort und den Tag der Entgegennahme des Gegenstandes durch den Beauftragten,

▶ die Bezeichnung des Auftrages und der vom Beauftragten vorgenommenen Bearbeitung oder Verarbeitung.

Bezüglich des *Buchnachweises* wird auf die Ausführungen zum Buchnachweis in Beförderungsfällen verwiesen. Zusätzlich soll der Unternehmer gem. *§ 13 Abs. 2 Nr. 5 UStDV* noch die Art und den Umfang der Bearbeitung oder Verarbeitung vor der Ausfuhr aufzeichnen.

dd) Nichtkommerzieller Reiseverkehr

In den Fällen des § 6 Abs. 3a UStG soll der Beleg nach § 9 UStDV zusätzlich gem. *§ 17 UStDV* noch folgende Angaben enthalten: **285**

► den Namen und die Anschrift des Abnehmers,

► eine Bestätigung der den Ausgang des Liefergegenstandes aus dem Gemeinschaftsgebiet überwachenden Grenzzollstelle eines Mitgliedstaates, dass die nach § 17 Nr. 1 UStDV (Name und Anschrift) gemachten Angaben mit den Eintragungen in dem vorgelegten Pass oder sonstigen Grenzübertrittspapier desjenigen übereinstimmen, der den Gegenstand in das Drittlandsgebiet verbringt.

Bezüglich der weiteren Einzelheiten hierzu wird auf Abschn. 137 UStR 2008 hingewiesen.

Für den Ausfuhrbeleg i. S. des § 17 UStDV soll ein *Vordruck* nach vorgeschriebenem Muster verwendet werden. Ein Muster dieses Vordrucks ist dem BMF-Schreiben vom 28. 5. 2004 (BStBl 2004 I S. 532) beigefügt.

ee) Sonderregelungen

Abschnitt 135 UStR 2008 enthält noch folgende Sonderregelungen zum Ausfuhrnachweis: **286**

► Lieferungen im Freihafen,

► Versendungen nach Grenzbahnhöfen oder Güterabfertigungsstellen,

► Postsendungen,

► Kurierdienste,

► Druckerzeugnisse,

► Ausfuhr von Kraftfahrzeugen mit eigener Antriebskraft.

Die für innergemeinschaftliche Lieferungen geltende *Vertrauensschutzregelung* in § 6a Abs. 4 UStG ist nicht auf Ausfuhrlieferungen in Drittstaaten anwendbar (BFH-Beschluss vom 6. 5. 2004, BStBl 2004 II S. 748).

2. Innergemeinschaftliche Lieferung

a) Innergemeinschaftliche Lieferung

aa) Lieferung eines Unternehmers

§ 6a UStG steht im Zusammenhang mit dem seit dem 1. 1. 1993 geltenden Umsatztatbestand des § 1 Abs. 1 Nr. 5 UStG. Steuerbar ist danach der innergemeinschaftliche Erwerb im Inland gegen Entgelt. Bei innergemeinschaftlichen Warenbewegungen erfolgt eine Besteuerung beim Erwerber, also im Bestimmungsland der Ware. Um eine *Doppel-*   **287** *belastung* mit USt zu vermeiden, muss die Lieferung im Ursprungsland als steuerfrei behandelt werden. Demzufolge bestimmt *§ 4 Nr. 1 Buchst. b UStG*, dass die innergemeinschaftlichen Lieferungen steuerfrei sind. *§ 6a UStG* definiert, was eine innergemeinschaftliche Lieferung ist. Eine direkte rechtliche Abhängigkeit zwischen der Erwerbsbesteuerung und der steuerfreien innergemeinschaftlichen Lieferung besteht allerdings nicht. Eine Erwerbsbesteuerung im Bestimmungsland ist auch dann durchzuführen, wenn die Lieferung im Ursprungsland nicht als steuerfrei behandelt wird.

Die Steuerbefreiung des § 4 Nr. 1 Buchst. b UStG i. V. mit § 6a UStG *ersetzt* die seit dem 1. 1. 1993 innergemeinschaftlich weggefallene steuerfreie Ausfuhrlieferung.

288   § 6a Abs. 1 UStG setzt eine im Inland *steuerbare Lieferung* voraus. Nur bei steuerbaren Lieferungen stellt sich die Frage nach einer innergemeinschaftlichen und damit steuerfreien Lieferung.

289   *Werklieferungen* werden grundsätzlich an dem Ort ausgeführt, an dem das fertige Werk übergeben bzw. abgenommen wird. Eine innergemeinschaftliche Lieferung ist bei Werklieferungen nur dann gegeben, wenn der fertig gestellte Werklieferungsgegenstand vom Inland an den Abnehmer in dem anderen EU-Mitgliedstaat bewegt wird. Dies ist z. B. dann der Fall, wenn der Werklieferungsgegenstand aus Gründen des leichteren Transports zerlegt wird und am Aufstellort nur wieder zusammengesetzt wird. Der Lieferort bestimmt sich in diesem Fall nach § 3 Abs. 6 Satz 1 UStG. Eine steuerbare und steuerfreie innergemeinschaftliche Lieferung liegt indessen nicht vor, wenn die Werklieferung erst im übrigen Gemeinschaftsgebiet ausgeführt wird.

290   Der Lieferer muss *Unternehmer* i. S. des UStG sein. Zu beachten ist in diesem Zusammenhang, dass die Steuerbefreiung für innergemeinschaftliche Lieferungen gem. § 4 Nr. 1 Buchst. b UStG i. V. mit § 6a UStG bei der Anwendung der *Kleinunternehmerregelung* gem. § 19 Abs. 1 UStG ebenso keine Anwendung findet wie bei der Anwendung der *Durchschnittssätze für land- und forstwirtschaftliche Betriebe* gem. § 24 UStG. Für *Fahrzeuglieferer* i. S. des § 2a UStG kommt die Steuerbefreiung gem. § 4 Nr. 1 Buchst. b UStG i. V. mit § 6a UStG allerdings zur Anwendung.

bb)   Warenbewegung

291   Voraussetzung für eine innergemeinschaftliche Lieferung ist gem. *§ 6a Abs. 1 Satz 1 Nr. 1 UStG*, dass der Unternehmer oder der Abnehmer den Gegenstand der Lieferung in das übrige Gemeinschaftsgebiet befördert oder versendet.

Es ist eine *tatsächliche Warenbewegung* aus dem Inland in das übrige Gemeinschaftsgebiet erforderlich. Der Anfangspunkt der Warenbewegung muss im Inland und der Endpunkt der Warenbewegung muss im übrigen Gemeinschaftsgebiet liegen. Unerheblich ist, wo sich der Gegenstand zwischenzeitlich befindet. So ist z. B. eine Warenbewegung von Deutschland über die Schweiz (Drittland) nach Italien eine Warenbewegung aus dem Inland in das übrige Gemeinschaftsgebiet. Beginnt die Beförderung oder Versendung im Drittlandsgebiet, liegt nur dann eine innergemeinschaftliche Lieferung vor, wenn der Liefergegenstand im Inland zum freien Warenverkehr abgefertigt wird. Dagegen liegt keine innergemeinschaftliche Lieferung vor, wenn der Gegenstand aus dem Drittlandsgebiet im Wege der *Durchfuhr* durch das Inland in einen anderen Mitgliedstaat gelangt und erst in diesem anderen Mitgliedstaat zum freien Verkehr abgefertigt wird. Geht der Gegenstand während der Beförderung unter, bevor er in das Gebiet eines anderen Mitgliedstaates gelangt ist, liegt eine innergemeinschaftliche Lieferung nach § 6a UStG nicht vor.

Nicht entscheidend ist, *wer* die Beförderung oder Versendung ausführt. Sowohl der *Lieferer* als auch der *Abnehmer* können die Beförderung oder Versendung des Liefergegenstandes ausgeführt haben. Es kommt nicht darauf an, ob der Abnehmer ein ausländischer Abnehmer ist. Es ist auch nicht erforderlich, dass der Gegenstand unverzüglich nach dem Erwerb in das Bestimmungsland befördert wird.

> **BEISPIEL:** ▶ Der Unternehmer A mit Sitz in Bremen verkauft dem Unternehmer N mit Sitz in Amsterdam eine Ware für dessen Unternehmen. Vereinbarungsgemäß transportiert A die Ware zu der Betriebsstätte des N nach Gronau.
>
> A erbringt eine steuerbare und steuerpflichtige Lieferung im Inland. Es liegt insbesondere keine innergemeinschaftliche Lieferung i. S. des § 6a UStG vor; denn es findet keine tatsächliche Warenbewegung aus dem Inland in das übrige Gemeinschaftsgebiet statt. Die Ware bleibt im Inland. Eine Steuerbefreiung kommt demnach nicht in Betracht.

cc) Abnehmer

Die innergemeinschaftliche Lieferung setzt nach *§ 6a Abs. 1 Satz 1 Nr. 2 UStG* weiterhin voraus, dass der Abnehmer zu einem *bestimmten Personenkreis* gehört. Der Abnehmer muss 292

▶ ein Unternehmer sein, der den Gegenstand der Lieferung für sein Unternehmen erworben hat,

   oder

▶ eine juristische Person sein, die nicht Unternehmer ist oder die den Gegenstand der Lieferung nicht für ihr Unternehmen erworben hat,

   oder

▶ jeder andere Erwerber bei der Lieferung eines neuen Fahrzeugs.

Handelt es sich bei dem Erwerber um einen *Unternehmer*, so muss für eine innergemeinschaftliche Lieferung hinzukommen, dass der Unternehmer *für sein Unternehmen* erwirbt.

> **BEISPIEL:** ▶ A betreibt ein Sportartikelgeschäft in Dortmund. In seinem Geschäft veräußert er dem italienischen Unternehmer I mit Sitz in Mailand eine Tennisausrüstung. I benötigt die Tennisausrüstung für private Zwecke. Er nimmt die Ausrüstung mit nach Italien.
>
> A erbringt einen steuerbaren Umsatz i. S. des § 1 Abs. 1 Nr. 1 Satz 1 UStG; der Ort der Lieferung ist gem. § 3 Abs. 6 Satz 1 UStG Dortmund. Die steuerbare Lieferung ist auch steuerpflichtig. Es liegt insbesondere keine innergemeinschaftliche Lieferung gem. § 6a Abs. 1 UStG vor, da der Abnehmer I den Gegenstand nicht für sein Unternehmen erworben hat (§ 6a Abs. 1 Satz 1 Nr. 2 UStG) und der Erwerb in Italien auch nicht der Umsatzbesteuerung unterliegt (§ 6a Abs. 1 Satz 1 Nr. 3 UStG).

Verwendet der Erwerber gegenüber dem Lieferer seine *Umsatzsteuer-Identifikationsnummer*, so bringt er damit zum Ausdruck, dass er den Gegenstand für sein Unternehmen erwirbt (BMF-Schreiben vom 11. 3. 1996, BStBl 1996 I S. 458).

293   Eine innergemeinschaftliche Lieferung kann auch in den Fällen vorliegen, in denen der Abnehmer eine *juristische Person* ist, die nicht Unternehmer ist oder die den Liefergegenstand nicht für ihr Unternehmen erworben hat. Eine solche juristische Person außerhalb ihres Unternehmens ist z. B. eine für den Hoheitsbereich erwerbende öffentlich-rechtliche Körperschaft oder eine Körperschaft, die Gegenstände für ihren ideellen Bereich erwirbt.

> **BEISPIEL:** Der deutsche Unternehmer A mit Sitz in Stuttgart liefert Büromaschinen an die Stadtverwaltung in Brüssel. A befördert die Büromaschinen mit eigenem Fahrzeug von Stuttgart nach Brüssel. Der erforderliche Beleg- und Buchnachweis ist erbracht. Die Stadtverwaltung unterliegt der Erwerbsbesteuerung in Belgien.
>
> A erbringt eine im Inland steuerbare Lieferung; Lieferort ist gem. § 3 Abs. 6 Satz 1 UStG Stuttgart. Die steuerbare Lieferung ist steuerfrei gem. § 4 Nr. 1 Buchst. b UStG; denn es liegt eine innergemeinschaftliche Lieferung i. S. des § 6a Abs. 1 UStG vor. Die Maschinen werden vom Inland in das übrige Gemeinschaftsgebiet befördert, der Abnehmer ist eine juristische Person, die nicht Unternehmer ist und die in Belgien mit dem Erwerb der Umsatzbesteuerung unterliegt.

294   Bei der innergemeinschaftlichen Lieferung eines *neuen Fahrzeugs* kommt es auf den Abnehmerstatus nicht an. Da der innergemeinschaftliche Erwerb neuer Fahrzeuge *ausnahmslos* im Bestimmungsland zu besteuern ist, muss auch die innergemeinschaftliche Lieferung neuer Fahrzeuge stets von der USt befreit sein.

> **BEISPIEL:** Der deutsche Unternehmer A veräußert ein neues Fahrzeug an die niederländische Privatperson P, die das Fahrzeug in Deutschland abholt und in die Niederlande befördert.
>
> A erbringt einen steuerbaren Umsatz i. S. des § 1 Abs. 1 Nr. 1 Satz 1 UStG. Der Lieferort ist gem. § 3 Abs. 6 Satz 1 UStG im Inland. Die steuerbare Lieferung ist als innergemeinschaftliche Lieferung steuerfrei gem. § 4 Nr. 1 Buchst. b UStG i. V. mit § 6a Abs. 1 UStG. Es liegt eine innergemeinschaftliche Lieferung vor, da das neue Fahrzeug vom Inland in das übrige Gemeinschaftsgebiet gelangt; es bei der Lieferung eines neuen Fahrzeugs keines bestimmten Abnehmers bedarf und der Abnehmer in den Niederlanden den Erwerb des Fahrzeugs der Besteuerung zu unterwerfen hat.

dd) Erwerbsbesteuerung

295   Eine innergemeinschaftliche Lieferung ist nur möglich, wenn nach *§ 6a Abs. 1 Satz 1 Nr. 3 UStG* der Erwerb des Liefergegenstandes beim Abnehmer in einem anderen Mitgliedstaat den Vorschriften über die Umsatzbesteuerung, d. h., den Vorschriften der Besteuerung des innergemeinschaftlichen Erwerbs, unterliegt. Der Abnehmer muss also in einem anderen Mitgliedstaat den Tatbestand des innergemeinschaftlichen Erwerbs verwirklichen. Das Vorliegen dieser Voraussetzung kann nur im Wege einer *Parallelbewertung* nach den Grundsätzen des deutschen UStG geprüft werden. Es ist davon auszugehen, dass alle anderen EU-Mitgliedstaaten identische Regelungen zur Erwerbsbesteuerung besitzen.

Der liefernde Unternehmer kann in der Regel davon ausgehen, dass der Abnehmer in einem anderen Mitgliedstaat den Vorschriften der Erwerbsbesteuerung unterliegt, wenn der Abnehmer den Gegenstand unter Angabe einer ihm von einem anderen Mitgliedstaat erteilten *Umsatzsteuer-Identifikationsnummer* erwirbt. Durch die Angabe dieser Umsatzsteuer-Identifikationsnummer gibt der Abnehmer zu erkennen, dass er steuerfrei einkaufen will und mit dem Erwerb in einem anderen Mitgliedstaat der Erwerbsbesteuerung unterliegt (BMF-Schreiben vom 11. 3. 1996, BStBl 1996 I S. 458).

Es kommt nur darauf an, dass der Erwerb des Gegenstandes der Lieferung beim Abnehmer in einem anderen Mitgliedstaat den Vorschriften der Umsatzbesteuerung *unterliegt*. Nicht erforderlich ist, dass der Erwerb tatsächlich besteuert worden ist oder dass die Erwerbsteuer tatsächlich vom Abnehmer in dem anderen Mitgliedstaat gezahlt worden ist.

Eine innergemeinschaftliche Lieferung liegt in den Fällen nicht vor, in denen es sich bei dem Abnehmer um einen *„Exoten"* i. S. des § 1a Abs. 3 UStG handelt, der die maßgebende Erwerbsschwelle nicht überschritten hat und auch nicht auf die Anwendung dieser Erwerbsschwelle verzichtet hat.

BEISPIEL: Der deutsche Unternehmer A liefert an den dänischen Kleinunternehmer D eine Maschine für dessen Unternehmen. Vereinbarungsgemäß holt D die Maschine mit eigenem Lkw im Inland ab und befördert sie nach Dänemark. D hat die maßgebende Erwerbsschwelle in Dänemark weder im vorangegangenen Kalenderjahr überschritten noch wird er diese voraussichtlich im laufenden Kalenderjahr überschreiten. D hat auch nicht auf die Anwendung der Erwerbsschwelle verzichtet.

A erbringt eine steuerbare Lieferung im Inland; der Lieferort bestimmt sich nach § 3 Abs. 6 Satz 1 UStG. Die Vorschrift des § 3c UStG findet keine Anwendung, da es sich um eine Beförderung durch den Abnehmer handelt. Diese steuerbare Lieferung ist auch steuerpflichtig. Es liegt insbesondere keine innergemeinschaftliche Lieferung vor, da der Erwerb des Liefergegenstandes beim Abnehmer D in Dänemark nicht der Erwerbsbesteuerung unterliegt (entsprechend § 1a Abs. 3 und 4 UStG). Die Voraussetzung des § 6a Abs. 1 Satz 1 Nr. 3 UStG ist nicht erfüllt.

Bei der Lieferung eines *neuen Fahrzeuges*, das bei der Lieferung aus dem Inland in das übrige Gemeinschaftsgebiet befördert oder versendet wird, ist § 6a Abs. 1 Satz 1 Nr. 3 UStG stets erfüllt.

296

ee) Be- oder Verarbeitung

Gemäß *§ 6a Abs. 1 Satz 2 UStG* kann der Gegenstand der Lieferung durch Beauftragte vor der Beförderung oder Versendung in das übrige Gemeinschaftsgebiet bearbeitet oder verarbeitet worden sein. Es kann sich nur um Beauftragte des *Abnehmers* oder eines folgenden Abnehmers handeln. In den Fällen, in denen der Lieferer den Bearbeitungs- oder Verarbeitungsauftrag erteilt, handelt es sich um einen der innergemeinschaftlichen Lieferung vorgeschalteten Umsatz. Gegenstand der innergemeinschaftlichen Lieferung ist dann der be- oder verarbeitete Gegenstand und nicht der Gegenstand vor seiner Bearbeitung oder Verarbeitung.

297

b) Innergemeinschaftliches Verbringen

Als innergemeinschaftliche Lieferung gilt gem. *§ 6a Abs. 2 UStG* das einer Lieferung gleichgestellte *Verbringen* eines Gegenstandes. Der Sinn, in diesen Fällen eine innergemeinschaftliche Lieferung zu fingieren, wird deutlich, wenn man sich vor Augen führt, dass eine innergemeinschaftliche Warenbewegung stattfindet, die infolge fehlender Grenzkontrollen nur noch mit Hilfe des *EDV-gestützten Informationsaustausches* zwischen den Mitgliedstaaten kontrolliert werden kann. Um auch diese Warenbewegun-

298

gen in das Kontrollsystem integrieren zu können, müssen diese Tatbestände als innergemeinschaftliche Lieferungen fingiert werden.

Gemäß *§ 3 Abs. 1a UStG* gilt das Verbringen eines Gegenstandes des Unternehmens aus dem Inland in das übrige Gemeinschaftsgebiet durch einen Unternehmer zu seiner Verfügung, ausgenommen zu einer nur vorübergehenden Verwendung, als Lieferung gegen Entgelt. Dies gilt auch, wenn der Unternehmer den Gegenstand in das Inland eingeführt hat. Der Unternehmer gilt als Lieferer. Die *Lieferfiktion* steht im Zusammenhang mit der *Erwerbsfiktion* des § 1a Abs. 2 UStG, die das Verbringen eines Gegenstandes des Unternehmens aus dem übrigen Gemeinschaftsgebiet in das Inland durch einen Unternehmer zu seiner Verfügung, ausgenommen zu einer nur vorübergehenden Verwendung, als innergemeinschaftlichen Erwerb fingiert.

> **BEISPIEL:** ► A ist Unternehmer mit Hauptsitz in Bielefeld und Betriebsstätten in London und Paris. Er transportiert Ware, die er in Bielefeld nicht verkaufen kann, mit eigenem Lkw zu seiner Betriebsstätte nach London, um sie dort zu veräußern.
>
> A erbringt einen steuerbaren Umsatz i. S. des § 1 Abs. 1 Nr. 1 Satz 1 UStG. Das Verbringen des Gegenstandes gilt unter den Voraussetzungen des § 3 Abs. 1a UStG als Lieferung gegen Entgelt; denn
>
> ► der Gegenstand gelangt aus dem Inland in das übrige Gemeinschaftsgebiet,
>
> ► durch einen Unternehmer,
>
> ► zu seiner Verfügung,
>
> ► und nicht nur zur vorübergehenden Verwendung.
>
> Der Ort der Lieferung ist gem. § 3 Abs. 6 Satz 1 UStG Bielefeld. Dieser steuerbare Umsatz ist steuerfrei gem. § 4 Nr. 1 Buchst. b UStG; denn es handelt sich gem. § 6a Abs. 2 UStG um eine fiktive innergemeinschaftliche Lieferung. Die Voraussetzungen müssen gem. § 6a Abs. 3 UStG vom Unternehmer nachgewiesen sein. Bemessungsgrundlage für den steuerfreien Umsatz ist gem. § 10 Abs. 4 Satz 1 Nr. 1 UStG der Einkaufspreis zzgl. Nebenkosten zum Zeitpunkt des Umsatzes. A muss in Großbritannien die Erwerbsbesteuerung durchführen (entsprechend § 1a Abs. 2 UStG).

c) Nachweis der innergemeinschaftlichen Lieferung

aa) Beförderungs- und Versendungsfälle

299 Nach *§ 6a Abs. 3 Satz 1 UStG* müssen die Voraussetzungen der § 6a Abs. 1 und 2 UStG vom Unternehmer nachgewiesen sein. § 6a Abs. 3 Satz 2 UStG enthält eine gesetzliche Ermächtigung für das Bundesministerium der Finanzen mit Zustimmung des Bundesrates durch Rechtsverordnung zu bestimmen, wie der Unternehmer den Nachweis zu führen hat. Von dieser Ermächtigung ist in den *§§ 17a bis 17c UStDV* Gebrauch gemacht worden.

Die innergemeinschaftliche Lieferung muss sowohl *beleg-* als auch *buchmäßig* nachgewiesen sein. §§ 17a und 17b UStDV behandeln den Belegnachweis und § 17c UStDV enthält Regelungen zum Buchnachweis.

300 Bei innergemeinschaftlichen Lieferungen i. S. des § 6a Abs. 1 UStG *muss* der Unternehmer gem. *§ 17a Abs. 1 UStDV* im Geltungsbereich der UStDV durch Belege nachweisen, dass er oder der Abnehmer den Gegenstand der Lieferung in das übrige Gemeinschaftsgebiet befördert oder versendet hat. Dies muss sich aus den Belegen *eindeutig* und

leicht nachprüfbar ergeben. Der für die Steuerfreiheit der innergemeinschaftlichen Lieferung geforderte Belegnachweis für die Beförderung des Gegenstands der Lieferung in einen anderen Mitgliedstaat kann im Falle der Beförderung des Gegenstandes durch den Abnehmer nicht durch eine mündliche, sondern nur durch eine *schriftliche Versicherung* des Abnehmers geführt werden. Mit einer erst nach Ausführung einer Lieferung erstellten falschen schriftlichen Bestätigung des Abnehmers über die Beförderung des Gegenstands der Lieferung kann der Lieferer den Belegnachweis nicht erbringen (BFH vom 18. 7. 2002, BStBl 2003 II S. 616).

In den Fällen der *Beförderung* durch den Unternehmer oder den Abnehmer *soll* der Unternehmer gem. § 17a Abs. 2 UStDV den Nachweis wie folgt führen:

► durch das Doppel der Rechnung,

► durch einen handelsüblichen Beleg, aus dem sich der Bestimmungsort ergibt (z. B. Lieferschein),

► durch eine Empfangsbestätigung des Abnehmers oder seines Beauftragten,

► in den Fällen der Beförderung durch den Abnehmer durch eine Versicherung des Abnehmers oder seines Beauftragten, den Liefergegenstand in das übrige Gemeinschaftsgebiet zu befördern.

In den *Versendungsfällen* soll der Unternehmer den Belegnachweis für die innergemeinschaftliche Lieferung gem. *§ 17a Abs. 4 UStDV* wie folgt führen:

► durch das Doppel der Rechnung

und

► durch einen Beleg entsprechend § 10 Abs. 1 UStDV, insbesondere durch Frachtbrief, Konnossement, Posteinlieferungsschein oder durch eine Spediteurbescheinigung oder Versandbestätigung des Lieferers.

Ist es dem Unternehmer nicht möglich oder nicht zumutbar, den Versendungsnachweis nach § 17a Abs. 4 Satz 1 UStDV zu führen, kann er den Nachweis auch nach § 17a Abs. 2 oder 3 UStDV führen.

Weicht der Unternehmer von den Sollvorschriften der UStDV ab, kann der Nachweis der innergemeinschaftlichen Lieferung nach der Generalklausel des § 17a Abs. 1 UStDV nur anerkannt werden, wenn sich aus der *Gesamtheit der Belege* die innergemeinschaftliche Lieferung eindeutig und leicht nachprüfbar ergibt.

Neben dem Belegnachweis muss auch ein *Buchnachweis* vorliegen. Der Unternehmer *muss* gem. *§ 17c Abs. 1 UStDV* bei innergemeinschaftlichen Lieferungen im Geltungsbereich der UStDV die Voraussetzungen der Steuerbefreiung einschließlich *Umsatzsteuer-Identifikationsnummer* des Abnehmers buchmäßig nachweisen. Die Voraussetzungen müssen eindeutig und leicht nachprüfbar aus der Buchführung zu ersehen sein. Zwingend erforderlich für den Buchnachweis ist die Aufzeichnung der Umsatzsteuer-Identifikationsnummer des Abnehmers.

301

Der Unternehmer *soll* gem. *§ 17c Abs. 2 UStDV* regelmäßig Folgendes aufzeichnen:

► den Namen und die Anschrift des Abnehmers,

► den Namen und die Anschrift des Beauftragten des Abnehmers bei einer Lieferung, die im Einzelhandel oder in einer für den Einzelhandel gebräuchlichen Art und Weise erfolgt,

► den Gewerbezweig oder Beruf des Abnehmers,

► die handelsübliche Bezeichnung und die Menge des Gegenstandes der Lieferung,

► den Tag der Lieferung,

► das vereinbarte Entgelt oder bei der Besteuerung nach vereinnahmten Entgelten das vereinnahmte Entgelt und den Tag der Vereinnahmung,

► die Beförderung oder Versendung in das übrige Gemeinschaftsgebiet,

► den Bestimmungsort im übrigen Gemeinschaftsgebiet.

bb) Bearbeitungs- oder Verarbeitungsfälle

302 Ist der Gegenstand der Lieferung vor der Beförderung oder Versendung in das übrige Gemeinschaftsgebiet durch einen Beauftragten bearbeitet oder verarbeitet worden, *muss* der Unternehmer gem. *§ 17b Satz 1 UStDV* dies durch Belege eindeutig und leicht nachprüfbar nachweisen. Der Nachweis soll durch Belege nach § 17a UStDV geführt werden, die zusätzlich die in § 11 Abs. 1 Nr. 1 bis 4 UStDV bezeichneten Angaben enthalten.

Bezüglich des *buchmäßigen Nachweises* muss zusätzlich noch die Art und der Umfang der Bearbeitung oder Verarbeitung vor der Beförderung oder der Versendung in das übrige Gemeinschaftsgebiet aufgezeichnet werden *(§ 17c Abs. 2 Nr. 7 UStDV)*.

cc) Verbringensfälle

303 Für die Inanspruchnahme der Steuerbefreiung für innergemeinschaftliche Lieferungen hat der Unternehmer auch in den Fällen des Verbringens i. S. des § 6a Abs. 2 UStG einen *belegmäßigen* Nachweis zu führen. Da die Vorschriften der UStDV keine besonderen Regelungen für Verbringensfälle enthalten, ist der belegmäßige Nachweis grundsätzlich nach § 17a UStDV zu führen. Der Unternehmer muss einen so genannten *Eigenbeleg* ausstellen, in dem die verbrachten Gegenstände aufgeführt sind und der die Bemessungsgrundlagen, die Umsatzsteuer-Identifikationsnummer des inländischen Unternehmensteils und des ausländischen Unternehmensteils enthält (Abschn. 190a Abs. 3 Satz 2 UStR 2008). Versendet der Unternehmer den Gegenstand in das übrige Gemeinschaftsgebiet, so ist neben dem Eigenbeleg noch ein *Versendungsbeleg* erforderlich.

304 Für die Fälle des innergemeinschaftlichen Verbringens i. S. des § 6a Abs. 2 UStG enthält *§ 17c Abs. 3 UStDV* eine Regelung zum *buchmäßigen* Nachweis. Der Unternehmer soll in diesen Fällen Folgendes aufzeichnen:

► die handelsübliche Bezeichnung und die Menge des verbrachten Gegenstandes,

► die Anschrift und die Umsatzsteuer-Identifikationsnummer des im anderen Mitgliedstaat belegenen Unternehmensteils,

► den Tag des Verbringens,

► die Bemessungsgrundlage nach § 10 Abs. 4 Satz 1 Nr. 1 UStG.

d) Vertrauensschutzregelung

§ 6a Abs. 4 UStG enthält eine Vertrauensschutzregelung für die Unternehmer. Hat der   305
Unternehmer eine Lieferung als steuerfrei behandelt, obwohl die Voraussetzungen des
§ 6a Abs. 1 UStG nicht vorliegen, so ist die Lieferung gleichwohl als steuerfrei anzusehen, wenn die Inanspruchnahme der Steuerbefreiung auf unrichtigen Angaben des Abnehmers beruht und der Unternehmer die Unrichtigkeit dieser Angaben auch bei Beachtung der Sorgfalt eines ordentlichen Kaufmanns nicht erkennen konnte.

Die Anwendung der Vertrauensschutzregelung ist von *zwei Bedingungen* abhängig.
Zum einen muss die Inanspruchnahme der Steuerbefreiung auf *unrichtigen Angaben
des Abnehmers* beruhen. Zum anderen muss hinzutreten, dass der liefernde Unternehmer die Unrichtigkeit der Angaben auch bei Beachtung der *Sorgfaltspflichten eines ordentlichen Kaufmanns* nicht erkennen konnte.

Die Vertrauensschutzregelung greift nur dann, wenn der Unternehmer die Unrichtig-   306
keit der Angaben des Abnehmers auch bei Beachtung der Sorgfalt eines *ordentlichen
Kaufmannes* nicht erkennen konnte. Zur Begriffsbestimmung und zum Umfang der
Sorgfaltspflichten eines ordentlichen Kaufmanns sind die handelsrechtlichen Bewer-
tungen heranzuziehen (§ 347 HGB). Es kommt auf die besonderen Verhältnisse der einzelnen Berufs- und Gewerbezweige an. Bei einer *erstmaligen Geschäftsbeziehung* mit
einem neuen Abnehmer ist es für die Erfüllung der Sorgfaltspflichten eines ordentlichen Kaufmanns erforderlich, die Bestätigung der Umsatzsteuer-Identifikationsnummer gem. *§ 18e UStG* beim Bundeszentralamt für Steuern einzuholen. Bei länger andauernden Geschäftsbeziehungen ist dieses Bestätigungsverfahren nicht zwingend erforderlich.

In vielen Fällen ergeben sich schon aus der *Art und Menge* der gelieferten Waren Zweifel an der unternehmerischen Verwendung. Im Zweifelsfall obliegt es dem Lieferer, *zusätzliche buchmäßige Aufzeichnungen oder Belege* beizubringen. Können die Zweifel
nicht ausgeräumt werden, darf der Lieferer nicht steuerfrei liefern.

Der Vertrauensschutztatbestand ist auf die Fälle beschränkt, in denen die Vorausset-   307
zungen des § 6a Abs. 1 UStG nicht vorliegen. Scheitert die Steuerbefreiung der innergemeinschaftlichen Lieferung aber daran, dass der Unternehmer seiner Nachweis-
pflicht gem. *§ 6a Abs. 3 UStG i. V. mit §§ 17a–17c UStDV* nicht nachkommen kann,
kommt der Vertrauensschutztatbestand nicht zur Anwendung.

Liegen die Voraussetzungen der Vertrauensschutzregelung vor, bleibt es bei der Steuer-   308
befreiung für den liefernden Unternehmer. Die *Steuerschuldnerschaft* für die entgangene Steuer wechselt gem. § 6a Abs. 4 Satz 2 UStG auf den Abnehmer. Steuerschuldner
ist gem. § 13a Abs. 1 Nr. 3 UStG der Abnehmer. Bei dem Wechsel der Steuerschuldnerschaft spielt die *Generalprävention* eine größere Rolle als die Chance, die entgangene
Steuer bei dem Abnehmer in einem anderen Mitgliedstaat zu realisieren.

3. Grenzüberschreitende Güterbeförderungen

a) Begünstigte Leistungen nach § 4 Nr. 3 Satz 1 Buchst. a UStG

aa) Grenzüberschreitende Beförderungen

309   Die Steuerbefreiungsvorschrift des § 4 Nr. 3 UStG dient in den Fällen der Einfuhr der *Vermeidung einer Doppelbelastung* mit USt und EUSt und in den Fällen der Ausfuhr einer *Vermeidung der Belastung der Exportware* mit USt.

Die Steuerbefreiung nach § 4 Nr. 3 UStG setzt voraus, dass die in der Vorschrift bezeichneten Leistungen umsatzsteuerrechtlich *selbständig* zu beurteilende Leistungen sind. Ist eine Leistung nur eine unselbständige Nebenleistung zu einer Hauptleistung, so teilt sie deren umsatzsteuerrechtliches Schicksal (Abschn. 45 Abs. 1 Sätze 1 und 2 UStR 2008).

Steuerfrei sind gem. § 4 Nr. 3 Satz 1 Buchst. a UStG die *grenzüberschreitenden Beförderungen* von Gegenständen, wenn sich diese Beförderungsleistungen entweder

▶ unmittelbar auf Gegenstände der Ausfuhr beziehen oder auf eingeführte Gegenstände beziehen, die im externen Versandverfahren in das Drittlandsgebiet befördert werden,

oder

▶ auf Gegenstände der Einfuhr in das Gebiet eines Mitgliedstaates der EU beziehen und die Kosten für die Beförderungsleistungen in der Bemessungsgrundlage für diese Einfuhr enthalten sind.

310   *§ 4 Nr. 3 Satz 1 Buchst. a Doppelbuchstabe aa UStG* befreit u. a. die grenzüberschreitende Güterbeförderung, die sich unmittelbar auf Gegenstände der *Ausfuhr* bezieht. Gegenstände der Ausfuhr sind solche Gegenstände, die vom Inland in das Drittlandsgebiet befördert werden.

> **BEISPIEL:** ▶ Der in Deutschland ansässige Unternehmer A beauftragt den deutschen Frachtführer F eine Ware von Bremen nach Zürich zu transportieren.
>
> F erbringt eine sonstige Leistung, eine Beförderungsleistung. Der Leistungsort ist gem. § 3b Abs. 1 Satz 1 UStG dort, wo die Beförderungsleistung bewirkt wird, d. h., auf der Strecke Bremen – Zürich. Steuerbar im Inland ist nur der Teil der Leistung, der auf das Inland entfällt (§ 3b Abs. 1 Satz 2 UStG). Dieser steuerbare Teil ist steuerfrei gem. § 4 Nr. 3 Satz 1 Buchst. a Doppelbuchstabe aa UStG, da sich die Güterbeförderung unmittelbar auf Gegenstände der Ausfuhr bezieht.

§ 4 Nr. 3 Satz 1 Buchst. a Doppelbuchstabe aa UStG befreit auch die grenzüberschreitenden Güterbeförderungen, die sich auf *eingeführte Gegenstände* beziehen, die im *externen Versandverfahren* in das Drittlandsgebiet befördert werden. Externe Versandverfahren finden im Wesentlichen für die Beförderung von Drittlandswaren, die sich in der Gemeinschaft nicht im zollrechtlich freien Verkehr befinden, Anwendung.

> **BEISPIEL:** ▶ Amerikanische Computer werden per Schiff nach Hamburg transportiert und ohne Überführung in den zollrechtlich freien Verkehr von einem Frachtführer von Hamburg nach Moskau befördert.
>
> Die Beförderung der Computer ist im Inland steuerbar, soweit die Beförderungsleistung auf das Inland entfällt (§ 3b Abs. 1 Satz 2 UStG). Dieser steuerbare Teil ist steuerfrei gem. § 4 Nr. 3

Satz 1 Buchst. a Doppelbuchstabe aa UStG, da es sich um die Beförderung von eingeführten Gegenständen handelt, die im externen Versandverfahren in das Drittlandsgebiet befördert werden.

Steuerfrei sind gem. § 4 Nr. 3 Satz 1 Buchst. a Doppelbuchstabe bb UStG die grenzüberschreitenden Güterbeförderungen, die sich auf Gegenstände der *Einfuhr* in das Gebiet eines Mitgliedstaates der EU beziehen, wenn die *Kosten* für die Beförderungsleistung in der Bemessungsgrundlage für diese Einfuhr enthalten sind.   311

Die *innergemeinschaftliche Güterbeförderung* wird von § 4 Nr. 3 Satz 1 Buchst. a UStG nicht erfasst; denn diese Vorschrift erstreckt sich nur auf Gegenstände der Ausfuhr, der Einfuhr in die EU und auf eingeführte Gegenstände, die im externen Versandverfahren in das Drittlandsgebiet befördert werden.   312

bb) Beförderungen im Eisenbahnfrachtverkehr

Steuerfrei sind die Beförderungen im *internationalen Eisenbahnfrachtverkehr*, wenn sich die Beförderungsleistungen entweder   313

▶ unmittelbar auf Gegenstände der Ausfuhr beziehen oder auf eingeführte Gegenstände beziehen, die im externen Versandverfahren in das Drittlandsgebiet befördert werden,

  oder

▶ auf Gegenstände der Einfuhr in das Gebiet eines Mitgliedstaates der EU beziehen und die Kosten für die Beförderungsleistungen in der Bemessungsgrundlage für diese Einfuhr enthalten sind. Nicht befreit sind die Beförderungen der in § 1 Abs. 3 Satz 1 Nr. 4 Buchst. a UStG bezeichneten Gegenstände aus einem Freihafen in das Inland.

Beförderungen im internationalen Eisenbahnfrachtverkehr sind Güterbeförderungen, auf die die „*Einheitlichen Rechtsvorschriften für den Vertrag über die internationale Eisenbahnbeförderung von Gütern (CIM)*" anzuwenden sind (Abschn. 46 Abs. 2 Satz 1 UStR 2008).

cc) Andere sonstige Leistungen

Steuerfrei sind neben der Beförderungsleistung auch *andere sonstige Leistungen*, wenn sich diese   314

▶ unmittelbar auf Gegenstände der Ausfuhr beziehen oder auf eingeführte Gegenstände beziehen, die im externen Versandverfahren in das Drittlandsgebiet befördert werden,

  oder

▶ auf Gegenstände der Einfuhr in das Gebiet eines Mitgliedstaates der EU beziehen und die Kosten für die Leistungen in der Bemessungsgrundlage für diese Einfuhr enthalten sind.

Als *andere sonstige Leistungen* kommen insbesondere in Betracht:

▶ inländische und innergemeinschaftliche Güterbeförderungen, die der grenzüberschreitenden Güterbeförderung oder Beförderung im Eisenbahnfrachtverkehr

i. S. des § 4 Nr. 3 UStG vorangehen (in den Fällen der Ausfuhr oder Durchfuhr) oder folgen (in den Fällen der Einfuhr),

▶ Umschlag der bezeichneten Gegenstände,

▶ Lagerung der bezeichneten Gegenstände,

▶ handelsübliche Nebenleistungen der Beförderung, z. B. Be- und Entladen, Verpacken, Wiegen, Messen, Probeziehen, Anmelden zur Abfertigung, Abschluss einer Transportversicherung, Beeisung bei Kühltransporten,

▶ handelsübliche Nebenleistungen zur Lagerung, z. B. Trocknen, Reinigen, Umfüllen, Einfrieren,

▶ handelsübliche Nebenleistungen zum Umschlag, z. B. Wiegegelder, Hafengebühren, Krangebühren,

▶ Besorgungsleistungen,

▶ Vermittlungsleistungen, die sich auf Gegenstände der Einfuhr in das Gebiet der EU beziehen.

BEISPIEL: ▶ Unternehmer A bekommt den Auftrag zum Umschlag einer Ware in Köln. Der Umschlag steht im Zusammenhang mit einer Güterbeförderung von Hamburg nach Oslo.

A erbringt eine sonstige Leistung, die gem. § 3b Abs. 2 UStG in Köln ausgeführt wird. Diese im Inland steuerbare Leistung ist steuerfrei gem. § 4 Nr. 3 Satz 1 Buchst. a Doppelbuchstabe aa UStG; denn es handelt sich um eine sonstige Leistung, die sich unmittelbar auf Gegenstände der Ausfuhr bezieht.

b)   Begünstigte Leistungen nach § 4 Nr. 3 Satz 1 Buchst. b UStG

315   Steuerfrei sind gem. § 4 Nr. 3 Satz 1 Buchst. b UStG die Beförderungen von Gegenständen nach und von den Inseln, die die autonomen Regionen *Azoren* und *Madeira* bilden. Diese Steuerbefreiungsvorschrift stellt eine Ausnahme von dem Grundsatz der Steuerpflicht innergemeinschaftlicher Güterbeförderungen dar.

c)   Begünstigte Leistungen nach § 4 Nr. 3 Satz 1 Buchst. c UStG

316   Steuerfrei sind gem. § 4 Nr. 3 Satz 1 Buchst. c UStG die sonstigen Leistungen, die sich unmittelbar auf eingeführte Gegenstände beziehen, für die zollamtlich eine *vorübergehende Verwendung* in den in § 1 Abs. 1 Nr. 4 UStG bezeichneten Gebieten bewilligt worden ist. Weitere Voraussetzung für die Steuerbefreiung ist, dass der Leistungsempfänger ein *ausländischer Auftraggeber* ist.

BEISPIEL: ▶ Frachtführer F befördert für einen ausländischen Messeaussteller Messegegenstände von Zürich nach Hannover. Diese Messegegenstände sollen vorübergehend im Inland verwendet werden. Eine zollamtliche Bewilligung liegt vor.

F erbringt eine sonstige Leistung, eine Beförderungsleistung. Der im Inland steuerbare Teil (§ 3b Abs. 1 Satz 2 UStG) ist steuerfrei gem. § 4 Nr. 3 Satz 1 Buchst. c UStG, da sich die Beförderungsleistung unmittelbar auf eingeführte Gegenstände bezieht, für die zollamtlich eine vorübergehende Verwendung im Inland bewilligt worden ist. Der Auftraggeber des F ist ein ausländischer Auftraggeber.

d) Nichtanwendbarkeit des § 4 Nr. 3 UStG

Gemäß *§ 4 Nr. 3 Satz 2 UStG* gilt die Steuerbefreiungsvorschrift *nicht* für folgende Um-   317
sätze:

- ▶ Umsätze gem. § 4 Nr. 8 UStG (Umsätze des Geld- und Kapitalverkehrs),

- ▶ Umsätze gem. § 4 Nr. 10 UStG (Versicherungsumsätze),

- ▶ Umsätze gem. § 4 Nr. 11 UStG (Bausparkassenvertreter, Versicherungsvertreter, Versicherungsmakler),

- ▶ die Bearbeitung oder Verarbeitung eines Gegenstandes einschließlich der Werkleistung i. S. des § 3 Abs. 10 UStG.

e) Nachweis der Steuerbefreiung

aa) Belegmäßiger Nachweis

Die Voraussetzungen der Steuerbefreiung müssen gem. *§ 4 Nr. 3 Satz 3 UStG* vom Un-   318
ternehmer nachgewiesen sein. Von der Ermächtigung des *§ 4 Nr. 3 Satz 4 UStG* hat das
Bundesministerium der Finanzen Gebrauch gemacht und in den *§§ 20 und 21 UStDV*
Bestimmungen darüber getroffen, wie der Unternehmer diesen Nachweis zu führen
hat. Es muss ein *beleg- und buchmäßiger Nachweis* geführt werden.

§ 20 UStDV enthält Regelungen zum *belegmäßigen Nachweis*.

In den Fällen, in denen der belegmäßige Nachweis nicht mittels zollamtlichen Belegs
geführt werden kann, wird als ausreichender Nachweis auch eine *Bestätigung eines
Verzollungsspediteurs* auf einem der in Abschn. 47 Abs. 4 Nr. 2 Satz 2 UStR 2008 genannten Belege anerkannt, wenn der Verzollungsspediteur in dieser eigenhändig un-
terschriebenen Bestätigung versichert, dass es sich bei den beförderten Gegenständen
um Gegenstände der Einfuhr handelt, die zollamtlich abgefertigt wurden und die Beförderungskosten (des Beförderungsspediteurs) in der Bemessungsgrundlage für die
EUSt enthalten sind (BMF-Schreiben vom 22. 7. 2005, BStBl 2005 I S. 834).

Der Unternehmer muss gem. *§ 20 Abs. 3 UStDV* sämtliche Nachweise im Geltungsbereich der UStDV führen.

bb) Buchmäßiger Nachweis

§ 21 UStDV enthält Ausführungen zum *buchmäßigen Nachweis* der Steuerbefreiung.   319
Danach ist bei einer Leistung, die sich auf einen Gegenstand der Ausfuhr, auf einen Gegenstand der Einfuhr in das Gebiet eines Mitgliedstaates der EU oder auf einen eingeführten Gegenstand bezieht, der im externen Versandverfahren in das Drittlandsgebiet
befördert wird, § 13 Abs. 1 und Abs. 2 Nr. 1 bis 4 UStDV entsprechend anzuwenden.

Zusätzlich soll der Unternehmer gem. *§ 21 Satz 2 UStDV* Folgendes aufzeichnen:

- ▶ die Ausfuhr oder Wiederausfuhr der Gegenstände, auf die sich die Leistung bezogen
hat (z. B. durch Hinweis auf die Ausfuhrbelege)

  oder

- ▶ die Einbeziehung der Kosten für die Leistung in die Bemessungsgrundlage für die
Einfuhr (z. B. durch Hinweis auf die Belege i. S. des § 20 Abs. 2 UStDV).

4. Umsatzsteuerlagerregelung

320   Im Rahmen des *Steueränderungsgesetzes 2003* (BGBl 2003 I S. 2645) ist der § 4 UStG um die Nummern 4a und 4b erweitert worden. Steuerfrei sind nach *§ 4 Nr. 4a Satz 1 Buchst. a Satz 1 UStG* die Lieferungen der in der Anlage 1 bezeichneten Gegenstände an einen Unternehmer für sein Unternehmen, wenn der Gegenstand der Lieferung im Zusammenhang mit der Lieferung in ein Umsatzsteuerlager eingelagert wird oder sich in einem Umsatzsteuerlager befindet. Mit der Auslagerung eines Gegenstandes aus einem Umsatzsteuerlager entfällt die Steuerbefreiung für die der Auslagerung vorangegangene Lieferung, den der Auslagerung vorangegangenen innergemeinschaftlichen Erwerb oder die der Auslagerung vorangegangene Einfuhr; dies gilt nicht, wenn der Gegenstand im Zusammenhang mit der Auslagerung in ein anderes Umsatzsteuerlager im Inland eingelagert wird.

Eine *Auslagerung* ist die endgültige Herausnahme eines Gegenstandes aus einem Umsatzsteuerlager. Der endgültigen Herausnahme steht gleich der sonstige Wegfall der Voraussetzungen für die Steuerbefreiung sowie die Erbringung einer nicht nach § 4 Nr. 4a Satz 1 Buchst. b UStG begünstigten Leistung an den eingelagerten Gegenständen. Auslagerung kann auch die nicht begünstigte Verwendung oder Aufbereitung eines Gegenstandes sein (z. B. Lieferung an einen Nichtunternehmer oder Entnahme für nichtunternehmerische Zwecke). Der Vorgang der Auslagerung setzt keine Leistung zwischen zwei Leistungspartnern voraus. Als *Auslagerer* ist der Unternehmer anzusehen, der im Zeitpunkt der Auslagerung die Verfügungsmacht über den Gegenstand hat. Dem Auslagerer muss eine *inländische Umsatzsteuer-Identifikationsnummer* erteilt worden sein. Nicht im Inland ansässige Auslagerer müssen sich daher im Inland bei dem örtlich zuständigen Finanzamt registrieren lassen.

Umsatzsteuerlager kann jedes Grundstück oder Grundstücksteil im Inland sein, das zur Lagerung der in Anlage 1 genannten Gegenstände dienen soll und von einem Lagerhalter betrieben wird. Das Umsatzsteuerlager kann mehrere Lagerorte umfassen. Das Umsatzsteuerlager bedarf der *Bewilligung* des für den Lagerhalter zuständigen Finanzamts. Der Antrag ist schriftlich zu stellen. Das Finanzamt hat die Bewilligung zu erteilen, wenn ein wirtschaftliches Bedürfnis für den Betrieb des Umsatzsteuerlagers besteht und der Lagerhalter die Gewähr für dessen ordnungsgemäße Verwaltung bietet.

321   Die Neuregelung wurde eingeführt, da es sich herausgestellt hatte, dass die Abwicklung von Umsätzen, bei denen die Ware nicht bewegt wird, bei bestimmten Fallkonstellationen in der Praxis zu erheblichen Schwierigkeiten führte.

322   *Voraussetzungen* für die Anwendung der Steuerbefreiung nach § 4 Nr. 4a Satz 1 Buchst. a Satz 1 UStG sind:

► Es muss sich um Gegenstände der Anlage 1 handeln. Dies sind z. B. Kartoffeln, Kaffee, Tee, Rohzucker, Mineralöle, Eisen- und Stahlerzeugnisse. Maßgebend ist die zolltarifliche Eingruppierung. Die Gegenstände dürfen nicht für die Lieferung auf der Einzelhandelsstufe aufgemacht sein.

► Das Umsatzsteuerlager muss bewilligt worden sein.

► Die Leistungen dürfen nicht an Land- und Forstwirte ausgeführt werden, die die Durchschnittssätze des § 24 UStG anwenden.

► Die Voraussetzungen der Steuerbefreiung müssen nachgewiesen sein.

BEISPIEL: ► Unternehmer A mit Sitz in Münster ist Zulieferer eines Automobilherstellers. Die Eisen- und Stahlerzeugnisse werden im Zusammenhang mit der Lieferung an den Automobilhersteller in ein bewilligtes Umsatzsteuerlager eingelagert und bei Bedarf von dem Automobilhersteller entnommen, d. h., ausgelagert.

Die Lieferung des A ist zunächst steuerfrei nach § 4 Nr. 4a Satz 1 Buchst. a Satz 1 UStG. Die Steuerbefreiung entfällt mit der Auslagerung durch den Automobilhersteller. Steuerschuldner der USt ist der Automobilhersteller.

Bedeutung hat die Steuerbefreiung insbesondere für *Drittlandsunternehmer* und *Unternehmer aus dem übrigen Gemeinschaftsgebiet*, die sich für derartige Umsätze nicht steuerlich im Inland führen lassen müssen. Um dies zu gewährleisten, mussten die Steuerbefreiungsvorschriften des § 5 UStG für die Einfuhr und des § 4b UStG für den innergemeinschaftlichen Erwerb angepasst werden.   323

BEISPIELE: ►

1) Unternehmer A liefert einen unter die Anlage 1 zu § 4 Nr. 4a UStG fallenden Gegenstand von Belgien an den Unternehmer B. Der Gegenstand wird in ein Umsatzsteuerlager des C im Inland eingelagert. B belässt den Gegenstand zunächst im Umsatzsteuerlager. Nach einem Monat entnimmt B den Gegenstand für eigene unternehmerische Zwecke aus dem Umsatzsteuerlager.

   Die Lieferung des A an B ist in Belgien als innergemeinschaftliche Lieferung steuerfrei. B hat den innergemeinschaftlichen Erwerb der Besteuerung zu unterwerfen (§ 1a Abs. 1 UStG). Dieser innergemeinschaftliche Erwerb ist zunächst steuerfrei (§ 4b Nr. 2 UStG). Im Zeitpunkt der Auslagerung durch B wird der innergemeinschaftliche Erwerb steuerpflichtig (§ 4 Nr. 4a Satz 1 Buchst. a Satz 2 UStG). Steuerschuldner ist B (§ 13a Abs. 1 Nr. 6 UStG).

2) Unternehmer A liefert einen unter die Anlage 1 zu § 4 Nr. 4a UStG fallenden Gegenstand aus der Schweiz an den Unternehmer B. B überführt den Gegenstand im Inland in den zoll- und steuerrechtlich freien Verkehr. Der Gegenstand wird unmittelbar nach der Einfuhr in ein Umsatzsteuerlager des U im Inland eingelagert. B belässt den Gegenstand zunächst im Umsatzsteuerlager. Nach einem Monat entnimmt B den Gegenstand für eigene unternehmerische Zwecke aus dem Umsatzsteuerlager.

   Die Lieferung des A an B ist in der Schweiz steuerbar und dort als Ausfuhrlieferung steuerfrei. B ist Steuerschuldner für die EUSt. Die Einfuhr ist aber zunächst steuerfrei (§ 5 Abs. 1 Nr. 4 UStG). Im Zeitpunkt der Auslagerung durch B wird diese Einfuhr steuerpflichtig (§ 4 Nr. 4a Satz 1 Buchst. a Satz 2 UStG). Steuerschuldner ist B (§ 13a Abs. 1 Nr. 6 UStG).

Steuerfrei sind nach *§ 4 Nr. 4a Satz 1 Buchst. b UStG* auch die Leistungen, die mit der Lagerung, der Erhaltung, der Verbesserung der Aufmachung und Handelsgüte oder der Vorbereitung des Vertriebs oder Weiterverkaufs der eingelagerten Gegenstände unmittelbar zusammenhängen. Dies gilt nicht, wenn durch die Leistungen die Gegenstände so aufbereitet werden, dass sie zur Lieferung auf der Einzelhandelsstufe geeignet sind.   324

§ 4 Nr. 4b UStG befreit die einer *Einfuhr vorangehende Lieferung* von Gegenständen, wenn der Abnehmer oder dessen Beauftragter den Gegenstand der Lieferung einführt. Dies gilt entsprechend für Lieferungen, die den in § 4 Nr. 4b Satz 1 UStG genannten Lieferungen vorausgegangen sind. Die Voraussetzungen der Steuerbefreiung müssen vom Unternehmer eindeutig und leicht nachprüfbar nachgewiesen sein. Durch diese Regelung werden Lieferungen von Gegenständen befreit, die sich in einem *Zollverfahren* (Nichterhebungsverfahren) befinden, wenn der Abnehmer der Lieferung oder ein späterer Abnehmer dieses Verfahren beendet. Eine Besteuerung wird durch die Erhebung der EUSt sichergestellt.   325

BEISPIEL: ▶ Unternehmer A befördert Drittlandsgegenstände aus der Schweiz in das Gemeinschaftsgebiet. A lagert sie unversteuert in einem Zolllager ein. Das Zolllager befindet sich in Stuttgart. A liefert diese Gegenstände an Unternehmer B aus Cottbus. Die Übergabe erfolgt durch Aushändigung eines Lagerscheines, ohne dass die Waren das Zolllager verlassen. B liefert diese Gegenstände an Unternehmer C in Berlin. C überführt die Gegenstände in den zoll- und steuerrechtlich freien Verkehr.

Der Ort der Lieferungen von A an B und von B an C liegt in Stuttgart (§ 3 Abs. 7 Satz 1 und Abs. 6 Satz 1 UStG); die Lieferungen sind umsatzsteuerbar. Beide Lieferungen werden vor der Einfuhr ausgeführt und sind nach § 4 Nr. 4b UStG umsatzsteuerfrei.

Das *BMF* hat zu den Neuregelungen mit Schreiben vom 28. 1. 2004 (BStBl 2004 I S. 242) ausführlich Stellung genommen.

5. Vermittlungsleistungen

a) Vermittlung

326   *§ 4 Nr. 5 UStG*, der im Wesentlichen die *Vermittlung grenzüberschreitender Umsätze* von der USt befreit, dient dazu, diese grenzüberschreitenden Umsätze auch nicht indirekt mit USt zu belasten. Außerdem dient § 4 Nr. 5 UStG auch der Verfahrensvereinfachung; die Vorschrift macht Vorsteuererstattungen entbehrlich.

Eine Vermittlungsleistung ist dann anzunehmen, wenn ein Handeln des Vermittlers in *fremdem Namen* und für *fremde Rechnung* vorliegt. Typische Vermittlungsleistungen werden von *Handelsvertretern* und *Maklern* erbracht. Die Steuerbefreiung des § 4 Nr. 5 UStG ist allerdings nicht beschränkt auf diese Berufsgruppen; jeder Unternehmer kann steuerfreie Vermittlungsleistungen erbringen.

b) Umfang der Steuerbefreiung

aa) Vermittlung bestimmter steuerfreier Umsätze

327   *§ 4 Nr. 5 Satz 1 Buchst. a UStG* befreit die Vermittlung folgender *steuerfreier Umsätze*:

- ▶ Ausfuhrlieferungen (§ 4 Nr. 1 Buchst. a UStG),
- ▶ Lohnveredelungen an Gegenständen der Ausfuhr (§ 4 Nr. 1 Buchst. a UStG),
- ▶ Umsätze für die Seeschifffahrt (§ 4 Nr. 2 UStG),
- ▶ Umsätze für die Luftfahrt (§ 4 Nr. 2 UStG),
- ▶ bestimmte grenzüberschreitende Güterbeförderungen (§ 4 Nr. 3 Satz 1 Buchst. a UStG),
- ▶ bestimmte Beförderungen im internationalen Eisenbahnfrachtverkehr (§ 4 Nr. 3 Satz 1 Buchst. a UStG),
- ▶ andere sonstige Leistungen i. S. des § 4 Nr. 3 Satz 1 Buchst. a UStG),
- ▶ Güterbeförderungen nach und von den Azoren und Madeira (§ 4 Nr. 3 Satz 1 Buchst. b UStG),
- ▶ sonstige Leistungen i. S. des § 4 Nr. 3 Satz 1 Buchst. c UStG),
- ▶ Lieferungen von Gold an Zentralbanken (§ 4 Nr. 4 UStG),
- ▶ Lieferungen ins oder im Umsatzsteuerlager (§ 4 Nr. 4a Satz 1 Buchst. a UStG),

- ► Leistungen im Umsatzsteuerlager (§ 4 Nr. 4a Satz 1 Buchst. b UStG),
- ► Lieferungen, die einer Einfuhr vorangehen (§ 4 Nr. 4b UStG),
- ► bestimmte Eisenbahnumsätze (§ 4 Nr. 6 Buchst. a UStG),
- ► bestimmte Lieferungen von zur vorübergehenden Verwendung eingeführten Gegenständen (§ 4 Nr. 6 Buchst. c UStG),
- ► Personenbeförderungen zur Insel Helgoland (§ 4 Nr. 6 Buchst. d UStG),
- ► die Abgabe von Speisen und Getränken zum Verzehr an Ort und Stelle im Verkehr mit Wasserfahrzeugen auf bestimmten Strecken (§ 4 Nr. 6 Buchst. e UStG),
- ► bestimmte Leistungen an Vertragsparteien des Nordatlantikvertrages (§ 4 Nr. 7 Satz 1 Buchst. a UStG),
- ► bestimmte Leistungen an Streitkräfte (§ 4 Nr. 7 Satz 1 Buchst. b UStG),
- ► bestimmte Leistungen an diplomatische Missionen und berufskonsularische Vertretungen (§ 4 Nr. 7 Satz 1 Buchst. c UStG),
- ► bestimmte Leistungen an zwischenstaatliche Einrichtungen (§ 4 Nr. 7 Satz 1 Buchst. d UStG).

Hauptanwendungsfall des § 4 Nr. 5 Satz 1 Buchst. a UStG ist die Vermittlung der *Ausfuhrlieferung*.

BEISPIEL: ► Der Handelsvertreter A vermittelt im Namen und für Rechnung des deutschen Unternehmers D eine Warenlieferung von D an den Unternehmer S in der Schweiz. Die Ware wird von D mit eigenem Lkw zu S in die Schweiz befördert.

A erbringt eine sonstige Leistung, eine Vermittlungsleistung. Der Ort der Vermittlungsleistung ist gem. § 3a Abs. 2 Nr. 4 Satz 1 UStG im Inland. Die sonstige Leistung ist steuerbar gem. § 1 Abs. 1 Nr. 1 Satz 1 UStG und steuerfrei gem. § 4 Nr. 5 Satz 1 Buchst. a UStG; denn A vermittelt eine steuerfreie Ausfuhrlieferung i. S. des § 4 Nr. 1 Buchst. a UStG.

Es ist zu beachten, dass die Vermittlung einer *innergemeinschaftlichen Lieferung* nicht unter die Steuerbefreiungsvorschrift des § 4 Nr. 5 UStG fällt. § 4 Nr. 1 Buchst. b UStG ist in der Auflistung des § 4 Nr. 5 Satz 1 Buchst. a UStG nicht enthalten.

bb) Vermittlung der Personenbeförderungen

Steuerfrei ist gem. *§ 4 Nr. 5 Satz 1 Buchst. b UStG* die Vermittlung der grenzüberschreitenden Beförderungen von Personen mit Luftfahrzeugen oder Seeschiffen.

328

BEISPIEL: ► Das Reisebüro A in Münster vermittelt für eine Fluggesellschaft einen Flug von Düsseldorf nach Oslo.

Der Ort der Vermittlungsleistung ist gem. § 3a Abs. 2 Nr. 4 Satz 1 UStG dort, wo die vermittelte Leistung, die Beförderungsleistung, ausgeführt wird. Dies ist auf der Strecke von Düsseldorf nach Oslo. Steuerbar ist gem. § 3b Abs. 1 Satz 2 UStG nur der Teil, der auf das Inland entfällt. Aus diesem Grunde ist auch die Vermittlungsleistung nur hinsichtlich des Teils der Beförderungsleistung steuerbar, der auf das Inland entfällt. Dieser steuerbare Teil der Vermittlungsleistung ist steuerfrei gem. § 4 Nr. 5 Satz 1 Buchst. b UStG, da eine grenzüberschreitende Personenbeförderung mit einem Luftfahrzeug vermittelt wird. Ein Ausschluss von der Steuerbefreiung nach § 4 Nr. 5 Satz 2 UStG tritt nicht ein, da die Vermittlung des Reisebüros nicht für Reisende erfolgt.

Die Vermittlung von Personenbeförderungen mit *anderen Verkehrsmitteln* ist ebenso steuerpflichtig wie die Vermittlung von Umsätzen durch Reisebüros für Reisende.

cc) Vermittlung von Umsätzen im Drittlandsgebiet

329   Steuerfrei ist gem. *§ 4 Nr. 5 Satz 1 Buchst. c UStG* die Vermittlung der Umsätze, die *ausschließlich im Drittlandsgebiet* bewirkt werden. Die Frage der Steuerbefreiung der Vermittlungsleistung stellt sich nur dann, wenn die Vermittlungsleistung im Inland steuerbar ist. Wird die vermittelte Leistung im Drittlandsgebiet bewirkt, dann wird in den meisten Fällen auch der Ort der Vermittlungsleistung gem. § 3a Abs. 2 Nr. 4 Satz 1 UStG im Drittlandsgebiet liegen, so dass sich insoweit die Frage der Steuerbefreiung der Vermittlungsleistung erübrigt. Dies gilt nicht bei der *Vermittlung einer Katalogleistung i. S. des § 3a Abs. 4 UStG.*

> **BEISPIEL:** Der deutsche Vermittler V vermittelt dem Personalunternehmer P mit Sitz in Potsdam die Gestellung von Personal an einen Schweizer Unternehmer in Zürich.
>
> Die vermittelte Leistung, die Personalgestellung, wird ausschließlich im Drittlandsgebiet bewirkt. Der Leistungsort ist gem. § 3a Abs. 4 Nr. 7 UStG i.V. mit § 3a Abs. 3 Satz 1 UStG Zürich. Der Ort der Vermittlungsleistung ist gem. § 3a Abs. 4 Nr. 7 UStG i.V. mit § 3a Abs. 4 Nr. 10 UStG i.V. mit § 3a Abs. 3 Satz 1 UStG Potsdam. Die Vermittlungsleistung ist im Inland steuerbar. Diese steuerbare Vermittlungsleistung ist steuerfrei gem. § 4 Nr. 5 Satz 1 Buchst. c UStG; denn es wird ein Umsatz (die Personalgestellung) vermittelt, der ausschließlich im Drittlandsgebiet (Schweiz) bewirkt wird.

dd) Vermittlung von bestimmten Lieferungen

330   Steuerfrei ist gem. *§ 4 Nr. 5 Satz 1 Buchst. d UStG* die Vermittlung der Lieferungen, die nach § 3 Abs. 8 UStG als im Inland ausgeführt zu behandeln sind.

> **BEISPIEL:** Der deutsche Vermittler V vermittelt im Namen und für Rechnung eines amerikanischen Unternehmers die Lieferung einer Maschine aus den USA an einen deutschen Abnehmer. Schuldner der deutschen EUSt ist der amerikanische Lieferer.
>
> Die vermittelte Leistung, die Lieferung der Maschine, wird gem. § 3 Abs. 8 UStG im Inland ausgeführt, da die Maschine aus dem Drittlandsgebiet (USA) in das Inland gelangt und der Lieferer Schuldner der EUSt ist. Da der Vermittler V eine Lieferung vermittelt, die nach § 3 Abs. 8 UStG als im Inland ausgeführt behandelt wird, ist die Vermittlungsleistung im Inland steuerbar und steuerfrei gem. § 4 Nr. 5 Satz 1 Buchst. d UStG.

ee) Vermittlungen durch Reisebüros

331   Die Steuerbefreiung des § 4 Nr. 5 UStG erstreckt sich grundsätzlich auch auf steuerbare Vermittlungsleistungen der Reisebüros. Die Steuerbefreiung kommt insbesondere für Vermittlungsleistungen in Betracht, bei denen die Reisebüros als Vermittler für die so genannten Leistungsträger, z. B. Beförderungsunternehmer, auftreten.

> **BEISPIEL:** Ein deutsches Reisebüro vermittelt im Namen und für Rechnung einer Fluggesellschaft einem Reisenden einen Flug von Frankfurt nach New York.
>
> Die Vermittlung der grenzüberschreitenden Personenbeförderung mit dem Luftfahrzeug ist gem. § 3a Abs. 2 Nr. 4 Satz 1 UStG steuerbar, soweit der vermittelte Umsatz im Inland bewirkt wird (§ 3b Abs. 1 Satz 2 UStG). Der steuerbare Teil der Vermittlungsleistung ist steuerfrei gem. § 4 Nr. 5 Satz 1 Buchst. b UStG.

332   *Nicht* befreit ist gem. *§ 4 Nr. 5 Satz 2 UStG* die Vermittlung von Umsätzen durch Reisebüros *für Reisende.* Vermittlungsleistungen werden für Reisende erbracht, wenn die Reisenden den *Vermittlungsauftrag* erteilt haben und das Entgelt für die Vermittlungsleis-

tung schulden. Diese Ausnahmeregelung findet z. B. dann Anwendung, wenn das Reisebüro dem Reisenden für eine besondere Leistung gesondert Kosten berechnet, wie z. B. Telefon- oder Telefaxkosten, Visabeschaffungsgebühren oder besondere Bearbeitungsgebühren.

BEISPIEL: ▸ Ein Reisebüro vermittelt im Auftrag des Reisenden die Erteilung eines Flugvisums.
Die Vermittlungsleistung des Reisebüros bezüglich des Flugvisums ist steuerbar und steuerpflichtig. Die Steuerbefreiung des § 4 Nr. 5 UStG kommt nicht zur Anwendung, da das Reisebüro eine Vermittlung für den Reisenden durchgeführt hat (§ 4 Nr. 5 Satz 2 UStG).

Neben den Einzelleistungen vermitteln Reisebüros aber auch *Reiseleistungen* i. S. des 333
§ 25 UStG für Reiseveranstalter. Für die Reiseveranstalter, die Reiseleistungen i. S. des § 25 UStG erbringen, bestimmt sich der Leistungsort nach § 3a Abs. 1 UStG (§ 25 Abs. 1 Satz 4 UStG). Aus diesem Grund ist die Vermittlung einer im Inland steuerbaren Reiseleistung steuerpflichtig, auch wenn sich die betreffende Reiseleistung aus einer oder mehreren in § 4 Nr. 5 Satz 1 Buchstaben b und c UStG bezeichneten Leistungen zusammensetzt. Vermittlungsleistungen für ausländische Reiseveranstalter sind hingegen nicht steuerbar; denn der Leistungsort liegt gem. § 3a Abs. 2 Nr. 4 Satz 1 UStG am Sitzort des ausländischen Reiseveranstalters.

Zur Besteuerung von *Vermittlungsprovisionen an Reisebüros* hat das BMF mit Schreiben vom 22. 3. 2000 (BStBl 2000 I S. 458) und vom 7. 12. 2000 (BStBl 2001 I S. 98) Stellung genommen.

c) Nachweis der Steuerbefreiung

Nach *§ 4 Nr. 5 Sätze 3 und 4 UStG* müssen die Voraussetzungen der Steuerbefreiung 334
vom Unternehmer nachgewiesen sein. Nach der gesetzlichen Ermächtigung des § 4 Nr. 5 Satz 4 UStG kann das Bundesministerium der Finanzen mit Zustimmung des Bundesrates durch Rechtsverordnung bestimmen, wie der Unternehmer den Nachweis zu führen hat. Von dieser Ermächtigung ist durch *§ 22 UStDV* Gebrauch gemacht worden.

Gemäß § 22 Abs. 1 UStDV ist *§ 13 Abs. 1 UStDV* entsprechend anzuwenden. Danach muss der Unternehmer im Geltungsbereich der UStDV die Voraussetzungen der Steuerbefreiung buchmäßig nachweisen. Die Voraussetzungen müssen eindeutig und leicht nachprüfbar aus der Buchführung zu ersehen sein. Nach *§ 22 Abs. 2 UStDV* soll der Unternehmer regelmäßig Folgendes aufzeichnen:

▸ die Vermittlung und den vermittelten Umsatz,

▸ den Tag der Vermittlung,

▸ den Namen und die Anschrift des Unternehmers, der den vermittelten Umsatz ausgeführt hat,

▸ das für die Vermittlung vereinbarte Entgelt oder bei der Besteuerung nach vereinnahmten Entgelten das für die Vermittlung vereinnahmte Entgelt und den Tag der Vereinnahmung.

Zum *buchmäßigen Nachweis* gehören auch Angaben zum vermittelten Umsatz. Die Erbringung des Buchnachweises stellt eine *materiell-rechtliche Voraussetzung* für die Steuerbefreiung dar.

6. Geld- und Kapitalverkehr

a) Allgemeines

335   § 4 Nr. 8 UStG befreit eine ganze Reihe von Umsätzen im *Geld- und Kapitalverkehr* von der Umsatzsteuerpflicht. Die Vorschrift ist nicht auf Kreditinstitute beschränkt, sondern gilt für *alle Unternehmer*. Sinn und Zweck der Steuerbefreiung ist es, den Geld- und Kapitalverkehr im Wesentlichen von der USt zu entlasten und eine steuerliche Doppelbelastung zu verhindern.

Die Steuerbefreiung des § 4 Nr. 8 UStG hat grundsätzlich zur Folge, dass der *Vorsteuerabzug* gem. § 15 Abs. 2 Satz 1 Nr. 1 UStG ausgeschlossen ist. Der Ausschluss vom Vorsteuerabzug tritt gem. § 15 Abs. 3 Nr. 1 Buchst. b UStG allerdings nicht ein, wenn die Umsätze nach § 4 Nr. 8 Buchst. a bis g UStG steuerfrei sind und sich unmittelbar auf Gegenstände beziehen, die in das Drittlandsgebiet ausgeführt werden.

Der Unternehmer kann einen steuerbaren Umsatz, der nach § 4 Nr. 8 Buchst. a bis g UStG steuerfrei ist, als steuerpflichtig behandeln, wenn der Umsatz an einen anderen Unternehmer für dessen Unternehmen ausgeführt wird (§ 9 Abs. 1 UStG). Eine *Option* zur Steuerpflicht kommt nicht in Betracht für steuerfreie Umsätze nach § 4 Nr. 8 Buchst. h und i UStG.

§ 4 Nr. 8 UStG kommt nur dann zur Anwendung, wenn es sich bei dem Umsatz im Geld- und Kapitalverkehr um eine *eigenständige Leistung* handelt.

b) Umsätze mit Krediten

aa) Gewährung von Krediten

336   Steuerfrei ist gem. *§ 4 Nr. 8 Buchst. a UStG* die Gewährung und die Vermittlung von Krediten.

Kreditgewährung ist die Hingabe von Geld gegen das Versprechen der künftigen Rückzahlung (BFH vom 8. 3. 1956, BStBl 1956 III S. 158). Üblicherweise wird der Kreditgewährung ein Gelddarlehen i. S. des § 607 Abs. 1 BGB zugrunde liegen. Als Kreditgewährung ist auch die Kreditbereitschaft anzusehen, zu der sich ein Unternehmer vertraglich bis zur Auszahlung des Darlehens verpflichtet hat (Abschn. 57 Abs. 1 Satz 3 UStR 2008). Die Hingabe des Kredits und die Rückzahlung des Kredits sind noch keine steuerbaren Umsätze. Die steuerbare Leistung ist darin zu sehen, dass dem Kreditnehmer die Nutzung des Geldes gegen besonderes Entgelt gestattet wird.

> **BEISPIEL:** Eine französische Großbank mit Sitz in Paris gewährt dem Unternehmer A aus Münster ein Darlehen für sein Unternehmen i. H. von 100 000 €. Das Darlehen hat eine Laufzeit von 2 Jahren und der Zinssatz beläuft sich auf 8 %.
>
> Leistungsort für die sonstige Leistung der Bank ist Münster gem. § 3a Abs. 4 Nr. 6 Buchst. a UStG i. V. mit § 3a Abs. 3 Satz 1 UStG. Der Umsatz ist steuerbar gem. § 1 Abs. 1 Nr. 1 Satz 1 UStG. Dieser steuerbare Umsatz ist steuerfrei gem. § 4 Nr. 8 Buchst. a UStG; denn es handelt sich um die Gewährung eines Kredites.

Die Steuerbefreiung erstreckt sich auf sämtliche *Entgelte*, die für die Kreditgewährung zu zahlen sind. Entgelte für steuerfreie Kreditleistungen können Stundungszinsen, Zielzinsen, Kontokorrentzinsen, Verzugszinsen, Provisionen, Courtagen, Diskonte, Damnum, Disagio, Agio, Gebühren, Auslagenersatz, Schätzgebühren und Fahrtkosten sein. Entgelte für Nebenleistungen sind in die Steuerbefreiung einzubeziehen. Werden bei der Gewährung von Krediten Sicherheiten verlangt, so müssen zur *Ermittlung der Beleihungsgrenzen* der Sicherungsobjekte (z. B. Grundstücke, bewegliche Sachen, Warenlager) deren Werte festgestellt werden. Die dem Kreditgeber hierdurch entstehenden Kosten werden dem Kreditnehmer in Rechnung gestellt. Mit der Ermittlung der Beleihungsgrenzen der Sicherungsobjekte werden *keine selbständigen wirtschaftlichen Zwecke* verfolgt. Diese Tätigkeit dient dazu, die Kreditgewährung zu ermöglichen. Dieser unmittelbare, auf wirtschaftlichen Gegebenheiten beruhende Zusammenhang rechtfertigt es, in der Ermittlung des Wertes der Sicherungsobjekte eine Nebenleistung zur Kreditgewährung zu sehen und sie damit als steuerfrei zu behandeln (BFH vom 9. 7. 1970, BStBl 1970 II S. 645; und Abschn. 57 Abs. 2 UStR 2008).

Gewährt ein Unternehmer im Zusammenhang mit einer Lieferung oder sonstigen Leistung einen Kredit, so ist diese Kreditgewährung nach § 4 Nr. 8 Buchst. a UStG steuerfrei, wenn sie als *selbständige Leistung* anzusehen ist. Dies ist dann der Fall, wenn besondere Entgelte für die Kreditgewährung vereinbart und abgerechnet werden.   337

Zur Behandlung des *Factoring* wird auf Abschn. 18 Abs. 9 bis 12 UStR 2008 hingewiesen. Nach dem Urteil des *EuGH* vom 26. 6. 2003 (BStBl 2004 II S. 688) ist das echte und das unechte Factoring umsatzsteuerrechtlich gleich zu behandeln. Das *BMF* hat hierzu mit Schreiben vom 3. 6. 2004 (BStBl 2004 I S. 737) Stellung genommen.   338

Nach dem Urteil des BFH vom 19. 3. 1970 (BStBl 1970 II S. 602) liegt eine nach § 4 Nr. 8 Buchst. a UStG steuerfreie Kreditgewährung dann *nicht* vor, wenn jemand einem Unternehmer Geld für dessen Unternehmen oder zur Durchführung einzelner Geschäfte gegen *Beteiligung* nicht nur am Gewinn, sondern auch am Verlust zur Verfügung stellt. Eine Beteiligung am Verlust ist mit dem Wesen des Darlehens, bei dem die hingegebene Geldsumme zurückzuzahlen ist, unvereinbar.   339

bb) Vermittlung von Krediten

Steuerfrei ist auch die Vermittlung von Krediten. Unter einer *Kreditvermittlung* versteht man das Zustandebringen eines Kreditvertrages zwischen dem Kreditgeber und dem Kreditnehmer. Die Steuerbefreiung einer Kreditvermittlung setzt nicht voraus, dass es tatsächlich zur Kreditvergabe gekommen ist, wohl aber muss ein Kontakt zu beiden Vertragsparteien bestanden haben (BFH vom 3. 11. 2005, BStBl 2006 II S. 282). Der Kreditvermittler muss das Vermittlungsverhältnis *offen legen*. Auch ein Untervermittler kann die Steuerbefreiung in Anspruch nehmen (EuGH-Urteil vom 21. 6. 2007, UR 2007 S. 617). Die Finanzverwaltung hat sich dieser Auffassung im BMF-Schreiben vom 29. 11. 2007 (BStBl 2007 I S. 947) angeschlossen.   340

c) Umsätze mit Zahlungsmitteln

Steuerfrei sind gem. *§ 4 Nr. 8 Buchst. b UStG* die Umsätze und die Vermittlung der Umsätze von gesetzlichen Zahlungsmitteln. Das gilt *nicht*, wenn die Zahlungsmittel wegen ihres Metallgehaltes oder ihres Sammlerwertes umgesetzt werden. Bei Münzen und Banknoten ist davon auszugehen, dass sie wegen ihres Metallgehaltes oder ihres   341

Sammlerwertes umgesetzt werden, wenn sie mit einem *höheren Wert als ihrem Nennwert* umgesetzt werden. Hierdurch sollen Geldsorten, die als Waren gehandelt werden, auch umsatzsteuerrechtlich als Waren behandelt werden (Abschn. 59 Abs. 1 Satz 2 UStR 2008).

Das *Geldwechselgeschäft* ist nach Abschn. 59 Abs. 3 UStR 2008 stets steuerfrei. Dies gilt auch dann, wenn fremde Währungen in kleiner Stückelung ausgezahlt werden und dafür ein für den Kunden ungünstiger Kurs berechnet wird oder Verwaltungszuschläge erhoben werden.

Steuerfrei ist auch die *Vermittlung* der Umsätze von gesetzlichen Zahlungsmitteln. Denkbar sind solche Vermittlungsgeschäfte vor allem durch Sparkassen, Volksbanken und Raiffeisenbanken, die im Rahmen des so genannten „Botengeschäfts" gesetzliche Zahlungsmittel im Namen der Girozentralen oder der genossenschaftlichen Zentralbanken verkaufen.

d) Umsätze mit Forderungen

342   Steuerfrei sind gem. *§ 4 Nr. 8 Buchst. c UStG* die Umsätze im Geschäft mit Forderungen, Schecks und anderen Handelspapieren sowie die Vermittlung dieser Umsätze, ausgenommen die Einziehung von Forderungen.

Die Veräußerung eines *Bausparvertrags* beinhaltet die Abtretung der Geldforderung gegenüber der Bausparkasse und eine Abtretung des Rechts auf Zuteilung des Bauspardarlehens. Nach Abschn. 60 Abs. 2 UStR 2008 handelt es sich um eine einheitliche Leistung, die in vollem Umfang nach § 4 Nr. 8 Buchst. c UStG steuerfrei ist.

343   Steuerfrei ist auch die *Vermittlung* der Umsätze im Geschäft mit Forderungen. Derartige Vermittlungsleistungen sind z. B. der Verkauf von Reiseschecks in fremdem Namen und für fremde Rechnung sowie die Vermittlung im Zusammenhang mit Devisen.

344   Nicht steuerbefreit ist die *Einziehung* von Forderungen. Dadurch wird klargestellt, dass die Tätigkeit eines *Inkassobüros* nicht unter die Steuerbefreiung des § 4 Nr. 8 Buchst. c UStG fällt.

e) Umsätze im Einlagengeschäft etc.

345   Steuerfrei sind gem. *§ 4 Nr. 8 Buchst. d UStG* die Umsätze und die Vermittlung dieser Umsätze im Einlagengeschäft, im Kontokorrentverkehr, im Zahlungs- und Überweisungsverkehr und das Inkasso von Handelspapieren.

Unter dem Begriff *„Einlagengeschäft"* versteht man die Annahme fremder Gelder als Einlagen ohne Rücksicht darauf, ob Zinsen vergütet werden. Zu den steuerfreien Umsätzen im Einlagengeschäft gehören z. B. Kontenerrichtungen, Kontenauflösungen, Kontensperrungen, Kontenführungen, Kontenüberwachungen und Veräußerungen von Heimsparbüchern. Die von Bausparkassen und anderen Instituten erhobenen Gebühren für die Bearbeitung von Wohnungsbauprämienanträgen sind Entgelte für steuerfreie Umsätze im Einlagengeschäft i. S. des § 4 Nr. 8 Buchst. d UStG (Abschn. 61 Abs. 2 UStR 2008). Nicht unter die Steuerbefreiungsvorschrift fällt die Vermietung von Schrank- und Schließfächern.

Unter dem Begriff „*Kontokorrentverkehr*" versteht man eine Geschäftsverbindung, bei der die beiderseitigen Ansprüche und Leistungen nebst Zinsen in Rechnung gestellt und in regelmäßigen Zeitabschnitten durch Verrechnung ausgeglichen werden.

Steuerfrei sind auch die Umsätze im *Zahlungs- und Überweisungsverkehr*. Hierunter fallen alle Leistungen, die im Barzahlungsverkehr und im bargeldlosen Zahlungsverkehr anfallen. Hierunter fallen z. B. die Ausführung von Überweisungsaufträgen, Daueraufträgen, der Lastschriftverkehr, das Einlösen von Schecks sowie das Inkasso von Wechseln. Die Steuerbefreiung gilt für die Leistungen der durch Outsourcing entstandenen *Rechenzentren* nicht, wenn sie die ihnen übertragenen Vorgänge sämtlich nur EDV-technisch abwickeln (Abschn. 63 Abs. 2 Satz 2 UStR 2008).

Unter die Steuerbefreiung des § 4 Nr. 8 Buchst. d UStG fällt auch die *Vermittlung* der genannten Umsätze.

f) Umsätze mit Wertpapieren

Steuerfrei sind gem. *§ 4 Nr. 8 Buchst. e UStG* die Umsätze im Geschäft mit Wertpapieren und die Vermittlung dieser Umsätze, ausgenommen die Verwahrung und die Verwaltung von Wertpapieren.   346

Zu den *Wertpapieren* i. S. des § 4 Nr. 8 Buchst. e UStG gehören:

► Schuldverschreibungen (z. B. Inhaberschuldverschreibungen, Orderschuldverschreibungen),

► Dividendenwerte (z. B. Aktien, aktienrechtliche Genussscheine, Zwischenscheine, Bezugsrechte, GmbH-Anteile, Kommanditanteile an einer GmbH & Co. KG, Kuxe),

► Anteilscheine an Kapitalanlagegesellschaften und vergleichbare Urkunden ausländischer Unternehmen, deren Geschäftszweck dem der Kapitalanlagegesellschaften entspricht.

Zu den Umsätzen im Geschäft mit Wertpapieren gehören auch *Optionsgeschäfte* mit Wertpapieren (Abschn. 64 Abs. 1 Satz 1 UStR 2008).

Steuerbefreit ist auch die *Vermittlung* der Umsätze im Geschäft mit Wertpapieren. Steuerfreie Vermittlungsumsätze kommen insbesondere vor beim so genannten *Botengeschäft*. Hier schließt der Unternehmer die Effektengeschäfte im Namen und für Rechnung eines Dritten ab.   347

Nicht unter die Steuerbefreiung fällt die *Verwahrung* und die *Verwaltung* von Wertpapieren.   348

g) Umsätze mit Gesellschaftsanteilen

Steuerfrei sind gem. *§ 4 Nr. 8 Buchst. f UStG* die Umsätze und die Vermittlung der Umsätze von Anteilen an Gesellschaften und anderen Vereinigungen.   349

Unter *Gesellschaften* und *anderen Vereinigungen* versteht man die Vereinigung mehrerer Personen oder anderer umsatzsteuerfähiger Gebilde zur Erreichung eines durch Vertrag oder Satzung bestimmten Zwecks. Darüber hinaus müssen Anteile an der Gesellschaft oder Vereinigung entstehen, die als selbständige Gegenstände umgesetzt werden können. Unter „*Anteil*" ist das Vermögensrecht zu verstehen, das einem Beteiligten an der Vereinigung oder am Gesamthandsvermögen zusteht. Die Anteile an den Gesellschaften können auch in Wertpapieren verbrieft sein. Zu den Anteilen an Gesellschaften gehören neben den Anteilen an Kapitalgesellschaften, z. B. GmbH-Anteile, auch die Anteile an Personengesellschaften, z. B. OHG-Anteile.

350 Mit Beschluss vom 27. 9. 2001 (UR 2002 S. 81) hat der BFH dem *EuGH* die Frage vorgelegt, ob eine Personengesellschaft bei der Aufnahme eines Gesellschafters gegen Zahlung einer Bareinlage an diesen eine Leistung gegen Entgelt i. S. des Artikel 2 Nr. 1 der 6. EG-Richtlinie erbringt. Der *EuGH* hat mit Urteil vom 26. 6. 2003 (UR 2003 S. 443) entschieden, dass eine Personengesellschaft bei der *Aufnahme eines Gesellschafters gegen Zahlung einer Bareinlage* an diesen keine Dienstleistung gegen Entgelt erbringt. Der *BFH* hat in seinem Folgeurteil vom 1. 7. 2004 (BStBl 2004 II S. 1022) zum *Vorsteuerabzug* ausgeführt, dass die Kosten der bezogenen Beratungsleistungen allgemeine Kosten des Unternehmens sind und deshalb grundsätzlich direkt und unmittelbar mit der wirtschaftlichen Tätigkeit des Unternehmers zusammenhängen.

Auch die *Ausgabe neuer Aktien* stellt nach dem Urteil des EuGH vom 26. 5. 2005 (UR 2005 S. 382) keinen steuerbaren Umsatz dar.

> **BEISPIEL:** Die A und B OHG mit Sitz in Dortmund nimmt C als weiteren Gesellschafter auf. C wird am Gesellschaftsvermögen der A, B, C – OHG einschließlich der stillen Reserven sowie am Gewinn und Verlust mit $1/_3$ beteiligt und zahlt hierfür 500 000 €.
>
> Die A und B OHG erbringt mit der Einräumung der Gesellschaftsrechte keine steuerbare sonstige Leistung.

351 Steuerfrei ist auch die *Vermittlung* der Umsätze von Anteilen an Gesellschaften und anderen Vereinigungen.

h) Umsätze mit Verbindlichkeiten etc.

352 Steuerfrei ist gem. *§ 4 Nr. 8 Buchst. g UStG* die Übernahme von Verbindlichkeiten, von Bürgschaften und anderen Sicherheiten sowie die Vermittlung dieser Umsätze.

Steuerfrei ist die *Übernahme von Verbindlichkeiten*, z. B. die Übernahme von Pensions- und Rentenverpflichtungen, von Einlagen bei der Zusammenlegung von Kreditinstituten oder von Verbindlichkeiten aus Versicherungsverträgen. Die Übernahme von Verbindlichkeiten ist nur dann steuerbar, wenn es sich wirtschaftlich um eine Leistung handelt (BFH vom 18. 4. 1962, BStBl 1962 III S. 292). Dies ist dann der Fall, wenn mit der Schuldübernahme ein besonderer wirtschaftlicher Zweck verfolgt wird, der über eine *bloße Entgeltzahlung hinausgeht*. Dies wird nur in Ausnahmefällen gegeben sein; entscheidend sind die Umstände des jeweiligen Einzelfalles.

Steuerfrei ist die *Übernahme von Bürgschaften*. Eine Bürgschaft liegt vor, wenn der Bürge dem Gläubiger verspricht, für die Erfüllung der Verbindlichkeit des Schuldners einzustehen.

Steuerfrei ist auch die *Übernahme von anderen Sicherheiten*. Als andere Sicherheiten sind z. B. Garantieverpflichtungen und Kautionsversicherungen anzusehen. Bei der Abgabe selbständiger Garantieversprechen wird nicht vorausgesetzt, dass sich der Garantiegeber auch einem anderen Gläubiger als dem Garantieempfänger gegenüber verpflichtet (BFH vom 24. 1. 1991, BStBl 1991 II S. 539). Umsatzsteuerbefreit sind sämtliche *Garantieversprechen*, die ein von dem Eigenverhalten des Garantiegebers unabhängiges Risiko abdecken.

Der BFH hat mit Urteil vom 22. 10. 1992 (BStBl 1993 II S. 318) entschieden, dass die Leistungen durch Übernahme einer *Vermietungsgarantie* und einer *Ausbietungsgarantie* nach § 4 Nr. 8 Buchst. g UStG steuerfrei sind. Der BFH stellt darauf ab, dass die Leistung dem Begünstigten eine wirtschaftliche Sicherheit gewährt. Seine wirtschaftliche Lage muss durch die Leistung sicherer als ohne diese Leistung sein.

Steuerfrei ist auch die *Vermittlung* der Übernahme von Verbindlichkeiten, von Bürgschaften und anderen Sicherheiten.

i) Umsätze mit Sondervermögen

Steuerfrei ist gem. *§ 4 Nr. 8 Buchst. h UStG* die Verwaltung von Sondervermögen nach dem Investmentgesetz und die Verwaltung von Versorgungseinrichtungen i. S. des Versicherungsaufsichtsgesetzes. Die Regelung ist im Rahmen des *Investmentmodernisierungsgesetzes* vom 15. 12. 2003 (BGBl 2003 I S. 2676) angepasst worden. Im Rahmen des *Jahressteuergesetzes 2008* vom 20. 12. 2007 (BGBl 2007 I S. 3150) wurde das Wort „Sondervermögen" durch das Wort „Investmentvermögen" ersetzt.

353

j) Umsätze mit Wertzeichen

Steuerfrei sind gem. *§ 4 Nr. 8 Buchst. i UStG* die Umsätze der im Inland gültigen amtlichen Wertzeichen zum aufgedruckten Wert.

354

Wertzeichen sind Karten, Marken oder ähnliche Urkunden, die übertragbar sind und den Aussteller gegenüber dem Inhaber der Wertzeichen zur Erbringung der versprochenen Leistung verpflichten.

Aussteller der amtlichen Wertzeichen kann grundsätzlich nur ein Hoheitsträger im Inland im Rahmen seiner hoheitlichen Befugnisse sein. Solche amtlichen Wertzeichen sind z. B. Steuermarken, Gebührenmarken, Beitragsmarken der Rentenversicherungsträger und Postwertzeichen. Keine amtlichen Wertzeichen sind Eintrittskarten öffentlich-rechtlicher Dienstleistungsbetriebe (Fahrkarten, Theaterkarten).

BEISPIEL: ▶ Eine Ärztehaus – GbR besorgt Briefmarken und stellt diese gegen Kostenerstattung ihren Ärzte – Gesellschaftern zur Verfügung.

Die Lieferungen sind steuerbar gem. § 1 Abs. 1 Nr. 1 Satz 1 UStG und steuerfrei gem. § 4 Nr. 8 Buchst. i UStG; denn es handelt sich um Umsätze der im Inland gültigen Wertzeichen zum aufgedruckten Wert.

Steuerbefreit sind nur die Umsätze *inländischer Wertzeichen*; nicht befreit sind demzufolge z. B. die Umsätze ausländischer Briefmarken. Weitere Voraussetzung für die Steuerfreiheit ist, dass die Wertzeichen im Inland gültig sind, d. h., die Steuerbefreiung scheidet bei entwerteten Wertzeichen, die nicht mehr gültig sind, aus.

Die Umsätze von im Inland gültigen Wertzeichen sind nur dann nach § 4 Nr. 8 Buchst. i UStG steuerfrei, wenn der Umsatz zum *aufgedruckten Wert* erfolgt. Zum aufgedruckten Wert gehören auch aufgedruckte Sonderzuschläge, z. B. Zuschlag bei Wohlfahrtsmarken. Werden dagegen die Wertzeichen mit Aufschlägen zum aufgedruckten Wert gehandelt, so ist der Umsatz insgesamt steuerpflichtig. Entsprechend dem Sinn und Zweck kommt die Steuerbefreiung auch dann zur Anwendung, wenn Briefmarken zu einem Preis veräußert werden, der unter ihrem aufgedruckten Wert liegt (Abschn. 70 UStR 2008). In diesen Fällen kann angenommen werden, dass die Briefmarken nicht Sammelzwecken dienen.

7. Grundstücksumsätze

a) Allgemeines

355 *Sinn und Zweck* der Steuerbefreiung des *§ 4 Nr. 9 UStG* ist es, eine doppelte steuerliche Belastung durch zwei ähnliche Steuerarten zu vermeiden. Ein und derselbe Vorgang soll nicht der USt und daneben auch noch der *Grunderwerbsteuer* oder der *Rennwett- und Lotteriesteuer* unterliegen. Die Vermeidung der Doppelbesteuerung ist auf die genannten Steuern beschränkt; eine Erweiterung auf andere Steuern oder Abgaben kommt nicht in Betracht. Es existiert auch kein verfassungsrechtliches Gebot, wonach ein Steuergegenstand nur einmal besteuert werden darf. Im Rahmen des *Gesetzes zur Eindämmung missbräuchlicher Steuergestaltungen* vom 28. 4. 2006 (BGBl 2006 I S. 1095) ist die Vorschrift des § 4 Nr. 9 Buchst. b Satz 1 UStG mit Wirkung ab dem 6. 5. 2006 geändert worden. Die Umsätze der zugelassenen öffentlichen Spielbanken, die durch den Betrieb der Spielbank bedingt sind, sind nicht mehr steuerfrei.

b) Umsätze, die unter das Grunderwerbsteuergesetz fallen

aa) Erwerbsvorgänge

356 Steuerfrei sind gem. *§ 4 Nr. 9 Buchst. a UStG* die Umsätze, die unter das Grunderwerbsteuergesetz (GrEStG) fallen. Es ist nicht Voraussetzung für die Umsatzsteuerbefreiung, dass eine tatsächliche Besteuerung mit Grunderwerbsteuer erfolgt ist. Es reicht aus, dass die Umsätze unter das GrEStG fallen, d. h., dass sie nach diesem Gesetz *steuerbar* sind. Die Befreiung von der USt tritt auch dann ein, wenn die Umsätze nach dem GrEStG zwar steuerbar aber steuerfrei sind. Dies gilt auch in den Fällen, in denen die Grunderwerbsteuer nicht erhoben wird, z. B. nach einem Erlass.

357 Umsätze fallen dann unter das GrEStG, wenn es sich um *grunderwerbsteuerbare* Erwerbsvorgänge i. S. des § 1 GrEStG handelt. Anders als das UStG, das an tatsächliche Erfüllungsgeschäfte anknüpft, knüpft das GrEStG an die *Verpflichtungsgeschäfte* an.

Für die *Grunderwerbsteuer* hat der BFH wiederholt entschieden (z. B. BFH vom 27. 10. 1982, BStBl 1983 II S. 55; und vom 27. 10. 1999, BStBl 2000 II S. 34), dass mehrere von dem Grundstückserwerber mit verschiedenen Personen, z. B. Grundstückseigentümer, Bauunternehmer, Bauhandwerker, abgeschlossene Verträge als ein einheitliches, auf den Erwerb von fertigem Wohnraum gerichtetes Vertragswerk anzusehen sein kann. Durch die Einbettung und Überlagerung des verbal auf den Erwerb eines unbebauten Grundstücks gerichteten Kaufvertrags in und durch die Gesamtverpflichtung wird nach Auffassung des BFH bewirkt, dass der Erwerber im Bauherrenmodell tatsächlich ein bebautes Grundstück erhält. Der Erwerber ist zum Zeitpunkt des Grundstückskaufs über das „Ob" und „Wie" der Bebauung nicht mehr frei. Die Leistungen der verschiedenen Bauunternehmer, Bauhandwerker und des Generalunternehmers gehen somit grunderwerbsteuerlich in die Bemessungsgrundlage für den steuerbaren Erwerbsvorgang ein. *Umsatzsteuerlich* ist dagegen von selbständigen steuerbaren und steuerpflichtigen Leistungen auszugehen; denn maßgeblich für die Umsatzbesteuerung ist, wer im eigenen Namen am Leistungsaustausch teilnimmt. Nach den Vertragsbeziehungen erbringen die verschiedenen Unternehmer ihre Leistungen unmittelbar an den Erwerber im Bauherrenmodell; ihre Leistungen sind als solche keine grunderwerbsteuerbaren Vorgänge und somit auch nicht steuerfrei gem. § 4 Nr. 9 Buchst. a UStG. In diesen Fällen tritt eine *Doppelbelastung* mit Grunderwerbsteuer und USt ein, was allerdings nach dem Beschluss des BVerfG vom 11. 1. 1988 (UR 1988 S. 281) keinen Verfassungsverstoß bedeutet. Diese Auffassung wird vom BFH bestätigt (z. B. BFH vom 10. 9. 1992, BStBl 1993 II S. 316).

Anders zu beurteilen ist der Fall, wenn die Bauhandwerker nicht an den Erwerber, sondern an den Grundstückseigentümer leisten und dieser dann das *bebaute Grundstück* veräußert. Dieser Umsatz ist nach § 4 Nr. 9 Buchst. a UStG insgesamt umsatzsteuerfrei. Ob ein Vertrag über den Erwerb eines Grundstücks mit einem noch zu errichtenden schlüsselfertigen Gebäude oder ein Kaufvertrag über ein unbebautes Grundstück und ein Werkvertrag über die Errichtung eines Gebäudes vorliegen, kann nur nach dem Gesamtbild aller Umstände des Einzelfalls entschieden werden. Bei der Entscheidung sind dem Parteiwillen, der Vertragsgestaltung und dem Vertragszweck besondere Bedeutung beizumessen.

Unter Beachtung der vorstehenden Grundsätze fallen unter die Steuerbefreiung des § 4   358
Nr. 9 Buchst. a UStG insbesondere:

► Lieferung eines unbebauten Grundstücks,

► Lieferung eines bebauten Grundstücks,

► Bestellung von Erbbaurechten (BFH vom 28. 11. 1967, BStBl 1968 II S. 222 und 223),

► Übertragung von Erbbaurechten (BFH vom 5. 12. 1979, BStBl 1980 II S. 136),

► Übertragung von Miteigentumsanteilen an einem Grundstück,

► Lieferung von auf fremdem Boden errichteten Gebäuden nach Ablauf der Miet- oder Pachtzeit (BMF-Schreiben vom 23. 7. 1986, BStBl 1986 I S. 432),

► Übertragung eines Betriebsgrundstücks zur Vermeidung einer drohenden Enteignung (BFH vom 24. 6. 1992, BStBl 1992 II S. 986),

► Umsätze von Grundstücken und von Gebäuden nach dem Sachenrechtsbereinigungsgesetz,

► Entnahmen.

bb) Grundstücke

Die Rechtsvorgänge unterliegen gem. § 1 GrEStG nur dann der Grunderwerbsteuer, so-   359
weit sie sich auf *inländische Grundstücke* beziehen. Unter Grundstücken i. S. des GrEStG sind gem. § 2 Abs. 1 Satz 1 GrEStG zunächst einmal Grundstücke i. S. des bürgerlichen

Rechts zu verstehen. Danach ist ein Grundstück ein *abgegrenzter Teil der Erdoberfläche*, der im Grundbuch eine besondere Stelle hat.

Neben dem Grund und Boden gehören zum Grundstück

► die wesentlichen Bestandteile

► die mit dem Eigentum am Grundstück verbundenen Rechte

Abweichend von dem bürgerlichen Recht bestimmt *§ 2 Abs. 1 Satz 2 GrEStG*, dass Maschinen und sonstige Vorrichtungen aller Art, die zu einer Betriebsanlage gehören, und Mineralgewinnungsrechte und sonstige Gewerbeberechtigungen nicht zu den Grundstücken rechnen. Hierfür kommt somit die Steuerbefreiung des § 4 Nr. 9 Buchst. a UStG nicht in Betracht.

Dagegen stellt das Gesetz in *§ 2 Abs. 2 GrEStG* die Erbbaurechte, die Gebäude auf fremdem Boden und die dinglich gesicherten Sondernutzungsrechte i. S. des § 15 des Wohnungseigentumsgesetzes und des § 1010 BGB den Grundstücken gleich.

360   Im Falle der *Veräußerung eines Grundstücks* kann dieses für Zwecke der USt aufgeteilt werden. Bei der Veräußerung eines Grundstücks kann der Verzicht auf die Steuerbefreiung gem. § 9 UStG i.V. mit § 4 Nr. 9 Buchst. a UStG auf einen abgrenzbaren Teil beschränkt werden (BFH vom 26. 6. 1996, BStBl 1997 II S. 98). Eine *Teiloption* kommt insbesondere bei unterschiedlichen Nutzungsarten in Betracht. Unter Zugrundelegung unterschiedlicher wirtschaftlicher Funktionen ist auch eine Aufteilung nach räumlichen Gesichtspunkten möglich. Dem BFH liegt ein Urteil des EuGH vom 4. 10. 1995 (BStBl 1996 II S. 392) zugrunde.

8. Vermietungsumsätze

a) Allgemeines

361   Die Steuerbefreiungsvorschrift des *§ 4 Nr. 12 UStG* begünstigt im weitesten Sinne die Umsätze aus der *entgeltlichen Überlassung von Grundstücken* und grundstücksgleichen Rechten. *Sinn und Zweck* dieser Steuerbefreiung ist es, die Wohnungsmieten nicht zusätzlich noch durch die USt zu erhöhen. Die Steuerbefreiung beruht somit auf *sozialen* Gesichtspunkten. Ein weiterer Grund für die Einführung dieser Steuerbefreiung war die Vermeidung einer erheblichen Verwaltungsmehrarbeit. In diesem Zusammenhang ist zu berücksichtigen, dass bereits die Vermietung nur einer einzelnen Wohnung den Vermieter zum Unternehmer i. S. des § 2 UStG macht, da durch die Vermietung ein auf die Erzielung von Einnahmen gerichteter Dauerzustand hergestellt wird. Dieser Umsatz ist steuerbar gem. § 1 Abs. 1 Nr. 1 Satz 1 UStG. Ohne die Steuerbefreiung des § 4 Nr. 12 UStG würde sich für die Verwaltung hinsichtlich der Besteuerung sämtlicher Vermieter und Verpächter eine nicht unbeträchtliche Mehrarbeit ergeben.

Im Falle der Steuerbefreiung der Umsätze gem. § 4 Nr. 12 UStG ist der Vorsteuerabzug gem. § 15 Abs. 2 Satz 1 Nr. 1 UStG ausgeschlossen, so dass *keine vollständige Entlastung* von der USt eintritt.

Der Unternehmer kann gem. § 9 Abs. 1 UStG einen steuerfreien Umsatz nach § 4 Nr. 12 UStG als steuerpflichtig behandeln, wenn der Umsatz an einen anderen Unternehmer für dessen Unternehmen ausgeführt wird. Bei der Vermietung oder Verpachtung von Grundstücken (§ 4 Nr. 12 Satz 1 Buchst. a UStG) und bei den in § 4 Nr. 12 Satz 1 Buchst. b und c UStG bezeichneten Umsätzen ist § 9 Abs. 2 UStG zu beachten. Danach ist eine *Option* nur zulässig, soweit der Leistungsempfänger das Grundstück ausschließlich für Umsätze verwendet oder zu verwenden beabsichtigt, die den Vorsteuerabzug nicht ausschließen. Zur zeitlichen Anwendung des § 9 Abs. 2 UStG siehe § 27 Abs. 2 UStG.

Zur steuerfreien Verwendung einer im Betriebsgebäude belegenen Wohnung zu eigenen Wohnzwecken ohne Optionsrecht zur Umsatzbesteuerung hat der BFH mit Beschluss vom 25. 5. 2000 (UR 2000 S. 325) den *EuGH* angerufen. Der *EuGH* hat mit Urteil vom 8. 5. 2003 (BStBl 2004 II S. 378) entschieden, dass die Verwendung eines Teils eines insgesamt dem Unternehmen zugeordneten Betriebsgebäudes für den privaten Bedarf des Steuerpflichtigen *keine steuerfreie Dienstleistung* darstellt. Der *BFH* hat sich im Urteil vom 24. 7. 2003 (BStBl 2004 II S. 371) dieser Rechtsauffassung angeschlossen.

b) Umfang der Steuerbefreiung

aa) Vermietung und Verpachtung von Grundstücken

Steuerfrei ist gem. *§ 4 Nr. 12 Satz 1 Buchst. a UStG* die Vermietung und die Verpachtung von Grundstücken, von Berechtigungen, für die die Vorschriften des bürgerlichen Rechts über Grundstücke gelten, und von staatlichen Hoheitsrechten, die Nutzungen von Grund und Boden betreffen.   362

Die Frage, ob eine *Vermietung* oder *Verpachtung* eines Grundstücks i. S. des § 4 Nr. 12 Satz 1 Buchst. a UStG vorliegt, ist grundsätzlich nach bürgerlichem Recht zu beurteilen (BFH vom 4. 12. 1980, BStBl 1981 II S. 231). Auf die Bezeichnung im Vertrag kommt es nicht an; entscheidend ist, ob der Vertrag inhaltlich als Mietvertrag oder Pachtvertrag anzusehen ist. Eine Grundstücksvermietung liegt vor, wenn dem Mieter zeitweise der Gebrauch eines Grundstücks gewährt wird. Dies setzt voraus, dass dem Mieter eine bestimmte, nur ihm zur Verfügung stehende Grundstücksfläche unter Ausschluss anderer zum Gebrauch überlassen wird. Es ist aber nicht erforderlich, dass die vermietete Grundstücksfläche bereits im Zeitpunkt des Abschlusses des Mietvertrags bestimmt ist. Der Mietvertrag kann auch über eine zunächst unbestimmte, aber *bestimmbare Grundstücksfläche* geschlossen werden. Die spätere Konkretisierung der Grundstücksfläche kann durch den Vermieter oder den Mieter erfolgen (Abschn. 76 Abs. 2 Sätze 2 bis 5 UStR 2008). Der Vermietung eines Grundstücks gleichzusetzen ist der Verzicht des Grundstücksmieters auf seine Rechte aus dem Mietvertrag gegen eine *Abstandszahlung* durch den Vermieter (EuGH-Urteil vom 15. 12. 1993, BStBl 1995 II S. 480).

Eine *Grundstücksverpachtung* liegt vor, wenn dem Pächter das Grundstück nicht nur zum Gebrauch überlassen, sondern ihm auch der Fruchtgenuss gewährt wird.

Es ist nicht erforderlich, dass der Vermieter *bürgerlich-rechtlicher Eigentümer* der vermieteten Sache ist; d. h., auch eine Unter- oder Zwischenvermietung steht der Anwendung der Steuerbefreiung nach § 4 Nr. 12 Satz 1 Buchst. a UStG nicht entgegen.   363

364   Regelmäßig liegt eine Grundstücksvermietung nicht vor bei der Vermietung von Baulichkeiten, die nur zu einem vorübergehenden Zweck mit dem Grund und Boden verbunden werden und daher keine Bestandteile des Grundstücks sind. Steuerpflichtig kann hierdurch insbesondere die Vermietung von Baubuden, Kiosken, Tribünen und ähnlichen Einrichtungen sein. Die Vermietung eines Gebäudes, das aus *Fertigteilen* errichtet wird, die so in das Erdreich eingelassen werden, dass sie weder leicht demontiert noch leicht versetzt werden können, stellt nach dem *EuGH*-Urteil vom 16. 1. 2003 (UR 2003 S. 86; Abschn. 76 Abs. 4 Satz 3 UStR 2008) die Vermietung eines Grundstücks dar, auch wenn dieses Gebäude nach Beendigung des Mietvertrags entfernt und auf einem anderen Grundstück wieder verwendet werden soll.

365   Die Steuerbefreiung gem. § 4 Nr. 12 Satz 1 Buchst. a UStG gilt nicht nur in den Fällen, in denen ein ganzes Grundstück vermietet wird, sondern auch für die Vermietung und Verpachtung von *Grundstücksteilen*. Hierzu gehört z. B. die Vermietung von Wohnungen, von einzelnen Räumen sowie von Stockwerken (BFH vom 8. 10. 1991, BStBl 1992 II S. 108). Auch Wasserflächen sind als Grundstücke i. S. des § 4 Nr. 12 Satz 1 Buchst. a UStG anzusehen. Steuerfrei ist auch die Überlassung von *Werkdienstwohnungen* durch Arbeitgeber an Arbeitnehmer (BFH vom 7. 10. 1987, BStBl 1988 II S. 88).

366   Resultierend aus dem im Umsatzsteuerrecht geltenden Grundsatz der Einheitlichkeit der Leistung kommen auch die mit der steuerfreien Vermietung oder Verpachtung von Grundstücken in unmittelbarem wirtschaftlichem Zusammenhang stehenden üblichen *Nebenleistungen* in den Genuss der Steuerfreiheit. Solche Nebenleistungen sind z. B.:

▶ die Lieferung von Wärme,

▶ die Versorgung mit Wasser,

▶ die Überlassung von Waschmaschinen,

▶ die Flur- und Treppenreinigung,

▶ die Treppenbeleuchtung,

▶ die Balkonbepflanzung (BFH vom 9. 12. 1971, BStBl 1972 II S. 203),

▶ die Vermietung eines Pkw-Abstellplatzes.

Nicht als Nebenleistung anzusehen sind z. B.:

▶ die Lieferung von elektrischem Strom,

▶ die Lieferung von Heizgas,

▶ die Lieferung von Heizöl,

▶ die Mitvermietung von Einrichtungsgegenständen,

▶ die Berechtigung zur Benutzung einer zentralen Fernsprech- und Fernschreibanlage (BFH vom 14. 7. 1977, BStBl 1977 II S. 881).

367   Verlorene *Baukostenzuschüsse* haben den Charakter eines zusätzlichen, im Voraus gezahlten Mietzinses, da vermutlich ohne die Zahlung des Zuschusses eine höhere Miete vereinnahmt worden wäre. Sie fallen daher unter die Steuerbefreiung des § 4 Nr. 12 Satz 1 Buchst. a UStG.

368   Neben der Vermietung und Verpachtung von Grundstücken ist auch die Vermietung und Verpachtung von *Berechtigungen*, für die die Vorschriften des bürgerlichen Rechts

über Grundstücke gelten, steuerfrei gem. § 4 Nr. 12 Satz 1 Buchst. a UStG. Als grundstücksgleiche Berechtigungen kommen vor allem das *Erbbaurecht*, das *Wohnungseigentum*, das Bergwerkseigentum sowie bestimmte Gewerbeberechtigungen in Betracht. Jagd- und Fischereirechte sind dagegen nicht als grundstücksgleiche Berechtigungen anzusehen.

Steuerfrei gem. § 4 Nr. 12 Satz 1 Buchst. a UStG ist auch die Vermietung und Verpachtung von *staatlichen Hoheitsrechten*, die Nutzungen von Grund und Boden betreffen. Als solche kommen die so genannten Regalien, wie z. B. Bergwerks-, Flößerei-, Fähr-, Brücken-, Salz- und Mineralgewinnungsrechte in Betracht.

bb) Kaufanwartschaftsverhältnisse

Steuerfrei ist gem. *§ 4 Nr. 12 Satz 1 Buchst. b UStG* die Überlassung von Grundstücken und Grundstücksteilen zur Nutzung aufgrund eines auf Übertragung des Eigentums gerichteten Vertrages oder Vorvertrages. 369

Die Überlassung von Grundstücken und Grundstücksteilen zur Nutzung aufgrund von *Kaufanwartschaftsverhältnissen* ist somit steuerfrei. In diesen Fällen sieht der Kaufanwartschaftsvertrag und der gleichzeitig abgeschlossene Nutzungsvertrag in der Regel vor, dass dem Kaufanwärter das Grundstück oder der Grundstücksteil bis zur Auflassung zur Nutzung überlassen wird. Vielfach liegt zwischen der Auflassung und der Eintragung des neuen Eigentümers in das Grundbuch eine längere Zeitspanne, in der das bestehende Nutzungsverhältnis zwischen den Beteiligten auch nach der Auflassung fortgesetzt wird und in der der Kaufanwärter bis zur Eintragung in das Grundbuch die im Nutzungsvertrag vereinbarte Nutzungsgebühr weiter zahlt. Auch in diesen Fällen kommt für die Zeit zwischen Auflassung und Eintragung im Grundbuch die Steuerbefreiung des § 4 Nr. 12 Satz 1 Buchst. b UStG zur Anwendung (Abschn. 82 Satz 4 UStR 2008). Nach dem Zeitpunkt der Eintragung kommt die Steuerbefreiung nicht mehr in Betracht, da der Erwerber nunmehr das Grundstück aufgrund seines Eigentums besitzt und nicht mehr aufgrund eines auf Nutzungsüberlassung gerichteten Vertrages.

cc) Dingliche Nutzungsrechte

Steuerfrei ist gem. *§ 4 Nr. 12 Satz 1 Buchst. c UStG* die Bestellung, die Übertragung und die Überlassung der Ausübung von dinglichen Nutzungsrechten an Grundstücken. Hierunter fallen insbesondere der *Nießbrauch*, die Grunddienstbarkeit, die beschränkte persönliche Dienstbarkeit, das Dauerwohnrecht und das Dauernutzungsrecht. 370

c) Ausnahmen von der Steuerbefreiung

aa) Vermietung von Wohn- und Schlafräumen

Nicht steuerfrei sind gem. *§ 4 Nr. 12 Satz 2 UStG* die Vermietungen von Wohn- und Schlafräumen, die ein Unternehmer zur kurzfristigen Beherbergung von Fremden bereithält. 371

Es entspricht nicht dem Sinn und Zweck des § 4 Nr. 12 UStG die Vermietungsumsätze des *Hotel- und Gaststättengewerbes* zu begünstigen. Begünstigt werden soll ausschließlich die langfristige Vermietung von Wohn- und Schlafräumen; durch die Vermietung soll ein *Wohnsitz* i. S. des § 8 AO oder ein *gewöhnlicher Aufenthalt* i. S. des § 9 AO begründet werden. Beabsichtigt der vermietende Unternehmer die Räume nicht auf Dauer und damit nicht für einen dauernden Aufenthalt i. S. der §§ 8 und 9 AO zur Verfügung zu stellen, so kommt die Steuerbefreiung nicht zur Anwendung. Entscheidend ist die *Absicht* des Unternehmers (BFH-Beschluss vom 18. 1. 1973, BStBl 1973 II S. 426).

372   Eine Steuerbefreiung kommt nicht in Betracht, wenn der Unternehmer dieselben Räume *wahlweise* zur lang- oder kurzfristigen Vermietung anbietet. In diesem Fall sind sämtliche Umsätze steuerpflichtig (BFH vom 20. 4. 1988, BStBl 1988 II S. 795). Hat dagegen der Unternehmer den einen Teil der in seinem Gebäude befindlichen Räume längerfristig, den anderen Teil nur kurzfristig vermietet, so ist die Vermietung insoweit steuerfrei, als er die Räume eindeutig und leicht nachprüfbar zur nicht nur vorübergehenden Beherbergung von Fremden bereitgehalten hat (BFH vom 9. 12. 1993, BStBl 1994 II S. 585).

Bei *Personalunterkünften* wird davon ausgegangen, dass sie nicht nur der vorübergehenden Beherbergung dienen, da sie dem Bewohner für die Dauer des Arbeitsverhältnisses überlassen werden.

373   Der Begriff der „*Fremden*" ist weit zu fassen. Er dient der Abgrenzung gegenüber Gefälligkeitsleistungen, insbesondere zu Verwandten und Bekannten und umfasst z. B. auch das Personal des Unternehmers.

bb)   Vermietung von Abstellplätzen

374   Nicht befreit ist gem. *§ 4 Nr. 12 Satz 2 UStG* die Vermietung von Plätzen für das Abstellen von Fahrzeugen.

Als „*Plätze* für das Abstellen von Fahrzeugen" kommen Grundstücke einschließlich Wasserflächen (BFH vom 8. 10. 1991, BStBl 1992 II S. 368) oder Grundstücksteile in Betracht. Sowohl abgeschlossene Garagen als auch offene Einstellplätze sind als Fahrzeugabstellplätze anzusehen. Die Bezeichnung des Platzes und die bauliche oder technische Gestaltung sind ebenso ohne Bedeutung wie die Dauer der Nutzung als Stellplatz. Somit gehören z. B. auch land- und forstwirtschaftlich genutzte Grundstücke, die im Rahmen einer Sport- oder Festveranstaltung nur vorübergehend für das Abstellen von Fahrzeugen genutzt werden, zu den Stellplätzen in diesem Sinne (Abschn. 77 Abs. 1 Satz 6 UStR 2008).

375   Die Vermietung einer Stellplatzfläche ist nur noch dann *steuerfrei*, wenn die Stellplatzvermietung als eine *unselbständige Nebenleistung* zur umsatzsteuerfreien Grundstücksvermietung anzusehen ist. Für die Annahme einer Nebenleistung ist es grundsätzlich nicht schädlich, wenn z. B. die steuerfreie Wohnraumvermietung und die Stellplatzvermietung zivilrechtlich in getrennten Verträgen vereinbart sind, die Leistungspartner in beiden Verträgen jedoch identisch sind. Es ist auch unschädlich, wenn die Verträge zu unterschiedlichen Zeiten zustande gekommen sind. Für die Annahme einer Nebenleistung zur steuerfreien Grundstücksvermietung ist allerdings grundsätzlich ein *räumli-*

cher Zusammenhang zwischen Grundstück und Stellplatz erforderlich. Ein solcher Zu-sammenhang ist jedenfalls gegeben, wenn der Platz für das Abstellen der Fahrzeuge Teil eines einheitlichen Gebäudekomplexes ist oder sich in unmittelbarer Nähe des Grundstücks befindet (z. B. Reihenhaussiedlung mit zentralem Garagengrundstück). Beispiele zur Vermietung von Fahrzeugstellplätzen als Nebenleistung enthält Abschn. 77 Abs. 3 UStR 2008.

cc) Vermietung auf Campingplätzen

Nicht befreit ist gem. *§ 4 Nr. 12 Satz 2 UStG* die kurzfristige Vermietung auf Camping-plätzen.   376

Für die Frage, ob eine Stellplatzvermietung oder aber eine Vermietung einer Camping-fläche vorliegt, sind die vertraglichen Vereinbarungen entscheidend. Abzustellen ist auf den *Willen der Vertragsparteien*. Falls das bloße Abstellen des Fahrzeugs im Vorder-grund steht, ist von der Vermietung eines Stellplatzes auszugehen mit der Folge, dass die Umsätze gem. § 4 Nr. 12 Satz 2 UStG steuerpflichtig sind. Werden hingegen mit Campingplatzbesitzern Mietverträge abgeschlossen, die *auch* das Abstellen des Wohn-wagens auf dem Platz beinhalten, wird in der Regel davon auszugehen sein, dass es sich um eine steuerfreie Grundstücksvermietung handelt, wenn die Vermietung lang-fristig erfolgt, da es dem jeweiligen Mieter in der Hauptsache auf die Nutzung der Flä-che für Zwecke des Campens ankommen wird.

Eine Grundstücksvermietung liegt auch dann vor, wenn dem Mieter das Recht einge-räumt wird, sich eine Standfläche auf dem Campingplatz auszusuchen.

Wenn die Überlassung einer Campingfläche als Vermietung anzusehen ist, ist sie nur dann steuerfrei, wenn sie *nicht kurzfristig* ist. Eine Vermietung ist dann nicht kurzfris-tig, wenn die tatsächliche Gebrauchsüberlassung mindestens *sechs Monate* beträgt (Abschn. 78 Abs. 2 Satz 1 UStR 2008). Abzustellen ist demzufolge nicht auf den Willen der Vertragspartner, sondern auf die *tatsächliche Dauer* der Vermietung.   377

Entsprechend dem Grundsatz der Einheitlichkeit der Leistung teilen die *Nebenleistun-gen* das Schicksal der Hauptleistung. Die vom Campingplatzunternehmer durch die Überlassung von üblichen Gemeinschaftseinrichtungen gewährten Leistungen sind grundsätzlich als Nebenleistung zur Vermietung anzusehen. Zu den üblichen Neben-leistungen gehören z. B.:   378

► Überlassung von Waschräumen,

► Überlassung von Duschräumen,

► Überlassung von Toiletten,

► Überlassung von Wasserzapfstellen,

► Überlassung von elektrischen Anschlüssen,

► Überlassung von Müllbeseitigungsvorrichtungen,

► Überlassung von Kinderspielplätzen,

► Lieferung von Wärme,

► Versorgung mit Wasser.

Nicht als Nebenleistung anzusehen sind insbesondere:

► Lieferung von Strom,

► Zurverfügungstellung besonderer Sportgeräte (z. B. Segelboote, Wasserski, Reitpferde),

► Zurverfügungstellung von Sportanlagen (z. B. Tennisplätze, Minigolfplätze, Hallenbäder, Saunabäder).

dd) Vermietung von Betriebsvorrichtungen

379   Nicht befreit ist gem. *§ 4 Nr. 12 Satz 2 UStG* die Vermietung und die Verpachtung von Maschinen und sonstigen Vorrichtungen aller Art, die zu einer Betriebsanlage gehören (Betriebsvorrichtungen), auch wenn sie wesentliche Bestandteile eines Grundstücks sind.

Der Begriff „Maschinen und sonstige Vorrichtungen aller Art, die zu einer Betriebsanlage gehören (*Betriebsvorrichtungen*)" ist für den Bereich des Umsatzsteuerrechts in gleicher Weise auszulegen wie für das Bewertungsrecht (BFH vom 16. 10. 1980, BStBl 1981 II S. 228). Zu den Betriebsvorrichtungen gehören alle Vorrichtungen, mit denen ein Gewerbe unmittelbar betrieben wird. Die Entscheidung darüber, ob die auf dem Grundstück vorhandenen Anlagen als zum Grundstück gehörig oder als Betriebsvorrichtungen anzusehen sind, wird grundsätzlich bei der Feststellung des Einheitswertes des Grundstücks getroffen.

Bei der *Abgrenzung* der Betriebsvorrichtungen von den Gebäuden ist vom Gebäudebegriff auszugehen. Ein Bauwerk ist als Gebäude anzusehen, wenn es Menschen oder Sachen durch räumliche Umschließung Schutz gegen äußere Einflüsse gewährt, den Aufenthalt von Menschen gestattet, fest mit dem Grund und Boden verbunden, von einiger Beständigkeit und ausreichend standfest ist (BFH vom 24. 5. 1963, BStBl 1963 III S. 376). Zu den Betriebsvorrichtungen gehören hiernach neben Maschinen und maschinenähnlichen Anlagen alle Anlagen, die – ohne Gebäude, Teil eines Gebäudes oder Außenanlage eines Gebäudes zu sein – in besonderer und unmittelbarer Beziehung zu dem auf dem Grundstück ausgeübten Gewerbebetrieb stehen, d. h., Anlagen, durch die das Gewerbe unmittelbar betrieben wird (BFH vom 5. 3. 1971, BStBl 1971 II S. 455). Für die Feststellung im Einzelfall sind die Anweisungen in den gleich lautenden Erlassen der obersten Finanzbehörden der Länder betreffend die Abgrenzung des Grundvermögens von den Betriebsvorrichtungen vom 15. 3. 2006 (BStBl 2006 I S. 314) maßgebend.

d) Besonderheiten

aa) Vertrag besonderer Art

380   Bei einem Vertrag besonderer Art kommt die Steuerbefreiung nach § 4 Nr. 12 UStG weder für die gesamte Leistung noch für einen Teil der Leistung in Betracht. Ein Vertrag besonderer Art liegt immer dann vor, wenn die Gebrauchsüberlassung des Grundstücks gegenüber anderen wesentlicheren Leistungen *zurücktritt* und das Vertragsverhältnis

ein einheitliches, unteilbares Ganzes darstellt (BFH vom 19. 12. 1952, BStBl 1953 III S. 98). Beispiele für Verträge besonderer Art enthält Abschn. 81 Abs. 2 UStR 2008.

bb) Gemischter Vertrag

Im Falle eines gemischten Vertrages ist das Entgelt in einen auf die steuerfreie Grundstücksvermietung und einen auf die steuerpflichtige Leistung anderer Art entfallenden Teil *aufzugliedern*. Ein gemischter Vertrag liegt vor, wenn er sowohl die Merkmale einer Vermietung als auch die Merkmale anderer Leistungen aufweist, ohne dass ein so starkes Zurücktreten der Merkmale der einen oder anderen Gruppe gegeben ist, dass sie umsatzsteuerrechtlich nicht mehr zu beachten wären (BFH vom 7. 4. 1960, BStBl 1960 III S. 261). Die Aufteilung des Entgelts muss ggf. im Wege der *Schätzung* erfolgen.

381

Als gemischter Vertrag ist der zwischen dem Inhaber eines *Altenheimes* oder *Pflegeheimes* und den Bewohnern des Heims geschlossene Vertrag über die Aufnahme in das Heim anzusehen, wenn die pflegerische Betreuung und Versorgung die Raumüberlassung nicht überlagern (BFH vom 21. 4. 1993, BStBl 1994 II S. 266). Die Überlassung von Wohnräumen und anderen Räumen aufgrund dieses Vertrages ist daher unabhängig von den Voraussetzungen des § 4 Nr. 16 UStG grundsätzlich als Grundstücksvermietung nach § 4 Nr. 12 Satz 1 Buchst. a UStG steuerfrei. Für den Umfang des auf die Raumüberlassung entfallenden Anteils der gesamten Leistung sind die jeweiligen Verhältnisse des Einzelfalles maßgebend (Abschn. 80 Abs. 2 Sätze 2 und 3 UStR 2008).

cc) Abbauverträge

Abbauverträge, d. h. Verträge, durch die der Grundstückseigentümer einem anderen gestattet, die im Grundstück vorhandenen Bodenschätze, z. B. Sand, Kies, Kalk, Torf, abzubauen, sind in der Regel als *Pachtverträge* über Grundstücke anzusehen mit der Folge, dass die Leistungen aus einem derartigen Vertrag nach § 4 Nr. 12 Satz 1 Buchst. a UStG von der USt befreit sind (BFH vom 28. 6. 1973, BStBl 1973 II S. 717). Dies gilt nicht, wenn bereits bei Vertragsabschluss der Wille der Parteien auf die Lieferung einer *bestimmten Ausbeutemenge* zielt und darüber hinaus auch sonstige für einen Pachtvertrag wesentliche Merkmale fehlen. In diesen Fällen handelt es sich um einen Kauf und damit um eine Lieferung.

382

dd) Ablagerungsverträge

Ablagerungsverträge, d. h. Verträge über die entgeltliche Überlassung von Grundstücken zur Ablagerung von Abfällen, wie z. B. die Überlassung eines Steinbruchs zur Auffüllung mit Klärschlamm, sind als *Mietverträge* anzusehen mit der Folge, dass die Umsätze aus der Überlassung eines Grundstücks zu diesem vertraglichen Gebrauch nach § 4 Nr. 12 Satz 1 Buchst. a UStG von der USt befreit sind. Dies gilt auch dann, wenn sich das Entgelt nicht nach der Nutzungsdauer, sondern nach der Menge der abgelagerten Abfälle bemisst (Abschn. 79 Abs. 2 Satz 3 UStR 2008).

383

ee) Vermietung von Sportanlagen

384   Mit Urteil vom 31. 5. 2001 (BStBl 2001 II S. 658) hat der *BFH* seine bisherige Rechtsprechung, wonach die Vermietung von Sportanlagen aufzuteilen ist in eine steuerfreie Grundstücksvermietung und eine steuerpflichtige Vermietung von Betriebsvorrichtungen, aufgegeben und insbesondere unter Hinweis auf die Rechtsprechung des EuGH eine *einheitliche steuerpflichtige Leistung* angenommen. Zum *Anwendungsbereich* dieses Urteils hat das *BMF* mit Schreiben vom 17. 4. 2003 (BStBl 2003 I S. 279) ausführlich Stellung genommen.

Durch das *Gesetz zur Sicherstellung einer Übergangsregelung für die Umsatzbesteuerung von Alt-Sportanlagen* vom 1. 9. 2002 (BStBl 2002 I S. 865) ist § 27 Abs. 6 in das UStG eingefügt worden. Danach können Umsätze aus der Nutzungsüberlassung von Sportanlagen bis zum *31. 12. 2003* in eine steuerfreie Grundstücksüberlassung und in eine steuerpflichtige Überlassung von Betriebsvorrichtungen aufgeteilt werden. Durch das *Gesetz zur Ergänzung des Gesetzes zur Sicherstellung einer Übergangsregelung für die Umsatzbesteuerung von Alt-Sportanlagen* vom 23. 4. 2004 (BGBl 2004 I S. 601) ist eine Verlängerung der Übergangsregelung bis zum *31. 12. 2004* beschlossen worden.

Das Urteil bedeutet, dass die Vermietung von Sportanlagen als einheitliche Leistung grundsätzlich dem *allgemeinen Steuersatz* unterliegt (19 %). Dementsprechend kann für Vorbezüge (Lieferungen und sonstige Leistungen) der *Vorsteuerabzug* voll in Anspruch genommen werden.

385   Nach § 15a UStG ist zugunsten des Unternehmers, soweit dessen Eingangsumsätze nach der alten Rechtsprechung durch bestandskräftige Steuerbescheide vom Vorsteuerabzug ausgeschlossen waren, noch eine Berichtigung des Abzuges der auf die Anschaffungs- oder Herstellungskosten entfallenden Vorsteuerbeträge vorzunehmen (nachträgliches teilweises Vorsteuerabzugsrecht).

386   Überlässt ein Unternehmer hingegen eine gesamte Sportanlage einem anderen Unternehmer als *Betreiber* zur Überlassung an Dritte (sog. Zwischenvermietung), so ist die Nutzungsüberlassung an diesen Betreiber weiterhin in eine steuerfreie Grundstücksüberlassung und eine steuerpflichtige Vermietung von Betriebsvorrichtungen *aufzuteilen*. Was bei den einzelnen Sportanlagen als Grundstücksteil und was als Betriebsvorrichtung anzusehen ist, ergibt sich aus Abschn. 86 Abs. 2 UStR 2008.

Bei der Überlassung *anderer Anlagen* mit vorhandenen Betriebsvorrichtungen beurteilt sich die Leistung aus der Sicht eines *Durchschnittsverbrauchers* unter Berücksichtigung der vorgesehenen Art der Nutzung, wie sie sich aus Unterlagen des leistenden Unternehmers ergibt (z. B. aus dem Mietvertrag), und hilfsweise aus der Ausstattung der überlassenen Räumlichkeiten. Beispiele enthält Abschn. 86 Abs. 4 UStR 2008.

9. Heilberufliche Tätigkeit

387   Steuerfrei sind gem. *§ 4 Nr. 14 Buchst. a UStG* die Umsätze aus der Tätigkeit als Arzt, Zahnarzt, Heilpraktiker, Physiotherapeut, Hebamme oder aus einer ähnlichen heilberuflichen Tätigkeit. Steuerfrei sind auch die sonstigen Leistungen von *Gemeinschaften*, deren Mitglieder Angehörige der in § 4 Nr. 14 UStG bezeichneten Berufe sind, gegenüber

ihren Mitgliedern, soweit diese Leistungen unmittelbar zur Ausführung der nach § 4 Nr. 14 UStG steuerfreien Umsätze verwendet werden.

Steuerbefreit sind im Wesentlichen die Umsätze aus der Tätigkeit als *Arzt*. Tätigkeit als Arzt ist die Ausübung der Heilkunde unter der Berufsbezeichnung „Arzt" oder „Ärztin". Zur Ausübung der Heilkunde gehören Maßnahmen, die der Feststellung, Heilung oder Linderung von Krankheiten, Leiden oder Körperschäden beim Menschen dienen. Auch die Leistungen der vorbeugenden Gesundheitspflege gehören zur Ausübung der Heilkunde; dabei ist es unerheblich, ob die Leistungen gegenüber Einzelpersonen oder Personengruppen bewirkt werden. Die Steuerbefreiung nach § 4 Nr. 14 UStG setzt nicht voraus, dass der Unternehmer Umsätze gegenüber einem Patienten als Leistungsempfänger erbringt und mit ihm oder seiner Krankenkasse hierüber abrechnet (BFH vom 25. 11. 2004, BStBl 2005 II S. 190).

Zur *Sachverständigentätigkeit* (Gutachten) *eines Arztes* hat das BMF mit Schreiben vom 13. 2. 2001 (BStBl 2001 I S. 157) und vom 8. 11. 2001 (BStBl 2001 I S. 826) Stellung genommen. Danach ist die Erstellung eines ärztlichen Gutachtens nur dann steuerfrei, wenn ein *therapeutisches Ziel* im Vordergrund steht. Der *EuGH* hat mit Urteil vom 20. 11. 2003 (UR 2004 S. 70) entschieden, dass die Steuerbefreiung nicht für die Leistung eines Arztes gilt, die in der Erstellung eines Gutachtens zum Gesundheitszustand einer Person im Hinblick darauf besteht, Anhaltspunkte zu gewinnen, die für oder gegen einen Antrag auf Zahlung einer Invaliditätspension sprechen. Auf das zweite EuGH-Urteil vom 20. 11. 2003 (UR 2004 S. 75) wird ergänzend hingewiesen. Hauptziel muss der Schutz der Gesundheit sein (BFH vom 30. 6. 2005, BStBl 2005 II S. 675).

Zu den Schönheitsoperationen hat der *BFH* im Urteil vom 15. 7. 2004 (BStBl 2004 II S. 862) Stellung genommen.

Nicht zur steuerbefreiten Tätigkeit als Arzt gehören die *schriftstellerische Tätigkeit*, die **388** *Vortragstätigkeit*, die Lehrtätigkeit, die Lieferung von Hilfsmitteln (z. B. Kontaktlinsen, Schuheinlagen) und der Verkauf von Medikamenten aus einer ärztlichen Abgabestelle für Arzneien.

Befreit ist nur die *typische Tätigkeit* als Arzt. Nicht befreit gem. § 4 Nr. 14 UStG sind die Hilfsgeschäfte der Ärzte. Insoweit kann allerdings die Steuerbefreiung nach § 4 Nr. 28 UStG in Betracht kommen.

BEISPIEL: ▶ I ist selbständiger Arzt in Ingolstadt. Er veröffentlicht des Öfteren Aufsätze in medizinischen Fachzeitschriften und hält gegen Vergütung Vorträge vor anderen Ärzten.

Die Leistungen des I sind steuerbar. Die Umsätze aus der Tätigkeit als Arzt sind steuerfrei gem. § 4 Nr. 14 Buchst. a UStG. Keine berufstypische Arzttätigkeit und somit auch keine steuerfreie Tätigkeit i. S. des § 4 Nr. 14 Buchst. a UStG ist die schriftstellerische Tätigkeit und die Vortragstätigkeit. Insoweit handelt es sich um steuerpflichtige Umsätze.

Ausdrücklich *ausgenommen* von der Steuerbefreiung sind die Lieferung oder Wieder- **389** herstellung von Zahnprothesen und kieferorthopädischen Apparaten, soweit sie der Unternehmer in seinem Unternehmen hergestellt oder wiederhergestellt hat.

Eine *ähnliche heilberufliche Tätigkeit* liegt vor, wenn sie in wesentlichen Merkmalen mit **390** einer der im Gesetz genannten Berufe verglichen werden kann. Ausreichendes Indiz für das Vorliegen einer ähnlichen heilberuflichen Tätigkeit ist die Zulassung des jeweiligen

Unternehmers bzw. die regelmäßige Zulassung seiner Berufsgruppe gem. § 124 Abs. 2 SGB V durch die zuständigen Stellen der gesetzlichen Krankenkassen. *Indiz* für das Vorliegen eines entsprechenden beruflichen Befähigungsnachweises ist ferner die Aufnahme von Leistungen der betreffenden Art in dem Leistungskatalog der gesetzlichen Krankenkassen (§ 92 SGB V) (BFH vom 12. 8. 2004, BStBl 2005 II S. 227; und vom 11. 11. 2004, BStBl 2005 II S. 316).

Eine ähnliche heilberufliche Tätigkeit üben z. B. aus:

► psychologische Psychotherapeuten,

► Beschäftigungs- und Arbeitstherapeuten,

► Logopäden,

► staatlich geprüfte Masseure bzw. Masseure und medizinische Bademeister, wenn sie als Heilmasseure tätig werden,

► selbständig tätige Krankenpfleger und Krankenschwestern,

► Orthoptisten,

► selbständig tätige Rettungsassistenten,

► medizinisch-technische Assistentin für Funktionsdiagnostik (BFH vom 29. 1. 1998, BStBl 1998 II S. 453),

► Diätassistenten,

► Podologen bzw. medizinische Fußpfleger (BMF-Schreiben vom 10. 6. 2002, BStBl 2002 I S. 634),

► Sprachtherapeuten,

► Dental-Hygienikerin (BFH-Beschluss vom 12. 10. 2004, BStBl 2005 II S. 106),

► Dipl.-Oecotrophologe (Ernährungsberater), wenn er im Rahmen einer medizinischen Behandlung Ernährungsberatungen durchführt (BFH vom 10. 3. 2005, BStBl 2005 II S. 669; und vom 7. 7. 2005, BStBl 2005 II S. 904).

Zur Umsatzsteuerbefreiung nach § 4 Nr. 14 UStG für *Altenpfleger* hat das BMF mit Schreiben vom 27. 3. 2001 (BStBl 2001 I S. 250) Stellung genommen.

Keine ähnliche heilberufliche Tätigkeit üben z. B. Fußpraktiker aus.

391 Üben Ärzte oder Angehörige der übrigen Heilberufe ihre Tätigkeit im Rahmen einer *Gemeinschaftspraxis* aus, so kann § 4 Nr. 14 Buchst. d UStG auch auf die Umsätze der Gesellschaft angewendet werden (BFH vom 26. 8. 1993, BStBl 1993 II S. 887).

Die Steuerbefreiungen nach § 4 Nr. 14 UStG und § 4 Nr. 16 UStG schließen sich gegenseitig aus (BFH vom 1. 4. 2004, BStBl 2004 II S. 681).

10. Sonstige Steuerbefreiungen des § 4 UStG

Neben den vorstehend beschriebenen Steuerbefreiungen befreit § 4 UStG noch folgen-   392
de unter § 1 Abs. 1 Nr. 1 UStG fallende Umsätze von der USt:

► Lohnveredelungen an Gegenständen der Ausfuhr (§ 4 Nr. 1 Buchst. a UStG i.V. mit § 7 UStG);

► die Umsätze für die Seeschifffahrt und für die Luftfahrt (§ 4 Nr. 2 UStG i.V. mit § 8 UStG);

► die Lieferungen von Gold an Zentralbanken (§ 4 Nr. 4 UStG);

► bestimmte Leistungen der Eisenbahnen des Bundes (§ 4 Nr. 6 Buchst. a UStG);

► bestimmte Lieferungen von eingeführten Gegenständen (§ 4 Nr. 6 Buchst. c UStG);

► Personenbeförderungen zwischen inländischen Seehäfen und der Insel Helgoland (§ 4 Nr. 6 Buchst. d UStG);

► die Abgabe von Speisen und Getränken zum Verzehr an Ort und Stelle im Verkehr mit Wasserfahrzeugen auf bestimmten Strecken (§ 4 Nr. 6 Buchst. e UStG);

► Lieferungen an andere Vertragsparteien des Nordatlantikvertrages, an bestimmte Streitkräfte, an ständige diplomatische Missionen und zwischenstaatliche Einrichtungen (§ 4 Nr. 7 UStG);

► die Umsätze, die unter das Rennwett- und Lotteriegesetz fallen (§ 4 Nr. 9 Buchst. b UStG);

► die Leistungen aufgrund eines Versicherungsverhältnisses (§ 4 Nr. 10 UStG);

► die Umsätze aus der Tätigkeit als Bausparkassenvertreter, Versicherungsvertreter und Versicherungsmakler (§ 4 Nr. 11 UStG);

► die unmittelbar dem Postwesen dienenden Umsätze der Deutsche Post AG (§ 4 Nr. 11b UStG);

► bestimmte Leistungen der Gemeinschaften der Wohnungseigentümer (§ 4 Nr. 13 UStG);

► bestimmte Umsätze der gesetzlichen Träger der Sozialversicherung (§ 4 Nr. 15 UStG);

► bestimmte Leistungen der Medizinischen Dienste (§ 4 Nr. 15a UStG);

► bestimmte Betreuungs- und Pflegeumsätze (§ 4 Nr. 16 UStG);

► die Lieferungen von menschlichen Organen, menschlichem Blut und Frauenmilch (§ 4 Nr. 17 Buchst. a UStG);

► die Beförderungen von kranken und verletzten Personen mit speziellen Fahrzeugen (§ 4 Nr. 17 Buchst. b UStG);

► die Leistungen der amtlich anerkannten Verbände der freien Wohlfahrtspflege (§ 4 Nr. 18 UStG);

► bestimmte Leistungen zwischen den selbständigen Gliederungen einer politischen Partei (§ 4 Nr. 18a UStG);

► bestimmte Umsätze der Blinden und von anerkannten Blindenwerkstätten (§ 4 Nr. 19 UStG);

► die Umsätze bestimmter Theater, Orchester usw. (§ 4 Nr. 20 UStG);

► die unmittelbar dem Schul- und Bildungszweck dienenden Leistungen privater Schulen und anderer allgemeinbildender oder berufsbildender Einrichtungen (§ 4 Nr. 21 Buchst. a UStG);

► die unmittelbar dem Schul- und Bildungszweck dienenden Unterrichtsleistungen selbständiger Lehrer (§ 4 Nr. 21 Buchst. b UStG);

► bestimmte kulturelle und sportliche Veranstaltungen (§ 4 Nr. 22 UStG);

► bestimmte Leistungen gegenüber Jugendlichen (§ 4 Nr. 23 UStG);

► bestimmte Leistungen des Deutschen Jugendherbergswerkes (§ 4 Nr. 24 UStG);

► bestimmte Leistungen der Jugendhilfe (§ 4 Nr. 25 UStG);

► bestimmte ehrenamtliche Tätigkeiten (§ 4 Nr. 26 UStG);

► bestimmte Personalgestellungen (§ 4 Nr. 27 UStG);

► bestimmte Hilfsumsätze (§ 4 Nr. 28 UStG).

III. Verzicht auf die Steuerbefreiung

1. Option gem. § 9 Abs. 1 UStG

393 Der Unternehmer kann einen Umsatz, der nach § 4 Nr. 8 Buchst. a bis g, Nr. 9 Buchst. a, Nr. 12, 13 oder 19 UStG steuerfrei ist, als steuerpflichtig behandeln, wenn der Umsatz an einen anderen Unternehmer für dessen Unternehmen ausgeführt wird *(§ 9 Abs. 1 UStG)*.

Voraussetzung für den Verzicht auf die Steuerbefreiung ist:

► Es muss sich um einen Unternehmer i. S. des § 2 UStG handeln.

► Es muss ein steuerfreier Umsatz gem. § 4 Nr. 8 Buchst. a bis g, Nr. 9 Buchst. a, Nr. 12, 13 oder 19 UStG vorliegen.

► Der Umsatz muss an einen anderen Unternehmer ausgeführt werden.

► Der Umsatz muss für das Unternehmen des Leistungsempfängers ausgeführt werden.

Der Unternehmer hat bei den aufgeführten Steuerbefreiungen die Möglichkeit, seine Entscheidung für die Steuerpflicht bei *jedem Umsatz* einzeln zu treffen (Abschn. 148 Abs. 1 Satz 2 UStR 2008). Bei der Lieferung von Gebäuden oder Gebäudeteilen und dem dazugehörigen Grund und Boden kann die Option für eine Besteuerung nur *zusammen* für die Gebäude oder Gebäudeteile und den dazugehörigen Grund und Boden ausgeübt werden (EuGH-Urteil vom 8. 6. 2000, BStBl 2003 II S. 452). Der Verzicht auf die Steuerbefreiung ist an keine besondere Form und Frist gebunden. Er ist grundsätzlich möglich, solange die Steuerfestsetzung noch nicht unanfechtbar geworden ist oder unter dem Vorbehalt der Nachprüfung steht. Seit dem 1. 1. 2002 ist die Einschränkung des § 9 Abs. 3 Satz 1 UStG in Fällen der Zwangsversteigerung von Grundstücken zu beachten. Im Rahmen des Haushaltsbegleitgesetzes 2004 (BGBl 2003 I S. 3076; berichtigt durch BGBl 2004 I S. 69) ist für die übrigen Grundstücksumsätze festgelegt worden, dass die Option nur in dem gem. § 311b Abs. 1 BGB notariell zu beurkundenden Vertrag erklärt werden kann. Der Verzicht kann auch wieder rückgängig gemacht werden. Der Verzicht auf die Steuerbefreiung eines Umsatzes gem. § 9 UStG kann jedenfalls bis zur Unanfechtbarkeit der Steuerfestsetzung rückgängig gemacht werden (BFH vom 1. 2. 2001, BStBl 2003 II S. 673). Sind für die Umsätze Rechnungen oder Gutschriften mit gesondertem Steuerausweis erteilt worden, so entfällt die Steuerschuld nur, wenn die Rechnungen oder Gutschriften berichtigt werden. Auf die Regelung des § 14c Abs. 1 Satz 3 UStG wird hingewiesen.

Der Unternehmer muss die als steuerpflichtig zu behandelnden Umsätze in seinen *Aufzeichnungen* kenntlich machen (§ 22 Abs. 2 Nr. 1 Satz 4 UStG; Abschn. 256 Abs. 4 UStR 2008).

§ 9 UStG ist in den Fällen der unentgeltlichen Lieferungen und sonstigen Leistungen grundsätzlich nicht anzuwenden.   394

2. Einschränkung der Option gem. § 9 Abs. 2 UStG

Der Verzicht auf die Steuerbefreiung nach § 9 Abs. 1 UStG ist bei der Bestellung und   395
Übertragung von Erbbaurechten (§ 4 Nr. 9 Buchst. a UStG), bei der Vermietung oder Verpachtung von Grundstücken (§ 4 Nr. 12 Satz 1 Buchst. a UStG) und bei den in § 4 Nr. 12 Satz 1 Buchst. b und c UStG bezeichneten Umsätzen nur zulässig, soweit der Leistungsempfänger das Grundstück ausschließlich für Umsätze verwendet oder zu verwenden beabsichtigt, die den Vorsteuerabzug nicht ausschließen. Der Unternehmer hat die Voraussetzungen nachzuweisen (*§ 9 Abs. 2 UStG*).

Diese Einschränkung der Verzichtsmöglichkeit war erforderlich, da sich *Gestaltungsformen* zur Erlangung des Vorsteuerabzugs herausgebildet hatten, bei denen auf der Endstufe wegen Ausführung steuerfreier Umsätze der Vorsteuerabzug ausgeschlossen ist. Es handelt sich hierbei insbesondere um so genannte *Vorschaltmodelle* zur Grundstücksvermietung an Banken und Sparkassen, Ärzte sowie Träger von privaten Schulen, Bildungseinrichtungen, Krankenhäusern, Altenheimen und Kindergärten. In diesen Fällen wurden Unternehmen gegründet, die ein Gebäude errichten und an die bezeichneten Einrichtungen vermieten. Zur Erlangung des Vorsteuerabzuges wird auf die Steuerbefreiung der Vermietung verzichtet. Zur Vermeidung von erheblichen Steuerausfällen und zur Gleichstellung aller Unternehmer, die wegen der Erzielung steuerfreier Umsätze vom Vorsteuerabzug ausgeschlossen sind, wurde § 9 Abs. 2 UStG durch das *Missbrauchsbekämpfungs- und Steuerbereinigungsgesetz* neu gefasst.

Verwendet der Leistungsempfänger das Grundstück bzw. einzelne Grundstücksteile   396
nur in sehr geringem Umfang für Umsätze, die den Vorsteuerabzug ausschließen, ist der Verzicht auf die Steuerbefreiung zur Vermeidung von Härten weiterhin zulässig. Eine *geringfügige Verwendung* für Ausschlussumsätze kann angenommen werden, wenn im Falle der steuerpflichtigen Vermietung die auf den Mietzins für das Grundstück bzw. für den Grundstücksteil entfallende USt im Besteuerungszeitraum (Kalenderjahr) zu höchstens 5 % vom Vorsteuerabzug ausgeschlossen wäre (*Bagatellgrenze*).

BEISPIEL: ▶ J ist Unternehmer in Dortmund. Er vermietet das Erdgeschoss eines neuen Gebäudes an einen Zeitschriftenhändler, der neben den steuerpflichtigen Verkäufen von Zeitungen und Zeitschriften auch steuerfreie Verkäufe von Briefmarken tätigt. Die Aufteilung der sowohl mit den steuerpflichtigen als auch mit den steuerfreien Umsätzen im wirtschaftlichen Zusammenhang stehenden Vorsteuerbeträge nach ihrer wirtschaftlichen Zuordnung führt im Besteuerungszeitraum zu einem Vorsteuerausschluss von 3 %.

Der Vermietungsumsatz des J ist steuerbar gem. § 1 Abs. 1 Nr. 1 Satz 1 UStG. Er ist steuerfrei gem. § 4 Nr. 12 Satz 1 Buchst. a UStG; denn es handelt sich um die Vermietung eines Grundstückteils. Da die Voraussetzungen des § 9 Abs. 1 UStG vorliegen, kann J grundsätzlich auf die Steuerbefreiung verzichten. Der Verzicht ist auch nicht unter Anwendung des § 9 Abs. 2 UStG ausgeschlossen; denn der Leistungsempfänger (Zeitschriftenhändler) verwendet das Grundstück ausschließlich (zu mehr als 95 %) für Umsätze, die den Vorsteuerabzug nicht ausschließen. J kann somit auf die Steuerbefreiung verzichten und den Vermietungsumsatz als steuerpflichtig behandeln.

Der Unternehmer hat die Voraussetzungen für den Verzicht auf die Steuerbefreiungen nachzuweisen. Der *Nachweis* ist an keine besondere Form gebunden. Er kann sich aus einer Bestätigung des Mieters, aus Bestimmungen des Mietvertrages oder aus anderen Unterlagen ergeben (Abschn. 148a Abs. 4 Sätze 1 bis 3 UStR 2008).

397 § 9 Abs. 2 UStG in der ab *1. 1. 1994* geltenden Fassung ist gem. *§ 27 Abs. 2 UStG* nicht anzuwenden, wenn das auf dem Grundstück errichtete Gebäude vor dem 1. 1. 1998 fertig gestellt wird und mit der Errichtung des Gebäudes vor dem 11. 11. 1993 begonnen wurde. Unter dem *Beginn der Errichtung* eines Gebäudes ist der Zeitpunkt zu verstehen, in dem einer der folgenden Sachverhalte als erster verwirklicht worden ist:

► Beginn der Ausschachtungsarbeiten,

► Erteilung eines spezifizierten Bauauftrags an den Bauunternehmer oder

► Anfuhr nicht unbedeutender Mengen von Baumaterial auf dem Bauplatz.

Der *grundlegende Umbau eines Altbaus* steht dann der Errichtung eines (neuen) Gebäudes i. S. der Übergangsregelung in § 27 Abs. 2 UStG gleich, wenn die neu eingefügten Gebäudeteile dem Gesamtgebäude das bautechnische Gepräge eines neuen Gebäudes geben oder wenn der Altbau durch den Umbau eine wesentliche Funktions- und Zweckveränderung erfährt (BFH vom 5. 6. 2003, BStBl 2004 II S. 28).

398 Durch die *Veräußerung* eines Grundstücks wird die Frage, ob der Verzicht auf die in § 9 Abs. 2 UStG genannten Steuerbefreiungen zulässig ist, nicht beeinflusst. Für Grundstücke mit *Altbauten* gilt daher, auch wenn sie veräußert werden, die Rechtslage vor dem 1. 1. 1994 (Abschn. 148a Abs. 7 Sätze 1 und 2 UStR 2008).

BEISPIEL: ► K ist Alleineigentümer eines in Münster belegenen Mietshauses. Das Grundstück ist zu 100 % dem Unternehmen zugeordnet und K war zum teilweisen Vorsteuerabzug berechtigt. Das Grundstück wird wie folgt genutzt:

► Erdgeschoss

Hier betreibt K ein Lebensmitteleinzelhandelsgeschäft. Einen weiteren Raum hat er an einen Schreiner vermietet, der diesen Raum zu Ausstellungszwecken nutzt.

Vereinbarte Miete: jährlich 3 000 €

► 1. Obergeschoss

K bewohnt hier mit seiner Familie eine 5-Zimmer-Wohnung.

► 2. Obergeschoss

Diese Etage nutzt ein selbständiger Steuerberater zu Wohnzwecken. Vereinbarte Miete: jährlich 10 000 €.

▶ Dachgeschoss

Das Dachgeschoss ist ausgebaut und an ein Studentenehepaar vermietet.

Vereinbarte Miete: monatlich 200 €.

K ist Unternehmer, der die Vermietungsumsätze im Rahmen seines Unternehmens ausführt.

Erdgeschoss

Bezüglich des Lebensmitteleinzelhandelsgeschäfts liegt ein nicht steuerbarer Umsatz vor. Die Frage der Steuerfreiheit oder Steuerpflicht stellt sich nicht. Hinsichtlich der Vermietung an den Schreiner liegt ein steuerbarer und gem. § 4 Nr. 12 Satz 1 Buchst. a UStG steuerfreier Umsatz vor. K kann gem. § 9 UStG auf die Steuerbefreiung verzichten und den Umsatz als steuerpflichtig behandeln.

1. Obergeschoss

Es handelt sich um einen steuerbaren Umsatz i. S. des § 1 Abs. 1 Nr. 1 Satz 1 UStG. Die Verwendung wird einer sonstigen Leistung gegen Entgelt gleichgestellt (§ 3 Abs. 9a Nr. 1 UStG). Dieser steuerbare Umsatz ist nach der Rechtsprechung des EuGH nicht steuerfrei gem. § 4 Nr. 12 Satz 1 Buchst. a UStG. Es handelt sich um einen steuerpflichtigen Umsatz, so dass sich die Frage der Option nicht stellt.

2. Obergeschoss

Es handelt sich um einen steuerbaren und steuerfreien Umsatz gem. § 4 Nr. 12 Satz 1 Buchst. a UStG. Eine Option zur Steuerpflicht ist nicht möglich, da der Umsatz zwar an einen anderen Unternehmer, aber nicht für dessen Unternehmen ausgeführt wird.

Dachgeschoss

Bezüglich der Vermietung an das Studentenehepaar liegt ein steuerbarer und steuerfreier Umsatz gem. § 4 Nr. 12 Satz 1 Buchst. a UStG vor. Eine Option gem. § 9 UStG ist nicht möglich, da der Umsatz nicht an einen anderen Unternehmer ausgeführt wird.

3. Einschränkung der Option gem. § 9 Abs. 3 UStG

§ 9 Abs. 3 UStG wurde durch das *Steueränderungsgesetz 2001* vom 20. 12. 2001 (BStBl 2002 I S. 4) mit Wirkung ab dem 1. 1. 2002 in das UStG eingefügt. Danach ist der Verzicht auf die Steuerbefreiung nach § 9 Abs. 1 UStG bei Lieferungen von Grundstücken (§ 4 Nr. 9 Buchst. a UStG) im Zwangsversteigerungsverfahren durch den Vollstreckungsschuldner an den Ersteher bis zur Aufforderung zur Abgabe von Geboten im Versteigerungstermin zulässig.   399

Im Rahmen des *Haushaltsbegleitgesetzes 2004* ist § 9 Abs. 3 UStG um den Satz 2 erweitert worden. Danach ist bei anderen Umsätzen i. S. des § 4 Nr. 9 Buchst. a UStG der Verzicht auf die Steuerbefreiung nach § 9 Abs. 1 UStG nur in dem gem. § 311b Abs. 1 BGB *notariell zu beurkundenden Vertrag* zu erklären. Diese Regelung dient dem Schutz des Leistungsempfängers.

IV. Steuerbefreiung gem. § 4b UStG

1. Allgemeines

§ 4b UStG enthält besondere Befreiungen für den innergemeinschaftlichen Erwerb bestimmter Gegenstände. *Sinn und Zweck* der Regelung ist es, eine Schlechterstellung der Umsätze innerhalb der Gemeinschaft gegenüber den Umsätzen mit Drittstaaten zu verhindern. Der Erwerb bestimmter Gegenstände wird im Ergebnis der Einfuhr dieser   400

Gegenstände aus Drittstaaten gleichgestellt. Des Weiteren wird der Erwerb solcher Gegenstände, deren Lieferung im Inland steuerfrei wäre, von der Erwerbsteuer befreit.

Auf die Steuerbefreiung des § 4b UStG kann nicht verzichtet werden.

2. Steuerbefreiung gem. § 4b Nr. 1 UStG

401   Steuerfrei ist gem. *§ 4b Nr. 1 UStG* der innergemeinschaftliche Erwerb der in § 4 Nr. 8 Buchst. e und Nr. 17 Buchst. a UStG sowie der in § 8 Abs. 1 Nr. 1 und 2 UStG bezeichneten Gegenstände. Hierdurch wird der innergemeinschaftliche Erwerb bestimmter Gegenstände, deren Lieferung im Inland steuerfrei wäre, von der USt befreit. Steuerfrei ist der innergemeinschaftliche Erwerb von

- ▶ Wertpapieren (§ 4 Nr. 8 Buchst. e UStG),

- ▶ menschlichen Organen (§ 4 Nr. 17 Buchst. a UStG),

- ▶ menschlichem Blut (§ 4 Nr. 17 Buchst. a UStG),

- ▶ Frauenmilch (§ 4 Nr. 17 Buchst. a UStG),

- ▶ Wasserfahrzeugen für die Seeschifffahrt, die dem Erwerb durch die Seeschifffahrt oder der Rettung Schiffbrüchiger zu dienen bestimmt sind (§ 8 Abs. 1 Nr. 1 UStG),

- ▶ Gegenstände, die zur Ausrüstung der o.g. Wasserfahrzeuge bestimmt sind (§ 8 Abs. 1 Nr. 2 UStG).

3. Steuerbefreiung gem. § 4b Nr. 2 UStG

402   Steuerfrei ist gem. *§ 4b Nr. 2 UStG* der innergemeinschaftliche Erwerb der in § 4 Nr. 4 bis 4b und Nr. 8 Buchst. b und i UStG sowie der in § 8 Abs. 2 Nr. 1 und 2 UStG bezeichneten Gegenstände unter den in diesen Vorschriften bezeichneten Voraussetzungen. Durch § 4b Nr. 2 UStG ist der innergemeinschaftliche Erwerb bestimmter Gegenstände, deren Lieferung im Inland steuerfrei wäre, von der USt befreit. Steuerfrei ist der innergemeinschaftliche Erwerb von

- ▶ Gold durch Zentralbanken (§ 4 Nr. 4 UStG),

- ▶ bestimmten Gegenständen, die in ein Umsatzsteuerlager eingelagert werden (§ 4 Nr. 4a UStG),

- ▶ gesetzlichen Zahlungsmitteln, wenn sie nicht wegen ihres Metallgehaltes oder ihres Sammlerwertes erworben werden (§ 4 Nr. 8 Buchst. b UStG),

- ▶ im Inland gültigen amtlichen Wertzeichen zum aufgedruckten Wert (§ 4 Nr. 8 Buchst. i UStG),

- ▶ Luftfahrzeugen, die zur Verwendung durch Unternehmer bestimmt sind, die im entgeltlichen Luftverkehr überwiegend grenzüberschreitende Beförderungen oder Beförderungen auf ausschließlich im Ausland gelegenen Strecken und keine nach § 4 Nr. 17 Buchst. b UStG steuerfreien Beförderungen durchführen (§ 8 Abs. 2 Nr. 1 UStG),

- ▶ Gegenständen, die zur Ausrüstung der o.g. Luftfahrzeuge bestimmt sind (§ 8 Abs. 2 Nr. 2 UStG).

4. Steuerbefreiung gem. § 4b Nr. 3 UStG

Steuerfrei ist gem. *§ 4b Nr. 3 UStG* der innergemeinschaftliche Erwerb der Gegenstände,　403
deren Einfuhr nach den für die EUSt geltenden Vorschriften steuerfrei wäre. Hierdurch
wird eine *Gleichbehandlung* des innergemeinschaftlichen Erwerbs mit der steuerfreien
Einfuhr sichergestellt.

Der *Umfang* der Steuerbefreiung ergibt sich zu einem wesentlichen Teil aus der *Einfuhrumsatzsteuer-Befreiungsverordnung* vom 11.8.1992 (BGBl 1992 I S.1526) geändert
durch die *Erste Verordnung zur Änderung der Einfuhrumsatzsteuer-Befreiungsverordnung* vom 9.2.1994 (BGBl 1994 I S. 302) und durch Artikel 4 der *Verordnung zur Änderung der Zollverordnung und anderer Verordnungen* vom 22.12.2003 (BGBl 2004 I S. 21).
Steuerfrei ist danach z. B. der innergemeinschaftliche Erwerb von

- bestimmten Werbedrucken und Werbegegenständen,
- bestimmten landwirtschaftlichen Erzeugnissen,
- bestimmten Gegenständen erzieherischen, wissenschaftlichen oder kulturellen Charakters,
- bestimmten Gegenständen für Organisationen der Wohlfahrtspflege,
- Gegenständen mit geringem Wert (bis zu 22 €) pro Sendung (z. B. Zeitschriften und
Bücher) (Abschn. 127a Abs. 2 Satz 3 UStR 2008).

5. Steuerbefreiung gem. § 4b Nr. 4 UStG

Steuerfrei ist gem. *§ 4b Nr. 4 UStG* der innergemeinschaftliche Erwerb der Gegenstände,　404
die zur Ausführung von Umsätzen verwendet werden, für die der Ausschluss vom Vorsteuerabzug nach § 15 Abs. 3 UStG nicht eintritt. Hierbei handelt es sich insbesondere
um steuerfreie Umsätze nach § 4 Nr. 1 bis 7 UStG; z. B. steuerfreie *innergemeinschaftliche Lieferungen* und steuerfreie *Ausfuhrlieferungen*.

> **BEISPIEL:** ▸ A ist Unternehmer in Bielefeld. Er erwirbt von dem italienischen Unternehmer I mit
> Sitz in Rom, der kein Kleinunternehmer ist, eine Maschine für sein Unternehmen. I befördert
> die Maschine mit eigenem Lkw von Rom nach Bielefeld zu A. Im Anschluss an den Erwerb ver-
> äußert A die Maschine seinerseits an den Schweizer Unternehmer S mit Sitz in Zürich. A trans-
> portiert die Maschine zu S nach Zürich.
>
> A erbringt zunächst einen steuerbaren Umsatz i. S. des § 1 Abs. 1 Nr. 5 UStG. Es liegt ein inner-
> gemeinschaftlicher Erwerb i. S. des § 1a Abs. 1 UStG vor. Der Ort des innergemeinschaftlichen
> Erwerbs ist gem. § 3d Satz 1 UStG Bielefeld. Der Erwerb erfolgt auch gegen Entgelt. Dieser
> steuerbare Umsatz ist steuerfrei gem. § 4b Nr. 4 UStG; denn der erworbene Gegenstand, die
> Maschine, wird für eine steuerfreie Ausfuhrlieferung, für die der Ausschluss vom Vorsteuer-
> abzug gem. § 15 Abs. 3 Nr. 1 Buchst. a UStG nicht eintritt, verwendet.

Wenn die steuerfreie Verwendung des erworbenen Gegenstandes im Zeitpunkt des Erwerbs *noch nicht feststeht*, kann der Erwerb zunächst der Besteuerung unterworfen
werden. Wegen des zeitgleichen Vorsteuerabzuges entsteht dadurch keine Belastung.
Wenn später die Voraussetzungen für den steuerfreien Erwerb erfüllt werden, müssen
die Erwerbsteuer und der Vorsteuerabzug berichtigt werden. Dies muss im Voranmeldungszeitraum des Eintritts der Steuerbefreiungsvoraussetzungen geschehen. Die Berichtigung ist für die Praxis allerdings nur bedeutsam, wenn zunächst kein uneinge-
schränkter Vorsteuerabzug der Erwerbsteuer bestand. Eine Option für die Steuerpflicht

des Erwerbs kennt das UStG nicht. Es wird jedoch von der Finanzverwaltung *nicht bean-standet*, wenn in den Fällen des § 4b Nr. 4 UStG der innergemeinschaftliche Erwerb als steuerpflichtig behandelt wird (Abschn. 127a Abs. 3 Satz 2 UStR 2008).

V. Steuerbefreiung gem. § 5 UStG

1. Allgemeines

405 *§ 5 UStG* enthält besondere Befreiungen bei der Einfuhr. Eine Einfuhr liegt seit dem 1. 1. 1993 nur noch vor, wenn die Gegenstände aus dem *Drittlandsgebiet* in das Inland eingeführt werden. Die Steuerbefreiung dient der Gleichstellung eingeführter Gegen-stände mit den im Inland hergestellten. Die Anwendung des § 5 UStG erfolgt durch die *Zollbehörden*.

2. Steuerbefreiung gem. § 5 Abs. 1 UStG

a) Einfuhr bestimmter Gegenstände

406 *§ 5 Abs. 1 Nr. 1 und 2 UStG* stellt die Einfuhr bestimmter Gegenstände steuerfrei, deren Lieferung im Inland ebenfalls steuerfrei wäre. Steuerfrei ist danach die Einfuhr von

- ▶ Wertpapieren (§ 4 Nr. 8 Buchst. e UStG),
- ▶ menschlichen Organen (§ 4 Nr. 17 Buchst. a UStG),
- ▶ menschlichem Blut (§ 4 Nr. 17 Buchst. a UStG),
- ▶ Frauenmilch (§ 4 Nr. 17 Buchst. a UStG),
- ▶ Wasserfahrzeugen für die Seeschifffahrt, die dem Erwerb durch die Seeschifffahrt oder der Rettung Schiffbrüchiger zu dienen bestimmt sind (§ 8 Abs. 1 Nr. 1 UStG),
- ▶ Gegenstände, die zur Ausrüstung der o. g. Wasserfahrzeuge bestimmt sind (§ 8 Abs. 1 Nr. 2 UStG),
- ▶ Gegenstände, die zur Versorgung der o. g. Wasserfahrzeuge bestimmt sind (§ 8 Abs. 1 Nr. 3 UStG),
- ▶ Gold durch Zentralbanken (§ 4 Nr. 4 UStG),
- ▶ gesetzlichen Zahlungsmitteln, wenn sie nicht wegen ihres Metallgehaltes oder ihres Sammlerwertes eingeführt werden (§ 4 Nr. 8 Buchst. b UStG),
- ▶ im Inland gültigen amtlichen Wertzeichen zum aufgedruckten Wert (§ 4 Nr. 8 Buchst. i UStG),
- ▶ Luftfahrzeugen, die zur Verwendung durch Unternehmer bestimmt sind, die im ent-geltlichen Luftverkehr überwiegend grenzüberschreitende Beförderungen oder Be-förderungen auf ausschließlich im Ausland gelegenen Strecken und keine nach § 4 Nr. 17 Buchst. b UStG steuerfreien Beförderungen durchführen (§ 8 Abs. 2 Nr. 1 UStG),
- ▶ Gegenständen, die zur Ausrüstung der o. g. Luftfahrzeuge bestimmt sind (§ 8 Abs. 2 Nr. 2 UStG),
- ▶ Gegenständen, die zur Versorgung der o. g. Luftfahrzeuge bestimmt sind (§ 8 Abs. 2 Nr. 3 UStG).

b) Einfuhr innergemeinschaftlicher Transitware

Steuerfrei ist gem. *§ 5 Abs. 1 Nr. 3 UStG* die Einfuhr der Gegenstände, die von einem   407
Schuldner der EUSt im Anschluss an die Einfuhr unmittelbar zur Ausführung von inner-
gemeinschaftlichen Lieferungen verwendet werden. Der Schuldner der EUSt hat das
Vorliegen der Voraussetzungen des § 6a Abs. 1 bis 3 UStG nachzuweisen.

> **BEISPIEL:** ▶ Unternehmer A in Rostock erwirbt von dem Schweizer Unternehmer S eine Ware, die
> A zum Zeitpunkt des Erwerbs bereits an den dänischen Unternehmer D weiterverkauft hat. S
> transportiert die Ware zu A nach Rostock, der Schuldner der EUSt ist. Anschließend transpor-
> tiert A die Ware zu D nach Dänemark.
>
> S erbringt eine im Inland nicht steuerbare Lieferung; § 3 Abs. 8 UStG kommt nicht zur Anwen-
> dung. A erbringt eine steuerbare und steuerfreie innergemeinschaftliche Lieferung an D. Au-
> ßerdem erbringt A eine steuerbare Einfuhr gem. § 1 Abs. 1 Nr. 4 UStG, die aber gem. § 5 Abs. 1
> Nr. 3 UStG steuerfrei ist, da A die Ware im Anschluss an die Einfuhr unmittelbar zur Ausfüh-
> rung einer innergemeinschaftlichen Lieferung verwendet hat. Die Voraussetzungen müssen
> von A nachgewiesen werden.

c) Einfuhr im Zusammenhang mit einem Umsatzsteuerlager

Im Rahmen des *Steueränderungsgesetzes 2003* (BGBl 2003 I S. 2645) wurde § 5 Abs. 1   408
Nr. 4 und Nr. 5 UStG mit Wirkung ab dem 1.1.2004 in das UStG eingefügt. Steuerfrei
ist die Einfuhr der in der Anlage 1 bezeichneten Gegenstände, die im Anschluss an die
Einfuhr zur Ausübung von steuerfreien Umsätzen nach § 4 Nr. 4a Satz 1 Buchst. a Satz 1
UStG verwendet werden sollen; der Schuldner der EUSt hat die Voraussetzungen der
Steuerbefreiung nachzuweisen *(§ 5 Abs. 1 Nr. 4 UStG)*.

> **BEISPIEL:** ▶ Unternehmer A liefert Papierrollen aus dem Drittlandsgebiet an Unternehmer B (Ver-
> sendung durch A). Sobald die Papierrollen in das Gemeinschaftsgebiet gelangen, werden sie
> von B im Inland am 10.1.2009 in den zoll- und steuerrechtlich freien Verkehr übergeführt. B
> beabsichtigt, die Papierrollen in ein Umsatzsteuerlager des Lagerinhabers L in Hamburg für
> Umsatzsteuerzwecke einzulagern. Zu einer Einlagerung kommt es aber nicht, da B noch vor
> der Einlagerung einen Abnehmer C findet. Die Papierrollen werden auf Wunsch des C am
> 16.1.2009 unmittelbar zu dessen Fertigungshalle nach Düsseldorf versendet.
>
> Die Einfuhr der Papierrollen ist nach § 5 Abs. 1 Nr. 4 UStG steuerfrei, da B beabsichtigte, die
> Papierrollen in ein Umsatzsteuerlager einzulagern. Die Lieferung von A an B ist im Inland nicht
> steuerbar. Der Lieferort liegt im Drittlandsgebiet. Die Lieferung des B an C ist steuerpflichtig,
> da sich der Liefergegenstand im Zeitpunkt der Lieferung nicht in einem Umsatzsteuerlager be-
> findet und auch keine Lieferung in ein Umsatzsteuerlager vorliegt.

Steuerfrei ist die Einfuhr der in der Anlage 1 bezeichneten Gegenstände, wenn die Ein-   409
fuhr im Zusammenhang mit einer Lieferung steht, die zu einer Auslagerung i. S. des § 4
Nr. 4a Satz 1 Buchst. a Satz 2 UStG führt und der Lieferer oder sein Beauftragter Schuldner der EUSt ist; der Schuldner der EUSt hat die Voraussetzungen der Steuerbefreiung
nachzuweisen *(§ 5 Abs. 1 Nr. 5 UStG)*.

> **BEISPIEL:** ▶ Unternehmer A liefert einen Gegenstand aus dem Drittlandsgebiet an Unternehmer
> B in Deutschland (Versendung durch A). Sobald der Gegenstand in das Gemeinschaftsgebiet
> gelangt, wird dieser von B in ein Zolllagerverfahren übergeführt; gleichzeitig wird der Gegen-
> stand für Umsatzsteuerzwecke in ein Umsatzsteuerlager eingelagert. Die Einlagerung erfolgt
> beim Lagerhalter L in Deutschland. L betreibt sowohl ein Zoll- als auch ein Umsatzsteuerlager.
> Danach wird der Gegenstand von B an das Versicherungsunternehmen C zu der Kondition
> „verzollt und versteuert" verkauft. B bittet L, die Ware in den zoll- und steuerrechtlich freien

Verkehr zu überführen und danach an C zu befördern. C ist nicht zum Vorsteuerabzug berechtigt.

Die Lieferung des B an C ist als der Auslagerung vorangehende Lieferung steuerpflichtig. C kann die ihm von B in Rechnung gestellte Steuer nicht als Vorsteuer abziehen. Da B die Waren in ein Zolllagerverfahren überführt hat, ist der Einfuhrtatbestand zunächst bei Einlagerung in das Zolllager nicht erfüllt. Eine Einfuhr liegt erst vor, wenn das Lagerverfahren beendet und der Gegenstand in den zoll- und steuerrechtlich freien Verkehr übergeführt wird. Diese Einfuhr ist steuerfrei, da L für B als Lieferer den Liefergegenstand eingeführt und er die EUSt schulden würde (§ 5 Abs. 1 Nr. 5 UStG).

d) Einfuhr von Gas und Elektrizität

410   Im Rahmen des *Richtlinien-Umsetzungsgesetzes* vom 9. 12. 2004 (BGBl 2004 I S. 3310) ist § 5 Abs. 1 Nr. 6 UStG mit Wirkung ab dem *1. 1. 2005* in das UStG eingefügt worden. Steuerfrei ist danach die Einfuhr von Erdgas über das Erdgasnetz und von Elektrizität.

> **BEISPIEL:** ► Die russische Erdgasfirma R mit Sitz in Moskau liefert über das Erdgasnetz Erdgas an das deutsche Unternehmen A, das mit Gas handelt.
>
> Der Lieferort befindet sich gem. § 3g Abs. 1 UStG im Inland, da das Erdgas an einen Wiederverkäufer geliefert wird. Die Lieferung ist steuerbar und steuerpflichtig. Steuerschuldner ist gem. § 13b UStG das deutsche Unternehmen A.
>
> Die Einfuhr des Erdgases im Inland ist steuerbar gem. § 1 Abs. 1 Nr. 4 UStG und steuerfrei gem. § 5 Abs. 1 Nr. 6 UStG.

3. Steuerbefreiung gem. § 5 Abs. 2 und 3 UStG

a) Einfuhrumsatzsteuer-Befreiungsverordnung

411   § 5 Abs. 2 und 3 UStG enthalten Ermächtigungen für den Erlass von Rechtsverordnungen zur Regelung weiterer Steuerbefreiungen und Steuerermäßigungen bei der Einfuhr. Auf dieser Ermächtigungsgrundlage beruht die Einfuhrumsatzsteuer-Befreiungsverordnung.

Unter die *Befreiungsverordnung* fallen z. B.:

► Gegenstände, die zollfrei eingeführt werden können,

► Investitionsgüter und andere Ausrüstungsgegenstände,

► landwirtschaftliche Erzeugnisse,

► Gegenstände erzieherischen, wissenschaftlichen oder kulturellen Charakters,

► Tiere für Laborzwecke,

► Gegenstände für Organisationen der Wohlfahrtspflege,

► Werbedrucke,

► Werbemittel für den Fremdenverkehr,

► amtliche Veröffentlichungen, Wahlmaterialien,

► Behältnisse und Verpackungen,

► zur vorübergehenden Verwendung eingeführte Gegenstände,

► Rückwaren,

► Gegenstände der Freihafenlagerung,

► Gegenstände der Freihafenveredelung,

► Fänge deutscher Fischer.

b) Verordnung über die Eingangsabgabenfreiheit von Waren im persönlichen Gepäck der Reisenden

Für die so genannten *Reisemitbringsel* kommt die Steuerbefreiung nach der Verordnung   412
über die Eingangsabgabenfreiheit von Waren im persönlichen Gepäck der Reisenden
vom 3. 12. 1974 (BGBl 1974 I S. 3377), zuletzt geändert durch die *Einreise-Freimengen-verordnung* vom 22. 12. 1994 (BGBl 1994 I S. 3978), in Betracht. Nach dieser Verordnung
sind Waren von den Einfuhrabgaben befreit, die zum persönlichen Gebrauch oder Ver-brauch im persönlichen Gepäck eingeführt werden, und zwar im Rahmen bestimmter
Mengen- und Wertgrenzen. Hierbei geht es im Wesentlichen um Tabakwaren, alkoholi-sche Getränke, Parfüms, Kaffee und Tee.

c) Kleinsendungen

Für Kleinsendungen ist die *Verordnung über die Eingangsabgabenfreiheit von Waren in*   413
Kleinsendungen nichtkommerzieller Art vom 11. 1. 1979 (BGBl 1979 I S. 73), zuletzt geän-dert durch die Verordnung vom 3. 8. 1993 (BGBl 1993 I S. 1461), zu beachten. Einfuhr-umsatzsteuerfrei sind danach Waren in Kleinsendungen bis zu einem Warenwert je
Sendung von insgesamt *45 €*. Dabei dürfen bestimmte Mengengrenzen nicht über-schritten werden.

D. Bemessungsgrundlage

I. Bemessungsgrundlage gem. §§ 10, 11 UStG

1. Allgemeines

Für die *steuerbaren Umsätze* des § 1 Abs. 1 UStG, also sowohl für die steuerpflichtigen   414
als auch für die steuerfreien Umsätze, ist die Bemessungsgrundlage zu bestimmen. *Be-messungsgrundlage* ist der Wert, auf den bei einem steuerpflichtigen Umsatz der Steu-ersatz anzuwenden ist. Die gesetzliche Grundlage für die Bemessungsgrundlagen fin-det sich grundsätzlich in den §§ 10 und 11 UStG. Auch bestimmte *nicht steuerbare* Um-sätze sind in den Voranmeldungen betragsmäßig zu erfassen.

Übersicht:

Steuerbarer Umsatz	Bemessungsgrundlage	Gesetzliche Regelung
Lieferungen und sonstige Leistungen	Entgelt	§ 10 Abs. 1 UStG
	Einkaufspreis zzgl. Neben-kosten oder Selbstkosten	§ 10 Abs. 4 Satz 1 Nr. 1 UStG
	Ausgaben	§ 10 Abs. 4 Satz 1 Nr. 2 UStG § 10 Abs. 4 Satz 1 Nr. 3 UStG
Einfuhr im Inland	Zollwert	§ 11 Abs. 1 UStG
Innergemeinschaftlicher Erwerb	Entgelt	§ 10 Abs. 1 UStG
	Einkaufspreis zzgl. Neben-kosten oder Selbstkosten	§ 10 Abs. 4 Satz 1 Nr. 1 UStG

2. Bemessungsgrundlage für Umsätze gem. § 1 Abs. 1 Nr. 1 UStG

a) Entgelt

415 Der Umsatz wird bei Lieferungen und sonstigen Leistungen nach dem *Entgelt* bemessen (§ 10 Abs. 1 Satz 1 UStG). *Entgelt ist alles, was der Leistungsempfänger aufwendet, um die Leistung zu erhalten, jedoch abzüglich der USt.* Das Entgelt stellt demzufolge einen *Nettobetrag* dar. Der Umfang des Entgelts beschränkt sich nicht auf die bürgerlich-rechtlich bestimmte oder bestimmbare Gegenleistung für eine Leistung, sondern erstreckt sich auf alles, was der Leistungsempfänger tatsächlich für die an ihn bewirkte Leistung aufwendet (BFH vom 13. 12. 1973, BStBl 1974 II S. 191). Dazu gehören auch *Nebenkosten* des Leistenden, die er vom Leistungsempfänger einfordert (BFH vom 16. 3. 2000, BStBl 2000 II S. 360). Nicht entscheidend ist, ob der Leistungsempfänger gewillt ist, die vom Leistenden zu erbringende oder erbrachte Leistung anzunehmen, und ob er auf sie Wert legt oder nicht (BFH vom 28. 1. 1988, BStBl 1988 II S. 473). Zum Entgelt gehört auch, was ein anderer als der Leistungsempfänger dem Unternehmer für die Leistung gewährt; es liegt eine *Zahlung von dritter Seite* vor.

Bei Lieferungen und dem innergemeinschaftlichen Erwerb i. S. des *§ 4 Nr. 4a Satz 1 Buchst. a Satz 2 UStG* sind die Kosten für die Leistungen i. S. des § 4 Nr. 4a Satz 1 Buchst. b UStG und die vom Auslagerer geschuldeten oder entrichteten Verbrauchsteuern in die Bemessungsgrundlage einzubeziehen *(§ 10 Abs. 1 Satz 5 UStG)*.

Nicht zum Entgelt gehört

► die USt,

► die durchlaufenden Posten.

416 Das auf den Rechnungspreis entfallende Entgelt kann mit Hilfe eines Divisors ermittelt werden. Das Entgelt wird nach folgender *Formel* berechnet:

Rechnungspreis : Divisor

Der *Divisor* beträgt bei einem in der Rechnung angegebenen Steuersatz von

7,0 %	1,07
19,0 %	1,19

417 Zum Entgelt gehören auch *freiwillig* an den Unternehmer gezahlte Beträge, z. B. *Trinkgelder*, wenn zwischen der Zahlung und der Leistung des Unternehmers eine innere Verknüpfung besteht (BFH vom 17. 2. 1972, BStBl 1972 II S. 405). Der im Gaststätten- und Beherbergungsgewerbe erhobene Bedienungszuschlag ist Teil des vom Unternehmer vereinnahmten Entgelts, auch wenn das Bedienungspersonal den Zuschlag nicht abführt, sondern vereinbarungsgemäß als Entlohnung für seine Dienste zurückbehält (BFH vom 19. 8. 1971, BStBl 1972 II S. 24). Dagegen rechnen die *an das Bedienungspersonal* gezahlten *freiwilligen Trinkgelder* nicht zum Entgelt für die Leistungen des Unternehmers (Abschn. 149 Abs. 5 Satz 3 UStR 2008).

BEISPIEL: ► A ist selbständiger Architekt in Bonn. Im Auftrag des Privatmanns P entwirft A eine Bauzeichnung für ein Einfamilienhaus in Bonn und stellt dem P dafür 10 000 € zzgl. 1 900 € USt = 11 900 € in Rechnung. Da dem P die Zeichnung ausnehmend gut gefällt, zahlt er dem A statt der vereinbarten 11 900 € einen Betrag i. H. von 12 000 €.

Die Leistung des A ist steuerbar und zu 19 % steuerpflichtig. Bemessungsgrundlage für den Umsatz ist das Entgelt. Entgelt ist alles, was der Leistungsempfänger für die Leistung aufwendet; jedoch abzüglich der USt. Die Bemessungsgrundlage beläuft sich demnach auf 10 084,03 € (12 000 € : 1,19).

Eine Lieferung oder sonstige Leistung eines Unternehmers wird *„letztendlich"* nur mit der Bemessungsgrundlage besteuert, die sich aufgrund der von ihm wirklich vereinnahmten Gegenleistung ergibt (BFH vom 16. 1. 2003, BStBl 2003 II S. 620; Abschn. 149 Abs. 4 Satz 1 UStR 2008).

b) Durchlaufende Posten

Nicht zum Entgelt gehören die Beträge, die der Unternehmer im Namen und für Rechnung eines anderen vereinnahmt und verausgabt *(durchlaufende Posten)*. Ein durchlaufender Posten liegt vor, wenn der Unternehmer, der die Beträge vereinnahmt und verauslagt, im Zahlungsverkehr lediglich die *Funktion einer Mittelsperson* ausübt, ohne selbst einen Anspruch auf den Betrag gegen den Leistenden zu haben und auch nicht zur Zahlung an den Empfänger verpflichtet ist. Es ist erforderlich, dass zwischen dem Zahlungsverpflichteten und dem, der Anspruch auf die Zahlung hat (Zahlungsempfänger), unmittelbare Rechtsbeziehungen bestehen (BFH vom 24. 2. 1966, BStBl 1966 III S. 263). *Unmittelbare Rechtsbeziehungen* setzen voraus, dass der Zahlungsverpflichtete und der Zahlungsempfänger jeweils den Namen des anderen und die Höhe des gezahlten Betrages erfahren (BFH vom 4. 12. 1969, BStBl 1970 II S. 191).

418

Etwas anderes gilt bei *Abgaben* und *Beiträgen*. Solche Beträge können auch dann durchlaufende Posten sein, wenn die Mittelsperson dem Zahlungsempfänger die Namen der Zahlungsverpflichteten und die jeweilige Höhe der Beträge nicht mitteilt (BFH vom 11. 8. 1966, BStBl 1966 III S. 647). Gebühren und Auslagen, die Rechtsanwälte, Notare und Angehörige verwandter Berufe bei Behörden und ähnlichen Stellen für ihre Auftraggeber auslegen, können als durchlaufende Posten auch dann anerkannt werden, wenn dem Zahlungsempfänger Namen und Anschriften der Auftraggeber nicht mitgeteilt werden (Abschn. 152 Abs. 2 Satz 4 UStR 2008). Wegen der Gebührenschuldnerschaft des Notariatsinhabers für die Inanspruchnahme des *automatisierten Datenabrufverfahrens* kommt insoweit die Annahme von durchlaufenden Posten nicht in Betracht.

Bei der Entgegennahme des durchlaufenden Postens wird nicht eine eigene, sondern eine *fremde Forderung* erfüllt und bei der Weiterleitung nicht eine eigene, sondern eine *fremde Schuld* getilgt. Schon wenn feststeht, dass eine der beiden Geldbewegungen (Vereinnahmung oder Verausgabung) im eigenen Namen des Unternehmers, wenn auch für fremde Rechnung geschehen ist, kann es sich nicht um einen durchlaufenden Posten handeln. Steuern, öffentliche Gebühren und Abgaben, die *vom Unternehmer geschuldet* werden, können bei dem Unternehmer auch dann keinen durchlaufenden Posten darstellen, wenn sie dem Leistungsempfänger gesondert berechnet werden (BFH vom 4. 6. 1970, BStBl 1970 II S. 648). Für den durchlaufenden Posten ist es unmaßgeblich, ob die Vereinnahmung oder Verausgabung zuerst geschieht. Ein Unternehmer, der Abfälle einzelner Kunden in Containern bei Mülldeponien eines Landkreises anliefert und gem. dessen Abfallsatzung als Gebührenschuldner der *Deponiegebühren* herangezogen wird, kann diese Deponiegebühren als durchlaufende Posten behandeln, wenn dem Betreiber der Deponie der jeweilige Auftraggeber bekannt ist (BFH vom 11. 2. 1999, BStBl 2000 II S. 100; vgl. hierzu BMF-Schreiben vom 11. 2. 2000, BStBl 2000 I S. 360).

> **BEISPIEL:** ➤ Handelsvertreter A verkauft Staubsauger der Firma Miele. Im Innenverhältnis zur Firma Miele erhält er für jeden verkauften Staubsauger von der Firma Miele eine Provision von 20 % A verkauft der Hausfrau B einen Staubsauger zu einem Preis von 476 €. A nimmt einen Rechnungsblock der Firma Miele und berechnet einen Staubsauger für 400 € zzgl. 76 € USt. Der Staubsauger wird sofort übergeben. Frau B bezahlt den Kaufpreis in bar.
>
> Für den Handelsvertreter A ist die Vereinnahmung der 476 € durch den Verkauf des Staubsaugers ein durchlaufender Posten, da er dies Geld für Rechnung und für Namen der Firma Miele vereinnahmt hat. B ist darüber informiert worden, dass sie mit dem Kauf des Staubsaugers in Rechtsbeziehungen zur Firma Miele tritt und eventuelle Garantieansprüche auch dort geltend machen muss. A muss aus dem Verkauf des Staubsaugers keine USt abführen; diesbezüglich liegt ein Umsatz der Firma Miele vor, die diesen Umsatz auch versteuern muss. Für A bleibt nur der Provisionsanspruch von 20 % von 476 € = 95,20 €, den er zu versteuern hat: 95,20 € : 1,19 = 80 €. Die USt für seine sonstige Leistung beträgt 15,20 €. Die Firma Miele darf diese Geschäftskosten (Provision an Handelsvertreter A) nicht als Entgeltsminderung ausweisen (Abschn. 149 Abs. 6 Satz 2 UStR 2008).

Die Durchführung von *Fahrzeug-Hauptuntersuchungen* in Prüfstützpunkten führt zu einem Leistungsaustausch zwischen dem beliehenen Unternehmer (TÜV, DEKRA etc.) und dem Fahrzeughalter. Für die Werkstatt kann es sich nur um einen durchlaufenden Posten handeln.

Im Falle der Weiterbelastung des Kostenfaktors „*Maut*" durch den Mautschuldner an den Empfänger einer von ihm erbrachten Leistung, z. B. einer Transportleistung, ist die Maut Teil des Entgelts für diese Leistung, auch wenn sie als gesondertes Entgeltbestandteil in der Rechnung aufgeführt ist. Die Maut stellt keinen durchlaufenden Posten dar.

c) Tausch und tauschähnlicher Umsatz

419   Beim Tausch, bei tauschähnlichen Umsätzen und bei Hingabe an Zahlungs Statt gilt gem. *§ 10 Abs. 2 Satz 2 UStG* der Wert jedes Umsatzes als Entgelt für den anderen Umsatz. Die USt gehört nicht zum Entgelt. Wird ein Geldbetrag zugezahlt, handelt es sich um einen *Tausch oder tauschähnlichen Umsatz mit Baraufgabe.*

420   Als Entgelt für eine Leistung ist der *übliche Preis* der vom Leistungsempfänger erhaltenen Gegenleistung anzusetzen; die USt ist stets herauszurechnen (BFH vom 17. 1. 1957, BStBl 1957 III S. 83).

> **BEISPIEL:** ➤ Der Verkaufspreis eines neuen Kraftwagens beträgt 17 400 €. Der Kraftfahrzeughändler nimmt bei der Lieferung des Neuwagens ein gebrauchtes Fahrzeug, dessen gemeiner Wert 8 000 € beträgt, mit 8 500 € in Zahlung. Der Kunde zahlt 8 900 € in bar.

Der Kraftfahrzeughändler gewährt einen verdeckten Preisnachlass von 500 €. Das Entgelt für die Lieferung des Neuwagens berechnet sich wie folgt:

Barzahlung:	8 900 €
gemeiner Wert	8 000 €
	16 900 €
	:
	1,19
	=
Entgelt	14 201,68 €

In den Fällen, in denen bei der Lieferung eines Neuwagens und der Inzahlungnahme eines Gebrauchtwagens ein *verdeckter Preisnachlass* gewährt wird, ist ggf. *§ 14c Abs. 1 UStG* anzuwenden. Der Kraftfahrzeughändler, der in einem derartigen Fall eine Rechnung erteilt, in der die USt gesondert ausgewiesen und der angegebene Steuerbetrag von dem nicht um den verdeckten Preisnachlass geminderten Entgelt berechnet worden ist, schuldet den Steuermehrbetrag nach § 14c Abs. 1 Satz 1 UStG. Eine Rechnungsberichtigung ist gem. § 14c Abs. 1 Satz 2 UStG möglich. Zur *Ermittlung des gemeinen Werts* des in Zahlung genommenen Gebrauchtwagens nimmt Abschn. 153 Abs. 4 Satz 5 UStR 2008 Stellung.

Die Umsätze beim *Austauschverfahren in der Kraftfahrzeugwirtschaft* sind in der Regel Tauschlieferungen mit Baraufgabe (BFH vom 3. 5. 1962, BStBl 1962 III S. 265). Der Lieferung eines aufbereiteten funktionsfähigen Austauschteils durch den Unternehmer der Kraftfahrzeugwirtschaft stehen eine Geldzahlung und eine Lieferung des reparaturbedürftigen Kraftfahrzeugteils durch den Kunden gegenüber. Dabei können die Altteile mit einem Durchschnittswert von *10 %* des so genannten Bruttoaustauschentgelts bewertet werden. Wegen der Einzelheiten hierzu wird auf Abschn. 153 Abs. 3 UStR 2008 verwiesen.

d)　Steuerfreie Leistungen

Im Falle der *Steuerfreiheit* der Leistung entspricht der *Preis* dem Entgelt; eine Herausrechnung der USt kommt nicht in Betracht.

421

> **BEISPIEL:** Der deutsche Unternehmer D liefert an den spanischen Unternehmer S eine Ware für 10 000 €. Die Ware wird von D nach Spanien befördert. S hat gegenüber dem D seine spanische Umsatzsteuer-Identifikationsnummer angegeben.
>
> Die Lieferung des D ist in Deutschland steuerbar und als innergemeinschaftliche Lieferung steuerfrei. Bemessungsgrundlage für die Lieferung ist das Entgelt i. H. von 10 000 €. Eine Herausrechnung der USt kommt nicht in Betracht.

Bei einer *Grundstücksveräußerung* rechnete nach vormaliger Verwaltungsauffassung die *Hälfte* der Grunderwerbsteuer zum Entgelt für die Grundstücksveräußerung, wenn die Parteien des Grundstückskaufvertrages vereinbaren, dass der Erwerber die Grunderwerbsteuer allein zu tragen hatte (BFH vom 10. 7. 1980, BStBl 1980 II S. 620). Der BFH hat mit Urteilen vom 20. 12. 2005 (UR 2006 S. 337) und vom 9. 11. 2006 (BStBl 2007 II S. 285) seine *Rechtsprechung geändert* und ausgeführt, dass die Grunderwerbsteuer, die der Käufer eines Grundstücks vereinbarungsgemäß zahlt, das Entgelt für die Grund-

422

stückslieferung *nicht* erhöht. Dies ist in Abschn. 149 Abs. 7 Satz 5 UStR 2008 nunmehr umgesetzt worden.

e) Zuschüsse

423   Zahlungen unter den Bezeichnungen „Zuschuss, Zuwendungen, Beihilfe, Prämie, Ausgleichsbetrag u. Ä." können entweder

▶ Entgelt für eine Leistung an den Zuschussgeber (Zahlenden),

▶ zusätzliches Entgelt eines Dritten

oder

▶ echter, nicht steuerbarer Zuschuss sein.

424   Zuschüsse sind *Entgelt für eine Leistung*, wenn ein Leistungsaustauschverhältnis besteht. Der Zahlungsempfänger muss seine Leistung – insbesondere bei gegenseitigen Verträgen – erkennbar um der Gegenleistung willen erbringen (BFH vom 7. 5. 1981, BStBl 1981 II S. 495). Die Annahme eines Leistungsaustausches setzt weder auf der Seite des Zahlenden noch auf der Seite des Zahlungsempfängers rechtlich durchsetzbare Ansprüche voraus (BFH vom 23. 2. 1989, BStBl 1989 II S. 638).

425   *Zusätzliches Entgelt* sind solche Zahlungen, die von einem anderen als dem Leistungsempfänger für die Lieferung oder sonstige Leistung des leistenden Unternehmers gewährt werden. Ein zusätzliches Entgelt kommt in der Regel nur dann in Betracht, wenn ein unmittelbarer Leistungsaustausch zwischen dem Zahlungsempfänger und dem zahlenden Dritten zu verneinen ist (BFH vom 20. 2. 1992, BStBl 1992 II S. 705). Ein zusätzliches Entgelt liegt vor, wenn der *Leistungsempfänger* einen Rechtsanspruch auf die Zahlung hat, die Zahlung in Erfüllung einer öffentlich-rechtlichen Verpflichtung gegenüber dem Leistungsempfänger oder zumindest im Interesse des Leistungsempfängers gewährt wird.

> **BEISPIEL:** ▶ Die Bundesagentur für Arbeit gewährt einer Werkstatt für behinderte Menschen pauschale Zuwendungen zu den Sach-, Personal- und Beförderungskosten, die für die Betreuung und Ausbildung der behinderten Menschen entstehen.
>
> Die Zahlungen sind Entgelt von dritter Seite für die Leistungen der Werkstatt für behinderte Menschen (Zahlungsempfänger) an die behinderten Menschen, da der einzelne behinderte Mensch auf diese Zahlungen einen Anspruch hat.

426   Nicht steuerbare *echte Zuschüsse* liegen vor, wenn die Zahlungen nicht aufgrund eines Leistungsaustauschverhältnisses erbracht werden (BFH vom 28. 7. 1994, BStBl 1995 II S. 86). Dies ist der Fall, wenn die Zahlungen nicht an *bestimmte Umsätze* anknüpfen, sondern unabhängig von einer bestimmten Leistung gewährt werden, weil z. B. der leistende Unternehmer einen Anspruch auf die Zahlung hat oder weil in Erfüllung einer öffentlich – rechtlichen Verpflichtung bzw. im überwiegenden öffentlich – rechtlichen Interesse an ihn gezahlt wird (BFH vom 25. 11. 1986, BStBl 1987 II S. 228). Echte Zuschüsse liegen auch vor, wenn der Zahlungsempfänger die Zahlungen lediglich erhält, um ganz allgemein in die Lage versetzt zu werden, überhaupt tätig zu werden oder seine nach dem Gesellschaftszweck obliegenden Aufgaben erfüllen zu können (Abschn. 150 Abs. 7 Satz 3 UStR 2008). Vorteile in Form von Subventionen, Beihilfen, Förderprämien, Geldpreisen und dergleichen, die ein Unternehmer als Anerkennung

oder zur Förderung seiner im allgemeinen Interesse liegenden Tätigkeiten ohne Bindung an bestimmte Umsätze erhält, sind kein Entgelt (BFH vom 6. 8. 1970, BStBl 1970 II S. 730). Ein für Rechnung der Gemeinde vom Land an den Unternehmer gezahlter *Investitionszuschuss* für die Errichtung einer Kläranlage ist Entgelt und kein echter Zuschuss (BFH vom 20. 12. 2001, BStBl 2003 II S. 213).

Zuwendungen aus *öffentlichen Kassen*, die ausschließlich auf der Grundlage des Haushaltsrechts und den dazu erlassenen Allgemeinen Nebenbestimmungen vergeben werden, sind grundsätzlich *echte*, nicht steuerbare *Zuschüsse*. Wegen weiterer Einzelheiten hierzu wird auf Abschn. 150 Abs. 8 UStR 2008 verwiesen.

Mit Urteil vom 29. 2. 1996 (UR 1996 S. 119) hat der *EuGH* entschieden, dass die Verpflichtung zur *Aufgabe der Milcherzeugung*, die ein Landwirt im Rahmen der VO (EWG) Nr. 1336/86 des Rates vom 6. 5. 1986 zur Festsetzung einer Vergütung bei der endgültigen Aufgabe der Milcherzeugung eingeht, keine Dienstleistung darstellt. Die dafür erhaltene Vergütung ist folglich nicht umsatzsteuerpflichtig. Der EuGH führt aus, dass die streitige Verpflichtung keine Dienstleistung i. S. von Artikel 6 Abs. 1 der 6. EG-Richtlinie darstelle, da die Verpflichtung des Landwirts zur Aufgabe seiner Milchproduktion weder der Gemeinschaft noch den zuständigen nationalen Stellen Vorteile bringe, aufgrund derer sie als Empfänger einer Dienstleistung angesehen werden könnten. In Anbetracht dieser Entscheidung des EuGH hat der *BFH* mit Urteil vom 30. 1. 1997 (BStBl 1997 II S. 335) entschieden, dass die *Brachlegung von Ackerflächen* nach dem Fördergesetz vom 6. 7. 1990 (GBl. DDR I Nr. 42, 633) keine umsatzsteuerbare Leistung ist.

f) Entgeltsminderungen

Entgeltsminderungen liegen vor, wenn der Leistungsempfänger bei der Zahlung Beträge abzieht oder wenn dem Leistungsempfänger bereits gezahlte Beträge zurückgewährt werden, ohne dass er dafür eine Leistung zu erbringen hat. Als Entgeltsminderungen kommen z. B. in Betracht: 427

▶ Skonti,

▶ Rabatte,

▶ Boni,

▶ Preisnachlässe.

Eine Entgeltsminderung setzte nach alter Rechtsauffassung voraus, dass der Unternehmer das Entgelt an denjenigen herausgab, der es gezahlt hatte (BFH vom 20. 7. 1967, BStBl 1967 III S. 687). Zur umsatzsteuerlichen Beurteilung der Bemessungsgrundlage bei der Ausgabe von Warengutscheinen hat das BMF mit Schreiben vom 25. 5. 1998 (BStBl 1998 I S. 627) Stellung genommen. Der *EuGH* hat demgegenüber mit Urteil vom 15. 10. 2002 (BStBl 2004 II S. 328; siehe auch EuGH-Urteil vom 16. 1. 2003, BStBl 2004 II S. 335) entschieden, dass die Bundesrepublik Deutschland dadurch gegen ihre Verpflichtungen aus Artikel 11 der 6. EG-Richtlinie 77/388/EWG in der Fassung der Richtlinie 95/7/EG des Rates vom 10. 4. 1995 verstoßen hat, dass sie keine Vorschriften erlassen hat, die im Fall der Erstattung von *Preisnachlassgutscheinen* eine Berichtigung der Besteuerungsgrundlage des Steuerpflichtigen, der diese Erstattung vorgenommen hat, zulassen. Das *BMF* hat daraufhin zur Ermittlung der Bemessungsgrundlage bei der   428

Ausgabe von Gutscheinen mit Schreiben vom 19. 12. 2003 (BStBl 2004 I S. 443) Stellung genommen und die Urteilsgrundsätze übernommen. Eine gesetzliche Anpassung in § 17 Abs. 1 UStG ist im Rahmen des *Richtlinien-Umsetzungsgesetzes* vom 9. 12. 2004 (BGBl 2004 I S. 3310) vorgenommen worden.

429   In den Fällen, in denen der leistende Unternehmer eine *Vertragsstrafe* wegen nicht gehöriger Erfüllung an den Leistungsempfänger zu zahlen hat, liegt keine Entgeltsminderung, sondern *echter Schadensersatz* vor.

Bezüglich der Behandlung des *Wechseldiskonts* und der *Wechselumlaufspesen* wird auf Abschn. 151 Abs. 5 UStR 2008 hingewiesen.

g)   Bemessungsgrundlage für unentgeltliche Leistungen

aa)   Allgemeines

430   Im Rahmen des *Steuerentlastungsgesetzes 1999/2000/2002* wurde die Eigenverbrauchsbesteuerung neu geregelt. § 1 Abs. 1 Nr. 2 UStG wurde mit Wirkung ab dem 1. 4. 1999 aufgehoben. Nach der Neuregelung werden die bisherigen Eigenverbrauchstatbestände im Wesentlichen den Lieferungen gegen Entgelt (§ 3 Abs. 1b UStG) bzw. den sonstigen Leistungen gegen Entgelt (§ 3 Abs. 9a UStG) gleichgestellt. Regelungen zur Bestimmung der jeweiligen Bemessungsgrundlage enthält *§ 10 Abs. 4 UStG*. § 10 Abs. 4 Satz 1 Nr. 2 und 3 UStG sind im Rahmen des Steuerbereinigungsgesetzes 1999 vom 22. 12. 1999 redaktionell geändert worden. Eine weitere Änderung erfolgte durch das Richtlinien-Umsetzungsgesetz zum 1. 7. 2004.

bb)   Lieferungen i. S. des § 3 Abs. 1b UStG

431   Regelungen zur Bemessungsgrundlage in den Fällen des *§ 3 Abs. 1b UStG* enthält *§ 10 Abs. 4 Satz 1 Nr. 1 UStG*.

Der Umsatz wird in den Fällen der den Lieferungen gegen Entgelt gleichgestellten Entnahmen i. S. des § 3 Abs. 1b UStG nach dem *Einkaufspreis* zzgl. der Nebenkosten für den Gegenstand oder für einen gleichartigen Gegenstand oder mangels eines Einkaufspreises nach den *Selbstkosten* bemessen und zwar jeweils zum Zeitpunkt des Umsatzes (§ 10 Abs. 4 Satz 1 Nr. 1 UStG).

Der Einkaufspreis entspricht in der Regel dem *Wiederbeschaffungspreis*. Dieser entspricht im Wesentlichen den *Anschaffungskosten* i. S. des Ertragsteuerrechts. Dies sind alle Aufwendungen, die geleistet werden, um das Wirtschaftsgut zu erwerben und in einen dem angestrebten Zweck entsprechenden betriebsbereiten Zustand zu versetzen. Gemeinkosten gehören nicht dazu. Wegen weiterer Einzelheiten wird auf R 6.2 EStR verwiesen.

BEISPIEL: Unternehmer A erwarb am 1. 5. 2002 einen Pkw für sein Unternehmen. Da der Pkw auch für private Zwecke (40 %) verwendet wird, konnte A nur einen Vorsteuerabzug gem. § 15 Abs. 1b UStG a. F. i. H. von 50 % vornehmen. Nach 7 Jahren entnimmt A den Pkw aus seinem Unternehmen für private Zwecke. Der Wiederbeschaffungspreis (brutto) würde 11 900 € betragen.

Da A zum teilweisen Vorsteuerabzug berechtigt war, steht die Entnahme des Pkw gem. § 3 Abs. 1b Satz 1 Nr. 1 UStG einer Lieferung gegen Entgelt gleich. Der Umsatz ist steuerbar gem. § 1 Abs. 1 Nr. 1 Satz 1 UStG und mangels einer Steuerbefreiung auch steuerpflichtig. Der Steuersatz beträgt 19 %. Es ergibt sich eine Bemessungsgrundlage gem. § 10 Abs. 4 Satz 1 Nr. 1 UStG i. H. von 10 000 € (11 900 € : 1,19). Die USt beträgt 1 900 €. Ein Fall des § 15a UStG liegt im Zeitpunkt der Entnahme nicht vor, da der Berichtigungszeitraum bereits abgelaufen ist.

Im Falle der Entnahme eines *neu* erworbenen Gegenstandes kann in der Regel vom *tatsächlichen Nettoeinkaufspreis* zzgl. eventuell angefallener Anschaffungsnebenkosten ausgegangen werden. Ist zwischen Anschaffung und Entnahme des Gegenstandes ein längerer Zeitraum verstrichen, müssen Preisveränderungen berücksichtigt werden. Wird ein *gebrauchter* Gegenstand entnommen, ist der Einkaufspreis für einen vergleichbaren gebrauchten Gegenstand anzusetzen. Die USt gehört nicht zur Bemessungsgrundlage.

BEISPIEL: ➤ A betreibt ein Lebensmitteleinzelhandelsgeschäft in Koblenz. Aus seinem Geschäft entnimmt er Waren für sich und seine Familie. Der Einkaufspreis (brutto) der Waren beträgt 5 000 €; der Verkaufspreis (brutto) würde sich auf 7 500 € belaufen. Die Waren sind in der Anlage 2 zum UStG aufgeführt.

Es liegt ein steuerbarer und steuerpflichtiger Umsatz vor; eine Lieferung gegen Entgelt im Inland. Der Steuersatz beträgt gem. § 12 Abs. 2 Nr. 1 UStG i. V. mit der Anlage 2 zum UStG 7 %. Bemessungsgrundlage für den Umsatz ist gem. § 10 Abs. 4 Satz 1 Nr. 1 UStG der Einkaufspreis; die USt gehört nicht zur Bemessungsgrundlage. Es ergibt sich somit eine Bemessungsgrundlage von 4 672,90 € (5 000 € : 1,07).

Die *Selbstkosten*, die alle durch den betrieblichen Leistungsprozess bis zum Zeitpunkt der Entnahme entstandenen Kosten umfassen, sind insbesondere dann anzusetzen, wenn der Gegenstand im Unternehmen selbst hergestellt wurde. Die Selbstkosten entsprechen im Wesentlichen den *Herstellungskosten* i. S. des Ertragsteuerrechts. Hierunter sind alle Aufwendungen zu verstehen, die durch den Verbrauch von Gütern und die Inanspruchnahme von Diensten für die Herstellung des Wirtschaftsguts, seine Erweiterung oder für eine über seinen ursprünglichen Zustand hinausgehende wesentliche Verbesserung entstehen. Wegen weiterer Einzelheiten wird auf R 6.3 EStR verwiesen.   432

Die Entnahme eines dem Unternehmen zugeordneten Pkw, den ein Unternehmer von einem Nichtunternehmer und damit *ohne Berechtigung zum Vorsteuerabzug* erworben hat, unterliegt nicht der Umsatzbesteuerung. Falls an dem Pkw nach seiner Anschaffung Arbeiten ausgeführt worden sind, die zum Einbau von *Bestandteilen* geführt haben und für die der Unternehmer zum Vorsteuerabzug berechtigt war, unterliegen bei einer Entnahme des Pkw *nur diese Bestandteile* der Umsatzbesteuerung (EuGH-Urteil vom 17. 5. 2001, UR 2001 S. 293; und BFH vom 18. 10. 2001, BStBl 2002 II S. 551). Aus *Vereinfachungsgründen* wird keine dauerhafte Werterhöhung des Wirtschaftsguts angenommen, wenn die vorsteuerentlasteten Aufwendungen für den Einbau von Bestandteilen *20 % der Anschaffungskosten* des Wirtschaftsguts oder einen Betrag von *1 000 €* nicht übersteigen. In diesen Fällen kann auf eine Besteuerung der Bestandteile nach § 3 Abs. 1b Satz 1 Nr. 1 i. V. mit Satz 2 UStG bei der Entnahme eines dem Unternehmen zugeordneten Wirtschaftsguts, das der Unternehmer ohne Berechtigung zum Vorsteuerabzug erworben hat, verzichtet werden (BMF-Schreiben vom 26. 11. 2004, BStBl 2004 I S. 1127).   433

Für bestimmte Gewerbezweige hat das BMF mit Schreiben vom 28.12.2007 (BStBl 2008 I S.3) *Pauschbeträge* für unentgeltliche Wertabgaben (Sachentnahmen) festgesetzt.

cc) Leistungen i. S. des § 3 Abs. 9a Nr. 1 UStG

434   Der Umsatz wird in den Fällen des § 3 Abs. 9a Nr. 1 UStG nach den bei der Ausführung dieser Umsätze entstandenen *Ausgaben* bemessen, soweit sie zum vollen oder teilweisen Vorsteuerabzug berechtigt haben *(§ 10 Abs. 4 Satz 1 Nr. 2 Satz 1 UStG)*. Hierunter sind die Ausgaben des Unternehmers für die Erbringung der sonstigen Leistung zu verstehen. Soweit ein Gegenstand für die Erbringung der sonstigen Leistung verwendet wird, zählen auch die *Anschaffungs- und Herstellungskosten* für diesen Gegenstand zu diesen Ausgaben. Diese sind gleichmäßig auf einen Zeitraum zu verteilen, der dem *Berichtigungszeitraum nach § 15a UStG* für diesen Gegenstand entspricht (Abschn. 155 Abs. 3 Sätze 2 bis 4 UStR 2008). In diese Kosten sind die nach § 15 UStG abziehbaren Vorsteuerbeträge nicht einzubeziehen.

Diese Grundsätze sind ab dem *1. 7. 2004* anzuwenden.

Hinsichtlich der vor dem 1.7.2004 angeschafften Gegenstände ist es nicht zu beanstanden, wenn bis zum 30.6.2004 bei der Berechnung der Kosten insoweit grundsätzlich von den bei der Ertragsteuer zugrunde gelegten Kosten ausgegangen wird. Das nicht verbrauchte Abschreibungsvolumen ist nicht auf den nach § 15a UStG maßgeblichen verbleibenden Berichtigungszeitraum zu verteilen.

BEISPIEL: A hat zum 1.1.2003 ein Ferienhaus zum Kaufpreis von 100 000 € zzgl. USt und Grund und Boden erworben. A hat das Haus vollständig seinem Unternehmen zugeordnet, da er dieses Haus als Ferienhaus jeweils kurzfristig steuerpflichtig vermieten will. A nutzt dies Haus auch selbst als Ferienhaus.

Die Kosten / Ausgaben sind wie folgt zu verteilen:

Anschaffung 1.1.2003	100 000 €	
Kosten 2003 (ertragsteuerliche AfA i. H. von 2 %)		2 000 €
Ausgaben 2004 (bis 30. 6. 2004)	1 000 €	
(ab 1. 7. 2004)	5 000 €	6 000 €
Ausgaben ab 2005 bis 2012		je 10 000 €

Das *Niedersächsische Finanzgericht* hat mit Urteil vom 28. 10. 2004 (DStRE 2004 S. 1471; UR 2005 S. 162) entschieden, dass eine umsatzsteuerrechtliche Verteilung der Gebäudeherstellungskosten auf 10 Jahre *nicht* mit den Vorgaben der 6. EG-Richtlinie vereinbar ist. Hiergegen ist *Revision* eingelegt worden. *Ernstliche Zweifel* an der Auffassung der Finanzverwaltung sind vom *Finanzgericht München* im Urteil vom 26. 10. 2004 (UStB 2005 S. 3; UR 2005 S. 160) geäußert worden. Das Finanzgericht München hat mit Beschluss vom 1. 2. 2005 (DStR 2005 S. 420) den *EuGH* in der Rechtssache befragt. Der EuGH hat im Urteil vom 14. 9. 2006 (BStBl 2007 II S. 32) die deutsche Rechtsauffassung bestätigt.

435   Die Fassung des § 10 Abs. 4 Satz 1 Nr. 2 UStG durch das Steuerentlastungsgesetz 1999/2000/2002 beruht auf der Rechtsprechung des EuGH. Nach dem Urteil des EuGH vom 25. 5. 1993 (BStBl 1993 II S. 812) sind aus der Bemessungsgrundlage für die Ver-

wendung unternehmerischer Gegenstände für private Zwecke solche Kosten auszuscheiden, bei denen kein Vorsteuerabzug möglich war. Aus diesem Grunde gehören die Kosten für die Kfz-Steuer, die Kfz-Versicherung und die Rundfunkgebühren für das Autoradio nicht in die Bemessungsgrundlage für die private Nutzung des betrieblichen Pkw. Dabei ist es unerheblich, ob das Fehlen der Abzugsmöglichkeit darauf zurückzuführen ist, dass

► für die Leistung an den Unternehmer keine USt geschuldet wird
   oder

► die USt für die empfangene Leistung beim Unternehmer nach § 15 Abs. 2 UStG vom Vorsteuerabzug ausgeschlossen ist
   oder

► die Aufwendungen in öffentlichen Abgaben (Steuern, Gebühren oder Beiträgen) bestehen.

BEISPIEL: ► A ist Unternehmer in Hamm. Zum Unternehmen des A gehört u. a. auch ein Pkw, der von A zu 75 % zu betrieblichen Zwecken und zu 25 % zu privaten Zwecken eingesetzt wird (lt. Fahrtenbuch). Bei der Anschaffung des Pkw im Jahre 2006 konnte A den vollen Vorsteuerabzug in Anspruch nehmen. Für den Pkw sind im Jahre 2009 folgende Ausgaben angefallen:

Benzin, Öl, Reparaturen	10 000 €
Kfz-Steuer	400 €
Kfz-Versicherung	800 €
Abschreibung gem. § 15a UStG	6 000 €
Garagenmiete (steuerpflichtig)	500 €
	17 700 €

A erbringt einen steuerbaren und zu 19 % steuerpflichtigen Umsatz i. S. des § 1 Abs. 1 Nr. 1 Satz 1 UStG. Es liegt eine sonstige Leistung gegen Entgelt i. S. des § 3 Abs. 9a Nr. 1 UStG vor.

Bemessungsgrundlage für diesen Umsatz sind gem. § 10 Abs. 4 Satz 1 Nr. 2 UStG die bei der Ausführung dieser Umsätze entstandenen Ausgaben. Es sind nur die Ausgaben in die Bemessungsgrundlage einzubeziehen, bei denen ein Vorsteuerabzug möglich war. Die Bemessungsgrundlage beträgt somit 4 125 € (16 500 € × 25 %). Es entsteht eine USt i. H. von 783,75 €.

Ermittelt der Unternehmer für Ertragsteuerzwecke den Wert der Nutzungsentnahme nach der so genannten *1-%-Regelung* des § 6 Abs. 1 Nr. 4 Satz 2 EStG, so kann er von diesem Wert aus Vereinfachungsgründen bei der Bemessungsgrundlage für den Verwendungsumsatz ausgehen. Für die nicht mit Vorsteuern belasteten Ausgaben kann er einen pauschalen Abschlag von 20 % vornehmen. Der so ermittelte Betrag ist ein *Nettowert*, auf den die USt mit dem allgemeinen Steuersatz aufzuschlagen ist. Dieser ertragsteuerliche Wert *kann* übernommen werden, muss aber nicht übernommen werden. Für umsatzsteuerliche Zwecke kann der Unternehmer weiterhin von den Ausgaben gem. § 10 Abs. 4 Satz 1 Nr. 2 UStG ausgehen.

436

BEISPIEL: ► A ist Unternehmer in Borken. Den betrieblichen Pkw, für den A den vollen Vorsteuerabzug in Anspruch nehmen konnte, nutzt A auch zu privaten Zwecken. Der ursprüngliche Bruttolistenpreis hat 50 000 € betragen. Für ertragsteuerliche Zwecke ergibt sich ein Wert der Nutzungsentnahme von monatlich 1 % von 50 000 € = 500 €. Diesen ertragsteuerlichen Wert will A auch für die USt übernehmen.

Bemessungsgrundlage für den steuerbaren und zu 19 % steuerpflichtigen Umsatz sind gem. § 10 Abs. 4 Satz 1 Nr. 2 UStG die Ausgaben, soweit sie zum vollen oder teilweisen Vorsteuerabzug berechtigt haben. Der ertragsteuerliche Wert kann übernommen werden.

Es ergibt sich somit pro Monat folgende USt:

1 % von 50 000 € =	500 €
·/. 20 %	100 €
	400 €
	×
	19 %
	=
	76 €

Es entsteht eine USt i. H. von 76 € monatlich.

Nach dem Urteil des BFH vom 11. 3. 1999 (UR 1999 S. 281) ist der Wert der Nutzungsentnahme nach § 6 Abs. 1 Nr. 4 Satz 2 EStG für das Umsatzsteuerrecht grundsätzlich *kein geeigneter Maßstab*, um die Kosten auf die Privatfahrten und die unternehmerischen Fahrten aufzuteilen. Die Finanzverwaltung lässt aber weiterhin die Schätzung nach der 1-%-Regelung zu (BMF-Schreiben vom 8. 6. 1999, BStBl 1999 I S. 581; vom 29. 5. 2000, BStBl 2000 I S. 819, und vom 27. 8. 2004, BStBl 2004 I S. 864).

437   Gemäß *§ 6 Abs. 1 Nr. 4 Satz 3 EStG* kann die private Nutzung abweichend von der 1-%-Regelung mit den auf die Privatfahrten entfallenden Aufwendungen angesetzt werden, wenn die für das Kraftfahrzeug insgesamt entstehenden Aufwendungen durch Belege und das Verhältnis der privaten zu den übrigen Fahrten durch ein ordnungsgemäßes *Fahrtenbuch* nachgewiesen werden. Macht der Unternehmer von dieser Regelung Gebrauch, ist von diesem Wert auch bei der Bemessungsgrundlage für den Verwendungsumsatz auszugehen. Aus den Gesamtaufwendungen sind für Umsatzsteuerzwecke die nicht mit Vorsteuer belasteten Ausgaben in der belegmäßig nachgewiesenen Höhe auszuscheiden.

> **BEISPIEL:** A ist Unternehmer in Borken. Den betrieblichen Pkw, für den A den vollen Vorsteuerabzug in Anspruch genommen hat, nutzt A auch zu privaten Zwecken. Er führt ein ordnungsgemäßes Fahrtenbuch und weist die Aufwendungen durch Belege nach. A macht für ertragsteuerliche Zwecke für die private Nutzung diese Aufwendungen geltend. Für das Jahr 2009 ergeben sich Aufwendungen i. H. von insgesamt 10 000 €, von denen 2 000 € (Kfz-Steuer, Kfz-Versicherung, Rundfunkgebühren) nicht mit Vorsteuer belastet sind. Auf die Privatfahrten entfällt ein Anteil von 40 %.
>
> Bemessungsgrundlage für den steuerbaren und zu 19 % steuerpflichtigen Umsatz sind gem. § 10 Abs. 4 Satz 1 Nr. 2 UStG die Ausgaben, soweit sie zum vollen oder teilweisen Vorsteuerabzug berechtigt haben. Der ertragsteuerliche Wert kann übernommen werden. Es ergibt sich für das Jahr 01 folgende USt:
>
> | | |
> |---|---|
> | Aufwendungen | 10 000 € |
> | ·/. nicht mit Vorsteuer belastet | 2 000 € |
> | | 8 000 € |
>
> Privatanteil: 40 % von 8 000 € = 3 200 €.
>
> USt : 3 200 € × 19 % = 608 €.
>
> Es entsteht eine USt i. H. von 608 € im Jahre 2009.

438   Macht der Unternehmer von der Vereinfachungsregelung (1-%-Regelung) keinen Gebrauch und liegen die Voraussetzungen des § 6 Abs. 1 Nr. 4 Satz 3 EStG nicht vor (z. B. weil kein ordnungsgemäßes Fahrtenbuch geführt wird), ist der private Nutzungsanteil

für Umsatzsteuerzwecke anhand geeigneter Unterlagen im Wege einer sachgerechten *Schätzung* zu ermitteln. In die Bemessungsgrundlage sind die Ausgaben nicht einzubeziehen, aus denen der Unternehmer keinen Vorsteuerabzug hatte. Liegen geeignete Unterlagen für eine Schätzung nicht vor, ist der private Nutzungsanteil mit *mindestens 50 %* zu schätzen, soweit sich aus den besonderen Verhältnissen des Einzelfalles nichts Gegenteiliges ergibt (BMF-Schreiben vom 29. 5. 2000, BStBl 2000 I S. 819, und vom 27. 8. 2004, BStBl 2004 I S. 864).

Fahrten des Unternehmers *zwischen Wohnung und Betrieb* stellen keine Nutzung zu privaten Zwecken dar. Es handelt sich um unternehmerische Fahrten.   439

Konnte der Unternehmer für den Pkw nur *50 % der Vorsteuer* abziehen, lag gem. § 3 Abs. 9a Satz 2 UStG a. F. *keine* sonstige Leistung gegen Entgelt vor. Da kein steuerbarer Umsatz gegeben war, war auch keine Bemessungsgrundlage zu bestimmen. Diese Regelung ist im Rahmen des Steueränderungsgesetzes 2003 mit Wirkung ab dem *1. 1. 2004* aufgehoben worden. Zur Besteuerung ab dem 1. 1. 2004 wird auf das BMF-Schreiben vom 27. 8. 2004 (BStBl 2004 I S. 864) hingewiesen.   440

dd)   Leistungen i. S. des § 3 Abs. 9a Nr. 2 UStG

Bemessungsgrundlage für die sonstigen Leistungen i. S. des § 3 Abs. 9a Nr. 2 UStG sind die bei der Ausführung dieser Umsätze entstandenen *Ausgaben (§ 10 Abs. 4 Satz 1 Nr. 3 UStG)*. Es sind die Gesamtausgaben anzusetzen, unabhängig davon, ob sie zum Vorsteuerabzug berechtigt haben. § 10 Abs. 4 Satz 1 Nr. 2 Sätze 2 und 3 UStG gilt entsprechend.   441

ee)   Unentgeltliche Leistungen an das Personal

Die o. g. Grundsätze gelten auch für die unentgeltlichen Leistungen an das Personal für deren privaten Bedarf.   442

3.   Bemessungsgrundlage für Umsätze gem. § 1 Abs. 1 Nr. 4 UStG

Der Umsatz wird bei der *Einfuhr* im Inland nach dem Wert des eingeführten Gegenstandes nach den jeweiligen Vorschriften über den *Zollwert* bemessen *(§ 11 Abs. 1 UStG)*.   443

Diesem Betrag sind *hinzuzurechnen*, soweit sie darin nicht enthalten sind:

▶ die im Ausland für den eingeführten Gegenstand geschuldeten Beträge an Einfuhrabgaben, Steuern und sonstigen Abgaben;

▶ die aufgrund der Einfuhr im Zeitpunkt des Entstehens der EUSt auf den Gegenstand entfallenden Beträge an Einfuhrabgaben i. S. des Artikel 4 Nr. 10 der Verordnung (EWG) Nr. 2913/92 des Rates zur Festlegung des Zollkodex der Gemeinschaften vom 12. 10. 1992 (Abl. EG Nr. L 302 S. 1) in der jeweils geltenden Fassung und an Verbrauchsteuern außer der EUSt, soweit die Steuern unbedingt entstanden sind;

▶ die auf den Gegenstand entfallenden Kosten für die Vermittlung der Lieferung und die Kosten der Beförderung sowie für andere sonstige Leistungen bis zum ersten Bestimmungsort im Gemeinschaftsgebiet;

▶ die in § 11 Abs. 3 Nr. 3 UStG bezeichneten Kosten bis zu einem weiteren Bestimmungsort im Gemeinschaftsgebiet, sofern dieser im Zeitpunkt des Entstehens der EUSt bereits feststeht.

4. Bemessungsgrundlage für Umsätze gem. § 1 Abs. 1 Nr. 5 UStG

444 Der Umsatz wird bei dem *innergemeinschaftlichen Erwerb* nach dem *Entgelt* bemessen (§ 10 Abs. 1 Satz 1 UStG). Entgelt ist alles, was der Leistungsempfänger aufwendet, um die Leistung zu erhalten, jedoch abzüglich der USt. Bei dem innergemeinschaftlichen Erwerb sind *Verbrauchsteuern*, die vom Erwerber geschuldet oder entrichtet werden, in die Bemessungsgrundlage einzubeziehen. Eine Herausrechnung der USt aus dem gezahlten Betrag kommt immer nur dann in Betracht, wenn in dem Betrag auch USt enthalten ist. Da es sich aus der Sicht des Lieferers um eine steuerfreie innergemeinschaftliche Lieferung handelt, ist in dem zu zahlenden Betrag grundsätzlich keine USt enthalten.

> **BEISPIEL:** ▶ Der spanische Unternehmer S mit Sitz in Madrid liefert an den deutschen Unternehmer A Waren (nicht in der Anlage 2 aufgeführt) im Gesamtwert von 10 000 €. Die Waren werden von S zu A nach Deutschland befördert. Sowohl S als auch A sind Unternehmer, die das Geschäft im Rahmen ihres jeweiligen Unternehmens ausführen und ihre spanische bzw. deutsche Umsatzsteuer-Identifikationsnummer angeben.
>
> A muss in Deutschland den Erwerb der Besteuerung unterwerfen. Es handelt sich um einen steuerbaren Umsatz i. S. des § 1 Abs. 1 Nr. 5 UStG. Dieser steuerbare Umsatz ist auch steuerpflichtig; der Steuersatz beträgt 19 % Bemessungsgrundlage für diesen Umsatz ist das Entgelt i. H. von 10 000 €. Eine Herausrechnung der USt kommt nicht in Betracht, da in den 10 000 € keine USt enthalten ist. Es entsteht für A eine USt i. H. von 1 900 €.

445 In den Fällen des *Verbringens* (§§ 1a Abs. 2, 3 Abs. 1a UStG) liegt ein Entgelt nicht vor. Bemessungsgrundlage in den Fällen des innergemeinschaftlichen Verbringens ist der *Einkaufspreis* zzgl. Nebenkosten für den Gegenstand oder für einen gleichartigen Gegenstand oder mangels eines Einkaufspreises die *Selbstkosten*, jeweils zum Zeitpunkt des Umsatzes *(§ 10 Abs. 4 Satz 1 Nr. 1 UStG)*.

> **BEISPIEL:** ▶ A hat ein Hauptgeschäft in Brüssel und eine Zweigstelle in Köln. Er verbringt eine Maschine, die er in Brüssel nicht mehr benötigt, in seine Zweigstelle nach Köln, um sie dort auf Dauer zu nutzen. Der ursprüngliche Nettoeinkaufspreis betrug 40 000 €; eine vergleichbare gebrauchte Maschine würde 30 000 € netto kosten.
>
> A erbringt in Deutschland einen steuerbaren Umsatz gem. § 1 Abs. 1 Nr. 5 UStG; es liegt ein innergemeinschaftlicher Erwerb gem. § 1a Abs. 2 UStG vor. Dieser Umsatz ist auch steuerpflichtig; der Steuersatz beträgt 19 % Bemessungsgrundlage für den Umsatz ist gem. § 10 Abs. 4 Satz 1 Nr. 1 UStG der Einkaufspreis für einen gleichartigen Gegenstand zum Zeitpunkt des Umsatzes; also der Betrag von 30 000 €.

5. Sondertatbestände

a) Mindest-Bemessungsgrundlage

446 Bei Lieferungen und sonstigen Leistungen, die Körperschaften und Personenvereinigungen i. S. des § 1 Abs. 1 Nr. 1 bis 5 KStG, nichtrechtsfähige Personenvereinigungen sowie Gemeinschaften im Rahmen ihres Unternehmens an ihre Anteilseigner, Gesellschafter, Mitglieder, Teilhaber oder diesen nahestehende Personen sowie Einzelunternehmer an

ihnen nahestehende Personen ausführen, ist ein *Vergleich* zwischen dem Entgelt nach § 10 Abs. 1 UStG und der Bemessungsgrundlage nach § 10 Abs. 4 UStG (Einkaufspreis, Selbstkosten, Ausgaben) vorzunehmen. Der *höhere Betrag* ist als Bemessungsgrundlage anzusetzen. Dasselbe gilt für Lieferungen und sonstige Leistungen, die ein Unternehmer an sein Personal oder deren Angehörige aufgrund des Dienstverhältnisses ausführt.

BEISPIEL: ▶ Die A-KG überlässt einem Gesellschafter einen firmeneigenen Pkw, der zum vollen Vorsteuerabzug berechtigt hat, zur privaten Nutzung. Die KG belastet das Privatkonto des Gesellschafters mit 2 400 € im Kalenderjahr. Der auf die private Nutzung des Pkw entfallende Anteil an den zum Vorsteuerabzug berechtigenden Kosten beträgt 3 600 €.

Nach § 10 Abs. 4 Satz 1 Nr. 2 UStG wäre als Bemessungsgrundlage für eine unentgeltliche Überlassung des Pkw der auf die Privatnutzung entfallende Ausgabenanteil von 3 600 € zugrunde zu legen. Das vom Gesellschafter durch Belastung seines Privatkontos entrichtete Entgelt ist niedriger als die Bemessungsgrundlage nach § 10 Abs. 4 Satz 1 Nr. 2 UStG. Nach § 10 Abs. 5 Nr. 1 UStG ist deshalb die Pkw-Überlassung mit 3 600 € zu versteuern.

Mit Urteil vom 29. 5. 1997 (BStBl 1997 II S. 841) hat der *EuGH* entschieden, dass die deutsche Regelung in § 10 Abs. 5 Nr. 1 UStG insoweit nicht durch Artikel 27 der 6. EG-Richtlinie gedeckt ist, als sie die Anwendung der Mindestbemessungsgrundlage auch in den Fällen vorschreibt, in denen das vereinbarte Entgelt zwischen den nahestehenden Personen *marktüblich*, aber niedriger als die Mindestbemessungsgrundlage, ist. Die Bemessungsgrundlage nach § 10 Abs. 5 UStG i. V. mit § 10 Abs. 4 UStG gilt nicht für Umsätze nach § 10 Abs. 5 Nr. 1 und 2 UStG, wenn das vereinbarte Entgelt nach § 10 Abs. 1 UStG niedriger als die Bemessungsgrundlage nach § 10 Abs. 5 UStG i. V. mit § 10 Abs. 4 UStG, aber marktüblich ist (BMF-Schreiben vom 21. 11. 1997, BStBl 1997 I S. 1048; Abschn. 158 Abs. 1 Satz 4 UStR 2008). Übersteigen sowohl das marktübliche Entgelt als auch die Ausgaben nach § 10 Abs. 4 UStG das vereinbarte Entgelt, sind als Bemessungsgrundlage die Ausgaben nach § 10 Abs. 4 UStG anzusetzen (Abschn. 158 Abs. 1 Satz 5 UStR 2008).

b) Durchschnittsbeförderungsentgelt

Bei Beförderungen von Personen im Gelegenheitsverkehr mit Kraftomnibussen, die nicht im Inland zugelassen sind, tritt in den Fällen der *Beförderungseinzelbesteuerung* (§ 16 Abs. 5 UStG) an die Stelle des vereinbarten Entgelts ein Durchschnittsbeförderungsentgelt. Das Durchschnittsbeförderungsentgelt ist nach der Zahl der beförderten Personen und der Zahl der Kilometer der Beförderungsstrecke im Inland (*Personenkilometer*) zu berechnen (§ 10 Abs. 6 UStG). Das Durchschnittsbeförderungsentgelt beträgt gem. § 25 UStDV *4,43 Cent* je Personenkilometer. Zuständig für die Berechnung ist die jeweilige Zolldienststelle.   **447**

c) Pkw-Überlassung an Arbeitnehmer

Überlässt ein Unternehmer seinem Arbeitnehmer ein Kraftfahrzeug auch zur privaten Nutzung (Privatfahrten, Fahrten zwischen Wohnung und Arbeitsstätte sowie Familienheimfahrten aus Anlass einer doppelten Haushaltsführung), ist dies grundsätzlich als *entgeltliche* Leistung i. S. des § 1 Abs. 1 Nr. 1 Satz 1 UStG anzusehen. Die Gegenleistung des Arbeitnehmers besteht in der anteiligen Arbeitsleistung, die er für die Privatnut-   **448** zung des gestellten Kraftfahrzeugs erbringt. Von einer Entgeltlichkeit ist stets auszugehen, wenn das Kraftfahrzeug dem Arbeitnehmer für eine *gewisse Dauer* und nicht nur gelegentlich zur Privatnutzung überlassen wird.

Bemessungsgrundlage für diesen tauschähnlichen Umsatz ist gem. § 10 Abs. 2 Satz 2 UStG i. V. mit § 10 Abs. 1 Satz 1 UStG der Wert der nicht durch den Barlohn abgegoltenen Arbeitsleistung. Dieser Wert kann anhand der *Gesamtausgaben* – ohne Kürzung der Ausgaben, bei denen ein Vorsteuerabzug nicht möglich war – des Arbeitgebers für die Überlassung des Fahrzeugs geschätzt werden. Der so ermittelte Wert ist ein *Nettowert*, auf den die USt mit dem allgemeinen Steuersatz aufzuschlagen ist.

Aus *Vereinfachungsgründen* wird es nicht beanstandet, wenn für die umsatzsteuerliche Bemessungsgrundlage anstelle der Ausgaben von den lohnsteuerlichen Werten ausgegangen wird. Hierbei handelt es sich um Bruttowerte, aus denen die USt herauszurechnen ist. Ein pauschaler *Abschlag von 20 %* für nicht mit Vorsteuern belastete Ausgaben ist in diesen Fällen *unzulässig*.

BEISPIEL: Ein Arbeitnehmer mit einer doppelten Haushaltsführung nutzt einen Firmenwagen mit einem Listenpreis einschließlich USt von 60 000 € im gesamten Kalenderjahr zu Privatfahrten, zu Fahrten zur 10 km entfernten Arbeitsstätte und zu 20 Familienheimfahrten zum 150 km entfernten Wohnsitz der Familie.

Die USt für die Firmenwagenüberlassung ist wie folgt zu ermitteln:

a) für die allgemeine Privatnutzung

   1 % von 60 000 € × 12 Monate = ... 7 200,00 €

b) für Fahrten zwischen Wohnung und Arbeitsstätte

   0,03 % von 60 000 € × 10 km × 12 Monate = ... 2 160,00 €

lohnsteuerlicher geldwerter Vorteil = ... 9 360,00 €

c) für Familienheimfahrten

   0,002 % von 60 000 € × 150 km × 20 Fahrten = ... 3 600,00 €

Bruttowert der sonstigen Leistung

an den Arbeitnehmer = ... 12 960,00 €

Die darin enthaltene USt beträgt

$^{19}/_{119}$ von 12 960,00 € = ... 2 069,24 €

Wird bei einer entgeltlichen Fahrzeugüberlassung der private Nutzungswert mit Hilfe eines ordnungsgemäßen *Fahrtenbuchs* anhand der durch Belege nachgewiesenen Gesamtkosten ermittelt, ist das aufgrund des Fahrtenbuchs ermittelte Nutzungsverhältnis auch bei der USt zugrunde zu legen. Die Fahrten zwischen Wohnung und Arbeitsstätte sowie die Familienheimfahrten aus Anlass einer doppelten Haushaltsführung werden umsatzsteuerlich den Privatfahrten des Arbeitnehmers zugerechnet. Aus den Gesamtausgaben dürfen keine Ausgaben ausgeschieden werden, bei denen ein Vorsteuerabzug nicht möglich ist.

BEISPIEL: Ein Firmenwagen mit einer Jahresfahrleistung von 20 000 km wird von einem Arbeitnehmer lt. ordnungsgemäß geführtem Fahrtenbuch an 180 Tagen jährlich für Fahrten zur 10 km entfernten Arbeitsstätte benutzt. Die übrigen Privatfahrten des Arbeitnehmers belaufen sich auf insgesamt 3 400 km. Die gesamten Kraftfahrzeugausgaben betragen 9 000 €.

Von den Privatfahrten des Arbeitnehmers entfallen 3 600 km auf Fahrten zwischen Wohnung und Arbeitsstätte (180 Tage × 20 km) und 3 400 km auf sonstige Fahrten. Dies entspricht einer Privatnutzung von insgesamt 35 % (7 000 km von 20 000 km).

Für die umsatzsteuerliche Bemessungsgrundlage ist von einem Betrag von 35 % von 9 000 € = 3 150 € auszugehen. Die USt beträgt 19 % von 3 150 € = 598,50 €.

Von einer *unentgeltlichen* Überlassung von Kraftfahrzeugen an Arbeitnehmer kann *ausnahmsweise* ausgegangen werden, wenn die vereinbarte private Nutzung des Fahrzeugs derart gering ist, dass sie für die Gehaltsbemessung keine wirtschaftliche Rolle spielt, und nach den objektiven Gegebenheiten eine weitergehende private Nutzungsmöglichkeit ausscheidet. Danach kann Unentgeltlichkeit nur angenommen werden, wenn dem Arbeitnehmer das Fahrzeug nur gelegentlich (von Fall zu Fall) an nicht mehr als 5 Kalendertagen im Kalendermonat für private Zwecke überlassen wird. In diesen Fällen ist § 3 Abs. 9a Nr. 1 UStG zu prüfen.   449

II. Änderung der Bemessungsgrundlage

Wenn sich die Bemessungsgrundlage für einen *steuerpflichtigen* Umsatz i. S. des § 1 Abs. 1 Nr. 1 und 5 UStG ändert, so hat der Unternehmer, der diesen Umsatz ausgeführt hat, den dafür geschuldeten Steuerbetrag zu berichtigen *(§ 17 Abs. 1 Satz 1 UStG)*. Dies gilt für die Umsätze i. S. des § 13b UStG sinngemäß. Gleichzeitig muss der Unternehmer, an den dieser Umsatz ausgeführt worden ist, den dafür in Anspruch genommenen Vorsteuerabzug berichtigen *(§ 17 Abs. 1 Satz 2 UStG)*. Dies gilt nicht, soweit er durch die Änderung der Bemessungsgrundlage wirtschaftlich nicht begünstigt wird. Die Berichtigung ist gem. § 17 Abs. 1 Satz 7 UStG für den Besteuerungszeitraum vorzunehmen, in dem die *Änderung* der Bemessungsgrundlage *eingetreten* ist; eine Änderung der ursprünglichen Voranmeldung ist nicht durchzuführen.   450

Der *EuGH* hatte mit *Urteil vom 24. 10. 1996* (BStBl 2004 II S. 324) bei der Ausgabe von Warengutscheinen entschieden, dass der Hersteller einer Ware die Bemessungsgrundlage für eine Lieferung an einen Groß- oder Einzelhändler um den Nennwert von dem Hersteller ausgegebener Warengutscheine, die von einem Endverbraucher beim Erwerb der Ware von einem anderen Unternehmer als dem Hersteller (z. B. einem Einzelhändler) eingelöst werden, vermindern kann. Bezug nehmend auf diese Entscheidung stellte der *EuGH* mit *Urteil vom 15. 10. 2002* (BStBl 2004 II S. 328) einen Verstoß der Bundesrepublik Deutschland gegen die Verpflichtung aus Artikel 11 der 6. EG-Richtlinie fest, weil eine Berichtigung der Besteuerungsgrundlage der Lieferung eines Herstellers an seinen Abnehmer nicht in Betracht komme, wenn der Hersteller einen *Preisnachlassgutschein* ausgibt, dessen Nennwert er nicht seinem direkten Abnehmer, sondern einem anderen an der Lieferkette beteiligten Abnehmer erstattet hat. Ergänzend stellte der *EuGH* in seinem *Urteil vom 16. 1. 2003* (BStBl 2004 II S. 335) fest, dass sich die Gegenleistung bei dem Umsatz des Einzelhändlers an den Endverbraucher aus dem vom Endverbraucher aufgewendeten Barbetrag und dem vom Hersteller an den Einzelhändler geleisteten Erstattungsbetrag zusammensetzt.

Zu den Auswirkungen der vorstehenden Rechtsprechung hat das *BMF* mit Schreiben vom 19. 12. 2003 (BStBl 2004 I S. 443) Stellung genommen. Wird im Rahmen einer Werbemaßnahme ein Gutschein ausgegeben, der einen Endverbraucher in die Lage versetzt, eine Leistung um den Nennwert des Gutscheins verbilligt zu erwerben, führt dies grundsätzlich zu einer Minderung der dem Fiskus zufließenden USt in Höhe der in dem Nennwert des Gutscheins enthaltenen USt. Dies gilt unabhängig davon, ob die mit dem Gutschein verbundene Erstattung auf allen Stufen der Leistungskette erfolgt. Eine Minderung der Bemessungsgrundlage setzt voraus, dass der Gutschein von einem Unternehmer ausgegeben wird, der mit einem *eigenen Umsatz* an der Fördermaßnahme beteiligt ist.

BEISPIEL: Hersteller A verkauft an den Zwischenhändler B ein Möbelstück für 1 000 € zzgl. 190 € gesondert ausgewiesener USt. B verkauft dieses Möbelstück an den Einzelhändler C für 1 500 € zzgl. 285 € gesondert ausgewiesener USt. C verkauft dieses Möbelstück an den Endverbraucher D für 2 000 € zzgl. 380 € gesondert ausgewiesener USt. D zahlt C einen Barbetrag i. H. von 2 175 € und übergibt C einen von A ausgegebenen Warengutschein mit einem Nennwert von 205 € an Zahlungs statt. C legt den Warengutschein A vor und erhält von diesem eine Vergütung i. H. von 205 € (Preisnachlassgutschein).

Hersteller A kann die Bemessungsgrundlage seiner Lieferung um 172,27 € mindern (205 € : 1,19). Die geschuldete USt des A vermindert sich um 32,73 €. Einer Rechnungsberichtigung bedarf es nicht. Zwischenhändler B hat in Höhe des in der Rechnung des A ausgewiesenen USt-Betrags – unter den weiteren Voraussetzungen des § 15 UStG – einen Vorsteuerabzug i. H. von 190 €. Die Bemessungsgrundlage für die Lieferung des C an D setzt sich aus der Barzahlung des D i. H. von 2 175 € und dem von A gezahlten Erstattungsbetrag i. H. von 205 €, abzüglich der in diesen Beträgen enthaltenen USt (2 175 € + 205 € = 2 380 € : 1,19) zusammen. Dem Fiskus fließt demnach insgesamt 347,27 € USt zu (Abführung von 380 € durch C abzüglich der Minderung i. H. von 32,73 € bei A); dies entspricht dem USt-Betrag, der in dem vom Endverbraucher D tatsächlich aufgewendeten Betrag enthalten ist, mit dem D also tatsächlich wirtschaftlich belastet ist (2 175 € : 1,19 × 19 %).

Das Umsatzsteuersystem ist darauf angelegt, dass *nur der Endverbraucher* wirtschaftlich mit der USt belastet wird. Für Unternehmer, die auf den Produktions- und Vertriebsstufen vor der Endverbrauchsstufe tätig sind, muss die Umsatzbesteuerung *neutral* sein. Unter Berücksichtigung dieser Grundsätze darf dem Fiskus aus allen Umsatzgeschäften von der Produktion bis zum Endverbrauch insgesamt nur der Betrag an USt zufließen, den der Endverbraucher wirtschaftlich aufwendet.

Eine Minderung der Bemessungsgrundlage kommt *nicht* in Betracht, wenn der mit dem eingelösten Gutschein verbundene finanzielle Aufwand von dem Unternehmer aus *allgemeinem Werbeinteresse* getragen wird und nicht einem nachfolgenden Umsatz in der Leistungskette (Hersteller – Endverbraucher) zugeordnet werden kann.

BEISPIEL: Das Kaufhaus K verteilt Gutscheine an Kunden zum Besuch eines in dem Kaufhaus von einem fremden Unternehmer F betriebenen Frisiersalons. K will mit der Maßnahme erreichen, dass Kunden aus Anlass der Gutscheineinlösung bei F das Kaufhaus aufsuchen und dort Waren erwerben.

K kann keine Minderung der Bemessungsgrundlage seiner Umsätze vornehmen.

451   Entsprechend § 17 Abs. 1 UStG ist zu verfahren, wenn

▶ das vereinbarte Entgelt für eine steuerpflichtige Lieferung, sonstige Leistung oder einen steuerpflichtigen innergemeinschaftlichen Erwerb uneinbringlich geworden ist;

▶ für eine vereinbarte Lieferung oder sonstige Leistung ein Entgelt entrichtet, die Lieferung oder sonstige Leistung jedoch nicht ausgeführt worden ist;

► eine steuerpflichtige Lieferung, sonstige Leistung oder ein steuerpflichtiger innergemeinschaftlicher Erwerb rückgängig gemacht worden ist (BFH vom 8. 5. 2003, BStBl 2003 II S. 953);

► der Erwerber den Nachweis der Erwerbsbesteuerung i. S. des § 3d Satz 2 UStG führt;

► Aufwendungen i. S. des § 15 Abs. 1a UStG getätigt werden.

Uneinbringlichkeit liegt insbesondere vor, wenn der Schuldner zahlungsunfähig ist oder den Forderungen die Einrede des Einforderungsverzichts entgegengehalten werden kann (BFH-Beschluss vom 10. 3. 1983, BStBl 1983 II S. 389). Bestreitet der Leistungsempfänger substantiiert Bestehen und Höhe des vereinbarten Entgelts, kommt – übereinstimmend mit der Berichtigung des Vorsteuerabzugs beim Leistungsempfänger – beim Leistenden eine Berichtigung der USt nach § 17 Abs. 2 Nr. 1 Satz 1 UStG in Betracht (BFH vom 31. 5. 2001, BStBl 2003 II S. 206). Eine Forderung ist aber nicht schon dann uneinbringlich, wenn der Leistungsempfänger die Zahlung nach Fälligkeit verzögert, sondern erst, wenn der Anspruch auf Entrichtung des Entgelts nicht erfüllt wird und bei objektiver Betrachtung damit zu rechnen ist, dass der Leistende die Entgeltsforderung (ganz oder teilweise) jedenfalls *auf absehbare Zeit* nicht durchsetzen kann (BFH vom 22. 4. 2004, BStBl 2004 II S. 684).

BEISPIEL: ► Unternehmer A verkauft der Privatperson P einen Rasenmäher für 1 000 € zzgl. 190 € USt = 1 190 €. Wegen eines späteren Vermögensverfalls des P bekommt A für den Rasenmäher tatsächlich nur noch 700 €. A unterliegt der Regelbesteuerung.

A muss zunächst den Umsatz mit der Bemessungsgrundlage von 1 000 € der Besteuerung unterwerfen. Da im Nachhinein ein Teil des Entgelts uneinbringlich wird, ändert sich die Bemessungsgrundlage und der geschuldete Steuerbetrag ist zu berichtigen. Die ursprüngliche Steuer von 190 € ist in dem Voranmeldungszeitraum der Uneinbringlichkeit um 78,24 € (190 € ·/. 111,76 €) zugunsten des A zu berichtigen, da für den Umsatz tatsächlich nur ein Entgelt von 588,24 € (700 € : 1,19) gezahlt wird.

Wird über das Vermögen eines Unternehmers das *Insolvenzverfahren* eröffnet, werden die gegen ihn gerichteten Forderungen in diesem Zeitpunkt unbeschadet einer möglichen Quote in voller Höhe uneinbringlich i. S. des § 17 Abs. 2 Nr. 1 UStG (BFH vom 13. 11. 1986, BStBl 1987 II S. 226).

Im Rahmen des *Steuerentlastungsgesetzes 1999/2000/2002* ist § 17 Abs. 2 UStG mit Wirkung ab dem 1. 4. 1999 um die Nummer 5 erweitert worden. Danach ist eine Berichtigung nach § 17 Abs. 1 UStG auch dann vorzunehmen, wenn Aufwendungen i. S. des § 15 Abs. 1a UStG, d. h., Aufwendungen, für die das Abzugsverbot des § 4 Abs. 5 Satz 1 Nr. 1 bis 4, 7 oder des § 12 Nr. 1 EStG gilt, getätigt werden. Die Korrektur ist in dem Voranmeldungszeitraum vorzunehmen, in dem diese Aufwendungen getätigt werden.

BEISPIEL: ► Unternehmer A betreibt in Essen einen Radio- und Fernseheinzelhandel. Im Juni 2009 schenkt er seinem besten Kunden aus unternehmerischen Gründen ein Fernsehgerät im Wert von brutto 1 190 €. Das Fernsehgerät hatte A im Mai 2009 erworben und hierfür auch den Vorsteuerabzug in Anspruch genommen. A ist zur Abgabe monatlicher USt-Voranmeldungen verpflichtet.

Die Schenkung des A stellt keinen steuerbaren Umsatz i. S. des § 1 Abs. 1 Nr. 1 Satz 1 UStG dar. Eine Lieferung gegen Entgelt gem. § 3 Abs. 1b UStG liegt nicht vor, da für den Gegenstand nachträglich der Vorsteuerabzug versagt wird. Die Vorsteuer ist nach § 15 Abs. 1a UStG nicht abziehbar, da es sich um Aufwendungen handelt, für die das Abzugsverbot des § 4 Abs. 5

Satz 1 Nr. 1 EStG gilt. Die Vorsteuer ist gem. § 17 Abs. 2 Nr. 5 UStG i. V. mit § 17 Abs. 1 UStG in dem Voranmeldungszeitraum Juni 2009 um 190 € zu kürzen.

452   § 17 UStG verpflichtet zur Korrektur des Vorsteuerabzugs bei *nachträglichen* Änderungen der Bemessungsgrundlage. Hat sich die Bemessungsgrundlage nach der Ausführung des Umsatzes aber *vor* der Entstehung der Steuer bzw. des Anspruchs auf den Vorsteuerabzug geändert, kommt § 17 UStG nicht zur Anwendung. In diesem Fall entsteht die Steuer bzw. der Anspruch auf den Vorsteuerabzug von vornherein in Höhe des geminderten oder erhöhten Betrages.

453   Nach seinem Wortlaut greift § 17 UStG nur bei *steuerpflichtigen* Umsätzen oder dann ein, wenn für eine vereinbarte Lieferung oder sonstige Leistung ein Entgelt entrichtet, die Lieferung oder sonstige Leistung jedoch nicht ausgeführt worden ist. Die Bestimmung des § 17 Abs. 1 UStG ist jedoch analog anzuwenden, wenn sich die Bemessungsgrundlage für *steuerfreie* Umsätze ändert. Für die gesonderte Erklärung innergemeinschaftlicher Lieferungen ist die entsprechende Anwendung des § 17 UStG in § 18b Satz 4 UStG ausdrücklich vorgesehen.

454   In den Fällen, in denen die als Vorsteuer abgezogene *EUSt* herabgesetzt, erlassen oder erstattet worden ist, hat der Unternehmer den Vorsteuerabzug gem. *§ 17 Abs. 3 UStG* entsprechend zu berichtigen. Die Berichtigung ist für den Besteuerungszeitraum vorzunehmen, in dem die Änderung eingetreten ist.

455   Werden die Entgelte für *unterschiedlich besteuerte* Lieferungen oder sonstige Leistungen eines bestimmten Zeitabschnitts gemeinsam geändert (z. B. Jahresboni, Jahresrückvergütungen), so hat der Unternehmer gem. § 17 Abs. 4 UStG dem Leistungsempfänger einen *Beleg* zu erteilen, aus dem zu ersehen ist, wie sich die Änderung der Entgelte auf die unterschiedlich besteuerten Umsätze verteilt.

E. Steuersatz

I. Allgemeines

456   Für die steuerbaren und steuerpflichtigen Umsätze stellt sich die Frage nach dem Steuersatz. Nach *§ 12 UStG* bestehen für die Besteuerung nach den allgemeinen Vorschriften des UStG zwei Steuersätze:

	Allgemeiner Steuersatz	Ermäßigter Steuersatz
1. 1. 1968 bis 30. 6. 1968	10 %	5,0 %
1. 7. 1968 bis 31. 12. 1977	11 %	5,5 %
1. 1. 1978 bis 30. 6. 1979	12 %	6,0 %
1. 7. 1979 bis 30. 6. 1983	13 %	6,5 %
1. 7. 1983 bis 31. 12. 1992	14 %	7,0 %
1. 1. 1993 bis 31. 3. 1998	15 %	7,0 %
1. 4. 1998 bis 31. 12. 2006	16 %	7,0 %
ab 1. 1. 2007	19 %	7,0 %

Für die im Rahmen eines land- und forstwirtschaftlichen Betriebes ausgeführten Umsätze kommen besondere *Durchschnittssätze gem. § 24 UStG* zur Anwendung.

Eine *Übersicht* der Umsatzsteuersätze wichtiger Staaten ist in UStB 2007 S. 300 abgedruckt.

II. Regelsteuersatz

Die Steuer beträgt seit dem 1. 1. 2007 für jeden steuerpflichtigen Umsatz grundsätzlich *19 %* der Bemessungsgrundlage (§ 12 Abs. 1 UStG). Dies gilt auch für den innergemeinschaftlichen Erwerb von Gegenständen. Anzuwenden ist jeweils der Steuersatz, der in dem Zeitpunkt gilt, in dem der Umsatz ausgeführt wird.   457

Eine Erhöhung des Steuersatzes ist auf Umsätze anzuwenden, die ab dem Inkrafttreten der maßgeblichen Änderungsvorschrift ausgeführt werden (§ 27 Abs. 1 Satz 1 UStG). Lieferungen, sonstige Leistungen und innergemeinschaftliche Erwerbe, die nach dem Zeitpunkt der Steuersatzerhöhung ausgeführt werden, unterliegen demzufolge dem erhöhten Steuersatz.

Lieferungen sind ausgeführt, wenn der Leistungsempfänger die Verfügungsmacht über den zu liefernden Gegenstand erlangt (Abschn. 177 Abs. 2 Satz 1 UStR 2008). *Sonstige Leistungen* sind grundsätzlich im Zeitpunkt ihrer Vollendung ausgeführt (Abschn. 177 Abs. 3 Satz 1 UStR 2008). *Unentgeltliche Leistungen* (früher: *Eigenverbrauch)* sind ausgeführt, wenn der Unternehmer Gegenstände entnimmt oder sonstige Leistungen ausführt (§ 13 Abs. 1 Nr. 2 UStG). *Innergemeinschaftliche Erwerbe* gelten zum Zeitpunkt der Lieferung als ausgeführt (Lieferzeitpunkt = Erwerbszeitpunkt).

BEISPIELE:

1) A und B schließen am 1. 12. 2006 einen Kaufvertrag über die Lieferung eines Stuhls. A befördert den Stuhl am 2. 2. 2007 mit eigenem Lkw zu B.

   Die Lieferung wird am 2. 2. 2007 ausgeführt mit der Folge, dass der erhöhte Steuersatz zur Anwendung kommt.

2) A und B schließen am 1. 12. 2006 einen Mietvertrag über die Nutzung einer Maschine in der Zeit vom 1. 12. 2006 bis zum 1. 5. 2007. Abgerechnet wird in einer Gesamtsumme.

   Die sonstige Leistung ist zum Zeitpunkt der Vollendung ausgeführt mit der Folge, dass der erhöhte Steuersatz auf die gesamte Leistung zur Anwendung kommt.

3) A verspricht seiner Tochter B am 1. 12. 2006, dass er ihr den betrieblichen Pkw schenken wird. Die Schenkung erfolgt am 3. 1. 2007.

   Die unentgeltliche Wertabgabe gem. § 3 Abs. 1b UStG ist am 3. 1. 2007 ausgeführt mit der Folge, dass der erhöhte Steuersatz zur Anwendung kommt.

4) A und der Italiener B schließen am 10. 12. 2006 einen Kaufvertrag über die Lieferung einer Maschine von B an A. B transportiert die Maschine am 20. 1. 2007 von Italien nach Deutschland zu A.

   Der innergemeinschaftliche Erwerb durch A ist am 20. 1. 2007 ausgeführt mit der Folge, dass der erhöhte Steuersatz zur Anwendung kommt.

Werden statt einer Gesamtleistung *Teilleistungen* erbracht, so kommt es für die Anwendung einer Änderungsvorschrift (z. B. der Anhebung des Steuersatzes) nicht auf den Zeitpunkt der Gesamtleistung, sondern darauf an, wann die *einzelnen Teilleistungen* ausgeführt werden. Teilleistungen liegen vor, wenn für bestimmte Teile einer wirt-   458 schaftlich teilbaren Leistung das Entgelt gesondert vereinbart wird (§ 13 Abs. 1 Nr. 1 Buchst. a Satz 3 UStG).

Teilleistungen liegen z. B. in folgenden Fällen vor:

▶ Mietvertrag über einen längeren Zeitraum mit monatlicher Mietzahlung,

▶ Bauleistungen (z. B. Mauer- und Betonarbeiten sowie Innen- und Außenputz werden gesondert abgenommen und abgerechnet),

▶ Teillieferungen (z. B. Kohlenhändler liefert die geforderten 120 Tonnen in 2 Schüben zu je 60 Tonnen und stellt gesonderte Rechnungen aus).

BEISPIEL: ▶ A und B schließen einen Grundstücksmietvertrag für einen Zeitraum vom 1. 1. 2006 bis zum 31. 12. 2009. A verzichtet wirksam auf die Steuerbefreiung gem. § 4 Nr. 12 UStG i. V. mit § 9 UStG. Es wurde eine monatliche Mietzahlung vereinbart.

Es liegen monatliche Vermietungsleistungen (Teilleistungen) vor mit der Folge, dass für den Zeitraum 1. 1. 2006 bis 31. 12. 2006 der bisherige Steuersatz von 16 % und ab dem 1. 1. 2007 der erhöhte Steuersatz von 19 % zur Anwendung kommt.

459   Änderungen des UStG sind nach *§ 27 Abs. 1 Satz 2 UStG* auf die ab dem Inkrafttreten der jeweiligen Änderungsvorschrift ausgeführten Lieferungen und sonstigen Leistungen auch insoweit anzuwenden, als die USt dafür bereits vor dem Inkrafttreten der betreffenden Änderungsvorschrift entstanden ist. Dies kann z. B. in Fällen der *Istbesteuerung* oder in *Anzahlungsfällen* der Fall sein. Die Berechnung dieser Steuer ist für den Voranmeldungszeitraum zu berichtigen, in dem die Lieferung oder sonstige Leistung ausgeführt wird *(§ 27 Abs. 1 Satz 3 UStG)*. Hierbei handelt es sich um eine *Vereinfachungsregelung*; die Korrektur der ursprünglichen Voranmeldungen wird vermieden.

460   Im Falle der Besteuerung nach *vereinnahmten Entgelten* (§ 20 UStG) entsteht die USt mit Ablauf des Voranmeldungszeitraums, in dem die Entgelte vereinnahmt worden sind (§ 13 Abs. 1 Nr. 1 Buchst. b UStG).

Hat der Unternehmer Entgelte vor dem Zeitpunkt der Steuersatzerhöhung vereinnahmt für Lieferungen und sonstige Leistungen, die erst nach dem Zeitpunkt der Steuersatzerhöhung ausgeführt werden, so ist auf diese Entgelte *nachträglich* der höhere Steuersatz anzuwenden. Damit ergibt sich für diese Entgelte eine weitere Steuerschuld in Höhe der Differenz zwischen altem und neuem Steuersatz. Die Berechnung dieser Steuer ist für den Voranmeldungszeitraum vorzunehmen, in dem die Lieferung oder sonstige Leistung ausgeführt wird (§ 27 Abs. 1 Satz 3 UStG). Zur *Vereinfachung* wird zugelassen, dass die weitere USt in dem Voranmeldungszeitraum berechnet wird, in dem das restliche Entgelt vereinnahmt wird.

BEISPIEL: ▶ A unterliegt der Istbesteuerung. Für eine am 20. 1. 2007 ausgeführte Leistung hat A jeweils am 10. 12. 2006 und 10. 2. 2007 einen Betrag i. H. von 10 000 € erhalten. A ist zur Abgabe monatlicher USt-Voranmeldungen verpflichtet.

Die Leistung ist nach dem 1. 1. 2007 erbracht worden und unterliegt damit der Besteuerung mit dem erhöhten Steuersatz von 19 %. Da A den am 10. 12. 2006 vereinnahmten Betrag noch dem bisherigen Steuersatz unterworfen hat, entsteht eine weitere Steuerschuld in Höhe der Differenz zwischen altem und neuem Steuersatz. Diese Steuer muss A entweder in der Voranmeldung 1/2007 oder 2/2007 berücksichtigen.

Werden Entgelte *nach* dem Zeitpunkt der Steuersatzerhöhung vereinnahmt für Leistungen, die vor diesem Zeitpunkt ausgeführt worden sind, so ist auf diese Beträge der bisherige Steuersatz anzuwenden.

BEISPIEL: ▶ A unterliegt der Istbesteuerung und ist zur Abgabe monatlicher USt-Voranmeldungen verpflichtet. Für eine am 2. 12. 2006 ausgeführte Leistung erhält er am 10. 2. 2007 den vereinbarten Preis.

Da die Leistung vor dem Zeitpunkt der Steuersatzerhöhung ausgeführt worden ist, ist der bisherige Steuersatz anzuwenden. In der USt-Voranmeldung 2/2007 ist insoweit noch der bisherige Steuersatz von 16 % zu berücksichtigen.

Erhält der Unternehmer vor dem Zeitpunkt der Steuersatzerhöhung *Anzahlungen* für Leistungen, die nach dem Zeitpunkt der Steuersatzerhöhung ausgeführt werden, so unterliegen die Anzahlungen dem neuen Steuersatz. Im Falle der Rechnungsausstellung mit gesondertem Steuerausweis ist eine Rechnungsberichtigung nicht erforderlich, wenn in der Endrechnung die gesamte Leistung dem erhöhten Steuersatz unterworfen wird und der geschuldete weitere USt-Betrag (Differenz zwischen altem und neuem Steuersatz) zusätzlich angegeben wird. Die weitere USt, die auf die im Voraus vereinnahmten Teilentgelte entfällt, ist grundsätzlich für den Voranmeldungszeitraum zu berechnen und zu entrichten, in dem die Leistung oder Teilleistung erbracht wird (§ 27 Abs. 1 Satz 3 UStG). **461**

Die Unternehmer sind nach § 14 Abs. 2 UStG berechtigt und ggf. verpflichtet, über Leistungen, die nach dem Zeitpunkt der Steuersatzerhöhung ausgeführt werden, *Rechnungen* zu erteilen, in denen die USt nach dem neuen Steuersatz ausgewiesen ist. Das gilt auch, wenn die Verträge über diese Leistungen vor dem Erhöhungszeitpunkt geschlossen worden sind und dabei von dem bis dahin geltenden Steuersatz ausgegangen worden ist. Aus der Regelung über den Steuerausweis folgt aber nicht, dass die Unternehmer berechtigt sind, bei der Abrechnung der vor dem Erhöhungszeitpunkt vereinbarten Leistungen die Preise entsprechend der neu eingetretenen umsatzsteuerlichen Mehrbelastung zu erhöhen. Es handelt sich dabei vielmehr um eine besondere *zivilrechtliche Frage*, deren Beantwortung von der *jeweiligen Vertrags- und Rechtslage* abhängt. **462**

Nach *§ 29 Abs. 1 i.V. mit Abs. 2 UStG* kann der Unternehmer, wenn er eine Leistung nach dem Zeitpunkt der Erhöhung ausführt, von dem Empfänger dieser Leistung unter bestimmten Voraussetzungen einen angemessenen Ausgleich der umsatzsteuerlichen Mehrbelastung verlangen. Eine der Voraussetzungen für den Ausgleichsanspruch ist, dass die Leistung auf einem Vertrag beruht, der nicht später als *vier Kalendermonate* vor der Erhöhung geschlossen worden ist (vor dem 1. 9. 2006). Die Vertragspartner dürfen außerdem nichts anderes vereinbart haben (z. B., dass Ausgleichsansprüche im Falle einer Anhebung des Umsatzsteuersatzes ausgeschlossen sind).

Tritt nach dem Erhöhungszeitpunkt eine *Minderung oder Erhöhung der Bemessungsgrundlage* für einen vor dem Erhöhungszeitpunkt ausgeführten steuerpflichtigen Umsatz ein (z. B. durch Skonto, Rabatt), so hat der Unternehmer, der diesen Umsatz ausgeführt hat, nach § 17 Abs. 1 UStG den dafür geschuldeten USt-Betrag zu berichtigen. Dabei ist der *bisherige* Steuersatz anzuwenden. Dasselbe gilt für die Berichtigung des Vorsteuerabzugs. **463**

BEISPIEL: ▶ A, der der Regelbesteuerung unterliegt und monatliche Voranmeldungen abzugeben hat, hat am 10. 12. 2006 eine Lieferung ausgeführt. Der Kunde zahlt am 10. 1. 2007 unter Inanspruchnahme eines Skontoabzugs von 2 %.

Im Januar tritt eine Änderung der Bemessungsgrundlage ein. Die Mindersteuer ist unter Anwendung des bisherigen Steuersatzes von 16 % zu berechnen.

464   Beim *Umtausch* eines Gegenstandes wird die ursprüngliche Lieferung rückgängig gemacht. An ihre Stelle tritt eine neue Lieferung. Wird ein vor dem Erhöhungszeitpunkt gelieferter Gegenstand nach diesem Stichtag umgetauscht, so ist auf die Lieferung des Ersatzgegenstandes der neue Steuersatz anzuwenden.

III. Ermäßigter Steuersatz

465   Neben dem Regelsteuersatz von 19 % existiert ein ermäßigter Steuersatz von *7 %*. Durch die Anwendung eines ermäßigten Steuersatzes wird erreicht, dass bestimmte Waren- und Dienstleistungen auf der Endstufe des Verbrauchs „billiger ankommen" als dies bei der Anwendung eines einheitlichen Steuersatzes möglich gewesen wäre. Der ermäßigte Steuersatz kommt dann zur Anwendung, wenn der zu beurteilende Umsatz in die Vorschrift des *§ 12 Abs. 2 UStG* eingruppiert werden kann.

466   Dem ermäßigten Steuersatz unterliegen:

die Lieferungen, die Einfuhr und der innergemeinschaftliche Erwerb der in der Anlage 2 bezeichneten Gegenstände

Solche Gegenstände sind z. B.:

▶ lebende Tiere,

▶ Nahrungsmittel,

▶ Bücher, Zeitungen und andere Erzeugnisse des graphischen Gewerbes,

▶ Kunstgegenstände,

▶ Sammlungsstücke.

Bei Abgrenzungsschwierigkeiten können unverbindliche *Zolltarifauskünfte* bei der zuständigen Zolltechnischen Prüfungs- und Lehranstalt eingeholt werden (BMF-Schreiben vom 23. 10. 2006, BStBl 2006 I S. 622).

Zum Steuersatz für die Lieferungen von *Kombinationsartikeln* wird auf die BMF-Schreiben vom 9. 5. 2005 (BStBl 2005 I S. 674), vom 9. 12. 2005 (BStBl 2005 I S. 1086) und vom 21. 3. 2006 (BStBl 2006 I S. 286) hingewiesen.

467   *Die Vermietung der in der Anlage 2 bezeichneten Gegenstände*

Auf das ausführliche BMF-Schreiben vom 5. 8. 2004 (BStBl 2004 I S. 638) wird insoweit verwiesen.

468   *Die Aufzucht und das Halten von Vieh, die Anzucht von Pflanzen und die Teilnahme an Leistungsprüfungen für Tiere*

Leistungsprüfungen für Tiere sind tierzüchterische Veranstaltungen, die als Wettbewerbe wertvoller Zuchttiere mit Prämierung durchgeführt werden, z. B. Tierschauen, *Pferderennen* oder Pferdeleistungsschauen (Turniere). Nach dieser Vorschrift ist nur die

Teilnahme an Tierleistungsprüfungen begünstigt, nicht jedoch die Veranstaltung dieser Prüfungen (Abschn. 162 Abs. 5 Sätze 3 und 4 UStR 2008). Das *Einstellen und Betreuen von Reitpferden*, die von ihren Eigentümern zur Ausübung von Freizeitsport genutzt werden, fällt nicht unter den Begriff „Halten von Vieh" i. S. des § 12 Abs. 2 Nr. 3 UStG und ist deshalb nicht mit dem ermäßigten, sondern mit dem allgemeinen Steuersatz zu versteuern (BFH vom 22. 1. 2004, BStBl 2004 II S. 757; Abschn. 162 Abs. 3 UStR 2008).

Die Leistungen, die unmittelbar der Vatertierhaltung, der Förderung der Tierzucht, der künstlichen Tierbesamung oder der Leistungs- und Qualitätsprüfung in der Tierzucht und in der Milchwirtschaft dienen   469

Die Vorschrift betrifft nur Leistungen, die einer für landwirtschaftliche Zwecke geeigneten Tierzucht usw. zu dienen bestimmt sind (BFH vom 17. 11. 1966, BStBl 1967 III S. 164). Wegen der weiteren Einzelheiten wird auf Abschn. 163 UStR 2008 verwiesen.

Die Leistungen aus der Tätigkeit als Zahntechniker sowie die in § 4 Nr. 14 Satz 4 Buchst. b UStG bezeichneten Leistungen der Zahnärzte   470

Der ermäßigte Steuersatz ist auf alle Umsätze aus der Tätigkeit als Zahntechniker anzuwenden. Bei den Zahnärzten wird die Lieferung oder Wiederherstellung von Zahnprothesen und kieferorthopädischen Apparaten begünstigt, soweit sie der Zahnarzt in seinem Unternehmen hergestellt oder wiederhergestellt hat. Hilfsgeschäfte unterliegen nicht dem ermäßigten Steuersatz (BFH vom 28. 10. 1971, BStBl 1972 II S. 102).

Die Eintrittsberechtigung für Theater, Konzerte und Museen, sowie die den Theatervorführungen und Konzerten vergleichbaren Darbietungen ausübender Künstler   471

Begünstigt sind die Leistungen der bezeichneten Einrichtungen, wenn sie nicht unter die Befreiungsvorschrift des § 4 Nr. 20 Buchst. a UStG fallen. Wegen weiterer Einzelheiten wird auf Abschn. 166 UStR 2008 verwiesen.

Konzerte i. S. des § 12 Abs. 2 Nr. 7 Buchst. a UStG sind Aufführungen von Musikstücken, bei denen Instrumente und/oder die menschliche Stimme eingesetzt werden. Hiergegen ist das bloße Abspielen eines Tonträgers kein Konzert (BFH vom 18. 8. 2005, BStBl 2006 II S. 101).

Die Überlassung von Filmen zur Auswertung und Vorführung sowie die Filmvorführungen, soweit die Filme nach § 6 Abs. 3 Nr. 1 bis 5 des Gesetzes zum Schutze der Jugend in der Öffentlichkeit oder nach § 14 Abs. 2 Nr. 1 bis 5 des Jugendschutzgesetzes vom 23. 7. 2002 (BGBl I S. 2730, 2003 I S. 476) in der jeweils geltenden Fassung gekennzeichnet sind oder vor dem 1. 1. 1970 erstaufgeführt wurden   472

Bei den begünstigten Filmvorführungen ist der ermäßigte Steuersatz auf die *Eintrittsgelder* anzuwenden. Die Aufbewahrung der *Garderobe* und der Verkauf von *Programmen* sind als Nebenleistungen ebenfalls begünstigt. Andere Umsätze – z. B. die Abgabe von Speisen und Getränken oder Hilfsumsätze – fallen nicht unter die Steuerermäßigung (BFH vom 7. 7. 1995, BStBl 1995 II S. 429). Die Vermietung von bespielten Video-Kassetten zur Verwendung im privaten Bereich durch den Mieter ist nicht begünstigt (BFH vom 29. 11. 1984, BStBl 1985 II S. 271).

473   *Die Einräumung, Übertragung und Wahrnehmung von Rechten, die sich aus dem Urheberrechtsgesetz ergeben*

Bei der Einräumung, Übertragung und Wahrnehmung von Rechten muss es sich um den *Hauptinhalt* der Leistung handeln. Stellt die Übertragung oder Einräumung von urheberrechtlichen Befugnissen nur eine Nebenleistung dar (z. B. Überlassung von *Standard-Software*), kommt die Steuerermäßigung nicht in Betracht (BFH vom 16. 8. 2001, UR 2002 S. 133, und vom 27. 9. 2001, BStBl 2002 II S. 114). Unter das Urheberrechtsgesetz fallen

► das Vervielfältigungsrecht,

► das Verbreitungsrecht,

► das Ausstellungsrecht,

► das Vortrags-, Aufführungs- und Vorführungsrecht,

► das Senderecht,

► das Recht der Wiedergabe durch Bild- und Tonträger,

► das Recht der Wiedergabe von Funksendungen.

Die Überlassung eines urheberrechtlich geschützten *Computerprogramms* unterliegt nach § 12 Abs. 2 Nr. 7 Buchst. c UStG dem ermäßigten Steuersatz, wenn der Urheber oder Nutzungsberechtigte dem Leistungsempfänger die in § 69c Satz 1 Nr. 1 bis 3 UrhG bezeichneten Rechte auf Vervielfältigung und Verbreitung nicht nur als Nebenfolge einräumt (BFH vom 25. 11. 2004, BStBl 2005 II S. 415 und S. 419). Wenn der wirtschaftliche Gehalt des Vorgangs nicht auf die Verbreitung des Computerprogramms, sondern überwiegend auf seine Anwendung für die Bedürfnisse des Leistungsempfängers gerichtet ist, unterliegt der Umsatz dem regelmäßigen Steuersatz (BFH vom 27. 9. 2001, BStBl 2002 II S. 114; Abschn. 168 Abs. 1 Satz 6 UStR 2008).

474   *Die Zirkusvorführungen, die Leistungen aus der Tätigkeit als Schausteller sowie die unmittelbar mit dem Betrieb der zoologischen Gärten verbundenen Umsätze*

Als Leistungen aus der Tätigkeit als Schausteller gelten gem. § 30 UStDV Schaustellungen, Musikaufführungen, unterhaltende Vorstellungen oder sonstige Lustbarkeiten auf Jahrmärkten, Volksfesten, Schützenfesten oder ähnlichen Veranstaltungen. Ähnliche Veranstaltungen können auch durch den Schausteller selbst organisierte und unter seiner Regie stattfindende Eigenveranstaltungen sein (BFH vom 25. 11. 1993, BStBl 1994 II S. 336). Die Steuerermäßigung hat nicht zur Voraussetzung, dass der Schausteller in eigener Person von Ort zu Ort ziehend auf Jahrmärkten, Volksfesten, Schützenfesten oder ähnlichen Veranstaltungen Schaustellungen, Musikaufführungen, unterhaltende Vorstellungen oder sonstige Lustbarkeiten erbringt; vielmehr reicht es aus, dass er diese Leistungen im eigenen Namen mit Hilfe seiner Arbeitnehmer oder sonstiger *Erfüllungsgehilfen* an die Besucher der Veranstaltungen ausführt (BFH vom 18. 7. 2002, BStBl 2004 II S. 88). Zum Steuersatz aus der Tätigkeit als Schausteller bei einem Veranstalter von Jahrmärkten, Volksfesten etc. hat das *BMF* mit Schreiben vom 6. 1. 2004 (BStBl 2004 I S. 182) Stellung genommen.

Delphinarien sind nicht als zoologische Garten anzusehen und somit nicht steuerbegünstigt (BFH vom 20. 4. 1988, BStBl 1988 II S. 796).

Die Leistungen der Körperschaften, die ausschließlich und unmittelbar gemeinnützige, 475
mildtätige oder kirchliche Zwecke verfolgen. Das gilt nicht für Leistungen, die im Rahmen eines wirtschaftlichen Geschäftsbetriebes ausgeführt werden. Für Leistungen, die im Rahmen eines Zweckbetriebs ausgeführt werden, gilt Satz 1 nur, wenn der Zweckbetrieb nicht in erster Linie der Erzielung zusätzlicher Einnahmen durch die Ausführung von Umsätzen dient, die in unmittelbarem Wettbewerb mit dem allgemeinen Steuersatz unterliegenden Leistungen anderer Unternehmer ausgeführt werden, oder wenn die Körperschaft mit diesen Leistungen ihrer in den §§ 66 bis 68 der Abgabenordnung bezeichneten Zweckbetriebe ihre steuerbegünstigten satzungsgemäßen Zwecke selbst verwirklicht.

Der ermäßigte Steuersatz kommt nur für die Leistungen der begünstigten Körperschaft in Betracht. Die Steuerermäßigung gilt nicht für die Leistungen, die im Rahmen eines *wirtschaftlichen Geschäftsbetriebs* i. S. des § 14 AO ausgeführt werden.

Gestattet ein als gemeinnützig anerkannter *Eislaufverein* sowohl Mitgliedern als auch Nichtmitgliedern die Benutzung seiner Eisbahn gegen Entgelt und vermietet er in diesem Zusammenhang Schlittschuhe, unterliegen diese entgeltlichen Leistungen gem. § 12 Abs. 2 Nr. 8 Buchst. a UStG dem ermäßigten Steuersatz, wenn sie im Rahmen eines *Zweckbetriebes* ausgeführt werden. Dies setzt u. a. voraus, dass der Eislaufverein mit den Leistungen zu nicht begünstigten Betrieben derselben oder ähnlicher Art nicht in größerem Umfang in Wettbewerb tritt, als es bei Erfüllung seiner steuerbegünstigten Zwecke unvermeidbar ist (BFH vom 30. 3. 2000, BStBl 2000 II S. 705).

Die Leistungen der nichtrechtsfähigen Personenvereinigungen und Gemeinschaften der in 476
§ 12 Abs. 2 Nr. 8 Buchst. a Satz 1 UStG bezeichneten Körperschaften, wenn diese Leistungen, falls die Körperschaften sie anteilig selbst ausführten, insgesamt nach § 12 Abs. 2 Nr. 8 Buchst. a UStG ermäßigt besteuert würden

Die Steuerermäßigung wird unter folgenden Voraussetzungen gewährt:

► *Alle Mitglieder* der nichtrechtsfähigen Personenvereinigung oder Gemeinschaft müssen steuerbegünstigte Körperschaften i. S. der §§ 51 ff. AO sein.

► *Alle Leistungen* müssten, falls sie anteilig von den Mitgliedern der Personenvereinigung oder der Gemeinschaft ausgeführt würden, nach § 12 Abs. 2 Nr. 8 Buchst. a UStG ermäßigt zu besteuern sein.

Die unmittelbar mit dem Betrieb der Schwimmbäder verbundenen Umsätze sowie die 477
Verabreichung von Heilbädern. Das gleiche gilt für die Bereitstellung von Kureinrichtungen, soweit als Entgelt eine Kurtaxe zu entrichten ist.

Unmittelbar mit dem Betrieb der Schwimmbäder verbundene Umsätze sind:

► die Benutzung der Schwimmbäder – z. B. durch Einzelbesucher, Gruppen oder Vereine;

► ergänzende Nebenleistungen – z. B. Benutzung von Einzelkabinen;

► die Erteilung von Schwimmunterricht;

► notwendige Hilfsleistungen – z. B. Vermietung von Schwimmgürteln, Handtüchern und Badekleidung, Aufbewahrung der Garderobe, Benutzung von Haartrocknern.

Nicht begünstigt ist z. B.

▶ die Abgabe von Reinigungsbädern;

▶ die Vermietung von Liegestühlen;

▶ die Zurverfügungstellung von Unterhaltungseinrichtungen (z. B. Minigolf, Tischtennis);

▶ die Vermietung eines Parkplatzes.

Zu den *Heilbädern* gehören auch die *Saunabäder*. Es ist für die Steuerermäßigung nicht erforderlich, dass im Einzelfall ein bestimmter Heilzweck nachgewiesen wird (Abschn. 171 Abs. 3 Satz 2 UStR 2008). Der Betreiber eines *Sportzentrums*, der den Besuchern gegen Pauschalentgelt nicht nur die Möglichkeit eröffnet, die Anlagen im Sportzentrum zu benutzen, sondern auch die Nutzung einer Sauna gestattet, erbringt eine Leistung eigener Art, die nicht nach § 12 Abs. 2 Nr. 9 UStG begünstigt ist (BFH vom 28. 9. 2000, BStBl 2001 II S. 78).

Bei der Bereitstellung von *Kureinrichtungen* handelt es sich um eine *einheitliche Gesamtleistung*, die sich aus verschiedenartigen Einzelleistungen – z. B. die Veranstaltung von Kurkonzerten, das Gewähren von Trinkkuren sowie das Überlassen von Kurbädern, Kurstränden, Kurparks und anderen Kuranlagen oder -einrichtungen zur Benutzung zusammensetzt. Voraussetzung für die Steuerermäßigung ist, dass für die einheitliche Gesamtleistung als Entgelt eine *Kurtaxe* aufgrund einer besonderen gesetzlichen Regelung oder nach einer entsprechenden vertraglichen Vereinbarung erhoben wird (Abschn. 171 Abs. 4 Sätze 1 und 2 UStR 2008).

478 *Die Beförderungen von Personen im Schienenbahnverkehr, im Verkehr mit Oberleitungsomnibussen, im genehmigten Linienverkehr mit Kraftfahrzeugen, im Verkehr mit Taxen, mit Drahtseilbahnen und sonstigen mechanischen Aufstiegshilfen aller Art und im genehmigten Linienverkehr mit Schiffen sowie die Beförderungen im Fährverkehr*

a) innerhalb einer Gemeinde oder

b) wenn die Beförderungsstrecke nicht mehr als fünfzig Kilometer beträgt.

Nicht begünstigt ist der Verkehr mit *Mietwagen* (BFH vom 30. 10. 1969, BStBl 1970 II S. 78). Die umsatzsteuerrechtliche Begünstigung des Kraftdroschkenverkehrs gegenüber dem Mietwagenverkehr ist *verfassungsgemäß* (BVerfG-Beschluss vom 11. 2. 1992, HFR 1992 S. 257). Der Mietwagenverkehr unterscheidet sich im Wesentlichen vom Taxenverkehr dadurch, dass nur Beförderungsaufträge ausgeführt werden dürfen, die am Betriebssitz oder in der Wohnung des Unternehmers eingegangen sind (§ 49 Abs. 4 PBefG).

Begünstigt sind ebenfalls die *Beförderungen von Personen mit Schiffen* gem. § 28 Abs. 4 UStG. Dies gilt bis zum *31. 12. 2011*.

F. Entstehung

I. Steuerentstehung für Lieferungen und sonstige Leistungen

1. Vereinbarte Entgelte

Die Steuer entsteht für Lieferungen und sonstige Leistungen bei der Berechnung der   479
Steuer nach vereinbarten Entgelten mit *Ablauf des Voranmeldungszeitraums*, in dem
die Leistungen ausgeführt worden sind (§ 13 Abs. 1 Nr. 1 Buchst. a Satz 1 UStG). Die
Steuer entsteht in der gesetzlichen Höhe unabhängig davon, ob die am Leistungsaustausch beteiligten Unternehmer von den ihnen vom Gesetz gebotenen Möglichkeiten
der Rechnungserteilung mit gesondertem Steuerausweis und des Vorsteuerabzuges
Gebrauch machen oder nicht (BFH vom 7. 7. 1983, BStBl 1984 II S. 70). Der *Zeitpunkt der
Leistung* ist allein entscheidend, für welchen Voranmeldungszeitraum ein Umsatz zu
berücksichtigen ist (BFH vom 13. 10. 1960, BStBl 1960 III S. 478).

Die Steuer wird im Regelfall nach vereinbarten Entgelten berechnet (§ 16 Abs. 1 Satz 1
UStG). Diese Art der Besteuerung wird auch *Sollversteuerung* oder *Regelbesteuerung* genannt.

Lieferungen sind ausgeführt, wenn der Leistungsempfänger die Verfügungsmacht an
dem gelieferten Gegenstand erlangt. *Sonstige Leistungen* sind grundsätzlich im Zeitpunkt ihrer Vollendung ausgeführt.

> **BEISPIEL:** A ist Unternehmer in Hagen, der die Sollversteuerung durchzuführen hat. Mit Kauf-
> vertrag vom 10. 5. 2009 veräußert er dem Kunden K eine Ware für 1 000 € zzgl. 190 € USt =
> 1 190 €. Vereinbarungsgemäß holt K die Ware am 2. 6. 2009 bei A in Hagen ab. K begleicht die
> am 3. 6. 2009 ausgestellte Rechnung am 1. 7. 2009 in bar. A ist zur Abgabe monatlicher USt-
> Voranmeldungen verpflichtet.
>
> A erbringt eine steuerbare und zu 19 % steuerpflichtige Lieferung. Bemessungsgrundlage ist
> gem. § 10 Abs. 1 UStG das Entgelt i. H. von 1 000 €. Da A die Steuer nach vereinbarten Entgel-
> ten berechnet, entsteht die USt gem. § 13 Abs. 1 Nr. 1 Buchst. a Satz 1 UStG mit Ablauf des Vor-
> anmeldungszeitraums, in dem die Lieferung ausgeführt worden ist. Die Lieferung ist am
> 2. 6. 2009 ausgeführt, d. h. die USt i. H. von 190 € entsteht mit Ablauf des Voranmeldungszeit-
> raums Juni 2009. Der Umsatz ist in der Voranmeldung für Juni 2009 zu berücksichtigen.

Die Steuer entsteht für *Teilleistungen* mit Ablauf des Voranmeldungszeitraums, in dem   480
die Teilleistungen ausgeführt worden sind. Teilleistungen liegen vor, wenn für bestimmte Teile einer wirtschaftlich teilbaren Leistung das Entgelt gesondert vereinbart
wird. Teilleistungen setzen voraus, dass eine Leistung nach wirtschaftlicher Betrachtungsweise überhaupt teilbar ist und dass sie nicht als Ganzes, sondern in Teilen geschuldet und bewirkt wird. Eine Leistung ist in Teilen geschuldet, wenn für bestimmte
Teile das Entgelt gesondert vereinbart wird.

> **BEISPIEL:** A ist Eigentümer eines Geschäftshauses in Bonn. Dieses Geschäftshaus hat er in ei-
> nem Mietvertrag auf die Dauer von 5 Jahren unter Verzicht auf die Steuerbefreiung an den Un-
> ternehmer B vermietet. Die Mietzahlung erfolgt monatlich.
>
> A erbringt steuerbare und unter Berücksichtigung des § 9 UStG auch steuerpflichtige Umsätze
> gegenüber B. Die Leistung, die Vermietungsleistung, wird in monatlichen Teilleistungen er-
> bracht. Die USt entsteht gem. § 13 Abs. 1 Nr. 1 Buchst. a Sätze 2 und 3 UStG mit Ablauf des
> jeweiligen Kalendermonats.

481   Wird das Entgelt oder ein Teil des Entgelts vereinnahmt, bevor die Leistung oder die Teilleistung ausgeführt worden ist, so entsteht insoweit die Steuer mit Ablauf des Voranmeldungszeitraums, in dem das Entgelt oder das Teilentgelt vereinnahmt worden ist (§ 13 Abs. 1 Nr. 1 Buchst. a Satz 4 UStG). Diese Regelung gilt für *Anzahlungen*, Abschlagszahlungen und Vorauszahlungen. Auf die betragsmäßige Höhe der Anzahlung kommt es nicht an. Die Regelung über die Entstehung der Steuer für vereinnahmte Anzahlungen nach § 13 Abs. 1 Nr. 1 Buchst. a Satz 4 UStG enthält einen *selbständigen und abschließenden Steuerentstehungstatbestand*.

Wird eine Anzahlung für eine Leistung vereinnahmt, die voraussichtlich unter eine *Befreiungsvorschrift* des § 4 UStG fällt, so braucht auch die Anzahlung nicht der Steuer unterworfen zu werden. Dagegen ist die Anzahlung zu versteuern, wenn bei ihrer Vereinnahmung noch nicht abzusehen ist, ob die Voraussetzungen für die Steuerfreiheit der Leistung erfüllt werden.

> **BEISPIEL:** A ist Tischlermeister in Essen. Er erhält von dem Kunden K den Auftrag, einen Schrank herzustellen. Bei Auftragserteilung zahlt K einen Betrag i. H. von 1 000 € an.
>
> Da ein Teil des Entgelts vereinnahmt wird, bevor die Leistung des A ausgeführt worden ist, entsteht die Steuer gem. § 13 Abs. 1 Nr. 1 Buchst. a Satz 4 UStG insoweit mit Ablauf des Voranmeldungszeitraums, in dem das Teilentgelt vereinnahmt worden ist. Es entsteht eine USt i. H. von 159,66 €.

Aus den Rechnungen über Zahlungen vor Ausführung der Leistung *muss* hervorgehen, dass damit Voraus- oder Anzahlungen abgerechnet werden. Dies kann z. B. durch Angabe des voraussichtlichen Zeitpunkts der Leistung geschehen.

482   In einer *Endrechnung*, mit der ein Unternehmer über die ausgeführte Leistung insgesamt abrechnet, sind die vor der Ausführung der Leistung vereinnahmten Entgelte oder Teilentgelte sowie die hierauf entfallenden Steuerbeträge abzusetzen, wenn über diese Entgelte oder Teilentgelte Rechnungen mit gesondertem Steuerausweis erteilt worden sind. Bezüglich bestimmter Vereinfachungen wird auf Abschn. 187 Abs. 8 UStR 2008 verwiesen. Werden in einer Endrechnung die vor der Leistung vereinnahmten Teilentgelte und die auf sie entfallenden Steuerbeträge nicht abgesetzt oder angegeben, so hat der Unternehmer den in dieser Rechnung ausgewiesenen gesamten Steuerbetrag abzuführen.

Statt mit einer Endrechnung kann der Unternehmer über das restliche Entgelt eine so genannte *Restrechnung* erteilen, in der die im Voraus vereinnahmten Teilentgelte und die darauf entfallenden Steuerbeträge nicht anzugeben sind.

483   Bezüglich der Sollversteuerung in der Bauwirtschaft wird auf Abschn. 178 UStR 2008 und bezüglich der Sollversteuerung bei Architekten und Ingenieuren wird auf Abschn. 179 UStR 2008 verwiesen. Auf das *Merkblatt zur Umsatzbesteuerung in der Bauwirtschaft* (BMF-Schreiben vom 13. 7. 2004, BStBl 2004 I S. 628) wird hingewiesen.

2. Vereinnahmte Entgelte

484   Die Steuer entsteht für Lieferungen und sonstige Leistungen bei der Berechnung der Steuer nach vereinnahmten Entgelten mit Ablauf des Voranmeldungszeitraums, in dem die Entgelte vereinnahmt worden sind (*§ 13 Abs. 1 Nr. 1 Buchst. b UStG*).

Die Steuer kann auf Antrag gem. *§ 20 Abs. 1 UStG* nach vereinnahmten Entgelten berechnet werden, wenn eine der folgenden Voraussetzungen erfüllt ist:

► der Gesamtumsatz hat im vorangegangenen Kalenderjahr nicht mehr als 250 000 € betragen;

oder

► der Unternehmer ist von der Verpflichtung, Bücher zu führen und aufgrund jährlicher Bestandsaufnahmen regelmäßig Abschlüsse zu machen, nach § 148 AO befreit worden;

oder

► der Unternehmer führt Umsätze aus einer Tätigkeit als Angehöriger eines freien Berufs i. S. des § 18 Abs. 1 Nr. 1 EStG aus.

Als Zeitpunkt der Vereinnahmung gilt bei *Überweisungen* grundsätzlich der Zeitpunkt der Gutschrift. Ein *Scheckbetrag* ist grundsätzlich nicht erst mit Einlösung des Schecks, sondern bereits mit dessen Hingabe zugeflossen, wenn der sofortigen Vorlage des Schecks keine zivilrechtlichen Abreden entgegenstehen und wenn davon ausgegangen werden kann, dass die bezogene Bank im Falle der sofortigen Vorlage des Schecks den Scheckbetrag auszahlen oder gutschreiben wird (BFH vom 30. 10. 1980, BStBl 1981 II S. 305). 485

> **BEISPIEL:** ► A ist als Künstler Angehöriger eines freien Berufes i. S. des § 18 Abs. 1 Nr. 1 EStG. Er verkauft dem Kunden K ein Kunstwerk und vereinbart eine Zahlung des Kaufpreises in 5 monatlichen Raten.
>
> A kann auf Antrag die Steuer nach vereinnahmten Entgelten berechnen (§ 20 Abs. 1 Satz 1 Nr. 3 UStG). In diesem Falle entsteht die Steuer gem. § 13 Abs. 1 Nr. 1 Buchst. b UStG mit Ablauf des jeweiligen Voranmeldungszeitraums, in dem die Teilentgelte vereinnahmt werden und nicht bereits mit Ausführung der Lieferung.

Die Voraussetzungen für die Entstehung der Steuer im Zeitpunkt der Ausführung der Lieferung oder sonstigen Leistung bleiben auch maßgebend, wenn der Unternehmer von der Berechnung der Steuer nach vereinnahmten Entgelten zur Berechnung der Steuer nach vereinbarten Entgelten *wechselt*. Die Vorschrift des § 20 Abs. 1 Satz 3 UStG enthält keine davon abweichende Regelung über die Entstehung der Steuer (BFH vom 30. 1. 2003, BStBl 2003 II S. 817; Abschn. 182 Abs. 3 UStR 2008).

II. Steuerentstehung für unentgeltliche Leistungen

Die Steuer entsteht gem. *§ 13 Abs. 1 Nr. 2 UStG* für Leistungen i. S. des § 3 Abs. 1b und Abs. 9a UStG mit Ablauf des Voranmeldungszeitraums, in dem diese Leistungen ausgeführt worden sind. 486

> **BEISPIEL:** ► A ist Inhaber eines Sportgeschäfts in Arnsberg. Für den privaten Bedarf entnimmt A am 10. 6. 2009 einen Trainingsanzug aus seinem Geschäft. A ist zur Abgabe monatlicher USt-Voranmeldungen verpflichtet.
>
> Die Entnahme steht gem. § 3 Abs. 1b Satz 1 Nr. 1 UStG einer Lieferung gegen Entgelt gleich. A war bei der Anschaffung des Trainingsanzugs zum vollen Vorsteuerabzug berechtigt. Der Umsatz ist steuerbar gem. § 1 Abs. 1 Nr. 1 Satz 1 UStG. Der Umsatz ist auch zu 19 % steuerpflichtig. Die USt entsteht gem. § 13 Abs. 1 Nr. 2 UStG mit Ablauf des Voranmeldungszeitraums 6/2009, da die Leistung im Juni ausgeführt wurde.

III. Steuerentstehung für die Einfuhr

487 Gemäß *§ 13 Abs. 2 UStG* gilt für die EUSt § 21 Abs. 2 UStG. Danach gelten für die EUSt die Vorschriften für Zölle sinngemäß.

IV. Steuerentstehung für den innergemeinschaftlichen Erwerb

488 Die Steuer entsteht für den innergemeinschaftlichen Erwerb i. S. des § 1a UStG mit *Ausstellung der Rechnung*, spätestens jedoch mit Ablauf des dem Erwerb folgenden Kalendermonats *(§ 13 Abs. 1 Nr. 6 UStG)*. Entscheidend ist das Datum der Rechnungsausstellung und nicht etwa der tatsächliche Zugang der Rechnung beim Erwerber. Wird keine Rechnung ausgestellt oder aber erheblich verspätet ausgestellt, so entsteht die Steuer mit Ablauf des dem Erwerb folgenden Kalendermonats. Für den Zeitpunkt des Erwerbs gelten die Regelungen für den Zeitpunkt der Lieferung entsprechend, d. h. Erwerbs- und Lieferzeitpunkt sind identisch.

BEISPIELE:

1) A ist Unternehmer in Bielefeld. Er erwarb von dem luxemburgischen Unternehmer L, der kein Kleinunternehmer ist, Waren (nicht in der Anlage 2 aufgeführt) im Wert von 10 000 € für sein Unternehmen. Der Kaufvertrag wurde am 3. 7. 2009 abgeschlossen. Die Waren wurden von L am 10. 7. 2009 von Luxemburg nach Bielefeld befördert. L stellte am 30. 7. 2009 eine Rechnung aus, die bei A am 2. 8. 2009 einging. A bezahlte die Rechnung am 10. 8. 2009.

   A erbringt einen steuerbaren Umsatz i. S. des § 1 Abs. 1 Nr. 5 UStG. Es liegt ein innergemeinschaftlicher Erwerb gem. § 1a Abs. 1 UStG vor. Der Ort des innergemeinschaftlichen Erwerbs ist gem. § 3d Satz 1 UStG Bielefeld. Der Zeitpunkt des Erwerbs ist der 10. 7. 2009. Der Erwerb erfolgt auch gegen Entgelt. Der steuerbare Umsatz ist steuerpflichtig.

   Der Steuersatz beträgt gem. § 12 Abs. 1 UStG 19 %.

   Die Bemessungsgrundlage gem. § 10 Abs. 1 UStG beträgt 10 000 €, so dass eine USt i. H. von 1 900 € entsteht.

   Die Steuer entsteht gem. § 13 Abs. 1 Nr. 6 UStG grundsätzlich mit Ausstellung der Rechnung; also am 30. 7. 2009. Auf das Datum des Zugangs der Rechnung kommt es nicht an.

2) A ist Unternehmer in Bielefeld. Er erwarb von dem luxemburgischen Unternehmer L, der kein Kleinunternehmer ist, Waren (nicht in der Anlage 2 aufgeführt) im Wert von 10 000 € für sein Unternehmen. Der Kaufvertrag wurde am 3. 7. 2009 abgeschlossen. Die Waren wurden von L am 10. 7. 2009 von Luxemburg nach Bielefeld befördert. L stellte keine Rechnung aus. A bezahlte am 10. 8. 2009.

   A erbringt einen steuerbaren Umsatz i. S. des § 1 Abs. 1 Nr. 5 UStG. Es liegt ein innergemeinschaftlicher Erwerb gem. § 1a Abs. 1 UStG vor. Der Ort des innergemeinschaftlichen Erwerbs ist gem. § 3d Satz 1 UStG Bielefeld. Der Zeitpunkt des Erwerbs ist der 10. 7. 2009. Der Erwerb erfolgt auch gegen Entgelt.

   Der steuerbare Umsatz ist steuerpflichtig.

   Der Steuersatz beträgt gem. § 12 Abs. 1 UStG 19 %.

   Die Bemessungsgrundlage gem. § 10 Abs. 1 UStG beträgt 10 000 €, so dass eine USt i. H. von 1 900 € entsteht.

   Die Steuer entsteht gem. § 13 Abs. 1 Nr. 6 UStG grundsätzlich mit Ausstellung der Rechnung. Da keine Rechnung ausgestellt wurde, entsteht die Steuer mit Ablauf des dem Erwerb (10. 7. 2009) folgenden Kalendermonats; also mit Ablauf August 2009.

Für den innergemeinschaftlichen Erwerb von *neuen Fahrzeugen* i. S. des § 1b UStG ent-   489
steht die Steuer gem. *§ 13 Abs. 1 Nr. 7 UStG* am *Tag des Erwerbs*. Dies bedeutet, dass in
den Fällen des innergemeinschaftlichen Erwerbs von neuen Fahrzeugen durch Privatpersonen die Steuer bereits im Zeitpunkt der Lieferung entsteht. Dieser private Erwerber hat innerhalb von 10 Tagen nach Erwerb eine Steuererklärung (Steueranmeldung)
abzugeben (Fahrzeugeinzelbesteuerung gem. §§ 16 Abs. 5a und 18 Abs. 5a UStG).

> **BEISPIEL:** ▶ B ist Steuerfachangestellter in Hamm. Er erwarb von dem luxemburgischen Unter-
> nehmer L, der kein Kleinunternehmer ist, einen fabrikneuen Pkw für 40 000 €. Der Kaufvertrag
> wurde am 3. 7. 2009 abgeschlossen. Der Pkw wurde von B am 10. 7. 2009 in Luxemburg abge-
> holt und nach Hamm befördert. L stellte keine Rechnung aus. B bezahlte ohne Rechnung den
> vereinbarten Betrag am 10. 8. 2009.
>
> B erbringt einen steuerbaren Umsatz i. S. des § 1 Abs. 1 Nr. 5 UStG. Es liegt ein innergemein-
> schaftlicher Erwerb gem. § 1b UStG i.V. mit § 1a Abs. 1 Nr. 1 UStG vor; denn es wird ein neues
> Fahrzeug i. S. des § 1b Abs. 3 UStG von einer Privatperson erworben. Der Ort des innergemein-
> schaftlichen Erwerbs ist gem. § 3d Satz 1 UStG Hamm. Der Zeitpunkt des Erwerbs ist der
> 10. 7. 2009. Der Erwerb erfolgt auch gegen Entgelt.
>
> Der steuerbare Umsatz ist steuerpflichtig.
>
> Der Steuersatz beträgt gem. § 12 Abs. 1 UStG 19 %.
>
> Die Bemessungsgrundlage gem. § 10 Abs. 1 UStG beträgt 40 000 €; so dass eine USt i. H. von
> 7 600 € entsteht.
>
> Die Steuer entsteht für den innergemeinschaftlichen Erwerb von neuen Fahrzeugen i. S. des
> § 1b UStG gem. § 13 Abs. 1 Nr. 7 UStG am Tag des Erwerbs; also am 10. 7. 2009.
>
> Es ist eine Fahrzeugeinzelbesteuerung gem. §§ 16 Abs. 5a, 18 Abs. 5a UStG durchzuführen.

V. Steuerentstehung in sonstigen Fällen

1. Beförderungseinzelbesteuerung

In den Fällen der Beförderungseinzelbesteuerung nach § 16 Abs. 5 UStG entsteht die   490
Steuer in dem Zeitpunkt, in dem der Kraftomnibus in das Inland gelangt *(§ 13 Abs. 1
Nr. 1 Buchst. c UStG)*.

2. Elektronische Dienstleistungen

In den Fällen des § 18 Abs. 4c UStG entsteht die Steuer mit Ablauf des Besteuerungs-   491
zeitraums nach § 16 Abs. 1a Satz 1 UStG, in dem die Leistungen ausgeführt worden
sind *(§ 13 Abs. 1 Nr. 1 Buchst. d UStG)*.

3. Unrichtiger und unberechtigter Steuerausweis

In den Fällen des *§ 14c Abs. 1 UStG* entsteht die Steuer in dem Zeitpunkt, in dem die   492
Steuer für die Lieferung oder sonstige Leistung nach § 13 Abs. 1 Nr. 1 Buchst. a oder
Buchst. b Satz 1 UStG entsteht, spätestens jedoch im Zeitpunkt der Ausgabe der Rech-
nung *(§ 13 Abs. 1 Nr. 3 UStG)*.

In den Fällen des *§ 14c Abs. 2 UStG* entsteht die Steuer im Zeitpunkt der Ausgabe der
Rechnung *(§ 13 Abs. 1 Nr. 4 UStG)*.

4. Änderung der Bemessungsgrundlage

493   In den Fällen des *§ 17 Abs. 1 Satz 6 UStG* entsteht die Steuer mit Ablauf des Voranmeldungszeitraums, in dem die Änderung der Bemessungsgrundlage eingetreten ist *(§ 13 Abs. 1 Nr. 5 UStG)*.

5. Vertrauensschutzregelung

494   In den Fällen des *§ 6a Abs. 4 Satz 2 UStG* entsteht die Steuer in dem Zeitpunkt, in dem die Lieferung ausgeführt wird *(§ 13 Abs. 1 Nr. 8 UStG)*.

6. Umsatzsteuerlagerregelung

495   Im Fall des *§ 4 Nr. 4a Satz 1 Buchst. a Satz 2 UStG* entsteht die Steuer mit Ablauf des Voranmeldungszeitraums, in dem der Gegenstand aus einem Umsatzsteuerlager *ausgelagert* wird *(§ 13 Abs. 1 Nr. 9 UStG)*. Steuerschuldner ist gem. § 13a Abs. 1 Nr. 6 UStG der Auslagerer und unter bestimmten Voraussetzungen daneben auch der Lagerhalter.

G. Rechnung

I. Ausstellung von Rechnungen gem. § 14 UStG

1. Allgemeines

496   *§ 14 UStG* definiert die Rechnung und legt die erforderlichen Rechnungsangaben fest. Eine ordnungsgemäße Rechnung ist Voraussetzung für den *Vorsteuerabzug* gem. § 15 Abs. 1 Satz 1 Nr. 1 UStG. Der Rat der Europäischen Union hat am 20. 12. 2001 die Richtlinie 2001/115/EG des Rates zur Änderung der Richtlinie 77/388/EWG (6. EG-Richtlinie) mit dem Ziel der Vereinfachung, Modernisierung und Harmonisierung der mehrwertsteuerlichen Anforderungen an die Rechnungsstellung *(Rechnungsrichtlinie)* verabschiedet (ABl. EG 2002 Nr. L 15 S. 24). Durch diese Richtlinie werden die obligatorischen Angaben in der Rechnung harmonisiert und es wird u. a. für die Rechnungsstellung durch Dritte, die Abrechnung durch Gutschrift und die elektronische Rechnungsstellung ein gemeinsamer europäischer Rechtsrahmen geschaffen. Die Rechnungsrichtlinie wirkt sich auch auf den Vorsteuerabzug aus. Diese Rechnungsrichtlinie ist im Rahmen des *Steueränderungsgesetzes 2003* vom 15. 12. 2003 (BGBl 2003 I S. 2645) mit Wirkung ab dem 1. 1. 2004 in das deutsche UStG eingearbeitet worden. Im Rahmen des *Gesetzes zur Intensivierung der Bekämpfung der Schwarzarbeit und der damit zusammenhängenden Steuerhinterziehung* vom 23. 7. 2004 (BGBl 2004 I S. 1842) ist § 14 Abs. 2 UStG neu gefasst worden und § 14 Abs. 4 Satz 1 UStG wurde um eine Nummer 9 ergänzt. Diese Änderungen wirken ab dem *1. 8. 2004*. Eine sprachliche Änderung des § 14 Abs. 4 Satz 1 Nr. 6 UStG erfolgte im Rahmen des Jahressteuergesetzes 2007 vom 13. 12. 2006 (BGBl 2006 I S. 2878). Eine Änderung des § 14 Abs. 2 Satz 1 Nr. 2 UStG und des § 14 Abs. 3 Nr. 2 UStG ist darüber hinaus i. R. des Gesetzes zur Modernisierung und Entbürokratisierung des Steuerverfahrens vom 20. 12. 2008 (BGBl 2008 I S. 2850) vorgenommen worden.

2. Rechnungen

a) Begriff der Rechnung

Rechnung ist gem. *§ 14 Abs. 1 Satz 1 UStG jedes Dokument*, mit dem über eine Lieferung   497
oder sonstige Leistung abgerechnet wird, gleichgültig, wie dieses Dokument im Geschäftsverkehr bezeichnet wird. Rechnungen sind gem. *§ 14 Abs. 1 Satz 2 UStG* auf Pa-
pier oder vorbehaltlich der Zustimmung des Empfängers auf elektronischem Weg zu
übermitteln. Die *Zustimmung* des Empfängers der elektronischen Rechnung bedarf *keiner besonderen Form*; es muss lediglich Einvernehmen zwischen Rechnungsaussteller
und Rechnungsempfänger darüber bestehen, dass die Rechnung elektronisch übermittelt werden soll. Eine Rechnung kann gem. § 14 Abs. 6 Nr. 2 UStG i. V. mit § 31 Abs. 1
UStDV auch aus einer *Mehrzahl von Dokumenten* bestehen. In einem dieser Dokumente
sind das Entgelt und der darauf entfallende Steuerbetrag jeweils zusammengefasst anzugeben und alle anderen Dokumente zu bezeichnen, aus denen sich die übrigen Angaben nach § 14 Abs. 4 UStG ergeben.

Auf die *Bezeichnung* des Abrechnungspapiers als Rechnung kommt es nicht an. Entscheidend ist der Inhalt des Dokuments. *Dokument* ist die Verkörperung einer Gedan-
kenäußerung in Schriftform. Der Begriff „Dokument" umfasst auch die Rechnung auf
elektronischem Weg. Wird in einem Dokument über eine Leistung gegenüber dem Leistungsempfänger abgerechnet, dann liegt eine Rechnung auch dann vor, wenn das Dokument nicht ausdrücklich als Rechnung bezeichnet ist.

Wenn die in § 14 Abs. 4 Satz 1 UStG geforderten Angaben vorliegen, ist auch ein *Vertrag* als Rechnung i. S. des § 14 Abs. 1 Satz 1 UStG anzusehen. Aus diesem Grund können

► Mietverträge,

► Pachtverträge,

► Wartungsverträge,

► sonstige Dienstleistungsverträge

als Rechnungen angesehen werden, mit der Folge, dass für den Leistungsempfänger
unter den übrigen Voraussetzungen des § 15 Abs. 1 Satz 1 Nr. 1 UStG ein Vorsteuerabzug gegeben ist. Fehlen in einem derartigen Vertrag notwendige Angaben, so ist dies
dann unerheblich, wenn diese Angaben in *anderen Unterlagen* enthalten sind, auf die
im Vertrag *hingewiesen* wird. Ist in einem Vertrag der Leistungszeitraum nicht angegeben, so reicht es aus, wenn sich dieser aus den einzelnen Zahlungsbelegen, z. B. aus
den Ausfertigungen der Überweisungsaufträge, ergibt (BFH-Beschluss vom 7.7.1988,
BStBl 1988 II S. 913). Ein Vertrag kann allerdings nur dann als Rechnung anerkannt werden, wenn er in seinem *Inhalt eindeutig* ist. Insbesondere muss die gesonderte Inrech-
nungstellung der USt eindeutig, klar und unbedingt sein. Dies ist z. B. dann nicht der
Fall, wenn die in einem Vertrag enthaltene Abrechnung offen lässt, ob der leistende
Unternehmer den Umsatz versteuern oder als steuerfrei behandeln will, und demnach
die Abrechnungsvereinbarung für jeden der beiden Fälle eine *wahlweise Ausgestaltung*
enthält (BFH vom 4.3.1982, BStBl 1982 II S. 317). Aus einem Mietvertrag muss klar er-

sichtlich sein, ob der leistende Unternehmer steuerfrei oder unter Inanspruchnahme der Option gem. § 9 UStG steuerpflichtig vermieten will.

498   Der Unternehmer muss die Rechnung *nicht selber* erstellen, er kann damit auch einen Dritten beauftragen. Dies darf allerdings grundsätzlich nicht der am Leistungsaustausch beteiligte Geschäftspartner sein (BFH-Beschluss vom 28. 4. 1983, BStBl 1983 II S. 525). Eine Rechnung kann gem. *§ 14 Abs. 2 Satz 4 UStG* im Namen und für Rechnung des Unternehmers oder eines in § 14 Abs. 2 Satz 2 UStG bezeichneten Leistungsempfängers von einem Dritten ausgestellt werden.

499   Bei der Rechnungsübermittlung durch *Telex* und *Telefax* sind die beim Empfänger ankommenden Schriftstücke (Fernschreiben oder Fernkopie) unter bestimmten Voraussetzungen als zum Vorsteuerabzug berechtigende Rechnungen i. S. des § 14 UStG anzusehen. Bei der Übermittlung von Rechnungen per Telefax ist nur die Übertragung von *Standard-Telefax an Standard-Telefax* zulässig. Voraussetzung für die Anerkennung zum Zweck des Vorsteuerabzuges ist, dass der Rechnungsaussteller einen Ausdruck in Papierform aufbewahrt und der Rechnungsempfänger die eingehende Telefax-Rechnung in ausgedruckter Form aufbewahrt.

500   Die Bestimmung zur elektronischen Rechnung ist im *Steueränderungsgesetz 2003* mit Wirkung ab dem *1. 1. 2004* und im Gesetz zur Modernisierung und Entbürokratisierung mit Wirkung ab dem 1.1.2009 geändert worden. Nach *§ 14 Abs. 3 UStG* müssen die Echtheit der Herkunft und die Unversehrtheit des Inhalts einer auf elektronischem Weg übermittelten Rechnung gewährleistet sein durch

1. eine qualifizierte elektronische Signatur oder eine qualifizierte elektronische Signatur mit Anbieter-Akkreditierung nach dem Signaturgesetz vom 16. 5. 2001 (BGBl I S. 876), das durch Artikel 2 des Gesetzes vom 16. 5. 2001 (BGBl I S. 876) geändert worden ist, in der jeweils geltenden Fassung, oder

2. elektronischen Datenaustausch (EDI) nach Artikel 2 der Empfehlung 94/820/EG der Kommission vom 19. 10. 1994 über die rechtlichen Aspekte des elektronischen Datenaustauschs (ABl. EG Nr. L 338 S. 98), wenn in der Vereinbarung über diesen Datenaustausch der Einsatz von Verfahren vorgesehen ist, die die Echtheit der Herkunft und die Unversehrtheit der Daten gewährleisten.

Das Signaturgesetz ist durch das *Erste Gesetz zur Änderung des Signaturgesetzes* vom 4. 1. 2005 (BStBl 2005 I S. 388) geändert worden.

501   Eine Rechnung setzt eine Abrechnung des Unternehmers gegenüber einem *Dritten*, dem Leistungsempfänger, voraus. Bei den so genannten *Innenumsätzen* fehlt es an einem derartigen Leistungsempfänger. Wenn ein Betriebsteil gegenüber einem anderen Betriebsteil abrechnet, dann liegt keine Rechnung vor, sondern es handelt sich um einen innerbetrieblichen oder *unternehmensinternen Buchungsbeleg*.

BEISPIEL: Zum Rahmen des Unternehmens des A gehören ein Sanitäreinzelhandelsgeschäft und ein vermietetes Mehrfamilienhaus. Aus dem Einzelhandelsgeschäft werden Gegenstände entnommen und von dem Unternehmer in das Mehrfamilienhaus eingebaut. Da A getrennte Konten unterhält, rechnet er mit gesondertem Umsatzsteuerausweis ab.

Es liegt ein Innenumsatz vor, der nicht steuerbar ist. Da es sich lediglich um einen unternehmensinternen Beleg handelt, sind diesbezüglich keine umsatzsteuerlichen Folgen zu ziehen. Die Steuer entsteht nicht gem. § 14c Abs. 2 UStG und ein Vorsteuerabzug aus diesem Beleg ist ebenfalls nicht möglich. § 15a UStG ist zu prüfen.

In den Fällen, in denen der Unternehmer Lieferungen oder sonstige Leistungen nach § 1 Abs. 1 Nr. 1 UStG ausführt, ist er *berechtigt*, Rechnungen zu erstellen. Soweit diese Leistungen gegenüber anderen Unternehmern für deren Unternehmen oder gegenüber juristischen Personen ausgeführt werden, ist der leistende Unternehmer gem. § 14 Abs. 2 Satz 1 Nr. 2 Satz 2 UStG sogar *verpflichtet*, Rechnungen auszustellen. Dies gilt ab dem 1. 1. 2009 nicht mehr, wenn steuerfreie Umsätze nach § 4 Nr. 8 bis 28 UStG ausgeführt werden. Hierbei handelt es sich um einen *zivilrechtlichen Anspruch*, der vor den ordentlichen Gerichten geltend zu machen ist (BGH-Urteil vom 11. 12. 1974, NJW 1975 S. 310). Die Verjährung dieses Anspruches tritt nach Ablauf von *3 Jahren* ein (§ 195 BGB).   502

Im Rahmen des *Gesetzes zur Intensivierung der Bekämpfung der Schwarzarbeit und damit zusammenhängender Steuerhinterziehung* vom 23. 7. 2004 ist § 14 Abs. 2 Satz 1 UStG neu gefasst worden. Zur Intensivierung der Bekämpfung der Schwarzarbeit sieht *§ 14 Abs. 2 Satz 1 Nr. 1 UStG* vor, dass ein Unternehmer, der eine steuerpflichtige Werklieferung oder sonstige Leistung im Zusammenhang mit einem Grundstück ausführt, auch dann zur Rechnungsausstellung verpflichtet ist, wenn die Leistung an einen Nichtunternehmer oder aber einen Unternehmer für dessen nichtunternehmerischen Bereich erbracht wird. Durch diese Änderung sollen die *„Ohne-Rechnung-Geschäfte"*, die häufig nicht der Besteuerung unterworfen werden, verhindert werden.

BEISPIELE: ▶

1) Der selbständige Malermeister A renoviert im Auftrag der Privatperson P deren Wohnung. Es liegt eine Werkleistung vor.

   A erbringt eine steuerbare und steuerpflichtige Leistung gegenüber P. A ist verpflichtet, eine Rechnung auszustellen, da es sich um eine steuerpflichtige Leistung im Zusammenhang mit einem Grundstück handelt (§ 14 Abs. 2 Satz 1 Nr. 1 UStG).

2) Der Kleinunternehmer B repariert die Heizungsanlage im Gebäude der Privatperson P.

   B erbringt eine steuerbare und steuerpflichtige sonstige Leistung gegenüber P. B ist verpflichtet, eine Rechnung auszustellen, da es sich um eine steuerpflichtige Leistung im Zusammenhang mit einem Grundstück handelt (§ 14 Abs. 2 Satz 1 Nr. 1 UStG). Die USt darf allerdings nicht gesondert ausgewiesen werden (§ 19 Abs. 1 Satz 4 UStG).

3) Hauseigentümer C vermietet eine Wohnung an die Privatperson P zu Wohnzwecken.

   C erbringt als Unternehmer eine steuerfreie sonstige Leistung gem. § 4 Nr. 12 Satz 1 Buchst. a UStG. C ist nicht zur Rechnungsstellung verpflichtet, da es sich um einen steuerfreien Umsatz an eine Privatperson handelt (§ 14 Abs. 2 UStG).

Die Verpflichtung zur Ausstellung einer Rechnung bei Leistungen im Zusammenhang mit einem Grundstück wurde auf *Werklieferungen* und *sonstige Leistungen* begrenzt.

Aus Vereinfachungsgründen kann bei sonstigen Leistungen, die der Art nach in § 4 Nr. 12 UStG bezeichnet sind, die nicht an einen anderen Unternehmer für dessen Unternehmen oder an eine juristische Person erbracht werden, auf die Erteilung einer Rechnung verzichtet werden (BMF-Schreiben vom 24. 11. 2004, BStBl 2004 I S. 1122; Abschn. 183 Abs 3 Satz 5 UStR 2008).

BEISPIEL: ▶ Unternehmer A vermietet der Privatperson P einen Fahrzeugabstellplatz.

A erbringt eine steuerbare und gem. § 4 Nr. 12 Satz 2 UStG steuerpflichtige sonstige Leistung an die Privatperson P. Aus Vereinfachungsgründen kann, da es sich um eine der Art nach in § 4 Nr. 12 UStG bezeichnete Leistung handelt, auf die Erteilung einer Rechnung verzichtet werden.

Die steuerpflichtige Werklieferung oder sonstige Leistung muss *in engem Zusammenhang* mit einem Grundstück stehen. Ein enger Zusammenhang ist gegeben, wenn sich die Werklieferung oder sonstige Leistung nach den tatsächlichen Umständen überwiegend auf die Bebauung, Verwertung, Nutzung oder Unterhaltung aber auch Veräußerung oder Erwerb des Grundstücks selbst bezieht.

Soweit eine Rechnungsausstellungspflicht bei Leistungen insbesondere an Privatpersonen besteht, sind diese Rechnungen mit den in § 14 Abs. 4 UStG beschriebenen *Pflichtangaben* zu versehen. Zu den Pflichtangaben hinzugekommen ist *§ 14 Abs. 4 Satz 1 Nr. 9 UStG*, wonach die Rechnungen i. S. des § 14 Abs. 2 Satz 1 Nr. 1 UStG einen Hinweis auf die Aufbewahrungspflicht des Leistungsempfängers enthalten müssen. Der Leistungsempfänger (Privatperson oder Unternehmer, der für seinen nichtunternehmerischen Bereich erwirbt) muss die Rechnung, einen Zahlungsbeleg oder eine andere beweiskräftige Unterlage gem. *§ 14b Abs. 1 Satz 5 UStG* zwei Jahre aufbewahren. Als andere beweiskräftige Unterlagen kommen z. B. Bauverträge, Bestellungen, Abnahmeprotokolle nach VOB, Unterlagen zu Rechtsstreitigkeiten im Zusammenhang mit der Leistung in Betracht. Der Aufbewahrungszeitraum beginnt mit dem Schluss des Kalenderjahres, in dem die Rechnung ausgestellt wurde. Durch den § 14b Abs. 1 Satz 5 UStG wird erstmals eine Rechnungsaufbewahrungspflicht für Nichtunternehmer begründet. Dies soll eine *umfassende Kontrolle* der Versteuerung der Umsätze ermöglichen. Wer gegen diese Aufbewahrungspflicht vorsätzlich oder leichtfertig verstößt, handelt ordnungswidrig und kann gem. § 26a Abs. 1 Nr. 3 UStG i. V. mit § 26a Abs. 2 UStG mit einer *Geldbuße* bis zu 500 € belegt werden.

Besteht eine Verpflichtung zur Ausstellung einer Rechnung (entweder nach § 14 Abs. 2 Satz 1 Nr. 1 UStG oder nach § 14 Abs. 2 Satz 1 Nr. 2 UStG), so ist die Rechnung *innerhalb von 6 Monaten* nach Ausführung der Leistung auszustellen. Bei Nichtausstellung oder nicht rechtzeitiger Ausstellung kann gem. § 26a Abs. 1 Nr. 1 UStG i. V. mit § 26a Abs. 2 UStG eine *Geldbuße* bis zu 5 000 € festgesetzt werden. Die *nicht vollständige* Erteilung einer Rechnung gilt nicht als Ordnungswidrigkeit.

b) Angaben in der Rechnung

503   Gemäß *§ 14 Abs. 4 Satz 1 UStG* müssen die Rechnungen folgende Angaben enthalten:

▶ den vollständigen Namen und die vollständige Anschrift des leistenden Unternehmers und des Leistungsempfängers,

▶ die dem leistenden Unternehmer vom Finanzamt erteilte Steuernummer oder die ihm vom Bundeszentralamt für Steuern erteilte Umsatzsteuer-Identifikationsnummer,

▶ das Ausstellungsdatum,

- eine fortlaufende Nummer mit einer oder mehreren Zahlenreihen, die zur Identifizierung der Rechnung vom Rechnungsaussteller einmalig vergeben wird (Rechnungsnummer),

- die Menge und die Art (handelsübliche Bezeichnung) der gelieferten Gegenstände oder den Umfang und die Art der sonstigen Leistung,

- den Zeitpunkt der Lieferung oder sonstigen Leistung; in den Fällen des § 14 Abs. 5 Satz 1 UStG den Zeitpunkt der Vereinnahmung des Entgelts oder eines Teils des Entgelts, sofern der Zeitpunkt der Vereinnahmung feststeht und nicht mit dem Ausstellungsdatum der Rechnung identisch ist,

- das nach Steuersätzen und einzelnen Steuerbefreiungen aufgeschlüsselte Entgelt für die Lieferung oder sonstige Leistung (§ 10 UStG) sowie jede im Voraus vereinbarte Minderung des Entgelts, sofern sie nicht bereits im Entgelt berücksichtigt ist,

- den anzuwendenden Steuersatz sowie den auf das Entgelt entfallenden Steuerbetrag oder im Fall einer Steuerbefreiung einen Hinweis darauf, dass für die Lieferung oder sonstige Leistung eine Steuerbefreiung gilt, und

- in den Fällen des § 14b Abs. 1 Satz 5 UStG einen Hinweis auf die Aufbewahrungspflicht des Leistungsempfängers.

Nach *§ 31 Abs. 1 UStDV* können die erforderlichen Rechnungsangaben in mehreren Dokumenten enthalten sein, sofern eine leichte Nachprüfbarkeit der Angaben gewährleistet ist und *auf einem Dokument* angegeben ist, welche anderen Unterlagen ergänzende Angaben enthalten. Alle Dokumente müssen vom Rechnungsaussteller erstellt werden.

Dem Erfordernis der Angabe des *vollständigen Namens und der vollständigen Anschrift des leistenden Unternehmers und des Leistungsempfängers* in der Rechnung ist genüge getan, wenn sich aufgrund der in der Rechnung aufgenommenen Bezeichnung der Name und die Anschrift eindeutig feststellen lassen (§ 31 Abs. 2 UStDV). Der leistende Unternehmer kann aus diesem Grund auch unter einem *Scheinnamen* abrechnen, sofern der wirkliche Name eindeutig und leicht nachprüfbar festzustellen ist (BFH vom 7. 10. 1987, BStBl 1988 II S. 34). Verfügt der Leistungsempfänger über ein Postfach oder über eine Großkundenadresse, ist es ausreichend, wenn diese Daten anstelle der Anschrift angegeben werden (Abschn. 185 Abs. 2 Satz 3 UStR 2008).

504

Eine Rechnung muss gem. § 14 Abs. 4 Satz 1 Nr. 2 UStG die dem leistenden Unternehmer vom Finanzamt erteilte *Steuernummer* oder die ihm vom Bundeszentralamt für Steuern erteilte *Umsatzsteuer-Identifikationsnummer* enthalten. Wurde dem leistenden Unternehmer keine Umsatzsteuer-Identifikationsnummer erteilt, ist zwingend die erteilte Steuernummer anzugeben. Im Fall der *Gutschrift* ist die Steuernummer bzw. die Umsatzsteuer-Identifikationsnummer des leistenden Unternehmers und nicht die des die Gutschrift erteilenden Unternehmers anzugeben (Abschn. 185 Abs. 5 Satz 6 UStR 2008). Leistet ein Unternehmer im eigenen Namen (Eigengeschäft) und vermittelt er einen Umsatz in fremdem Namen und für fremde Rechnung (vermittelter Umsatz), müssen *beide Steuernummern* bzw. Umsatzsteuer-Identifikationsnummern angegeben werden. Im Fall der umsatzsteuerlichen *Organschaft* muss die Organgesellschaft die ihr oder dem Organträger erteilte Umsatzsteuer-Identifikationsnummer oder die Steuernummer des Organträgers angeben.

505

506   Eine Rechnung muss gem. § 14 Abs. 4 Satz 1 Nr. 3 UStG das *Ausstellungsdatum* der Rechnung enthalten. Dies war für Rechnungen bis zum 31. 12. 2003 nicht erforderlich.

507   Eine Rechnung muss gem. § 14 Abs. 4 Satz 1 Nr. 4 UStG eine *Rechnungsnummer* enthalten. Durch die fortlaufende Nummer soll sichergestellt werden, dass die vom Unternehmer erstellte Rechnung *einmalig* ist. Bei der Erstellung der Rechnungsnummer ist es zulässig, eine oder mehrere Zahlen- oder Buchstabenreihen zu verwenden. Auch eine Kombination von Ziffern mit Buchstaben ist möglich. Wie viele und welche separaten *Nummernkreise* geschaffen werden, in denen eine Rechnungsnummer jeweils einmalig vergeben wird, bleibt dem Rechnungsaussteller überlassen (Abschn. 185 Abs. 11 Satz 1 UStR 2008). Im Fall der *Gutschrift* ist die fortlaufende Nummer durch den Gutschriftsaussteller zu vergeben.

508   Die Rechnung muss Angaben über die *Menge und die handelsübliche Bezeichnung* des Gegenstandes der Lieferung oder die Art und den Umfang der sonstigen Leistung enthalten. Für diese vorgeschriebenen Angaben können gem. § 31 Abs. 3 Satz 1 UStDV Abkürzungen, Buchstaben, Zahlen oder Symbole verwendet werden, wenn ihre Bedeutung in der Rechnung oder in anderen Unterlagen eindeutig festgelegt ist. Die erforderlichen anderen Unterlagen müssen gem. § 31 Abs. 3 Satz 2 UStDV sowohl beim Aussteller als auch beim Empfänger der Rechnung vorhanden sein. *Handelsüblich* ist jede im Geschäftsverkehr für einen Gegenstand allgemein verwendete Bezeichnung, z. B. auch Markenartikelbezeichnungen. Handelsübliche Sammelbezeichnungen sind ausreichend, wenn sie die Bestimmung des anzuwendenden Steuersatzes eindeutig ermöglichen, z. B. Baubeschläge, Büromöbel, Kurzwaren, Schnittblumen, Spirituosen, Tabakwaren, Waschmittel. *Bezeichnungen allgemeiner Art*, die Gruppen verschiedenartiger Gegenstände umfassen, z. B. Geschenkartikel, reichen nicht aus (Abschn. 185 Abs. 15 Satz 4 UStR 2008). Die Leistungsbezeichnung muss *zutreffend* sein. Sie muss den ihr zugrunde liegenden Vorgang so genau beschreiben, dass er von anderen Leistungsbezügen abgrenzbar ist. Eine Bezeichnung in der Rechnung „Arbeiten wie gesehen und besichtigt" genügt nicht zur Identifizierung der Leistung (BFH-Beschluss vom 4. 12. 1987, BStBl 1988 II S. 702).

509   Die Rechnung muss stets eine Angabe über den *Zeitpunkt* der Lieferung oder der sonstigen Leistung enthalten; dies gilt auch dann, wenn der Leistungszeitpunkt dem Rechnungsdatum entspricht (BMF-Schreiben vom 3. 8. 2004, BStBl 2004 I S. 739). Das gilt auch bei der *Vereinnahmung* des Entgelts oder eines Teils des Entgelts für eine noch nicht ausgeführte Leistung, sofern der Zeitpunkt der Vereinnahmung jeweils feststeht und nicht mit dem Rechnungsdatum identisch ist. Als Zeitpunkt kann gem. *§ 31 Abs. 4 UStDV* der Kalendermonat angegeben werden, in dem die Leistung ausgeführt wird. Ist in einem *Vertrag* – z. B. Miet- oder Pachtvertrag, Wartungsvertrag oder Pauschalvertrag mit einem Steuerberater – der Zeitraum, über den sich die jeweilige Leistung oder Teilleistung erstreckt, nicht angegeben, reicht es aus, wenn sich dieser Zeitraum aus den einzelnen *Zahlungsbelegen*, z. B. aus den Überweisungsaufträgen oder den Kontoauszügen, ergibt (Abschn. 185 Abs. 17 Satz 1 UStR 2008). Sofern sich der erforderliche Leistungszeitpunkt aus dem *Lieferschein* ergeben soll, ist es erforderlich, dass der Lieferschein neben dem Lieferscheindatum eine gesonderte Angabe des Leistungsdatums enthält (BMF-Schreiben vom 26. 9. 2005, BStBl 2005 I S. 937).

Die Rechnung muss das nach Steuersätzen und einzelnen Steuerbefreiungen auf- 510
geschlüsselte *Entgelt* für die Lieferung oder sonstige Leistung enthalten. Entgelt ist
gem. § 10 Abs. 1 Satz 2 UStG alles, was der Leistungsempfänger aufwendet, um die
Leistung zu erhalten, jedoch abzüglich der USt. Es handelt sich bei dem Entgelt somit
um einen *Nettobetrag*. In der Rechnung dürfen Entgelte für mehrere Leistungen mit
demselben Steuersatz zusammengefasst werden.

Zusätzlich ist jede im Voraus vereinbarte *Minderung* des Entgelts, sofern sie nicht bereits im Entgelt berücksichtigt ist, anzugeben. Dies bedeutet im Fall der Vereinbarung
von Boni, Skonti und Rabatten, bei denen im Zeitpunkt der Rechnungserstellung die
Höhe der Entgeltsminderung nicht feststeht, dass in der Rechnung auf die entsprechende Vereinbarung hinzuweisen ist. Auf das BMF-Schreiben vom 3. 8. 2004
(BStBl 2004 I S. 739) wird hingewiesen.

Die Rechnung muss den anzuwendenden *Steuersatz* sowie den auf das Entgelt entfal- 511
lenden *Steuerbetrag* enthalten. Anzugeben ist ein *Geldbetrag*. Dieser *gesonderte Steuerausweis* ist Voraussetzung für den Vorsteuerabzug gem. § 15 Abs. 1 Satz 1 Nr. 1 UStG.
Die USt entsteht grundsätzlich nicht aufgrund der Rechnungserteilung (siehe aber
§ 14c Abs. 1 und 2 UStG), sondern die USt entsteht kraft Gesetzes. Sind in einer Rechnung mehrere Leistungen enthalten, die demselben Steuersatz unterliegen, genügt der
gesonderte Steuerausweis für den gesamten Nettobetrag. In Rechnungen für Umsätze,
auf die die Durchschnittssätze des § 24 Abs. 1 UStG anzuwenden sind, ist gem. § 24
Abs. 1 Satz 5 UStG außer dem Steuerbetrag der für den Umsatz maßgebliche *Durchschnittssatz* anzugeben.

Handelt es sich um eine *steuerfreie Lieferung oder sonstige Leistung*, so ist ein Hinweis
auf die Steuerbefreiung auf der Rechnung anzubringen. Bei dem Hinweis auf die Steuerbefreiung ist es nicht erforderlich, dass der Unternehmer die entsprechende Vorschrift des UStG oder der Mehrwertsteuer-Systemrichtlinie nennt.

Seit dem 1. 8. 2004 ist in den Fällen des § 14b Abs. 1 Satz 5 UStG (Rechnungsaufbewah- 512
rungspflicht für einen Nichtunternehmer) in der Rechnung ein *Hinweis auf die Aufbewahrungspflicht* des Leistungsempfängers anzubringen.

Eine Rechnung kann gem. § 14 Abs. 6 Nr. 5 UStG i. V. mit *§ 31 Abs. 5 UStDV* berichtigt 513
werden, wenn sie nicht alle Angaben nach § 14 Abs. 4 UStG oder § 14a UStG enthält
oder Angaben in der Rechnung unzutreffend sind. Es müssen *nur* die fehlenden oder
unzutreffenden Angaben durch ein Dokument, das spezifisch und eindeutig auf die
Rechnung bezogen ist, übermittelt werden. Dies ist regelmäßig der Fall, wenn in diesem Dokument die fortlaufende Nummer der ursprünglichen Rechnung angegeben ist.
Ergänzungen und *Berichtigungen* von Rechnungsangaben können grundsätzlich nur
von demjenigen vorgenommen werden, der die Abrechnung erteilt hat (BFH vom
27. 9. 1979, BStBl 1980 II S. 228). Der Abrechnungsempfänger kann von sich aus den Inhalt der ihm erteilten Abrechnung nicht mit rechtlicher Wirkung verändern. Dies gilt
selbst dann, wenn der Rechnungsaussteller der Rechnungsänderung zustimmt. Eine Berichtigung oder Ergänzung des Abrechnungspapiers ist nur in den Fällen anzuerkennen,
in denen sich der Abrechnende die Änderung zu eigen macht und dies aus dem Abrech-

nungspapier oder anderen Unterlagen hervorgeht, auf die im Abrechnungspapier hingewiesen ist (BFH-Beschluss vom 17. 4. 1980, BStBl 1980 II S. 540).

Eine Rechnungsberichtigung *wirkt nicht zurück*, sondern berechtigt erst in dem Voranmeldungszeitraum der Berichtigung dazu, die Rechtsfolgen für den Vorsteuerabzug aus der dann vorliegenden Rechnung zu ziehen.

c) Gutschrift als Rechnung

514   Als Rechnung gilt gem. *§ 14 Abs. 2 Satz 2 UStG* auch eine Gutschrift, mit der ein Leistungsempfänger über eine Lieferung oder sonstige Leistung abrechnet, die an ihn ausgeführt wird, sofern dies vorher vereinbart wurde. Die Gutschrift unterscheidet sich von der Rechnung in der Weise, dass nicht der leistende Unternehmer, sondern der *Leistungsempfänger* über die an ihn erbrachte Leistung abrechnet.

Die am Leistungsaustausch Beteiligten können *frei vereinbaren*, ob der leistende Unternehmer oder der in § 14 Abs. 2 Satz 1 Nr. 2 UStG bezeichnete Leistungsempfänger abrechnet (Abschn. 184 Abs. 2 Satz 1 UStR 2008). Die *Abgrenzung* zwischen Rechnung und Gutschrift richtet sich häufig nach der *zivilrechtlichen Abrechnungslast*. Liegt die Abrechnungslast beim Leistungsempfänger, dann wird er das Abrechnungspapier in Form einer Gutschrift ausstellen. Auf die *Bezeichnung* der Abrechnung als Gutschrift kommt es nicht an. Durch die Unterschrift des leistenden Unternehmers wird eine Gutschrift auch nicht zu einer Rechnung (BFH vom 27. 9. 1979, BStBl 1980 II S. 228).

Mit Hilfe einer Gutschrift wird z. B. in folgenden *Fällen* abgerechnet:

► ein Verleger rechnet gegenüber dem Schriftsteller ab,

► ein Geschäftsherr rechnet gegenüber einem Handelsvertreter ab,

► ein Milchwerk rechnet gegenüber einem Landwirt über Milchlieferungen ab,

► ein Automatenaufsteller rechnet gegenüber einem Gastwirt ab, in dessen Räumen der Automat aufgestellt ist,

► Zustandekommen eines Vertrages unter Verwendung eines vom Leistungsempfänger gestellten Vertragsmusters,

► ein Tankwart rechnet gegenüber der Mineralölgesellschaft ab,

► der Kommissionär rechnet mit Schlussschein (§ 348 HGB) gegenüber dem Kommittenten ab,

► Abrechnung über die Verwertung von Sicherungsgut.

Der Leistungsempfänger kann mit der Ausstellung einer Gutschrift auch einen Dritten beauftragen, der im Namen und für Rechnung des Leistungsempfängers abrechnet (§ 14 Abs. 2 Satz 4 UStG). Eine Gutschrift kann auch ausgestellt werden, wenn über steuerfreie Umsätze abgerechnet wird oder wenn beim leistenden Unternehmer nach § 19 Abs. 1 UStG die Steuer nicht erhoben wird. Dies kann dazu führen, dass der Empfänger der Gutschrift unrichtig oder unberechtigt ausgewiesene Steuer nach § 14c UStG schuldet.

515   Voraussetzung für die Wirksamkeit einer Gutschrift ist, dass die Gutschrift dem leistenden Unternehmer *übermittelt* worden ist und dieser dem ihm zugeleiteten Dokument nicht widerspricht (§ 14 Abs. 2 Satz 3 UStG). Die Gutschrift ist übermittelt, wenn sie

dem leistenden Unternehmer so zugänglich gemacht worden ist, dass er von ihrem Inhalt Kenntnis nehmen kann (BFH vom 15.9.1994, BStBl 1995 II S. 275). Die Gutschrift
verliert die Wirkung einer Rechnung, sobald der Empfänger der Gutschrift dem ihm
übermittelten Dokument *widerspricht*. Der Widerspruch wirkt, auch für den Vorsteuerabzug des Leistungsempfängers, erst in dem Besteuerungszeitraum, in dem er erklärt
wird. Die Wirksamkeit des Widerspruchs setzt den Zugang beim Gutschriftsaussteller
voraus (BFH vom 19.5.1993, BStBl 1993 II S. 779).

Keine Gutschrift im vorgenannten Sinne ist die im allgemeinen Sprachgebrauch ebenso   516
bezeichnete Korrektur einer zuvor ergangenen Rechnung (Abschn. 184 Abs. 1 Satz 6
UStR 2008).

3. Besonderheiten

a) Rechnungen mit verschiedenen Steuersätzen

Wird in einer Rechnung über Lieferungen oder sonstige Leistungen, die verschiedenen   517
Steuersätzen unterliegen, der Steuerbetrag durch *Maschinen* automatisch ermittelt
und durch diese in der Rechnung angegeben, so ist gem. *§ 32 UStDV* der Ausweis des
Steuerbetrages *in einer Summe* zulässig, wenn für die einzelnen Posten der Rechnung
der Steuersatz angegeben wird. Für die Angabe der Steuersätze können Schlüsselzahlen
oder Symbole verwendet werden, wenn deren Bedeutung auf der Rechnung selbst eindeutig festgelegt ist.

b) Kleinbetragsrechnungen

Für Rechnungen über Kleinbeträge enthält *§ 33 UStDV* eine Sonderregelung. Klein-   518
betragsrechnungen liegen vor, wenn der *Gesamtbetrag* der Rechnung *150 €* nicht übersteigt. Der Gesamtbetrag beinhaltet auch die USt, d.h., es handelt sich um einen *Brut-
tobetrag*. Eine Kleinbetragsrechnung liegt nicht vor, wenn für mehrere Leistungen, deren jeweiliger Gesamtbetrag unter 150 € liegt, nur eine einheitliche Rechnung ausgestellt wird und die Summe der Gesamtbeträge in der einen Rechnung 150 € übersteigt.

Liegt eine Kleinbetragsrechnung vor, dann müssen mindestens folgende *Angaben* in
der Rechnung enthalten sein:

▶ der vollständige Name und die vollständige Anschrift des leistenden Unternehmers,

▶ das Ausstellungsdatum,

▶ die Menge und die Art der gelieferten Gegenstände oder der Umfang und die Art
der sonstigen Leistung,

▶ das Entgelt und der darauf entfallende Steuerbetrag für die Lieferung oder sonstige
Leistung in einer Summe,

▶ der anzuwendende Steuersatz oder im Fall einer Steuerbefreiung ein Hinweis darauf, dass für die Lieferung oder sonstige Leistung eine Steuerbefreiung gilt.

Die *Vereinfachungsregelungen* der §§ 31 und 32 UStDV sind entsprechend anzuwenden.
Die Regelung zur Kleinbetragsrechnung gilt nicht für Rechnungen über Leistungen
i. S. der *§§ 3c, 6a und 13b UStG* (§ 33 Satz 3 UStDV).

Der Rechnungsempfänger darf den abziehbaren Vorsteuerbetrag selbst aus einer Kleinbetragsrechnung herausrechnen.

c) Fahrausweise

519 Für Fahrausweise als Rechnungen enthält *§ 34 UStDV* eine Sonderregelung. Fahrausweise sind Urkunden, die einen Anspruch auf Beförderung von Personen gewähren. Dazu gehören gem. Abschn. 186 Abs. 1 Satz 2 UStR 2008 auch *Zuschlagskarten* für zuschlagspflichtige Züge, Platzkarten, Bettkarten und Liegekarten. Belege im *Reisegepäckverkehr* werden gem. § 34 Abs. 3 UStDV den Fahrausweisen gleichgestellt. *Keine* Fahrausweise sind Rechnungen über die Benutzung eines *Taxis* oder Mietwagens.

Fahrausweise gelten als Rechnungen i. S. des § 14 UStG, wenn sie mindestens folgende *Angaben* enthalten:

► den vollständigen Namen und die vollständige Anschrift des Unternehmers, der die Beförderungsleistung ausführt,

► das Ausstellungsdatum,

► das Entgelt und den darauf entfallenden Steuerbetrag in einer Summe,

► den anzuwendenden Steuersatz, wenn die Beförderungsleistung nicht dem ermäßigten Steuersatz nach § 12 Abs. 2 Nr. 10 UStG unterliegt und

► im Fall der Anwendung des § 26 Abs. 3 UStG einen Hinweis auf die grenzüberschreitende Beförderung von Personen im Luftverkehr.

Unterliegt die Beförderungsleistung dem *ermäßigten Steuersatz*, dann braucht kein Steuersatz im Fahrausweis angegeben zu sein. Ist der *Regelsteuersatz* anzuwenden, dann ist dieser in dem Fahrausweis anzugeben.

Bei Fahrausweisen ist es für Zwecke des Vorsteuerabzugs nicht zu beanstanden, wenn der Fahrausweis im *Online-Verfahren* abgerufen wird und durch das Verfahren sichergestellt ist, dass eine Belastung auf einem Konto erfolgt.

Auf Fahrausweisen der *Eisenbahnen*, die dem öffentlichen Verkehr dienen, kann gem. *§ 34 Abs. 1 Satz 2 UStDV* an Stelle des Steuersatzes die *Tarifentfernung* angegeben werden. Beträgt die Tarifentfernung nicht mehr als *50 km*, ist die USt aus dem Fahrpreis mit dem ermäßigten Steuersatz herauszurechnen.

d) Verbilligte Leistungen

520 Gemäß *§ 14 Abs. 4 Satz 2 UStG* ist in den Fällen des § 10 Abs. 5 UStG (Mindestbemessungsgrundlage) § 14 Abs. 4 Satz 1 Nr. 7 und 8 UStG mit der Maßgabe anzuwenden, dass die Bemessungsgrundlage für die Leistung (§ 10 Abs. 4 UStG) und der darauf entfallende Steuerbetrag anzugeben sind.

Abweichend von dem Grundsatz, dass in einer Rechnung nur das Entgelt und der darauf entfallende Betrag an USt ausgewiesen werden dürfen, muss in folgenden Fällen die Bemessungsgrundlage nach § 10 Abs. 5 UStG i. V. mit § 10 Abs. 4 UStG ausgewiesen werden:

▶ Körperschaften und Personenvereinigungen i. S. des § 1 Abs. 1 Nr. 1 bis 5 des Körperschaftsteuergesetzes, nichtrechtsfähige Personenvereinigungen sowie Gemeinschaften führen im Inland Lieferungen oder sonstige Leistungen an ihre Anteilseigner, Gesellschafter, Mitglieder, Teilhaber oder diesen nahe stehende Personen aus.

▶ Einzelunternehmer führen Leistungen an ihnen nahe stehende Personen aus.

▶ Unternehmer führen Leistungen an ihr Personal oder deren Angehörige aufgrund des Dienstverhältnisses aus.

BEISPIEL: ▶ Unternehmer A liefert im Inland eine gebrauchte Maschine an seinen Sohn B, der diese Maschine für sein Unternehmen benötigt. A berechnet dem B einen Preis i. H. von 11 900 €. Der Einkaufspreis zzgl. Nebenkosten beträgt für eine derartige Maschine netto 20 000 €.

Bemessungsgrundlage für die steuerbare und steuerpflichtige Lieferung des A ist gem. § 10 Abs. 5 Nr. 1 UStG i.V. mit § 10 Abs. 4 Satz 1 Nr. 1 UStG der Betrag i. H. von 20 000 €. Es entsteht eine USt i. H. von 3 800 €. Die Rechnung muss gem. § 14 Abs. 4 Satz 2 UStG neben den übrigen erforderlichen Angaben enthalten:

Mindestbemessungsgrundlage	20 000 €
19 % USt	3 800 €

B kann unter den weiteren Voraussetzungen des § 15 UStG 3 800 € als Vorsteuer abziehen.

Für *Land- und Forstwirte*, die nach den Durchschnittssätzen des § 24 Abs. 1 bis 3 UStG besteuert werden, gilt diese Regelung gem. Abschn. 187a Abs. 2 UStR 2008 nicht. Unternehmer, die § 24 Abs. 1 bis 3 UStG anwenden, sind nur zur Angabe des Entgelts und des darauf entfallenden Steuerbetrags berechtigt *(§ 14 Abs. 4 Satz 3 UStG)*.

e) Anzahlungen

aa) Anzahlungsrechnungen

Vereinnahmt der Unternehmer das Entgelt oder einen Teil des Entgelts für eine noch nicht ausgeführte Lieferung oder sonstige Leistung, so ist § 14 Abs. 1 bis 4 UStG sinngemäß anzuwenden *(§ 14 Abs. 5 Satz 1 UStG)*. Der Unternehmer ist unter bestimmten Voraussetzungen zur Ausstellung einer Rechnung verpflichtet. Die Anzahlungs- bzw. Vorausrechnung muss die in § 14 Abs. 4 Satz 1 UStG aufgeführten Angaben enthalten. Statt des Leistungszeitpunkts ist der *voraussichtliche* Zeitpunkt oder der Kalendermonat der Leistung anzugeben. An die Stelle des Entgelts für die Leistung tritt in einer Rechnung über eine Voraus- oder Anzahlung die Angabe des vor der Ausführung der Leistung vereinnahmten Entgelts oder Teilentgelts. Rechnungen mit gesondertem Steuerausweis können auch schon erteilt werden, *bevor* eine Voraus- oder Anzahlung vereinnahmt worden ist. Ist das im Voraus vereinnahmte Entgelt oder Teilentgelt niedriger als in der Rechnung angegeben, so entsteht die USt nur insoweit, als sie auf das *tatsächlich* vereinnahmte Entgelt oder Teilentgelt entfällt. Einer Berichtigung der Rechnung bedarf es nicht (Abschn. 187 Abs. 5 Satz 5 UStR 2008). Ein Vorsteuerabzug ist ebenfalls nur in der Höhe möglich, der auf die tatsächliche Zahlung entfällt (Abschn. 193 Abs. 4 Satz 1 UStR 2008).

521

BEISPIEL: ▶ Unternehmer A stellt eine Anzahlungsrechnung über 20 000 € zzgl. 3 800 € USt aus. Der Auftraggeber zahlt tatsächlich aber nur einen Betrag i. H. von 11 900 €.

Die USt entsteht bei A nur i. H. von 1 900 €. Einer Berichtigung der Rechnung bedarf es nicht. Der Auftraggeber darf auch nur einen Vorsteuerabzug i. H. von 1 900 € geltend machen.

522 Aus Rechnungen über Zahlungen vor Ausführung der Leistung *muss* hervorgehen, dass damit Voraus- oder Anzahlungen abgerechnet werden. Dies kann z. B. durch Angabe des *voraussichtlichen Leistungszeitpunktes* geschehen. Ergibt sich dies nicht aus der Rechnung, kommt ggf. *§ 14c Abs. 2 UStG* zur Anwendung, und zwar in den Fällen, in denen die berechneten Voraus- oder Anzahlungen nicht geleistet werden oder die Leistung nicht ausgeführt wird (BFH vom 5. 2. 1998, UR 1999 S. 175). Entsprechendes gilt, wenn die Leistung von vornherein nicht beabsichtigt war (BFH vom 21. 2. 1980, BStBl 1980 II S. 283).

> **BEISPIEL:** Unternehmer A stellt für eine noch auszuführende steuerpflichtige Leistung eine Rechnung über 10 000 € zzgl. 1 900 € gesondert ausgewiesene USt aus. Die Rechnung enthält keinen Hinweis auf eine Vorausrechnung. Die beabsichtigte Leistung wird wegen Zahlungsunfähigkeit des Auftraggebers nicht ausgeführt.
>
> A schuldet die ausgewiesene Steuer i. H. von 1 900 € gem. § 14c Abs. 2 UStG; denn er hat über eine nicht ausgeführte Leistung abgerechnet. Wäre die Rechnung als Vorausrechnung gekennzeichnet worden, wäre § 14c Abs. 2 UStG nicht zur Anwendung gekommen.

Über Voraus- und Anzahlungen kann auch mit *Gutschriften* abgerechnet werden. In diesen Fällen gilt § 14 Abs. 2 Sätze 2 und 3 UStG sinngemäß.

bb) Endrechnung

523 Wird eine Endrechnung erteilt, so sind gem. *§ 14 Abs. 5 Satz 2 UStG* in ihr die vor Ausführung der Lieferung oder sonstigen Leistung vereinnahmten Teilentgelte und die auf sie entfallenden Steuerbeträge abzusetzen, *wenn über die Teilentgelte Rechnungen* i. S. des § 14 Abs. 1 bis 4 UStG *ausgestellt worden sind.*

> **BEISPIEL:** Unternehmer A bekommt den Auftrag, einen Schrank herzustellen. Bei Auftragserteilung am 1. 4. 2009 bezahlt der Kunde als Anzahlung einen Betrag i. H. von 2 380 €. A stellt eine ordnungsgemäße Anzahlungsrechnung über 2 000 € zzgl. 380 € USt aus. Der Restbetrag i. H. von 9 520 € wird bei Lieferung des Schranks am 1. 7. 2009 gezahlt.
>
> Die Endrechnung kann wie folgt aussehen:
>
> | | Preis | Entgelt | USt |
> |---|---|---|---|
> | Lieferung Schrank | 11 900 € | 10 000 € | 1 900 € |
> | ./. Anzahlung | 2 380 € | 2 000 € | 380 € |
> | noch zu zahlen | 9 520 € | 8 000 € | 1 520 € |

Bei *mehreren* Voraus- oder Anzahlungen genügt es, wenn der Gesamtbetrag der vorausgezahlten Entgelte oder Teilentgelte und die Summe der darauf entfallenden Steuerbeträge abgesetzt werden. Statt der vorausgezahlten Entgelte oder Teilentgelte und der Steuerbeträge können auch die Gesamtbeträge der Voraus- oder Anzahlungen abgesetzt und die darin enthaltenen Steuerbeträge zusätzlich angegeben werden. Wird in der Endrechnung der Gesamtbetrag der Steuer für die Leistung angegeben, so braucht der auf das verbleibende restliche Entgelt entfallende Steuerbetrag nicht angegeben zu werden (vgl. Abschn. 187 Abs. 7 UStR 2008).

524 Für die Erteilung einer Endrechnung sind im Abschn. 187 Abs. 8 UStR 2008 *Vereinfachungsregelungen* getroffen worden.

Werden – entgegen der Verpflichtung nach § 14 Abs. 5 Satz 2 UStG – in einer Endrech- | 525
nung oder der zugehörigen Zusammenstellung die vor der Leistung vereinnahmten
Teilentgelte und die auf sie entfallenden Steuerbeträge nicht abgesetzt oder angegeben, so hat der Unternehmer den in dieser Rechnung ausgewiesenen *gesamten* Steuerbetrag an das Finanzamt abzuführen. Der Teil der in der Endrechnung ausgewiesenen
Steuer, der auf die vor der Leistung vereinnahmten Teilentgelte entfällt, wird in diesen
Fällen nach *§ 14c Abs. 1 Satz 1 UStG* geschuldet. Eine *Rechnungsberichtigung* ist gem.
§ 14c Abs. 1 Satz 2 UStG möglich.

> **BEISPIEL:** Unternehmer A bekommt den Auftrag, einen Schrank herzustellen. Bei Auftragsertei-
> lung am 1. 4. 2009 bezahlt der Kunde als Anzahlung einen Betrag i. H. von 2 380 €. A stellt eine
> ordnungsgemäße Anzahlungsrechnung über 2 000 € zzgl. 380 € USt aus. Der Restbetrag
> i. H. von 9 520 € wird bei Lieferung des Schranks am 1. 7. 2009 gezahlt. A unterliegt der Regel-
> besteuerung und ist zur monatlichen Abgabe von Voranmeldungen verpflichtet. A stellt ohne
> zusätzliche Hinweise folgende Endrechnung aus:
>
> | | |
> |---|---:|
> | Lieferung Schrank | 10 000 € |
> | zzgl. 19 % USt | 1 900 € |
> | | 11 900 € |
>
> Die Steuer entsteht gem. § 13 Abs. 1 Nr. 1 Buchst. a Satz 4 UStG i. H. von 380 € im Voranmel-
> dungszeitraum April 2009. Kraft Gesetzes entsteht gem. § 13 Abs. 1 Nr. 1 Buchst. a UStG im
> Voranmeldungszeitraum Juli 2009 eine USt i. H. von 1 520 €. Die in der Endrechnung von A zu-
> viel ausgewiesene USt i. H. von 380 € schuldet A gem. § 14c Abs. 1 Satz 1 UStG. Der Leistungs-
> empfänger kann aus der Endrechnung nur einen Vorsteuerabzug i. H. von 1 520 € vornehmen
> (Abschn. 187 Abs. 10 Satz 4 UStR 2008).

cc) Restrechnung

Statt mit einer Endrechnung kann der Unternehmer auch mit einer so genannten *Rest-* | 526
rechnung abrechnen. In der Restrechnung sind die im Voraus vereinnahmten Teilentgelte und die darauf entfallenden Steuerbeträge nicht anzugeben (Abschn. 187 Abs. 11
Satz 2 UStR 2008). Die Gefahr einer Steuer gem. § 14c Abs. 1 Satz 1 UStG besteht in diesen Fällen nicht.

> **BEISPIEL:** Unternehmer A bekommt den Auftrag, einen Schrank herzustellen. Bei Auftragsertei-
> lung am 1. 4. 2009 bezahlt der Kunde als Anzahlung einen Betrag i. H. von 2 380 €. A stellt eine
> ordnungsgemäße Anzahlungsrechnung über 2 000 € zzgl. 380 € USt aus. Der Restbetrag
> i. H. von 9 520 € wird bei Lieferung des Schranks am 1. 7. 2009 gezahlt. A unterliegt der Regel-
> besteuerung und ist zur monatlichen Abgabe von Voranmeldungen verpflichtet.
>
> A kann mit einer Restrechnung folgenden Inhalts abrechnen:
>
> | | |
> |---|---:|
> | Lieferung Schrank (Rest) | 8 000 € |
> | zzgl. 19 % USt | 1 520 € |
> | | 9 520 € |

f) Rechnungserteilung in Einzelfällen

Sonderregelungen für die Rechnungserteilung existieren z. B. für: | 527

► FLEUROP-Blumenlieferungsgeschäft (BMF-Schreiben vom 29. 7. 1968, UR 1968
  S. 322);

► Pfandgeld für Warenumschließungen (Abschn. 149 Abs. 8 UStR 2008);

- ▶ Austauschverfahren in der Kraftfahrzeugwirtschaft (Abschn. 153 Abs. 3 UStR 2008);

- ▶ Briefmarkenversteigerungsgeschäft (BMF-Schreiben vom 7. 5. 1971, UR 1971 S. 173);

- ▶ Kraft- und Schmierstofflieferungen für den Eigenbedarf der Tankstellenagenten (Abschn. 26 Abs. 4 UStR 2008);

- ▶ Garantieleistungen in der Reifenindustrie (BMF-Schreiben vom 21. 11. 1974, BStBl 1974 I S. 1021);

- ▶ Garantieleistungen und Freiinspektionen in der Kraftfahrzeugwirtschaft (BMF-Schreiben vom 3. 12. 1975, BStBl 1975 I S. 1132).

II. Unrichtiger Steuerausweis gem. § 14c Abs. 1 UStG

528   Wenn in einer Rechnung die Steuer nicht zutreffend ausgewiesen ist, besteht die *Gefahr*, dass sich die USt des leistenden Unternehmers und der Vorsteuerabzug des Leistungsempfängers nicht decken.

- ▶ Weist der Unternehmer eine zu niedrige USt in der Rechnung aus, dann schuldet er gleichwohl die höhere gesetzliche USt. Der Leistungsempfänger kann nur die ihm in Rechnung gestellte USt als Vorsteuer abziehen. Der Rechnungsaussteller kann die Rechnung berichtigen. Steuereinnahmen des Steuergläubigers gehen nicht verloren, so dass es einer Sonderregelung nicht bedarf.

- ▶ Weist der Unternehmer eine zu hohe USt in der Rechnung aus, dann schuldet er zunächst einmal die niedrigere gesetzliche USt. Der Leistungsempfänger könnte unberechtigterweise die ihm in Rechnung gestellte USt als Vorsteuer abziehen. Steuereinnahmen des Steuergläubigers gingen verloren und zwar aufgrund einer fehlerhaften Abrechnung durch den Unternehmer. Durch die Sonderregelung des § 14c Abs. 1 Satz 1 UStG wird dies verhindert; der Unternehmer schuldet auch die zuviel ausgewiesene USt.

- ▶ Weist jemand eine USt in einer Rechnung aus, obwohl er hierzu nicht berechtigt ist, so besteht die Gefahr, dass der Rechnungsempfänger aufgrund der Rechnung einen ungerechtfertigten Vorsteuerabzug in Anspruch nimmt. Steuereinnahmen des Steuergläubigers gingen verloren und zwar aufgrund einer fehlerhaften Abrechnung durch den Rechnungsaussteller. Durch die Regelung des § 14c Abs. 2 Satz 1 und 2 UStG wird dies verhindert; der Rechnungsaussteller schuldet die ausgewiesene USt.

Bei den Vorschriften des § 14c Abs. 1 und 2 UStG handelt es sich um *konstitutive Steuertatbestände*, die an die Rechnung anknüpfen. § 14c UStG ist im Rahmen des *Steueränderungsgesetzes 2003* mit Wirkung ab dem 1. 1. 2004 in das UStG eingefügt worden.

529   Hat der Unternehmer in einer Rechnung für eine Lieferung oder sonstige Leistung einen höheren Steuerbetrag, als er nach dem UStG schuldet, gesondert ausgewiesen, so schuldet er gem. *§ 14c Abs. 1 Satz 1 UStG* auch den Mehrbetrag. Diese Vorschrift gilt für Unternehmer, die *persönlich zum gesonderten Steuerausweis berechtigt* sind und für eine Lieferung oder sonstige Leistung einen Steuerbetrag in der Rechnung gesondert ausgewiesen haben, obwohl sie für diesen Umsatz keine oder eine niedrigere Steuer schulden (Abschn. 190c Abs. 1 Satz 4 UStR 2008). Die Vorschrift findet auf Privatper-

sonen und Unternehmer, die nicht zum gesonderten Steuerausweis berechtigt sind (Kleinunternehmer), keine Anwendung.

§ 14c Abs. 1 Satz 1 UStG erfasst Rechnungen mit gesondertem Steuerausweis   530

► für steuerpflichtige Leistungen, wenn eine höhere als die dafür geschuldete Steuer ausgewiesen wurde;

BEISPIEL: ► Unternehmer A veräußert dem Kunden ein Buch und erteilt folgende Rechnung:

Lieferung Buch	50,00 €
USt 19 %	9,50 €
	59,50 €

A schuldet nach dem Gesetz für die dem Steuersatz von 7 % unterliegende Lieferung des Buches eine USt i. H. von 3,89 € (59,50 € × 6,54 : 100). Die zuviel ausgewiesene USt i. H. von 5,61 € schuldet er gem. § 14c Abs. 1 Satz 1 UStG.

► für steuerfreie Leistungen;

BEISPIEL: ► Unternehmer A veräußert dem belgischen Unternehmer B eine Ware und transportiert diese vom Inland nach Belgien. B hat gegenüber A seine belgische Umsatzsteuer-Identifikationsnummer verwendet. A rechnet wie folgt ab:

Lieferung Ware	10 000 €
USt 19 %	1 900 €
	11 900 €

A erbringt eine steuerbare aber steuerfreie innergemeinschaftliche Lieferung gem. § 4 Nr. 1 Buchst. b UStG i. V. mit § 6a UStG. Er schuldet die in der Rechnung zuviel ausgewiesene Steuer i. H. von 1 900 € gem. § 14c Abs. 1 Satz 1 UStG.

► für nicht steuerbare Leistungen;

BEISPIEL: ► Unternehmer A veräußert einem Kunden während einer Messe in Bern eine Ware, die der Kunde sofort mitnimmt und rechnet wie folgt ab:

Lieferung Ware	1 000 €
USt 19 %	190 €
	1 190 €

Die Lieferung des A ist im Inland nicht steuerbar; Lieferort ist Bern (entsprechend § 3 Abs. 6 Satz 1 UStG). A schuldet die zuviel ausgewiesene USt i. H. von 190 € gem. § 14c Abs. 1 Satz 1 UStG.

► für Geschäftsveräußerungen i. S. des § 1 Abs. 1a UStG;

BEISPIEL: ► Unternehmer A stellt seine Tätigkeit ein und veräußert dem Unternehmer B sein Unternehmen. A rechnet wie folgt ab:

Wert des Unternehmens	1 000 000 €
USt 19 %	190 000 €
	1 190 000 €

A führt eine Geschäftsveräußerung im Ganzen aus, die gem. § 1 Abs. 1a UStG nicht steuerbar ist. Die zuviel ausgewiesene USt i. H. von 190 000 € schuldet A gem. § 14c Abs. 1 Satz 1 UStG.

► für nicht versteuerte steuerpflichtige Leistungen, wenn die Steuer für die Leistung wegen des Ablaufs der Festsetzungsfrist nicht mehr erhoben werden kann (BFH vom 13. 11. 2003, BStBl 2004 II S. 375).

> **BEISPIEL:** Unternehmer A hat dem Unternehmer B im Jahre 01 eine Ware geliefert, ohne hierüber abzurechnen und ohne diesen Umsatz der Besteuerung zu unterwerfen. Dieser Irrtum fällt dem A im Jahre 08 auf und er berechnet dem B:
>
> | | |
> |---|---:|
> | Lieferung Ware in 01 | 10 000 € |
> | USt 19 % | 1 900 € |
> | | 11 900 € |
>
> Für die USt des Jahres 01 ist die Festsetzungsverjährung eingetreten, so dass die Steuer nicht mehr festgesetzt und erhoben werden kann. Da A aber in der Rechnung die USt gesondert ausgewiesen hat, schuldet er diese gem. § 14c Abs. 1 Satz 1 UStG.

531   Die Rechtsfolge des § 14c Abs. 1 Satz 1 UStG tritt ein, obwohl der Leistungsempfänger keinen *Vorsteuerabzug* vornehmen kann (Abschn. 190c Abs. 1 Satz 6 UStR 2008). Auch bei Kleinbetragsrechnungen und bei Fahrausweisen kann § 14c Abs. 1 Satz 1 UStG zur Anwendung kommen. Ebenso kommt § 14c Abs. 1 Satz 1 UStG zur Anwendung, wenn für ein und dieselbe Leistung mehrere Rechnungen ausgestellt worden sind (BFH vom 27. 4. 1994, BStBl 1994 II S. 718).

532   Weist der *Gutschriftaussteller* in einer Gutschrift einen zu hohen Steuerbetrag aus und widerspricht der Gutschriftempfänger nicht, so schuldet der *Gutschriftempfänger* den zu hoch ausgewiesenen Steuerbetrag gem. § 14c Abs. 1 Satz 1 UStG (BFH vom 23. 4. 1998, BStBl 1998 II S. 418).

533   Die Steuer gem. § 14c Abs. 1 UStG *entsteht* gem. § 13 Abs. 1 Nr. 3 UStG in dem Zeitpunkt, in dem die Steuer für die Lieferung oder sonstige Leistung entsteht, spätestens jedoch im Zeitpunkt der Ausgabe der Rechnung.

534   *§ 14c Abs. 1 Satz 2 UStG* lässt eine *Berichtigung* des zu hohen Steuerausweises zu. Berichtigt der Unternehmer den Steuerbetrag gegenüber dem Leistungsempfänger, so ist § 17 Abs. 1 UStG entsprechend anzuwenden. Die Berichtigung der USt und der Vorsteuer ist gem. § 17 Abs. 1 Satz 7 UStG für den Besteuerungszeitraum vorzunehmen, in dem die *Änderung der Bemessungsgrundlage* eingetreten ist. Die erforderlichen Berichtigungen sind in dem Besteuerungszeitraum vorzunehmen, in dem der Rechnungsaussteller eine Rechnung mit geändertem Steuerausweis erteilt (Abschn. 223 Abs. 9 Satz 2 UStR 2008).

Die Berichtigung des Steuerbetrags muss gegenüber dem Rechnungsempfänger *schriftlich* erklärt werden. Ist die Steuer für einen nicht steuerpflichtigen Umsatz in der Rechnung gesondert ausgewiesen worden, z. B. für eine Ausfuhrlieferung, innergemeinschaftliche Lieferung oder eine nicht steuerbare Lieferung im Ausland, kann der leistende Unternehmer den ausgewiesenen Steuerbetrag gem. Abschn. 190c Abs. 6 Satz 2 UStR 2008 berichtigen. Es ist auch dann eine wirksame Rechnungsberichtigung anzunehmen, wenn der leistende Unternehmer die *Originalrechnung* mit dem zu hohen Steuerausweis *nicht zurückerhält*.

Die *Beweislast* für die o. g. Voraussetzungen trifft den leistenden Unternehmer. Die Berichtigung der zu hoch ausgewiesenen USt i. S. des § 14c Abs. 1 Satz 1 UStG erfolgt durch *Berichtigungserklärung* gegenüber dem Leistungsempfänger (BFH vom 10. 12. 1992, BStBl 1993 II S. 383). Dem Leistungsempfänger muss eine hinreichend bestimmte, schriftliche Berichtigung *tatsächlich zugehen* (Abschn. 190c Abs. 6 Satz 4 UStR 2008). Auch die Zusammenfassung *mehrerer Berichtigungen* in einer Korrekturmeldung ist möglich, wenn sich aus der Korrekturmeldung erkennen lässt, auf welche Umsatz-steuerbeträge im Einzelnen sich die Berichtigung beziehen soll (BFH vom 25. 2. 1993, BStBl 1993 II S. 643).

In den Fällen der Geschäftsveräußerung im Ganzen und der Rückgängigmachung *des Verzichts auf die Steuerbefreiung* nach § 9 UStG ist die Berichtigung des geschuldeten Betrages jedoch nur zulässig, wenn die Rechnung berichtigt wird und soweit die Gefährdung des Steueraufkommens beseitigt ist *(§ 14c Abs. 1 Satz 3 UStG)*. § 14c Abs. 2 Sätze 3 bis 5 UStG gilt entsprechend.

III. Unberechtigter Steuerausweis gem. § 14c Abs. 2 UStG

Wer in einer Rechnung einen Steuerbetrag gesondert ausweist, obwohl er zum gesonderten Ausweis der Steuer nicht berechtigt ist, schuldet gem. *§ 14c Abs. 2 Satz 1 UStG* den ausgewiesenen Betrag. Das Gleiche gilt gem. *§ 14c Abs. 2 Satz 2 UStG*, wenn jemand wie ein leistender Unternehmer abrechnet und einen Steuerbetrag gesondert ausweist, obwohl er nicht Unternehmer ist oder eine Lieferung oder sonstige Leistung nicht ausführt.

535

§ 14c Abs. 2 UStG gilt für *Unternehmer* und *Nichtunternehmer* (BFH vom 8. 12. 1988, BStBl 1989 II S. 250). Durch die Regelung des § 14c Abs. 2 Sätze 1 und 2 UStG werden folgende Fälle erfasst:

► Ein Kleinunternehmer i. S. des § 19 Abs. 1 UStG weist in einer Rechnung einen Steuerbetrag aus.

BEISPIEL: ► A ist Kleinunternehmer i. S. des § 19 Abs. 1 UStG. Auf Drängen eines Kunden weist er in einer Rechnung einen Umsatzsteuerbetrag i. H. von 190 € aus.

A ist gem. § 19 Abs. 1 Satz 4 UStG nicht zum gesonderten Steuerausweis in einer Rechnung berechtigt. A schuldet den ausgewiesenen Betrag i. H. von 190 € gem. § 14c Abs. 2 Satz 1 UStG.

► Ein Unternehmer erteilt eine Rechnung mit gesondertem Steuerausweis, obwohl er keine Leistung ausführt (BFH vom 5. 2. 1998, BStBl 1998 II S. 415). Dies gilt nicht für Vorausrechnungen (Abschn. 190d Abs. 2 Nr. 2 Satz 2 UStR 2008).

BEISPIEL: ► Unternehmer A erteilt seinem Freund eine Gefälligkeitsrechnung und weist hierin einen Steuerbetrag i. H. von 19 000 € gesondert aus.

A schuldet die ausgewiesene Steuer gem. § 14c Abs. 2 Satz 2 UStG.

► Ein Unternehmer erteilt eine Rechnung mit gesondertem Steuerausweis, in der er statt des tatsächlich gelieferten Gegenstands einen anderen, von ihm nicht gelieferten Gegenstand aufführt, oder statt der tatsächlich ausgeführten Leistung eine andere, von ihm nicht erbrachte Leistung angibt. Der leistende Unternehmer schuldet die gesondert ausgewiesene Steuer nach § 14c Abs. 2 Satz 2 UStG neben der Steuer für die tatsächlich ausgeführte Leistung (BFH vom 8. 9. 1994, BStBl 1995 II S. 32). Die in Rechnungen mit ungenauer Angabe der Leistungsbezeichnung gesondert ausgewiesenen Steuerbeträge werden dagegen nicht nach § 14c Abs. 2 UStG geschuldet (Abschn. 190d Abs. 2 Nr. 3 Satz 3 UStR 2008).

BEISPIEL: ▶ Unternehmer A liefert dem Unternehmer B eine Polstergarnitur für dessen Einfamilienhaus. Wunschgemäß schreibt A folgende Rechnung:

Lieferung Bürostühle	5 000 €
USt 19 %	950 €
	5 950 €

A schuldet für die Lieferung der Polstergarnitur eine USt i. H. von 950 €; denn er führt eine steuerbare und steuerpflichtige Lieferung aus. Die Steuer entsteht unabhängig von der Rechnungsausstellung. Daneben schuldet A die in Rechnung gestellten 950 € nochmals gem. § 14c Abs. 2 Satz 2 UStG; denn er hat über eine Lieferung abgerechnet (Bürostühle), die er nicht ausgeführt hat. B steht kein Vorsteuerabzug zu, da keine Lieferung für sein Unternehmen vorliegt.

▶ Ein Unternehmer erteilt eine Rechnung mit gesondertem Steuerausweis für eine Leistung, die er nicht im Rahmen seines Unternehmens ausführt.

BEISPIEL: ▶ Unternehmer A veräußert seinen privaten Pkw und stellt dem Käufer folgende Rechnung aus:

Lieferung Pkw	10 000 €
USt 19 %	1 900 €
	11 900 €

A führt keinen steuerbaren Umsatz aus. Er schuldet die ausgewiesene Steuer i. H. von 1 900 € gem. § 14c Abs. 2 Satz 2 UStG. A wird insoweit wie eine Privatperson behandelt.

▶ Ein Nichtunternehmer weist in einem Dokument einen Steuerbetrag gesondert aus.

BEISPIEL: ▶ Der Angestellte A veräußert sein Fernsehgerät und stellt dem Käufer eine Rechnung mit gesondertem Steuerausweis aus.

A erbringt keinen steuerbaren Umsatz. Er schuldet die ausgewiesene Steuer gem. § 14c Abs. 2 Satz 2 UStG.

536 Liegen die Voraussetzungen für die *Differenzbesteuerung* gem. § 25a UStG vor und weist ein Wiederverkäufer für die Lieferung eines Gebrauchtgegenstandes – entgegen der Regelung in § 14a Abs. 6 Satz 2 UStG – die auf die Differenz entfallende Steuer gesondert aus, schuldet er gem. Abschn. *276a Abs. 16 Satz 2 UStR 2008* die gesondert ausgewiesene Steuer nach § 14c Abs. 2 UStG.

537 Die *Rechtsfolgen* des § 14c Abs. 2 UStG treten auch ein, wenn die Rechnung nicht alle in § 14 Abs. 4 UStG und § 14a UStG aufgeführten Angaben enthält. Die Angabe des Rechnungsausstellers und des Entgelts als Grundlage des gesondert ausgewiesenen Steuerbetrags ist jedoch unverzichtbar (BFH vom 27. 1. 1994, BStBl 1994 II S. 342).

538 Die Steuer gem. § 14c Abs. 2 UStG *entsteht* gem. § 13 Abs. 1 Nr. 4 UStG im Zeitpunkt der *Ausgabe der Rechnung.* Steuerschuldner ist der Aussteller der Rechnung. Der Steueranspruch entsteht unabhängig davon, ob der Rechnungsempfänger die gesondert ausgewiesene USt unberechtigt als Vorsteuer abgezogen hat oder nicht (Abschn. 190d Abs. 7 UStR 2008).

539 Anders als § 14 Abs. 2 UStG a. F. sah § 14 Abs. 3 UStG a. F. die Möglichkeit einer *Rechnungsberichtigung* nicht vor. Die Versagung der Rechnungsberichtigung in allen Fällen des § 14 Abs. 3 UStG a. F. war jedoch nicht gemeinschaftskonform; denn sie widersprach Artikel 20 Abs. 1 Buchst. a der 6. EG-Richtlinie und dem Grundsatz der Neutralität der USt. Der *EuGH* hat mit Urteil vom 19. 9. 2000 (UR 2000 S. 470) folgendes ausgeführt. Hat der Aussteller der Rechnung die Gefährdung des Steueraufkommens rechtzeitig und vollständig beseitigt, so verlangt der *Grundsatz der Neutralität der Mehrwertsteuer*, dass zu Unrecht in Rechnung gestellte Mehrwertsteuer berichtigt werden kann, ohne dass eine solche Berichtigung vom guten Glauben des Ausstellers der betreffenden Rechnung abhängig gemacht werden darf. Es ist Sache der Mitgliedstaaten, das Verfahren festzulegen, in dem zu Unrecht in Rechnung gestellte Mehrwertsteuer berichtigt werden kann, wobei diese Berichtigung nicht im Ermessen der Finanzverwaltung stehen darf. Der *BFH* hat sich dieser Auffassung in mehreren Urteilen (BFH vom 22. 2. 2001, BStBl 2004 II S. 143; BFH vom 8. 3. 2001, BStBl 2004 II S. 373; BFH vom 22. 3. 2001, BStBl 2004 II S. 313; BFH vom 17. 5. 2001, BStBl 2004 II S. 370; BFH vom 11. 4. 2002, BStBl 2004 II S. 317; BFH-Beschluss vom 25. 4. 2002, BStBl 2004 II S. 343) angeschlossen.

Aufgrund dieser Rechtsprechung ist ab dem *1. 1. 2004* auch gesetzlich eine Rechnungsberichtigung in den Fällen des unberechtigten Steuerausweises in das UStG aufgenommen worden. Soweit der Aussteller der Rechnung den unberechtigten Steuerausweis gegenüber dem Belegempfänger für ungültig erklärt hat und die *Gefährdung des Steueraufkommens beseitigt* wurde, ist dem Schuldner des Steuerbetrages nunmehr die Möglichkeit zur Berichtigung einzuräumen *(§ 14c Abs. 2 Sätze 3 bis 5 UStG)*. § 17 Abs. 1 UStG ist entsprechend anzuwenden. Der unberechtigt ausgewiesene Steuerbetrag kann berichtigt werden, soweit die Gefährdung des Steueraufkommens beseitigt worden ist. Die Gefährdung des Steueraufkommens ist beseitigt, wenn ein *Vorsteuerabzug* beim Empfänger der Rechnung *nicht durchgeführt* oder die geltend gemachte Vorsteuer an das Finanzamt *zurückgezahlt* worden ist.

Der Schuldner des unberechtigt ausgewiesenen Betrages hat die Berichtigung des geschuldeten Steuerbetrages bei dem für seine Besteuerung zuständigen Finanzamt gesondert *schriftlich zu beantragen*. Diesem Antrag hat er ausreichende Angaben über die Identität des Rechnungsempfängers beizufügen. Das *Finanzamt* des Schuldners des unberechtigt ausgewiesenen Betrages hat durch Einholung einer Auskunft beim Finanzamt des Rechnungsempfängers zu *ermitteln*, in welcher Höhe und wann ein unberechtigt in Anspruch genommener Vorsteuerabzug durch den Rechnungsempfänger zurückgezahlt wurde. Nach Einholung dieser Auskunft teilt das Finanzamt des Schuldners des unberechtigt ausgewiesenen Betrages diesem mit, für welchen *Besteuerungszeitraum* und in welcher *Höhe* die Berichtigung des geschuldeten Steuerbetrages vorgenommen werden kann. Die Berichtigung des geschuldeten Steuerbetrages ist in entsprechender Anwendung des § 17 Abs. 1 UStG für den Besteuerungszeitraum vorzunehmen, in dem die Gefährdung des Steueraufkommens beseitigt worden ist (§ 14c Abs. 2 Satz 5 UStG). Wurde beim Empfänger der Rechnung kein Vorsteuerabzug vorgenommen, ist der wegen unberechtigten Steuerausweises geschuldete Betrag beim Aussteller der Rechnung für den Zeitraum zu berichtigen, in dem die Steuer gem. § 13 Abs. 1 Nr. 4 UStG entstanden ist (BMF-Schreiben vom 29. 1. 2004, BStBl 2004 I S. 258).

Eine Rechnungsberichtigung wird auch in den Fällen zugelassen, in denen ein *Kleinunternehmer* seinen Verzicht auf die Nichterhebung der USt gem. § 19 Abs. 2 UStG vor Unanfechtbarkeit der Steuerfestsetzung zurücknimmt. Er darf dann die Rechnungen, in denen er die USt gesondert ausgewiesen hat, berichtigen (Abschn. 190d Abs. 5 UStR 2008).

IV. Ausstellung von Rechnungen gem. § 14a UStG

1. Allgemeines

540 § 14a UStG ergänzt § 14 UStG. Die Vorschrift des *§ 14a UStG* regelt insbesondere für bestimmte innergemeinschaftliche Leistungen und Leistungen i. S. des § 13b UStG die *Pflicht* zur Ausstellung einer Rechnung. Außerdem enthält sie Bestimmungen zum Inhalt der Rechnung.

2. Anwendungsbereich

a) Innergemeinschaftliche Lieferung

541 Führt der Unternehmer steuerfreie Lieferungen i. S. des *§ 6a UStG* aus, so ist er gem. § 14 UStG i. V. mit *§ 14a Abs. 3 Satz 1 UStG* zur Ausstellung von Rechnungen *verpflichtet*, in denen er auf die Steuerfreiheit hinweist.

Die Rechnung *muss* enthalten:

► einen Hinweis auf die Steuerfreiheit,

► die Umsatzsteuer-Identifikationsnummer des Unternehmers und die des Leistungsempfängers.

Der Erwerber kann grundsätzlich davon ausgehen, dass die Voraussetzungen des § 1a Abs. 1 Nr. 3 UStG erfüllt sind, wenn in der Rechnung des Lieferers die Umsatzsteuer-Identifikationsnummer eines anderen Mitgliedstaates angegeben, keine ausländische USt ausgewiesen und auf die in dem Mitgliedstaat geltende Steuerbefreiung für die innergemeinschaftliche Lieferung hingewiesen wird.

542 Die Verpflichtung zur Ausstellung von Rechnungen über steuerfreie Lieferungen i. S. des § 6a UStG greift beim *innergemeinschaftlichen Verbringen* von Gegenständen nicht ein, weil Belege in Verbringensfällen weder als Abrechnungen anzusehen sind noch eine Außenwirkung entfalten und deshalb keine Rechnungen i. S. des § 14 Abs. 1 UStG sind. Zur Abwicklung von Verbringensfällen hat der inländische Unternehmensteil für den ausländischen Unternehmensteil einen *Beleg* auszustellen, in dem die verbrachten Gegenstände aufgeführt sind und der die Bemessungsgrundlagen, die Umsatzsteuer-Identifikationsnummer des inländischen Unternehmensteils und die Umsatzsteuer-Identifikationsnummer des ausländischen Unternehmensteils enthält (Abschn. 190a Abs. 3 Sätze 1 und 2 UStR 2008). Man bezeichnet diesen Beleg als so genannte *pro-forma-Rechnung*.

543 Die Verpflichtung zur Rechnungserteilung gilt *nicht* für den Fall, dass der Unternehmer eine *Anzahlung* erhält, bevor die innergemeinschaftliche Lieferung bewirkt worden ist. Die Anzahlung ist ohne Einfluss auf die Steuerbarkeit der innergemeinschaftlichen Lieferung und die Entstehung der Erwerbsteuerschuld.

b) Versandhandelslieferung

544 Soweit Unternehmer Lieferungen i. S. des *§ 3c UStG* im Inland ausführen, sind sie gem. *§ 14a Abs. 2 UStG* zur Ausstellung von Rechnungen *verpflichtet*. Die Verpflichtung be-

steht insbesondere für Lieferer aus den übrigen Mitgliedstaaten, die Gegenstände an Privatpersonen in Deutschland versenden.

Es ist weder im Gesetz vorgeschrieben, dass auf die Anwendung des § 3c UStG hinzuweisen ist, noch dass in der Rechnung die Umsatzsteuer-Identifikationsnummer des leistenden Unternehmers aufzunehmen ist.

c) Bestimmte sonstige Leistungen

Soweit Unternehmer sonstige Leistungen i. S. des § 3a Abs. 2 Nr. 3 Buchst. c Satz 2 und Nr. 4 Satz 2 UStG oder des § 3b Abs. 3 Satz 2, Abs. 4, Abs. 5 Satz 2 und Abs. 6 Satz 2 UStG im Inland ausführen, sind sie gem. *§ 14a Abs. 1 UStG* zur Ausstellung von Rechnungen verpflichtet, in denen sowohl die Umsatzsteuer-Identifikationsnummer des Unternehmers als auch die Umsatzsteuer-Identifikationsnummer des Leistungsempfängers anzugeben sind. § 14a Abs. 1 UStG ist i. R. des Jahressteuergesetzes 2009 mit Wirkung ab dem 1. 1. 2010 neu gefasst worden.   545

Die Verpflichtung zur Ausstellung von Rechnungen gilt grundsätzlich auch dann, wenn der leistende Unternehmer nicht im Inland ansässig ist und wegen Verlegung des Ortes der Leistung in das Inland die Steuer vom Leistungsempfänger geschuldet wird. Kommt § 13b UStG zur Anwendung, ist § 14a Abs. 5 UStG zu beachten.

d) Innergemeinschaftliches Dreiecksgeschäft

Wird in Rechnungen über Lieferungen i. S. des § 25b Abs. 2 UStG abgerechnet, ist gem. *§ 14a Abs. 7 Satz 1 UStG* auf das Vorliegen eines innergemeinschaftlichen Dreiecksgeschäfts und die Steuerschuld des letzten Abnehmers hinzuweisen. Die Vorschrift über den gesonderten Steuerausweis in einer Rechnung (§ 14 Abs. 4 Satz 1 Nr. 8 UStG) findet gem. *§ 14a Abs. 7 Satz 3 UStG* keine Anwendung. In der Rechnung *darf* die Steuer für die Lieferung *nicht gesondert ausgewiesen* sein.   546

In der Rechnung ist gem. *§ 14a Abs. 7 Satz 2 UStG* die *Umsatzsteuer-Identifikationsnummer* des Unternehmers und die des Leistungsempfängers anzugeben. Der Umsatz ist auch in der Zusammenfassenden Meldung gem. § 18a UStG aufzunehmen.

e) Lieferungen von neuen Fahrzeugen

Ein Abrechnungspapier über die innergemeinschaftliche Lieferung von neuen Fahrzeugen muss neben den üblichen Angaben des § 14 Abs. 4 UStG alle für die ordnungsgemäße Durchführung der Erwerbsbesteuerung benötigten Merkmale enthalten. Nach *§ 14a Abs. 4 Satz 1 UStG* müssen Rechnungen über die innergemeinschaftlichen Lieferungen von neuen Fahrzeugen die in § 1b Abs. 2 und 3 UStG bezeichneten Merkmale enthalten. Hierbei handelt es sich insbesondere um Angaben zur Fahrzeugart, zum Zeitpunkt der erstmaligen Inbetriebnahme und zu den gefahrenen Kilometern bzw. den Betriebsstunden. Die Vorschrift des § 14a Abs. 4 UStG gilt für *Unternehmer* und für *Fahrzeuglieferer* i. S. des § 2a UStG, die derartige Lieferungen ausführen.   547

f) Leistungen i. S. des § 13b UStG

548   Führt der Unternehmer Leistungen i. S. des § 13b Abs. 1 UStG aus, für die der Leistungsempfänger nach § 13b Abs. 2 UStG die Steuer schuldet, ist er zur Ausstellung von Rechnungen verpflichtet. In den Rechnungen ist auf die Steuerschuldnerschaft des Leistungsempfängers hinzuweisen. Die Vorschrift über den gesonderten Steuerausweis in einer Rechnung (§ 14 Abs. 4 Satz 1 Nr. 8 UStG) findet keine Anwendung. Ein gesonderter Steuerausweis durch den Leistenden, der nach § 13b UStG nicht Steuerschuldner ist, erfüllt den Tatbestand des § 14c Abs. 1 UStG, d. h., der Leistende schuldet die ausgewiesene Steuer.

g) Reiseleistung und Differenzbesteuerung

549   Ab dem *1. 1. 2004* ist in den Fällen der Besteuerung von Reiseleistungen (§ 25 UStG) und der Differenzbesteuerung (§ 25a UStG) in der Rechnung auch auf die Anwendung dieser Sonderregelungen hinzuweisen *(§ 14a Abs. 6 Satz 1 UStG)*. In den Fällen des § 25 Abs. 3 UStG und des § 25a Abs. 3 und 4 UStG findet die Vorschrift über den gesonderten Steuerausweis in einer Rechnung (§ 14 Abs. 4 Satz 1 Nr. 8 UStG) keine Anwendung.

V. Aufbewahrung von Rechnungen

1. Aufbewahrungspflicht gem. § 14b UStG

550   Der Unternehmer hat gem. *§ 14b Abs. 1 Satz 1 UStG* von allen Rechnungen ein Doppel *zehn Jahre* aufzubewahren. Dies gilt gem. § 14b Abs. 1 Satz 4 UStG auch

► für Fahrzeuglieferer i. S. des § 2a UStG,

► in den Fällen, in denen der letzte Abnehmer die Steuer nach § 13a Abs. 1 Nr. 5 UStG schuldet, für den letzten Abnehmer,

► in den Fällen, in denen der Leistungsempfänger die Steuer nach § 13b Abs. 2 UStG schuldet, für den Leistungsempfänger.

Buchführungspflichtige Unternehmer sind bereits nach § 147 Abs. 1 Nr. 3 und Abs. 3 AO verpflichtet, eine Wiedergabe ihrer Ausgangsrechnungen für den Zehnjahreszeitraum aufzubewahren, so dass die Aufbewahrungspflicht des § 14b Abs. 1 UStG im Ergebnis vor allem die *nicht zur Buchführung verpflichteten Unternehmer trifft*.

Nach *§ 14b Abs. 1 UStG* muss ein Doppel folgender Rechnungen aufbewahrt werden:

► selbst ausgestellte Rechnungen,

► Rechnungen, die von einem Dritten in seinem Namen und für seine Rechnung ausgestellt worden sind,

► Rechnungen, die er erhalten hat,

► Rechnungen, die ein Leistungsempfänger ausgestellt hat (Gutschriften),

► Rechnungen, die von einem Dritten im Namen und für Rechnung des Leistungsempfängers ausgestellt worden sind (Gutschriften).

Die Rechnungen müssen über den gesamten Aufbewahrungszeitraum von zehn Jahren lesbar sein. *Nachträgliche Änderungen sind nicht zulässig.*

Auch bei innergemeinschaftlichen Lieferungen bestehen keine Bedenken, wenn statt einer Rechnungsausfertigung die Rechnung als Wiedergabe auf einem *Bildträger* oder auf anderen Datenträgern aufbewahrt wird, sofern ein jederzeitiger Ausdruck einzelner Rechnungen möglich ist.

Die Aufbewahrungspflicht soll insbesondere das innerstaatliche und das innergemeinschaftliche *Kontrollverfahren* absichern.

Die Aufbewahrungspflicht beginnt gem. *§ 14b Abs. 1 Satz 3 UStG* mit dem Schluss des Kalenderjahres, in dem die Rechnung ausgestellt worden ist. Soweit der Unternehmer aufgrund anderer Vorschriften zu einer längeren Aufbewahrung verpflichtet ist, wird diese Pflicht von § 14b Abs. 1 Satz 3 UStG nicht berührt.

Seit dem 1. 8. 2004 ist der § 14b Abs. 1 UStG um den *Satz 5* ergänzt worden. In den Fällen des § 14b Abs. 2 Satz 1 Nr. 1 UStG hat der Leistungsempfänger, soweit er nicht Unternehmer ist oder Unternehmer ist, aber die Leistung für seinen nichtunternehmerischen Bereich verwendet, die Rechnung, einen Zahlungsbeleg oder eine andere beweiskräftige Unterlage *zwei Jahre* aufzubewahren.

§ 14b Abs. 2 Satz 1 UStG regelt den Aufbewahrungsort der Rechnungen für im Inland und in den in § 1 Abs. 3 UStG bezeichneten Gebieten ansässige Unternehmer. Bei elektronisch aufbewahrten Rechnungen regelt § 14b Abs. 2 Satz 2 UStG einen abweichenden Aufbewahrungsort, wenn bestimmte Voraussetzungen erfüllt sind. Der Unternehmer hat dem Finanzamt den Aufbewahrungsort mitzuteilen, wenn er die Rechnungen nicht im Inland oder in einem der in § 1 Abs. 3 UStG bezeichneten Gebiete aufbewahrt. 551

Der *nicht im Inland oder in einem der in § 1 Abs. 3 UStG bezeichneten Gebiete ansässige Unternehmer* hat nach § 14b Abs. 2 Satz 4 UStG den Aufbewahrungsort im Gemeinschaftsgebiet, in einem der in § 1 Abs. 3 UStG bezeichneten Gebiete, im Gebiet von Büsingen oder auf der Insel Helgoland zu bestimmen. Kommt der Unternehmer seiner Verpflichtung aus § 14b Abs. 2 Satz 5 UStG nicht oder nicht rechtzeitig nach, kann das Finanzamt verlangen, dass er die Rechnungen im Inland oder in einem der in § 1 Abs. 3 UStG bezeichneten Gebiete aufbewahrt.

Zur Sicherstellung der Umsatzsteuerkontrolle bei der *Aufbewahrung von elektronischen Rechnungen* im übrigen Gemeinschaftsgebiet wird den zuständigen Finanzbehörden ein staatenübergreifender Online-Zugriff auf die relevanten Unterlagen ermöglicht (§ 14b Abs. 4 UStG).

2. Folgen der Pflichtverletzung

Eine Verletzung der Aufbewahrungspflicht kann als *Ordnungswidrigkeit* nach § 26a Abs. 1 Nr. 2 und 3 UStG geahndet werden. Danach handelt derjenige ordnungswidrig, der vorsätzlich oder leichtfertig entgegen § 14b Abs. 1 Satz 1 UStG, auch i.V. mit § 14b Abs. 1 Satz 4 UStG, ein Doppel oder eine dort bezeichnete Rechnung nicht oder nicht mindestens zehn Jahre aufbewahrt. Die Ordnungswidrigkeit kann gem. § 26a Abs. 2 UStG mit einer *Geldbuße* bis zu *5 000 €* geahndet werden. Bei einem Verstoß gegen die Aufbewahrungspflicht nach § 14b Abs. 1 Satz 5 UStG kann eine *Geldbuße* bis zu *500 €* festgesetzt werden. 552

H. Vorsteuer

I. Vorsteuerabzug

1. Allgemeines

553 § 15 UStG ist eine *zentrale Vorschrift* im UStG. Mit dem Vorsteuerabzug soll im Rahmen des auf allen Wirtschaftsstufen geltenden *Allphasensystems* eine wettbewerbsneutrale Umsatzbesteuerung gewährleistet werden. In der Unternehmerkette steht der USt die Vorsteuer gegenüber. Ein Unternehmer kann in der Regel die ihm in Rechnung gestellte USt als Vorsteuer abziehen. Die endgültige Belastung tritt beim *Endverbraucher* ein, der der wirtschaftliche Träger der USt ist.

Als Vorsteuer abziehbar sind nur die Steuerbeträge, die nach dem *deutschen UStG* geschuldet werden. In den Fällen, in denen ein Unternehmer mit ausländischen Vorsteuerbeträgen belastet ist, muss er sich an den Staat wenden, der die Steuer erhoben hat (Vergütungsverfahren).

2. Vorsteuerabzug aus Rechnungen

a) Unternehmer

554 Nur ein Unternehmer kann die in § 15 Abs. 1 UStG aufgeführten Vorsteuerbeträge abziehen. Zum Vorsteuerabzug sind demnach ausschließlich *Unternehmer* i. S. des § 2 UStG und des § 2a UStG im Rahmen ihrer unternehmerischen Tätigkeit berechtigt. Vorsteuerbeträge, die dem nichtunternehmerischen Bereich zuzuordnen sind, sind nicht abzugsfähig.

Zur Frage des *Zeitpunkts des Vorsteuerabzugs* hat der BFH dem EuGH mit Beschluss vom 21. 3. 2002 (UR 2002 S. 336) folgende Frage zur Vorabentscheidung vorgelegt: „Kann der Steuerpflichtige das Recht auf Vorsteuerabzug nur mit Wirkung für das Kalenderjahr ausüben, in dem er gem. Artikel 18 Abs. 1 Buchst. a der 6. EG-Richtlinie 77/388/EWG die Rechnung besitzt, oder gilt die Ausübung des Rechts auf Vorsteuerabzug stets für das Kalenderjahr (auch rückwirkend), in dem das Recht auf Vorsteuerabzug gem. Artikel 17 Abs. 1 der 6. EG-Richtlinie entsteht?" Hierzu hat der *EuGH* durch Urteil vom 29. 4. 2004 (UR 2004 S. 323) entschieden, dass das Vorsteuerabzugsrecht für den Erhebungszeitraum auszuüben ist, in dem beide erforderlichen Voraussetzungen (Leistungsausführung und Rechnung) vorliegen. Die Folgeentscheidung des *BFH* datiert vom 1. 7. 2004 (BStBl 2004 II S. 861).

555 Auch im *Ausland ansässige Unternehmer* können den Vorsteuerabzug in Anspruch nehmen, wenn die Vorsteuerbeträge ihrer unternehmerischen Tätigkeit zuzurechnen sind. Dies gilt auch dann, wenn die ausländischen Unternehmer im Inland keine Lieferungen oder sonstigen Leistungen ausführen. Unter den Voraussetzungen des § 18 Abs. 9 UStG i. V. mit §§ 59 bis 61 UStDV ist das *Vorsteuer-Vergütungsverfahren* im Regelfall beim Bundeszentralamt für Steuern durchzuführen.

BEISPIEL: ▶ Aus geschäftlichem Anlass besucht der dänische Unternehmer D eine Fachmesse in Hannover. Im Zusammenhang mit diesem Messebesuch sind D Umsatzsteuerbeträge i. H. von 200 € gesondert in Rechnung gestellt worden. Umsätze führt D im Inland nicht aus.

D steht als Unternehmer ein Vorsteuerabzug zu. Die Voraussetzungen des § 15 Abs. 1 Satz 1 Nr. 1 UStG liegen sämtlich vor. Diesen Vorsteuerabzug kann er im Rahmen des Vorsteuer-Vergütungsverfahrens gem. § 18 Abs. 9 UStG i. V. mit §§ 59 bis 61 UStDV geltend machen.

Zu den abzugsberechtigten Unternehmern gehören auch die *juristischen Personen des öffentlichen Rechts* mit ihrem unternehmerischen Bereich. Erfolgt der Umsatz für den nichtunternehmerischen hoheitlichen Bereich, kommt ein Vorsteuerabzug nicht in Betracht.

Bestimmte Unternehmer können ihre abziehbaren Vorsteuern nach *Durchschnittssätzen* ermitteln. Insoweit ist ein über die Durchschnittssätze hinausgehender Vorsteuerabzug nicht zulässig. Dies gilt auch für Land- und Forstwirte, die von der Durchschnittssatzbesteuerung des § 24 UStG Gebrauch gemacht haben.

Kleinunternehmer, bei denen die Steuer nicht erhoben wird, sind gem. § 19 Abs. 1 Satz 4 UStG nicht zum Vorsteuerabzug berechtigt. Dies gilt auch dann, wenn sie bei einem unzulässigen Ausweis der Steuer diese Steuer nach § 14c Abs. 2 UStG schulden.

Unternehmer, die *Reiseleistungen* i. S. des § 25 Abs. 1 UStG erbringen, sind gem. § 25 Abs. 4 Satz 1 UStG nicht berechtigt, die für die *Reisevorleistungen* gesondert in Rechnung gestellten Steuerbeträge als Vorsteuer abzuziehen. Im Übrigen bleibt der Vorsteuerabzug des § 15 UStG aber erhalten.

Bei der *Differenzbesteuerung* des § 25a UStG ist der Wiederverkäufer abweichend von § 15 Abs. 1 UStG in den Fällen des § 25a Abs. 2 UStG nicht berechtigt, die entrichtete Einfuhrumsatzsteuer, die gesondert ausgewiesene Steuer oder die nach § 13b Abs. 2 UStG geschuldete Steuer für die an ihn ausgeführte Lieferung als Vorsteuer abzuziehen (§ 25a Abs. 5 Satz 3 UStG).

In den Fällen des *innergemeinschaftlichen Dreiecksgeschäfts* ist der letzte Abnehmer gem. § 25b Abs. 5 UStG unter den übrigen Voraussetzungen des § 15 UStG berechtigt, die nach § 25b Abs. 2 UStG geschuldete Steuer als Vorsteuer abzuziehen.

Eine weitere Besonderheit zum Vorsteuerabzug enthält der im Rahmen des Steuerbereinigungsgesetzes 1999 mit Wirkung ab dem 1. 1. 2000 eingefügte *§ 25c UStG*.

b) Rechnung

Gemäß *§ 15 Abs. 1 Satz 1 Nr. 1 Satz 1 UStG* kann der Unternehmer die gesetzlich geschuldete Steuer für Lieferungen und sonstige Leistungen, die von einem anderen Unternehmer für sein Unternehmen ausgeführt worden sind, als Vorsteuerbeträge abziehen. Die Ausübung des Vorsteuerabzugs setzt gem. *§ 15 Abs. 1 Satz 1 Nr. 1 Satz 2 UStG* voraus, dass der Unternehmer eine nach den §§ 14, 14a UStG ausgestellte Rechnung besitzt.

556

Die Steuer muss grundsätzlich in einer *Rechnung* i. S. der §§ 14, 14a UStG gesondert ausgewiesen sein. Im Fall der Berichtigung einer Rechnung nach § 31 Abs. 5 UStDV ist ein Vorsteuerabzug erst in dem Zeitpunkt zulässig, in dem alle nach den §§ 14 und 14a UStG erforderlichen Angaben an den Leistungsempfänger übermittelt wurden.

Der Leistungsempfänger hat die in der Rechnung enthaltenen Angaben auf ihre *Vollständigkeit* und *Richtigkeit* zu überprüfen. Dabei ist allerdings der Grundsatz der Verhältnismäßigkeit zu wahren. Die Überprüfung der Richtigkeit der *Steuernummer* oder der inländischen *Umsatzsteuer-Identifikationsnummer* und der *Rechnungsnummer* ist dem Rechnungsempfänger regelmäßig nicht möglich. Ist eine dieser Angaben unrichtig und konnte der Unternehmer dies nicht erkennen, bleibt der Vorsteuerabzug erhalten, wenn im Übrigen die Voraussetzungen für den Vorsteuerabzug gegeben sind. Unberührt davon bleibt, dass der Unternehmer gem. § 15 Abs. 1 Satz 1 Nr. 1 Satz 1 UStG nur die *gesetzlich geschuldete Steuer* für Lieferungen und sonstige Leistungen eines anderen Unternehmers für sein Unternehmen als Vorsteuer abziehen kann. Deshalb ist z. B. der Vorsteuerabzug zu versagen, wenn die Identität des leistenden Unternehmers mit den Rechnungsangaben nicht übereinstimmt oder über eine nicht ausgeführte Lieferung oder sonstige Leistung abgerechnet wird. Hinsichtlich der *übrigen* nach den §§ 14, 14a UStG erforderlichen Angaben hat der Rechnungsempfänger dagegen die inhaltliche Richtigkeit der Angaben zu überprüfen. Bei unrichtigen Angaben entfällt der Vorsteuerabzug. Zu den unrichtigen Angaben, die eine Versagung des Vorsteuerabzuges zur Folge haben, zählen in einer Rechnung enthaltene Rechenfehler oder die unrichtige Angabe des Entgelts, des Steuersatzes oder des Steuerbetrages. Im Fall des *§ 14c Abs. 1 UStG* kann der Vorsteuerabzug jedoch unter den übrigen Voraussetzungen in Höhe der für die bezogene Leistung geschuldeten Steuer vorgenommen werden. *Ungenauigkeiten* führen unter den übrigen Voraussetzungen nicht zu einer Versagung des Vorsteuerabzuges, wenn z. B. bei Schreibfehlern im Namen oder der Anschrift des leistenden Unternehmers oder des Leistungsempfängers oder in der Leistungsbeschreibung ungeachtet dessen eine eindeutige und unzweifelhafte Identifizierung der am Leistungsaustausch Beteiligten, der Leistung und des Leistungszeitpunkts möglich ist und die Ungenauigkeiten nicht sinnentstellend sind (BMF-Schreiben vom 29. 1. 2004, BStBl 2004 I S. 258; Abschn. 192 Abs. 3 und 4 UStR 2008).

557   Die Ausübung des Rechts auf Vorsteuerabzug setzt voraus, dass der Steuerpflichtige im Besitz der *Originalrechnung* ist. Den Nachweis, dass diese Voraussetzung erfüllt war, kann der Steuerpflichtige nicht nur durch Vorlage der Originalrechnung, sondern mit allen *verfahrensrechtlich zulässigen Beweismitteln* führen (BFH vom 16. 4. 1997, BStBl 1997 II S. 582; und EuGH-Urteil vom 5. 12. 1996, UR 1997 S. 144).

c) Gesetzlich geschuldete Steuer

558   Voraussetzung für den Vorsteuerabzug gem. § 15 Abs. 1 Satz 1 Nr. 1 UStG ist, dass die USt in der Rechnung *gesondert* ausgewiesen ist. Die USt muss grundsätzlich *betragsmäßig* angegeben sein. Eine Rechnung, die nur den Steuersatz enthält, z. B. Rechnungsbetrag 1 190 € einschließlich 19 % USt, berechtigt nicht zum Vorsteuerabzug. Ein gesonderter Steuerausweis liegt nicht vor, wenn die in einem Vertrag enthaltene Abrechnung offen lässt, ob der leistende Unternehmer den Umsatz steuerfrei oder steuerpflichtig behandeln will, oder in der Urkunde nicht durch Angaben tatsächlicher Art zum Ausdruck kommt, dass die gesondert ausgewiesene Steuer auf Lieferungen oder

sonstigen Leistungen des Rechnungsausstellers an den Leistungsempfänger beruht (BFH vom 12. 6. 1986, BStBl 1986 II S. 721).

Der ausgewiesene Steuerbetrag ist grundsätzlich als Vorsteuer abziehbar. Hat der Rechnungsaussteller die Steuer unzutreffend berechnet, bleibt es dem Rechnungsempfänger überlassen, eine berichtigte Rechnung anzufordern (Abschn. 192 Abs. 10 Satz 1 UStR 2008). Der Vorsteuerabzug konnte nach *alter Rechtsauffassung* grundsätzlich auch dann vorgenommen werden, wenn die Steuer für einen steuerfreien Umsatz ausgewiesen wurde (BFH vom 29. 10. 1987, BStBl 1988 II S. 508) oder der leistende Unternehmer die Sonderregelung des § 19 Abs. 1 UStG anwendet. Diese Auffassung ist nach dem Urteil des BFH vom 2. 4. 1998 (BStBl 1998 II S. 695) *überholt*. Nach diesem Urteil ist bei *richtlinienkonformer Auslegung* des § 15 Abs. 1 Satz 1 Nr. 1 UStG nur noch der *geschuldete Steuerbetrag* für die Leistung als Vorsteuer abziehbar. Die Grundsätze des Urteils vom 2. 4. 1998 sind erstmals für den Vorsteuerabzug aus Rechnungen anzuwenden, die nach dem *6. 11. 1998* beim Unternehmer eingegangen sind. Entsprechendes gilt für den Vorsteuerabzug aus den vom Unternehmer erstellten Gutschriften.

> **BEISPIEL:** ▶ Unternehmer A erwirbt von dem Kleinunternehmer K eine Ware. K erteilt dem A eine Rechnung über 1 000 € zzgl. 190 € gesondert ausgewiesener USt.
>
> A kann die gesondert ausgewiesene USt i. H. von 190 € nicht als Vorsteuer abziehen. K schuldet die ausgewiesene USt gem. § 14c Abs. 2 Satz 1 UStG.

Wird über die Leistung mit einer *Gutschrift* abgerechnet, so kommt der Vorsteuerabzug für den Leistungsempfänger nur in Betracht, wenn der leistende Unternehmer zum gesonderten Steuerausweis in einer Rechnung berechtigt ist. Der Vorsteuerabzug entfällt, soweit der Gutschriftempfänger dem in der Gutschrift angegebenen Steuerbetrag widerspricht. Dieser *Widerspruch* wirkt auch für den Vorsteuerabzug des Gutschriftausstellers erst in dem Besteuerungszeitraum, in dem er erklärt wird (BFH vom 19. 5. 1993, BStBl 1993 II S. 779; Abschn. 192 Abs. 13 UStR 2008). **559**

Erhält der Unternehmer für seine Leistung von einem anderen als dem Leistungsempfänger ein Entgelt i. S. des *§ 10 Abs. 1 Satz 3 UStG*, so ist in der Rechnung auch dieser Teil des Entgelts und die darauf entfallende USt anzugeben. Der Rechnungsempfänger kann bei Vorliegen der übrigen Voraussetzungen den ausgewiesenen Steuerbetrag als Vorsteuer abziehen (Abschn. 192 Abs. 10 Satz 2 UStR 2008). **560**

d) Leistungen

Voraussetzung für den Vorsteuerabzug gem. *§ 15 Abs. 1 Satz 1 Nr. 1 Satz 1 UStG* ist, dass eine Leistung an den Unternehmer ausgeführt wird. Es muss sich um eine *steuerbare* Leistung handeln. Eine Abrechnung über einen nicht steuerbaren Vorgang durch *Nichtleistung* ermöglicht den Vorsteuerabzug auch in den Fällen nicht, in denen der Rechnungsaussteller einen Steuerbetrag gesondert in Rechnung gestellt hat. **561**

Der Vorsteuerabzug setzt grundsätzlich voraus, dass die Leistung *ausgeführt* worden ist. Ein Vorsteuerabzug für eine zwar berechnete, aber nicht ausgeführte Leistung *(§ 14c Abs. 2 Satz 2 UStG)* kommt nicht in Betracht.

Zum Vorsteuerabzug eines gutgläubig an einer dem *Umsatzsteuerkarussellbetrug* dienenden Lieferkette beteiligten Unternehmers wird auf das EuGH-Urteil vom 12. 1. 2006 (UR 2006 S. 157) hingewiesen.

e) Leistungen von anderen Unternehmern

562   Voraussetzung für den Vorsteuerabzug gem. *§ 15 Abs. 1 Satz 1 Nr. 1 Satz 1 UStG* ist, dass eine Lieferung oder sonstige Leistung von anderen Unternehmern für das Unternehmen des Leistungsempfängers ausgeführt worden ist. Wer bei einem Umsatz als Leistender anzusehen ist, ergibt sich regelmäßig aus den zugrunde liegenden *zivilrechtlichen Vereinbarungen* (BFH vom 30. 9. 1999, UR 2000 S. 256). Durch die Rechtsprechung ist geklärt, dass die Frage, ob eine Leistung dem Handelnden oder einem anderen zuzurechnen ist, grundsätzlich davon abhängt, ob der Handelnde gegenüber dem Leistungsempfänger bei Ausführung der Leistung *im eigenen Namen* oder – berechtigterweise – im Namen eines anderen aufgetreten ist, sowie, dass die *Feststellungslast* für das Vorliegen der den Rechtsanspruch auf Vorsteuerabzug begründenden Tatsachen (wie u. a. die Identität von Leistendem und Rechnungsaussteller) der den Vorsteuerabzug begehrende Unternehmer trägt (BFH-Beschluss vom 24. 7. 2002, UR 2002 S. 522).

Der Unternehmer, der die Lieferung oder sonstige Leistung ausgeführt hat, muss in der Rechnung grundsätzlich mit seinem *wirklichen Namen* bzw. mit der *wirklichen Firma* angegeben sein (Abschn. 192 Abs. 15 Satz 5 UStR 2008). Bei der Verwendung eines unzutreffenden oder ungenauen Namens, z. B. eines Scheinnamens oder einer Scheinfirma, kann der Vorsteuerabzug *ausnahmsweise* zugelassen werden, wenn der tatsächlich leistende Unternehmer eindeutig und leicht nachprüfbar aus dem Abrechnungspapier ersichtlich ist (BFH vom 7. 10. 1987, BStBl 1988 II S. 34).

563   Ein Vorsteuerabzug kommt nicht in Betracht, wenn eine Leistung von einem *Nichtunternehmer* für das Unternehmen des Leistungsempfängers ausgeführt wird.

> **BEISPIEL:** Der Beamte B veräußert dem Unternehmer A seinen Pkw. A nutzt den Pkw ausschließlich für betriebliche Zwecke. Auf Drängen des A stellt B folgende Rechnung aus:
>
> | | |
> |---|---:|
> | Lieferung Pkw | 10 000 € |
> | USt 19 % | 1 900 € |
> | | 11 900 € |
>
> A kann keinen Vorsteuerabzug aus der Rechnung vornehmen, da die Leistung nicht von einem anderen Unternehmer ausgeführt wurde. Es liegen nicht sämtliche Voraussetzungen des § 15 Abs. 1 Satz 1 Nr. 1 Satz 1 UStG vor. B schuldet die ausgewiesene Steuer i. H. von 1 900 € gem. § 14c Abs. 2 UStG.

564   Der Steuerpflichtige (Rechnungsempfänger) trägt die *objektive Beweislast* dafür, dass die in Anspruch genommene Leistung von einem anderen Unternehmer erbracht worden ist (BFH vom 4. 12. 1987, BStBl 1988 II S. 702, und BFH-Beschluss vom 26. 8. 2004, UR 2005 S. 216). Auch ein „*Strohmann*" kommt als leistender Unternehmer in Betracht. Dementsprechend können auch dem Strohmann die Leistungen zuzurechnen sein, die der sog. Hintermann als Subunternehmer im Namen des Strohmanns tatsächlich ausgeführt hat. Unbeachtlich ist das „vorgeschobene" Strohmanngeschäft dann, wenn es zwischen dem Leistungsempfänger und dem Strohmann nur zum Schein abgeschlossen worden ist und der Leistungsempfänger weiß oder davon ausgehen muss, dass der

Strohmann keine eigene – ggf. auch durch Subunternehmer auszuführende – Verpflichtung aus dem Rechtsgeschäft übernehmen will und dementsprechend auch keine eigenen Leistungen versteuern will (BFH-Beschluss vom 31. 1. 2002, UR 2002 S. 275).

f) Leistungen für das Unternehmen

Voraussetzung für den Vorsteuerabzug gem. *§ 15 Abs. 1 Satz 1 Nr. 1 Satz 1 UStG* ist, dass die Lieferungen oder sonstigen Leistungen für das Unternehmen des Leistungsempfängers ausgeführt worden sind.   565

Eine Lieferung oder sonstige Leistung wird grundsätzlich an diejenige Person ausgeführt, die aus dem *schuldrechtlichen Vertragsverhältnis*, das dem Leistungsaustausch zugrunde liegt, berechtigt oder verpflichtet ist (BFH-Beschluss vom 13. 9. 1984, BStBl 1985 II S. 21). Demnach ist als Leistungsempfänger einer Lieferung oder sonstigen Leistung grundsätzlich der *Auftraggeber* bzw. *Besteller* der Leistung anzusehen. Wird allerdings unter Missachtung des sich aus dem schuldrechtlichen Vertragsverhältnis ergebenden Anspruchs die Leistung *tatsächlich* an einen Dritten erbracht, so kann der *Dritte* unabhängig von den zugrunde liegenden Rechtsbeziehungen Leistungsempfänger sein (BFH vom 1. 6. 1989, BStBl 1989 II S. 677).

In den Fällen, in denen auf einem gemeinschaftlichen Grundstück von *Eheleuten* ein Gebäude errichtet wird, kommen als Leistungsempfänger in Betracht: 566

▶ die Ehegattengemeinschaft

  oder

▶ ein Ehegatte.

Ist nur ein Ehegatte Leistungsempfänger, so muss sich dies eindeutig aus der Auftragserteilung ergeben. Die tatsächliche Durchführung muss den getroffenen Vereinbarungen entsprechen (BFH vom 26. 11. 1987, BStBl 1988 II S. 158).

Zum Vorsteuerabzug eines Ehegatten und *Bruchteilsgemeinschafters* aus Anschaffungskosten des im Wohnhaus beider Ehegatten belegenen selbständig nebenberuflich genutzten häuslichen Arbeitszimmers hat der BFH an den *EuGH* ein Vorabentscheidungsersuchen gestellt (BFH-Beschluss vom 29. 8. 2002, UR 2003 S. 148). Der *EuGH* hat mit Urteil vom 21. 4. 2005 (UR 2005 S. 324) entschieden, dass dem unternehmerisch tätigen Ehegatten und Miteigentümer das Recht auf Vorsteuerabzug für die gesamte Mehrwertsteuerbelastung des von ihm für unternehmerische Zwecke verwendeten Teils des Gegenstands zusteht, sofern der Abzugsbetrag nicht über den Miteigentumsanteil des Steuerpflichtigen an dem Gegenstand hinausgeht. Eine auf seinen Namen ausgestellte Rechnung ist nicht erforderlich. Der *BFH* hat sich in seinem Folgeurteil vom 6. 10. 2005 (BStBl 2007 II S. 13) dieser Rechtsauffassung angeschlossen.

Die Leistung an den Leistungsempfänger muss auch in dessen *unternehmerische Sphäre* eingehen (BFH vom 18. 12. 1986, BStBl 1987 II S. 350). Entscheidend für die Zuordnung ist das *Innenverhältnis*. Für die Frage, ob eine Leistung für das Unternehmen vorliegt, sind grundsätzlich die Verhältnisse im *Zeitpunkt des Umsatzes* an den Unternehmer maßgebend (BFH vom 6. 5. 1993, BStBl 1993 II S. 564). Eine erstmalige vorübergehende nichtunternehmerische Verwendung steht dem Leistungsbezug für das Unternehmen   567 nicht entgegen, wenn der erworbene Gegenstand anschließend bestimmungsgemäß unternehmerisch genutzt wird (BFH-Beschluss vom 21. 6. 1990, BStBl 1990 II S. 801).

Über das Recht auf Vorsteuerabzug ist bereits bei Erhalt der Rechnung mit Steuerausweis über die Leistung zu entscheiden (*Grundsatz des „Sofortabzugs"*). Solange die tatsächliche Verwendung der Leistung für das Unternehmen fehlt, ist darauf abzustellen, ob steuerfreie oder steuerpflichtige Verwendungsumsätze *beabsichtigt* sind (BFH-Beschluss vom 12. 10. 1999, UR 2000 S. 213; BFH vom 25. 11. 2004, UR 2005 S. 164).

568   Bezüglich der Unternehmereigenschaft und des damit im Zusammenhang stehenden Vorsteuerabzugs bei *Vorbereitungshandlungen* für eine beabsichtigte wirtschaftliche Tätigkeit, wird auf Abschn. 19 Abs. 2 und 3 UStR 2008 hingewiesen.

569   Als *Nachweis* dafür, dass die Leistung für das Unternehmen bezogen wurde, sind *zutreffende Angaben* des leistenden Unternehmers über Art und Umfang der von ihm ausgeführten Leistung in der Rechnung oder in den in § 31 UStDV bezeichneten Unterlagen erforderlich (Abschn. 192 Abs. 18 Satz 1 UStR 2008).

570   In den Fällen, in denen ein Umsatz sowohl für das Unternehmen als auch für Zwecke ausgeführt wird, die außerhalb des Unternehmens liegen, ist hinsichtlich des Vorsteuerabzugs wie folgt zu verfahren:

▶ Bei der Lieferung *vertretbarer Sachen* sowie bei entsprechenden sonstigen Leistungen ist die hierauf entfallende Steuer entsprechend dem Verwendungszweck in einen abziehbaren und einen nicht abziehbaren Anteil aufzuteilen.

▶ Bei einem einheitlichen Gegenstand, der sowohl unternehmerisch als auch nicht-unternehmerisch verwendet wird, hat der Unternehmer nach dem Urteil des EuGH vom 4. 10. 1995 (BStBl 1996 II S. 392) ein Wahlrecht, ob er den Gegenstand ganz oder teilweise seinem Unternehmen zuordnet. Zu den Auswirkungen dieses Urteils auf das deutsche Umsatzsteuerrecht hat das BMF mit Schreiben vom 27. 6. 1996 (BStBl 1996 I S. 702; siehe auch Abschn. 192 Abs. 21 Nr. 2 UStR 2008) Stellung genommen. Danach hat der Unternehmer folgende Möglichkeiten:

– Zuordnung des Gegenstandes insgesamt zum nichtunternehmerischen Bereich (kein Vorsteuerabzug),

– Zuordnung des Gegenstandes insgesamt zum unternehmerischen Bereich (voller Vorsteuerabzug),

– Zuordnung des Gegenstandes zu einem Teil zum unternehmerischen Bereich (teilweiser Vorsteuerabzug).

Zu beachten ist in diesem Zusammenhang die *Zuordnungsbeschränkung* des *§ 15 Abs. 1 Satz 2 UStG*, wonach eine Zuordnung zum Unternehmen nur dann möglich ist, wenn der Gegenstand zu mindestens *10 %* unternehmerisch genutzt wird.

Zur *Dokumentation der Zuordnungsentscheidung* hat das BMF mit Schreiben vom 30. 3. 2004 (BStBl 2004 I S. 451) Stellung genommen. Auf Abschn. 192 Abs. 21 UStR 2008 wird ergänzend hingewiesen.

g) Vorsteuerabzug vor Ausführung der Leistung

Abweichend von dem Grundsatz, dass ein Vorsteuerabzug erst vorgenommen werden   571
kann, wenn die Leistung an den Leistungsempfänger ausgeführt ist, enthält *§ 15 Abs. 1
Satz 1 Nr. 1 Satz 3 UStG* eine Sonderregelung. Soweit der gesondert ausgewiesene Steuerbetrag auf eine Zahlung vor Ausführung dieser Umsätze entfällt, ist er bereits abziehbar, wenn die Rechnung vorliegt *und* die Zahlung geleistet worden ist.

Der Vorsteuerabzug ist in dem Besteuerungszeitraum vorzunehmen, in dem *erstmalig*
beide Voraussetzungen erfüllt sind.

> **BEISPIEL:** Unternehmer A erhält von dem Unternehmer B eine Vorausrechnung über 10 000 €
> zzgl. 1 900 € gesondert ausgewiesener USt. Die Rechnung geht bei A, der monatliche USt-Vor
> anmeldungen abzugeben hat, im Januar ein. A zahlt die Rechnung in voller Höhe im März.
>
> Bei Vorliegen der übrigen Voraussetzungen des § 15 Abs. 1 Satz 1 Nr. 1 UStG kann A in der Vor
> anmeldung für März einen Vorsteuerabzug i. H. von 1 900 € vornehmen.

Ist der gesondert ausgewiesene Steuerbetrag *höher* als die Steuer, die auf die Zahlung
vor der Umsatzausführung entfällt, so kann vorweg nur der Steuerbetrag abgezogen
werden, der in der im Voraus geleisteten Zahlung enthalten ist (Abschn. 193 Abs. 4
Satz 1 UStR 2008).

> **BEISPIEL:** Unternehmer A erhält von dem Unternehmer B eine Vorausrechnung über 10 000 €
> zzgl. 1 900 € gesondert ausgewiesener USt. Die Rechnung geht bei A, der monatliche USt-Vor
> anmeldungen abzugeben hat, im Januar ein. A zahlt die Rechnung i. H. von 5 950 € im März.
>
> Bei Vorliegen der übrigen Voraussetzungen des § 15 Abs. 1 Satz 1 Nr. 1 UStG kann A in der Vor
> anmeldung für März einen Vorsteuerabzug i. H. von 950 € vornehmen.

Aus einer *Endrechnung* kann der Leistungsempfänger nur den Steuerbetrag als Vorsteuer abziehen, der auf die verbliebene Restzahlung entfällt. Ein höherer Vorsteuerabzug
ist auch dann nicht zulässig, wenn in der Endrechnung die im Voraus gezahlten Teilentgelte und die darauf entfallenden Steuerbeträge nicht oder nicht vollständig abgesetzt
wurden (Abschn. 193 Abs. 5 Satz 3 UStR 2008).

3. Einfuhrumsatzsteuer als Vorsteuer

Der Unternehmer kann gem. *§ 15 Abs. 1 Satz 1 Nr. 2 UStG* die *entrichtete EUSt* für Ge   572
genstände, die für sein Unternehmen nach § 1 Abs. 1 Nr. 4 UStG eingeführt worden
sind als Vorsteuer abziehen.

Voraussetzung für den Vorsteuerabzug ist, dass

▶ der Gegenstand für das Unternehmen nach § 1 Abs. 1 Nr. 4 UStG eingeführt wird

  und

▶ die EUSt entrichtet ist.

Zum Abzug der entrichteten EUSt als Vorsteuer sind nur *Unternehmer* berechtigt. Um   573
Vorfinanzierungsschwierigkeiten der Importeure zu vermeiden, ist in *§ 16 Abs. 2 Satz 4
UStG* folgende Regelung getroffen worden: Die bis zum 16. Tag nach Ablauf des Besteuerungszeitraums zu entrichtende EUSt kann bereits von der Steuer für diesen Besteuerungszeitraum abgesetzt werden, wenn sie in ihm entstanden ist. Wird die EUSt

nach Fälligkeit tatsächlich nicht gezahlt, muss der Unternehmer den in Anspruch genommenen Vorsteuerabzug berichtigen.

Die *Entrichtung* der EUSt ist durch einen zollamtlichen Beleg nachzuweisen (Abschn. 199 Abs. 1 Satz 2 UStR 2008). Es ist nicht erforderlich, dass der Unternehmer die EUSt selbst entrichtet hat.

Eine *Einfuhr für das Unternehmen* liegt vor, wenn der Unternehmer den eingeführten Gegenstand in seinen im Inland belegenen Unternehmensbereich eingliedert, um ihn hier im Rahmen seiner unternehmerischen Tätigkeit zur Ausführung von Umsätzen einzusetzen.

574 Überlässt ein ausländischer Unternehmer einem inländischen Unternehmer einen Gegenstand zur *Nutzung*, ohne ihm die Verfügungsmacht an dem Gegenstand zu verschaffen, ist der inländische Unternehmer nicht zum Abzug der EUSt als Vorsteuer berechtigt (BFH vom 16. 3. 1993, BStBl 1993 II S. 473).

575 Zum Vorsteuerabzug der EUSt bei papierloser Festsetzung der EUSt im IT-Verfahren *AT-LAS* hat das BMF mit Schreiben vom 8. 2. 2001 (BStBl 2001 I S. 156; Abschn. 202 Abs. 1 Satz 2 Nr. 2 Sätze 2 und 3 UStR 2008) Stellung genommen.

4. Erwerbsteuer als Vorsteuer

576 Seit dem *1. 1. 1993* kann der Unternehmer gem. *§ 15 Abs. 1 Satz 1 Nr. 3 UStG* auch die Steuer für den innergemeinschaftlichen Erwerb von Gegenständen für sein Unternehmen als Vorsteuer abziehen. Auch in den Fällen des *innergemeinschaftlichen Verbringens* kommt ein Vorsteuerabzug in Betracht.

> **BEISPIEL:** Unternehmer A transportiert eine Maschine von seinem Unternehmensteil in Madrid zu seinem Unternehmensteil nach Düsseldorf, um sie hier auf Dauer einzusetzen.
>
> A führt in Spanien eine steuerbare aber steuerfreie innergemeinschaftliche Lieferung aus. Das Verbringen gilt im Inland als innergemeinschaftlicher Erwerb gem. § 1a Abs. 2 UStG. A schuldet die von ihm selbst zu berechnende Erwerbsteuer. Gleichzeitig kann er diese Erwerbsteuer gem. § 15 Abs. 1 Satz 1 Nr. 3 UStG als Vorsteuer abziehen.

Der erworbene Gegenstand muss *für sein Unternehmen* bezogen sein. Außerdem muss der erworbene Gegenstand zur Ausführung von Umsätzen verwendet werden, die den Vorsteuerabzug nicht ausschließen. Eine *Rechnung* ist für den Vorsteuerabzug nach § 15 Abs. 1 Satz 1 Nr. 3 UStG nicht erforderlich. Ein gesonderter Ausweis der USt in der Rechnung kann nicht vorliegen, da es sich aus der Sicht des leistenden Unternehmers um eine steuerfreie innergemeinschaftliche Lieferung handelt.

Das Recht auf Vorsteuerabzug der Erwerbsteuer *entsteht* in dem Zeitpunkt, in dem die Erwerbsteuer entsteht. Dies bewirkt, dass der Unternehmer den Vorsteuerabzug in der USt-Voranmeldung oder USt-Jahreserklärung geltend machen kann, in der er den innergemeinschaftlichen Erwerb zu versteuern hat.

5. Vorsteuerabzug in Fällen des § 13b UStG

577 Im Rahmen des *Steueränderungsgesetzes 2001* vom 20. 12. 2001 (BStBl 2002 I S. 4) ist § 15 Abs. 1 Satz 1 Nr. 4 UStG eingefügt worden. Danach kann der Unternehmer die

Steuer für Leistungen i. S. des § 13b Abs. 1 UStG, die für sein Unternehmen ausgeführt worden sind, als Vorsteuer abziehen. Soweit die Steuer auf eine Zahlung vor Ausführung dieser Leistungen entfällt, ist sie abziehbar, wenn die Zahlung geleistet worden ist.

Der Unternehmer kann bei Vorliegen der weiteren Voraussetzungen des § 15 UStG den Vorsteuerabzug in der Voranmeldung oder Jahreserklärung für das Kalenderjahr geltend machen, in der er den Umsatz zu versteuern hat (BMF-Schreiben vom 5. 12. 2001, BStBl 2001 I S. 1013).

6. Vorsteuerabzug des Auslagerers

Im Rahmen des *Steueränderungsgesetzes 2003* (BGBl 2003 I S. 2645) ist *§ 15 Abs. 1 Satz 1 Nr. 5 UStG* eingefügt worden. Die grundsätzlich vom Auslagerer nach § 13a Abs. 1 Nr. 6 UStG geschuldete Steuer für Umsätze, die für sein Unternehmen ausgeführt worden sind, kann als Vorsteuer abgezogen werden. Der Vorsteuerabzug ist unter den übrigen Voraussetzungen des § 15 UStG auch ohne gesonderten Ausweis der Steuer in einer Rechnung möglich.   578

7. Zuordnung zum Unternehmen

Im Rahmen des *Steuerentlastungsgesetzes 1999/2000/2002* ist *§ 15 Abs. 1 Satz 2 UStG* mit Wirkung ab dem 1. 4. 1999 in das UStG eingefügt worden. Danach gilt die Lieferung, die Einfuhr oder der innergemeinschaftliche Erwerb eines Gegenstandes nicht als für das Unternehmen ausgeführt, wenn der Unternehmer den Gegenstand zu weniger als *10 %* für sein Unternehmen nutzt. Bei einer unternehmerischen Nutzung von genau 10 % kann eine Zuordnung zum Unternehmen erfolgen.   579

> **BEISPIEL:** Unternehmer A nutzt einen Pkw zu 95 % privat und zu 5 % betrieblich.
> *Eine Zuordnung des Pkw zum Unternehmen kommt gem. § 15 Abs. 1 Satz 2 UStG nicht in Betracht, da die unternehmerische Nutzung nicht mindestens 10 % beträgt. Da nicht alle Tatbestandsmerkmale des § 15 Abs. 1 Satz 1 Nr. 1 Satz 1 UStG erfüllt sind, kommt ein Vorsteuerabzug aus der Anschaffung des Pkw nicht in Betracht.*

8. Nachweis

Die Voraussetzungen für den Vorsteuerabzug müssen vom Unternehmer aufgezeichnet und durch *Belege* nachgewiesen sein. Nachweismängel hat grundsätzlich der Unternehmer zu vertreten.   580

Geht die *Originalrechnung* verloren, so kann der Unternehmer den Nachweis darüber, dass ihm ein anderer Unternehmer Steuer für Lieferungen oder sonstige Leistungen gesondert in Rechnung gestellt hat, nicht allein durch Vorlage der Originalrechnung, sondern mit allen *verfahrensrechtlich zulässigen Mitteln* führen (BFH vom 16. 4. 1997, BStBl 1997 II S. 582).

Falls die Unterlagen für den Vorsteuerabzug *unvollständig* oder *nicht vorhanden* sind, kann der Unternehmer den Vorsteuerabzug nicht vornehmen. Das Finanzamt kann den Vorsteuerabzug in diesen Fällen bei dem Vorliegen bestimmter Voraussetzungen schätzen oder aus Billigkeitsgründen zulassen. Eine *Schätzung* ist allerdings nur insoweit zulässig, als davon ausgegangen werden kann, dass vollständige Unterlagen für den Vorsteuerabzug vorhanden waren. Soweit Unterlagen für den Vorsteuerabzug nicht vorhanden sind und auch nicht vorhanden waren oder soweit die Unterlagen unvollständig sind, kommt eine Anerkennung des Vorsteuerabzugs nur aus *Billigkeitsgründen* in Betracht. Die Grundsätze, die dabei zu beachten sind, sind im Abschn. 202 Abs. 7 UStR 2008 beschrieben.

Bezüglich der *Aufzeichnungspflichten* für den Vorsteuerabzug wird auf § 22 UStG verwiesen.

9. Ausschluss vom Vorsteuerabzug

a) Ausschlussumsätze

581 Der Grundsatz, dass die in § 15 Abs. 1 Satz 1 Nr. 1 bis 5 UStG bezeichneten Vorsteuern abgezogen werden können, kommt nicht zur Anwendung, wenn der Unternehmer *bestimmte steuerfreie* oder *bestimmte nicht steuerbare* Umsätze ausführt bzw. beabsichtigt. Vom Vorsteuerabzug ausgeschlossen ist gem. *§ 15 Abs. 2 Satz 1 UStG* die Steuer für die Lieferungen, die Einfuhr und den innergemeinschaftlichen Erwerb von Gegenständen sowie für die sonstigen Leistungen, die der Unternehmer zur Ausführung folgender Umsätze verwendet:

▶ steuerfreie Umsätze,

▶ Umsätze im Ausland, die steuerfrei wären, wenn sie im Inland ausgeführt würden.

582 Unter „*Verwendung*" ist grundsätzlich die erstmalige tatsächliche Verwendung der Leistung zu verstehen (BFH vom 26. 2. 1987, BStBl 1987 II S. 521). Maßgeblich ist somit grundsätzlich die erste Leistung, in die oder den die bezogene Leistung Eingang findet (BFH vom 31. 7. 1987, BStBl 1987 II S. 754). Der Begriff der Verwendung einer Lieferung oder sonstigen Leistung umfasst auch die *Verwendungsabsicht* (BMF-Schreiben vom 24. 4. 2003, BStBl 2003 I S. 313; Abschn. 203 Abs. 1 Satz 4 UStR 2008). Der Ausschluss umfasst auch die Vorsteuerbeträge, die in einer *mittelbaren* wirtschaftlichen Verbindung zu den o. g. Umsätzen stehen (Abschn. 203 Abs. 3 Satz 2 UStR 2008). Vorsteuerbeträge können nicht abgezogen werden, wenn es an *objektiven Anhaltspunkten* dafür fehlt, dass der Steuerpflichtige beabsichtigt hatte, die Eingangsleistungen zur Ausführung von steuerpflichtigen Umsätzen zu verwenden (BFH vom 25. 11. 2004, BStBl 2005 II S. 414).

Auch bei Leistungsbezügen, die – z. B. wegen Verlusts, Beschädigung oder Projektaufgabe – in keine Ausgangsumsätze gegenständlich eingehen (so genannte *Fehlmaßnahmen*), ist auf die Verwendungsabsicht abzustellen (BFH vom 22. 3. 2001, BStBl 2003 II S. 433).

583 Gegenstände oder sonstige Leistungen, die der Unternehmer zur Ausführung einer *Einfuhr* oder eines *innergemeinschaftlichen Erwerbs* verwendet, sind gem. § 15 Abs. 2 Satz 2 UStG den Umsätzen zuzurechnen, für die der eingeführte oder innergemeinschaftlich erworbene Gegenstand verwendet wird.

584 Nach *§ 15 Abs. 2 Satz 1 Nr. 1 UStG* sind die Vorsteuerbeträge für *steuerfreie Umsätze* grundsätzlich vom Abzug ausgeschlossen. Der Ausschluss vom Vorsteuerabzug er-

streckt sich aber nicht auf die Vorsteuerbeträge, die den in § 15 Abs. 3 Nr. 1 Buchst. a und b UStG bezeichneten steuerfreien Umsätzen zuzurechnen sind.

Danach tritt ein *Ausschluss vom Vorsteuerabzug* für alle steuerfreien Umsätze ein, *außer* für steuerfreie Umsätze nach

- ▶ § 4 Nr. 1 bis 7 UStG,

- ▶ § 25 Abs. 2 UStG,

- ▶ § 26 Abs. 5 UStG,

- ▶ § 4 Nr. 8 Buchst. a bis g UStG, wenn sich die Umsätze unmittelbar auf Gegenstände beziehen, die in das Drittlandsgebiet ausgeführt werden,

- ▶ § 4 Nr. 10 Buchst. a UStG, wenn sich die Umsätze unmittelbar auf Gegenstände beziehen, die in das Drittlandsgebiet ausgeführt werden.

In den Fällen, in denen der Unternehmer für bestimmte steuerfreie Umsätze gem. § 9 UStG auf die Steuerbefreiung *verzichtet* hat und die Umsätze als steuerpflichtig behandelt hat, kommt ein Vorsteuerabzug in Betracht, da die Vorsteuern im Zusammenhang mit steuerpflichtigen Umsätzen stehen.

Nach *§ 15 Abs. 2 Satz 1 Nr. 2 UStG* kommt ein Vorsteuerabzug nicht in Betracht, wenn die Vorsteuern im Zusammenhang stehen mit *Umsätzen im Ausland*, die steuerfrei wären, wenn sie im Inland ausgeführt würden. Der Ausschluss vom Vorsteuerabzug beurteilt sich ausschließlich nach dem deutschen Umsatzsteuerrecht (Abschn. 205 Abs. 1 Satz 2 UStR 2008; vgl. BFH vom 6. 5. 2004, BStBl 2004 II S. 856). Ausgenommen vom Ausschluss des Vorsteuerabzugs sind die Umsätze, die nach den in § 15 Abs. 3 Nr. 2 Buchstaben a und b UStG bezeichneten Vorschriften steuerfrei wären.   585

Nach *§ 15 Abs. 2 Satz 1 Nr. 3 UStG* a. F. kam ein Vorsteuerabzug nicht in Betracht, wenn die Vorsteuerbeträge im Zusammenhang standen mit *unentgeltlichen Lieferungen und sonstigen Leistungen*, die steuerfrei wären, wenn sie gegen Entgelt ausgeführt würden.   586

Der *BFH* hat mit Urteil vom 11. 12. 2003 (BFH vom 11. 12. 2003, BStBl 2006 II S. 384) entschieden, dass sich der Steuerpflichtige wegen der *Unvereinbarkeit* der Vorschrift des § 15 Abs. 2 Satz 1 Nr. 3 UStG mit Artikel 6 Abs. 2 und Artikel 17 der 6. EG-Richtlinie unmittelbar auf das ihm günstigere Gemeinschaftsrecht berufen kann. Die Finanzverwaltung hat daraufhin die Vorschrift des § 15 Abs. 2 Satz 1 Nr. 3 UStG a. F. für *nicht mehr anwendbar* erklärt (BMF-Schreiben vom 28. 3. 2006, BStBl 2006 I S. 346). Die gesetzliche Änderung wurde im Jahressteuergesetz 2007 vom 13. 12. 2006 (BGBl 2006 I S. 2878) vorgenommen.

b)   Ausnahmen vom Abzugsverbot

Durch die Vorschrift des *§ 15 Abs. 3 UStG* wird der Ausschluss vom Vorsteuerabzug nach § 15 Abs. 2 UStG teilweise wieder *rückgängig* gemacht. Dies führt dazu, dass es bei den in § 15 Abs. 3 UStG aufgeführten steuerfreien Umsätzen zu einer *vollständigen Entlastung* von der USt kommt. Die Entlastung dient vor allem der Stärkung der Exportwirtschaft.   587

Nach *§ 15 Abs. 3 Nr. 1 UStG* tritt der Ausschluss vom Vorsteuerabzug nach § 15 Abs. 2 Satz 1 Nr. 1 UStG (steuerfreie Umsätze) nicht ein, d. h., *ein Vorsteuerabzug ist möglich*, wenn es sich um folgende Umsätze handelt:

► steuerfreie Ausfuhrlieferungen (§ 4 Nr. 1 Buchst. a UStG),

► steuerfreie Lohnveredelungen an Gegenständen der Ausfuhr (§ 4 Nr. 1 Buchst. a UStG),

► steuerfreie innergemeinschaftliche Lieferungen (§ 4 Nr. 1 Buchst. b UStG),

► steuerfreie Umsätze für die Seeschifffahrt (§ 4 Nr. 2 UStG),

► steuerfreie Umsätze für die Luftfahrt (§ 4 Nr. 2 UStG),

► steuerfreie grenzüberschreitende Güterbeförderungen (§ 4 Nr. 3 Satz 1 Buchstaben a und b UStG),

► steuerfreie sonstige Leistungen, die sich unmittelbar auf eingeführte Gegenstände beziehen (§ 4 Nr. 3 Satz 1 Buchst. c UStG),

► steuerfreie Lieferungen von Gold an Zentralbanken (§ 4 Nr. 4 UStG),

► Lieferungen ins oder im Umsatzsteuerlager (§ 4 Nr. 4a Satz 1 Buchst. a UStG),

► Leistungen im Zusammenhang mit eingelagerten Gegenständen (§ 4 Nr. 4a Satz 1 Buchst. b UStG),

► Lieferungen, die einer Einfuhr vorangehen (§ 4 Nr. 4b UStG),

► steuerfreie Vermittlungen (§ 4 Nr. 5 UStG),

► steuerfreie Leistungen der Eisenbahnen des Bundes (§ 4 Nr. 6 Buchst. a UStG),

► steuerfreie Lieferungen von eingeführten Gegenständen (§ 4 Nr. 6 Buchst. c UStG),

► steuerfreie Personenbeförderungen von und zu der Insel Helgoland (§ 4 Nr. 6 Buchst. d UStG),

► steuerfreie Abgabe von Speisen und Getränken zum Verzehr an Ort und Stelle im Verkehr mit Wasserfahrzeugen für die Seeschifffahrt zwischen einem inländischen und ausländischen Seehafen und zwischen zwei ausländischen Seehäfen (§ 4 Nr. 6 Buchst. e UStG),

► steuerfreie Leistungen an andere Vertragsparteien der NATO (§ 4 Nr. 7 Satz 1 Buchstaben a und b UStG),

► steuerfreie Leistungen an bestimmte diplomatische Missionen und berufskonsularische Vertretungen (§ 4 Nr. 7 Satz 1 Buchst. c UStG),

► steuerfreie Leistungen an bestimmte zwischenstaatliche Einrichtungen (§ 4 Nr. 7 Satz 1 Buchst. d UStG),

► steuerfreie Reiseleistungen (§ 25 Abs. 2 UStG),

► steuerfreie Leistungen nach den in § 26 Abs. 5 UStG bezeichneten Abkommen,

► steuerfreie Leistungen nach § 4 Nr. 8 Buchstaben a bis g UStG, die sich unmittelbar auf Gegenstände beziehen, die in das Drittlandsgebiet ausgeführt werden,

► steuerfreie Leistungen nach § 4 Nr. 10 Buchst. a UStG, die sich unmittelbar auf Gegenstände beziehen, die in das Drittlandsgebiet ausgeführt werden.

Ebenfalls nicht vom Vorsteuerabzug ausgeschlossen sind gem. *§ 25c Abs. 4 und 5 UStG* Steuerbeträge, die auf bestimmte Leistungsbezüge von Unternehmern entfallen, die steuerfreie Umsätze mit Anlagegold ausführen.

Für die in *§ 15 Abs. 3 Nr. 1 Buchst. b UStG* aufgeführten *Finanz- und Versicherungsumsät-* **588** *ze* tritt der Ausschluss vom Vorsteuerabzug nicht ein, wenn sich diese Umsätze unmittelbar auf Gegenstände beziehen, die in das Drittlandsgebiet ausgeführt werden. Die Voraussetzung *„unmittelbar"* bedeutet, dass diese Umsätze in direktem Zusammenhang mit dem Gegenstand der Ausfuhr stehen müssen (Abschn. 204 Abs. 3 Satz 3 UStR 2008).

> **BEISPIEL:** Der Unternehmer lässt einen Gegenstand, den er in das Drittlandsgebiet ausführt, gegen Transportschäden versichern.
>
> Der unmittelbare Zusammenhang mit dem Gegenstand der Ausfuhr ist gegeben. Die nach § 4 Nr. 10 Buchst. a UStG steuerfreie Leistung des Versicherungsunternehmers schließt den Vorsteuerabzug nicht aus.

Kommen *mehrere Steuerbefreiungsvorschriften* in Betracht, dann geht die in § 15 Abs. 3 **589** Nr. 1 UStG aufgeführte Befreiungsvorschrift der anderen vor.

> **BEISPIEL:** Unternehmer A liefert Blutkonserven in die Schweiz.
>
> Es kommen die Steuerbefreiungsvorschriften des § 4 Nr. 1 Buchst. a UStG und des § 4 Nr. 17 Buchst. a UStG in Betracht. § 4 Nr. 1 Buchst. a UStG geht vor mit der Folge, dass für diese Umsätze der Vorsteuerabzug beansprucht werden kann.

Nach *§ 15 Abs. 3 Nr. 2 UStG* tritt der Ausschluss vom Vorsteuerabzug nach § 15 Abs. 2 **590** Satz 1 Nr. 2 UStG (Umsätze im Ausland, die steuerfrei wären, wenn sie im Inland ausgeführt würden) nicht ein, wenn es sich um folgende Umsätze handeln würde:

▶ steuerfreie Umsätze nach § 4 Nr. 1 bis 7 UStG, § 25 Abs. 2 UStG oder § 26 Abs. 5 UStG,

▶ steuerfreie Umsätze nach § 4 Nr. 8 Buchst. a bis g UStG und der Leistungsempfänger im Drittlandsgebiet ansässig ist,

▶ steuerfreie Umsätze nach § 4 Nr. 10 Buchst. a UStG und der Leistungsempfänger im Drittlandsgebiet ansässig ist.

c) Ausschluss nach § 15 Abs. 1a UStG

aa) Nicht abzugsfähige Betriebsausgaben

Nach *§ 15 Abs. 1a UStG* sind die Vorsteuerbeträge nicht abziehbar, die auf Aufwendun- **591** gen entfallen, für die das *Abzugsverbot* des § 4 Abs. 5 Satz 1 Nr. 1 bis 4, 7 oder des § 12 Nr. 1 EStG gilt. Die Regelung ist durch das *Steuerentlastungsgesetz 1999/2000/2002* mit Wirkung ab dem 1. 4. 1999 in das UStG eingefügt worden. Eine Änderung erfolgte im Rahmen des Jahressteuergesetzes 2007.

Unter *§ 4 Abs. 5 Satz 1 Nr. 1 bis 4 und 7 EStG* fallen folgende Aufwendungen:

▶ Aufwendungen für Geschenke an Personen, die nicht Arbeitnehmer des Steuerpflichtigen sind, wenn die Anschaffungs- oder Herstellungskosten der dem Empfänger im Wirtschaftsjahr zugewendeten Gegenstände mehr als 35 € betragen,

▶ Aufwendungen für die Bewirtung von Personen aus geschäftlichem Anlass, soweit sie 70 % der Aufwendungen übersteigen, die nach der allgemeinen Verkehrsauffassung als angemessen anzusehen und deren Höhe und betriebliche Veranlassung nachgewiesen sind,

▶ Aufwendungen für Einrichtungen des Steuerpflichtigen, soweit sie der Bewirtung, Beherbergung oder Unterhaltung von Personen, die nicht Arbeitnehmer des Steuerpflichtigen sind, dienen (Gästehäuser) und sich außerhalb des Orts eines Betriebs des Steuerpflichtigen befinden,

▶ Aufwendungen für Jagd oder Fischerei, für Segeljachten oder Motorjachten sowie für ähnliche Zwecke und für die hiermit zusammenhängenden Bewirtungen,

▶ andere Aufwendungen, die die Lebensführung des Steuerpflichtigen oder anderer Personen berühren, soweit sie nach allgemeiner Verkehrsauffassung als unangemessen anzusehen sind.

592 *Geschenke* sind betrieblich veranlasste unentgeltliche Zuwendungen, die nach dem Willen des Gebers nicht als Gegenleistung für eine bestimmte Leistung des Empfängers gedacht sind und nicht in einem unmittelbaren zeitlichen oder wirtschaftlichen Zusammenhang mit einer solchen Leistung stehen (BFH vom 18. 2. 1982, BStBl 1982 II S. 394). Die Freigrenze von *35 €* stellt einen Nettobetrag ohne USt dar. Die Freigrenze ist für Umsatzsteuerzwecke auf das *Kalenderjahr* zu beziehen.

BEISPIELE: ▶

1) Unternehmer A stellt in seinem Betrieb in Münster Elektrogeräte her. Im laufenden Jahr schenkt er einem besonders guten Kunden eine Mikrowelle, deren Netto-Selbstkosten 150 € betragen haben.

Da die Grenze von 35 € überschritten ist, handelt es sich um nicht abzugsfähige Aufwendungen i. S. des § 4 Abs. 5 Satz 1 Nr. 1 EStG. Der Vorsteuerabzug ist gem. § 15 Abs. 1a UStG ausgeschlossen. Da A den Vorsteuerabzug für die Bestandteile in Anspruch genommen hat, ist eine Vorsteuerkorrektur gem. § 17 Abs. 2 Nr. 5 UStG vorzunehmen und zwar in dem Zeitpunkt der Schenkung.

2) Unternehmer A stellt in seinem Betrieb in Münster Elektrogeräte her. Im laufenden Jahr schenkt er einem besonders guten Kunden einen Mixer, dessen Netto-Selbstkosten 30 € betragen haben.

Da die Grenze von 35 € nicht überschritten ist, liegen keine nicht abzugsfähigen Betriebsausgaben i. S. des § 4 Abs. 5 Satz 1 Nr. 1 EStG vor. Ein Ausschluss vom Vorsteuerabzug tritt gem. § 15 Abs. 1a UStG nicht ein. Es liegt auch kein steuerbarer Umsatz vor. Eine Gleichstellung der unentgeltlichen Zuwendung des Gegenstandes mit einer Lieferung gegen Entgelt gem. § 3 Abs. 1b Satz 1 Nr. 3 UStG erfolgt nicht, da es sich um ein Geschenk von geringem Wert handelt.

593 Der Vorsteuerabzug für *Bewirtungskosten* aus geschäftlichem Anlass war in dem Maße zulässig, wie die Bewirtungskosten ertragsteuerlich als Betriebsausgaben abziehbar waren. Insoweit war eine Änderung zum vormaligen Aufwendungseigenverbrauch nach § 1 Abs. 1 Nr. 2 Buchst. c UStG a. F. eingetreten. Nach *altem Recht* wurde eine Eigenverbrauchsbesteuerung für den nicht abzugsfähigen Anteil von damals 20 % nicht durchgeführt (§ 1 Abs. 1 Nr. 2 Buchst. c Satz 2 UStG a. F.). Nach dieser geänderten *Rechtslage* konnte ein Vorsteuerabzug nur aus 70 % der angemessenen und nachgewiesenen Bewirtungsaufwendungen geltend gemacht werden. Insoweit war eine *Schlech-*

terstellung für die betroffenen Unternehmer eingetreten. Der *BFH* führt im Urteil vom 10. 2. 2005 (BStBl 2005 II S. 509) aus, dass eine Vereinbarkeit mit Artikel 17 Abs. 6 der 6. EG-Richtlinie nicht gegeben sei. Diese Rechtsprechung wird von der *Finanzverwaltung* umgesetzt (BMF-Schreiben vom 23. 6. 2005, BStBl 2005 I S. 816). Danach ist grundsätzlich ein *voller Vorsteuerabzug* aus den Bewirtungskosten möglich. Eine gesetzliche Anpassung ist im Rahmen des Jahressteuergesetzes 2007 erfolgt.

> **BEISPIEL:** Unternehmer A bewirtet seine Geschäftsfreunde in einem Restaurant. In der ordnungsgemäßen Rechnung wird eine USt i. H. von 160 € gesondert ausgewiesen. Es handelt sich um angemessene Bewirtungsaufwendungen.
>
> Es ist ein Vorsteuerabzug von 160 € möglich.

Bezüglich des Vorsteuerausschlusses für Aufwendungen i. S. des § 4 Abs. 5 Satz 1 Nr. 3 und 4 EStG (*Gästehäuser, Segel- und Motorjachten usw.*) ist anzumerken, dass sich der Ausschluss sowohl auf die laufenden Kosten als auch auf die Anschaffungs- oder Herstellungskosten bezieht.   594

Nach *§ 4 Abs. 7 EStG* sind derartige Aufwendungen einzeln und getrennt von den sonstigen Betriebsausgaben aufzuzeichnen. Soweit diese Aufwendungen nicht bereits nach § 4 Abs. 5 EStG vom Abzug ausgeschlossen sind, dürfen sie bei der Gewinnermittlung nur berücksichtigt werden, wenn sie besonders aufgezeichnet sind. Die Unterlassung der nach Einkommensteuerrecht vorgeschriebenen gesonderten Aufzeichnung von Bewirtungsaufwendungen gem. § 4 Abs. 7 EStG rechtfertigt nach Auffassung des *BFH* (BFH vom 12. 8. 2004, BStBl 2004 II S. 1090) keine Besteuerung als Eigenverbrauch nach § 1 Abs. 1 Nr. 2 Buchst. c UStG a. F. Der Hinweis auf § 4 Abs. 7 EStG wurde im Rahmen des Jahressteuergesetzes 2007 in § 15 Abs. 1a UStG gestrichen.   595

§ 12 Nr. 1 EStG schließt die Ausgaben vom Abzug aus, die für den Haushalt und für den Unterhalt der Familienangehörigen aufgewendet werden. Dazu gehören auch die Aufwendungen für die *Lebensführung*, die die wirtschaftliche oder gesellschaftliche Stellung des Steuerpflichtigen mit sich bringt, auch wenn sie zur Förderung des Berufs oder der Tätigkeit erfolgen.   596

Durch die Regelung des § 15 Abs. 1a UStG wurde der bisherige *Aufwendungseigenverbrauch* des § 1 Abs. 1 Nr. 2 Buchst. c UStG a. F. ersetzt. Es entfällt der bisherige Steuertatbestand, an dessen Stelle tritt der direkte Ausschluss vom Vorsteuerabzug.   597

bb) Reisekosten

Nach *§ 15 Abs. 1a Nr. 2 UStG a. F.* waren die Vorsteuerbeträge nicht abziehbar, die auf *Reisekosten* des Unternehmers und seines Personals entfielen, soweit es sich um Verpflegungskosten, Übernachtungskosten oder um Fahrtkosten für Fahrzeuge des Personals handelte.   598

Das *FG Hamburg* hat mit Urteil vom 19. 7. 2000 (UR 2000 S. 438) entschieden, dass der Vorsteuerausschluss bei Reisekosten wegen Verstoßes gegen die 6. EG-Richtlinie gemeinschaftsrechtswidrig ist. Der *BFH* hat die Auffassung des FG Hamburg im Urteil vom 23. 11. 2000 (BStBl 2001 II S. 266) bestätigt und entschieden, dass sich der Unternehmer für den Vorsteuerabzug aus Kosten für Reisen seines Personals, soweit es sich um Übernachtungskosten handelt, unmittelbar auf Artikel 17 Abs. 2 der 6. EG-Richtlinie berufen kann. Der Ausschluss dieser Ausgaben vom Vorsteuerabzugsrecht nach § 15 Abs. 1a Nr. 2 UStG ist insoweit *unanwendbar*.

Aufgrund des Urteils hat das *BMF* mit Schreiben vom 28. 3. 2001 (BStBl 2001 I S. 251) zum Vorsteuerabzug bei Reisekosten Stellung genommen. Danach gilt Folgendes:

1. Vorsteuerabzug aus Übernachtungskosten

Der Unternehmer kann aus Rechnungen für Übernachtungen anlässlich einer Geschäftsreise des Unternehmers oder einer unternehmerisch bedingten Auswärtstätigkeit des Arbeitnehmers (Dienstreise, Einsatzwechseltätigkeit, Fahrtätigkeit, doppelte Haushaltsführung) unter den weiteren Voraussetzungen des § 15 UStG den *Vorsteuerabzug in Anspruch nehmen*. Voraussetzung ist, dass der Unternehmer *Empfänger der Übernachtungsleistung* ist und die Rechnung auf den Namen des Unternehmers ausgestellt ist. Die Kleinbetragsregelung des § 33 UStDV bleibt unberührt.

2. Vorsteuerabzug aus Verpflegungskosten

a) Verpflegungskosten des Unternehmers

Der Unternehmer kann aus Verpflegungskosten anlässlich einer Geschäftsreise den *Vorsteuerabzug* unter den weiteren Voraussetzungen des § 15 UStG *in Anspruch nehmen*, wenn die Aufwendungen durch Rechnungen mit gesondertem Ausweis der USt auf den Namen des Unternehmers bzw. durch Kleinbetragsrechnungen belegt sind. Eine Ausnahme besteht nur hinsichtlich der unangemessenen Kosten.

b) Verpflegungskosten des Arbeitnehmers

Aus der Erstattung der Verpflegungsaufwendungen der Arbeitnehmer kann *grundsätzlich kein Vorsteuerabzug* vorgenommen werden, da im Regelfall keine Umsätze für das Unternehmen vorliegen. Lediglich in Fällen, in denen die Verpflegungsleistungen vom Arbeitgeber empfangen und in voller Höhe getragen werden, kann der Arbeitgeber den Vorsteuerabzug in Anspruch nehmen, wenn die Aufwendungen durch Rechnungen auf seinen Namen bzw. durch Kleinbetragsrechnungen belegt sind. Hierfür ist erforderlich, dass der Unternehmer die Speisen und Getränke entweder selbst bestellt oder – bei einer Bestellung durch den Arbeitnehmer –, dass die Speisen und Getränke mit rechtlicher Wirkung für den Unternehmer bestellt werden. Eine unentgeltliche Wertabgabe an die Arbeitnehmer ist insoweit nicht zu besteuern, da es sich um eine Leistung im überwiegend betrieblichen Interesse handelt.

BEISPIEL: Ein Arbeitgeber schickt seine Arbeitnehmer zu einer innerbetrieblichen Fortbildung (Seminare, Vorträge, Workshops usw.) von Freitagnachmittag bis Sonntagmorgen in ein auswärtiges Hotel. Er vereinbart mit dem Hotel, dass sämtliche Übernachtungs- und Verpflegungskosten für diese Zeit von ihm übernommen werden. Das Hotel stellt diese Aufwendungen dementsprechend dem Arbeitgeber in Rechnung.

Der Arbeitgeber kann die vom Hotel in der Rechnung gesondert ausgewiesene USt in voller Höhe als Vorsteuer abziehen. Sowohl die Übernachtungs- als auch die Verpflegungsaufwendungen berechtigen den Arbeitgeber – weil er Leistungsempfänger ist und eine Rechnung mit gesondertem Steuerausweis erhält – zum Vorsteuerabzug.

Ein Vorsteuerabzug aus *Reisekostenpauschbeträgen* (Tagegelder, Übernachtungsgelder, Kilometergelder) ist nicht zulässig. Die Abschaffung des pauschalen Vorsteuerabzugs aus Reisekosten steht nicht in Widerspruch zum Gemeinschaftsrecht (BFH vom 7. 7. 2005, BStBl 2005 II S. 903).

Im Rahmen des *Steueränderungsgesetzes 2003* (BGBl 2003 I S. 2645) ist § 15 Abs. 1a Nr. 2 UStG mit Wirkung ab dem *20. 12. 2003 aufgehoben* worden.

> **BEISPIEL:** ▶ Unternehmer A besucht aus betrieblichen Gründen eine Messe in Hannover. Anlässlich des Messebesuchs sind ihm folgende Kosten entstanden:
>
> ► Verpflegungskosten 200 € zzgl. 38 € USt
> ► Übernachtungskosten 300 € zzgl. 57 € USt
> ► Bahnfahrt 200 € zzgl. 38 € USt
> ► Taxikosten 50 € zzgl. 3,50 € USt
>
> Ordnungsgemäße Rechnungen liegen vor.
>
> A kann einen Vorsteuerabzug i. H. von 136,50 € geltend machen.

cc) Umzugskosten

Nach *§ 15 Abs. 1a Nr. 3 UStG a. F.* waren die Vorsteuerbeträge nicht abziehbar, die auf *Umzugskosten* für einen Wohnungswechsel entfielen. Betroffen waren vor allem die Aufwendungen, die ein Unternehmer seinem Arbeitnehmer für einen dienstlich bedingten Umzug erstattete. Die Regelung wurde im Rahmen des Jahressteuergesetzes 2007 aufgehoben.   599

d) Vorsteuerbeschränkung bei Fahrzeugen

Im Rahmen des *Steuerentlastungsgesetzes 1999/2000/2002* vom 24. 3. 1999 (BGBl 1999   600
I S. 402) ist *§ 15 Abs. 1b* mit Wirkung ab dem 1. 4. 1999 in das UStG eingefügt worden. Danach waren die Vorsteuerbeträge nur zu 50 % abziehbar, die auf die Anschaffung oder Herstellung, die Einfuhr, den innergemeinschaftlichen Erwerb, die Miete oder den Betrieb von Fahrzeugen entfielen, die auch für den privaten Bedarf des Unternehmers oder für andere unternehmensfremde Zwecke verwendet wurden. Eine Besteuerung der privaten Verwendung erfolgte gem. *§ 3 Abs. 9a Satz 2 UStG a. F.* nicht mehr. Im Zusammenhang mit dieser Regelung standen auch die Änderungen in § 15 Abs. 1 Satz 2 UStG (10-%-Regelung), § 15a Abs. 3 und 4 UStG (Vorsteuerberichtigung) und in § 27 Abs. 5 UStG (zeitliche Anwendung).

Im Rahmen des *Steueränderungsgesetzes 2003* vom 15. 12. 2003 (BStBl 2003 I S. 2645) wurden § 15 Abs. 1b UStG und § 3 Abs. 9a Satz 2 UStG aufgehoben. Gleichzeitig wurde § 15a UStG angepasst. Zur zeitlichen Anwendung wird auf § 27 Abs. 5 UStG hingewiesen.

Zum Vorsteuerabzug und zur Umsatzbesteuerung bei unternehmerisch genutzten   601
Fahrzeugen ab dem 1. 4. 1999 hat das *BMF* mit Schreiben vom 27. 8. 2004 (BStBl 2004 I S. 864) Stellung genommen.

Hinsichtlich des Vorsteuerabzugs aus den Anschaffungskosten und den laufenden Kosten sowie der Anwendung des § 15a UStG sind folgende Zeitabschnitte zu unterscheiden:

a) Anschaffung vor dem 1. 4. 1999

Der Unternehmer kann aus der Anschaffung den vollen Vorsteuerabzug in Anspruch nehmen. Die unentgeltliche Wertabgabe ist gem. § 3 Abs. 9a Nr. 1 UStG der Besteuerung zu unterwerfen.

BEISPIEL: ► Unternehmer A erwirbt am 10. 3. 1999 einen Pkw für sein Unternehmen, den er auch für private Zwecke nutzt.

A kann aus der Anschaffung und den laufenden Kosten im Jahr 1999 den vollen Vorsteuerabzug vornehmen und muss die private Nutzung als Eigenverbrauch bzw. unentgeltliche Wertabgabe der Besteuerung unterwerfen. Dies gilt auch für die Folgejahre.

b) Anschaffung zwischen dem 1. 4. 1999 und dem 4. 3. 2000

Hinsichtlich des Vorsteuerabzugs aus der Anschaffung hat der Unternehmer ein Wahlrecht:

1. Möglichkeit

Er kann die Vorsteuer zu 50 % abziehen und muss dann die unentgeltliche Wertabgabe nicht besteuern. Ab 2003 kann der Unternehmer aus den laufenden Kosten den vollen Vorsteuerabzug vornehmen; muss dann nach Verwaltungsauffassung die unentgeltliche Wertabgabe der Besteuerung unterwerfen (strittig, da gegen eindeutigen Wortlaut des § 3 Abs. 9a Satz 2 UStG a. F.). Die Anwendung des § 15a UStG soll grundsätzlich nicht erfolgen; eine Anwendung des § 15a UStG wird allerdings auch nicht beanstandet.

2. Möglichkeit

Er kann die Vorsteuer zu 100 % abziehen und muss dann die unentgeltliche Wertabgabe besteuern. Ab dem 5. 3. 2000 soll nach Verwaltungsauffassung kein § 15a UStG zur Anwendung kommen. Ein Unternehmer, der einen Pkw zur gemischten Nutzung erwirbt, und diesen seinem Unternehmen zuordnet, kann im Besteuerungszeitraum 1999 den vollen Vorsteuerabzug beanspruchen (BFH vom 15. 7. 2004, BStBl 2004 II S. 1025).

BEISPIEL: ► Unternehmer A erwirbt am 1. 2. 2000 einen Pkw für sein Unternehmen, den er auch für private Zwecke nutzt.

A hat folgende Möglichkeiten:

► A kann gem. § 15 Abs. 1b UStG a. F. aus der Anschaffung und den laufenden Kosten 50 % Vorsteuer abziehen und muss in den Jahren 2000 bis 2002 die Privatnutzung nicht der Besteuerung unterwerfen. Im Jahr 2003 kann A wählen, ob er hinsichtlich der laufenden Kosten den vollen Vorsteuerabzug oder nur 50 % Vorsteuerabzug haben will. Entscheidet er sich für den vollen Vorsteuerabzug, muss er die unentgeltliche Wertabgabe der Besteuerung unterwerfen. Hinsichtlich § 15a UStG für 2003 hat A ein Wahlrecht. Im Jahre 2004 muss A aus den laufenden Kosten den vollen Vorsteuerabzug vornehmen und die private Nutzung besteuern. Bezüglich § 15a UStG besteht ein Wahlrecht.

► A kann aus der Anschaffung und den laufenden Kosten den vollen Vorsteuerabzug in Anspruch nehmen und muss dann ab dem Jahr 2000 die unentgeltliche Wertabgabe der Besteuerung unterwerfen. § 15a UStG kommt nicht zur Anwendung.

c) Anschaffung zwischen dem 5. 3. 2000 und dem 31. 12. 2002

Der Unternehmer kann aus der Anschaffung nur 50 % Vorsteuerabzug vornehmen; die unentgeltliche Wertabgabe ist nicht der Besteuerung zu unterwerfen. Ab 2003 kann der Unternehmer aus den laufenden Kosten den vollen Vorsteuerabzug vornehmen; muss dann nach Verwaltungsauffassung die unentgeltliche Wertabgabe der Besteuerung unterwerfen (strittig, da gegen eindeutigen Wortlaut des § 3 Abs. 9a Satz 2 UStG a. F.). Die Anwendung des § 15a UStG soll grundsätzlich nicht erfolgen; eine Anwendung des § 15a UStG wird allerdings auch nicht beanstandet. Fraglich ist, ob dies mit dem Wortlaut des § 27 Abs. 5 UStG im Einklang steht.

BEISPIEL: ▶ Unternehmer A erwirbt am 1. 5. 2000 einen Pkw für sein Unternehmen, den er auch für private Zwecke nutzt.

A kann aus der Anschaffung und aus den laufenden Kosten für die Jahre 2000 bis 2002 nur 50 % Vorsteuerabzug vornehmen; eine Besteuerung der privaten Nutzung entfällt. Im Jahre 2003 kann A wählen, ob er hinsichtlich der laufenden Kosten den vollen Vorsteuerabzug oder nur 50 % Vorsteuerabzug haben will. Entscheidet er sich für den vollen Vorsteuerabzug, muss er nach Verwaltungsauffassung die unentgeltliche Wertabgabe der Besteuerung unterwerfen. Hinsichtlich § 15a UStG für 2003 hat A ein Wahlrecht. Im Jahr 2004 muss A aus den laufenden Kosten den vollen Vorsteuerabzug vornehmen und die private Nutzung besteuern.

d) Anschaffung im Jahre 2003

Der Unternehmer hat ein Wahlrecht:

1. Möglichkeit

Er kann die Vorsteuer zu 50 % abziehen und muss dann die unentgeltliche Wertabgabe nicht besteuern. Ab 2004 kann der Unternehmer aus den laufenden Kosten den vollen Vorsteuerabzug vornehmen; muss dann nach Verwaltungsauffassung die unentgeltliche Wertabgabe der Besteuerung unterwerfen (strittig, da gegen Wortlaut des § 27 Abs. 5 UStG). Die Anwendung des § 15a UStG soll grundsätzlich nicht erfolgen; eine Anwendung des § 15a UStG wird allerdings auch nicht beanstandet.

2. Möglichkeit

Er kann die Vorsteuer zu 100 % abziehen und muss dann die unentgeltliche Wertabgabe besteuern.

BEISPIEL: ▶ Unternehmer A erwirbt am 1. 2. 2003 einen Pkw für sein Unternehmen, den er auch für private Zwecke nutzt.

A hat folgende Möglichkeiten:

▶ A kann gem. § 15 Abs. 1b UStG a. F. aus der Anschaffung und den laufenden Kosten im Jahr 2003 50 % Vorsteuerabzug vornehmen und muss im Jahr 2003 die Privatnutzung nicht der Besteuerung unterwerfen. Im Jahr 2004 muss A aus den laufenden Kosten den vollen Vorsteuerabzug vornehmen und die private Nutzung besteuern. Hinsichtlich § 15a UStG hat er ein Wahlrecht.

▶ A kann aus der Anschaffung und den laufenden Kosten den vollen Vorsteuerabzug in Anspruch nehmen und muss die unentgeltliche Wertabgabe der Besteuerung unterwerfen. § 15a UStG findet keine Anwendung.

e) Anschaffung ab dem 1.1.2004

Der Unternehmer kann die Vorsteuer zu 100 % abziehen und muss dann die unentgeltliche Wertabgabe besteuern.

> **BEISPIEL:** Unternehmer A erwirbt am 1.2.2004 einen Pkw für sein Unternehmen, den er auch für private Zwecke nutzt.
>
> A kann aus der Anschaffung und aus den laufenden Kosten den vollen Vorsteuerabzug in Anspruch nehmen und muss die private Nutzung der Besteuerung unterwerfen.

10. Vorsteueraufteilung

a) Aufteilungsmethode

602 Verwendet der Unternehmer die für sein Unternehmen gelieferten oder eingeführten Gegenstände und die in Anspruch genommenen sonstigen Leistungen sowohl für Umsätze, die zum Vorsteuerabzug berechtigen, als auch für Umsätze, die den Vorsteuerabzug nach § 15 Abs. 2 und 3 UStG ausschließen, so hat er die angefallenen Vorsteuerbeträge gem. *§ 15 Abs. 4 Satz 1 UStG* in einen abziehbaren und einen nicht abziehbaren Teil aufzuteilen. Ein Fall des § 15 Abs. 4 UStG liegt dann *nicht* vor, wenn der Gegenstand oder die sonstige Leistung teils unternehmerischen und teils nichtunternehmerischen Zwecken dient.

> **BEISPIEL:** Unternehmer A erwirbt einen Computer, den er zu 70 % betrieblich und zu 30 % privat nutzt. A ordnet den gesamten Computer seinem Unternehmen zu. A führt nur steuerpflichtige Umsätze aus.
>
> A kann unter den weiteren Voraussetzungen des § 15 Abs. 1 Satz 1 Nr. 1 UStG aus der Anschaffung des Computers den vollen Vorsteuerabzug in Anspruch nehmen. Die Privatnutzung des Computers führt zu einem steuerbaren und steuerpflichtigen Umsatz nach § 1 Abs. 1 Nr. 1 Satz 1 UStG. Ein Fall der Vorsteueraufteilung gem. § 15 Abs. 4 Satz 1 UStG liegt nicht vor, da der Computer innerhalb des Unternehmens ausschließlich für Umsätze verwendet wird, die zum Vorsteuerabzug berechtigen.

Entscheidend dafür, ob ein Fall des § 15 Abs. 4 Satz 1 UStG vorliegt, ist grundsätzlich die *tatsächliche bzw. die beabsichtigte Verwendung* des Gegenstandes bzw. der sonstigen Leistung.

Bei einem Wirtschaftsgut des Anlagevermögens ist für die Vornahme des Vorsteuerabzuges grundsätzlich von den Verhältnissen im *Zeitpunkt der Anschaffung* des Wirtschaftsguts auszugehen.

> **BEISPIEL:** Unternehmer A erwirbt zu Beginn des Jahres ein Wirtschaftsgut des Anlagevermögens. Dieses Wirtschaftsgut wird in der ersten Jahreshälfte zur Ausführung von zum Vorsteuerabzug berechtigenden Umsätzen und in der zweiten Jahreshälfte zur Ausführung von nicht zum Vorsteuerabzug berechtigenden Umsätzen verwendet. Diese Nutzung war auch beabsichtigt.
>
> Es liegt ein Fall des § 15 Abs. 4 UStG vor. A kann unter den weiteren Voraussetzungen des § 15 Abs. 1 Satz 1 Nr. 1 UStG einen Vorsteuerabzug i. H. von 50 % vornehmen.

Ändern sich bei einem Wirtschaftsgut ab dem Zeitpunkt der erstmaligen Verwendung die für den ursprünglichen Vorsteuerabzug maßgebenden Verhältnisse, ist für die Berichtigung des Vorsteuerabzugs *§ 15a UStG* maßgebend (Abschn. 207 Abs. 3 UStR 2008).

In die Vorsteueraufteilung dürfen nur die Vorsteuerbeträge einbezogen werden, für die die Voraussetzungen des *§ 15 Abs. 1 UStG* vorliegen. Vorsteuerbeträge, für die z. B. kein gesonderter Steuerausweis in der Rechnung vorliegt, sind nicht abzugsfähig und demzufolge auch in die Aufteilung nicht einzubeziehen.

Die Aufteilung der Vorsteuern ist gem. *§ 15 Abs. 4 Satz 1 UStG* nach der *wirtschaftlichen Zuordnung* vorzunehmen. Nach *§ 15 Abs. 4 Satz 2 UStG* kann der Unternehmer die nicht abziehbaren Teilbeträge im Wege einer sachgerechten *Schätzung* ermitteln.   603

Die Vorsteuerbeträge im Zusammenhang mit Erhaltungsaufwendungen sind in die folgenden Gruppen *einzuteilen*:

▶ Vorsteuerbeträge, die ausschließlich solchen Umsätzen zuzurechnen sind, die zum Vorsteuerabzug berechtigen. Diese Vorsteuern sind in voller Höhe abziehbar; eine Aufteilung nach § 15 Abs. 4 UStG kommt nicht in Betracht.

▶ Vorsteuerbeträge, die ausschließlich solchen Umsätzen zuzurechnen sind, die nicht zum Vorsteuerabzug berechtigen. Diese Vorsteuern sind in voller Höhe nicht abziehbar; eine Aufteilung nach § 15 Abs. 4 UStG kommt nicht in Betracht.

▶ Vorsteuerbeträge, die sowohl mit Umsätzen, die zum Vorsteuerabzug berechtigen, als auch mit Umsätzen, die den Vorsteuerabzug ausschließen, in wirtschaftlichem Zusammenhang stehen. Diese Vorsteuern kommen für eine Aufteilung nach § 15 Abs. 4 UStG in Betracht.

Bei *Gebäuden* ist die Vorsteuer in der Regel nach dem Verhältnis der tatsächlichen *Nutzflächen* aufzuteilen (BFH vom 12. 3. 1992, BStBl 1992 II S. 755). *Erwirbt* ein Unternehmer ein Gebäude mit Wohn- und Gewerbeflächen zu einem Kaufpreis, der nach *Ertragswertermittlungen* für die unterschiedlich verwendeten (steuerfrei und steuerpflichtig vermieteten) Gebäudeteile gebildet wurde, ist die Aufteilung der Vorsteuerbeträge durch den Unternehmer anhand des daraus folgenden Aufteilungsschlüssels als sachgerechte Schätzung i. S. von § 15 Abs. 4 UStG anzuerkennen (BFH vom 5. 2. 1998, BStBl 1998 II S. 492; und vom 12. 3. 1998, BStBl 1998 II S. 525). Bezieht ein Unternehmer Leistungen für ein Gebäude mit Wohn- und Gewerbeflächen, ist die Aufteilung der Vorsteuerbeträge durch den Unternehmer nach dem *Verhältnis der Ausgangsumsätze* als sachgerechte Schätzung i. S. von § 15 Abs. 4 UStG anzuerkennen (BFH vom 17. 8. 2001, BStBl 2002 II S. 833). Die Grundsätze dieses Urteils wurden von der *Finanzverwaltung* über den entschiedenen Einzelfall hinaus nicht angewendet (BMF-Schreiben vom 19. 11. 2002, BStBl 2002 I S. 1368). Dieser Nichtanwendungserlass ist mit BMF-Schreiben vom 24. 11. 2004 (BStBl 2004 I S. 1125) wieder *aufgehoben* worden. Aufgrund der Rechtsprechung ist *§ 15 Abs. 4 Satz 3 UStG* im Rahmen des *Steueränderungsgesetzes 2003* mit Wirkung ab dem *1. 1. 2004* eingefügt worden.   604

Bei der nach *§ 15 Abs. 4 Satz 2 UStG* zugelassenen *Schätzung* ist auf die im Einzelfall bestehenden wirtschaftlichen Verhältnisse abzustellen (Abschn. 208 Abs. 3 Satz 1 UStR 2008). Eine Aufteilung, die nur auf die Höhe der Umsätze des Unternehmers abstellt, ist nach der Verwaltungsauffassung in der Regel nicht als sachgerechte Schätzung anzusehen (BFH vom 14. 2. 1980, BStBl 1980 II S. 533). Eine Ermittlung des nicht abziehbaren Teils der Vorsteuerbeträge nach dem Verhältnis der Umsätze, die den Vorsteuerabzug ausschließen, zu den Umsätzen, die zum Vorsteuerabzug berechtigen, ist nur zulässig, wenn keine andere wirtschaftliche Zurechnung möglich ist *(§ 15 Abs. 4 Satz 3 UStG)*. Auf die mögliche Gemeinschaftsrechtswidrigkeit des neuen § 15 Abs. 4 Satz 3 UStG wird hingewiesen.

b) Erleichterungen

605 Aufgrund der gesetzlichen Ermächtigung in *§ 15 Abs. 5 Nr. 3 UStG* sind in *§ 43 UStDV* Erleichterungen bei der Aufteilung der Vorsteuern zugelassen worden. Die Erleichterungen des § 43 UStDV erstrecken sich auf die Fälle, in denen die aufgeführten Umsätze den Vorsteuerabzug ausschließen würden. Die Erleichterungen betreffen nur die Vorsteuerbeträge, die den in § 43 UStDV bezeichneten Umsätzen lediglich *teilweise zuzurechnen* sind. Vorsteuerbeträge, die sich ausschließlich auf diese Umsätze beziehen, bleiben vom Abzug ausgeschlossen. Treffen die Voraussetzungen des § 43 UStDV zu, dann sind die Vorsteuerbeträge nicht in einen abziehbaren und einen nicht abziehbaren Teil aufzuteilen. Die Vorsteuern sind dann in *voller Höhe* abziehbar.

Umsätze, für die die Erleichterungen in Betracht kommen, sind:

▶ Umsätze von *Geldforderungen*, denen zum Vorsteuerabzug berechtigende Umsätze des Unternehmers zugrunde liegen *(§ 43 Nr. 1 UStDV)*,

▶ Umsätze von Wechseln, die der Unternehmer von einem Leistungsempfänger erhalten hat, weil er den Leistenden als Bürge oder Garantiegeber befriedigt. Das gilt nicht, wenn die Vorsteuern, die dem Umsatz dieses Leistenden zuzurechnen sind, vom Vorsteuerabzug ausgeschlossen sind (§ 43 Nr. 2 UStDV),

▶ Lieferungen von gesetzlichen Zahlungsmitteln und im Inland gültigen amtlichen Wertzeichen sowie Einlagen bei Kreditinstituten, wenn diese Umsätze als Hilfsumsätze anzusehen sind (§ 43 Nr. 3 UStDV).

11. Besonderheiten

a) Fahrzeuglieferer

606 Für Fahrzeuglieferer i. S. des § 2a UStG enthält *§ 15 Abs. 4a UStG* eine Einschränkung für den Vorsteuerabzug:

1. Abziehbar ist nur die auf die Lieferung, die Einfuhr oder den innergemeinschaftlichen Erwerb des neuen Fahrzeugs entfallende Steuer.

2. Die Steuer kann nur bis zu dem Betrag abgezogen werden, der für die Lieferung des neuen Fahrzeugs geschuldet würde, wenn die Lieferung nicht steuerfrei wäre.

3. Die Steuer kann erst in dem Zeitpunkt abgezogen werden, in dem der Fahrzeuglieferer die innergemeinschaftliche Lieferung des neuen Fahrzeugs ausführt.

BEISPIEL: ▶ A ist als Beamter nicht selbständig tätig. Er erwarb am 2. 2. 2009 von dem deutschen Händler H einen fabrikneuen Pkw für 40 000 € zzgl. 7 600 € gesondert ausgewiesener USt. Eine ordnungsgemäße Rechnung ist ausgestellt worden. Bereits am 4. 2. 2009 veräußerte A den Pkw für 35 000 € an den dänischen Privatmann D in Kopenhagen, der den Pkw am 4. 2. 2009 bei A abholte und nach Kopenhagen beförderte.

A erbringt einen steuerbaren Umsatz i. S. des § 1 Abs. 1 Nr. 1 Satz 1 UStG. A wird gem. § 2a UStG für diesen Umsatz wie ein Unternehmer behandelt, da er im Inland ein neues Fahrzeug liefert, das bei der Lieferung in das übrige Gemeinschaftsgebiet gelangt. Der steuerbare Umsatz ist gem. § 4 Nr. 1 Buchst. b UStG steuerfrei; denn es handelt sich um eine innergemeinschaftliche Lieferung i. S. des § 6a Abs. 1 UStG. Die Bemessungsgrundlage gem. § 10 Abs. 1 UStG beträgt 35 000 €. Aus der Anschaffung des Pkw steht A gem. § 15 Abs. 1 Satz 1 Nr. 1 UStG i. V. mit § 15 Abs. 2 Satz 1 Nr. 1 UStG i. V. mit § 15 Abs. 3 Nr. 1 Buchst. a UStG ein Vorsteuerabzug zu. Dieser Vorsteuerabzug ist gem. § 15 Abs. 4a UStG beschränkt:

► Abziehbar ist nur die auf die Lieferung des neuen Fahrzeugs entfallende Steuer (7 600 €).

► Die Steuer kann nur bis zu dem Betrag abgezogen werden, der für die Lieferung des neuen Fahrzeugs geschuldet würde, wenn die Lieferung nicht steuerfrei wäre (35 000 € × 19 % = 6 650 €).

► Die Steuer kann erst in dem Zeitpunkt abgezogen werden, in dem der Fahrzeuglieferer die innergemeinschaftliche Lieferung des neuen Fahrzeugs ausführt (4. 2. 2009).

A kann somit im Februar 2009 einen Vorsteuerabzug i. H. von 6 650 € vornehmen.

D muss den Erwerb in Dänemark der Besteuerung unterwerfen.

b) Kleinbetragsrechnungen

Aufgrund der gesetzlichen Ermächtigung in *§ 15 Abs. 5 Nr. 1 UStG* ist in *§ 35 UStDV* eine Sonderregelung zum Vorsteuerabzug bei Rechnungen über Kleinbeträge getroffen worden.   607

Bei Kleinbetragsrechnungen i. S. des § 33 UStDV kann der Unternehmer gem. *§ 35 Abs. 1 UStDV* den Vorsteuerabzug in Anspruch nehmen, wenn er den Rechnungsbetrag in Entgelt und Steuerbetrag aufteilt.

Für die Berechnung des Steuerbetrages aus Rechnungen bis zu einem *Gesamtwert von 150 €* können die auf einen Voranmeldungszeitraum entfallenden Rechnungen zusammengefasst werden, soweit derselbe Steuersatz anzuwenden ist (Abschn. 194 Abs. 1 UStR 2008).

Zur *Berechnung* der Höhe des Vorsteuerabzugs wird auf die in Abschn. 194 Abs. 2 und 3 UStR 2008 dargestellten Berechnungsmethoden verwiesen. Bei dem seit dem *1. 1. 2007* geltenden Steuersatz von 19 % beträgt der Faktor 15,97 und der Divisor 1,19.

c) Fahrausweise

Aufgrund der gesetzlichen Ermächtigung in *§ 15 Abs. 5 Nr. 1 UStG* ist in *§ 35 UStDV* eine Sonderregelung zum Vorsteuerabzug bei Fahrausweisen getroffen worden.   608

Bei Fahrausweisen i. S. des § 34 UStDV kann der Unternehmer den Vorsteuerabzug gem. *§ 35 Abs. 2 Satz 1 UStDV* i. V. mit § 35 Abs. 1 UStDV in Anspruch nehmen, wenn er den Rechnungsbetrag in Entgelt und Steuerbetrag aufteilt. Bei der Aufteilung in Entgelt und Steuerbetrag ist nach *§ 35 Abs. 2 Satz 2 UStDV* der Steuersatz nach *§ 12 Abs. 1 UStG* anzuwenden, wenn in der Rechnung

► dieser Steuersatz

   oder

► eine Tarifentfernung von mehr als 50 Kilometern

angegeben ist. Bei den übrigen Rechnungen ist der *ermäßigte* Steuersatz nach § 12 Abs. 2 UStG anzuwenden. Hier gilt der Faktor 6,54 und der Divisor 1,07. Bei *Zuschlagskarten* ist für den Vorsteuerabzug der Steuersatz zugrunde zu legen, der nach § 35 Abs. 2 UStDV für den dazugehörigen Fahrausweis gilt.

d) Vorsteuerabzug bei unfreien Versendungen

609 Aufgrund der gesetzlichen Ermächtigung in *§ 15 Abs. 5 Nr. 2 UStG* ist in *§ 40 UStDV* eine Regelung zum Vorsteuerabzug bei unfreien Versendungen getroffen worden.

Lässt ein Absender einen Gegenstand durch einen Frachtführer oder Verfrachter *unfrei* zu einem Dritten befördern oder eine solche Beförderung durch einen Spediteur unfrei besorgen, so ist für den Vorsteuerabzug der *Empfänger* der Frachtsendung als Auftraggeber dieser Leistungen anzusehen. Die Regelung lässt keine Wahlmöglichkeit zu. Liegt frachtrechtlich eine unfreie Versendung vor, ist der Absender als der eigentliche Leistungsempfänger vom Vorsteuerabzug ausgeschlossen. Der Empfänger der Frachtsendung kann den Vorsteuerabzug unter folgenden Voraussetzungen in Anspruch nehmen:

▶ Der Empfänger muss im Übrigen hinsichtlich der Beförderung oder ihrer Besorgung zum Abzug der Steuer berechtigt sein. Die Beförderungs- oder Besorgungsleistung darf nicht im Zusammenhang mit Umsätzen stehen, die den Vorsteuerabzug ausschließen.

▶ Der Empfänger muss die Entrichtung des Entgelts zzgl. der Steuer für die Beförderung oder für ihre Besorgung übernommen haben. Nicht erforderlich ist, dass der Empfänger die Frachtkosten auch wirtschaftlich trägt.

▶ Die Übernahme der Entrichtung des Entgelts zzgl. der Steuer für die Beförderung oder ihre Besorgung muss aus der Rechnung über die Beförderung oder ihre Besorgung zu ersehen sein. Die Rechnung ist vom Empfänger der Frachtsendung aufzubewahren.

II. Berichtigung des Vorsteuerabzugs

1. Allgemeines

610 § 15a UStG ist in enger Verbindung zu § 15 UStG zu sehen. Die Vorschrift stellt eine *systematisch notwendige Ergänzung* des § 15 UStG dar. Über den Vorsteuerabzug ist sowohl dem Grunde als auch der Höhe nach im Zeitpunkt des Leistungsbezugs zu entscheiden (Abschn. 203 Abs. 1 Satz 5 UStR 2008). Dieser „Sofortabzug" der Vorsteuer im Zeitpunkt des Leistungsbezugs kann immer dann zu ungerechtfertigten Ergebnissen führen, wenn sich später die für den Ausschluss der Vorsteuer gem. § 15 Abs. 2 und Abs. 3 UStG maßgeblichen Verhältnisse ändern. Durch § 15a UStG soll der Vorsteuerabzug u. a. bei Investitionsgütern so ausgeglichen werden, dass er den *Verhältnissen des gesamten Berichtigungszeitraums* entspricht. Dieser Ausgleich führt nicht zu einer Berichtigung der Steuerfestsetzung für den Zeitraum des ursprünglichen Vorsteuerabzugs, sondern ist grundsätzlich erst in dem Voranmeldungszeitraum vorzunehmen, in dem sich die Verhältnisse für den Vorsteuerabzug geändert haben.

Die Anwendung des § 15a UStG setzt voraus, dass im Zeitpunkt der Anschaffung/Herstellung des Wirtschaftsguts bzw. der sonstigen Leistung die Voraussetzungen für den Vorsteuerabzug nach *§ 15 Abs. 1 UStG* gegeben waren.

Im Rahmen des *Richtlinien-Umsetzungsgesetzes* vom 9. 12. 2004 (BGBl 2004 I S. 3310; BStBl 2004 I S. 1158) ist die Vorschrift des § 15a UStG neu gefasst worden. Der Anwendungsbereich wurde auf den Bereich des Umlaufvermögens und die sonstigen Leistungen erweitert. Die Änderungen sind gem. *§ 27 Abs. 11 UStG* auf Vorsteuerbeträge anzuwenden, deren zugrunde liegende Umsätze i. S. des § 1 Abs. 1 UStG nach dem 31. 12. 2004 ausgeführt werden. Gleichzeitig wurden die Vereinfachungsregelungen in § 44 UStDV angepasst. Zur Berichtigung des Vorsteuerabzugs nimmt das *BMF* mit Schreiben vom 6. 12. 2005 (BStBl 2005 I S. 1068) ausführlich Stellung. Eine weitere Änderung des § 15a Abs. 3 und Abs. 4 UStG ist im Rahmen des Ersten Gesetzes zum Abbau bürokratischer Hemmnisse insbesondere in der mittelständischen Wirtschaft vom 22. 8. 2006 (BGBl 2006 I S. 1970) erfolgt.

2. Voraussetzungen für die Berichtigung

a) Anwendungsbereich

Durch die Vorschrift des *§ 15a Abs. 1 UStG* werden die Wirtschaftsgüter umfasst, die nicht nur einmalig zur Ausführung von Umsätzen verwendet werden. Hierunter sind sowohl materielle als auch immaterielle Vermögensgegenstände zu verstehen. Nicht unter § 15a Abs. 1 UStG fallen solche Wirtschaftsgüter, die zur einmaligen Verwendung bestimmt sind, wie z. B. zum Verkauf oder zur Verarbeitung bestimmte Wirtschaftsgüter (siehe aber § 15a Abs. 2 UStG).

611

Durch die Vorschrift des *§ 15a Abs. 2 UStG* werden die Wirtschaftsgüter umfasst, die nur einmalig zur Ausführung eines Umsatzes verwendet werden, z. B. der Verkauf oder die Verarbeitung bestimmter Gegenstände. Dies betrifft insbesondere die Wirtschaftsgüter, die einkommensteuerrechtlich *Umlaufvermögen* darstellen. Auf Grund der geltenden Auslegung des § 15 Abs. 1 UStG, dass für die Frage des Vorsteuerabzugs die beim Erwerb des Wirtschaftsguts gegebene Verwendungsabsicht des Unternehmers maßgeblich ist, bestand für Wirtschaftsgüter des Umlaufvermögens in den Fällen, in denen der Unternehmer das Wirtschaftsgut mit einer anderen Verwendungsabsicht als der später tatsächlich gegebenen Verwendung erworben hat, eine Regelungslücke. Diese wurde durch § 15a Abs. 2 UStG geschlossen.

BEISPIEL: ► Unternehmer A handelt mit Grundstücken. Er erwirbt im Jahr 2008 ein Grundstück steuerpflichtig und beabsichtigt, dieses auch steuerpflichtig zu veräußern. Tatsächlich ist die Weiterveräußerung im Jahr 2009 aber steuerfrei gem. § 4 Nr. 9 Buchst. a UStG.

§ 15a Abs. 2 UStG ist anzuwenden. Die Berichtigung ist für den Besteuerungszeitraum vorzunehmen, in dem die Veräußerung stattfindet.

Durch die Vorschrift des *§ 15a Abs. 3 UStG* werden die Fälle umfasst, in denen in ein Wirtschaftsgut nachträglich ein anderer Gegenstand eingeht und dieser Gegenstand dabei seine körperliche und wirtschaftliche Eigenart endgültig verliert und die Fälle, in denen an einem Wirtschaftsgut eine sonstige Leistung ausgeführt wird. Betroffen sind z. B. der Einbau eines Austauschmotors oder einer neuen Windschutzscheibe in ein

Fahrzeug, die Neulackierung eines Fahrzeugs, sowie der Einbau einer Heizungsanlage oder von Fenstern in ein Gebäude. In den Fällen des § 15a Abs. 3 UStG ist eine Vorsteuererberichtigung nur dann „pro rata temporis" durchzuführen, wenn es sich bei dem Wirtschaftsgut um ein Investitionsgut i. S. des § 15a Abs. 1 UStG handelt.

Durch die Vorschrift des *§ 15a Abs. 4 UStG* werden die *sonstigen Leistungen* umfasst, die nicht an einem anderen Wirtschaftsgut ausgeführt werden. Eine Berichtigung des Vorsteuerabzugs nach Maßgabe von § 15a Abs. 1 oder 2 UStG ist davon abhängig, ob die sonstige Leistung nur einmalig oder mehrmalig zur Ausführung von Umsätzen verwendet wird. Bei der Beurteilung der Frage, ob die sonstige Leistung einmalig oder mehrmalig zur Erzielung von Umsätzen verwendet wird, ist im Einzelnen darauf abzustellen, wann die bezogene sonstige Leistung verbraucht ist. Aus *Vereinfachungsgründen* wurde es nicht beanstandet, wenn der Unternehmer die Berichtigung des Vorsteuerabzugs auf solche sonstigen Leistungen beschränkte, für die in der Steuerbilanz ein *Aktivposten* gebildet werden müsste (BMF-Schreiben vom 6. 12. 2005, BStBl 2005 I S. 1068, Tz 46). Dies ist ab dem 1. 1. 2007 gesetzlich verankert worden.

Für die Anwendung der Berichtigung des Vorsteuerabzugs werden gem. *§ 15a Abs. 6 UStG* die *nachträglichen Anschaffungs- oder Herstellungskosten* wie ein eigenständiges Wirtschaftsgut behandelt. Der Begriff der nachträglichen Anschaffungs- oder Herstellungskosten ist nach den für das Einkommensteuerrecht geltenden Grundsätzen abzugrenzen.

b) Änderung der Verhältnisse

aa) Änderung der tatsächlichen Verwendung

612   Eine Berichtigung des Vorsteuerabzugs ist grundsätzlich bei Investitionsgütern gem. § 15a Abs. 1 UStG durchzuführen, wenn sich bei diesem Wirtschaftsgut *innerhalb des Berichtigungszeitraums* die Verhältnisse, die für den ursprünglichen Vorsteuerabzug maßgebend waren, geändert haben. Dies gilt entsprechend auch in den folgenden Fällen:

► in ein Wirtschaftsgut geht nachträglich ein anderer Gegenstand ein (§ 15a Abs. 3 UStG),

► an einem Wirtschaftsgut wird eine sonstige Leistung ausgeführt (§ 15a Abs. 3 UStG),

► andere sonstige Leistungen (§ 15a Abs. 4 UStG),

► nachträgliche Anschaffungs- oder Herstellungskosten.

Eine *Änderung der Verhältnisse* i. S. des § 15a UStG liegt nur vor, wenn sich im Berichtigungszeitraum nach § 15 Abs. 2 und 3 UStG ein höherer oder niedrigerer Vorsteuerabzug ergäbe, als er ursprünglich zulässig war. Hierbei sind die Verhältnisse in den einzelnen Kalenderjahren für sich zu beurteilen (Abschn. 215 Abs. 4 UStR 2008).

Bei einer *Änderung im Laufe eines Kalenderjahres* ist maßgebend, wie das Wirtschaftsgut bzw. die sonstige Leistung während des gesamten Kalenderjahres verwendet wurde.

BEISPIEL: ▶ A errichtet im Jahre 2008 auf eigenem Grund ein Fertighaus, welches ihm am 1. 2. 2009 schlüsselfertig übergeben wird. Anlässlich der Errichtung des Gebäudes sind in 2008 Vorsteuern i. H. von 30 000 € angefallen. Ab Februar 2009 vermietet A das Fertighaus – wie beabsichtigt – an den Mieter M ausschließlich für Wohnzwecke. Nach Auszug des M am 30. 10. 2009 vermietet A das Fertighaus ab dem 1. 11. 2009 steuerpflichtig an den Architekten B als Büro.

A kann im Jahr 2008 keine Vorsteuern abziehen, da eine steuerfreie Vermietung beabsichtigt war. Das Fertighaus wird im Jahr 2009 zu $^2/_{11}$ für vorsteuerunschädliche Ausgangsumsätze verwendet. A kann 18,18 % von 2 750 € = 500 € über § 15a UStG als Vorsteuer im Jahr 2009 abziehen.

Eine Änderung der Verhältnisse kann darauf beruhen, dass   613

▶ sich die Verwendung für nicht zum Vorsteuerabzug berechtigende Umsätze tatsächlich geändert hat,

▶ ein ausgeübter Verzicht auf eine Steuerbefreiung nach § 9 UStG in einem Folgejahr nicht fortgeführt wird,

▶ sich eine Rechtsänderung in einem Folgejahr auf die Beurteilung des Vorsteuerabzugs auswirkt (BFH vom 14. 5. 1992, BStBl 1992 II S. 983).

Bei bebauten und unbebauten Grundstücken ergeben sich Änderungen der Verhältnisse durch *Nutzungsänderungen* insbesondere durch

▶ Übergang von einer durch Option nach § 9 UStG steuerpflichtigen Vermietung an andere Unternehmer für deren Unternehmen zu einer nach § 4 Nr. 12 Satz 1 Buchst. a UStG steuerfreien Vermietung bzw. Übergang von steuerfreier zu steuerpflichtiger Vermietung,

▶ Verwendung eigengewerblich genutzter Räume zu einer nach § 4 Nr. 12 Satz 1 Buchst. a UStG steuerfreien Vermietung,

▶ Übergang von einer steuerfreien Vermietung nach Artikel 67 Abs. 3 NATO-ZAbk zu einer nach § 4 Nr. 12 Satz 1 Buchst. a UStG steuerfreien Vermietung,

▶ Änderung des Vorsteueraufteilungsschlüssels bei Grundstücken, die sowohl zur Ausführung von Umsätzen, die zum Vorsteuerabzug berechtigen, als auch für Umsätze, die den Vorsteuerabzug ausschließen, verwendet werden.

BEISPIEL: ▶ Unternehmer U lässt am 1. 1. 2008 für 100 000 € zzgl. 19 000 € gesondert ausgewiesener USt ein neues Hallentor in ein Fabrikgebäude einbauen. Die ihm in Rechnung gestellte USt zieht er nach § 15 Abs. 1 Satz 1 Nr. 1 UStG als Vorsteuer ab, da die Nutzung des Gebäudes im Zusammenhang mit steuerpflichtigen Ausgangsumsätzen erfolgt. Der Berichtigungszeitraum des Gebäudes endet am 30. 6. 2009. Ab Januar 2009 verwendet U das Gebäude nur noch im Zusammenhang mit steuerfreien Ausgangsumsätzen, die den Vorsteuerabzug nach § 15 Abs. 2 Satz 1 Nr. 1 UStG ausschließen.

Damit haben sich ab Januar 2009 die Verwendungsverhältnisse sowohl für das Hallentor als auch für das Fabrikgebäude geändert. Für die Aufwendungen für das als Bestandteil des Gebäudes eingebaute Hallentor ist eine Vorsteuerberichtigung nach § 15a Abs. 3 UStG vorzunehmen. Hierfür sind die Aufwendungen unabhängig von der betriebsgewöhnlichen Nutzungsdauer des Gebäudes und unabhängig von der Dauer des Restberichtigungszeitraums des Gebäudes auf einen zehnjährigen Berichtigungszeitraum, der am 1. 1. 2008 beginnt und am 31. 12. 2017 endet, zu verteilen. Unabhängig davon ist für das Fabrikgebäude der Vorsteuerabzug für den am 30. 6. 2009 endenden Berichtigungszeitraum zu berichtigen.

614 Eine Änderung der Verhältnisse und damit ein Fall des § 15a UStG liegt *nicht* vor, wenn Wirtschaftsgüter bzw. sonstige Leistungen von einem Nichtunternehmer erworben oder von einem Unternehmer im Zeitpunkt der Anschaffung oder Herstellung seinem *nichtunternehmerischen Bereich* zugeordnet wurden. Dies gilt auch dann, wenn diese Wirtschaftsgüter später für unternehmerische Zwecke verwendet werden (EuGH-Urteil vom 11. 7. 1991, HFR 1991 S. 730).

> **BEISPIEL:** Im Jahre 2008 erwirbt der Unternehmer A für seinen Privatbereich einen neuen Pkw. Im Jahre 2009 legt er diesen Pkw in sein Unternehmen ein und nutzt diesen dann zu 100 % für betriebliche Zwecke. Bei der Anschaffung hat A eine ordnungsgemäße Rechnung mit gesondertem USt-Ausweis erhalten.
>
> Es liegt kein Fall des § 15a UStG vor, da A den Pkw im Zeitpunkt der Anschaffung seinem nicht-unternehmerischen Bereich zugeordnet hatte. A kann keinen – auch keinen teilweisen – Vor-steuerabzug aus der Anschaffung des Pkw in späteren Jahren geltend machen.

bb) Änderung durch erstmalige Verwendung

615 Bei Wirtschaftsgütern, die nur *einmalig* zur Ausführung eines Umsatzes verwendet werden, sieht § 15a Abs. 2 UStG eine Vorsteuerberichtigung vor, wenn sich die für den ursprünglichen Vorsteuerabzug maßgebenden Verhältnisse ändern. Dies gilt entsprechend auch in den Fällen des § 15a Abs. 3 UStG, des § 15a Abs. 4 UStG und des § 15a Abs. 6 UStG.

> **BEISPIEL:** Unternehmer U erwirbt am 1. 7. 2008 ein Grundstück zum Preis von 2 000 000 €. Der Verkäufer des Grundstücks hat im notariell beurkundeten Kaufvertrag auf die Steuerbefreiung verzichtet. U möchte das Grundstück unter Verzicht auf die Steuerbefreiung nach § 4 Nr. 9 Buchst. a UStG weiterveräußern, so dass er die von ihm geschuldete USt nach § 15 Abs. 1 Satz 1 Nr. 4 UStG i. V. mit § 13b Abs. 1 Satz 1 Nr. 3 UStG als Vorsteuer abzieht. Am 1. 7. 2026 veräußert er das Grundstück entgegen seiner ursprünglichen Planung an eine hoheitlich tätige juristische Person des öffentlichen Rechts, so dass der Verkauf des Grundstücks nicht nach § 9 Abs. 1 UStG als steuerpflichtig behandelt werden kann und somit nach § 4 Nr. 9 Buchst. a UStG steuerfrei ist.
>
> Die tatsächliche steuerfreie Veräußerung schließt gem. § 15 Abs. 2 UStG den Vorsteuerabzug aus und führt damit zu einer Änderung der Verhältnisse im Vergleich zu den für den ursprünglichen Vorsteuerabzug maßgebenden Verhältnissen. Da das Grundstück nur einmalig zur Ausführung eines Umsatzes verwendet wird, ist der gesamte ursprüngliche Vorsteuerabzug i. H. von 380 000 € gem. § 15a Abs. 2 UStG im Zeitpunkt der Verwendung für den Besteuerungszeitraum der Veräußerung zu berichtigen. Der Vorsteuerabzug ist demnach für den Monat Juli 2026 zurückzuzahlen.

616 Anders als bei der Berichtigung des Vorsteuerabzugs bei Investitionsgütern gibt es bei Wirtschaftsgütern, die nur einmalig zur Erzielung von Umsätzen verwendet werden, *keinen begrenzten Berichtigungszeitraum*. Die Frage der Berichtigung des Vorsteuer-abzugs ist erst im Zeitpunkt der tatsächlichen Verwendung zu beurteilen. Die Berichti-gung des Vorsteuerabzugs ist für den Besteuerungszeitraum vorzunehmen, in dem das Wirtschaftsgut verwendet wird. Der Berichtigungszeitraum für Investitionsgüter spielt keine Rolle.

cc) Änderung durch Wechsel der Besteuerungsform

Gemäß *§ 15a Abs. 7 UStG* liegt eine Änderung der Verhältnisse auch bei einem Wechsel der Besteuerungsform vor. Durch diese Regelung zum 1. 1. 2005 werden Unklarheiten in der Auslegung des Gesetzes beseitigt. Die Änderung der Besteuerungsform löst § 15a UStG aus. Betroffen sind folgende Fälle: **617**

► Wechsel von der allgemeinen Besteuerung zu § 19 UStG,

► Wechsel von § 19 UStG zur allgemeinen Besteuerung,

► Wechsel von der allgemeinen Besteuerung zu §§ 23, 23a oder 24 UStG,

► Wechsel von §§ 23, 23a oder 24 UStG zur allgemeinen Besteuerung.

Der Wechsel von der Besteuerung als *Kleinunternehmer* nach § 19 UStG zur Besteuerung nach den allgemeinen Vorschriften des UStG ist eine Änderung der Verhältnisse i. S. des § 15a UStG (BFH vom 17. 6. 2004, BStBl 2004 II S. 858).

> **BEISPIEL:** ► A ist in den Jahren 2005 bis einschließlich 2008 Kleinunternehmer i. S. des § 19 Abs. 1 UStG. Ab dem 1. 1. 2009 verzichtet A auf die Anwendung der Kleinunternehmerregelung gem. § 19 Abs. 2 UStG. A führt ausschließlich steuerpflichtige Umsätze aus. A hat Anfang Januar 2005 eine Maschine für 50 000 € zzgl. 8 000 € USt für sein Unternehmen erworben. Die betriebsgewöhnliche Nutzungsdauer der Maschine beträgt 5 Jahre.
>
> Im Jahr 2005 kann A keinen Vorsteuerabzug vornehmen (§ 19 Abs. 1 Satz 4 UStG). Eine Änderung der Verhältnisse für den Vorsteuerabzug tritt im Jahr 2009 mit dem Wechsel zur allgemeinen Besteuerung ein. A steht im Jahr 2009 ein berichtigter Vorsteuerabzug i. H. von 1 600 € (8 000 € : 5 Jahre) zu (§ 15a Abs. 7 UStG).

dd) Änderung durch Veräußerung oder Entnahme

Eine Änderung der Verhältnisse liegt gem. *§ 15a Abs. 8 UStG* vor, wenn das noch verwendungsfähige Wirtschaftsgut, das nicht nur einmalig zur Ausführung eines Umsatzes verwendet wird, vor Ablauf des maßgeblichen Berichtigungszeitraums veräußert oder nach § 3 Abs. 1b UStG geliefert wird und dieser Umsatz anders zu beurteilen ist als die für den ursprünglichen Vorsteuerabzug maßgebliche Verwendung. Dies gilt auch dann, wenn die Veräußerung oder Lieferung i. S. des § 3 Abs. 1b UStG im Kalenderjahr der erstmaligen Verwendung stattfindet.   **618**

Bei *Veräußerungen*, die nicht als Geschäftsveräußerungen i. S. des § 1 Abs. 1a UStG anzusehen sind, ist eine Änderung der Verhältnisse z. B. anzunehmen

► bei einer nach § 4 Nr. 9 Buchst. a UStG steuerfreien Veräußerung ganz oder teilweise eigengewerblich genutzter, steuerpflichtig vermieteter oder auf Grund des Artikel 67 Abs. 3 NATO-ZAbk steuerfrei vermieteter Grundstücke,

► bei einer durch Option gem. § 9 UStG steuerpflichtigen Veräußerung bisher ganz oder teilweise nach § 4 Nr. 12 Satz 1 Buchst. a UStG steuerfrei vermieteter Grundstücke.

Bei einer *Geschäftsveräußerung* i. S. des § 1 Abs. 1a UStG tritt der erwerbende Unternehmer an die Stelle des Veräußerers. In diesem Falle wird der maßgebliche Berichtigungszeitraum gem. § 15a Abs. 10 Satz 1 UStG nicht unterbrochen. Der Veräußerer ist gem. § 15a Abs. 10 Satz 2 UStG verpflichtet, dem Erwerber die für die Durchführung der Berichtigung erforderlichen Angaben zu machen.   **619**

ee) Änderung der rechtlichen Beurteilung

620 Nach gefestigter Rechtsprechung des BFH (z. B. BFH vom 12. 6. 1997, BStBl 1997 II S. 589; vom 13. 11. 1997, BStBl 1998 II S. 36; vom 5. 2. 1998, BStBl 1998 II S. 361) tritt eine Änderung der für eine Vorsteuerberichtigung nach § 15a UStG maßgebenden Verhältnisse auch dadurch ein, dass bei tatsächlich gleich bleibenden Verwendungsumsätzen die *rechtliche Beurteilung*, die der Gewährung des Vorsteuerabzugs im Abzugsjahr zugrunde lag, sich in einem der Folgejahre als unzutreffend erweist. Voraussetzung für die Anwendung des § 15a UStG ist in diesen Fällen, dass die Steuerfestsetzung für das Abzugsjahr *bestandskräftig* und *unabänderbar* ist.

> **BEISPIEL:** ► A vermietete eine im Rahmen einer Bauherrengemeinschaft hergestellte Eigentumswohnung ab Fertigstellung an eine gewerbliche Zwischenvermieterin und verzichtete auf die Steuerbefreiung der Vermietungsumsätze gem. § 4 Nr. 12 Satz 1 Buchst. a UStG i. V. mit § 9 UStG. Das Finanzamt erkannte das Zwischenmietverhältnis rechtsfehlerhaft an. Der Rechtsfehler wurde später – noch innerhalb des Berichtigungszeitraums des § 15a UStG von 10 Jahren – aufgedeckt. Die Steuerfestsetzung für das Abzugsjahr der Vorsteuer ist bereits bestandskräftig geworden.
>
> Es liegt ein Fall des § 15a UStG vor.

c) Berichtigungszeitraum

621 Der Berichtigungszeitraum beträgt bei Wirtschaftsgütern, die nicht nur einmalig zur Ausführung von Umsätzen verwendet werden, grundsätzlich *5 Jahre*. Bei Grundstücken einschließlich ihrer wesentlichen Bestandteile, bei Berechtigungen, für die die Vorschriften des bürgerlichen Rechts über Grundstücke gelten, und bei Gebäuden auf fremdem Grund und Boden tritt gem. § 15a Abs. 1 Satz 2 UStG an die Stelle des Zeitraums von 5 Jahren ein solcher von *10 Jahren*. Diese Grundsätze sind in den Fällen des § 15a Abs. 3, Abs. 4 und Abs. 6 UStG entsprechend anzuwenden.

Bei Wirtschaftsgütern mit einer *kürzeren Verwendungsdauer* ist gem. § 15a Abs. 5 Satz 2 UStG der entsprechend kürzere Berichtigungszeitraum anzusetzen. Ob von einer kürzeren Verwendungsdauer auszugehen ist, beurteilt sich nach der betriebsgewöhnlichen Nutzungsdauer, die nach einkommensteuerrechtlichen Grundsätzen für das Wirtschaftsgut anzusetzen ist (Abschn. 216 Abs. 1 Satz 4 UStR 2008).

Kann ein Wirtschaftsgut vor Ablauf des Berichtigungszeitraums wegen *Unbrauchbarkeit* vom Unternehmer nicht mehr zur Ausführung von Umsätzen verwendet werden, so endet damit der Berichtigungszeitraum. Eine Veräußerung des nicht mehr verwendungsfähigen Wirtschaftsguts bleibt für die Berichtigung des Vorsteuerabzugs unberücksichtigt.

622 Nach § 15a UStG ist zwischen drei verschiedenen *Arten von Berichtigungszeiträumen* zu unterscheiden:

► der typisierte Berichtigungszeitraum (5 bzw. 10 Jahre),

► der Berichtigungszeitraum entsprechend der betriebsgewöhnlichen Nutzungsdauer,

► der Berichtigungszeitraum entsprechend der tatsächlichen Nutzungsdauer.

In der Regel deckt sich die tatsächliche Nutzungsdauer weder mit dem typisierten Berichtigungszeitraum noch mit der betriebsgewöhnlichen Nutzungsdauer. In diesem Fall bemisst sich der Berichtigungszeitraum nach dem *jeweils kürzesten Zeitraum*.

BEISPIEL: ▶ Bauunternehmer A errichtet neben Gebäuden auf fremdem Grund und Boden auch solche auf eigenem Grund und Boden, die er nach Fertigstellung steuerfrei gem. § 4 Nr. 9 Buchst. a UStG veräußert. Der Anteil der vorsteuerschädlichen Ausgangsumsätze ist von Jahr zu Jahr sehr unterschiedlich. Für den Transport von Baumaschinen zu den Baustellen verwendet A einen Tieflader. Dieser hat eine betriebsgewöhnliche Nutzungsdauer von 8 Jahren. 3 Jahre nach der Ingebrauchnahme wird der Tieflader bei einem Unfall völlig zerstört.

Auf Grund der unterschiedlichen Verwendung für vorsteuerschädliche Umsätze in den einzelnen Jahren kommt eine Vorsteuerberichtigung nach § 15a UStG in Betracht. Die typisierte Nutzungsdauer beim Tieflader beträgt nach § 15a Abs. 1 Satz 1 UStG 5 Jahre. Somit ist die tatsächliche Nutzungsdauer von 3 Jahren bis zur Zerstörung kürzer als der typisierte Berichtigungszeitraum und auch kürzer als die betriebsgewöhnliche Nutzungsdauer. Der maßgebliche Berichtigungszeitraum nach § 15a UStG beträgt deshalb 3 Jahre. Aus Vereinfachungsgründen kann der sich ergebende Berichtigungsbetrag (Unterschiedsbetrag zur bereits durchgeführten Berichtigung) bei der Steuerfestsetzung für das letzte Kalenderjahr des verkürzten Berichtigungszeitraums berücksichtigt werden (Abschn. 218 Abs. 6 UStR 2008).

Der Berichtigungszeitraum *beginnt* grundsätzlich mit dem Tag der erstmaligen Verwendung und endet nach Ablauf des maßgeblichen Berichtigungszeitraums. Fallen bei einem Wirtschaftsgut der Zeitpunkt der Anschaffung und der Zeitpunkt der erstmaligen Verwendung auseinander, so beginnt der Berichtigungszeitraum immer erst mit der *tatsächlichen Verwendung*. Zum Beginn des Berichtigungszeitraums in den Fällen einer Fehlmaßnahme wird auf das Urteil des EuGH vom 15. 1. 1998 (UR 1998 S. 149) verwiesen. Eine zwischenzeitliche *Nichtverwendung* wird im Regelfall anhand der beabsichtigten Weiterverwendung beurteilt. Steht ein Gebäude im Anschluss an seine erstmalige Verwendung für eine bestimmte Zeit ganz oder teilweise leer, so wird diese Zeit anhand der beabsichtigten Weiterverwendung beurteilt (BMF-Schreiben vom 24. 4. 2003, BStBl 2003 I S. 313). | 623

Endet der Berichtigungszeitraum *innerhalb eines Kalendermonats*, so ist das für die Berichtigung maßgebliche Ende nach § 45 UStDV zu ermitteln. Endet der Berichtigungszeitraum vor dem 16. eines Kalendermonats, so bleibt dieser Kalendermonat für die Berichtigung unberücksichtigt. Endet der Berichtigungszeitraum nach dem 15. eines Kalendermonats, so ist dieser Kalendermonat voll zu berücksichtigen. Hierdurch wird eine Berechnung nach Tagen vermieden. § 45 UStDV ist zur Ermittlung des *Beginns* des Berichtigungszeitraums analog anzuwenden (Abschn. 216 Abs. 1 Satz 5 UStR 2008).

Für die *nachträglichen Anschaffungs- oder Herstellungskosten* gilt gem. § 15a Abs. 6 UStG ein eigener Berichtigungszeitraum. Er beginnt zu dem Zeitpunkt, zu dem der Unternehmer das in seiner Form geänderte Wirtschaftsgut erstmals zur Ausführung von Umsätzen verwendet. Die Dauer bemisst sich nach der Art des betreffenden Wirtschaftsguts, sofern nicht im Einzelfall eine kürzere Verwendungsdauer in Betracht kommt (Abschn. 216 Abs. 1 Satz 3 UStR 2008). Entsprechendes gilt in den Fällen des § 15a Abs. 3 UStG. | 624

BEISPIEL: ▶ Ein am 1. 7. 2006 erstmals verwendetes Wirtschaftsgut hat eine betriebsgewöhnliche Nutzungsdauer von 4 Jahren. Am 31. 1. 2008 fallen nachträgliche Herstellungskosten an, durch die aber die betriebsgewöhnliche Nutzungsdauer des Wirtschaftsguts nicht verlängert wird.

Der Berichtigungszeitraum für das Wirtschaftsgut selbst beträgt 4 Jahre, endet also am 30. 6. 2010. Für die nachträglichen Herstellungskosten beginnt der Berichtigungszeitraum erst am 1. 2. 2008. Er endet am 31. 1. 2013 und dauert somit unabhängig von der betriebsgewöhnlichen Nutzungsdauer des Wirtschaftsguts 5 Jahre.

625   Für Wirtschaftsgüter, die nur *einmalig* zur Ausführung eines Umsatzes verwendet werden, ist ein Berichtigungszeitraum nicht vorgesehen. Es ist auf den einmaligen Umsatz abzustellen.

3. Berichtigungsverfahren

626   Bei der Berichtigung nach § 15a Abs. 1 UStG ist gem. § 15a Abs. 5 Satz 1 UStG für jedes Kalenderjahr der Änderung in den Fällen des § 15a Abs. 1 Satz 1 UStG von *einem Fünftel* und in den Fällen des § 15a Abs. 1 Satz 2 UStG von *einem Zehntel* der auf das Wirtschaftsgut entfallenden Vorsteuerbeträge auszugehen. Endet der Berichtigungszeitraum innerhalb eines Kalenderjahres, so ist für das letzte Kalenderjahr nicht der volle Jahresanteil der Vorsteuerbeträge, sondern nur der Anteil anzusetzen, der auf die jeweiligen Kalendermonate entfällt.

Eine Berichtigung des Vorsteuerabzugs kann sich sowohl *zu Gunsten* wie auch *zu Ungunsten* des Unternehmers auswirken.

627   Sind die *Voraussetzungen für den Vorsteuerabzug* nicht schon bei Anschaffung, sondern erst in einem der Folgejahre erfüllt, z. B. weil die zum Vorsteuerabzug berechtigende Rechnung im Jahr der Anschaffung noch nicht vorgelegen hat, kann zwar die Vorsteuer erst bei der Steuerfestsetzung für das Kalenderjahr abgezogen werden, in dem die Voraussetzungen des § 15 Abs. 1 UStG insgesamt vorliegen. Die Berechtigung zum Vorsteuerabzug beurteilt sich auch hierbei nach den Verhältnissen zum Zeitpunkt der Anschaffung. Auch bei der Berichtigung nach § 15a UStG ist von diesen Verhältnissen auszugehen (Abschn. 217 Abs. 2 UStR 2008).

> **BEISPIEL:** Im Jahr 2004 ist der Vorsteuerabzug für ein gemischt genutztes Gebäude in vollem Umfang (= 100 000 €) gewährt worden, obwohl das Gebäude in diesem Jahr und den folgenden Jahren des Berichtigungszeitraums zu 50 % zur Ausführung von nach § 4 Nr. 12 Satz 1 Buchst. a UStG steuerfreien Vermietungsumsätzen verwendet wird und somit nur ein anteiliger Vorsteuerabzug von 50 000 € hätte gewährt werden dürfen. Die Steuerfestsetzung für das Jahr 2004 ist ab Beginn des Kalenderjahres 2010 abgabenrechtlich nicht mehr änderbar. Dagegen stehen die Steuerfestsetzungen ab dem Jahr 2005 unter dem Vorbehalt der Nachprüfung (§ 164 AO).
>
> Obwohl sich die Gebäudenutzung nicht geändert hat, kann das Finanzamt ab dem Jahr 2010 jeweils $1/10$ des zu Unrecht gewährten Vorsteuerabzuges von 50 000 € (= jährlich 5 000 €) zurückfordern. Eine Berichtigung des Vorsteuerabzugs für die Jahre 2005 bis 2009 unterbleibt (Abschn. 217 Abs. 3 UStR 2008).

628   Weitere Beispiele zur Anwendung des § 15a UStG:

> **BEISPIELE:**
>
> 1) Ein Unternehmer errichtet ein Bürogebäude. Die im Zusammenhang mit der Herstellung des Gebäudes insgesamt in Rechnung gestellte USt beträgt in den Kalenderjahren (KJ) 01 und 02 insgesamt 400 000 €. Die abziehbaren Vorsteuerbeträge nach § 15 UStG belaufen sich vor dem Zeitpunkt der erstmaligen Verwendung (Investitionsphase) auf 400 000 €.

Das Gebäude wird, wie bereits während der zweijährigen Investitionsphase beabsichtigt, ab dem 1.1.03 (KJ der erstmaligen Verwendung) zu 100 % für zum Vorsteuerabzug berechtigende Umsätze verwendet, in den KJ 04 und 05 zu 60 % und ab KJ 06 zu 40 %.

Ausgehend von der beabsichtigten Verwendung, sind die Vorsteuern in den KJen 01 und 02 i.H.von insgesamt 400 000 € abzugsfähig und auch abziehbar. Der Berichtigungszeitraum des § 15a UStG beginnt mit der erstmaligen Verwendung am 1.1.03 und endet am 31.12.12. Im KJ 03 haben sich die für den ursprünglichen Vorsteuerabzug maßgebenden Verhältnisse nicht geändert, so dass § 15a UStG nicht zur Anwendung kommt. In den KJen 04 und 05 haben sich die für den ursprünglichen Vorsteuerabzug maßgebenden Verhältnisse um jeweils 40 % geändert (100 % − 60 %). Die Vorsteuer ist i.H.von jeweils 16 000 € (40 000 € × 40 %) zu berichtigen, d.h., in den Voranmeldungen (§ 44 Abs. 4 UStDV) ist die Vorsteuer an das Finanzamt zurückzuzahlen. Ab dem KJ 06 haben sich die für den ursprünglichen Vorsteuerabzug maßgebenden Verhältnisse um jeweils 60 % (100 % − 40 %) geändert. Die Vorsteuer ist i.H.von jeweils 24 000 € (40 000 € × 60 %) zu berichtigen, d.h., in den Voranmeldungen (§ 44 Abs. 4 UStDV) ist die Vorsteuer an das Finanzamt zurückzuzahlen.

2) Ein Unternehmer errichtet ein Bürogebäude. Die im Zusammenhang mit der Herstellung des Bürogebäudes in Rechnung gestellte USt beträgt in den Kalenderjahren (KJ) 01 100 000 € und 02 300 000 € (insgesamt 400 000 €). Die abziehbaren Vorsteuerbeträge nach § 15 UStG belaufen sich vor dem Zeitpunkt der erstmaligen Verwendung (Investitionsphase) auf 100 000 € (KJ 01 = 100 000 €, KJ 02 = 0 €), da der Unternehmer im KJ 01 eine zu 100 % und im KJ 02 eine zu 0 % zum Vorsteuerabzug berechtigende Verwendung des Gebäudes beabsichtigte. Das Gebäude wird ab dem 1.1.03 (KJ der erstmaligen Verwendung) zu 100 %, im KJ 04 zu 50 % und im KJ 05 zu 0 % für zum Vorsteuerabzug berechtigende Umsätze verwendet. Am 1.1.06 wird das Bürogebäude steuerfrei nach § 4 Nr. 9 Buchst. a UStG an eine Bank veräußert (kein Fall des § 1 Abs. 1a UStG).

Ausgehend von der Verwendungsabsicht ist im KJ 01 ein Vorsteuerabzug i.H.von 100 000 € vorzunehmen. Im KJ 02 kommt ein Vorsteuerabzug hingegen nicht in Betracht, da nunmehr eine vorsteuerschädliche Verwendung beabsichtigt wird. In der Investitionsphase sind demzufolge 25 % der gesamten Vorsteuerbeträge als Vorsteuern abgezogen worden. Der Berichtigungszeitraum des § 15a UStG beginnt mit der erstmaligen Verwendung am 1.1.03 und endet am 31.12.12. Im KJ 03 haben sich die Verhältnisse für den ursprünglichen Vorsteuerabzug um 75 % (25 % − 100 %) geändert. Der Berichtigungsbetrag i.H.von 30 000 € (75 % von 40 000 €) ist im Rahmen der Voranmeldungen (§ 44 Abs. 4 UStDV) gegenüber dem Finanzamt geltend zu machen. Im KJ 04 ändern sich die Verhältnisse um 25 % (25 % − 50 %). Der Berichtigungsbetrag i.H.von 10 000 € (25 % von 40 000 €) ist im Rahmen der Voranmeldungen (§ 44 Abs. 4 UStDV) gegenüber dem Finanzamt geltend zu machen. Im KJ 05 ändern sich die Verhältnisse für den Vorsteuerabzug um 25 % (25 % − 0 %). Der Berichtigungsbetrag i.H.von 10 000 € (25 % von 40 000 €) ist im Rahmen der Voranmeldungen (§ 44 Abs. 4 UStDV) an das Finanzamt zu zahlen. Eine Änderung der Verhältnisse liegt gem. § 15a Abs. 8 UStG auch dann vor, wenn das noch verwendungsfähige Wirtschaftsgut vor Ablauf des Berichtigungszeitraums veräußert wird und dieser Umsatz anders zu beurteilen ist als die für den ursprünglichen Vorsteuerabzug maßgebliche Verwendung. Dies ist hier der Fall, da die Veräußerung in vollem Umfang steuerfrei ist; die Verhältnisse haben sich um 25 % (25 % − 0 %) geändert. Die Berichtigung ist so vorzunehmen, als wäre das Wirtschaftsgut in der Zeit von der Veräußerung bis zum Ablauf des maßgeblichen Berichtigungszeitraums unter entsprechend geänderten Verhältnissen weiterhin für das Unternehmen verwendet worden (§ 15a Abs. 9 UStG). Dies führt zu einem Berichtigungsbetrag i.H.von 70 000 € (25 % von 40 000 € = 10 000 € × 7 Jahre = 70 000 €). Der Berichtigungsbetrag von 70 000 € ist gem. § 44 Abs. 4 Satz 3 UStDV im Voranmeldungszeitraum der Veräußerung anzumelden und an das Finanzamt zurückzuzahlen.

3) Ein Unternehmer errichtet ein Bürogebäude. Die im Zusammenhang mit der Herstellung des Gebäudes in Rechnung gestellte USt beträgt in den Kalenderjahren (KJ) 01 100 000 € und 02 300 000 € (insgesamt 400 000 €). Die abziehbaren Vorsteuerbeträge nach § 15 UStG belaufen sich vor dem Zeitpunkt der erstmaligen Verwendung (Investitionsphase) auf 100 000 €, da der Unternehmer im KJ 01 eine zu 100 % und im KJ 02 eine zu 0 % zum Vorsteuerabzug berechtigende Verwendung des Gebäudes beabsichtigte. Das Gebäude steht nach der Investitionsphase zwei Jahre leer (KJ 03 und KJ 04). Ab dem KJ 05 wird das Gebäude zu 100 % für zum Vorsteuerabzug berechtigende Umsätze verwendet.

Ausgehend von der beabsichtigten Verwendung kann der Unternehmer im KJ 01 einen Vorsteuerabzug i. H. von 100 000 € vornehmen. Die Vorsteuer, die im KJ 02 angefallen ist, kann hingegen nicht abgezogen werden, da nunmehr eine vorsteuerschädliche Verwendung beabsichtigt wird. Aus der Investitionsphase insgesamt kann der Unternehmer einen Vorsteuerabzug i. H. von 25 % der gesamten Vorsteuer geltend machen. Die Leerstandszeiten (KJe 03 und 04) bleiben bei der Berechnung des Berichtigungszeitraums unberücksichtigt. Sollten in diesen Jahren weitere Vorsteuerbeträge anfallen, richtet sich deren Abziehbarkeit nach der im Zeitpunkt des Leistungsbezugs beabsichtigten Verwendung. Der Berichtigungszeitraum des § 15a UStG beginnt mit der erstmaligen Verwendung am 1. 1. 05 und endet am 31. 12. 14. Im KJ 05 haben sich die Verhältnisse für den Vorsteuerabzug um 75 % (25 % − 100 %) geändert. Es ergibt sich ein Berichtigungsbetrag i. H. von 30 000 € (40 000 € × 75 %), der in den Voranmeldungen (§ 44 Abs. 4 UStDV) zugunsten des Unternehmers geltend zu machen ist. Bei gleich bleibender Nutzung würden sich auch in den Folgejahren entsprechende Berichtigungen ergeben.

Auf die *BMF-Schreiben* vom 24. 4. 2003 (BStBl 2003 I S. 313) und vom 6. 12. 2005 (BStBl 2005 I S. 1068) wird hingewiesen.

4. Vereinfachungen

629 Auf Grund der gesetzlichen *Ermächtigung* in § 15a Abs. 11 Nr. 1 UStG sind in §§ 44 und 45 UStDV Vereinfachungen bei der Berichtigung des Vorsteuerabzugs getroffen worden. Die Vereinfachungsregelungen des § 44 UStDV bei der Berichtigung des Vorsteuerabzugs sind auch dann anzuwenden, wenn auf Grund dessen eine *Berichtigung zu Gunsten* des Steuerpflichtigen unterbleibt (Urteil des FG Nürnberg vom 22. 3. 2005, EFG 2005 S. 1980).

§ 44 UStDV enthält folgende Vereinfachungen:

▶ Eine Berichtigung des Vorsteuerabzugs nach § 15a UStG entfällt, wenn die auf die Anschaffungs- oder Herstellungskosten eines Wirtschaftsguts entfallende Vorsteuer 1 000 € nicht übersteigt (§ 44 Abs. 1 UStDV). Dies gilt gem. § 44 Abs. 5 UStDV bei einer Berichtigung der auf nachträgliche Anschaffungs- oder Herstellungskosten und auf die in § 15a Abs. 3 und 4 UStG bezeichneten Leistungen entfallenden Vorsteuerbeträge entsprechend. Die Regelung ist unabhängig davon anzuwenden, in welchem Umfang sich die für den Vorsteuerabzug maßgebenden Verhältnisse in den Folgejahren ändern.

▶ Haben sich bei einem Wirtschaftsgut in einem Kalenderjahr die für den ursprünglichen Vorsteuerabzug maßgebenden Verhältnisse um weniger als 10 % geändert, so entfällt bei diesem Wirtschaftsgut für dieses Kalenderjahr die Berichtigung des Vorsteuerabzugs. Das gilt nicht, wenn der Betrag, um den der Vorsteuerabzug für dieses Kalenderjahr zu berichtigen ist, 1 000 € übersteigt (§ 44 Abs. 2 UStDV). Dies gilt gem. § 44 Abs. 5 UStDV bei einer Berichtigung der auf nachträgliche Anschaffungs- oder Herstellungskosten und auf die in § 15a Abs. 3 und 4 UStG bezeichneten Leistungen entfallenden Vorsteuerbeträge entsprechend.

► Beträgt die auf die Anschaffungs- oder Herstellungskosten eines Wirtschaftsguts entfallende Vorsteuer nicht mehr als 2 500 €, so ist die Berichtigung des Vorsteuerabzugs für alle in Betracht kommenden Kalenderjahre einheitlich bei der Berechnung der Steuer für das Kalenderjahr vorzunehmen, in dem der maßgebliche Berichtigungszeitraum endet (§ 44 Abs. 3 UStDV). Dies gilt gem. § 44 Abs. 5 UStDV bei einer Berichtigung der auf nachträgliche Anschaffungs- oder Herstellungskosten und auf die in § 15a Abs. 3 und 4 UStG bezeichneten Leistungen entfallenden Vorsteuerbeträge entsprechend. Die Regelung des § 44 Abs. 2 UStDV ist für jedes Kalenderjahr zu beachten.

► Nach § 15a Abs. 9 UStG ist die Berichtigung in den Fällen der Veräußerung oder Lieferung i. S. des § 3 Abs. 1b UStG innerhalb des Berichtigungszeitraums so vorzunehmen, als wäre das Wirtschaftsgut in der Zeit von der Veräußerung oder Lieferung i. S. des § 3 Abs. 1b UStG bis zum Ablauf des maßgeblichen Berichtigungszeitraums unter entsprechend geänderten Verhältnissen weiterhin für das Unternehmen verwendet worden. In diesen Fällen ist die Berichtigung des Vorsteuerabzugs für das Kalenderjahr der Veräußerung oder Lieferung i. S. des § 3 Abs. 1b UStG und die folgenden Kalenderjahre des Berichtigungszeitraums bereits bei der Berechnung der Steuer für den Voranmeldungszeitraum durchzuführen, in dem die Lieferung stattgefunden hat (§ 44 Abs. 4 Satz 3 UStDV). Dies ist möglich, da die Verhältnisse bis zum Ablauf des Berichtigungszeitraums feststehen. Dies gilt gem. § 44 Abs. 5 UStDV bei einer Berichtigung der auf nachträgliche Anschaffungs- oder Herstellungskosten und auf die in § 15a Abs. 3 und 4 UStG bezeichneten Leistungen entfallenden Vorsteuerbeträge entsprechend.

BEISPIEL: ► Ein am 1. 8. 2008 in Verwendung genommenes Bürohaus wird bis zum 30. 9. 2009 steuerpflichtig vermietet. Am 1. 10. 2009 wird das Bürohaus nach § 4 Nr. 9 Buchst. a UStG steuerfrei veräußert. Der Unternehmer ist zur monatlichen Abgabe der Umsatzsteuer-Voranmeldungen verpflichtet.

Die steuerfreie Veräußerung bedeutet eine Änderung der Verhältnisse. Die Veräußerung ist so anzusehen, als ob das Grundstück vom 1. 10. 2009 bis zum Ablauf des 10-jährigen Berichtigungszeitraums (= 31. 7. 2018) nur noch zur Ausführung steuerfreier Umsätze verwendet worden wäre. Die Vorsteuer ist im Voranmeldungszeitraum 10/2009 um 106/120 zu berichtigen.

► Die Berichtigung ist grundsätzlich im Voranmeldungsverfahren vorzunehmen. Übersteigt der Betrag, um den der Vorsteuerabzug bei einem Wirtschaftsgut für das Kalenderjahr zu berichtigen ist, nicht 6 000 €, so ist die Berichtigung nach § 15a UStG erst im Rahmen der Jahressteuerfestsetzung durchzuführen (§ 44 Abs. 4 Satz 1 UStDV). § 44 Abs. 3 UStDV bleibt unberührt. Dies gilt gem. § 44 Abs. 5 UStDV bei einer Berichtigung der auf nachträgliche Anschaffungs- oder Herstellungskosten und auf die in § 15a Abs. 3 und 4 UStG bezeichneten Leistungen entfallenden Vorsteuerbeträge entsprechend.

§ 45 UStDV betrifft das maßgebliche Ende des Berichtigungszeitraums. Endet der Berichtigungszeitraum vor dem 16. eines Kalendermonats, so bleibt dieser Kalendermonat für die Berichtigung unberücksichtigt. Endet der Berichtigungszeitraum nach dem 15. eines Kalendermonats, so ist dieser Kalendermonat voll zu berücksichtigen. Auf die-   630

se Weise wird eine Berechnung nach Tagen vermieden. § 45 UStDV ist zur Ermittlung des Beginns des Berichtigungszeitraums analog anzuwenden.

5. Aufzeichnungspflichten

631   Gemäß *§ 22 Abs. 4 UStG* hat der Unternehmer die Berechnungsgrundlagen für den Ausgleich aufzuzeichnen, der von ihm in den in Betracht kommenden Kalenderjahren vorzunehmen ist. Die erforderlichen Angaben sind für *jeden einzelnen Berichtigungsvorgang* aufzuzeichnen. Folgende Angaben sind eindeutig und leicht nachprüfbar aufzuzeichnen:

► die Anschaffungs- oder Herstellungskosten bzw. die Aufwendungen für das betreffende Berichtigungsobjekt und die darauf entfallenden Vorsteuerbeträge,

► der Zeitpunkt der erstmaligen Verwendung des Berichtigungsobjekts,

► in den Fällen des § 15a Abs. 1 UStG die Verwendungsdauer i. S. der einkommensteuerrechtlichen Vorschriften und der maßgebliche Berichtigungszeitraum für das Berichtigungsobjekt,

► die Anteile, zu denen das Berichtigungsobjekt in den einzelnen Kalenderjahren des Berichtigungszeitraums zur Ausführung der den Vorsteuerabzug ausschließenden Umsätze und zur Ausführung der zum Vorsteuerabzug berechtigenden Umsätze verwendet wurde,

► bei einer Veräußerung oder Lieferung i. S. des § 3 Abs. 1b UStG des Berichtigungsobjekts wbei einer Verkürzung des Berichtigungszeitraums wegen vorzeitiger Unbrauchbarkeit des Berichtigungsobjekts die Ursache unter Angabe des Zeitpunkts und unter Hinweis auf die entsprechenden Unterlagen.

Die besondere Aufzeichnungspflicht nach § 22 Abs. 4 UStG *entfällt* insoweit, als sich die erforderlichen Angaben aus den sonstigen Aufzeichnungen oder der Buchführung des Unternehmers eindeutig und leicht nachprüfbar entnehmen lassen (Abschn. 219 Abs. 3 UStR 2008).

I. Besteuerungsverfahren

I. Steuerberechnung

632   Bei der Berechnung der Steuer ist von der *Summe der Umsätze* nach § 1 Abs. 1 Nr. 1 und 5 UStG auszugehen, soweit für sie die Steuer in dem Besteuerungszeitraum entstanden ist und die Steuerschuldnerschaft gegeben ist *(§ 16 Abs. 1 Satz 3 UStG)*. Der Steuer sind die nach § 6a Abs. 4 Satz 2 UStG, nach § 14c UStG sowie nach § 17 Abs. 1 Satz 6 UStG geschuldeten Steuerbeträge hinzuzurechnen.

Von dieser berechneten Steuer sind gem. *§ 16 Abs. 2 UStG* die in den Besteuerungszeitraum fallenden, nach § 15 UStG *abziehbaren Vorsteuerbeträge* abzusetzen. § 15a UStG ist zu berücksichtigen. Die EUSt ist von der Steuer für den Besteuerungszeitraum abzusetzen, in dem sie entrichtet worden ist. Die bis zum *16. Tag* nach Ablauf des Besteuerungszeitraums zu entrichtende EUSt kann bereits von der Steuer für diesen Besteuerungszeitraum abgesetzt werden, wenn sie in ihm entstanden ist.

Vereinfacht ergibt sich folgendes Berechnungsschema:

steuerbare Umsätze	…€
·/. steuerfreie Umsätze	…€
= steuerpflichtige Umsätze	…€
steuerpflichtige Umsätze zu 19 % =	…€
+ steuerpflichtige Umsätze zu 7 % =	…€
Steuerschuld	…€
·/. Vorsteuer	…€
= verbleibende Steuerschuld	…€

BEISPIEL: A ist Unternehmer in Düsseldorf. Er unterliegt der Regelbesteuerung. Im Besteuerungszeitraum haben sich folgende Daten ergeben:

Entgelte für ausgeführte Leistungen	280 000 €
davon steuerfrei	22 600 €
davon nicht steuerbar	57 400 €

Die restlichen Entgelte entfallen in vollem Umfang auf steuerpflichtige Leistungen zu 19 %. An abzugsfähigen Vorsteuern haben sich 13 000 € ergeben.

Es ergibt sich folgende verbleibende Steuerschuld:

Entgelte für ausgeführte Leistungen	280 000 €
·/. nicht steuerbare Umsätze	57 400 €
= steuerbare Umsätze	222 600 €
·/. steuerfreie Umsätze	22 600 €
= steuerpflichtige Umsätze	200 000 €
steuerpflichtige Umsätze zu 19 % = USt	38 000 €
·/. Vorsteuer	13 000 €
= verbleibende Steuerschuld	25 000 €

Die verbleibende Steuerschuld beträgt 25 000 €.

II. Besteuerungszeitraum

Besteuerungszeitraum ist gem. *§ 16 Abs. 1 Satz 2 UStG* das *Kalenderjahr*. Hat der Unternehmer seine gewerbliche oder berufliche Tätigkeit nur in einem *Teil* des Kalenderjahres ausgeübt, so tritt dieser Teil an die Stelle des Kalenderjahres *(§ 16 Abs. 3 UStG)*. Der Unternehmer hat für das Kalenderjahr oder für den kürzeren Besteuerungszeitraum eine Steuererklärung nach amtlich vorgeschriebenem Vordruck abzugeben, in der er die zu entrichtende Steuer oder den Überschuss, der sich zu seinen Gunsten ergibt, nach § 16 Abs. 1 bis 4 UStG und § 17 UStG selbst zu berechnen hat *(Steueranmeldung)*. Voranmeldungen und eine Steuererklärung haben auch die Unternehmer und juristischen Personen abzugeben, die ausschließlich Steuer für Umsätze nach § 1 Abs. 1 Nr. 5 UStG, § 13b Abs. 2 UStG oder § 25b Abs. 2 UStG zu entrichten haben, sowie Fahrzeuglieferer (§ 2a UStG). Voranmeldungen sind in diesen Fällen nur für die Voranmeldungszeiträume abzugeben, in denen die Steuer für diese Umsätze zu erklären ist (§ 18 Abs. 4a UStG).

633

Macht ein nicht im Gemeinschaftsgebiet ansässiger Unternehmer von *§ 18 Abs. 4c UStG* Gebrauch, ist Besteuerungszeitraum gem. *§ 16 Abs. 1a Satz 1 UStG* das *Kalendervierteljahr*. Bei der Berechnung der Steuer ist von der Summe der Umsätze nach § 3a Abs. 3a UStG auszugehen, die im Gemeinschaftsgebiet steuerbar sind, soweit für sie in dem Besteuerungszeitraum die Steuer entstanden und die Steuerschuldnerschaft gegeben ist. Eine Jahressteuererklärung ist nicht abzugeben.

III. Vorauszahlungen

634   Auf die Jahressteuerschuld hat der Unternehmer grundsätzlich *Vorauszahlungen* zu leisten. Gemäß *§ 18 Abs. 1 UStG* hat der Unternehmer bis zum 10. Tag nach Ablauf jedes Voranmeldungszeitraums eine Voranmeldung nach amtlich vorgeschriebenem Vordruck auf elektronischem Weg nach Maßgabe der Steuerdaten-Übermittlungsverordnung zu übermitteln, in der er die Steuer für den Voranmeldungszeitraum (Vorauszahlung) selbst zu berechnen hat. Auf *Antrag* kann das Finanzamt zur Vermeidung von unbilligen Härten auf eine elektronische Übermittlung verzichten. § 16 Abs. 1 und 2 UStG und § 17 UStG sind entsprechend anzuwenden. Die Vorauszahlung ist am 10. Tag nach Ablauf des Voranmeldungszeitraums fällig.

635   *Voranmeldungszeitraum* ist seit dem 1. 1. 1996 grundsätzlich das *Kalendervierteljahr* (§ 18 Abs. 2 Satz 1 UStG). Beträgt die Steuer für das vorangegangene Kalenderjahr mehr als *7 500 €*, ist der *Kalendermonat* Voranmeldungszeitraum. Beträgt die Steuer für das vorangegangene Kalenderjahr nicht mehr als *1 000 €* und handelt es sich nicht um einen Neugründungsfall, kann das Finanzamt den Unternehmer von der Verpflichtung zur Abgabe der Voranmeldungen und Entrichtung der Vorauszahlungen befreien. Nimmt der Unternehmer seine gewerbliche oder berufliche Tätigkeit im laufenden Kalenderjahr auf, ist im laufenden und folgenden Kalenderjahr Voranmeldungszeitraum der Kalendermonat *(§ 18 Abs. 2 Satz 4 UStG)*.

Das Kalendervierteljahr wird als *Regelvoranmeldungszeitraum* vorgesehen. Durch die Festlegung der Betragsgrenze auf 7 500 € sollen ca. 50 % aller steuerpflichtigen Unternehmer zu Vierteljahreszahlern bestimmt werden.

Der Unternehmer *kann* anstelle des Kalendervierteljahres den *Kalendermonat* als Voranmeldungszeitraum wählen, wenn sich für das vorangegangene Kalenderjahr ein *Überschuss* zu seinen Gunsten von mehr als *7 500 €* ergibt (§ 18 Abs. 2a Satz 1 UStG). In diesem Fall hat der Unternehmer bis zum 10. Februar des laufenden Kalenderjahres eine Voranmeldung für den ersten Kalendermonat abzugeben. Die Ausübung des Wahlrechts bindet den Unternehmer für dieses Kalenderjahr. Das Wahlrecht soll es dem Unternehmer mit regelmäßigen Erstattungen ermöglichen, seine Erstattungen so schnell wie möglich zu erhalten und nicht bis zum Ende des Quartals warten zu müssen.

Überblick

Steuer des vorangegange-nen Kalenderjahres (x)	Voranmeldungszeitraum	Vorschrift
x > 7 500 €	Kalendermonat	§ 18 Abs. 2 Satz 2 UStG
7 500 € ≥ x > 1 000 €	Kalendervierteljahr	§ 18 Abs. 2 Satz 1 UStG
1 000 € ≥ x ≥ − 7 500 €	grds. Kalendervierteljahr	§ 18 Abs. 2 Satz 1 UStG
	aber	
	Befreiung von Abgabe Voranmeldung möglich	§ 18 Abs. 2 Satz 3 UStG
x < − 7 500 €	grds. Kalendervierteljahr	§ 18 Abs. 2 Satz 1 UStG
	aber	
	Befreiung von Abgabe Voranmeldung möglich	§ 18 Abs. 2 Satz 3 UStG
	oder	
	Wahl Kalendermonat möglich	§ 18 Abs. 2a Satz 1 UStG

Wird eine erstmalige bzw. berichtigte Voranmeldung abgegeben, die zu einer Ände-   636
rung der Steuer für das vorangegangene Kalenderjahr führt, wird der Abgabezeitraum
erneut umgestellt *(permanente Umstellung)*, wenn sich diese Umstellung für das laufende Kalenderjahr noch auswirkt.

BEISPIEL: Der Unternehmer A hat für das Kalenderjahr 2008 monatlich Voranmeldungen abgegeben. Die angemeldete Steuer für das Kalenderjahr 2008 betrug 8 500 €. A war deshalb für
das Kalenderjahr 2009 weiterhin zur monatlichen Abgabe der Voranmeldungen verpflichtet.
Am 20. 5. 2009 gibt A eine berichtigte Voranmeldung für Dezember 2008 ab, so dass die Steuer
für das Kalenderjahr 2008 nur noch 6 000 € beträgt. Die Voranmeldung für April 2009 hat A
bereits am 10. 5. 2009 abgegeben.

Da die Steuer für das Kalenderjahr 2008 nicht mehr als 7 500 € beträgt, ist A zur vierteljährlichen Abgabe der Voranmeldungen verpflichtet. Da A bereits eine Voranmeldung für April
2009 abgegeben hat, wird die Umstellung auf den vierteljährlichen Voranmeldungszeitraum
zu Beginn des 3. Kalendervierteljahres 2009 durchgeführt. Für Mai und Juni 2009 sind die Voranmeldungen noch monatlich abzugeben.

IV. Fristverlängerung

Auf *Antrag* hat das Finanzamt dem Unternehmer die Fristen für die Abgabe der Vor-   637
anmeldungen und für die Entrichtung der Vorauszahlungen um einen Monat zu verlän-
gern *(§ 46 UStDV)*. Der Unternehmer hat die *Fristverlängerung* für die Abgabe der Voranmeldungen bis zu dem Zeitpunkt zu beantragen, an dem die Voranmeldung, für die
die Fristverlängerung erstmals gelten soll, nach § 18 Abs. 1, 2 und 2a UStG abzugeben
ist. Es handelt sich hierbei um eine *Ausschlussfrist*; ggf. ist eine Wiedereinsetzung in
den vorigen Stand gem. § 110 AO zu gewähren. Die Fristverlängerung ist bei einem Unternehmer, der die Voranmeldungen *monatlich* abzugeben hat, unter der Auflage zu
gewähren, dass dieser eine *Sondervorauszahlung* auf die Steuer eines jeden Kalenderjahres entrichtet. Die Sondervorauszahlung beträgt gem. § 47 Abs. 1 UStDV *ein Elftel*
der Summe der Vorauszahlungen für das vorangegangene Kalenderjahr. In dem Antrag
auf Dauerfristverlängerung hat der Unternehmer die Sondervorauszahlung selbst zu

berechnen, anzumelden und zu entrichten. Die festgesetzte Sondervorauszahlung ist gem. § 48 Abs. 4 UStDV bei der Festsetzung der Vorauszahlung für den letzten Voranmeldungszeitraum des Besteuerungszeitraums anzurechnen, für den die Fristverlängerung gilt. Dies gilt auch im Fall der *Insolvenz* (BFH vom 6. 11. 2002, BStBl 2003 II S. 39). Eine auf Antrag gewährte Dauerfristverlängerung gilt so lange fort, bis der Unternehmer seinen Antrag zurück nimmt oder das Finanzamt die Fristverlängerung widerruft (BFH vom 7. 7. 2005, BStBl 2005 II S. 813).

V. Beförderungseinzelbesteuerung

638   Bei Beförderungen von Personen im Gelegenheitsverkehr mit Kraftomnibussen, die nicht im Inland zugelassen sind, wird die Steuer gem. *§ 16 Abs. 5 UStG* für jeden einzelnen steuerpflichtigen Umsatz durch die zuständige *Zolldienststelle* berechnet (Beförderungseinzelbesteuerung), wenn eine Grenze zum Drittlandsgebiet überschritten wird. Das BMF hat hierzu ein *Merkblatt* herausgegeben (BMF-Schreiben vom 20. 9. 2006, BStBl 2006 I S. 563).

In den Fällen der Beförderungseinzelbesteuerung ist gem. *§ 18 Abs. 5 UStG* wie folgt zu verfahren:

Der Beförderer hat für jede einzelne Fahrt eine Steuererklärung nach amtlich vorgeschriebenem Vordruck in zwei Stücken bei der zuständigen *Zolldienststelle* abzugeben. Die zuständige Zolldienststelle setzt für das zuständige Finanzamt die Steuer auf beiden Stücken der Steuererklärung fest und gibt ein Stück dem Beförderer zurück, der die Steuer gleichzeitig zu entrichten hat. Der Beförderer hat dieses Stück mit der Steuerquittung während der Fahrt mit sich zu führen.

Der Beförderer hat bei der zuständigen Zolldienststelle, bei der er die Grenze zum Drittlandsgebiet überschreitet, eine weitere Steuererklärung in zwei Stücken abzugeben, wenn sich die Zahl der Personenkilometer, von der bei der Steuerfestsetzung ausgegangen worden ist, geändert hat. Die Zolldienststelle setzt die Steuer neu fest. Gleichzeitig ist ein *Unterschiedsbetrag* zugunsten des Finanzamts zu entrichten oder ein Unterschiedsbetrag zugunsten des Beförderers zu erstatten. Diese Regelung ist nicht anzuwenden, wenn der Unterschiedsbetrag weniger als 2,50 € beträgt. Die Zolldienststelle kann in diesen Fällen auf eine schriftliche Steuererklärung verzichten.

Auf *Antrag* des Unternehmers ist nach Ablauf des Besteuerungszeitraums an Stelle der Beförderungseinzelbesteuerung die Steuer nach § 16 Abs. 1 und 2 UStG zu berechnen (§ 16 Abs. 5b UStG). In diesen Fällen ist das Besteuerungsverfahren nach § 18 Abs. 3 und 4 UStG durchzuführen. Die bei der Beförderungseinzelbesteuerung entrichtete Steuer ist auf die nach § 18 Abs. 3 Satz 1 UStG zu entrichtende Steuer anzurechnen (§ 18 Abs. 5b UStG).

VI. Fahrzeugeinzelbesteuerung

639   Beim innergemeinschaftlichen Erwerb neuer Fahrzeuge durch andere Erwerber als die in § 1a Abs. 1 Nr. 2 UStG genannten Personen, also insbesondere durch *Privatpersonen*, ist die Steuer abweichend von § 16 Abs. 1 UStG für jeden einzelnen steuerpflichtigen Erwerb zu berechnen (Fahrzeugeinzelbesteuerung gem. *§ 16 Abs. 5a UStG*).

In diesen Fällen der Fahrzeugeinzelbesteuerung hat der Erwerber gem. *§ 18 Abs. 5a UStG* spätestens bis zum 10. Tag nach Ablauf des Tages, an dem die Steuer entstanden ist, eine Steuererklärung nach amtlich vorgeschriebenem Vordruck abzugeben, in der er die zu entrichtende Steuer selbst zu berechnen hat. Die Steueranmeldung muss vom Erwerber eigenhändig unterschrieben sein. Gibt der Erwerber die Steueranmeldung nicht ab oder hat er die Steuer nicht richtig berechnet, so kann das Finanzamt die Steuer festsetzen. Die Steuer ist am 10. Tag nach Ablauf des Tages fällig, an dem sie entstanden ist.

Zur *Sicherung* des Steueranspruchs in Fällen des innergemeinschaftlichen Erwerbs neuer motorbetriebener Landfahrzeuge und neuer Luftfahrzeuge sind die im *§ 18 Abs. 10 UStG* aufgeführten Maßnahmen eingeführt worden. So übermitteln z. B. die Zulassungsstellen den Finanzämtern *Kontrollmaterial*, anhand dessen die Durchführung der Fahrzeugeinzelbesteuerung überwacht werden kann.

BEISPIEL: ▶ A ist Steuerfachangestellter in Dresden. Er erwirbt am 2. 4. 2009 von dem italienischen Pkw-Händler I mit Sitz in Rom einen neuen Pkw für 30 000 €. A holt den Pkw am 2. 4. 2009 in Rom ab und fährt noch am selben Tag zurück nach Dresden.

A erbringt einen steuerbaren Umsatz i. S. des § 1 Abs. 1 Nr. 5 UStG; einen innergemeinschaftlichen Erwerb (§ 1b UStG) im Inland gegen Entgelt. Dieser steuerbare Umsatz ist auch steuerpflichtig. Der Steuersatz beträgt gem. § 12 Abs. 1 UStG 19 %. Bemessungsgrundlage ist gem. § 10 Abs. 1 UStG das Entgelt i. H. von 30 000 €. Am Tage des Erwerbs (2. 4. 2009) entsteht gem. § 13 Abs. 1 Nr. 7 UStG die USt i. H. von 5 700 €. A muss eine Fahrzeugeinzelbesteuerung gem. § 16 Abs. 5a UStG durchführen und gem. § 18 Abs. 5a UStG bis zum 12. 4. 2009 eine Steueranmeldung beim Finanzamt einreichen und die Steuer i. H. von 5 700 € zahlen. Ein Vorsteuerabzug steht A nicht zu, da A kein Unternehmer ist.

VII. Wechsel der Steuerschuldnerschaft

1. Allgemeines

Durch das *Steueränderungsgesetz 2001* vom 20. 12. 2001 (BStBl 2002 I S. 4) wurde das Abzugsverfahren (§ 18 Abs. 8 UStG, §§ 51 bis 58 UStDV) aufgehoben. Gleichzeitig eingefügt wurde eine Regelung zur Steuerschuldnerschaft des Leistungsempfängers in *§ 13b UStG*, die das Abzugsverfahren ersetzt. 640

Eine Änderung des Verfahrens war erforderlich, da das Abzugsverfahren nicht in vollem Umfang den EG-rechtlichen Vorgaben in der 6. EG-Richtlinie entsprach.

Im Rahmen des *Haushaltsbegleitgesetzes 2004* vom 29. 12. 2003 (BGBl 2003 I S. 3076; berichtigt durch BGBl 2004 I S. 69) ist der Anwendungsbereich des § 13b UStG auf sämtliche Umsätze, die unter das Grunderwerbsteuergesetz fallen, und auf Bauleistungen ausgedehnt worden.

Im Rahmen des *Richtlinien-Umsetzungsgesetzes* vom 9. 12. 2004 (BGBl 2004 I S. 3310) ist der Anwendungsbereich auf *Lieferungen von Gas und Elektrizität* eines im Ausland ansässigen Unternehmers ausgeweitet worden. Außerdem wurde *§ 13b Abs. 2 Satz 4 UStG* ergänzt, wonach ein Wechsel der Steuerschuldnerschaft nicht eintritt, wenn der leistende Unternehmer Kleinunternehmer ist.

Durch das Jahressteuergesetz 2007 vom 13. 12. 2006 (BGBl 2006 I S. 2878) wurde § 13b Abs. 3 Nr. 2 UStG sprachlich neu gefasst und § 13b Abs. 3 Nr. 4 und 5 UStG wurden neu eingefügt.

641 Die Vorschrift des § 13b UStG regelt die Steuerschuldnerschaft des Leistungsempfängers. Durch die Regelung sollen *Umsatzsteuerausfälle* verhindert werden, die dadurch eintreten können, dass bestimmte Leistungen von Unternehmern nicht oder nicht vollständig im allgemeinen Besteuerungsverfahren erfasst werden bzw. der Fiskus den Steueranspruch beim Leistenden nicht realisieren kann.

2. Umsätze gem. § 13b Abs. 1 UStG

642 § 13b Abs. 1 Satz 1 UStG listet die Umsätze auf, für die der Leistungsempfänger als Steuerschuldner in Betracht kommt. Es handelt sich um folgende *steuerpflichtige Umsätze*:

► Werklieferungen und sonstige Leistungen eines im Ausland ansässigen Unternehmers,

► Lieferungen sicherungsübereigneter Gegenstände durch den Sicherungsgeber an den Sicherungsnehmer außerhalb des Insolvenzverfahrens,

► Umsätze, die unter das Grunderwerbsteuergesetz fallen,

► Werklieferungen und sonstige Leistungen, die der Herstellung, Instandsetzung, Instandhaltung, Änderung oder Beseitigung von Bauwerken dienen, mit Ausnahme von Planungs- und Überwachungsleistungen,

► Lieferungen von Gas und Elektrizität eines im Ausland ansässigen Unternehmers unter den Bedingungen des § 3g UStG.

643 Die Steuerschuldnerschaft des Leistungsempfängers kommt gem. *§ 13b Abs. 1 Satz 1 Nr. 1 UStG* für Werklieferungen und sonstige Leistungen eines im Ausland ansässigen Unternehmers in Betracht. Die *Unterscheidung* zwischen Lieferung und sonstiger Leistung ist für die Anwendung des § 13b UStG entscheidend, da der Wechsel der Steuerschuldnerschaft nicht für steuerpflichtige *Lieferungen* eines im Ausland ansässigen Unternehmers gilt.

BEISPIELE:

1) Der in Frankreich ansässige Architekt F plant für den in Stuttgart ansässigen Unternehmer U die Errichtung eines Gebäudes in München.

Der im Ausland ansässige Unternehmer F erbringt im Inland eine steuerpflichtige sonstige Leistung an U (§ 13b Abs. 1 Satz 1 Nr. 1 UStG). Die USt für diese Leistung schuldet U (§ 13b Abs. 2 UStG).

2) Der in München ansässige Bauunternehmer A hat den Auftrag erhalten, in Darmstadt ein mehrstöckiges Geschäftshaus zu errichten. Lieferung und Einbau der Türen lässt A von seinem österreichischen Subunternehmer B aus Salzburg ausführen.

Der im Ausland ansässige Unternehmer B erbringt eine im Inland steuerbare und steuerpflichtige Werklieferung an A. A schuldet für diese Werklieferung die Steuer gem. § 13b Abs. 2 UStG. Soweit die weiteren Voraussetzungen des § 15 UStG vorliegen, kann A die Steuer als Vorsteuer gem. § 15 Abs. 1 Satz 1 Nr. 4 UStG abziehen.

3) Unternehmer A mit Sitz in Düsseldorf erwirbt während eines Messebesuchs in Hannover von einem amerikanischen Unternehmer mit Sitz in New York eine Druckmaschine für sein Unternehmen.

A wird nicht zum Steuerschuldner, da es sich weder um eine Werklieferung noch um eine sonstige Leistung eines im Ausland ansässigen Unternehmers handelt. Der amerikanische Unternehmer führt im Inland eine Lieferung aus.

Die Steuerschuldnerschaft des Leistungsempfängers kommt gem. *§ 13b Abs. 1 Satz 1 Nr. 2 UStG* für Lieferungen sicherungsübereigneter Gegenstände durch den Sicherungsgeber an den Sicherungsnehmer außerhalb des Insolvenzverfahrens in Betracht.   644

Bei der Verwertung von Sicherungsgut durch den Sicherungsnehmer liegt neben der Lieferung des Sicherungsnehmers an den Dritten auch eine Lieferung des Sicherungsgebers an den Sicherungsnehmer vor *(Doppelumsatz*; BFH vom 4. 6. 1987, BStBl 1987 II S. 741).

> **BEISPIEL:** ➤ Für den Unternehmer U in Leipzig finanziert eine Bank in Dresden die Anschaffung eines Pkw. Bis zur Rückzahlung des Darlehens lässt sich die Bank den Pkw sicherungsübereignen. Da U seinen Zahlungsverpflichtungen nicht nachkommt, verwertet die Bank den Pkw, indem sie ihn an einen privaten Abnehmer veräußert.
>
> Mit der Veräußerung des Pkw durch die Bank liegen umsatzsteuerrechtlich eine Lieferung des U (Sicherungsgeber) an die Bank (Sicherungsnehmer) sowie eine Lieferung der Bank an den privaten Abnehmer vor. Die Bank als Leistungsempfänger schuldet die USt für die steuerpflichtige Lieferung des U.

Die Steuerschuldnerschaft des Leistungsempfängers kam gem. *§ 13b Abs. 1 Satz 1 Nr. 3 UStG* a. F. nur für Lieferungen von Grundstücken im Zwangsversteigerungsverfahren durch den Vollstreckungsschuldner an den Ersteher in Betracht. Nunmehr wurde die Regelung ausgedehnt auf sämtliche steuerpflichtige Umsätze, die unter das *Grunderwerbsteuergesetz* fallen. Die Einbeziehung derartiger Umsätze in den Wechsel der Steuerschuldnerschaft dient der *Sicherung des Steueranspruchs.*   645

> **BEISPIEL:** ➤ Der Unternehmer A in Berlin ist Eigentümer eines Werkstattgebäudes, dessen Errichtung mit Darlehen einer Bank finanziert wurde. Da A seine Zahlungsverpflichtungen nicht erfüllt, wird das Grundstück mit dem Werkstattgebäude auf Antrag der Bank zwangsversteigert. Den Zuschlag erhält der Unternehmer B. A verzichtet rechtzeitig auf die Steuerbefreiung der Grundstückslieferung.
>
> Mit dem Zuschlag in der Zwangsversteigerung tätigt A an den Ersteher B eine Lieferung, die infolge des Verzichts auf die Steuerbefreiung steuerpflichtig ist. B ist als Leistungsempfänger Schuldner dieser USt.

Ein Wechsel der Steuerschuldnerschaft kommt gem. *§ 13b Abs. 1 Satz 1 Nr. 4 UStG* in Betracht bei *Bauleistungen* und zwar bei Werklieferungen und sonstigen Leistungen, die der Herstellung, Instandsetzung, Instandhaltung, Änderung oder Beseitigung von Bauwerken dienen. Ausgenommen sind Planungs- und Überwachungsleistungen. Auf die Anknüpfung an die Bauabzugsteuer gem. §§ 48 ff. EStG ist im endgültigen Gesetz verzichtet worden; der Begriff der Bauleistung ist im UStG selbst geregelt. Der Begriff des *Bauwerks* ist weit auszulegen und umfasst demzufolge nicht nur Gebäude, sondern darüber hinaus sämtliche irgendwie mit dem Erdboden verbundene oder infolge ihrer eigenen Schwere auf ihm ruhende, aus Baustoffen oder Bauteilen mit baulichem Gerät hergestellte Anlagen.   646

Zu den *Leistungen*, die unter § 13b Abs. 1 Satz 1 Nr. 4 Satz 1 UStG fallen, gehören auch der Einbau von Fenstern und Türen sowie Bodenbelägen, Aufzügen, Rolltreppen und Heizungsanlagen, aber auch von Einrichtungsgegenständen, wenn sie mit einem Gebäude fest verbunden sind, wie z. B. Ladeneinbauten, Schaufensteranlagen, Gaststätteneinrichtungen. Ebenfalls zählen hierzu die Installation einer Lichtwerbeanlage, die Dachbegrünung eines Bauwerks oder der Hausanschluss durch Energieversorgungsunternehmen. Die Leistung muss sich unmittelbar auf die *Substanz* des Bauwerks auswirken, d. h., es muss eine Substanzveränderung im Sinne einer Substanzerweiterung, Substanzverbesserung oder Substanzbeseitigung bewirkt werden. Hierzu zählen auch *Erhaltungsaufwendungen* (z. B. Reparaturleistungen von mehr als 500 € netto). Reine *Wartungsarbeiten* an Bauwerken oder Teilen von Bauwerken sind von der Regelung nicht betroffen, solange nicht Teile verändert, bearbeitet oder ausgetauscht werden. Ausgenommen sind *Planungs- und Überwachungsarbeiten*. Hierunter fallen ausschließlich planerische Leistungen (z. B. von Statikern, Architekten, Garten- und Innenarchitekten, Vermessungs-, Prüf- und Bauingenieuren), Labordienstleistungen (z. B. chemische Analyse von Baustoffen) oder reine Leistungen zur Bauüberwachung, zur Prüfung von Bauabrechnungen und zur Durchführung von Ausschreibungen und Vergaben. Auf die *BMF-Schreiben* vom 31. 3. 2004 (BStBl 2004 I S. 453) und vom 2. 12. 2004 (BStBl 2004 I S. 1129) sowie auf Abschn. 182a Abs. 7 bis 9 UStR 2008 wird hingewiesen.

Werden im Rahmen eines Vertragsverhältnisses *mehrere Leistungen* erbracht, bei denen es sich teilweise um Bauleistungen handelt, kommt es darauf an, welche Leistung im Vordergrund steht, also der vertraglichen Beziehung das Gepräge gibt. Die Leistung fällt nur dann – insgesamt – unter § 13b Abs. 1 Satz 1 Nr. 4 Satz 1 UStG, wenn die *Bauleistung als Hauptleistung* anzusehen ist. Die Nebenleistungen teilen jeweils das Schicksal der Hauptleistung.

647 Bei *Lieferungen von Gas* über das Erdgasnetz oder *von Elektrizität* durch einen im Ausland ansässigen Unternehmer an einen steuerpflichtigen Wiederverkäufer im Inland oder an einen anderen Unternehmer im Inland ist Steuerschuldner der Leistungsempfänger. Dadurch wird vermieden, dass sich der im Ausland ansässige leistende Unternehmer im Inland für Umsatzsteuerzwecke erfassen lassen muss, wenn er nur derartige Umsätze erbringt. Diese Erweiterung des *§ 13b Abs. 1 Satz 1 Nr. 5 UStG* ist im Rahmen des Richtlinien-Umsetzungsgesetzes mit Wirkung ab dem *1. 1. 2005* in das UStG aufgenommen worden.

BEISPIEL: Der russische Unternehmer U liefert Gas über das Erdgasnetz an das deutsche Unternehmen A, das mit Gas handelt.

Es handelt sich um eine Lieferung i. S. des § 3 Abs. 1 UStG. Der Lieferort ist gem. § 3g Abs. 1 Satz 1 UStG im Inland, da der Wiederverkäufer im Inland sein Unternehmen betreibt. Steuerschuldner für die steuerbare und steuerpflichtige Lieferung ist der Leistungsempfänger A gem. § 13b Abs. 1 Satz 1 Nr. 5 UStG i. V. mit § 13b Abs. 2 UStG. Hinsichtlich der Rechnungslegung ist § 14a Abs. 5 UStG zu beachten.

Die Einfuhr des Erdgases ist steuerbar gem. § 1 Abs. 1 Nr. 4 UStG aber steuerfrei gem. § 5 Abs. 1 Nr. 6 UStG.

3. Entstehung der Steuerschuld

Für die in § 13b Abs. 1 Satz 1 Nr. 1 bis 5 UStG aufgeführten steuerpflichtigen Umsätze   648
entsteht die Steuer gem. § 13b Abs. 1 Satz 1 UStG mit *Ausstellung der Rechnung*, spätestens jedoch mit Ablauf des der Ausführung der Leistung folgenden Kalendermonats.

Führt der Unternehmer Leistungen i. S. des § 13b Abs. 1 UStG aus, für die der Leistungsempfänger nach § 13b Abs. 2 UStG die Steuer schuldet, ist er gem. *§ 14a Abs. 5 Satz 1
UStG* zur Ausstellung von Rechnungen *verpflichtet*. In den Rechnungen ist auf die Steuerschuldnerschaft des Leistungsempfängers hinzuweisen. Für den Fall, dass in der Rechnung dieser *Hinweis fehlt*, wird der Leistungsempfänger von der Steuerschuldnerschaft
nicht entbunden. Die Vorschrift über den gesonderten Steuerausweis in einer Rechnung (§ 14 Abs. 4 Satz 1 Nr. 8 UStG) findet gem. § 14a Abs. 5 Satz 3 UStG keine Anwendung. Im Fall des gesonderten Steuerausweises durch den leistenden Unternehmer
wird die Steuer von diesem nach *§ 14c Abs. 1 UStG* geschuldet. Durch die *Ergänzung des
§ 14 Abs. 4 Satz 1 Nr. 8 UStG* um einen Hinweis auf die Steuerbefreiung in der Rechnung
wird gewährleistet, dass in den Fällen des § 13b Abs. 1 UStG der Leistungsempfänger
Kenntnis über die Steuerbefreiung erlangt. Der Leistungsempfänger hat gem. § 14b
Abs. 1 UStG ein Doppel der Rechnung zehn Jahre *aufzubewahren*. Die Aufbewahrungspflicht beginnt mit dem Schluss des Kalenderjahres, in dem die Rechnung ausgestellt
worden ist. Die Vereinfachungsregelung des § 33 UStDV für Rechnungen über *Kleinbeträge* ist bei Leistungen i. S. des § 13b UStG ausgeschlossen (*§ 33 Satz 3 UStDV*).

Wird keine Rechnung ausgestellt oder aber erheblich verspätet ausgestellt, entsteht
die Steuer *mit Ablauf des der Ausführung der Leistung folgenden Kalendermonats*.

> **BEISPIEL:** ▶ Bauunternehmer A lässt von dem niederländischen Subunternehmer NL Maurerleis
> tungen (Werkleistungen) an einem Gebäude im Inland ausführen. Die Leistung ist im Juli voll
> endet. NL schreibt im September eine ordnungsgemäße Rechnung. A ist zur Abgabe monatli
> cher Voranmeldungen verpflichtet.
>
> Für den steuerbaren und steuerpflichtigen Umsatz des NL entsteht die Steuer gem. § 13b
> Abs. 1 Satz 1 UStG mit Ablauf des Monats August; der Umsatz ist von A in der Voranmeldung
> für August zu erfassen. A ist als Leistungsempfänger Schuldner der USt.

Die Regelung des § 13b UStG ist auf *Teilleistungen* entsprechend anzuwenden (§ 13b
Abs. 1 Satz 2 UStG). Auch in Fällen der *Anzahlung* ist § 13b UStG zu beachten (§ 13b
Abs. 1 Satz 3 UStG).

4. Leistungsempfänger als Steuerschuldner

In den in § 13b Abs. 1 Satz 1 Nr. 1 bis 3 UStG genannten Fällen schuldet der Leistungs   649
empfänger gem. *§ 13b Abs. 2 Satz 1 UStG* die Steuer, wenn er ein Unternehmer oder
eine juristische Person des öffentlichen Rechts ist. In den in § 13b Abs. 1 Satz 1 Nr. 5
UStG genannten Fällen schuldet der Leistungsempfänger die Steuer, wenn er ein Unternehmer ist. Dies gilt gem. *§ 13b Abs. 2 Satz 3 UStG* auch, wenn die Leistung für den
nichtunternehmerischen Bereich bezogen wird.

Zu den Unternehmern gehören auch die *Kleinunternehmer* i. S. des § 19 Abs. 1 UStG, für
deren Umsätze die Steuer nicht erhoben wird, sowie *die Land- und Forstwirte*, die unter

die Durchschnittssatzbesteuerung des § 24 UStG fallen. Auch diese Unternehmer werden ebenso wie die Unternehmer, die *ausschließlich steuerfreie Umsätze* ausführen, als Leistungsempfänger zum Steuerschuldner für die in § 13b Abs. 1 Satz 1 Nr. 1 bis 3 und 5 UStG aufgeführten Umsätze. § 19 Abs. 1 Satz 3 UStG stellt sicher, dass diese Steuer von den Kleinunternehmern auch erhoben wird. Nicht entscheidend ist, ob der Unternehmer im Inland oder im Ausland ansässig ist.

> **BEISPIEL:** ▶ Der Unternehmer A mit Sitz in Münster lässt die Einfahrt zu seinem selbst genutzten Einfamilienhaus von einem niederländischen Unternehmer mit Sitz in Amsterdam pflastern. Der niederländische Unternehmer stellt eine Rechnung ohne Umsatzsteuerausweis aus.
>
> Obwohl die Leistung für den nichtunternehmerischen Bereich des Unternehmers A ausgeführt wird, wird A als Leistungsempfänger zum Steuerschuldner.

Neben den Unternehmern kommen hinsichtlich der Umsätze nach § 13b Abs. 1 Satz 1 Nr. 1 bis 3 UStG auch die *juristischen Personen des öffentlichen Rechts* als Steuerschuldner in Betracht.

650 Ein Wechsel der Steuerschuldnerschaft kommt für Leistungen i. S. des § 13b Abs. 1 Satz 1 Nr. 4 Satz 1 UStG *nur* dann in Betracht, wenn der Leistungsempfänger ein Unternehmer ist, der selbst nachhaltig Leistungen i. S. des § 13b Abs. 1 Satz 1 Nr. 4 Satz 1 UStG erbringt *(§ 13b Abs. 2 Satz 2 UStG)*. Damit wird der Kreis von Leistungsempfängern auf Unternehmer beschränkt, die selbst Bauleistungen erbringen. Der Leistungsempfänger muss derartige Bauleistungen *nachhaltig* erbringen oder erbracht haben. Hiervon ist auszugehen, wenn

▶ der Leistungsempfänger im vorangegangenen Kalenderjahr Bauleistungen i. S. von § 13b Abs. 1 Satz 1 Nr. 4 Satz 1 UStG erbracht hat, deren Bemessungsgrundlage mehr als 10 % der Summe seiner steuerbaren Umsätze betragen hat, oder

▶ der Leistungsempfänger dem leistenden Unternehmer eine im Zeitpunkt der Ausführung des Umsatzes gültige Freistellungsbescheinigung nach § 48b EStG vorlegt (Abschn. 182a Abs. 11 und 12 UStR 2008).

Es ist nicht erforderlich, dass die an den Leistungsempfänger erbrachten Umsätze mit von ihm erbrachten Umsätzen nach § 13b Abs. 1 Satz 1 Nr. 4 Satz 1 UStG unmittelbar zusammenhängen.

> **BEISPIEL:** ▶ Unternehmer A, der ein Bauunternehmen betreibt, beauftragt den Unternehmer B, in seinen Mietwohnungen neue Fenster einzubauen.
>
> B erbringt eine Bauleistung i. S. des § 13b Abs. 1 Satz 1 Nr. 4 Satz 1 UStG. Leistungsempfänger A erbringt selbst nachhaltig Bauleistungen. Steuerschuldner wird gem. § 13b Abs. 1 Satz 1 Nr. 4 Satz 1 UStG i. V. mit § 13b Abs. 2 UStG der Leistungsempfänger A. Bei der Rechnungserteilung muss B die Vorschrift des § 14a Abs. 5 UStG beachten.

Der Wechsel der Steuerschuldnerschaft auf den Leistungsempfänger tritt gem. *§ 13b Abs. 2 Satz 3 UStG* grundsätzlich auch dann in Kraft, wenn die Leistung für den nichtunternehmerischen Bereich bezogen wird.

> **BEISPIEL:** ▶ Unternehmer A, der ein Bauunternehmen betreibt, beauftragt den Unternehmer B mit der Instandhaltung seines privaten Einfamilienhauses.
>
> Es liegt ein Fall des § 13b UStG vor. Der Umsatz ist in § 13b Abs. 1 Satz 1 Nr. 4 Satz 1 UStG aufgelistet und er wird an einen Unternehmer erbracht gem. § 13b Abs. 2 Satz 2 UStG. Ob die Leis-

tung für den unternehmerischen oder den nichtunternehmerischen Bereich bezogen wird, ist gem. § 13b Abs. 2 Satz 3 UStG unerheblich. A wird als Leistungsempfänger zum Steuerschuldner; ein Vorsteuerabzug steht ihm nicht zu.

5. Ausnahmen vom Steuerschuldnerwechsel

Von den Regelungen des § 13b Abs. 1 und 2 UStG werden bestimmte *Personenbeförderungsleistungen* und bestimmte *Messeumsätze* ausgenommen. Nach *§ 13b Abs. 3 UStG* findet § 13b Abs. 1 und 2 UStG z. B. keine Anwendung, wenn die Leistung des im Ausland ansässigen Unternehmers in einer Personenbeförderung besteht, die der Beförderungseinzelbesteuerung (§ 16 Abs. 5 UStG) unterlegen hat, die mit einem Taxi durchgeführt worden ist oder die in einer grenzüberschreitenden Personenbeförderung im Luftverkehr besteht.

651

6. Im Ausland ansässiger Unternehmer

Der Leistungsempfänger wird u. a. nur dann zum Steuerschuldner, wenn an ihn eine Werklieferung oder eine sonstige Leistung eines im Ausland ansässigen Unternehmers ausgeführt wird (§ 13b Abs. 1 Satz 1 Nr. 1 UStG). *§ 13b Abs. 4 Satz 1 UStG* definiert den im Ausland ansässigen Unternehmer. Danach ist ein *im Ausland ansässiger Unternehmer* ein Unternehmer, der weder im Inland noch auf der Insel Helgoland oder in einem der in § 1 Abs. 3 UStG bezeichneten Gebiete einen Wohnsitz, seinen Sitz, seine Geschäftsleitung oder eine Zweigniederlassung hat.

652

Die Tatsache, dass ein Unternehmer bei einem Finanzamt im Inland *umsatzsteuerlich geführt* wird, ist kein Merkmal dafür, dass er im Inland ansässig ist. Das Gleiche gilt grundsätzlich, wenn dem Unternehmer eine deutsche *Umsatzsteuer-Identifikationsnummer* erteilt wurde.

Ist es *zweifelhaft*, ob der Unternehmer diese Voraussetzungen erfüllt, schuldet der Leistungsempfänger die Steuer nur dann nicht, wenn ihm der Unternehmer durch eine *Bescheinigung* des nach den abgabenrechtlichen Vorschriften für die Besteuerung seiner Umsätze zuständigen Finanzamts nachweist, dass er kein Unternehmer i. S. des § 13b Abs. 4 Satz 1 UStG ist. Die Regelung soll verhindern, dass der Leistungsempfänger auf Grund unzutreffender Angaben des Leistenden fälschlicherweise davon ausgeht, dass er die Steuer nicht schuldet. Ist es demnach für den Leistungsempfänger nach den Umständen des Einzelfalls ungewiss (BFH vom 23. 5. 1990, BStBl 1990 II S. 1095), ob der leistende Unternehmer zum Zeitpunkt der Ausführung der Leistung im Inland ansässig ist – z. B. weil die Standortfrage in rechtlicher oder tatsächlicher Hinsicht unklar ist oder die Angaben des leistenden Unternehmers zu Zweifeln Anlass geben –, so wird der Leistungsempfänger nur dann nicht zum Steuerschuldner, wenn der leistende Unternehmer die in *§ 13b Abs. 4 Satz 3 UStG* bezeichnete Bescheinigung des zuständigen Finanzamts vorlegt (ein Muster der Bescheinigung enthält das BMF-Schreiben vom 12. 4. 2005, BStBl 2005 I S. 629; siehe auch Abschn. 182a Abs. 30 UStR 2008).

7. Nichtanwendung der §§ 19 und 24 UStG

653   Nach *§ 13b Abs. 5 UStG* sind bei der Berechnung der Steuer die §§ 19 und 24 UStG nicht anzuwenden. Damit wird klargestellt, dass der Leistungsempfänger die geschuldete Steuer nach den allgemeinen umsatzsteuerlichen Vorschriften zu berechnen hat.

8. Steuerschuldnerschaft bei unfreien Versendungen

654   *§ 13b Abs. 6 UStG* erhält die *gesetzliche Ermächtigung* zum Erlass von Rechtsverordnungen. Das Bundesministerium der Finanzen kann danach mit Zustimmung des Bundesrates durch Rechtsverordnung bestimmen, unter welchen Voraussetzungen zur Vereinfachung des Besteuerungsverfahrens in den Fällen, in denen ein anderer als der Leistungsempfänger ein Entgelt gewährt (§ 10 Abs. 1 Satz 3 UStG), der andere an Stelle des Leistungsempfängers Steuerschuldner nach § 13b Abs. 2 UStG ist. In derartigen Fällen soll es ermöglicht werden festzulegen, dass derjenige, der das Entgelt gewährt, auch die Steuer schuldet.

Von dieser Ermächtigung ist durch *§ 30a UStDV* für Fälle der *unfreien Versendung* Gebrauch gemacht worden. Grundsätzlich ist Leistungsempfänger derjenige, der aus den zivilrechtlichen Verträgen berechtigt und verpflichtet ist. Ihm gegenüber erfolgt auch die Abrechnung des Leistenden. In den Fällen der unfreien Versendung oder Besorgung einer solchen (§§ 453 ff. HGB) erfolgt die Abrechnung nicht gegenüber dem Auftraggeber, sondern gegenüber dem Empfänger der Warensendung. Aus Vereinfachungsgründen ist es deshalb sinnvoll, den *Rechnungsempfänger* an Stelle des Auftraggebers zum Steuerschuldner zu bestimmen. Er, der Rechnungsempfänger, darf auch – entsprechend den Regelungen im § 40 UStDV – den Vorsteuerabzug vornehmen.

BEISPIEL: ▶ Unternehmer A beauftragt den französischen Frachtführer F, eine Ware von Frankreich aus an den deutschen Unternehmer B nach Berlin zu transportieren. A lässt den Gegenstand unfrei zu dem Empfänger B befördern; die Beförderungskosten sollen dem Empfänger B in Rechnung gestellt werden. Dabei wird bei Auftragserteilung angegeben, dass B gegenüber F seine deutsche Umsatzsteuer-Identifikationsnummer verwendet. B übernimmt die Entrichtung des Entgelts für die Beförderung; dies ist aus der Rechnung auch ersichtlich.

Der Frachtführer F erbringt einen im Inland steuerbaren Umsatz; der Leistungsort liegt im Inland gem. § 3b Abs. 3 Satz 2 UStG. Für die steuerbare und steuerpflichtige sonstige Leistung des Frachtführers wechselt die Steuerschuldnerschaft gem. § 13b Abs. 1 Satz 1 Nr. 1 i. V. mit Abs. 2 i. V. mit Abs. 6 UStG i. V. mit § 30a UStDV auf den Empfänger B der Frachtsendung; denn

▶ B ist ein Unternehmer,

▶ B hat die Entrichtung des Entgelts für die Beförderung übernommen und

▶ dies ergibt sich auch aus der Rechnung i. S. des § 14a UStG i. V. mit § 30a Nr. 3 UStDV.

B ist unter den weiteren Voraussetzungen des § 15 UStG auch insoweit zum Vorsteuerabzug berechtigt.

VIII. Vergütungsverfahren

655   Gemäß *§ 18 Abs. 9 UStG* kann das Bundesministerium der Finanzen mit Zustimmung des Bundesrates zur Vereinfachung des Besteuerungsverfahrens durch Rechtsverordnung die Vergütung der Vorsteuerbeträge an im Ausland ansässige Unternehmer, abweichend von § 16 UStG und von § 18 Abs. 1 bis 4 UStG, in einem *besonderen Verfahren* regeln. Dabei kann angeordnet werden, dass die Vergütung nur erfolgt, wenn sie eine

bestimmte Mindesthöhe erreicht. Der *Vergütungsantrag* ist binnen 6 Monaten nach Ablauf des Kalenderjahres zu stellen, in dem der Vergütungsanspruch entstanden ist. Hierbei handelt es sich um eine *Ausschlussfrist* (BFH vom 21.10.1999, BStBl 2000 II S. 214, und vom 23.10.2003, BStBl 2004 II S. 196). Die Antragsfrist von 6 Monaten verstößt weder gegen das Verbot der Diskriminierung aus Gründen der Staatsangehörigkeit gem. Artikel 12 EG noch gegen den gemeinschaftsrechtlichen Grundsatz der Verhältnismäßigkeit (BFH-Beschluss vom 8.4.2005, BStBl 2005 II S. 585). Der Unternehmer hat die Vergütung selbst zu berechnen und die Vorsteuerbeträge durch Vorlage von Rechnungen und Einfuhrbelegen im Original nachzuweisen. Allerdings kann der Unternehmer den Nachweis, dass die Voraussetzungen des § 15 Abs. 1 Satz 1 Nr. 2 UStG vorliegen, ebenso wie im allgemeinen Veranlagungsverfahren durch Vorlage der Zweitschrift des Ersatzbelegs führen, wenn der dem Erstattungsantrag zugrunde liegende Vorgang stattgefunden hat und keine Gefahr besteht, dass weitere Erstattungsanträge gestellt werden (BFH vom 19.11.1998, BStBl 1999 II S. 255; und vom 20.8.1998, BStBl 1999 II S. 324). Der Vergütungsantrag ist vom Unternehmer eigenhändig zu unterschreiben.

Einem Unternehmer, der nicht im Gemeinschaftsgebiet ansässig ist, wird die Vorsteuer nur vergütet, wenn in dem Land, in dem der Unternehmer seinen Sitz hat, keine USt oder ähnliche Steuer erhoben oder im Fall der Erhebung im Inland ansässigen Unternehmern vergütet wird (ein Verzeichnis der betreffenden Drittstaaten enthält das BMF-Schreiben vom 21.7.2005, BStBl 2005 I S. 832). Von der Vergütung ausgeschlossen sind bei Unternehmern, die nicht im Gemeinschaftsgebiet ansässig sind (zur Auslegung des Begriffs „ansässig" wird auf das BFH vom 22.5.2003, BStBl 2003 II S. 819, hingewiesen), die Vorsteuerbeträge, die auf den Bezug von Kraftstoffen entfallen. § 18 Abs. 9 Satz 6 UStG verstößt nicht gegen das GG (BFH vom 10.4.2003, BStBl 2003 II S. 782).

Die Einschränkungen des § 18 Abs. 9 Sätze 6 und 7 UStG *gelten nicht* für Unternehmer, die nicht im Gemeinschaftsgebiet ansässig sind, soweit sie im Besteuerungszeitraum als Steuerschuldner ausschließlich *elektronische Leistungen* nach § 3a Abs. 3a UStG im Gemeinschaftsgebiet erbracht und für diese Umsätze von § 18 Abs. 4c UStG Gebrauch gemacht haben oder diese Umsätze in einem anderen Mitgliedstaat erklärt sowie die darauf entfallende Steuer entrichtet haben. Voraussetzung ist, dass die Vorsteuerbeträge im Zusammenhang mit elektronischen Leistungen nach § 3a Abs. 3a UStG stehen.

Regelungen zum Vergütungsverfahren enthalten die *§§ 59 bis 61 UStDV*. Danach ist das Vergütungsverfahren durchzuführen, wenn der Unternehmer im Vergütungszeitraum   656

▶ im Inland keine Umsätze i. S. des § 1 Abs. 1 Nr. 1 und 5 UStG oder nur steuerfreie Umsätze i. S. des § 4 Nr. 3 UStG ausgeführt hat

  oder

▶ nur Umsätze ausgeführt hat, für die der Leistungsempfänger die Steuer schuldet (§ 13b UStG) oder die der Beförderungseinzelbesteuerung unterlegen haben

  oder

▶ im Inland nur innergemeinschaftliche Erwerbe und daran anschließende Lieferungen i. S. des § 25b Abs. 2 UStG ausgeführt hat oder

▶ im Inland als Steuerschuldner nur Umsätze i. S. des § 3a Abs. 3a UStG erbracht hat und von dem Wahlrecht nach § 18 Abs. 4c UStG Gebrauch gemacht hat oder diese Umsätze in einem anderen Mitgliedstaat erklärt sowie die darauf entfallende Steuer entrichtet hat.

Vergütungszeitraum ist gem. § 60 UStDV nach Wahl des Unternehmers ein Zeitraum von mindestens *3 Monaten* bis zu höchstens einem Kalenderjahr. Der Vergütungszeitraum kann weniger als 3 Monate umfassen, wenn es sich um den restlichen Zeitraum des Kalenderjahres handelt.

657 Die Vergütung muss mindestens *200 €* betragen. Das gilt nicht, wenn der Vergütungszeitraum das Kalenderjahr oder der letzte Zeitraum des Kalenderjahres ist. Für diese Vergütungszeiträume muss die Vergütung mindestens *25 €* betragen. Für Unternehmer, die nicht im Gemeinschaftsgebiet ansässig sind, erhöhen sich die Beträge von 200 € auf *500 €* und von 25 € auf *250 €*.

> **BEISPIEL:** ▶ Ein in Spanien ansässiger Unternehmer hat in den Monaten Januar bis April in Deutschland nur steuerfreie Beförderungsleistungen i. S. des § 4 Nr. 3 UStG ausgeführt. In diesem Zeitraum sind ihm aus Kraftstoffeinkäufen und Reparaturen USt-Beträge i. H. von insgesamt 250 € in Rechnung gestellt worden.
>
> Der spanische Unternehmer kann die ihm in Rechnung gestellte USt i. H. von 250 € im Rahmen des Vergütungsverfahrens beim Bundeszentralamt für Steuern vergütet bekommen. Der Unternehmer hat im Inland nur steuerfreie Umsätze i. S. des § 4 Nr. 3 UStG ausgeführt (§ 59 Abs. 1 Nr. 1 UStDV). Die Vergütung beträgt auch mehr als 200 €. Die USt, die auf die Kraftstoffeinkäufe entfällt, kann vergütet werden, da die entsprechende Einschränkung des Vergütungsverfahrens nur für im Drittlandsgebiet ansässige Unternehmer gilt.

658 Für die Vergütung ist grundsätzlich das *Bundeszentralamt für Steuern* zuständig. Der Unternehmer muss gem. § 61 Abs. 3 UStDV durch behördliche Bescheinigung des Staates, in dem er ansässig ist, nachweisen, dass er als Unternehmer unter einer Steuernummer eingetragen ist. Ein Steuerpflichtiger, der eine von einem anderen Mitgliedstaat ausgestellte sog. Unternehmerbescheinigung i. S. des § 61 Abs. 3 UStDV vorlegt, ist nur dann nicht als in diesem Mitgliedstaat ansässig anzusehen, wenn *gewichtige Anhaltspunkte* gegen die Richtigkeit der Bescheinigung sprechen (BFH vom 22. 1. 2004, BStBl 2004 II S. 630).

659 Soweit bei einem im Ausland ansässigen Unternehmer die Besteuerung nach den allgemeinen Vorschriften des UStG vorzunehmen ist, sind die im Vergütungsverfahren erstatteten Vorsteuerbeträge *nicht bei der Steuerfestsetzung zu berücksichtigen* (§ 62 Abs. 1 UStDV). Ab dem 1. 1. 2010 ist das Vergütungsverfahren innerhalb der EU neu geregelt worden. Die Änderungen sind i. R. des Jahressteuergesetzes 2009 vorgenommen worden.

IX. Zusammenfassende Meldung

660 Mit der Schaffung des Binnenmarktes zum 1. 1. 1993 entfiel die Möglichkeit der Warenkontrolle an den innergemeinschaftlichen Grenzen. Zur Überwachung des innergemeinschaftlichen Warenverkehrs wurde ein *Mehrwertsteuer-Informationsaustausch-System (MIAS)* in der EU geschaffen. Grundlage dieses Systems sind die Zusammenfassenden Meldungen. Die Daten in den Zusammenfassenden Meldungen ermöglichen es

den EU-Mitgliedstaaten, die Erwerbsbesteuerung, die innergemeinschaftlich die Besteuerung der Einfuhr ersetzt hat, zu kontrollieren. Danach stellt die Zusammenfassende Meldung die *Grundlage* für die Überwachung des innergemeinschaftlichen Warenverkehrs dar.

Meldepflichtig sind *Unternehmer*, die innergemeinschaftliche Warenlieferungen und/   661
oder Lieferungen i. S. des § 25b Abs. 2 UStG im Rahmen von innergemeinschaftlichen Dreiecksgeschäften ausgeführt haben. *Kleinunternehmer* i. S. des § 19 Abs. 1 UStG müssen keine Zusammenfassende Meldung abgeben (Abschn. 245a Abs. 3 UStR 2008).

Nichtselbständige juristische Personen i. S. des § 2 Abs. 2 Nr. 2 UStG *(Organgesellschaften)* haben abweichend von der umsatzsteuerlichen Behandlung ihrer Umsätze eigene Zusammenfassende Meldungen abzugeben. Die umsatzsteuerliche Behandlung dieser Umsätze als Umsätze des Organträgers bleibt unberührt. Für die Abgabe der Zusammenfassenden Meldung benötigt die Organgesellschaft eine *eigene Umsatzsteuer-Identifikationsnummer*.

Führen *pauschalierende Land- und Forstwirte* innergemeinschaftliche Warenlieferungen und/oder Lieferungen i. S. des § 25b Abs. 2 UStG im Rahmen von innergemeinschaftlichen Dreiecksgeschäften aus, so müssen sie ebenfalls eine Zusammenfassende Meldung abgeben, obwohl diese Umsätze nicht steuerbefreit sind.

Für Meldezeiträume, in denen keine innergemeinschaftlichen Warenlieferungen und keine Lieferungen i. S. des § 25b Abs. 2 UStG ausgeführt wurden, sind *keine* Zusammenfassenden Meldungen abzugeben.

Nicht der Meldepflicht unterliegen *Fahrzeuglieferer* i. S. des § 2a UStG.

In der Zusammenfassenden Meldung sind die innergemeinschaftlichen Warenlieferun-   662
gen anzugeben. Eine innergemeinschaftliche Warenlieferung ist gem. *§ 18a Abs. 2 UStG*

▶ eine innergemeinschaftliche Lieferung i. S. des § 6a Abs. 1 UStG mit Ausnahme der Lieferungen neuer Fahrzeuge an Abnehmer ohne Umsatzsteuer-Identifikationsnummer. Innergemeinschaftliche Lieferungen neuer Fahrzeuge an Abnehmer mit Umsatzsteuer-Identifikationsnummer sind in der Zusammenfassenden Meldung aufzuführen.

▶ eine innergemeinschaftliche Lieferung i. S. des § 6a Abs. 2 UStG.

Seit dem *1. 1. 1997* sind in der Zusammenfassenden Meldung gem. § 18a Abs. 1 Satz 2 UStG auch Lieferungen i. S. des *§ 25b Abs. 2 UStG* im Rahmen von innergemeinschaftlichen Dreiecksgeschäften anzugeben. Im Falle eines derartigen innergemeinschaftlichen Dreiecksgeschäfts sind in der Zusammenfassenden Meldung zu melden:

▶ vom ersten Lieferer eine innergemeinschaftliche Warenlieferung an den ersten Abnehmer;

▶ vom ersten Abnehmer eine Lieferung i. S. des § 25b Abs. 2 UStG an den letzten Abnehmer, wenn die darauf entfallende Steuerschuld auf den letzten Abnehmer übertragen wird.

Derartige Lieferungen i. S. des § 25b Abs. 2 UStG sind in der Zusammenfassenden Meldung in der *Spalte 3* durch eine „1" zu kennzeichnen.

663   Nach *§ 18a Abs. 4 Satz 1 Nr. 1 UStG* sind in der Zusammenfassenden Meldung für jede innergemeinschaftliche Warenlieferung i. S. des § 18a Abs. 2 Nr. 1 UStG (innergemeinschaftliche Lieferung i. S. des § 6a Abs. 1 UStG) folgende *Angaben* zu machen:

▶ die Umsatzsteuer-Identifikationsnummer des Erwerbers

und

▶ die Summe der Bemessungsgrundlagen der an den Erwerber ausgeführten innergemeinschaftlichen Warenlieferungen.

Nach *§ 18a Abs. 4 Satz 1 Nr. 2 UStG* sind in der Zusammenfassenden Meldung für jede innergemeinschaftliche Lieferung i. S. des § 18a Abs. 2 Nr. 2 UStG (innergemeinschaftliches Verbringen i. S. des § 6a Abs. 2 UStG) folgende *Angaben* zu machen:

▶ die Umsatzsteuer-Identifikationsnummer des verbringenden Unternehmers in dem Mitgliedstaat, in den die Gegenstände verbracht werden,

und

▶ die Summe der darauf entfallenden Bemessungsgrundlagen.

Nach *§ 18a Abs. 4 Satz 1 Nr. 3 UStG* sind in der Zusammenfassenden Meldung für jede Lieferung i. S. des § 25b Abs. 2 UStG folgende *Angaben* zu machen:

▶ die Umsatzsteuer-Identifikationsnummer des letzten Abnehmers,

▶ die Summe der Bemessungsgrundlagen der an den letzten Abnehmer ausgeführten Lieferungen,

und

▶ einen Hinweis auf das Vorliegen eines innergemeinschaftlichen Dreiecksgeschäfts.

664   Meldezeitraum ist grundsätzlich das *Kalendervierteljahr* gem. *§ 18a Abs. 1 Satz 1 UStG*. Die Zusammenfassende Meldung ist bis zum 10. Tag nach Ablauf des Kalendervierteljahres beim Bundeszentralamt für Steuern in elektronischer Form einzureichen. Ist dem Unternehmer eine *Dauerfristverlängerung* für die Abgabe seiner USt-Voranmeldungen (§§ 46 bis 48 UStDV) eingeräumt worden, so gilt diese Fristverlängerung auch entsprechend für die Abgabe der Zusammenfassenden Meldung. Ein Antrag auf Dauerfristverlängerung *nur* für die Abgabe der Zusammenfassenden Meldung ist unzulässig (Abschn. 245b Satz 4 UStR 2008).

In den Fällen, in denen der Unternehmer von der Verpflichtung zur Abgabe der Voranmeldungen und Entrichtung der Vorauszahlungen *befreit* wurde, kann er die Zusammenfassende Meldung gem. *§ 18a Abs. 6 UStG* bis zum 10. Tag nach Ablauf des Kalenderjahres abgeben. Dies gilt nur unter den in § 18a Abs. 6 Satz 1 Nr. 1 bis 3 UStG aufgeführten Voraussetzungen.

665   Die Angaben sind gem. *§ 18a Abs. 5 Satz 1 UStG* für den Meldezeitraum zu machen, in dem die Rechnung für die *innergemeinschaftliche Warenlieferung* ausgestellt wird, spätestens für den Meldezeitraum, in dem der auf die Ausführung der innergemeinschaftlichen Warenlieferung folgende Kalendermonat endet. Für das *innergemeinschaftliche Verbringen* i. S. des § 6a Abs. 2 UStG werden keine Rechnungen ausgestellt, d. h., sie sind immer in der Zusammenfassenden Meldung für den Meldezeitraum zu erfassen, der den Monat, der dem Monat des Verbringens folgt, umfasst. Die Angaben für *Lieferun-*

gen i. S. des § 25b Abs. 2 UStG sind gem. *§ 18a Abs. 5 Satz 2 UStG* für den Meldezeitraum zu machen, in dem diese Lieferungen ausgeführt worden sind.

Die Zusammenfassende Meldung kann ihre Kontrollfunktion nur dann erfüllen, wenn die Angaben in der Zusammenfassenden Meldung exakt und zutreffend sind. Erkennt der Unternehmer nachträglich, dass eine von ihm abgegebene Zusammenfassende Meldung unrichtig oder unvollständig ist, so ist er gem. *§ 18a Abs. 7 UStG* verpflichtet, die ursprüngliche Zusammenfassende Meldung innerhalb von drei Monaten zu berichtigen. In der berichtigten Zusammenfassenden Meldung dürfen grundsätzlich die Angaben, die in der ursprünglichen Zusammenfassenden Meldung korrekt gemeldet wurden, nicht wiederholt werden. Es handelt sich um eine so genannte *Nettoberichtigung*. 666

Von den Berichtigungen sind die *nachträglichen Änderungen der Bemessungsgrundlage* zu unterscheiden. Hat sich die umsatzsteuerliche Bemessungsgrundlage für die zu meldenden Umsätze nachträglich geändert (z. B. durch Rabatte, Uneinbringlichkeit oder Rechnungsstornierungen), so ist das in dem Meldezeitraum anzugeben, *in dem die Änderung eingetreten ist*. Die Meldung erfolgt in der Weise, dass der Änderungsbetrag mit der Summe der Bemessungsgrundlage der innergemeinschaftlichen Warenlieferungen bzw. bei Lieferungen i. S. des § 25b Abs. 2 UStG mit der Summe der Bemessungsgrundlage der Lieferungen i. S. des § 25b Abs. 2 UStG, die in dem Meldezeitraum ausgeführt wurden, *saldiert* wird. Die zu meldende Summe der Bemessungsgrundlagen kann *negativ* sein.

Die Abgabe der Zusammenfassenden Meldung kann gem. *§ 18a Abs. 8 Satz 1 UStG* i. V. mit §§ 328 ff. AO erzwungen werden. Dies kann z. B. durch die Festsetzung eines *Zwangsgeldes* bis zu einer Höhe von *25 000 €* erfolgen. 667

Bei einer verspäteten Abgabe der Zusammenfassenden Meldung kann ein *Verspätungszuschlag* gegen den Meldepflichtigen festgesetzt werden. Der Verspätungszuschlag darf gem. *§ 18a Abs. 8 Satz 2 UStG* 1 % der Summe aller in der Zusammenfassenden Meldung zu meldenden Summen der Bemessungsgrundlagen nicht übersteigen und höchstens *2 500 €* betragen.

Wird eine Zusammenfassende Meldung vorsätzlich oder leichtfertig nicht, nicht richtig, nicht vollständig oder nicht rechtzeitig *abgegeben*, so kann dies zusätzlich als *Ordnungswidrigkeit* gem. *§ 26a UStG* mit einer Geldbuße bis zu *5 000 €* geahndet werden.

Wird die Zusammenfassende Meldung vorsätzlich oder leichtfertig nicht, nicht richtig, nicht vollständig oder nicht rechtzeitig *berichtigt*, so kann dies als *Ordnungswidrigkeit* gem. *§ 26a UStG* mit einer Geldbuße bis zu *5 000 €* geahndet werden.

Ab dem 1. 1. 2010 müssen auch bestimmte sonstige Leistungen in der zusammenfassenden Meldung abgegeben werden. Auf die Änderung i. R. des Jahressteuergesetzes 2009 wird hingewiesen.

X. Bestätigungsverfahren

Die Vorschrift des *§ 18e UStG* regelt den *Anspruch des Unternehmers* auf eine Bestätigung über die Gültigkeit einer von einem anderen Mitgliedstaat erteilten Umsatzsteuer-Identifikationsnummer, die ein Abnehmer oder Leistungsempfänger gegenüber dem 668 leistenden Unternehmer verwendet. Durch diese Bestätigung soll dem Unternehmer die korrekte Anwendung der umsatzsteuerlichen Regelungen erleichtert werden, soweit diese auf den umsatzsteuerlichen Status seines Abnehmers abstellen oder darauf, ob der Leistungsempfänger dem leistenden Unternehmer gegenüber eine Umsatzsteuer-Identifikationsnummer verwendet, die dem Leistungsempfänger von einem anderen Mitgliedstaat erteilt wurde. § 18e UStG hat auch Bedeutung für die Anwendung der *Vertrauensschutzregelung* in § 6a Abs. 4 UStG.

Im Rahmen des *Steueränderungsgesetzes 2003* vom 15.12.2003 (BGBl 2003 I S. 2645) ist das Bestätigungsverfahren ausgeweitet worden auf die *Lagerhalter* i. S. des § 4 Nr. 4a UStG. Die Lagerhalter können sich vom Bundeszentralamt für Steuern die Gültigkeit der inländischen Umsatzsteuer-Identifikationsnummer sowie den Namen und die Anschrift des Auslagerers oder dessen Fiskalvertreters bestätigen lassen. Hinweis auf § 13a Abs. 1 Nr. 6 UStG.

669   Nach § 18e UStG sind *Unternehmer* i. S. des § 2 UStG *berechtigt*, Bestätigungsanfragen beim Bundeszentralamt für Steuern zu stellen. Diese Unternehmer müssen eine Umsatzsteuer-Identifikationsnummer besitzen oder zumindest umsatzsteuerlich unter einer Steuernummer geführt werden (Abschn. 245i Abs. 1 UStR 2008). Neben den Unternehmern kann auch das *Finanzamt* Bestätigungsanfragen telefonisch stellen. Das gilt auch für zusätzliche Anfragen nach Namen und Anschrift des Inhabers der ausländischen Umsatzsteuer-Identifikationsnummer (Abschn. 245i Abs. 6 UStR 2008).

670   Das Bundeszentralamt für Steuern bestätigt dem Unternehmer i. S. des § 2 UStG auf Anfrage

▶ die *Gültigkeit* einer Umsatzsteuer-Identifikationsnummer
  sowie bei Bedarf
▶ den Namen
  und
▶ die Anschrift des Inhabers der ausländischen Umsatzsteuer-Identifikationsnummer.

In den Fällen, in denen der anfragende Unternehmer zusätzlich zu der zu überprüfenden Umsatzsteuer-Identifikationsnummer auch den *Namen* und die *Anschrift* des Inhabers der ausländischen Umsatzsteuer-Identifikationsnummer überprüfen lassen will, teilt das Bundeszentralamt für Steuern detailliert mit, inwieweit die angefragten Angaben von dem EU-Mitgliedstaat, der die Umsatzsteuer-Identifikationsnummer erteilt hat, als zutreffend gemeldet werden. Das Bundeszentralamt für Steuern erteilt die Bestätigung auf der Grundlage der Informationen, die ihm von anderen Mitgliedstaaten zur Verfügung gestellt werden.

671   Der Unternehmer kann Bestätigungsanfragen *schriftlich*, *telefonisch* oder per *Telefax* an das Bundeszentralamt für Steuern, Außenstelle Saarlouis, stellen. Bestätigungsanfragen können auch über das *Internet* gestellt werden. Sollen mehrere Umsatzsteuer-Identifikationsnummern bestätigt werden, ist die Anfrage schriftlich zu stellen (Abschn. 245i Abs. 4 Satz 4 UStR 2008). In der Anfrage an das Bundeszentralamt für Steuern müssen folgende Angaben enthalten sein:

▶ die Umsatzsteuer-Identifikationsnummer des anfragenden Unternehmers oder ggf. die Steuernummer, unter der er für Zwecke der USt geführt wird,

▶ die Umsatzsteuer-Identifikationsnummer des Empfängers der innergemeinschaftlichen Lieferung, die von einem anderen EU-Mitgliedstaat erteilt wurde.

Eine *Begründung* dazu, warum die Bestätigung begehrt wird, ist nicht erforderlich.

Das Bundeszentralamt für Steuern teilt das Ergebnis der Bestätigungsanfrage in jedem Fall – auch bei telefonischer Anfrage – *schriftlich* mit. Die Bestätigung ist eine bloße Auskunft und kein Verwaltungsakt.

Um Probleme bei der Bestätigung einer deutschen Umsatzsteuer-Identifikationsnummer durch die zuständigen Behörden anderer Mitgliedstaaten zu verhindern, können beim Bundeszentralamt für Steuern unter der jeweiligen Umsatzsteuer-Identifikationsnummer zusätzlich zu den vorliegenden Anschriftendaten des Inhabers der Umsatzsteuer-Identifikationsnummer die Anschriftendaten gespeichert werden, unter denen das Unternehmen im innergemeinschaftlichen Handelsverkehr auftritt. Diese so genannte *Euro-Adresse* wird ausschließlich im Bestätigungsverfahren verwandt (BMF-Schreiben vom 11. 1. 1993, BStBl 1993 I S. 167).

672

J. Sonderregelungen

I. Reihengeschäft

1. Begriff

Die *Definition* des Reihengeschäfts befindet sich in *§ 3 Abs. 6 Satz 5 UStG*. Danach liegt ein Reihengeschäft vor, wenn mehrere Unternehmer über denselben Gegenstand Umsatzgeschäfte abschließen und dieser Gegenstand bei der Beförderung oder Versendung unmittelbar vom ersten Unternehmer an den letzten Abnehmer gelangt. Es werden mehrere Lieferungen ausgeführt, die hinsichtlich des Lieferorts und des Lieferzeitpunkts *gesondert* zu betrachten sind. Die Warenbewegung ist gem. § 3 Abs. 6 Satz 5 UStG nur einer dieser Lieferungen zuzuordnen. Diese Lieferung ist die *bewegte*, die Beförderungs- oder Versendungslieferung; nur bei dieser Lieferung kann die Steuerbefreiung für Ausfuhrlieferungen oder für innergemeinschaftliche Lieferungen in Betracht kommen. Als Ortsvorschrift ist grundsätzlich § 3 Abs. 6 Satz 1 UStG anzuwenden. Die übrigen Lieferungen in der Reihe sind *unbewegte* bzw. ruhende Lieferungen, für die die Ortsvorschrift des § 3 Abs. 7 Satz 2 UStG zur Anwendung kommt. Lieferungen, die der Beförderungs- oder Versendungslieferung vorangehen, gelten dort als ausgeführt, wo die Beförderung oder Versendung des Gegenstandes beginnt. Lieferungen, die der Beförderungs- oder Versendungslieferung folgen, gelten dort als ausgeführt, wo die Beförderung oder Versendung des Gegenstandes endet.

673

> **BEISPIEL:** ▶ Der Unternehmer D1 in Köln bestellt bei dem Großhändler D2 in Hamburg eine Maschine, die dieser nicht vorrätig hat. D2 bestellt die Maschine seinerseits bei dem Hersteller Dk in Dänemark. Dk befördert die Maschine mit eigenem Lkw unmittelbar zu D1 nach Köln.
>
> Dk ⟶ D2 ⟶ D1
>
> Es liegt ein Reihengeschäft i. S. des § 3 Abs. 6 Satz 5 UStG vor; denn mehrere Unternehmer (Dk, D2, D1) schließen über denselben Gegenstand (Maschine) Umsatzgeschäfte ab und die Ma-

schine gelangt im Rahmen einer Beförderung unmittelbar vom ersten Unternehmer (Dk) zum letzten Abnehmer (D1).

674 Die *Zuordnung* der Warenbewegung zu einer der Lieferungen des Reihengeschäfts ist davon abhängig, ob der Liefergegenstand durch den ersten Unternehmer, den letzten Abnehmer oder einen mittleren Unternehmer befördert oder versendet wird.

1. Beförderung oder Versendung durch den ersten Unternehmer

Wird der Gegenstand der Lieferung durch den ersten Unternehmer in der Reihe befördert oder versendet, ist seiner Lieferung an den ersten Abnehmer die Beförderung oder Versendung zuzuordnen. Die anschließenden Lieferungen sind unbewegte bzw. ruhende Lieferungen.

2. Beförderung oder Versendung durch den letzten Abnehmer

Wird der Gegenstand der Lieferung durch den letzten Abnehmer befördert oder versendet, ist die Beförderung oder Versendung der Lieferung des letzten Lieferers in der Reihe zuzuordnen. Die vorangehenden Lieferungen sind unbewegte bzw. ruhende Lieferungen.

3. Beförderung oder Versendung durch den mittleren Unternehmer

Befördert oder versendet ein mittlerer Unternehmer in der Reihe den Liefergegenstand, ist er zugleich Abnehmer der Vorlieferung als auch Lieferer. In diesen Fällen stellt *§ 3 Abs. 6 Satz 6 UStG* den Grundsatz auf, dass die Beförderung oder Versendung der Lieferung an den mittleren Unternehmer zuzuordnen ist, d. h., die Lieferung des mittleren Unternehmers ist grundsätzlich eine unbewegte bzw. ruhende Lieferung. Diese gesetzliche Vermutung ist widerlegbar. Der mittlere Unternehmer kann anhand von Belegen (z. B. Auftragsbestätigung, Doppel der Rechnung oder andere handelsübliche Belege und Aufzeichnungen) nachweisen, dass er als Lieferer aufgetreten und demzufolge die Beförderung oder Versendung seiner eigenen Lieferung zuzuordnen ist. Von der Eigenschaft des mittleren Unternehmers als Lieferer kann ausgegangen werden, wenn der Unternehmer unter der Umsatzsteuer-Identifikationsnummer des Mitgliedstaates auftritt, in dem die Beförderung oder Versendung des Gegenstandes beginnt, und wenn er aufgrund der mit seinem Vorlieferanten und seinem Auftraggeber vereinbarten Lieferkonditionen Gefahr und Kosten der Beförderung oder Versendung übernommen hat. Den Anforderungen an die Lieferkonditionen ist genügt, wenn handelsübliche Lieferklauseln (z. B. Incoterms) verwendet werden (Abschn. 31a Abs. 10 UStR 2008).

BEISPIEL: Der Unternehmer D1 aus Münster bestellt bei dem Unternehmer D2 aus Düsseldorf eine Ware. Da D2 die Ware nicht auf Lager hat, bestellt er diese seinerseits bei dem Unternehmer I in Italien. D2 lässt die Ware durch einen Transportunternehmer bei I in Italien abholen und lässt sie unmittelbar zu D1 nach Münster transportieren.

a) Es wurden keine besonderen Lieferklauseln vereinbart.

b) Es wurden folgende besonderen Lieferklauseln vereinbart: D2 vereinbart mit D1 eine „Lieferung frei Haus" und mit I eine „Lieferung ab Werk".

$$I \longrightarrow D2 \longrightarrow D1$$

a) Es liegt ein Reihengeschäft i. S. des § 3 Abs. 6 Satz 5 UStG vor. Die Warenbewegung wird gem. § 3 Abs. 6 Satz 6 UStG der Lieferung des I an D2 zugeordnet. Diese bewegte Lieferung wird in Italien ausgeführt (entsprechend § 3 Abs. 6 Satz 1 UStG) und ist in Italien – unter Beachtung der weiteren Voraussetzungen für die Steuerbefreiung – als innergemeinschaftliche Lieferung steuerfrei. D2 unterliegt der Erwerbsbesteuerung in Deutschland. Die Erwerbsteuer kann von D2 als Vorsteuer gem. § 15 Abs. 1 Satz 1 Nr. 3 UStG abgezogen werden. Die Lieferung des D2 an D1 ist eine unbewegte bzw. ruhende Lieferung, die gem. § 3 Abs. 7 Satz 2 Nr. 2 UStG am Ende des Transports, in Münster, als ausgeführt gilt.

b) Es liegt ein Reihengeschäft i. S. des § 3 Abs. 6 Satz 5 UStG vor. Die Warenbewegung wird gem. § 3 Abs. 6 Satz 6 2. Halbsatz UStG der Lieferung des D2 an D1 zugeordnet, da nach den Lieferbedingungen der mittlere Unternehmer D2 als Lieferer auftritt. Diese bewegte Lieferung wird in Italien ausgeführt (entsprechend § 3 Abs. 6 Satz 1 UStG). D1 unterliegt der Erwerbsbesteuerung in Deutschland. Die Erwerbsteuer kann von D1 als Vorsteuer gem. § 15 Abs. 1 Satz 1 Nr. 3 UStG abgezogen werden. Die Lieferung des I an D2 ist eine unbewegte bzw. ruhende Lieferung, die gem. § 3 Abs. 7 Satz 2 Nr. 1 UStG am Beginn des Transports, in Italien, als ausgeführt gilt. Eine Steuerbefreiung kommt für diese unbewegte Lieferung nicht in Betracht.

Nach dem BMF-Schreiben vom 18. 4. 1997 (BStBl 1997 I S. 529; Abschn. 31a Abs. 11 UStR 2008) gilt folgende *Besonderheit*: Ist die Zuordnung der Beförderung oder Versendung zu einer der Lieferungen von einem an dem Reihengeschäft beteiligten Unternehmer aufgrund des Rechts eines anderen Mitgliedstaates ausnahmsweise abweichend von den o. g. Grundsätzen vorgenommen worden, ist es nicht zu beanstanden, wenn dieser Zuordnung gefolgt wird.

In den Fällen, in denen *Nichtunternehmer* als letzte Abnehmer in der Reihe an derartigen Reihengeschäften beteiligt sind, gelten die dargestellten Grundsätze entsprechend.

2. Reihengeschäft innerhalb Deutschlands

Die dargestellten Grundsätze gelten auch für Reihengeschäfte, bei denen *keine grenzüberschreitende Warenbewegung* stattfindet. Bei der Beteiligung eines im Ausland ansässigen Unternehmers an derartigen Reihengeschäften muss sich dieser stets im Inland steuerlich registrieren lassen, da er im Inland eine steuerbare Lieferung ausführt.   675

BEISPIEL: Unternehmer D1 in Dortmund bestellt bei dem niederländischen Unternehmer NL eine Maschine für sein Unternehmen. Da NL diese Maschine nicht vorrätig hat, bestellt er sie seinerseits bei dem Unternehmer D2 in Bonn. D2 lässt die Maschine durch einen Frachtführer von Bonn unmittelbar nach Dortmund zu D1 transportieren.

$$D2 \rightarrow NL \rightarrow D1$$
$$\lfloor_____\rfloor$$

Es liegt ein Reihengeschäft i. S. des § 3 Abs. 6 Satz 5 UStG vor. Die Warenbewegung ist der Lieferung D2 an NL zuzuordnen, da D2 als erster Unternehmer in der Reihe die Maschine versendet. Der Lieferort ist gem. § 3 Abs. 6 Satz 1 UStG Bonn. Die Lieferung ist steuerbar und steuerpflichtig. Die Lieferung NL an D1 ist eine unbewegte bzw. ruhende Lieferung, die der bewegten Lieferung folgt. Lieferort ist gem. § 3 Abs. 7 Satz 2 Nr. 2 UStG Dortmund. NL muss sich in Deutschland bei dem zuständigen Finanzamt Kleve registrieren lassen und die Lieferung zur Umsatzbesteuerung erklären.

3. Reihengeschäft mit dem Drittland

Gelangt der Liefergegenstand im Rahmen eines Reihengeschäfts aus dem Inland in das Drittlandsgebiet, ist zu beachten, dass nur *eine Ausfuhrlieferung* gem. § 6 UStG vorlie-   676

481

gen kann, die nach § 4 Nr. 1 Buchst. a UStG steuerfrei ist. Die Steuerbefreiung kann nur hinsichtlich der bewegten Lieferung zur Anwendung kommen, da § 6 UStG eine Beförderungs- oder Versendungslieferung verlangt. Für die unbewegte bzw. ruhende Lieferung kommt eine Steuerbefreiung nach § 4 Nr. 1 Buchst. a UStG nicht zur Anwendung.

BEISPIEL: Der norwegische Unternehmer N bestellt bei dem deutschen Unternehmer D1 eine Ware, die dieser gerade nicht auf Lager hat. D1 bestellt die Ware seinerseits bei dem deutschen Unternehmer D2. N holt die Ware vereinbarungsgemäß mit eigenem Lkw bei D2 ab und transportiert sie nach Norwegen.

$$D2 \rightarrow D1 \rightarrow N$$

Es liegt ein Reihengeschäft i. S. des § 3 Abs. 6 Satz 5 UStG vor. Die Warenbewegung ist der Lieferung D1 an N zuzuordnen, da N als letzter Abnehmer in der Reihe die Ware befördert. Der Lieferort ist gem. § 3 Abs. 6 Satz 1 UStG im Inland. Die Lieferung ist steuerbar und als Ausfuhrlieferung steuerfrei gem. § 4 Nr. 1 Buchst. a UStG. Die Lieferung des D2 an D1 ist eine unbewegte bzw. ruhende Lieferung, die der bewegten Lieferung vorangeht. Lieferort ist gem. § 3 Abs. 7 Satz 2 Nr. 1 UStG im Inland. Die Lieferung ist in Deutschland steuerbar und steuerpflichtig. Eine Steuerbefreiung gem. § 6 UStG i. V. mit § 4 Nr. 1 Buchst. a UStG kommt für eine ruhende Lieferung nicht in Betracht.

677 Gelangt der Liefergegenstand im Rahmen eines Reihengeschäfts aus dem Drittlandsgebiet in das Inland, ist zu beachten, dass eine *Verlagerung des Lieferorts* nach *§ 3 Abs. 8 UStG* für die bewegte Lieferung in Betracht kommen kann. Die Anwendung des § 3 Abs. 8 UStG setzt voraus, dass der Unternehmer, dem die bewegte Lieferung zuzuordnen ist, oder sein Beauftragter Schuldner der EUSt ist.

Gelangt der Liefergegenstand im Rahmen eines Reihengeschäfts aus dem Drittlandsgebiet in das Inland und ist ein Abnehmer oder dessen Beauftragter Schuldner der EUSt, sind gem. *§ 4 Nr. 4b UStG* die Lieferung an diesen Abnehmer und die vorangegangenen Lieferungen im Inland steuerfrei.

BEISPIEL: Der deutsche Unternehmer D bestellt bei dem niederländischen Unternehmer NL eine Maschine, die dieser nicht vorrätig hat. NL bestellt seinerseits die Maschine bei dem Unternehmer S in der Schweiz. S befördert die Maschine mit eigenem Lkw zu D nach Deutschland. D ist Schuldner der EUSt.

$$S \rightarrow NL \rightarrow D$$

Es liegt ein Reihengeschäft gem. § 3 Abs. 6 Satz 5 UStG vor. Die Warenbewegung ist der Lieferung des S an NL zuzuordnen, da der erste Unternehmer in der Reihe befördert. Der Lieferort ist in der Schweiz. Eine Verschiebung des Lieferorts in das Einfuhrland Deutschland nach § 3 Abs. 8 UStG kommt nicht in Betracht, da der Abnehmer D Schuldner der EUSt ist. Die Lieferung ist in Deutschland nicht steuerbar. Die Lieferung des NL an D ist eine unbewegte bzw. ruhende Lieferung, die der bewegten Lieferung folgt. Lieferort ist gem. § 3 Abs. 7 Satz 2 Nr. 2 UStG Deutschland. Die Lieferung ist in Deutschland steuerbar und steuerfrei gem. § 4 Nr. 4b UStG.

4. Reihengeschäft innerhalb der EU

678 Gelangt der Liefergegenstand im Rahmen eines Reihengeschäfts aus dem Inland in das übrige Gemeinschaftsgebiet, ist zu beachten, dass nur *eine innergemeinschaftliche Lieferung* gem. § 6a UStG vorliegen kann, die gem. § 4 Nr. 1 Buchst. b UStG steuerfrei ist. Die Steuerbefreiung kann nur hinsichtlich der bewegten Lieferung zur Anwendung

kommen, da § 6a UStG eine Beförderungs- oder Versendungslieferung verlangt. Für die unbewegte bzw. ruhende Lieferung kommt eine Steuerbefreiung nach § 4 Nr. 1 Buchst. b UStG nicht zur Anwendung.

> **BEISPIEL:** ▶ Der belgische Unternehmer B bestellt bei dem deutschen Unternehmer D1 eine Maschine, die dieser nicht vorrätig hat. D1 bestellt seinerseits die Maschine bei dem deutschen Unternehmer D2. D2 befördert die Maschine mit eigenem Lkw zu B nach Belgien. Alle Unternehmer treten mit der Umsatzsteuer-Identifikationsnummer ihres Wohnsitzstaates auf.
>
> $$D2 \rightarrow D1 \rightarrow B$$
>
> Es liegt ein Reihengeschäft gem. § 3 Abs. 6 Satz 5 UStG vor. Die Warenbewegung ist der Lieferung des D2 an D1 zuzuordnen, da der erste Unternehmer in der Reihe befördert. Der Lieferort ist im Inland gem. § 3 Abs. 6 Satz 1 UStG. Die Lieferung ist in Deutschland steuerbar und steuerpflichtig. Eine innergemeinschaftliche Lieferung liegt nicht vor, da D1 ebenfalls mit deutscher Umsatzsteuer-Identifikationsnummer auftritt. Der Erwerb der Maschine unterliegt bei D1 der Erwerbsbesteuerung in Belgien (§ 3d Satz 1 UStG) und in Deutschland (§ 3d Satz 2 UStG). Der Erwerb ist solange in Deutschland zu versteuern bis D1 die Besteuerung des innergemeinschaftlichen Erwerbs in Belgien nachgewiesen hat. Die Lieferung D1 an B ist eine unbewegte bzw. ruhende Lieferung, die der bewegten Lieferung folgt. Lieferort ist gem. § 3 Abs. 7 Satz 2 Nr. 2 UStG Belgien. Diese Lieferung ist in Deutschland nicht steuerbar. D1 muss sich in Belgien umsatzsteuerlich registrieren lassen.

Gelangt der Liefergegenstand im Rahmen eines Reihengeschäfts aus dem übrigen Gemeinschaftsgebiet in das Inland, ist zu beachten, dass von den Beteiligten nur derjenige *Erwerber* i. S. des § 1a UStG sein kann, an den die bewegte Lieferung ausgeführt wird. 679

> **BEISPIEL:** ▶ Der deutsche Unternehmer D1 bestellt bei dem deutschen Unternehmer D2 eine Ware, die dieser nicht vorrätig hat. D2 bestellt die Ware bei dem italienischen Unternehmer I1, der sie wiederum bei dem italienischen Unternehmer I2 bestellt. Vereinbarungsgemäß holt D1 die Ware bei I2 ab und transportiert sie nach Deutschland. Alle Unternehmer treten mit der Umsatzsteuer-Identifikationsnummer ihres Wohnsitzstaates auf.
>
> $$I2 \rightarrow I1 \rightarrow D2 \rightarrow D1$$
>
> Es liegt ein Reihengeschäft gem. § 3 Abs. 6 Satz 5 UStG vor. Die Warenbewegung ist der Lieferung des D2 an D1 zuzuordnen, da der letzte Abnehmer die Ware abholt. Der Lieferort ist gem. § 3 Abs. 6 Satz 1 UStG in Italien. Die Lieferung des D2 ist in Italien steuerbar und unter den weiteren Voraussetzungen als innergemeinschaftliche Lieferung steuerfrei. D1 ist Erwerber und unterliegt der Erwerbsbesteuerung in Deutschland (§ 3d Satz 1 UStG). Die Lieferungen des I2 an I1 und I1 an D2 sind unbewegte bzw. ruhende Lieferungen, die der bewegten Lieferung vorangehen. Lieferort für diese Lieferungen ist gem. § 3 Abs. 7 Satz 2 Nr. 1 UStG jeweils in Italien. Diese Lieferungen sind in Italien steuerbar und steuerpflichtig.

Wenn der letzte Abnehmer im Rahmen eines Reihengeschäfts, bei dem die Warenbewegung im Inland beginnt und im Gebiet eines anderen Mitgliedstaates endet (oder umgekehrt), nicht die subjektiven Voraussetzungen für die Besteuerung des innergemeinschaftlichen Erwerbs erfüllt und demzufolge nicht mit einer Umsatzsteuer-Identifikationsnummer auftritt, ist *§ 3c UStG* zu beachten, wenn der letzten Lieferung in der Reihe die Beförderung oder Versendung zugeordnet wird. Dies gilt nicht, wenn der private Endabnehmer den Gegenstand abholt (Abschn. 31a Abs. 18 UStR 2008). 680

5. Innergemeinschaftliches Dreiecksgeschäft

a) Allgemeines

681   Die innergemeinschaftliche *Vereinfachungsregelung* für so genannte Dreiecksgeschäfte wurde durch *§ 25b UStG* in das deutsche Recht umgesetzt. Ebenso wie bei der vorherigen deutschen Regelung wird hiermit im Ergebnis vermieden, dass eine steuerliche *Registrierung* des mittleren Unternehmers im Bestimmungsland erfolgen muss.

b) Voraussetzungen

682   *§ 25b Abs. 1 UStG* legt die Voraussetzungen für ein innergemeinschaftliches Dreiecksgeschäft fest. Danach liegt ein innergemeinschaftliches Dreiecksgeschäft nur dann vor, wenn folgende *Voraussetzungen* erfüllt sind:

► drei Unternehmer schließen über denselben Gegenstand Umsatzgeschäfte ab und dieser Gegenstand gelangt unmittelbar vom ersten Lieferer an den letzten Abnehmer;

► die Unternehmer sind jeweils in verschiedenen Mitgliedstaaten für Zwecke der USt erfasst;

► der Liefergegenstand gelangt aus dem Gebiet eines Mitgliedstaates in das Gebiet eines anderen Mitgliedstaates

und

► der Liefergegenstand wird durch den ersten Lieferer oder den ersten Abnehmer befördert oder versendet.

683   Nach *§ 25b Abs. 1 Satz 1 Nr. 1 UStG* müssen genau *drei Unternehmer* beteiligt sein, der erste Lieferer, der erste Abnehmer und der letzte Abnehmer. Letzte Abnehmer sind auch Unternehmer, die nur steuerfreie – nicht zum Vorsteuerabzug berechtigende – Umsätze ausführen, sowie Kleinunternehmer und pauschalierende Land- und Forstwirte. Voraussetzung ist, dass sie umsatzsteuerlich in dem Mitgliedstaat erfasst sind, in dem die Beförderung oder Versendung des Gegenstandes endet. Letzter Abnehmer kann gem. *§ 25b Abs. 1 Satz 2 UStG* auch eine juristische Person des öffentlichen oder privaten Rechts sein, die nicht Unternehmer ist oder den Gegenstand nicht für ihr Unternehmen erwirbt, wenn sie in dem Mitgliedstaat, in dem die Warenbewegung endet, für Zwecke der USt registriert ist. Die drei Unternehmer müssen über ein und denselben *Gegenstand* Umsatzgeschäfte abschließen und der Gegenstand muss *unmittelbar* vom ersten Lieferer an den letzten Abnehmer gelangen. Diese Definition entspricht der Regelung des § 3 Abs. 6 Satz 5 UStG.

Ein innergemeinschaftliches Dreiecksgeschäft kann auch zwischen drei unmittelbar nacheinander liefernden Unternehmern bei Reihengeschäften mit *mehr als drei Beteiligten* vorliegen, wenn die drei unmittelbar nacheinander liefernden Unternehmer am Ende der Lieferkette stehen (Abschn. 276b Abs. 2 Satz 2 UStR 2008).

684   Nach *§ 25b Abs. 1 Satz 1 Nr. 2 UStG* liegt ein innergemeinschaftliches Dreiecksgeschäft nur dann vor, wenn die drei Unternehmer in jeweils *verschiedenen Mitgliedstaaten* für Zwecke der USt erfasst sind. Nicht erforderlich ist die Ansässigkeit in diesen Mitglied-

staaten; die Registrierung für Zwecke der USt (Erteilung einer Umsatzsteuer-Identifikationsnummer) reicht aus. Sind mehrere der beteiligten Unternehmer in demselben Mitgliedstaat registriert, liegt kein innergemeinschaftliches Dreiecksgeschäft vor.

Nach § 25b Abs. 1 Satz 1 Nr. 3 UStG liegt ein innergemeinschaftliches Dreiecksgeschäft 　685
nur dann vor, wenn der Liefergegenstand aus dem Gebiet eines Mitgliedstaates in das Gebiet eines anderen Mitgliedstaates gelangt. Es ist somit eine *tatsächliche Warenbewegung* zwischen zwei Mitgliedstaaten erforderlich. Diese Voraussetzung ist im Hinblick auf § 3 Abs. 8 UStG auch dann erfüllt, wenn der erste Lieferer den Gegenstand in das Gemeinschaftsgebiet eingeführt hat. Der Liefergegenstand kann auch durch Beauftragte des ersten Lieferers vor der Beförderung oder Versendung in das übrige Gemeinschaftsgebiet bearbeitet oder verarbeitet worden sein. Liefergegenstand ist in diesem Fall der bearbeitete oder verarbeitete Gegenstand. Der Gegenstand der Lieferung kann auch an einen vom letzten Abnehmer beauftragten Dritten, z. B. einen Lohnveredelungsunternehmer oder einen Lagerhalter, befördert oder versendet werden. In den Fällen, in denen der Liefergegenstand unmittelbar aus dem Drittland in das Bestimmungsland gelangt, liegt keine Warenbewegung zwischen zwei EU-Mitgliedstaaten vor und somit ist § 25b UStG nicht anwendbar.

Nach § 25b Abs. 1 Satz 1 Nr. 4 UStG liegt ein innergemeinschaftliches Dreiecksgeschäft 　686
nur dann vor, wenn der Liefergegenstand durch den *ersten Lieferer* oder den *ersten Abnehmer* befördert oder versendet wird. Dies gilt für den ersten Abnehmer allerdings nur dann, wenn er in seiner Eigenschaft als Abnehmer befördert oder versendet, d. h., die Beförderung oder Versendung der Lieferung an ihn zugeordnet wird. Wird die Beförderung oder Versendung dagegen dem ersten Abnehmer (mittlerer Unternehmer) zugeordnet, weil er in seiner Eigenschaft als Lieferer auftritt, liegt kein innergemeinschaftliches Dreiecksgeschäft vor (BMF-Schreiben vom 18. 4. 1997, BStBl 1997 I S. 529, Tz 35; Abschn. 276b Abs. 5 Satz 3 UStR 2008). In den Fällen, in denen der letzte Abnehmer den Gegenstand selbst *abholt* oder durch einen Beauftragten abholen lässt, kommt die Regelung des § 25b UStG nicht zur Anwendung.

c) Auswirkungen

(1) Beim ersten Lieferer

Bei dem Vorliegen eines innergemeinschaftlichen Dreiecksgeschäfts werden grundsätz 　687
lich *folgende Umsätze* ausgeführt:

▶ eine innergemeinschaftliche Lieferung des ersten Lieferers in dem Mitgliedstaat, in dem die Beförderung oder Versendung des Gegenstandes beginnt,

▶ ein innergemeinschaftlicher Erwerb des ersten Abnehmers in dem Mitgliedstaat, in dem die Beförderung oder Versendung des Gegenstandes endet,

▶ ein innergemeinschaftlicher Erwerb des ersten Abnehmers in dem Mitgliedstaat, der dem ersten Abnehmer die von ihm verwendete Umsatzsteuer-Identifikationsnummer erteilt hat,

▶ eine Lieferung des ersten Abnehmers in dem Mitgliedstaat, in dem die Beförderung oder Versendung des Gegenstandes endet.

Die Lieferung des ersten Lieferers an den ersten Abnehmer wird entsprechend § 3 Abs. 6 Satz 1 UStG dort ausgeführt, wo die Beförderung oder Versendung des Gegenstandes *beginnt*. Unter den weiteren Voraussetzungen liegt *eine innergemeinschaftliche Lieferung* entsprechend § 6a UStG vor, die steuerfrei ist. Der erste Lieferer ist zur Ausstellung einer Rechnung i. S. der §§ 14, 14a UStG verpflichtet. Diese innergemeinschaftliche Lieferung ist auch in der *Zusammenfassenden Meldung* anzugeben.

(2)   Beim ersten Abnehmer

688   Der erste Abnehmer tritt zum einen als *Erwerber* und zum anderen als *Lieferer* in Erscheinung.

Der erste Abnehmer führt einen *innergemeinschaftlichen Erwerb in zwei Mitgliedstaaten* aus. Ein innergemeinschaftlicher Erwerb wird gem. *§ 3d Satz 1 UStG* in dem Mitgliedstaat bewirkt, in dem sich der Gegenstand der Lieferung am Ende der Beförderung oder Versendung befindet. Da der erste Abnehmer in den Fällen eines innergemeinschaftlichen Dreiecksgeschäfts aber gegenüber dem Lieferer nicht die Umsatzsteuer-Identifikationsnummer des Bestimmungslandes, sondern im Regelfall die seines Wohnsitzstaates verwendet hat, gilt der Erwerb gem. *§ 3d Satz 2 UStG* auch in dem Mitgliedstaat, dessen Umsatzsteuer-Identifikationsnummer er verwendet, als bewirkt.

Der innergemeinschaftliche Erwerb des ersten Abnehmers gilt nach der gesetzlichen Regelung des *§ 25b Abs. 3 UStG* als besteuert, wenn die Voraussetzungen des § 25b Abs. 2 UStG vorliegen, d. h., wenn die Steuer für die Lieferung an den letzten Abnehmer auf diesen übergeht. Diese *fiktive Besteuerung* des innergemeinschaftlichen Erwerbs beim ersten Abnehmer gilt für die Erwerbsbesteuerung in dem Mitgliedstaat, in dem die Beförderung oder Versendung endet, und zugleich auch für die Beurteilung einer Erwerbsbesteuerung in dem Mitgliedstaat, unter dessen Umsatzsteuer-Identifikationsnummer der erste Abnehmer auftritt.

Die *Lieferung* des ersten Abnehmers an den letzten Abnehmer wird entsprechend § 3 Abs. 7 Satz 2 Nr. 2 UStG dort ausgeführt, wo die Beförderung oder Versendung des Gegenstandes endet. Die *Steuerschuldnerschaft* wechselt für diesen Umsatz unter den Voraussetzungen des § 25b Abs. 2 UStG vom ersten Abnehmer auf den letzten Abnehmer. Der erste Abnehmer muss eine *Rechnung* i. S. des § 14a Abs. 7 UStG ausstellen. Neben den Angaben nach § 14 Abs. 4 UStG sind in der Rechnung des ersten Abnehmers danach folgende *zusätzliche Angaben* erforderlich:

► ein Hinweis auf das Vorliegen eines innergemeinschaftlichen Dreiecksgeschäfts, z. B. „innergemeinschaftliches Dreiecksgeschäft nach § 25b UStG" oder „Vereinfachungsregelung nach Artikel 141 der Mehrwertsteuer-Systemrichtlinie",

► ein Hinweis auf die Steuerschuld des letzten Abnehmers,

► die Angabe der Umsatzsteuer-Identifikationsnummer des ersten Abnehmers und

► die Angabe der Umsatzsteuer-Identifikationsnummer des letzten Abnehmers.

Außerdem muss der erste Abnehmer die Lieferung in seiner *Zusammenfassenden Meldung* aufnehmen und hierbei in der Spalte 3 des Vordrucks eine „1" eintragen.

(3) Beim letzten Abnehmer

Der letzte Abnehmer hat *keinen* innergemeinschaftlichen Erwerb zu versteuern.   689

Der letzte Abnehmer schuldet aber gem. *§ 25b Abs. 2 UStG* die Steuer für die an ihn ausgeführte Lieferung, wenn die folgenden Voraussetzungen vorliegen:

► der Lieferung ist ein innergemeinschaftlicher Erwerb vorausgegangen,

► der erste Abnehmer ist in dem Mitgliedstaat, in dem die Beförderung oder Versendung endet, nicht ansässig und er verwendet gegenüber dem ersten Lieferer und dem letzten Abnehmer dieselbe Umsatzsteuer-Identifikationsnummer, die ihm von einem anderen Mitgliedstaat erteilt worden ist als dem, in dem die Beförderung oder Versendung beginnt oder endet,

► der erste Abnehmer erteilt dem letzten Abnehmer eine Rechnung i. S. des § 14a Abs. 7 UStG, in der die Steuer nicht gesondert ausgewiesen ist,

► der letzte Abnehmer verwendet eine Umsatzsteuer-Identifikationsnummer des Mitgliedstaates, in dem die Beförderung oder Versendung endet.

Liegen die Voraussetzungen vor, ist die Übertragung der Steuerschuld auf den letzten Abnehmer *zwingend* vorgeschrieben. Durch die Übertragung der Steuerschuld wird der letzte Abnehmer gem. § 13a Abs. 1 Nr. 5 UStG *Steuerschuldner* für die an ihn ausgeführte Lieferung.

Bemessungsgrundlage für diese Lieferung ist gem. § 10 Abs. 1 UStG das Entgelt. Gemäß *§ 25b Abs. 4 UStG* gilt für die Berechnung der geschuldeten Steuer abweichend von § 10 Abs. 1 UStG die *Gegenleistung* als Entgelt. Der vom ersten Abnehmer in der Rechnung ausgewiesene Rechnungsbetrag wird als Nettobetrag angesetzt, auf den die USt aufzuschlagen ist.

Unter den weiteren Voraussetzungen des § 15 UStG ist der letzte Abnehmer, der Schuldner der USt ist, gem. *§ 25b Abs. 5 UStG* zum *Vorsteuerabzug* berechtigt. Eine Rechnung mit gesondertem Ausweis der Steuer ist nicht erforderlich.

BEISPIEL: ► Unternehmer D in Deutschland bestellt bei dem Unternehmer I in Italien eine Ware, die dieser nicht vorrätig hat. I bestellt seinerseits die Ware bei dem Unternehmer F in Frankreich. Vereinbarungsgemäß transportiert F die Ware mit eigenem Lkw von Frankreich unmittelbar nach Deutschland zu D. Alle Beteiligten sind unter der Umsatzsteuer-Identifikationsnummer ihres Wohnsitzstaates aufgetreten. Ordnungsgemäße Rechnungen sind erteilt worden.

Es liegt ein innergemeinschaftliches Dreiecksgeschäft i. S. des § 25b Abs. 1 UStG vor; denn

► drei Unternehmer (F, I, D) schließen über denselben Gegenstand Umsatzgeschäfte ab und erfüllen diese Geschäfte dadurch, dass der Gegenstand unmittelbar vom ersten Lieferer (F) an den letzten Abnehmer (D) gelangt,

► die Unternehmer F, I und D sind in jeweils verschiedenen Mitgliedstaaten (Frankreich, Italien, Deutschland) für Zwecke der USt erfasst,

► der Gegenstand der Lieferung gelangt aus dem Gebiet eines Mitgliedstaates (Frankreich) in das Gebiet eines anderen Mitgliedstaates (Deutschland),

► der Gegenstand der Lieferung wird durch den ersten Lieferer F befördert.

Die Lieferung des F an I wird entsprechend § 3 Abs. 6 Satz 5 UStG i. V. mit § 3 Abs. 6 Satz 1 UStG am Beginn der Beförderung, d. h., in Frankreich, ausgeführt. Die Lieferung ist als innergemeinschaftliche Lieferung (entsprechend § 6a Abs. 1 UStG) in Frankreich steuerbar und steuerfrei.

I unterliegt unter Berücksichtigung des § 3d Satz 1 UStG und des § 3d Satz 2 UStG in Italien und in Deutschland der Erwerbsbesteuerung. Dieser Erwerb gilt gem. § 25b Abs. 3 UStG als besteuert, da die Steuer für die Lieferung des I an den letzten Abnehmer D von diesem gem. § 25b Abs. 2 UStG geschuldet wird; denn

► der Lieferung des I an den D ist ein innergemeinschaftlicher Erwerb (durch I) vorausgegangen,

► der erste Abnehmer I ist in dem Mitgliedstaat, in dem die Beförderung endet (Deutschland) nicht ansässig und I verwendet gegenüber dem ersten Lieferer F und dem letzten Abnehmer D dieselbe Umsatzsteuer-Identifikationsnummer, die ihm von einem anderen Mitgliedstaat (Italien) erteilt worden ist als dem, in dem die Beförderung beginnt (Frankreich) oder endet (Deutschland),

► der erste Abnehmer I erteilt dem letzten Abnehmer D eine Rechnung i. S. des § 14a Abs. 7 UStG, in der die Steuer nicht gesondert ausgewiesen ist, und

► der letzte Abnehmer D verwendet eine Umsatzsteuer-Identifikationsnummer des Mitgliedstaates, in dem die Beförderung endet (Deutschland).

I muss in Italien den Umsatz in der Zusammenfassenden Meldung angeben.

Die Lieferung des I an den D wird gem. § 3 Abs. 7 Satz 2 Nr. 2 UStG in Deutschland ausgeführt, da in Deutschland die Beförderung endet. Schuldner der USt für diese Lieferung ist gem. § 25b Abs. 2 UStG i.V. mit § 13a Abs. 1 Nr. 5 UStG der letzte Abnehmer D. D ist gem. § 25b Abs. 5 UStG unter den weiteren Voraussetzungen des § 15 UStG berechtigt, die geschuldete USt als Vorsteuer abzuziehen.

(4) Aufzeichnungspflicht

690 Neben den allgemeinen Aufzeichnungspflichten nach § 22 UStG sind gem. *§ 25b Abs. 6 UStG* bei innergemeinschaftlichen Dreiecksgeschäften vom ersten Abnehmer und vom letzten Abnehmer *zusätzliche Aufzeichnungspflichten* zu erfüllen, wenn sie eine inländische Umsatzsteuer-Identifikationsnummer verwenden. Diese zusätzlichen Aufzeichnungspflichten sind bei der Übertragung der Steuerschuldnerschaft auf den letzten Abnehmer notwendig.

Nach *§ 25b Abs. 6 Satz 1 Nr. 1 UStG* muss aus den Aufzeichnungen beim *ersten Abnehmer*, der eine inländische Umsatzsteuer-Identifikationsnummer verwendet, das vereinbarte Entgelt für die Lieferung i. S. des § 25b Abs. 2 UStG sowie der Name und die Anschrift des letzten Abnehmers zu ersehen sein.

Nach *§ 25b Abs. 6 Satz 1 Nr. 2 UStG* muss aus den Aufzeichnungen beim *letzten Abnehmer*, der eine inländische Umsatzsteuer-Identifikationsnummer verwendet, die Bemessungsgrundlage der an ihn ausgeführten Lieferung, die hierauf entfallenden Steuerbeträge und der Name und die Anschrift des ersten Abnehmers zu ersehen sein. Diese zusätzlichen Aufzeichnungen beim letzten Abnehmer gelten auch für Kleinunternehmer und pauschalierende Landwirte, wenn sie die Regelungen des § 25b UStG anwenden.

Verwendet der erste Abnehmer eine Umsatzsteuer-Identifikationsnummer eines anderen Mitgliedstaates, ist er gem. *§ 25b Abs. 6 Satz 2 UStG* von den im Inland obliegenden allgemeinen Aufzeichnungspflichten nach § 22 UStG befreit, wenn die Beförderung oder Versendung im Inland endet.

II. Fiskalvertreter

1. Allgemeines

§ 22a UStG wurde durch das *Gesetz zur Änderung des Umsatzsteuergesetzes und anderer*   691
Gesetze vom 12.12.1996 (BGBl 1996 I S.1851) mit Wirkung ab dem *1.1.1997* in das
UStG eingefügt. Zur Einführung des Fiskalvertreters hat das BMF mit Schreiben vom
11.5.1999 (BStBl 1999 I S.515) Stellung genommen.

2. Voraussetzungen der Fiskalvertretung

a) Bestimmter Unternehmer

Voraussetzungen für die Anwendung der Fiskalvertreterregelung sind gem. *§ 22a Abs.1*   692
UStG:

- ► Unternehmer ohne Wohnsitz, Sitz, Geschäftsleitung und Zweigniederlassung im Inland und in einem der in § 1 Abs.3 UStG genannten Gebiete (insbesondere Freihäfen),
- ► Ausführung ausschließlich steuerfreier Umsätze im Inland,
- ► kein Abzug von Vorsteuerbeträgen.

Dem Unternehmer ist bei Vorliegen der Voraussetzungen *freigestellt*, ob er einen Fiskalvertreter beauftragt. Eine Pflicht zur Einschaltung eines Fiskalvertreters besteht nicht.
Für einen Unternehmer können auch *mehrere* Fiskalvertreter tätig sein, d.h., für jeden
einzelnen Umsatz kann der Unternehmer einen anderen Fiskalvertreter einschalten.

b) Ausführung bestimmter Umsätze

Ein Unternehmer, der weder im Inland noch in einem der in § 1 Abs.3 UStG genannten   693
Gebiete seinen Wohnsitz, seinen Sitz, seine Geschäftsleitung oder eine Zweigniederlassung hat, kann nur dann einen Fiskalvertreter einschalten, wenn er im Inland *ausschließlich steuerfreie Umsätze* ausführt. Der ausländische Unternehmer muss also im
Inland steuerbare Umsätze i.S. des § 1 Abs.1 Nr.1 bis 5 UStG ausführen, die gem. §§ 4,
4b oder 5 UStG steuerfrei sind.

Der Gesetzgeber hat mit dieser Regelung insbesondere die Fälle regeln wollen, in denen
ein im Ausland ansässiger Unternehmer Waren über Deutschland einführt und an einen Unternehmer in einen anderen EU-Mitgliedstaat liefert.

BEISPIEL: A ist Unternehmer mit Wohnsitz und Betriebssitz in Wien; er hat im Inland auch keine Zweigniederlassung. A führt eine Ware aus den USA in Deutschland ein und liefert sie anschließend zu einem spanischen Unternehmer nach Madrid. Weitere Umsätze führt A im Inland nicht aus.

A kann für diesen Umsatz einen Fiskalvertreter einschalten; denn

- ► A ist Unternehmer, der im Inland keinen Wohnsitz, Sitz, Geschäftsleitung oder Zweigniederlassung hat,
- ► A führt im Inland ausschließlich steuerfreie Umsätze gem. § 5 Abs.1 Nr.3 UStG (steuerfreie Einfuhr) und § 4 Nr.1 Buchst. b UStG i.V. mit § 6a UStG (steuerfreie innergemeinschaftliche Lieferung) aus,
- ► A kann keine Vorsteuerbeträge abziehen.

Für die Frage, ob der ausländische Unternehmer ausschließlich steuerfreie Umsätze im Inland ausführt, ist auf die Umsätze in dem *Veranlagungszeitraum* abzustellen. Führt der ausländische Unternehmer zu einem späteren Zeitpunkt im Veranlagungszeitraum steuerpflichtige Umsätze im Inland aus, wird hierdurch die Bestellung eines Fiskalvertreters *nachträglich* unzulässig.

c) Kein Vorsteuerabzug

694   Ein Unternehmer, der weder im Inland noch in einem der in § 1 Abs. 3 UStG genannten Gebiete seinen Wohnsitz, seinen Sitz, seine Geschäftsleitung oder eine Zweigniederlassung hat und im Inland ausschließlich steuerfreie Umsätze ausführt, kann nur dann einen Fiskalvertreter einschalten, wenn er *keine Vorsteuerbeträge* abziehen kann. Dies ist dann der Fall, wenn er nicht berechtigt ist, Vorsteuern geltend zu machen, oder keine abziehbaren Vorsteuerbeträge angefallen sind.

BEISPIELE:

1) A ist Unternehmer mit Wohnsitz und Betriebssitz in Wien; er hat im Inland auch keine Zweigniederlassung. A führt eine Ware aus den USA in Deutschland ein und liefert sie anschließend zu einem spanischen Unternehmer nach Madrid. Weitere Umsätze führt A im Inland nicht aus. A beauftragt einen Frachtführer, die Ware vom Inland nach Madrid zu befördern. A hat bei der Auftragserteilung seine österreichische Umsatzsteuer-Identifikationsnummer angegeben.

   A kann für diesen Umsatz einen Fiskalvertreter einschalten; denn

   ▶ A ist Unternehmer, der im Inland keinen Wohnsitz, Sitz, Geschäftsleitung oder Zweigniederlassung hat,

   ▶ A führt im Inland ausschließlich steuerfreie Umsätze gem. § 5 Abs. 1 Nr. 3 UStG (steuerfreie Einfuhr) und § 4 Nr. 1 Buchst. b UStG i. V. mit § 6a UStG (steuerfreie innergemeinschaftliche Lieferung) aus,

   ▶ A kann keine Vorsteuerbeträge abziehen. Die innergemeinschaftliche Güterbeförderung gilt gem. § 3b Abs. 3 Satz 2 UStG in Österreich als ausgeführt, so dass keine deutsche USt insoweit anfällt und damit auch kein Vorsteuerabzug des A in Betracht kommt.

2) A ist Unternehmer mit Wohnsitz und Betriebssitz in Wien; er hat im Inland auch keine Zweigniederlassung. A führt eine Ware aus den USA in Deutschland ein und liefert sie anschließend zu einem spanischen Unternehmer nach Madrid. Weitere Umsätze führt A im Inland nicht aus. A beauftragt einen deutschen Frachtführer, die Ware vom Inland nach Madrid zu befördern. A hat bei der Auftragserteilung keine Umsatzsteuer-Identifikationsnummer angegeben. Der Frachtführer rechnet gegenüber A mit deutscher USt ab.

   A kann für diesen Umsatz keinen Fiskalvertreter einschalten; denn A kann aus der Rechnung des Frachtführers einen Vorsteuerabzug gem. § 15 Abs. 1 Satz 1 Nr. 1 UStG i. V. mit § 15 Abs. 2 Satz 1 Nr. 1 UStG i. V. mit § 15 Abs. 3 Nr. 1 Buchst. a UStG geltend machen.

3. Fiskalvertreter

695   Gemäß *§ 22a Abs. 2 UStG* sind zur Fiskalvertretung die in § 3 Nr. 1 bis 3 und § 4 Nr. 9 Buchst. c des Steuerberatungsgesetzes genannten Personen befugt. Hierbei handelt es sich um folgende Personen:

▶ Steuerberater, Steuerbevollmächtigte, Steuerberatungsgesellschaften, Rechtsanwälte, Wirtschaftsprüfer, Wirtschaftsprüfungsgesellschaften, vereidigte Buchprüfer und Buchprüfungsgesellschaften,

▶ die in § 4 Nr. 9 Buchstaben a und b des Steuerberatungsgesetzes aufgeführten Personen, soweit sie für Unternehmer i. S. des § 22a UStG Hilfe in Steuersachen leisten und im Geltungsbereich dieses Gesetzes ansässig sind, nicht Kleinunternehmer i. S. des § 19 UStG und nicht von der Fiskalvertretung nach § 22e UStG ausgeschlossen sind. Hierbei handelt es sich um

– Speditionsunternehmen, soweit sie Hilfe in Eingangsabgabensachen oder bei der verbrauchsteuerlichen Behandlung von Waren im Warenverkehr mit anderen Mitgliedstaaten der Europäischen Wirtschaftsgemeinschaft leisten,

– sonstige gewerbliche Unternehmen, soweit sie im Zusammenhang mit der Zollbehandlung Hilfe in Eingangsabgabensachen leisten.

4. Vollmacht

Gemäß *§ 22a Abs. 3 UStG* bedarf der Fiskalvertreter der Vollmacht des im Ausland ansässigen Unternehmers. Die Vertreterbefugnis des Fiskalvertreters muss von Anfang an klar sein. Es reicht aus, wenn die Vollmacht bei der Abgabe der ersten Erklärung, die der Fiskalvertreter für den Vertretenen gegenüber der Finanzbehörde abgibt, vorgelegt wird.   696

5. Rechte und Pflichten des Fiskalvertreters

§ 22b Abs. 1 Satz 1 UStG überträgt dem Fiskalvertreter die umsatzsteuerlichen Pflichten des Vertretenen als *eigene Pflichten*. Zu den Pflichten des Fiskalvertreters gehören insbesondere die Erklärungs- und Meldepflichten gegenüber dem Finanzamt (*Steuererklärung*) und dem Bundeszentralamt für Steuern (*Zusammenfassende Meldung*).   697

Da der Fiskalvertreter die Pflichten als eigene Pflichten zu erfüllen hat, kann der Fiskalvertreter selber bei Nichterfüllung eine *Ordnungswidrigkeit* i. S. des § 26a UStG begehen. Die Ordnungswidrigkeit kann mit einer Geldbuße bis zu *5 000 €* geahndet werden. Auch steuerliche Nebenleistungen, wie z. B. Zwangsgelder und Verspätungszuschläge, können gegenüber dem Fiskalvertreter festgesetzt werden.

Gemäß *§ 22b Abs. 3 Satz 1 UStG* hat der Fiskalvertreter die *Aufzeichnungen* i. S. des § 22 UStG für jeden von ihm vertretenen Unternehmer gesondert zu führen. Die Aufzeichnungen müssen nach *§ 22b Abs. 3 Satz 2 UStG* Namen und Anschrift der von ihm vertretenen Unternehmer enthalten.

Gemäß *§ 22b Abs. 1 Satz 2 UStG* hat der Fiskalvertreter die gleichen *Rechte* wie der Vertretene. Zu den Rechten des Fiskalvertreters gehört z. B. die Befugnis, Anträge beim Finanzamt zu stellen (z. B. Fristverlängerungsantrag) und das Einspruchsrecht.

6. Ausstellung von Rechnungen

In den Fällen, in denen der ausländische Unternehmer innergemeinschaftliche Lieferungen ausführt, ist der *Fiskalvertreter* verpflichtet, für den ausländischen Unternehmer die gem. §§ 14, 14a UStG vorgeschriebene *Rechnung* auszustellen. *§ 22c UStG* regelt, welche zusätzlichen Angaben diese Rechnung enthalten muss.   698

In der Rechnung ist

► auf die Fiskalvertretung hinzuweisen,

► der Name und die Anschrift des Fiskalvertreters anzugeben,

► die Umsatzsteuer-Identifikationsnummer des Fiskalvertreters auszuweisen.

7. Steuernummer und zuständiges Finanzamt

699 Die Vorschrift des *§ 22d UStG* schafft die *Rechtsgrundlage* dafür, dass dem Fiskalvertreter eine *zweite* Steuernummer und eine *zweite* Umsatzsteuer-Identifikationsnummer nur für seine Tätigkeit als Fiskalvertreter erteilt werden.

Der Fiskalvertreter erhält gem. *§ 22d Abs. 1 UStG* für seine Tätigkeit eine *gesonderte Steuernummer*. Die Erteilung mehrerer gesonderter Steuernummern ist nicht möglich, d. h., auch in den Fällen, in denen der Fiskalvertreter mehrere ausländische Unternehmer vertritt, erhält er nur *eine* zusätzliche Steuernummer. Das Finanzamt erteilt die zusätzliche Steuernummer auf Antrag, der an keine bestimmte Form gebunden ist.

Neben der gesonderten Steuernummer erhält der Fiskalvertreter für seine Tätigkeit eine *gesonderte Umsatzsteuer-Identifikationsnummer*, unter der er für alle von ihm vertretenen im Ausland ansässigen Unternehmer auftritt. Die zusätzliche Umsatzsteuer-Identifikationsnummer ist beim Bundeszentralamt für Steuern zu beantragen. Voraussetzung hierfür ist, dass der Fiskalvertreter zuvor eine gesonderte Steuernummer vom Finanzamt erhalten hat. Die gesonderte Umsatzsteuer-Identifikationsnummer für die Tätigkeit als Fiskalvertreter darf nur für solche Umsätze eingesetzt werden, für die er als Fiskalvertreter bestellt ist. Seine eigentliche Tätigkeit darf *nicht* mit der Fiskalvertretertätigkeit *vermischt* werden.

Nach *§ 22d Abs. 2 UStG* wird der Fiskalvertreter bei dem Finanzamt geführt, das für seine Umsatzbesteuerung zuständig ist.

700 Der Ort der sonstigen Leistung eines Fiskalvertreters ist nach *§ 3a Abs. 3 und Abs. 4 Nr. 3 UStG* zu bestimmen. Die Fiskalvertretung stellt eine Leistung dar, die der Tätigkeit eines Rechtsanwalts, Steuerberaters oder Steuerbevollmächtigten ähnlich ist. Der Fiskalvertreter erbringt seine Leistung somit dort, wo der von ihm vertretene Unternehmer (*Leistungsempfänger*) sein Unternehmen betreibt.

8. Untersagung der Fiskalvertretung

701 Die Einführung des Fiskalvertreters soll die *Sicherheit* und *Effizienz* des Kontrollverfahrens zur ordnungsgemäßen Besteuerung unterstützen. Im Fall der *nachhaltigen Verletzung* der dem Fiskalvertreter auferlegten Pflichten muss dieser von der Fiskalvertretung ausgeschlossen werden können. *§ 22e UStG* schafft die Rechtsgrundlage für die Untersagung der Fiskalvertretung.

III. Steuervergütung

1. Allgemeines

Sinn und Zweck des *§ 4a UStG* ist es, den begünstigten Körperschaften in bestimmten Fällen eine Entlastung von der USt zu gewähren. Die begünstigten Körperschaften haben bei der Anschaffung der Gegenstände *keinen Vorsteuerabzug*. Werden die Gegenstände in das Drittlandsgebiet verbracht, wird die Vorsteuer vergütet. Dadurch werden die Körperschaften insoweit den Unternehmern gleichgestellt, die die Vorsteuerbeträge bezüglich der Gegenstände, die steuerfrei ausgeführt werden, abziehen können. Eine Vergütung der USt ist *ausgeschlossen*, wenn der Vergütungsberechtigte die Gegenstände vor der Ausfuhr in das Drittland im Inland genutzt hat (Abschn. 124 Abs. 9 UStR 2008).

702

2. Vergütungsberechtigte

Vergütungsberechtigt sind gem. *§ 4a Abs. 1 Satz 1 UStG*

703

▶ die Körperschaften, die ausschließlich und unmittelbar gemeinnützige, mildtätige oder kirchliche Zwecke verfolgen,

und

▶ die juristischen Personen des öffentlichen Rechts.

Bezüglich der *Körperschaften*, die ausschließlich und unmittelbar gemeinnützige, mildtätige oder kirchliche Zwecke verfolgen, verweist das UStG auf *§§ 51 bis 68 AO*. Als vergütungsberechtigte Körperschaften kommen insbesondere die amtlich anerkannten Verbände der freien *Wohlfahrtspflege* in Betracht. Eine Auflistung dieser Verbände enthält § 23 UStDV.

Vergütungsberechtigt sind die *juristischen Personen des öffentlichen Rechts*. Juristische Personen des öffentlichen Rechts sind Körperschaften, Anstalten und Zweckverbände, deren Rechtsfähigkeit aus einer Anerkennung durch die Rechtsordnung abgeleitet wird. Dies sind z. B. Gebietskörperschaften (Bund, Länder, Gemeinden), die Träger der gesetzlichen Versicherungen, die Industrie- und Handelskammern, die Universitäten, die Bundesbank und die Rundfunk- und Fernsehanstalten. *Betriebe gewerblicher Art* und land- und forstwirtschaftliche Betriebe der juristischen Person des öffentlichen Rechts werden der Besteuerung unterworfen und sind zum Vorsteuerabzug berechtigt. Die Steuervergütung des § 4a UStG kommt insoweit nicht in Betracht.

3. Vergütungsvoraussetzungen

Eine Steuervergütung für die bezeichneten Körperschaften und juristischen Personen des öffentlichen Rechts kommt nur unter folgenden *Voraussetzungen* zur Anwendung:

704

▶ Die Lieferung, die Einfuhr oder der innergemeinschaftliche Erwerb des Gegenstandes muss steuerpflichtig gewesen sein.

▶ Die auf die Lieferung des Gegenstandes entfallende Steuer muss in einer nach § 14 UStG ausgestellten Rechnung gesondert ausgewiesen und mit dem Kaufpreis bezahlt worden sein.

▶ Die für die Einfuhr oder den innergemeinschaftlichen Erwerb des Gegenstandes geschuldete Steuer muss entrichtet worden sein.

▶ Der Gegenstand muss in das Drittlandsgebiet gelangt sein.

▶ Der Gegenstand muss im Drittlandsgebiet zu humanitären, karitativen oder erzieherischen Zwecken verwendet werden.

▶ Der Erwerb oder die Einfuhr des Gegenstandes und seine Ausfuhr dürfen von einer Körperschaft, die steuerbegünstigte Zwecke verfolgt, nicht im Rahmen eines wirtschaftlichen Geschäftsbetriebes und von einer juristischen Person des öffentlichen Rechts nicht im Rahmen eines Betriebes gewerblicher Art oder eines land- und forstwirtschaftlichen Betriebes vorgenommen worden sein.

4. Nachweis

705 Die aufgeführten Voraussetzungen müssen gem. *§ 4a Abs. 1 Nr. 7 UStG* nachgewiesen sein. Der Nachweis ist eine materiell-rechtliche Voraussetzung für die Steuervergütung.

Gemäß *§ 4a Abs. 2 Nr. 1 UStG* kann das Bundesministerium der Finanzen mit Zustimmung des Bundesrates durch Rechtsverordnung bestimmen, wie die Voraussetzungen für den Vergütungsanspruch nachzuweisen sind. Von dieser Ermächtigung ist im *§ 24 Abs. 2 und 3 UStDV* Gebrauch gemacht worden.

Der Nachweis, dass der Gegenstand in das Drittlandsgebiet gelangt ist, muss in der gleichen Weise wie bei *Ausfuhrlieferungen* geführt werden. Die §§ 8 bis 11 UStDV sind entsprechend anzuwenden. Danach kommen als Belege für den Ausfuhrnachweis insbesondere Frachtbriefe, Konnossemente, Posteinlieferungsscheine oder deren Doppelstücke sowie Spediteurbescheinigungen in Betracht.

Neben dem belegmäßigen Nachweis ist auch ein *Buchnachweis* zu führen. Hierbei sollen regelmäßig aufgezeichnet werden:

▶ die handelsübliche Bezeichnung und die Menge des ausgeführten Gegenstandes,

▶ der Name und die Anschrift des Lieferers,

▶ der Name und die Anschrift des Empfängers,

▶ der Verwendungszweck im Drittlandsgebiet,

▶ der Tag der Ausfuhr des Gegenstandes,

▶ die mit dem Kaufpreis bezahlte Steuer oder die für die Einfuhr oder den innergemeinschaftlichen Erwerb entrichtete Steuer.

5. Verfahren

706 Die Vergütung ist nur *auf Antrag* zu gewähren. Dieser Antrag ist gem. § 4a Abs. 1 Satz 2 UStG nach amtlich vorgeschriebenem Vordruck (Muster der Vordrucke siehe BMF-Schreiben vom 24. 10. 2002, BStBl 2002 I S. 1357) zu stellen, in dem der Antragsteller die zu gewährende Vergütung selbst zu berechnen hat. Bestandteil des Vergütungsantrages ist eine Anlage, in der die Ausfuhren einzeln aufzuführen sind. In der Anlage sind auch nachträgliche Minderungen von Vergütungsansprüchen anzugeben, die der

Vergütungsberechtigte bereits mit früheren Anträgen geltend gemacht hat (Abschn. 126 Abs. 1 Sätze 2 und 3 UStR 2008).

Der Vergütungsantrag ist gem. § 4a Abs. 2 Nr. 2 UStG i. V. mit § 24 Abs. 1 Satz 1 UStDV bei dem zuständigen Finanzamt bis zum Ablauf des Kalenderjahres zu stellen, das auf das Kalenderjahr folgt, in dem der Gegenstand in das Drittlandsgebiet gelangt. *Zuständiges Finanzamt* ist das Finanzamt, in dessen Bezirk der Vergütungsberechtigte seinen Sitz hat. Da es sich bei dieser Frist um eine *Ausschlussfrist* handelt, kann sie nicht verlängert werden. Es kann allenfalls gem. § 110 AO eine Wiedereinsetzung in den vorigen Stand gewährt werden. Ein Antrag kann mehrere Ansprüche auf die Steuervergütung umfassen.

IV. Kleinunternehmer

Gemäß *§ 19 Abs. 1 UStG* wird die für Umsätze i. S. des § 1 Abs. 1 Nr. 1 UStG geschuldete USt von Unternehmern nicht erhoben, die im Inland oder in den in § 1 Abs. 3 UStG bezeichneten Gebieten ansässig sind, wenn der in § 19 Abs. 1 Satz 2 UStG bezeichnete Umsatz zzgl. der darauf entfallenden Steuer im vorangegangenen Kalenderjahr 17 500 € nicht überstiegen hat und im laufenden Kalenderjahr 50 000 € voraussichtlich nicht übersteigen wird. § 19 Abs. 1 UStG ist auf Umsätze i. S. des § 1 Abs. 1 Nr. 4 UStG (Einfuhr) und § 1 Abs. 1 Nr. 5 UStG (innergemeinschaftlicher Erwerb) nicht anwendbar. § 19 Abs. 1 Satz 1 UStG gilt auch nicht für die nach § 13a Abs. 1 Nr. 6 UStG, § 13b Abs. 2 UStG, § 14c Abs. 2 UStG und § 25b Abs. 2 UStG geschuldete Steuer. **707**

Tatbestandsmerkmale des § 19 Abs. 1 Satz 1 UStG sind: **708**

▶ Unternehmer,

▶ im Inland ansässig,

▶ Umsatz zzgl. Steuer im vorangegangenen Kalenderjahr kleiner oder gleich 17 500 €,

▶ Umsatz zzgl. Steuer im laufenden Kalenderjahr voraussichtlich kleiner oder gleich 50 000 €.

Bei der *Grenze* von *50 000 €* ist auf den *voraussichtlichen Umsatz* abzustellen. Maßgebend sind die Verhältnisse zu Beginn des laufenden Kalenderjahres. Ein späteres Überschreiten der Grenze ist unschädlich. Dies gilt auch, wenn der Unternehmer in diesem Jahr sein Unternehmen erweitert (BFH vom 7. 3. 1995, BStBl 1995 II S. 562).

BEISPIELE:

1) Unternehmer A mit Sitz in Davos erzielte im Jahre 2008 einen Umsatz zzgl. Steuer i. H. von 5 000 €. Für 2009 rechnet er mit einem Umsatz zzgl. Steuer i. H. von 15 000 €.

   A ist kein Kleinunternehmer i. S. des § 19 Abs. 1 Satz 1 UStG, da er nicht im Inland ansässig ist. Auf die Höhe des Umsatzes kommt es nicht an.

2) Unternehmer B mit Sitz in Hannover erzielte im Jahre 2008 einen Umsatz i. H. von 16 000 €; hierauf entfiel eine USt i. H. von 3 040 €. Für 2009 rechnet er mit einem Umsatz zzgl. Steuer i. H. von 30 000 €.

   B ist kein Kleinunternehmer im Jahre 2009, da der Vorjahresumsatz zzgl. Steuer die Grenze von 17 500 € überschritten hat.

3) Unternehmer C mit Sitz in Münster erzielte im Jahre 2008 einen Umsatz zzgl. Steuer i. H. von 10 000 €. Für 2009 rechnete er mit einem Umsatz zzgl. Steuer i. H. von 40 000 €.

Im Juli 2009 zeichnet sich ab, dass der tatsächliche Umsatz zzgl. Steuer für 2009 mehr als 50 000 € betragen wird.

C ist im gesamten Jahr 2009 Kleinunternehmer i. S. des § 19 Abs. 1 Satz 1 UStG. Abzustellen ist auf den voraussichtlichen Umsatz zzgl. Steuer zu Beginn des Jahres und nicht auf den tatsächlich erzielten Umsatz des laufenden Jahres.

709   *Umsatz* ist der nach vereinnahmten Entgelten bemessene Gesamtumsatz, gekürzt um die darin enthaltenen Umsätze von Wirtschaftsgütern des Anlagevermögens (§ 19 Abs. 1 Satz 2 UStG). *Gesamtumsatz* ist die Summe der steuerbaren Umsätze i. S. des § 1 Abs. 1 Nr. 1 UStG abzüglich folgender Umsätze:

► der Umsätze, die nach § 4 Nr. 8 Buchst. i, Nr. 9 Buchst. b und Nr. 11 bis 28 UStG steuerfrei sind;

► der Umsätze, die nach § 4 Nr. 8 Buchst. a bis h, Nr. 9 Buchst. a und Nr. 10 UStG steuerfrei sind, wenn sie Hilfsumsätze sind.

Zum Gesamtumsatz gehören auch die Umsätze, für die ein Anderer als Leistungsempfänger Steuerschuldner nach § 13b Abs. 2 UStG ist.

Berechnungsschema:

Summe der steuerbaren Umsätze nach § 1 Abs. 1 Nr. 1 UStG

·/. bestimmte steuerfreie Umsätze
·/. bestimmte steuerfreie Hilfsumsätze

= Gesamtumsatz nach § 19 Abs. 3 UStG

+ Umrechnung auf vereinnahmte Entgelte (Forderungen)
·/. Umsätze von Wirtschaftsgütern des Anlagevermögens

= Umsatz nach § 19 Abs. 1 Satz 2 UStG
+ darauf entfallende Steuer

= maßgebender Umsatz nach § 19 Abs. 1 Satz 1 UStG

710   Hat der Unternehmer seine gewerbliche oder berufliche Tätigkeit nur in einem *Teil des Kalenderjahres* ausgeübt, so ist der tatsächliche Gesamtumsatz in einen *Jahresgesamtumsatz* umzurechnen. Angefangene Kalendermonate sind bei der Umrechnung als volle Kalendermonate zu behandeln, es sei denn, dass die Umrechnung nach Tagen zu einem niedrigeren Jahresgesamtumsatz führt. Nimmt der Unternehmer seine gewerbliche oder berufliche Tätigkeit im Laufe eines Kalenderjahres neu auf, so ist in diesen Fällen allein auf den voraussichtlichen Umsatz des laufenden Kalenderjahres abzustellen (BFH vom 19. 2. 1976, BStBl 1976 II S. 400). Die Grenze von *17 500 €* ist maßgebend (BFH vom 22. 11. 1984, BStBl 1985 II S. 142). Bei der Umrechnung des tatsächlichen Gesamtumsatzes in einen Jahresgesamtumsatz ist das Kalenderjahr in den Zeitraum bis zum Beginn des Unternehmens und den Zeitraum danach aufzuteilen (BFH vom 17. 9. 1998, BStBl 1999 II S. 146).

BEISPIEL: ► A ist Unternehmer mit Sitz in Hannover. Er übt seine gewerbliche Tätigkeit seit dem 10. 5. 2009 aus. In der Zeit vom 10. 5. 2009 bis 31. 12. 2009 rechnet er mit einem Umsatz zzgl. Steuer i. S. des § 19 Abs. 1 Satz 2 UStG von 10 000 €.

A ist im Jahre 2009 Kleinunternehmer. Der Umsatz ist in einen Jahresgesamtumsatz umzurechnen. Danach ergibt sich für 2009 ein voraussichtlicher Umsatz zzgl. Steuer von 10 000 € × $^{12}/_8$ = 15 000 €. Da die Grenze von 17 500 € nicht überschritten wird, kommt im Jahre 2009 für A die Kleinunternehmerregelung zur Anwendung.

Bei der Inanspruchnahme der Kleinunternehmerregelung finden folgende Vorschriften *keine* Anwendung: 711

▶ Steuerbefreiung der innergemeinschaftlichen Lieferungen (§ 4 Nr. 1 Buchst. b UStG, § 6a UStG),

▶ Verzicht auf Steuerbefreiungen (§ 9 UStG),

▶ gesonderter Ausweis der Steuer in einer Rechnung (§ 14 Abs. 4 UStG),

▶ Angabe der Umsatzsteuer-Identifikationsnummer in einer Rechnung (§ 14a Abs. 1, 3 und 7 UStG),

▶ Vorsteuerabzug (§ 15 UStG).

Der Unternehmer kann gem. *§ 19 Abs. 2 UStG* dem Finanzamt bis zur Unanfechtbarkeit   712 der Steuerfestsetzung erklären, dass er auf die Anwendung des § 19 Abs. 1 UStG verzichtet. Er unterliegt dann der Besteuerung nach den allgemeinen Vorschriften des UStG. Nach Eintritt der Unanfechtbarkeit der Steuerfestsetzung bindet die Erklärung den Unternehmer mindestens für *5 Kalenderjahre*. Sie kann nur mit Wirkung vom Beginn eines Kalenderjahres an widerrufen werden. Der Widerruf ist spätestens bis zur Unanfechtbarkeit der Steuerfestsetzung des Kalenderjahres, für das er gelten soll, zu erklären.

Die *Option* nach § 19 Abs. 2 UStG erfordert keine formgebundene Erklärung des Unternehmers. Berechnet der Unternehmer in den USt-Voranmeldungen oder in der USt-Jahreserklärung die Steuer nach den allgemeinen Vorschriften des UStG, so ist darin grundsätzlich eine Erklärung i. S. des § 19 Abs. 2 Satz 1 UStG zu erblicken (BFH vom 19. 12. 1985, BStBl 1986 II S. 420).

Vor Eintritt der Unanfechtbarkeit der Steuerfestsetzung kann der Unternehmer die Erklärung mit Wirkung für die Vergangenheit *zurücknehmen*. Nimmt der Unternehmer die Erklärung zurück, so kann er die Rechnungen, in denen er die USt gesondert ausgewiesen hat, in entsprechender Anwendung des *§ 14c Abs. 1 Satz 2 UStG* berichtigen (Abschn. 247 Abs. 2 UStR 2008).

V. Durchschnittssätze

1. Allgemeine Durchschnittssätze

Nach *§ 23 UStG* kann das Bundesministerium der Finanzen mit Zustimmung des Bundesrates zur Vereinfachung des Besteuerungsverfahrens für Gruppen von Unternehmern, bei denen hinsichtlich der Besteuerungsgrundlagen annähernd gleiche Verhältnisse vorliegen und die nicht verpflichtet sind, Bücher zu führen und aufgrund jährlicher Bestandsaufnahmen regelmäßig Abschlüsse zu machen, durch Rechtsverordnung Durchschnittssätze festsetzen für   713

▶ die nach § 15 UStG abziehbaren Vorsteuerbeträge oder die Grundlagen ihrer Berechnung

oder

▶ die zu entrichtende Steuer oder die Grundlagen ihrer Berechnung.

Von dieser gesetzlichen Ermächtigung ist in den *§§ 69 und 70 UStDV* i. V. mit der *Anlage zu den §§ 69 und 70 UStDV* Gebrauch gemacht worden.

Der Unternehmer, bei dem die Voraussetzungen für eine Besteuerung nach Durchschnittssätzen i. S. des § 23 Abs. 1 UStG gegeben sind, *kann* beim Finanzamt bis zur Unanfechtbarkeit der Steuerfestsetzung beantragen, nach den festgesetzten Durchschnittssätzen besteuert zu werden. Der Antrag kann nur mit Wirkung vom Beginn eines Kalenderjahres an widerrufen werden. Der *Widerruf* ist spätestens bis zur Unanfechtbarkeit der Steuerfestsetzung des Kalenderjahres, für das er gelten soll, zu erklären. Eine erneute Besteuerung nach Durchschnittssätzen ist frühestens nach Ablauf von *5 Kalenderjahren* zulässig.

2. Durchschnittssatz gem. § 23a UStG

714 Zur Berechnung der abziehbaren *Vorsteuerbeträge* wird für Körperschaften, Personenvereinigungen und Vermögensmassen i. S. des § 5 Abs. 1 Nr. 9 KStG, die nicht verpflichtet sind, Bücher zu führen und aufgrund jährlicher Bestandsaufnahmen regelmäßig Abschlüsse zu machen, ein Durchschnittssatz von *7 %* des steuerpflichtigen Umsatzes, mit Ausnahme der Einfuhr und des innergemeinschaftlichen Erwerbs, festgesetzt. Ein weiterer Vorsteuerabzug ist ausgeschlossen.

Der Unternehmer, dessen steuerpflichtiger Umsatz, mit Ausnahme der Einfuhr und des innergemeinschaftlichen Erwerbs, im vorangegangenen Kalenderjahr *35 000 €* überstiegen hat, kann den Durchschnittssatz *nicht* in Anspruch nehmen.

Der Unternehmer, bei dem die Voraussetzungen für die Anwendung des Durchschnittssatzes gegeben sind, kann dem Finanzamt spätestens bis zum 10. Tag nach Ablauf des ersten Voranmeldungszeitraums eines Kalenderjahres erklären, dass er den Durchschnittssatz in Anspruch nehmen will. Die Erklärung bindet den Unternehmer mindestens für *5 Kalenderjahre*. Sie kann nur mit Wirkung vom Beginn eines Kalenderjahres an widerrufen werden. Der Widerruf ist spätestens bis zum 10. Tag nach Ablauf des ersten Voranmeldungszeitraums dieses Kalenderjahres zu erklären. Eine erneute Anwendung des Durchschnittssatzes ist frühestens nach Ablauf von 5 Kalenderjahren zulässig.

3. Durchschnittssätze für land- und forstwirtschaftliche Betriebe

715 Für die im Rahmen eines land- und forstwirtschaftlichen Betriebes ausgeführten Umsätze wird die Steuer gem. *§ 24 Abs. 1 Satz 1 UStG* wie folgt festgesetzt:

▶ für die Lieferungen von forstwirtschaftlichen Erzeugnissen, ausgenommen Sägewerkserzeugnisse, auf 5,5 %,

▶ für die Lieferungen der in der Anlage nicht aufgeführten Sägewerkserzeugnisse und Getränke sowie von alkoholischen Flüssigkeiten, ausgenommen die Lieferungen in das Ausland und die im Ausland bewirkten Umsätze, und für sonstige Leistungen, soweit in der Anlage 2 nicht aufgeführte Getränke abgegeben werden, auf 19 %,

▶ für die übrigen Umsätze i. S. des § 1 Abs. 1 Nr. 1 bis 3 UStG auf 10,7 %

der Bemessungsgrundlage.

Die Steuersätze von 5,5 %, 19 % und 10,7 % sind durch das *Haushaltsbegleitgesetz 2006* mit Wirkung ab dem 1. 1. 2007 eingeführt worden.

Ob ein land- und forstwirtschaftlicher Betrieb vorliegt, ist nach den Grundsätzen zu be- 716
urteilen, die bei der Abgrenzung für die Zwecke der Einkommensteuer und Gewerbesteuer maßgebend sind. Die Anwendung des § 24 UStG setzt voraus, dass der landwirtschaftliche Betrieb *noch bewirtschaftet* wird. Ein Landwirt, der einen Teil der wesentlichen Elemente seines landwirtschaftlichen Betriebs langfristig verpachtet und/
oder vermietet und mit dem Restbetrieb seine Tätigkeit als Landwirt fortsetzt, führt
mit einer solchen Verpachtung und/oder Vermietung keine landwirtschaftlichen Umsätze aus, die gem. § 24 UStG nach Durchschnittssätzen versteuert werden könnten
(BFH vom 6. 10. 2005, BStBl 2006 II S. 212).

Die Steuerbefreiungsvorschriften des § 4 UStG bleiben mit Ausnahme des § 4 Nr. 1 bis 717
7 UStG unberührt. § 9 UStG findet keine Anwendung. § 14 UStG ist mit der Maßgabe
anzuwenden, dass der für den Umsatz maßgebliche Durchschnittssatz in der Rechnung
zusätzlich anzugeben ist.

Der Unternehmer hat die Möglichkeit, auf die Anwendung der Durchschnittssätze zu 718
verzichten. Der Unternehmer kann gem. *§ 24 Abs. 4 UStG* spätestens bis zum 10. Tag eines Kalenderjahres gegenüber dem Finanzamt erklären, dass seine Umsätze vom Beginn des vorangegangenen Kalenderjahres an nicht nach § 24 Abs. 1 bis 3 UStG, sondern nach den allgemeinen Vorschriften des UStG besteuert werden sollen. Die Erklärung bindet den Unternehmer mindestens für *5 Kalenderjahre*. Sie kann mit Wirkung
vom Beginn eines Kalenderjahres an widerrufen werden. Der Widerruf ist spätestens
bis zum 10. Tag nach Beginn dieses Kalenderjahres zu erklären. Diese Frist kann verlängert werden.

Führt ein Unternehmer neben Umsätzen im Rahmen eines land- und forstwirtschaftli- 719
chen Betriebes auch noch andere Umsätze aus, ist *insoweit* § 24 UStG nicht anwendbar
(§ 24 Abs. 3 UStG). Das bedeutet, dass der Unternehmer mit den außerhalb des land-
und forstwirtschaftlichen Betriebes ausgeführten Umsätzen der Besteuerung nach den
dafür geltenden Vorschriften unterliegt.

Veräußert ein Landwirt Waren in einem sog. *Hofladen*, so unterliegt der (pauschalen)
Umsatzbesteuerung nach Durchschnittssätzen nur die Veräußerung selbst erzeugter
landwirtschaftlicher Produkte (BFH vom 14. 6. 2007, BStBl 2008 II S. 158). Auf das BMF-
Schreiben vom 16. 1. 2008 (BStBl 2008 I S. 293) wird hingewiesen.

VI. Reiseleistungen

§ 25 UStG enthält Regelungen zur Besteuerung von Reiseleistungen. § 25 UStG gilt für 720
alle Unternehmer, die Reiseleistungen erbringen, ohne Rücksicht darauf, ob dies allein
Gegenstand des Unternehmens ist. Die Vorschrift hat besondere Bedeutung für die

Veranstalter von Pauschalreisen. Eine Reiseleistung liegt auch vor, wenn der Unternehmer nur eine Leistung – wie z. B. die Weitervermietung von Ferienwohnungen ohne Anreise und Verpflegung – erbringt (BFH vom 7. 10. 1999, BStBl 2004 II S. 308). Die Sonderregelung findet auch Anwendung auf Dienstleistungen wie die *„High-School-Programme"* und die *„College-Programme"*, die in der Durchführung von Sprach- und Studienreisen ins Ausland bestehen (EuGH-Urteil vom 13. 10. 2005, UR 2005 S. 694).

Voraussetzungen für die Anwendung des § 25 UStG sind:

► Es muss ein Unternehmer i. S. des § 2 UStG vorhanden sein.

► Die Leistung darf nicht für das Unternehmen des Leistungsempfängers bestimmt sein.

► Der Unternehmer muss gegenüber dem Leistungsempfänger im eigenen Namen auftreten.

► Der Unternehmer muss Reisevorleistungen in Anspruch nehmen. Reisevorleistungen sind Lieferungen und sonstige Leistungen Dritter, die den Reisenden unmittelbar zugute kommen.

721   Als *Reiseleistungen* sind insbesondere anzusehen:

► Beförderung zu den einzelnen Reisezielen,

► Unterbringung und Verpflegung,

► Betreuung durch Reiseleiter,

► Durchführung von Veranstaltungen.

§ 25 Abs. 1 UStG gilt nicht, soweit der Unternehmer Reiseleistungen durch *Einsatz eigener Mittel* – z. B. eigene Beförderungsmittel, eigenes Hotel, Betreuung durch angestellte Reiseleiter – erbringt. In diesem Fall gelten für die *Eigenleistungen* die allgemeinen umsatzsteuerrechtlichen Vorschriften (BFH vom 20. 11. 1975, BStBl 1976 II S. 307).

Liegen die Voraussetzungen vor, ist die Leistung des Unternehmers als *sonstige Leistung* anzusehen. Der Ort der sonstigen Leistung bestimmt sich nach § 3a Abs. 1 UStG und ist dort, wo der Unternehmer seinen Sitz hat.

722   Die steuerbare sonstige Leistung ist gem. § 25 Abs. 2 UStG *steuerfrei*, soweit die ihr zuzurechnenden Reisevorleistungen im *Drittlandsgebiet* bewirkt werden. Die Voraussetzung der Steuerbefreiung muss vom Unternehmer nachgewiesen sein. Werden die Reisevorleistungen nur zum Teil im Drittlandsgebiet, im Übrigen aber im Gemeinschaftsgebiet erbracht, so ist die Reiseleistung nur insoweit steuerfrei, als die Reisevorleistungen auf das Drittlandsgebiet entfallen. *Vereinfachungsregelungen* enthält Abschn. 273 Abs. 4 bis 6 UStR 2008.

> **BEISPIEL:** ► Ein Reiseveranstalter bietet eine Flugreise in den USA bzw. eine Schiffskreuzfahrt in der Karibik zu einem Pauschalpreis an. Hin- und Rückreise sind in dem Preis nicht enthalten.
>
> Die in der Beförderung der Reisenden bestehenden Reisevorleistungen werden im Drittlandsgebiet erbracht. Erfolgen auch alle übrigen Reisevorleistungen im Drittlandsgebiet, ist die Reiseleistung des Veranstalters insgesamt steuerfrei.

723   Im Falle der Anwendung des § 25 UStG bemisst sich die sonstige Leistung nach dem *Unterschied* zwischen dem Betrag, den der Leistungsempfänger aufwendet, um die Leistung zu erhalten, und dem Betrag, den der Unternehmer für die Reisevorleistungen

aufwendet. Die USt gehört nicht zur Bemessungsgrundlage. Der Besteuerung wird somit nur die *Marge* unterworfen. Der Unternehmer kann die Bemessungsgrundlage statt für jede einzelne Leistung entweder für Gruppen von Leistungen oder für die gesamten innerhalb des Besteuerungszeitraums erbrachten Leistungen ermitteln.

Abweichend von § 15 Abs. 1 UStG ist der Unternehmer, der die Besteuerung nach § 25 UStG durchführt, nicht berechtigt, die ihm für die Reisevorleistungen gesondert in Rechnung gestellten Steuerbeträge als *Vorsteuer* abzuziehen. Im Übrigen bleibt § 15 UStG unberührt.

BEISPIEL: ▶ Ein Reiseveranstalter mit Sitz im Inland führt eine Bahnpauschalreise im Inland aus. Der Preis beträgt 500 €. Es nehmen 50 Personen teil. Der Reiseveranstalter hat für Reisevorleistungen aufzuwenden:

▶ an die Deutsche Bahn AG für die Fahrt (einschließlich USt)   4 000 €

▶ an das Hotel für Unterkunft (einschließlich USt)   14 000 €

Die sonstige Leistung ist steuerbar und steuerpflichtig. Der Steuersatz beträgt gem. § 12 Abs. 1 UStG 19 % Bemessungsgrundlage ist gem. § 25 Abs. 3 UStG die Marge; die USt gehört nicht zur Bemessungsgrundlage. Es ergibt sich folgende Marge:

Reisepreis (500 € × 50)	25 000,00 €
./. Reisevorleistungen (4 000 € + 14 000 €)	18 000,00 €
Marge	7 000,00 €
./. darin enthaltene USt (15,97 % von 7 000 €)	1 117,90 €
Bemessungsgrundlage	5 882,10 €

Es entsteht eine USt i. H. von 1 117,90 €.

VII. Differenzbesteuerung

§ 25a UStG enthält eine Sonderregelung für die Besteuerung der Lieferungen nach § 1 Abs. 1 Nr. 1 UStG von *beweglichen körperlichen Gegenständen* einschließlich Kunstgegenständen, Sammlungsstücken und Antiquitäten, sofern für diese Gegenstände kein Recht zum Vorsteuerabzug bestand. Als Gebrauchtgegenstand kann auch ein *Tier* angesehen werden, das von einer Privatperson gekauft worden ist und nach einer Ausbildung zu einer speziellen Verwendung weiterverkauft wird (EuGH-Urteil vom 1. 4. 2004, UR 2004 S. 253). § 25a UStG regelt die Einzelheiten einer Differenzbesteuerung, bei der – abweichend vom allgemeinen Entgeltbegriff des § 10 UStG – nur der *Unterschiedsbetrag* zwischen dem Einkaufspreis und dem Verkaufspreis einer Ware der Besteuerung zugrunde gelegt wird.

724

Im Hinblick auf *Kunstgegenstände*, *Sammlungsstücke* und *Antiquitäten*, die der Unternehmer selbst eingeführt hat, bzw. *Kunstgegenstände*, wenn die Lieferung an ihn steuerpflichtig war und nicht von einem Wiederverkäufer ausgeführt wurde, steht dem Unternehmer ein *Wahlrecht* gem. § 25a Abs. 2 UStG zu. Er *kann* die Differenzbesteuerung auch auf diese Gegenstände anwenden. Will er hiervon Gebrauch machen, dann muss er dies in seiner ersten Voranmeldung für das Kalenderjahr dem Finanzamt mitteilen. An eine derartige Erklärung ist er für mindestens *zwei Kalenderjahre* gebunden. Zu beachten ist auch, dass er die auf die Gegenstände entfallende EUSt bzw. USt oder die nach § 13b Abs. 2 UStG geschuldete Steuer nicht als Vorsteuer abziehen darf (§ 25a Abs. 5 Satz 3 UStG).

725   *Voraussetzung* für die Anwendung der Differenzbesteuerung gem. § 25a UStG ist:

▶ der Unternehmer ist ein Wiederverkäufer

Wiederverkäufer ist, wer gewerbsmäßig mit beweglichen körperlichen Gegenständen handelt oder solche Gegenstände im eigenen Namen öffentlich versteigert. Die Versteigerung kann dabei auf eigene oder auf fremde Rechnung erfolgen. Der An- und Verkauf der Gebrauchtgegenstände muss nicht alleiniger Unternehmenszweck sein; er kann auch Teil- oder Nebenzweck des Unternehmens sein.

BEISPIEL: ▶ Ein Kreditinstitut veräußert die von Privatpersonen sicherungsübereigneten Gebrauchtgegenstände.

Das Kreditinstitut ist insoweit als Wiederverkäufer anzusehen und unterliegt der Differenzbesteuerung des § 25a UStG.

▶ Lieferung an den Wiederverkäufer im Gemeinschaftsgebiet

Der Lieferort für die Lieferung *an* den Wiederverkäufer muss im Inland oder im übrigen Gemeinschaftsgebiet liegen. Wird die Lieferung im Drittlandsgebiet ausgeführt, dann kommt die Differenzbesteuerung grundsätzlich nicht in Betracht. Eine Ausnahme gilt in den Fällen des § 25a Abs. 2 Satz 1 Nr. 1 UStG.

BEISPIEL: ▶ Der Wiederverkäufer erwirbt in der Schweiz von einer Privatperson einen gebrauchten Pkw und führt diesen in das Inland ein.

Für den Weiterverkauf des Pkw kann die Differenzbesteuerung nicht in Anspruch genommen werden, da der Pkw nicht im Gemeinschaftsgebiet an den Wiederverkäufer geliefert wurde. Der Wiederverkäufer muss seine Lieferung der USt unterwerfen und kann bei Vorliegen der weiteren Voraussetzungen die EUSt als Vorsteuer abziehen.

▶ für die Lieferung an den Wiederverkäufer im Gemeinschaftsgebiet wurde USt nicht geschuldet, nicht erhoben oder es wurde die Differenzbesteuerung vorgenommen

Der Wiederverkäufer kann die Differenzbesteuerung danach anwenden, wenn er den Gegenstand erworben hat von

− einer Privatperson,

− einer juristischen Person des öffentlichen Rechts, die nicht Unternehmer ist,

− einem Unternehmer aus dessen nichtunternehmerischen Bereich,

− einem Unternehmer, der mit seiner Lieferung unter eine Steuerbefreiung fällt, die zum Ausschluss vom Vorsteuerabzug führt,

− einem Kleinunternehmer,

− einem anderen Wiederverkäufer, der auf die Lieferung die Differenzbesteuerung angewendet hat.

▶ die Gegenstände sind keine Edelsteine oder Edelmetalle

Aus Edelsteinen oder Edelmetallen hergestellte Gegenstände (z. B. *Schmuckwaren*) fallen nicht unter die Ausnahmeregelung, d. h., die Differenzbesteuerung ist insoweit anzuwenden.

726   Bemessungsgrundlage für den Umsatz ist bei Lieferungen die Differenz zwischen dem *Verkaufspreis* und dem *Einkaufspreis*. Bei Lieferungen i. S. des § 3 Abs. 1b UStG und in den Fällen der Mindestbemessungsgrundlage des § 10 Abs. 5 UStG tritt an die Stelle

des Verkaufspreises der Wert nach § 10 Abs. 4 Satz 1 Nr. 1 UStG. Die USt gehört nicht zur Bemessungsgrundlage (§ 25a Abs. 3 UStG).

Nebenkosten, die nach dem Erwerb des Gegenstandes angefallen sind, wie z. B. Reparaturkosten, mindern nicht die Bemessungsgrundlage.

> **BEISPIEL:** ▶ Unternehmer A betreibt in Münster einen Second-Hand-Laden. Er kaufte von der Privatperson P eine gebrauchte Waschmaschine für 500 €. Diese gebrauchte Waschmaschine veräußerte er zu einem Preis von 650 € an den Käufer K, der die Waschmaschine in Münster abholte und den Kaufpreis in bar bezahlte. Ein Verzicht auf die Anwendung der Differenzbesteuerung ist von A nicht erklärt worden und die Anwendung der Gesamtdifferenzregelung des § 25a Abs. 4 UStG kommt für A nicht in Betracht.
>
> Der Umsatz ist steuerbar gem. § 1 Abs. 1 Nr. 1 Satz 1 UStG. § 25a Abs. 1 UStG kommt zur Anwendung; denn
>
> ▶ A ist ein Wiederverkäufer,
>
> ▶ für die Lieferung an A im Inland wird USt nicht geschuldet, da die Lieferung von einer Privatperson durchgeführt wurde,
>
> ▶ es handelt sich nicht um Edelsteine oder Edelmetalle.
>
> Der Steuersatz beträgt 19 % Bemessungsgrundlage für den Umsatz ist die Differenz zwischen dem Verkaufspreis (650 €) und dem Einkaufspreis (500 €); die USt gehört nicht zur Bemessungsgrundlage. Es ergibt sich somit eine Bemessungsgrundlage von 126,05 € (150 € : 1,19) und eine USt i. H. von 23,95 €.

In den Fällen der *Inzahlungnahme* ist im Rahmen der Differenzbesteuerung als Einkaufspreis der *tatsächliche Wert* des Gebrauchtgegenstandes anzusehen. Besonderheiten gelten in den Fällen eines verdeckten Preisnachlasses.   727

> **BEISPIEL:** ▶ Bei dem Verkauf eines Neufahrzeugs nimmt der Kfz-Händler ein gebrauchtes Fahrzeug in Zahlung. Das Gebrauchtfahrzeug des Privatkunden wird mit 8 500 € in Zahlung genommen. Der tatsächliche Wert beträgt 8 000 €. Der Kfz-Händler veräußert den Pkw für 10 000 €. Bei der Bemessungsgrundlage für den Verkauf des Neufahrzeugs wurde der verdeckte Preisnachlass berücksichtigt, d. h., das Gebrauchtfahrzeug wurde mit 8 000 € berücksichtigt.
>
> Die Bemessungsgrundlage für den Verkauf des gebrauchten Fahrzeugs beträgt 2 000 € : 1,19 = 1 680,67 €. Es entsteht eine USt i. H. von 319,33 €.

Nach Abschn. *276a Abs. 10 Satz 4 UStR 2008* ist auch folgende Abwicklung möglich: Wenn die Höhe der Entgeltsminderung nicht nachgewiesen und das Neuwagenentgelt nicht um einen verdeckten Preisnachlass gemindert wird, kann im Rahmen der Differenzbesteuerung der Betrag als Einkaufspreis für das Gebrauchtfahrzeug angesetzt werden, mit dem dieses in Zahlung genommen wird. Auf das Beispiel in Abschn. 276a Abs. 10 UStR 2008 wird insoweit verwiesen.

Für jeden Gegenstand ist grundsätzlich die *Einzeldifferenz* zu ermitteln; ein Ausgleich zwischen positiven und negativen Differenzen ist nicht möglich. Bei einem negativen Unterschiedsbetrag beträgt die Bemessungsgrundlage 0 €. Eine Ausnahme von dem Gebot der Einzeldifferenz enthält § 25a Abs. 4 UStG. Danach kann bei Gegenständen, deren Einkaufspreis 500 € nicht übersteigt, die *Gesamtdifferenz* angesetzt werden. Die Gesamtdifferenz kann nur einheitlich für die gesamten innerhalb eines Besteuerungszeitraums ausgeführten Umsätze ermittelt werden, die sich auf Gegenstände mit Einkaufspreisen bis zu 500 € beziehen. Im Falle der Anwendung der Gesamtdifferenz können innerhalb des Besteuerungszeitraums negative und positive Gesamtdifferenzen   728 einzelner Voranmeldungszeiträume *verrechnet* werden (Abschn. 276a Abs. 13 Satz 7 UStR 2008).

729   Der *Steuersatz* beträgt gem. § 25a Abs. 5 UStG 19 %. Dies gilt auch für solche Gegenstände, für die bei der Besteuerung nach den allgemeinen Vorschriften der ermäßigte Steuersatz in Betracht käme (z. B. Kunstgegenstände und Sammlungsstücke).

730   Ein *gesonderter Steuerausweis* in der Rechnung ist nicht statthaft (§ 14a Abs. 6 Satz 2 UStG). Wird gleichwohl eine USt gesondert ausgewiesen, schuldet der Wiederverkäufer die ausgewiesene Steuer gem. *§ 14c Abs. 2 UStG* (Abschn. 276a Abs. 16 Satz 2 UStR 2008).

In der Rechnung ist gem. *§ 14a Abs. 6 Satz 1 UStG* auf die Anwendung der Sonderregelung des § 25a UStG hinzuweisen. Diese Regelung ist im Rahmen des Steueränderungsgesetzes 2003 (BGBl 2003 I S. 2645) mit Wirkung ab dem 1. 1. 2004 eingefügt worden.

731   § 25a UStG enthält noch folgende *Besonderheiten*:

▶ Die Steuerbefreiung für innergemeinschaftliche Lieferungen gem. § 4 Nr. 1 Buchst. b UStG kommt für den Wiederverkäufer gem. § 25a Abs. 5 Satz 2 UStG nicht zur Anwendung. Die übrigen Steuerbefreiungen sind allerdings anwendbar.

▶ Keine Differenzbesteuerung, wenn auf die Lieferung an den Wiederverkäufer die Steuerbefreiung für innergemeinschaftliche Lieferungen im übrigen Gemeinschaftsgebiet angewendet worden ist (§ 25a Abs. 7 Nr. 1 Buchst. a UStG).

▶ Keine Differenzbesteuerung, wenn es sich um eine innergemeinschaftliche Lieferung eines neuen Fahrzeugs handelt (§ 25a Abs. 7 Nr. 1 Buchst. b UStG).

▶ Keine Erwerbsbesteuerung beim Wiederverkäufer, wenn der Lieferer die Differenzbesteuerung im übrigen Gemeinschaftsgebiet angewendet hat (§ 25a Abs. 7 Nr. 2 UStG).

▶ Ausschluss des § 3c UStG (§ 25a Abs. 7 Nr. 3 UStG).

▶ Der Wiederverkäufer kann gem. § 25a Abs. 8 UStG bei jeder Lieferung auf die Differenzbesteuerung verzichten, soweit er die Gesamtdifferenz nicht anwendet. Der Verzicht hat zur Folge, dass auf die Lieferung die allgemeinen Vorschriften des UStG anzuwenden sind.

732   Die Neufassung des § 25a UStG ab dem 1. 1. 1995 stellt nicht mehr auf den Erwerb des Gegenstandes zum Zwecke des gewerbsmäßigen Verkaufs ab. Voraussetzung für die Anwendung der Differenzbesteuerung ist nach § 25a Abs. 1 Nr. 1 UStG lediglich, dass der Unternehmer gewerbsmäßig mit beweglichen körperlichen Gegenständen handelt. Die Differenzbesteuerung kann also grundsätzlich auch bei der Veräußerung von Gegenständen des *Anlagevermögens* Anwendung finden.

VIII. Umsätze mit Anlagegold

1. Allgemeines

733   Die Vorschrift des § 25c UStG ist im Rahmen des *Gesetzes zur Bereinigung von steuerlichen Vorschriften* vom 22. 12. 1999 (BGBl 1999 I S. 2601) in das UStG eingefügt worden. Nach Artikel 28 des Gesetzes trat die Neuregelung am *1. 1. 2000* in Kraft. Zur Einfüh-

rung des § 25c UStG hat das BMF mit Schreiben vom 16. 3. 2000 (BStBl 2000 I S. 456) Stellung genommen.

§ 25c UStG regelt die Besteuerung von Umsätzen mit Anlagegold und enthält Bestimmungen zur Steuerbefreiung, zur Option, zum Vorsteuerabzug und zu den Aufzeichnungspflichten. Durch die Regelung wird die Richtlinie zur Sonderregelung für Anlagegold vom 12. 10. 1998 (ABl. EG 1998 Nr. L 281 S. 31; Berichtigung ABl. EG 1999 Nr. L 22 S. 75) in das nationale Recht umgesetzt.

2. Steuerbefreiung

a) Begünstigte Umsätze

Steuerfrei ist gem. § 25c Abs. 1 Satz 1 UStG die *Lieferung*, die *Einfuhr* und der *innergemeinschaftliche Erwerb* von Anlagegold. Als Lieferung von Anlagegold wird auch der Handel von Anlagegold in Form von Zertifikaten über sammel- oder einzelverwahrtes Gold und über Goldkonten gehandeltes Gold angesehen.   734

Steuerfrei ist nach § 25c Abs. 1 Satz 2 UStG auch die *Vermittlung* der Lieferung von Anlagegold.

Der *Begriff des Anlagegoldes* wird in § 25c Abs. 2 UStG definiert. Danach versteht man unter Anlagegold i. S. des UStG: 735

▶ Gold in Barren- oder Plättchenform mit einem von den Goldmärkten akzeptierten Gewicht und einem Feingehalt von mindestens 995 Tausendstel, sowie

▶ Goldmünzen, die einen Feingehalt von mindestens 900 Tausendstel aufweisen, nach dem Jahr 1800 geprägt wurden, in ihrem Ursprungsland gesetzliche Zahlungsmittel sind oder waren und üblicherweise zu einem Preis verkauft werden, der den Offenmarktwert ihres Goldgehaltes um nicht mehr als 80 vom Hundert übersteigt.

Die Steuerbefreiung für Gold in Barren- oder Plättchenform gilt unabhängig davon, ob es durch Wertpapiere verbrieft ist oder nicht. Bezüglich der Steuerbefreiung für Goldmünzen veröffentlicht die EU-Kommission vor dem 1. 12. eines jeden Jahres ein *Verzeichnis* der Münzen, die die Kriterien für die Steuerbefreiung erfüllen. Die Liste ist nicht abschließend; es können auch andere Münzen in den Anwendungsbereich des § 25c UStG fallen. Nachweispflichtig für das Vorliegen der Voraussetzungen ist der leistende Unternehmer, der die Steuerbefreiung in Anspruch nehmen will.

b) Verzicht auf die Steuerbefreiung

Die bisherige Verzichtsmöglichkeit bezüglich der Goldumsätze im § 9 Abs. 1 UStG wurde mit Wirkung ab dem 1. 1. 2000 aufgehoben. An die Stelle ist § 25c Abs. 3 UStG getreten. Danach kann der Unternehmer, der Anlagegold herstellt oder Gold in Anlagegold umwandelt, eine nach *§ 25c Abs. 1 Satz 1 UStG* steuerfreie Lieferung als steuerpflichtig behandeln, wenn sie an einen anderen Unternehmer für dessen Unternehmen ausgeführt wird. Dieses Optionsrecht gilt sowohl für Gold in Barren- oder Plättchenform als auch für Goldmünzen.   736

3. Vorsteuerabzug

737   § 25c UStG enthält in den Absätzen 4 und 5 besondere Regelungen zum Vorsteuerabzug, die den allgemeinen Regelungen des § 15 UStG vorgehen.

Grundsätzlich berechtigt die Steuerbefreiung für Anlagegold nicht zum Vorsteuerabzug. Um aber die Vorteile der Steuerbefreiung zu wahren und Wettbewerbsverzerrungen im Hinblick auf eingeführtes Anlagegold zu vermeiden, ist in bestimmten Fällen ein Vorsteuerabzug abweichend von § 15 Abs. 2 UStG zulässig. Der Unternehmer, der steuerfreie Umsätze nach § 25c Abs. 1 UStG ausführt, kann die Steuer für folgende an ihn ausgeführte Umsätze nach § 25c Abs. 4 UStG als Vorsteuer abziehen:

► Lieferungen von Anlagegold durch einen anderen Unternehmer, der diese Lieferungen als steuerpflichtig behandelt hat,

► Lieferungen, Einfuhr oder innergemeinschaftlicher Erwerb von Gold, das anschließend von ihm oder für ihn in Anlagegold umgewandelt wird,

► sonstige Leistungen, die in der Veränderung der Form, des Gewichts oder des Feingehalts von Gold, einschließlich Anlagegold, bestehen.

Bei einem Unternehmer, der Anlagegold herstellt oder Gold in Anlagegold umwandelt und anschließend nach § 25c Abs. 1 Satz 1 UStG steuerfrei liefert, ist die Steuer für an ihn ausgeführte Umsätze, die in unmittelbarem Zusammenhang mit der Herstellung oder Umwandlung des Goldes stehen, nach § 25c Abs. 5 UStG nicht vom Vorsteuerabzug ausgeschlossen. Betroffen von dieser Regelung sind die *Hersteller* und die *Umwandler* (z. B. Scheideanstalten). Voraussetzung für den Vorsteuerabzug ist, dass die Eingangsumsätze in einem unmittelbaren Zusammenhang mit der Herstellung oder Umwandlung des Goldes stehen; ein nur mittelbarer Zusammenhang reicht nicht aus.

4. Aufzeichnungspflichten

738   § 25c Abs. 6 UStG enthält für die Umsätze mit Anlagegold *erweiterte Aufzeichnungspflichten*. Neben den üblichen Aufzeichnungspflichten des § 22 UStG sind die Identifizierungs-, Aufzeichnungs- und Aufbewahrungspflichten des *Geldwäschegesetzes* (GwG) mit Ausnahme der Identifizierungspflicht in Verdachtsfällen nach § 6 GwG zu beachten. Durch diese verschärften Aufzeichnungspflichten soll die Abgrenzung des nicht begünstigten Industriegolds vom Anlagegold ermöglicht und der Geldwäsche entgegengewirkt werden.

Siebenter Teil: Erbschaftsteuer

A. Allgemeiner Überblick

I. Gegenstand der Erbschaftsteuer

Gegenstand der Erbschaftsteuer (ErbSt) ist nicht nur der Erwerb von Todes wegen, son- 1
dern auch der *unentgeltliche Übergang von Vermögenswerten* auf eine andere Rechtspersönlichkeit. Durch die Beteiligung des Staates am Nachlass über die Erbschaftsteuer
greift das *Erbschaftsteuergesetz* in erheblichem Umfang in das *Erbrecht* ein. Es steht damit in Kollision zu Art. 14 GG, wonach das private Eigentum und das Erbrecht gewährleistet sind. Die ErbSt und die Besteuerung der sonstigen unentgeltlichen Vermögensübergänge dürfen daher keine konfiskatorische Wirkung haben. Der Rechtsfrage, ob
das Erbschaft- und Schenkungsteuergesetz wegen Verletzung des sog. *Halbteilungs-
grundsatzes* gegen das Grundrecht auf Eigentum verstößt, kommt weder grundsätzliche Bedeutung zu noch erfordert sie eine Entscheidung des BFH zur Fortbildung des
Rechts (BFH vom 27. 3. 2006, BFH/NV 2006 S. 1301). Der ErbSt unterliegen gem. § 1
ErbStG

- ► der Erwerb von Todes wegen,

- ► die Schenkungen unter Lebenden,

- ► die Zweckzuwendungen,

- ► das Vermögen einer Stiftung im Zeitabstand von je 30 Jahren.

Die ErbSt wird von dem Vermögen erhoben, das bei dem Tod einer natürlichen Person
oder bei Aufhebung eines Zweckvermögens (Stiftung) auf einen Dritten übergeht. Es
handelt sich hierbei um den *Grundtatbestand*. Alle anderen Tatbestände sind gewissermaßen *Ersatztatbestände*.

Im Unterschied zum angelsächsischen Recht, dort ist die ErbSt als Nachlasssteuer kon-
zipiert, ist die hiesige ErbSt als *Erbanfallsteuer* ausgestaltet. Es wird also nicht der Nachlass selbst besteuert, sondern die *Bereicherung*, die dem einzelnen Erwerber aufgrund
der Erbschaft oder der Schenkung zufließt. Eine Verteilung des Nachlasses auf möglichst viele Erwerber mindert daher die erbschaftsteuerliche Gesamtbelastung.

Als Erbanfallsteuer ist die ErbSt eine *Verkehrsteuer*, denn sie besteuert den Vermögensübergang vom Erblasser bzw. Schenker auf den Erben (sonstigen Erwerber) bzw. den
Beschenkten; die ErbSt schließt an Rechtsvorgänge an. Im Hinblick auf die Belastung
des Nachlasses (des geschenkten Vermögens) wird die ErbSt mitunter auch als Besitz-
steuer bezeichnet. Die ErbSt ist darüber hinaus eine *Personensteuer*, die vom Vermögen
erhoben wird. Die Bereicherung des Erben ist Voraussetzung und auch Bemessungsgrundlage für die ErbSt. Das ErbStG ist ein Bundesgesetz, welches aufgrund der *Ertragshoheit der Länder* der Zustimmung des Bundesrates bedarf. Die Erbschaft- und Schenkungsteuer wird von den Landesfinanzbehörden (Finanzämtern) verwaltet.

II. Verhältnis des Erbschaftsteuerrechts zum Zivilrecht und Auslegung des ErbStG

2　Die unmittelbare Verweisung des ErbStG auf Vorschriften des bürgerlichen Rechts z. B. in § 3 Abs. 1 ErbStG, wonach der Erwerb durch Erbanfall (§ 1922 BGB), durch Vermächtnis (§§ 2147 ff. BGB) oder aufgrund eines geltend gemachten Pflichtteilsanspruchs (§§ 2303 ff. BGB) als Erwerb von Todes wegen gilt, wirft die Frage nach dem Verhältnis von Erbschaftsteuerrecht zum Zivilrecht auf. Soweit das Erbschaftsteuerrecht unmittelbar an erbrechtlich geregelte Erwerbe anknüpft und diese als Besteuerungsgrundlage behandelt, kann von einer *Maßgeblichkeit des Zivilrechts für die Erbschaftsteuer* gesprochen werden. Dieser Befund trifft auch für das Verhältnis von Schenkungsteuerrecht und dem Recht der Schenkung i. S. der §§ 516 ff. BGB zu, so dass auch hier für die Auslegung der im ErbStG verwendeten Begriffe *im Grundsatz* bürgerliches Recht maßgebend ist. Allerdings kommt eine extensive Auslegung der steuerbegründenden Rechtsvorschriften nicht in Betracht, mit der Folge, dass die Steuerpflicht beim Erwerb von Todes wegen nicht durch Rückgriff auf die wirtschaftliche Betrachtungsweise, also über den Wortsinn des gesetzlichen Tatbestands hinaus, ausgedehnt werden kann.

Mangels Erbschaft im wirtschaftlichen Sinne kommt auch wirtschaftliches Eigentum (§ 39 Abs. 2 Nr. 1 AO) grundsätzlich nicht in Betracht, da dieses Rechtsinstitut Ausdruck der wirtschaftlichen Betrachtungsweise ist und damit im Widerspruch zu den zivilrechtlichen Zurechnungen steht (BFH vom 10. 11. 1982, BStBl 1983 II S. 116 sowie vom 22. 9. 1982, BStBl 1983 II S. 179). Folgerichtig bestimmt R 36 Abs. 1 Satz 1 ErbStR, dass für die Zurechnung eines Grundstücks zum Nachlass bei noch nicht – vollständig – erfüllten Grundstückskaufverträgen der Übergang des Eigentums nach dem zivilrechtlichen Eigentumsbegriff entscheidend ist. Demnach ist der Übergang des wirtschaftlichen Eigentums nicht maßgeblich, insbesondere ist nicht auf den Zeitpunkt des Besitz- und Lastenwechsels abzustellen (BFH vom 15. 10. 1997, BStBl 1997 II S. 820). Andererseits hat der BFH (BFH vom 26. 9. 1990, BStBl 1991 II S. 320) zur Ausführung von Grundstücksschenkungen eigene schenkungsteuerrechtliche – und damit vom Zivilrecht abweichende – Kriterien benannt.

Auch im Anwendungsbereich des § 7 ErbStG (Schenkungen unter Lebenden) besteht – soweit die unmittelbare Bezugnahme auf das bürgerliche Recht reicht (z. B. § 7 Abs. 1 Nr. 4 und Nr. 5 ErbStG) – ein Vorrang des bürgerlichen Rechts. Hingegen ist der Begriff der freigebigen Zuwendung unter Lebenden (§ 7 Abs. 1 Nr. 1 ErbStG) schenkungsteuerrechtlicher Natur; die Auslegung orientiert sich in erster Linie an steuerlichen Gesichtspunkten. Allerdings besteht für den Gesetzgeber ein *Gestaltungsspielraum*, sich beim Erbschaftsteuerrecht vom Zivilrecht zu lösen und eigene Wege zu beschreiten, wie dies z. B. im Anwendungsbereich des § 15 Abs. 1a ErbStG (hier geht das ErbStG bei Adoption von einer Verwandtschaft aus, obwohl eine solche bereits erloschen ist) geschehen ist. Der Umstand, dass das Erbschaftsteuerrecht an bürgerlich-rechtliche Gestaltungen anknüpft und dem Zivilrecht entnommene Begriffe verwendet, schließt nach Auffassung des BFH (BFH vom 8. 12. 1993, BFH/NV 1994, S. 373) nicht aus, dass zivilrechtliche Gestaltungen und Begriffe entsprechend den steuerrechtlichen Bedeutungszusammenhängen selbständig interpretiert werden können und müssen. Es gibt keine Vermutung, dass das dem Zivilrecht entlehnte Tatbestandsmerkmal einer Steuerrechtsnorm i. S. des zivilrechtlichen Verständnisses zu interpretieren sei (BVerfG vom 27. 12. 1991, BStBl 1992 II S. 212).

III. Verhältnis zu anderen Steuern

Grundsätzlich ist die Erhebung anderer Steuern neben der ErbSt nicht ausgeschlossen. Der Gesetzgeber hat jedoch diverse Vorkehrungen getroffen, um eine doppelte Besteuerung im Regelfall auszuschließen.

1. Verhältnis zur Einkommensteuer

Überschneidungen zwischen der Einkommensteuer und der Erbschaft-/Schenkungsteuer sind regelmäßig ausgeschlossen, da einmalige Vermögensanfälle infolge eines Erwerbs von Todes wegen oder einer Schenkung unter Lebenden nicht unter § 2 Abs. 1 Nr. 1 bis 7 EStG (Einkunftsarten) zu subsumieren sind. Es sind allerdings Sachverhaltskonstellationen denkbar, bei denen derselbe Vermögensanfall sowohl der Einkommensteuer als auch der Erbschaft-/Schenkungsteuer unterliegt. Der BFH hat hierzu mehrfach festgestellt, dass sich beide Steuern gegenseitig *nicht ausschließen* (BFH vom 22. 12. 1976, BStBl 1977 II S. 420 sowie vom 26. 11. 1986, BStBl 1987 II S. 175).

Eine klare Differenzierung ist hinsichtlich der ESt möglich, die zu Lebzeiten des Erblassers entstanden ist. Hatte der Erblasser diese noch zu seinen Lebzeiten entrichtet, korrespondierte hiermit eine Minderung seines Vermögens; hat andernfalls der Erbe die Einkommensteuerschulden des Erblassers zu entrichten, liegt insoweit eine nach Maßgabe des § 10 Abs. 5 Nr. 1 ErbStG abziehbare Erblasserschuld vor.

Bei dem Problem der (ökonomischen) Doppelbelastung mit Erbschaft- und Einkommensteuer geht es um Fälle, in denen beim Erben auf Einkünfte Einkommensteuer erhoben wird, die zuvor als Vermögen bereits der Erbschaftsteuer unterlagen. Aus Sicht der *Besteuerungspraxis* ist in diesem Kontext auf *vier Fallkonstellationen* zu verweisen:

► Der Erwerber veräußert den im Erbwege auf ihn übergegangenen Gewerbebetrieb; es kommt zur *steuerpflichtigen Realisierung der stillen Reserven*. Diese sind dann aber bereits im Wert (gemeinen Wert) für das Betriebsvermögen enthalten, da – im Unterschied zum bisherigen Recht – nicht mehr auf die vergleichsweise geringen Steuerbilanzwertansätze zurückgegriffen wird.

► Das von Todes wegen erworbene (dem Privatvermögen zugehörige) *Grundstück* wird veräußert, wobei ein *steuerpflichtiger privater Veräußerungsgewinn nach § 23 EStG* erzielt wird. Hierzu kommt es, wenn der Erblasser die Immobilie innerhalb der zehnjährigen Spekulationsfrist erworben hat. Auch in diesem Fall unterliegt der gemeine Wert (Verkehrswert) des Grundstücks der Erbschaftsteuer; dieser wird über den Veräußerungserlös im Rahmen des § 23 EStG nochmals erfasst.

► Es liegen sonstige Einkünfte vor, die als Teil des Erwerbs von Todes wegen der Erbschaftsteuer und beim Erwerber der Einkommensteuer unterliegen. Hieran ist z. B. zu denken, wenn ein Erwerber *nachträglich Forderungen des Erblassers vereinnahmt*, die bei ihm zu den steuerpflichtigen Einnahmen rechnen. In der Besteuerungspraxis

3

4

tritt dieser Fall nicht selten bei *Freiberuflern* auf, wenn der Erbe eine *Kundenforderung des Erblassers* nachträglich vereinnahmt.

▶ Aus dem Nachlass herrührende Wertpapiere werden vom Erben veräußert. Diese Doppelbelastung dürfte zwar bisher kaum eine größere Relevanz gehabt haben, da die einjährige Spekulationsfrist meist abgelaufen war, ehe der Erwerber über das Wertpapierdepot verfügen konnte. Unter dem Regime der *Abgeltungssteuer* werden sich jedoch die einschlägigen Fälle häufen, da Gewinne aus nach dem Jahr 2008 erworbenen Wertpapieren *unabhängig von Spekulationsfristen (Haltefristen)* als Kapitaleinnahmen gelten.

Das ErbStRG wurde um einen Art. 5 ergänzt, mittels dessen das *Einkommensteuergesetz* um einen *§ 35b EStG – Steuerermäßigung bei Belastung mit Erbschaftsteuer – erweitert* wurde. Sind demnach bei der Ermittlung des Einkommens Einkünfte berücksichtigt worden, die im Veranlagungszeitraum oder in den vorangegangenen vier Veranlagungszeiträumen als *Erwerb von Todes wegen* der Erbschaftsteuer unterlegen haben, so wird *auf Antrag* die um sonstige Steuerermäßigungen gekürzte tarifliche Einkommensteuer, die auf diese Einkünfte entfällt, um den in § 35b Satz 2 EStG bestimmten Prozentsatz ermäßigt. Dieser *Prozentsatz* bestimmt sich nach dem Verhältnis, in dem die festgesetzte ErbSt zu dem Betrag steht, der sich ergibt, wenn dem steuerpflichtigen Erwerb (§ 10 Abs. 1 ErbStG) die Freibeträge nach §§ 16, 17 ErbStG (persönlicher Freibetrag und Versorgungsfreibetrag) und der steuerfreie Betrag nach § 5 ErbStG (fiktive Zugewinnausgleichsforderung) hinzugerechnet werden. Dies *gilt nicht*, soweit ErbSt *nach § 10 Abs. 1 Nr. 1a EStG abgezogen* wird (§ 35b Satz 3 EStG). Der Vorschrift des § 10 Abs. 1 Nr. 1a EStG unterfallen im Rahmen des Sonderausgabenabzugs *auf besonderen Verpflichtungsgründen beruhende, lebenslange und wiederkehrende Versorgungsleistungen,* die nicht mit Einkünften in wirtschaftlichem Zusammenhang stehen, die bei der Veranlagung außer Betracht bleiben, wenn der Empfänger unbeschränkt einkommensteuerpflichtig ist.

5 Die Regelung des § 35b EStG – inhaltlich dem früheren § 35 EStG in der bis zum Veranlagungszeitraum 1998 anzuwendenden Fassung entsprechend – verringert in Einzelfällen eine Doppelbelastung mit ErbSt und ESt; sie ist auf Fälle beschränkt, in denen *beim Erben Einkünfte tatsächlich mit ESt belastet* werden, die *zuvor als Vermögen* oder *Bestandteil von Vermögen bereits der ErbSt unterlagen*. Die Neuregelung des § 35b EStG soll nach § 52 Abs. 50c EStG *erstmals für den Veranlagungszeitraum 2009* anzuwenden sein, und zwar nur für Fälle, die dem Regime des neuen Erbschaftsteuerrechts unterliegen, mithin für *Erbfälle nach dem 31. 12. 2008.*

6 Bei der *Jahresversteuerung von Renten und anderen wiederkehrenden Bezügen* nach § 23 ErbStG ist eine einkommensteuerliche Berücksichtigung der ErbSt möglich. Hat sich der Erwerber entschieden, die ErbSt nach dem Jahreswert der Bezüge zu entrichten (§ 23 Abs. 1 Satz 1 ErbStG), ist die jährlich anfallende ErbSt nach § 10 Abs. 1 Nr. 1a EStG als Sonderausgabe (dauernde Last) abzugsfähig. Bei Rentenbezügen erfährt die Abzugsfähigkeit der ErbSt eine Einschränkung: hier ist nur der Teil der Steuer abzugsfähig, der auf den der ESt unterliegenden Ertragsanteil entfällt (BFH vom 23. 2. 1994, BStBl 1994 II S. 690). Eine vom Erblasser bestimmte *Testamentsvollstreckervergütung* unterliegt, auch soweit sie eine angemessene Höhe überschreitet, im Regelfall nicht der Erbschaft-

steuer, sondern in vollem Umfang der Einkommensteuer (BFH vom 2.2.2005, BStBl 2005 II S. 489). Eine für den Gewerbebetrieb eines Steuerpflichtigen bestimmte Erbschaft ist als Betriebseinnahme zu versteuern (BFH vom 14.3.2006, BB 2006 S. 1739).

Die einkommensteuerrechtlichen Grundsätze über den sog. *Fremdvergleich* (u. a. bei Prüfung der Angemessenheit von Tantiemezahlungen an nahe Angehörige) sind im *Erbschaft- und Schenkungsteuerrecht nicht entsprechend anwendbar* (BFH vom 15.9.2004, BFH/NV 2005 S. 211).

2. Verhältnis zur Grunderwerbsteuer

Das GrEStG nimmt den Grundstückserwerb von Todes wegen und Grundstücksschenkungen unter Lebenden i. S. des ErbStG von der Besteuerung aus (§ 3 Nr. 2 GrEStG). Es besteht ein gesetzessystematischer Vorrang der Erbschaft- und Schenkungsteuer *(sog. Prävalenz der ErbSt)* vor der GrEStG (BVerfG vom 15.5.1984, BStBl 1984 II S. 608, 614). Auf eine Anteilsvereinigung bei Kapitalgesellschaften (§ 1 Abs. 3 Nr. 1 und 2 GrEStG) finden die personenbezogenen Befreiungen des § 3 GrEStG keine Anwendung (BFH vom 8.6.1988, BStBl 1988 II S. 785). Nach § 3 Nr. 2 Satz 2 GrEStG i. d. F. des JStG 1997 vom 20.12.1996 (BGBl 1996 I S. 2049) unterliegen Schenkungen unter einer Auflage der Besteuerung hinsichtlich solcher Auflagen, die bei der Schenkungsteuer abziehbar sind. Bestellt eine Kommune einem freien Träger der Wohlfahrtspflege zur Erfüllung öffentlicher Aufgaben unentgeltlich ein Erbbaurecht an einem Grundstück mit aufstehendem Senioren- und Pflegeheim, ist dies keine freigebige Zuwendung und daher nicht nach § 3 Nr. 2 GrEStG grunderwerbsteuerfrei (BFH vom 29.3.2006, BFH/NV 2006 S. 1712). Bestellt eine Kirchengemeinde einer kirchlichen Einrichtung mit karitativer Zielsetzung ein Erbbaurecht an einem Grundstück mit aufstehendem Alten- und Pflegeheim und hat diese Einrichtung den vereinbarten Erbbauzins solange nicht zu zahlen, wie sie den Heimbetrieb fortführt, liegt eine von der GrESt befreite Schenkung unter Lebenden vor (BFH vom 17.5.2006, BStBl 2006 II S. 720). Erwirbt ein Gesellschafter einer Personengesellschaft deren Gesamthandsvermögen durch Schenkung der Anteile der anderen Gesellschafter zu Alleineigentum, ist ein dabei erfolgender Übergang von Grundstücken aus dem Gesellschaftsvermögen in das Alleineigentum des Gesellschafters nach Maßgabe des § 3 Nr. 2 GrEStG und des § 6 Abs. 2 GrEStG grunderwerbsteuerfrei; liegt in einem solchen Fall eine gemischte Schenkung an der Erwerber vor, sind als Bemessungsgrundlage der GrEStG die um den Anteil des Erwerbers am Gesellschaftsvermögen verminderten Grundbesitzwerte anzusetzen, soweit sie nach schenkungsteuerrechtlichen Grundsätzen dem entgeltlichen Teil des Erwerbs entsprechen (BFH vom 13.9.2006, BStBl. 2007 II S. 59). Nach § 1 Abs. 2a GrEStG steuerbare Änderungen im Gesellschafterbestand einer grundbesitzenden Personengesellschaft sind insoweit nach § 3 Nr. 2 GrEStG steuerfrei, als sie auf einer schenkweisen Anteilsübertragung beruhen (BFH vom 12.10.2006, BStBl 2007 II S. 409). Überträgt ein Gesellschafter aufgrund des Gesellschaftsverhältnisses ein Grundstück auf eine Kapitalgesellschaft, handelt es sich um einen gesellschaftsrechtlichen Vorgang und nicht um eine freigebige Zuwendung im Sinne des § 7 Abs. 1 Nr. 1 ErbStG, die zur Grunderwerbsteuerfreiheit nach § 3 Nr. 2 GrEStG führt.

7

IV. Gesamtrechtsnachfolge

8   Der *Grundsatz der Gesamtrechtsnachfolge* wird auch im Steuerrecht anerkannt. Im Gegensatz zum bürgerlichen Recht geht das Vermögen einer Mehrheit von Erben nicht als ungeteiltes Ganzes (§ 2032 BGB) auf die Erben über, da das Steuerrecht Gesamthandsvermögen als Sondervermögen nicht kennt. Steuerlich wird gem. § 39 Abs. 2 Nr. 2 AO jeder Erbe so behandelt, als ob er am Vermögen nach Quoten beteiligt wäre. Maßgebend für die Zurechnung des Vermögens ist das, was der einzelne Erbe erhalten würde, wenn am Stichtag die Gesamthandsgemeinschaft aufgelöst und die Auseinandersetzung vorgenommen wäre. Die Höhe des Anteils richtet sich nach den bürgerlichrechtlichen Bestimmungen.

V. Exkurs: Entscheidung des BVerfG 7. 11. 2006

9   **Beschluss des Bundesverfassungsgerichts vom 7. 11. 2006**

Kernaussagen

Nach Auffassung des BVerfG in seiner Entscheidung vom 7. 11. 2006 (1 BvL 10/02, BStBl 2007 II S. 192) ist die durch § 19 Abs. 1 ErbStG angeordnete Erhebung der Erbschaftsteuer mit einheitlichen Steuersätzen auf den Wert des Erwerbs mit dem Grundgesetz unvereinbar, da sie an Werte anknüpft, deren Ermittlung bei wesentlichen Gruppen von Vermögensgegenständen – namentlich Betriebsvermögen, Grundvermögen, Anteilen an Kapitalgesellschaften, land- und forstwirtschaftliches Vermögen – den Anforderungen des Gleichheitssatzes (Art. 3 Abs. 1 GG) nicht genügt. Das BVerfG hat dem Gesetzgeber aufgetragen, bis spätestens zum 31. 12. 2008 eine Neuregelung zu treffen. Da das Verfassungsgericht keine Nichtigkeits-, sondern eine *Unvereinbarkeitsentscheidung* getroffen hat, ist das bisherige Recht bis zur gesetzlichen Neuregelung weiter anwendbar.

Entscheidungsschwerpunkte

Die Erbschaftsteuer ist als *Erbanfallsteuer* ausgestaltet und als *Bereicherungssteuer* zu qualifizieren. Dem liegt in geltenden Erbschaftsteuerrecht die Belastungsentscheidung des Gesetzgebers zugrunde, den mit dem Erbfall oder der Schenkung einhergehenden *Vermögenszuwachs* als *Ausdruck einer gesteigerten Leistungsfähigkeit* beim Erwerber – Erbe, Vermächtnisnehmer, Pflichtteilsberechtigter oder Beschenkter – steuerlich zu erfassen. Unter dem Blickwinkel des verfassungsrechtlichen Gleichheitssatzes hat die Belastungsentscheidung des Gesetzgebers folgerichtig Konsequenzen für die erste Stufe der Ermittlung der erbschaftsteuerlichen Bemessungsgrundlage, nämlich die Bewertungsebene. Hier hängt nach Überzeugung des BVerfG die gleichmäßige Belastung des Erbschaftsteuerpflichtigen davon ab, dass für die einzelnen der Besteuerung unterliegenden wirtschaftlichen Einheiten und Wirtschaftsgüter gesetzlich Bemessungsgrundlagen vorgehalten werden, die deren Werte in ihrer Relation realitätsgerecht abbilden. Diesem Erfordernis wird nach Darlegung des BVerfG nur dann Rechnung getragen, wenn das Gesetz sich auf der Bewertungsebene einheitlich am *gemeinen Wert als Bewertungsziel* orientiert. Nach § 9 Abs. 2 BewG wird der gemeine Wert durch den Preis bestimmt, der im gewöhnlichen Geschäftsverkehr nach der Beschaffenheit des Wirtschaftsgutes bei einer Veräußerung zu erzielen wäre. Dabei sind alle Umstände, die den Preis beeinflussen, zu berücksichtigen, ungewöhnliche oder persönliche Verhältnisse sind nicht berücksichtigungsfähig. Die Vorschrift ist über die Verweisung in § 12 Abs. 1 ErbStG grundsätzlich im Erbschaft- und Schenkungsteuerrecht einschlägig. Denn nur – so das Gericht weiter – der gemeine Wert bildet den durch den Substanzerwerb vermittelten Zuwachs an Leistungsfähigkeit zutreffend ab und ermöglicht eine *gleichheitsgerechte Ausgestaltung der Belastungsentscheidung*. Unabhängig von der Wahl des Bewertungsverfahrens – hier räumt das BVerfG dem Gesetzgeber grundsätzliche Gestaltungsfreiheit ein – müssen die *Bewertungsmethoden die Erfassung aller Vermögensgegenstände in einem Annäherungswert an den gemeinen Wert* gewährleisten. Stellt der Steuergesetzgeber auf andere Bewertungsmaßstäbe ab, so löst er sich nach Überzeugung des BVerfG von seiner Belastungsentscheidung und legt damit *strukturelle Brüche* und *Wertungswidersprüche* des gesamten Regelungssystems an.

Basierend auf einem verfassungskonform ermittelten Wert der Bereicherung auf der Bewertungsebene räumt das BVerfG dem Gesetzgeber ausdrücklich die Möglichkeit ein, *Lenkungszwecke* – etwa *in Form zielgenauer und normenklarer Verschonungsregelungen* – auf der Besteuerungsebene (ErbSt/SchenkSt) zu verfolgen. Mithin ist die *Bewertungsebene* (d. h. das Normengefüge des Bewertungsgesetzes) aus verfassungsrechtlichen Gründen *zur Verfolgung außerfiskalischer Förderungs- und Lenkungsziele* im Erbschaftsteuerrecht *ungeeignet*.

Folge dieser verfassungsrechtlichen Argumentationshierarchie ist, dass das BVerfG sich in seinem Beschluss vom 7. 11. 2006 fast ausnahmslos mit der Bewertung der wirtschaftlichen Einheiten (Grundstücke, Betriebe der Land- und Forstwirtschaft, Gewerbebetriebe) sowie der Wirtschaftsgüter (vornehmlich nicht notierte Anteile an Kapitalgesellschaften) auseinandersetzt, da bereits hier der Verfassungsverstoß angesiedelt ist. Die im Vorlagebeschluss des BFH vom 22. 5. 2002 ebenfalls thematisierte Frage der Überprivilegierung des begünstigten Vermögens (auch) durch erbschaftsteuergesetzliche Regelungen wie Freibetrag und Bewertungsabschlag nach § 13a ErbStG sowie Tarifbegrenzung durch Entlastungsbetrag nach § 19a ErbStG wird hingegen vom BVerfG nur nachrichtlich aufgegriffen.

Der Gesetzgeber ist dem Neuregelungsauftrag des BVerfG mit dem *Gesetz zur Reform des Erbschaftsteuer- und Bewertungsrechts* (Erbschaftsteuerreformgesetz/ErbStRG) v. 24. 12. 2008 (BGBl 2008 I S. 3018) nachgekommen.

B. Grundtatbestände des ErbStG – Steuerpflichtige Vorgänge

I. Allgemeines

Infolge der Ausgestaltung der ErbSt als Erbanfallsteuer dient das ErbStG dem Ziel, die   10 *von Todes wegen* oder durch *Schenkung unter Lebenden* eingetretene *Bereicherung* zu erfassen. In diesem Sinne formuliert § 1 Abs. 1 ErbStG die dort aufgeführten Erwerbe von Todes wegen sowie die Erwerbe durch Schenkungen unter Lebenden als Grundtatbestände, die durch die §§ 3 bis 8 ErbStG spezifiziert werden. Ergänzend hierzu sind in § 1 Abs. 1 Nr. 3 ErbStG (Zweckzuwendungen) sowie in § 1 Abs. 1 Nr. 4 ErbStG (Familienstiftungen/Familienvereine) *Auffangtatbestände* verankert, um dieserart – aus der Warte des Gesetzgebers – *Besteuerungslücken zu vermeiden*.

1. Zweckzuwendungen

11 Zweckzuwendungen sind Zuwendungen von Todes wegen oder freigebige Zuwendungen unter Lebenden, die mit der *Auflage* verbunden sind, zugunsten eines bestimmten Zwecks verwendet zu werden, oder die von der Verwendung zugunsten eines bestimmten Zwecks abhängig sind, soweit hierdurch die Bereicherung des Erwerbers gemindert wird (§ 8 ErbStG). Die Eigenart einer Zweckzuwendung besteht darin, dass das Zugewendete einem objektiv bestimmten Zweck zugute kommen soll und nicht einer bestimmten Person und deshalb auch nicht dem Interesse des Zuwendenden zugute kommen darf (BFH vom 5. 11. 1992, BStBl 1993 II S. 161).

Das ErbStG behandelt die Zweckzuwendungen als *verselbständigte Vermögensmassen* und unterwirft sie der Besteuerung. Die dem Erwerber obliegende Pflicht, einen festgelegten Teil des auf ihn übergehenden Vermögens einem unbestimmten Personenkreis zugute kommen zu lassen, d. h. der Zweckbestimmung zuzuführen, beeinflusst dessen Bereicherung, sodass der Betrag bereicherungsmindernd zum Abzug zu bringen ist (§ 10 Abs. 5 Nr. 2 ErbStG).

> **BEISPIEL:** S überträgt seiner Heimatgemeinde 200 000 € mit der Bestimmung, den Geldbetrag zur Förderung der örtlichen Jugendarbeit zu verwenden.
>
> Zwar ist vorliegend eine Zweckzuwendung i. S. des § 8 ErbStG gegeben; da es sich jedoch um einen Anfall an eine inländische Gemeinde handelt, greift die Steuerbefreiung nach § 13 Abs. 1 Nr. 15 ErbStG.

2. Familienstiftungen/Familienvereine

12 Während § 1 Abs. 1 Nr. 1 bis 3 ErbStG lediglich steuerbare Grundtatbestände beschreibt, regelt § 1 Abs. 1 Nr. 4 ErbStG den Besteuerungstatbestand abschließend. Nach § 1 Abs. 1 Nr. 4 ErbStG unterliegt der ErbSt (genauer: *Ersatzerbschaftsteuer*) das Vermögen einer Stiftung, sofern sie wesentlich im Interesse einer Familie oder bestimmter Familien errichtet ist und eines Vereins, dessen Zweck wesentlich im Interesse einer Familie oder bestimmter Familien auf Bindung von Vermögen gerichtet ist, in Zeitabständen von je 30 Jahren seit dem in § 9 Abs. 1 Nr. 4 ErbStG bestimmten Zeitpunkt (R 2 Abs. 1 Satz 1 ErbStR).

Die Steuerpflicht einer inländischen Familienstiftung (§ 1 Abs. 1 Nr. 4, § 2 Abs. 1 Nr. 2 ErbStG) setzt voraus, dass die Stiftung an dem für sie maßgebenden Besteuerungszeitpunkt (§ 9 Abs. 1 Nr. 4 ErbStG) die Voraussetzungen für eine *Familienstiftung* erfüllt. Die Steuerpflicht entfällt hiernach, wenn eine Familienstiftung vor diesem Zeitpunkt aufgelöst oder durch Satzungsänderung (R 2 Abs. 4 Satz 1 ErbStR) in eine andere Stiftung – z. B. Unternehmensstiftung – umgewandelt wird (R 2 Abs. 1 Satz 3 ErbStR).

R 2 Abs. 2 bis 4 ErbStR ist für Vereine, deren Zweck wesentlich im Interesse einer Familie oder bestimmter Familien auf die Bindung von Vermögen gerichtet ist *(sog. Famili-*

envereine) entsprechend anzuwenden (R 2 Abs. 6 ErbStR). Der Vereinszweck muss auf die *Vermögensthesaurierung* ausgerichtet sein.

Aus § 15 Abs. 2 Satz 3 ErbStG sind die Regelungen zur Höhe der Ersatzerbschaftsteuer ersichtlich. Demnach ist der doppelte Kinderfreibetrag nach § 16 Abs. 1 Nr. 2 ErbStG (mithin 800 000 €) bei Maßgeblichkeit der Steuerklasse I zu berücksichtigen. Die Steuer ist nach dem Vomhundertsatz der Steuerklasse I zu berechnen, der für die Hälfte des steuerpflichtigen Vermögens gelten würde. Steuerschuldner ist die Stiftung oder der Verein (§ 20 Abs. 1 Satz 1 ErbStG).

In den Fällen des § 1 Abs. 1 Nr. 4 ErbStG räumt § 24 ErbStG dem Steuerpflichtigen die Möglichkeit ein, die Steuer in 30 gleichen jährlichen Teilbeträgen (Jahresbeträgen) zu entrichten. Die Summe der Jahresbeträge umfasst die Tilgung und die Verzinsung der Steuer, wobei von einem Zinssatz von 5,5 % auszugehen ist (§ 24 Satz 2 ErbStG).

BEISPIEL ZUR ERMITTLUNG DER ERSATZERBSCHAFTSTEUER: ▶

Steuerpflichtiges Vermögen einer seit dem 1. 6. 1979 bestehenden (vermögensmäßig ausgestatteten) Familienstiftung zum Besteuerungszeitpunkt 1. 6. 2009	20 800 000 €
abzüglich doppelter Freibetrag (§ 15 Abs. 2 Satz 3 i. V. mit § 16 Abs. 1 Nr. 2 ErbStG)	·/. 800 000 €
steuerpflichtiger Erwerb (§ 10 Abs. 1 Satz 6 ErbStG)	20 000 000 €
davon die Hälfte (§ 15 Abs. 2 Satz 3 ErbStG)	10 000 000 €
maßgebender Steuersatz nach Steuerklasse I (§ 19 Abs. 1 ErbStG)	23 %
Steuerschuld (20 000 000 € × 23 %)	4 600 000 €

II. Erbschaft- und Schenkungsteuer – Verknüpfungsregelungen

Nach Maßgabe des § 1 Abs. 2 ErbStG gelten die Vorschriften über Erwerbe von Todes wegen – soweit nichts anderes bestimmt ist – auch für Schenkungen unter Lebenden. Bei der Besteuerung von Schenkungen unter Lebenden gelten alle Bestimmungen des ErbStG, sofern diese nicht Sachverhalte betreffen, die allein bei Erwerben von Todes wegen vorkommen.   13

Folgende *Erbschaftsteuerregelungen* sind auch auf *Schenkungsfälle* anwendbar:

► § 10 Abs. 4 ErbStG => Herausnahme der Anwartschaft eines Nacherben auch beim Erwerb durch Schenkungen unter Lebenden;

► § 10 Abs. 8 ErbStG => Verbot der Abzugsfähigkeit der Schenkungsteuer beim Erwerber;

► § 13 Abs. 1 Nr. 9 ErbStG => Freibetrag von 20 000 € für Erwerbe als Entgelt für Pflege- und Unterhaltsleistungen auch bei schenkweiser Einräumung;

► § 21 Abs. 1 ErbStG => Anrechnung ausländischer Schenkungsteuer.

Nach R 1 Satz 3 ErbStR sind *nicht auf Schenkungen anzuwenden* die Vorschriften

► zum Abzug von Nachlassverbindlichkeiten (§ 10 Abs. 1 Satz 2 ErbStG; vgl. auch BFH vom 21. 10. 1981, BStBl 1982 II S. 83);

► zum Pauschbetrag für Erbfallkosten (§ 10 Abs. 5 Nr. 3 Satz 2 ErbStG);

- zum Rückfall von Vermögensgegenständen an die Eltern (§ 13 Abs. 1 Nr. 10 ErbStG; vgl. auch BFH vom 16. 4. 1986, BStBl 1986 II S. 622);

- zur Steuerklasse der Eltern bei Erwerben von Todes wegen (§ 15 Abs. 1 ErbStG Steuerklasse I Nr. 4) oder zu Erwerben aufgrund gemeinschaftlicher Testamente von Ehegatten (§ 15 Abs. 3 ErbStG);

- zum besonderen Versorgungsfreibetrag für den überlebenden Ehegatten, Lebenspartner oder die Kinder des Erblassers (§ 17 ErbStG);

- zur Haftung von Kreditinstituten (§ 20 Abs. 6 Satz 2 ErbStG);

- zur Steuerermäßigung bei mehrfachem Erwerb desselben Vermögens (§ 27 ErbStG; vgl. BFH vom 2. 9. 1987, BStBl 1987 II S. 785).

C. Steuerpflicht

Übersicht persönliche Steuerpflicht

Art der Steuerpflicht	Unbeschränkte Steuerpflicht	Beschränkte Steuerpflicht	Erweitert beschränkte Steuerpflicht
Rechtsgrundlage	§ 2 Abs. 1 Nr. 1 und 2 ErbStG	§ 2 Abs. 1 Nr. 3 ErbStG	§ 4 AStG
Umfang	Gesamter Vermögensanfall	Inlandsvermögen i. S. des § 121 BewG	Erweitertes Inlandsvermögen
Anrechnung nach § 21 ErbStG	Ja	Nein	Nein

I. Persönliche Steuerpflicht

14 § 2 ErbStG ist mit „Persönliche Steuerpflicht" überschrieben, eine Formulierung, die missverständlich ist, da Regelungsinhalt dieser Vorschrift nicht die Person des Steuerpflichtigen ist. Vielmehr ist § 2 ErbStG als Einschränkung des § 1 ErbStG insoweit anzusehen, als er sich der Frage widmet, inwieweit die nach Maßgabe des § 1 ErbStG steuerpflichtigen Vorgänge auch im Zusammenhang mit einer *Auslandsberührung* der deutschen ErbSt unterliegen. Mithin regelt § 2 ErbStG nur *Teilaspekte* einer persönlichen Steuerpflicht. Die Frage nach dem Steuerschuldner ist nicht aus § 2 ErbStG heraus zu beantworten, sondern in § 20 ErbStG verankert. Hiernach können bei einem steuerpflichtigen Vermögenserwerb alle natürlichen und juristischen Personen als Erwerber in Betracht kommen. Infolge des BFH-Urteils vom 14. 9. 1994 (BStBl 1995 II S. 81) scheiden Gesamthandsgemeinschaften (OHG, KG, GbR) als Erwerber und damit Steuerschuldner aus.

§ 2 ErbStG unterscheidet zwischen der *unbeschränkten und der beschränkten Steuerpflicht*. Die in § 2 Abs. 1 Nr. 1 und 2 ErbStG geregelte unbeschränkte Steuerpflicht knüpft an die *Inländereigenschaft* der beteiligten Personen an, wobei zwei persönliche Bezugspunkte bestehen: Zum einen ist die Inländereigenschaft des Erblassers oder Schenkers maßgebend, zum anderen die des Erwerbers. Für die Annahme der unbeschränkten Steuerpflicht reicht also die Inländereigenschaft einer der genannten Personen aus. § 2 Abs. 1 Nr. 1 Satz 2 Buchst. b und c ErbStG normieren die sog. verlängerte unbeschränkte Steuerpflicht; hierbei stellt das ErbStG ausnahmsweise auf die deutsche Staatsangehörigkeit ab. In den Fällen der beschränkten Steuerpflicht (§ 2 Abs. 1 Nr. 3 ErbStG) sind weder der Erblasser bzw. der Schenker noch der Erwerber Inländer.

Bei der unbeschränkten Steuerpflicht wird der gesamte Vermögensanfall – Einschränkungen durch ein DBA sind möglich – der Besteuerung unterworfen *(sog. Weltvermögensprinzip)*. Anknüpfungspunkt bei der beschränkten Steuerpflicht ist das *Inlandsvermögen* i. S. des § 121 BewG. Durch § 4 AStG kann unter Bezugnahme auf § 2 Abs. 1 Nr. 3 ErbStG die beschränkte Steuerpflicht erweitert werden; in diesen Fällen unterliegt der Steuerpflicht das *erweiterte Inlandsvermögen*.

Der Eintritt der unbeschränkten wie auch der beschränkten Steuerpflicht ist unabhängig davon, ob der Erwerb auf deutschem oder ausländischem Zivilrecht beruht. Auch Erwerbe nach ausländischem Erbrecht können der deutschen ErbSt unterliegen (BFH vom 7. 5. 1986, BStBl 1986 II S. 615).

II. Unbeschränkte Steuerpflicht

Ist der Erblasser zurzeit seines Todes bzw. der Schenker im Zeitpunkt der Ausführung der Schenkung oder der Erwerber zurzeit der Entstehung der Steuer (§ 9 ErbStG) ein Inländer, so tritt die Steuerpflicht für den gesamten Vermögensanfall ein (§ 2 Abs. 1 Nr. 1 ErbStG). Der Erblasser ist Inländer, wenn er zum Besteuerungszeitpunkt im Inland seinen Wohnsitz (§ 8 AO) oder einen gewöhnlichen Aufenthalt (§ 9 AO) hat. Ist an einem Erwerbsvorgang eine in § 2 Abs. 1 Satz 2 Buchst. d und Nr. 2 ErbStG genannte Körperschaft beteiligt, ist für die Entscheidung über die unbeschränkte Steuerpflicht auf deren Geschäftsleitung (§ 10 AO) oder deren Sitz (§ 11 AO) abzustellen (R 3 Abs. 1 Satz 1 ErbStR).

15

Ist der Erblasser ein Inländer, so unterliegt der gesamte Nachlass der ErbSt, unabhängig davon, ob er im Inland oder im Ausland belegen ist oder wo der Begünstigte (Erbe, Vermächtnisnehmer, Pflichtteilsberechtigte oder sonst irgendwie Begünstigte) seinen Wohnsitz oder gewöhnlichen Aufenthalt hat. In diesem Fall hat der Erwerber, unabhängig, ob er ein Inländer ist oder nicht, seinen gesamten Erwerb zu versteuern. Ist der Erblasser nicht Inländer i. S. des ErbStG, so ist der Erwerber unbeschränkt steuerpflichtig, wenn er die Inländereigenschaft hat.

BEISPIEL: E mit alleinigem Wohnsitz in Deutschland wird von ihren Töchtern T1 und T2 je zur Hälfte beerbt. T1 wohnt ebenfalls in Deutschland, während T2 seit mehr als zehn Jahren in Monaco (Niedrigsteuerland) lebt. Der Nachlass setzt sich aus folgenden Vermögensgegenständen zusammen:

Mehrfamilienhaus in Deutschland, Bankguthaben bei Geldinstituten im Inland, 35-%-Beteiligung an deutscher OHG, Bankguthaben bei Geldinstituten im Ausland, Ferienhaus in Monaco.

E hat im Zeitpunkt ihres Todes noch eine (private) Restschuld; das vorbezeichnete Mehrfamilienhaus ist mit einer vollvalutierten Hypothek belastet.

T1 und T2 sind jeweils unbeschränkt erbschaftsteuerpflichtig gem. § 2 Abs. 1 Nr. 1 Buchst. a ErbStG, da E zur Zeit ihres Todes Inländerin war. Auf die Inländereigenschaft der T1 und der T2 kommt es wegen der Ableitung der unbeschränkten Steuerpflicht von E nicht an.

Die unbeschränkte Steuerpflicht umfasst alle Erwerbe aus dem Nachlass (Weltvermögensprinzip; totale unbeschränkte Steuerpflicht). Die mangelnde Inländereigenschaft der T2 ist ohne Einfluss auf den Umfang der Steuerpflicht.

Ist also entweder der Erblasser oder der Erbe bzw. ein sonstiger Erwerber als Inländer anzusehen, unterliegt insoweit der gesamte Erwerb der ErbSt, gleichgültig, in welchem Staat der Nachlass belegen ist.

Als Inländer gelten:

a) natürliche Personen, die im Inland einen Wohnsitz oder einen gewöhnlichen Aufenthalt haben;

b) deutsche Staatsangehörige, die sich nicht länger als fünf Jahre dauernd im Ausland aufgehalten haben, ohne im Inland einen Wohnsitz zu haben;

c) unabhängig von der Fünfjahresfrist deutsche Staatsangehörige, die

    aa) im Inland weder einen Wohnsitz noch ihren gewöhnlichen Aufenthalt haben und

    bb) zu einer inländischen juristischen Person des öffentlichen Rechts in einem Dienstverhältnis stehen und dafür Arbeitslohn aus einer inländischen öffentlichen Kasse beziehen,

    sowie zu ihrem Haushalt gehörende Angehörige, die die deutsche Staatsangehörigkeit besitzen. Dies gilt nur für Personen, deren Nachlass oder Erwerb in dem Staat, in dem sie ihren Wohnsitz oder gewöhnlichen Aufenthalt haben, lediglich in einem der Steuerpflicht nach § 2 Abs. 1 Nr. 3 ErbStG ähnlichen Umfang zu einer Nachlass- oder Erbanfallsteuer herangezogen wird;

d) Körperschaften, Personenvereinigungen und Vermögensmassen, die ihre Geschäftsleitung oder ihren Sitz im Inland haben.

In den Fällen des § 1 Abs. 1 Nr. 4 ErbStG ist unbeschränkte Steuerpflicht gegeben, wenn die Stiftung oder der Verein die *Geschäftsleitung* oder den *Sitz im Inland* hat.

III. Beschränkte Steuerpflicht

1. Personenkreis

16 Nach § 2 Abs. 1 Nr. 3 ErbStG tritt in allen anderen Fällen – also in Abgrenzung zu § 2 Abs. 1 Nr. 1 und 2 ErbStG – für den Vermögensanfall, der in Inlandsvermögen besteht, Steuerpflicht ein. Regelungsgegenstand des § 2 Abs. 1 Nr. 3 ErbStG sind Sachverhalte, in denen weder der Erblasser bzw. Schenker noch der Erwerber Inländer sind. Einziger Anknüpfungspunkt für die Steuerpflicht ist hier das Inlandsvermögen i. S. des § 121 BewG (R 3 Abs. 2 ErbStR).

Voraussetzung für die beschränkte Steuerpflicht ist somit, dass weder der Erblasser bzw. Schenker noch der Erwerber (Erbe oder sonstiger Bedachte) ihren Wohnsitz oder gewöhnlichen Aufenthalt im Inland haben. Für Körperschaften, Personenvereinigungen und Vermögensmassen tritt beschränkte Steuerpflicht ein, soweit sie weder Geschäftsleitung noch Sitz im Inland haben.

2. Inlandsvermögen

Die beschränkte Steuerpflicht erstreckt sich auf das Inlandsvermögen i. S. des § 121 BewG. Nach R 4 Abs. 1 Satz 1 ErbStR gehören zum Inlandsvermögen bei beschränkter Steuerpflicht nur solche Wirtschaftsgüter, die auch bei unbeschränkter Steuerpflicht einem Erwerb zuzurechnen sind. Demgemäß werden auch beim Inlandsvermögen solche Wirtschaftsgüter nicht erfasst, die nach den Vorschriften des ErbStG oder anderer Gesetze nicht zur ErbSt heranzuziehen sind (R 4 Abs. 1 Satz 2 ErbStR).   17

Die Aufzählung der Vermögensgegenstände in § 121 BewG ist abschließend *(sog. Enumerationsprinzip)*, mit der Folge, dass dort nicht aufgeführte Vermögensgegenstände nicht der Steuerpflicht nach Maßgabe des § 2 Abs. 1 Nr. 3 ErbStG unterliegen. Hieraus folgt des Weiteren, dass der Begriff „Inlandsvermögen" nach § 121 BewG rechtlich nicht mit dem „im Inland befindlichen Vermögen" identisch ist (BFH vom 11. 3. 1966, HFR 1966, S. 401).

Die enumerative Abgrenzung des Inlandsvermögens durch § 121 BewG führt u. a. dazu, dass Wertpapiere, Bank- und Sparguthaben bei inländischen Kreditinstituten sowie ungesicherte Forderungen nicht der beschränkten Steuerpflicht unterliegen. Ansprüche nach dem Vermögensgesetz unterliegen desgleichen nicht der beschränkten Steuerpflicht.

3. Schulden und Lasten

Schulden und Lasten werden nach § 10 Abs. 6 Satz 2 ErbStG nur *insoweit* berücksichtigt, als sie mit dem *Inlandsvermögen in wirtschaftlichem Zusammenhang* stehen (R 4 Abs. 7 Satz 1 ErbStR). Der wirtschaftliche Zusammenhang mit dem Inlandsvermögen ist zu bejahen, wenn die Entstehung der Verbindlichkeit ursächlich und unmittelbar auf Vorgängen beruht, die den jeweiligen Vermögensgegenstand des Inlandsvermögens betreffen. Die Annahme einer Erbschaft als solche genügt nicht, um eine (vorher nicht bestehende) wirtschaftliche Verbindung zwischen Vermögensgegenstand und Schuld herzustellen; vielmehr müssen besondere Umstände hinzutreten, aus denen sich ergibt, dass die Entstehung der Schuld oder Last auch im Falle der Erbschaft unmittelbar auf Vorgänge zurückzuführen ist, die das belastete Wirtschaftsgut selbst betreffen (BFH vom 17. 12. 1965, BStBl 1966 III S. 483). Ein wirtschaftlicher Zusammenhang mit dem Inlandsvermögen ist demnach gegeben, wenn die Schuld zum Erwerb, zur Sicherung oder zur Erhaltung des inländischen Grundvermögens eingegangen worden ist (BFH vom 25. 10. 1995, BStBl 1996 II S. 11). Pflichtteilsansprüche und Erbersatzansprüche stehen anteilig im wirtschaftlichen Zusammenhang mit der Erbschaft; sie lasten insoweit auf dem Inlandsvermögen, als die Erbschaft zum Inlandsvermögen gehört (BFH vom 21. 7. 1972, BStBl 1973 II S. 3).   18

4. Sachliche Steuerbefreiungen bei beschränkter Steuerpflicht

Der Schuldenabzug ist grundsätzlich nur dann eingeschränkt, wenn die belasteten Vermögensgegenstände bei der Besteuerung nicht angesetzt werden (wie z. B. im Anwendungsbereich des § 2 Abs. 1 Nr. 3 ErbStG) oder nach § 13 Abs. 1 Nr. 2 oder Nr. 3 ErbStG voll oder teilweise befreit sind (R 31 Abs. 3 Satz 1 ErbStR). Vermögensgegenstände, für   19 die der Erwerber lediglich im Rahmen der Wertermittlung nach § 13 Abs. 1 Nr. 1 ErbStG einen pauschalen Freibetrag erhält, unterliegen dagegen selbst *uneingeschränkt* der Besteuerung, so dass gem. R 31 Abs. 3 Satz 2 ErbStR der eingeschränkte Schuldenabzug nicht in Betracht kommt.

IV. Erweiterte beschränkte Steuerpflicht

20 § 4 AStG erweitert die beschränkte Steuerpflicht nach § 2 Abs. 1 Nr. 3 ErbStG, wenn der Erblasser oder Schenker zurzeit der Steuerentstehung der *erweiterten beschränkten Einkommensteuerpflicht* i. S. des § 2 Abs. 1 Satz 1 AStG unterlag. Der § 2 Abs. 1 Satz 1 AStG unterfallende Personenkreis muss seinen Wohnsitz oder gewöhnlichen Aufenthalt als Deutscher nach mindestens fünfjähriger unbeschränkter Einkommensteuerpflicht *aus dem Inland wegverlegt* haben, in einem *Land mit Niedrigbesteuerung* ansässig sein und *wesentliche wirtschaftliche Interessen im Inland* haben.

Da sich die Anwendungsvoraussetzungen des § 4 Abs. 1 AStG mit denen des § 2 Abs. 1 Nr. 1 Satz 2 Buchst. b ErbStG überschneiden, die beschränkte Erbschaftsteuerpflicht gegenüber der unbeschränkten jedoch lediglich *subsidiären Charakter* hat, wird § 4 AStG erst dann einschlägig, wenn der die erweiterte (verlängerte) unbeschränkte Steuerpflicht auslösende Fünf-Jahres-Zeitraum abgelaufen ist. Besteuerungsgegenstand bei der erweiterten beschränkten Steuerpflicht ist das *sog. erweiterte Inlandsvermögen*; dieses erstreckt sich nach § 4 Abs. 1 AStG über den in § 2 Abs. 1 Nr. 3 ErbStG bezeichneten Umfang hinaus auf alle Vermögenswerte, deren Erträge bei unbeschränkter Einkommensteuerpflicht nicht ausländische Einkünfte i. S. des § 34c Abs. 1 EStG wären. Hingegen unterliegen bspw. nicht der erweiterten beschränkten Steuerpflicht ausländisches land- und forstwirtschaftliches Vermögen, sonstiges im Ausland belegenes unbewegliches Vermögen sowie in einem ausländischen Staat belegene Betriebsstätten.

Erweiterte beschränkte Steuerpflicht ist nicht gegeben, wenn nachgewiesen wird, dass für Teile des Erwerbs, die über das normale Inlandsvermögen (§ 2 Abs. 1 Nr. 3 ErbStG, § 121 BewG) hinaus steuerpflichtig wären, im Ausland eine der deutschen ErbSt entsprechende Steuer zu entrichten ist, die mindestens 30 % der deutschen ErbSt beträgt, die bei Anwendung des § 4 Abs. 1 AStG auf diese Teile des Erwerbs entfallen würde (§ 4 Abs. 2 AStG). Wegen der Grundsätze zur Anwendung des Außensteuergesetzes vgl. auch BMF-Schreiben vom 14. Mai 2004 (BStBl 2004 I Sondernummer 1/2004 S. 3, 17).

V. Doppelbesteuerungsabkommen

1. Vorbemerkung

21 Aufgrund des umfassenden Besteuerungsanspruchs des deutschen ErbStG *(Weltvermögensprinzip)* kann es in der Besteuerungspraxis zu Überschneidungen mit den Besteuerungsansprüchen anderer Staaten kommen, insbesondere dann, wenn sich der letzte Wohnsitzstaat am *Weltvermögensprinzip* orientiert, ein *Belegenheitsstaat* sein Besteuerungsrecht an im Inland belegenem Vermögen festmacht.

Ein Staat kann sich zur Vermeidung einer internationalen Doppelbesteuerung in erbschaft- und schenkungsteuerlicher Hinsicht verschiedener Methoden bedienen. Durch einseitige Maßnahmen kann eine Doppelbesteuerung im Wege der *Anrechnung* (§ 21 ErbStG) verhindert werden; hierbei wird die ausländische Steuer auf die deutsche ErbSt angerechnet. Eine andere Möglichkeit besteht darin, mit anderen Staaten *Abkommen zur Vermeidung der Doppelbesteuerung (DBA)* abzuschließen. Die von der Bundesrepublik Deutschland abgeschlossenen DBA haben als völkerrechtliche Verträge die Qualität innerstaatlicher Gesetze, insbesondere gehen die DBA-Vorschriften dem nationalen Recht – somit auch dem ErbStG – vor (§ 2 AO).

Die von der Bundesrepublik Deutschland abgeschlossenen DBA greifen regelmäßig auf das sog. OECD-Musterabkommen 1982 zurück. Dieses Musterabkommen stellt zwei Methoden zur Vermeidung (bzw. Verringerung) der Doppelbesteuerung zur Verfügung: die Freistellungsmethode und die Anrechnungsmethode.

Bei der *Freistellungsmethode* dürfen bestimmte Vermögensgegenstände nur in einem der Vertragsstaaten besteuert werden, während diese im anderen Vertragsstaat vollumfänglich von der Besteuerung ausgenommen sind. Allerdings ist in diesen Fällen der Wohnsitzstaat berechtigt, das von der Besteuerung ausgenommene Vermögen bei der Steuerfestsetzung für das übrige Vermögen einzubeziehen (Art. 9 A Abs. 3 OECD-Musterabkommen). Dieser sog. *Progressionsvorbehalt* führt dazu, dass die Steuer nach dem Steuersatz zu erheben ist, der für den ganzen Erwerb – mithin unter Berücksichtigung des freigestellten Vermögens – einschlägig wäre.

22

Bei der *Anrechnungsmethode* wird die ausländische Steuer auf die vom Wohnsitzstaat erhobene Steuer angerechnet. Da das Anrechnungsvolumen betragsmäßig immer auf die anteilige deutsche Steuer beschränkt ist, die auf das Auslandsvermögen im anderen Vertragsstaat entfällt, führt die Anrechnungsmethode nicht immer zur Vollanrechnung der ausländischen Steuer.

23

2. Stand der ErbSt-Doppelbesteuerungsabkommen

► **Frankreich:** Abkommen vom 12. 10. 2006 (BGBl 2007 II S. 1402), noch nicht in Kraft getreten.

24

► **Griechenland:** Übereinkommen über die Besteuerung des beweglichen Nachlassvermögens vom 18. 11./1. 12. 1910 (RGBl 1912 S. 173). Es wird seit dem 1. 1. 1953 wieder angewandt, vgl. Bekanntmachung vom 29. 7. 1953 (BGBl 1953 II S. 525, BStBl 1953 I S. 375). Das Abkommen gilt nur für die Erbschaftsteuer.

► **Österreich:** Abkommen vom 4. 10. 1954 (BGBl 1955 II S. 756; BStBl 1955 I S. 376). Zusatzabkommen zum DBA – Österreich vom 15. 10. 2003 (BGBl 2004 II S. 882); anzuwenden ab 1. 1. 2003 (BGBl 2004 II S. 1482). Das Abkommen galt nur für die Erbschaftsteuer. Außer Kraft getreten am 1. 1. 2008 (BGBl 2007 II S. 1684, BStBl 2007 I S. 821), Abkommen zur vorübergehenden Weitergeltung am 6. 11. 2008 unterzeichnet.

► **Schweiz:** Abkommen vom 30. 11. 1978 (BGBl 1980 II S. 594; BStBl 1980 I S. 243). Das Abkommen erstreckt sich nur auf die Erbschaftsteuer.

▶ **Vereinigte Staaten von Amerika (USA)**: Abkommen vom 3.12.1980 (BGBl 1982 II S. 846; BStBl 1982 I S. 864); Ergänzungsprotokoll vom 14.12.1998, Zustimmungsgesetz vom 15.9.2000 (BGBl 2000 II S. 1170); Neufassung vom 21.12.2000 (BGBl 2001 II S. 65). Das Abkommen erstreckt sich auf die Erbschaft- und Schenkungsteuer, in den USA allerdings nur auf die dortige Bundeserbschaftsteuer und Bundesschenkungsteuer, nicht jedoch auf die entsprechenden Steuern in den Bundesstaaten.

▶ **Schweden**: Abkommen vom 8.6.1994 (BGBl 1994 II S. 686; BStBl 1994 I S. 422). Schweden hat die Erbschaft- und Schenkungsteuer zum 1.1.2005 abgeschafft. Das derzeitige Abkommen gilt jedoch für die Erbschaft- und Schenkungsteuer weiter.

▶ **Dänemark**: Abkommen vom 22.11.1995 (BGBl 1996 II S. 2565; BStBl 1996 I S. 1219). Das Abkommen gilt für die Erbschaft- und Schenkungsteuer.

VI. Die Erbschaftsteuer im Kontext des EU-Rechts

25   Zur Einordnung und Bewertung der (nationalen) Erbschaftsteuer im Kontext des europäischen Gemeinschaftsrechts ist auf einige Besonderheiten hinzuweisen. Zum einen unterliegt die Erbschaftsteuer grundsätzlich der autonomen Zuständigkeit der EU-Mitgliedstaaten. Zum anderen gehört die *Erbschaft- und Schenkungsteuer* (auch) zu den *direkten Steuern*, für die die europäischen Grundfreiheiten gelten. Im Bereich der direkten Steuern setzt jedoch das Gemeinschaftsrecht bei grenzüberschreitenden Sachverhalten der Autonomie des nationalen (Steuer-)Gesetzgebers Grenzen, die insbesondere in der Beachtung der *Grundfreiheiten* ihren Ausdruck finden. Im Urteil vom 11.12.2003 (Rs. C-364/01, *Erben von Barbier*, Slg. 2003, I-15013; ZEV 2004 S. 74) hatte der EuGH die uneingeschränkte Geltung der Grundfreiheiten für den Bereich der Erbschaft- und Schenkungsteuer unterstrichen und expressis verbis ausgeführt, dass dem *gemeinschaftsrechtlichen Begriff des Kapitalverkehrs* neben Immobilienanlagen auch *Erbschaften* unterfallen (so auch im EuGH-Urteil vom 23.2.2006, *Van Hilten-van der Heijden*, C-513/03, Slg. 2006, I-1957 Rdnr. 42; ZEV 2006 S. 460). In der EuGH-Entscheidung „Barbier", die zum niederländischen Erbschaftsteuerrecht ergangen ist, war den Erben der Abzug einer Nachlassverbindlichkeit versagt worden, weil der Erblasser vor seinem Tod seinen Wohnsitz aus den Niederlanden nach Belgien verlegt hatte; ohne den Wegzug wäre indessen der Abzug der Nachlassverbindlichkeit zulässig gewesen. Nach dem EuGH-Urteil v. 25.10.2007, C-464/05, *Geurts/Vogten* (ZEV 2008 S. 92) steht Art. 43 EG in Ermangelung einer stichhaltigen Rechtfertigung einer Steuerregelung im Bereich der Erbschaftsteuern *entgegen*, die von der für *Familienunternehmen* vorgesehenen Befreiung von diesen Steuern Unternehmen ausschließt, die in den drei dem Tod des Erblassers vorausgehenden Jahren *mindestens fünf Arbeitnehmer* in einem anderen Mitgliedstaat (hier: Niederlande) *beschäftigt* haben, während sie eine solche Befreiung dann gewährt, wenn die Arbeitnehmer in einer Region des erstgenannten Mitgliedstaats (hier: Belgien) beschäftigt worden sind. Mit Urteil vom 17.1.2008, C-256/06, *Theodor Jäger* (ZEV 2008 S. 87) hatte der EuGH entschieden, dass die im deutschen Recht vorgesehene Beschränkung der niedrigen Bewertung und der steuerlichen Entlastung auf inländisches land- und forstwirtschaftliches Vermögen gegen den Grundsatz der Kapitalverkehrsfreiheit verstößt. Mit Urteil vom 2.10.2008, C 360/06, *Heinrich Bauer Verlag Betei-*

ligungsGmbH, (IStR 2008 S. 773) hatte der EuGH entschieden, dass die unterschiedliche Bewertung von Beteiligungen an inländischen und ausländischen Personengesellschaften europarechtswidrig ist. Hingegen hat der EuGH mit Urteil vom 12. 2. 2009, C-67/08, entschieden, dass die fehlende Steueranrechnung bei Bankguthaben in Spanien europarechtskonform ist. In den *§§ 13a bis 13c ErbStG* hat der Gesetzgeber des ErbStRG den Anforderungen des Europarechts dadurch Rechnung getragen, dass er das Verschonungsinstrumentarium nach neuem Recht nicht nur auf inländisches begünstigungsfähiges Vermögen, sondern auch auf entsprechendes Vermögen in den *Mitgliedstaaten der Europäischen Union* sowie des *Europäischen Wirtschaftsraums* erstreckt hat.

Aus der uneingeschränkten Geltung der Grundfreiheiten für den Bereich der Erbschaft- und Schenkungsteuer folgt hingegen nicht, dass die Festsetzung und Erhebung von Erbschaft- und Schenkungsteuer generell mit dem Verdikt der Gemeinschaftswidrigkeit belegt wäre. Als *gemeinschaftswidrig* sind vielmehr *nationale Regelungen* einzustufen, die die *Entscheidungsfreiheit* für eine inländische oder ausländische Investition dadurch *wesentlich behindern*, dass in Abhängigkeit des Anlageortes unterschiedliche Erbschaftsteuern für wertmäßig identische Vermögensübergänge erhoben werden (BFH-Beschluss vom 10. 3. 2005, BStBl 2005 II S. 370). 26

Hat mithin der nationale Steuergesetzgeber seine Befugnisse unter Wahrung des Gemeinschaftsrechts auszuüben, hat er insbesondere die Grundfreiheiten zu beachten. Zu diesen Grundfreiheiten gehört insbesondere die *Kapitalverkehrsfreiheit*. Ein Verstoß gegen die Kapitalverkehrsfreiheit könnte zu bejahen sein, wenn einzelne Regelungen des nationalen Erbschaftsteuerrechts dazu führen, dass im Einzelfall eine *höhere Erbschaftsteuer* zu erheben ist, wenn sich Teile des Nachlasses nicht im Inland, sondern in einem anderen Mitgliedstaat der EU befinden und für die unterschiedliche Steuerbelastung *keine Rechtfertigung* besteht. Ein europarechtlicher *Anwendungsnachrang* besteht hinsichtlich des in Art. 12 EG verankerten *allgemeinen Diskriminierungsverbots*. Dieses gelangt nur dann zur Anwendung, wenn es an einer speziellen Regelung des Gedankens der Gleichbehandlung mangelt. Das Diskriminierungsverbot hat gegenüber den gemeinschaftsrechtlichen Grundfreiheiten wie der Kapitalverkehrsfreiheit und der Niederlassungsfreiheit lediglich *subsidiären Charakter*. 27

D. Erwerbe von Todes wegen (§ 3 ErbStG)

Übersicht der Erwerbstatbestände von Todes wegen

Erwerbstatbestand	Rechtsgrundlage
Erwerb durch Erbanfall	§ 3 Abs. 1 Nr. 1 (1. Alt.) ErbStG
Erwerb durch Vermächtnis	§ 3 Abs. 1 Nr. 1 (2. Alt.) ErbStG
Erwerb aufgrund Pflichtteilsrecht	§ 3 Abs. 1 Nr. 1 (3. Alt.) ErbStG
Schenkung auf den Todesfall	§ 3 Abs. 1 Nr. 2 ErbStG
Vermächtnisähnliche Erwerbe	§ 3 Abs. 1 Nr. 3 ErbStG
Erwerb durch Vertrag zugunsten Dritter	§ 3 Abs. 1 Nr. 4 ErbStG
Übergang von Vermögen auf eine Stiftung sowie Bildung/ Ausstattung einer Vermögensmasse ausländischen Rechts	§ 3 Abs. 2 Nr. 1 ErbStG

Erwerb bei Vollziehung einer Auflage oder Eintritt einer Bedingung	§ 3 Abs. 2 Nr. 2 ErbStG
Erwerb bei Genehmigung einer Zuwendung	§ 3 Abs. 2 Nr. 3 ErbStG
Abfindung bei Verzicht auf Erwerbe von Todes wegen	§ 3 Abs. 2 Nr. 4 ErbStG
Abfindung bei bedingten Vermächtnissen	§ 3 Abs. 2 Nr. 5 ErbStG
Entgelt für die Übertragung der Nacherbenanwartschaft	§ 3 Abs. 2 Nr. 6 ErbStG
Herausgabeanspruch des Vertragserben, Schlusserben oder Vermächtnisnehmers	§ 3 Abs. 2 Nr. 7 ErbStG

I. Erbfolge

28 Was als Erwerb von Todes wegen anzusehen ist, ist in § 3 ErbStG im Einzelnen geregelt. Diese Vorschrift umfasst nicht nur die im BGB geregelten Erbtatbestände, sondern auch alle sonstigen Erwerbe und Vorteile, die im Zusammenhang mit einem Erbfall, also dem Tode einer (natürlichen) Person, anfallen. Mit dem Tode des Erblassers geht dessen Vermögen als Ganzes auf die gesetzlichen oder die durch Verfügung von Todes wegen (Testament oder Erbvertrag) berufenen Erben über, unbeschadet des Rechts, die Erbschaft auszuschlagen (§§ 1922, 1942 BGB).

Beim Erwerb durch Erbanfall besteht grundsätzlich Identität zwischen dem, was der Erblasser im Todeszeitpunkt hatte und demjenigen, was auf den Erben im Wege der *Gesamtrechtsnachfolge* übergeht. Erwirbt deshalb der Erbe nach Eintritt des Erbfalls unter Verwendung von Mitteln, die er geerbt hat, ein Grundstück, so kann dieses nicht Gegenstand des Erwerbs von Todes wegen und somit Besteuerungsgegenstand sein, da sich das Grundstück im Zeitpunkt des Erbfalls nicht im Vermögen des Erblassers befunden hatte. Dies gilt auch, soweit es einem gemeinsamen Plan von Erblasser und Erben entsprach, das Grundstück zu erwerben (BFH vom 10. 7. 1996, BFH/NV 1997, S. 28).

Der Erwerb von Todes wegen schließt es – abgesehen vom Verschaffungsvermächtnis – auch bei einer Erbschaftsteuer auf den Erbanfall aus, dass der Erwerber etwas anderes erwirbt, als der Erblasser hatte. Hatte sich der Erblasser lediglich bestimmte Immobilien reservieren lassen und sich dabei zur Zahlung eines Reservierungsentgelts verpflichtet, geht lediglich diese Zahlungsverpflichtung auf den Erben über und fehlt es selbst dann an einer der mittelbaren Grundstücksschenkung auch nur entfernt vergleichbaren Ausgangslage, wenn der Erbe die Immobilien nunmehr in eigener Person kauft (BFH vom 3. 7. 2003, BFH/NV 2003 S. 1583).

Die *Erbfolge* ist entweder eine *gesetzliche* oder eine *gewillkürte*. Sie ist eine gesetzliche, wenn der Erblasser selbst keine Regelung getroffen hat; sie ist eine gewillkürte, wenn der Erblasser testamentarisch verfügt oder einen Erbvertrag abgeschlossen hat. Die gesetzliche Erbfolge ist ausgeschlossen, wenn der Erblasser eine Verfügung von Todes wegen getroffen hat.

1. Wirkungen der Erbfolge

29 Mit dem Tode des Erblassers geht der gesamte Nachlass auf den Erben bzw. die Erben über. Die Erbschaft geht auf den oder die berufenen Erben unbeschadet des Rechts, sie auszuschlagen, über (Anfall der Erbschaft, § 1942 BGB). Sind mehrere Erben vorhanden,

so steht das Vermögen den Erben zur gesamten Hand zu. Der Anteil eines jeden Miterben (Erbteil) wird in einem Bruchteil (Quote) ausgedrückt. Bei gesetzlicher Erbfolge erbt die Ehefrau neben den Erben erster Ordnung ein Viertel, die Kinder zu gleichen Teilen.

Auch im Falle der gewillkürten Erbfolge wird der Erbanteil eines jeden Erben im Zweifel nach einer bestimmten Quote ausgedrückt sein. Die aufgrund des Erwerbes von Todes wegen erlangte Zuwendung gilt als steuerpflichtiger Erwerb. Auf eine Bereicherung und den Bereicherungswillen des Erblassers kommt es hier nicht an. Bei einer Mehrzahl von Erben ist die spätere Erbauseinandersetzung für die Festsetzung der ErbSt ohne Belang. Der ErbSt unterliegt allein dasjenige, was aufgrund einer Verfügung von Todes wegen erlangt ist, also infolge des Erbanfalls selbst, nicht jedoch aufgrund der Erbauseinandersetzung. Da dem Steuerrecht das Gesamthandseigentum unbekannt ist, werden nach § 39 Abs. 2 Nr. 2 AO dem Erben Wirtschaftsgüter, die mehreren zur gesamten Hand zustehen, anteilig zugerechnet, soweit eine separate Zurechnung für Zwecke der Besteuerung erforderlich ist. Für die Berechnung der ErbSt ist grundsätzlich die im *Erbschein* oder *Testament* ausgewiesene Quote maßgeblich.

> **BEISPIEL:** ▶ Erblasser A hat seine Ehefrau zu einem Viertel, seine Söhne B und C zu je $^3/_8$ als Erben eingesetzt. Der Steuerwert des Nachlasses beläuft sich auf 400 000 €. Hiervon entfallen auf die Ehefrau $^2/_8$ = 100 000 €, auf Sohn B $^3/_8$ = 150 000 €, auf Sohn C ebenfalls $^3/_8$ = 150 000 €.

Die Frage, wer und in welchem Umfang Erbe ist, wird im Allgemeinen durch das *Nachlassgericht* geprüft und im Erbschein festgestellt (§ 2353 BGB). Dieser begründet die *widerlegbare Rechtsvermutung der Richtigkeit und Vollständigkeit*. Der Erbschein ist für die Finanzbehörden grundsätzlich bindend (BFH vom 22. 11. 1995, BStBl 1996 II S. 242).

2. Teilungsanordnungen und Vorausvermächtnisse

Hat der Erblasser Anordnungen über die Aufteilung des Nachlasses getroffen, so kann bürgerlich-rechtlich entweder eine Anordnung über die *Erbauseinandersetzung* (§ 2048 BGB) oder die Anordnung eines *Vorausvermächtnisses* (§ 2150 BGB) vorliegen. Ein Vorausvermächtnis ist gegeben, wenn einem von mehreren Erben zusätzlich zum Erbteil ein Vermögensvorteil i. S. von § 1939 BGB zugewendet werden soll; verwendet der Erblasser in einem von einem Notar beurkundeten Testament den Begriff des Vorausvermächtnisses, so kommt dieser Wortwahl im Rahmen der Testamentsauslegung ein besonderes Gewicht zu (BFH vom 2. 7. 2004, BFH/NV 2005 S. 214). Derartige Anordnungen des Erblassers haben keinerlei dingliche Wirkung mit der Folge, dass der Gegenstand, der einem Erben testamentarisch zugeteilt wird, auf den Erben unmittelbar übergeht. Anordnungen dieser Art haben lediglich schuldrechtlichen Charakter; sie verpflichten die Erben nur, den Nachlass entsprechend aufzuteilen. Eine Teilungsanordnung unterscheidet sich insofern von dem Vorausvermächtnis, als der Nachlassgegenstand, den ein Erbe aufgrund einer solchen Anordnung erhält, voll auf den Miterbenanteil angerechnet wird.

Teilungsanordnungen i. S. des § 2048 BGB sind – wie eine freie Erbauseinandersetzung – für die Besteuerung des Erwerbs durch Erbanfall (§ 3 Abs. 1 Nr. 1 ErbStG) *ohne Bedeutung* (BFH vom 10. 11. 1982, BStBl 1983 II S. 329, vom 1. 4. 1992, BStBl 1992 II S. 669 sowie vom 2. 7. 2004, BFH/NV 2005 S. 214). Der nach den steuerlichen Bewertungsvor-

30

schriften ermittelte Reinwert des Nachlasses ist den Erben folglich auch bei Teilungs-anordnungen nach Maßgabe des Erbanteils zuzurechnen (R 5 Abs. 1 Satz 4 ErbStR).

31 Es sind Fälle denkbar, in denen die Verfügung von Todes wegen ohne Bestimmung der Erbanteile nur Teilungsanordnungen enthält. Führt die *Auslegung der Willenserklärungen* des Erblassers hier zu dem Schluss, dass die Teilungsanordnungen zugleich als Erb-einsetzung zu qualifizieren sind, so richten sich die Erbanteile nach dem Verkehrswert der durch die Teilungsanordnungen zugewiesenen Nachlassgegenstände im Verhältnis zum Verkehrswert des Nachlasses. Die Teilungsanordnungen selbst sind auch bei dieser Sachverhaltskonstellation erbschaftsteuerlich unbeachtlich.

Auch verbindliche Teilungsanordnungen sind für die Besteuerung der einzelnen Mit-erben ohne Bedeutung. Dies gilt auch für den Fall der qualifizierten Nachfolge in einen vererblich gestellten Anteil an einer Personengesellschaft (BFH vom 10. 11. 1982, a. a. O.) sowie die Hoferbenbestimmung nach der Höfeordnung. Die erbschaftsteuerli-che Unbeachtlichkeit dieser Teilungsanordnungen ist jedoch nicht gegeben, wenn nach Auslegung der Willenserklärungen des Erblassers Vorausvermächtnisse gewollt waren (R 5 Abs. 3 Satz 2 ErbStR).

3. Vorausvermächtnis oder Auflage im Fall einer unechten Teilungsanordnung

32 Die Anordnung des Erblassers über die Zuweisung bestimmter Nachlassgegenstände kann einen Miterben nach Lage des Einzelfalles im Vergleich zum Wert seines Erb-anteils besser oder schlechter stellen. Ist dies vom Erblasser beabsichtigt, so liegt ein Vorausvermächtnis oder eine Auflage vor, die erbschaftsteuerlich werterhöhend oder wertmindernd beim Erwerb dieses Miterben zu berücksichtigen ist (R 5 Abs. 4 ErbStR).

4. Erbanteile nach Teilungsanteilen

33 Unter bestimmten Voraussetzungen sind Zuwendungen unter Lebenden unter den miterbenden Abkömmlingen auszugleichen, so z. B., wenn der Schenker die Ausglei-chung bei der Zuwendung angeordnet hat (§ 2050 Abs. 3 BGB). Bei der Ausgleichung handelt es sich um eine an die Erbanteilsberechtigung aktiv und passiv gebundene Ver-pflichtung, die Erbauseinandersetzung unter Berücksichtung der Ausgleichung vor-zunehmen. Diese führt zu sog. *Teilungsanteilen*, die von den Erbanteilen abweichen. Nach R 5 Abs. 5 Satz 5 ErbStR ist der Nachlass erbschaftsteuerlich mit seinem steuerli-chen Wert dem Miterben nach diesen Teilungsanteilen zuzurechnen.

5. Erfüllung von formnichtigen Testamenten

34 *Grundsätzlich* ist auch erbschaftsteuerlich ein *nichtiges Testament unbeachtlich*, ins-besondere dann, wenn die bürgerlich-rechtlich vorgeschriebene Form nicht gewahrt wurde. Nach § 41 AO ist jedoch die Unwirksamkeit eines Rechtsgeschäfts für die Be-steuerung unerheblich, soweit und solange die Beteiligten das wirtschaftliche Ergebnis dieses Rechtsgeschäfts gleichwohl eintreten und bestehen lassen. Setzen sich also die Erben über ein formnichtiges Testament hinweg und betrachten sie die getroffenen Anordnungen als gültig, steht ein solches formnichtiges Testament einem gültigen Tes-tament gleich. Voraussetzung für die steuerliche Anerkennung eines solchen Testa-

ments ist jedoch, dass die Regelung auch so vorgenommen wird, wie es dem in der nichtigen Verfügung zum Ausdruck gekommenen Willen des Erblassers entspricht.

6. Gerichtlicher Vergleich und sonstige Vereinbarungen zur Beseitigung von Ungewissheiten

Die *Erbauseinandersetzung* selbst hat auf ErbSt *keinen Einfluss*, sondern nur der Erb-   35
anfall selbst. Besondere Teilungsanordnungen des Erblassers für die Erbauseinandersetzung und auch Auseinandersetzungsvereinbarungen der Erben berühren nicht die steuerliche Aufteilung des Nachlasses. Eine *Ausnahme* liegt jedoch nach ständiger Rechtsprechung für den Fall vor, dass zwischen den Erben Streit oder Ungewissheit über die
Erbteile oder die den Erben zufallenden Beträge besteht und dieser Streit durch einen
ernst gemeinten *Vergleich* beigelegt wird (BFH vom 11.10.1957, BStBl 1957 III S.447
sowie vom 7.12.1960, BStBl 1961 III S.49). Eine Regelung, die sich auf die Abgeltung
bzw. Erfüllung als solcher nicht bestrittener Vermächtnisse bezieht, hat *nicht den Charakter eines Erbvergleichs* (BFH vom 19.9.2000, BFH/NV 2001, S.163).

Haben die Beteiligten aufgrund eines streitigen erbrechtlichen Rechtsverhältnisses
rechtlich bindend durch ein Gericht feststellen lassen, was als das maßgebende Erb-
rechtsverhältnis unter ihnen gelten soll, so ist auch die Finanzbehörde an das Gerichts-
urteil gebunden, ebenso wie an einen ernst gemeinten Vergleich (BFH vom 24.7.1972,
BStBl 1972 II S.886). Regeln die Erben bei objektiv zweifelhafter Sach- und Rechtslage
durch einen Vergleich, was nach ihrer übereinstimmenden Auffassung Inhalt strittiger
Verfügungen des Erblassers war, so hat der Vergleich seinen *Rechtsgrund noch im Erbrecht* und ist daher auch bei der Erbschaftsbesteuerung zugrunde zu legen (BFH vom
6.12.2000, BFH/NV 2001, S.601).

7. Erbauseinandersetzung

Die spätere Erbauseinandersetzung ist für die Zurechnung des Erwerbs auf die einzel-   36
nen Erben unbeachtlich. Der steuerpflichtige Erwerb richtet sich allein nach dem gesetzlichen Anteil eines Erben am ungeteilten Nachlass. Allerdings kann eine *gemischte
freigebige Zuwendung* auch in der Erbauseinandersetzung zweier Miterben liegen,
wenn der eine auf Kosten des anderen bereichert wird und die Bereicherung nicht der
Beseitigung der Ungewissheit oder des Streits darüber hat dienen sollen, was dem einen bei der Auflösung der Erbengemeinschaft zusteht.

> **BEISPIEL:** A und B sind Erben des E. Der Verkehrswert des Nachlasses beläuft sich auf
> 900 000 €. Im Nachlass befindet sich ein Grundstück (Verkehrswert = Grundbesitzwert
> 500 000 €). Der übrige Nachlass hat einen Wert von 400 000 € (Verkehrswert = Steuerwert). A
> und B einigen sich dahingehend, dass A das gesamte Grundstück, B das übrige Nachlassver-
> mögen übernimmt.
>
> Die nach dem Erbfall unter den Miterben stattfindende Erbauseinandersetzung (§§ 2042 ff.,
> §§ 732 ff. BGB) ist für die ErbSt i. d. R. ohne Bedeutung. Dies gilt nicht nur dann, wenn die Erben
> den Nachlass „frei", d. h. ohne insoweit an letztwillige Verfügungen des Erblassers gebunden
> zu sein, unter sich aufteilen, sondern auch für den Fall, dass die Miterben bei der Auseinander-
> setzung lediglich der verbindlichen Teilungsanordnung des Erblassers Rechnung tragen (BFH
> vom 5.2.1992, BFH/NV 1993, S.100).

Der Nachlass ist wie folgt aufzuteilen:

		A	B
Grundstück	500 000 €	250 000 €	250 000 €
Übriges Vermögen	400 000 €	200 000 €	200 000 €
		450 000 €	450 000 €

II. Vermächtnis

37 Nach § 1939 BGB ist ein Vermächtnis dann gegeben, wenn der Erblasser durch Testament einem anderen, *ohne ihn als Erben einzusetzen,* einen Vermögensvorteil zuwendet. Der Vermächtnisnehmer ist nicht Mitglied der Erbengemeinschaft. Er erhält den vermachten Gegenstand nicht unmittelbar vom Erblasser, sondern hat lediglich einen *schuldrechtlichen Anspruch auf Erfüllung des Vermächtnisses* gegen den Erben. Der vermachte Gegenstand geht somit nicht mit dem Erbfall unmittelbar dinglich auf den Vermächtnisnehmer über. Das vom Erblasser angeordnete Vermächtnis stellt eine *Verbindlichkeit der Erben* dar.

Der Vermächtnisnehmer erwirbt den vom Erblasser vermachten Gegenstand von Todes wegen. Obwohl der Vermächtnisnehmer den Gegenstand nicht unmittelbar im Zeitpunkt des Erbfalls, sondern erst den Herausgabeanspruch bzw. Erfüllungsanspruch im Zeitpunkt des Todes erwirbt, er also den Anspruch erst gegenüber dem Erben geltend machen muss, entsteht die ErbSt nicht erst im Zeitpunkt der Erfüllung des Vermächtnisses, sondern bereits mit dem Todeszeitpunkt.

38 Ein *formunwirksames Vermächtnis* kann der Besteuerung nur dann zugrunde gelegt werden, wenn feststeht, dass – vom Formmangel abgesehen – eine Anordnung des Erblassers von Todes wegen vorliegt und der Beschwerte dem Begünstigten das diesem zugedachte Vermögen überträgt, um dadurch den Willen des Erblassers zu vollziehen (BFH vom 15. 3. 2000, BStBl 2000 II S. 588).

Neben dem *Sachvermächtnis* sind *Geldvermächtnis, Renten-, Nießbrauchs- und Wohnrechtsvermächtnis* die häufigsten Formen des Vermächtnisses.

Wird ein dem Steuerpflichtigen vom Erblasser ausgesetztes Geldvermächtnis durch Übertragung von Grundstücken an Erfüllungs statt erfüllt, so ist Besteuerungsgrundlage bei der Steuerfestsetzung der *Nominalwert der Geldforderung* und nicht der Steuerwert des übertragenen Grundstücks (BFH vom 25. 10. 1995, BStBl 1996 II S. 97).

Erwerbsgegenstand eines *Übernahme- oder Kaufrechtsvermächtnisse* ist die aufschiebend bedingte Forderung des Vermächtnisnehmers gemäß § 2174 BGB gegen den Beschwerten. Die Forderung aus Übernahme- oder Kaufrechtsvermächtnissen ist nicht mit dem Steuerwert des vermachten Gegenstandes zu bewerten, sondern mit dem gemeinen Wert (BFH vom 13. 8. 2008, DStR 2008 S. 1830). Damit hat der BFH seine Rechtsprechung aufgegeben, dass der Zuwendungsgegenstand ein Gestaltungsrecht sei.

Ein *Wahlvermächtnis,* bei dem das Wahlrecht dem Bedachten zusteht, richtet sich bereits vom Erbfall an ausschließlich auf den Gegenstand, für den sich der Bedachte entscheidet. *Allein dieser Gegenstand* ist nach den Wertverhältnissen im Zeitpunkt des Erbfalls gem. § 12 ErbStG zu bewerten (BFH vom 6. 6. 2001, BStBl 2001 II S. 725).

III. Pflichtteilsanspruch

Als Erwerb von Todes wegen gilt auch der (geltend gemachte) Pflichtteilsanspruch, der   39
nach § 3 Abs. 1 Nr. 1 ErbStG der ErbSt unterliegt. Pflichtteilsberechtigt sind nur Abkömmlinge, Eltern und der Ehegatte des Erblassers, die nach *gesetzlicher Erbfolge* zu Erben berufen, aber vom Erblasser durch Verfügung von Todes wegen so von der Erbfolge ausgeschlossen worden sind, dass ihnen die gesetzliche Mindestbeteiligung am Erbgut nicht verbleibt. Kein Pflichtteilsrecht haben Geschwister, Voreltern und andere Verwandte des Erblassers.

Der Pflichtteilsanspruch geht auf Zahlung einer Geldsumme, die der *Hälfte des Werts des gesetzlichen Erbteils* entspricht (§ 2303 Abs. 1 Satz 2). Ihre Höhe bestimmt sich nach der Bruchteilsgröße des gesetzlichen Erbteils und nach dem Geldwert des Nachlasses. Der gesetzliche Erbteil des Pflichtteilsberechtigten ist daher zunächst in einem Bruchteil des Nachlasses zu bestimmen. Seine Höhe hängt von der Zahl der Miterben ab, die neben den Pflichtteilsberechtigten zu berücksichtigen sind. Dabei sind Miterben mitzuzählen, die letztwillig von der Erbfolge ausgeschlossen (§ 1938 BGB), für erbunwürdig erklärt worden sind oder die die Erbschaft ausgeschlagen haben, nicht jedoch Miterben, die vorverstorben sind oder auf ihren Erbteil, nicht nur auf den Pflichtteil verzichtet haben (§ 2310 BGB). Der Pflichtteilsanspruch richtet sich nach dem Wert des Nachlasses im Zeitpunkt des Todes. Wertsteigerungen bis zur Geltendmachung des Pflichtteilsanspruches bleiben unberücksichtigt. Erbschaftsteuerlich ist der Pflichtteilsanspruch in jedem Fall als Kapitalforderung zu behandeln, auch wenn der Pflichtteilsberechtigte später von den Erben mit einem Nachlassgegenstand abgefunden wird.

Wird einem Pflichtteilsberechtigten ein Grundstück an Erfüllungs statt zur Befriedigung des geltend gemachten Pflichtteilsanspruchs übertragen, so ist bei der Besteuerung dieses nach § 3 Abs. 1 Nr. 1 ErbStG steuerpflichtigen Erwerbs von Todes wegen der Nennwert der Geldforderung zugrunde zu legen (BFH vom 7. 10. 1998, BStBl 1999 II S. 23). Die zur Entstehung der ErbSt führende Geltendmachung des Pflichtteilsanspruchs setzt *nicht* die *Bezifferung* des Anspruchs voraus (BFH vom 19. 7. 2006, BStBl 2006 II S. 718).

IV. Schenkung auf den Todesfall

Als Erwerb von Todes wegen gilt auch der Erwerb durch Schenkung auf den Todesfall   40
(§ 2301 BGB). Es handelt sich hier um ein *Schenkungsversprechen zu Lebzeiten des Erblassers* unter der *Bedingung*, dass der Beschenkte den Schenker überlebt. Auf dieses Schenkungsversprechen von Todes wegen finden die Vorschriften über die Verfügungen von Todes wegen Anwendung.

Obwohl die Schenkung auf den Todesfall den Erwerben von Todes wegen zugeordnet wird, müssen die Tatbestandsmerkmale einer freigebigen Zuwendung (R 14 ErbStR) erfüllt sein (BFH vom 5. 12. 1990, BStBl 1991 II S. 181). Allerdings sind hier die Grundsätze der Bereicherungsermittlung bei gemischten Schenkungen sowie bei Schenkungen unter Leistungsauflage (R 17 ErbStR) nicht anzuwenden (R 6 Satz 2 ErbStR). Die vom Erwerber übernommenen Verbindlichkeiten sind nach § 10 Abs. 1 Satz 2 ErbStG vom steuerlichen Wert des Erwerbsgegenstands abzuziehen.

> **BEISPIEL:** ► A erwirbt mit dem Tod des Erblassers E durch Schenkung auf den Todesfall ein zum Nachlass des E gehörendes Zweifamilienhaus (Grundbesitzwert 450 000 €) gegen Übernahme der auf dem Grundstück lastenden Hypothekenschulden, die mit 250 000 € valutieren.
>
> Wert des Erwerbs des A durch Schenkung auf den Todesfall:
>
> | | |
> |---|---:|
> | Grundbesitzwert des Zweifamilienhauses | 450 000 € |
> | abzüglich Hypothekenverbindlichkeiten | ./. 250 000 € |
> | Bereicherung | 200 000 € |

41 Nach Maßgabe des § 3 Abs. 1 Nr. 2 Satz 2 ErbStG gilt als Schenkung auf den Todesfall auch der auf dem Ausscheiden eines Gesellschafters beruhende Übergang des Anteils oder des Teils eines Anteils eines Gesellschafters einer Personen- oder Kapitalgesellschaft bei dessen Tod auf die anderen Gesellschafter oder die Gesellschaft, soweit der Wert, der sich für seinen Anteil zurzeit seines Todes nach § 12 ErbStG ergibt, Abfindungsansprüche Dritter übersteigt. Auf das subjektive Merkmal eines Willens zur Unentgeltlichkeit (BFH vom 1. 7. 1992, BStBl 1992 II S. 912) seitens des verstorbenen Gesellschafters kommt es nicht an (R 7 Abs. 1 Satz 3 ErbStR).

42 In den Anwendungsbereich des § 3 Abs. 1 Nr. 2 Satz 2 ErbStG fällt bei Personengesellschaften insbesondere der *Anwachsungserwerb* (§ 738 Abs. 1 BGB, §§ 105 Abs. 2, 138, 161 Abs. 2 HGB) infolge einer gesellschaftsvertraglichen Fortsetzungsklausel. In Betracht kommt aber auch der Übergang aufgrund einer Übernahmeklausel im Gesellschaftsvertrag einer zweigliedrigen Personengesellschaft (BFH vom 1. 7. 1992, BStBl 1992 II S. 925, 928). Als Erwerber sind dabei stets die verbleibenden Gesellschafter anzusehen (R 7 Abs. 2 Satz 2 ErbStR).

43 Im Gegensatz zur Rechtslage bei Personengesellschaften ist bei Anteilen an Kapitalgesellschaften eine Anwachsung auf die verbleibenden Gesellschafter nicht möglich. Die Vererblichkeit des Geschäftsanteils kann durch Gesellschaftsvertrag nicht abbedungen werden (§ 15 GmbHG). § 3 Abs. 1 Nr. 2 Satz 2 ErbStG erfasst jedoch bei Kapitalgesellschaften insbesondere gesellschaftsvertragliche Vereinbarungen, mittels derer die Erben verpflichtet werden, den durch Erbanfall erworbenen Geschäftsanteil auf die Gesellschafter oder die Gesellschaft gegen eine Abfindung zu übertragen, die geringer ist als der nach § 12 Abs. 1 und 2 ErbStG steuerliche Wert des Anteils.

V. Sonstige Erwerbe, die als Erwerbe von Todes wegen gelten

1. Vermächtnisähnliche Erwerbe

44 Nach § 3 Abs. 1 Nr. 3 ErbStG gelten als Erwerb von Todes wegen die sonstigen Erwerbe, auf die die für Vermächtnisse geltenden Vorschriften des bürgerlichen Rechts Anwendung finden. Hierzu rechnet der *sog. gesetzliche Voraus* des überlebenden Ehegatten (§ 1932 BGB), der die zum ehelichen Haushalt gehörenden Gegenstände beanspruchen

kann. Hier dürfte regelmäßig die Steuerbefreiung nach § 13 Abs. 1 Nr. 1 ErbStG zum Zuge kommen. In den Anwendungsbereich des § 3 Abs. 1 Nr. 3 ErbStG fällt zudem der *sog. Dreißigste* (§ 1969 BGB), der den Familienmitgliedern im Haushalt des Erblassers über 30 Tage den weiteren Unterhalt sichern soll; hier ist die Steuerbefreiung nach § 13 Abs. 1 Nr. 4 ErbStG zu beachten.

2. Verträge zugunsten Dritter

Als Erwerb von Todes wegen gilt auch der Erwerb von Vermögensvorteilen, der aufgrund eines vom Erblasser geschlossenen Vertrages bei dessen Tode von einem Dritten unmittelbar erworben wird (§ 3 Abs. 1 Nr. 4 ErbStG).   45

Es handelt sich hier im Wesentlichen um *Verträge zugunsten Dritter* (§ 328 BGB). Soll die Leistung an den Dritten nach dem Tode desjenigen erfolgen, welchem sie versprochen wird, so erwirbt der Dritte das Recht auf die Leistung im Zweifel mit dem Tode des Versprechensempfängers (§ 331 BGB), unbeschadet des Rechts des Dritten, das aus dem Vertrag erworbene Recht dem Versprechenden (z. B. Lebensversicherer) gegenüber zurückzuweisen (§ 333 BGB). Macht der bezugsberechtigte Dritte von diesem Zurückweisungsrecht Gebrauch, so gilt das Recht als nicht erworben (siehe hierzu aber § 3 Abs. 2 Nr. 4 ErbStG). Im Falle der Benennung einer anderen Person als Bezugsberechtigten vgl. BFH vom 17. 1. 1990, DB 1990, S. 1269. Die unmittelbare Zuwendung des versprochenen Leistungsgegenstandes vollendet sich erst mit oder nach dem Tode des Erblassers. Sogar der Anspruch auf die Leistung entsteht im Zweifel erst mit seinem Tode (§ 331 BGB). Vorher besteht keine Rechtsanwartschaft, die eine unmittelbare Rechtsänderung einleitet. *Hauptanwendungsfall* des § 3 Abs. 1 Nr. 4 ErbStG sind die *Lebens- und Rentenversicherungsverträge zugunsten eines Dritten*. Ebenso wie eine Schenkung zugunsten Dritter im Verhältnis zwischen Versprechensempfänger (Gläubiger) und Dritten (sog. Valutaverhältnis) nur vorliegt, wenn der zugewendete Gegenstand aus dem Vermögen des Versprechensempfängers stammt, wenn also die Bereicherung des Dritten auf einer Entreicherung des Versprechensempfängers beruht, setzt § 3 Abs. 1 Nr. 4 ErbStG eine Bereicherung des Begünstigten voraus, die aus dem Vermögen des Erblassers herrührt (BFH vom 13. 5. 1998, BFH/NV 1998 S. 1485). Zu den der ErbSt unterliegenden Vermögensvorteilen aufgrund Vertrages zugunsten Dritter gehört auch der Erwerb eines Anspruchs einer Lebensversicherung auf den Todesfall durch einen *widerruflich bezugsberechtigten Dritten*; eine Steuerpflicht scheidet in diesen Fällen lediglich wegen solcher Umstände aus, die einen vermögensrechtlichen Leistungsaustausch im Verhältnis des Dritten zum Erblasser ergeben (BFH vom 4. 8. 1999, ZEV 2000 S. 74). Ein Erwerb nach § 3 Abs. 1 Nr. 4 ErbStG durch eine Person, die nicht Erbe geworden ist, kann nicht um Erblasserschulden i. S. von § 10 Abs. 5 Nr. 1, Abs. 3 ErbStG gemindert werden (BFH vom 17. 5. 2000, BFH/NV 2001, S. 39).

Die kraft Gesetzes entstehenden Versorgungsansprüche Hinterbliebener sind nicht steuerbar. Hinterbliebene in diesem Sinne sind nur der mit dem Erblasser bei dessen Tod rechtsgültig verheiratete Ehegatte und die Kinder des Erblassers. Hingegen unterliegen *Leistungen von Selbsthilfeeinrichtungen* im Todesfall eines Mitglieds gemäß § 3 Abs. 1 Nr. 4 ErbStG der ErbSt.

3. Anordnung einer Stiftung/Bildung und Ausstattung einer Vermögensmasse ausländischen Rechts

46   Als vom Erblasser zugewendet gilt nach § 3 Abs. 2 Nr. 1 Satz 1 ErbStG auch der *Übergang von Vermögen auf eine vom Erblasser angeordnete Stiftung*, die durch letztwillige Verfügung – Testament oder Erbvertrag – errichtet worden ist. Unerheblich ist dabei, ob der Erblasser die Stiftung noch selbst angeordnet hat, oder ob er dem Erben oder dem Vermächtnisnehmer die Auflage erteilt hat, mit Mitteln seines Erwerbs die Stiftung zu errichten (§ 3 Abs. 2 Nr. 1 Satz 1 i. V. mit § 3 Abs. 2 Nr. 2 ErbStG). Die Errichtung der Stiftung bedarf der *staatlichen Genehmigung*. Nach Maßgabe des § 9 Abs. 1 Nr. 1c ErbStG entsteht die Steuer mit dem Zeitpunkt der Genehmigung der Stiftung, wobei der erbschaftsteuerlichen Erfassung nur das am Todestag des Erblassers vorhandene Vermögen unterliegt, nicht hingegen auch der zwischen Todestag und dem Zeitpunkt der Genehmigung der Stiftung eingetretene Zuwachs des Vermögens, das für die Stiftung bestimmt ist (strittig, vgl. BFH vom 25. 10. 1995, BStBl 1996 II S. 99).

Dem Übergang von Vermögen auf eine vom Erblasser angeordnete Stiftung steht nach § 3 Abs. 2 Nr. 1 Satz 2 ErbStG die vom Erblasser angeordnete *Bildung oder Ausstattung einer Vermögensmasse ausländischen Rechts* gleich, deren Zweck auf die *Bindung von Vermögen* gerichtet ist.

Der Vermögensübergang auf einen Trust oder eine vergleichbare Vermögensmasse ausländischen Rechts unter Lebenden unterliegt der Steuerpflicht nach Maßgabe des § 7 Abs. 1 Nr. 8 Satz 2 ErbStG. Bei Auflösung eines Trusts wird der Vermögensanfall bei den Anfallsberechtigten nach § 7 Abs. 1 Nr. 9 Satz 2 1. Alt. ErbStG steuerlich erfasst, während der *Erwerb sog. Zwischenberechtigter* während der Laufzeit des Trusts die Steuerpflicht nach § 7 Abs. 1 Nr. 9 Satz 2 2. Alt. ErbStG auslöst.

4. Erwerb aufgrund einer Auflage

47   Der Erblasser kann durch Testament den Erben oder einen Vermächtnisnehmer zu einer Leistung verpflichten, ohne einem anderen ein Recht auf die Leistung zuzuwenden (*Auflage*, § 1940 BGB). Der Erblasser kann eine Auflage nur durch Testament oder Erbvertrag anordnen (§§ 1940, 1941, 2270 Abs. 3, 2278 Abs. 2 BGB). Derjenige, der infolge Vollziehung der vom Erblasser angeordneten Auflage oder infolge Erfüllung einer vom Erblasser gesetzten Bedingung erwirbt, hat die Bereicherung, die er hierdurch erfahren hat, zu versteuern (§ 3 Abs. 2 Nr. 2 ErbStG). Dieser Erwerb unterliegt jedoch keiner besonderen Behandlung, wenn eine einheitliche Zweckzuwendung vorliegt. Der Erwerb infolge einer Auflage oder Bedingung unterscheidet sich jedoch dadurch vom Vermächtnis, dass der Begünstigte keinen schuldrechtlichen Anspruch auf die Leistung erhält. Mit der Vollziehung der Auflage bzw. Erfüllung der Bedingung entsteht die Steuerpflicht des Begünstigten (§ 9 Abs. 1 Nr. 1d ErbStG).

> **BEISPIEL:** A hat seinem Neffen B im Wege des Testaments sein gesamtes Vermögen übertragen. Er hat angeordnet, dass dieser eine Lebensversicherung weiter bedienen soll, die der Erblasser zugunsten seiner Haushälterin abgeschlossen hatte. Die Haushälterin hat hier keinen unmittelbaren Anspruch gegen den Erben. Mit der Vollziehung liegt jedoch eine Bereicherung der Begünstigten vor.

5. Erwerbe, die von einer staatlichen Genehmigung abhängig sind

Nach § 3 Abs. 2 Nr. 3 ErbStG gilt als vom Erblasser zugewendet auch, was jemand dadurch erlangt, dass bei Genehmigung einer Zuwendung des Erblassers Leistungen an andere Personen angeordnet oder zur Erlangung der Genehmigung freiwillig übernommen werden. Der Erwerb von Todes wegen kann einer staatlichen Genehmigung bedürfen, wenn der Erwerber eine juristische Person ist und es sich um einen Gegenstand im Wert von mehr als 5 000 DM handelt (Art. 86 EGBGB in der vor dem 30. 7. 1998 geltenden Fassung).   48

6. Abfindungen für Erbverzichte

Als vom Erblasser zugewendet gilt auch die *Abfindung für einen Verzicht auf den entstandenen Pflichtteilsanspruch* oder für die *Ausschlagung einer Erbschaft oder eines Vermächtnisses* oder für die *Zurückweisung eines Rechts aus einem Vertrag des Erblassers zugunsten Dritter auf den Todesfall* oder eines anderen in § 3 Abs. 1 ErbStG genannten Erwerbs gewährt wird (§ 3 Abs. 2 Nr. 4 ErbStG). Verzichtet ein Erbe in Form eines Erbvertrags auf seinen Erbteil und auf den Pflichtteilsanspruch, so liegt hierin keine Schenkung des Verzichtenden gegenüber dem Erblasser. Das Gleiche gilt für den Fall, dass der Erbe die Erbschaft oder der Vermächtnisnehmer das Vermächtnis ausschlägt. In diesen Vorgängen ist keine Schenkung zu erblicken, auch wenn der Verzichtende bzw. Ausschlagende hierfür nichts erhält. Erhält jedoch der Erbe dafür etwas, dass er die Erbschaft ausschlägt, so ist die Abfindung erbschaftsteuerpflichtig. Das Gleiche gilt für den Verzicht auf den Pflichtteilsanspruch, wenn er für diesen Verzicht eine *Gegenleistung* erhält.   49

Hat jedoch der gesetzliche Erbe bereits zu Lebzeiten des Erblassers einen Erbverzicht erklärt und hierfür eine *Abfindung* erhalten, liegt eine Schenkung i. S. des § 7 Abs. 1 Nr. 5 ErbStG vor.

7. Abfindungen bei bedingten Vermächtnissen

Als vom Erblasser zugewendet gilt nach § 3 Abs. 2 Nr. 5 ErbStG auch, was als Abfindung für ein aufschiebend bedingtes, betagtes oder befristetes Vermächtnis, für das die Ausschlagungsfrist abgelaufen ist, vor dem Zeitpunkt des Eintritts der Bedingung oder des Ereignisses gewährt wird. Mit § 3 Abs. 2 Nr. 5 ErbStG wird der Grundsatz, dass Abfindungen nur bis zur Annahme des Erwerbs als Erwerb von Todes wegen zu qualifizieren sind, *durchbrochen*. Denn bei dem bedingten, betagten oder befristeten Vermächtnis entsteht nach § 9 Abs. 1 Nr. 1a ErbStG die Steuerpflicht erst mit dem Eintritt der Bedingung oder des Ereignisses; bis zu diesem Zeitpunkt hängt es vom Vermächtnisnehmer ab, ob sein Erwerb voll wirksam wird. Nach der Annahme des Vermächtnisses bleibt für einen Verzicht kein Raum mehr.   50

8. Entgelte für die Übertragung von Anwartschaften

Nach § 2100 BGB kann der Erblasser einen Erben (Nacherben) in der Weise einsetzen, dass dieser erst Erbe wird, nachdem zunächst ein anderer Erbe (Vorerbe) geworden ist. Bereits mit dem Tod des Erblassers, d. h. mit Eintritt des Vorerbfalls, erlangt der Nach-   51 erbe eine Rechtsposition, die ihm eine *Anwartschaft auf die Erbschaft* vermittelt (§§ 2113 ff. BGB). Als vom Erblasser zugewendet gilt auch das, was als Entgelt für die Übertragung der Anwartschaft eines Nacherben gewährt wird (§ 3 Abs. 2 Nr. 6 ErbStG). Verzichtet also der Nacherbe nach Eintritt der Vorerbschaft gegen ein Entgelt gegenüber dem Vorerben auf sein Nacherbenrecht, so unterliegt diese Abfindung des Nacherbenanspruchs der ErbSt.

Der *Nachvermächtnisnehmer* überträgt i. S. des § 3 Abs. 2 Nr. 6 ErbStG gegen Entgelt seine Anwartschaft, wenn er dem Verkauf des Vermächtnisgegenstands durch den Vorvermächtnisnehmer gegen Zahlung eines Teils des Veräußerungserlöses zustimmt. Besteuerungsgrundlage ist das Entgelt, nicht ein anteiliger Steuerwert am verkauften Grundstück (BFH vom 19. 4. 1989, BB 1989, S. 1541). Das gilt sowohl für die entgeltliche Übertragung der Anwartschaft an den Vorerben selbst als auch für die entgeltliche Übertragung an einen Dritten. Das Entgelt gilt in diesem Falle als vom Erblasser selbst zugewendet mit der Folge, dass für die Besteuerung das Verhältnis zum Erblasser und nicht zum Abfindenden maßgebend ist (BFH vom 30. 10. 1979, BStBl 1980 II S. 46).

9. Herausgabeanspruch des Vertragserben, Schlusserben oder Vermächtnisnehmers

52 Nach § 3 Abs. 2 Nr. 7 ErbStG gilt als vom Erblasser zugewendet auch, was der *Vertragserbe oder der Schlusserbe eines gemeinschaftlichen Testaments oder der Vermächtnisnehmer wegen beeinträchtigender Schenkungen des Erblassers* (§§ 2287, 2288 Abs. 2 BGB) von dem Beschenkten nach den Vorschriften über die ungerechtfertigte Bereicherung erlangt. Hat der Erblasser Schenkungen in der Absicht vorgenommen, den Vertragserben zu beeinträchtigen, so kann dieser nach § 2287 BGB nach dem Erbfall von dem Beschenkten die Herausgabe des Geschenks verlangen. Gemäß § 9 Abs. 1 Nr. 1j ErbStG entsteht die Steuerpflicht mit dem Zeitpunkt, in dem der Vertragserbe seinen Anspruch geltend macht. Steuerlicher Erwerbsgegenstand ist der Anspruch mit dem zum Bewertungsstichtag (§ 11 ErbStG) bestehenden Inhalt und Umfang, nicht hingegen dasjenige, was aufgrund des Anspruchs tatsächlich erlangt wird. Für die Bestimmung der Steuerklasse ist auf das *Verhältnis des Erwerbers zum Erblasser* abzustellen. Über § 2288 Abs. 2 Satz 2 BGB gilt die Regelung auch für *Vertragsvermächtnisnehmer*.

Der *Erwerb des Schlusserben* eines gemeinschaftlichen Testaments i. S. des § 2269 Abs. 1 BGB (sog. Berliner Testament) aufgrund eines Anspruchs nach § 2287 BGB gegen den vom letztversterbenden Ehegatten in der Absicht Beschenkten, den Schlusserben zu benachteiligen, unterliegt gem. § 3 Abs. 2 Nr. 7 ErbStG der ErbSt (BFH vom 8. 8. 2000, BStBl 2000 I S. 587).

10. Exkurs: Eingetragene Lebenspartner

53 Durch das *Lebenspartnerschaftsgesetz* vom 16. 2. 2001 (BGBl 2001 I S. 266, zuletzt geändert durch Gesetz vom 3. 4. 2009, BGBl 2009 I S. 700) wurde zwei Personen des gleichen Geschlechts die Möglichkeit eingeräumt, eine eingetragene Partnerschaft zu begründen. Das Lebenspartnerschaftsrecht wurde durch das ErbStRG vom 24. 12. 2008 (BGBl 2008 I S. 3018) erstmals im Erbschaft- und Schenkungsteuergesetz verankert. Neben dem *persönlichen Freibetrag von 500 000 EUR* für den erwerbenden Lebenspartner

(§ 16 Abs. 1 Nr. 6 ErbStG) ist für den überlebenden Lebenspartner auch der *besondere Versorgungsfreibetrag* (256 000 EUR) nach § 17 Abs. 1 ErbStG vorgesehen.

Lebenspartner können ihre güterrechtlichen Verhältnisse durch Lebenspartnerschaftsvertrag regeln (§ 7 LPartG) und infolgedessen auch die *Gütergemeinschaft* vereinbaren. Durch § 9 Abs. 7 LPartG wird Lebenspartnern die *Stiefkindadoption* ermöglicht; hierdurch erlangt das angenommene Kind die rechtliche Stellung eines gemeinschaftlichen Kindes. Wird beim Tod eines Lebenspartners die *Gütergemeinschaft mit gemeinschaftlichen Kindern fortgesetzt,* treten erbschaftsteuerrechtlich durch die Ergänzung des § 4 Abs. 1 ErbStG die gleichen Rechtsfolgen wie bei einer fortgesetzten ehelichen Gütergemeinschaft ein: Der Anteil des verstorbenen Lebenspartners am Gesamtgut wird so behandelt, als sei er auf die anteilsberechtigten Abkömmlinge durch Erbanfall übergegangen.

54

Leben die Lebenspartner im *gesetzlichen Güterstand der Zugewinngemeinschaft* (§ 6 LPartG) und wird der Güterstand beendet, bleibt künftig ein entstehender *Ausgleichsanspruch* in demselben Umfang *steuerfrei*, wie er im Fall der Zugewinngemeinschaft unter Ehegatten steuerfrei bleibt. § 5 Abs. 1 ErbStG regelt dabei den Fall der *Beendigung des Güterstands durch Tod* eines Lebenspartners mit pauschalem Ausgleich des Zugewinns nach § 1371 Abs. 1 BGB über eine Erhöhung des gesetzlichen Erbteils, § 5 Abs. 2 ErbStG regelt die Fälle des *güterrechtlichen Zugewinnausgleichs* nach § 1371 Abs. 2, 1373 BGB. Vereinbaren die Lebenspartner durch Lebenspartnerschaftsvertrag die Gütergemeinschaft (§ 7 LPartG), soll künftig eine durch die *hälftige Beteiligung am Gesamtgut* eintretende *objektive Bereicherung* eines Lebenspartners wie im Fall von Ehegatten *besteuert* werden; dieses Ergebnis wird durch eine entsprechende Anpassung des § 7 Abs. 1 Nr. 4 ErbStG sichergestellt.

55

Die Lebenspartner sind einander zur gemeinsamen Lebensgestaltung verpflichtet. Üblicherweise konkretisiert sich diese Verpflichtung in der *gemeinschaftlichen Wohnung*. Diesem Umstand Rechnung tragend, erfolgt eine Anpassung des § 13 Abs. 1 Nr. 4a ErbStG dergestalt, dass *lebzeitige Zuwendungen* im Zusammenhang mit einem *inländischen Familienheim* in gleicher Weise wie bei Ehegatten steuerfrei bleiben. Desgleichen ist die *sachliche Freistellung des Erwerbs eines Familienheims von Todes wegen* auch auf den überlebenden *Lebenspartner* erstreckt worden (§ 13 Abs. 1 Nr. 4b ErbStG).

56

E. Eheliche Güterstände

I. Fortgesetzte Gütergemeinschaft

Wird die *gütergemeinschaftliche Ehe* durch den Tod eines Ehegatten aufgelöst, so gehört der Anteil des verstorbenen Ehegatten am *Gesamtgut* zu seinem Nachlass. Beerbt wird er nach den allgemeinen Vorschriften. In dem Ehevertrag können die Ehegatten aber die Fortsetzung der Gütergemeinschaft zwischen dem überlebenden Ehegatten und den gemeinschaftlichen Abkömmlingen vereinbaren. Das Gesamtgut der fortgesetzten Gütergemeinschaft besteht aus dem ehelichen Gesamtgut, soweit es nicht nach § 1483 Abs. 2 BGB einem nicht anteilsberechtigten Abkömmling zufällt, und aus

57

dem Vermögen, das der überlebende Ehegatte aus dem Nachlass des verstorbenen Ehegatten oder nach dem Eintritt der fortgesetzten Gütergemeinschaft erwirbt.

Nicht jedoch zum Gesamtgut gehört das sonstige Vermögen der gemeinschaftlichen Abkömmlinge (§ 1485 BGB). Rechte und Verbindlichkeiten des überlebenden Ehegatten sowie der anteilsberechtigten Abkömmlinge bestimmen sich hinsichtlich des Gesamtguts grundsätzlich nach den für die eheliche Gütergemeinschaft geltenden Vorschriften (§ 1487 BGB).

58   *Lebenspartner* können ihre güterrechtlichen Verhältnisse durch *Lebenspartnerschafts-vertrag* regeln (§ 7 LPartG) und können dadurch auch die Gütergemeinschaft vereinbaren. § 9 Abs. 7 LPartG ermöglicht Lebenspartner die *Stiefkindadoption*. Das angenommene Kind erlangt dadurch die rechtliche Stellung eines gemeinschaftlichen Kindes.

1. Erwerb durch Fortsetzung der ehelichen Gütergemeinschaft mit den Abkömmlingen

59   Wird die Gütergemeinschaft beim *Tod eines Ehegatten* oder beim *Tod eines Lebenspartners* fortgesetzt, so wird dessen Anteil am Gesamtgut so behandelt, als wäre er ausschließlich den anteilsberechtigten Abkömmlingen zugefallen wäre (§ 4 Abs. 1 ErbStG).

> **BEISPIEL:** ▶ Eheleute A und B lebten in Gütergemeinschaft. A ist verstorben. Nach Vereinbarung der beiden Ehegatten soll die Gütergemeinschaft mit den beiden Kindern X und Y fortgesetzt werden. Der Verkehrswert des Gesamtgutes beläuft sich auf 2 000 000 €.
>
> Auf die Abkömmlinge X und Y entfällt die Hälfte des Verkehrswerts (= 1 000 000 €).

2. Tod eines anteilsberechtigten Abkömmlings

60   Beim Tode eines anteilsberechtigten Abkömmlings gehört dessen Anteil am Gesamtgut zu seinem Nachlass (§ 4 Abs. 2 Satz 1 ErbStG). Nach § 1490 BGB treten an seine Stelle seine Abkömmlinge, soweit diese anteilsberechtigt sein würden, wenn er den verstorbenen Ehegatten nicht überlebt hätte. Sind jedoch solche Abkömmlinge nicht vorhanden, so wächst sein Anteil den übrigen anteilsberechtigten Abkömmlingen, und wenn solche fehlen, dem überlebenden Ehegatten zu (§ 4 Abs. 2 Satz 2 ErbStG).

II. Zugewinngemeinschaft

1. Vorbemerkung

61   *Gesetzlicher Güterstand von Eheleuten* ist seit 1. 7. 1958 die *Zugewinngemeinschaft*. Die Vermögen der Eheleute sind grundsätzlich getrennt. Wesentliches Unterscheidungsmerkmal zur Gütertrennung ist die Verpflichtung zum Ausgleich des Zugewinns bei Beendigung der Zugewinngemeinschaft durch Tod, Ehescheidung oder in sonstiger Weise. Bei gleichzeitigem Tod von Eheleuten findet kein Zugewinnausgleich statt.

Das Zivilrecht hält für die Durchführung des Zugewinnausgleichs zwei unterschiedliche Möglichkeiten parat:

▶ bei der *erbrechtlichen Lösung* nach § 1371 Abs. 1 BGB erhält der überlebende Ehegatte neben seinem gesetzlichen Erbanspruch gem. § 1931 BGB einen fiktiven Zugewinnausgleichsanspruch, wodurch die konkrete Berechnung des Zugewinns – vereinfachungshalber – entbehrlich wird;

► bei der *güterrechtlichen Lösung* nach §§ 1372 ff. BGB erfolgt der Ausgleich des Teils des Zugewinns, den ein Ehegatte mehr als der andere Ehegatte erzielt hat.

Für *Lebenspartner* gilt seit 1.1.2005 das gleiche Güterrecht wie für Ehegatten. Leben   62
die Lebenspartner im gesetzlichen Güterstand der Zugewinngemeinschaft (§ 6 LPartG)
und wird der Güterstand beendet, wird ein entstehender Ausgleichsanspruch in demselben Umfang steuerfrei gestellt, wie er im Fall der Zugewinngemeinschaft unter Ehegatten steuerfrei bleibt.

2. Erbrechtlicher Zugewinnausgleich

a) Allgemeines

Bestand während der Ehe der gesetzliche Güterstand der Zugewinngemeinschaft, er   63
folgt beim Tod eines Ehegatten der Ausgleich des Zugewinns i. d. R. nach Maßgabe der
erbrechtlichen Lösung *(sog. Nachlassviertel)*. Für erbschaftsteuerliche Zwecke wird diese
(Vereinfachungs-)Regelung jedoch nicht übernommen. Kommt es demnach mit Beendigung der Zugewinngemeinschaft zur erbrechtlichen Abwicklung, weil die Eheleute bis
zum Tod eines Ehegatten im Güterstand der Zugewinngemeinschaft gelebt und der
überlebende Ehegatte das Vermögen des verstorbenen Ehegatten ganz oder teilweise
durch Erbanfall oder Vermächtnis erworben hat, ist nur für steuerliche Zwecke eine
steuerfrei zu stellende Ausgleichsforderung zu ermitteln und vom Erwerb des Ehegatten abzuziehen (R 11 Abs. 1 Satz 1 ErbStR). Für Zwecke der ErbSt ist die Zugewinnausgleichsforderung fiktiv so zu ermitteln, wie sie sich nach den zivilrechtlichen Vorgaben
für die güterrechtliche Abwicklung ergäbe. Auf folgende erbschaftsteuerliche Besonderheiten ist in diesem Zusammenhang hinzuweisen:

► Bei der Berechnung der *fiktiven Zugewinnausgleichsforderung* bleiben von den Vorschriften der §§ 1373 bis 1383, 1390 BGB abweichende güterrechtliche Vereinbarungen – in erster Linie Regelungen zum Umfang von Anfangs- und Endvermögen
  einschließlich dessen Bewertung – unberücksichtigt (§ 5 Abs. 1 Satz 2 ErbStG).

► Die *Vermutung des § 1377 Abs. 3 BGB* – nach dieser Vorschrift wird beim Fehlen eines Verzeichnisses über das Anfangsvermögen vermutet, dass das gesamte Endvermögen eines Ehegatten seinen Zugewinn darstellt – findet *keine Anwendung* (§ 5
  Abs. 1 Satz 3 ErbStG).

► Steuerfreiheit kommt nur für den fiktiven Ausgleichsanspruch zum Tragen, der während der tatsächlichen Dauer der Zugewinngemeinschaft erzielt wurde (R 11 Abs. 2
  Satz 1 ErbStR).

Unter Berücksichtigung dieser Besonderheiten liegt beim überlebenden Ehegatten nur
in Höhe der verbleibenden fiktiven Ausgleichsforderung kein Erwerb i. S. des § 3 ErbStG
vor (§ 5 Abs. 1 Satz 1 ErbStG).

BEISPIEL: ► Mit Eheschließung im Jahr 1980 hatten die Ehegatten Gütertrennung vereinbart. Im
Jahr 1999 vereinbaren die Ehegatten Zugewinngemeinschaft. Der Ehemann verstirbt im Jahre
2009, sein Zugewinn insgesamt beläuft sich auf 5 000 000 € (3 000 000 € hiervon entfallen
auf die letzten fünf Ehejahre). Die Ehefrau wird Alleinerbin, ihr Zugewinn beträgt 0 €.

Da für die Ermittlung des fiktiven Zugewinnausgleichsanspruchs auf die tatsächliche Dauer der Zugewinngemeinschaft abzustellen ist, beträgt die steuerfreie fiktive Ausgleichsforderung nicht $1/2$ von 5 000 000 €, sondern nur $1/2$ von 3 000 000 €, mithin 1 500 000 €.

Als selbständiger Vermögensgegenstand kann grundsätzlich nur eine zivilrechtlich bestehende Forderung, nicht aber die zur Berechnung der Erbschaftsteuer fingierte Ausgleichsforderung nach § 5 Abs. 1 ErbStG vererbt werden. Als *bloße Rechengröße* unterfällt diese fiktive Ausgleichsforderung auch nicht dem § 1378 Abs. 3 BGB. Lediglich dann, wenn der Erblasser den durch den Tod seines vorverstorbenen Ehegatten ausgelösten Erbfall steuerrechtlich noch nicht abgewickelt hatte, kann der Erbe des nachverstorbenen Ehegatten bei der noch ausstehenden Abwicklung des ersten Erbfalls die ehedem dem überlebenden Ehegatten zustehenden Rechte aus § 5 Abs. 1 ErbStG geltend machen; insoweit rückt er gem. § 1922 Abs. 1 BGB in dessen Rechtsstellung ein (BFH vom 22. 3. 2001, BFH/NV 2001, S. 1266).

b) Ermittlung von Anfangs- und Endvermögen

Für jeden Ehegatten ist das Anfangs- und Endvermögen nach Verkehrswerten gegenüberzustellen, wobei Zu- und Abrechnungen nach den §§ 1374 ff. BGB zu beachten sind. Bei Überschuldung ist das Vermögen mit 0 € anzusetzen (R 11 Abs. 2 Satz 4 ErbStR).

aa) Anfangsvermögen

64 Anfangsvermögen ist das Vermögen, das einem Ehegatten – nach Abzug von Verbindlichkeiten – beim Eintritt des Güterstands gehörte (§ 1374 Abs. 1 BGB). Als Tag des Eintritts des Güterstands gilt im Falle des § 5 Abs. 1 ErbStG

▶ für alle Ehen, die nach dem 1. 7. 1958 geschlossen wurden oder werden und die nicht durch Ehevertrag einen anderen Güterstand vereinbart haben, der Tag der Eheschließung;

▶ für vor dem 1. 7. 1958 geschlossene Ehen der 1. 7. 1958;

▶ für Ehen, bei denen die Eheleute aus einem zunächst vertraglich vereinbarten anderen Güterstand später durch ehevertragliche Vereinbarung in den Güterstand der Zugewinngemeinschaft wechseln, der Tag des Vertragsabschlusses;

▶ für Ehen, für die im Beitrittsgebiet der gesetzliche Güterstand nach § 13 Familiengesetzbuch der DDR (sog. Errungenschaftsgemeinschaft) galt und die Überleitung in den gesetzlichen Güterstand der Zugewinngemeinschaft nicht durch Erklärung eines Ehegatten ausgeschlossen wurde, der 3. 10. 1990.

Die Neufassung des § 5 Abs. 1 Satz 4 ErbStG durch StMBG, wonach für die Berechnung der nicht als Erwerb geltenden Zugewinnausgleichsforderung als Zeitpunkt des Eintritts des Güterstandes der Zugewinngemeinschaft der Tag des Vertragsabschlusses gilt, ist *formell und materiell verfassungsgemäß* (BFH vom 18. 1. 2006, BFH/NV 2006 S. 948).

Die infolge des *Kaufkraftschwunds* nur nominale Wertsteigerung des Anfangsvermögens eines Ehegatten während der Ehe stellt keinen Zugewinn dar (R 11 Abs. 3 Satz 3 ErbStR). Der auf allgemeiner Geldentwertung beruhende unechte Wertzuwachs des Anfangsvermögens ist aus der Berechnung der Ausgleichsforderung zu eliminieren, in dem das Anfangsvermögen der Ehegatten mit dem Lebenshaltungskostenindex zurzeit der Beendigung des Güterstands multipliziert und durch die für den Zeitpunkt des Beginns des Güterstands geltende Indexzahl dividiert wird (BGH vom 14.11.1973, BGHZ 61, S. 385). Sind dem Anfangsvermögen Vermögensgegenstände nach § 1374 Abs. 2 BGB zuzurechnen, ist bei der Berechnung des Vermögenszuwachses der Kaufkraftschwund des Geldes seit dem Zeitpunkt des Erwerbs der Gegenstände zu berücksichtigen (BGH vom 20.5.1987, BGHZ 101, S. 65). Die maßgebenden *Indexzahlen* werden vom Statistischen Bundesamt ermittelt und regelmäßig veröffentlicht (H 11 Abs. 3 ErbStH).

bb) Endvermögen

Endvermögen ist das Vermögen, das einem Ehegatten nach Abzug von Verbindlichkeiten bei der Beendigung des Güterstands gehört. Hinzurechnungen nach § 1375 Abs. 2 und 3 BGB sind zu berücksichtigen. Erwerbe des überlebenden Ehegatten i. S. des § 3 Abs. 1 Nr. 4 ErbStG sind dem Endvermögen des verstorbenen Ehegatten hinzuzurechnen (BFH vom 22.12.1976, BStBl 1977 II S. 420, sowie vom 12.4.1978, BStBl 1978 II S. 400). Dies gilt auch für erbschaftsteuerpflichtige Hinterbliebenenbezüge, die dem überlebenden Ehegatten aufgrund eines privaten Anstellungsvertrages des verstorbenen Ehegatten zustehen, sowie für Lebensversicherungen, die dem überlebenden Ehegatten zustehen, auch soweit es sich dabei um Ansprüche aus einer privaten Rentenversicherung des verstorbenen Ehegatten handelt (R 11 Abs. 4 Satz 2 ErbStR). Hinterbliebenenbezüge, die nicht der Besteuerung nach § 3 Abs. 1 Nr. 4 ErbStG unterliegen, sind nicht dem Endvermögen des Erblassers zuzurechnen (BFH vom 20.5.1981, BStBl 1982 II S. 27).

Der Wert des Endvermögens des verstorbenen Ehegatten ist zwecks Umrechnung der fiktiven Ausgleichsforderung in den steuerfreien Betrag auch nach steuerlichen Bewertungsgrundsätzen zu ermitteln. Dabei sind alle bei der Ermittlung des Endvermögens berücksichtigten Vermögensgegenstände zu bewerten, auch wenn sie – wie z. B. steuerfreie Hinterbliebenenbezüge – nicht zum steuerpflichtigen Erwerb gehören (R 11 Abs. 5 Satz 2 ErbStR). In die Berechnung des Ausgleichsbetrags ist nach § 13a ErbStG begünstigtes Vermögen mit seinem Steuerwert als Bruttowert, d. h. vor Berücksichtigung von Verschonungsabschlag und Abzugsbetrag einzubeziehen. Ist der sich danach ergebende Steuerwert des Endvermögens niedriger als dessen Verkehrswert, ist die nach zivilrechtlichen Grundsätzen ermittelte fiktive Ausgleichsforderung nach § 5 Abs. 1 Satz 5 ErbStG entsprechend dem Verhältnis von Steuerwert und Verkehrswert des dem Erblasser zuzurechnenden Endvermögens auf den steuerfreien Betrag zu begrenzen (BFH vom 10.3.1993, BStBl 1993 II S. 510). Die in § 5 Abs. 1 ErbStG zur Ermittlung des Abzugsbetrags vorgegebene Verhältnisrechnung ist auch dann durchzuführen, wenn der Steuerwert des Nachlasses negativ ist und sich deshalb rechnerisch ein negativer Abzugsbetrag ergibt, der im Rahmen des § 5 Abs. 1 ErbStG mit 0 € anzusetzen ist (BFH vom 30.7.1996, BFH/NV 1997, S. 29).

BEISPIEL: ▶ Bei Eheschließung hatten die Ehegatten keine Vereinbarung über den Güterstand getroffen, so dass der Güterstand der Zugewinngemeinschaft bestand. Die Ehefrau wird Allein-

65

erbin ihres verstorbenen Ehemannes. Das Endvermögen des verstorbenen Ehemanns beläuft sich auf 3 000 000 € (Verkehrswert) und 1 800 000 € (Steuerwert), sein – indiziertes – Anfangsvermögen ist auf 600 000 € zu beziffern. Das Endvermögen der überlebenden Ehefrau beläuft sich auf 460 000 € (Verkehrswert), ihr – indiziertes – Anfangsvermögen beträgt 60 000 €.

▶ Berechnung der fiktiven Ausgleichsforderung:

	verstorbener Ehemann	überlebende Ehefrau
Endvermögen	3 000 000 €	460 000 €
Anfangsvermögen	·/. 600 000 €	·/. 60 000 €
(indiziert)		
Zugewinn	2 400 000 €	400 000 €

Ausgleichsforderung: $^1/_2$ von (2 400 000 € ·/. 400 000 € = 2 000 000 € =) 1 000 000 €

▶ Berechnung der steuerfreien Ausgleichsforderung:

Endvermögen (Verkehrswert) des verstorbenen Ehemanns	3 000 000 €
Endvermögen (Steuerwert) des verstorbenen Ehemanns	1 800 000 €

Ausgleichsforderung:

$$\frac{1\,000\,000\,€ \times 1\,800\,000\,€}{3\,000\,000\,€} = 600\,000\,€$$

3. Güterrechtlicher Zugewinnausgleich

66 Wird der Güterstand der Zugewinngemeinschaft in anderer Weise als durch den Tod eines Ehegatten beendet oder wird der Zugewinn nach § 1371 Abs. 2 BGB ausgeglichen, so gehört die Ausgleichsforderung nach § 1378 BGB nicht zum Erwerb i. S. der §§ 3 und 7 ErbStG (§ 5 Abs. 2 ErbStG). Die Vorschrift des § 5 Abs. 2 ErbStG hat lediglich *deklaratorischen Charakter*, da sie nur feststellt, was keinem Zweifel unterliegt (BFH vom 10. 3. 1993, BStBl 1993 II S. 510). Verzichtet der berechtigte Ehegatte auf die geltend gemachte Ausgleichsforderung, kann nach R 12 Abs. 1 Satz 2 ErbStR – sofern Bereicherung und Wille zur Unentgeltlichkeit gegeben sind – darin eine Schenkung unter Lebenden an den verpflichteten Ehegatten liegen.

Bei der Zugewinnausgleichsforderung nach den §§ 1372 ff. BGB handelt es sich um eine *Geldforderung*, die grundsätzlich mit dem *Nennwert* zu bewerten ist. Erfüllt der Verpflichtete die Zugewinnausgleichsforderung zur Abfindung des Berechtigten mittels Übereignung von Grundstücken, ist der Abzug der Zugewinnausgleichsschuld auch hier mit dem Nennwert vorzunehmen (BFH vom 10. 3. 1993, BStBl 1993 II S. 368). Erfolgt mithin der Verzicht auf die Zugewinnausgleichsforderung gegen eine Abfindung, tritt diese an die Stelle der Ausgleichsforderung und ist damit ebenfalls (vollumfänglich) steuerfrei.

Da § 5 Abs. 2 ErbStG die Beendigung der Zugewinngemeinschaft voraussetzt, ist diese Norm nicht einschlägig, wenn Ehegatten durch Ehevertrag den während des bisherigen Bestehens des Güterstands der Zugewinngemeinschaft entstandenen Zugewinn ausgleichen, dabei diesen Güterstand selbst nicht beenden (R 12 Abs. 3 ErbStR). Sind im Anwendungsbereich des § 5 Abs. 2 ErbStG unentgeltliche Zuwendungen auf die Ausgleichsforderung nach § 1380 Abs. 1 BGB angerechnet worden, ist die Festsetzung der Steuer für frühere Schenkungen an den überlebenden Ehegatten nach Maßgabe des

§ 29 Abs. 1 Nr. 3 ErbStG zu ändern (R 11 Abs. 6 Satz 1 ErbStR). Die Vorgabe des § 5 Abs. 1 Satz 5 ErbStG, wonach eine Minderung der Ausgleichsforderung auf das Steuerwertniveau erfolgt, ist innerhalb des § 5 Abs. 2 ErbStG unbeachtlich; d. h. die Zugewinnausgleichsforderung gehört in vollem Umfang – ohne Einschränkung auf den Steuerwert – nicht zum steuerpflichtigen Erwerb.

Im Rahmen des § 5 Abs. 2 ErbStG – und damit im Gegensatz zu § 5 Abs. 1 ErbStG – sind abweichende güterrechtliche Vereinbarungen der Ehegatten zu beachten. Die Nichtsteuerbarkeit gilt deshalb auch hinsichtlich einer durch Ehevertrag (§ 1408 BGB) oder Vertrag im Zusammenhang mit einer Ehescheidung (§ 1378 Abs. 3 Satz 2 BGB) *modifizierten Ausgleichsforderung* (R 12 Abs. 2 Satz 1 ErbStR). Soweit durch solche Vereinbarungen einem Ehegatten für den Fall der Beendigung der Zugewinngemeinschaft eine erhöhte güterrechtliche Ausgleichsforderung verschafft wird, ist hierin eine steuerpflichtige Schenkung auf den Todesfall (§ 3 Abs. 1 Nr. 2 ErbStG) bzw. eine Schenkung unter Lebenden (§ 7 Abs. 1 Nr. 1 ErbStG) zu sehen, vorausgesetzt, mit den Vereinbarungen sollen in erster Linie nicht güterrechtliche, sondern erbrechtliche Wirkungen herbeigeführt werden. Zur Frage der Verschaffung einer überhöhten Ausgleichsforderung und den erbschaftsteuerlichen Grenzen der Gestaltungsfreiheit unter Ehegatten siehe BFH vom 28. 6. 1989 (BStBl 1989 II S. 897).

BEISPIEL: ▶ Die Eheleute M und F hatten bei ihrer Eheschließung 1986 Gütertrennung vereinbart. 1998 wechselten sie zum (modifizierten) Güterstand der Zugewinngemeinschaft. Für den Fall der Scheidung soll der güterrechtliche Ausgleich ausgeschlossen sein, im Übrigen sollen die Wirkungen des neuen Güterstands rückwirkend zum Zeitpunkt der Eheschließung eintreten. Ehemann M stirbt im Jahr 2009; Ehefrau F, die nicht Erbin wird, macht den güterrechtlichen Zugewinnausgleich geltend.

Der Zugewinn von M belief sich in der Zeit von 1986 bis 1998 auf 6 000 000 €, für die Zeit von 1998 bis 2009 auf 800 000 €. Während der Zugewinn von F in der Zeit von 1986 bis 1998 1 200 000 € betrug, hatte sie in der Zeit von 1998 bis 2009 keinen Zugewinn erzielt.

Güterrechtlicher Ausgleichsanspruch von F:

$^1/_2$ von (6 000 000 € ./. 1 200 000 € = 4 800 000 € =) 2 400 000 €. Dieser Anspruch ist nach § 5 Abs. 2 ErbStG nicht steuerbar.

Für die Zeit des Bestehens der Zugewinngemeinschaft (1998 bis 2009) hätte sich folgender Zugewinnausgleichsanspruch ergeben:

$^1/_2$ von (800 000 € ./. 0 € =) 400 000 €. In Höhe von (2 400 000 € ./. 400 000 € =) 2 000 000 € liegt nach R 12 Abs. 2 Satz 2 ErbStR eine steuerpflichtige Schenkung auf den Todesfall (§ 3 Abs. 1 Nr. 2 ErbStG) an die überlebende Ehefrau F vor.

F. Vorerbschaft, Nacherbschaft, Nachvermächtnis

I. Vorerbschaft

Der Erblasser kann einen Erben in der Weise einsetzen, dass dieser erst Erbe wird, nachdem zunächst ein anderer Erbe geworden ist (§ 2100 BGB). Derjenige, der zunächst Erbe wird, ist der *Vorerbe*. Denjenigen, der nach dem Vorerben als Erbe eingesetzt wird, bezeichnet man als *Nacherben*.   67

Die Vor- und Nacherbschaft hat zwei Aufgaben: Sie soll dem Vorerben zwar die Erbenstellung, aber dem Nacherben beim Nacherbfall die gleichen Rechte am ungeschmälerten Bestand des Nachlasses sichern. Dazu muss sie die Erbschaft des Vorerben von seinem Eigenvermögen so trennen, dass beim Nacherbfall ihr Bestand bzw. ihr Wert erhalten bleibt. Der Vorerbe hat sich also aller Verfügungen zu enthalten, die das Recht des Nacherben in irgendeiner Weise beeinträchtigen. Die Beschränkungen des Vorerben sind unterschiedlich, je nachdem, ob es sich um einen befreiten oder nicht befreiten Vorerben handelt. In beiden Fällen darf er im Wesentlichen die Substanz des Nachlasses nicht angreifen. Sehr weit gehen die Beschränkungen beim nicht befreiten Vorerben, ihm stehen lediglich die Nutzungen des Nachlassvermögens zu. Wirtschaftlich gesehen unterscheidet sich daher der nicht befreite Vorerbe nicht vom Nießbraucher am Nachlass. Da es aber allein auf die bürgerlich-rechtliche Gestaltung ankommt, ist der Vorerbe Gesamtrechtsnachfolger. Das gilt auch für den nicht befreiten Vorerben, obwohl er – wirtschaftlich gesehen – lediglich Nießbraucher des Vermögens ist. Die während der Dauer der Vorerbschaft auf einen zur Erbschaft gehörenden Kommanditanteil entfallenden entnahmefähigen Gewinne stehen dem Vorerben als Nutzungen zu; die Verbuchung dieser Gewinne auf einem Forderungskonto (Privatkonto) des Vorerben/Gesellschafters ändert daran nichts (BFH vom 24. 5. 2000, BFH/NV 2001, S. 39).

Der *Vorerbe* gilt auch erbschaftsteuerlich als *Erbe* (§ 6 Abs. 1 ErbStG). Er hat den Nachlass voll zu versteuern, unabhängig davon, ob der Nacherbfall im Zeitpunkt seines Todes oder zu einem anderen vom Erblasser bestimmten Zeitpunkt eintritt, z. B. zum Zeitpunkt der Wiederverheiratung des überlebenden Ehegatten. Der volle Wert des Nachlasses wird bei ihm als Bereicherung erfasst. Das Anwartschaftsrecht des Nacherben wird beim Vorerben nicht als Belastung behandelt. Der Vorerbe hat daher – als befreiter oder nicht befreiter Vorerbe – den *gesamten Nachlass* zu versteuern; er unterscheidet sich insoweit nicht vom Vollerben.

Ist der Vorerbe gleichzeitig Pflichtteilsberechtigter, so kann er unter Ausschlagung der Nacherbschaft seinen Pflichtteilsanspruch geltend machen (§ 2306 Abs. 2 BGB). Erhält ein pflichtteilsberechtigter Nacherbe vom Vorerben etwas, damit er seinen Pflichtteilsanspruch nicht geltend macht, so gehört die Abfindung beim Vorerben zu den Verbindlichkeiten, die bei der Ermittlung der Bereicherung aufgrund Eintritts der Vorerbfolge abzuziehen sind (BFH vom 18. 3. 1981, BStBl 1981 II S. 475).

Zur Frage, ob ein Vorerbe *von Verfassungs wegen* wie ein Nießbraucher zu besteuern ist, vertritt der BFH (BFH vom 6. 5. 2003, BFH/NV 2003, S. 1185) folgende Auffassung: Wird ein Verstoß des angewendeten Steuergesetzes gegen den Gleichbehandlungsgrundsatz gerügt, bedarf es eingehender Darlegung, dass der Gesetzgeber die verfassungsrechtlichen Grenzen seiner Gestaltungsfreiheit nicht eingehalten hat. Dazu gehört im Fall der geltend gemachten Verfassungswidrigkeit des § 6 Abs. 1 ErbStG die Auseinandersetzung mit der Systematik des Erbschaft- und Schenkungsteuergesetzes und dem Gesamtkonzept des Gesetzgebers. Daneben bedarf es ferner einer Auseinandersetzung mit dem rechtserheblichen Gesichtspunkt, dass der Vorerbe bürgerlich-rechtlich die Stellung eines Erben hat (BFH vom 27. 1. 2006, BFH/NV 2006 S. 1299). Erfolgt diese Auseinandersetzung nicht, reicht die bloße Behauptung der Verfassungswidrigkeit einer Vorschrift nicht aus. Die in § 6 ErbStG vorgesehene Besteuerung des Vorerben ist *verfassungsgemäß* (BFH vom 6. 11. 2006, DStRE 2007 S. 174).

II. Nacherbschaft

Der Nacherbe hat bereits mit dem Erbfall ein *dingliches Anwartschaftsrecht* erhalten, über das er, wenn keine Beschränkungen vorliegen, auch verfügen darf. Obwohl dieses Anwartschaftsrecht gewissermaßen ein Wirtschaftsgut darstellt, unterliegt dieses nicht der ErbSt. Der Erbanfall beim Vorerben hat daher für den Nacherben grundsätzlich keine steuerlichen Auswirkungen. Verwertet jedoch der Nacherbe dieses Anwartschaftsrecht, indem er es einem Dritten überträgt, so gilt dieses Entgelt als vom Erblasser zugewendet (§ 3 Abs. 2 Nr. 5 ErbStG). Der Veräußerungspreis des Anwartschaftsrechts unterliegt daher der ErbSt.

Gibt der Vorerbe an den Nacherben mit Rücksicht auf die angeordnete Nacherbschaft vor ihrem Eintritt etwas heraus, so wird diese Zuwendung als Schenkung des Vorerben behandelt. Auf Antrag kann jedoch bei der Besteuerung das Verhältnis des Nacherben zum Erblasser zugrunde gelegt werden. Die vorzeitige Herausgabe der Erbschaft wird wirtschaftlich und auch steuerlich dem Eintritt des Erbfalls bzw. des Nacherbfalls gleichgestellt. Gegenstand der Schenkung ist nicht die zwischenzeitliche Nutzung bis zum Eintritt der Nacherbfolge, sondern die gesamte vorzeitig überlassene Erbschaft.

Nach § 6 Abs. 2 Satz 1 ErbStG haben bei Eintritt der Nacherbfolge diejenigen, auf die das Vermögen übergeht, den Erwerb als vom Vorerben stammend zu versteuern. Es ist also für die Besteuerung grundsätzlich das Verhältnis zum Vorerben maßgebend. Allerdings ist *auf Antrag des Nacherben* der Versteuerung des Erwerbs das Verhältnis des Nacherben zum Erblasser zugrunde zu legen (§ 6 Abs. 2 Satz 2 ErbStG), was zweckmäßig erscheint, wenn das verwandtschaftliche Verhältnis zum Erblasser günstiger ist als das zum Vorerben.

> **BEISPIEL:** ▶ A hat zunächst seine Geschwister zu Vorerben eingesetzt, zu Nacherben jedoch seine eigenen Abkömmlinge. Für die Nacherben gilt im Verhältnis zu den Vorerben die Steuerklasse II, im Verhältnis zu Erblasser (= ihrem Vater) wäre die Steuerklasse I mit höheren persönlichen Freibeträgen anzuwenden.

III. Zusammentreffen von Erbfall und Nacherbschaft

Geht im Falle der Nacherbschaft auch eigenes Vermögen des Vorerben auf den Nacherben über, so sind beide Vermögensanfälle hinsichtlich der Steuerklasse *getrennt* zu behandeln (§ 6 Abs. 2 Satz 3 ErbStG). Das gilt sowohl für das Vermögen des Erben als auch für das Vermögen des Vorerben.

Nach § 6 Abs. 2 Satz 4 ErbStG kann für das eigene Vermögen des Vorerben ein Freibetrag jedoch nur gewährt werden, soweit der Freibetrag für das der Nacherbfolge unterliegende Vermögen nicht verbraucht ist. Ist hingegen der vom Nacherbschaftsvermögen – nach dem Verhältnis zum Erblasser – abzugsfähige Freibetrag vollumfänglich verbraucht, steht für das Vorerbenvermögen kein weiterer Freibetrag zur Verfügung. Ist der vom Nacherbschaftsvermögen nach dem Verhältnis (Steuerklasse) zum Erblasser abzugsfähige Freibetrag nicht voll verbraucht, so ist dieser nicht verbrauchte Teil nur bis zur Höhe des Freibetrags abzugsfähig, der im Verhältnis zum Vorerben in Betracht kommt, und soweit dieser den noch verbleibenden Freibetrag nach dem Erblasser übersteigt (BFH vom 2. 12. 1998, BStBl 1999 II S. 235). Die Steuer ist für jeden Erwerb

68

69

jeweils nach dem Steuersatz zu erheben, der für den gesamten Erwerb gelten würde. Demnach sind zunächst die beiden Vermögensmassen des gesamten Erwerbs nach ihrer Herkunft zu trennen. Auf jede dieser Vermögensmassen ist dann die ihrer Herkunft entsprechende Steuerklasse anzuwenden. Damit sich hieraus für den Nacherben keine ungerechtfertigten Vorteile hinsichtlich des Freibetrages ergeben, wird weiter bestimmt, dass dem Nacherben nicht für jede Vermögensmasse des Gesamterwerbs gesondert ein Freibetrag zusteht, sondern ihm insgesamt nur ein Freibetrag zu gewähren ist, und zwar der Freibetrag, der für sein günstigeres Verwandtschaftsverhältnis zum Erblasser maßgebend ist. Für das zusätzlich anfallende Vermögen des Vorerben soll der für diese Steuerklasse maßgebende Freibetrag nur noch gewährt werden, wenn bzw. soweit der höhere nach dem Verwandtschaftsverhältnis zum Erblasser maßgebende Freibetrag durch den Anfall des Nacherbschaftsvermögens nicht verbraucht ist.

Um zu vermeiden, dass der Steuerpflichtige durch die Aufgliederung des Gesamtvermögens in zwei Vermögensteile einen Progressionsvorteil hat, bestimmt § 6 Abs. 2 Satz 5 ErbStG weiter, dass die Steuer für jeden Vermögensteil nach dem Steuersatz zu erheben ist, der für den gesamten Erwerb gelten würde.

Tritt der Fall der Nacherbfolge nicht durch den Tod des Vorerben ein, so gilt die Nacherbfolge als aufschiebend bedingter Anfall. In diesem Fall ist dem Nacherben die vom Vorerben entrichtete Steuer abzüglich desjenigen Steuerbetrages anzurechnen, welche der tatsächlichen Bereicherung des Vorerben entspricht (§ 6 Abs. 3 Satz 2 ErbStG). Eine Erstattung kommt nicht in Betracht, wenn die Steuer des Vorerben die des Nacherben übersteigt; allenfalls reduziert sich die ErbSt infolge des Anrechnungsverfahrens beim Nacherben auf 0 €.

IV. Nachvermächtnis

70 Der Erblasser kann einen Vermächtnisnehmer dadurch beschweren, dass er den vermachten Gegenstand von einem nach dem Anfall des Vermächtnisses eintretenden bestimmten Ereignis oder Zeitpunkt an einen Dritten zuwendet (§ 2191 BGB). Auf das Vermächtnis finden die für die Einsetzung eines Nacherben geltenden Vorschriften entsprechende Anwendung. Nach § 6 Abs. 4 ErbStG stehen *Nachvermächtnisse* und beim Tode des Beschwerten fällige *Vermächtnisse* oder *Auflagen* den Nacherbschaften gleich. Damit sind Nachvermächtnisse und Vermächtnisse, die beim Tod des Beschwerten fällig werden, oder Auflagen erbschaftsteuerlich – abweichend vom bürgerlichen Recht – als Erwerb vom Vorvermächtnisnehmer oder Beschwerten und nicht als Erwerb vom Erblasser zu behandeln. Ein solcher Fall ist insbesondere gegeben, wenn die Ehegatten in einem gemeinschaftlichen Testament mit gegenseitiger Erbeinsetzung bestimmen, dass ihren ansonsten zu Schlusserben eingesetzten Kindern beim Tod des erstversterbenden Elternteils Vermächtnisse zufallen sollen, die erst beim Tod des überlebenden Elternteils fällig werden. Die Vermächtnisse sind als Erwerb vom überlebenden Elternteil zu versteuern. Aus dieser erbschaftsteuerlichen Sachbehandlung folgt, dass weder beim Tod des erstversterbenden noch beim Tod des überlebenden Ehegatten eine die jeweilige Bereicherung durch Erbanfall mindernde Vermächtnislast nach § 10 Abs. 5

Nr. 2 ErbStG vorliegt; jedoch ist beim Tod des überlebenden Ehegatten eine *Erblasser-schuld* nach § 10 Abs. 5 Nr. 1 ErbStG abzugsfähig.

G. Schenkungen unter Lebenden

I. Begriff der Schenkung

Nach Maßgabe des § 1 Abs. 1 Nr. 2 ErbStG unterliegen die Schenkungen unter Lebenden   71
der Schenkungsteuer. Die Schenkung unter Lebenden tritt als *selbständiger Tatbestand*
neben den Erwerb von Todes wegen. Zu den Schenkungen unter Lebenden rechnen allerdings nur solche Zuwendungen, die auf einem Rechtsgeschäft unter Lebenden beruhen und die zu Lebzeiten des Zuwendenden zu einem Vermögenszuwachs beim Bedachten führen.

Übersicht

Jede freigebige Zuwendung	a)	Schenkungen i. S. des § 516 BGB
	b)	Sonstige Zuwendungen mit Bereicherungsabsicht
Sonstige Zuwendungen im Zusam-menhang mit einer Schenkung	a)	Erwerb aufgrund der Vollziehung einer Auflage
	b)	Erwerb im Zusammenhang mit der Genehmigung einer Schenkung
Sonstige vorweggenommene Erbregelungen	a)	Abfindungen für Erbverzicht
	b)	Erwerbe des Nacherben vom Vorerben mit Rücksicht auf die Nacherbfolge vor deren Eintritt
Erwerbe im Zusammenhang mit einer Stiftung	a)	Zuwendungen an die Stiftung
	b)	Erwerb im Zusammenhang mit der Auflösung einer Stiftung
Zuwendungen im Rahmen eines Ge-sellschaftsverhältnisses	a)	Anteilsschenkungen mit Buchwertklausel
	b)	Überhöhte Gewinnbeteiligung
	c)	Abfindungen unter Wert des Anteils

1. Schenkung als Zuwendung

Der schenkungsteuerliche Begriff ist *eigenständig*, er schließt nicht an den bürgerlich-   72
rechtlichen Begriff der Schenkung an. Der steuerliche Schenkungsbegriff unterscheidet
sich vom zivilrechtlichen Schenkungsbegriff (§ 516 BGB) darin, dass eine *Einigung zwi-schen Schenker und Beschenktem über die Unentgeltlichkeit der Zuwendung nicht erfor-derlich* ist (R 14 Abs. 1 Satz 1 ErbStR). Die Schenkungtatbestände sind in § 7 Abs. 1, 5
bis 7 ErbStG abschließend aufgezählt. Während § 7 Abs. 1 Nr. 1 ErbStG den *Grundtat-bestand* normiert, handelt es sich bei den in § 7 Abs. 1 Nr. 2 bis 10 ErbStG geregelten
Erwerbsvorgängen um *Ersatz- und Ergänzungstatbestände*. Während sich § 7 Abs. 5 bis
7 ErbStG der Gesellschafternachfolge durch Anteilserwerb unter Lebenden widmet,
sind Sonderfragen in § 7 Abs. 3 und 4 ErbStG niedergelegt, die sowohl für den Grundtatbestand als auch für die Ersatz- und Ergänzungstatbestände relevant sein können.
Hingegen ist § 7 Abs. 2 ErbStG nur für den Erwerbstatbestand des § 7 Abs. 1 Nr. 7
ErbStG einschlägig.

73 § 7 Abs. 1 Nr. 1 ErbStG versteht unter einer Schenkung jede freigebige Zuwendung unter Lebenden, soweit der Bedachte durch sie auf Kosten des Zuwendenden bereichert wird. Der erbschaftsteuerliche Begriff der Zuwendung setzt voraus:

► eine Zuwendung des Schenkers,

► eine Bereicherung des Bedachten.

Das bürgerliche Recht versteht unter einer Schenkung eine Zuwendung, durch die jemand aus seinem Vermögen einen anderen bereichert, wenn beide Teile darüber einig sind, dass die Zuwendung unentgeltlich erfolgt. Das bürgerliche Recht setzt also voraus, dass beide Teile, nämlich der Schenker und der Beschenkte, das Bewusstsein einer unentgeltlichen Zuwendung haben.

Unentgeltliche Vermögensübertragungen zwischen Trägern öffentlicher Verwaltung fallen nicht unter § 7 Abs. 1 Nr. 1 ErbStG, sie erfolgen regelmäßig nicht freigebig (BFH vom 1. 12. 2004, BStBl 2005 II S. 311). Aufgrund der Bindung der öffentlichen Gewalt an Gesetz und Recht (Art. 20 Abs. 3 GG), u. a. an die jeweils maßgebenden haushaltsrechtlichen Vorschriften, ist *regelmäßig* anzunehmen, dass Träger öffentlicher Verwaltung in Wahrnehmung der ihnen obliegenden Aufgaben und somit nicht freigebig handeln. Der BFH versteht die Erfüllung öffentlicher Aufgaben im Sinne einer rechtlichen Verpflichtung; dies schließt bereits objektiv das Merkmal der Freigebigkeit aus. Bestellt eine Kommune einem freien Träger der Wohlfahrtspflege zur Erfüllung öffentlicher Aufgaben unentgeltlich ein Erbbaurecht an einem Grundstück mit aufstehendem Senioren- und Pflegeheim, ist dies keine freigebige Zuwendung und daher nicht nach § 3 Nr. 2 GrEStG grunderwerbsteuerfrei (BFH vom 29. 3. 2006, BFH/NV 2006 S. 1712). Eine *freigebige Zuwendung* mittels unentgeltlicher Übertragung eines Grundstücks durch die öffentliche Hand kann zu *verneinen* sein, wenn die öffentliche Hand dadurch eine ansonsten ihr obliegende Aufgabe auf den Übertragungsempfänger abwälzt (BFH vom 26. 8. 2004, BFH/NV 2005 S. 57).

Diese die Freigebigkeit nach § 7 Abs. 1 Nr. 1 ErbStG ausschließenden Grundsätze lassen sich jedoch *nicht generell* auf alle Körperschaften des öffentlichen Rechts *übertragen*. Denn Vermögensübertragungen durch Kirchen oder deren Untergliederungen unterliegen nicht dem staatlichen Haushaltrechts. Vielmehr ordnen und verwalten sie ihre Angelegenheiten selbständig innerhalb der Schranken des für alle geltenden Gesetzes und sind im Gegensatz zu Trägern öffentlicher Verwaltung nicht durch staatliches Recht gehindert, freigebige Zuwendungen zu erbringen (BFH vom 17. 5. 2006, BFH/NV 2006 S. 1991).

74 Hingegen liegt eine freigebige Zuwendung unter Lebenden i. S. des § 7 Abs. 1 Nr. 1 ErbStG bereits dann vor, wenn lediglich der Schenker das Bewusstsein der unentgeltlichen Zuwendung hatte. Der steuerrechtliche Begriff der Schenkung umfasst daher in jedem Fall auch den Begriff der Schenkung i. S. des § 516 BGB; er ist insofern weiter, als das Bewusstsein der Bereicherung nur beim Schenker vorliegen muss.

Schließen künftige gesetzliche Erben einen Vertrag gem. § 312 Abs. 2 BGB, wonach der eine auf seine *künftigen Pflichtteils(ergänzungs)ansprüche* gegen Zahlung eines Geldbetrages *verzichtet*, stellt die Zahlung eine freigebige Zuwendung i. S. des § 7 Abs. 1 Nr. 1 ErbStG dar. Die Steuerklasse richtet sich nach dem Verhältnis des Zuwendungsempfängers (Verzichtenden) zum künftigen Erblasser (BFH vom 25. 1. 2001, BStBl 2001 II S. 456). Der vorzeitige unentgeltliche Verzicht auf ein vorbehaltenes Nießbrauchsrecht erfüllt als *Rechtsverzicht* den Tatbestand des § 7 Abs. 1 Nr. 1 ErbStG; § 25 Abs. 1 ErbStG steht der Tatbestandsmäßigkeit nicht entgegen (BFH vom 17. 3. 2004, BStBl 2004 II S. 429).

Entsteht von Gesetzes wegen eine Ausgleichsforderung durch *ehevertragliche Beendigung des Güterstandes der Zugewinngemeinschaft*, ist dies *nicht als freigebige Zuwendung schenkungsteuerbar*, wenn es tatsächlich zu einer güterrechtlichen Abwicklung der Zugewinngemeinschaft kommt, und zwar auch dann nicht, wenn der Güterstand der Zugewinngemeinschaft im Anschluss an die Beendigung neu begründet wird (BFH vom 12. 7. 2005, BStBl 2005 II S. 843). Nur bei Beendigung des gesetzlichen Güterstandes entsteht der Zugewinnausgleichsanspruch *kraft Gesetzes* und damit *ohne* gewillkürten, den Tatbestand des § 7 Abs. 1 Nr. 1 ErbStG ausfüllenden Zuwendungsakt des den Zugewinn ausgleichenden Ehegatten (BFH vom 24. 8. 2005, BFH/NV 2006 S. 63).

2. Zuwendungsbeteiligte

Bei einer freigebigen Zuwendung kann Zuwendender und Zuwendungsempfänger jede natürliche oder juristische Person sein. Nach § 20 ErbStG sind Schenker und Bedachter nebeneinander Schuldner der Schenkungsteuer. Die konkrete Bestimmung des Kreises der Zuwendungsbeteiligten hat u. a. Bedeutung für   75

▶ die Ermittlung der Steuerklasse (§ 15 ErbStG),

▶ die persönlichen Freibeträge (§§ 16, 17 ErbStG),

▶ den Steuertarif (§ 19 ErbStG).

Zuwendender ist derjenige, dessen Vermögen durch die Zuwendung gemindert wird; Zuwendungsempfänger ist derjenige, dessen Vermögen sich vermehrt. Für den Steuertatbestand des § 7 Abs. 1 Nr. 1 ErbStG sind die einer freigebigen Zuwendung zugrunde liegenden Motive des Zuwendenden und die Umstände, unter denen der Zuwendende das Zuwendungsobjekt erworben hat, ohne Bedeutung (BFH vom 5. 2. 2003, BFH/NV 2004 S. 340).

In Fällen der Beteiligung einer Gesamthandsgemeinschaft – wie GbR, OHG, KG – an einem schenkungsteuerrechtlich relevanten Vorgang sind die Gesamthänder, nicht die Gesamthand, als durch die freigebige Zuwendung bereichert anzusehen, mithin sind die Gesamthänder auch Steuerschuldner (BFH vom 14. 9. 1994, BStBl 1995 II S. 81). Diese Interpretation durch den BFH geht auf § 718 BGB zurück, der das Gesellschaftsvermögen als gemeinschaftliches Vermögen der Gesellschafter definiert. Die Personengesellschafter sind Träger der gesamthänderischen Rechte und Pflichten. Über die Verweisungsnormen des § 105 Abs. 2 HGB sowie § 161 Abs. 2 HGB gilt dies entsprechend für die OHG und die KG.

Anders ist die Rechtslage bei einer Gesellschaft mit beschränkter Haftung (GmbH) zu   76 beurteilen, die als Bedachte einer Zuwendung anzusehen ist, da die GmbH durch die Zuwendung unmittelbar als Inhaberin des Gesellschaftsvermögens bereichert wird (BFH vom 25. 10. 1995, BStBl 1996 II S. 160). Folge hieraus ist auch, dass die Erhöhung der Gesellschaftsanteile durch eine Zuwendung an die GmbH nicht als mittelbare Zuwendung an die Gesellschafter der GmbH zu qualifizieren ist.

3. Bereicherung des Erwerbers

77 Gegenstand der Schenkungsteuer ist die *Bereicherung des Erwerbers*. Der Erwerber muss durch die Zuwendung des Schenkers bereichert sein (BFH vom 25.1.2001, DStRE 2001, S. 656). Unerheblich ist jedoch, dass der Erwerber sich der Bereicherung bewusst war. Wenngleich die freigebige Zuwendung neben dem Willen zur Freigebigkeit zwar objektiv eine Bereicherung des Bedachten voraussetzt (R 14 Abs. 1 Satz 2 ErbStR), ist ein auf die Bereicherung des Bedachten gerichteter Wille im Sinne einer Bereicherungsabsicht nicht erforderlich (BFH vom 10.9.1986, BStBl 1987 II S. 80; R 14 Abs. 3 Satz 2 ErbStR).

78 Bereicherung kann jede *Vermögensvermehrung* und jede *Minderung von Schulden oder Belastungen* beim Bedachten sein. Ob eine Bereicherung vorliegt, ist zunächst anhand der gemeinen Werte (Verkehrswerte) der Zuwendungsgegenstände und der ggf. vom Bedachten zu erfüllenden Gegenleistungen und Auflagen zu beurteilen. *Unentgeltlich* ist ein Erwerb, soweit er nicht rechtlich abhängig ist von einer den Erwerb ausgleichenden Gegenleistung, die sowohl nach Art eines gegenseitigen Vertrags als auch durch Setzen einer Auflage oder Bedingung begründet sein kann. Eine Bereicherung tritt *nicht* ein, soweit der Empfänger das Erhaltene *rechtlich beanspruchen* konnte.

Der Wille zur Unentgeltlichkeit wird aufgrund der dem Zuwendenden und dem Zuwendungsempfänger bekannten Umstände nach den Maßstäben des allgemein Verkehrsüblichen bestimmt (BFH vom 12.7.1979, BStBl 1979 II S. 631, sowie vom 21.10.1981, BStBl 1982 II S. 83; R 14 Abs. 3 Satz 3 ErbStR).

Der Bereicherung auf der Seite des Bedachten muss zwar eine Vermögensminderung auf der Seite des Schenkers gegenüberstehen. Das bedeutet jedoch nicht, dass der Gegenstand der Vermögensminderung gleichzeitig den Gegenstand der Bereicherung darstellt, mithin mit diesem identisch ist. Entscheidend ist, auf welchen Zuwendungsgegenstand sich die in § 516 BGB geforderte Einigung der Parteien bezieht.

79 Die *Übernahme einer Bürgschaft* als solche stellt keine freigebige Zuwendung i. S. des § 7 Abs. 1 Nr. 1 ErbStG dar. Gleiches gilt für Leistungen des Bürgen an den Gläubiger aufgrund der Bürgschaftsverpflichtung. Die Bestellung einer Bürgschaft und die nachfolgende Inanspruchnahme des Bürgen können ausnahmsweise als freigebige Zuwendung des Bürgen an den Schuldner angesehen werden, wenn nach den objektiven Umständen der Schuldner von dem Bürgen endgültig von der gegen ihn (weiter-)bestehenden Forderung befreit werden sollte. Die bloße Möglichkeit, als Bürge aus der Bürgschaft in Anspruch genommen zu werden und mit dem übergegangenen Anspruch gegen den Schuldner auszufallen, reicht für eine derartige Annahme nicht (BFH vom 12.7.2000, BStBl 2000 II S. 596).

Werden im Zuge einer *Kapitalerhöhung einer GmbH* Dritte zur Übernahme neuer Geschäftsanteile, deren gemeiner Wert die jeweils zu leistenden Einnahmen übersteigt, zugelassen, ohne weitere Verpflichtungen eingehen zu müssen, sind sie mit der Eintragung im Handelsregister auf Kosten der Altgesellschafter bereichert. Die Bereicherung beruht auf einer Zuwendung der Altgesellschafter. Die Leistung der Einlagen stellt Erwerbsaufwand gem. § 10 Abs. 5 Nr. 3 ErbStG dar (BFH vom 20.12.2000, BStBl 2001 II S. 454).

Gründet ein Einzelunternehmer mit einem Angehörigen eine GmbH und bringt er dabei sein Unternehmen zu Buchwerten in die GmbH ein, kann darin ein *freigebige Zuwendung des GmbH-Geschäftsanteils an den Angehörigen* liegen, deren Wert dem Unterschiedsbetrag zwischen dem gemeinen Wert des Geschäftsanteils nach der Einbringung des Unternehmens und der Stammeinlage des Angehörigen entspricht (BFH vom 12.7.2005, BStBl 2005 II S. 845).

Werden Wirtschaftsgüter zur *Abgeltung* eines rechtsgeschäftlich begründeten *Anspruchs*, mit dem bei fortbestehender Zugewinngemeinschaft der sich bis dahin ergebende *Zugewinn ausgeglichen* werden soll, übertragen, handelt es sich um einen objektiv unentgeltlichen Vorgang und um eine freigebige Zuwendung im Sinne des § 7 Abs. 1 Nr. 1 ErbStG (BFH vom 28.6.2007, BStBl. 2007 II S. 785).

Außerordentliche (d. h. nicht satzungsmäßig oder allen Vereinsmitgliedern durch entsprechenden Beschluss auferlegte) *Leistungen des Förderers eines Vereins* an einen Sportverein unterliegen als freigebige Zuwendungen der Schenkungsteuer, soweit ihnen keine Gegenleistung des Vereins gegenübersteht; das Recht des Zuwendenden, auf die Zusammensetzung der Vereinsmannschaft Einfluss nehmen zu können, ist keine Gegenleistung des Vereins im schenkungsteuerlichen Sinne (BFH vom 15.3.2007, BStBl. 2007 II S. 472).

4. Gegenstand der Zuwendung

a) Grundsätze

Die Frage nach dem Gegenstand der Zuwendung ist in vielerlei Hinsicht von Bedeutung, so z. B. für die Ermittlung des Werts (§§ 10, 12 ErbStG) der freigebigen Zuwendung oder auch im Zusammenhang mit sachlichen Steuerbefreiungen (§ 13 Abs. 1 Nr. 1 und 2 ErbStG sowie § 13a ErbStG). Als *Zuwendungsgegenstand* kommen insbesondere in Betracht: Sachen, Rechte und andere geldwerte Vorteile. Darüber hinaus kann es sich bei dem Zuwendungsgegenstand auch um gegenüber dem Zuwendenden bestehende Schulden handeln.   80

Nach den *Vorstellungen der Parteien* bestimmt sich, was Gegenstand der Schenkung sein soll. Dabei ist darauf abzustellen, was im zivilrechtlichen Vertrag zum Ausdruck gekommen ist (BFH vom 30.3.1994, BStBl 1994 II S. 580, sowie vom 9.11.1994, BStBl 1995 II S. 83); insbesondere ist der Wille des Zuwendenden zu erforschen. Auch wenn sich die Bestimmung des Zuwendungsgegenstands als eine bürgerlich-rechtliche Vorfrage (BFH vom 5.2.1986, BStBl 1986 II S. 460) darstellt, die in das Schenkungsteuerrecht hineinwirkt, so ist der Wille des Zuwendenden im Auslegungswege unter Einbeziehung der steuerlichen Folgen zu ermitteln.   81

Der Gegenstand der Schenkung richtet sich grundsätzlich danach, was nach der *Schenkungsabrede*, d. h. nach dem übereinstimmenden Willen von Schenker und Bedachtem, geschenkt sein soll. Haben die Beteiligten den Schenkerwillen jedoch nicht vollzogen, kann er für die Erhebung der Schenkungsteuer auch nicht erheblich sein. Für die Bestimmung des Schenkungsgegenstands ist deshalb entscheidend, wie sich die Vermögensmehrung im Zeitpunkt der Ausführung der Schenkung beim Bedachten darstellt, d. h. worüber der Bedachte im Verhältnis zum Schenker – endgültig – tatsächlich und rechtlich frei verfügen kann (BFH vom 6. 3. 2002, BFH/NV 2002 S. 1030).

Erlangt aus einem *Vertrag zu Gunsten Dritter* der begünstigte Dritte einen *frei verfügbaren Anspruch* auf die Leistung gegen den Versprechenden, ist der Tatbestand des § 7 Abs. 1 Nr. 1 ErbStG erfüllt. Erwerbsgegenstand ist in einem solchen Fall die – als Folge des Abschlusses des Vertrages zu Gunsten Dritter entstandene – Forderung des Dritten gegen den Verpflichteten. Die Steuer entsteht mit der Begründung des Forderungsrechts des Dritten (BFH vom 20. 1. 2005, BStBl 2005 II S. 408).

b) Geldschenkung unter einer Auflage

82 In der Hingabe von Geld zum Erwerb eines Grundstücks – sei es in Höhe der vollen oder eines Teils der Anschaffungskosten – ist eine Geldschenkung unter Auflage zu sehen, wenn der Schenker dem Beschenkten gegenüber lediglich zum Ausdruck bringt, dass dieser für den zugewendeten Geldbetrag im eigenen Namen und für eigene Rechnung ein Grundstück erwerben soll, ohne dass dabei schon feststeht, um welches Grundstück es sich dabei genau handelt. Entsprechendes gilt, wenn der Schenker den Beschenkten lediglich verpflichtet, auf einem diesem gehörenden Grundstück nach eigenen Vorstellungen ein Gebäude zu errichten bzw. den Geldbetrag für die Errichtung eines solchen Gebäudes mit zu verwenden (= Baukostenzuschuss), ohne dass bereits bei der Ausführung der Zuwendung ein konkretes Bauvorhaben besteht.

Die Schenkung gilt mit der Geldhingabe als ausgeführt. Da die Auflage dem Beschenkten selbst zugute kommt, ist sie nicht abzugsfähig (§ 10 Abs. 9 ErbStG). Es unterliegt deshalb der volle Geldbetrag der Besteuerung.

BEISPIEL: A schenkt seinem Sohn einen Betrag von 100 000 € mit der Auflage, von diesem Geld (irgendein) Grundstück zu kaufen. Gegenstand der Schenkung ist der Geldbetrag von 100 000 €.

c) Mittelbare Grundstücksschenkung

83 Sowohl in der höchstrichterlichen Rechtsprechung zum Zivilrecht (BGH vom 2. 7. 1990, BGHZ 112, S. 40) als auch in der Finanzrechtsprechung (BFH vom 7. 4. 1976, BStBl 1976 II S. 632) wird anerkannt, dass der *Gegenstand der Entreicherung* (beim Schenker) und der *Gegenstand der Bereicherung* (beim Bedachten) *nicht identisch* sein müssen. Mithin muss sich der Gegenstand, um den der Zuwendungsempfänger bereichert wird, vorher nicht in derselben Gestalt im Vermögen des Zuwendenden befunden haben und wesensgleich übergehen. Demnach liegt eine sog. mittelbare Schenkung vor, wenn die Zuwendung mit der Abrede verbunden wird, dass der hingegebene Vermögensgegenstand zum Erwerb oder zur Herstellung eines anderen Gegenstandes verwendet werden soll, der damit das eigentliche Zuwendungsobjekt darstellt. Diese Grundsätze zur mittelbaren Zuwendung sind allerdings nur bei der Schenkung unter Lebenden, nicht hingegen bei Erwerben von Todes wegen anzuwenden (BFH vom 27. 11. 1991,

DStR 1992, S. 355, sowie vom 10. 7. 1996, BFH/NV 1997, S. 28). Beim Erwerb durch Erbanfall besteht grundsätzlich Identität zwischen dem, was dem Erblasser im Todeszeitpunkt gehörte, und demjenigen, was im Wege der Universalsukzession (§ 1922 BGB)
auf den Erben übergeht. Demgemäß kann ein Grundstück, das der Erbe nach dem Eintritt des Erbfalls mit ererbten Mitteln erwirbt, nicht Gegenstand eines Erwerbs von Todes wegen sein, da sich das Grundstück im Besteuerungszeitpunkt (= Zeitpunkt des
Erbfalls) nicht im Erblasservermögen befunden hat. Dieser rechtlichen Würdigung steht
nicht entgegen, dass der Grundstückserwerb dem Plan von Erblasser und Erbe entsprach (BFH vom 10. 7. 1996, BFH/NV 1997, S. 28).

In der *Hingabe von Geld zum Erwerb eines Grundstücks* oder eines Teilgrundstücks oder   84
zur Errichtung eines Gebäudes auf einem dem Beschenkten bereits gehörenden Grundstück kann nach der Rechtsprechung (BFH vom 26. 9. 1990, BStBl 1991 II S. 32, vom
9. 11. 1994, BStBl 1995 II S. 83, vom 13. 3. 1996, BStBl 1996 II S. 548, sowie vom
13. 3. 1996, BFH/NV 1996, S. 792) eine *mittelbare Grundstücksschenkung* zu sehen sein
(R 16 Abs. 1 Satz 1 ErbStR). Die Annahme einer mittelbaren Grundstücksschenkung
setzte bisher voraus, dass der Beschenkte im Verhältnis zum Zuwendenden nicht über
das ihm hingegebene Geld, sondern erst über das damit angeschaffte Grundstück bzw.
hergestellte Gebäude verfügen kann, so dass dieses den Zuwendungsgegenstand darstellt. Dem folgt die Rechtsprechung nicht mehr. Sagt der Schenker dem Bedachten
den für den Kauf eines bestimmten Grundstücks vorgesehenen Geldbetrag zu (die Zusage bedarf nicht der in § 518 Abs. 1 BGB bestimmten Form, muss aber nachweisbar
sein) und stellt er ihm den Betrag bis zur Tilgung der Kaufpreisschuld zur Verfügung,
liegt eine *mittelbare Grundstücksschenkung auch dann* vor, wenn der Bedachte bereits
vor der Überlassung des Geldes Eigentümer des Grundstücks geworden ist (BFH vom
10. 11. 2004, BStBl 2005 II S. 188). Ein Grundstück kann aufgrund entsprechender Abreden auch dadurch (mittelbar) geschenkt werden, dass der Schenker dem Bedachten einen ihm zustehenden *Anspruch auf Übereignung des Grundstücks unentgeltlich abtritt*
oder ihm die Mittel für den Erwerb eines solchen Anspruchs gewährt. Sagt der Schenker dem Bedachten den für den Erwerb eines bestimmten Grundstücks vorgesehenen
Geldbetrag erst nach Abschluss des Kaufvertrages zu, scheidet eine mittelbare Grundstücksschenkung aus (BFH vom 2. 2. 2005, BStBl 2005 II S. 531). Erhält der Grundstücks-
käufer Mittel für den Erwerb eines bestimmten Grundstücks *zunächst als Darlehen* und
verzichtet der Darlehensgeber später auf die *Rückzahlung*, ist eine mittelbare Grundstücksschenkung nur gegeben, wenn der Darlehensgeber die Umwandlung des Darlehens in eine Schenkung vor dem Grundstückserwerb zusagt und vor Bezahlung des
Kaufpreises tatsächlich vornimmt (BFH vom 2. 2. 2005, a. a. O.). Die Rechtsfolgen einer
mittelbaren Grundstücksschenkung treten auch dann ein, wenn der Schenker *nicht die
gesamten Kosten der Anschaffung oder Errichtung* getragen hat. In diesen Fällen kann
eine Schenkung des dem hingegebenen Geldbetrag entsprechenden Teils des Grundstücks vorliegen *(sog. mittelbare Teilschenkung)*. Der Geldbetrag muss vom Schenker
grundsätzlich bereits bis zum Zeitpunkt des Erwerbs des Grundstücks oder des Beginns
der Baumaßnahme zugesagt sein (R 16 Abs. 1 Satz 4 ErbStR).

Bei der mittelbaren Schenkung eines noch herzustellenden Gebäudes gibt der Herstellungsaufwand die Höhe vor, bis zu der der Schenker die Finanzierung übernehmen

kann. Soweit der Beschenkte zum Vorsteuerabzug berechtigt ist, ist der Herstellungsaufwand mit den Nettobeträgen anzusetzen. Wendet der Schenker dem Bedachten einen den Herstellungsaufwand übersteigenden Betrag zu, liegt darin eine zusätzliche
Schenkung, und zwar in Form einer Geldschenkung. Stellt der Schenker dem Bedachten
den Betrag in Höhe des maßgeblichen Herstellungsaufwands im Voraus zinslos zur
Verfügung, liegt darin eine weitere freigebige Zuwendung, und zwar in Gestalt einer
Gewährung der Möglichkeit zur Kapitalnutzung, die unter Berücksichtigung der Fällig-
keit(en) der Herstellungskosten gem. § 12 Abs. 1 ErbStG i.V. mit § 15 Abs. 1 BewG mit
jährlich 5,5 % des Kapitals zu bewerten ist (BFH vom 4. 12. 2002, BStBl 2003 II S. 273).

Wird eine mittelbare Grundstücksschenkung ausgeführt, ist das Grundstück nach Maßgabe des § 12 Abs. 3 ErbStG i.V. mit §§ 176 ff. BewG mit seinem *Grundbesitzwert* anzusetzen. Übernimmt der Schenker die Kosten für den Erwerb eines bestimmten Grundstücks mit einem Gebäude im Zustand der Bebauung (z. B. einen Rohbau), ohne auch
die Kosten für die endgültige Fertigstellung des Gebäudes zu tragen, ist die Zuwendung
mit dem Steuerwert für ein Grundstück im Zustand der Bebauung anzusetzen (§ 12
Abs. 3 ErbStG, § 196 BewG).

d) Zinsschenkungen

85 Gewährt der Darlehensgeber ein *zinsloses Darlehen*, so stellt die Zinslosigkeit des Darlehens eine freigebige Zuwendung dar, die in Höhe des Kapitalwerts der üblichen Verzinsung als Schenkung zu behandeln ist (BFH vom 12. 7. 1979, BStBl 1979 II S. 631). Bei
einem zinslosen Darlehen ist Gegenstand der Zuwendung die unentgeltliche Gewährung des Rechts, das als Darlehen überlassene Kapital zu nutzen (BFH vom 4. 12. 2002,
BStBl 2003 II S. 273). Im Falle der Gewährung eines zinslosen Darlehens zum Erwerb eines bestimmten Grundstücks ist Gegenstand der Zuwendung die *Kapitalnutzungsmög-
lichkeit*, nicht aber das Grundstück (BFH vom 21. 2. 2006, BFH/NV 2006 S. 1300). Soll
das Darlehen nach dem Willen des Darlehensgebers der Finanzierung eines Grundstückskaufs dienen, *scheidet* im Hinblick auf den eingeräumten Nutzungsvorteil eine
mittelbare Grundstücksschenkung aus, weil dem Darlehensnehmer die Vorteile hieraus
regelmäßig erst nach Zahlung der Kaufpreise zufließen und diese deshalb nicht mehr
mittelbarer Teil des bereits abgeschlossenen Grundstückserwerbs sein können (BFH
vom 29. 6. 2005, BStBl 2005 II S. 800).

Verzichtet jedoch der Darlehensgeber später auf die Darlehensforderung, so ist bei der
Zusammenrechnung der Erwerbe lediglich die Schenkung des Darlehensbetrags zu berücksichtigen, da die Zinsschenkung in der Schenkung der Substanz aufgeht. Das Merkmal der Freigebigkeit fehlt jedoch, wenn es sich um Zuwendungen handelt, die zur Erfüllung einer gesetzlichen Unterhaltsverpflichtung erfolgen oder die bei der Einkommensteuerveranlagung wegen ihrer Zwangsläufigkeit eine außergewöhnliche Belastung darstellen.

e) Schenkung von Anteilen an Gesellschaften

86 Bringt ein Steuerpflichtiger sein bisheriges Einzelunternehmen in eine mit seinen Kindern gebildete OHG ein, und werden hierdurch ebenfalls die Einlageverpflichtungen

der Kinder erbracht, so ist Gegenstand der Schenkung ein Gesellschaftsanteil (Anteil am Betriebsvermögen). Ebenfalls liegt eine Anteilsschenkung vor, wenn der Vater seinen Kindern einen Geldbetrag schenkt mit der Maßgabe, diesen als Einlage in eine Personengesellschaft einzubringen.

Beteiligt der Schenker seine Kinder an einer GmbH in der Weise, dass er eine GmbH gründet und in diese sein bisheriges Einzelunternehmen einbringt, ist Gegenstand der Schenkung nicht ein Anteil am Betriebsvermögen des Einzelunternehmens, sondern eine GmbH-Beteiligung. Die Übertragung von Anteilen an einer GbR auf ein bisher nicht daran beteiligtes minderjähriges Kind durch die Eltern oder Großeltern bedarf der Zustimmung eines Ergänzungspflegers (BFH vom 27. 4. 2005, BFH/NV 2005 S. 2312).

Mit der *schenkweisen Einräumung einer Unterbeteiligung* an einem Gesellschaftsanteil, die *nicht* die Voraussetzungen einer *atypisch Unterbeteiligung* erfüllt, wird noch kein Vermögensgegenstand zugewendet (BFH vom 16. 1. 2008, BStBl 2008 II S. 631).

5. Die steuerliche Anerkennung von Schenkungen

Bürgerlich-rechtlich gültige Vereinbarungen sind grundsätzlich auch steuerlich und damit auch schenkungsteuerlich anzuerkennen. Auf die wirtschaftliche Betrachtungsweise kommt es hier nicht an (BFH vom 22. 9. 1982, BStBl 1983 II S. 179). Es ist jedoch zu beachten, dass die Vorschriften der §§ 42 ff. AO auch hier Anwendung finden (BFH vom 24. 5. 2000, BFH/NV 2001, S. 162).   87

Ist eine Schenkung nur zum Schein erfolgt, so liegt bürgerlich-rechtlich ein *Scheingeschäft* vor, das auch schenkungsteuerlich nicht zu beachten ist. Es kommt darauf an, dass die Schenkung ernsthaft gewollt ist und auch tatsächlich vollzogen wurde. Dagegen ist gegen eine *Schenkung unter Nießbrauchsvorbehalt* nichts einzuwenden, wenn eine solche Schenkung den tatsächlichen Verhältnissen entspricht und von den Vertragspartnern auch gewollt war. Auch gegen die Absicht, durch Schenkungen unter Ausnutzung von Freibeträgen einen günstigen Steuersatz zu erreichen, ist steuerlich nichts einzuwenden, wenn die Schenkungen tatsächlich vollzogen wurden.

6. Kettenschenkungen

Kettenschenkungen werden oftmals unter dem Gesichtspunkt optimaler Steuerplanung (Freibetrags- und Progressionsunterschiede) im Kreis naher Verwandter anstelle einer Schenkung unter Auflage gewählt. Eine Kettenschenkung, die auch als *Schenkung mit Weiterschenkklausel* oder *Schenkung mit Weitergabeverpflichtung* bezeichnet wird, liegt vor, wenn eine Zuwendung den Bedachten nicht auf direktem Weg, sondern über zwei Stationen erreicht.   88

BEISPIEL: ▶ Bei einer Zuwendung des Schwiegervaters an die Schwiegertochter ist die Steuerklasse II einschlägig. Schenkt der Vater hingegen an seinen Sohn und dieser das zugewendete Vermögen an seine Ehefrau, gilt für beide Zuwendungen die Steuerklasse I.

Für die Annahme einer Kettenschenkung ist Voraussetzung, dass der *Erstbeschenkte* in seiner Verfügungsmöglichkeit *nicht* durch eine (erzwingbare) Auflage des Schenkers *eingeschränkt* ist. D. h., der Erstbeschenkte muss rechtlich und faktisch imstande sein, hinsichtlich des Schenkgegenstandes abweichend vom Willen des Schenkers disponie-   89 ren zu können, da andernfalls bereits die Freigebigkeit zu verneinen wäre. Im Hinblick auf die höchstrichterliche Finanzrechtsprechung (BFH vom 13. 10. 1993, BStBl 1994 II S. 128, sowie vom 13. 10. 1993, BFH/NV 1994, S. 553) kann der Zwischenbeschenkte (Erstbeschenkte) als Mittelsperson nur dann ignoriert, d. h. die Kettenschenkung als Gestaltungsmissbrauch i. S. des § 42 AO interpretiert werden, wenn diesem keinerlei Entscheidungs- und Verfügungsspielraum über das in einem ersten Schritt Zugewandte verblieben ist. In diesem Fall stellt sich die angemessene Gestaltung i. S. des § 42 AO als Schenkung unter Auflage der Weiterschenkung (§ 7 Abs. 1 Nr. 2 ErbStG) dar, die dazu führt, dass der Erstbeschenkte infolge der Auflage nicht bereichert ist und der Letztempfänger nach seinem Verhältnis zum Schenker besteuert wird.

Übertragen (Schwieger-)Eltern unter Mitwirkung ihres Kindes schenkweise Grundstückseigentum unmittelbar auf den Ehegatten ihres Kindes (Schwiegerkind), kann hierin auch dann *kein schenkungsteuerrechtlich beachtlicher Durchgangserwerb* des Kindes liegen, wenn die Zuwendung „auf Veranlassung des Kindes" erfolgen soll und als „ehebedingte Zuwendung" des Kindes bezeichnet wird; eine Schenkung des Kindes an seinen Ehegatten kommt unter diesen Umständen nicht in Betracht (BFH vom 10. 3. 2005, BStBl 2005 II S. 412). Erhält jemand als *Durchgangs- oder Mittelsperson* eine Zuwendung, die er entsprechend einer bestehenden Verpflichtung in vollem Umfang an einen Dritten weitergibt, liegt schenkungsteuerrechtlich *nur eine Zuwendung* aus dem Vermögen des Zuwendenden an den Dritten vor (BFH vom 22. 12. 2004, BFH/NV 2005 S. 705).

7. Schenkung mit einer aufschiebend bedingten Verpflichtung

90   Ist eine Schenkung mit einer aufschiebend bedingten Verpflichtung verbunden, die Zuwendung auf einen Dritten zu übertragen, und wird diese Verpflichtung nach Eintritt der Bedingung vom zunächst Bedachten gegenüber dem Dritten erfüllt, so ist für die schenkungsteuerrechtliche Beurteilung des Erwerbs des Dritten dessen Verhältnis zum ursprünglichen Schenker maßgeblich. Dies gilt auch dann, wenn der Zwischenbedachte die Verpflichtung vor Eintritt der Bedingung erfüllt (BFH vom 17. 2. 1993, DB 1993, S. 1337).

8. Schenkungen unter Widerrufsvorbehalt

91   Bei einer Schenkung unter einem *allgemeinen Widerrufsvorbehalt* muss der Beschenkte jederzeit damit rechnen, dass der Schenker den Zuwendungsgegenstand wieder zurückverlangt. Da die Bestimmungen der Schenkung dispositiver Natur sind, kann der gesetzliche Widerrufsvorbehalt vertraglich erweitert werden. Die Annahme einer Geldschenkung kommt dann nicht in Betracht, wenn sich der Schenker den freien Widerruf der Zuwendung vorbehalten hat (BFH vom 28. 11. 1984, BStBl 1985 II S. 159). Allerdings steht dem Umstand, dass eine Schenkung unter freiem Widerrufsvorbehalt steht oder auch dem Zuwendenden eine Verfügungsmacht des Zuwendungsempfängers erteilt wird, die Schenkungsteuerpflicht nicht entgegen (BFH vom 13. 9. 1989, BStBl 1989 II S. 1034).

9. Unbenannte Zuwendungen unter Ehegatten

Nach der neueren Rechtsprechung des BFH (BFH vom 2. 3. 1994, BStBl 1994 II S. 366)   92
sind *sog. unbenannte (ehebedingte) Zuwendungen* nicht deswegen von der Schenkungsteuer ausgenommen, weil sie – wegen ihres spezifischen ehebezogenen Charakters –
nach herrschender zivilrechtlicher Auffassung keine Schenkungen i. S. der §§ 516 ff. BGB
darstellen. Nach der ständigen Rechtsprechung des BGH sind Zuwendungen unter Ehegatten i. d. R. nicht als Schenkungen i. S. der §§ 516 ff. BGB, sondern als „unbenannte Zuwendungen" zu qualifizieren. Eine unbenannte (ehebedingte) Zuwendung ist nach der
höchstrichterlichen Zivilrechtsprechung anzunehmen, wenn der Leistung die Vorstellung oder Erwartung des zuwendenden Ehegatten zugrunde liegt, dass die Ehe Bestand
haben werde, oder wenn die Zuwendung (sonst) um der Ehe willen oder als Beitrag zur
Verwirklichung oder Ausgestaltung, Erhaltung oder Sicherung der ehelichen Lebens-
gemeinschaft erbracht wird und darin ihre Geschäftsgrundlage hat (BGH vom
27. 11. 1991, NJW 1992, S. 564).

Die Schenkungsteuerpflicht unbenannter Zuwendungen beurteilt sich – nicht anders   93
als bei sonstigen Zuwendungen – nach den allgemeinen Voraussetzungen des § 7
Abs. 1 Nr. 1 ErbStG. Die danach unter anderem erforderliche objektive Unentgeltlichkeit
der Leistung kann nicht deswegen verneint werden, weil der unbenannten Zuwendung
besondere ehebezogene Motive zugrunde liegen (R 15 Satz 3 ErbStR). Auf die Art des
zugewendeten Vermögens und die Angemessenheit der Zuwendung kommt es grundsätzlich nicht an. Hingegen sind *Unterhaltszuwendungen*, die auf gesetzlicher Unterhaltspflicht beruhen (§ 1353 BGB) mangels Freigebigkeit *nicht steuerbar* (H 15 ErbStH).

10. Leistungen von Gesellschaftern und Dritten an Kapitalgesellschaften

Bei der schenkungsteuerlichen Behandlung von Leistungen an eine Kapitalgesellschaft   94
ist zu differenzieren, ob es sich um Leistungen eines Gesellschafters an die Gesellschaft
oder um Leistungen eines Dritten an eine Gesellschaft handelt.

Leistungen eines Gesellschafters an die Kapitalgesellschaft sind keine freigebigen Zuwendungen an die Kapitalgesellschaft (R 18 Abs. 2 Satz 1 ErbStR). Die Freigebigkeit der
Zuwendung ist bereits dann *ausgeschlossen*, wenn die Zuwendung in einem rechtlichen
Zusammenhang mit dem *Gesellschaftszweck* steht (BFH vom 5. 12. 1990, BStBl 1991 II
S. 181 sowie vom 1. 7. 1992, BStBl 1992 II S. 921). Beabsichtigt demgemäß der Gesellschafter einer Kapitalgesellschaft, deren Vermögen durch eine Zuwendung zu erhöhen,
so dient diese Leistung dem Gesellschaftszweck und hat ihren *Rechtsgrund in der allgemeinen mitgliedschaftlichen Zweckförderpflicht* (R 18 Abs. 2 Satz 3 ErbStR).

Hingegen kann in der Leistung eines Gesellschafters an eine Kapitalgesellschaft nach
R 18 Abs. 3 Satz 1 ErbStR eine freigebige Zuwendung an einen oder mehrere andere Gesellschafter zu sehen sein, die zur Abkürzung des Leistungswegs direkt an die Gesellschaft erbracht wird, wenn der Leistende mit seiner Zuwendung das Ziel verfolgt, diese
durch die Werterhöhung der Gesellschaftsrechte zu bereichern (BFH vom 25. 10. 1995,
BStBl 1996 II S. 160). Allerdings ist für die Annahme einer derartigen Zuwendung erforderlich, dass der Gesellschafter mit seiner Leistung nicht (nur) die Förderung des Gesell-

schaftszwecks, sondern zumindest auch eine freigebige Zuwendung an Mitgesellschafter beabsichtigt.

Erbringt ein nicht an der Gesellschaft beteiligter Dritter an die Gesellschaft eine unentgeltliche Leistung, ist nach R 18 Abs. 4 Satz 1 ErbStR zu unterscheiden, ob

▶ eine Zuwendung an einen, mehrere oder alle Gesellschafter vorliegt, die zur Abkürzung des Leistungswegs unmittelbar an die Kapitalgesellschaft erbracht wird oder

▶ eine Zuwendung an die Kapitalgesellschaft selbst vorliegt.

Ungeachtet des Umstands, dass eine Kapitalgesellschaft als juristische Person selbst Empfänger einer steuerbaren Zuwendung sein kann, wird der Wille des Zuwendenden regelmäßig darauf gerichtet sein, natürliche Personen zu bereichern, was insbesondere dann der Fall sein dürfte, wenn zwischen dem Zuwendenden und den Gesellschaftern persönliche Beziehungen bestehen; diese Überlegung dürfte in einschlägigen Fällen auch durch günstigere Besteuerung gestützt werden.

95 Durch das Gesellschaftsverhältnis veranlasste Leistungen der Kapitalgesellschaft an ihre Gesellschafter sind entweder als Rückzahlung des gezeichneten Kapitals oder unter Umständen als verdeckte Gewinnausschüttung zu qualifizieren. Nach Auffassung der Finanzverwaltung (R 18 Abs. 7 Satz 2 ErbStR) liegt in beiden Fällen eine steuerbare Zuwendung im Verhältnis zwischen Gesellschaft und Gesellschafter nicht vor. Leistungen der Kapitalgesellschaft an eine einem Gesellschafter nahe stehende Person i. S. des H 36 III KStH 2004 sind im Verhältnis zwischen Kapitalgesellschaft und Gesellschafter nicht steuerbar. In Betracht kommt jedoch in diesen Fällen eine steuerbare Zuwendung des Gesellschafters an die ihm nahe stehende Person (R 18 Abs. 8 Satz 2 ErbStR).

II. Gemischte Schenkung und Schenkung unter Auflage

1. Abgrenzung

96 Von einer gemischten Schenkung spricht man dann, wenn ein Gegenstand oder ein sonstiges Vermögensrecht gegen ein *ungleichwertiges Entgelt* veräußert wird und sich beide Teile darüber einig sind, dass die Übertragung des nicht durch das Entgelt gedeckten Teils unentgeltlich sein soll. In diesem Fall ist bürgerlich-rechtlich der Rechtsvorgang in einen entgeltlichen, für den die Regeln des Kaufvertrags Anwendung finden, und einen unentgeltlichen Teil, für den die Regeln der Schenkung (§§ 516 ff. BGB) Anwendung finden, aufzuteilen. Eine gemischte Schenkung liegt demnach vor, wenn bei einem gegenseitigen Vertrag Leistung und Gegenleistung in einem *offenbaren Missverhältnis* stehen und anzunehmen ist, dass sich der eine Vertragsteil des Mehrwerts seiner Leistung bewusst ist und dem anderen Teil insoweit eine Zuwendung macht. Im Gegensatz zur Schenkung unter Auflage liegt bei einer gemischten Schenkung ein Leistungsaustausch, der zwar nicht ausgewogen ist, zugrunde, während bei der Schenkung unter Auflage die Auflage aus dem erworbenen Vermögensgegenstand erbracht werden soll. Derjenige, der aufgrund einer Auflage erwirbt, erwirbt den Gegenstand belastet mit der Auflage.

Auch im Steuerrecht ist im Falle einer gemischten Schenkung der Rechtsvorgang in einen entgeltlichen und in einen unentgeltlichen Teil des Erwerbs aufzuteilen. Der unentgeltliche Teil unterliegt der Schenkungsteuer.

Wird ein Grundstück schenkweise übertragen und verpflichtet sich der Beschenkte dabei, an einen Dritten ein sog. Gleichstellungsgeld zu zahlen, liegt bezüglich des Grundstücks eine gemischte Schenkung zugunsten des Beschenkten und bezüglich des Gleichstellungsgeldes eine Forderungsschenkung zugunsten des Dritten vor (BFH vom 23. 10. 2002, BStBl 2003 II S. 162).

Eine Schenkung unter Auflage ist gegeben, wenn der Schenker im Zusammenhang mit der Schenkung eine einseitige Nebenbestimmung getroffen hat, die den Bedachten zu einer Leistung verpflichtet, ohne dass der durch die Auflage Begünstigte selbst einen Rechtsanspruch auf die Leistung erhält. Bei der Schenkung unter Auflage handelt es sich auch im bürgerlichen Recht um eine Vollschenkung. Allerdings hat der durch die Auflage Begünstigte keine Möglichkeit, einen Rechtsanspruch gegen den (auflagenbeschwerten) Beschenkten durchzusetzen. Die Auflage gewährt dem Begünstigten keinen Anspruch. Nach § 525 BGB ist die Auflage die einer Schenkung beigefügte Bestimmung, dass der Empfänger zu einer Leistung verpflichtet sein soll. Auch schenkungsteuerlich handelt es sich hierbei um eine Vollschenkung. Allerdings ist die Auflage wertmindernd zu berücksichtigen, sofern sie in Geld umgerechnet werden kann. **97**

2. Bereicherung

Ungeachtet des Umstands, dass die Schenkung unter Auflage schenkungsteuerlich als Vollschenkung behandelt wird, mindert die Auflage jedoch als Belastung den steuerpflichtigen Erwerb. Der geschenkte Vermögensgegenstand ist mit seinem Steuerwert zu berücksichtigen, desgleichen die Auflage als Belastung mit dem ihr beizumessenden Wert. Ein steuerpflichtiger Erwerb liegt jedoch nur insoweit vor, als der Gegenstand der Schenkung die Belastung durch die Auflage übersteigt. **98**

Als Schenkung unter Auflage kommen z. B. in Betracht:

► Grundstücksübertragung mit Übernahme der Verbindlichkeiten,

► Grundstücksübertragung unter Nießbrauchsvorbehalt,

► Grundstücksübertragung unter Übernahme der Versorgung,

► Betriebsübertragung unter Übernahme der Verbindlichkeiten,

► Betriebsübertragung gegen Versorgungsrente,

► Betriebsübertragung unter der Auflage, Ansprüche Dritter abzufinden.

Gegenstand der Schenkung ist die *Bereicherung* des Erwerbers. Während § 10 Abs. 1 ErbStG für Erwerbe von Todes wegen klarstellt, wie die Bereicherung zu ermitteln ist, besteht für die Ermittlung der Bereicherung aus einer Schenkung unter Lebenden keine besondere Regelung (R 17 Abs. 1 Satz 1 ErbStR). Die Bereicherung aus einer freigebigen Zuwendung i. S. des § 7 Abs. 1 Nr. 1 ErbStG ist daher unmittelbar aus dem Besteuerungstatbestand dieser Vorschrift herzuleiten. Eine Bereicherung ist nur insoweit gegeben, als der Wert der Schenkung die Belastungen übersteigt. Zur Ermittlung, ob eine Bereicherung gegeben ist, sind jedoch nicht die Steuerwerte, sondern die *Verkehrswerte* **99** *(gemeine Werte)* miteinander zu vergleichen. Übersteigt der Wert des geschenkten Gegenstandes die übernommenen Belastungen, liegt eine Bereicherung i. S. des § 7 Abs. 1 ErbStG vor.

Für die Ermittlung der Bereicherung aus einer gemischten Schenkung und für die Ermittlung ihres Steuerwerts ist als Besteuerungstatbestand der freigebigen Zuwendung die bürgerlich-rechtliche Bereicherung des Bedachten anzusehen; bei einer derartigen Zuwendung umfasst der Wille zur freigebigen Bereicherung des Bedachten nicht den entgeltlichen Vertragsteil.

Als bürgerlich-rechtliche Bereicherung gilt somit (R 17 Abs. 1 Satz 7 ErbStR)

▶ bei einer gemischten Schenkung der Unterschied zwischen dem Verkehrswert der Leistung des Schenkers und dem Verkehrswert der Gegenleistung des Beschenkten und

▶ bei einer Schenkung unter Leistungsauflage der Unterschied zwischen dem Verkehrswert des zugewendeten Vermögens und dem Verkehrswert der vom Beschenkten übernommenen Auflagen.

100 Soweit allerdings dem Bedachten die Nutzungen des Schenkungsgegenstandes zeitlich befristet nicht gebühren, weil ein Nutzungsrecht besteht oder im Zuge der Schenkung zu bestellen ist *(Nutzungs- oder Duldungsauflage)*, obliegt ihm insoweit lediglich eine zeitlich beschränkte Duldungspflicht, die keinen entgeltlichen Vertragsteil begründet. Als Bereicherung gilt hier der gesamte Vermögensanfall (R 17 Abs. 1 Satz 9 ErbStR). Die Belastung durch die Duldungsauflage ist durch Abzug der Last zu berücksichtigen.

3. Steuerliche Bemessungsgrundlage – Gemischte Schenkung/Schenkung unter Leistungsauflage

101 Bei der gemischten Schenkung und der Schenkung unter *Leistungsauflage* wird die schenkungsteuerliche Bemessungsgrundlage ermittelt, indem der Steuerwert der Leistung des Schenkers in dem Verhältnis aufgeteilt wird, in dem der Verkehrswert der Bereicherung des Beschenkten zu dem Verkehrswert des geschenkten Vermögens steht. Nach R 17 Abs. 2 Satz 2 ErbStR ist der Steuerwert der freigebigen Zuwendung als schenkungsteuerliche Bemessungsgrundlage nach folgender Formel zu ermitteln:

$$\text{Steuerwert freigebige Zuwendung} = \frac{\text{Steuerwert Leistung des Schenkers} \times \text{Verkehrswert Bereicherung des Beschenkten}}{\text{Verkehrswert der Leistung des Schenkers}}$$

4. Steuerliche Bemessungsgrundlage – Schenkung unter Nutzungs- oder Duldungsauflage

102 Bei Schenkungen unter Nutzungs- oder Duldungsauflagen ist zur Ermittlung der schenkungsteuerlichen Bemessungsgrundlage vom Steuerwert der Zuwendung die zu vollziehende Auflage als Last mit ihrem Kapitalwert (§ 12 Abs. 1 ErbStG i. V. mit §§ 13 bis 16 BewG) abzuziehen.

5. Steuerliche Bemessungsgrundlage – Mischfälle

Bei Schenkungen, die sowohl Elemente der gemischten Schenkung und der Schenkung unter Leistungsauflage als auch der Schenkung unter Nutzungs- oder Duldungsauflage enthalten – sog. Mischfälle –, ist von dem nach R 17 Abs. 2 ErbStR unter Berücksichtigung der Gegenleistung/Leistungsauflage ermittelten Steuerwert der freigebigen Zuwendung der anteilig auf den freigebigen Teil der Zuwendung entfallende Kapitalwert der Nutzungs- oder Duldungsauflage (§§ 13 bis 16 BewG) als Last abzuziehen. 103

III. Übrige Schenkungstatbestände

1. Vollziehung einer vom Schenker angeordneten Auflage

Als Schenkung unter Lebenden gilt auch, was infolge Vollziehung einer von dem Schenker angeordneten Auflage oder infolge Erfüllung einer einem Rechtsgeschäft unter Lebenden beigefügten Bestimmung ohne entsprechende Gegenleistung erlangt wird, es sei denn, dass eine einheitliche Zweckzuwendung vorliegt. Bürgerlich-rechtlich versteht man unter einer Auflage die vom Schenker einseitig getroffene Nebenbestimmung, die den Bedachten zu einer Leistung verpflichtet. Begünstigt durch die Auflage kann der Schenker selbst, ein Dritter oder auch der Beschenkte sein. Der unter einer Auflage Beschenkte ist nach § 7 Abs. 1 Nr. 1 ErbStG steuerpflichtig. Jedoch wird der Wert der Auflage gemindert. Es ist allerdings zu beachten, dass Gegenleistungen, die nicht in Geld veranschlagt werden können, bei der Feststellung, ob eine Bereicherung vorliegt oder nicht, nicht berücksichtigt werden können. Ist die Auflage also nicht in Geld umzurechnen, scheidet eine wertmindernde Berücksichtigung aus. 104

Derjenige, dem die Auflage zugute kommt, ist dagegen nach Maßgabe des § 7 Abs. 1 Nr. 2 ErbStG steuerpflichtig. Der Vollzug der Auflage erfolgt durch den Beschenkten, also durch denjenigen, der die Auflage erfüllt. Mittelbar erhält jedoch derjenige, der durch die Auflage begünstigt wird, die Zuwendung aus dem Vermögen dessen, der die Auflage angeordnet hat. Der Besteuerung ist deshalb das *Verhältnis zum Schenker*, der die Auflage angeordnet hat, zugrunde zu legen. Die Bereicherung infolge der Auflage gilt deshalb als eine Zuwendung des Schenkers.

BEISPIEL: ▶ A schenkt dem B ein Mietshaus unter der Auflage, seiner unverheirateten Schwester eine Wohnung in diesem Haus unentgeltlich bis zu deren Lebensende zu überlassen.

Die Zuwendung an B ist mit einer Auflage belastet (= Einräumung des Wohnrechts an die Schwester des A). Die Zuwendung an die Schwester des A durch Vollziehung der Auflage seitens B erfolgt durch die Einräumung des Wohnrechts. Die Wohnrechtseinräumung durch B gilt jedoch als Zuwendung durch A an seine Schwester. Für die Besteuerung ist also das Verwandtschaftsverhältnis A zu seiner Schwester zugrunde zu legen.

2. Leistungen an andere Personen im Zusammenhang mit einer Schenkung

Als Schenkung unter Lebenden gilt auch, was jemand dadurch erlangt, dass bei Genehmigung einer Schenkung Leistungen an andere Personen angeordnet oder zur Erlangung der Genehmigung freiwillig übernommen werden (§ 7 Abs. 1 Nr. 3 ErbStG). Dieser Tatbestand ist § 3 Abs. 2 Nr. 3 ErbStG nachgebildet. Der Erwerb erfolgt unmittelbar aus dem Vermögen des Schenkers, obwohl er auf staatlicher Anordnung und nicht auf dem 105

Willen des Schenkers beruht. Die Steuer entsteht mit dem Vollzug der Anordnung, der Besteuerung ist das Verhältnis zum Schenker zugrunde zu legen.

3. Vereinbarung einer Gütergemeinschaft

106   Als Schenkung unter Lebenden gilt ebenfalls die Bereicherung, die ein *Ehegatte* oder ein *Lebenspartner* bei Vereinbarung der Gütergemeinschaft (§ 1415 BGB) erfährt (§ 7 Abs. 1 Nr. 4 ErbStG). Unentgeltliche Verfügungen zwischen Ehegatten oder Lebenspartnern unterliegen grundsätzlich der Schenkung. Sie sind lediglich im Rahmen der Freibetragsregelung des § 16 ErbStG steuerfrei. Ebenfalls steuerfrei sind die gesetzlichen Ansprüche eines jeden Ehegatten oder Lebenspartner gegen den anderen im Rahmen der Ehescheidung oder sonstigen Auflösung der Ehe oder Lebenspartnerschaft. Dies betrifft insbesondere den *Zugewinnausgleich*.

Keine Schenkung liegt vor, wenn Ehegatten, die bisher im Güterstand der Zugewinngemeinschaft gelebt, nunmehr Gütertrennung vereinbart haben und der Ausgleichsverpflichtete zum Ausgleich ein Grundstück überträgt (BFH vom 16. 3. 1977, BStBl 1977 II S. 648).

4. Abfindungen für einen Erbverzicht

107   Als Schenkung unter Lebenden gilt nach § 7 Abs. 1 Nr. 5 ErbStG auch, was als Abfindung für einen Erbverzicht (§§ 2346 und 2352 BGB) gewährt wird. Nach § 2346 BGB können Verwandte sowie der Ehegatte des Erblassers durch Vertrag mit dem Erblasser auf ihr gesetzliches Erbrecht verzichten. Der Verzicht kann auch auf das Pflichtteilsrecht beschränkt werden. Der *Erbverzichtsvertrag* bedarf der notariellen Beurkundung (§ 2348 BGB). Verzichtet jemand im Rahmen der Erbfolge auf das gesetzliche Erbrecht, gilt dieser Verzicht im Zweifel auch für seine Abkömmlinge (§ 2349 BGB). Dieser Verzicht auf das Erbrecht wird steuerlich nicht als Zuwendung des Verzichtenden angesehen. Erhält jedoch der Verzichtende für seinen Verzicht auf das Erbrecht eine Abfindung, so fingiert § 7 Abs. 1 Nr. 5 ErbStG diese Abfindung als Zuwendung.

Wird die Abfindung für einen Erbverzicht nicht vom künftigen Erblasser, sondern von einem Dritten gezahlt, richtet sich die Steuerklasse dennoch nach dem Verhältnis des Verzichtenden zum künftigen Erblasser (BFH vom 25. 5. 1977, BStBl 1977 II S. 733).

Bis zum Tode des Erblassers ist nach § 2351 BGB die Aufhebung des Erbverzichtsvertrags jederzeit möglich. Infolge eines wirksamen Aufhebungsvertrags kann eine für den Verzicht geleistete Abfindung nach den Vorschriften über die ungerechtfertigte Bereicherung (§§ 812 ff. BGB) zurückgefordert werden. Die Schenkungsteuer entfällt mit Rückwirkung (§ 29 Abs. 1 Nr. 1 ErbStG), wenn die Abfindung zurückgezahlt wird.

5. Herausgabe des Vorerben an den Nacherben

108   Als Schenkung unter Lebenden gilt, was ein Vorerbe dem Nacherben mit Rücksicht auf die angeordnete Nacherbschaft vor ihrem Eintritt herausgibt (§ 7 Abs. 1 Nr. 7 ErbStG). Soweit nichts anderes bestimmt ist, fällt die Nacherbschaft dem Nacherben erst mit dem Tod des Vorerben zu (§ 2106 BGB). Der Nacherbe erlangt mit dem Erbfall – neben seinem zukünftigen Erbrecht ausweislich des § 2100 BGB – ein gegenwärtiges *Anwart-*

schaftsrecht. Dieses Anwartschaftsrecht ist unentziehbar, unbeschränkt, vererblich und übertragbar und stellt bereits vor dem Eintritt des Nacherbfalls einen Vermögenswert beim Nacherben dar (BFH vom 23. 8. 1995, BStBl 1996 II S. 137). § 7 Abs. 1 Nr. 7 ErbStG qualifiziert die vorzeitige Herausgabe (bspw. aufgrund eines Vertrags) der Erbschaft oder von Teilen derselben durch den Vorerben auf den Nacherben vor Eintritt des Nacherbfalls als Schenkung unter Lebenden; die vorzeitige Herausgabe der Erbschaft hat dabei die Wirkung einer unentgeltlichen Nutzungsüberlassung. Obwohl das Anwartschaftsrecht des Nacherben bereits einen gegenwärtigen Vermögenswert hat, bleibt diese Rechtsposition des Nacherben bei der Bestimmung der objektiven Unentgeltlichkeit unberücksichtigt (BFH vom 23. 8. 1995, a. a. O.). Grundsätzlich ist für die Besteuerung das Verhältnis des Nacherben zum Vorerben maßgeblich. Nach § 7 Abs. 2 Satz 1 ErbStG kann jedoch auf Antrag der Versteuerung das Verhältnis des Nacherben zum Erblasser zugrunde gelegt werden. Die Berechnung erfolgt nach § 6 Abs. 2 Sätze 3 bis 5 ErbStG (§ 7 Abs. 2 Satz 2 ErbStG).

6. Erwerbe bei Stiftungen und Vermögensmassen ausländischen Rechts

a) Stiftungen

aa) Allgemeines

Stiftung i. S. des ErbStG ist die *rechtsfähige Stiftung* (§§ 80 ff. BGB). Die Stiftung ist eine   109 durch private Willenserklärung geschaffene, für einen dauernden Zweck bestimmte Einrichtung mit selbständiger Rechtspersönlichkeit, die nicht in einem Personenverband besteht, sondern zur Erreichung des im Errichtungsgeschäft festgelegten Zwecks mit Vermögensmitteln (Vermögensmasse) ausgestattet wird.

Zur Entstehung der Stiftung sind erforderlich:

► ein Stiftungsgeschäft, das die nötige Unterlage für den neuen Rechtsträger schafft,

► die staatliche Mitwirkung (staatliche Genehmigung).

Das Stiftungsgeschäft kann als Rechtsgeschäft unter Lebenden oder von Todes wegen vorgenommen werden. Unter Lebenden bedarf es der Schriftform (§ 81 Abs. 1 BGB). Von Todes wegen kann die Stiftung im Testament oder Erbvertrag angeordnet werden (§ 83 BGB), also durch privatschriftliches, eigenhändiges Testament oder öffentliches Testament. Der Erblasser kann die Stiftung zum Erben einsetzen oder sie mit einem Vermächtnis bedenken.

Auch steuerrechtlich wird als rechtsfähige Stiftung nur die Stiftung i. S. der §§ 80 ff. BGB anerkannt. Notwendige Voraussetzung ist, dass sie mit eigener Rechtsfähigkeit ausgestattet ist. Errichtet der Erblasser eine *unselbständige Stiftung*, so liegt eine *Zweckzuwendung* i. S. des § 8 ErbStG vor.

bb) Stiftung unter Lebenden

Wird die Stiftung unter Lebenden angeordnet, so unterliegt nach § 7 Abs. 1 Nr. 8 Satz 1   110 ErbStG der Übergang von Vermögen aufgrund eines Stiftungsgeschäfts unter Lebenden der Schenkungsteuer. Hierunter fällt die erstmalige Übertragung von Vermögen im Zusammenhang mit der Errichtung der Stiftung selbst. Gegenstand des Stiftungsgeschäfts muss – da Zuwendungen an nichtrechtsfähige Stiftungen als Zweckzuwendungen zu qualifizieren sind – eine rechtsfähige Stiftung sein. Nicht erforderlich ist hingegen, dass es sich um eine inländische Stiftung handelt. Steuerbar ist vielmehr auch der Vermögensübergang auf eine ausländische Stiftung, soweit diese nach dem insoweit maßgebenden ausländischen Recht rechtsfähig ist. Der Vermögensübergang unterliegt dann in vollem Umfang der Schenkungsteuer, sofern der Stifter ein Inländer ist (§ 2 Abs. 1 Nr. 1 ErbStG).

111 Die in § 7 Abs. 1 Nr. 8 Satz 1 ErbStG normierte Verknüpfung mit dem Stiftungsgeschäft macht deutlich, dass der steuerbare Vermögensübergang nur die Vermögensgegenstände umfasst, die zur *sog. Erstausstattung* der Stiftung gehören. Das sind die Wirtschaftsgüter, die nach dem – auch bei ausländischen Stiftungen im Rahmen der erbschaft- bzw. schenkungsteuerlichen Beurteilung entsprechend anzuwendenden – Stiftungsrecht des BGB mit der Genehmigung der Stiftung (§ 80 BGB) entweder auf die Stiftung ipso jure übergehen (§ 82 Satz 2 BGB) oder vom Stifter auf die Stiftung übertragbar sind (§ 82 Satz 1 BGB). Umfang, Art und Beschaffenheit dieser Erstausstattung, die in § 82 BGB als „zugesichertes Vermögen" bezeichnet wird, werden durch das Stiftungsgeschäft festgelegt, das eine einseitige Willenserklärung des Stifters darstellt und der schriftlichen Form bedarf. Da danach der Wille des Stifters, soweit er im Stiftungsgeschäft zum Ausdruck gekommen ist, den Erwerbs- und Besteuerungsgegenstand bestimmt, sind auch mittelbare Vermögensübertragungen mit steuerlicher Wirkung möglich. Hingegen fallen nachträgliche Zuwendungen des Stifters – sog. Zustiftungen – an die bereits bestehende Stiftung über das Stiftungskapital hinaus nicht in den Anwendungsbereich des § 7 Abs. 1 Nr. 8 Satz 1 ErbStG mit der Folge, dass hier die Besteuerung nach § 7 Abs. 1 Nr. 1 ErbStG greift.

cc) Aufhebung einer Stiftung/Auflösung eines Vereins

112 Als Schenkung unter Lebenden gilt nach § 7 Abs. 1 Nr. 9 Satz 1 ErbStG, was bei Aufhebung einer Stiftung oder bei Auflösung eines Vereins, dessen Zweck auf die Bindung von Vermögen gerichtet ist, erworben wird. Die Stiftung muss vollständig aufgehoben werden. Bei der Aufhebung der Stiftung ist Zuwendender die Stiftung, nicht der Stifter. Dies gilt auch dann, wenn zu Lebzeiten des Stifters das Stiftungsvermögen an diesen zurückfällt (BFH vom 25. 11. 1992, BStBl 1993 II S. 238). Keine Aufhebung der Stiftung i. S. des § 7 Abs. 1 Nr. 9 Satz 1 ErbStG liegt vor, wenn Teilausschüttungen vorgenommen werden, die das Wesen der Stiftung nicht verändern und deren Fortbestand nicht in Frage stellen. In diesen Fällen kann jedoch unter Umständen eine selbständige Schenkung nach Maßgabe des § 7 Abs. 1 Nr. 1 ErbStG in Betracht kommen.

§ 7 Abs. 1 Nr. 9 Satz 1 ErbStG ist bei der Auflösung von Vereinen, deren Zweck auf die Bindung von Vermögen gerichtet ist, einschlägig, soweit der Erwerb des Vereinsvermögens durch Vereinsmitglieder erfolgt (BFH vom 14. 6. 1995, BStBl 1995 II S. 609). Hinsichtlich der Steuerermäßigung bei Aufhebung einer Familienstiftung oder Auflösung eines Vereins siehe § 26 ErbStG.

b) Vermögensmassen ausländischen Rechts/Trust

Nach § 7 Abs. 1 Nr. 8 Satz 2 ErbStG steht die Bildung oder Ausstattung einer *Vermögens-* *masse ausländischen Rechts*, deren Zweck auf die Bindung von Vermögen gerichtet ist, dem Übergang von Vermögen aufgrund eines Stiftungsgeschäfts gleich. Dabei ist die Schenkungsteuerpflicht nicht davon abhängig, ob dem im Ausland errichteten *Trust* ausländisches oder inländisches Vermögen übertragen wird. Ist die Inländereigenschaft des Trusterrichters zu verneinen und wird dem Trust Inlandsvermögen i. S. des § 121 BewG übertragen, besteht beschränkte Steuerpflicht nach § 2 Abs. 1 Nr. 3 ErbStG. Der Erstausstattung (= Bildung) des Trust stehen hieran anschließende Vermögensübertragungen (= Ausstattungen) gleich. Für die Besteuerung ist stets die Steuerklasse III einschlägig (§ 15 Abs. 1 und 2 Satz 2 ErbStG). 113

§ 7 Abs. 1 Nr. 9 Satz 2 ErbStG definiert im Wege der Fiktion den Erwerb (Vermögensübertragungen an Anfallsberechtigte) bei Auflösung einer Vermögensmasse ausländischen Rechts, deren Zweck auf die Bindung von Vermögen gerichtet ist, sowie den Erwerb von Zwischenberechtigten während des Bestehens der Vermögensmasse als schenkungsteuerpflichtigen Tatbestand. Ist der Trusterrichter selbst Empfänger von *Zwischennutzungen*, kann dies im Einzelfall zu einer steuerlichen Mehrfachbelastung (ausländische und deutsche ESt, deutsche Schenkungsteuer) führen. 114

Bei dem durch § 7 Abs. 1 Nr. 9 Satz 2 ErbStG fingierten Vermögensübergang vom Trust auf die Anfallsberechtigten im Falle der Trustauflösung bestimmt sich die Steuerklasse nach dem Verhältnis zu der Person, die den Trust errichtet hat (§ 15 Abs. 2 Satz 2 ErbStG). 115

Die Übertragung von Vermögen auf eine *liechtensteinische Stiftung* unterliegt nicht der Schenkungsteuer, wenn die Stiftung nach den getroffenen Vereinbarungen und Regelungen über das Vermögen im Verhältnis zum Stifter nicht tatsächlich und rechtlich frei verfügen kann (BFH vom 28. 6. 2007, BStBl 2007 II S. 669). 116

Wie die Auflösung einer Stiftung oder eines Vereins wird auch der *Formwechsel eines* *rechtsfähigen Vereins*, dessen Zweck wesentlich im Interesse einer Familie oder bestimmter Familien auf die Bindung von Vermögen gerichtet ist, *in eine Kapitalgesell-* *schaft* behandelt. 117

7. Zuwendungen im Rahmen eines Gesellschaftsverhältnisses

a) Verhältnis des § 7 Abs. 5 bis 7 ErbStG zu den übrigen Schenkungstatbeständen

Die Schenkung von Anteilen fällt grundsätzlich unter § 7 Abs. 1 Nr. 1 ErbStG. Die Absätze 5 bis 7 des § 7 ErbStG stellen Sondertatbestände dar. Die Übertragung des Anteils an einer Personengesellschaft durch Verfügung des Gesellschafters über einen Gesellschaftsanteil fällt grundsätzlich nicht unter die Regelung des § 7 Abs. 7 ErbStG; sie kann nach § 7 Abs. 1 Nr. 1 ErbStG als freigebige Zuwendung unter Lebenden der Schenkungsteuer unterliegen (BFH vom 1. 7. 1992, BB 1992, S. 1780). 118

Gemäß § 7 Abs. 5 bis 7 ErbStG werden bestimmte gesellschaftsrechtliche Vorgänge wie freigebige Zuwendungen behandelt und daher der Schenkungsteuer unterworfen. Nach der Gesetzesbegründung dient § 7 Abs. 5 und 6 ErbStG dem Zweck, ungerechtfertigte

Steuervorteile durch bestimmte gesellschaftsvertragliche Regelungen auszuschließen. Diese Bestimmungen richten sich allerdings nicht gegen die legalen Möglichkeiten, durch z. B. frühzeitige Beteiligung der Kinder am Gesellschaftsvermögen die künftige ErbSt zu mindern oder gar vollumfänglich zu vermeiden. Es handelt sich hier um

▶ Schenkungen mit Buchwertklausel (§ 7 Abs. 5 ErbStG),

▶ die erhöhte Gewinnbeteiligung (§ 7 Abs. 6 ErbStG),

▶ Abfindungen unter dem Wert des Anteils (§ 7 Abs. 7 ErbStG).

b) Schenkungen mit Buchwertklauseln

119   Ist Gegenstand der Schenkung eine Beteiligung an einer Personengesellschaft, in deren Gesellschaftsvertrag bestimmt ist, dass der neue Gesellschafter bei Auflösung der Gesellschaft sowie im Falle eines vorherigen Ausscheidens nur den *Buchwert seines Kapitalanteils* erhält, so werden diese Bestimmungen bei der Ermittlung des Werts der Bereicherung nicht berücksichtigt. Soweit die Bereicherung den Buchwert des Kapitalanteils übersteigt, gilt sie als auflösend bedingt erworben. Das bedeutet, dass der geschenkte Anteil zunächst einmal nach § 12 Abs. 5 ErbStG i.V. mit §§ 95 ff. BewG ohne Berücksichtigung der Buchwertklausel zu bewerten ist. Soweit die Bereicherung allerdings den Buchwert des Kapitalanteils übersteigt, gilt sie als auflösend bedingt erworben (§ 7 Abs. 5 Satz 2 ErbStG). Beim späteren Eintritt der Bedingungen könnte dann der Beschenkte eine Berichtigung der Veranlagung nach Maßgabe des § 5 Abs. 2 BewG beantragen. Die Schenkungsteuer wäre dann in diesem Fall nach dem tatsächlichen Wert des Erwerbs neu festzusetzen. Ein überzahlter Betrag würde dem Beschenkten bzw. seinen Erben erstattet.

§ 7 Abs. 5 ErbStG trägt der Tatsache Rechnung, dass es nur in seltenen Fällen zum Bedingungseintritt kommt. Die Parteien gehen bei der Vereinbarung der Buchwertklausel davon aus, dass diese unter normalen Umständen nicht zur Anwendung kommt. Der objektive Wert der Beteiligung entspricht daher nicht dem Buchwert.

BEISPIEL: ▶ A schenkt seinem Sohn B eine Beteiligung zum Buchwert von 100 000 €. Der Verkehrswert der Beteiligung beträgt 200 000 €, der Steuerwert beläuft sich auf 150 000 €. Im Schenkungsvertrag ist vereinbart worden, dass B im Falle seines Ausscheidens durch Kündigung lediglich den Buchwert seines Kapitalanteils erhält.

Für die Schenkung ist der Steuerwert i. H. von 150 000 € maßgebend. In Höhe von 50 000 € gilt der Erwerb als auflösend bedingt.

c) Überhöhte Gewinnbeteiligung

120   Wird eine Beteiligung an einer Personengesellschaft mit einer Gewinnbeteiligung ausgestattet, die der Kapitaleinlage, der Arbeit oder sonstiger Leistungen des Gesellschafters für die Gesellschaft nicht entspricht oder die einem fremden Dritten üblicherweise nicht eingeräumt würde, so gilt das *Übermaß an Gewinnbeteiligung* als selbständige Schenkung, die mit dem Kapitalwert anzusetzen ist (§ 7 Abs. 6 ErbStG).

Die Vorschrift des § 7 Abs. 6 ErbStG soll lediglich ausschließen, dass die offenen oder stillen Reserven auf einem steuerlich nicht erfassbaren Umweg auf den Beschenkten übertragen werden. Was als überhöhte Gewinnbeteiligung anzusehen ist, ergibt sich nicht aus dem ErbStG. Ist bei den Ertragsteuern eine Entscheidung über das Vorliegen und den Umfang eines überhöhten Gewinnanteils getroffen worden, ist diese Entscheidung auch für Zwecke der Schenkungsteuer zu übernehmen (R 21 Abs. 1 Satz 1 ErbStR). Steht eine ertragsteuerliche Entscheidung nicht zur Verfügung, ist der Jahreswert des überhöhten Gewinnanteils selbständig zu ermitteln. Soweit bei der Gesellschaft eine Änderung der Ertragsaussichten nicht zu erwarten ist, kann er von dem durchschnittlichen Gewinn der letzten drei Wirtschaftsjahre vor der Schenkung abgeleitet werden. Nach R 21 Abs. 1 Satz 4 ErbStR ist für die Berechnung des Kapitalwerts – soweit keine anderen Anhaltspunkte für die Laufzeit gegeben sind – davon auszugehen, dass der überhöhte Gewinnanteil dem Bedachten auf unbestimmte Zeit in gleich bleibender Höhe zufließen wird. Der Kapitalwert ist dabei das 9,3-fache des Jahreswerts (§ 13 Abs. 2 BewG).

R 21 Abs. 2 ErbStR bestimmt abschließend, dass auch die nachträgliche Gewährung einer überhöhten Gewinnbeteiligung und die nachträgliche Erhöhung einer bereits zuvor gewährten überhöhten Gewinnbeteiligung in den Anwendungsbereich des § 7 Abs. 6 ErbStG fallen.

d) Abfindung unter dem Wert des Anteils bei Ausscheiden eines Gesellschafters

Nach § 7 Abs. 7 Satz 1 ErbStG gilt auch der auf dem Ausscheiden eines Gesellschafters beruhende Übergang des Anteils oder des Teils eines Anteils eines Gesellschafters einer Personengesellschaft oder Kapitalgesellschaft auf die anderen Gesellschafter oder die Gesellschaft als Schenkung, soweit der Wert, der sich für seinen Anteil zurzeit seines Ausscheidens nach § 12 ErbStG ergibt, den Abfindungsanspruch übersteigt. Wird aufgrund einer Regelung im Gesellschaftsvertrag einer Gesellschaft mit beschränkter Haftung der Gesellschaftsanteil eines Gesellschafters bei dessen Ausscheiden eingezogen und übersteigt der sich nach § 12 ErbStG ergebende Wert seines Anteils zurzeit seines Ausscheidens den Abfindungsanspruch, so fingiert § 7 Abs. 7 Satz 2 ErbStG die insoweit bewirkte Werterhöhung der Anteile der verbleibenden Gesellschafter als Schenkung des ausgeschiedenen Gesellschafters. § 7 Abs. 7 ErbStG enthält die Parallelvorschrift zu § 3 Abs. 1 Nr. 2 Satz 2 ErbStG für den Fall des Ausscheidens eines Gesellschafters noch zu seinen Lebzeiten. 121

Während § 7 Abs. 5 und 6 ErbStG unmittelbar auf Beteiligungen an Personengesellschaften abzielt, ist § 7 Abs. 7 ErbStG aufgrund des eindeutigen Wortlauts auf Personen- und Kapitalgesellschaften anzuwenden (H 22 Satz 4 ErbStH). Die Vorschrift ist auch einschlägig, wenn bei einer aus zwei Personen bestehenden Personengesellschaft die Übernahme des Gesellschaftsvermögens durch einen Gesellschafter vereinbart ist (BFH vom 1. 7. 1992, BStBl 1992 II S. 921, 925). Bei Übertragungen im Sinne des § 10 Abs. 10 ErbStG gelten § 7 Abs. 7 Sätze 1 und 2 entsprechend (§ 7 Abs. 7 Satz 3 ErbStG).

H. Zweckzuwendung

Die Zweckzuwendung bildet einen *eigenständigen steuerpflichtigen Tatbestand* nach dem ErbStG. Nach § 8 ErbStG sind Zweckzuwendungen Zuwendungen von Todes wegen oder freigebige Zuwendungen unter Lebenden, die mit der Auflage verbunden sind, 122 zugunsten eines bestimmten Zwecks verwendet zu werden, oder die von der Verwendung zugunsten eines bestimmten Zwecks abhängig sind, soweit hierdurch die Bereicherung des Erwerbers gemindert wird.

Die Zweckzuwendung unterscheidet sich dadurch von der freigebigen Zuwendung, dass bei der Zweckzuwendung ein Vermögen mit der Verpflichtung zugewandt wird, dieses nicht für eigene, sondern für dem Bedachten fremde Zwecke oder einen unbestimmten Personenkreis zu verwenden (BFH vom 13. 3. 1953, BStBl 1953 III S. 144). Dabei ist es gleichgültig, ob die Zuwendung selbst oder ob ihre Erträge für diesen Zweck verwendet werden sollen. Mit der Zweckzuwendung wird ein Sondervermögen zur Erfüllung eines bestimmten Zwecks geschaffen. Der Bedachte bzw. Beschenkte nimmt die Funktion eines Treuhänders wahr. Die Zweckzuwendung setzt voraus, dass sie einem unpersönlichen Zweck, z. B. der Pflege eines Tieres, der Errichtung eines Denkmals, oder einem unbestimmten Personenkreis, z. B. den Bedürftigen einer Gemeinde, den Schülern eines Gymnasiums, zugute kommt (BFH vom 20. 12. 1957, BStBl 1958 III S. 79). Eine Zweckzuwendung liegt nicht vor, wenn der Bedachte ein Sparguthaben mit der Auflage erhält, die zu Lebzeiten mit dem Erblasser vereinbarte Pflege seines Grabes zu besorgen (BFH vom 30. 9. 1987, BStBl 1987 II S. 861).

123   Eine Zweckzuwendung liegt dann *nicht* vor, wenn der Kreis der bedachten Personen eng begrenzt ist und sich die Bedachten schon von vornherein namentlich feststellen lassen. Im letzteren Fall läge eine Schenkung unter Auflage vor. Die Zweckzuwendung unterscheidet sich im Wesentlichen von der Stiftung einmal dadurch, dass das Sondervermögen rechtlich nicht verselbständigt wird, zum anderen kann die Stiftung einen bestimmten Personenkreis begünstigen (z. B. Familienangehörige), was bei einer Zweckzuwendung nicht möglich ist. Eine Zweckzuwendung kann von Todes wegen, aber auch unter Lebenden angeordnet werden.

124   *Steuerschuldner* ist bei Vorliegen einer Zweckzuwendung nach § 20 Abs. 1 ErbStG der mit der *Ausführung der Zuwendung Beschwerte*, obwohl er als bloße Mittelsperson gar nicht bereichert ist. Er ist als Vertreter des Zweckvermögens Steuerschuldner und deshalb berechtigt, die Steuer aus dem für die Zweckzuwendung vorgesehenen Vermögen zu entnehmen.

Vielfach wird testamentarisch angeordnet, dass der Erbe mit der Ausführung der Zweckzuwendung beschwert ist. In diesem Fall liegen zwei steuerpflichtige Tatbestände vor: einmal der Erbfall, zum anderen die Zweckzuwendung. Hat der Erbe die auf die Zweckzuwendung entfallende ErbSt aus dem übrigen Erbanfall zu tragen, so kann er diese Steuer als Nachlassverbindlichkeit bei seinem Erwerb absetzen. Es erhöht sich damit aber auch der steuerliche Wert der Zweckzuwendung.

I. Entstehung der Steuerschuld

I. Vorbemerkung

125   Die Vorschrift des § 9 ErbStG bestimmt den jeweiligen Zeitpunkt, zu dem bei Erwerben von Todes wegen, bei Schenkungen und Zweckzuwendungen unter Lebenden die Steuer im Einzelfall als entstanden gilt. Dieser Zeitpunkt ist maßgebend für den Wert der

Bereicherung, d. h. der Wert der Bereicherung ist zu diesem Stichtag zu ermitteln. Spätere Wertsteigerungen sind unerheblich (BFH vom 22.9.1999, BFH/NV 2000, S. 320). Der Zeitpunkt der Entstehung der Steuerschuld ist auch maßgeblich für die persönlichen Verhältnisse des Erben bzw. des Erblassers. Das gilt sowohl für die Frage der beschränkten bzw. unbeschränkten Steuerpflicht als auch für die des Verwandtschaftsgrades.

> **BEISPIEL:** ▸ A schenkt seinem Enkel ein Grundstück im Steuerwert von 205 000 €. Kurz vor Vollziehung der Schenkung stirbt der Sohn des A, mithin der Vater des Enkels.
>
> Hätte der Vater des Enkels zum Zeitpunkt der Vollziehung der Schenkung noch gelebt, würde dem Erwerb die Steuerklasse I zugrunde gelegt werden. Dem Enkel stünde jedoch lediglich ein Freibetrag von 200 000 € zu (§ 16 Abs. 1 Nr. 3 ErbStG). Aufgrund des Todes seines Vaters erhält der Enkel einen Freibetrag von 400 000 € (§ 16 Abs. 1 Nr. 2 ErbStG).

II. Entstehung der Steuerschuld bei Erwerben von Todes wegen

1. Allgemeine Grundsätze

Grundsätzlich entsteht auch die Erbschaftsteuerschuld, sobald der Tatbestand verwirklicht ist, an den das Gesetz die Leistungspflicht knüpft (§ 38 AO). Maßgeblich ist damit das Datum der Erfüllung des gesetzlichen Tatbestandes und nicht der Zeitpunkt der Beurteilung des Tatbestandes und der Festsetzung der Steuer durch die Finanzverwaltung oder der Entscheidung über die Steuerpflicht durch ein Gericht. Die Steuer entsteht also grundsätzlich bei Verwirklichung des gesetzlichen Tatbestands unabhängig von der Kenntnis der Beteiligten, sofern nicht das Gesetz selbst die Kenntnis zur Voraussetzung der Steuerentstehung erhebt. Tatbestände, an die das Gesetz die Leistungspflicht knüpft, sind für den Bereich der Erbschaft- und Schenkungsteuer in den §§ 1 bis 8 ErbStG genannt. § 9 ErbStG schafft keinen zusätzlichen Verpflichtungstatbestand (BFH, BStBl 1976 II S. 17, 19), sondern stellt lediglich klar, wann die Voraussetzungen der §§ 1 bis 8 i.V. mit § 10 ErbStG nach dem Sprachgebrauch der AO verwirklicht sind.

Da der Entstehungszeitpunkt die Steuerschuld dem Grunde und der Höhe nach fixiert, sind sämtliche für die Steuerberechnung bedeutsamen Merkmale aus der Sicht dieses Zeitpunkts zu beurteilen *(Stichtagsprinzip)*, soweit das Gesetz nicht ausnahmsweise nachträglich getroffenen Entscheidungen des Steuerpflichtigen Einfluss auf die Steuerberechnung beimisst. Alle Merkmale des Steuertatbestands sind einheitlich aus der Sicht des in § 9 ErbStG genannten Datums zu beurteilen. Der Stichtag hat insbesondere Bedeutung für die Merkmale der persönlichen Steuerpflicht (§ 2 ErbStG), der Wertermittlung (§ 11 ErbStG) und der Steuerklasse (§ 15 ErbStG), für die Anrechnung ausländischer Erbschaftsteuer (§ 21 ErbStG), für die Steuerermäßigung bei mehrfachem Erwerb desselben Vermögens (§ 27 ErbStG) und für die Übergangsregelungen beim Wechsel gesetzlicher Bestimmungen (§ 37 ErbStG). Bei mehreren Zuwendungen zwischen denselben Personen wird mit dem Entstehen der Steuerschuld der einzelne Erwerb von späteren abgegrenzt, was wegen des Verbots der Verrechnung positiver und negativer Erwerbe (§ 14 Abs. 1 Satz 2 ErbStG) bedeutsam sein kann. Für die Bewertung des Nachlasses gilt der Zeitpunkt des Todes, auch wenn die Erben sich später auseinandersetzen.

126

127

2. Erwerb von Todes wegen

128   Bei Erwerben von Todes wegen entsteht die Steuerschuld mit dem *Tode des Erblassers* (§ 9 Abs. 1 Nr. 1 ErbStG). Hier schließt das Erbschaftsteuerrecht an die bürgerlich-rechtliche Regelung an, wonach der Nachlass im Zeitpunkt des Todes auf die Erben übergeht (§§ 1922, 1942 BGB), *unabhängig* davon, ob die Erben vom Erbfall Kenntnis erlangt haben. Das gilt auch dann, wenn ein nachrangiger Erbe dadurch Erbe geworden ist, dass ein vorangehender Erbe die Erbschaft ausgeschlagen hat. Hier ist nicht der Zeitpunkt der Ausschlagung der Erbschaft maßgebend, sondern der Zeitpunkt des Todes des Erblassers. Auf den Zeitpunkt der Erbauseinandersetzung kommt es nicht an. Das gilt auch dann, wenn sich die Erbauseinandersetzung infolge eines Erbstreits lange hinzieht (BFH vom 1. 2. 1961, BStBl 1961 III S. 13). Auch die Einsetzung eines Testamentsvollstreckers oder Nachlasspflegers ist hierbei ohne Bedeutung. Als Erwerb von Todes wegen gelten insbesondere der Erwerb durch Erbanfall, der Erwerb durch Vermächtnis, der Erwerb durch Schenkung auf den Todesfall und für den Vermögensvorteil, der aufgrund eines vom Erblasser abgeschlossenen Vertrags bei dessen Tod unmittelbar erworben wird (§ 3 Abs. 1 Nr. 4 ErbStG).

a) Erwerb durch Erbanfall

129   Die ErbSt entsteht mit dem Tode des Erblassers, ohne dass weitere Umstände hinzutreten müssen; insbesondere die Kenntnis und Billigung des Erwerbs durch den Erwerber wird regelmäßig nicht vorausgesetzt (Ausnahme lediglich bei der Schenkung auf den Todesfall i. S. des § 3 Abs. 1 Nr. 2 Satz 1 ErbStG). Der Tag des Todes bestimmt sich nach der Sterbeurkunde, die im Fall des § 11 Verschollenheitsgesetz nach gesetzlicher Vermutung unter den Voraussetzungen der Todesfeststellung nach dem festgestellten Datum und im Fall der Todeserklärung nach der Rechtskraft des Gerichtsbeschlusses, der die Todesvermutung begründet hat, ausgestellt wird. Stirbt der Erblasser während des Brandes seines Hauses, sind der Festsetzung der Erbschaftsteuer das Haus und die darin befindlichen Sachen mit den zum Zeitpunkt des Erbfalls anzusetzenden steuerlichen Werten und die bis dahin dem Grunde und der Höhe nach entstandenen Versicherungsansprüche zu Grunde zu legen (BFH vom 2. 3. 2006, BFH/NV 2006 S. 1480).

Da das Gesetz die Steuerentstehung mit dem Erbfall verbindet, sind auch die Anteile von Miterben so zu ermitteln, wie sie sich bei der gedachten Auseinandersetzung zum Zeitpunkt des Erbfalls ergeben hätten. Die Verschiebung der Nachlassquoten, zu der das Eingreifen von Ausgleichsregeln unter gesetzlichen Miterben bei der späteren Auseinandersetzung führt (§§ 2050 ff. BGB), ist daher schon zum Erbfall zu berücksichtigen. Auch die Festlegung der Anteile durch einen unter den Miterben nachträglich abgeschlossenen Auseinandersetzungsvertrag ist auf den Erbfall zurück zu beziehen (BFH, BStBl 1961 III S. 133).

b) Anordnung eines Vermächtnisses

130   Auch im Falle der Anordnung eines Vermächtnisses entsteht für den Vermächtnisnehmer die Steuerschuld bereits mit dem Tode des Erblassers. Der Anspruch des Vermächtnisnehmers auf Herausgabe des vermachten Gegenstandes entsteht mit dem Tode des Erblassers (§ 2176 BGB). Das Vermächtnis begründet für den Erwerber eine Forderung

(§ 2174 BGB). Nach § 3 Abs. 1 Nr. 1 ErbStG ist schon der Forderungserwerb ein steuerpflichtiger Vorgang. Somit ist es konsequent, dass die Steuerpflicht für das Vermächtnis bereits mit dem Tode des Erblassers entsteht. Ohne Relevanz ist dabei, wann der Vermächtnisnehmer den vermachten Gegenstand von dem Erben erhalten hat und auch, ob er ihn erhalten hat. Sollte der Vermächtnisnehmer aus irgendeinem Grunde leer ausgehen (der Gegenstand des Vermächtnisses ist bspw. vor der Herausgabe an den Vermächtnisnehmer untergegangen), sind im Hinblick auf die Steuerfestsetzung/ Steuererhebung allenfalls *Billigkeitsmaßnahmen* möglich. Der Zeitpunkt des Erbfalls bleibt im Übrigen als Stichtag auch dann maßgebend, wenn der Gläubiger im Fall eines Rentenvermächtnisses die Entrichtung der Steuer nach dem Jahreswert wählt (§ 23 Abs. 1 Satz 1 ErbStG; BFH vom 6. 6. 1951, BStBl 1951 III S. 142 sowie vom 8. 6. 1977, BStBl 1979 II S. 562) oder wenn der Schuldner nachträglich von besonderen, das Vermächtnis betreffenden Kürzungsmöglichkeiten Gebrauch macht (§§ 1990 ff., 2187 ff., 2318, 2322 ff. BGB). Anerkennen und beachten der Belastete und der Begünstigte den Willen des Erblassers und führen die dessen *formunwirksam angeordnetes Verschaffungsvermächtnis* aus, entsteht die Erbschaftsteuer nicht – auch nicht rückwirkend – mit dem Tod des Erblassers, sondern erst mit Erfüllung des Vermächtnisses (BFH vom 28. 3. 2007, BStBl 2007 II S. 461).

c) Schenkung auf den Todesfall

Auch die Schenkung auf den Todesfall wird erst mit dem *Tod des Schenkers* besteuert. 131 Der Gesetzgeber geht davon aus, dass die Überlebensbedingung im Zweifel als aufschiebende Bedingung ausgestaltet sein wird, so dass die Besteuerung des Erwerbs nach dem Rechtsgedanken des § 9 Abs. 1 Nr. 1a ErbStG von dem Eintritt der Bedingung abhängt. Wenn das Versprechen auf den Todesfall schon mit dem Tod des Schenkers, das Schenkungsversprechen i. d. R. aber erst mit der Ausführung der versprochenen Zuwendung besteuert wird, so hängt dies damit zusammen, dass das Gesetz beim Schenkungsversprechen unter Lebenden die Hemmungen des Beschenkten respektiert, seine Forderungen gegen den Schenker durchzusetzen.

d) Erwerb unter einer aufschiebenden Bedingung

Hängt der Erwerb von einer aufschiebenden Bedingung oder einer Betagung oder Befristung ab, so entsteht die Steuer erst mit dem Zeitpunkt des *Eintritts der Bedingung* 132 oder des Ereignisses (§ 9 Abs. 1 Nr. 1a ErbStG).

Eine Bedingung liegt vor, wenn sowohl der Eintritt eines Ereignisses als auch der Zeitpunkt des Eintritts, von dem die Erbeinsetzung abhängig sein soll, ungewiss ist. Das Gleiche gilt, wenn zwar nicht der Zeitpunkt, wohl aber der Eintritt des Ereignisses ungewiss ist. Eine Erbeinsetzung unter einer Bedingung liegt bspw. vor, wenn die Erbeinsetzung von einer Heirat oder der Geburt eines Sohnes oder von dem Erreichen eines bestimmten Alters abhängig gemacht wird. Ist hingegen der Eintritt eines Ereignisses gewiss, nicht dagegen der Zeitpunkt des Eintritts, z. B. der Todestag, so liegt eine Befristung vor. Liegt der Eintritt des Ereignisses kalendermäßig genau fest, so ist eine Betagung (Zeitbestimmung) gegeben.

Die Erbschaftsteuer für betagte Ansprüche, die zu einem bestimmten (feststehenden) Zeitpunkt fällig werden, entsteht im Regelfall des § 9 Abs. 1 Nr. 1 ErbStG entsprechend bereits im Zeitpunkt des Todes des Erblassers; solche Ansprüche sind ggf. mit ihrem nach § 12 Abs. 3 BewG abgezinsten Wert anzusetzen. Die Erbschaftsteuer für diejenigen betagten Ansprüche, bei denen der Zeitpunkt des Eintritts des zur Fälligkeit führenden Ereignisses unbestimmt ist, entsteht nach § 9 Abs. 1 Nr. 1a ErbStG erst mit dem Eintritt des Ereignisses (BFH vom 27. 8. 2003, BStBl 2003 II S. 921). Gehören zum Nachlass aufschiebend bedingte Ansprüche, so entsteht die Steuer insoweit ebenfalls erst mit Bedingungseintritt. Ein Erwerb unter einer Bedingung liegt auch dann vor, wenn der Nachlass im Falle der Anwendung englischen oder amerikanischen Rechts auf einen Trust oder einen Trustee übergegangen ist. Der Durchgangserwerb des Treuhänders wird nach deutschem Recht nicht als Erwerb angesehen. Erwerber sind die Bedachten, also diejenigen, auf die der Nachlass zuletzt übergehen soll. Da die Begünstigten die Bereicherung aufgrund des Erbanfalls erst nach der Abwicklung des Treuhandverhältnisses erfahren, wird der Übergang auf dieses Rechtsinstitut nach deutschem Recht wie eine Erbschaft unter einer aufschiebenden Bedingung behandelt (BFH vom 15. 5. 1964, BStBl 1964 III S. 408 sowie vom 28. 2. 1979, BStBl 1979 II S. 438).

e) Erwerb des Pflichtteils

133 Beim Pflichtteilsanspruch entsteht die Steuer nicht bereits im Zeitpunkt der Entstehung dieses Anspruchs, sondern erst im *Zeitpunkt der Geltendmachung des Pflichtteilsanspruchs* durch den Berechtigten (§ 9 Abs. 1 Nr. 1b ErbStG). Der Pflichtteilsanspruch selbst entsteht zwar mit dem Tode, im Gegensatz zum Vermächtnisnehmer ist der Pflichtteilsberechtigte mit dem Erbanfall noch nicht wirtschaftlich bereichert, da seine Stellung eine andere ist. Eine wirtschaftliche Bereicherung ist hier erst gegeben, wenn der Pflichtteilsanspruch geltend gemacht worden ist. Die zur Entstehung der Erbschaftsteuer führende Geltendmachung des Pflichtteilsanspruchs setzt nicht die Bezifferung des Anspruchs voraus (BFH vom 19. 7. 2006, BFH/NV 2006 S. 1989).

Die Steuer entsteht also nicht erst im Zeitpunkt der Erfüllung des Pflichtteilsanspruchs, sondern in dem Zeitpunkt, wo der Pflichtteil vom Pflichtteilsberechtigten geltend gemacht wird. Solange der Pflichtteilsberechtigte noch unentschieden ist, sich nicht festlegen will oder nur das Verzichten auf den Anspruch verweigert, entsteht die Steuer noch nicht. Die Entscheidung, mit der der Gläubiger des Anspruchs diesen geltend macht, muss unmittelbar auf die Verwirklichung seines Rechts abzielen. Es braucht sich zwar nicht schon um die Einleitung gerichtlicher Schritte zu handeln, wie sie für die Unterbrechung der Verjährung des Anspruchs erforderlich sind (§ 209 BGB). Doch geht es um eine ihrem Inhalt nach weitergehende Entscheidung, als sie der Vermächtnisgläubiger mit der Annahme des Vermächtnisses trifft (§ 2180 BGB).

134 Zur Geltendmachung des Pflichtteilsanspruchs ist es erforderlich, dass der Gläubiger für den Schuldner erkennbar ernstlich auf die Erfüllung seines Anspruchs besteht. Ernstlich ist das Verlangen nicht schon dann, wenn die Diskussion über die Auszahlung des Pflichtteils im Familienkreis gerade erst beginnt, so entschieden die Forderungen bei dieser Diskussion auch vertreten werden mögen. Die Geltendmachung des Anspruchs begründet die Steuerpflicht und führt dazu, dass ein späterer Verzicht auf das

Einfordern des Anspruchs unter dem Gesichtspunkt der freigebigen Zuwendung eine weitere Steuerpflicht auslöst. Daher kann eine Geltendmachung nur angenommen werden, wenn die Entscheidung für das Einfordern des Pflichtteils nicht nur vorläufig geworden, sondern endgültig gefallen ist.

f) Erwerb durch Stiftung

Ordnet der Erblasser testamentarisch eine Stiftung an, auf die das Vermögen übertragen werden soll, so entsteht die Steuer zum *Zeitpunkt der Genehmigung der Stiftung* (§ 9 Abs. 1 Nr. 1c 1. Alt. ErbStG). Gleiches gilt bei der Errichtung einer Stiftung unter Lebenden. Erst mit der staatlichen Genehmigung gilt das Vermögen als auf die Stiftung übertragen. Sollte sich das Genehmigungsverfahren jedoch auf längere Zeit erstrecken, kann unter Umständen das auf die Stiftung zu übertragende Vermögen als Zweckvermögen i. S. des § 8 ErbStG qualifiziert werden.   135

Der Übergang von Vermögen auf eine vom Erblasser von Todes wegen angeordnete Stiftung (§ 3 Abs. 2 Nr. 1 ErbStG) erfolgt im Zweifel durch Erbeinsetzung oder durch Vermächtnis. Um die für diese Verfügung erforderliche Voraussetzung zu schaffen, dass der Bedachte zurzeit des Erbfalls lebt (§ 1923 Abs. 2 BGB), stattet das BGB das Stiftungsgeschäft von Todes wegen mit Rückwirkung aus. Wird die Stiftung nach dem Tod des Stifters genehmigt, so gilt sie für die Zuwendung des Stifters als vor dessen Tod entstanden (§ 84 BGB). Damit nicht die Steuer schon vor dem Erbfall entsteht, ordnet § 9 Abs. 1 Nr. 1c 1. Alt. ErbStG an, dass die Steuerpflicht erst mit dem Zeitpunkt der Genehmigung der Stiftung eintritt.

In Fällen des § 3 Abs. 2 Nr. 1 Satz 2 ErbStG entsteht die Steuer mit dem Zeitpunkt der Bildung oder Ausstattung der Vermögensmasse ausländischen Rechts, deren Zweck auf die Bindung von Vermögen gerichtet ist (§ 9 Abs. 1 Nr. 1c 2. Alt. ErbStG).

g) Erwerb infolge Auflage

Erwirbt ein Begünstigter etwas infolge Vollziehung einer vom Erblasser angeordneten Auflage oder infolge Erfüllung einer vom Erblasser gesetzten Bedingung (§ 3 Abs. 2 Nr. 2 ErbStG), so entsteht die Steuer nach § 9 Abs. 1 Nr. 1d ErbStG mit dem *Zeitpunkt der Vollziehung der Auflage oder Erfüllung der Bedingung*.   136

h) Genehmigungspflichtige Erwerbe

Ist der Erwerb von einer Genehmigung abhängig (§ 3 Abs. 2 Nr. 3 ErbStG), entsteht die Steuer erst mit dem *Zeitpunkt der Genehmigung* (§ 9 Abs. 1 Nr. 1e ErbStG).   137

i) Abfindung für Erbverzicht

Hat ein Erbe aufgrund eines Erbverzichts oder infolge Ausschlagung eine Abfindung erhalten (§ 3 Abs. 2 Nr. 4 ErbStG), so entsteht die Steuer mit dem *Zeitpunkt des Verzichts oder der Ausschlagung* (§ 9 Abs. 1 Nr. 1f ErbStG), nicht erst im Zeitpunkt der Abfindungszahlung.   138

j) Abfindung für ein aufschiebend bedingtes Vermächtnis

139   Ist ein Erwerb als Abfindung für ein aufschiebend bedingtes, betagtes oder befristetes Vermächtnis, für das die Ausschlagungsfrist abgelaufen ist, zu qualifizieren und wird die Abfindung vor dem Zeitpunkt des Eintritts der Bedingung oder des Ereignisses gewährt (§ 3 Abs. 2 Nr. 5 ErbStG), so entsteht die Steuer nach § 9 Abs. 1 Nr. 1g ErbStG mit dem Zeitpunkt der Vereinbarung über die Abfindung.

k) Erwerb im Nacherbfall

140   Hat der Erblasser einen Nacherben (§ 6 ErbStG) eingesetzt, so entsteht die Steuer für den Erwerb des Nacherben mit dem *Zeitpunkt des Eintritts der Nacherbfolge* (§ 9 Abs. 1 Nr. 1h ErbStG).

l) Veräußerung von Anwartschaftsrechten

141   Veräußert ein Nacherbe vor Eintritt der Nacherbfolge sein Anwartschaftsrecht (§ 3 Abs. 2 Nr. 6 ErbStG), so entsteht nach § 9 Abs. 1 Nr. 1i ErbStG die Steuer für die Gegenleistung mit dem *Zeitpunkt der Übertragung der Anwartschaft* auf den Dritten. Auf die Zahlung des Entgelts kommt es hier nicht an.

m) Erwerb eines Vertragserben aufgrund beeinträchtigender Schenkungen des Erblassers

142   In Fällen des § 3 Abs. 2 Nr. 7 ErbStG, in denen der Vertragserbe aufgrund beeinträchtigender Schenkungen des Erblassers (§ 2287 BGB) von dem Beschenkten nach den Vorschriften über die ungerechtfertigte Bereicherung erwirbt, entsteht die *Steuer mit der Geltendmachung des Anspruchs* (§ 9 Abs. 1 Nr. 1j ErbStG).

3. Schenkungen unter Lebenden

143   Bei Schenkungen unter Lebenden entsteht die Steuer nach § 9 Abs. 1 Nr. 2 ErbStG mit dem *Zeitpunkt der Ausführung der Zuwendung*. Es kommt also nicht auf den Zeitpunkt des Vertragsabschlusses und auch nicht auf den Zeitpunkt des Versprechens, sondern auf den Zeitpunkt der Ausführung der Zuwendung an. So ist insbesondere das *Schenkungsversprechen* für die Steuerentstehung *unbeachtlich*. Die Zuwendung gilt dann als ausgeführt, wenn der Bedachte die wirtschaftliche Verfügungsmacht über den zugewendeten Gegenstand erhält (BFH vom 14. 2. 1962, BStBl 1962 III S. 204). Der Beschenkte muss wirtschaftlicher Eigentümer i. S. des § 39 AO geworden sein. Es ist daher bei der Schenkung auf die wirtschaftliche Abwicklung der Zuwendung abzustellen. Eine *Schenkung von Wertpapieren*, die in einem Depot verwahrt werden, ist ausgeführt, wenn der Herausgabeanspruch abgetreten wurde (BFH vom 18. 2. 2008, BFH/NV 2008 S. 529).

144   Eine *Grundstücksschenkung* gilt als ausgeführt, wenn die Vertragsparteien die für die Eintragung der Rechtsänderung in das Grundbuch erforderlichen Erklärungen in gehöriger Form abgegeben haben und der Beschenkte aufgrund dieser Erklärungen in der Lage ist, beim Grundbuchamt die Eintragung der Rechtsänderung zu bewirken (R 23 Abs. 1 Satz 1 ErbStR). Somit richtet sich der Zeitpunkt der Grundstücksschenkung da-

nach, wann die Auflassung i. S. des § 925 BGB sowie die Eintragungsbewilligung (§ 19 GBO) vorliegen (BFH vom 26. 9. 1990, BStBl 1991 II S. 320 sowie vom 12. 1. 2006, BFH/NV 2006 S. 947). Eine Grundstücksschenkung ist noch nicht ausgeführt, wenn der Beschenkte von der Eintragungsbewilligung erst zu einem späteren Zeitpunkt (z. B. dem Tod der Schenkerin) Gebrauch machen darf; dies gilt auch dann, wenn für den Beschenkten bereits eine Auflassungsvormerkung im Grundbuch eingetragen worden ist (BFH vom 2. 2. 2005, BStBl 2005 II S. 312). Die Rechtsprechung des BFH hat zur Voraussetzung, dass die Umschreibung nachfolgt. Unterbleibt die Umschreibung, weil die Schenkungsabrede zuvor aufgehoben wird, liegt in der Aufhebung weder eine Rückschenkung des Grundstücks noch eine anderweitige Zuwendung seitens des ursprünglich Bedachten (BFH vom 24. 7. 2002, BStBl 2002 II S. 781). Die mit der Beurkundung der Auflassung und Erteilung der Eintragungsbewilligung *entstandene Steuer* für eine Grundstücksschenkung *entfällt rückwirkend*, sobald die Schenkungsabrede vor Umschreibung des Eigentums im Grundbuch aufgehoben wird oder die Eintragungsbewilligung aus anderen Gründen nicht mehr zur Umschreibung führen kann (BFH vom 27. 4. 2005, BFH/NV 2005 S. 2312 sowie vom 26. 10. 2005, BFH/NV 2006 S. 551). Soll dem Bedachten nach dem Willen des Zuwendenden ein *Grundstück mit vollständig saniertem und renoviertem Gebäude* verschafft werden, hat der Bedachte die Zuwendung erst mit dem Abschluss der Sanierungs- und Renovierungsarbeiten erhalten; erst zu diesem Zeitpunkt tritt die endgültige Vermögensmehrung des Beschenkten auf Kosten des Schenkers ein und ist die Grundstücksschenkung ausgeführt (BFH vom 22. 9. 2004, BFH/NV 2005 S. 213). Ein als *schwebend unwirksam bezeichneter Vertrag* über eine Grundstücksschenkung führt *nicht* zu einer Steuerentstehung; die spätere Genehmigung des Vertrags *wirkt* schenkungsteuerrechtlich *nicht zurück* (BFH vom 26. 10. 2005, BFH/NV 2006 S. 551).

Die Frage nach dem Zeitpunkt der Ausführung einer *mittelbaren Grundstücksschenkung* ist durch das BFH-Urteil vom 4. 12. 2002 (BStBl 2003 II S. 273) geklärt. Danach ist eine Zuwendung, wenn mit dem zur Verfügung gestellten Geld die Errichtung eines Gebäudes auf einem dem Beschenkten schon gehörenden oder einem gleichzeitig zu diesem Zweck aufgrund eines einheitlichen Vertrags geschenkten Grundstück finanziert werden soll, mit der Fertigstellung des Gebäudes ausgeführt. In diesem Zeitpunkt erlangt der Beschenkte gegenüber dem Schenker über das Gebäude bzw. über das mit dem Gebäude bebaute Grundstück die freie Verfügung, so dass insoweit die endgültige Vermögensmehrung des Beschenkten auf Kosten des Schenkers eintritt (so auch BFH vom 7. 5. 2003, BFH/NV 2003, S. 1186). 145

Stellt der Schenker dem Beschenkten im Rahmen einer mittelbaren Grundstücksschenkung vorzeitig Geld zum Erwerb eines Grundstücks zur Verfügung, führt dies nicht zur Vorverlegung des Ausführungszeitpunkts der Schenkung. Diese ist vielmehr erst ausgeführt, wenn das Geld vom Beschenkten für die mittelbare Grundstücksschenkung verwandt, d. h. zur Abdeckung des Anschaffungs- oder Herstellungsaufwands eingesetzt wurde. Der Tod des Schenkers vor Ausführung der mittelbaren Grundstücksschenkung hat keinen Einfluss auf den Ausführungszeitpunkt (BFH vom 5. 6. 2003, BFH/NV 2003, S. 1425).

J. Steuerpflichtiger Erwerb, Wertermittlung

I. Steuerpflichtiger Erwerb

146   Nach § 10 Abs. 1 Satz 1 ErbStG gilt als steuerpflichtiger Erwerb die Bereicherung des Erwerbers, soweit sie nicht nach § 5 ErbStG (Zugewinnausgleich), §§ 13, 13a, 13c ErbStG
(Steuerbefreiungen sachlicher Art), § 16 ErbStG (persönliche Freibeträge), § 17 ErbStG
(besonderer Versorgungsfreibetrag) und § 18 ErbStG (Mitgliedsbeiträge) steuerfrei ist.
Mit Hinweis auf § 3 ErbStG (unbeschadet des § 10 Abs. 10 ErbStG), d. h. bezogen auf
Erwerbe von Todes wegen, führt § 10 Abs. 1 Satz 2 ErbStG aus, dass als Bereicherung
der Betrag gilt, der sich ergibt, wenn von dem nach § 12 ErbStG zu ermittelnden Wert
des gesamten Vermögensanfalls – soweit er der Besteuerung nach dem ErbStG unterliegt – die nach § 10 Abs. 3 bis 9 ErbStG abzugsfähigen Nachlassverbindlichkeiten mit
ihrem nach § 12 ErbStG zu ermittelnden Wert abgezogen werden.

147   Das Bundesverfassungsgericht hat in seinem Einheitswert-Beschluss zur ErbSt vom
22. 6. 1995 (BStBl 1995 II S. 671) *nicht die völlige Freistellung* „jeder der familiären Eigen-
nutzung dienenden Immobilie" beim Vermögensübergang von Eltern auf Kinder verlangt. Es verstieß nicht gegen Art. 3 GG, dass nach §§ 10 Abs. 1 und 12 Abs. 1 und 3
ErbStG i. V. mit § 146 Abs. 3 BewG, §§ 16 und 19 ErbStG die Erbschaftsteuerbelastung
eines der persönlichen Lebensführung dienenden Familienwohnsitzes beim Übergang
vom Vater auf den Sohn von der räumlichen Lage des Grundstücks im Bundesgebiet
(hier Lage in einem „Hochpreisgebiet") abhing (BFH vom 1. 9. 2004, BFH/NV 2005
S. 210).

148   Als steuerpflichtigen Erwerb (= steuerlicher Reinwert des Erwerbs) bezeichnet das
ErbStG den Betrag, der nach Abzug der Nachlassverbindlichkeiten (zu Steuerwerten)
vom Vermögensanfall (zu Steuerwerten) verbleibt. Der *steuerpflichtige Erwerb* stellt
mithin die *Bemessungsgrundlage* für die Steuer dar, auf die die Steuersätze des § 19
Abs. 1 ErbStG, ggf. unter Berücksichtigung der Tarifbegrenzung durch Entlastungsbetrag (§ 19a ErbStG), anzuwenden sind.

Der *steuerpflichtige Erwerb* ermittelt sich grundsätzlich wie folgt:

1.	Steuerwert des land- und forstwirtschaftlichen Vermögens
./.	Befreiungen nach § 13 Abs. 1 Nr. 2 und 3 ErbStG
+	Steuerwert des Betriebsvermögens
./.	Befreiungen nach § 13 Abs. 1 Nr. 2 und 3 ErbStG
+	Steuerwert der Anteile an Kapitalgesellschaften
Zwischensumme	
./.	Verschonungsabschlag und Abzugsbetrag nach § 13a Abs. 1 und 2 ErbStG
+	Steuerwert des Grundvermögens
./.	Befreiungen nach § 13 Abs. 1 Nr. 2 und 3 ErbStG
./.	Verschonungsabschlag nach § 13c ErbStG
+	Steuerwert des übrigen Vermögens
./.	Befreiungen nach § 13 Abs. 1 Nr. 1 und 2 ErbStG
=	**Vermögensanfall nach Steuerwerten**

2.	Steuerwert der Nachlassverbindlichkeiten, soweit nicht vom Abzug ausgeschlossen, mindestens Pauschbetrag für Erbfallkosten (einmal je Erbfall)
=	**abzugsfähige Nachlassverbindlichkeiten**
3.	Vermögensanfall nach Steuerwerten
(1.)	./. abzugsfähige Nachlassverbindlichkeiten
(2.)	./. weitere Befreiungen nach § 13 ErbStG
=	**Bereicherung des Erwerbers**
4.	Bereicherung des Erwerbers (3.)
./.	ggf. steuerfreier Zugewinnausgleich § 5 Abs. 1 ErbStG
+	ggf. hinzuzurechnende Vorerwerbe § 14 ErbStG
./.	persönlicher Freibetrag § 16 ErbStG
./.	besonderer Versorgungsfreibetrag § 17 ErbStG
=	**steuerpflichtiger Erwerb (abzurunden auf volle hundert €)**

Die *festzusetzende Erbschaftsteuer* ist wie folgt zu ermitteln:

1.	Tarifliche Erbschaftsteuer nach § 19 ErbStG
./.	Abzugsfähige Steuer nach § 14 Abs. 1 ErbStG
./.	Entlastungsbetrag nach § 19a ErbStG
=	Summe 1
2.	./. Ermäßigung nach § 27 ErbStG (dabei Steuer lt. Summe 1 nach § 27 Abs. 2 ErbStG aufzuteilen und zusätzlich Kappungsgrenze nach § 27 Abs. 3 ErbStG zu beachten)
./.	Anrechenbare Steuer nach § 6 Abs. 3 ErbStG
=	Summe 2
3.	./. Anrechenbare Steuer nach § 21 ErbStG (dabei Steuer lt. Summe 2 nach § 21 Abs. 1 Satz 2 aufzuteilen)
=	Summe 3 höchstens nach § 14 Abs. 2 ErbStG begrenzte Steuer (Hälfte des Werts des weiteren Erwerbs)
=	**festzusetzende Erbschaftsteuer**

Einen *negativen steuerpflichtigen Erwerb*, bedingt durch eine Überschuldung des Nachlasses oder negative Steuerwerte beim Erwerb von Betriebsvermögen, kennt das Erbschaftsteuerrecht *nicht*.

Für Schenkungen unter Lebenden (§ 1 Abs. 1 Nr. 2, § 7 ErbStG) hat der Gesetzgeber keine – dem § 10 Abs. 1 Satz 2 ErbStG entsprechende – Sonderregelung getroffen; es bleibt hier mithin beim Grundsatz des § 10 Abs. 1 Satz 1 ErbStG. Die *Bereicherung* des Erwerbers besteht im *Reinwert des Erwerbs*, bei dem es sich in erster Linie um den Reinwert nach bürgerlich-rechtlichen Kriterien handelt.   149

Steuerbefreiungen und Erwerbslasten sind auch bei Schenkungen zu berücksichtigen. Eine im Hinblick auf § 10 Abs. 1 Satz 2 ErbStG – hier wird ausdrücklich nur auf Erwerbe von Todes wegen Bezug genommen – für Schenkungen bestehende Regelungslücke wird über § 1 Abs. 2 ErbStG geschlossen, wonach die Vorschriften über Erwerbe von Todes wegen auch für Schenkungen unter Lebenden gelten, soweit nicht anderes bestimmt ist (Ausnahmen hierzu vgl. R 1 Satz 3 ErbStR).   150

1. Vermögensanfall

151   Nach § 1922 Abs. 1 BGB geht mit dem Tode einer Person (Erbfall) deren Vermögen (Erbschaft) als Ganzes auf einen oder mehrere andere Personen (Erben) über. Aus der *Gesamtrechtsnachfolge (Universalsukzession)* folgt grundsätzlich der Eintritt des Erben in die gesamte Rechtsstellung (persönliche und dingliche Vermögensrechte einschließlich vermögensrechtlicher Beziehungen, Verbindlichkeiten) des Erblassers. Die Vermögenszuordnung am Todestag, d. h. im Besteuerungszeitpunkt, richtet sich nach den bürgerlich-rechtlichen Vorgaben. Während Gegenstände, an denen der Erblasser nur wirtschaftliches Eigentum hatte, nicht zum Nachlass rechnen, werden solche Gegenstände erbschaftsteuerlich erfasst, die (noch) im zivilrechtlichen Eigentum des Erblassers gestanden haben, das wirtschaftliche Eigentum (§ 39 Abs. 2 Nr. 1 AO) hingegen bereits auf eine andere Person übergegangen war (BFH vom 15. 10. 1997, BStBl 1997 II S. 820).

152   Sachleistungsansprüche und Sachleistungsverpflichtungen – so auch der Anspruch bzw. die Verpflichtung zur Übereignung eines Grundstücks – sind auch dann, wenn der Kaufvertrag noch von keiner Seite erfüllt ist, gesondert anzusetzen.

153   ### 2. Steuererstattungsansprüche

Nach § 10 Abs. 1 Satz 3 ErbStG sind Steuererstattungsansprüche – insbesondere Einkommensteuer, Kirchensteuer, Solidaritätszuschlag – des Erblassers zu berücksichtigen (gehören also zum Vermögensanfall), wenn sie rechtlich entstanden sind (§ 37 Abs. 2 AO). Die Rechtsänderung stellt klar, dass ein Steuererstattungsanspruch *ungeachtet seiner Festsetzung* als Forderung bereits dann angesetzt werden kann, wenn er im Zeitpunkt der Entstehung der Erbschaftsteuer *materiell-rechtlich entstanden* war. Das ist dann der Fall, wenn eine Leistung des Erblassers den Anspruch aus dem Steuerschuldverhältnis übersteigt. Die Gesetzesänderung manifestiert damit die Verwaltungsauffassung (FinMin Baden-Württemberg vom 27. 11. 1998, ZEV 1999 S. 58), wonach der entstandene Erstattungsanspruch unabhängig von seiner formellen Durchsetzbarkeit zu beurteilen sein soll (BFH v. 16. 1. 2008 II R 30/06, BFH/NV 2008 S. 875).

3. Anteile an einer vermögensverwaltenden Personengesellschaft

154   Der unmittelbare oder mittelbare Erwerb einer Beteiligung an einer Personengesellschaft oder einer anderen Gesamthandsgemeinschaft, die nicht unter § 97 Abs. 1 Satz 1 Nr. 5 BewG fällt, gilt nach § 10 Abs. 1 Satz 4 ErbStG als *Erwerb der anteiligen Wirtschaftsgüter*; mithin können die Besitzposten und Gesellschaftsschulden nicht zu einer wirtschaftlichen Einheit zusammengefasst werden (R 26 Abs. 1 Satz 1 ErbStR). Nur in gesetzlich ausdrücklich geregelten Fällen (§§ 12 Abs. 1 und 5 ErbStG, §§ 3, 97 BewG) ist eine derartige Zusammenfassung möglich, während im Übrigen die einzelnen Wirtschaftsgüter und sonstigen Besitzposten des Gesamthandsvermögens und die Gesellschaftsschulden den Gesellschaftern anteilig als Bruchteilseigentum zuzurechnen sind (§ 10 Abs. 1 Satz 4 ErbStG, § 39 Abs. 2 Nr. 2 AO).

155   Die mit dem Übergang des Gesellschaftsanteils verbundene Verpflichtung des Erwerbers, für die Gesellschaftsschulden einzustehen, wird nicht unmittelbar durch Abzug vom Wert der Besitzposten, sondern lediglich bei der Ermittlung der Bereicherung des

Erwerbers berücksichtigt (R 26 Abs. 2 Satz 3 ErbStR). Während der Erwerber die anteiligen Gesellschaftsschulden bei Erwerben von Todes wegen (§ 3 ErbStG) als Nachlassverbindlichkeiten i. S. des § 10 Abs. 5 ErbStG abziehen kann, können die Gesellschaftsschulden bei einer Schenkung unter Lebenden die Bereicherung nur nach den allgemeinen Grundsätzen der Behandlung einer freigebigen Zuwendung (§ 7 Abs. 1 Nr. 1 ErbStG) mindern. Da als Erwerbsgegenstand der unentgeltlich erworbene Teil der zum Gesamthandsvermögen gehörenden Wirtschaftsgüter und sonstigen Besitzposten anzusehen ist, sind die Grundsätze über die gemischte Schenkung sowie die Schenkung unter Auflage (R 17 ErbStR) heranzuziehen. Dabei ist der Erwerb der anteiligen Gesellschaftsschulden als *Gegenleistung* zu behandeln.

4. Zweckzuwendung

Bei der Zweckzuwendung tritt an die Stelle des Vermögensanfalls die Verpflichtung   156
des Beschwerten (§ 10 Abs. 1 Satz 5 ErbStG). Zweckzuwendungen sind Zuwendungen von Todes wegen oder freigebige Zuwendungen unter Lebenden, die mit der Auflage verbunden sind, zugunsten eines bestimmten Zwecks verwendet zu werden, oder die von der Verwendung zugunsten eines bestimmten Zwecks abhängig sind, soweit hierdurch die Bereicherung des Erwerbers gemindert wird (§ 8 ErbStG). Eine bei dem Erwerber von § 10 Abs. 1 Satz 1 ErbStG geforderte Bereicherung tritt im Falle der Zweckzuwendung gerade nicht ein, so dass es einer „Ersatzvorschrift" i. S. des § 10 Abs. 1 Satz 4 bedurfte.

5. Abrundung

Nach § 10 Abs. 1 Satz 6 ErbStG wird der steuerpflichtige Erwerb auf volle 100 € nach   157
unten abgerundet, sodass die persönlichen Freibeträge nach §§ 16, 17 ErbStG und der maßgebende Steuersatz nach § 19 ErbStG auf den hiernach sich ergebenden Betrag anzuwenden sind. Neben § 10 Abs. 1 Satz 6 ErbStG ist die *Kleinbetragsgrenze* des § 22 ErbStG zu beachten, wonach von der Festsetzung der ErbSt abzusehen ist, wenn die Steuer, die für den einzelnen Steuerfall festzusetzen ist, den Betrag von 50 € nicht übersteigt. Bei der Jahresversteuerung nach § 23 ErbStG gelangt § 10 Abs. 1 Satz 6 ErbStG ebenfalls zur Anwendung; jedoch kommt eine weitere Abrundung des Jahreswerts der Rente nicht in Betracht.

6. Ersatzerbschaftsteuer

In Fällen der Ersatzerbschaftsteuer (§ 1 Abs. 1 Nr. 4 ErbStG) kommt es nicht zu einem   158
tatsächlichen Erwerb; demgemäß *fingiert* § 15 Abs. 2 Satz 3 ErbStG einen *Vermögensübergang* auf zwei Personen der Steuerklasse I. Diesem Umstand Rechnung tragend bestimmt § 10 Abs. 1 Satz 7 ErbStG, dass in Fällen des § 1 Abs. 1 Nr. 4 ErbStG an die Stelle des Vermögensanfalls das Vermögen der Stiftung oder des Vereins tritt.

7. Übernahme der Steuer

Der von der ErbSt (SchenkSt) befreite Erwerber hat den Vermögensvorteil, der aus der   159
Übernahme der Steuer durch den Schenker bzw. einen Dritten resultiert, als *zusätzliche*

Bereicherung zu versteuern, d. h. die Übernahme der Steuer durch einen anderen als den Erwerber stellt eine Werterhöhung der Schenkung bzw. des Vermögensanfalls dar (BFH vom 11. 11. 1977, BStBl 1978 II S. 220). Hat mithin der Erblasser die Entrichtung der von dem Erwerber geschuldeten Steuer einem anderen auferlegt oder hat der Schenker die Entrichtung der vom Beschenkten geschuldeten Steuer selbst übernommen oder einem anderen auferlegt, so gilt als Erwerb der Betrag, der sich bei einer Zusammenrechnung des Erwerbs nach § 10 Abs. 1 ErbStG mit der aus ihm errechneten Steuer ergibt (§ 10 Abs. 2 ErbStG).

In Fällen der *beschränkten Steuerpflicht* ist § 10 Abs. 2 ErbStG *nicht* anwendbar, da die zu übernehmende Steuerforderung nicht zum Inlandsvermögen i. S. des § 121 BewG gehört.

8. Vereinigung von Rechten und Verbindlichkeiten

160 Nach § 10 Abs. 3 ErbStG gelten die infolge des Anfalls durch Vereinigung von Recht und Verbindlichkeit oder von Recht und Belastung erloschenen Rechtsverhältnisse *als nicht erloschen.* Für Zwecke der ErbSt werden damit die *Rechtsfolgen einer Konfusion ausgeblendet,* wonach ein Recht erlischt, wenn eine Person gleichzeitig die Gläubiger- und Schuldnerstellung erhält. Hatte demnach der Erblasser vor seinem Tod eine Forderung gegen den Erben und tritt der Erbe (Schuldner) mit dem Erbfall in die Gläubigerstellung des Erblassers ein, geht nach bürgerlichem Recht die Forderung unter (vgl. §§ 425, 429, 1063, 1173, 1256 BGB). Um dem Bereicherungsgrundsatz zu entsprechen, fingiert § 10 Abs. 3 ErbStG den Fortbestand des durch die Vereinigung von Recht und Verbindlichkeit untergegangenen Rechtsverhältnisses.

Für Verbindlichkeiten des Erblassers gegenüber dem Erben gilt § 10 Abs. 3 ErbStG gleichermaßen (BFH vom 25. 10. 1995, BStBl 1996 II S. 11) mit der Folge, dass die verlorene Forderung gegen den Erblasser aufgrund des § 10 Abs. 3 ErbStG wie eine Nachlassverbindlichkeit, d. h. Erblasserschuld behandelt wird. § 10 Abs. 3 ErbStG ist nicht anzuwenden, soweit Forderungen oder Verbindlichkeiten – unabhängig vom Zusammentreffen von Gläubiger- und Schuldnerstellung – ohnehin mit dem Tod des Erblassers erloschen wären, wie z. B. bei einem Wohnrecht auf Lebenszeit.

161 In Fällen der *Konsolidation,* hier treffen Recht und Belastung zusammen, ist § 10 Abs. 3 ErbStG ebenfalls einschlägig. Konsolidation tritt bspw. ein beim Nießbrauch des Erben an beweglichen Sachen (§ 1063 BGB) und Rechten (§ 1268 BGB) des Erblassers.

9. Anwartschaft eines Nacherben

162 Die Anwartschaft eines Nacherben gehört nicht zu seinem Nachlass (§ 10 Abs. 4 ErbStG). § 10 Abs. 4 ErbStG ist im Zusammenhang mit der Besteuerung von Vor- und Nacherbschaft nach Maßgabe des § 6 ErbStG zu sehen. Der *Nacherbe* erwirbt bürgerlich-rechtlich mit dem Tod des Erblassers über sein künftiges Erbrecht hinaus ein *Anwartschaftsrecht,* das *vererblich* und *übertragbar* ist (BFH vom 28. 10. 1992, BStBl 1993 II S. 158; HFR 1993, S. 116). Stirbt der Nacherbe nach Eintritt des Vorerbfalls, aber vor Eintritt des Nacherbfalls, geht das besagte Anwartschaftsrecht des Nacherben auf dessen Erben über. Der Regelung des § 6 ErbStG entsprechend, wonach ErbSt erst bei Eintritt

des Nacherbfalls anfällt, bestimmt § 10 Abs. 4 ErbStG, dass die Anwartschaft eines Nacherben nicht zu dessen Nachlass gehört.

Wird das Nacherbenanwartschaftsrecht durch freigebige Zuwendung unter Lebenden übertragen, gilt § 10 Abs. 4 ErbStG gleichermaßen. Bei entgeltlicher Übertragung des Nacherbenanwartschaftsrechts auf einen Dritten ist hingegen § 3 Abs. 2 Nr. 6 ErbStG einschlägig; hier kann der Dritte das von ihm gezahlte Entgelt nach § 10 Abs. 5 Nr. 3 ErbStG als Kosten für die Erlangung des Erwerbs abziehen (BFH vom 28. 10. 1992, a. a. O.).

10. Nachlassverbindlichkeiten

a) Allgemeines

Nach § 1967 Abs. 2 BGB gehören zu den Nachlassverbindlichkeiten außer den vom Erb-   163
lasser herrührenden Schulden die den Erben als solchen treffenden Verbindlichkeiten, insbesondere die *Verbindlichkeiten aus Pflichtteilsrechten, Vermächtnissen und Auflagen*. Demgemäß widmet sich § 10 Abs. 5 ErbStG dem Abzug von Schulden und Lasten als Nachlassverbindlichkeiten unter Berücksichtigung etwaiger Abzugsbeschränkungen nach Maßgabe des § 10 Abs. 6 bis 9 ErbStG. Außerhalb des § 10 Abs. 6 bis 9 ErbStG ist ein Abzugsverbote in § 21 ErbStG normiert; darüber hinaus ist über die Verweisungs-vorschrift des § 12 Abs. 1 ErbStG auf die Nichtabzugsfähigkeit bedingter Lasten hin-zuweisen, bei Bedingungseintritt ist § 6 Abs. 2 BewG als Änderungsrechtsgrundlage für den Steuerbescheid einschlägig.

Aus § 1967 Abs. 2 BGB ist eine *Differenzierung der Nachlassverbindlichkeiten* herleitbar. Zum einen handelt es sich um die sog. Erblasserschulden, die – soweit vererblich – vom Erblasser herrühren, zum anderen um die sog. *Erbfallschulden*, die den Erben als sol-chen treffenden Verbindlichkeiten, die anlässlich des Erbfalls entstehen. Nach zivil-rechtlicher Sichtweise lassen sich die Erbfallschulden nochmals anderweitig unterschei-den, nämlich in die – in § 1967 Abs. 2 BGB beispielhaft genannten – unmittelbaren Erb-fallschulden wie *Verbindlichkeiten aus Pflichtteilsrechten, Vermächtnissen und Auflagen* sowie in sog. *Nachlasskosten-* und *Erbschaftsverwaltungsschulden*, zu denen u. a. Beerdi-gungskosten rechnen. Das Erbschaftsteuerrecht folgt dieser zivilrechtlichen Differen-zierungsvorgabe in § 10 Abs. 5 ErbStG:

Nachlassverbindlichkeiten	Rechtsgrundlage
Erblasserschulden	§ 10 Abs. 5 Nr. 1 ErbStG
Erbfallschulden	§ 10 Abs. 5 Nr. 2 ErbStG
Erbschaftsverwaltungsschulden	§ 10 Abs. 5 Nr. 3 ErbStG

b) Erblasserschulden

Von dem Erwerb sind – soweit sich aus § 10 Abs. 6 bis 9 ErbStG nichts anderes ergibt –   164
als Nachlassverbindlichkeiten abzugsfähig die vom Erblasser herrührenden Schulden, soweit sie nicht mit einem zum Erwerb gehörenden Gewerbebetrieb oder Anteil an ei-nem Gewerbebetrieb, Betrieb der Land- und Forstwirtschaft oder Anteil an einem Be-trieb der Land- und Forstwirtschaft in wirtschaftlichem Zusammenhang stehen und be-

reits bei der Bewertung der wirtschaftlichen Einheit berücksichtigt worden sind. Aus
§ 1967 Abs. 1 BGB ist herzuleiten, dass Erblasserschulden nur bei dem Erben abzugsfähig sind, nicht hingegen bei anderen Erwerbern wie bspw. Vermächtnisnehmern.
Demgemäß kann ein Erwerb nach § 3 Abs. 1 Nr. 4 ErbStG durch eine Person, die nicht
Erbe geworden ist, nicht um Erblasserschulden i. S. des § 10 Abs. 5 Nr. 1, Abs. 3 ErbStG
gemindert werden (BFH vom 17. 5. 2000, BFH/NV 2001 S. 39).

Als vom Erblasser herrührende Schulden sind solche zu nennen, die zu seinen Lebzeiten
entstanden sind und nicht mit dem Tod des Erblassers erlöschen (vgl. aber § 10 Abs. 3
ErbStG). Es handelt sich hierbei um Verpflichtungen gesetzlicher, vertraglicher oder
sonstiger Art des Erblassers, die zudem auch eine wirtschaftliche Belastung für den Erben darstellen.

Gehören zum Nachlass Grundstücke oder Grundstücksteile, sind die mit dem Grundbesitz in wirtschaftlichem Zusammenhang stehenden Schulden und Lasten abzugsfähig (§ 10 Abs. 5 Nr. 1 ErbStG). Eine Einschränkung ist jedoch hinsichtlich der auf den
Erben übergehenden dinglichen Belastungen zu beachten: hier kommt eine Berücksichtigung als Nachlassverbindlichkeit nur in Betracht, wenn der Erwerber auch die persönliche Schuld zu übernehmen hat, andernfalls ist die dingliche Belastung als aufschiebend bedingt zu qualifizieren (§ 12 Abs. 1 ErbStG, § 6 Abs. 1 BewG). Hatte sich der Erblasser gegenüber einem Mietinteressenten verpflichtet, sein Grundstück in einem von
ihm noch herzustellenden Zustand zur Nutzung zu überlassen und ist er während der
dafür erforderlichen Bauarbeiten verstorben, können die Erben keine Verbindlichkeiten
gegenüber dem Mietinteressenten zur Herstellung des vereinbarten Zustandes – bewertet nach den Vergütungen für die zum Todeszeitpunkt noch ausstehenden Arbeiten
– in Abzug bringen; eine derartige Verbindlichkeit besteht nicht (BFH vom 18. 5. 2006,
BFH/NV 2006 S. 1666).

Der Abzug einer vom Erblasser herrührenden Schuld gem. § 10 Abs. 5 Nr. 1 ErbStG setzt
deren rechtliches Bestehen voraus. Kommt es als Folge des Erbganges zur Vereinigung
von Forderung und Schuld in der Person des Erben, so gilt das Schuldverhältnis entgegen § 429 Abs. 3 i. V. mit § 425 Abs. 2 BGB gem. § 10 Abs. 3 ErbStG als nicht erloschen.
Aus einer jahrelangen Übung zusammenveranlagter Eheleute, wonach die von beiden
geschuldeten Einkommensteuern stets allein von demselben Ehegatten gezahlt wurden, ist auf den beiderseitigen Willen zu schließen (konkludentes Verhalten), von einem Ausgleich nach § 426 Abs. 1 BGB abzusehen. Wer diesem Schluss nach dem Tod
eines oder beider Ehegatten widerspricht, hat die zur Begründung seiner Einwendungen vorgetragenen Tatsachen zu beweisen (BFH vom 15. 1. 2003, BStBl 2003 II S. 267).

Haben Eheleute ihre Kinder im Weg eines Berliner Testaments zu Schlusserben eingesetzt und vereinbaren diese mit dem überlebenden Ehegatten, jeweils gegen Zahlung
einer erst mit dessen Tod fälligen Abfindung auf die Geltendmachung der Pflichtteile
nach dem erstverstorbenen Ehegatten zu verzichten, können die Kinder beim Tod des
überlebenden Ehegatten keine Nachlassverbindlichkeiten im Sinne des § 10 Abs. 5 Nr. 1
ErbStG aus dieser Vereinbarung abziehen (BFH vom 27. 6. 2007, BStBl 2007 II S 651).

Der *Zugewinnausgleichsforderung*, die dem überlebenden Ehegatten, der weder Ehegatte noch Vermächtnisnehmer geworden ist, zum Ausgleich des Zugewinns beim Tode

des anderen Ehegatten zusteht, entspricht beim Erben eine Nachlassverbindlichkeit in Form einer Erblasserschuld, die bei der Ermittlung des steuerpflichtigen Erwerbs mit ihrem Nennwert abzuziehen ist (BFH vom 1. 7. 2008, BStBl 2008 II S. 874).

c) Erbfallschulden

Von dem Erwerb sind – soweit sich aus § 10 Abs. 6 bis 9 ErbStG nichts anderes ergibt – als Nachlassverbindlichkeiten abzugsfähig Verbindlichkeiten aus Vermächtnissen, Auflagen und geltend gemachten Pflichtteilen und Erbersatzansprüchen. Voraussetzung für den Abzug der genannten Verbindlichkeiten ist das *Bestehen einer wirtschaftlichen Last*. Nicht zwingend ist hingegen, dass der Erbe wirksam bürgerlich-rechtlich belastet ist. Demnach sind auch Verbindlichkeiten abzugsfähig, aus denen der Erbe z. B. mangels fehlender Testierfähigkeit des Erblassers zwar nicht rechtswirksam, jedoch tatsächlich beschwert ist. Erfüllt der Erbe eine Verbindlichkeit, die auf einer unwirksamen letztwilligen Verfügung beruht, ist Voraussetzung für einen Abzug nach § 10 Abs. 5 Nr. 2 ErbStG, dass die Erfüllung auf einem ernstlichen Verlangen des Erblassers, d. h. dem erblasserischen Willen beruht (BFH vom 7. 10. 1981, BStBl 1982 II S. 28).

165

aa) Vermächtnisse

Die vom Erblasser ausgesetzten Vermächtnisse sind Verbindlichkeiten des Erben, und zwar *unabhängig* von der *Geltendmachung des Vermächtnisanspruchs* durch den Vermächtnisnehmer. Handelt es sich beim Vermächtnis um ein aufschiebend bedingtes, befristetes oder betagtes Vermächtnis, ist ein Abzug der Vermächtnislast erst nach Wirksamwerden des Vermächtnisses und dem Entstehen der Steuerpflicht beim Vermächtnisnehmer zulässig.

166

Der Wert des Vermächtnisses richtet sich nach dem des vermachten Gegenstands. So ist beim Geldvermächtnis der Nennwert der Vermächtnislast einschlägig. Gleiches gilt in den Fällen, in denen das Vermächtnis auf den Erlös aus der Veräußerung eines Nachlassgegenstands gerichtet ist (BFH vom 23. 8. 1961, BStBl 1961 III S. 504). Der Nennwert des Geldvermächtnisses bleibt auch dann für den Abzug der Vermächtnislast maßgebend, wenn der Beschwerte dem Vermächtnisnehmer anstelle des Geldbetrags an Erfüllungs statt ein Grundstück überträgt (BFH vom 25. 10. 1995, BStBl 1996 II S. 97).

bb) Auflagen

Für die Berücksichtigung von Verbindlichkeiten aus Auflagen nach § 10 Abs. 5 Nr. 2 ErbStG *bedarf es* – den Vermächtnislasten vergleichbar – *keiner Geltendmachung*. Die Auflage ist als Erbfallschuld und damit abzugsfähige Nachlassverbindlichkeit zu qualifizieren, wenn der Erblasser den Erben mit dieser Auflage beschwert hat und die Vollziehung der Auflage einen steuerpflichtigen Erwerb beim Auflagebegünstigten auslöst. Auch der Vermächtnisnehmer kann mit einer Auflage beschwert sein, die dieser gem. § 10 Abs. 5 Nr. 2 ErbStG abziehen kann (BFH vom 5. 11. 1992, BStBl 1993 II S. 161).

167

Auflagen, die dem Beschwerten selbst zugute kommen, sind nicht abzugsfähig (§ 10 Abs. 9 ErbStG).

cc) Pflichtteils- und Erbersatzansprüche

168 Nach § 10 Abs. 5 Nr. 2 ErbStG sind Verbindlichkeiten aus Pflichtteilen und Erbersatzansprüchen nur abziehbar, wenn sie *geltend gemacht* worden sind (BFH vom 30. 4. 2003, BFH/NV 2004 S. 341). Mithin muss der Anspruchsberechtigte dem Erben zu erkennen geben, dass er seinen Anspruch ernsthaft verfolgt. Ist hingegen auf die Geltendmachung des Pflichtteils wirksam verzichtet worden, verbleibt mangels wirtschaftlicher Belastung des Erwerbers kein Raum für einen Abzug als Nachlassverbindlichkeit. Dem Abzug nach § 10 Abs. 5 Nr. 2 ErbStG steht nicht entgegen, dass der Erbe einen Pflichtteilsanspruch erfüllt, den der Berechtigte nach Eintritt der Verjährung geltend gemacht hat; hier ist eine wirtschaftliche Last des Erwerbers unstreitig zu bejahen. Zahlt der Vorerbe dem Nacherben eine Abfindung für den Verzicht auf das Geltendmachen des Pflichtteilsanspruchs, liegt eine nach § 10 Abs. 5 Nr. 2 ErbStG abzugsfähige Verbindlichkeit vor (BFH vom 18. 3. 1981, BStBl 1981 II S. 473).

169 Der *Pflichtteil* ist eine *Geldforderung*, so dass sowohl der Pflichtteilsanspruch als auch die Pflichtteilslast mit dem Nennwert zu bewerten sind. Hieran ändert sich auch dann nichts, wenn der Erbe an Erfüllungs Statt ein Nachlassgrundstück auf den Pflichtteilsberechtigten überträgt (BFH vom 7. 10. 1998, BStBl 1999 II S. 23). Verbindlichkeiten aus Erbersatzansprüchen begründen ebenfalls Geldleistungsverpflichtungen, die mit dem Nennwert zu bewerten sind.

d) Erbschaftsverwaltungskosten

170 Nach § 10 Abs. 5 Nr. 3 Satz 1 ErbStG sind von dem Erwerb als Nachlassverbindlichkeiten – soweit dem Abzug nicht § 10 Abs. 6 bis 9 ErbStG entgegensteht – abzugsfähig

► die Kosten der Bestattung des Erblassers,

► die Kosten für ein angemessenes Grabdenkmal,

► die Kosten für die übliche Grabpflege mit ihrem Kapitalwert für eine unbestimmte Dauer,

► die Kosten, die dem Erwerber unmittelbar im Zusammenhang mit der Abwicklung, Regelung oder Verteilung des Nachlasses oder mit der Erlangung des Erwerbs entstehen.

aa) Nachlassregelungskosten

171 Kosten, die dem Erwerber unmittelbar im Zusammenhang mit der Abwicklung, Regelung oder Verteilung des Nachlasses oder mit der Erlangung des Erwerbs entstehen, sind ebenfalls nach § 10 Abs. 5 Nr. 3 Satz 1 ErbStG als Nachlassverbindlichkeiten abzugsfähig. Diese Regelung umfasst solche Aufwendungen, die der Erwerber tätigt, um den Nachlass dergestalt in sein Vermögen zu überführen, dass er hierüber verfügen kann. Der Begriff der Nachlassregelungskosten ist nach der Rechtsprechung (BFH vom 11. 1. 1961, BStBl 1961 III S. 102) weit auszulegen. Typischerweise anfallende Kosten sind solche Aufwendungen, die durch die Inanspruchnahme von Gerichten, Notaren und Rechtsanwälten im Zusammenhang mit der Eröffnung eines Testaments oder Erbvertrags, der Erteilung eines Erbscheins und dergl. bedingt sind.

bb) Kosten zur Erlangung des Erwerbs

Zu den nach § 10 Abs. 5 Nr. 3 Satz 1 ErbStG abzugsfähigen Kosten, die dem Erwerber   172
unmittelbar mit der Erlangung des Erwerbs entstehen, gehören – bei Erwerben von Todes wegen – alle Kosten, die dem Erben zur Erreichung seiner Erbeinsetzung entstehen
(Beratungskosten, Kosten für die Erbenermittlung, Kosten eines Rechtsstreits zur Erlangung des Nachlasses bzw. zur Durchsetzung einer Nachlassforderung). Kosten, die dem
Erben vor Eintritt des Erbfalls zur Abwendung erbrechtlicher Ansprüche – z. B. Abfindung für einen Erb- oder Pflichtteilsverzicht – entstehen, sind ebenfalls abzugsfähig.
Hat der Erbe zu Lebzeiten des Erblassers Leistungen für eine vertraglich vereinbarte
Erbeinsetzung erbracht, sind auch diese Erwerbskosten abzugsfähig (BFH vom
13. 7. 1983, BStBl 1984 II S. 37). Die vom Erben aufgewendeten *Kosten für einen Rechtsstreit*, der die von ihm zu tragende eigene ErbSt betrifft, sind nicht gemäß § 10 Abs. 5
Nr. 3 ErbStG abzugsfähig; dies gilt auch für die von dem Erben aufgewendeten Kosten
für seine Vertretung im Einspruchs- und Klageverfahren eines Vermächtnisnehmers, zu
denen der Erbe hinzugezogen bzw. beigeladen wurde (BFH vom 20. 6. 2007, BStBl 2007
II S. 722).

cc) Erwerbskosten bei Schenkungen unter Lebenden

Kosten zur Erlangung des Erwerbs können auch im Zusammenhang mit einer Schen-   173
kung unter Lebenden anfallen. Hierbei kann es sich insbesondere um Notar- und Gerichtskosten handeln. Eine *ausdrückliche gesetzliche Regelung* über die Abzugsfähigkeit
von Erwerbskosten bei Schenkungen unter Lebenden *fehlt*. Die Berücksichtigung derartiger Kosten wird über eine entsprechende Anwendung des § 10 Abs. 1 Satz 2, Abs. 3
bis 9 ErbStG sichergestellt.

Zahlungen des Beschenkten gem. § 2329 Abs. 2 BGB zur Abwendung des Herausgabeanspruchs eines Pflichtteilsberechtigten nach § 2329 Abs. 1 BGB führen zwar nicht
gem. § 29 Abs. 1 Nr. 2 ErbStG zum Erlöschen der Erbschaftsteuer; sie sind jedoch gem.
§ 10 Abs. 5 Nr. 2 i. V. mit § 1 Abs. 2 ErbStG bei der Besteuerung der Schenkung erwerbsmindernd zu berücksichtigen (BFH vom 8. 10. 2003, BStBl 2004 II S. 234).

dd) Pauschbetrag

Für die in § 10 Abs. 5 Nr. 3 Satz 1 ErbStG aufgeführten Kosten wird ein Betrag von   174
10 300 € *ohne Nachweis* abgezogen (§ 10 Abs. 5 Nr. 3 Satz 2 ErbStG). Wird der Pauschbetrag geltend gemacht, können einzelne Kosten daneben nicht mehr selbständig berücksichtigt werden (R 30 Abs. 1 Satz 2 ErbStR). Voraussetzung für den Ansatz des
Pauschbetrags ist, dass dem Erwerber dem Grunde nach Kosten i. S. des § 10 Abs. 5 Nr. 3
Satz 1 ErbStG entstanden sind (BFH vom 28. 11. 1990, BFH/NV 1991, S. 243).

Da § 10 ErbStG – abweichend von § 1968 BGB – bei der Ermittlung des steuerpflichtigen Erwerbs nicht zwischen Erwerben durch Erbanfall und anderen Erwerben unterscheidet, steht grundsätzlich jedem Erwerber (u. a. auch Vermächtnisnehmer, Pflichtteilsberechtigter) die Möglichkeit zur Inanspruchnahme des Pauschbetrags zu, vorausgesetzt, es bestand eine Verpflichtung (rechtlicher oder sittlicher Art) zur Kostenüber-
nahme (R 30 Abs. 2 ErbStR).

Der Pauschbetrag ist *erbfallbezogen*, d. h. er bezieht sich auf den gesamten Erbfall und kann demzufolge auch von mehreren Beteiligten insgesamt nur einmal in Anspruch genommen werden.

ee) Nachlassverwaltungskosten

175 Kosten für die Verwaltung des Nachlasses sind *nicht abzugsfähig* (§ 10 Abs. 5 Nr. 3 Satz 3 ErbStG), da insoweit *kein unmittelbarer Bezug zum Erwerbsvorgang* besteht. Zur Verwaltung gehören alle Maßnahmen, durch die der Nachlass erhalten, genutzt oder vermehrt wird und die laufenden Verpflichtungen erfüllt werden. In diesem Sinne nicht abzugsfähig sind nach dem Erwerb anfallende laufende Verwaltungskosten, wie z. B. öffentliche Abgaben und Kosten einer Dauertestamentsvollstreckung.

11. Beschränkung des Schuldenabzugs

176 Schulden und Lasten sind nach § 10 Abs. 6 Satz 1 ErbStG nicht abzugsfähig, soweit sie in wirtschaftlichem Zusammenhang mit Vermögensgegenständen stehen, die nicht der Besteuerung nach dem ErbStG unterliegen. Ein *wirtschaftlicher Zusammenhang* von Schulden (Lasten) mit Vermögensgegenständen i. S. des § 10 Abs. 6 ErbStG setzt voraus, dass die Entstehung der Schuld ursächlich und unmittelbar auf Vorgängen beruht, die diesen Vermögensgegenstand betreffen (BFH vom 21. 7. 1972, BStBl 1973 II S. 3) und die Schuld den Vermögensgegenstand wirtschaftlich belastet (BFH vom 19. 5. 1967, BStBl 1967 III S. 596). Auf Schulden und Lasten, die im Rahmen der Ermittlung des Besteuerungswerts einer gemischten Schenkung als Gegenleistung oder Leistungsauflage berücksichtigt werden (R 17 ErbStR), ist § 10 Abs. 6 ErbStG nicht anwendbar (R 31 Abs. 1 Satz 1 ErbStR).

Nach § 10 Abs. 6 Satz 2 ErbStG sind dann, wenn sich die Besteuerung in Fällen des § 2 Abs. 1 Nr. 3 ErbStG (beschränkte Steuerpflicht) oder bei Einschränkung des Besteuerungsrechts infolge eines DBA (§ 19 Abs. 2 ErbStG) auf einzelne Vermögensgegenstände bezieht, nur die damit in wirtschaftlichem Zusammenhang stehenden Schulden und Lasten abzugsfähig (BFH vom 25. 10. 1995, BStBl 1996 II S. 11). So sind bspw. von dem inländischen Erwerb eines beschränkt Steuerpflichtigen allgemeine Nachlassverbindlichkeiten nicht abzugsfähig, da sie nicht in wirtschaftlicher Beziehung zum Inlandsvermögen stehen (BFH vom 9. 5. 1959, BStBl 1959 III S. 271). Bei Pflichtteilsansprüchen hingegen besteht ein wirtschaftlicher Zusammenhang mit allen erworbenen Vermögensgegenständen, und zwar unabhängig davon, inwieweit sie steuerbar oder steuerbefreit sind (R 31 Abs. 2 Satz 1 ErbStR).

177 Schulden und Lasten, die mit *teilweise befreiten Vermögensgegenständen* in wirtschaftlichem Zusammenhang stehen, sind nur mit dem Betrag abzugsfähig, der dem steuerpflichtigen Teil entspricht (§ 10 Abs. 6 Satz 3 ErbStG). Eine Teilbefreiung ist beim Erwerb von Kulturgütern und bestimmten Grundstücken i. S. des § 13 Abs. 1 Nr. 2 und 3 ErbStG vorgesehen.

178 Schulden und Lasten, die mit dem *nach § 13a ErbStG befreiten Vermögen* in wirtschaftlichem Zusammenhang stehen, sind nur mit dem Betrag abzugsfähig, der dem Verhältnis des nach Anwendung des § 13a ErbStG anzusetzenden Werts ihres Vermögens zu

dem Wert vor Anwendung des § 13a ErbStG entspricht (§ 10 Abs. 6 Satz 4 ErbStG). Zu diesen Schulden und Lasten können nur solche gehören, die nicht bereits bei der Ermittlung des Werts des begünstigten Vermögens berücksichtigt worden sind. Bei land- und forstwirtschaftlichem begünstigtem Vermögen ist § 158 Abs. 5 BewG zu berücksichtigen. Optiert der Erwerber nach § 13a Abs. 8 ErbStG zu einer vollständigen Befreiung des begünstigten Vermögens, ist der Abzug in vollem Umfang ausgeschlossen. Das Gleiche gilt, wenn das begünstigte Vermögen wegen des Verschonungsabschlages nach § 13a Abs. 1 i.V.m. § 13b Abs. 4 ErbStG und des Abzugsbetrages nach § 13a Abs. 2 ErbStG vollständig außer Ansatz bleibt. Soweit die Befreiung nach § 13a ErbStG wegen Verstoßes gegen die Behaltensvoraussetzungen oder die Lohnsummenregelung nachträglich teilweise entfällt, sind die bisher nicht abzugsfähigen Schulden und Lasten entsprechend anteilig zum Abzug zuzulassen.

Schulden und Lasten, die mit dem *nach § 13c ErbStG befreiten Grundstücken* oder Grundstücksteilen in wirtschaftlichem Zusammenhang stehen, können nur mit dem Betrag abgezogen werden, der dem Verhältnis des nach Anwendung des § 13c ErbStG anzusetzenden Werts dieses Vermögens zu dem Wert vor Anwendung des § 13c ErbStG entspricht (§ 10 Abs. 6 Satz 5 ErbStG). Somit ergibt sich ein Abzug in Höhe von 90 Prozent. **179**

Für zum Erwerb gehörende wirtschaftliche Einheiten des Grundvermögens kann nach § 198 BewG der niedrigere gemeine Wert u. a. durch ein *Gutachten* nachgewiesen werden. Da für diese Gutachten grundsätzlich die auf Grund von § 199 Abs. 1 des Baugesetzbuches ergangenen Vorschriften und damit die Wertermittlungsverordnung gelten, sind auf dem Objekt lastende *Nutzungsrechte* anders als bei der Bewertung des Grundvermögens nach § 179 und §§ 182 bis 197 BewG bei der Ermittlung des Werts zu berücksichtigen. Auch beim Nachweis eines niedrigeren gemeinen Werts über den Kaufpreis (§ 198 BewG) haben sich auf dem Objekt lastende Nutzungsrechte grundsätzlich bereits auf den Kaufpreis ausgewirkt. Beim Nachweis des niedrigeren gemeinen Werts für Betriebswohnungen und den Wohnteil eines Betriebs der Land- und Forstwirtschaft nach § 167 Abs. 4 BewG gilt Entsprechendes. Da sich die Nutzungsrechte bereits über den festgestellten Grundbesitzwert bereicherungsmindernd ausgewirkt haben, können sie bei der Erbschaftsteuer nicht abgezogen werden (§ 10 Abs. 6 Satz 6 ErbStG). Hierdurch wird eine *Doppelberücksichtigung vermieden*. **180**

12. Eigene Erbschaftsteuer

Die vom Erwerber zu entrichtende *eigene ErbSt* ist *nicht abzugsfähig* (§ 10 Abs. 8 ErbStG), da diese als unbeachtliche Erwerbsverwendung zu qualifizieren ist. Auch ausländische ErbSt (und SchenkSt) einschließlich der der deutschen Steuer entsprechenden ausländischen Steuer ist vom Abzug ausgeschlossen. Abzugsfähig ist dagegen die kanadische „capital gains tax" (BFH vom 26. 4. 1995, BStBl 1995 II S. 540; H 32 ErbStH). **181**

Nicht in den Anwendungsbereich des § 10 Abs. 8 ErbStG fällt jene ErbSt oder sonstige Steuerschulden, die der Erblasser selbst aus einem vorangegangenen Erbfall schuldete; für diese Steuerschulden ist die Abzugsfähigkeit nach § 10 Abs. 5 Nr. 1 ErbStG gegeben.

13. Auflagen

182   Von der grundsätzlichen Abzugsfähigkeit von Verbindlichkeiten aus Auflagen (§ 10 Abs. 5 Nr. 2 ErbStG) sind nach § 10 Abs. 9 ErbStG solche Auflagen ausgenommen, die dem Beschwerten selbst zugute kommen. Die Frage des Zugutekommens einer Auflage ist nicht danach zu beurteilen, ob sie dem Bedachten wirtschaftlich sinnvoll ist. Das Abzugsverbot des § 10 Abs. 9 ErbStG greift u. a. in den Fällen, in denen die Auflage Maßnahmen betrifft, die der Erhaltung oder Verbesserung des vererbten, vermachten oder geschenkten Vermögens dienen (BFH vom 27. 10. 1970, BStBl 1971 II S. 269). Ist dem Erben auferlegt, aus Mitteln des Nachlasses ein zum Nachlassvermögen gehöriges Gebäude zu renovieren, handelt es sich ebenfalls um eine Auflage i. S. des § 10 Abs. 9 ErbStG (BFH vom 28. 6. 1995, BStBl 1995 II S. 786).

14. Gesellschaftsrechtliche Verfügungsbeschränkungen in Abfindungsfällen

183   Mit der *Ergänzung des § 10 ErbStG* um einen *Absatz 10* trägt der Gesetzgeber einem bei mittelständischen Familienunternehmen typischerweise auftretenden Phänomen Rechnung. Dort werden häufig *gesellschaftsvertragliche Regelungen* getroffen, die eine Übertragung von Mitgliedschaftsrechten bzw. Anteilen an einer Gesellschaft mit beschränkter Haftung nach dem Erbfall mit einem *der Höhe nach unter dem gemeinen Wert liegenden Abfindungsanspruch* vorsehen (sog. Buchwert- oder Zwischenwertklauseln); gleichzeitig wird der Erwerberkreis auf bereits in der Familiengesellschaft befindliche Gesellschafter eingeschränkt. Überträgt ein Erbe ein auf ihn *von Todes wegen* übergegangenes Mitgliedschaftsrecht an einer Personengesellschaft *unverzüglich* nach dessen Erwerb aufgrund einer im Zeitpunkt des Todes des Erblassers bestehenden Regelung im Gesellschaftsvertrag an die Mitgesellschafter und ist der Wert, der sich für seinen Anteil zur Zeit des Todes des Erblassers nach § 12 ErbStG ergibt, höher als der gesellschaftsvertraglich festgelegte Abfindungsanspruch, so gehört nach § 10 Abs. 10 Satz 1 ErbStG nur der *Abfindungsanspruch* zum *Vermögensanfall* im Sinne des § 10 Abs. 1 Satz 2 ErbStG. Gleiches gilt für Geschäftsanteile an Gesellschaften mit beschränkter Haftung (§ 10 Abs. 10 Satz 2 ErbStG). Im Ergebnis wird in Fällen, in denen der Erbe tatsächlich und ausschließlich nur durch den Abfindungsanspruch bereichert ist, lediglich dieser Abfindungsanspruch der Besteuerung unterworfen. Im Kontext des § 10 Abs. 10 ErbStG ist zu beachten, dass letztlich der gemeine Wert der Mitberechtigung bzw. des Anteils an einer GmbH insgesamt der Besteuerung unterworfen wird, da die Differenz zwischen dem Abfindungsanspruch und dem gemeinen Wert qua Fiktion als *Bereicherung des Gesellschafters/der Gesellschafter* (bei Einziehung eines Anteils an einer GmbH der übrigen Gesellschafter) eingestuft wird. Diese Rechtsfolge wird durch die Folgeanpassung des § 7 Abs. 7 ErbStG dokumentiert.

II. Wertermittlung

1. Bewertungsstichtag

184   Während § 10 Abs. 1 ErbStG festlegt, was zum steuerpflichtigen Erwerb gehört, und § 12 ErbStG bestimmt, wie das erworbene Vermögen zu bewerten ist, lässt sich § 11 ErbStG zu der Frage aus, auf welchen Zeitpunkt die Wertermittlung durchzuführen ist.

Demgemäß regelt § 11 ErbStG, dass für die Wertermittlung – soweit im ErbStG nichts anderes geregelt ist – der Zeitpunkt der Entstehung der Steuer maßgebend ist. Bewertungsstichtag ist damit der Zeitpunkt der Steuerentstehung. Bei Erwerben von Todes wegen ist hiernach Bewertungsstichtag der *Todestag des Erblassers* (§ 9 Abs. 1 Nr. 1 ErbStG), bei Erwerben durch Schenkung unter Lebenden ist dies der *Tag der Ausführung der Zuwendung* (§ 9 Abs. 1 Nr. 2 ErbStG). § 11 ErbStG trägt damit dem Charakter der *ErbSt als Stichtagssteuer* Rechnung (BFH vom 11. 9. 1996, BStBl 1997 II S. 70). *Erbschaftsteuerlicher Bereicherungsgrundsatz* und *Stichtagsprinzip* stehen nicht in einem Konkurrenzverhältnis zueinander und bilden damit keine Gegensätze (BFH vom 27. 11. 1991, BStBl 1992 II S. 298).

Da nach § 11 ErbStG für die nach § 10 Abs. 1 Satz 2, § 12 ErbStG vorzunehmende Wertermittlung der Zeitpunkt der Steuerentstehung maßgebend ist, sind Wertveränderungen nach diesem Stichtag nicht zu berücksichtigen (BFH vom 28. 11. 1990, BFH/NV 1991, S. 243). Die strikte Beachtung des Stichtagsprinzips gilt auch für den Fall, in dem das Verfügungsrecht des Erben (z. B. infolge Testamentsvollstreckung) beschränkt ist, zumal der Gesetzgeber in Kenntnis dieser Möglichkeit keine abweichende Regelung vorgesehen hat (BFH vom 28. 6. 1995, BStBl 1995 II S. 786, sowie vom 22. 9. 1999, BFH/NV 2000, S. 320).

2. Bewertung

Für die Wertermittlung ist, soweit nicht anderes bestimmt ist, der Zeitpunkt der Entstehung der Steuer maßgebend (§ 11 ErbStG). Beim Erbfall ist das der Tod des Erblassers bei der Schenkung der Zeitpunkt der Ausführung der Schenkung.   185

Grundsätzlich hat daher beim Erwerb von Todes wegen und auch im Falle der Schenkung eine Bewertung des Erwerbs zum Zeitpunkt des Todes bzw. der Ausführung der Schenkung bzw. der anderweitigen Entstehungszeitpunkte zu erfolgen (§ 9 ErbStG). Es ist daher regelmäßig für den Zeitpunkt der Steuerpflicht (§ 2 ErbStG) eine neue Bewertung durchzuführen.

Die Bewertung des Vermögens für Zwecke der Erbschaft- und Schenkungsteuer sowie Fragen des Wertansatzes von Schulden und Lasten ist Regelungsgegenstand des § 12 ErbStG. Nach R 35 Abs. 1 Satz 1 ErbStR ist die Bereicherung eines Erwerbers (§ 10 Abs. 1 Satz 1 ErbStG), soweit sie der Besteuerung unterliegt, nach den in § 12 ErbStG genannten allgemeinen und besonderen Bewertungsvorschriften des Bewertungsgesetzes zu bewerten. Die *Maßgeblichkeit des Bewertungsgesetzes* gilt sowohl hinsichtlich der Abgrenzung der zu bewertenden wirtschaftlichen Einheiten als auch der Wertermittlung selbst. *Regelbewertungsmaßstab* ist – soweit nichts anderes vorgeschrieben ist – der *gemeine Wert* (§ 12 Abs. 1 ErbStG, § 9 BewG). Die Verweisung des § 12 ErbStG ins Bewertungsgesetz gilt allerdings nicht für Bodenschätze, die nicht zum Betriebsvermögen gehören; hier normiert § 12 ErbStG eine selbständige Bewertung für Zwecke der Erbschaft- und Schenkungsteuer.

Rechtsgrundlage	Regelungsinhalt
§ 12 Abs. 1 ErbStG	Verankerung des allgemeinen Bewertungsgrundsatzes mit Maßgeblichkeit des gemeinen Werts
§ 12 Abs. 2 ErbStG	Anteile an Kapitalgesellschaften, für die ein Wert nach § 151 Abs. 1 Satz 1 Nr. 3 BewG festzustellen ist.
§ 12 Abs. 3 ErbStG	Ansatz des land- und forstwirtschaftlichen Vermögens sowie des Grundvermögens mit Grundbesitzwerten, die nach § 151 Abs. 1 Satz 1 Nr. 1 BewG festzustellen sind.
§ 12 Abs. 4 ErbStG	Ansatz von nicht zum Betriebsvermögen gehörenden Bodenschätzen
§ 12 Abs. 5 ErbStG	Inländisches Betriebsvermögen, für das ein Wert nach § 151 Abs. 1 Satz 1 Nr. 2 BewG festzustellen ist.
§ 12 Abs. 6 ErbStG	Anteile an Wirtschaftsgütern und Schulden, für die ein Wert nach § 151 Abs.1 Satz 1 Nr. 4 BewG festzustellen ist.
§ 12 Abs. 7 ErbStG	Ausländischer Grundbesitz sowie ausländisches Betriebsvermögen mit dem gemeinen Wert gemäß § 31 BewG

3. Anzuwendende Bewertungsvorschriften

186   Gemäß § 12 Abs. 1 ErbStG richtet sich die Bewertung, soweit sich aus den Absätzen 2 bis 6 nicht etwas anderes ergibt, nach den *allgemeinen Bewertungsvorschriften*; es handelt sich hierbei um die §§ 1 bis 16 BewG. Allerdings müssen bei Anwendung der allgemeinen Bewertungsvorschriften die §§ 4 bis 8 BewG beachtet werden. So entsteht nach § 9 Abs. 1 Nr. 1 Buchst. d ErbStG die Steuer bei einem aufschiebend bedingten Erwerb erst mit Eintritt der Bedingung.

187   Nach § 12 Abs. 2 ErbStG ist bei *nicht notierten Anteilen an Kapitalgesellschaften* der gemeine Wert unter Berücksichtigung der Ertragsaussichten zu schätzen (§ 11 Abs. 2 Satz 2 BewG), vorausgesetzt, es liegen keine stichtagsnahen Verkäufe im gewöhnlichen Geschäftsverkehr vor. Hierbei ist das Vermögen mit dem Wert im Zeitpunkt der Entstehung der Steuer (§ 9 ErbStG) anzusetzen.

188   *Grundbesitz* (§ 19 BewG) ist für erbschaft- und schenkungsteuerliche Zwecke mit dem nach den *Grundbesitzwerten* anzusetzen (§ 12 Abs. 3 ErbStG). Das sind beim land- und forstwirtschaftlichen Vermögen die *Grundbesitzwerte* nach §§ 158 bis 175 BewG, beim Grundvermögen die *Grundbesitzwerte* nach §§ 159, 176 bis 198 BewG (§ 157 Abs. 2 und 3 BewG).

189   *Bodenschätze*, die *nicht* zum *Betriebsvermögen* gehören, werden angesetzt, wenn für sie Absetzungen für Substanzverringerung bei der Einkunftsermittlung vorzunehmen sind; sie werden mit ihren *ertragsteuerlichen Werten* angesetzt (§ 12 Abs. 4 ErbStG).

190   *Inländisches Betriebsvermögen*, für das ein Wert nach § 151 Abs. 1 Satz 1 Nr. 2 BewG festzustellen ist, ist mit dem auf den Bewertungsstichtag (§ 11 ErbStG) festgestellten Wert anzusetzen (§ 12 Abs. 5 ErbStG).

191   Ein *Anteil an Wirtschaftsgütern und Schulden*, für die ein Wert nach § 151 Abs. 1 Satz 1 Nr. 4 BewG festzustellen ist, ist mit dem darauf entfallenden *Teilbetrag* des auf den Bewertungsstichtag (§ 11 ErbStG) festgestellten Werts anzusetzen (§ 12 Abs. 6 ErbStG)

Ausländischer Grundbesitz und *ausländisches Betriebsvermögen* wird nach § 31 BewG   192
mit dem *gemeinen Wert* bewertet (§ 12 Abs. 7 ErbStG). Da bisher nur wenige Doppelbesteuerungsabkommen zur Erbschaft- und Schenkungsteuer bestehen, kommt diese
Vorschrift regelmäßig zur Anwendung.

4. Bewertung im Einzelnen

a) Begriff und Bewertung des Grundbesitzes

Grundbesitz im bewertungsrechtlichen Sinne umfasst das land- und forstwirtschaftli-   193
che Vermögen und das Grundvermögen. Zum *Grundvermögen* gehören der Grund und
Boden, die Gebäude, die wesentlichen Bestandteile und das Zubehör, das Erbbaurecht,
das Wohn- und Teileigentum, vorausgesetzt, es handelt sich nicht um land- und forstwirtschaftliches Vermögen oder um Betriebsgrundstücke (§ 176 Abs. 1 BewG).

Die *Begriffe Bestandteile* und *Zubehör* sind nach *bürgerlichem Recht* auszulegen (§§ 93
bis 98 BGB). Hierbei können auch subjektiv dingliche Rechte, die dem jeweiligen Eigentümer zustehen, als rechtliche Bestandteile (§ 96 BGB) zum Grundstück gehören (z. B.
Überbaurechte, Grunddienstbarkeiten wie Wege- und Fensterrechte).

Zum Betriebsvermögen gehören auch Betriebsgrundstücke im Sinne des § 99 BewG.
Die Frage, ob Grundbesitz zu einem Gewerbebetrieb gehört und deshalb ein *Betriebsgrundstück* im bewertungsrechtlichen Sinn ist, ist nach *ertragsteuerlichen* Grundsätzen
zu entscheiden (§ 95 BewG).

Nicht in das Grundvermögen *einzubeziehen* sind – neben Bodenschätzen – Maschinen   194
und sonstige Vorrichtungen aller Art, die zu einer Betriebsanlage gehören *(sog. Betriebsvorrichtungen),* auch wenn sie wesentliche Bestandteile des Grundstücks sind (§ 176
Abs. 2 Satz 1 BewG); *Betriebsvorrichtungen* gehören zu den beweglichen Wirtschaftsgütern. Einem Bauwerk fehlt die Eigenschaft, einen mehr als nur vorübergehenden Aufenthalt von Menschen zu gestatten, nicht schon deshalb, weil in ihm ein Lärmpegel
herrscht, der den Grenzwert nach § 15 Abs. 1 Satz 2 Nr. 3 ArbStättV überschreitet; es
handelt sich damit nicht um eine Betriebsvorrichtung, sondern um ein Gebäude (BFH
vom 15. 6. 2005, BStBl 2005 II S. 688). Die Finanzverwaltung hat zur *Abgrenzung der Betriebsvorrichtungen vom Grundvermögen* neue Richtlinien herausgegeben (gleich lau-
tende Ländererlasse vom 15. 3. 2006, BStBl 2006 I S. 314). Hingegen sind nach § 176
Abs. 2 Satz 2 BewG in das Grundvermögen einzubeziehen die Verstärkungen von Decken und die nicht ausschließlich zu einer Betriebsanlage gehörenden Stützen und
sonstigen Bauteile wie Mauervorlagen und Verstrebungen.

Grundstücke sind dem *land- und forstwirtschaftlichen Vermögen* zuzurechnen, wenn
sie einem Betrieb der Land- und Forstwirtschaft dauernd zu dienen bestimmt sind
(§ 158 Abs. 1 Satz 2 BewG). Grund und Boden sowie Gebäude, die einem Betrieb der
Land- und Forstwirtschaft dauernd zu dienen bestimmt sind, gehören auch dann zum
land- und forstwirtschaftlichen Vermögen, wenn der Betrieb ganz oder in Teilen auf bestimmte oder unbestimmte Zeit nicht bewirtschaftet wird.

195 **aa) Feststellungsverfahren**

aaa) Zuständigkeit des Lagefinanzamts

196 Grundbesitzwerte werden unter Berücksichtigung der *tatsächlichen Verhältnisse* und der *Wertverhältnisse* zum Bewertungsstichtag festgestellt (§ 157 Abs. 1 Satz 1 BewG). Zuständig hierfür ist jeweilige Lagefinanzamt (§ 18 Abs. 1 Nr. 1 AO), mithin das Finanzamt, in dessen Zuständigkeitsbereich das zu bewertende Grundstück belegen ist.

bbb) Feststellungserklärung

197 Nach § 153 Abs. 1 BewG kann das Finanzamt von jedem, für dessen Besteuerung eine gesonderte Feststellung von Bedeutung ist, die Abgabe einer Feststellungserklärung verlangen. Die Frist zur Abgabe der Feststellungserklärung muss mindestens einen Monat betragen.

ccc) Feststellungsbescheid

198 Der *Grundbesitzwert* ist nach Maßgabe des § 151 Abs. 1 Satz 1 Nr. 1 BewG *gesondert festzustellen*. Hauptaussage des Feststellungsbescheids ist somit die Information über den Grundbesitzwert als solchen. Darüber hinaus normiert § 151 Abs. 2 BewG einen Katalog von Feststellungen, die in den Bescheid aufzunehmen sind: Danach sind in dem Feststellungsbescheid auch Feststellungen über die *Art der wirtschaftlichen Einheit*, über die *Zurechnung* der wirtschaftlichen Einheit und bei mehreren Beteiligten über die *Höhe des Anteils*. Beim *Erwerb durch eine Erbengemeinschaft* erfolgt die Zurechnung in Vertretung der Miterben auf die Erbengemeinschaft.

bb) Grundlagencharakter des Feststellungsbescheids

199 Der Feststellungsbescheid über den Grundbesitzwert ist *Grundlagenbescheid* für die Erbschaft- und Schenkungsteuer, soweit die in ihm getroffenen Feststellungen für die Folgesteuern von Bedeutung sind (§ 182 Abs. 2 AO). Der Feststellungsbescheid wird selbständig bestandskräftig und kann nicht durch Einspruch gegen den Folgebescheid (Erbschaft- oder Schenkungsteuerbescheid) angefochten werden. Gegen den Feststellungsbescheid ist Einspruch beim Lagefinanzamt einzulegen. Bei Änderung des Grundlagenbescheids kann der Folgebescheid nach Maßgabe des § 175 Abs. 1 Satz 1 Nr. 1 AO geändert werden. Der Erbschaft- oder Schenkungsteuerbescheid kann infolge der Bindungswirkung an den Grundlagenbescheid und den damit einhergehenden verfahrensrechtlichen Änderungsmöglichkeiten jedoch auch schon dann erteilt werden, wenn noch keine Grundlagenfeststellung erfolgt ist (§ 155 Abs. 2 AO). Ein Feststellungsbescheid über die einheitliche und gesonderte Feststellung des Grundstückswerts für eine nicht bestehende wirtschaftliche Einheit entfaltet keine Bindungswirkung für die Erbschaftsteuer (BFH vom 2. 7. 2004, BFH/NV 2005 S. 214).

b) Land- und forstwirtschaftliches Vermögen

aa) Begriffsbestimmung und wirtschaftliche Einheit   200

Die Neuregelung der Bewertung des land- und forstwirtschaftlichen Vermögens für Zwecke der Erbschaft- und Schenkungsteuer ist vollständig neu formuliert und in den §§ 168 bis 175 BewG verankert worden. Allerdings hat der Gesetzgeber die bereits bestehenden Definitionen und Abgrenzungskriterien übernommen und die Land- und Forstwirtschaft in § 158 Abs. 1 BewG *tätigkeitsbezogen* unter Rückgriff auf R 15.5 Abs. 1 Nr. 1 EStR *definiert*. Demnach ist unter Land- und Forstwirtschaft die planmäßige Nutzung der natürlichen Kräfte des Bodens zur Erzeugung von Pflanzen und Tieren sowie die Verwertung der dadurch selbst gewonnenen Erzeugnisse zu verstehen. Unter objektiven Gesichtspunkten gehören zum land- und forstwirtschaftlichen Vermögen folglich alle Wirtschaftsgüter, die nach ihrer *Zweckbestimmung* einer land- und forstwirtschaftlichen Tätigkeit dauerhaft zur planmäßigen und ständigen Bewirtschaftung dienen. Hierbei wird *weder* eine *Mindestgröße* des Betriebs *noch ein voller land- und forstwirtschaftlicher Besatz* mit Wirtschaftsgebäuden, Betriebsmitteln und dergleichen vorausgesetzt. Nach § 158 Abs. 2 BewG bildet der *Betrieb der Land- und Forstwirtschaft* die *wirtschaftliche Einheit* des land- und forstwirtschaftlichen Vermögens. Hiermit werden primär die Wirtschaftsgüter zusammengefasst, die dem *Eigentümer* zuzurechnen sind. In den Fällen, in denen ein Betrieb der Land- und Forstwirtschaft in Form einer *Personengesellschaft* oder einer *Gemeinschaft* geführt wird, ist das land- und forstwirtschaftliche Vermögen *einheitlich* zu ermitteln.

Als *Wirtschaftsgüter*, die einem Betrieb der Land- und Forstwirtschaft dauernd zu die-   201
nen bestimmt sind, kommen insbesondere der *Grund und Boden*, die *Wohn- und Wirtschaftsgebäude*, die stehenden Betriebsmittel sowie ein normaler, die Fortführung des Betriebs sichernder Bestand an umlaufenden Betriebsmitteln in Betracht (§ 158 Abs. 3 Satz 2 BewG). Zu den *stehenden Betriebsmitteln* gehören die ertragsteuerlich dem Anlagevermögen zuzuordnenden Wirtschaftsgüter, die nicht Grund und Boden oder Gebäude sind, mithin Maschinen, Geräte und Tiere des Anlagevermögens (z. B. Milchkühe, Zuchtvieh). Zu den *umlaufenden Betriebsmitteln* rechnen die Pflanzenbestände, die Vorräte sowie das Mastvieh (Umlaufvermögen im ertragsteuerlichen Sinne). Zum land- und forstwirtschaftlichen Vermögen gehören des weiteren die *immateriellen Wirtschaftsgüter* wie Lieferrechte oder von staatlicher Seite eingeräumte Vorteile, die die Voraussetzungen eines Wirtschaftsguts erfüllen: Milchlieferrechte, Brennrechte, Zuckerrübenlieferrechte, Jagdrechte oder Wiederbepflanzungsrechte im Weinbau.

Die *Abgrenzung des Betriebs der Land- und Forstwirtschaft* vom Grundvermögen, Be-   202
triebsvermögen und übrigen Vermögen richtet sich nach den bereits bestehenden Definitionen und Kriterien und der bei der Land- und Forstwirtschaft einschlägigen Verkehrsanschauung. Land- und forstwirtschaftlich genutzte Flächen sind dem *Grundvermögen* zuzurechnen, wenn nach ihrer Lage, den am Bewertungsstichtag bestehenden Verwertungsmöglichkeiten oder den sonstigen Umständen anzunehmen ist, dass sie *in absehbarer Zeit anderen als land- und forstwirtschaftlichen Zwecken dienen* werden. Als anderweitige Nutzung in diesem Sinne kommt insbesondere eine Nutzung als Bauland, Industrieland oder Land für Verkehrszwecke in Betracht. Bildet ein Betrieb der Land-

und Forstwirtschaft die *Existenzgrundlage des Betriebsinhabers*, so sind nach § 159 Abs. 2 BewG dem Betriebsinhaber gehörende Flächen, die von einer Stelle aus ordnungsgemäß und nachhaltig bewirtschaftet werden, dem *Grundvermögen* nur dann zuzurechnen, wenn mit großer Wahrscheinlichkeit anzunehmen ist, dass sie *spätestens nach zwei Jahren anderen als land- und forstwirtschaftlichen Zwecken dienen* werden. Hingegen sind Flächen stets dem Grundvermögen zuzurechnen, wenn sie in einem Bebauungsplan als Bauland festgesetzt, ihre sofortige Bebauung möglich ist und die Bebauung innerhalb des Plangebiets in benachbarten Bereichen begonnen hat oder schon durchgeführt ist. Zum Schutz der Land- und Forstwirtschaft *gilt* diese *Regelung nicht* für die Hofstelle und andere Flächen im unmittelbarem räumlichen Zusammenhang mit der Hofstelle bis zu einer Größe von *insgesamt einem Hektar* (§ 159 Abs. 3 Satz 2 BewG).

203   Eine Auflistung der nicht zum land- und forstwirtschaftlichen Vermögen gehörenden Wirtschaftsgüter – *Negativabgrenzung* – ist aus § 158 Abs. 4 BewG ersichtlich. Von der Zurechnung zum land- und forstwirtschaftlichen Vermögen sind demnach *ausgenommen*

▶ der Grund und Boden sowie die Gebäude oder Gebäudeteile, die nicht land- und forstwirtschaftlichen Zwecken dienen,

▶ das (Dauer-)Kleingartenland,

▶ über den Normalbestand hinausgehende Bestände an um laufenden Betriebsmitteln – sog. Überbestände,

▶ Geldforderungen, Zahlungsmittel und Finanzanlagen,

▶ Tiere und Wirtschaftsgüter der gewerblichen Tierhaltung,

▶ Pensionsverpflichtungen.

204   Von der bisherigen Rechtslage abweichend gehören *Verbindlichkeiten* zum land -und forstwirtschaftlichen Vermögen, soweit sie nicht mit den vorgenannten Wirtschaftsgütern in wirtschaftlichem Zusammenhang stehen (§ 158 Abs. 5 BewG). Der Gesetzgeber trägt mit dieser Regelung dem Umstand Rechnung, dass das Erbschaft- und Schenkungsteuerrecht auf das *Reinvermögen als Bereicherung* zurückgreift. Der Abzug einer Schuld ist allerdings nur dann zulässig, wenn das korrespondierende Wirtschaftsgut im land- und forstwirtschaftlichen Vermögen erfasst ist.

205   **bb)   Umfang des Betriebs der Land- und Forstwirtschaft**

Beim bewertungsrechtlichen *Umfang des Betriebs der Land- und Forstwirtschaft* gehen mit der Verankerung in § 160 Abs. 1 BewG keine Neuerungen einher; die wirtschaftliche Einheit umfasst mithin

▶ den Wirtschaftsteil,

▶ die Betriebswohnungen sowie

▶ den Wohnteil.

Die weiterhin erfolgende Zuordnung des Wohnteils zum land- und forstwirtschaftlichen Vermögen trägt den tatsächlichen (örtlichen) Besonderheiten im Bereich der Land- und Forstwirtschaft Rechnung, die trotz veränderter Rahmenbedingungen bei der Bewirtschaftung land- und forstwirtschaftlicher Betriebe weiterhin Bestand haben: *Ansiedlung der Wohngebäude im Außenbereich* und enge *räumliche Verbindung mit den Wirtschaftsgebäuden.*

aaa) Wirtschaftsteil

206

Nach § 160 Abs. 2 Satz 1 BewG umfasst der Wirtschaftsteil eines Betriebs der Land- und Forstwirtschaft die *land- und forstwirtschaftlichen Nutzungen*, die *Nebenbetriebe* einschließlich der dazugehörenden *Wirtschaftsgebäude* und *Betriebsmittel* sowie das *Abbauland*, das *Geringstland* und das *Unland*. Als land- und forstwirtschaftliche Nutzung sind alle Wirtschaftsgüter einzustufen, die einem der enumerativ aufgezählten Zwecke dienen. Demnach umfasst der Wirtschaftsteil eines Betriebs der Land- und Forstwirtschaft

► die landwirtschaftliche Nutzung,

► die forstwirtschaftliche Nutzung,

► die weinbauliche Nutzung,

► die gärtnerische Nutzung,

► die übrige land- und forstwirtschaftliche Nutzung,

► die Nebenbetriebe,

► das Abbauland,

► das Geringstland sowie

► das Unland.

Eine der genannten Nutzungen umfasst alle Wirtschaftsgüter, die einem der aufgezählten Zwecke dienen. Bei einem Betrieb der Land- und Forstwirtschaft mit nur einem Nutzungszweck korrespondiert der Wert dieser Nutzung gleichzeitig mit dem Wirtschaftswert dieses Betriebs.

bbb) Landwirtschaftliche Nutzung

207

Die *landwirtschaftliche Nutzung* umfasst alle Wirtschaftsgüter, die den Nutzungsarten (Betriebsformen) Ackerbau, Futterbau und Veredelung nach Maßgabe des § 169 BewG dienen. Als landwirtschaftliche Nutzung sind auch einzustufen die Nutzungsarten *Pflanzenbau-Verbund, Viehverbund* sowie *Pflanzen- und Viehverbund* (siehe hierzu auch Anlage 14 Spalte 2 zum BewG). Die Einbeziehung der Verbund-Betriebe ist vor dem Hintergrund *neuer Abgrenzungskriterien* unter Rückgriff auf die *Daten der Agrarberichterstattung* zu sehen. Die Abgrenzung der landwirtschaftlichen Nutzung erfolgt anhand der anderen Nutzungen und des *gemeinschaftlichen Klassifizierungssystems*, wie es vom Statistischen Bundesamt und dem Statistischen Amt der Europäischen Union für die Agrarstrukturerhebungen sowie im EU-Informationsnetz landwirtschaftlicher Buchführungen verwendet wird. *Zentrale Bedeutung* für die Klassifizierung hat der sog. *Standarddeckungsbeitrag*. Der *Standarddeckungsbeitrag (SDB)* dient der Eingruppierung der landwirtschaftlichen Betriebe nach ihrer betriebswirtschaftlichen Ausrichtung und zur Bestimmung der wirtschaftlichen Betriebsgröße. Der SDB ist eine standardisierte Rechengröße, die je Flächeneinheit einer Fruchtart bzw. je Tiereinheit einer Viehart ermittelt wird.

208   Die Ableitung der Daten erfolgt aus *Statistiken* und *Buchführungsunterlagen* über Preise, Erträge und Leistungen sowie durchschnittliche Kosten. Diese werden jährlich für 23 Merkmale der Bodennutzung und 16 Tierhaltungsmerkmale für 38 Regionen im Bundesgebiet (Regierungsbezirke oder Länder) ermittelt. Die so hergeleiteten SDB je Flächen- und Tiereinheit werden auf die betrieblichen Angaben über Art und Umfang der Bodennutzung sowie der Viehhaltung übertragen und zum gesamten SDB des jeweiligen Betriebs summiert. In Anlehnung an die *EU-Klassifizierung* werden bei den Betriebsformen *spezialisierte Betriebe* (Ackerbau, Gartenbau, Dauerkulturen, Futterbau, Veredelung) und *nicht spezialisierte Betriebe* unterschieden. Während bei den spezialisierten Betrieben der SDB eines Produktionszweiges mehr als $^2/_3$ am gesamten SDB des Betriebes beträgt, umfasst bei Verbund-Betrieben kein Produktionszweig mehr als $^2/_3$ des gesamten SDB.

209   **ccc)   Forstwirtschaftliche Nutzung**

Zur forstwirtschaftlichen Nutzung gehören alle *Wirtschaftsgüter*, die der Erzeugung und Gewinnung von Rohholz dienen. Wirtschaftsgüter der forstwirtschaftlichen Nutzung sind insbesondere die der Holzerzeugung dienenden Flächen, die Waldbestockung sowie die Wirtschaftsgebäude und die Betriebsmittel. Zu dem *normalen Bestand an umlaufenden Betriebsmitteln* der forstwirtschaftlichen Nutzung gehört auch eingeschlagenes Holz, soweit es den jährlichen Nutzungssatz im Sinne des § 34b Abs. 4 Nr. 1 EStG nicht übersteigt. Ein Überbestand an umlaufenden Betriebsmitteln zählt zum übrigen Vermögen und ist bei der forstwirtschaftlichen Nutzung nicht zu bewerten. Durch Windbruch und Windwurf angefallenes Holz gilt solange nicht als eingeschlagen, wie es mit der Wurzel verbunden ist.

210   Die *Fläche* der forstwirtschaftlichen Nutzung umfasst alle Flächen, die dauernd der Erzeugung von Rohholz gewidmet sind – *Holzboden- und Nichtholzbodenfläche*. Zur Holzbodenfläche rechnen neben den bestockten Flächen auch Waldwege, Waldeinteilungs- und Sicherungsstreifen, wenn ihre Breite einschließlich der Gräben 5 m nicht übersteigt, sowie Blößen (Flächen, die nur vorübergehend nicht bestockt sind). Zur Nichtholzbodenfläche rechnen die dem Transport und der Lagerung des Holzes dienenden Flächen (Waldwege, ständige Holzlagerplätze usw.), wenn sie nicht zur Holzbodenfläche gerechnet werden. Dazu gehören auch die Flächen der Saat- und Pflanzkämpe und der Samenplantagen, wenn sie zu mehr als zwei Drittel der Erzeugung von Pflanzen für den eigenen Betrieb dienen. Das gilt auch für Wildäcker und Wildwiesen, soweit sie nicht zur landwirtschaftlichen Nutzung oder zum Geringstland gehören. In der Flur oder im bebauten Gebiet gelegene bodengeschätzte Flächen, die mit einzelnen Baumgruppen, Baumreihen oder mit Hecken bestockt sind oder Baumschulen bzw. Weihnachtsbaumkulturen dienen, gehören nicht zur forstwirtschaftlichen Nutzung.

ddd)   Weinbauliche Nutzung   211

Die *weinbauliche Nutzung* umfasst alle Wirtschaftsgüter, die der *Erzeugung von Trauben* und der *Gewinnung von Wein und Saft* aus diesen Trauben dienen. Zum *Grund und Boden* der weinbaulichen Nutzung gehören alle Ertragsrebflächen sowie weinbauwürdige, aber vorübergehend nicht bestockte Flächen. Gebäude und Gebäudeteile, die der Gewinnung, dem Ausbau und der Lagerung der weinbaulichen Erzeugnisse dienen, rechnen als *Wirtschaftsgebäude* zur weinbaulichen Nutzung. Bei Betrieben, die die erzeugten Trauben zu Fass- und Flaschenwein ausbauen, gehören die gesamten Vorräte an Fass- und Flaschenwein aus den Ernten der letzten fünf Kalenderjahre vor dem Besteuerungszeitpunkt zum *normalen Bestand an umlaufenden Betriebsmitteln.*

Die *Fläche der weinbaulichen Nutzung* des Betriebs umfasst die im Ertrag stehenden   212
Rebanlagen, die vorübergehend nicht bestockten Flächen sowie die noch nicht ertragsfähigen Jungfelder. Der Anbau von Reben zur Gewinnung von Unterlagsholz, so genannte *Rebmuttergärten*, und die Anzucht von Pflanzreben, so genannte Rebschulen, gehören zur weinbaulichen Nutzung, wenn sie zu mehr als zwei Drittel dem Eigenbedarf des Betriebs dienen. Ist dies nicht der Fall, sind Rebmuttergärten und Rebschulen dem Nutzungsteil Baumschulen der gärtnerischen Nutzung zuzuordnen. In die Weinbaulage eingesprengte Flächen anderer Nutzungen sind der weinbaulichen Nutzung zuzurechnen, wenn sie nur vorübergehend nicht weinbaulich genutzt werden. *Ehemalige Weinbauflächen*, die brach liegen und bei denen zukünftig nicht mehr mit einer land- und forstwirtschaftlichen Nutzung zu rechnen ist, sind nach den jeweiligen Verhältnissen *Geringstland* oder *Unland*.

eee)   Gärtnerische Nutzung   213

Zur *gärtnerischen Nutzung* rechnen alle Wirtschaftsgüter, die den Nutzungsteilen *Blumen- und Zierpflanzenbau, Gemüsebau, Obstbau* sowie *Baumschulen* dienen. Saatkämpe, Rebmuttergärten und Rebschulen werden ebenfalls dem Nutzungsteil Baumschulen zugeordnet, *es sei denn*, sie dienen zu mehr als zwei Drittel dem Eigenbedarf einer im gleichen Betrieb vorhandenen forstwirtschaftlichen oder weinbaulichen Nutzung. *Brach- und Gründüngungsflächen* gehören nach der vorgesehenen Nutzung zum Nutzungsteil *Baumschulen*.

fff)   Übrige land- und forstwirtschaftliche Nutzung   214

Zu den übrigen land- und forstwirtschaftlichen Nutzungen gehören die *Sondernutzungen Hopfen, Spargel, Tabak und andere Sonderkulturen* (§ 175 Abs. 1 Nr. 1 BewG) sowie die *sonstigen land- und forstwirtschaftlichen Nutzungen* (§ 175 Abs. 1 Nr. 2 BewG).

Zum *Sondernutzung Hopfen* gehören alle Wirtschaftsgüter, die der Erzeugung von Hopfen dienen. Dazu gehören insbesondere die Junghopfenflächen und mit Gerüstanlagen versehene Ertragsflächen einschließlich der dazu gehörenden Randflächen sowie die Gebäude für Pflückmaschinen, Hopfendarren und Hopfenkonditionierungsanlagen. Die *Fläche des Nutzungsteils Hopfen* umfasst die Flächen im Sinne des *BodSchätzG*, die dem Hopfenbau dienen.   215

216   Zur *Sondernutzung Spargel* gehören alle Wirtschaftsgüter, die der Erzeugung von Spargel dienen. Dazu gehören insbesondere die Spargelanzuchtflächen, Junganlagen und
Ertragsanlagen einschließlich der Randflächen sowie die Räume für Verkauf, Kühlung
und Marktaufbereitung. Die *Fläche der Sondernutzung Spargel* umfasst die selbst bewirtschafteten Flächen im Sinne des *BodSchätzG*, die dem Spargelbau dienen. Bei Zu-
oder Verpachtungen von Flächen, die dem Spargelbau dienen, ist R 133 Abs. 2 zu beachten. Der Anbau von *Hopfen, Tabak und Spargel* gehört *nur dann* zu den *Sondernutzungen*, wenn *keine landwirtschaftliche Nutzung* im Sinne des § 160 Abs. 2 Satz 1 Nr. 1
Buchst. a BewG vorliegt.

217   **ggg)   Sonstige land- und forstwirtschaftliche Nutzungen**

Die sonstigen land- und forstwirtschaftlichen Nutzungen werden in § 175 Abs. 2 BewG
beispielhaft aufgezählt. Hierzu gehören insbesondere

▶ die Binnenfischerei,

▶ die Teichwirtschaft,

▶ die Fischzucht für Binnenfischerei und Teichwirtschaft,

▶ die Imkerei,

▶ die Wanderschäferei,

▶ die Saatzucht,

▶ der Pilzanbau,

▶ die Produktion von Nützlingen,

▶ die Weihnachtsbaumkulturen.

218   *Binnenfischerei* ist die Ausübung der Fischerei in Binnengewässern aufgrund von Fische-
reiberechtigungen. Zur Binnenfischerei gehören die Fischerei in stehenden Gewässern
sowie die Fischerei in fließenden Gewässern einschließlich der Kanäle. Für die Bewertung ist es *unerheblich*, ob die *Fischereiberechtigung* dem Inhaber des Fischereibetriebs
als Ausfluss seines Grundeigentums zusteht oder als selbständiges besonderes Recht
ausgeübt wird oder auf einer sonstigen Nutzungsüberlassung, z. B. Verleihung, beruht.

219   Zur *Teichwirtschaft und Fischzucht für Binnenfischerei und Teichwirtschaft* gehören alle
Wirtschaftsgüter, die der Erzeugung von Speisefischen (einschließlich deren Eier und
Brut) unabhängig von der Haltungsform dienen, insbesondere die Erzeugung von Forel-
len, Karpfen und so genannten Beifischen, wie z. B. Schleien, Hechten, Zandern, Amur-
karpfe

220   Die *Imkerei* umfasst alle Formen der *Bienenhaltung*, die auf ein wirtschaftliches Ziel
ausgerichtet sind und demzufolge ertragsteuerlich nicht als Liebhaberei gelten. Dabei
ist nicht zu unterscheiden zwischen der Bienenhaltung zur Gewinnung von Honig und
Wachs und anderen Formen der Bienenhaltung, wie z. B. Königinnenzucht oder Bienenhaltung für pharmazeutische Zwecke. Zu den *Wirtschaftsgütern*, die einer Imkerei dauernd zu dienen bestimmt sind, gehören neben den Bienenvölkern die Bienenstände, die
Bienenkästen und -körbe, die Imkereigeräte und die Vorräte sowie der Grund und Boden des Standorts der Bienenkästen und -körbe.

Wanderschäferei ist eine extensive Form der Schafhaltung, die durch die Haltungsform der Großherde und ständigen Standortwechsel gekennzeichnet ist. Im Gegensatz zu intensiven Formen der Schafhaltung (wie z. B. Koppelschafhaltung, Gutsschäferei) werden von Wanderschäfereien überwiegend fremde Flächen durch vorübergehende Beweidung genutzt. Wenn die Schafhaltung jedoch überwiegend auf Flächen stattfindet, die durch Nutzungsüberlassungsverträge dauernd (ganzjährig) zur Beweidung zur Verfügung stehen, handelt es sich nicht mehr um Wanderschäfereien, sondern um eine Schafhaltung, die im Rahmen der landwirtschaftlichen Nutzung zu bewerten ist. Da Wanderschäfereien landwirtschaftliche Flächen nicht regelmäßig nutzen, ist eine Beziehung zwischen Tierbestand, gemessen in Vieheinheiten, und Flächengrundlage zur Deckung des Futterbedarfs nicht herstellbar. Bei Wanderschäfereien ist deshalb § 51 *BewG nicht anwendbar. Die Größe des Nutzungsteils Wanderschäferei* wird durch die Zahl der Mutterschafe bestimmt. Mit den Mutterschafen sind bei der Bewertung der Wanderschäferei auch die übrigen Tiere, wie z. B. Zuchtböcke, Zutreter, Hammel und Lämmer, abgegolten. Das gilt auch für die übrigen, der Wanderschäferei dienenden Wirtschaftsgüter, wie z. B. der Schafstall, das Pferchmaterial sowie weitere Wirtschaftsgebäude. 221

Saatzucht ist die *Erzeugung von Zuchtsaatgut*. Zum Saatgut zählen Samen, Pflanzgut oder Pflanzenteile, die für die Erzeugung von Kulturpflanzen bestimmt sind. Dabei ist nicht zu unterscheiden zwischen Nutzpflanzensaatgut und dem Saatgut anderer Kulturpflanzen. Zur Saatzucht gehören alle *Wirtschaftsgüter*, die ihr zu dienen bestimmt sind, insbesondere: 222

▶ Grund und Boden für die Zuchtgärten und Pflanzkämpe einschließlich der Hof- und Gebäudeflächen, Wirtschaftswege und Trennstreifen;

▶ Wirtschaftsgebäude (z. B. Zuchtlaboratorien, Gewächshäuser, Lager- und Verwaltungsgebäude);

▶ stehende Betriebsmittel (z. B. Pflanzenbestände, Maschinen);

▶ umlaufende Betriebsmittel (z. B. die zum Verkauf bestimmten Erzeugnisse und Vorräte).

Nicht zu den Wirtschaftsgütern einer *Saatzucht*, sondern zur landwirtschaftlichen oder gärtnerischen Nutzung zählen die der *Saatgutvermehrung* dienenden Flächen und Betriebsmittel; das gilt auch dann, wenn die Vermehrung im Rahmen der landwirtschaftlichen oder gärtnerischen Nutzung eines Betriebs der Land- und Forstwirtschaft durchgeführt wird, zu dem die Saatzucht gehört.

Gegenstand der Bewertung beim *Pilzanbau* ist der *Anbau von Speisepilzen*. Zum Pilzanbau gehören alle *Wirtschaftsgüter*, die der Erzeugung von Speisepilzen dienen, insbesondere die Wirtschaftsgebäude mit den Beetflächen, Pasteurisierungs-, Anwachs- und Anspinnräumen sowie Konservierungsanlagen und Lagerplätze. 223

Unter *Nützlingen* sind regelmäßig Insekten zu verstehen, die als *Insektenfresser* (z. B. Raubmilben, Schlupfwespen) in ihren verschiedenen Entwicklungsstadien die Schadinsekten vernichten. Eine planmäßige Nutzung der natürlichen Kräfte des Grund und Bodens und die Verwertung der dadurch gewonnenen Erzeugnisse ist zu bejahen, sofern die Erzeugung von Nützlingen und die diesem Produktionsprozess vorangehende 224

Vermehrung von Schadinsekten dergestalt erfolgt, dass zwecks Ernährung der Nützlinge bzw. Schadinsekten *Pflanzen angebaut* werden.

225   Zum Nutzungsteil *Weihnachtsbaumkultur* gehören alle *Wirtschaftsgüter*, die dem Anbau von Weihnachtsbäumen dienen. Die *Fläche des Nutzungsteils Weihnachtsbaumkultur* umfasst die dem Anbau von Weihnachtsbäumen dienenden Flächen einschließlich der zur Weihnachtsbaumkultur gehörenden Lagerplätze und Fahrschneisen. Dienen Flächen der Jungpflanzenanzucht zu mehr als zwei Drittel der Erzeugung von Pflanzen für die eigene Weihnachtsbaumkultur, gehören diese Flächen zur Weihnachtsbaumkultur, andernfalls zum gärtnerischen Nutzungsteil Baumschulen. Zum Nutzungsteil Weihnachtsbaumkultur gehören auch langfristig forstwirtschaftlich genutzte Flächen, aus denen mehr als zwei Drittel des Bestandes als Weihnachtsbäume geschlagen werden, da in diesen Fällen die Vorkultur Weihnachtsbaumkultur den maßgeblichen Ertragswert prägt. Bei der Abgrenzung der Weihnachtsbaumkultur von dem gärtnerischen Nutzungsteil Baumschulen sind die Kulturmaßnahmen als wesentliche Unterscheidungsmerkmale heranzuziehen. Die Bäume einer Weihnachtsbaumkultur unterscheiden sich insbesondere dadurch von Baumschulkulturen, dass sie nach der Anpflanzung nicht umgeschult werden. Der untergeordnete Verkauf von Ballenware führt nicht zu einer Bewertung der Fläche als Baumschule.

226   **hhh)   Nebenbetriebe**

Nebenbetriebe sind Betriebe, die dem *Hauptbetrieb zu dienen bestimmt* sind und *nicht einen selbständigen gewerblichen Betrieb* darstellen (§ 160 Abs. 3 BewG). Die Abgrenzung erfolgt nach einkommensteuerlichen Kriterien (R 15.5 Abs. 3 EStR). Ein Nebenbetrieb der Land- und Forstwirtschaft liegt demnach vor, wenn *überwiegend im eigenen Hauptbetrieb erzeugte Rohstoffe be- oder verarbeitet* werden und die dabei gewonnenen *Erzeugnisse überwiegend für den Verkauf bestimmt* sind oder ein Land- und Forstwirt Umsätze aus der Übernahme von Rohstoffen (z. B. organische Abfälle) erzielt, diese be- oder verarbeitet und die dabei gewonnenen Erzeugnisse *nahezu ausschließlich im eigenen Betrieb der Land- und Forstwirtschaft* verwendet und die Erzeugnisse im Rahmen einer ersten Stufe der Be- oder Verarbeitung, die noch dem land- und forstwirtschaftlichen Bereich zuzuordnen ist, hergestellt werden. Die Regelung gilt aus Vereinfachungsgründen auch für Produkte der zweiten (gewerblichen) Verarbeitungsstufe, wenn diese zur *Angebotsabrundung* im Rahmen der *Direktvermarktung* eigener land- und forstwirtschaftlicher Produkte abgegeben werden und der Umsatz daraus nicht mehr als 10.300 Euro im Wirtschaftsjahr beträgt. Ein Nebenbetrieb kann auch vorliegen, wenn er ausschließlich von Land- und Forstwirten gemeinschaftlich betrieben wird und nur in deren Hauptbetrieben erzeugte Rohstoffe be- oder verarbeitet werden, oder nur Erzeugnisse gewonnen werden, die ausschließlich in diesen Betrieben verwendet werden. *Nebenbetriebe* sind auch *Substanzbetriebe* (Abbauland i. S. d. § 43 BewG), z. B. Sandgruben, Kiesgruben, Torfstiche, wenn die gewonnene Substanz überwiegend im eigenen land- und forstwirtschaftlichen Betrieb verwendet wird. Der *Absatz von Eigenerzeugnissen über einen eigenständigen Einzel- oder Großhandelsbetrieb*, die *Ausführung von Dienstleistungen* und die *Ausführung von besonderen Leistungen* sind *kein Nebenbetrieb*.

iii) Geringstland

227

Betriebsflächen geringster Ertragsfähigkeit – Geringstland – sind *unkultivierte, jedoch kulturfähige Flächen*, deren Ertragsfähigkeit so gering ist, dass sie in ihrem derzeitigen Zustand nicht regelmäßig land- und forstwirtschaftlich genutzt werden können (§ 160 Abs. 5 BewG); dazu gehören insbesondere unkultivierte Moor- und Heideflächen sowie die ehemals bodengeschätzten Flächen und die ehemaligen Weinbauflächen, deren Nutzungsart sich durch Verlust des Kulturzustands verändert hat. Der Verlust des Kulturzustands ist dann als gegeben anzusehen, wenn der kalkulierte Aufwand zur Wiederherstellung des Kulturzustands in einem Missverhältnis zu der Ertragsfähigkeit steht, die nach der Rekultivierung zu erwarten ist. Das ist regelmäßig dann der Fall, wenn der Aufwand den einer Neukultivierung übersteigen würde. Bei bodengeschätzten Flächen kann der nachhaltige *Verlust des Kulturzustands* insbesondere erst nach folgenden Ereignissen eintreten:

► Ansiedlung von Gehölzen infolge Nichtnutzung bei Hutungen und Hackrainen,

► Versteinung und Vernässung infolge Nichtnutzung, z. B. bei Hochalmen,

► Ansiedlung von Gehölzen und Verschlechterung der Wasserverhältnisse infolge Nichtnutzung, z. B. bei Streuwiesen,

► nachhaltige Verschlechterung des Pflanzenbestandes und der Wasserverhältnisse infolge zunehmender Überflutungsdauer und steigender Wasserverschmutzung bei Überschwemmungsgrünland oder Staunässe in Bodensenkungsgebieten,

► Vergiftung und Vernichtung des Pflanzenbestandes infolge schädlicher Industrieemissionen.

Bei Weinbauflächen, insbesondere in Steilhanglagen, kann der Verlust des Kulturzustands durch Ansiedlung von Gehölzen, Bodenabtrag sowie Einsturz von Mauern und Treppen infolge Nichtnutzung eintreten.

jjj) Abbauland

228

Zum *Abbauland* gehören Sandgruben, Kiesgruben, Steinbrüche, Torfstiche und dergleichen, wenn sie durch Abbau der Bodensubstanz überwiegend für den Betrieb der Land- und Forstwirtschaft nutzbar gemacht werden (§ 160 Abs. 4 BewG). Stillgelegte Kiesgruben und Steinbrüche eines Betriebs der Land- und Forstwirtschaft, die weder kulturfähig sind noch bei geordneter Wirtschaftsweise Ertrag abwerfen können, gehören zum Unland und nicht zum Abbauland.

kkk) Unland

229

Beim *Unland* handelt sich um solche Betriebsflächen, die *auch bei geordneter Wirtschaftsweise keinen Ertrag* abwerfen können (§ 160 Abs. 6 BewG). Als Unland sind solche Flächen zu qualifizieren, die *nicht kulturfähig* sind und sich somit vom Geringstland unterscheiden. Zum Unland gehören insbesondere ertraglose Böschungen, Felsköpfe, ausgebeutete Kiesgruben und dergl. *Stillgelegte Steinbrüche* eines Betriebs der Land- und Forstwirtschaft sind Unland, wenn und soweit sie nicht kulturfähig und auch sonst bei geordneter Wirtschaftsweise keinen Ertrag mehr abwerfen. Gleiches gilt für Kiesgruben, die sich infolge der Kiesausbeute mit Grundwasser gefüllt haben; werden solche Flächen allerdings für Zwecke der Fischerei genutzt, scheidet eine Einstufung als Unland aus. Das *Fehlen von Grenzmarkierungen und Zufahrtswegen* rechtfertigt *nicht* die Qualifizierung als *Unland*, da die Ertragsfähigkeit der betreffenden Flächen regelmäßig nicht berührt wird.

230   **III)   Stückländereien**

Einen Betrieb der Land- und Forstwirtschaft bilden nach § 160 Abs. 7 Satz 1 BewG auch Stückländereien, die als gesonderte wirtschaftliche Einheit zu bewerten sind. Die Vorschrift entspricht weitgehend der zur (grundsteuerlichen) Einheitsbewertung ergangenen Norm des § 34 Abs. 7 BewG, wurde jedoch mit einer *zeitlichen Komponente* versehen. So sind Stückländereien einzelne land- und forstwirtschaftlich genutzte Flächen, bei denen die Wirtschaftsgebäude oder die Betriebsmittel oder beide Arten von Wirtschaftsgütern nicht dem Eigentümer des Grund und Bodens gehören, sondern *am Bewertungsstichtag für mindestens 15 Jahre* einem anderen Betrieb der Land- und Forstwirtschaft zu dienen bestimmt sind. Der Gesetzgeber unterstellt bei Stückländereien, dass der wirtschaftliche Zusammenhang zwischen selbst bewirtschafteten Flächen und verpachteten Flächen aufgehoben ist oder von vornherein nicht besteht, wenn es sich bei Begründung des Pachtverhältnisses um einen Dauerzustand handelt.

231   **mmm)   Betriebswohnungen**

Gebäude oder Gebäudeteile des Betriebs, die dessen Arbeitnehmern und deren Familienangehörigen zu Wohnzwecken zur Verfügung gestellt werden, sind *Betriebswohnungen* (§ 160 Abs. 8 BewG). Dabei ist es nicht erforderlich, dass der Wohnungsinhaber oder seine Familienangehörigen ganz in dem Betrieb tätig sind. Es genügt, dass der jeweilige Arbeitnehmer vertraglich dazu verpflichtet ist, wenigstens 100 Arbeitstage oder 800 Arbeitsstunden im Jahr mitzuarbeiten. Das Merkmal der Betriebswohnung bleibt bei fortdauernder Nutzung der Wohnung durch den Arbeitnehmer nach Eintritt in den Ruhestand erhalten. Zum *Grund und Boden der Betriebswohnungen* zählen neben der bebauten Fläche auch die vom Betrieb im Rahmen der Wohnungsüberlassung zur Verfügung gestellten übrigen Flächen, wie z. B. Stellplätze und Gärten.

232   **nnn)   Wohnteil**

Gebäude oder *Gebäudeteile*, die dem *Inhaber* eines Betriebs der Land- und Forstwirtschaft und den zu seinem Haushalt gehörenden Familienangehörigen zu *Wohnzwecken* dienen (§ 160 Abs. 9 BewG), sind dem Wohnteil zuzurechnen, wenn der Betriebsinhaber oder mindestens einer der zu seinem Haushalt gehörenden Familienangehörigen durch *eine mehr als nur gelegentliche Tätigkeit* in dem Betrieb an ihn gebunden ist. Gebäude oder Gebäudeteile, die Altenteilern zu Wohnzwecken dienen, gehören zum Wohnteil, wenn die Nutzung der Wohnung in einem Altenteilsvertrag geregelt ist. Werden dem Hauspersonal nur einzelne zu Wohnzwecken dienende Räume überlassen, rechnen diese zum Wohnteil des Betriebs der Land- und Forstwirtschaft. Bei der Überlassung von Wohnungen an Arbeitnehmer des Betriebs ist R 131 Abs. 1 ErbStR 2003 anzuwenden.

Die Wohnung des Inhabers eines *größeren Betriebs* der Land- und Forstwirtschaft ist   233
dem Betrieb dauernd zu dienen bestimmt, wenn er oder mindestens einer der zu seinem Haushalt gehörenden Familienangehörigen den Betrieb selbständig leitet und die
Lage der Wohnung die hierfür erforderliche Anwesenheit im Betrieb ermöglicht. Wird
er darin von anderen Personen, z. B. einem Angestellten unterstützt, ändert dies an der
Zurechnung zum Wohnteil nichts. Die Wohnung des Inhabers eines größeren Betriebs,
der den Betrieb durch eine andere Person selbständig verwalten lässt, gehört dagegen
nicht zum Wohnteil, sondern zum Grundvermögen. *Herrenhäuser* und *Schlösser* gehören insoweit zum Wohnteil, als sie bei Vorliegen der oben bezeichneten Voraussetzungen dem Inhaber des Betriebs, seinen Familienangehörigen oder den Altenteilern zu
Wohnzwecken dienen.

Die Wohnung des Inhabers eines *Kleinbetriebs* ist dem Betrieb dauernd zu dienen be-   234
stimmt, wenn er oder einer der zu seinem Haushalt gehörenden Familienangehörigen
durch eine mehr als nur gelegentliche Tätigkeit an den Betrieb gebunden ist. Eine mehr
als nur gelegentliche Tätigkeit kann schon bei einem jährlichen Arbeitsaufwand von
insgesamt vier bis sechs Wochen gegeben sein. Bei der Beurteilung, ob eine mehr als
nur gelegentliche Tätigkeit ausgeübt wird, sind die Art der Nutzung und die Größe der
Nutzflächen zu berücksichtigen.

Die Wohngebäude von Inhabern so genannter *landwirtschaftlicher Nebenerwerbsstel-*   235
len, die im Allgemeinen eine Landzulage von nicht mehr als 3 000 qm haben, sind –
auch bei ausreichendem Viehbesatz – *in der Regel als Grundvermögen* zu bewerten,
weil es Hauptzweck des Wohngebäudes ist, dem Wohnbedürfnis des Eigentümers der
Nebenerwerbsstelle und seiner Familie zu dienen. Die Wohnung des Betriebsinhabers
muss sich *nicht in unmittelbarer Nachbarschaft* oder auf dem Hauptgrundstück eines
mehrere Grundstücke umfassenden land- und forstwirtschaftlichen Betriebs befinden.
Entscheidend ist, dass die Lage der Wohnung dem Betriebsinhaber ermöglicht, soweit
erforderlich im Betrieb anwesend zu sein und in den Betriebsablauf einzugreifen.

Zum *Grund und Boden des Wohnteils* zählen neben der bebauten Fläche auch die übri-   236
gen Flächen, wie z. B. Stellplätze und Gärten. Die Zuordnung des Grund und Bodens sowie der *Gartenflächen* richtet sich nach den entsprechenden *ertragsteuerlichen Abgren-*
zungskriterien. Folglich kann nur der Teil des Grund und Bodens dem Wohnteil zugerechnet werden, der nach § 52 Abs. 15 EStG 1997 steuerfrei entnommen werden konnte.

Bei *verpachteten Betrieben* scheidet der Eigentümer aus der Bewirtschaftung des Betrie-   237
bes aus. Die notwendige Bindung an den Betrieb ist nicht mehr gegeben. Die *Verpäch-*
terwohnung gehört damit *grundsätzlich* nicht mehr zum Wohnteil, sondern zum
Grundvermögen. Dies gilt nicht, sofern sich die Wohnungen von Pächter und Verpächter in einem Gebäude befinden.

Für *Altenteilerwohnungen* gelten die Regelungen für Betriebsinhaberwohnungen ent-   238
sprechend.

239   **cc) Bewertungsstichtag**

Entsprechend der Verfahrensweise bei der bisherigen Grundbesitzbewertung (Bedarfs-bewertung) bestimmt § 161 Abs. 1 BewG, dass bei der Bewertung des land- und forst-wirtschaftlichen Vermögens hinsichtlich der Größe des Betriebs, des Umfangs und des Zustands der Gebäude sowie der stehenden Betriebsmittel die *Verhältnisse im Besteue-rungszeitpunkt* maßgebend sind. *Abweichend* hiervon wird nach Maßgabe des § 161 Abs. 2 BewG bei den *umlaufenden Betriebsmitteln* auf die *Bestände zum Schluss des vorangegangenen Wirtschaftsjahres* abgestellt; zu diesem Zeitpunkt sind in der Regel nur diejenigen umlaufenden Betriebsmittel vorhanden, die für eine ordnungsgemäße Bewirtschaftung erforderlich sind. Mit dieser Regelung verfolgt der Gesetzgeber den Zweck, die Ermittlung der umlaufenden Betriebsmittel sowie die Feststellung und Ab-grenzung von Überbeständen zu erleichtern.

240   **dd) Bewertung des Wirtschaftsteils**

Unter Berücksichtigung der Vorgaben des Bundesverfassungsgerichts ist *Bewertungs-maßstab* für den Wirtschaftsteil eines Betriebs der Land- und Forstwirtschaft (grund-sätzlich) der *gemeine Wert.* Dieser wird – ein *Novum* – in § 162 Abs. 1 Satz 2 BewG als *Fortführungswert* definiert. Mithin ist als gemeiner Wert der Wert anzusetzen, der un-ter objektiven ökonomischen Bedingungen den landwirtschaftlichen, forstwirtschaftli-chen, weinbaulichen, gärtnerischen sowie den übrigen land- und forstwirtschaftlichen Nutzungen, den Nebenbetrieben und den übrigen Wirtschaftsgütern (Abbauland, Ge-ringstland, Unland) im fortgeführten land- und forstwirtschaftlichen Betrieb beizumes-sen ist. Der Fortführungswert des Wirtschaftsteils ist *grundsätzlich* im *Ertragswertver-fahren* nach § 163 BewG zu ermitteln.

241   Für *Stückländereien* wird ein *abweichender Bewertungsmaßstab* normiert. Stücklände-reien sind einzelne land- und forstwirtschaftlich genutzte Flächen, bei denen die Wirt-schaftsgebäude oder die Betriebsmittel oder beide Arten von Wirtschaftsgütern nicht dem Eigentümer des Grund und Bodens gehören (§ 160 Abs. 7 BewG). Bewertungsmaß-stab ist hier nach § 162 Abs. 2 BewG der ausschließlich an der Ertragsfähigkeit orien-tierte *Mindestwert* (§ 164 BewG).

242   Einen weiteren Bewertungsmaßstab formuliert § 162 Abs. 3 BewG. Werden danach ein Betrieb der Land- und Forstwirtschaft oder ein Anteil im Sinne des § 158 Abs. 2 Satz 2 BewG *innerhalb eines Zeitraums von 15 Jahren nach dem Bewertungsstichtag veräußert* (als Veräußerung gilt auch die Aufgabe des Betriebs), erfolgt die Bewertung mit dem *Liquidationswert* (§ 166 BewG). Gleiches gilt für die *Veräußerung wesentlicher Wirt-schaftsgüter.*

243   Die *Veräußerung* eines Betriebs der Land- und Forstwirtschaft oder eines Anteils daran ist hingegen auch innerhalb des Nachbewertungszeitraums *unschädlich,* wenn der Ver-äußerungserlös *innerhalb von sechs Monaten* ausschließlich zum Erwerb eines anderen Betriebs der Land- und Forstwirtschaft oder eines Anteils daran verwendet wird – *Rein-vestitionsklausel.* Diese Klausel (§ 162 Abs. 3 Satz 2 BewG) umfasst die Fälle, in denen die Struktur des übernommenen Betriebs in der Weise verändert wird, dass der *nämli-che Betrieb* aufgrund tatsächlicher Hindernisse oder *wirtschaftlicher Umstrukturierun-*

gen im Bereich der Land- und Forstwirtschaft *nicht mehr fortbestehen kann.* Für die *Veräußerung wesentlicher Wirtschaftsgüter* und die zeitnahe Investition des Veräußerungserlöses im betrieblichen Interesse gilt eine vergleichbare Regelung, d. h. vom Ansatz eines Liquidationswerts ist in einschlägigen Fällen abzusehen (§ 162 Abs. 4 Satz 2 BewG).

aaa) Ermittlung der Wirtschaftswerte

244

Nach § 163 Abs. 1 Satz 1 BewG ist bei der Ermittlung der jeweiligen Wirtschaftswerte von der *nachhaltigen Ertragsfähigkeit* land- und forstwirtschaftlicher Betriebe auszugehen. Ertragsfähigkeit ist der *bei ordnungsmäßiger Bewirtschaftung gemeinhin und nachhaltig erzielbare Reingewinn.* Dabei sind alle Umstände zu berücksichtigen, die bei einer Selbstbewirtschaftung den Wirtschaftserfolg beeinflussen. Konkretisierend hierzu führt § 163 Abs. 2 BewG aus, dass der im Allgemeinen bei ordnungsmäßiger Bewirtschaftung *nachhaltig erzielbare Reingewinn* das ordentliche Ergebnis *abzüglich* eines *angemessenen Lohnansatzes* für die Arbeitsleistung des Betriebsinhabers und der nicht entlohnten Arbeitskräfte umfasst. Die im unmittelbaren wirtschaftlichen Zusammenhang mit einem Betrieb der Land- und Forstwirtschaft stehenden *Verbindlichkeiten* sind durch den Ansatz der Zinsaufwendungen *abgegolten.* Zur Berücksichtigung der nachhaltigen Ertragsfähigkeit des Betriebs der Land- und Forstwirtschaft ist der *durchschnittliche Reingewinn der letzten fünf Jahre* heranzuziehen.

Bei der Bewertung der Wirtschaftsgüter im Sinne des § 158 Abs. 2 BewG durch *Kapitalisierung der Reingewinne* ist nicht das individuell durch den Land- und Forstwirt erwirtschaftete Ergebnis zu berücksichtigen, sondern der *im Allgemeinen normierte Reingewinn.* Bei der Beurteilung der nachhaltigen Ertragsfähigkeit stellt der Gesetzgeber *nicht auf Muster- oder Spitzenbetriebe* ab, sondern auf die *Betriebsergebnisse vergleichbarer Betriebe.*

245

bbb) Reingewinn/landwirtschaftliche Nutzung

246

Die Vorschrift des § 163 Abs. 3 BewG *konkretisiert* die *Bewertungsfaktoren* zur Ermittlung des Reingewinns der landwirtschaftlichen Nutzung unter *Beachtung europäischer Vorgaben.* Die *betriebswirtschaftliche Ausrichtung* eines Betriebs sowie die *Betriebsgröße* sind die relevanten Merkmale für die wirtschaftliche Ertragskraft eines Betriebs der Land- und Forstwirtschaft; folglich müssen diese Parameter bei der Bewertung landwirtschaftlicher Betriebe berücksichtigt werden. Demnach bestimmt sich der Reingewinn für die landwirtschaftliche Nutzung nach der *Region* (Bundesland, Regierungsbezirk), der maßgeblichen *Nutzungsart* (Betriebsform) und der *Betriebsgröße* nach der *Europäischen Größeneinheit (EGE).* Dabei ist zur Ermittlung der maßgeblichen Nutzungsart (Betriebsform) das gemeinschaftliche Klassifizierungssystem (Fundstelle) heranzuziehen. Hierzu sind in einem *ersten Schritt* die Standarddeckungsbeiträge (SDB) der selbst bewirtschafteten Flächen und der Tiereinheiten der landwirtschaftlichen Nutzung zu ermitteln. In einem *zweiten Schritt* ist daraus die Nutzungsart (Betriebsgröße) herzuleiten. Die Summe der SDB ist in einem *dritten Schritt* durch 1 200 Euro zu dividieren, so dass sich die Betriebsgröße in EGE ergibt. Die *gemeinschaftliche Maßeinheit „EGE"* entspricht einem *Gesamtstandarddeckungsbeitrag von 1 200 Euro.* In einem *vierten Schritt* erfolgt die Zuordnung des zu bewertenden Betriebs in eine der folgenden Betriebsgrößenklassen:

Betriebsgrößenklasse	Betriebsgröße in EGE
Kleinbetriebe	0 bis unter 40
Mittelbetriebe	40 bis 100
Großbetriebe	über 100

Der entsprechende Reingewinn der landwirtschaftlichen Nutzung ergibt sich aus Anlage 14 (Spalte 4) zum BewG. Die *Regionalisierung der Werte* in Anlage 14 trägt der unterschiedlichen Ertragsfähigkeit des Bodens Rechnung und erfolgte auf der Basis der für 38 Regionen ermittelten SDB. Die *wertmäßigen Unterschiede* der SDB in den Regionen wurden in Form von *Zu- und Abschlägen* auf die für Deutschland berechneten Reingewinne übertragen. *Standarddeckungsbeitrag* (SDB) ist der Unterschied zwischen dem standardisierten Geldwert der Bruttoerzeugung und dem standardisierten Geldwert bestimmter Spezialkosten. Das Bundesministerium der Finanzen veröffentlicht die maßgeblichen SDB im *Bundessteuerblatt Teil I* (BMF-Schreiben vom 18.3.2009, BStBl 2009 I S. 479).

247 **ccc) Reingewinn/forstwirtschaftliche Nutzung**

Nach § 163 Abs. 4 BewG bestimmt sich der Reingewinn für die forstwirtschaftliche Nutzung nach *Baumarten* und *Ertragsklassen*. Der Reingewinn ergibt sich aus Anlage 15 (Spalte 4) zum BewG. Der Gesetzgeber hat auf eine *Regionalisierung verzichtet*, da diese wegen der *inhomogenen Zusammensetzung der Forstbetriebe* nicht sachgerecht ist.

248 **ddd) Reingewinn/weinbauliche Nutzung**

Der Reingewinn der weinbaulichen Nutzung bestimmt sich gemäß § 163 Abs. 5 BewG nach den *Flächen der jeweiligen Nutzungsart*. Der Reingewinn ergibt sich aus Anlage 16 (Spalte 3) zum BewG. Für die unterschiedlichen Nutzungsarten innerhalb der weinbaulichen Nutzung – Weinbau, Fassweinerzeuger, Traubenvermarkter – werden *keine Standarddeckungsbeiträge* ermittelt. Folglich muss die flächenmäßige Bindung beibehalten werden. Da die *betriebswirtschaftliche Ausrichtung* und der *flächenmäßige Anbau* die relevanten Merkmale für die wirtschaftliche Ertragskraft eines Weinbaubetriebs sind, hat der Verordnungsgeber auf eine *Regionalisierung* der Werte *verzichtet*.

249 **eee) Reingewinn/gärtnerische Nutzung**

Der Reingewinn der gärtnerischen Nutzung bestimmt sich gemäß § 163 Abs. 6 BewG nach dem maßgeblichen *Nutzungsteil*, der *Nutzungsart* und den *Flächen*. Der Reingewinn ergibt sich aus Anlage 17 (Spalte 4) zum BewG. Auch bei der gärtnerischen Nutzung scheidet eine Abgrenzung der Nutzungsteile nach Standarddeckungsbeiträgen aus, da letztere nicht ermittelt werden. Die *flächenmäßige Bindung* ist also auch hier beizubehalten. Insbesondere die unterschiedlichen Nutzungsarten des produzierenden Gartenbaus – Freilandanbau/Unterglasanbau – müssen berücksichtigt werden. Da die *betriebswirtschaftliche Ausrichtung* und der *flächenmäßige Anbau* die relevanten Merkmale für die wirtschaftliche Ertragskraft eines Gartenbaubetriebs sind, hat der Verordnungsgeber – vergleichbar der Verfahrensweise bei der weinbaulichen Nutzung – auf eine *Regionalisierung* der Werte *verzichtet*. Eine Regionalisierung der Wert scheitert aber auch daran, dass für den Gemüsebau- und Zierpflanzenbau, die Baumschulen sowie den Obstbau *keine Standarddeckungsbeiträge* ermittelt werden.

fff) Reingewinn/Sondernutzungen Hopfen, Spargel, Tabak

250

Die Vorschrift des § 163 Abs. 7 BewG konkretisiert die Bewertungsfaktoren zur Ermittlung des Reingewinns der Sondernutzungen Hopfen, Spargel und Tabak. Der Gesetzgeber stellt dabei auf eine flächenmäßige Bindung ab. Der entsprechende Reingewinn ergibt sich aus Anlage 18 (Spalte 3) zum BewG. Da sich die Reingewinne bereits an *typischen Anbaugebieten* orientieren, war eine *Regionalisierung* der Werte *verzichtbar*.

ggg) Reingewinn/sonstige land- und forstwirtschaftliche Nutzung, Nebenbetriebe, Abbauland

251

Der Reingewinn für die *sonstigen land- und forstwirtschaftlichen Nutzungen*, die *Nebenbetriebe* und das *Abbauland* ist im *Einzelertragswertverfahren* zu ermitteln, soweit für die jeweilige Region nicht auf einen durch statistische Erhebungen ermittelten pauschalierten Reingewinn zurückgegriffen werden kann. Der *Einzelertragswert* ermittelt sich aus dem *betriebsindividuellen Ergebnis* und dem *Kapitalisierungszinssatz* nach § 163 Abs. 11 BewG. *Nebenbetriebe* sind Betriebe, die dem Hauptbetrieb zu dienen bestimmt sind und nicht einen selbständigen gewerblichen Betrieb darstellen (§ 160 Abs. 3 BewG). Die Abgrenzung erfolgt nach einkommensteuerlichen Kriterien. Zum *Abbauland* gehören Sandgruben, Kiesgruben, Steinbrüche, Torfstiche und dergleichen, wenn sie durch Abbau der Bodensubstanz überwiegend für den Betrieb der Land- und Forstwirtschaft nutzbar gemacht werden (§ 160 Abs. 4 BewG).

hhh) Reingewinn/Geringstland

252

Zum *Geringstland* gehören die *Betriebsflächen geringster Ertragsfähigkeit*, für die nach dem Bodenschätzungsgesetz keine Wertzahlen festzustellen sind. *Betriebsflächen geringster Ertragsfähigkeit* sind *unkultivierte, jedoch kulturfähige Flächen*, deren Ertragsfähigkeit so gering ist, dass sie in ihrem derzeitigen Zustand nicht regelmäßig land- und forstwirtschaftlich genutzt werden können (§ 160 Abs. 5 BewG). Der *Reingewinn* für das Geringstland wird nach § 163 Abs. 9 BewG pauschal mit *5,40 Euro pro Hektar* festgelegt.

iii) Reingewinn/Unland

253

Nach § 160 Abs. 6 BewG gehören zum Unland die Betriebsflächen, die auch bei geordneter Wirtschaftsweise *keinen Ertrag* abwerfen können; dabei ist auf den objektiven Charakter einer Betriebsfläche abzustellen. Unland ist dem *land- und forstwirtschaftlichen Vermögen* zuzuordnen, solange solche Flächen nicht einer anderen Verwendung (z. B. als Umgriff eines Unterkunftshauses im Hochgebirge) zugeführt werden. Der *Reingewinn* für Umland beträgt *0 Euro* (§ 163 Abs. 10 BewG).

254 **jjj) Zinssatz zur Ermittlung des Wirtschaftswerts**

Nach § 163 Abs. 11 Satz 1 BewG ist der jeweilige Reingewinn unter Berücksichtigung eines Zinssatzes zu kapitalisieren. Der *Kapitalisierungszinssatz* wird mit Rücksicht auf das dynamische Bewertungsverfahren und zur angemessenen Berücksichtigung wirtschaftlicher Gegebenheiten normativ festgelegt. Nach § 163 Abs. 11 Satz 2 BewG beträgt der *Zinssatz* zur Kapitalisierung des jeweiligen Reingewinns *5,5 %*. Dieser Zinssatz setzt sich aus einem *Basiszinssatz von 4,5 %* und einem *Risikozuschlag* von *1,0 %* zusammen. Der Basiszinssatz beruht auf der langfristig erzielbaren Rendite öffentlicher Anleihen. Der *Kapitalisierungsfaktor* beträgt mithin *18,6*.

255 Der *kapitalisierte Reingewinn* für die landwirtschaftliche, die forstwirtschaftliche, die weinbauliche, die gärtnerische Nutzung oder für deren Nutzungteile, die Sondernutzungen und das Geringstland ist mit der jeweiligen *Eigentumsfläche* des Betriebs zum Bewertungsstichtag zu *vervielfältigen*, der dieser Nutzung zuzurechnen ist (§ 163 Abs. 12 BewG). Zur Einbeziehung von *Hofflächen* und *Flächen der Wirtschaftsgebäude* siehe § 163 Abs. 13 BewG.

256 Das *typisierte Reinertragswertverfahren* als gesetzliches Regelbewertungsverfahren lässt sich nach folgendem *Schema* darstellen:

Regelertragswertverfahren (§ 163 BewG)

Durchschnittlicher Reinertrag je Hektar Eigentumsfläche (=Jahresertrag nach Abzug des Unternehmerlohns und der Berücksichtigung nicht entlohnter Arbeitskräfte)

x Eigentumsfläche

= maßgebender Reinertrag

x Kapitalisierungsfaktor 18,6 (auf Basis eines Zinssatzes von 5,5 %)

= Regelertragswert

257 Um der Vorgabe des BVerfG nach *dynamischen Wertermittlungsverfahren* Rechnung zu tragen, wird das BMF in § 163 Abs. 14 BewG ermächtigt, durch Rechtsverordnung mit Zustimmung des Bundesrates die Anlagen 14 bis 18 zum BewG dadurch zu ändern, dass es die darin aufgeführten *Reingewinne turnusmäßig* an die Ergebnisse der Erhebungen nach § 2 Landwirtschaftsgesetz *anpasst*.

258 **kkk) Verfahren zur Ermittlung des Mindestwerts**

Um auch *werthaltige Betriebe* mit *niedrigen oder gar negativen Reinerträgen* für Zwecke der Erbschaftsbesteuerung zu erfassen, hat der Gesetzgeber in § 164 BewG eine *Mindestwertregelung* installiert, die mit einer separaten Bewertung von Grund und Boden, Besatzkapital sowie sonstigen Wirtschaftsgütern einhergeht. Für solche Betriebe kommt daher ein Mindestwert zum Ansatz, der einzig an die *Ertragsfähigkeit der Wirtschaftsgüter* anknüpft.

259 Die Vorschrift des § 164 Abs. 2 bis 6 BewG regelt die Details zur Ermittlung des Mindestwerts (Art und Umfang der Wirtschaftsgüter, Verfahren und Berechnung des Mindestwerts, Zinssatz und durchschnittlicher Bodenwert). Der für den *Wert des Grund und Bodens* im Sinne des § 158 Abs. 3 Satz 1 Nr. 1 BewG zu *ermittelnde Pachtpreis* pro Hektar bestimmt sich nach der Nutzung bzw. dem Nutzungsteil und der Nutzungsart

des Grund und Bodens. Bei der *landwirtschaftlichen Nutzung* ist dabei die *Betriebsgröße in EGE* nach § 163 Abs. 3 Satz 4 Nr. 1 bis 3 BewG zu berücksichtigen. Der danach maßgebliche Pachtpreis ergibt sich jeweils aus den Anlagen 14, 15 und 17 (jeweils Spalte 5) sowie aus den Anlagen 16 und 18 (jeweils Spalte 4) zum BewG und ist mit der *Eigentumsfläche* zu *vervielfältigen*. Die regionalen Pachtpreise pro Hektar wurden aus dem Agrarbericht abgeleitet. Die Regionalisierung der bundesdurchschnittlichen Ergebnisse wurde unter Berücksichtigung der Standarddeckungsbeiträge bewerkstelligt. Die *Pachtpreise* wurden aus einem *fünfjährigen Durchschnitt* gebildet, um dieserart den in der Landwirtschaft üblichen Einkommensschwankungen zwischen mehreren Wirtschaftsjahren Rechnung zu tragen. Mit dieser Vorgehensweise wird zudem berücksichtigt, dass es für einen innerlandwirtschaftlichen Verkehrswert *keinen einheitlichen Marktpreis* gibt.

Der *Zinssatz* zur Kapitalisierung des regionalen Pachtpreises beträgt *5,5 %* und setzt   260
sich aus einem *Basiszinssatz* von *4,5 %* und einem *Risikozuschlag* von *1,0 %* zusammen;
der *Kapitalisierungsfaktor* beläuft sich mithin auf *18,6* (§ 164 Abs. 3 BewG).

Der *Wert für das Besatzkapital*, d. h. für die übrigen Wirtschaftsgüter im Sinne des § 158   261
Abs. 3 Satz 1 Nr. 2 bis 5 BewG bestimmt sich nach der Nutzung, dem Nutzungsteil und
der Nutzungsart des Grund und Bodens. Bei der *landwirtschaftlichen Nutzung* ist dabei
die *Betriebsgröße in EGE* nach § 163 Abs. 3 Satz 4 Nr. 1 bis 3 BewG zu berücksichtigen.
Der danach maßgebliche Wert für das Besatzkapital ergibt sich jeweils aus den Anlagen 14, 15a und 17 (jeweils Spalte 6) sowie aus den Anlagen 16 und 18 (jeweils Spalte
5) zum BewG und ist mit den *selbst bewirtschafteten Flächen* zu *vervielfältigen*. Der
Wert für das üblicherweise vorhandene Besatzkapital ist in Abhängigkeit der Nutzungsart pro Hektar aus dem Bilanzvermögen laut Agrarberichterstattung abgeleitet
worden. Zum Besatzkapital rechnen bauliche Anlagen, technische Anlagen und Maschinen, Tiervermögen sowie Umlaufvermögen.

Für den Bereich der *forstwirtschaftlichen Nutzung* hat der Normgeber die *Mindestwerte*   262
für das *Besatzkapital* aus dem Gutachten des Instituts für Forstökonomie der Universität Göttingen für ein typisierendes Verfahren zur Bewertung forstwirtschaftlicher Betriebe für Zwecke der Erbschaft- und Schenkungsteuer vom 25. 6. 2007 *abgeleitet*.

Der *Zinssatz* zur Kapitalisierung der übrigen Wirtschaftsgüter beträgt *5,5 %* und setzt   263
sich aus einem *Basiszinssatz* von *4,5 %* und einem *Risikozuschlag* von *1,0 %* zusammen;
der *Kapitalisierungsfaktor* beläuft sich mithin auf *18,6* (§ 164 Abs. 5 BewG).

Von der Summe des kapitalisierten Werts des Grund und Bodens sowie des kapitalisierten Werts der übrigen Wirtschaftsgüter sind die damit in wirtschaftlichem Zusammenhang stehenden *Verbindlichkeiten* abzusetzen. Der *Mindestwert*, der sich hiernach ergibt, darf nach § 164 Abs. 6 Satz 2 BewG *nicht weniger als 0 Euro* betragen.   264

Um der Vorgabe des BVerfG nach *dynamischen Wertermittlungsverfahren* Rechnung zu   265
tragen, wird das BMF in § 164 Abs. 7 BewG ermächtigt, durch Rechtsverordnung mit
Zustimmung des Bundesrates die Anlagen 14 bis 18 zum BewG dadurch zu ändern,
dass es die darin aufgeführten *Pachtpreise* und *Werte für das Besatzkapital* turnusmäßig
an die Ergebnisse der Erhebungen nach § 2 Landwirtschaftsgesetz *anpasst*.

266   Das *typisierte Mindestwertverfahren* lässt sich nach folgendem *Schema* darstellen:

Mindestwertregelung (§ 164 BewG)

Grund und Boden: Regional üblicher Netto-Pachtpreis je Hektar x Eigentumsfläche

+ Besatzkapital

    betriebsformabhängiger prozentualer Anteil vom landesspezifischen Netto-Pachtpreis je Hektar (Ermittlungsbasis: länderspezifische Hektarwerte der Agrarstatistik) x bewirtschaftete Fläche

= Jahresertragswert

x Kapitalisierungsfaktor 18,6 (auf Basis eines Zinssatzes von 5,5 %)

+ Ansatz sonstiger Wirtschaftsgüter mit dem gemeinen Wert

= **Mindestwert (nach Abzug Verbindlichkeiten nicht weniger als 0 Euro)**

267   III)   Tierbestände

Für die *Umrechnung der Tierbestände* (§ 169 BewG) in *Vieheinheiten* sowie die Gruppen der mehr oder weniger flächenabhängigen Zweige des Tierbestands sind die in den Anlagen 19 und 20 zum BewG aufgeführten Werte maßgebend.

268   mmm)   Bewertung des Wirtschaftsteils mit dem Fortführungswert/Öffnungsklausel

Die Summe der nach Maßgabe des § 163 BewG zu ermittelnden Wirtschaftswerte ergibt den *Wert des Wirtschaftsteils*. Nach § 165 Abs. 2 BewG darf der für einen Betrieb der Land- und Forstwirtschaft anzusetzende Wert des Wirtschaftsteils *nicht geringer* sein als der nach § 164 BewG ermittelte *Mindestwert*.

In Anlehnung an das bisherige Recht (Ermittlung des Betriebswerts insgesamt im Einzelertragswertverfahren auf Antrag, § 142 Abs. 3 BewG) räumt der Gesetzgeber in § 165 Abs. 3 BewG im Wege der *Öffnungsklausel* die *Möglichkeit des Verkehrswertnachweises* ein. Weist der Steuerpflichtige mithin nach, dass der gemeine Wert des Wirtschaftsteils niedriger ist als der nach § 165 Abs. 1 BewG (Regelertragswert) *und* nach § 165 Abs. 2 BewG (Mindestwert) ermittelte Wert, ist dieser Wert anzusetzen. Der *Verkehrswertnachweis* ist mithin nur für den *gesamten Wirtschaftsteil* zulässig. Zur Gleichbehandlung mit dem Betriebsvermögen (siehe hierzu § 11 Abs. 2 BewG) findet ein nachgewiesener Verkehrswert seine *unterste Grenze im Liquidationswert* (§ 166 BewG). Die Fälle mit Verkehrswertnachweis beim land- und forstwirtschaftlichen Wirtschaftsteil dürften auch in der zukünftigen Bewertungspraxis eine *sehr bescheidene Rolle* spielen.

BEISPIEL: ▶ *Ermittlung des Wirtschaftswerts für einen Landwirtschaftsbetrieb in Oberbayern mit folgenden Betriebsverhältnissen:*

Ackerbau 50 ha Eigentum und 55 ha Zupachtflächen, betriebliche Verbindlichkeiten 57.000 EUR.

1. Ermittlung des Gesamtstandarddeckungsbeitrags für die landwirtschaftliche Nutzung

Standarddeckungsbeitrag/ha für	Anbauflächen/ha	Betrag in EUR
Weichweizen 598 EUR	30	17.940
Kartoffeln 2.327 EUR	40	93.080

Standarddeckungsbeitrag/ha für	Anbauflächen/ha	Betrag in EUR
Raps 584 EUR	30	17.520
Roggen 402 EUR	2,5	1.005
Gerste 516 EUR	2,5	1.290
Gesamtstandarddeckungsbeitrag des Betriebs		130.835

2. Ermittlung der Nutzungsart bzw. Betriebsform für die landwirtschaftliche Nutzung

Da die Standarddeckungsbeiträge der pflanzlichen Nutzung entsprechend Abschnitt 29 Abs. 3 Satz 1 Nr. 1 Satz 3 i.V. m. Anlage 2 alle dem Ackerbau zuzuordnen sind, ist das Klassifizierungsmerkmal > $^2/_3$ erfüllt. Es liegt ein reiner Ackerbaubetrieb vor.

3. Ermittlung der Betriebsgröße für die landwirtschaftliche Nutzung

Gesamtstandarddeckungsbeitrag 130.835 : 1200 = 109,03 EGE

Die Betriebsgröße liegt über 100 EGE = Großbetrieb.

4. Bewertungsparameter Anlage 14 zum BewG

Reingewinn/ha – Oberbayern, Großbetrieb, Ackerbau 109,00 EUR

5. Bewertung des Betriebs

Reingewinnverfahren

Nutzungsart	Wert EUR/ha	Kapitalisierungsfaktor	jeweilige Eigentumsfläche	Wirtschaftswert
Ackerbau über 100 EGE	109	18,6	50 ha	101.370,00 EUR
Wirtschaftswert der landwirtschaftlichen Nutzung				**101.370 EUR**

Die betrieblichen Verbindlichkeiten sind mit dem Ansatz des Reingewinns von 109 EUR/ha berücksichtigt.

Grundsätzlich ist die flächenmäßige Bezugsgröße die jeweilige *Eigentumsfläche* des Betriebs; die gilt auch für Zwecke der Mindestwertregelung. Bei Anwendung der Mindestwertregelung für das Besatzkapital ist jedoch auf die *selbst bewirtschaftete Fläche* abzustellen, mithin auf die *Eigentums- und Pachtflächen*.   269

nnn) Nachbewertungsvorbehalt/Liquidationswert   270

Ein *Novum* im erbschaftsteuerlichen Bewertungsrecht des land- und forstwirtschaftlichen Vermögens ist die gesetzliche Verankerung eines *Nachbewertungsvorbehalts*. Bei *steuerschädlichem Verhalten* im Sinne des § 162 Abs. 3 BewG (*Veräußerung* oder *Aufgabe* eines Betriebs der Land- und Forstwirtschaft oder eines Anteils im Sinne des § 158 Abs. 2 Satz 2 BewG *innerhalb eines Zeitraums von 15 Jahren* nach dem Erbfall/dem Vollzug der Schenkung) tritt an die Stelle des Fortführungswerts der *Liquidationswert, es sei denn*, es liegt ein Fall der *Reinvestitionsklausel* (§ 162 Abs. 3 Satz 2 BewG). Dieselbe Rechtsfolge tritt ein, wenn funktional wesentliche Wirtschaftsgüter veräußert, in das Privatvermögen überführt oder im Wege des Nutzungswechsels auf Dauer dem Betrieb der Land- und Forstwirtschaft entzogen werden. Obwohl die Definitionen im Nachbewertungsfall sich teilweise mit den aus dem Ertragsteuerrecht bekannten Begriffen „wesentliche Betriebsgrundlagen" und „andere betriebsfremden Zwecken zugeführt" decken, waren *eigenständige bewertungsrechtliche Begriffsbestimmungen* erforderlich, da der Umfang der wirtschaftlichen Einheit (Bewertungsrecht) unter der Umfang des Betriebsvermögens (Ertragsteuerrecht) differieren können. Der Rückgriff auf den Nachbewertungs-/Nachversteuerungsvorbehalt folgt den Gepflogenheiten bei *Nachabfin-dungsvorbehalten im Zuge zivilrechtlicher Erbfolgeregelungen in der Land- und Forstwirt-schaft* (vgl. hierzu § 13 HöfeO). Mit der steuerschädlichen Veräußerung/Aufgabe des Be-triebs der Land- und Forstwirtschaft liegt ein Ereignis vor, das steuerliche Wirkung für die Vergangenheit hat – *rückwirkendes Ereignis* im Sinne des § 175 Abs. 1 Satz 1 Nr. 2 AO. Neben der Änderung des bisher festgestellten Grundbesitzwerts wird die Erb-schaftsteuer nach der sich hiernach ergebenden geänderten Bemessungsgrundlage rückwirkend neu festgesetzt (§ 175 Abs. 1 Satz 1 Nr. 1 AO).

271

Der *Liquidationswert* ist nach § 166 Abs. 2 BewG in Fällen der Veräußerung/Aufgabe ei-nes Betriebs der Land- und Forstwirtschaft oder des Mitunternehmeranteils an einem solchen Betrieb nach folgendem *Berechnungsschema* zu ermitteln:

Grund und Boden (zuletzt festgestellte Bodenrichtwerte abzüglich 10 % Liquidations-kosten)

+ Wohn- und Wirtschaftsgebäude (gemeine Werte abzüglich 10 % Liquidationskosten)
+ stehende Betriebsmittel (gemeine Werte abzüglich 10 % Liquidationskosten)
+ umlaufende Betriebsmittel (gemeine Werte abzüglich 10 % Liquidationskosten)
+ immaterielle Wirtschaftsgüter (gemeine Werte abzüglich 10 % Liquidationskosten)
= Liquidationswert

272

Sind dem Betrieb der Land- und Forstwirtschaft *wesentliche Wirtschaftsgüter* durch Ver-äußerung, Entnahme oder Nutzungswechsel auf Dauer entzogen worden, gelten die vorgenannten bewertungsrechtlichen Grundsätze zur Ermittlung und zum Ansatz des Liquidationswerts entsprechend. Mithin sind die *Liquidationskosten* typisierend mit ei-nem *Pauschalansatz von 10 %* des Werts der Wirtschaftsgüter zu berücksichtigen. Eine *Ausnahme* hiervon gilt im Falle der *Reinvestition* (§ 162 Abs. 4 Satz 2 BewG)

ee) Bewertung der Betriebswohnungen und des Wohnteils

273

Unabhängig von seiner Zugehörigkeit zu den Betriebswohnungen und zum Wohnteil wird der land- und forstwirtschaftliche Wohnraum nach denselben Verfahren *wie bei Gebäuden des Grundvermögens* bewertet und demgemäß wie vergleichbare Wohnun-gen behandelt (§ 167 Abs. 1 BewG). Nach § 167 Abs. 2 BewG wird für die *flächenmäßige Abgrenzung* des zu den Betriebswohnungen und zum Wohnteil des Betriebsinhabers oder des Altenteilers gehörenden Grund und Bodens eine *Sonderregelung* statuiert: Demnach wird bei der Ermittlung des Bodenwerts die zu bewertende Fläche höchstens auf das *Fünffache der mit den Wohnhäusern bebauten Fläche* beschränkt.

274

Nach § 167 Abs. 1 BewG erfolgt die *Bewertung* der Betriebswohnungen und des Wohn-teils nach den Vorschriften, die für die Bewertung von Wohngrundstücken im Grund-vermögen gelten, also nach den §§ 182 bis 196 BewG. Das bisherige Recht normierte bereits in § 143 Abs. 3 BewG einen *Pauschalabschlag von 15 %* bei der Wertermittlung für landwirtschaftliche Wohngebäude, um der *eingeschränkten Verkehrsfähigkeit – Fun-gibilität –* solcher Bauten Rechnung zu tragen. Dieser *Pauschalabschlag* ist in § 167 Abs. 3 BewG verankert worden. Demnach ist zu *Berücksichtigung von Besonderheiten*, die sich im Falle einer *engen räumlichen Verbindung von Wohnraum* mit dem Betrieb ergeben, der Wert des Wohnteils und der Wert der Betriebswohnungen um 15 % zu er-mäßigen.

Des Weiteren dürften für einen *Verkehrswertnachweis* bei Betriebswohnungen und Wohnteile solche Umstände in Betracht kommen, die bei Anwendung der gesetzlich vorgeschriebenen Bewertungsverfahren einschließlich Pauschalabschlag noch nicht berücksichtigt worden sind. Wertmindernde Umstände in diesem Sinne sind *wirtschaftliche Überalterung, Baumängel/Bauschäden* sowie *Denkmalschutzauflagen*. Hierzu hat der Gesetzgeber für land- und forstwirtschaftliche Wohngebäude in § 167 Abs. 4 BewG eine *eigenständige Öffnungsklausel* verankert, die dem Steuerpflichtigen einen Verkehrswertnachweis für den gesamtem Wohnteil *oder* die Betriebswohnungen ermöglicht. Auch diese Regelung wurde um den Hinweis ergänzt, dass der Verkehrswertnachweis grundsätzlich die aufgrund des § 199 Abs. 1 BauGB erlassenen Vorschriften einschlägig sind, mithin die *WertV* sowie die hierzu ergangenen WertR 2006.

275

ff) Grundbesitzwert des Betriebs der Land- und Forstwirtschaft/Aufteilung

Der nach § 157 Abs. 1 BewG für Zwecke der Folgebesteuerung (ErbSt/SchenkSt) gesondert festzustellende Grundbesitzwert für den Betrieb der Land- und Forstwirtschaft ist die Summe aus dem *Wert des Wirtschaftsteils*, dem *Wert der Betriebswohnungen abzüglich* der damit wirtschaftlich verbundenen *Schulden* sowie dem *Wert des Wohnteils*, der um die darauf lastenden *Verbindlichkeiten* zu *mindern* ist (§ 168 Abs. 1 BewG). Abweichend von der bisherigen Rechtslage ist folglich der *Wert eines Betriebs der Land- und Forstwirtschaft* als *Nettowert* zu qualifizieren. Der Grundbesitzwert für *Stückländereien* als Betrieb der Land- und Forstwirtschaft besteht hingegen nur aus dem Wert des Wirtschaftsteils (§§ 168 Abs. 2, 160 Abs. 7 BewG). Der Grundbesitzwert für einen *Anteil an einem Betrieb der Land- und Forstwirtschaft* im Sinne des § 158 Abs. 2 Satz 2 BewG ist nach § 168 Abs. 4 bis 6 BewG *aufzuteilen*.

276

Der *Wert des Wirtschaftsteils* ist nach den beim Mindestwert (§ 164 BewG) zugrunde gelegten Verhältnissen *aufzuteilen* (§ 168 Abs. 4 Satz 1 BewG). Dabei ist

1. der *Wert des Grund und Bodens* und der *Wirtschaftsgebäude* oder ein Anteil daran (§ 158 Abs. 3 Satz 1 Nr. 1 und 2) dem jeweiligen Eigentümer zuzurechnen. Im Falle des Gesamthandseigentums ist der Wert des Grund und Bodens nach der Höhe der gesellschaftsrechtlichen Beteiligung aufzuteilen;

277

2. der *Wert der übrigen Wirtschaftsgüter* (§ 158 Abs. 3 Satz 1 Nr. 3 bis 5) nach dem Wertverhältnis der dem Betrieb zur Verfügung gestellten Wirtschaftsgüter aufzuteilen. Im Falle des Gesamthandseigentums ist der Wert der übrigen Wirtschaftsgüter nach der Höhe der gesellschaftsrechtlichen Beteiligung aufzuteilen;

3. der *Wert der zu berücksichtigenden Verbindlichkeiten* (§ 164 Abs. 4) dem jeweiligen Schuldner zuzurechnen. Im Falle des Gesamthandseigentums ist der Wert der zu berücksichtigenden Verbindlichkeiten nach der Höhe der gesellschaftsrechtlichen Beteiligung aufzuteilen.

Die *Zurechnungs- und ggf. Aufteilungsregelungen* für den Wert der Betriebswohnungen und den Wert für den Wohnteil sind in § 168 Abs. 5 und 6 BewG normiert. Demnach ist der Wert für die *Betriebswohnungen* und für den *Wohnteil* dem jeweiligen *Eigentümer* zuzurechnen. Im Falle des *Gesamthandseigentums* ist der Wert jeweils nach der *Höhe der gesellschaftsrechtlichen Beteiligung* aufzuteilen.

278

c) Bewertung des Grundvermögens

aa) Neubewertung des Grundvermögens

279
Mit der Neukonzeption der erbschaft- und schenkungsteuerlichen Immobilienbewertung strebt der Gesetzgeber die gleichheitsgerechte Annäherung der Bewertungsmethoden an den gemeinen Wert an, ist sich indessen aber auch bewusst, dass es für das Grundvermögen keinen absoluten, sicher realisierbaren Marktwert gibt. Mithin ist ein Marktwertniveau mit einer *Streubreite* zu treffen, die verfassungsrechtlich unangreifbar ist. Zu diesem Zweck greift das neue Bewertungsrecht auf *typisierende Bewertungsmethoden* zurück, die strukturell geeignet sind, das gesetzlich veran018kerte Bewertungsziel „gemeiner Wert" (§ 177 BewG) zumindest annäherungsweise zu erreichen.

bb) Bewertung unbebauter Grundstücke

280
Unter unbebauten Grundstücken sind Grundstücke zu verstehen, auf denen sich keine benutzbaren Gebäude befinden (§ 178 Abs. 1 Satz 1 BewG). Die *Benutzbarkeit* beginnt im Zeitpunkt der *Bezugsfertigkeit*. Wie im bisherigen Recht zählen auch Grundstücke mit Gebäuden, die auf Dauer keiner Nutzung zugeführt werden können, zu den unbebauten Grundstücken (§ 178 Abs. 2 Satz 1 BewG). Ein aufgrund baulicher Mängel vorübergehend nicht benutzbares Gebäude ist als bebautes Grundstück einzustufen. Die Vorschrift des § 178 Abs. 2 Satz 2 BewG fingiert – wie bisher – ein Grundstück als unbebautes Grundstück, auf dem infolge der Zerstörung oder des Verfalls der Gebäude auf Dauer benutzbarer Raum nicht mehr vorhanden ist.

281
Der Wert unbebauter Grundstücke bestimmt sich gemäß § 179 Abs. 1 Satz 1 BewG regelmäßig nach ihrer *Fläche* und den *Bodenrichtwerten* (§ 196 BauGB). Bei den Bodenrichtwerten handelt es sich um durchschnittliche Lagewerte, die sich für ein Gebiet mit im Wesentlichen gleichen Lage- und Nutzungsverhältnissen je Quadratmeter der unbebauten oder bebauten Grundstücksfläche ergeben. Bei der Wertermittlung ist stets der Bodenrichtwert anzusetzen, der vom Gutachterausschuss zuletzt zu ermitteln war. Der Bodenwert ist aus den Werten vergleichbarer Flächen abzuleiten, wenn sich von den Gutachterausschüssen kein Bodenrichtwert i. S. d § 196 BauGB ermitteln lässt.

cc) Bewertung bebauter Grundstücke

aaa) Grundstücksarten

282
Grundstücke, auf denen sich benutzbare Gebäude befinden, sind als *bebaute Grundstücke* zu qualifizieren (§ 180 Abs. 1 Satz 1 BewG). Der Vorgehensweise bei der (grundsteuerlichen) Einheitsbewertung folgend, ordnet der Steuergesetzgeber für Zwecke der Bewertung bebauter Grundstücke bestimmte *Grundstücksarten* einschlägigen *Bewertungsverfahren* zu. Normativ sind folgende Grundstücksarten zu unterscheiden: Ein- und Zweifamilienhäuser, Mietwohngrundstücke, Wohnungs- und Teileigentum, Geschäftsgrundstücke, gemischt genutzte Grundstücke sowie sonstige bebaute Grundstücke (§ 181 Abs. 1 BewG).

Ein- und Zweifamilienhäuser sind Wohngrundstücke, die bis zu zwei Wohnungen enthalten und kein Wohnungseigentum sind. Die Einstufung als Ein- oder Zweifamilienhaus kommt auch dann zum Zuge, wenn ein Grundstück zu weniger als 50 % – berech-

net nach der Wohn- oder Nutzfläche – zu anderen als Wohnzwecken mitbenutzt und   283
dadurch die Eigenart als Ein- oder Zweifamilienhaus nicht wesentlich beeinträchtigt
wird. Im Zuge der Neukonzeption der erbschaftsteuerlichen Immobilienbewertung
wird der bewertungsrechtliche Wohnungsbegriff erstmals gesetzlich definiert (§ 181
Abs. 9 BewG).

Mietwohngrundstücke sind Grundstücke, die zu mehr als 80 % (berechnet nach der
Wohn- oder Nutzfläche) Wohnzwecken dienen, und nicht Ein- oder Zweifamilienhäuser
sind.

Wohnungseigentum ist das Sondereigentum an einer Wohnung in Verbindung mit
dem Mitwohnungseigentumsanteil an dem gemeinschaftlichen Eigentum, zu dem es
gehört.

Teileigentum ist das Sondereigentum an nicht zu Wohnzwecken dienenden Räumen eines Gebäudes in Verbindung mit dem Miteigentum an dem gemeinschaftlichen Eigentum, zu dem es gehört.

Geschäftsgrundstücke sind Grundstücke, die zu mehr als 80 % (berechnet nach der
Wohn- und Nutzfläche) anderen als Wohnzwecken dienen.

Gemischt genutzte Grundstücke sind Grundstücke, die teils Wohnzwecken, teils anderen
als Wohnzwecken dienen und nicht Ein- oder Zweifamilienhäuser, Mietwohngrundstücke, Wohnungseigentum, Teileigentum oder Geschäftsgrundstücke sind.

Sonstige bebaute Grundstücke sind solche Grundstücke, die nicht unter die vorgenannten Grundstückskategorien fallen. Mithin handelt es sich hier um einen Auffangtat-
bestand.

bbb) Bewertungsverfahren

Da die *Bewertungsmethoden strukturell geeignet* sein müssen, eine *Annäherung an den
gemeinen Wert* zu gewährleisten, hat sich der Steuergesetzgeber für den grundsätzlichen Rückgriff auf die anerkannten Verfahren zur Verkehrswertermittlung nach der   284
Wertermittlungsverordnung (WertV vom 6. 12. 1988, BGBl 1988 I S. 2209, geändert
durch Art. 3 des Bau- und Raumordnungsgesetzes vom 18. 8. 1997, BGBl 1997 I S. 2081)
entschieden. Die dortigen Verfahren werden für Zwecke der erbschaft- und schenkungsteuerlichen Bewertung unter Berücksichtigung der im gewöhnlichen Geschäftsverkehr
bestehenden Gepflogenheiten den steuerlichen Grundstücksarten zugeordnet und in
Anlehnung an die WertV typisierend (gesetzgeberische Motivation: Vereinfachung des
Besteuerungsverfahrens, Reduzierung der Streitanfälligkeit) geregelt (§ 182 Abs. 1
BewG).

In Abhängigkeit der gesetzlich vorgegebenen Grundstücksarten ergibt sich folgende
normative Zuordnung der steuerlichen Bewertungsverfahren (in Klammern die Bewertungsverfahren lt. WertV):

Grundstücksarten	Bewertungsverfahren	Rechtsgrundlagen
Wohnungseigentum, Teileigentum, Einfamilienhäuser, Zweifamilienhäuser	Vergleichswertverfahren	§§ 182 Abs. 2, 183 BewG (§ 199 Abs. 1 BauGB i.V. m. §§ 13, 14 WertV)
Mietwohngrundstücke, Geschäftsgrundstücke und gemischt genutzte Grundstücke, für die sich auf dem örtlichen Grundstücksmarkt eine übliche Miete ermitteln lässt.	Ertragswertverfahren	§§ 182 Abs. 3, 184 bis 188 BewG (§ 199 Abs. 1 BauGB i.V. m. §§ 15 bis 20 WertV)
Wohnungseigentum, Teileigentum, Einfamilienhäuser, Zweifamilienhäuser, soweit ein *Vergleichswert nicht vorliegt*; Geschäftsgrundstücke und gemischt genutzte Grundstücke, für die sich auf dem örtlichen Grundstücksmarkt *keine übliche Miete* ermitteln lässt; sonstige bebaute Grundstücke	Sachwertverfahren	§§ 182 Abs. 4, 189 bis 191 BewG (§ 199 Abs. 1 BauGB i.V. m. §§ 21 bis 25 WertV)

(1) Vergleichswertverfahren

(1.1) Vergleichspreisverfahren

285 Nach § 182 Abs. 2 BewG sind im *Vergleichswertverfahren* grundsätzlich *Wohnungseigentum, Teileigentum* sowie *Ein- und Zweifamilienhäuser* zu bewerten. Nach der gesetzlichen Regelung gemäß WertV stehen hierfür zwei Verfahrenswege zur Verfügung, auf die zweckmäßigerweise auch § 183 BewG zurückgreift: die Heranziehung von *Vergleichskaufpreisen* einerseits sowie die Anwendung von *Vergleichsfaktoren* andererseits.

286 Zur Anwendung des Vergleichswertverfahrens sind nach § 183 Abs. 1 Satz 1 BewG *Kaufpreise von Grundstücken* heranzuziehen, die hinsichtlich der ihren Wert beeinflussenden Merkmale mit dem zu bewertenden Grundstück *hinreichend übereinstimmen* – *Vergleichsgrundstücke*. Vorrangig sind dabei die von den Gutachterausschüssen mitgeteilten Vergleichspreise. Nachrangig kann auf die in der Finanzverwaltung vorliegenden Unterlagen zu vergleichbaren Kauffällen zurückgegriffen werden. Die Gesetzesvorschrift entspricht im Wesentlichen der Regelung in § 13 Abs. 1 WertV und trägt einer typisierenden Wertermittlung Rechnung. So dient das Erfordernis hinreichender – nicht absoluter – Übereinstimmung der Vergleichsgrundstücke mit dem Bewertungsobjekt nicht nur der *Verwaltungsvereinfachung*, sondern auch dazu, den Kreis der Vergleichsgrundstücke nicht über Gebühr einzuengen. Dem Vereinfachungsgedanken trägt auch § 183 Abs. 3 BewG Rechung: Hiernach sind *Besonderheiten*, insbesondere die den Wert des Grundstücks beeinflussende Belastungen privatrechtlicher und öffentlich-rechtlicher Art, *nicht berücksichtigungsfähig*.

(1.2) Vergleichsfaktorverfahren

287 Anstelle von Preisen für Vergleichsgrundstücke können nach § 183 Abs. 2 Satz 1 BewG *Vergleichsfaktoren* herangezogen werden, die von den Gutachterausschüssen für geeignete Bezugseinheiten, insbesondere *Raum- oder Flächeneinheiten* des Gebäudes, ermittelt und mitgeteilt werden. Werden Vergleichsfaktoren verwendet, die sich nur auf das

Gebäude beziehen, ist der Gebäudewert nach § 179 BewG gesondert zu berücksichtigen (§ 183 Abs. 2 Satz 2 BewG). Die Regelung ist §§ 12, 13 Abs. 3 WertV nachgebildet. Bei Anwendung des Vergleichsfaktorverfahrens ergibt sich der Vergleichswert durch Vervielfachung des jährlichen Ertrags (oder der sonstigen Bezugseinheit) des zu bewertenden Grundstücks mit dem Vergleichsfaktor, der vom Gutachterausschuss nach § 12 WertV ermittelt wurde. Rückgriff könnte hier – ausweislich von *Grundstücksmarktberichten* der Gutachterausschüsse – auf Durchschnittpreise je qm Wohn-/Nutzfläche genommen werden, die nach Wohnungsgrößen und Baujahresgruppen differenziert werden.

Durch Art. 4 ErbStRG wurde auch das *Baugesetzbuch* (BauGB) geändert. So wird im neuen § 193 Abs. 5 BauGB u. a. bestimmt, dass zu den sonstigen für die Wertermittlung erforderlichen Daten auch Vergleichsfaktoren für bebaute Grundstücke, insbesondere bezogen auf eine Raum- oder Flächeneinheit der baulichen (*Gebäudefaktor*) oder auf den nachhaltig erzielbaren jährlichen Ertrag (*Ertragsfaktor*) gehören.   288

(2) Ertragswertverfahren

Nach § 182 Abs. 3 BewG sind im *Ertragswertverfahren* zu bewerten *Mietwohngrundstücke*, *Geschäftsgrundstücke* und gemischt genutzte Grundstücke, für die sich auf dem örtlichen Grundstücksmarkt eine *übliche Miete* ermitteln lässt. Der *Wert der baulichen Anlagen* ist bei diesem Verfahren getrennt vom Bodenwert auf der Grundlage des Ertrags zu ermitteln (§ 184 Abs. 1 BewG). Der Bodenwert ist nach § 184 Abs. 2 BewG wie bei unbebauten Grundstücken nach § 179 BewG zu ermitteln. Das Ertragswertverfahren der §§ 184 bis 188 BewG entspricht im Wesentlichen dem Ertragswertverfahren nach den §§ 15 ff. WertV und lässt sich demnach wie folgt im Schema darstellen: 289

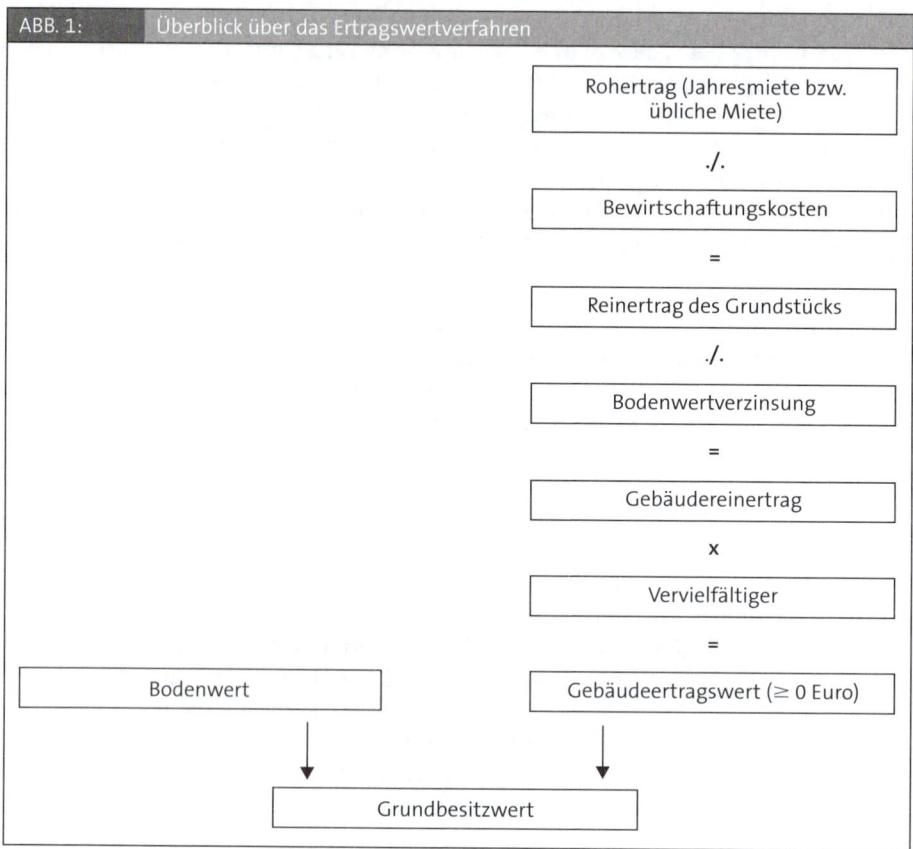

ABB. 1:   Überblick über das Ertragswertverfahren

Rohertrag (Jahresmiete bzw. übliche Miete)

./.

Bewirtschaftungskosten

=

Reinertrag des Grundstücks

./.

Bodenwertverzinsung

=

Gebäudereinertrag

x

Vervielfältiger

=

Bodenwert

Gebäudeertragswert (≥ 0 Euro)

Grundbesitzwert

Bodenwert und *Gebäudeertragswert* ergeben den *Ertragswert des Grundstücks* (Grundbesitzwert). Eine *Mindestwertregelung* enthält § 184 Abs. 3 Satz 2 BewG: Danach ist mindestens der Bodenwert anzusetzen. Mit dieser Regelung werden komplizierte Wertberechnungen in Fällen erspart, in denen nach Abzug der Bodenwertverzinsung kein Gebäudereinertrag mehr verbleibt. Da sonstige bauliche Anlagen (insbesondere Außenanlagen) regelmäßig mit dem Ertragswert erfasst sind, werden diese nicht gesondert berücksichtigt (§ 184 Abs. 3 Satz 3 BewG).

290   Nach § 185 Abs. 1 Satz 1 BewG ist bei der Ermittlung des Gebäudeertragswerts von dem *Reinertrag des Grundstücks* auszugehen. Der Reinertrag des Grundstücks ergibt sich aus dem *Rohertrag* des Grundstücks abzüglich der *Bewirtschaftungskosten*. In der Praxis der Verkehrswertermittlung ist Ausgang der Bewertung im Ertragswertverfahren der Rohertrag des Grundstücks; dieser umfasst alle bei ordnungsgemäßer Bewirtschaftung und zulässiger Nutzung nachhaltig erzielbaren Einnahmen aus dem Grundstück, insbesondere Mieten und Pachten. An die Stelle der nachhaltig erzielbaren Miete greift die typisierende Bewertung auf andere Parameter zurück. So ist nach § 186 Abs. 1 Satz 1 BewG Rohertrag das Entgelt, das für die Benutzung des bebauten Grundstücks nach den im Bewertungsstichtag geltenden vertraglichen Vereinbarungen für den Zeit-

raum von zwölf Monaten zu zahlen ist – vereinbarte Jahresmiete. Umlagen, die zur Deckung der Betriebskosten gezahlt werden, sind nicht anzusetzen.

Entsprechend der Verfahrensweise im bisherigen Recht (§ 146 Abs. 3 BewG) kann auch der Ansatz der *üblichen Miete* in Betracht kommen. So ist für Grundstücke oder Grundstücksteile 291

▶ die eigen genutzt, ungenutzt, zu vorübergehendem Gebrauch oder unentgeltlich überlassen sind,

▶ die der Eigentümer dem Mieter zu einer mehr als 20 % von der üblichen Miete abweichenden tatsächlichen Miete überlassen hat,

die übliche Miete anzusetzen. Die übliche Miete ist in Anlehnung an die Miete zu schätzen, die für Räume gleicher oder ähnlicher Art, Lage und Ausstattung regelmäßig gezahlt wird. Betriebskosten sind nicht einzubeziehen (§ 186 Abs. 2 Satz 3 BewG).

Aus *Vereinfachungsgründen* schreibt § 187 Abs. 2 Satz 1 BewG vor, dass die *Bewirtschaftungskosten* nach *Erfahrungssätzen* anzusetzen sind. Die Erfahrungssätze werden oft von den örtlichen Gutachterausschüssen mitgeteilt. Soweit diese Erfahrungssätze nicht von den Gutachterausschüssen zur Verfügung gestellt werden, ist von den pauschalierten Bewirtschaftungskosten nach Anlage 23 zum BewG auszugehen. Der nach Abzug der Bewirtschaftungskosten vom Rohertrag verbleibende Betrag ist der *Reinertrag des Grundstücks*. Der Reinertrag des Grundstücks ist nach § 185 Abs. 2 Satz 1 BewG um den Betrag zu vermindern, der sich durch eine angemessene *Bodenwertverzinsung* ergibt; der verbleibende Betrag ist der Gebäudereinertrag. Der Verzinsung des Bodenwerts ist der *Liegenschaftszins* nach § 188 BewG zugrunde zu legen. Der Liegenschaftszinssatz ist der Zinssatz, mit dem der Verkehrswert von Grundstücken im Durchschnitt marktüblich verzinst wird (§ 188 Abs. 1 BewG). Anzuwenden sind dabei vorrangig die von den Gutachterausschüssen ermittelten örtlichen Liegenschaftszinssätze. Bei den Liegenschaftszinssätzen handelt es sich um Daten, die für die Verkehrswertermittlungen von Grundstücken erforderlich sind; diese sind aus der Kaufpreissammlung abzuleiten (§ 8 WertV). Die Ableitung der Liegenschaftszinssätze ist Aufgabe der Gutachterausschüsse (§ 193 Abs. 5 BauGB). Soweit von den Gutachterausschüssen für das zu bewertende Grundstück keine geeigneten Liegenschaftszinssätze zur Verfügung gestellt werden, gelten nach Maßgabe des § 188 Abs. 2 Satz 2 BewG die folgenden Zinssätze: 292

▶ 5 % für Mietwohngrundstücke,

▶ 5,5 % für gemischt genutzte Grundstücke mit einem gewerblichen Anteil von bis zu 50 %, berechnet nach der Wohn- und Nutzfläche,

▶ 6 % für gemischt genutzte Grundstücke mit einem gewerblichen Anteil von mehr als 50 %, berechnet nach der Wohn- und Nutzfläche,

▶ 6,5 % für Geschäftsgrundstücke.

Ist das zu bewertende Grundstück wesentlich größer, als es einer den Gebäuden angemessenen Nutzung entspricht und ist eine zusätzliche Nutzung oder Verwertung einer Teilfläche zulässig und möglich, ist bei der Berechnung des Verzinsungsbetrags der Bodenwert dieser Teilfläche nicht anzusetzen (§ 185 Abs. 2 Satz 3 BewG). 293

294   Regelungsgegenstand des § 185 Abs. 3 BewG ist die *Ermittlung des Gebäudeertrags-werts* durch Anwendung des einschlägigen *Vervielfältigers* nach Anlage 21 zum BewG auf den Gebäudereinertrag. Maßgebend für den Vervielfältiger sind der *Liegenschafts-zinssatz* und die *Restnutzungsdauer* des Gebäudes. Nach § 185 Abs. 3 Satz 3 BewG wird die Restnutzungsdauer regelmäßig nach der Gesamtnutzungsdauer, die sich grund-sätzlich aus Anlage 22 zum BewG ergibt, und dem Baujahr des Gebäudes ermittelt. In begründeten Ausnahmefällen wird eine Verlängerung oder Verkürzung der Restnut-zungsdauer zu prüfen sein. So wird die Restnutzungsdauer eines Gebäudes verlängert, wenn durchgreifende Instandhaltungsmaßnahmen oder Modernisierungen durch-geführt werden. Eine Verkürzung der Restnutzungsdauer kommt in Betracht, wenn ein Gebäude nicht mehr den allgemeinen Anforderungen entspricht, wie sie die gesetzli-chen Bestimmungen und die gewöhnlichen Verhältnisse auf dem Grundstücks- und Mietenmarkt verlangen. Wurde die Nutzbarkeit eines Gebäudes infolge baulicher Maß-nahmen wesentlich verlängert, ist von einem späteren Baujahr – fiktives Baujahr – aus-zugehen, das der Verlängerung der Lebensdauer entspricht. Die *Restnutzungsdauer* ei-nes noch genutzten Gebäudes beträgt regelmäßig *mindestens 30 % der Gesamtnut-zungsdauer*. Die Regelung einer Mindestrestnutzungsdauer in § 185 Abs. 3 Satz 5 BewG trägt dem Umstand Rechnung, dass auch ein älteres Gebäude, das laufend instand ge-halten wird, nicht wertlos wird. Zudem macht diese Regelung in vielen Fällen – gerade bei älteren Gebäuden, die Prüfung entbehrlich, ob die restliche Lebensdauer infolge baulicher Maßnahmen wesentlich verlängert wurde.

Die Summe des Gebäudeertragswerts und des Bodenwerts ergibt den *Grundbesitzwert*.

BEISPIEL:

Bodenwert

Bodenrichtwert 1.150 € x Grundstücksfläche 391 qm		= 449.650 €
Gebäudeertragswert		
Rohertrag	55.400,00	
./. Bewirtschaftungskosten (27 %)	14.958,00	
= Reinertrag des Grundstücks	40.442,00	
./. Bodenwertverzinsung		
(Bodenwert x Liegenschaftszinssatz 5 %)	22.482,50	
= Gebäudereinertrag	17.959,50	
x Vervielfältiger (Liegenschaftszinssatz 5 % /		
29 Jahre Restnutzungsdauer des Gebäudes)	15,14	= 271.907 €
Grundbesitzwert		**= 721.557 €**

(3) Sachwertverfahren

295   Nach § 182 Abs. 4 BewG sind im *Sachwertverfahren* zu bewerten: das *Wohnungseigen-tum*, das *Teileigentum, Ein- und Zweifamilienhäuser*, wenn ein Vergleichswert *nicht vor-liegt, Geschäftsgrundstücke* und *gemischt genutzte Grundstücke*, für die sich auf dem örtlichen Grundstücksmarkt *keine übliche Miete* ermitteln lässt, sowie *sonstige bebaute Grundstücke*. Der Wert der Gebäude ist getrennt vom Bodenwert nach § 190 BewG zu ermitteln. Entsprechend der Verfahrensweise bei unbebauten Grundstücken, ist der *Bo-denwert* auch im Sachwertverfahren nach § 179 BewG unter Rückgriff auf *Bodenricht-*

werte zu ermitteln (§ 189 Abs. 2 BewG). Die §§ 189 ff. BewG regeln ein vereinfachtes, typisierendes Sachwertverfahren in Anlehnung an § 21 WertV.

Bei Anwendung des Sachwertverfahrens ist der sog. *Gebäudesachwert* getrennt vom Bodenwert zu ermitteln. Sonstige bauliche Anlagen (insbesondere Außenanlagen) und der Wert der sonstigen Anlagen sind regelmäßig mit dem Gebäudewert und dem Bodenwert abgegolten. Nur in Einzelfällen mit besonders werthaltigen Außenanlagen und sonstigen Anlagen werden hierfür gesonderte Wertansätze nach durchschnittlichen Herstellungskosten erforderlich. Der *typisierenden Wertermittlung* Rechnung tragend, sind auch im hiesigen Sachwertverfahren im Gesetzeswege sonstige wertbeeinflussende Umstände (insbesondere Belastungen privatrechtlicher oder öffentlich-rechtlicher Art), *nicht zu berücksichtigen.* 296

Nach § 189 Abs. 3 Satz 1 BewG ergeben der Bodenwert und der Gebäudesachwert den *vorläufigen Sachwert* des Grundstücks. Da der vorläufige Sachwert des Grundstücks erheblich vom gemeinen Wert abweichen kann, erfolgt eine *Anpassung an den gemeinen Werts mittels Wertzahl* nach § 191 BewG. Bei der Ermittlung des Gebäudesachwerts ist von *Regelherstellungskosten* des Gebäudes auszugehen (§ 190 Abs. 1 Satz 1 BewG). Unter Regelherstellungskosten sind die gewöhnlichen Herstellungskosten je Flächeneinheit zu verstehen. Durch Multiplikation der jeweiligen Regelherstellungskosten mit den Flächeneinheiten des Gebäudes ergibt sich der Gebäuderegelherstellungswert. Die Regelherstellungskosten sind in Anlage 24 zum BewG enthalten. 297

Nach § 190 Abs. 2 Satz 1 BewG ist vom Gebäuderegelherstellungswert eine *Alterswertminderung* abzuziehen. Die Alterswertminderung bestimmt sich regelmäßig nach dem Alter des Gebäudes zum Bewertungsstichtag und der typisierten Gesamtnutzungsdauer nach Anlage 22 zum BewG. Dabei ist von einer gleichmäßigen jährlichen, d. h. linearen Wertminderung auszugehen. In § 190 Abs. 2 Satz 4 BewG ist eine Restwertregelung normiert worden. Demnach ist der nach Abzug der Alterswertminderung verbleibende Gebäudewert regelmäßig mit *mindestens 40 % des Gebäuderegelherstellungswerts* anzusetzen. Auch im typisierten Sachwertverfahren kann es erforderlich sein, dass ein fiktives Baujahr zu berücksichtigen ist: Sind mithin nach Bezugsfertigkeit des Gebäudes Veränderungen eingetreten, die die gewöhnliche Nutzungsdauer des Gebäude verlängert oder verkürzt haben, ist von einer der *Verlängerung oder Verkürzung der gewöhnlichen Nutzungsdauer* entsprechenden Restnutzungsdauer auszugehen. 298

In vielen Fällen stehen für Sachwertverfahren bei der Verkehrswertermittlung geeignete *Marktanpassungsfaktoren* der Gutachterausschüsse zur Verfügung; diese Faktoren sind vorrangig als Wertzahlen anzuwenden. Soweit von den Gutachterausschüssen für das zu bewertende Grundstück keine geeigneten *Sachwertfaktoren* zur Verfügung gestellt werden, sind die in Anlage 25 zum BewG geregelten Wertzahlen anzuwenden (§ 191 Abs. 2 BewG). 299

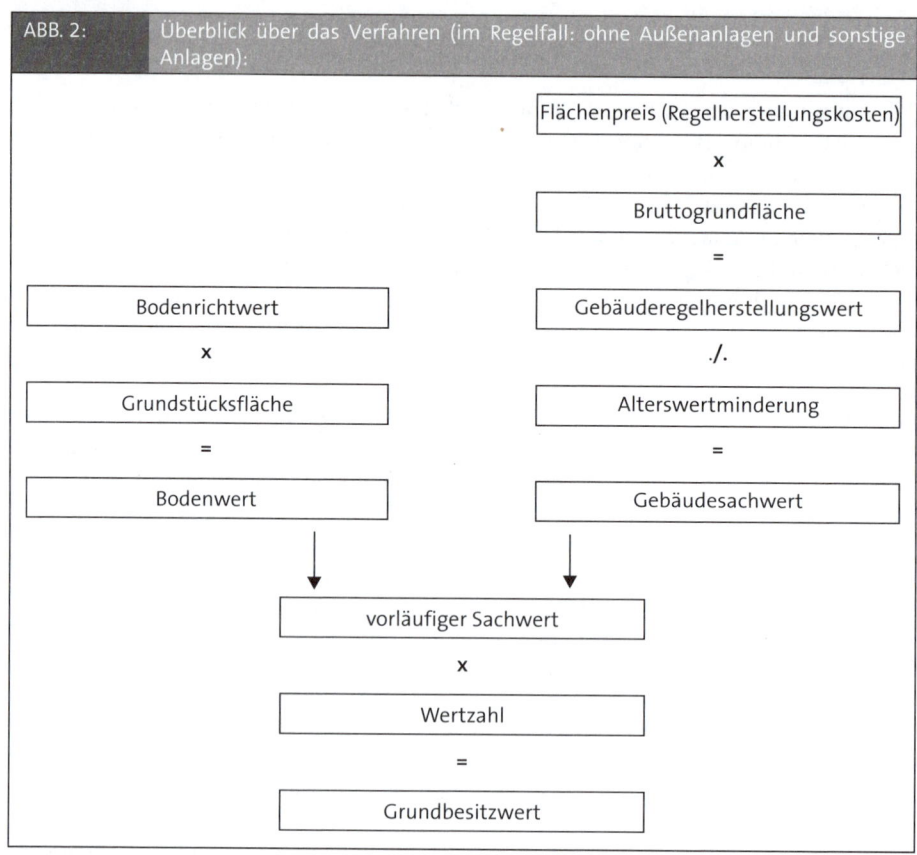

ABB. 2:   Überblick über das Verfahren (im Regelfall: ohne Außenanlagen und sonstige Anlagen):

BEISPIEL:

Bodenwert

Bodenrichtwert 280 € x Grundstücksfläche 798 qm   = 223.440 €

Gebäudeertragswert

Flächenpreis (RHK 2007)	820,00
× Bruttogrundfläche	370,50
= Gebäuderegelherstellungswert	303.810,00
./. Alterswertminderung (26,25 %)	79.750,13
= Gebäudesachwert	= 224.060 €

Vorläufiger Sachwert

Bodenwert + Gebäudesachwert   = 447.500 €

Grundbesitzwert

Vorläufiger Sachwert x Wertzahl (0,8)   **= 358.000 €**

dd) Erbbaurechtsfälle

Nach bisherigen Grundsätzen war in Erbbaurechtsfällen auf einen Gesamtwert als Aus- 300
gangsgröße für die Bewertung der wirtschaftlichen Einheiten abzustellen. Nach neuem
Recht sind die Werte für die wirtschaftliche Einheit des Erbbaurechts und die wirtschaftliche Einheit des belasteten Grundstücks (Erbbaugrundstück) *gesondert zu ermitteln* (§ 192 BewG). Bei der Wertermittlung sind (angemessen) zu berücksichtigen: der
Bodenwert, der Gebäudewert bei bebauten Grundstücken, die Höhe des Erbbauzinses,
die Restlaufzeit des Erbbaurechts und die Höhe der Gebäudeentschädigung. Da die
Wertermittlungsverordnung zur Verkehrswertermittlung in Erbbaurechtsfällen keine
Vorgaben enthält, hat der Gesetzgeber auf die Regelungen in den WertR 2006 zurückgegriffen.

aaa) Bewertung des Erbbaurechts

Nach § 193 Abs. 1 BewG ist der Wert des Erbbaurechts im Vergleichswertverfahren 301
nach § 183 BewG zu ermitteln, wenn für das zu bewertende Erbbaurecht Vergleichskaufpreise oder aus Kaufpreisen abgeleitete Vergleichsfaktoren vorliegen. Mithin
kommt das vorrangig anzuwendende Vergleichswertverfahren nur in Betracht, wenn
für das Grundstück Kaufpreise für entsprechende Vergleichsgrundstücke vorliegen. Vergleichsgrundstücke sind möglichst zu wählen innerhalb der gleichen Grundstücksart,
mit etwa gleich hohen Erbbauzinsen, in Gebieten mit etwa gleichem Bodenwertniveau,
mit etwa gleicher Restlaufzeit und etwa gleichen Möglichkeiten der Anpassung der
Erbbauzinsen.

Der Verkehrswert kann ggf. durch Anwendung eines Vergleichsfaktors für das Erbbau- 302
recht auf den Wert des unbelasteten bebauten Grundstücks ermittelt werden. Soweit
Vergleichs- bzw. Marktanpassungsfaktoren für Erbbaurechte und für Erbbaugrundstü-
cke aufgrund regionaler Analysen vorliegen, ist ihre Anwendbarkeit über die untersuch-
te Region hinaus im Einzelfall zu prüfen. Durch Analyse einer ausreichenden Anzahl geeigneter Kaufpreise lässt sich grundsätzlich der Einfluss von Merkmalen des Erbbaurechts auf den Verkehrswert feststellen. Obwohl das Vergleichswertverfahren bei der
Wertermittlung von Erbbaurechten vorrangig anzuwenden ist, bieten die WertR 2006
keine Vergleichsfaktoren an. Marktanpassungsfaktoren können jedoch häufig den
Marktberichten der Gutachterausschüsse (insbesondere den städtischen) entnommen
werden.

Stehen zur Bewertung des Erbbaurechts Vergleichskaufpreise nicht in ausreichendem 303
Maße zur Verfügung, ist die *finanzmathematische Methode* anzuwenden. Demgemäß
bestimmt § 193 Abs. 2 BewG, dass in „allen anderen Fällen" sich der Wert des Erbbaurechts zusammensetzt aus einem Bodenwertanteil und einem Gebäudewertanteil. Aus
Vereinfachungsgründen verzichtet der Gesetzgeber auf die Regelung von Marktanpassungsfaktoren. Der Bodenwertanteil des Erbbaurechts entspricht dem wirtschaftlichen
Vorteil, den der Erbbauberechtigte dadurch erlangt, dass er in vielen Fällen entsprechend den Regelungen des Erbbauvertrags über die Restlaufzeit des Erbbaurechts nicht
den vollen Bodenwertverzinsungsbetrag leisten muss. Der Bodenwertanteil kann auch
negativ sein, wenn der vereinbarte Erbbauzins höher ist als der bei Neuabschluss zum
Bewertungsstichtag übliche Erbbauzins (z. B. infolge stark gefallener Bodenpreise). Der

Gesetzgeber hat die Zinssätze unter Hinweis auf 4.3.2.2.1 WertR 2006 typisierend geregelt, da bisher ungeklärt ist, inwieweit sich regional übliche Erbbauzinssätze herausgebildet haben.

304 Nach § 193 Abs. 4 Satz 1 BewG ergibt sich der angemessene *Verzinsungsbetrag des Bodenwerts* des unbelasteten Grundstücks durch Anwendung des vom Gutachterausschuss ermittelten Liegenschaftszinssatzes auf den Bodenwert nach § 179 BewG. Liegen keine vom Gutachterausschuss ermittelten Liegenschaftszinssätze vor, gelten nach § 193 Abs. 4 Satz 2 BewG folgende Zinssätze:

► 3 % für Ein- und Zweifamilienhäuser sowie Wohnungseigentum, das wie Ein- und Zweifamilienhäuser gestaltet ist,

► 5 % für Mietwohngrundstücke und Wohnungseigentum, das nicht unter die vorgenannte Kategorie fällt,

► 5,5 % für gemischt genutzte Grundstücke mit einem gewerblichen Anteil von bis zu 50 % (berechnet nach der Wohn- und Nutzfläche) sowie sonstige bebaute Grundstücke,

► 6 % für gemischt genutzte Grundstücke mit einem gewerblichen Anteil von mehr als 50 % (berechnet nach der Wohn- und Nutzfläche),

► 6,5 % für Geschäftsgrundstücke und Teileigentum.

305 Der *Bodenwertanteil* ergibt sich nach § 193 Abs. 3 BewG aus der Differenz zwischen dem angemessenen Verzinsungsbetrag des Bodenwerts des unbelasteten Grundstücks (§ 193 Abs. 4 BewG) und dem vertraglich vereinbarten jährlichen Erbbauzins. Der so ermittelte Unterschiedsbetrag ist über die Restlaufzeit des Erbbaurechts mit dem Vervielfältiger nach Anlage 21 zum BewG zu kapitalisieren.

306 Der *Gebäudewertanteil* des Erbbaurechts ist – so § 193 Abs. 5 Satz 1 BewG – bei der Bewertung des bebauten Grundstücks im Ertragswertverfahren der Gebäudeertragswert nach § 185 BewG, bei der Bewertung im Sachwertverfahren der Gebäudesachwert nach § 190 BewG. Diese Regelung folgt den Grundsätzen der Tz. 4.3.2.2.2 WertR 2006. Ist der bei Ablauf des Erbbaurechts verbleibende Gebäudewert nicht oder nur teilweise zu entschädigen, ist der Gebäudewertanteil des Erbbaurechts um den Gebäudewertanteil des Erbbaugrundstücks nach § 194 Abs. 4 BewG zu mindern. Bei der Minderung des Gebäudewertanteils des Erbbaurechts infolge fehlender Entschädigung bei Ablauf des Erbbaurechts unterstellt der Gesetzgeber typisierend, dass das Gebäude aufgrund der Regelungen über die Mindest-Restnutzungsdauer und über den Mindest-Gebäudewert in diesem Zeitpunkt noch einen erheblichen Wert hat.

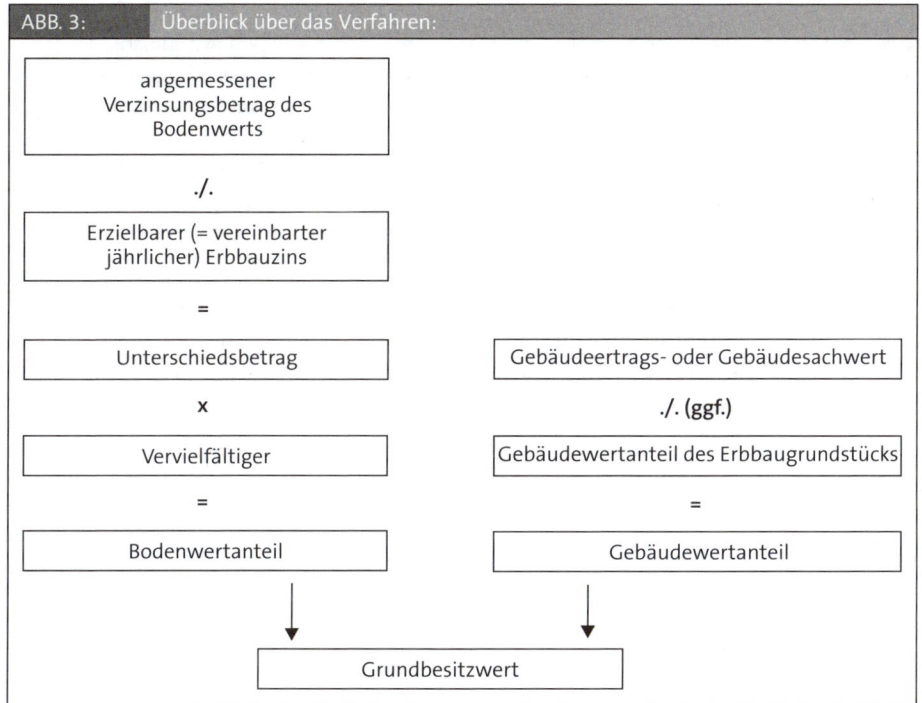

ABB. 3: Überblick über das Verfahren:

angemessener Verzinsungsbetrag des Bodenwerts

./.

Erzielbarer (= vereinbarter jährlicher) Erbbauzins

=

Unterschiedsbetrag	Gebäudeertrags- oder Gebäudesachwert
x	./. (ggf.)
Vervielfältiger	Gebäudewertanteil des Erbbaugrundstücks
=	=
Bodenwertanteil	Gebäudewertanteil

Grundbesitzwert

bbb) Bewertung des Erbbaugrundstücks

Der Wert des *Erbbaugrundstücks* ist im *Vergleichswertverfahren* nach § 183 BewG zu er-   307
mitteln, wenn für das zu bewertende Grundstück Vergleichskaufpreise oder aus Kaufpreisen abgeleitete Vergleichsfaktoren vorliegen (§ 194 Abs. 1 BewG). Das vorrangig anzuwendende Vergleichswertverfahren kommt nur in Betracht, wenn für das Grundstück Kaufpreise für entsprechende Vergleichsgrundstücke vorliegen. Vergleichsgrundstücke sind möglichst zu wählen innerhalb der gleichen Grundstücksart, mit etwa
gleich hohen Erbbauzinsen, in Gebieten mit etwa gleichem Bodenrichtwertniveau, mit
etwa gleicher Restlaufzeit und etwa gleichen Möglichkeiten der Anpassung der Erbbauzinsen. Der Wert des Erbbaugrundstücks kann ggf. durch Anwendung eines Vergleichsfaktors auf den Bodenwert des unbelasteten Grundstücks (§ 179 BewG) ermittelt werden.

Kommt eine Bewertung des Erbbaugrundstücks im Vergleichswertverfahren nicht in   308
Betracht, ist der Wert nach einem Bodenwertanteil nach § 194 Abs. 3 BewG zu bestimmen. Dieser Bodenwertanteil ist um einen Gebäudewertanteil nach § 194 Abs. 4 BewG
zu erhöhen, wenn der verbleibende Wert des Gebäudes vom Eigentümer des Erbbaugrundstücks nicht oder nur teilweise zu entschädigen ist. Die hiesige Regelung folgt
bim Wesentlichen Tz. 4.3.3.2 Wert 2006 *(finanzmathematische Methode)*. Der Bodenwertanteil ist die Summe des über die Restlaufzeit des Erbbaurechts abgezinsten Bodenwerts nach § 179 BewG und der über diesen Zeitraum kapitalisierten Erbbauzinsen.
Dabei wird der Abzinsungsfaktor für den Bodenwert in Abhängigkeit vom Zinssatz

nach § 193 Abs. 4 BewG und der Restlaufzeit des Erbbaurechts ermittelt. Der Abzinsungsfaktor ist aus Anlage 26 zum BewG zu entnehmen. Nach § 194 Abs. 3 Satz 3 BewG sind als Erbbauzinsen die im Bewertungsstichtag vereinbarten jährlichen Erbbauzinsen anzusetzen; diese sind mit dem Vervielfältiger nach Anlage 21 zum BewG zu kapitalisieren. Aus Vereinfachungsgründen hat sich der Gesetzgeber dazu entschieden, beim Bodenwertanteil nicht die erzielbaren, sondern die zum Bewertungsstichtag vereinbarten Erbbauzinsen anzusetzen. Zudem wird auch auf die Regelung eines Marktanpassungsfaktors für diesen Bodenwertanteil verzichtet.

309   Die Vorschrift des § 194 Abs. 4 BewG regelt den *Gebäudewertanteil des Erbbaugrundstücks*. Für den Gebäudewertanteil ist der Gebäudeertragswert oder der Gebäudesachwert auf den Zeitpunkt des Ablaufs des Erbbaurechts zu ermitteln; der dem Eigentümer entschädigungslos zufallende Wert oder Wertanteil ist auf den Bewertungsstichtag nach Anlage 26 zum BewG abzuzinsen. Mithin entspricht der Gebäudewertanteil dem Wertvorteil, den der Grundstückseigentümer bei Beendigung des Erbbaurechts dadurch erlangt, dass er keinen oder nur einen Teil des bestehenden Werts des Gebäudes an den Erbbauberechtigten zu vergüten hat.

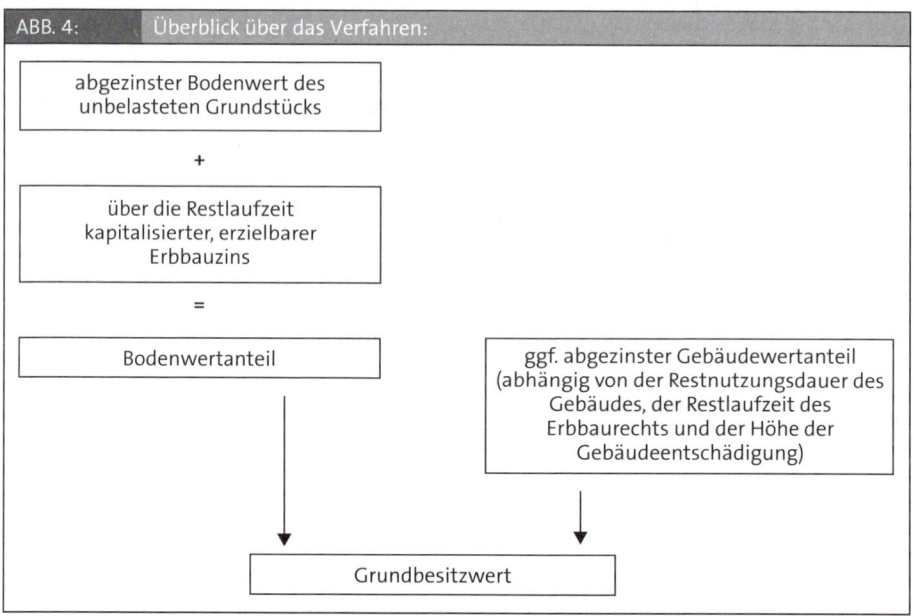

ABB. 4:   Überblick über das Verfahren:

- abgezinster Bodenwert des unbelasteten Grundstücks
- +
- über die Restlaufzeit kapitalisierter, erzielbarer Erbbauzins
- =
- Bodenwertanteil

ggf. abgezinster Gebäudewertanteil (abhängig von der Restnutzungsdauer des Gebäudes, der Restlaufzeit des Erbbaurechts und der Höhe der Gebäudeentschädigung)

Grundbesitzwert

ee)   Gebäude auf fremdem Grund und Boden

310   Ein Gebäude auf fremdem Grund und Boden liegt vor, wenn ein anderer als der Eigentümer des Grund und Bodens darauf ein Gebäude errichtet hat und ihm das Gebäude zuzurechnen ist. Das ist der Fall, wenn es *Scheinbestandteil* des Grund und Bodens ist (§ 95 BGB) oder dem Nutzungsberechtigten für den Fall der Nutzungsbeendigung gegenüber dem Eigentümer des Grund und Bodens ein Anspruch auf Ersatz des Verkehrswerts des Gebäudes zusteht. Ein derartiger Anspruch kann sich aus einer *vertraglichen Vereinbarung* oder aus dem *Gesetz* ergeben. Die Bewertung von Gebäuden auf frem-

dem Grund und Boden ist in § 195 BewG verankert. Es handelt sich dabei um eine stark typisierende Regelung, da nicht auf Vorschriften der Verkehrswertermittlung zurückgegriffen werden kann. Da aufgrund der unterschiedlichen Fallgestaltungen in der Praxis nicht ausgeschlossen werden kann, dass der nach § 195 BewG ermittelte Wert den gemeinen Wert übersteigt, ist der Steuerpflichtige in einschlägigen Fällen auf die Öffnungsklausel (Verkehrswertnachweis) gemäß § 198 BewG zu verweisen.

ff) Grundstücke im Zustand der Bebauung

Die bewertungsrechtliche Behandlung von *Grundstücken im Zustand der Bebauung* ist in § 196 BewG geregelt. Ein Grundstück im Zustand der Bebauung liegt demnach vor, wenn mit den *Bauarbeiten begonnen* wurde und Gebäude oder Gebäudeteile noch nicht bezugsfertig sind. Der Zustand der Bebauung *beginnt mit den Abgrabungen* oder der *Einbringung von Baustoffen*, die zur planmäßigen Errichtung des Gebäudes führen. Die Bewertungsmodalitäten für Grundstücke im Zustand der Bebauung sind § 196 Abs. 2 BewG zu entnehmen. Danach sind die Gebäude oder Gebäudeteile im Zustand der Bebauung mit den *bereits am Bewertungsstichtag entstandenen Herstellungskosten* dem Wert des bislang unbebauten oder bereits bebauten Grundstücks hinzuzurechnen. Mithin sind Gebäude oder Gebäudeteile im Zustand der Bebauung nach dem *Grad der Fertigstellung* zu bewerten.

311

gg) Zivilschutzbauten

Gebäude, Teile von Gebäuden und Anlagen, die wegen der in § 1 des *Zivilschutzgesetzes* bezeichneten Zwecke geschaffen worden sind und im Frieden nicht oder nur gelegentlich oder geringfügig für andere Zwecke benutzt werden, bleiben nach § 197 BewG bei der Ermittlung des Grundbesitzwerts außer Betracht.

312

hh) Verkehrswertnachweis

Aufgrund der den Bewertungsverfahren immanenten *Typisierungen* und *Pauschalierungen* kann nicht ausgeschlossen werden, dass es zu Überbewertungen im Einzelfall kommt. Für diese Fälle räumt der Gesetzgeber dem Steuerpflichtigen die Möglichkeit des *Verkehrswertnachweises* im Wege einer *Öffnungsklausel* ein. Weist der Steuerpflichtige nach, dass der gemeine Wert (Verkehrswert) der wirtschaftlichen Einheit am Bewertungsstichtag niedriger ist als der nach den §§ 179, 182 bis 196 BewG ermittelte Wert, so ist gemäß § 198 Satz 1 BewG dieser Wert anzusetzen. Für den Nachweis des niedrigeren gemeinen Werts gelten grundsätzlich die aufgrund des § 199 Abs. 1 BauGB erlassenen Vorschriften (§ 198 Satz 2). Mithin sind die Wertermittlungsverfahren und -grundsätze der WertV zu beachten. Was die Modalitäten für den Verkehrswert anlangt, wird neben dem *Gutachtennachweis* weiterhin auch ein *stichtagsnaher Kaufpreis* im gewöhnlichen Geschäftsverkehr zulässig sein. Dies entspricht der bisherigen Verwaltungspraxis.

313

d) Bewertung des Betriebsvermögens

314 aa) Verkehrswert als Bewertungszielgröße

Wie für andere Vermögensklassen hat das Bundesverfassungsgericht auch für den *betrieblichen Bereich – Einzelunternehmen, Personen- und Kapitalgesellschaften –* gefordert, dass bei der Ermittlung der erbschaft- und schenkungsteuerlichen Bemessungsgrundlage alle Wirtschaftsgüter (zumindest) mit einem *Annäherungswert an den gemeinen Wert* (Verkehrswert) angesetzt werden müssen. Nach § 9 Abs. 2 BewG wird der gemeine Wert durch den Preis bestimmt, der im gewöhnlichen Geschäftsverkehr nach der Beschaffenheit des Wirtschaftsguts bei einer Veräußerung zu erzielen wäre. Dabei sind – mit Ausnahme von ungewöhnlichen oder persönlichen Verhältnissen – alle Umstände zu berücksichtigen, die den Preis beeinflussen. In *Abkehr von der bisherigen Steuerbilanzwertübernahme* bei der Bewertung des Betriebsvermögens, hier existierten die Grundsätze der Bestands- und Bewertungsidentität, ist seit Jahresbeginn 2009 eine *verkehrswertnahe Bewertung des Betriebsvermögens* für Zwecke der Erbschaft- und Schenkungsteuer gesetzlich verankert; hiermit geht folglich eine massive Erhöhung der Bemessungsgrundlage einher, die durch ein neues Verschonungsinstrumentarium flankiert wird.

bb) Methodenvielfalt

315 Das Bundesverfassungsgericht billigte dem Steuergesetzgeber hinsichtlich der Wahl der *Wertermittlungsmethode* einen Entscheidungsspielraum zu, der nicht zuletzt dem Umstand geschuldet ist, dass ein derartiges Verfahrens für Zwecke der Massenbewertung praktikabel sein muss. Diesem Erfordernis kann insbesondere durch *Typisierungen* und *Pauschalierungen* entsprochen werden. Während das Bundesverfassungsgericht in seiner vorgenannten Entscheidung expressis verbis die in der nichtsteuerlichen Praxis der Unternehmensbewertung gängigen Ertragswertverfahren und Discounted-Cashflow-Verfahren (DCF) genannt hatte, hat sich der Steuergesetzgeber im ErbStRG für eine *mehrgleisige Verfahrensweise bei der steuerlichen Unternehmensbewertung* entschieden: marktgängige Bewertungsverfahren einerseits, ein sog. vereinfachtes Ertragswertverfahren andererseits.

cc) Bewertungskonzept

316 Die erbschaft- und schenkungsteuerliche Unternehmensbewertung regelt der Gesetzgeber mittels *Verweisungstechnik*. Nach § 109 Abs. 1 Satz 1 BewG ist das Betriebsvermögen von Gewerbebetrieben im Sinne des § 95 BewG und das Betriebsvermögen von freiberuflich Tätigen im Sinne des § 96 BewG jeweils mit dem gemeinen Wert anzusetzen. Für die Ermittlung des gemeinen Werts gilt § 11 Abs. 2 BewG entsprechend. Ebenso ist hinsichtlich eines Anteils am Betriebsvermögen einer in § 97 BewG genannten Körperschaft, Personenvereinigung oder Vermögensmasse zu verfahren: Auch hier erfolgt der Ansatz mit dem gemeinen Wert unter Einbindung des § 11 Abs. 2 BewG. Mithin ist *§ 11 Abs. 2 BewG als Zentralnorm* für die Bewertung von Unternehmensvermögen zu qualifizieren.

317 Aus § 11 Abs. 2 BewG lässt sich das komplette *Bewertungskonzept* für Unternehmensvermögen bei der Erbschaft- und Schenkungsteuer herleiten: *Vorrangig* sind *Kurswerte*

(Marktwerte) nach § 11 Abs. 1 BewG. Liegen keine Stichtagswerte vor, so ist der letzte innerhalb von 30 Tagen vor dem Stichtag im regulierten Markt notierte Kurs maßgebend. Entsprechend sind Wertpapiere zu bewerten, die in den Freiverkehr einbezogen sind. Liegen keine Kurswerte vor, erfolgt die *Wertableitung aus Verkäufen unter fremden Dritten* (Fremdvergleich) innerhalb eines Jahres vor dem Stichtag (§ 11 Abs. 2 Satz 2 1. Alt. BewG).

dd) Ableitung aus Verkäufen

Nach § 11 Abs. 2 Satz 2 1. Alt. BewG ist die Wertableitung aus *Verkäufen*, die im Besteuerungszeitpunkt *weniger als ein Jahr zurückliegen*, vorrangig. Mangels Aussagekraft müssen andere Verkäufe infolge der Stichtagsbezogenheit der Erbschaft- und Schenkungsteuer außer Betracht bleiben. Auch Verkäufe nach dem Stichtag sind für eine Wertableitung grundsätzlich ungeeignet (BFH vom 30. 1. 1976, BStBl 1976 II S. 280 mit Aussagen zur Berücksichtigung von Verkäufen nach dem Stichtag in Ausnahmefällen). Die Wertableitung kann auf einen *einzigen Verkauf* gestützt werden, wenn Gegenstand des Verkaufs *nicht nur ein Zwerganteil* ist (BFH vom 5. 3. 1986, BStBl 1986 II S. 591). Die *Ausgabe neuer Geschäftsanteile* an einer GmbH im Rahmen einer *Kapitalerhöhung* zur Aufnahme eines neuen Gesellschafters kann als Verkauf i. S. des § 11 Abs. 2 Satz 2 1. Alt. BewG zur Ableitung des gemeinen Werts der GmbH-Anteile herangezogen werden (BFH vom 5. 2. 1992, BStBl 1993 S. 266). | 318

Der *Rückgriff auf tatsächliche Verkaufserlöse* ist jedoch nur dann zulässig, wenn diese im *gewöhnlichen Geschäftsverkehr* erzielt worden sind (BFH vom 15. 7. 1998, BFH/NV 1998, S. 1463). Darunter ist der Handel nach den wirtschaftlichen Grundsätzen von Angebot und Nachfrage zu verstehen, bei dem die Vertragsparteien ohne Zwang und nicht aus Not, sondern in Wahrung ihrer eigenen Interessen handeln. Dürfen Namensaktien nur mit Zustimmung der Organe der Aktiengesellschaft übertragen werden und verfolgt die Aktiengesellschaft satzungsgemäß gemeinnützige Zwecke, spricht dies dafür, dass *Verkäufe von Aktien zum Nennwert* nicht im gewöhnlichen Geschäftsverkehr getätigt worden sind, wenn der Verkaufspreis auch nicht annähernd den inneren Wert der Aktie widerspiegelt (BFH vom 8. 8. 2001, BFH/NV 2002, S. 317). | 319

Der Handel mit *Sperrminoritäten, Schachtel- oder Mehrheitsbeteiligungen* an Kapitalgesellschaften ist nicht ungewöhnlich, sondern eine für das Marktgeschehen typische Erscheinung. Der Verkauf einer sog. *Paketbeteiligung* schließt deshalb die Annahme einer Veräußerung im gewöhnlichen Geschäftsverkehr nicht aus (BFH vom 22. 8. 2002, BFH/NV 2003, S. 11).

ee) Wertermittlung unter Berücksichtigung der Ertragsaussichten

Scheidet eine Wertableitung aus Verkäufen aus, erfolgt die *Wertermittlung unter Berücksichtigung der Ertragsaussichten* oder einer *anderen, im gewöhnlichen Geschäftsverkehr für nichtsteuerliche Zwecke üblichen Methoden* (§ 11 Abs. 2 Satz 2 2. Alt. BewG). Eine *substanzwertorientierte Mindestwertregelung* ist zu beachten (§ 11 Abs. 2 Satz 3 BewG). Wahlweise kann ein *vereinfachtes Ertragswertverfahren* nach den §§ 199 bis 203 BewG zur Anwendung gelangen (§ 11 Abs. 2 Satz 4 BewG). | 320

aaa) Marktgängige Verfahren

321 Die Bewertungsmethoden marktgängiger Verfahren zur Unternehmensbewertung, die der Steuergesetzgeber in § 11 Abs. 2 Satz 2 BewG in Bezug nimmt, lassen sich zum einen nach *substanzorientierten, marktorientierten und ertragsorientierten Ansätzen* unterscheiden. Die *substanzorientierten Verfahren* differenzieren zwischen Rekonstruktionswerten und Liquidationswerten. Ausgangspunkt eines Substanzwertverfahrens auf der Basis von Rekonstruktionswerten (Reproduktionswerten) ist die Annahme, das gegebene Unternehmen zu reproduzieren und die in diesem Kontext entstehenden Kosten als Wertansatz heranzuziehen. Folglich entsprechen die Reproduktionswerte den Wiederbeschaffungswerten bzw. den Zeitwerten. In die Kategorie der *marktorientierten Verfahren* fällt insbesondere die Multiplikatormethode. Unter den Multiplikatorenverfahren sind Methoden der Unternehmensbewertung zu verstehen, bei denen der unbekannte Wert des Bewertungsobjekts unter Rückgriff auf Multiplikatoren bestimmt wird. Diese Multiplikatoren werden aus bekannten, d. h. verfügbaren Marktwerten anderer mit dem Bewertungsobjekt vergleichbarer Unternehmen (comparable public company approach) oder ähnlicher M&A-Transaktionen (recent acquisition approach) abgeleitet. Bei den *ertragswertorientierten Verfahren* wird zwischen dem Ertragswertverfahren und den Discounted-Cashflow (DCF)-Verfahren unterschieden. Dabei ist der *Ertragswert* oder *Zukunftserfolgswert* die Summe der abgezinsten Unternehmenserfolg.

322 Eine *ebenfalls gängige Typologie* der Wertermittlungsverfahren bei der Unternehmensbewertung stellt auf die Unterscheidung Einzelbewertungsverfahren, Gesamtbewertungsverfahren sowie Mischverfahren ab: Beim *Einzelbewertungsverfahren* wird der Unternehmenswert aus der Summe der einzelnen Bestandteile des Unternehmens – Vermögensgegenstände und Schulden – auf einen bestimmten Stichtag ermittelt. Das *Gesamtbewertungsverfahren* stellt auf die zukünftige Ertragskraft des Unternehmens ab. Die Unternehmensbewertung konzentriert sich dabei auf die zukünftigen Erträge, die aus dem Zusammenwirken aller Unternehmensbestandteile resultieren. Einzelne Wirtschaftsgüter werden nach dieser Methode also wertmäßig nicht abgebildet, vielmehr beansprucht der Unternehmenswert Abgeltungswirkung für alle Unternehmensbestandteile. *Mischverfahren* sind als Fortentwicklung des Einzelbewertungsverfahrens zu qualifizieren. Diese Methode basiert auf der Annahme, dass nicht nur die Substanz eines Unternehmens, sondern auch dessen Ertragskraft in die Unternehmensbewertung einzubinden ist. Das *Substanzwertverfahren* als *Einzelbewertungsverfahren* ist mit dem Makel behaftet, dass es infolge der isolierten Betrachtung von Vermögenspositionen des jeweiligen Unternehmens mittels *Vergangenheitsorientierung* die Erzielung zukünftiger Erträge aus dem Zusammenwirken dieser Vermögenspositionen ausblendet. Folglich sind fundierte Aussagen über einen Zukunftserfolgswert nicht zu erwarten. Dennoch können *Substanzwertverfahren* bei *ertragsschwachen Unternehmen* sowie in *Insolvenzfällen* praktische Bedeutung erlangen.

323 Ungeachtet der Tatsache, dass die Ertragswertmethode in der Praxis der betriebswirtschaftlichen Unternehmensbewertung üblicherweise angewandt wird, räumt der Gesetzgeber ein, dass die Methode nicht für die Bewertung jedes Unternehmens geeignet bzw. am Markt üblich ist. Finden daher in solchen Fällen *andere gebräuchliche Bewertungsmethoden* zur Preisbildung Anwendung, hat dies – so die Gesetzesbegründung –

das an den gemeinen Wert (Verkehrswert) anknüpfende Steuerrecht zu respektieren. Die *Feststellungslast*, dass eine andere als die Ertragswertmethode im konkreten Einzelfall einschlägig ist, trägt derjenige, der sich darauf beruft. Hierbei stellt der Gesetzgeber zur *Vermeidung von Schätzungsunschärfen* auf die *Erwerbersicht* ab, d.h. es ist auf die Methoden zurückzugreifen, die ein Erwerber der Bemessung des Kaufpreises zugrunde legen würde.

bbb) Mindestwert

Eine *gesetzliche Wertuntergrenze* (Mindestwertregelung) unter Verweis auf den *Substanzwert* hat der Gesetzgeber in § 11 Abs. 2 Satz 3 BewG verankert: demnach darf die Summe der gemeinen Werte der zum Betriebsvermögen gehörenden Wirtschaftsgüter und sonstigen aktiven Ansätze abzüglich der zum Betriebsvermögen gehörenden Schulden und sonstigen Abzüge der Gesellschaft *nicht unterschritten* werden. Eine besondere Ausprägung des Substanzwerts ist der *Liquidationswert*: Dieser kommt als Untergrenze der Bewertung zum Ansatz, wenn feststeht, dass das Unternehmen nicht weiter betrieben werden soll.

324

ff) Vereinfachtes Ertragswertverfahren

aaa) Anwendungsbereich

Das vereinfachte Ertragswertverfahren soll dem Steuerpflichtigen die Möglichkeit bieten, ohne hohen Ermittlungsaufwand oder Kosten für einen Gutachter einen *objektivierten Unternehmens- oder Anteilswert* auf der *Basis der Ertragsaussichten* nach § 11 Abs. 2 Satz 2 BewG zu ermitteln. Das vereinfachte Ertragswertverfahren steht grundsätzlich allen Unternehmen unabhängig von Umsatz- oder Gewinngrößen offen. Nach der Gesetzesbegründung ist das vereinfachte Ertragswertverfahren *nicht anwendbar*, wenn für den zu bewertenden Unternehmenstyp ein *anderes anerkanntes, auch im gewöhnlichen Geschäftsverkehr für nicht steuerliche Zwecke übliches Verfahren* (z. B. Multiplikatorverfahren) einschlägig ist. Soweit der Gesetzgeber hier unterstellen sollte, dass die beispielsweise aufgeführten Multiplikatorenverfahren ohne Berücksichtigung der Ertragsaussichten operieren, ist dem die Einbindung auch von Ertragsaspekten beim Rückgriff auf Multiplikatoren entgegenzuhalten. Multiplikatorenmethoden verwenden nämlich Multiplikatoren, die aus branchentypischen Ertragsaussichten (ggf. Kostenquoten) abgeleitet werden.

325

Des Weiteren ist das vereinfachte Ertragswertverfahren *nicht anwendbar*, wenn dieses zu *offensichtlich unzutreffenden Ergebnissen* führt (§ 199 Abs. 1 und 2 BewG). In diesen Fällen kann der Unternehmens- bzw. Anteilsinhaber sich nicht auf das vereinfachte Ertragswertverfahren berufen; ebenso hat die Finanzverwaltung hier die Möglichkeit, die Anwendung dieses Verfahrens abzulehnen. Die *zentralen Fragen* in diesem Kontext sind zum einen, wie festgestellt werden kann, *ob* ein unzutreffendes Ergebnis vorliegt und zum anderen, *wann* ein derart einzustufendes Ergebnis vorliegt. Im Schrifttum wird zu Recht darauf verwiesen, dass die Feststellung eines unzutreffenden Ergebnisses dem Grunde nach nur erfolgen kann, wenn der nach dem vereinfachten Ertragswertverfahren ermittelte Wert mit einem *anderen Referenzwert* verglichen wird. Nach den Vorstellungen des Gesetzgebers können unzutreffende Ergebnisse z. B. dann vorliegen,

326

wenn sich im Rahmen von *Erbauseinandersetzungen* oder aus *zeitnahen Verkäufen* (auch nach dem Bewertungsstichtag!) Erkenntnisse über den Wert des Unternehmens oder Beteiligung herleiten lassen. Die mitunter geäußerte Auffassung, ein unzutreffendes Ergebnis im Sinne des § 199 BewG läge „vermutlich" ab einer Wertabweichung von mehr als 50 % vor, dürfte frei gegriffen und mithin sachlich nicht begründbar sein. Kann andererseits der Vergleich mit einem anderen Referenzwert nur durch Rückgriff auf marktgängige Verfahren (z. B. DCF-Verfahren) bewerkstelligt werden, drängt sich die Frage an den Gesetzgeber auf, worin der Vereinfachungseffekt des „vereinfachten" Ertragswertverfahrens denn liegt.

327   Hinsichtlich der Anwendung des vereinfachten Ertragswertverfahrens nach §§ 199 ff. BewG besteht zugunsten des Steuerpflichtigen ein *Wahlrecht*; d. h. die Anwendung dieses gesetzlich normierten Verfahrens ist *nicht obligatorisch*. Der Steuerpflichtige kann mithin eine *Vergleichsrechnung* („Schattenbewertung") zwischen dem „vereinfachten" und einem „normalen" Ertragswertverfahren anstellen und die für ihn günstigere Bewertungsmethode geltend machen, so diese auch marktüblich ist.

bbb)   Aussonderung bestimmter Wirtschaftsgüter

328   Die *Kernaussagen* zum vereinfachten Ertragswertverfahren sind aus § 200 BewG ersichtlich. Demnach ist zur Ermittlung des Ertragswerts (vorbehaltlich des § 200 Abs. 2 bis 4 BewG) der *zukünftig nachhaltig erzielbare Jahresertrag* mit dem *Kapitalisierungsfaktor* zu multiplizieren. Das vereinfachte Ertragswertverfahren ist – so die Annahme des Gesetzgebers – *rechtsformneutral* und damit sowohl auf Unternehmen in der Rechtsform der Kapitalgesellschaft als auch auf Einzelunternehmen und Personengesellschaften anwendbar.

ccc)   Nicht betriebsnotwendiges Vermögen

329   Die Behandlung von Wirtschaftsgütern des sog. *nicht betriebsnotwendigen (betriebsneutralen) Vermögens* im Rahmen des vereinfachten Ertragswertverfahrens entspricht der Vorgehensweise in marktgängigen (betriebswirtschaftlichen) Ertragswertverfahren, die hier eine *funktionale Abgrenzung* vornehmen. Können mithin Wirtschaftsgüter und mit diesen in wirtschaftlichem Zusammenhang stehende Schulden aus dem zu bewertenden Unternehmen im Sinne des § 199 Abs. 1 und 2 BewG herausgelöst werden, ohne die eigentliche Unternehmenstätigkeit zu beeinträchtigen, so werden diese Wirtschaftsgüter und Schulden nach Maßgabe des § 200 Abs. 2 BewG *neben dem Ertragswert* mit dem *eigenständig zu ermittelnden gemeinen Wert* oder Anteil am gemeinen Wert angesetzt. Zum nicht betriebsnotwendigen Vermögen zählen die Vermögensbestandteile eines Unternehmens, die in *keinem direkten Zusammenhang zur operativen Geschäftstätigkeit* des Unternehmens stehen und folglich veräußert werden können, ohne die Leistungsfähigkeit des Unternehmens zu beeinträchtigen. Zur Kategorie des nicht betriebsnotwendigen Vermögens zählen z. B. betrieblich nicht genutzter Grundbesitz (Mietwohngrundstück eines Produktionsunternehmens lt. Gesetzesbegründung), Kunstgegenstände, überschüssige Liquidität, Beteiligungen zur Geldanlage, die mit der Unternehmenstätigkeit nicht zu tun hat.

ddd) Beteiligungen

Nach § 200 Abs. 3 BewG ist des Weiteren eine *eigenständige Wertermittlung* vorgese-   330
hen, wenn ein zu bewertendes Unternehmen seinerseits *(Unter-)Beteiligungen* in seinem *betriebsnotwendigen Vermögen* hält. In einschlägigen Fällen werden diese Beteiligungen neben dem Ertragswert mit dem separat ermittelten gemeinen Wert angesetzt. Die Einbeziehung in das Ertragswertverfahren wäre nach Darlegung des Gesetzgebers insbesondere dann sachlich nicht gerechtfertigt, wenn es sich um eine Beteiligung an einer Kapitalgesellschaft handelt, die ihre Gewinne in dem dreijährigen Referenzzeitraum (siehe hierzu § 201 Abs. 2 Satz 1 BewG) vor dem Bewertungsstichtag in
nicht unerheblichem Maße thesauriert hatte. Für *wirtschaftlich unbedeutende Beteiligungen* können gemäß Gesetzesbegründung im Verwaltungsweg noch *Vereinfachungen bei der Bewertung* eingeräumt werden. Beteiligungen, die zum nicht betriebsnotwendigen Vermögen gehören, unterfallen § 200 Abs. 2 BewG.

eee) Junges Betriebsvermögen

In § 200 Abs. 4 BewG wurde eine *weitere Kategorie eigenständiger Wertermittlung* nor-   331
miert. Demnach werden *innerhalb von zwei Jahren vor dem Bewertungsstichtag eingelegte Wirtschaftsgüter*, die nicht unter § 200 Abs. 2 und 3 BewG fallen, und mit diesen
im wirtschaftlichem Zusammenhang stehende Schulden *neben dem Ertragswert* mit
dem eigenständig zu ermittelnden *gemeinen Wert* angesetzt – sog. *„junge" Wirtschaftsgüter*. Diese auf das „Koch/Steinbrück"-Eckpunktepapier zur Reform der Erbschaftsteuer (November 2007) zurückgehende Regelung ist steuerpolitisch motiviert und wird als
Instrument zur Missbrauchsvermeidung eingestuft. Sie basiert auf der gesetzgeberischen Annahme, dass insbesondere solche innerhalb des zweijährigen Betrachtungszeitraums eingelegten Wirtschaftsgüter, die einen hohen gemeinen Wert bei relativ geringer Rendite haben, im Ertragswert nur unangemessen abgebildet würden. Die hiesige Regelung korrespondiert im Übrigen mit § 13b Abs. 2 Satz 3 ErbStG, die eine erbschaftsteuerliche Privilegierung für „junge" Wirtschaftsgüter versagt.

fff) Ermittlung des Jahresertrags

Der Intention marktgängiger Ertragswertverfahren zur Unternehmensbewertung fol-   332
gend (Bewertungszielgröße ist dort der Zukunftserfolgswert), ist der gemeine Wert des
Unternehmens *zukunftsbezogen* zu ermitteln. In diesem Kontext ordnet § 201 Abs. 1
Satz 1 BewG an, dass die Grundlage für die Bewertung der *zukünftig nachhaltig zu er-
zielende Jahresertrag* ist. Mangels verfügbarer Finanzplandaten – so die Gesetzesbegründung – muss dieser Jahresertrag anhand des in der *Vergangenheit erzielten
Durchschnittsertrags* geschätzt werden. Mit der hier gewählten Wertermittlungs-
methodik (Schätzung) lehnt sich der Gesetzgeber an die bisherige Verfahrensweise zur
Ermittlung des Ertragshundertsatzes im Rahmen des Stuttgarter Verfahrens an (R 99
ErbStR 2003). Da die für die Schätzung des Durchschnittsertrags in der Vergangenheit
erzielten Betriebsergebnisse des Unternehmens eine wichtige Orientierungshilfe bieten, ist der Durchschnittsertrag gemäß § 201 Abs. 2 Satz 1 BewG regelmäßig aus den
Betriebsergebnissen (§ 202 BewG) der *letzten drei vor dem Bewertungsstichtag abgelaufenen Wirtschaftsjahre* herzuleiten.

BEISPIEL: ▶ Betriebsübertragung von Vater an Sohn im Wege der vorweggenommenen Erbfolge. Übertragungszeitpunkt (Besteuerungsstichtag) ist der 2.4.2009. Das Wirtschaftsjahr ist mit dem Kalenderjahr identisch. Die Betriebsergebnisse der Jahre 2006 bis 2009 lauten wie folgt.

Betriebsergebnis 2009	440 000 Euro
Betriebsergebnis 2008	370 000 Euro
Betriebsergebnis 2007	210 000 Euro
Betriebsergebnis 2006	290 000 Euro

Maßgeblich im Sinne des § 201 Abs. 2 Satz 1 BewG ist der Durchschnitt der Betriebsergebnisse für die Wirtschaftsjahre 2006, 2007 und 2008.

333   Wenn sich jedoch nach den Umständen des Einzelfalles abzeichnet, dass für die Prognose des Zukunftsertrags die Ertragsentwicklung des Wirtschaftsjahres, in dem der Bewertungsstichtag liegt, bedeutsam ist (bspw. dann, wenn sich im Jahr der Übertragung wesentliche strukturelle unternehmerische Veränderungen ergeben), ist nach § 201 Abs. 2 Satz 2 BewG das gesamte Betriebsergebnis dieses (am Bewertungsstichtag noch nicht abgelaufenen) Wirtschaftsjahres in den dreijährigen Referenzzeitraum einzubeziehen. Die Summe der Betriebsergebnisse ist durch den Faktor 3 zu dividieren und ergibt den *Durchschnittsertrag*, der auch den *Jahresertrag* darstellt. Die noch im bisherigen Stuttgarter Verfahren nach R 99 Abs. 3 ErbStR 2003 vorzunehmende *Gewichtung* der einzelnen Betriebsergebnisse wird im vereinfachten Ertragswertverfahren nach §§ 199 ff. BewG *nicht fortgeführt*.

334   In § 201 Abs. 3 BewG hat der Gesetzgeber Vorkehrungen für den Fall getroffen, dass sich innerhalb des Referenzzeitraums der *Charakter des Unternehmens* nach dem Gesamtbild der Verhältnisse nachhaltig mit Auswirkung auf die Ertragsaussichten *geändert* hat oder ein *Unternehmen neu entstanden* ist.

Bei derartigen Sachverhaltskonstellationen ist von einem *verkürzten Ermittlungszeitraum* zur Bestimmung des Jahresertrags auszugehen; maßgebend ist hier der Zeitraum ab Beginn der nachhaltigen Veränderungen. Bei Unternehmen, die durch *Umwandlung*, durch *Einbringung* von Betrieben oder Teilbetrieben, im Rahmen einer *Betriebsaufspaltung* oder durch *Umstrukturierungen* entstanden sind, ist nach § 201 Abs. 3 Satz 2 BewG bei der Ermittlung des Durchschnittsertrags von den *früheren Betriebsergebnissen* des Gewerbebetriebs oder der Gesellschaft, d. h. des *Vorgängerunternehmens*, auszugehen. Soweit sich die *Änderung der Rechtsform* auf den Jahresertrag auswirkt, sind die früheren Betriebsergebnisse entsprechend zu korrigieren.

Vereinfachtes Ertragswertverfahren nach § 200 BewG

Nachhaltig erzielbarer Jahresertrag
x Kapitalisierungsfaktor
_____
= Ertragswert
+ gemeiner Wert des nicht betriebsnotwendigen Vermögens
+ gemeiner Wert von Beteiligungen
+ gemeiner Wert der „jungen" Wirtschaftsguter
_____
= gemeiner Wert des Betriebsvermögens

ggg) Ermittlung der Betriebsergebnisse

Nach § 202 Abs. 1 Satz 1 BewG ist zur Ermittlung des Betriebsergebnisses von dem *Gewinn im Sinne des § 4 Abs. 1 Satz 1 EStG* auszugehen – *Ausgangswert*. Dies ist der Wert des Betriebsvermögens am Ende des Wirtschaftsjahres abzüglich des Werts des Betriebsvermögens am Anfang des Wirtschaftsjahres, bei Personenunternehmen vermehrt um den Wert der Entnahmen und verringert um den Wert der Einlagen. Somit knüpft die Ermittlung der Betriebsergebnisse *rechtsformneutral* an den steuerlichen Bilanzgewinn an, der auch die steuerfreien Vermögensmehrungen sowie die sonstigen Einkommensberichtigungen umfasst, so dass insoweit Korrekturen entbehrlich sind. Gleiches gilt hinsichtlich anderer außerbilanzieller Gewinnkorrekturen (z. B. nach § 4 Abs. 5 EStG). Die *einzelnen Betriebsergebnisse* sind *gesondert* zu erfassen.

335

hhh) Korrekturbedarf

Da nach der Gesetzesintention auf den künftig nachhaltig erzielbaren Jahresertrag abzustellen ist, ist der Ausgangswert des einzelnen Betriebsergebnisses hinsichtlich solcher Vermögensminderungen oder Vermögensmehrungen zu korrigieren, die einmaligen Charakter haben oder jedenfalls den maßgeblichen Jahresertrag in Zukunft nicht beeinflussen. Hiernach ergibt sich folgendes *Korrekturschema* nach § 202 Abs. 1 Satz 2 BewG:

336

	Ausgangswert (= Gewinn i. S. d § 4 Abs. 1 Satz 1 EStG) zur Ermittlung des Betriebsergebnisses => Die Ergebnisse aus den Sonderbilanzen und Ergänzungsbilanzen bei Personengesellschaften werden **nicht** berücksichtigt!
+	Investitionsabzugsbeträge, Sonderabschreibungen oder erhöhte Absetzungen, Bewertungsabschläge, Zuführungen zu steuerfreien Rücklagen sowie Teilwertabschreibungen. Es sind nur die normalen Absetzungen für Abnutzung (AfA) zu berücksichtigen; diese sind nach den Anschaffungs- oder Herstellungskosten bei gleichmäßiger Verteilung über die gesamte betriebsgewöhnliche Nutzungsdauer zu bemessen. Die normalen AfA-Beträge sind auch dann anzusetzen, wenn für die Absetzungen in der Steuerbilanz vom Restwert auszugehen ist, der nach Inanspruchnahme der Sonderabschreibungen oder erhöhten Abschreibungen verblieben ist.
+	Absetzungen auf den Geschäfts- oder Firmenwert oder auf firmenwertähnliche Wirtschaftsgüter (z. B. Güterfernverkehrsgenehmigung).
+	Einmalige Veräußerungsverluste sowie außerordentliche Aufwendungen
+	Im Gewinn nicht enthaltene Investitionszulagen, soweit in Zukunft mit weiteren zulagebegünstigten Investitionen in gleichem Umfang gerechnet werden kann
+	Der Ertragsteueraufwand (KSt, GewSt, Zuschlagsteuern)
+	Aufwendungen, die im Zusammenhang stehen mit Vermögen im Sinne des § 200 Abs. 2 und 4 BewG sowie übernommene Verluste aus Beteiligungen Im Sinne des § 200 Abs. 2 bis 4 BewG
=	Zwischensumme nach Hinzurechnungen
./.	Gewinnerhöhende Auflösungsbeträge steuerfreier Rücklagen sowie Gewinne aus der Anwendung des § 6 Abs. 1 Nr. 1 Satz 4 und Nr. 2 Satz 3 EStG
./.	Einmalige Veräußerungsgewinne sowie außerordentliche Erträge
../.	Im Gewinn enthaltene Investitionszulagen, soweit in Zukunft nicht mit weiteren zulagebegünstigten Investitionen in gleichem Umfang gerechnet werden kann

./.	Angemessener Unternehmerlohn, soweit in der bisherigen Ergebnisrechnung kein solcher berücksichtigt worden ist. Die Höhe des Unternehmerlohns wird nach der Vergütung bestimmt, die eine nicht beteiligte Geschäftsführung erhalten würde. Neben dem Unternehmerlohn kann auch ein fiktiver Lohnaufwand für bislang unentgeltlich tätige Familienangehörige des Eigentümers berücksichtigt werden
./.	Erträge aus der Erstattung von Ertragsteuern (KSt, GewSt, Zuschlagsteuern)
./.	Erträge, die im Zusammenhang stehen mit Vermögen im Sinne des § 200 Abs. 2 bis 4 BewG
=	Zwischensumme nach Hinzurechnungen und Kürzungen
+/ ./.	Hinzuzurechnen oder abzurechnen sind auch sonstige wirtschaftlich nicht begründete Vermögensminderungen-/erhöhungen mit Einfluss auf den zukünftig nachhaltig zu erzielenden Jahresertrag und mit gesellschaftsrechtlichem Bezug, sowie sie nicht nach den § 202 Abs. 1 Nr. 1 und 2 berücksichtigt wurden (§ 202 Abs. 1 Nr. 1 und 2 BewG).
./.	Zur Abgeltung des Ertragsteueraufwands ist ein positives Betriebsergebnis nach § 202 Abs. 1 oder 2 BewG um 30 % zu mindern (§ 202 Abs. 3 BewG)
=	Steuerliches Betriebsergebnis

iii) Gewinnermittlung durch Einnahmenüberschussrechnung

337 Ist Bewertungsgegenstand ein Betrieb mit *Gewinnermittlung nach § 4 Abs. 3 EStG* (= Einnahmenüberschussrechnung), i. d. R. nicht bilanzierende Gewerbetreibende und freiberuflich Tätige, tritt an die Stelle des steuerlichen Bilanzgewinns der *Überschuss der Betriebseinnahmen über die Betriebsausgaben* (§ 202 Abs. 2 BewG). Die Korrekturvorgaben in Gestalt von Hinzurechnungen und Abrechnungen nach Maßgabe des § 202 Abs. 1 Satz 2 Nr. 1 bis 3 BewG gelten hier entsprechend.

jjj) Betrieblicher Ertragsteueraufwand

338 Zur *Abgeltung des betrieblichen Ertragsteueraufwands* ist das jeweilige *Betriebsergebnis um 30 % zu mindern* (§ 202 Abs. 3 BewG). Aus dem Kürzungsumfang ist das Bestreben des Gesetzgebers ersichtlich, die rechtsformneutrale Anwendung des vereinfachten Ertragswertverfahrens sicherzustellen. Zu diesem Zweck werden in einem ersten Schritt (siehe Korrekturkatalog) die Betriebsergebnisse um den tatsächlichen Ertragsteueraufwand erhöht sowie um Erträge aus der Erstattung betrieblicher Ertragsteuern (einschl. Zuschlagsteuern) gemindert. In einem zweiten Schritt wird ein pauschaler Ertragsteueraufwand in Höhe von 30 % von dem jeweils korrigierten Betriebsergebnis abgezogen. Nach den Vorstellungen des Gesetzgebers entspricht dies der künftigen *durchschnittlichen Unternehmensteuerlast für Kapitalgesellschaften und Personenunternehmen* nach den Regelungen der *Unternehmensteuerreform 2008*.

kkk) Kapitalisierungsfaktor

339 Der zukünftig nachhaltig erzielbare Jahresertrag ist gemäß § 200 Abs. 1 BewG mit dem *Kapitalisierungsfaktor* nach Maßgabe des § 203 BewG zu multiplizieren. Der Kapitalisierungsfaktor setzt sich zusammen aus einem (variablen) *Basiszinssatz* und einem (Risiko-)*Zuschlag* von 4,5 % (§ 203 Abs. 1 BewG). Als *Basiszinssatz* wird der von der *Deutschen Bundesbank* aus den *Zinsstrukturdaten für öffentliche Anleihen* ermittelte Zinssatz zugrunde gelegt, der für den ersten Börsentag eines Jahres errechnet wird und eine prog-

nostizierte Rendite für langfristig laufende Anleihen darstellt. Der Basiszinssatz wird vom Bundesministerium der Finanzen veröffentlicht. Der hiernach für das *Jahr 2009* maßgebliche *Basiszinssatz* beträgt *3,61 %* (siehe hierzu BMF-Schreiben vom 7. 1. 2009, BStBl. 2008 I S. 14). Der Basiszinssatz ist aus *Vereinfachungsgründen* für alle Wertermittlungen auf Bewertungsstichtage in dem jeweiligen Kalenderjahr anzuwenden. Der *(Risiko-)Zuschlag* berücksichtigt pauschal neben dem Unternehmerrisiko auch andere Korrekturposten, z. B. Fungibilitätszuschlag, Wachstumsabschlag oder inhaberabhängige Faktoren. Branchenspezifische Faktoren werden ausweislich der Gesetzesbegründung durch einen sog. *Beta-Faktor* von 1,0 berücksichtigt, weil dann die Einzelrendite wie der Markt schwankt. Mit dem Beta-Faktor wird das systematische Risiko eines bestimmten Wertpapiers beschrieben. Als *relatives Risikomaß (Volatilitätsmaß)* bringt der Beta-Faktor zum Ausdruck, in welchem Umfang die Einzelrendite des jeweiligen Wertpapiers die Veränderungen der Rendite des Marktportfolios nachvollzieht. Der *gesetzlich fixierte Risikozuschlag* von 4,5 % gilt *nur im Anwendungsbereich des vereinfachten Ertragswertverfahrens* nach den §§ 199 ff. BewG. Kommt im konkreten Einzelfall ein marktgängiges Verfahren der Unternehmensbewertung zum Zuge, besteht keine Bindung an diesen Risikozuschlag. Kann mithin ein höherer Zuschlag seitens des Steuerpflichtigen fundiert dargelegt werden, führt das zu einem höheren Kapitalisierungszinssatz und folglich zu einem *niedrigeren Kapitalisierungsfaktor!*

Eine *Korrektur* bei Ermittlung des Kapitalisierungsfaktors wegen der *Ertragsteuerbelastung* ist *nicht vorzunehmen,* weil § 202 Abs. 3 BewG die Betriebssteuern bereits im Rahmen der Ermittlung des Jahresertrages berücksichtigt. Hinzu tritt der Umstand, dass der Basiszins als Vergleichsgröße vor Berücksichtigung der persönlichen Steuerbelastung des Unternehmers bzw. Anteilsinhabers zugrunde gelegt wird. Diese besteht nach Darlegung des Gesetzgebers hier in gleicher Höhe wie bei anderen Vermögensanlagen, die der Abgeltungsteuer unterliegen.   340

Der *Kapitalisierungsfaktor* entspricht gemäß § 203 Abs. 3 BewG dem *Kehrwert des Kapitalisierungszinssatzes* (1/Kapitalisierungszinssatz).   341

BEISPIEL:

Basiszinssatz	3,61 %	
(Risiko-) Zuschlag	4,50 %	
Kapitalisierungszinssatz	8,11 %	
Kapitalisierungsfaktor	1/8,11 %	12,3

Der gemeine Wert zur Ermittlung des Unternehmenswerts nach dem vereinfachten Ertragswertverfahren der §§ 199 ff. BewG wird damit wie folgt hergeleitet:

Betriebsergebnis 1
Betriebsergebnis 2
Betriebsergebnis 3

Summe der (korrigierten) Betriebsergebnisse
Division durch Faktor 3

Durchschnittsertrag
= zukünftig nachhaltig erzielbarer Jahresertrag
x Kapitalisierungsfaktor

Ertragswert (gemeiner Wert)

BEISPIEL: ▸ Zum Betriebsvermögen eines Gewerbebetriebs (Einzelunternehmen) gehört ein unbebautes Grundstück, das als nicht betriebsnotwendiges Vermögen zu qualifizieren ist. Der gemeine Wert (Verkehrswert) des Grundstücks beläuft sich auf 445 000 Euro.

Bewertungsparameter/Wirtschaftsjahre	2006 Euro	2007 Euro	2008 Euro
Gewinn/Ausgangsbetrag	**240 000**	**260 000**	**310 000**
+ Ertragsteueraufwand	36 000	39 000	46 500
+ Aufwendungen für nicht betriebsnotwendiges Vermögen	4 500	4 800	5 200
·/. angemessener Unternehmerlohn	65 000	68 000	74 000
·/. Erträge nicht betriebsnotwendiges Vermögen	600	600	600
= Betriebsergebnis vor Ertragsteueraufwand	214 900	235 200	287 100
·/. Abgeltung Ertragsteueraufwand (30 %)	64 470	70 560	86 130
= **Betriebsergebnis**	**150 430**	**164 640**	**200 970**
Summe der Jahre 2006 bis 2008			516 040
Durchschnittsertrag			**172 013**
Ertragswert = Durchschnittsertrag x 12,3			2 115 760
+ Ansatz nicht betriebsnotwendiges Vermögen			445 000
= **gemeiner Wert des Unternehmens**			**2 560 760**

gg) Aufteilung bei Beteiligungen an Personengesellschaften

342   Ist der gemeine Wert des *Betriebsvermögens einer Personengesellschaft* zu ermitteln, erfolgt die Wertfindung anhand der vorab dargestellten Grundsätze und Bewertungsmethoden. Diejenigen Wirtschaftsgüter, die nicht im Eigentum der Personengesellschaft stehen, sondern im (Mit-)Eigentum eines oder mehrer Gesellschafter und der Personengesellschaft zu dienen bestimmt sind (sog. *Sonderbetriebsvermögen*), werden mit ihrem *eigenen gemeinen Wert* abzüglich der Schulden dem jeweiligen Gesellschafter hinzugerechnet. Der für das *Gesamthandseigentum* der Personengesellschaft ermittelte *gemeine Wert* wird zwecks Feststellung des auf den einzelnen beteiligten Gesellschafter entfallenden Anteils an der Personengesellschaft *aufgeteilt*. Der Wert des Gesamthandsvermögens (§ 109 Abs. 2 in Verbindung mit § 11 Abs. 2 BewG) ist wie folgt aufzuteilen:

Die *Kapitalkonten* aus der Gesamthandsbilanz sind dem jeweiligen Gesellschafter *vorweg zuzurechnen*. Zum Kapitalkonto rechnen unter anderem neben dem *Festkapital* auch der Anteil an einer *gesamthänderischen Rücklage* und die *variablen Kapitalkonten*, soweit es sich dabei ertragsteuerrechtlich um Eigenkapital der Gesellschaft handelt. Der *verbleibende Wert* ist nach dem *Gewinnverteilungsschlüssel* auf die Gesellschafter aufzuteilen. *Vorabgewinne* sind *nicht* zu *berücksichtigen*. Die Wirtschaftsgüter und Schulden des Sonderbetriebsvermögens sind bei dem jeweiligen Gesellschafter mit dem gemeinen Wert anzusetzen.

Der *Wert des Anteils eines Gesellschafters* ergibt sich als Summe aus dem Anteil am Gesamthandsvermögen und dem Wert des Sonderbetriebsvermögens.

BEISPIEL: ▸ Wert des Gesamthandsvermögens zum Bewertungsstichtag   12 000 000 EUR

Kapitalkonten lt. Gesamthandsbilanz der Personengesellschaft   9 000 000 EUR

Davon entfallen auf A 5 000 000 EUR, auf B 1 000 000 EUR und auf C 3 000 000 EUR.

Gewinn- und Verlustverteilung A, B und C je $1/_3$

Der Gesellschafter A verpachtet an die Personengesellschaft ein Grundstück mit dem gemeinen Wert von 1 500 000 EUR.

Zu bewerten ist der Anteil des Gesellschafters A.

Gesellschafter		A	B/C
Wert des Gesamthandsvermögens	12 000 000 EUR		
abzgl. Kapitalkonten			
lt. Gesamthandsbilanz	9 000 000 EUR	5 000 000 EUR	4 000 000 EUR
Unterschiedsbetrag	3 000 000 EUR	1 000 000 EUR	2 000 000 EUR
Anteil am Wert des Gesamthands- vermögens		6 000 000 EUR	6 000 000 EUR
zuzügl. Wert des Sonderbetriebs- vermögens		1 500 000 EUR	
Anteil am Wert des Betriebsver- mögens		7 500 000 EUR	

e) Bewertung des übrigen Vermögens

Vermögen, das nicht aus nicht notierten Anteilen an Kapitalgesellschaften, Grundbesitz (land- und forstwirtschaftliches Vermögen und Grundvermögen), Bodenschätzen und Betriebsvermögen besteht, wird als *übriges Vermögen* bezeichnet. Übriges Vermögen ist mit dem *gemeinen Wert* (§ 12 Abs. 1 ErbStG i. V. mit § 9 BewG) oder *Hilfsbewertungsmaßstäben* (z. B. Rücknahmepreis, Nennwert, Gegenwartswert, Rückkaufswert i. S. des § 12 Abs. 4 BewG) zu bewerten. Auch Schulden und Lasten, die bei Ermittlung des steuerpflichtigen Erwerbs abzugsfähig sind, werden mit dem gemeinen Wert angesetzt.

343

aa) Bedingung

Bei einer *aufschiebenden Bedingung* (§§ 158 ff. BGB) tritt die Wirkung eines Rechtsgeschäfts erst mit dem Eintritt der Bedingung ein, die Wirkungen des Rechtsgeschäfts sind somit von einem künftigen ungewissen Ereignis abhängig. Solange die Bedingung noch nicht eingetreten ist, besteht hinsichtlich des beabsichtigten Rechtserfolgs ein Schwebezustand (R 91 Abs. 1 Satz 1 ErbStR). Der zivilrechtlichen Handhabung folgend, werden Erwerbe bei der Erbschaft- und Schenkungsteuer erst dann berücksichtigt, wenn die Bedingung eingetreten ist, da bis zu diesem Zeitpunkt ein Schwebezustand besteht (§ 9 Abs. 1 Nr. 1a und Nr. 2 ErbStG). Ein *vertraglich vereinbartes Optionsrecht* wird bewertungsrechtlich wie eine aufschiebende Bedingung behandelt (BFH vom 5. 3. 1971, BStBl 1971 II S. 481).

344

Die Regelung für *aufschiebend bedingte Lasten* ist mit derjenigen für aufschiebend bedingte Erwerbe vergleichbar; solche Lasten bleiben nach § 6 Abs. 1 BewG bei der Ermittlung der Bereicherung außer Ansatz (BFH vom 6. 12. 2000, BFH/NV 2001, S. 781). Der Bescheid über die Festsetzung der Erbschaft- oder Schenkungsteuer ist jedoch nach § 6

344a

Abs. 2 BewG zu berichtigen, wenn zu einem späteren Zeitpunkt die Bedingung eintreten sollte (R 91 Abs. 2 Satz 2 ErbStR). Wirkt sich der Bedingungseintritt zugunsten des Steuerpflichtigen aus, ist für die Berichtigungsveranlagung ein entsprechender Antrag erforderlich; eine Berichtigung zuungunsten des Steuerpflichtigen wird von Amts wegen vorgenommen. Mit der Berichtigungsveranlagung erfolgt die Festsetzung der Erbschaft- oder Schenkungsteuer mit dem tatsächlichen Wert im Zeitpunkt des Bedingungseintritts.

345   Bei einer *auflösenden Bedingung* tritt die Wirkung des Rechtsgeschäfts sofort ein, endigt jedoch mit dem Eintritt der Bedingung für die Zukunft (R 91 Abs. 1 Satz 2 ErbStR). Der Erwerb eines Vermögensgegenstands unter einer auflösenden Bedingung (z. B. einer Wiederverheiratungs- oder Ausbildungsklausel) wird bei der Festsetzung der Erbschaft- oder Schenkungsteuer so behandelt, als ob keine Bedingung bestünde (§ 5 Abs. 1 BewG). Ein *vertraglich vereinbartes Rücktrittsrecht* wird bewertungsrechtlich als *auflösende Bedingung* qualifiziert (BFH vom 27. 10. 1967, BStBl 1968 II S. 116).

346   Geht mit dem Eintritt der auflösenden Bedingung kausal eine Vermögensverlagerung einher, ist die bisher festgesetzte Steuer unter Berücksichtigung des tatsächlichen Werts neu festzusetzen. Die Durchführung der Berichtigungsveranlagung aufgrund Bedingungseintritts ist antragsgebunden. Derjenige, zu dessen Gunsten sich der Bedingungseintritt auswirkt, hat den Antrag bis zum Ablauf des Jahres, das auf den Eintritt der Bedingung folgt, zu stellen (§ 5 Abs. 2 Satz 2 BewG).

bb) Befristung

347   Die einem Rechtsgeschäft beigefügte *Zeitbestimmung* ist nach § 163 BGB der (aufschiebenden wie der auflösenden) Bedingung unter der Voraussetzung gleichgestellt, dass durch sie ebenfalls die Wirkung des Rechtsgeschäfts beeinflusst, also auch bei ihr der Beginn oder die Beendigung der Wirkung vom Eintritt eines Zeitpunkts abhängig gemacht wird. Die Vorschriften der §§ 158 ff. BewG über die Bedingungen finden auf Zeitbestimmungen entsprechend Anwendung. Ist mithin der Erwerb eines Vermögensgegenstands von einem Ereignis (z. B. Rentenbezug erst mit dem Tod einer Person) abhängig, bei dem lediglich der Zeitpunkt ungewiss ist, liegt insoweit eine Befristung vor.

cc) Betagung

348   Kennzeichnend für eine Betagung ist, dass der *Anspruch* oder die *Verpflichtung bereits entstanden* sind, jedoch die *Fälligkeit hinausgeschoben* ist. Die Betagung wirkt sich hiernach nicht auf den Ansatz dem Grunde nach aus, hingegen wird der Ansatz des Anspruchs oder der Verpflichtung der Höhe nach beeinflusst (z. B. Abzinsung eines Rentenanspruchs mit Aufschubzeitraum).

dd) Kapitalforderungen und Schulden sowie Ansprüche und Lasten bei wiederkehrenden Nutzungen und Leistungen

(1) Kapitalforderungen

Alle verzinslichen und unverzinslichen auf Geld gerichteten Forderungen rechnen zu den Kapitalforderungen, unabhängig davon, ob diese Forderungen in inländischer oder ausländischer Währung (R 109 Abs. 5 ErbStR) bestehen. Zu den Kapitalforderungen zählen u. a.: *Forderungen aus Hypotheken, Grundschulden und Darlehen, Steuererstattungs- und Tantiemeansprüche, Geldabfindungsansprüche aus einem Flurbereinigungsverfahren, der Anspruch aus einem Mieterdarlehen, der Pflichtteils- und Vermächtnisanspruch* sowie auf Geld gerichtete Ansprüche gegen eine Versicherung. Auch der *Gewinnausschüttungsanspruch* gegenüber einer Kapitalgesellschaft ist hierunter zu fassen, vorausgesetzt, der Gewinnverteilungsbeschluss ist im Besteuerungszeitpunkt bereits gefasst.

Zu der Kategorie der Kapitalforderungen gehören auch festverzinsliche Wertpapiere, Bundesschatzbriefe, Finanzierungsschätze und Sparbriefe sowie Zero-Bonds.

Nach § 12 Abs. 1 ErbStG i. V. mit § 12 Abs. 1 BewG sind Kapitalforderungen grundsätzlich mit dem *Nennwert* anzusetzen, *es sei denn*, besondere Umstände rechtfertigen eine vom Nennwert abweichende Bewertung. Gründe für eine vom Nennwert *abweichende Bewertung* liegen vor, wenn

► die Kapitalforderungen oder Schulden unverzinslich sind und ihre Laufzeit im Besteuerungszeitpunkt nicht mehr als ein Jahr beträgt;

► die Kapitalforderungen oder Schulden niedrig verzinst oder hoch verzinst sind und die Kündbarkeit für längere Zeit ausgeschlossen ist;

► zweifelhaft ist, ob die Kapitalforderung in vollem Umfang durchsetzbar ist (BFH vom 11. 3. 1992, BFH/NV 1993, S. 354).

Eine unter dem Nennwert anzusetzende *niedrig verzinsliche Kapitalforderung* kann angenommen werden, wenn die *Verzinsung unter 3 %* liegt und die *Kündbarkeit* im Erwerbszeitpunkt für mindestens vier Jahre *eingeschränkt* oder *ausgeschlossen* ist. Liegt eine niedrig verzinsliche Kapitalforderung vor, ist diese mit dem Nennwert unter Abzug des Kapitalwerts des jährlichen Zinsverlustes zu bewerten (BFH vom 17. 10. 1980, BStBl 1981 II S. 247).

BEISPIEL: ► Erblasser E ist am 1. 2. 2009 verstorben. Zum Nachlass gehört eine Darlehensforderung i. H. von 100 000 €, die mit 1,5 % jährlich verzinst wird und frühestens am 31. 1. 2018 kündbar ist.

Der Nennwert der Darlehensforderung i. H. von 100 000 € ist um den kapitalisierten Wert des jährlichen Zinsverlustes zu kürzen. Der jährliche Zinsverlust beträgt (3 % ·/. 1,5 % = 1,5 % von 100 000 € = 1 500 € × Vervielfältiger 7,143) 10 714 €. Damit beläuft sich der Gegenwartswert der Darlehensforderung im Besteuerungszeitpunkt 1. 2. 2009 auf 89 286 €.

In Anlehnung an die Verfahrensweise bei niedrig verzinslichen Kapitalforderungen sind *hochverzinsliche Kapitalforderungen* (Verzinsung über 9 %, Kündbarkeit im Besteuerungszeitpunkt für mindestens vier Jahre ausgeschlossen) mit dem *um den kapitalisierten Zinsgewinn erhöhten Nennwert* zu bewerten. Bei unverzinslichen Kapitalforderungen mit einer aus Sicht des Besteuerungszeitpunkts mehr als einjährigen Laufzeit erfolgt der Ansatz mit dem abgezinsten Betrag unter Zugrundelegung eines Zinssatzes

349

350

351

352

von 5,5 % (§ 12 Abs. 1 ErbStG i.V. mit § 12 Abs. 3 BewG; BFH vom 27. 5. 1992, BStBl 1992 II S. 990).

353 Stehen einer unverzinslichen oder niedrig verzinslichen Kapitalforderung wirtschaftliche Vorteile gegenüber oder stehen einer unverzinslichen oder niedrig verzinslichen Kapitalschuld andere wirtschaftliche Nachteile gegenüber, kommt eine Bewertung unter dem Nennwert nicht in Betracht.

354 Bestehen Zweifel darüber, ob und inwieweit eine Kapitalforderung durchsetzbar ist, kann sie dem *Grad der Zweifelhaftigkeit* entsprechend mit einem niedrigeren Schätzwert anzusetzen sein.

Bei der Bewertung von Kapitalschulden sind die Grundsätze über die unverzinslichen sowie niedrig-/hochverzinslichen Kapitalforderungen entsprechend anzuwenden.

(2) Wiederkehrende Nutzungen und Leistungen

355 Ansprüche auf wiederkehrende Nutzungen und Leistungen sind dem übrigen Vermögen zuzurechnen. Hierbei handelt es sich insbesondere um *Nießbrauchs- und sonstige Nutzungsrechte an beweglichen und unbeweglichen Sachen, Altenteilsleistungen, Dauerwohnrechte und Rentenansprüche*. Der Nießbrauch – dinglich oder obligatorisch – berechtigt zur Nutzung und Fruchtziehung, d. h. zur Erzielung von Einnahmen aus dem genutzten Wirtschaftsgut. Unter einem Wohnrecht ist das dinglich oder obligatorisch ausgestaltete Recht zu verstehen, ein Grundstück ganz oder teilweise zu Wohnzwecken zu nutzen. Beim übrigen Vermögen sind wiederkehrende Nutzungen und Leistungen regelmäßig mit dem Kapitalwert anzusetzen. Der Kapitalwert von Renten und anderen wiederkehrenden Nutzungen und Leistungen richtet sich nach der am Besteuerungsstichtag noch laufenden Bezugsberechtigung; dabei können später eintretende Umstände nur dann berücksichtigt werden, wenn sie am Besteuerungszeitpunkt bereits voraussehbar waren. Kann jedoch der Steuerpflichtige im Einzelfall nachweisen, dass der Kapitalwert nicht mit dem gemeinen Wert korrespondiert, so ist nach § 13 Abs. 3 Satz 1 BewG oder § 14 Abs. 4 Satz 1 BewG der gemeine Wert zu berücksichtigen.

Der Kapitalwert wiederkehrender Nutzungen und Leistungen ist auch in den Fällen zu ermitteln, in denen der *Versorgungsfreibetrag um steuerfreie Versorgungsbezüge zu kürzen* ist (§ 17 Abs. 1 Satz 2 ErbStG).

Nach § 12 Abs. 1 ErbStG i.V. mit § 13 Abs. 2 BewG sind bei den Nutzungen und Leistungen zu unterscheiden:

► Nutzungen und Leistungen, die auf bestimmte Zeit beschränkt sind;

► immerwährende Nutzungen und Leistungen;

► Nutzungen und Leistungen von unbestimmter Dauer.

356 Der Kapitalwert einer *wiederkehrenden, zeitlich begrenzten Nutzung oder Leistung* (z. B. einer Zeitrente) wird nach Anlage 9a zum Bewertungsgesetz als Mittelwert zwischen dem Kapitalwert für jährlich vorschüssige und jährlich nachschüssige Zahlungsweise berechnet. Immerwährende Nutzungen und Leistungen werden nach § 13 Abs. 2 1. Halbsatz BewG mit 18,6-fachen des Jahreswerts angesetzt. Nach Auffassung des BFH (BFH vom 24. 4. 1970, BStBl 1970 II S. 591) handelt es sich bei immerwährenden

Nutzungen und Leistungen um solche, deren Ende nicht absehbar ist und deren Wegfall von Ereignissen abhängt, von denen ungewiss ist, ob und wann sie eintreten werden.

Nutzungen und Leistungen von unbestimmter Dauer sind – vorbehaltlich des § 14 BewG   357
– mit dem 9,3-fachen des Jahreswerts zu bewerten (§ 13 Abs. 2 2. Halbsatz BewG). Von
Nutzungen und Leistungen unbestimmter Dauer ist auszugehen, wenn das Ende der
Nutzung oder Leistung in absehbarer Zeit sicher, der Zeitpunkt des Wegfalls jedoch ungewiss ist. In diese Kategorie fällt bspw. eine Rente, die nacheinander an mehrere Berechtigte auf Lebenszeit zu zahlen ist; dabei ist zur Ermittlung des Kapitalwerts allein
auf das Alter des jeweils Berechtigten im Besteuerungszeitpunkt abzustellen. Als Renten von unbestimmter Dauer sind auflösend bedingte Renten zu behandeln, die keine
feste Laufzeit haben.

Bei *lebenslänglichen Nutzungen und Leistungen*, das sind solche, die von der Lebenszeit   358
einer Person oder mehrerer Personen abhängig sind, ist die Laufzeit im Schätzungswege zu ermitteln. Die Laufzeit knüpft dabei an die voraussichtliche Lebenserwartung,
die aus der sog. *Sterbetafel* für die Bundesrepublik Deutschland ersichtlich ist. Der Kapitalwert von lebenslängliche Nutzungen und Leistungen ist mit dem Vielfachen des Jahreswerts nach Maßgabe des § 14 Abs. 1 Sätze 2 bis 4 BewG anzusetzen. Die Vervielfältiger sind nach der *Sterbetafel des Statistischen Bundesamtes* zu ermitteln und ab dem
1. Januar des auf die Veröffentlichung folgenden Kalenderjahres anzuwenden. Dabei ist
der Kapitalwert unter Berücksichtigung von Zwischenzinsen und Zinseszinsen mit einem *Zinssatz von 5,5 %* als Mittelwert zwischen dem Kapitalwert für jährlich vorschüssige und jährlich nachschüssige Zahlungsweise zu berechnen. Das *Bundesfinanzministerium* stellt den Vervielfältiger für den Kapitalwert einer lebenslänglichen Nutzung
oder Leistung im Jahresbetrag von einem Euro nach Lebensalter und Geschlecht der Berechtigten in einer *Tabelle* zusammen und veröffentlicht diese zusammen mit dem Datum der Veröffentlichung der Sterbetafel im *Bundessteuerblatt*.

Nach Inkrafttreten des Erbschaftsteuerreformgesetzes zum 1. 1. 2009 hat das Bundes-   359
finanzministerium mit Schreiben vom 20. 1. 2009 (BStBl 2009 I S. 270) die entsprechenden Vervielfältiger zur Berechnung des Kapitalwerts lebenslänglicher Nutzungen und
Leistungen bekannt gegeben. Diese wurden nach der am 22. 8. 2008 veröffentlichten
Sterbetafel 2005/2007 des Statistischen Bundesamtes ermittelt und sind für *Bewertungsstichtage ab 1. 1. 2009* anzuwenden. Die Tabelle stellt sich *auszugsweise* wie folgt
dar:

	Männer		Frauen	
Vollendetes Lebensalter	Durchschnittliche Lebenserwartung	Kapitalwert	Durchschnittliche Lebenserwartung	Kapitalwert
0	76,89	18,377	82,25	18,453
1	76,22	18,366	81,54	18,444
2	75,25	18,349	80,56	18,432
3	74,27	18,332	79,58	18,418
4	73,28	18,312	78,59	18,404
5	72,29	18,292	77,59	18,389

Vollendetes Lebensalter	Männer		Frauen	
	Durchschnittliche Lebenserwartung	Kapitalwert	Durchschnittliche Lebenserwartung	Kapitalwert
6	71,30	18,271	76,60	18,373
7	70,31	18,249	75,61	18,356
8	69,31	18,225	74,61	18,338
9	68,32	18,200	73,62	18,319
10	67,33	18,174	72,62	18,299
11	66,33	18,146	71,63	18,278
12	65,34	18,117	70,64	18,256
13	64,35	18,086	69,64	18,233
14	63,36	18,054	68,65	18,209
15	62,36	18,019	67,66	18,183
16	61,38	17,983	66,67	18,156
17	60,40	17,946	65,68	18,127
18	59,42	17,906	64,69	18,097
19	58,45	17,865	63,71	18,065
20	57,49	17,822	62,72	18,032
21	56,53	17,776	61,73	17,996
22	55,56	17,728	60,75	17,959
23	54,59	17,677	59,76	17,920
24	53,63	17,624	58,78	17,879
25	52,66	17,568	57,79	17,835
26	51,69	17,508	56,80	17,789
27	50,73	17,446	55,82	17,741
28	49,76	17,381	54,83	17,690
29	48,79	17,311	53,84	17,636
30	47,82	17,238	52,86	17,580
31	46,85	17,161	51,87	17,520
32	45,88	17,080	50,89	17,457
33	44,92	16,996	49,91	17,391

360 Nutzungen oder Leistungen, die nicht in Geld bestehen – z. B. die Gewährung von Sachleistungen, Nutzungsüberlassung –, sind in Geld umzurechnen. Zu diesem Zweck sind nach § 15 Abs. 2 BewG die *üblichen Mittelpreise des Verbrauchsorts* anzusetzen.

361 Ist der Jahreswert von Nutzungen oder Leistungen ungewiss oder schwankt dieser, ist nach § 15 Abs. 3 BewG als Jahreswert der Betrag anzusetzen, der im Durchschnitt der Jahre voraussichtlich erzielt wird. Ausnahmsweise können bei der Schätzung des Durchschnittswerts auch Ereignisse berücksichtigt werden, die in nicht allzu langer Zeit nach dem Besteuerungszeitpunkt eingetreten sind (R 113 Satz 4 ErbStR).

362 Nach § 15 Abs. 1 BewG beträgt der Jahreswert der Nutzung einer Geldsumme, wenn kein anderer Wert feststeht, 5,5 % der überlassenen Geldsumme. Weist ein Steuerpflichtiger nach, dass der marktübliche Zinssatz für eine gleichartige Kapitalanlage un-

ter dem gesetzlich festgelegten Zinssatz von 5,5 % liegt, kann für die Bewertung des Nutzungsvorteils von dem nachgewiesenen Zinssatz ausgegangen werden.

(3) Begrenzung des Jahreswerts

Nach § 12 Abs. 1 ErbStG i.V. mit § 16 BewG ist der *Jahreswert* von Nutzungen auf den   363
Wert *begrenzt*, der sich ergibt, wenn der bewertungsrechtliche Wertansatz des genutzten Wirtschaftsguts durch den *Faktor 18,6* dividiert wird. Da § 16 BewG als *Höchstwertvorschrift nur für Nutzungen* gilt, unterliegt der Jahreswert von Renten und anderen wiederkehrenden Leistungen keiner Begrenzung; dies gilt selbst in den Fällen, in denen die Leistungen durch eine dingliche Belastung des genutzten Wirtschaftsguts (z. B. mittels Höchstbetragshypothek) gesichert sind (BFH vom 26. 7. 1963, BStBl 1963 III S. 434). Unter Nutzungen sind alle geldwerten wiederkehrenden Vorteile zu verstehen, die dem Berechtigten infolge eines – dinglich gesicherten oder obligatorischen – Rechts an fremden Wirtschaftsgütern zufließen. Weitere Voraussetzung für die Jahreswertbegrenzung ist, dass sich der Anspruch des Nutzungsberechtigten auf die Erträge des Wirtschaftsguts beschränkt. Besteht der Anspruch unabhängig davon, ob das Wirtschaftsgut einen erwarteten oder keinen Nutzen erbringt, greift die Jahreswertbegrenzung nicht (BFH vom 7. 9. 1994, BFH/NV 1995, S. 342).

(4) Einlage des typisch stillen Gesellschafters

Die Einlage eines typisch stillen Gesellschafters ist nach R 112 Satz 1 ErbStR eine Kapi-   364
talforderung, die grundsätzlich mit dem Nennwert anzusetzen ist (BFH vom 7. 5. 1971, BStBl 1971 II S. 642). Besondere Umstände, die einen vom Nennwert abweichenden höheren oder niedrigeren Wert rechtfertigen, sind bei der Bewertung zu berücksichtigen. Ist die Kündbarkeit der Einlage des stillen Gesellschafters am Besteuerungszeitpunkt für längere Zeit ausgeschlossen und liegt der Durchschnittsertrag über 9 %, so ist nach R 112 Satz 2 ErbStR der Nennwert der Vermögenseinlage um den fünffachen Unterschiedsbetrag zwischen dem Durchschnittsertrag und der Verzinsung von 9 % zu erhöhen. Nach R 112 Satz 6 ErbStR ist die Kündbarkeit der Einlage für längere Zeit ausgeschlossen, wenn das Gesellschaftsverhältnis im Besteuerungszeitpunkt noch mehr als fünf Jahre währen wird. Der Durchschnittsertrag ist möglichst aus den Gewinnanteilen der letzten drei vor dem Besteuerungszeitpunkt endenden Wirtschaftsjahre herzuleiten, wobei ein Abschlag wegen Unwägbarkeiten nicht in Betracht kommt.

BEISPIEL: ▸ Der Nennwert der Vermögenseinlage eines typisch stillen Gesellschafters beträgt 180 000 €. Der Durchschnittsertrag aus den Gewinnanteilen der letzten drei Jahre vor dem Besteuerungszeitpunkt beläuft sich auf 45 000 €.

Verzinsung der Einlage: $\dfrac{45\,000\,€ \times 100}{180\,000\,€} = 25\,\%$

Wert der stillen Beteiligung:

100 % + 5 × (25 % ·/. 9 %) = 180 %

180 000 € × 180 % = 324 000 €.

Beträgt der Durchschnittsertrag weniger als 3 %, ist der Nennwert der Vermögenseinlage um den fünffachen Unterschiedsbetrag zwischen 3 % und dem Durchschnittsertrag zu mindern.

(5) Sachleistungsansprüche

365 Sachleistungsansprüche sind als immaterielle Vermögensgegenstände beim übrigen Vermögen zu erfassen, soweit nicht vorrangig die Zuordnung beim Betriebsvermögen in Betracht kommt. *Sachleistungsansprüche* sind bei *gegenseitigen Verträgen* mit dem *gemeinen Wert (Verkehrswert)* des Gegenstands zu bewerten, auf dessen Leistung sie gerichtet sind. Folglich scheidet bei Ansprüchen, die auf die Übertragung von Grundbesitz gerichtet sind, eine Bewertung mit dem land- und forstwirtschaftlichen Grundbesitzwert oder dem Grundstückswert (§§ 138 ff. BewG) aus (BFH vom 10. 4. 1991, BStBl 1991 II S. 620 sowie vom 26. 6. 1991, BStBl 1991 II S. 749).

Hat im Besteuerungszeitpunkt noch keine Partei mit der Erfüllung des Vertrags begonnen, sind nach R 92 Abs. 1 Satz 3 ErbStR Sachleistungsanspruch wie auch die Verpflichtung zur Gegenleistung gesondert anzusetzen und zu bewerten. Sachleistungsanspruch und Sachleistungsverpflichtung sind bereits ab dem Zeitpunkt des Vertragsabschlusses anzusetzen.

366 In Fällen des *Sachvermächtnisses* erfolgt der Ansatz des Vermächtnisgegenstands mit dem Steuerwert (= gemeinen Wert). Dies gilt sinngemäß auch für andere Erwerbe (z. B. nach § 3 Abs. 1 Nr. 4 ErbStG), die auf einer einseitigen Sachleistungsverpflichtung beruhen (R 92 Abs. 2 Satz 2 ErbStR).

(6) Kaufrechtsvermächtnisse

367 Räumt der Erblasser einem *Nichterben* das Recht ein, einen bestimmten Gegenstand des Nachlassvermögens zu einem von ihm festgelegten und meist ermäßigten Kaufpreis zu erwerben, handelt es sich um ein *Kaufrechtsvermächtnis.* Erbschaftsteuerlich ist *Zuwendungsgegenstand* die *aufschiebend bedingte Forderung* des Vermächtnisnehmers gemäß § 2174 BGB gegen den Beschwerten, *nicht* jedoch ein *Gestaltungsrecht* (BFH vom 13. 8. 2008, DStR 2008 S. 1830). Die aus dem Kaufrechtsvermächtnis resultierende Forderung ist mit dem *gemeinen Wert* anzusetzen, der sich aus der *Differenz* zwischen dem Verkehrswert des zu erwerbenden Gegenstands und dem vom Erblasser fixierten Kaufpreis ergibt.

Ein Kaufrechtsvermächtnis, das *zugunsten eines Erben* eingeräumt wird, keine Änderung der Erbquoten bezweckt und auch keine ins Gewicht fallende Verschiebung der Erbteile zur Folge hat, ist als *Teilungsanordnung* (§ 2048 BGB) anzusehen und bleibt bei Ermittlung der Bereicherung *außer Betracht.*

Bei Kaufrechtsvermächtnissen korrespondiert wertmäßig mit dem beim Vermächtnisnehmer zu erfassenden Vermögensgegenstand eine *Nachlassverbindlichkeit* (§ 10 Abs. 5 Nr. 2 ErbStG) bei den Erben.

(7) Überbestand an umlaufenden Betriebsmitteln

368 Während bei einem Land- und Forstwirt der *Normalbestand* an umlaufenden Betriebsmitteln zum land- und forstwirtschaftlichen Vermögen gehört, rechnen die über den Normalbestand hinausgehenden Bestände an umlaufenden Betriebsmitteln – *sog. Überbestände* – zum übrigen Vermögen (§ 158 Abs. 4 Nr. 4 BewG). *Umlaufende Betriebsmittel* sind solche Wirtschaftsgüter, die bei der Fortführung des Betriebs verbraucht

werden (Düngemittel, Saatgut, Futtermittel) oder als Betriebserzeugnisse (Mastvieh, Getreide, Zierpflanzen, eingeschlagenes Holz) in den Verkauf gehen.

Der Überbestand wird in der Weise ermittelt, dass vom gesamten Wert aller umlaufenden Betriebsmittel der gesamte Wert des Normalbestands an umlaufenden Betriebsmitteln abgezogen wird, wobei nach Nutzungen vorzugehen ist. Als Normalbestand ist ein solcher Bestand anzusehen, der zur gesicherten Fortführung des Betriebs erforderlich ist. Über- und Unterbestand an umlaufenden Betriebsmitteln bei den einzelnen Nutzungen werden ausgeglichen. *Bewertungsmaßstab* für Überbestände an umlaufenden Betriebsmitteln ist der *gemeine Wert* (§ 12 Abs. 1 ErbStG, § 9 BewG).

(8) Luxusgegenstände

Unter den Begriff der Luxusgegenstände sind solche Wirtschaftsgüter zu fassen, deren Anschaffung einen Aufwand darstellt, der die als normal empfundene Lebenshaltung *auffallend oder unangemessen überschreitet*. Als Luxusgegenstände sind u. a. Motorflugzeuge, Motor- und Segeljachten sowie ausschließlich zu sportlichen Zwecken gehaltene Pferde (BFH vom 3. 11. 1993, BStBl 1994 II S. 201) anzusehen. Luxusgegenstände sind für Zwecke der Erbschaft- und Schenkungsteuer bei der Ermittlung des steuerpflichtigen Erwerbs mit dem *gemeinen Wert* anzusetzen, soweit die Freibeträge des § 13 Abs. 1 Nr. 1 ErbStG, deren Höhe in Abhängigkeit der Steuerklasse variiert, überschritten werden.

369

K. Steuerbefreiungen

I. Vorbemerkung

§ 13 ErbStG enthält einen Katalog sachlicher Steuerbefreiungen. Nach § 13 Abs. 3 Satz 1 ErbStG ist jede Befreiungsvorschrift für sich anzuwenden; eine Befreiung schließt eine andere, eventuell weitergehende Befreiung nicht aus. Soweit nichts anderes bestimmt ist, müssen die Voraussetzungen für eine Steuerbefreiung im Zeitpunkt der Steuerentstehung erfüllt sein (R 41 Abs. 1 Satz 1 ErbStR). Folglich kommt eine Steuerbefreiung nicht in Betracht, wenn die Voraussetzungen für ihre Gewährung erst nach diesem Zeitpunkt eingetreten sind.

370

Die Steuerbefreiungen des § 13 ErbStG sind *von Amts wegen* zu gewähren, mithin ist eine Antragstellung durch den Steuerpflichtigen nicht erforderlich. Die einzelnen Steuerbefreiungen sind sowohl bei unbeschränkter als auch beschränkter Steuerpflicht zu gewähren; die sachliche Freibetragsgewährung ist unabhängig von persönlichen Freibeträgen (§§ 16, 17 ErbStG). Ist ein Steuerbefreiungstatbestand erfüllt, gehört die Bereicherung des Erwerbers (insoweit) nicht zum steuerpflichtigen Erwerb i. S. des § 10 Abs. 1 Satz 1 ErbStG. Nach § 10 Abs. 6 Satz 1 ErbStG sind Schulden und Lasten nicht abzugsfähig, soweit sie in wirtschaftlichem Zusammenhang mit Vermögensgegenständen stehen, die nicht der Besteuerung nach dem ErbStG unterliegen.

Nach § 13 Abs. 3 Satz 2 ErbStG kann der Erwerber in den Fällen des § 13 Abs. 1 Nr. 2 und 3 ErbStG der Finanzbehörde *bis zur Unanfechtbarkeit der Steuerfestsetzung* erklären,

371

dass er auf die Steuerbefreiung verzichtet, um dieserart Besteuerungsnachteile zu vermeiden, die durch den beschränkten Schuldenabzug gem. § 10 Abs. 6 ErbStG bedingt sein können.

II. Wichtige Befreiungstatbestände

1. Hausrat und andere bewegliche körperliche Gegenstände

372 Hausrat einschließlich Wäsche und Kleidungsstücke sind beim Erwerb durch Personen der Steuerklasse I (z. B. des Ehegatten sowie der Kinder des Erblassers) steuerfrei, soweit der Wert insgesamt 41 000 € nicht übersteigt. Für andere bewegliche körperliche Gegenstände (u. a. auch Kunstgegenstände und Sammlungen), die nicht nach § 13 Abs. 1 Nr. 2 ErbStG befreit sind, beläuft sich der Freibetrag beim Erwerb durch Personen der Steuerklasse I auf insgesamt 12 000 €. Personen der Steuerklassen II und III erhalten für den Erwerb von Hausrat (einschließlich Wäsche und Kleidungsstücke) und anderer beweglicher körperlicher Gegenstände, die nicht nach § 13 Abs. 1 Nr. 2 ErbStG befreit sind, einen Freibetrag von insgesamt 12 000 €.

Die Steuerbefreiung nach § 13 Abs. 1 Nr. 1 ErbStG gilt nicht für Gegenstände, die zum land- und forstwirtschaftlichen Vermögen, zum Grundvermögen oder zum Betriebsvermögen gehören, für Zahlungsmittel, Wertpapiere, Münzen, Edelmetalle, Edelsteine und Perlen. Die Befreiung nach § 13 Abs. 1 Nr. 1 ErbStG beansprucht gleichermaßen Geltung für Schenkungen unter Lebenden als auch für Erwerbe von Todes wegen. Beim Erwerb durch einen Lebenspartner ist anstelle der Befreiung nach § 13 Abs. 1 Nr. 1 Satz 1 Buchst. c ErbStG die Befreiung nach § 13 Abs. 1 Nr. 1 Satz 1 Buchst. a und b ErbStG anzuwenden.

Da der Freibetrag bzw. die Freibeträge dem jeweiligen Erwerber bezogen auf seinen persönlichen Erwerb (in Abhängigkeit der Steuerklasse) zustehen, bezieht sich die Steuerbefreiung im Erbfall nicht auf den Gesamtwert der Vermögensgegenstände, die zum Nachlassvermögen gehören.

2. Gegenstände, deren Erhaltung im öffentlichen Interesse liegt

373 Nach § 13 Abs. 1 Nr. 2 ErbStG können Grundbesitz oder Teile von Grundbesitz, Kunstgegenstände, Kunstsammlungen, wissenschaftliche Sammlungen, Bibliotheken und Archive i. H. von 85 % ihres Werts von der Erbschaftsteuer freigestellt werden,

► wenn die Erhaltung dieser Gegenstände wegen ihrer Bedeutung für Kunst, Geschichte oder Wissenschaft im öffentlichen Interesse liegt,

► die jährliche Kosten i. d. R. die erzielten Einnahmen übersteigen und

► die Gegenstände in einem dem Verhältnis entsprechenden Umfang den Zwecken der Forschung oder der Volksbildung nutzbar gemacht sind oder werden (§ 13 Abs. 1 Nr. 2 Buchst. a ErbStG).

Unter den Voraussetzungen des § 13 Abs. 1 Nr. 2 Buchst. a ErbStG greift die Erbschaftsteuerbefreiung vollumfänglich (100 %), wenn der Steuerpflichtige (zusätzlich) bereit ist,

► die Gegenstände den geltenden Bestimmungen der Denkmalspflege zu unterstellen und

► die Gegenstände sich seit mindestens zwanzig Jahren im Besitz der Familie (BFH vom 14. 11. 1980, BStBl 1981 II S. 251) befinden oder in dem Verzeichnis national wertvollen Kulturguts eingetragen sind (§ 13 Abs. 1 Nr. 2 Buchst. b ErbStG). Werden einzelne Kunstgegenstände, die sich noch nicht mindestens zwanzig Jahre im Familienbesitz befunden haben, zugewendet, ist der Erwerb auch dann nicht gem. § 13 Abs. 1 Nr. 2 Buchst. b Doppelbuchst. b ErbStG schenkungsteuerfrei, wenn sie beim Veräußerer Teil einer mindestens zwanzig Jahre im Familienbesitz befindlichen Kunstsammlung waren. Zwar gehören auch Kunstsammlungen zum Katalog der begünstigten Gegenstände; dies gilt aber nur dann, wenn sie selbst Erwerbsgegenstand sind (BFH vom 6. 6. 2001, BFH/NV 2002, S. 28).

Die (Teil-)Steuerbefreiung fällt mit *Wirkung für die Vergangenheit* weg, wenn die (teil-)begünstigten Gegenstände innerhalb von zehn Jahren nach dem Erwerb veräußert werden oder die Voraussetzungen für die Steuerbefreiung innerhalb dieses Zeitraums entfallen (§ 13 Abs. 1 Nr. 2 Satz 2 ErbStG). In diesen Fällen ist die Steuerfestsetzung nach Maßgabe des § 175 Abs. 1 Satz 1 Nr. 2 AO zu ändern; hierbei bleiben jedoch für die geänderte Steuerfestsetzung die Wertverhältnisse im Zeitpunkt des ursprünglichen Erwerbsvorgangs maßgebend.   374

3. Erwerb des Dreißigsten

Nach § 1969 Abs. 1 Satz 1 BGB ist der Erbe verpflichtet, Familienangehörigen des Erblassers, die zurzeit des Todes des Erblassers zu dessen Hausstand gehörten und von ihm Unterhalt bezogen haben, *in den ersten dreißig Tagen nach dem Eintritt des Erbfalls* in demselben Umfang, wie es der Erblasser getan hat, Unterhalt zu gewähren und die Benutzung der Wohnung und der Haushaltsgegenstände zu gestatten.   375

Der nach § 3 Abs. 1 Nr. 3 ErbStG steuerbare Erwerb des Dreißigsten, der auf einem *gesetzlichen Vermächtnis* beruht, bleibt nach § 13 Abs. 1 Nr. 4 ErbStG beim jeweils Anspruchsberechtigten steuerfrei; der Erbe selbst kann nicht Anspruchsberechtiger nach § 1969 BGB sein.

4. Zuwendung eines Familienheims

Steuerfreiheit für Familienheime   376

a) Lebzeitige Zuwendung zwischen Ehegatten/Lebenspartnern

Nach bisherigem Recht (§ 13 Abs. 1 Nr. 4a ErbStG) blieben *steuerfrei Zuwendungen unter Lebenden*, mit denen ein Ehegatte Eigentum oder Miteigentum an einem in Inland belegenen, zu eigenen Wohnzwecken genutzten Haus oder einer im Inland belegenen, zu eigenen Wohnzwecken genutzten Eigentumswohnung – *Familienheim* – verschafft oder den anderen Ehegatten von eingegangenen Verpflichtungen im Zusammenhang mit der Anschaffung oder Herstellung des Familienheims freigestellt hatte. In der bisherigen Fassung des Erbschaftsteuergesetzes verwendete der Gesetzgeber den Begriff „Familienwohnheim"; eine inhaltliche Änderung dürfte mit der Neuformulierung allerdings nicht einhergehen. Der *Befreiungsumfang* wurde in persönlicher Hinsicht auch auf lebzeitige Zuwendungen zwischen *eingetragenen Lebenspartnern ausgedehnt*; in sachlicher Hinsicht erfolgt eine Erstreckung der Befreiung *auch* auf *Familienheime*, die in einem *Mitgliedstaat der Europäischen Union (EU)* oder einem *Staat des Europäischen Wirtschaftsraums (EWR)* belegen sind.

377   Die Erstreckung der objektbezogenen Befreiung auch auf Familienheime im EU/EWR-Ausland wird keine besondere praktische Bedeutung haben, da sich im Familienheim der Mittelpunkt des familiären Lebens (und zwar beider Ehepartner/Lebenspartner) befinden muss. Eine unbeschränkte Erbschaftsteuerpflicht wird in Fällen mit Auslandsbezug nur dann gegeben sein, wenn die Eheleute/Lebenspartner im Inland noch einen Zweitwohnsitz innehaben oder ein Fall der erweiterten unbeschränkten Steuerpflicht (§ 2 Abs. 1 Nr. 1b ErbStG) vorliegt, es sich mithin um deutsche Staatsangehörige handelt, die sich nicht länger als fünf Jahre dauernd im Ausland aufgehalten haben, ohne im Inland einen Wohnsitz zu haben. Liegen diese Voraussetzungen nicht vor, besteht lediglich beschränkte Steuerpflicht.

b) Familienheimerwerb durch überlebenden Ehegatten/Lebenspartner

378   Neben der Steuerfreiheit für die Zuwendung eines Familienheims unter Lebenden schafft der Gesetzgeber nunmehr eine *korrespondierende Regelung* für Erwerbe durch den *überlebenden Ehegatten oder Lebenspartner*, d. h. eine sachliche Befreiung *für Erwerbe von Todes wegen*. Nach § 13 Abs. 1 Nr. 4b ErbStG bleibt steuerfrei der Erwerb von Todes wegen des Eigentums oder Miteigentums an einem im Inland, in einem Mitgliedstaat der EU oder einem Staat des EWR belegenen bebauten Grundstücks (§ 181 Abs. 1 Nr. 1 bis 5 BewG) durch den überlebenden Ehegatten/Lebenspartner, *soweit* der *Erblasser* darin *bis zum Erbfall eine Wohnung zu eigenen Wohnzwecken genutzt* hat oder bei der er *aus zwingenden Gründen* an einer *Selbstnutzung* zu eigenen Wohnzwecken *gehindert* war und die beim *Erwerber unverzüglich zur Selbstnutzung zu eigenen Wohnzwecken* bestimmt ist – *Familienheim*. Nach dem Wortlaut der Vorschrift ist zwar eine Auslegung denkbar, wonach z. B. auf einem Geschäftsgrundstück lediglich eine Wohnung Familienheim sein muss, damit das gesamte Geschäftsgrundstück steuerfrei übertragen werden kann. Eine Auslegung nach Sinn und Zweck der Norm ergibt jedoch, dass lediglich das Familienheim, in dem die Familie tatsächlich wohnt, begünstigt sein soll. Die Befreiungsnorm des § 13 Abs. 1 Nr. 4b ErbStG knüpft an *Erwerbe von Todes wegen* (nicht weitergehend an die Erbenstellung!) an. Wird der überlebende Ehegatte/Lebenspartner mithin als *Vermächtnisnehmer* (ggf. auch als Vorausvermächtnisnehmer) hinsichtlich des Familienheims eingesetzt, ist der Erwerb des Familienheims bei ihm steuerbefreit. Wird das Familienheim als *Abfindung für einen Pflichtteils- oder Vermächtnisanspruch* an den Ehegatten/Lebenspartner übertragen, gilt dieser Erwerb als ein solcher von Todes wegen (§ 3 Abs. 2 Nr. 4 ErbStG) und ist unter den weiteren Voraussetzungen des § 13 Abs. 1 Nr. 4b ErbStG steuerfrei.

Nach § 13 Abs. 1 Nr. 4b Satz 2 ErbStG *fällt* die *Steuerbefreiung mit Wirkung für die Vergangenheit weg*, wenn der Erwerber das Familienheim innerhalb *von zehn Jahren* nach dem Erwerb *nicht mehr selbst nutzt, es sei denn*, er ist aus zwingenden Gründen an einer Selbstnutzung zu eigenen Wohnzwecken gehindert. Mithin tritt der Wegfall der Steuerbefreiung nicht ein, *wenn objektive Gründe* vorliegen, die das selbständige Führen eines Haushalts in dem erworbenen Familienheim unmöglich machen. Ausweislich der Gesetzesbegründung denkt der Normgeber beispielhaft an eine entsprechende *Pflegebedürftigkeit* sowie den *Tod des Erwerbers*. Der rückwirkende Wegfall der Steuerbefreiung wird z. B. durch den *Verkauf* oder eine *Vermietung* des Familienheims oder von Teilen davon ausgelöst. Gleiches gilt im Falle des *Leerstandes*. Hingegen wird eine Nutzung zu eigenen Wohnzwecken auch dann noch angenommen, wenn der überlebende Ehegatte/Lebenspartner (z. B. als Berufspendler) mehrere Wohnsitze hat, das Familienheim aber seinen *Lebensmittelpunkt* bildet.   379

Der *Erwerber* kann nach § 13 Abs. 1 Nr. 4b Satz 2 ErbStG die *Steuerbefreiung nicht in Anspruch nehmen*, soweit er das begünstigte Vermögen auf Grund einer letztwilligen Verfügung des Erblassers oder einer rechtsgeschäftlichen Verfügung des Erblassers *auf einen Dritten übertragen muss*. Gleiches gilt, wenn ein Erbe im Rahmen der *Teilung des Nachlasses* begünstigtes Vermögen auf einen Miterben überträgt.   380

Die *wertmäßig nicht begrenzte Steuerfreistellung von Wohneigentum* für Ehegatten und Lebenspartner dient nach den Ausführungen des Gesetzgebers neben dem *Schutz des gemeinsamen familiären Lebensraums* auch dem Ziel der *Lenkung in Grundvermögen schon zu Lebzeiten des Erblassers*. Unter besonderem Hinweis auf die *Finanzmarktentwicklung des Jahres 2008* untermauert der Gesetzgeber seine Intention, mit der hiesigen Regelung das *Familiengebrauchsvermögen krisenfest zu erhalten*. Dabei ist bei Ehegatten und Lebenspartnern hinsichtlich des hier in Rede stehenden Familienheims *stets* von geschütztem Familiengebrauchsvermögen auszugehen.   381

> **BEISPIEL:** ▶ Der Erblasser hinterlässt ein selbst genutztes Einfamilienhaus. Alleinerbin ist die Ehefrau des Erblassers, die bereits in dem Haus wohnt. Nach neun Jahren muss die Ehefrau in einem Pflegeheim untergebracht werden.
>
> Der Erwerb des Einfamilienhauses bleibt steuerfrei, da die Selbstnutzung aus zwingenden Gründen aufgegeben werden musste.

c) Familienheimerwerb durch überlebende Kinder

In § 13 Abs. 1 Nr. 4c ErbStG schafft der Gesetzgeber eine dem § 13 Abs. 1 Nr. 4 ErbStG dem Grunde nach vergleichbare Regelung zur Steuerfreistellung des *Familienheimerwerbs durch überlebende Kinder* im Sinne der Steuerklasse I Nr. 2 und der *Kinder verstorbener Kinder* im Sinne der Steuerklasse I Nr. 3. Die erblasserbezogenen Voraussetzungen für die Freistellung sind identisch mit denen in § 13 Abs. 1 Nr. 4b ErbStG. Was den *Befreiungsumfang* anlangt, darf die *Wohnfläche der Wohnung* des Familienheims *200 Quadratmeter nicht übersteigen*. Mit der solcherart begrenzten Freistellung für Kinder trägt der Gesetzgeber der grundsätzlich eingeschränkteren Bindung erwachsener Kinder an ihre Eltern Rechnung. Der Normgeber will zudem sicherstellen, dass Wohneigentum bis zu einer bestimmten Grenze an die in Haushaltsgemeinschaft lebenden Kinder dann steuerfrei vererbt werden kann, wenn der Erbe ansonsten wegen seiner   382

Erbschaftsteuerverpflichtungen zur Veräußerung gezwungen wäre. Die vom Gesetzgeber gezogene Grenze (200 qm) ist Ausdruck einer diesem zustehenden *Typisierungskompetenz*. Ausweislich der Gesetzesbegründung dient der Quadratmeterbezug der Freistellungsregelung dazu, eine Lösung zu finden, die den *regional bestehenden Unterschieden der Grundstückswerte* Rechnung trägt. Nach Auffassung des Gesetzgebers wird mit der Begrenzung auf 200 qm *typisierend* eine *noch angemessene Größenordnung* für ein Familienheim zugrunde gelegt. Mit der Verwendung des Begriffs „soweit" hinsichtlich der *Begrenzung der Wohnfläche* dokumentiert der Gesetzgeber, dass er die Regelung als Art „Freibetrag" verstanden haben möchte, so dass folglich der 200 qm übersteigende Teil der Wohnfläche nicht an der Steuerbefreiung partizipiert.

> **BEISPIEL:** ▶ Der Erblasser hinterlässt ein selbst genutztes Einfamilienhaus (Wohnfläche 300 qm, gemeiner Wert 1 200 000 Euro). Alleinerbe ist das Kind des Erblassers, das bereits in dem Haus wohnt. Das vom Kind selbst genutzte Einfamilienhaus bleibt zu (200/300 qm =) $^2/_3$ von 1 200 000 Euro, d. h. 800 000 Euro steuerfrei.

383 Neben rein tatsächlichen Kriterien schreibt § 13 Abs. 1 Nr. 4c ErbStG für die Gewährung der objektbezogenen Steuerbefreiung die *Erfüllung weiterer Voraussetzungen* vor. So darf der *Erwerber nicht verpflichtet* sein, das erworbene Vermögen *aufgrund letztwilliger Verfügung* oder *rechtsgeschäftlicher Verfügung des Erblassers* auf einen *Dritten zu übertragen*; Gleiches gilt für die *Übertragung auf einen Miterben im Rahmen der Erbauseinandersetzung*. Als Gründe für eine derartige Übertragungspflicht kommen z. B. Vermächtnisse (auch Vorausvermächtnisse, § 2150 BGB), Schenkungen auf den Todesfall und Auflagen in Betracht. In diese Kategorie fallen auch die Fälle, in denen sich die Erben aufgrund einer vom Erblasser verfügten *Teilungsanordnung* (§ 2048 BGB) in entsprechender Weise auseinandersetzen. Die aus der *Weitergabeverpflichtung* herrührende Last kann der Erwerber seinerseits *bereicherungsmindernd* berücksichtigen.

> **BEISPIEL:** ▶ Tochter T und Sohn S erben von ihrem Vater V ein von diesem gemeinsam mit seinen Kindern zu eigenen Wohnzwecken genutztes Hausgrundstück (Wohnfläche 400 qm) je zur Hälfte. Im Rahmen der Erbauseinandersetzung einigen sich T und S, dass T die Wohnung weiter bewohnt und S auszieht.
>
> S kann die Befreiung mangels eigener Wohnnutzung nicht in Anspruch nehmen. T ist nur zu 25 % befreit: Ihr Erwerbsanteil am Hausgrundstück beträgt 50 %, die begünstigte Wohnfläche nur (200/400 qm =) 50 % hiervon.

384 Führt ein *Vermächtnis* oder eine *Auflage des Erblassers* dazu, dass der Erbe begünstigtes Vermögen *auf einen Dritten übertragen* muss, soll nach dem Willen des Gesetzgebers der Dritte, der für den Erwerb des begünstigten Vermögens anderes aus demselben Nachlass stammendes Vermögen hingibt, so gestellt werden, als habe er *von Anfang an* begünstigtes Vermögen erhalten.

385 Unter Hinweis auf den *Schutz des gemeinsamen familiären Lebensraums* macht der Gesetzgeber die Steuerbefreiung nach Maßgabe des § 13 Abs. 1 Nr. 4c ErbStG davon abhängig, dass das Kind das Familienheim auch tatsächlich selbst zu eigenen Wohnzwecken nutzt. Die *Aufgabe dieser Selbstnutzung innerhalb von zehn Jahren nach dem* Erwerb führt zum *rückwirkenden Wegfall der Steuerbefreiung*. Hingegen wird eine Nutzung zu eigenen Wohnzwecken auch dann noch angenommen, wenn das Kind (z. B. als Berufspendler) mehrere Wohnsitze hat, das Familienheim aber seinen Lebensmittelpunkt bildet. Desgleichen tritt der Wegfall der Steuerbefreiung nicht ein, wenn zwin-

gende, objektive Gründe vorliegen, die das selbständige Führen eines Haushalts in dem erworbenen Familienheim unmöglich machen (z. B. eine entsprechende Pflegebedürftigkeit oder Tod).

5. Befreiung von einer Schuld gegenüber dem Erblasser

Die Befreiung von einer Schuld gegenüber dem Erblasser ist ebenfalls steuerfrei, und zwar dann, wenn die Schuld durch Gewährung von Mitteln zum Zweck des angemessenen Lebensunterhalts oder zur Ausbildung des Bedachten begründet ist, oder aber, wenn der Erblasser die Befreiung mit Rücksicht auf die Notlage des Schuldners angeordnet hat und diese trotzdem weiterhin besteht. Die *Steuerbefreiung entfällt* jedoch, soweit die Steuer aus der Hälfte einer neben der erlassenen Schuld dem Bedachten anfallenden Zuwendung gedeckt werden kann (§ 13 Abs. 1 Nr. 5 ErbStG).   386

6. Erwerb durch gebrechliche Eltern

Steuerbefreit ist ein Erwerb der Eltern, Adoptiveltern oder Großeltern des Erblassers, sofern der Erwerb zusammen mit dem übrigen Vermögen des Erwerbers 41 000 € nicht übersteigt und der Erwerber infolge körperlicher oder geistiger Gebrechen und unter Berücksichtigung seiner bisherigen Lebensstellung als erwerbsunfähig anzusehen ist oder durch die Führung eines gemeinsamen Haushalts mit erwerbsunfähigen oder in der Ausbildung befindlichen Kindern an der Ausübung einer Erwerbstätigkeit gehindert ist. Übersteigt der Wert des Erwerbs zusammen mit dem übrigen Vermögen des Erwerbers den Betrag von 41 000 €, so wird die Steuer nur insoweit erhoben, als sie aus der Hälfte des die Wertgrenze übersteigenden Betrags gedeckt werden kann (§ 13 Abs. 1 Nr. 6 ErbStG).   387

7. Erwerb als Entgelt für Pflege- und Unterhaltsleistungen

Steuerfrei bleibt nach § 13 Abs. 1 Nr. 9 ErbStG ein (ansonsten) steuerpflichtiger Erwerb bis zu 20 000 €, der Personen anfällt, die dem Erblasser *unentgeltlich oder gegen unzureichendes Entgelt Pflege oder Unterhalt gewährt* haben, soweit das Zugewendete als angemessenes Entgelt anzusehen ist.   388

Der Freibetrag (zur Einstufung als Freibetrag s. a. BFH vom 28. 6. 1995, BStBl 1995 II S. 784) nach § 13 Abs. 1 Nr. 9 ErbStG, der sowohl für Erwerbe von Todes wegen als auch für Erwerbe unter Lebenden gilt, kommt nicht bei Erwerbern in Betracht, die gesetzlich zur Pflege (z. B. Ehegatten nach § 1353 BGB) oder zum Unterhalt (z. B. Ehegatten nach § 1360 BGB) verpflichtet sind. Die Gewährung des Freibetrags setzt voraus, dass die Pflege- oder Unterhaltsleistungen unentgeltlich oder gegen zu geringes Entgelt im persönlichen oder privaten Bereich erbracht wurden oder werden.

Der Freibetrag nach § 13 Abs. 1 Nr. 9 ErbStG ist gegenüber § 10 Abs. 5 ErbStG nachrangig (BFH vom 13. 7. 1983, BStBl 1984 II S. 37). Somit kann bei einem Erwerb von Todes wegen der Freibetrag für Pflege- oder Unterhaltsleistungen nicht gewährt werden, wenn insoweit ein Abzug als Nachlassverbindlichkeit (Erblasserschuld i. S. des § 10 Abs. 5 Nr. 1 ErbStG) vorzunehmen ist.

8. Rückfall geschenkter Vermögensgegenstände an die Eltern

389   Vermögensgegenstände, die Eltern oder Voreltern ihren Abkömmlingen durch Schenkung oder Übergabevertrag zugewandt hatten und die an diese Personen von Todes wegen zurückfallen, sind nach § 13 Abs. 1 Nr. 10 ErbStG steuerfrei. Aufgrund des eindeutigen Gesetzeswortlauts findet § 13 Abs. 1 Nr. 10 ErbStG nur beim Rückerwerb von Todes wegen, nicht dagegen bei Rückschenkungen Anwendung (R 45 Abs. 1 Satz 2 ErbStR; BFH vom 16. 4. 1986, BStBl 1986 II S. 622).

Die Befreiung nach § 13 Abs. 1 Nr. 10 ErbStG setzt die Identität des zugewendeten mit dem zurückfallenden Vermögensgegenstand voraus; der Gegenstand muss in Natur zurückfallen *(sog. Nämlichkeit)*. Diesem Erfordernis wird grundsätzlich nicht entsprochen, wenn ein Erwerb von Vermögensgegenständen erfolgt, die im Austausch der zugewendeten Gegenstände in das Vermögen des (ursprünglich) Beschenkten gelangt waren (Surrogat; R 45 Abs. 2 Satz 2 ErbStR). Etwas anderes gilt nur, wenn zwischen dem zugewendeten und dem zurückfallenden Vermögensgegenstand bei objektiver Betrachtung Art- und Funktionsgleichheit besteht (R 45 Abs. 2 Satz 3 ErbStR).

Nicht zum begünstigten Rückfall gehören die aus dem zugewendeten Vermögensgegenstand gezogenen *Früchte und Erträge* sowie die aus diesen Früchten erworbenen Gegenstände (BFH vom 22. 6. 1994, BStBl 1994 II S. 759).

9. Verzicht auf den Pflichtteils- oder Erbersatzanspruch

390   Verzichtet ein Pflichtteilsberechtigter oder ein nichteheliches Kind auf die Geltendmachung des Pflichtteils- bzw. des Erbersatzanspruchs, so ist dieser Verzicht steuerbefreit. Die Steuerpflicht für einen Pflichtteilsanspruch entsteht grundsätzlich erst dann, wenn der Pflichtteilsanspruch geltend gemacht wird. Wird ein Pflichtteilsanspruch hingegen nicht realisiert, so unterliegt er nicht der Steuer. In der Nichtrealisierung kann auch keine Schenkung gesehen werden; § 13 Abs. 1 Nr. 11 ErbStG hat lediglich klarstellende Funktion. Er stellt klar, dass der ausdrückliche Verzicht auf die Geltendmachung des Pflichtteilsanspruchs der stillschweigenden Geltendmachung gleichgestellt ist. § 13 Abs. 1 Nr. 11 ErbStG gilt nicht, wenn ein Pflichtteilsanspruch bereits geltend gemacht worden ist, jedoch noch nicht ausgezahlt worden ist und nunmehr auf diesen verzichtet wird; in diesem Fall liegt eine unentgeltliche Zuwendung (§ 7 Abs. 1 Nr. 1 ErbStG) vor. Wird für den Verzicht auf das Pflichtteilsrecht eine *Abfindung* gewährt, liegt ebenfalls eine *steuerpflichtige Zuwendung* vor (§ 3 Abs. 2 Nr. 4 ErbStG).

10. Zuwendungen unter Lebenden zum Zwecke des angemessenen Unterhalts oder zur Ausbildung

391   Zuwendungen unter Lebenden zum Zweck des angemessenen Unterhalts oder der Ausbildung des Bedachten sind nach § 13 Abs. 1 Nr. 12 ErbStG steuerbefreit.

> **BEISPIEL:** ▸ A sagt seinem Neffen N während seines Studiums eine monatliche Zahlung von 500 € Diese Zuwendung ist steuerfrei.

Die Befreiungsvorschrift gilt nur für Zuwendungen unter Lebenden für Zwecke des angemessenen Unterhalts oder zur Ausbildung des Bedachten; sie findet jedoch *keine Anwendung auf Erwerbe von Todes wegen* (BFH vom 13.2.1985, BStBl 1985 II S. 333). Nicht unter diese Vorschrift fallen Zuwendungen aufgrund gesetzlicher Unterhaltsverpflichtungen. In diesen Fällen handelt es sich schon begrifflich nicht um eine freigebige Zuwendung. Wird jedoch der aufgrund gesetzlicher Unterhaltspflicht zu leistende Betrag überschritten, so ist der übersteigende Betrag zu versteuern; Voraussetzung ist jedoch, dass es sich bei dem übersteigenden Betrag um Schenkungen handelt.

11. Übliche Gelegenheitsgeschenke

Die Befreiungsvorschrift des § 13 Abs. 1 Nr. 14 ErbStG für übliche Gelegenheitsgeschenke dürfte diejenige Norm sein, der innerhalb des Katalogs des § 13 ErbStG die größte Bedeutung für die Besteuerungspraxis zukommt. Unter üblichen Gelegenheitsgeschenken sind Zuwendungen zu verstehen, die sowohl vom Anlass her als auch von ihrer Art und ihrem Wert her nach der allgemeinen Verkehrsauffassung als solche anerkannt und verbreitet sind. Zu den Gelegenheitsgeschenken gehören bspw. Hochzeits-, Verlobungs-, Geburtstags-, Weihnachts-, Tauf-, Konfirmations- und ähnliche Geschenke, auch Jubiläumsgaben mit lediglich ideellem Wert sind hierzu zu rechnen. 392

12. Anfälle bei Gebietskörperschaften

Anfälle an den Bund, ein Land oder eine inländische Gemeinde (Gemeindeverband) sowie solche Anfälle, die ausschließlich Zwecken des Bundes, eines Landes oder einer inländischen Gemeinde (Gemeindeverband) dienen, sind nach § 13 Abs. 1 Nr. 15 ErbStG steuerfrei. Die Befreiungsvorschrift, die gleichermaßen für *Zuwendungen unter Lebenden wie für Erwerbe von Todes wegen* gilt, ist auch in Fällen der Fiskalerbschaft nach Maßgabe des § 1936 BGB einschlägig, so dass der Anfall beim jeweiligen Bundesland steuerfrei ist. 393

§ 13 Abs. 1 Nr. 15 ErbStG befreit auch Zuwendungen an andere Empfänger (natürliche wie juristische Personen), die ausschließlich Zwecken einer inländischen Gebietskörperschaft dienen. Folglich muss die Zuwendung mit einer entsprechenden Zweckwidmung versehen sein; die Zweckzuwendung (§ 8 ErbStG) ist dann nach § 13 Abs. 1 Nr. 15 ErbStG befreit.

BEISPIEL: Zuwendung an den Bürgermeister einer Kommune, der den zugewendeten Geldbetrag für das städtische Kinderheim verwenden soll.

13. Zuwendungen an Religionsgesellschaften und kirchliche, gemeinnützige und mildtätige Einrichtungen

Zuwendungen an *inländische* Religionsgesellschaften des öffentlichen Rechts oder an inländische jüdische Kultusgemeinden sind nach § 13 Abs. 1 Nr. 16 Buchst. a ErbStG steuerfrei. Erfasst von der persönlichen Befreiung der Religionsgesellschaften sind alle Organe und Einrichtungen, die notwendiger Bestandteil und zugleich selbständiger Träger des den Zwecken der Religionsgesellschaften dienenden Vermögens sind. 394

Nach § 13 Abs. 1 Nr. 16 Buchst. b ErbStG sind steuerbefreit Zuwendungen an inländische Körperschaften, Personenvereinigungen und Vermögensmassen, die nach der Satzung, dem Stiftungsgeschäft oder der sonstigen Verfassung und nach ihrer tatsächlichen Geschäftsführung ausschließlich und unmittelbar kirchlichen, gemeinnützigen oder mildtätigen Zwecken dienen.

Zuwendungen an eine inländische Körperschaft, Personenvereinigung oder Vermögensmasse i. S. des § 13 Abs. 1 Nr. 16 Buchst. b ErbStG sind nur dann von der Erbschaft- und Schenkungsteuer befreit, wenn diese im Besteuerungszeitpunkt steuerbegünstigten Zwecken dient (R 47 Abs. 1 Satz 1 ErbStR). Die Voraussetzungen der Steuerbefreiung sind nach den §§ 51 ff. AO zu beurteilen; dabei dürfte die Entscheidung über die Befreiung der Körperschaft von der KSt grundsätzlich zu übernehmen sein.

395 Zuwendungen an *ausländische* Religionsgesellschaften, Körperschaften, Personenvereinigungen und Vermögensmassen der in § 13 Abs. 1 Nr. 16 Buchst. a und b ErbStG bezeichneten Art sind unter der Voraussetzung steuerfrei, dass der ausländische Staat für Zuwendungen an deutsche Rechtsträger der vorbezeichneten Art eine entsprechende Steuerbefreiung gewährt und das Bundesministerium der Finanzen dies durch förmlichen Austausch entsprechender Erklärungen mit dem ausländischen Staat feststellt (§ 13 Abs. 1 Nr. 16 Buchst. c ErbStG).

14. Zuwendungen zu kirchlichen, gemeinnützigen oder mildtätigen Zwecken

396 § 13 Abs. 1 Nr. 17 ErbStG befreit Zuwendungen, die ausschließlich kirchlichen, gemeinnützigen oder mildtätigen Zwecken (§§ 51 ff. AO) gewidmet sind, sofern die Verwendung zu den bestimmten Zwecken gesichert ist. Im Gegensatz zu dem Befreiungstatbestand des § 13 Abs. 1 Nr. 16 ErbStG wird hier *kein bestimmter Empfängerkreis*, vielmehr die *Erfüllung bestimmter Zwecke* begünstigt. Zum einen muss der Erblasser oder Schenker die Verwendung zu dem begünstigten Zweck verfügt haben, zum anderen muss die Verwendung gesichert sein (R 49 Abs. 1 Sätze 2 und 3 ErbStR). Die begünstigten Zwecke können nach R 49 Abs. 1 Satz 4 ErbStR zwar auch im Ausland verfolgt werden; jedoch ist erforderlich, dass es sich um begünstigte Zwecke nach deutschem Steuerrecht handelt.

15. Zuwendungen an politische Parteien und kommunale Wählervereinigungen

397 Unmittelbare Zuwendungen an *politische Parteien i. S. des § 2 des Parteiengesetzes* bleiben nach § 13 Abs. 1 Nr. 18 ErbStG steuerfrei, wenn sie der freien, satzungsgemäßen Verwendung durch die Partei dienen. Wahlkampfspenden, die unmittelbar einer Partei im genannten Sinne einschließlich ihrer Gebietsverbände zur freien Verwendung zufließen, fallen ebenfalls in den Anwendungsbereich des § 13 Abs. 1 Nr. 18 ErbStG. Eine steuerfreie Zuwendung an die Partei ist auch dann noch gegeben, wenn die Zuwendung von der Partei entsprechend dem Wunsch des Spenders an einen bestimmten Abgeordneten zur Verwendung für dessen politische Arbeit (insbesondere für den Wahlkampf) weitergeleitet und im Rechenschaftsbericht der Partei ausgewiesen wird. Ist eine Zuwendung an einen Abgeordneten (Kandidaten) mit der Auflage erfolgt, den zugewendeten Betrag an die Partei weiterzuleiten, so wirkt sich die Ausführung dieser

Auflage beim Erwerber bereicherungsmindernd aus, vorausgesetzt, dass die Zuwendung nachweislich an die Partei weitergeleitet wird.

Freigebige Zuwendungen an *unabhängige Wählervereinigungen* sind *ebenfalls* nach § 13 Abs. 1 Nr. 18 ErbStG *befreit*.

L. Wertermittlung bei mehreren Erben

Sind mehrere Personen Erben, so steht bürgerlich-rechtlich den Erben der Nachlass zur gesamten Hand zu (§ 2032 BGB). Der Nachlass ist *gemeinschaftliches Vermögen* der Erben. Nach § 39 Abs. 2 Nr. 2 AO werden Wirtschaftsgüter, die mehreren zur gesamten Hand zustehen, den Beteiligten anteilig zugerechnet, soweit eine getrennte Zurechnung für die Besteuerung erforderlich ist.

Der Wert der Bereicherung wird nicht für alle Erben gemeinsam ermittelt, sondern für jeden Erben einzeln. Das ergibt sich einmal daraus, dass in § 180 AO eine gesonderte Feststellung zwecks Erbschaftsbesteuerung nicht vorgesehen ist, zum anderen, weil den Erben, wenn sie verschiedenen Steuerklassen angehören, unterschiedliche sachliche Steuerbefreiungen gewährt werden. Es ist somit der Wert der einzelnen Nachlassgegenstände nach Maßgabe des § 12 ErbStG zu ermitteln; die so ermittelten Werte sind anteilsmäßig auf die einzelnen Erben entsprechend ihrer *Erbquote* aufzuteilen. Hierbei sind bei den einzelnen Erben Sonderzuwendungen in Form von Vermächtnissen, Auflagen usw. zu berücksichtigen und dem Wert der Bereicherung hinzuzurechnen. Von diesem für jeden einzelnen Erben festgestellten Wert sind die anteiligen Nachlassverbindlichkeiten und die einem einzelnen Erben auferlegten Beschwernisse, soweit sie als Nachlassverbindlichkeiten abzugsfähig sind, abzusetzen.

398

Ist einer der Erben der überlebende Ehegatte, so ist von diesem Wert zunächst einmal der Betrag abzuziehen, den er als Zugewinnausgleich hätte geltend machen können (§ 5 ErbStG). Weiter sind zu berücksichtigen: die persönlichen Freibeträge nach § 16 ErbStG sowie unter den Voraussetzungen des § 17 ErbStG auch noch der Versorgungsfreibetrag.

399

M. Steuervergünstigungen für Betriebsvermögen

I. Steuerbegünstigung für Betriebsvermögen und anderes Schonvermögen

400

Die Reform der Erbschaft- und Schenkungsteuer nach dem ErbStRG sieht vermögensartenübergreifend den Ansatz des gemeinen Werts (Verkehrswerts). Für begünstigungsfähiges Vermögen (§ 13b Abs. 1 ErbStG) wird durch Bezugnahme in § 13a Abs. 1 ErbStG auf § 13b Abs. 4 ErbStG ein sog. *Verschonungsabschlag* gewährt, der von der Befolgung bestimmter *Wohlverhaltensregeln* abhängig ist und bei voller Wirksamkeit dazu führt, dass *85 %* dieses Vermögens *steuerfrei* gestellt wird. Für Klein- und Kleinstbetriebe wird daneben ein *Abzugsbetrag* von 150 000 Euro gewährt, der sich mit 50 % des 150 000 Euro übersteigenden Werts des begünstigten Vermögens abbaut; demgemäß entfällt der Abzugsbetrag vollumfänglich bei einem Wert des Betriebsvermögens ab 450 000 Euro. Gesetzestechnisch folgt die Prüfung des Abzugsbetrags der Anwendung des Verschonungsabschlags nach, mithin ist in einem ersten Schritt der Verschonungsabschlag auf das begünstigte Vermögen vorzunehmen und in einem zweiten Schritt der Abzugsbetrag zu gewähren.

II. Verschonungsabschlag

401 Abweichend vom Verschonungsmodell nach dem UntErlGE (vgl. BR-Drucks. 778/06 v. 3.11.2006), das mit einem Stundungs- und Erlassinstrumentarium (sog. Abschmelzungsmodell) arbeitete, hat das ErbStRG einen anderen Ansatz gewählt: Nach § 13a Abs. 1 Satz 1 ErbStG bleibt der Wert von Betriebsvermögen, land- und forstwirtschaftlichem Vermögen und Anteilen an Kapitalgesellschaften im Sinne des § 13b Abs. 4 ErbStG insgesamt außer Ansatz – *Verschonungsabschlag*. Gemäß § 13b Abs. 4 ErbStG sind *85 %* des in § 13b Abs. 1 ErbStG genannten Vermögens *begünstigt*. Mithin hat sich der Gesetzgeber ein *„Teil-Freistellungsmodell"* favorisiert und sich dabei von folgenden Überlegungen leiten lassen: Bedingt durch die weit reichenden – durch das Einkommensteuerrecht geschaffenen – Möglichkeiten, Vermögensgegenstände, die nicht ihrer Natur nach der privaten Lebensführung dienen, zu „gewillkürtem" Betriebsvermögen zu erklären, hat sich der Gesetzgeber dafür entschieden, eine *typisierende pauschalierte Festlegung des begünstigten Vermögens* zu normieren, ohne zu einer kaum administrierbaren gegenständlichen Abgrenzung greifen zu müssen. Nach Darlegung des Gesetzgebers sind fast in jedem Betrieb solche Vermögensgegenstände vorhanden, weil sie für *operative Zwecke* benötigt werden.

402 Im Ergebnis zeigt die Gesamtbetrachtung, dass nicht das gesamte begünstigte Vermögen im Sinne des § 13b Abs. 1 ErbStG außer Ansatz bleibt, sondern lediglich 100 % des nach § 13b Abs. 4 ErbStG normativ festgelegten Anteils von 85 %. In der Folge kommt es dann – grundsätzlich – zu einer *„Sockelbesteuerung"* von 15 % des eigentlich begünstigten (Betriebs-)Vermögens. Mit dem Anteil von 15 % soll pauschal das Vermögen, welches nicht produktiven Zwecken des Unternehmens dient, als steuerpflichtiger Erwerb erfasst werden. Die *Vermutung*, dass betriebsbezogen 15 % des Vermögens nicht produktiven Zwecken dienen und damit als begünstigungsschädliches Vermögen (= nicht betriebsnotwendiges Vermögen) qualifiziert werden, ist *unwiderlegbar*.

> **BEISPIEL:** Unternehmer U hat in seinem Unternehmen ausschließlich Maschinen, die zur Produktion eingesetzt werden, mithin seinem operativen Geschäft dienen. Infolge des § 13b Abs. 4 ErbStG sind gleichwohl 15 % des Unternehmensvermögens (vorbehaltlich des Abzugsbetrags nach § 13a Abs. 2 ErbStG) steuerpflichtig.

403 Gegenüber der bisherigen Rechtslage (§13a ErbStG a. F.) ist die Neuregelung zwar als Schlechterstellung zu qualifizieren, da damals keine gegenständliche Beschränkung des begünstigten Vermögens erfolgte; andererseits ist die Neufassung des Verschonungsinstrumentariums (§§ 13a, 13b ErbStG) im Vergleich zum UntErlGE als Besserstellung einzustufen: Nach dem Abschmelzungsmodell mit Stundungs- und Erlassregelung gemäß UntErlG-E wäre das übergehende Vermögen (Privat- und Betriebsvermögen!) vollumfänglich in die erbschaftsteuerliche Bemessungsgrundlage einbezogen worden und hätte folglich einen verkappten Progressionsschub für mitübergehendes

Privatvermögen ausgelöst. Das „Freistellungsmodell" der §§ 13a, 13b ErbStG nach neuem Recht lässt das begünstigte Vermögen auch bei Berechnung der ErbSt auf mitübergehendes Privatvermögen außer Betracht, was im Ergebnis zu einer *Progressionsminderung* führt.

III. Abzugsbetrag

Im Rahmen der *zweistufigen Verschonungstechnik* tritt neben den Verschonungsabschlag nach §§ 13a Abs. 1, § 13b Abs. 4 ErbStG der sog. *gleitende Abzugsbetrag*. Der nicht unter § 13b Abs. 4 ErbStG fallende Teil des grundsätzlich begünstigten Vermögens im Sinne des § 13b Abs. 1 ErbStG bleibt nach Maßgabe des §13a Abs. 2 ErbStG außer Ansatz, soweit der Wert dieses Vermögens insgesamt *150 000 Euro* nicht übersteigt – *Abzugsbetrag*. Der Abzugsbetrag ist nach der normativen Aufteilung des grundsätzlich begünstigten Vermögens nach der 85 %/15 %-Regel auf den *verbleibenden Sockelbetrag* anzuwenden, nicht auf den Gesamtbetrag der Bewertungseinheit. Der Abzugsbetrag von 150 000 Euro soll nach der Gesetzesbegründung eine Wertermittlung und aufwändige Überwachung von Klein- und Kleinstfällen (z. B. Kleinhandel, kleinere Handwerker oder auch Betriebe der Land- und Forstwirtschaft) unterhalb des Grenzwerts entbehrlich machen.

404

BEISPIEL: ► Unternehmensvermögen (Verkehrswert/gemeiner Wert)	1 000 000 EUR
Begünstigtes Vermögen davon 85 %	850 000 EUR
Nicht begünstigtes Vermögen 15 %	150 000 EUR
Abzugsbetrag (§ 13a Abs. 2 ErbStG)	./. 150 000 EUR
Ansatz	0 EUR

Der Abzugsbetrag ist mit einer *Abschmelzregelung* verbunden. Die hierzu vorgesehene *Gleitklausel* ist in § 13a Abs. 2 Satz 2 ErbStG verankert: demnach verringert sich der Abzugsbetrag von 150 000 Euro, wenn der Wert des einschlägigen Vermögens insgesamt die Wertgrenze von 150 000 Euro übersteigt, um 50 % des diese Wertgrenze übersteigenden Betrags. Beträgt folglich der 15 %-Anteil des begünstigten Vermögens 450 000 Euro oder ist dieser Anteil höher, entfällt der Abzugsbetrag vollumfänglich. Bis zu einem begünstigten Vermögen im Wert von 1 000 000 Euro gelangt der volle Abzugsbetrag in Höhe von 150 000 Euro zur Anwendung, die vorab normativ als betriebsnotwendig eingestuften 850 000 Euro (Verschonungsabschlag) werden unter Einhaltung der Lohnsummen- und Behaltensregelungen freigestellt.

405

Für *mehrere Erwerbe innerhalb von zehn Jahren von derselben Person* kann der Erwerber die *Freigrenze nur einmal* beanspruchen (§ 13a Abs. 2 Satz 3 ErbStG). Mit dieser Maßnahme will der Gesetzgeber verhindern, dass durch ein Aufspalten einer größeren Zuwendung in mehrere Zuwendungen unterhalb des Abzugsbetrags ein nicht gerechtfertigter Steuervorteil erwachsen kann. Die *Inanspruchnahme des Abzugsbetrags* – Gleiches gilt für den *Verschonungsabschlag* – ist *zwingend*, mithin ist ein Antragserfordernis nicht vorgesehen.

406

IV. Lohnsummenmodell

407 Der Verschonungsabschlag wird an eine Behaltensvoraussetzung in Gestalt der Lohnsumme gekoppelt. Voraussetzung für den Fortbestand der vollumfänglichen Vergünstigung ist nach Maßgabe des § 13a Abs. 1 Satz 2 ErbStG, dass die *Summe der maßgeblichen jährlichen Lohnsummen* des Betriebs, bei Beteiligungen an einer Personengesellschaft oder an Anteilen an einer Kapitalgesellschaft des Betriebs der jeweiligen Gesellschaft, *innerhalb von sieben Jahren nach dem Erwerb – Lohnsummenfrist – insgesamt 650 % der Ausgangslohnsumme nicht unterschreitet – Mindestlohnsumme.*

1. Begriff „Lohnsumme"

408 Die *Lohnsumme* und ihre Bestandteile sind in § 13a Abs. 4 ErbStG geregelt. Die Lohnsumme umfasst demnach *alle Vergütungen (Löhne, Gehälter sowie andere Bezüge und Vorteile)*, die im maßgebenden Wirtschaftsjahr an die auf den Lohn- und Gehaltslisten erfassten Beschäftigten gezahlt werden. *Ausgenommen* bleiben Vergütungen an solche Arbeitnehmer, die nicht ausschließlich oder überwiegend in dem Betrieb tätig sind. Zu den Vergütungen zählen *alle Geld- oder Sachleistungen* für die von den Beschäftigten erbrachte Arbeit, unabhängig davon, wie diese Leistungen bezeichnet werden und ob es sich um regelmäßige oder unregelmäßige Zahlungen handelt. In den Katalog von Löhnen und Gehältern einzubeziehen sind *auch* alle von den Beschäftigten zu entrichtenden Sozialbeiträge, *Einkommensteuern* und *Zuschlagsteuern*, und zwar auch dann, wenn sie vom Arbeitgeber einbehalten und von ihm im Namen des Beschäftigten direkt an den Sozialversicherungsträger und die Steuerbehörde abgeführt werden. Alle vom Beschäftigten empfangenen *Sondervergütungen, Prämien, Gratifikationen, Abfindungen, Zuschüsse zu Lebenshaltungskosten, Familienzulagen, Provisionen, Teilnehmergebühren und vergleichbare Vergütungen* zählen ebenfalls zu den Löhnen und Gehältern. Gleichermaßen zur Lohnsumme zählen *Mitarbeiter- und Vermögensbeteiligungen* im Sinne des § 19a EStG, des 5. Vermögensbildungsgesetzes sowie andere Mitarbeiterkapitalbeteiligungsmodelle. *Leiharbeits- und Saisonarbeitsverhältnisse* werden *nicht* in das Lohnsummenmodell *einbezogen.*

409 Gehören zum Betriebsvermögen des Betriebs, bei Beteiligungen an einer Personengesellschaft und Anteilen an einer Kapitalgesellschaft des Betriebs der jeweiligen Gesellschaft, unmittelbar oder mittelbar *Beteiligungen an Personengesellschaften*, die ihren Sitz oder ihre Geschäftsleitung im Inland, einem Mitgliedstaat der Europäischen Union oder in einem Staat des Europäischen Wirtschaftsraums haben oder *Anteile an Kapitalgesellschaften*, die ihren Sitz oder ihre Geschäftsleitung im Inland, einem Mitgliedstaat der Europäischen Union oder in einem Staat des Europäischen Wirtschaftsraums haben, wenn die unmittelbare oder mittelbare Beteiligung mehr als 25 % beträgt, so sind nach § 13a Abs. 4 letzter Satz ErbStG die *Lohnsummen dieser Gesellschaften einzubeziehen* zu dem Anteil, zu dem die unmittelbare oder mittelbare Beteiligung besteht.

2. Ausgangslohnsumme

410 Ausgangslohnsumme ist nach § 13a Abs. 1 Satz 3 ErbStG die *durchschnittliche Lohnsumme der letzten fünf vor dem Zeitpunkt der Entstehung der Steuer endenden Wirt-*

schaftsjahre. Einzelunternehmen, die ausschließlich vom Unternehmer selbst, *ohne Arbeitnehmer* betrieben werden und Unternehmen sowie Betriebe der Land- und Forstwirtschaft, die unter § 23 Abs. 1 Satz 2 Kündigungsschutzgesetz fallen (Betriebe mit höchstens 10 Arbeitnehmern), *unterliegen* nach § 13a Abs. 1 Satz 4 ErbStG *nicht dem Verschonungsparameter „Lohnsumme"*, sondern sind lediglich den allgemeinen Behaltensregelungen unterworfen.

3. Lohnsumme im Referenzzeitraum

Am Ende des siebenjährigen Überwachungszeitraums (Grundmodell) wird die Ausgangslohnsumme der Mindestlohnsumme gegenübergestellt. Die Mindestlohnsumme beträgt 650 % der Ausgangslohnsumme für den siebenjährigen Zeitraum der Lohnsummenfrist. Da sich der Gesetzgeber – entgegen seiner ursprünglichen Absicht – für eine *kumulierte Betrachtungsweise* entschieden hat, können Reduzierungen der Lohnsumme bis zum Ende der Lohnsummenfrist aufgeholt werden. Bei einem Unterschreiten der Mindestlohnsumme entfällt die Verschonung nur in *demselben prozentualen Umfang*, zu dem die Mindestlohnsumme tatsächlich unterschritten wird.

> **BEISPIEL:** ▶ Die Summe der jährlichen Lohnsummen in den sieben Jahren erreicht 585 % der Ausgangslohnsumme und liegt damit 65 Prozentpunkte unter der Mindestlohnsumme von 650 %, das entspricht einem Zehntel. Der Verschonungsabschlag verringert sich um ein Zehntel von 85 % auf 76,5 %.
>
> Beträgt der gemeine Wert eines Betriebs im Besteuerungszeitpunkt 10 Mio. Euro, bleiben zunächst 8,5 Mio. Euro steuerfrei und 1,5 Mio. Euro sind zu versteuern. Wegen des Verstoßes gegen die Lohnsummenregelung bleiben dann nur noch 7,65 Mio. Euro steuerfrei und 2,35 Mio. Euro sind zu versteuern. Die zunächst gezahlte Steuer wird verrechnet.

V. Weitergabeverpflichtung

Nach § 13a Abs. 3 ErbStG kann ein Erwerber den *Verschonungsabschlag* und den *Abzugsbetrag nicht in Anspruch nehmen*, soweit er Vermögen im Sinne des § 13b Abs. 1 ErbStG aufgrund einer *letztwilligen Verfügung des Erblassers* oder einer *rechtsgeschäftlichen Verfügung des Erblassers oder Schenkers* auf einen Dritten übertragen muss. Wenn ein Erbe im Rahmen der *Teilung des Nachlasses* Vermögen im Sinne des § 13b Abs. 1 ErbStG auf einen Miterben überträgt, gilt Gleiches.

Voraussetzung für die Inanspruchnahme des Verschonungsinstrumentariums nach §§ 13a, 13b ErbStG ist, dass der *Erwerber* das erworbene Vermögen *nicht* aufgrund letztwilliger Verfügung des Erblassers oder rechtsgeschäftlicher Verfügung des Erblassers oder Schenkers auf einen Dritten *übertragen muss* oder im Rahmen einer Erbauseinandersetzung auf einen Miterben überträgt. Derartige Übertragungspflichten können insbesondere auf *Vermächtnisse* (auch Vorausvermächtnisse), *Schenkungen auf den Todesfall* oder *Auflagen* zurückzuführen sein. Zu den in § 13a Abs. 3 ErbStG involvierten Übertragungspflichten zählt auch der Fall, dass die Übertragung aufgrund einer *qualifizierten Nachfolgeklausel im Gesellschaftsvertrag* oder einer *landwirtschaftlichen Sondererbfolgeregelung* (z. B. nach der Höfeordnung) erfolgen muss oder wenn sich die Erben aufgrund einer vom Erblasser verfügten Teilungsanordnung in entsprechender Weise auseinandersetzen.

411

412

413

414 Die Vorschrift des § 13a Abs. 3 ErbStG trägt dem Umstand Rechnung, dass derjenige, der die *Unternehmensfortführung tatsächlich gewährleistet* und nicht derjenige, der aufgrund zivilrechtlicher Universalsukzession zunächst (Mit-)Eigentümer geworden war, entlastet werden soll. Durch die Regelung des § 13a Abs. 3 ErbStG entsteht dem *durch die Weitergabeverpflichtung belasteten Erwerber kein Nachteil*, da die hieraus resultierende Last *bereicherungsmindernd* berücksichtigen kann. Der nachfolgende Erwerber kann seinerseits das Verschonungsinstrumentarium in Anspruch nehmen (§ 13b Abs. 3 ErbStG).

VI. Behaltensregelungen und Nachsteuertatbestände

415 Neben dem Lohnsummerfordernis knüpft der Gesetzgeber die Gewährung der Verschonung des erworbenen begünstigten Vermögens ergänzend an eine *Behaltensfrist*. Entzieht demnach der Erwerber das begünstigte Vermögen oder Teile davon der Zweckbindung in seiner Hand durch dessen Veräußerung oder Aufgabe *innerhalb von sieben Jahren* (Grundmodell) nach dem Erwerb, so sanktioniert der Gesetzgeber diesen Umstand damit, dass der Erwerber für dieses Vermögen die Verschonung verliert und die darauf entfallende Erbschaftsteuer entrichten muss, zumal bei diesen Vorgängen regelmäßig auch die Mittel zur Begleichung der Steuer frei werden.

416 Die noch im RegE zum ErbStRG enthaltenen sog. *Fallbeilregelung*, wonach ein Verstoß gegen die Behaltensregelungen zur vollumfänglichen, rückwirkenden Versagung der Begünstigungen führen sollte, ist im Laufe des Gesetzgebungsverfahrens *verworfen* worden. Vielmehr besagt § 13a Abs. 5 Satz 2 ErbStG, dass sich der Wegfall des Verschonungsabschlags – *mit Ausnahme von Verstößen gegen die Überentnahmeregelung* – auf den Teil beschränkt, der dem Verhältnis der im Zeitpunkt der schädlichen Verfügung verbleibenden Behaltensfrist einschließlich des Jahres, in dem die Verfügung erfolgt, zur gesamten Behaltensfrist ergibt- sog. *pro-rata-temporis-Regelung*. Findet z. B. im dritten Jahr des Behaltenszeitraums eine schädliche Verfügung statt, wird der Verschonungsabschlag nur in Höhe von $2/_7$ von 85 % (Grundmodell), mithin in Höhe von 24,29 % gewährt.

1. Veräußerungstatbestände beim Betriebsvermögen

417 Nach § 13a Abs. 5 Satz 1 Nr. 1 ErbStG fällt der Verschonungsabschlag und der Abzugsbetrag mit Wirkung für die Vergangenheit weg, soweit der Erwerber innerhalb von sieben Jahren (Grundmodell) einen *Gewerbebetrieb* oder einen *Teilbetrieb*, einen *Anteil an einer Gesellschaft* im Sinne des § 15 Abs. 1 Satz 1 Nr. 2 und Abs. 3 oder § 18 Abs. 4 EStG, einen *Anteil eines persönlich haftenden Gesellschafters einer Kommanditgesellschaft auf Aktien* oder einen Anteil daran *veräußert*. Als Veräußerung gilt *auch die Aufgabe eines Gewerbebetriebs*. Von der *Veräußerung des Gewerbebetriebs* ist auszugehen, wenn der Betrieb mit seinen wesentlichen Grundlagen gegen Entgelt in der Weise auf einen Erwerber übertragen wird, dass er als geschäftlicher Organismus fortgeführt werden kann. Unter einem *Teilbetrieb* ist ein mit einer gewissen Selbständigkeit ausgestatteter, organisch geschlossener Teil des Gesamtbetriebs zu verstehen, der für sich betrachtet alle Merkmale eines Betriebs im Sinne des Einkommensteuergesetzes aufweist und für

sich lebensfähig ist. Die *Aufgabe eines Betriebs im Ganzen* ist anzunehmen, wenn aufgrund einer Willensentscheidung oder Handlung des Betriebsinhabers alle wesentlichen Betriebsgrundlagen innerhalb kurzer Zeit und folglich in einem einheitlichen Vorgang entweder veräußert oder in das Privatvermögen überführt oder teilweise veräußert und teilweise in das Privatvermögen überführt oder anderen betriebsfremden Zwecken zugeführt werden und damit der Betrieb als selbständiger Organismus des Wirtschaftslebens zu existieren aufhört.

Gleiches gilt (= Nachsteuertatbestand ist erfüllt), wenn *wesentliche Betriebsgrundlagen*   418
eines Gewerbebetriebs *veräußert* oder *in das Privatvermögen überführt* oder *anderen betriebsfremden Zwecken zugeführt* werden oder wenn Anteile an einer Kapitalgesellschaft veräußert werden, die der Veräußerer *durch eine Sacheinlage* (§ 20 Abs. 1 UmwStG) aus dem Betriebsvermögen im Sinne des § 13b ErbStG erworben hat oder ein Anteil an einer Gesellschaft im Sinne des § 15 Abs. 1 Satz 1 Nr. 2 und Abs. 3 oder § 18 Abs. 4 EStG oder ein Anteil daran veräußert wird, den der Veräußerer *durch eine Einbringung* des Betriebsvermögens im Sinne des § 13b ErbStG in eine Personengesellschaft (§ 24 Abs. 1 UmwStG) erworben hat.

BEISPIEL: ▶ Alleinerbe des Erblassers ist seine Ehefrau EF. Das Nachlassvermögen besteht allein aus Betriebsvermögen mit einem Ertragswert (Unternehmenswert) von 10 Mio. €. Übriges Vermögen ist nicht vorhanden. Berechnung ohne Versorgungsfreibetrag und Nachlasskosten-Pauschbetrag.

Betriebsvermögen § 13b Abs. 1 ErbStG			10 000 000
Betriebsvermögen § 13b Abs. 4 ErbStG			
(85 % aufgerundet)			·/. 8 500 000
verbleiben			1 500 000
Abzugsbetrag § 13a Abs. 2 ErbStG		150 000	
Abschmelzen			
BV § 13b Abs. 1 ErbStG (nach § 13b Abs. 4 ErbStG)	1 500 000		
Abzugsbetrag	·/. 150 000		
Übersteigender Betrag	1 350 000		
davon 50 % (abgerundet)	675 000	·/. 675 000	0
verbleibender Abzugsbetrag		0	
steuerpflichtiges Betriebsvermögen			1 500 000
Vermögensanfall = Bereicherung			1 500 000
persönlicher Freibetrag			·/. 500 000
steuerpflichtiger Erwerb			1 000 000
Steuersatz 19 %			
Steuer			190 000

Nach Vollendung von vier Jahren Betriebsfortführung nach dem Erbfall verkauft EF den Betrieb. Die dann fällig werdende Nachsteuer errechnet sich wie folgt:

Betriebsvermögen § 13b Abs. 1 ErbStG	10 000 000
Voller Verschonungsabschlag (85 % =) 8 500 000; davon „verdient" $^4/_7$ (57,14 %)	·/. 4 856 900
verbleiben	5 143 100
Abzugsbetrag § 13a Abs. 2 ErbStG	
·/. persönlicher Freibetrag	500 000
steuerpflichtiger Erwerb	4 643 100
Erbschaftsteuer (19 %)	882 189
·/. bereits gezahlt	190 000
noch zu zahlen mithin	692 189

2. Überentnahmeregelung

419   Nach § 13a Abs. 5 Satz 1 Nr. 3 ErbStG fällt der Verschonungsabschlag und der Abzugsbetrag mit Wirkung für die Vergangenheit weg, soweit der Erwerber innerhalb von sieben Jahren (Grundmodell) als *Inhaber eines Gewerbebetriebs*, Gesellschafter einer Gesellschaft im Sinne des § 15 Abs. 1 Satz 1 Nr. 2 und Abs. 3 oder § 18 Abs. 4 EStG oder persönlich haftender Gesellschafter einer Kommanditgesellschaft bis zum Ende des letzten in die Siebenjahresfrist fallenden Wirtschaftsjahres *Entnahmen tätigt*, die die *Summe seiner Einlagen* und der ihm zuzurechnenden *Gewinne oder Gewinnanteile* seit dem Erwerb *um mehr als 150 000 Euro übersteigen; Verluste* bleiben *unberücksichtigt*. Gleiches gilt für Inhaber eines begünstigten *Betriebs der Land- und Forstwirtschaft* oder eines Teilbetriebs oder eines Anteils an einem Betrieb der Land- und Forstwirtschaft. Sinngemäß ist zu verfahren bei *Ausschüttungen an Gesellschafter einer Kapitalgesellschaft*.

420   Beim *Verstoß gegen die Überentnahmeregelung* gilt weiterhin die *Fallbeilregelung*, d. h. es kommt zum rückwirkenden Wegfall des Verschonungsabschlags *in Höhe der Überentnahmen!* Deshalb sollten spätestens zu Beginn des Jahres 07 die Entnahmen und Einlagen mit den Gewinnen und Verlusten des maßgeblichen Zeitraums verglichen werden, um festzustellen, ob mittels *Einlage* in das Betriebsvermögen kurz vor Ablauf der Frist die Folgen eines Verstoßes gegen die Überentnahmeregelung vermieden werden können.

BEISPIEL: ▶ Unternehmer U überträgt begünstigtes Betriebsvermögen mit einem gemeinen Wert von 4 000 000 EUR an seinen Sohn S. Innerhalb der Behaltensfrist tätigt S Überentnahmen von 200 000 EUR

Für S ergibt sich zunächst folgende Steuer:

Betriebsvermögen (begünstigt)	4 000 000 EUR	
Verschonungsabschlag (85 %)	·/. 3 400 000 EUR	
Verbleiben	600 000 EUR	
Abzugsbetrag	0 EUR	
Steuerpflichtiges Betriebsvermögen		600 000 EUR
Abzugsbetrag	150 000 EUR	

Verbleibender Wert (15 %)	600 000 EUR		
Abzugsbetrag	·/. 150 000 EUR		
Unterschiedsbetrag	450 000 EUR		
davon 50 %		·/. 225 000 EUR	
Verbleibender Abzugsbetrag		0 EUR	
Persönlicher Freibetrag			·/. 400 000 EUR
Steuerpflichtiger Erwerb			200 000 EUR
Steuer nach Stkl. I (11 %)			22 000 EUR

Für S ergibt die Nachversteuerung folgende Steuer:

Betriebsvermögen		4 000 000 EUR	
Überentnahmen		·/. 200 000 EUR	200 000 EUR
Betriebsvermögen (begünstigt)		3 800 000 EUR	
Verschonungsabschlag (85 %)		·/. 3 230 000 EUR	
Verbleiben		570 000 EUR	
Abzugsbetrag		0 EUR	
Steuerpflichtiges Betriebsvermögen			+ 570 000 EUR
Abzugsbetrag		150 000 EUR	
Verbleibender Wert (15 %)	570 000 EUR		
Abzugsbetrag	·/. 150 000 EUR		
Unterschiedsbetrag	420 000 EUR		
davon 50 %		·/. 210 000 EUR	
Verbleibender Abzugsbetrag		0 EUR	
Persönlicher Freibetrag			·/. 400 000 EUR
Steuerpflichtiger Erwerb			370 000 EUR
Steuer nach Stkl. I (15 %)			55 500 EUR
Bisher festgesetzt			·/. 22 000 EUR
Nachsteuer			33 500 EUR

3. Veräußerungstatbestände bei Anteilen an Kapitalgesellschaften

Nach § 13a Abs. 5 Satz 1 Nr. 4 ErbStG fällt der Verschonungsabschlag und der Abzugs-   421
betrag mit Wirkung für die Vergangenheit weg, soweit der Erwerber innerhalb von sieben Jahren (Grundmodell) *Anteile an Kapitalgesellschaften* im Sinne des § 13b ErbStG
ganz oder teilweise *veräußert*. Eine *verdeckte Einlage* der Anteile in eine Kapitalgesellschaft *steht* der *Veräußerung* der Anteile *gleich*. Eine verdeckte Einlage liegt vor, wenn
ein Gesellschafter Anteile auf eine andere Kapitalgesellschaft überträgt, an der er (oder
eine nahe stehende Person) bereits beteiligt ist, ohne dass er neue Gesellschaftsanteile
oder eine wertmäßig entsprechende Bar- oder Sachvergütung erhält. Gleiches gilt,
wenn die Kapitalgesellschaft innerhalb der Behaltensfrist *aufgelöst* oder ihr *Nennkapital herabgesetzt* wird, wenn diese *wesentliche Betriebsgrundlagen veräußert* und das
Vermögen an die Gesellschafter *verteilt* wird. Die Vorschrift des § 13a Abs. 5 Satz 1 Nr. 1
Satz 2 ErbStG gilt entsprechend. Die *Auflösung* (vgl. hierzu § 262 AktG, § 60 GmbHG)
bezeichnet nicht das steuerrechtliche oder zivilrechtliche Ende der Kapitalgesellschaft,

sondern den *Übergang in das Abwicklungsstadium*. Die *Herabsetzung des Nennkapitals* ist nur verschonungsschädlich, wenn es sich um eine *effektive Kapitalherabsetzung* handelt, bei der ein Teil des zuvor in der Kapitalgesellschaft gebundenen Vermögens an die Gesellschafter zurückfließt. Im Umkehrschluss ist die nominelle Kapitalherabsetzung entlastungsunschädlich, da hier regelmäßig kein Vermögen ausgekehrt wird und sich lediglich die Relation des unveränderten Unternehmenswerts zum Stamm- oder Grundkapital verschiebt.

4. Missbrauchsregelung in Bezug auf Pooling

422   Nach § 13a Abs. 5 Satz 1 Nr. 5 ErbStG fällt der Verschonungsabschlag und der Abzugsbetrag mit Wirkung für die Vergangenheit weg, soweit innerhalb von sieben Jahren (Grundmodell) die *Verfügungsbeschränkung* oder die *Stimmrechtsbündelung aufgehoben* wird.

5. Veräußerungstatbestände beim land- und forstwirtschaftlichen Vermögen

423   Nach § 13a Abs. 5 Satz 1 Nr. 2 ErbStG fällt der Verschonungsabschlag und der Abzugsbetrag mit Wirkung für die Vergangenheit weg, soweit der Erwerber innerhalb von sieben Jahren (Grundmodell) das *land- und forstwirtschaftliche Vermögen im Sinne des § 168 Abs. 1 Nr. 1 BewG* und *selbst bewirtschaftete Grundstücke* im Sinne des § 159 BewG *veräußert*. Gleiches gilt, wenn das land- und forstwirtschaftliche Vermögen dem Betrieb der Land- und Forstwirtschaft *nicht mehr dauernd zu dienen bestimmt ist* oder wenn der bisherige Betrieb innerhalb der Behaltensfrist *als Stückländerei zu qualifizieren* wäre oder Grundstücke im Sinne des § 159 BewG *nicht mehr selbst bewirtschaftet* werden.

6. Reinvestitionsklausel

424   Der RegE/ErbStRG verankerte in § 13a Abs. 5 Satz 2 ErbStG eine Reinvestitionsklausel. Danach war im Falle der Veräußerung von Teilbetrieben oder wesentlichen Betriebsgrundlagen von einer Nachversteuerung abzusehen, wenn sie nicht auf eine Einschränkung des Betriebs abzielt und der Veräußerungserlös im betrieblichen Interesse verwendet wird. Diese Regelung wurde erweitert, um für Unternehmen eine größere Flexibilität zu schaffen. Demnach ist in den – an sich steuerschädlichen – Fällen des § 13a Abs. 5 Satz 1 Nr. 1, 2 und 4 ErbStG von einer *Nachversteuerung abzusehen*, wenn der Veräußerungserlös *innerhalb der jeweiligen begünstigten Vermögensart* (§ 13b Abs. 1 ErbStG) verbleibt. Davon ist nach dem Gesetzeswortlaut auszugehen, wenn der Veräußerungserlös *innerhalb von sechs Monaten* in entsprechendes Vermögen investiert wird, das nicht zum Verwaltungsvermögen (§ 13b Abs. 2 ErbStG) gehört. Unter die erweiterte Investitionsklausel fällt neben der Anschaffung von neuen Betrieben, Betriebsteilen oder Anlagegütern, die das veräußerte Vermögen im Hinblick auf den ursprünglichen oder einen neuen Betriebszweck ersetzen, *auch* die *Tilgung von betrieblichen Schulden* oder die *Erhöhung der Liquiditätsreserven*.

VII. Anzeigepflichten

Auf die ursprünglich vorgesehene Verpflichtung des Erwerbers, bei einem Unterschrei-   425
ten der Lohnsummengrenze den fälligen Steuerbetrag – unter Beachtung der Grundsätze einer Steueranmeldung – selbst zu berechnen, hat der Gesetzgeber angesichts
der Komplexität der Regelung verzichtet. An die Stelle der Selbstberechnungspflicht
tritt – wie bei einer Verwirklichung eines Veräußerungstatbestandes nach §13a Abs. 5
ErbStG – eine *Anzeigepflicht* (§ 13a Abs. 6 Satz 1 ErbStG). Zum Zwecke der Vereinfachung wird eine einheitliche Regelung zum Ende der Festsetzungsfrist in den anzei-
gepflichtigen Fällen getroffen. Die Regelungen in § 13a Abs. 6 Sätze 4 bis 6 ErbStG stellen sicher, dass eine Anzeige auch zu erfolgen hat, wenn durch den anzuzeigenden Vorgang keine Steuer ausgelöst wird. Sie sind den Vorschriften in § 19 Abs. 3 und 5 GrEStG
nachgebildet. Der Verzicht auf eine Selbstberechnung der Steuer bei einem Unterschreiten der Lohnsumme macht eine Regelung zu *Säumniszuschlägen* sowie einer *Verzinsung der Steuer* entbehrlich.

VIII. Optionsmodell 100

Die Grundvariante zur Betriebsvermögensverschonung – d. h. Verschonungsabschlag   426
von 85 % – wird zugunsten des Steuerpflichtigen um ein *Optionsmodell* (sog. Option
100 %) ergänzt. Nach dieser Konzeption ist sowohl für die allgemeine *Behaltensfrist* als
auch für die *Lohnsummenkontrolle* ein *einheitlicher Zeitraum von zehn Jahren* vorgesehen, der allerdings zu einem Verschonungsabschlag von 100 %, d. h. einer Totalbefreiung für das begünstigte Vermögen führt – Null-Option. Die *Lohnsumme* in diesem Mo-
dell darf am Ende des 10-jährigen Betrachtungszeitraums *nicht unter 1000 % der Ausgangslohnsumme* gesunken sein. Eine *Tariflohnindexierung* der Ausgangslohnsumme
unterbleibt auch hier. Bei begünstigungsschädlichem Verhalten des Steuerpflichtigen
kommt es demgemäß zu einem anteiligen *Verschonungswegfall* von *jährlich 10 %*. Die
Verwaltungsvermögensgrenze, d. h. der Prozentsatz, bis zu dem begünstigungsunschäd-
liches Vermögen angenommen wird, beträgt im Optionsmodell *10 %*. D. h., dass die
Vollbefreiung im Optionsmodell mit sehr restriktiven Auflagen hinsichtlich Lohnsumme und Verwaltungsvermögensgrenze einhergeht. Die *Ausübung der Option* zugunsten
einer Totalbefreiung ist im Übrigen *unwiderruflich* (§ 13a Abs. 8 ErbStG).

IX. Begünstigtes Vermögen

Die Umschreibung des begünstigten Vermögens erfolgt in § 13b Abs. 1 ErbStG. Dem-   427
nach gehören neben dem land- und forstwirtschaftlichen Vermögen sowie dem Betriebsvermögen auch Anteile an Kapitalgesellschaften zum begünstigten Vermögen,
wenn eine bestimmte Mindestbeteiligungsquote gegeben ist.

1. Land- und forstwirtschaftliches Vermögen

Nach § 13b Abs. 1 Nr. 1 ErbStG gehört zum begünstigten Vermögen der *inländische*   428
Wirtschaftsteil des land- und forstwirtschaftlichen Vermögens (§ 168 Abs. 1 Nr. 1 BewG)
mit *Ausnahme der Stückländereien* (§ 168 Abs. 2 BewG) und selbst bewirtschaftete

Grundstücke im Sinne des § 159 BewG sowie entsprechendes land- und forstwirtschaftliches Vermögen, das einer Betriebsstätte in einem Mitgliedstaat der *Europäischen Union* oder einem Staat des *Europäischen Wirtschaftsraums* dient.

2. Betriebsvermögen von Einzelunternehmen und Personengesellschaften

429   Nach § 13b Abs. 1 Nr. 2 ErbStG gehört zum begünstigten Vermögen inländisches Betriebsvermögen (§§ 95 bis 97 BewG) beim *Erwerb eines ganzen Gewerbebetriebs*, eines *Teilbetriebs*, eines *Anteils an einer Gesellschaft* im Sinne des § 15 Abs. 1 Satz 1 Nr. 2 und Abs. 3 oder § 18 Abs. 4 EStG, eines Anteils eines persönlich haftenden Gesellschafters einer Kommanditgesellschaft auf Aktien oder eines Anteils daran und entsprechendes Betriebsvermögen, das einer *Betriebsstätte in einem Mitgliedstaat der Europäischen Union* oder in einem *Staat des Europäischen Wirtschaftsraums* dient. Wenden Eltern teile ihrer Beteiligungen an einer gewerblich geprägten Personengesellschaft unentgeltlich ihren Kindern zu und behalten sie sich dabei den lebenslänglichen Nießbrauch vor, *fehlt* es den Kindern an der für die Anwendung des § 13a ErbStG erforderlichen *Mitunternehmerinitiative*, wenn vereinbart ist, dass die *Nießbraucher die Gesellschafterrechte der Kinder wahrnehmen* und die Kinder den Eltern „vorsorglich" *Stimmrechtsvollmacht* erteilen (BFH-Urteil vom 10. 12. 2008, ZEV 2009 S. 148). Für Zwecke der Zuordnung zum begünstigten Vermögen ist darauf abzustellen, ob sich das betreffende Vermögen im Inland befindet oder einer Betriebsstätte im EU- oder EWR-Raum dient. Nach dem Gesetzeswortlaut ist es hingegen *unerheblich, wo* sich der *Gewerbebetrieb* oder die *Personengesellschaft befindet*. Eine *ausländische Personengesellschaft* muss tatsächlich als Mitunternehmerschaft im Sinne des § 15 Abs. 1 Satz 1 Nr. 2 EStG einzustufen sein – *Typenvergleich*.

3. Anteile an Kapitalgesellschaften

430   Nach § 13b Abs. 1 Nr. 3 ErbStG gehören zum begünstigten Vermögen Anteile an Kapitalgesellschaften, wenn die Kapitalgesellschaft zur Zeit der Entstehung der Steuer *Sitz* oder *Geschäftsleitung* im Inland oder in einem Mitgliedstaat der Europäischen Union oder in einem Staat des Europäischen Wirtschaftsraums hat und der Erblasser oder Schenker am Nennkapital dieser Gesellschaft zu mehr als 25 % *unmittelbar* beteiligt war – *Mindestbeteiligung*. Im Unterschied zur Regelung in § 13b Abs. 1 Nr. 2 ErbStG kommt es bei der hiesigen Vorschrift darauf an, dass sich der Sitz oder die Geschäftsleitung der Gesellschaft im Inland oder im EU- oder EWR-Raum befindet. *Unerheblich* ist indessen, *wo* sich das *Vermögen* der Gesellschaft *befindet* und *welcher Betriebsstätte* es *dient*.

431   Ob der Erblasser oder Schenker die Erfordernisse der Mindestbeteiligungsquote erfüllt, ist nach der Summe der dem Erblasser oder Schenker unmittelbar zuzurechnenden Anteile und der Anteile weiterer Gesellschafter zu bestimmen, wenn der Erblasser oder Schenker und die weiteren Gesellschafter untereinander verpflichtet sind, über die Anteile nur einheitlich zu verfügen oder ausschließlich auf andere derselben Verpflichtung unterliegenden Anteilseigner zu übertragen und das Stimmrecht gegenüber nichtgebundenen Gesellschaftern einheitlich auszuüben – *Pooling-Regelung*. Eine *Pooling-Regelung* kann noch kurz vor Übertragung von Kapitalgesellschaftsanteilen privat-

schriftlich vereinbart werden. Danach geht hiermit allerdings das Erfordernis einher, dass die Regelung 15 Jahre durchgehalten wird, da ansonsten ein Verstoß gegen die Behaltensfrist angenommen wird und Nachversteuerung droht (§ 13a Abs. 5 Nr. 5 ErbStG).

Nach Auffassung des Gesetzgebers ist die Beteiligungsgrenze von (mehr als) 25 % ein Indiz dafür, dass der Anteilseigner unternehmerisch in die Gesellschaft eingebunden ist und nicht nur als Kapitalgeber auftritt. Mit der Einbeziehung der Kriterien „einheitliche Verfügbarkeit über die Anteile" sowie „einheitliche Stimmrechtsausübung" trägt der Gesetzgeber dem Umstand Rechnung, dass in *sog. Familien-Kapitalgesellschaften,* deren Anteile über mehrere Gesellschafter häufig nicht mehr die Mindestbeteiligungsquote erreichen. Andererseits haben die Unternehmensgründer oder die Nachfolger nicht selten dafür gesorgt, dass die Anteile nicht beliebig veräußert werden können und der bestimmende Einfluss der Familie erhalten bleibt. Nach Überzeugung des Gesetzgebers bilden deren Unternehmensgrundsätze und unternehmerische Praxis ein deutliches Gegengewicht zu Publikumsgesellschaften und erzielen weit mehr Beschäftigungswirkung, mit der Folge, dass eine Einbeziehung solcher Anteile in die Verschonungsregelung angebracht erscheint.

432

Eine *einheitliche Stimmrechtsausübung* bedeutet, dass die Einflussnahme einzelner Anteilseigner zum Zwecke einer einheitlichen Willensbildung zurücktreten muss. Hierfür kommen unterschiedliche Regelungen in Betracht: Neben der Möglichkeit zur gemeinsamen Bestimmung eines Sprechers oder eines Aufsichts- oder Leitungsgremiums kann die einheitliche Stimmrechtsausübung auch dadurch bewerkstelligt werden, dass einzelne Anteilseigner auf ihr Stimmrecht verzichten oder die Anteile von vornherein stimmrechtslos sind. Voraussetzung für die Einbeziehung der Anteile in die Entlastung (Verschonung) ist folglich nicht, dass der konkrete Anteil ein Stimmrecht einräumt. Des Weiteren ist nicht erforderlich, dass die Einflussnahme auf die Geschicke der Gesellschaft ausschließlich durch Anteilseigner (Familienmitglieder) erfolgt. Aufgrund früherer Verfügungen werden häufig andere Personen mit unternehmerischem Sachverstand und Vertreter der Arbeitnehmer einbezogen.

433

X. Steuerschädliches Verwaltungsvermögen

Der Gesetzgeber bedient des Begriffs des *Verwaltungsvermögens,* um dieserart mittels einer *Überwiegensregelung* vermögensverwaltende Betriebe allgemein von den Verschonungsregelungen auszunehmen. Mit dieser Verfahrensweise trägt der Gesetzgeber dem Umstand Rechnung, dass durch die nach dem Einkommensteuerrecht geschaffene Möglichkeit, Vermögensgegenstände, die nicht ihrer Natur nach der privaten Lebensführung dienen, zu *gewillkürtem Betriebsvermögen* zu erklären, praktisch alle Gegenstände, die üblicherweise in Form der privaten Lebensführung gehalten werden, auch in Form eines Gewerbebetriebs unter Partizipation an den Vergünstigungen nach §§ 13, 19a ErbStG gehalten werden können. Im Ergebnis bedient sich der Gesetzgeber der Begrifflichkeit „Verwaltungsvermögen" mit der Zielsetzung, die Möglichkeit der Umqualifizierung von Privatvermögen in einkommensteuerliches Betriebsvermögen zur Erlangung erbschaft- und schenkungsteuerlicher Vorteile auszuschließen. Infolge-

434

dessen wird zukünftig die häufig genutzte *Gestaltung einer vermögensverwaltenden GmbH & Co. KG* nicht mehr möglich sein. *Verwaltungsvermögen* darf in der *gesetzlichen Grundvariante* einen *Anteil von 50 %* des Betriebsvermögens (bzw. des land- und forstwirtschaftlichen Vermögens oder der begünstigten Anteile an Kapitalgesellschaften) *nicht überschreiten*. Im *Optionsmodell* (= Verschonungsabschlag: 100 %) darf der Anteil des Verwaltungsvermögens *10 %* nicht überschreiten (§ 13a Abs. 8 ErbStG). Wird diese Grenze überschritten, gilt das gesamte Betriebsvermögen als nicht begünstigt – „*Alles-oder-nichts-Prinzip*"! In Anlehnung an den Gesetzentwurf zum UntErlG, allerdings mit modifizierter inhaltlicher Ausprägung, wird das *Verwaltungsvermögen* in § 13b Abs. 2 Satz 2 ErbStG beschrieben.

435   1.   Grundstücke, Grundstücksteile, grundstücksgleiche Rechte und Bauten

Nach § 13b Abs. 2 Satz 2 Nr. 1 ErbStG gehören zum Verwaltungsvermögen *Dritten zur Nutzung überlassene Grundstücke, Grundstücksteile, grundstücksgleiche Rechte und Bauten*. Die Regelung beschränkt sich mithin auf Grundbesitz; sie *differenziert nicht* danach, ob die *Nutzungsüberlassung entgeltlich* oder *unentgeltlich* erfolgt. Im Laufe des Gesetzgebungsverfahrens einschließlich der öffentlichen Sachverständigenanhörung vor dem Bundestags-Finanzausschuss am 5. 3. 2008 hatte sich gezeigt, dass der *Begriff des Verwaltungsvermögens bei den Dritten zur Nutzung überlassenen Grundstücken zu weit gefasst* worden war. Folge hiervon wäre gewesen, dass auch solches Betriebsvermögen von den Begünstigungen ausgenommen sein kann, das unmittelbar einem Betrieb und zugleich dem Erhalt von Arbeitsplätzen dient. Um dieser, von der Gesetzesintention nicht gedeckten Entwicklung entgegenzuwirken, wurden die *Ausnahmen vom Verwaltungsvermögen ausgeweitet – sog. Rückausnahmen.*

436   a)   Betriebsaufspaltung und Sonderbetriebsvermögen

Der Verwaltungsvermögensbegriff greift nicht, wenn der Erblasser oder Schenker sowohl im überlassenden Betrieb als auch im nutzenden Betrieb allein oder zusammen mit anderen Gesellschaftern einen einheitlichen geschäftlichen Betätigungswillen durchsetzen konnte (Fälle der *Betriebsaufspaltung*) oder als Gesellschafter einer Gesellschaft im Sinne des § 15 Abs. 1 Satz 1 Nr. 2 und Abs. 3 oder § 18 Abs. 4 des Einkommensteuergesetzes den Vermögensgegenstand der Gesellschaft zur Nutzung überlassen hatte (*Sonderbetriebsvermögen*), und diese Rechtsstellung auf den Erwerber übergegangen ist, soweit keine Nutzungsüberlassung an einen weiteren Dritten erfolgt.

437   Bereits im RegE/ErbStRG wurde hinsichtlich der (herkömmlichen) Betriebsaufspaltung eine Ausnahme vom steuerschädlichen Verwaltungsvermögensbegriff formuliert. Demnach war eine Nutzungsüberlassung an Dritte nicht anzunehmen, wenn der Erblasser oder Schenker sowohl im überlassenden Betrieb als auch im nutzenden Betrieb einen einheitlichen geschäftlichen Betätigungswillen durchsetzen konnte. Die gesetzliche Bezugnahme *allein auf den Erblasser oder Schenker* blendete bisher die sog. *Personengruppentheorie* aus. Danach reicht es für die Beherrschung von Besitz- und Betriebsunternehmen aus, wenn an beiden Unternehmen *mehrere Personen* beteiligt sind, die zusammen beide Unternehmen beherrschen. Dies gilt nach der BFH-Entscheidung vom 28. 5. 1991 (BStBl 1991 II S. 801) *auch* für *Familienangehörige*. Die einschlägi-

ge Rückausnahme zugunsten von Betriebsaufspaltungen wurde in § 13b Abs. 2 Satz 2 Nr. 1 Buchst. a ErbStG entsprechend ergänzt.

b) Betriebsverpachtung im Ganzen 438

Aufgenommen in den Katalog der *Rückausnahmen* vom Verwaltungsvermögensbegriff wurde die *Betriebsverpachtung im Ganzen*. Die erbschaftsteuerliche Behandlung der Betriebsverpachtung im Ganzen in § 13b Abs. 2 Nr. 1 Buchst. b ErbStG orientiert sich auch in Zukunft eng an der ertragsteuerlichen Regelung. Unter der Voraussetzung, dass bei der Betriebsverpachtung *ertragsteuerlich Gewinneinkünfte* nach § 2 Abs. 1 Nr. 2 und 3 i. V. m. Abs. 2 Nr. 1 EStG vorliegen, handelt es sich auch *erbschaftsteuerrechtlich dem Grunde nach um begünstigungsfähiges Betriebsvermögen* oder land- und forstwirtschaftliches Vermögen (§ 13b Abs. 1 Nr. 1 bis 3 ErbStG). Folglich wird auch bei der Prüfung der Verwaltungsvermögensgrenze (§ 13b Abs. 2 ErbStG) der ertragsteuerlichen Behandlung der Betriebsverpachtung gefolgt.

Der Gesetzgeber lässt allerdings *nicht allein die ertragsteuerlichen Voraussetzungen* einer Betriebsverpachtung im Ganzen gelten; vielmehr formuliert er – dem Gesetzesziel einer erbschaftsteuerlichen Verschonung der eigentlichen Unternehmensnachfolge Rechnung tragend – *zusätzliche Kriterien* für eine Begünstigung. Demnach soll die Betriebsverpachtung im Ganzen bei der Prüfung der Verwaltungsvermögensgrenze nur dann als steuerunschädlich behandelt werden, wenn 439

▶ der Verpächter des Betriebs im Zusammenhang mit einer unbefristeten Verpachtung den Pächter durch eine *letztwillige Verfügung oder eine rechtsgeschäftliche Verfügung als Erben eingesetzt* hat (§ 13b Abs. 2 Nr. 1 Buchst. b Doppelbuchst. aa ErbStG) oder

▶ die *Verpachtung an einen Dritten* erfolgt, weil der *Beschenkte* im Zeitpunkt der Steuerentstehung den *Betrieb noch nicht führen kann* (weil im z. B. die dazu erforderliche Qualifikation zunächst noch fehlt), und die *Verpachtung auf höchstens zehn Jahre befristet* ist; hat der Beschenkte das 18. Lebensjahr noch nicht vollendet, beginnt die Frist mit der Vollendung des 18. Lebensjahres (§ 13b Abs. 2 Nr. 1 Buchst. b Doppelbuchst. bb ErbStG). Mithin darf die Verpachtung nicht über den Zeitpunkt hinausgehen, in dem der *Beschenkte das 28. Lebensjahr vollendet*, wenn die Schenkung an ein *minderjähriges Kind* erfolgt.

In beiden Fällen ist *stets Voraussetzung*, dass der *Verpächter Gewinneinkünfte* nach § 2 Abs. 1 Nr. 2 und 3 i. V. m. Abs. 2 Nr. 1 EStG *erzielt*.

Hat der verpachtete Betrieb *bereits in der Zeit vor der Verpachtung nicht* die *Voraussetzungen* für die erbschaftsteuerrechtliche Begünstigung *erfüllt*, wird hingegen die Nutzungsüberlassung von Grundstücken im Rahmen der Verpachtung eines Betriebs im Ganzen dem *schädlichen Verwaltungsvermögen* zugerechnet. Mit dieser Regelung will der Gesetzgeber *vermeiden*, dass ein in der aktiven Zeit nicht begünstigtes Unternehmen – z. B. Grundstücksvermietung – mittels Betriebsverpachtung in begünstigtes Vermögen *umqualifiziert* wird. Desgleichen besteht *keine Rückausnahme* vom Verwaltungsvermögensbegriff für *verpachtete Betriebe*, deren *Hauptzweck* in der *Überlassung* 440 *von Grundstücken, Grundstücksteilen, grundstücksgleichen Rechten und Bauten an Dritte zur Nutzung* besteht, soweit kein Fall des § 13b Abs. 2 Nr. 1 Buchst. d ErbStG vorliegt.

441   **c) Konzernklausel**

In § 13b Abs. 2 Nr. 1 Buchst. c ErbStG ist eine weitere *Rückausnahme* vom Verwaltungs-vermögensbegriff in Gestalt einer sog. *Konzernklausel* normiert worden. Demnach ist eine *steuerschädliche Nutzungsüberlassung* an Dritte *nicht anzunehmen*, wenn sowohl der überlassende Betrieb als auch der nutzende Betrieb zu einem *Konzern im Sinne des § 4h EStG (sog. Zinsschrankenregelung)* gehören, soweit keine Nutzungsüberlassung an einen weiteren Dritten erfolgt.

442   Eine Nutzungsüberlassung von Grundstücken, Grundstücksteilen, grundstücksgleichen Rechten und Bauten *innerhalb eines Konzerns* im Sinne des § 4h EStG sollen nach den Vorstellungen des Gesetzgebers nicht zum Ausschluss der Verschonungsregelung füh-ren. Mit dieser Regelung will der Gesetzgeber vermeiden, dass die Widmung von Grundstücken, Grundstücksteilen usw. für betriebliche „produktive" Zwecke des Unter-nehmens als steuerschädliches Verwaltungsvermögen qualifiziert wird. Diese Rechts-folge hätte wegen Prüfung der 50 %-Grenze für Verwaltungsvermögen auf jeder einzel-nen Beteiligungsebene im Konzern durch eine ungünstige Verteilung – z. B. *Bündelung der konzerneigenen Grundstücke* in einer Gesellschaft, die diese an andere Konzern-gesellschaften zur Nutzung überlässt – eintreten können, obwohl es sich dem Grunde nach um begünstigungswürdiges Vermögen handelt. Mit der hiesigen Gesetzesergän-zung trägt der Normgeber dem Umstand Rechnung, dass die Überlassung von Wirt-schaftsgütern im Konzern als solche nicht geeignet ist, diese Wirtschaftsgüter generell als steuerschädliches, d. h. unproduktives Verwaltungsvermögen zu qualifizieren. Die mit der modifizierten Gesetzesfassung einhergehende Einstufung von konzernintern überlassenen Grundstücken usw. als produktives Vermögen ist konsequent: die über-lassenen Wirtschaftsgüter dienen auch bei dieser Sachverhaltskonstellation *operativen* (produktiven), d. h. *begünstigungswerten Zwecken* und gerade nicht der reinen Kapital-anlage. Von der Neuregelung dürften in der Besteuerungspraxis vornehmlich große *Fa-milienunternehmen* profitieren, die aus betriebswirtschaftlichen Gründen nicht selten in verzweigten, regelmäßig historisch gewachsenen Betriebsstrukturen organisiert sind. Der Gesetzgeber ist in diesem Kontext zu der Überzeugung gelangt, dass aus sol-chen Organisationsstrukturen nicht von vornherein auf steuerschädliches Verwaltungs-vermögen (§ 13b Abs. 2 Satz 1 ErbStG) geschlossen werden kann, das durch die gegen-seitige Überlassung von Wirtschaftsgütern innerhalb dieses Rahmens generiert wird.

443   **d) Wohnungsunternehmen**

Zugunsten von *Wohnungsunternehmen* wurde in § 13b Abs. 2 Nr. 1 Buchst. d ErbStG eine weitere *Rückausnahme* vom Begriff des Verwaltungsvermögens verankert. Danach ist eine – im Ergebnis steuerschädliche – Nutzungsüberlassung an Dritte nicht anzu-nehmen, wenn die überlassenen Grundstücke usw. zum *Betriebsvermögen*, zum *ge-samthänderisch gebundenen Betriebsvermögen einer Personengesellschaft* oder zum *Ver-mögen einer Kapitalgesellschaft* gehören und der *Hauptzweck des Betriebs* in der *Ver-mietung von Wohnungen* im Sinne des § 181 Abs. 9 BewG besteht, dessen Erfüllung einen *wirtschaftlichen Geschäftsbetrieb* (§ 14 AO) erfordert. Die Vorschrift des § 181 Abs. 9 BewG enthält erstmals eine gesetzliche Definition einer Wohnung im bewertungsrechtlichen Sinne unter Übernahme der Grundsätze der aktuellen BFH-Rechtsprechung (BFH v. 26. 9. 2007 II R 74/05, BStBl 2008 II S. 15).

e) Land- und forstwirtschaftliche Grundstücke bei Verpachtung   444

Verpachtete land- und forstwirtschaftlich genutzte Grundstücke werden infolge der Besonderheiten des Bewertungsverfahrens (§ 160 Abs. 7 BewG) vom Verwaltungsvermögen ausgenommen. § 160 Abs. 7 BewG definiert den Begriff der Stückländerei erstmals unter Einbeziehung einer zeitlichen Komponente.

2. Anteile an Kapitalgesellschaften bei Beteiligung von nicht mehr als 25 %   445

Nach § 13b Abs. 2 Satz 2 Nr. 2 ErbStG gehören zum Verwaltungsvermögen *Anteile an Kapitalgesellschaften*, wenn die *unmittelbare Beteiligung am Nennkapital* dieser Gesellschaften *25 Prozent oder weniger* beträgt und sie *nicht dem Hauptzweck des Gewerbebetriebes eines Kreditinstitutes oder eines Finanzdienstleistungsinstitutes* im Sinne des § 1 Abs. 1 und 1a des Kreditwesengesetzes in der Fassung der Bekanntmachung vom 9. September 1998 (BGBl I S. 2776), zuletzt geändert durch Artikel 24 des Gesetzes vom 23. Oktober 2008 (BGBl I S. 2026), oder eines Versicherungsunternehmens, das der Aufsicht nach § 1 Abs. 1 Nr. 1 des Versicherungsaufsichtsgesetzes in der Fassung der Bekanntmachung vom 17. Dezember 1992 (BGBl 1993 I S. 2), zuletzt geändert durch Artikel 4 und Artikel 6 Abs. 2 des Gesetzes vom 17. Oktober 2008 (BGBl I S. 1982) unterliegt, zuzurechnen sind. Ob diese *Grenze* unterschritten wird, ist nach der Summe der dem Betrieb unmittelbar zuzurechnenden Anteile und der Anteile weiterer Gesellschafter zu bestimmen, wenn die Gesellschafter untereinander verpflichtet sind, über die Anteile nur *einheitlich* zu *verfügen* oder sie ausschließlich auf andere derselben Verpflichtung unterliegende Anteilseigner zu übertragen und das *Stimmrecht* gegenüber nicht gebundenen Gesellschaftern nur *einheitlich ausüben*.

BEISPIEL: Die X-GmbH & Co. KG ist zu 22 % an der Y-GmbH beteiligt. Im Eigentum des X, der Gesellschafter der Personengesellschaft ist, befinden sich weitere 15 %. X hat seine Beteiligung im Sonderbetriebsvermögen der X-GmbH & Co. KG ausgewiesen.

Die X-GmbH & Co. KG ist an der Y-GmbH zu 22 % unmittelbar beteiligt, über die Beteiligung des X (Sonderbetriebsvermögen) zusätzlich in Höhe von 15 %. Für die Annahme von Verwaltungsvermögen ist nur auf das unmittelbare Beteiligungsverhältnis abzustellen; mithin ist sowohl die Beteiligung an der X-GmbH & Co. KG als auch die Beteiligung des X an der Y-GmbH als nicht begünstigtes Vermögen einzustufen.

3. Beteiligungen an Personengesellschaften und übrige Beteiligungen an   446
Kapitalgesellschaften

Nach § 13b Abs. 2 Satz 2 Nr. 3 ErbStG gehören zum Verwaltungsvermögen *Beteiligungen an Gesellschaften im Sinne des § 15 Abs. 1 Satz 1 Nr. 2 und Abs. 3 oder § 18 Abs. 4 des Einkommensteuergesetzes* und an entsprechenden Gesellschaften im Ausland sowie Anteile an Kapitalgesellschaften, die nicht unter Nummer 2 fallen, wenn bei diesen Gesellschaften das Verwaltungsvermögen mehr als 50 % beträgt. Mithin soll *unabhängig von der Beteiligungshöhe* das der Beteiligungsgesellschaft gehörende Unternehmensvermögen dem steuerschädlichen Verwaltungsvermögen zuzuordnen sein, wenn dieses Vermögen in der Beteiligungsgesellschaft die Quote von 50 % übersteigt. Diese gesetzliche Vorgabe führt bei *Holdingstrukturen* zu einer *komplexen Stufenprüfung.*

447 **4. Wertpapiere und vergleichbare Forderungen**

Nach § 13b Abs. 2 Satz 2 Nr. 4 ErbStG gehören zum Verwaltungsvermögen *Wertpapiere sowie vergleichbare Forderungen,* die *nicht* dem *Hauptzweck des Gewerbebetriebes* eines *Kreditinstitutes* oder eines *Finanzdienstleistungsinstitutes* im Sinne des § 1 Abs. 1 und 1a des Kreditwesengesetzes in der Fassung der Bekanntmachung vom 9. September 1998 (BGBl I S. 2776), zuletzt geändert durch Artikel 24 des Gesetzes vom 23. Oktober 2008 (BGBl I S. 2026), oder eines *Versicherungsunternehmens,* das der Aufsicht nach § 1 Abs. 1 Nr. 1 des Versicherungsaufsichtsgesetzes in der Fassung der Bekanntmachung vom 17. Dezember 1992 (BGBl 1993 I S. 2), zuletzt geändert durch Artikel 4 und Artikel 6 Abs. 2 des Gesetzes vom 17. Oktober 2008 (BGBl I S. 1982) unterliegt, zuzurechnen sind.

448 Nach allgemeinem juristischem Verständnis sind unter *Wertpapieren* alle Urkunden zu verstehen, in denen ein privates Recht dergestalt verbrieft ist, dass zur Geltendmachung des Rechts die Vorlage der Urkunde erforderlich ist. Dieses Rechtsverständnis kann nicht der Regelung in § 13b Abs. 2 Nr. 4 ErbStG zugrunde liegen, da unter die Kategorie „Wertpapiere" auch unstreitig Aktien fallen, diese aber bereits in § 13b Abs. 2 Nr. 2 ErbStG als Anteile an Kapitalgesellschaften erfasst sind. Mithin unterfallen Anteile an Kapitalgesellschaften nicht der Vorschrift des § 13b Abs. 2 Nr. 4 ErbStG.

449 Da sich eine Definition der den Wertpapieren vergleichbaren Forderungen weder im Steuerrecht noch im sonstigen Recht finden lässt, dürften als *vergleichbare Forderungen* lediglich solche Forderungen in Betracht kommen, die den durch Wertpapiere verbrieften Forderungen ähnlich sind. In diese Kategorie dürften mithin *nicht Festgeld bei Banken* sowie *Darlehensforderungen gegen fremde Dritte* fallen, hingegen jedoch *Finanzinnovationen,* die möglicherweise nicht als Wertpapier im klassischen Sinne verstanden werden können. *Kundenforderungen* sowie das *betriebliche Bargeld* in Gestalt des *Kassenbestands* sind nicht in die Rubrik der „vergleichbaren Forderungen" einzuordnen, da es sich hier um Vermögenspositionen handelt, die typischerweise Gegenstand einer betrieblichen Unternehmung sind.

450 **5. Sammlungen und sonstige nicht begünstigte Vermögensgegenstände**

Nach § 13b Abs. 2 Satz 2 Nr. 4 ErbStG gehören zum Verwaltungsvermögen *Kunstgegenstände, Kunstsammlungen, wissenschaftliche Sammlungen, Bibliotheken und Archive, Münzen, Edelmetalle und Edelsteine,* wenn der Handel mit diesen Gegenständen oder deren Verarbeitung *nicht* der *Hauptzweck des Gewerbebetriebs ist.* Wenn die vorgenannten Gegenstände im Rahmen eines Gewerbebetriebs gehandelt oder verarbeitet werden, liegt mithin kein steuerschädliches Verwaltungsvermögen vor. Zu denken ist hier an Kunsthändler, der Kunstgegenstände vertreibt sowie an Juweliere, die Edelmetalle zu Schmuckstücken verarbeiten, um diese dann zu verkaufen. Bei *Herstellern* solcher Gegenstände sollte ebenfalls *kein Verwaltungsvermögen* vorliegen.

6. Zuführung innerhalb Zwei-Jahres-Frist

451

Überschreitet das Verwaltungsvermögen im Sinne des § 13b Abs. 2 Satz 2 ErbStG die 50 %-Grenze nicht, so ist es dennoch nur insoweit begünstigt, als es zum Besteuerungszeitpunkt bereits mindestens zwei Jahre dem Betrieb zuzurechnen war. Mit dieser Regelung, die auch als *Missbrauchsvorschrift* (besser: Missbrauchsbekämpfungsvorschrift) bezeichnet wird will der Gesetzgeber vermeiden, dass kurzfristig vor einer Schenkung das Betriebsvermögen bis zur 50 %-Grenze mit Verwaltungsvermögen „aufgefüllt" wird. Kommt es dennoch zu dieser „Auffüllung", entfällt die Vergünstigung jedoch nicht vollumfänglich, sondern nur hinsichtlich des innerhalb der letzten zwei Jahre vor dem Besteuerungszeitpunkt eingebrachten oder erworbenen Verwaltungsvermögens. Der Anteil des Verwaltungsvermögens am gemeinen Wert des Betriebs bestimmt sich nach dem Verhältnis der Summe der gemeinen Werte der Einzelwirtschaftsgüter des Verwaltungsvermögens zum gemeinen Wert des Betriebs. Ungeachtet der Aussonderung des „jungen" Verwaltungsvermögens, zählt dieses beim 50 %-Test mit.

Mit der Aussonderung des jungen Verwaltungsvermögens dürften auch praktische Probleme einhergehen. So dürfte gerade in größeren Familienunternehmen das „junge Verwaltungsvermögen" für die erwerbenden Gesellschafter nicht einfach auszumachen sein. Werden demnach in dem zum Betriebsvermögen gehörenden Depot Wertpapiere gekauft und verkauft oder wurde in einer ausländischen Tochtergesellschaft eine zunächst fremd vermietete Vorratsimmobilie gekauft, dürfte dies in zahlreichen Erb- und Schenkungsfällen größerer Familiengesellschaften nur durch ein *detailliertes Reporting* solcher Transaktionen nachzuhalten sein.

452

7. Bestimmung der Verwaltungsvermögensquote

453

Die Vorschrift des § 13b Abs. 1 ErbStG zählt das begünstigte Vermögen vorbehaltlich des dortigen Absatzes 2 auf. Nach § 13b Abs. 2 ErbStG bleiben *vom Verschonunsinstrumentarium ausgenommen* Betriebe der Land- und Forstwirtschaft und Gewerbebetriebe sowie Anteile an Kapitalgesellschaften, wenn das Betriebsvermögen dieser Betriebe oder das Betriebsvermögen dieser Gesellschaften jeweils zu *mehr als 50 % aus Verwaltungsvermögen* besteht. Mit Betriebsvermögen nach der Diktion des Gesetzes ist allerdings nicht das Betriebsvermögen im steuerbilanziellen Sinne gemeint, sondern der *Unternehmenswert* (ggf. ermittelt nach dem vereinfachten Ertragswertverfahren der §§ 199 ff. BewG). Ist mithin die Summe der gemeinen Werte des Verwaltungsvermögens höher als 50 % des gemeinen Werts des Betriebs, ist die 50 %-Grenze des § 13b Abs. 2 Satz 1 ErbStG überschritten mit der Folge, dass die Verschonung vollständig (d. h. auch für den operativen Teil des Unternehmens) wegfällt – *Infektionswirkung*. Liegt hingegen die Verwaltungsvermögensquote bei 50 % oder niedriger, profitiert das ganze Unternehmen von der steuerlichen Verschonung: Hier „infiziert" das „gute" operative Vermögen das „schlechte" Verwaltungsvermögen in Richtung einer Totalbegünstigung.

> **BEISPIEL:** ▶ Bewertungsansatz Gewerbebetrieb (Ertragswert)   18,0 Mio. EUR
>
> davon entfallen auf vermietetes Betriebsgrundstück
> (Bewertungsansatz Verkehrswert)   6,0 Mio. EUR
>
> Börsennotierte Streubesitzanteile (Bewertungsansatz Kurswert)   1,2 Mio. EUR
>
> Nicht notierter GmbH-Anteil im Streubesitz
> (Bewertungsansatz Ertragswert)   2,8 Mio. EUR
>
> Kunstsammlung (Bewertungsansatz gemeiner Wert)   2,0 Mio. EUR
>
> Summe Verwaltungsvermögen   12,0 Mio. EUR
>
> Anteil Verwaltungsvermögen am Betriebsvermögen ins.   12/18= 66,7 %
>
> Das Verwaltungsvermögen *überschreitet* die 50 %-Grenze; mithin ist das *gesamte Betriebsvermögen nicht begünstigt!*

454   Bei *Bestimmung der Verwaltungsvermögensquote* werden *Schulden* des Unternehmens, die in wirtschaftlichem Zusammenhang mit diesem Verwaltungsvermögen stehen, *nicht berücksichtigt*. Im Ergebnis wird damit der *Bruttowert des Verwaltungsvermögens* mit dem *Nettowert des Betriebs* (Ertragswert des Unternehmens) verglichen. Dies kann sich insbesondere bei ertragsschwachen Unternehmen und/oder solchen mit hoher Fremdfinanzierungsquote nachteilig auswirken und zu der *paradoxen Situation* führen, dass der Erwerber ein Interesse, daran hat, den *Unternehmenswert höher anzusetzen*.

XI. Verschonungsregelung bei Weitergabe des begünstigten Vermögens

455   Müssen Erben begünstigtes Betriebsvermögen aufgrund eines *Vermächtnisses* oder einer *Auflage des Erblassers* auf einen Dritten übertragen, muss dieser *Dritte* den Fortbestand des Betriebs gewährleisten. Diesem Umstand Rechnung tragend soll der Dritte, der für den Erwerb des Betriebsvermögens *anderes aus demselben Nachlass stammendes Vermögen* hingibt, nach dem Willen des Gesetzgebers so gestellt werden, als habe er *von Anfang an* begünstigtes Betriebsvermögen erhalten. Die Vorschrift des § 13b Abs. 3 ErbStG erweitert die bisherige Regelung und sorgt dafür, dass derjenige, der die Unternehmensfortführung tatsächlich gewährleistet, und nicht derjenige, der aufgrund zivilrechtlicher *Universalsukzession* zunächst Eigentümer oder Miteigentümer geworden ist, entlastet werden soll.

N. Verschonungsregelung für vermietete Wohngrundstücke

I. Förderzweck

456   Mit § 13c ErbStG wird erstmals eine Steuerbefreiung für zu *Wohnzwecken vermietete Grundstücke* verankert. Nach Ansicht des Gesetzgebers ist gerade das Angebot einer Vielzahl von Mietwohnungen durch Private wie auch durch Personenunternehmen als Gegenpol gegen die Marktmacht großer institutioneller Anbieter wichtig für funktionierende Märkte. Der Normgeber ist zudem überzeugt davon, dass das breitere Angebot und der stärkere Wettbewerb moderate Mieten sowie gleichzeitig eine *angemessene Wohnraumversorgung* der Bevölkerung auch in Zukunft garantieren. Letztlich trägt

die Vererbung von privaten Bestandsimmobilien dazu bei, dass ein *Marktungleichgewicht* (z. B. in Form einer Marktkonzentration bei institutionellen Anbietern) *verhindert* wird.

II. Begünstigungsfähige Objekte

457

Nach § 13c Abs. 3 ErbStG soll die Steuerbefreiung *für zu Wohnzwecken vermietete Grundstücke* nur unter den nachfolgenden *Voraussetzungen* gewährt werden:

Bei dem vermieteten Grundstück muss es ich um ein *bebautes Grundstück oder einen Teil davon* handeln. Folglich kommen für die Begünstigung ein Einfamilienhaus, Zweifamilienhaus, ein Mietwohngrundstück oder eine Eigentumswohnung in Frage. Begünstigt sind zudem Teile von Gebäuden, die *zu Wohnzwecken vermietet* werden; dabei kann es sich bei dem Gebäude z. B. um ein gemischt genutztes Grundstück handeln. Da die Vermietung zu Wohnzwecken erfolgen muss, wird es auf die *Nutzung im Besteuerungszeitpunkt* ankommen. Darüber hinaus muss das Bewertungsobjekt im Inland oder im EU- bzw. EWR-Ausland belegen sein. Das Grundstück darf zudem nicht zum begünstigten Betriebsvermögen oder begünstigten Vermögen eines Betriebs der Land- und Forstwirtschaft im Sinne des § 13a ErbStG gehören. Da zum begünstigten land- und forstwirtschaftlichen Vermögen nach § 13b Abs. 1 Nr. 1 ErbStG nur der inländische Wirtschaftsteil dieses Vermögens (mit Ausnahme der Stückländereien) gehört, dürfte die Aussage in § 13c Abs. 3 Nr. 3 ErbStG insoweit überflüssig sein.

III. Begünstigungsumfang

458

Nach § 13c Abs. 1 ErbStG sind 90 % des Grundstückswerts bei der Ermittlung des steuerpflichtigen Erwerbs anzusetzen, wenn die vorgenannten Voraussetzungen des § 13c Abs. 3 ErbStG erfüllt sind. Allerdings kann der Erwerber nur dann in den Genuss des verminderten Wertansatzes (= 10 %-Abschlag) kommen, soweit er erworbene Grundstücke *nicht* aufgrund einer letztwilligen Verfügung des Erblassers oder einer rechtsgeschäftlichen Verfügung des Erblassers oder Schenkers auf einen Dritten übertragen muss. Gleiches gilt, wenn ein Erbe im Rahmen der Teilung des Nachlasses Vermögen im Sinne des § 13c Abs. 3 ErbStG auf einen Miterben überträgt (§ 13c Abs. 2 Satz 2 ErbStG).

BEISPIEL: Erbe E hat vermieteten Grundbesitz an den Vermächtnisnehmer V herauszugeben. Den verminderten Wertansatz für den Grundbesitzwert (90 %) kann nur V in Anspruch nehmen.

BEISPIEL: Miterbe A überträgt im Rahmen einer Erbauseinandersetzung vermieteten Grundbesitz auf den Mieterben B. A und B sind je hälftig am Nachlass beteiligt. Es handelt sich um eine freie, d. h. ohne Einfluss des Erblassers vollzogene Erbauseinandersetzung mit der Folge, dass nur B berechtigt ist, den wertmindernden Ansatz in Höhe seiner Erbquote (50 %) zu beanspruchen. Für A entfällt der 10 %-Abschlag nach Maßgabe des § 13c Abs. 2 Satz 2 ErbStG.

Dem durch die *Weitergabeverpflichtung* belasteten Erwerber entsteht *kein Nachteil*, da er die daraus resultierende Last bereicherungsmindernd abziehen kann. Der „tatsächlich" Erwerbende kann nach Erfüllung der Weitergabeverpflichtung durch den Erwerber

459

seinerseits die Verschonung in Anspruch nehmen. Dazu bestimmt § 13c Abs. 2 Satz 3 ErbStG: Überträgt ein Erbe erworbenes begünstigtes Vermögen im Rahmen der Teilung des Nachlasses auf einen Dritten und gibt der Dritte dabei diesem Erwerber nicht begünstigtes Vermögen hin, das er vom Erblasser erworben hat, erhöht sich insoweit der Wert des begünstigten Vermögens des Dritten um den Wert des hingegebenen Vermögens, *höchstens* jedoch um den Wert des *übertragenen Vermögens*.

460   *Familienstiftungen* und *Familienvereine* (§ 1 Abs. 1 Nr. 4 ErbStG), die in Abständen von 30 Jahren der *Ersatzerbschaftsteuer* unterliegen, können den wertmindernden Ansatz von Grundstücken unter den Voraussetzungen des § 13c Abs. 3 ErbStG ebenfalls in Anspruch nehmen (§ 13c Abs. 4 ErbStG).

O. Mehrere Erwerbe innerhalb von 10 Jahren

I. Zusammenrechnung rechtlich selbständiger Erwerbe innerhalb von zehn Jahren

461   Mehrere innerhalb von zehn Jahren von derselben Person anfallende Vermögensvorteile werden in der Weise zusammengerechnet, dass dem letzten Erwerb die früheren Erwerbe nach ihrem früheren Wert zugerechnet werden (§ 14 Abs. 1 Satz 1 ErbStG). Dabei verlieren die einzelnen Erwerbe jedoch nicht ihre Selbständigkeit (R 70 Abs. 1 Satz 2 ErbStR); vielmehr geht es lediglich darum, die Steuer für den letzten Erwerb zutreffend zu ermitteln (BFH vom 17. 4. 1991, BStBl 1991 II S. 522 sowie vom 7. 10. 1998, BStBl 1999 S. 25). Nach § 14 Abs. 1 Satz 2 ErbStG wird von der Steuer für den Gesamtbetrag die Steuer abgezogen, die für die früheren Erwerbe nach den persönlichen Verhältnissen des Erwerbers und *auf der Grundlage der geltenden Vorschriften zur Zeit des letzten Erwerbs* zu erheben gewesen wäre. Anstelle der Steuer nach § 14 Abs. 1 Satz 2 ErbStG ist die tatsächlich für die in die Zusammenrechnung einbezogenen früheren Erwerbe zu entrichtende Steuer abzuziehen, wenn diese höher ist – Abzugssteuer.

462   Zur *Verhinderung nicht gerechtfertigter Steuervorteile*, die sich im Zusammenhang mit der Berücksichtigung früherer Erwerbe bei der Steuerfestsetzung für einen späteren Erwerb ergeben, wird § 14 Abs. 1 *Satz 4* ErbStG in dem Sinne *neu gefasst*, dass die Steuer, die sich für den letzten Erwerb ohne Zusammenrechnung mit früheren Erwerben ergibt, durch den Abzug der Steuer nach § 14 Abs. 1 Satz 2 oder 3 ErbStG *nicht unterschritten* werden darf. Die Begrenzung des Abzugs der Steuer auf den Vorerwerb begründet der Steuergesetzgeber wie folgt: Wenn die früher für einen Vorerwerb tatsächlich zu entrichtende Steuer höher ist als die fiktiv dafür zu ermittelnde Steuer zur Zeit des Letzterwerbs, kann es dazu kommen, dass die für den Letzterwerb festzusetzende Steuer *nur null Euro* beträgt, *obwohl* bei diesem Letzterwerb selbst *erhebliche Vermögenswerte übertragen* wurden. Mit der gesetzlichen Verankerung der beschriebenen *Untergrenze* wird der eigentliche Zweck der Vorschrift erreicht, dass durch die Zusammenrechnung der *persönliche Freibetrag nur einmal im Zehnjahreszeitraum* berücksichtigt und *Progressionsvorteile* durch Aufteilen einer Zuwendung in mehrere kleinere vermieden werden sollen.

BEISPIEL: Steuerpflichtiger S hatte 2008 seiner damaligen Lebensgefährtin Barvermögen von 100 000 EUR geschenkt. Nach der Heirat 2009 schenkt er ihr weiteres Barvermögen von 550 000 EUR.

Erwerb 2008

Barvermögen 2008	100 000 EUR
Persönlicher Freibetrag (§ 16 Abs. 1 Nr. 5 ErbStG)	·/. 5 200 EUR
Steuerpflichtiger Erwerb	94 800 EUR
Steuersatz 23 %	
Steuer 2008	21 804 EUR

Erwerb 2009

Barvermögen 2009	550 000 EUR
Barvermögen 2008	+ 100 000 EUR
Gesamterwerb	650 000 EUR
Persönlicher Freibetrag (§ 16 Abs. 1 Nr. 1 ErbStG)	·/. 500 000 EUR
Steuerpflichtiger Erwerb	150 000 EUR
Steuersatz 11 %	
Steuer auf Gesamterwerb	16 500 EUR

Fiktive Steuer 2008 auf Vorerwerb 2008

Barvermögen	100 000 EUR	
Verbrauchter Freibetrag	·/. 5 200 EUR	
Steuerpflichtiger Erwerb	94 800 EUR	
Steuersatz 11 %		
Steuer 2008	10 428 EUR	
Abzuziehen ist die höhere tatsächliche Steuer 2008		·/. 21 804 EUR
Steuer danach		0 EUR

Mindestansatz der festzusetzenden Steuer

Barvermögen 2009	550 000 EUR
Persönlicher Freibetrag	·/. 500 000 EUR
Steuerpflichtiger Erwerb	50 000 EUR
Steuersatz 7 %	
Festzusetzende Steuer 2009	3 500 EUR

II. Festsetzungsfrist

Durch das ErbStRG wurde § 14 ErbStG um einen neuen Absatz 2 ergänzt, der die *Been-*   463 *digung der Festsetzungsfrist* zum Gegenstand hat. In Fällen, in denen ein Wert, der in einen späteren Erwerb einzubeziehen ist, rückwirkend verändert wurde, ist der Festsetzungsbescheid aufgrund des vorangegangenen Erwerbs nach § 175 Abs. 1 Satz 1 Nr. 2 AO zu korrigieren – *rückwirkendes Ereignis*. Der geänderte Wert müsste folglich beim späteren Erwerb berücksichtigt werden. In der Besteuerungspraxis kann es jedoch vorkommen, dass für den späteren Erwerb die Festsetzungsfrist bereits abgelaufen ist. Diese Sachverhaltskonstellation ist Anknüpfungspunkt für den neuen § 14 Abs. 2 ErbStG: Diese Vorschrift regelt nunmehr, dass die *Festsetzungsfrist für die Änderung des Festsetzungsbescheids für den späteren Erwerb* nach § 175 Abs. 1 Satz 1 Nr. 2 AO nicht vor dem Ende der Festsetzungsfrist des vorangegangenen Bescheids endet.

Im *Regelfall* dürfte die vorgenannte Änderung für den Steuerpflichtigen *von Nachteil* sein. Gehört zum Ersterwerb z. B. begünstigtes unternehmerisches Vermögen (Schonvermögen) und kommt es nunmehr zu einer steuerschädlichen Verwendung, ist der Erstbescheid mit der Folge einer signifikant höheren Steuer zu korrigieren. Hieraus kann für den Erwerber ggf. eine *höhere Progressionsstufe* resultieren, ein Umstand, der dann bei der Korrektur eines nachfolgenden Erwerbs zu berücksichtigen wäre, so dass auch dort eine höhere Progression einschlägig wäre.

P. Berechnung der Steuer

I. Grundsätze

464 Die Höhe der Steuer hängt vom *Verwandtschaftsgrad* ab. Entsprechend werden die Erwerber nach Maßgabe des § 15 ErbStG in drei Steuerklassen eingeteilt. Hiernach richten sich der persönliche Freibetrag (§ 16 ErbStG) und der Tarif (§ 19 ErbStG), d. h. der Vomhundertsatz, der auf den um die Freibeträge geminderten steuerpflichtigen Erwerb angewandt wird.

Bereicherung des Erwerbers
+ (ggf.) hinzuzurechnnende Vorerwerbe i. S. des § 14 ErbStG
·/. persönliche Freibeträge (§ 16 ErbStG)
·/. Versorgungsfreibetrag (§ 17 ErbStG)
= steuerpflichtiger Erwerb (Bemessungsgrundlage für die Steuer)

II. Steuerklassen

1. Einteilung der Erwerber

465 Nach den persönlichen Verhältnissen des Erwerbers zum Erblasser oder Schenker werden drei Steuerklassen unterschieden (§ 15 Abs. 1 ErbStG). Nach der Steuerklasse bestimmt sich der persönliche Freibetrag, bis zu dem der Erwerb steuerfrei bleibt und der auf den steuerpflichtigen Erwerb anzuwendende Steuersatz.

Steuerklasse I:

Hierunter fallen

1. der Ehegatte;

2. die Kinder und Stiefkinder;

3. die Abkömmlinge Kinder und Stiefkinder, also die Enkel und Urenkel;

4. die Eltern und Voreltern (Großeltern) bei Erwerben von Todes wegen.

Da ein *Verlöbnis* als Vorstufe der Ehe nicht unter den besonderen Schutz des Art. 6 Abs. 1 GG fällt, ist die Anwendung der *ungünstigsten Steuerklasse* beim Erwerb vom Verlobten *keine unbillige sachliche Härte*. Die Voraussetzungen einer unbilligen sachlichen Härte (§§ 163, 227 AO) liegen aufgrund des eindeutigen Gesetzeswortlauts in diesen Fällen nicht vor (BFH vom 23. 3. 1998, BStBl 1998 II S. 396).

Steuerklasse II:

Hierunter fallen

1. die Eltern und Voreltern (Großeltern), soweit sie nicht zur Steuerklasse I gehören (beim Erwerb unter Lebenden),

2. die Geschwister,

3. die Abkömmlinge ersten Grades von Geschwistern (Neffen, Nichten),

4. die Stiefeltern,

5. die Schwiegerkinder,

6. die Schwiegereltern,

7. der geschiedene Ehegatte.

Die Steuerklassen I und II Nr. 1 bis 3 gelten auch dann, wenn die Verwandtschaft durch Annahme als Kind bürgerlich-rechtlich erloschen ist (§ 15 Abs. 1a ErbStG). Als Abkömmlinge i. S. des § 15 ErbStG (Steuerklasse I Nr. 3 und Steuerklasse II Nr. 3) sind auch *Adoptivkinder* und *Stiefkinder* anzusehen.

Steuerklasse III:

Hierunter fallen alle übrigen Erwerber – auch der Verlobte, der nichteheliche (auch langjährige) Lebenspartner und der Partner einer eingetragenen Lebenspartnerschaft – sowie die Zweckzuwendungen.

Der *Begriff „Kind"* wird im Erbschaftsteuer- und Schenkungsteuergesetz als *eigenständiger Begriff* verwendet (H 72 ErbStH). Er setzt, wie die Einbeziehung der mit dem Stiefelternteil nur verschwägerten Stiefkinder in die Steuerklasse I Nr. 2 zeigt, das Bestehen verwandtschaftlicher Verhältnisse im zivilrechtlichen Sinne nicht zwingend voraus. Die Stiefkinder von Geschwistern sind als „Abkömmlinge" i. S. der Steuerklasse II Nr. 3 anzusehen. Zu den Schwiegerkindern i. S. des § 15 Abs. 1 Steuerklasse II Nr. 5 ErbStG sind deshalb auch die Ehegatten von Stiefkindern (Stiefschwiegerkinder) zu rechnen (BFH vom 6. 9. 1989, BStBl II S. 898)

Schließen künftige gesetzliche Erben einen *Erbschaftsvertrag*, wonach der eine auf seine künftigen Pflichtteils(ergänzungs)ansprüche gegen Zahlung eines Geldbetrages verzichtet, stellt die Zahlung eine freigebige Zuwendung i. S. des § 7 Abs. 1 Nr. 1 ErbStG dar. Die Steuerklasse richtet sich nach dem Verhältnis des Zuwendungsempfängers (Verzichtenden) zum zukünftigen Erblasser (BFH vom 25. 1. 2001, BFH/NV 2001, S. 705).

2. Sonderregelung für Stiftung, Verein und Vermögensmasse ausländischen Rechts

Beim Übergang von Vermögen auf eine vom Erblasser angeordnete Stiftung (§ 3 Abs. 2 Nr. 1 ErbStG) und auch im Falle des Übergangs von Vermögen aufgrund eines Stiftungsgeschäfts unter Lebenden (§ 7 Abs. 1 Nr. 8 ErbStG) ist der Besteuerung das Ver-   466 wandtschaftsverhältnis des nach der Stiftungsurkunde entferntest Berechtigten zu dem Erblasser oder Schenker zugrunde zu legen, sofern die Stiftung wesentlich im Interesse einer Familie oder bestimmter Familien errichtet worden ist (§ 15 Abs. 2 Satz 1 ErbStG). Bei der Bestimmung der Steuerklasse ist nach R 73 Abs. 1 Satz 2 ErbStR daher auf die nach der Satzung möglichen entferntest Berechtigten abzustellen, auch wenn diese im Zeitpunkt der Errichtung der Familienstiftung noch nicht unmittelbar bezugsberechtigt sind, sondern es erst in der Generationenfolge werden. Bei der Errichtung einer Familienstiftung sind deshalb als entferntest Berechtigte diejenige anzusehen, die – ohne einen klagbaren Anspruch haben zu müssen – nach der Satzung Vermögensvorteile aus der Stiftung erlangen können. In den Fällen des § 7 Abs. 1 Nr. 9 Satz 1 ErbStG – es geht hier um das, was bei Aufhebung einer Stiftung oder bei Auflösung eines Vereins, dessen Zweck auf die Bindung von Vermögen gerichtet ist, erworben wird – gilt als Schenker der Stifter oder derjenige, der das Vermögen auf den Verein übertragen hat (§ 15 Abs. 2 Satz 2 1. Halbsatz ErbStG). In den Fällen des § 7 Abs. 1 Nr. 9 Satz 2 ErbStG – es geht hier um den Erwerb bei Auflösung einer Vermögensmasse ausländischen Rechts, deren Zweck auf die Bindung von Vermögen gerichtet ist sowie um den Erwerb durch Zwischenberechtigte während des Bestehens der Vermögensmasse – gilt derjenige als Schenker, der die Vermögensmasse i. S. des § 3 Abs. 2 Nr. 1 Satz 2 oder § 7 Abs. 1 Nr. 8 Satz 2 ErbStG gebildet oder ausgestattet hat.

Überträgt der Stifter nach Errichtung einer Familienstiftung später weiteres Vermögen auf die Stiftung, wird diese Zustiftung nach Steuerklasse III besteuert (R 73 Abs. 3 ErbStR).

467   In den Fällen der *Erbersatzsteuer* (§ 1 Abs. 1 Nr. 4 ErbStG) wird der doppelte Freibetrag nach § 16 Abs. 1 Nr. 2 ErbStG (2 × 400 000 € = 800 000 €) gewährt; dabei ist die Steuer nach dem Vomhundertsatz der Steuerklasse I zu berechnen, der für die Hälfte des steuerpflichtigen Vermögens gelten würde (§ 15 Abs. 2 Satz 3 ErbStG).

3. Berliner Testament

468   Bestimmen die Ehegatten beim gemeinschaftlichen Testament, dass der beiderseitige Nachlass mit dem Tod des Letztversterbenden an die gemeinschaftlichen Kinder fallen soll, liegt ein sog. *Berliner Testament* (§ 2269 BGB) vor. Hierbei ist im Zweifel von der von der Annahme auszugehen, dass die *Kinder* als sog. *Schlusserben* für den Gesamtnachlass eingesetzt sind. Nach derzeitiger Rechtslage (§ 15 Abs. 3 Satz 1 ErbStG) sind im Fall des § 2269 BGB und soweit der überlebende Ehegatte an die Verfügung gebunden ist, die mit dem verstorbenen Ehegatten näher verwandten Erben und Vermächtnisnehmer als seine Erben anzusehen, soweit sein Vermögen beim Tode des überlebenden Ehegatten noch vorhanden ist. Die *Neufassung* des § 15 Abs. 3 Satz 1 ErbStG bestimmt nunmehr, dass im Falle des § 2269 BGB (und soweit der überlebende Ehegatte an die Verfügung gebunden ist) *auf Antrag der Versteuerung das Verhältnis des Schlusserben zum zuerst verstorbenen Ehegatten* zugrunde zu legen ist, soweit sein Vermögen beim Tode des überlebenden Ehegatten noch vorhanden ist. Da die Steuerklassenvergünstigung des § 15 Abs. 3 Satz 1 ErbStG nach derzeitigem Recht ohne Antrag gewährt wird (mangels Verweis auf das in § 6 Abs. 1 Satz 2 ErbStG für Nacherbschaften formulierte Antragserfordernis), kann die Anwendung des Steuerklassenprivilegs im Einzelfall

nachteilig sein, wenn an den Schlusserben vom erstverstorbenen Ehegatten Zuwendungen innerhalb des Zehnjahreszeitraums des § 14 ErbStG erfolgt waren. Mit der Änderung geht die klarstellende Aussage einher, dass im Fall des gemeinschaftlichen Testaments von Ehegatten der Schlusserbe oder Vermächtnisnehmer *nicht im Rechtssinne als Erbe des erstverstorbenen Ehegatten anzusehen*, und zwar auch dann nicht, wenn von diesem stammendes Vermögen beim Tod des letztversterbendes Ehegatten auf ihn übergeht. Auch insoweit liegt nur ein *einheitlicher Erwerb* von Todes wegen vom *letztversterbenden Ehegatten* vor. Der Schlusserbe oder Vermächtnisnehmer soll jedoch wie bisher den Erwerb des vom erstverstorbenen Ehegatten stammenden Vermögens nach der im Verhältnis zu diesem Ehegatten geltenden *günstigeren Steuerklasse* versteuern können. Da § 15 Abs. 3 Satz 2 ErbStG keine Änderung durch das ErbStRG erfahren hat, richtet sich die Besteuerung selbst weiterhin nach den für Fälle der Vor- und Nacherbschaft einschlägigen Regelungen (vgl. § 6 Abs. 2 ErbStG). Die Regelungen gelten für den *überlebenden Lebenspartner* entsprechend.

Das Vermögen der Ehegatten verschmilzt beim Berliner Testament – im Gegensatz zur Vor- und Nacherbschaft (§ 6 ErbStG) – zu einer Einheit *(sog. Einheitsprinzip)*. Aus erbschaftsteuerlicher Warte ist das Berliner Testament eine ungünstige Regelung, da die regelmäßig als Schlusserben bedachten Kinder das Vermögen der Eltern durch einen einzigen Erwerb von Todes wegen erhalten. Hieraus resultiert eine zweifache Erfassung des Nachlasses des Erstversterbenden, nämlich bei dessen Tod sowie beim Tod des Letztversterbenden – eine Erbschaftsteuerermäßigung ist allerdings denkbar, wenn beide Erwerbe in einem Zeitraum von weniger als zehn Jahren aufeinander erfolgen (§ 27 ErbStG). Zudem werden die Kinderfreibeträge des § 16 ErbStG nur einmal, nämlich beim Tod des Längstlebenden ausgenutzt. 469

III. Persönliche Freibeträge

Die Freibeträge betragen in 470

Steuerklasse	Personenkreis	Freibetrag
I	Ehegatte	500 000 EUR
	Kinder, Stiefkinder, Kinder verstorbener Kinder und Stiefkinder	400 000 EUR
	Enkelkinder	200 000 EUR
	Eltern und Großeltern bei Erbschaften	100 000 EUR
II	Eltern und Großeltern bei Schenkungen; Geschwister, Neffen und Nichten; Stiefeltern, Schwiegereltern; geschiedene Ehegatten	20 000 EUR
III	alle übrigen Beschenkten und Erwerber (z. B. Tanten, Onkel); Zweckzuwendungen	20 000 EUR
III	gleichgeschlechtlicher Lebenspartner bei einer eingetragenen Lebenspartnerschaft	500 000 EUR

Für *beschränkt Steuerpflichtige* beläuft sich der Freibetrag auf 2 000 Euro.

IV. Besonderer Versorgungsfreibetrag

1. Freibetrag für den überlebenden Ehegatten/Lebenspartner

471 Dem *überlebenden – unbeschränkt steuerpflichtigen – Ehegatten* sowie dem *überleben-den Lebenspartner* wird neben dem Freibetrag nach § 16 Abs. 1 Nr. 1 ErbStG ein *beson-derer Versorgungsfreibetrag* von 256 000 € gewährt (§ 17 Abs. 1 Satz 1 ErbStG). Nach § 17 Abs. 1 Satz 2 ErbStG wird der Freibetrag bei Ehegatten, denen *aus Anlass des Todes des Erblassers* nicht der Erbschaftsteuer unterliegende Versorgungsbezüge zustehen, um den nach § 14 BewG zu ermittelnden Kapitalwert dieser Versorgungsbezüge *ge-kürzt* (R 74 Abs. 1 Satz 2 ErbStR).

Nach R 74 Abs. 2 ErbStR sind bei der Kürzung des Versorgungsfreibetrags gem. § 17 Abs. 1 Satz 2 ErbStG alle von der Erbschaftsteuer nicht erfassten Versorgungsleistungen zu berücksichtigen, und zwar *unabhängig* davon, ob es sich bei den Versorgungsleis-tungen um lebenslängliche Leistungen, um Leistungen auf eine bestimmte Zeit oder um Leistungen in einem Einmalbetrag (BFH vom 2. 7. 1997, BStBl 1997 II S. 623) han-delt. Ist der Kapitalwert der nicht steuerbaren Versorgungsbezüge höher als der Versor-gungsfreibetrag, reduziert sich der Freibetrag zwar auf 0 €; hieraus folgt jedoch keine Besteuerung des übersteigenden Werts.

2. Freibetrag für Kinder

472 Auch den Kindern des Erblassers steht ein Versorgungsfreibetrag zu. Nach § 17 Abs. 2 Satz 1 ErbStG wird – neben dem Freibetrag gem. § 16 Abs. 1 Nr. 2 ErbStG – Kindern i. S. der Steuerklasse I Nr. 2 (§ 15 Abs. 1 ErbStG) *für Erwerbe von Todes wegen* ein beson-derer Versorgungsfreibetrag gewährt, der wie folgt *gestaffelt* ist:

- ▶ bei einem Alter bis zu 5 Jahren i. H. von 52 000 €;
- ▶ bei einem Alter von mehr als 5 bis zu 10 Jahren i. H. von 41 000 €;
- ▶ bei einem Alter von mehr als 10 bis zu 15 Jahren i. H. von 30 700 €;
- ▶ bei einem Alter von mehr als 15 bis zu 20 Jahren i. H. von 20 500 €;
- ▶ bei einem Alter von mehr als 20 bis zur Vollendung des 27. Lebensjahres i. H. von 10 300 €.

Bei den Kindern kann es sich – da § 17 Abs. 2 Satz 1 ErbStG auf § 16 Abs. 1 Nr. 2 ErbStG Bezug nimmt – um eheliche oder nichteheliche Kinder, Stiefkinder oder Adoptivkinder handeln, die ihrerseits unbeschränkt steuerpflichtig sind. Der besondere Versorgungs-freibetrag kommt mithin nicht für Enkelkinder in Betracht, auch wenn diese anstelle eines verstorbenen Kindes erben.

Stehen dem Kind aus Anlass des Todes des Erblassers Versorgungsbezüge, bspw. Wai-sengeld im öffentlichen Dienst, zu, die nicht der Erbschaftsteuer unterliegen, so wird der Freibetrag um den nach § 13 Abs. 1 BewG zu ermittelnden Kapitalwert dieser Ver-sorgungsbezüge *gekürzt* (§ 17 Abs. 2 Satz 2 ErbStG).

473 Obwohl § 17 ErbStG auf die persönlichen Freibeträge des § 16 ErbStG Bezug nimmt, ist der besondere *Versorgungsfreibetrag nur bei Erwerben von Todes wegen*, nicht hingegen bei Schenkungen unter Lebenden zu gewähren (R 1 Satz 3 Nr. 5 ErbStR). Für Schenkun-

gen, die erst nach dem Tod des schenkenden Ehegatten ausgeführt werden, ist § 17 ErbStG ebenfalls nicht einschlägig (BFH vom 14. 2. 1982, BStBl 1983 II S. 19).

V. Steuersätze

1. Erbschaftsteuertarif

Grundlage für die Höhe der Erbschaftsteuer ist der steuerpflichtige Erwerb, der sich nach Abzug der Freibeträge der jeweiligen Steuerklasse, die sich nach dem Verwandt- schaftsgrad richtet, und dem hierauf anzuwendenden Tarif ergibt. Der Vomhundertsatz richtet sich nach der *Steuerklasse* und nach dem *Wert des steuerpflichtigen Erwerbs*. Die Eingangsstufe und die Progression ist für jede Steuerklasse unterschiedlich gestaltet.   474

Die ErbSt wird gem. § 19 Abs. 1 ErbStG nach folgenden *Vomhundertsätzen* erhoben:

Steuersätze § 19 Abs. 1 ErbStG			
Wert des steuerpflichtigen Erwerbs bis einschließlich...	Prozentsatz in der Steuerklasse		
	I	II	III
75 000 EUR	7	30	30
300 000 EUR	11	30	30
600 000 EUR	15	30	30
6 000 000 EUR	19	30	30
13 000 000 EUR	23	50	50
26 000 000 EUR	27	50	50
über 26 000 000 EUR	30	50	50

2. Progressionsvorbehalt

Ist im Fall der *unbeschränkten Steuerpflicht* nach Maßgabe des § 2 Abs. 1 Nr. 1 ErbStG ein Teil des Vermögens der inländischen Besteuerung aufgrund eines Abkommens zur Vermeidung der Doppelbesteuerung (DBA) entzogen, ist die Steuer nach dem Steu- ersatz zu erheben, der für *den ganzen Erwerb gelten* würde (§ 19 Abs. 2 ErbStG). Diese Vorschrift trägt dem Umstand Rechnung, dass die DBA mit der *Schweiz* (Art. 10 Abs. 1 DBA-Schweiz) sowie (ehemals) mit *Österreich* (Art. 7 DBA-Österreich) zur Vermeidung der Doppelbesteuerung eines Erwerbers die *Freistellungsmethode* vorsehen. Siehe auch Rz. 22. Der Progressionsvorbehalt des § 19 Abs. 2 ErbStG bedeutet für einen in Deutsch- land unbeschränkt steuerpflichtigen Erwerber, dass auf seinen steuerpflichtigen Er- werb – unbeschadet des freigestellten Vermögens – der Steuersatz anzuwenden ist, der sich für den gesamten steuerpflichtigen Erwerb unter Einbeziehung des freigestell- ten Vermögens ergeben würde. Dieserart wird sichergestellt, dass der Erwerb – neben der Freistellung des DBA-begünstigten Vermögens – nicht auch noch von einer günsti- geren Wertstufe des Steuertarifs profitiert.   475

Ein *Progressionsvorbehalt* i. S. des § 19 Abs. 2 ErbStG muss *im DBA selbst vorgesehen* sein (BFH vom 9. 11. 1966, BStBl 1967 III S. 88). Bei DBA, die das *Anrechnungsverfahren* vor- sehen, ist der Progressionsvorbehalt *ohne Bedeutung* (H 75 ErbStH).

3. Härteausgleich

476   Da das Überschreiten der jeweiligen Wertstufen dazu führen kann, dass bei Anwendung des höheren Steuersatzes auf den ganzen Erwerb die *Mehrsteuer höher* ist als der die Wertstufe übersteigende Betrag, sieht § 19 Abs. 3 ErbStG einen sog. Härteausgleich vor. Hiernach wird der Unterschied zwischen der Steuer, die sich bei Anwendung des § 19 Abs. 1 ErbStG ergibt, und der Steuer, die sich berechnen würde, wenn der Erwerb die letzt vorhergehende Wertgrenze nicht überstiegen hätte, nur insoweit erhoben, als er

a) bei einem Steuersatz von bis zu 30 % aus der Hälfte,

b) bei einem Steuersatz über 30 % bis zu 50 % aus drei Vierteln

des die Wertgrenze übersteigenden Betrages gedeckt werden kann.

Der *Härteausgleich* nach § 19 Abs. 3 ErbStG ist *fester Bestandteil der Tarifvorschrift*. Er ist in allen Fällen anzuwenden, in denen eine Steuerberechnung tatsächlich oder fiktiv erfolgt, d. h. auch in den Fällen des § 6 Abs. 2, § 10 Abs. 2, der §§ 14 und 15 Abs. 3 sowie §§ 19a und 23 ErbStG.

Tabelle der maßgebenden Grenzwerte für die Anwendung des Härteausgleichs

Wertgrenze gemäß § 19 Abs. 1 ErbStG	Härteausgleich gemäß § 19 Abs. 3 ErbStG bei Überschreiten der letztvorhergehenden Wertgrenze bis einschließlich ... EUR in Steuerklasse		
EUR	I	II	III
75 000	-	-	-
300 000	82 600	-	-
600 000	334 200	-	-
6 000 000	677 400	-	-
13 000 000	6 888 800	10 799 900	10 799 900
26 000 000	15 260 800	-	-
über 26 000 000	29 899 900	-	-

VI. Tarifbegrenzung durch Entlastungsbetrag

477   Die Vorschrift des § 19a ErbStG stellt sicher, dass begünstigtes Betriebsvermögen, land- und forstwirtschaftliches Vermögen sowie Anteile an Kapitalgesellschaften *bei allen Erwerbern nur nach dem Tarif der Steuerklasse I* besteuert wird. Erreicht wird dieses Ziel durch Berücksichtigung eines *sog. Entlastungsbetrags*. Sind demnach in dem steuerpflichtigen Erwerb einer natürlichen Person der Steuerklasse II oder III Betriebsvermögen, land- und forstwirtschaftliches Vermögen oder Anteile an Kapitalgesellschaften i. S. des § 19a Abs. 2 ErbStG enthalten, ist von der tariflichen ErbSt ein Entlastungsbetrag nach Maßgabe des § 19a Abs. 4 ErbStG abzuziehen (§ 19a Abs. 1 ErbStG).

478   Die *Tarifbegrenzung* kommt nur beim Erwerb durch eine natürliche Person der Steuerklasse II oder III in Betracht (§ 19a Abs. 1 ErbStG). Erwerbe durch juristische Personen und Vermögensmassen sind nicht begünstigt (vgl. auch § 97 Abs. 2 BewG). Der Entlastungsbetrag wird nur für den Teil des zu einem Erwerb gehörenden begünstigten Ver-

mögens im Sinne des § 13b Abs. 1 ErbStG gewährt, das nicht unter § 13b Abs. 4 ErbStG fällt *(tarifbegünstigtes Vermögen)*. Das sind bei der Regelverschonung nach § 13a Abs. 1 ErbStG 15 Prozent und bei der Optionsverschonung nach § 13a Abs. 8 ErbStG 0 Prozent des begünstigen Vermögens im Sinne des § 13b Abs. 1 und 2 ErbStG. In den Fällen, in denen die Verwaltungsvermögensgrenze des § 13b Abs. 2 ErbStG überschritten wird, kann der Entlastungsbetrag nicht gewährt werden. Umfasst das auf einen Erwerber übertragene tarifbegünstigte Vermögen mehrere selbstständig zu bewertende wirtschaftliche Einheiten einer Vermögensart (z. B. mehrere Gewerbebetriebe) oder mehrere Arten begünstigten Vermögens (Betriebsvermögen, land- und forstwirtschaftliches Vermögen, Anteile an Kapitalgesellschaften), sind deren Werte vor der Anwendung des § 19a Abs. 3 ErbStG zusammenzurechnen. Ist der Steuerwert des gesamten tarifbegünstigten Vermögens nicht insgesamt positiv, kommt die Tarifbegrenzung nicht in Betracht.

Wenn ein Erwerber *tarifbegünstigtes Vermögen* auf Grund einer letztwilligen Verfügung des Erblassers oder einer rechtsgeschäftlichen Verfügung des Erblassers oder Schenkers *auf einen Dritten übertragen* muss, kommt insoweit für ihn der Entlastungsbetrag nicht in Betracht. Der *zur Weitergabe* des begünstigten Vermögens *verpflichtete Erwerber* ist so zu besteuern, als sei das herauszugebende Vermögen auf ihn als nicht tarifbegünstigtes Vermögen übergegangen. Muss der Erwerber nicht das gesamte auf ihn übergegangene tarifbegünstigte Vermögen, sondern nur einen Teil davon weiter übertragen, ist der Entlastungsbetrag zu gewähren, soweit das ihm verbleibende tarifbegünstigte Vermögen einen insgesamt positiven Wert hat.   479

Der auf das tarifbegünstigte Vermögen entfallende *Teil der tariflichen Steuer* ergibt sich aus dem Verhältnis des Werts des tarifbegünstigten Vermögens nach Anwendung des § 13a ErbStG und nach Abzug der mit diesem Vermögen in wirtschaftlichem Zusammenhang stehenden abzugsfähigen Schulden und Lasten (§ 10 Abs. 5 und Abs. 6 ErbStG) zum Wert des gesamten Vermögensanfalls. Maßgebend ist der Vermögensanfall, soweit er der Besteuerung nach diesem Gesetz unterliegt (§ 10 Abs. 1 Satz 2 ErbStG). Dazu ist der Steuerwert des gesamten übertragenen Vermögens um die Befreiungen nach §§ 13, 13a und 13c ErbStG und die Nachlassverbindlichkeiten oder die bei Schenkungen abzugsfähigen Schulden und Lasten einschließlich der Erwerbsnebenkosten zu kürzen, die im wirtschaftlichen Zusammenhang mit einzelnen Vermögensgegenständen stehen. Nachlassverbindlichkeiten oder die bei Schenkungen abzugsfähigen Schulden und Lasten einschließlich der Erwerbsnebenkosten, die nicht mit einzelnen Vermögensgegenständen des erworbenen Vermögens im wirtschaftlichen Zusammenhang stehen, sowie die persönlichen Freibeträge sind nicht abzuziehen.   480

Der *Entlastungsbetrag* ergibt sich als Unterschiedsbetrag zwischen der auf das tarifbegünstigte Vermögen entfallenden tariflichen Steuer nach den Steuersätzen der tatsächlichen Steuerklasse des Erwerbers und nach den Steuersätzen der Steuerklasse I. In beiden Fällen ist die Härteausgleichsregelung nach § 19 Abs. 3 ErbStG zu beachten. Für die *Höhe des persönlichen Freibetrags* bleibt im Rahmen der Ermittlung des steuerpflichtigen Erwerbs die *tatsächliche Steuerklasse des Erwerbers* maßgebend.   481

BEISPIEL: Unternehmer U hat seinen Großneffen G (Steuerklasse III) zum Alleinerben eingesetzt. Zum Nachlass gehört ein Gewerbebetrieb (Steuerwert 800 000 EUR) und ein Anteil von 30 % an der A-GmbH (Steuerwert 400 000 EUR). Die Betriebe verfügen über Verwaltungsvermögen von weniger als 50 % des gemeinen Werts. Ein Antrag nach § 13a Abs. 8 ErbStG wurde nicht gestellt. Zum Nachlass gehört Kapitalvermögen mit einem Wert von 750 000 EUR. Der im Zusammenhang mit der Anschaffung der GmbH-Anteile aufgenommene Kredit valutiert noch in Höhe von 200.000 EUR.

Für G ergibt sich folgende Steuerberechnung:

Betriebsvermögen (begünstigt)	800 000 EUR	
GmbH-Anteil (begünstigt)	400 000 EUR	
begünstigtes Vermögen	1 200 000 EUR	1 200 000 EUR
Verschonungsabschlag (85 %)		·/. 1 020 000 EUR
Verbleiben		180 000 EUR
Abzugsbetrag		·/. 135 000 EUR
Steuerpflichtiges Unternehmensvermögen		45 000 EUR
Abzugsbetrag		150 000 EUR
Verbleibender Wert (15 %)	180 000 EUR	
Abzugsbetrag	·/. 150 000 EUR	
Unterschiedsbetrag	30 000 EUR	
davon 50 %		·/. 15 000 EUR
Verbleibender Abzugsbetrag		135 000 EUR
Kapitalvermögen		+ 750 000 EUR
Gesamter Vermögensanfall		795 000 EUR
Schuld aus der GmbH-Beteiligung		200 000 EUR

Kürzung nach § 10 Abs. 6 ErbStG

Wert des begünstigten GmbH-Anteils nach § 13a ErbStG

$$\frac{45\,000\,EUR \times 400\,000\,EUR}{1\,200\,000\,EUR} = 15\,000\,EUR$$

abziehbare Schuld

$$\frac{200\,000\,EUR \times 15\,000\,EUR}{400\,000\,EUR} = 7\,500\,EUR \qquad ·/.\,7\,500\,EUR$$

		787 500 EUR
Erbfallkostenpauschale		·/. 10 300 EUR
Persönlicher Freibetrag		·/. 20 000 EUR
Steuerpflichtiger Erwerb		757 200 EUR

Anteil des tarifbegünstigten Vermögens:
(45 000 EUR − 7 500 EUR) : 787 500 EUR = 4,77 %

Steuer nach Stkl. III (30 %)		227 160 EUR
Auf begünstigtes Vermögen entfällt		
227 160 EUR x 4,77 %.	10 836 EUR	
Steuer nach Stkl. I (19 %) = 143 868 EUR		
Auf begünstigtes Vermögen entfällt		
143 868 EUR x 4,77 %	·/. 6 862 EUR	
Unterschiedsbetrag	3 974 EUR	·/. 3 974 EUR
Festzusetzende Steuer		223 186 EUR

Der Entlastungsbetrag fällt mit Wirkung für die Vergangenheit weg, soweit der Erwerber innerhalb von sieben Jahren nach dem Zeitpunkt der Steuerentstehung *(Behaltenszeit)* gegen eine der Behaltensregelungen des § 13a Abs. 5 ErbStG verstößt. Die Lohnsummenregelung des § 13a Abs. 1 Satz 2 bis 5 ErbStG hat für die gewährte Tarifbegrenzung keine Bedeutung. Der Steuerbescheid ist in diesen Fällen nach § 175 Abs. 1 Satz 1 Nr. 2 AO zu ändern *(Nachversteuerung)*. Der Steuerpflichtige ist im Steuerbescheid darauf hinzuweisen, dass Verstöße gegen die Behaltensregelungen nach § 153 Abs. 2 AO anzeigepflichtig sind. Die Finanzämter haben die Einhaltung der Behaltenszeit in geeigneter Form zu überwachen.   **482**

Der *Entlastungsbetrag* des Erwerbers *entfällt*, soweit innerhalb der Behaltenszeit in schädlicher Weise über das tarifbegünstigte Vermögen verfügt wird. Der Erwerber ist so zu besteuern, als sei dieser Teil des Vermögens mit dem erbschaftsteuerrechtlichen Wert im Besteuerungszeitpunkt von Anfang an auf ihn als nicht tarifbegünstigtes Vermögen übergegangen. Dies gilt auch, wenn bei einer Veräußerung einer wesentlichen Betriebsgrundlage der hierfür erlangte Verkaufserlös entnommen wird.   **483**

VII.   Steuerminderung bei mehrfachem Erwerb desselben Vermögens

1.   Allgemeines

Bei *mehrfachem Erwerb desselben Vermögens innerhalb kurzer Zeit durch Personen des engsten Familienkreises* kann es zu einer ungerechtfertigten und unerwünscht hohen Erbschaftsteuerbelastung kommen. Diesem Umstand trägt der *Grundgedanke des § 27 ErbStG* Rechnung, indem bei einem mehrfachen Übergang desselben Vermögens innerhalb von zehn Jahren auf den begünstigten Erwerberkreis die auf dieses Vermögen entfallende Steuer bis höchstens 50 % ermäßigt werden soll, soweit das in Rede stehende Vermögen beim Vorerwerber der Besteuerung unterlag. Die *Ermäßigung* ist in Abhängigkeit der Zeit zwischen Vorerwerb und Letzterwerb *gestaffelt*.   **484**

2.   Voraussetzungen

a)   Begünstigter Personenkreis

Die Ermäßigung greift nach § 27 Abs. 1 ErbStG nur dann, wenn *Personen der Steuerklasse I von Todes wegen* Vermögen anfällt, das in den letzten zehn Jahren vor dem Erwerb bereits von Personen *dieser Steuerklasse* erworben worden ist und für das nach diesem Gesetz eine Steuer zu erheben war. Sowohl der Vorerwerb als auch der Letzterwerb muss mithin zwischen Personen der Steuerklasse I erfolgt sein.   **485**

▪▪▪ **BEISPIEL:** ▶ Das Vermögen der Mutter geht erst auf die Tochter und von dieser auf deren Ehegatten über. In beiden Fällen ist die Steuerklasse I einschlägig, während im Verhältnis Mutter/ Schwiegersohn die Steuerklasse II zur Anwendung käme; dieser Umstand ist jedoch für die Ermäßigung der Steuer nach § 27 Abs. 1 ErbStG unbeachtlich.

Umgekehrt wäre § 27 ErbStG nicht anwendbar, wenn nur im Verhältnis zwischen dem ursprünglichen Vermögensinhaber und dem Letzterwerber Steuerklasse I einschlägig wäre, beim Zweiterwerb hingegen Steuerklasse II oder III zu beachten wäre.

486 Hat im Fall der Nacherbschaft der Nacherbe von der Möglichkeit des § 6 Abs. 2 Satz 2 ErbStG Gebrauch gemacht, ist der Besteuerung sein Verhältnis zum Erblasser zugrunde zu legen. Unterfällt infolgedessen der Erwerb des Nacherben der Steuerklasse I, sind die Anwendungsvoraussetzungen des § 27 Abs. 1 ErbStG zu bejahen. Übernimmt der zweite Erwerber vom überlebenden Ehegatten im Rahmen eines Berliner Testaments (§ 2269 BGB) und liegen die Voraussetzungen des § 15 Abs. 3 ErbStG vor, so kann der letzte Erwerber auch im Rahmen des § 27 ErbStG als Erbe des erstversterbenden Ehegatten angesehen werden, wenn das für ihn steuerlich günstiger ist. Bei einer Abfindung für einen Erbverzicht, der in § 7 Abs. 1 Nr. 5 ErbStG als schenkungsteuerlich relevanter Tatbestand ausgewiesen ist, liegt ein Erwerb des Verzichtenden vom künftigen Erblasser vor, und zwar auch in den Fällen, in denen die Abfindung von einem Dritten erbracht wird. Das Verhältnis von Verzichtendem zum künftigen Erblasser ist mithin auch im Anwendungsbereich des § 27 ErbStG zu beachten.

Für die Bestimmung des für die Steuerklasse maßgeblichen Angehörigkeitsverhältnisses ist auf den Zeitpunkt des Erwerbs abzustellen, für den die Ermäßigung nach § 27 ErbStG in Anspruch genommen wird.

b) Letzterwerb von Todes wegen

487 Unter Hinweis auf den Wortlaut des § 27 Abs. 1 ErbStG ist diese Vorschrift *nur auf Erwerbe von Todes wegen* anwendbar. Die Ermäßigung nach § 27 Abs. 1 ErbStG soll – so der Wille des Gesetzgebers – nur bei Erwerben von Todes wegen greifen, um dieserart den Rückgriff auf diese Vorschrift zum Zwecke der Steuerersparnis zu vermeiden. Nach der höchstrichterlichen Rechtsprechung (BFH vom 16. 7. 1997, BStBl 1997 II S. 625) kann die Schenkungsteuer nicht durch Rückgriff auf § 27 ErbStG ermäßigt werden. R 1 Satz 3 Nr. 7 ErbStR enthält in diesem Sinne den klarstellenden Hinweis auf die *Nichtanwendbarkeit des § 27 ErbStG bei Schenkungen.*

c) Übergang desselben Vermögens

488 Da § 27 Abs. 1 ErbStG den Übergang von Vermögen voraussetzt, das seinerseits beim Ersterwerb der Besteuerung unterlegen hat, stellt sich die Frage, ob eine Identität der Vermögensgegenstände gegeben sein muss oder die Fortsetzung des ursprünglich übergegangenen Vermögens in Surrogaten ausreichend ist. Im Gegensatz zur Vorschrift des § 13 Abs. 1 Nr. 10 ErbStG, der auf „Vermögensgegenstände" Bezug nimmt, spricht § 27 Abs. 1 ErbStG lediglich von *„Vermögen"*, einem Begriff, der eine *Gesamtheit geldwerter Gegenstände* umschreibt (BFH vom 22. 6. 1994, BStBl 1994 II S. 656). Damit ist es für die Anwendung des § 27 Abs. 1 ErbStG ausreichend, dass sich das übergegangene Vermögen in *Surrogaten* fortsetzen kann, mithin eine nachweisbare Kontinuität des Wertsaldos besteht (BFH vom 25. 3. 1974, BStBl 1974 II S. 658). Im Ergebnis muss eine Art- und Funktionsgleichheit des Vermögensgegenstandes, worauf die Rechtsprechung (BFH vom 22. 6. 1994, a. a. O.) im Zusammenhang mit § 13 Abs. 1 Nr. 10 ErbStG abstellt, im Anwendungsbereich des § 27 Abs. 1 ErbStG insoweit nicht gegeben sein.

Nach § 27 Abs. 3 ErbStG ist eine Entlastung insoweit ausgeschlossen, als die Wertsteigerung noch nicht zur Steuer herangezogen worden ist, somit droht hier keine Mehrfachbelastung des Vermögens. Ist dasselbe Vermögen i. S. des § 27 Abs. 1 ErbStG nur zum Teil auf den Letzterwerber übergegangen, kann die Ermittlung des Umfangs des begünstigten Vermögensübergangs oftmals nur im Wege der *Schätzung* nach § 162 AO erfolgen.

d) Zehnjahreszeitraum

§ 27 Abs. 1 ErbStG *begrenzt die Ermäßigung in zeitlicher Hinsicht* dadurch, dass zwischen den beiden Erwerben kein größerer Zeitabstand als zehn Jahre liegen darf, wobei jeweils der Zeitpunkt maßgeblich ist, in dem die Steuer entstanden ist (§ 9 ErbStG). Unter dieser Voraussetzung bestimmt sich der Vomhundertsatz der Steuerermäßigung nach der *Staffelung* in § 27 Abs. 1 ErbStG wie folgt: 489

um ... %	wenn zwischen den beiden Zeitpunkten der Entstehung der Steuer ... liegen
50	nicht mehr als 1 Jahr
45	mehr als 1 Jahr, aber nicht mehr als 2 Jahre
40	mehr als 2 Jahre, aber nicht mehr als 3 Jahre
35	mehr als 3 Jahre, aber nicht mehr als 4 Jahre
30	mehr als 4 Jahre, aber nicht mehr als 5 Jahre
25	mehr als 5 Jahre, aber nicht mehr als 6 Jahre
20	mehr als 6 Jahre, aber nicht mehr als 8 Jahre
10	mehr als 8 Jahre, aber nicht mehr als 10 Jahre

Bei der Zusammenfassung mehrerer Vorerwerbe nach Maßgabe des § 14 ErbStG kann auch eine Steuerermäßigung nach § 27 ErbStG in Betracht kommen, wenn ein Erwerb von Todes wegen als Letzterwerb folgt. Hierbei ist für die anzuwendende Kürzungsquote auf den Zeitpunkt der einzelnen Vorschenkung abzustellen (BFH vom 20. 2. 1980, BStBl 1980 II S. 414). Der auf die Mehrfacherwerbe entfallende Steuerbetrag, d. h. die nach § 14 ErbStG festgesetzte Gesamtsteuer, ist im Verhältnis der einzelnen Vorschenkungen aufzuteilen.   490

e) Steuerfestsetzung/Steuerentrichtung für den Vorerwerb

Voraussetzung für die Steuerermäßigung ist, dass für den Vorerwerb eine Steuer nach „diesem Gesetz zu erheben war" (§ 27 Abs. 1 ErbStG), um damit auch nur Mehrfacherwerbe steuerlich zu begünstigen. Für den Vorerwerb muss mithin tatsächlich eine Steuer festgesetzt worden sein. War für den Erwerb infolge der Freibeträge keine Steuer festzusetzen, bleibt kein Raum für die Anwendung des § 27 ErbStG. Des Weiteren fordert § 27 Abs. 3 ErbStG, dass die *Steuer für den Vorerwerb* auch *entrichtet* worden sein muss.   491

3. Ermittlung des Ermäßigungsbetrags

Zur Ermittlung des Steuerbetrags, der auf das begünstigte Vermögen entfällt, ist die Steuer auf den Gesamterwerb in dem Verhältnis aufzuteilen, in dem der Wert des begünstigten Vermögens zu dem Wert des steuerpflichtigen Gesamterwerbs ohne Abzug des dem Erwerber zustehenden Freibetrags steht (§ 27 Abs. 2 ErbStG). Besteht der   492

Nacherwerb nur aus begünstigtem Vermögen, ist der Ermäßigungsbetrag nach dem aus § 27 Abs. 1 ErbStG herzuleitenden Vomhundertsatz des auf das begünstigte Vermögen beim Zweiterwerb entfallenden Steuerbetrags zu berechnen. Ist hingegen beim Zweiterwerb neben dem begünstigten Vermögen noch weiteres, nicht begünstigtes Vermögen übergegangen, kommt es zwecks Berechnung der Steuerermäßigung zu einer Aufteilung des Erwerbs nach Maßgabe des § 27 Abs. 2 ErbStG.

4. Ermäßigungshöchstbetrag

493   Die Ermäßigung der Steuer nach § 27 Abs. 1 ErbStG darf den Betrag nicht überschreiten, der sich bei Anwendung der dort genannten Vomhundertsätze auf die Steuer ergibt, die der Vorerwerber für den Erwerb desselben, d. h. jetzt begünstigten Vermögens tatsächlich entrichtet hat (§ 27 Abs. 3 ErbStG). Aufgrund dieser Vorgabe kommt insoweit als Ausgangsbetrag für die Ermäßigung nach § 27 Abs. 1 ErbStG höchstens die Steuer des Vorerwerbers in Betracht.

Zu der Frage, wie diese Begrenzung zu berücksichtigen ist, wenn das begünstigte Vermögen beim nachfolgenden Erwerb mehreren Erwerbern anfällt, vertritt die Finanzverwaltung (DStR 2003, S. 1301) die Auffassung, dass die Summe der Ermäßigungsbeträge der einzelnen Erwerber nach Absatz 1 nicht höher sein darf als der sich nach Absatz 3 ergebende Höchstbetrag. Ist dies der Fall, ist der Höchstbetrag der Ermäßigung auf die einzelnen Erwerber entsprechend ihrem jeweiligen Anteil am mehrfach erworbenen Vermögen zu verteilen.

Q. Mitgliederbeiträge

494   Nach § 18 Satz 1 ErbStG sind Beiträge an Personenvereinigungen, die nicht lediglich die Förderung ihrer Mitglieder zum Zweck haben, steuerfrei, soweit die von einem Mitglied im Kalenderjahr der Vereinigung geleisteten Beiträge *300 €* nicht übersteigen. Der Betrag von 300 € stellt einen *Freibetrag* dar, bei dessen *Überschreiten* der Verein die übersteigenden Beiträge nach *Steuerklasse III* zu versteuern hat. Die Befreiungsvorschriften des § 13 Abs. 1 Nr. 16 und 18 ErbStG bleiben *unberührt* (§ 18 Satz 2 ErbStG).

R. Steuerfestsetzung und Erhebung

I. Steuerschuldner

1. Erwerbe von Todes wegen

495   Nach § 20 Abs. 1 Satz 1 ErbStG ist Steuerschuldner bei Erwerben von Todes wegen der *Erwerber*; dabei kann es sich um Alleinerben, Miterben, Vermächtnisnehmer oder den durch eine Auflage Begünstigten (§ 3 Abs. 2 Nr. 2 ErbStG) sowie den Vorerben bei einem Vorerbfall handeln. Als Steuerschuldner – weil Erwerber – i. S. des § 20 Abs. 1 Satz 1 ErbStG kann *auch der Pflichtteilsberechtigte* in Betracht kommen, der seinen Pflichtteil geltend gemacht hat.

Infolge der Ausgestaltung der ErbSt als Erbanfallsteuer kann die *Erbengemeinschaft* (§ 2032 BGB) selbst *nicht als Steuerschuldnerin* fungieren, da sie erst durch den Übergang des Vermögens kraft Gesetzes begründet wird. *Gütergemeinschaften* kommen ebenfalls *nicht* als Steuerschuldner in Betracht. Personengesellschaften – wie z. B. OHG,

KG, GbR – sind hinsichtlich des ihnen durch Erbanfall zufallenden Vermögens nicht Steuerschuldner (BFH vom 14. 9. 1994, BStBl 1995 II S. 81); da die einzelnen Gesamthänder Träger der gesamthänderischen Rechte und Pflichten sind, sind diese als Erwerber und damit Steuerschuldner anzusehen. Hieraus folgt für den umgekehrten Fall, dass bei einem schenkweisen Erwerb von einer Gesamthandsgemeinschaft auch nur die Gesamthänder entreichert werden; hier kommt die Gesamthandsgemeinschaft nicht als Schenker in Betracht, so dass auch kein Raum für die Steuerschuldnerschaft i. S. des § 20 Abs. 1 Satz 1 ErbStG verbleibt (BFH vom 15. 7. 1998, BStBl 1998 II S. 630).

2. Schenkungen

Für Schenkungen unter Lebenden wartet § 20 Abs. 1 Satz 1 ErbStG insoweit mit einer Besonderheit auf, als *neben dem Erwerber auch der Schenker Steuerschuldner* ist; beide sind Gesamtschuldner mit der Folge, dass jeder von ihnen die gesamte Leistung schuldet (§ 44 Abs. 1 Satz 2 AO).   496

In Fällen der Bildung oder Ausstattung einer Vermögensmasse ausländischen Rechts unter Lebenden, deren Zweck auf die Bindung von Vermögen gerichtet ist (§ 7 Abs. 1 Nr. 8 Satz 2 ErbStG), ist die *Vermögensmasse Erwerber* und damit *Steuerschuldner*; hinzu tritt als Steuerschuldner derjenige, der die Vermögensmasse gebildet oder ausgestattet hat (§ 20 Abs. 1 Satz 2 ErbStG).

3. Zweckzuwendungen

Für Zweckzuwendungen (§ 8 ErbStG) bestimmt § 20 Abs. 1 Satz 1 ErbStG den mit *der Ausführung Beschwerten als Steuerschuldner*. Diese Regelung trägt dem Umstand Rechnung, dass der Beschwerte die Zuwendung um den auf die Steuer entfallenden Betrag kürzen darf.   497

4. Ersatzerbschaftsteuer

In Fällen der Ersatzerbschaftsteuer nach § 1 Abs. 1 Nr. 4 ErbStG ist Steuerschuldner die *Stiftung* oder der *Verein* (§ 20 Abs. 1 Satz 1 ErbStG). Für eine Haftung können die Vorstände oder Geschäftsführer nach Maßgabe der §§ 34, 69 AO in Betracht kommen. Destinatäre der Stiftung oder die Vereinsmitglieder können hinsichtlich des von ihnen erworbenen Vermögens Steuerschuldner nach § 20 Abs. 5 ErbStG sein, soweit die Steuer nach § 24 ErbStG verrentet wird und die Stiftung oder der Verein vor Ablauf von 30 Jahren aufgehoben oder aufgelöst wird.   498

5. Fortgesetzte Gütergemeinschaft

Nach § 20 Abs. 2 ErbStG sind die *Abkömmlinge* im Verhältnis der auf sie entfallenden Anteile, der *überlebende Ehegatte* oder der *überlebende Lebenspartner* für den gesamten Steuerbetrag Steuerschuldner. Da der überlebende Ehegatte das Gesamtgut allein verwaltet (§ 1487 BGB), dürfte das Finanzamt diesen aus Zweckmäßigkeitsgründen in Anspruch nehmen. Der überlebende Ehegatte bzw. der überlebende Lebenspartner ist auch beim Tod eines anteilsberechtigten Abkömmlings (§ 4 Abs. 2 ErbStG) Steuerschuldner.   499

6. Vorerbschaft

500   Da der *Vorerbe* nach § 6 ErbStG als Erbe besteuert wird, ist er Steuerschuldner i. S. des § 20 Abs. 1 ErbStG. Ergänzend ist in diesem Zusammenhang § 20 Abs. 4 ErbStG heranzuziehen, wonach der Vorerbe die durch die Vorerbschaft veranlasste Steuer aus den *Mitteln der Vorerbschaft* zu entrichten hat.

II. Haftung für Erbschaftsteuer

1. Haftung des Nachlasses

501   Der *Nachlass* haftet bis zur Auseinandersetzung (§ 2042 BGB) für die Steuer der am Erbfall Beteiligten (§ 20 Abs. 3 ErbStG). Da jeder Miterbe nach der Auseinandersetzung frei über das ihm angefallene Vermögen disponieren kann, ist die *Nachlasshaftung* des § 20 Abs. 3 ErbStG *auf den ungeteilten Nachlass beschränkt.*

2. Haftung bei unentgeltlicher Weiterübertragung des Erwerbs

502   Hat der Steuerschuldner den Erwerb oder Teile desselben vor Entrichtung der ErbSt einem anderen unentgeltlich zugewendet, so haftet nach § 20 Abs. 5 ErbStG *der andere* in Höhe des Werts der Zuwendung persönlich für die Steuer. Gegenstand des § 20 Abs. 5 ErbStG ist ausschließlich die Haftung des Dritten für die Steuer des Erstempfängers.

3. Haftung der Versicherungsunternehmen

503   Nach § 20 Abs. 6 Satz 1 ErbStG haften Versicherungsunternehmen, die vor Entrichtung oder Sicherstellung der Steuer die von ihnen zu zahlende Versicherungssumme oder Leibrente in ein Gebiet *außerhalb* des Geltungsbereichs des ErbStG zahlen oder *außerhalb* des Geltungsbereichs des ErbStG wohnhaften Berechtigten zur Verfügung stellen, in Höhe des ausgezahlten Betrages für die Steuer.

4. Haftung des Vermögensverwahrers

504   Die in § 20 Abs. 6 Satz 1 ErbStG verankerte Haftungsregelung für Versicherungsunternehmen wird über § 20 Abs. 6 Satz 2 ErbStG auch auf *Vermögensverwahrer, d. h. Gewahrsamsinhaber*, erstreckt. Neben Geldinstituten kommen hier auch *Testamentsvollstrecker, Notare* und *Erben* als Haftungsschuldner in Betracht. Abweichend von § 20 Abs. 6 Satz 1 ErbStG verlangt § 20 Abs. 6 Satz 2 ErbStG expressis verbis ein *Verschulden (Vorsatz oder Fahrlässigkeit).* Darüber hinaus ist die Haftung nach Maßgabe des § 20 Abs. 6 Satz 2 ErbStG nur in *Erbschaftsteuerfällen* einschlägig. Gehen *nach Eintritt des Erbfalls* auf einem Bankkonto des Erblassers für diesen bestimmte *Rentenzahlungen* ein, die einer *Rückforderung* nach § 118 Abs. 3 SGB VI unterliegen, und hat das Finanzamt der Bank mitgeteilt, sie könne das Kontoguthaben einem außerhalb des Geltungsbereichs des Erbschaftsteuergesetzes wohnhaften Berechtigten bis auf einen bestimmten Betrag zur Verfügung stellen, muss sie die *Rentenzahlungen zusätzlich* zu diesem Betrag *zurückbehalten*, um eine Haftung für die Steuer nach § 20 Abs. 6 Satz 2 ErbStG zu vermeiden (BFH vom 18. 7. 2007, BStBl 2007 II S. 788).

5. Haftungsmindestgrenze

Nach § 20 Abs. 7 ErbStG ist die *Haftung* nach Maßgabe des § 20 Abs. 6 ErbStG *nicht gel-*   505
tend zu machen, wenn der in einem Steuerfall in ein Gebiet außerhalb des Geltungsbereichs des ErbStG gezahlte oder außerhalb des Geltungsbereichs des ErbStG wohnhaften Berechtigten zur Verfügung gestellte Betrag *600 € nicht übersteigt.*

III. Anrechnung ausländischer Erbschaftsteuer

1. Grundsätze

Bei *unbeschränkter Erbschaftsteuerpflicht* (§ 2 Abs. 1 ErbStG) erstreckt sich die deutsche   506
ErbSt auf den gesamten Vermögensanfall einschließlich des ausländischen Nachlassvermögens. Im Zweifel wird, soweit der Nachlass im Ausland belegen ist, auch der ausländische Staat ErbSt erheben. Mit einigen, bisher noch wenigen Staaten, sind Erb-
schaftsteuerabkommen zur Vermeidung der Doppelbesteuerung abgeschlossen worden.

Die Vorschrift des § 21 ErbStG, die sich der Anrechnung ausländischer Erbschaftsteuer
widmet, will eine *doppelte Belastung* auch hinsichtlich der Vermögen, die in einem
Staat liegen, mit dem kein DBA besteht, *vermeiden.* Das geschieht durch Anrechnung
der ausländischen ErbSt auf die deutsche ErbSt. Diese *Anrechnung* ist jedoch auf die
Höhe *begrenzt*, die der deutschen ErbSt entspricht.

Voraussetzung für die Anwendung des § 21 ErbStG sind: 507

▶ Antrag,

▶ kein Doppelbesteuerungsabkommen,

▶ unbeschränkte Steuerpflicht,

▶ Auslandsvermögen,

▶ ausländische Steuer. Die Steuer muss festgesetzt und gezahlt sein; sie darf keinem
  Ermäßigungsanspruch mehr unterliegen.

▶ Auslandsvermögen muss auch der deutschen ErbSt unterliegen,

▶ Entstehung der deutschen Steuer innerhalb von fünf Jahren nach Entstehung der
  ausländischen Steuer.

2. Durchführung der Anrechnung

Die auf die deutsche Steuer anzurechnende gezahlte ausländische Steuer ist – ebenso   508
wie der Wert des steuerpflichtigen Erwerbs – nach dem auf den Zeitpunkt der Entstehung der deutschen Steuer festgestellten amtlichen Devisenkurs (maßgeblich ist jeweils der Briefkurs) umzurechnen (BFH vom 19. 3. 1991, BStBl 1991 II S. 521; R 82 Abs. 2
ErbStR).

▶ **Der gesamte Nachlass setzt sich aus Auslandsvermögen zusammen**   509

Besteht der Erwerb *nur* aus *Auslandsvermögen*, das uneingeschränkt sowohl der ausländischen als auch der deutschen Besteuerung unterliegt, ist die ausländische Steuer
in vollem Umfang auf die deutsche Steuer anzurechnen. Falls jedoch die ausländische

Steuer höher ist als die deutsche Steuer, kommt eine Erstattung grundsätzlich nicht in Betracht.

BEISPIEL (VEREINFACHT): ▶ E ist verstorben. Er hinterlässt A nur Auslandsvermögen. Der Nachlasswert beträgt nach deutschem Steuerrecht 1 000 000 €. Der steuerpflichtige Erwerb beläuft sich nach Berücksichtigung von Freibeträgen auf 600 000 €.

Deutsche Steuer = 15 % =	90 000 €
Ausländische Steuer	a) 45 000 €
	b) 120 000 €

Im Fall a) wird die ausländische Steuer in voller Höhe angerechnet, so dass nur noch 45 000 € ErbSt zu zahlen sind. Im Fall b) werden nur 90 000 € angerechnet, so dass es i. H. von 30 000 € nicht zu einer Erstattung kommt.

Auch in den Fällen, in denen ein Erwerb aus einem ausländischen Nachlass im Inland wegen Abzugs von Nachlassverbindlichkeiten mit einem niedrigeren Wert als im Ausland zur ErbSt herangezogen wird, ist die anrechenbare ErbSt nicht im Verhältnis zu kürzen, in dem das Auslandsvermögen durch die bei der ausländischen Erbschaftsbesteuerung unberücksichtigt gebliebenen Nachlassverbindlichkeiten gemindert worden ist, sondern in voller Höhe auf die ErbSt nach deutschem Recht anzurechnen (BFH vom 26. 6. 1963, BStBl 1963 III S. 402). Das Gleiche gilt auch bei der Anwendung eines höheren Freibetrags. Wird für dasselbe Auslandsvermögen von mehreren Staaten eine der deutschen ErbSt entsprechende Steuer erhoben, so kann jede der Steuern angerechnet werden. Eine *Anrechnung scheidet* jedoch auch hier *aus*, wenn das Auslandsvermögen unter die Befreiung des § 13 ErbStG fällt.

510 ▶ Der Nachlass besteht nur zum Teil aus Auslandsvermögen

Besteht der Erwerb nur zum Teil aus Auslandsvermögen, zum Teil hingegen aus Inlandsvermögen, so ist der auf das Auslandsvermögen entfallende *Teilbetrag* der deutschen ErbSt in der Weise zu ermitteln, dass die für das steuerpflichtige Gesamtvermögen einschließlich des steuerpflichtigen Auslandsvermögens sich ergebende ErbSt im Verhältnis des steuerpflichtigen Auslandsvermögens zum steuerpflichtigen Gesamtvermögen aufgeteilt wird. In diesem Fall ist der Höchstbetrag für die Anrechnung der ausländischen Steuer stets nur der der deutschen ErbSt, der auf das Auslandsvermögen entfällt.

511 ▶ In mehreren Staaten belegenes Auslandsvermögen

Ist im Falle des gleichzeitigen Erwerbs von Auslands- und Inlandsvermögen das Auslandsvermögen *in verschiedenen ausländischen Staaten* belegen, so ist der auf dieses Auslandsvermögen entfallende Teil der deutschen ErbSt für jeden einzelnen ausländischen Staat gesondert zu berechnen (§ 21 Abs. 1 Satz 3 ErbStG; *sog. per-country limitation*). Die Auslandssteuer ist also nicht etwa in einem Gesamtbetrag abzugsfähig, sondern für jeden auf ein bestimmtes ausländisches Land entfallenden Erwerb jeweils nur bis zu dem für diesen Erwerb zu berechnenden Höchstbetrag. Dadurch wird die Übertragung von nicht mehr anrechenbarer Steuer eines Landes mit hohen Steuersätzen auf den noch nicht ausgenutzten Höchstbetrag eines anderen Staates verhindert.

IV. Anzeige des Erwerbs

1. Anzeigepflicht des Erwerbers/Beschwerten

Nach § 30 Abs. 1 ErbStG ist jeder der ErbSt unterliegende Erwerb i. S. des § 1 ErbStG 512
vom Erwerber, bei einer Zweckzuwendung (§ 8 ErbStG) vom Beschwerten *binnen einer
Frist von drei Monaten nach erlangter Kenntnis von dem Anfall oder von dem Eintritt der
Verpflichtung* dem für die Verwaltung der ErbSt zuständigen Finanzamt anzuzeigen. Da
der Gesetzeswortlaut auf den Erwerber abstellt, fällt hierunter sowohl derjenige, der
von Todes wegen erwirbt, als auch derjenige, der aufgrund freigebiger Zuwendung unter Lebenden erwirbt. Als steuerliche Pflicht obliegt die Anzeigepflicht ggf. *auch gesetzlichen Vertretern* und *Verfügungsberechtigten* (§§ 34, 35 AO). Sind Bevollmächtigte (§ 80
AO) als Verfügungsberechtigte i. S. des § 35 AO einzustufen, trifft auch diesen Personenkreis – ebenso wie Vermögensverwalter nach § 34 Abs. 3 AO – die Anzeigepflicht nach
§ 30 Abs. 1 ErbStG.

Soweit der Anlauf der Festsetzungsfrist für die Schenkungsteuer an die Kenntnis der 513
Finanzbehörde von der Schenkung anknüpft, ist auf die Kenntnis der organisatorisch
zur Verwaltung der Erbschaft- und Schenkungsteuer berufenen Dienststelle des zuständigen Finanzamts abzustellen (BFH vom 5. 2. 2003, BStBl 2003 II S. 502). Die Kenntnis des zuständigen Finanzamts als solches von der Schenkung genügt lediglich dann,
wenn ihm die Schenkung ausdrücklich zur Prüfung der Schenkungsteuerpflicht bekannt gegeben wird, die Information aber aufgrund organisatorischer Mängel oder
Fehlverhaltens die berufene Dienststelle nicht unverzüglich erreicht. Die Anzeige einer
Schenkung bei einem *unzuständigen Finanzamt* und die Abgabe der Schenkungsteu-
ererklärung bei diesem und dessen Anforderung setzt die Verjährung *nicht in Lauf* (BFH
vom 26. 8. 2004, BFH/NV 2004 S. 1626). Eine Erbschaftsteuererklärung setzt nur dann
die Festsetzungsfrist in Lauf, wenn sie unterschrieben ist (BFH vom 10. 11. 2004,
BStBl 2005 II S. 244).

2. Anzeigepflicht des Schenkers

Bei freigebigen Zuwendungen unter Lebenden ist der Erwerber, d. h. der *Beschenkte* be- 514
reits nach § 30 Abs. 1 ErbStG anzeigepflichtig. Über § 30 Abs. 2 ErbStG wird die Anzeigepflicht *auch* auf den *Schenker* erstreckt. Erfolgt demnach nämlich der steuerpflichtige
Erwerb durch ein Rechtsgeschäft unter Lebenden, so ist zur Anzeige auch derjenige verpflichtet, aus dessen Vermögen der Erwerb stammt.

3. Wegfall/Einschränkung der Anzeigepflicht

In den Fällen, in denen der Erwerb auf einer von einem *deutschen Gericht*, einem *deut-* 515
schen Notar oder einem *deutschen Konsul eröffneten Verfügung von Todes wegen* beruht
und sich aus der Verfügung das Verhältnis des Erwerbers zum Erblasser *unzweifelhaft*
ergibt, bedarf es *keiner Anzeige* (§ 30 Abs. 3 Satz 1 ErbStG). Diese *Einschränkung der allgemeinen Anzeigepflicht* gilt allerdings *nicht*, wenn zum Erwerb Grundbesitz, Betriebsvermögen, Anteile an Kapitalgesellschaften, die nicht der Anzeigepflicht nach § 33
ErbStG unterliegen, oder Auslandsvermögen gehört (§ 30 Abs. 3 Satz 1 zweiter Halbsatz

ErbStG). Einer Anzeige bedarf es hingegen auch nicht, wenn eine Schenkung unter Lebenden oder eine Zweckzuwendung gerichtlich oder notariell beurkundet ist.

V. Anzeigepflicht der Vermögensverwahrer, Vermögensverwalter und Versicherungsunternehmen

516   Neben den Erwerbern bzw. den Schenkern bestehen weitere Anzeigepflichten, die in den §§ 33, 34 ErbStG normiert sind. Diese Anzeigepflichten werden durch die rückwirkend zum 1.8.1998 in Kraft getretene *ErbStDV* (BGBl 1998 I S. 2568) konkretisiert. Nach § 33 Abs. 1 Satz 1 ErbStG hat, wer sich geschäftsmäßig mit der Verwahrung oder Verwaltung fremden Vermögens befasst, diejenigen in seinem Gewahrsam befindlichen Vermögensgegenstände und diejenigen gegen ihn gerichteten Forderungen, die beim Tod eines Erblassers zu dessen Vermögen gehörten oder über die dem Erblasser zur Zeit seines Todes die Verfügungsmacht zustand, dem für die Verwaltung der ErbSt zuständigen Finanzamt (§ 35 ErbStG) anzuzeigen.

VI. Anzeigepflicht der Gerichte, Standesämter und Notare

517   Nach § 34 Abs. 1 ErbStG haben die *Gerichte, Behörden, Beamten und Notare* dem für die Verwaltung der ErbSt zuständigen Finanzamt Anzeige zu erstatten über diejenigen *Beurkundungen, Zeugnisse und Anordnungen*, die für die Festsetzung der ErbSt von Bedeutung sein können. Die *Standesämter* haben die Sterbefälle anzuzeigen (§ 34 Abs. 2 Nr. 1 ErbStG; § 4 ErbStDV).

VII. Steuererklärung

1. Aufforderung zur Erklärungsabgabe/Erklärungspflichtige

518   Nach § 31 Abs. 1 Satz 1 ErbStG kann das Finanzamt von jedem an einem Erbfall, an einer Schenkung oder an einer Zweckzuwendung Beteiligten *ohne Rücksicht darauf, ob er selbst steuerpflichtig ist*, die Abgabe einer Erklärung innerhalb einer von ihm zu bestimmenden Frist – die mindestens einen Monat betragen muss – verlangen. In § 31 Abs. 1 Satz 1 ErbStG werden die „Beteiligten" als erklärungspflichtig bezeichnet. Hierzu zählt in erster Linie der Personenkreis, der als Steuerschuldner i. S. des § 20 ErbStG in Betracht kommt. Zu den Beteiligten gehören insbesondere der Erbe, der Vermächtnisnehmer, der Pflichtteilsberechtigte, der Beschenkte und der Schenker sowie bei Zweckzuwendungen der Beschwerte und der Begünstigte. Verlangt das Finanzamt die Abgabe einer Erbschaftsteuererklärung, richtet sich der Anlauf der Festsetzungsfrist auch dann nach § 170 Abs. 2 Satz 1 Nr. 1 AO, wenn das Nachlassgericht dem Finanzamt die Erteilung von Erbscheinen und die eröffneten Verfügungen von Todes wegen bereits angezeigt hat (BFH vom 10. 11. 2004, BStBl 2005 II S. 244).

2. Erklärungspflicht bei fortgesetzter Gütergemeinschaft

519   Gemäß § 20 Abs. 2 ErbStG ist der überlebende Ehegatte bei fortgesetzter Gütergemeinschaft (§ 4 ErbStG) Steuerschuldner für den gesamten Steuerbetrag. Folgerichtig kann

das Finanzamt in diesen Fällen die Steuererklärung allein von dem *überlebenden Ehe-gatten* verlangen (§ 31 Abs. 4 ErbStG). Entsprechendes gilt für den *überlebenden Lebens-partner.*

3. Erklärungspflicht mehrerer Erben

Beim Vorhandensein mehrerer Erben räumt § 31 Abs. 4 Satz 1 ErbStG diesen die Mög-lichkeit ein, die Steuererklärung *gemeinsam abzugeben.* In diesem Fall ist die Steuerer-klärung von allen Beteiligten zu unterschreiben. In die gemeinsame Steuererklärung können nach § 31 Abs. 4 Satz 3 ErbStG auch andere am Erbfall Beteiligte – so z. B. Ver-mächtnisnehmer, Pflichtteilsberechtigte – einbezogen werden.

520

4. Erklärungspflicht des Testamentsvollstreckers

Der Erblasser kann durch Testament einen oder mehrere Testamentsvollstrecker ernen-nen (§ 2197 Abs. 1 BGB). Zur Aufgabenstellung des Testamentsvollstreckers gehört pri-mär, die letztwilligen Verfügungen des Erblassers zur Ausführung zu bringen; hierzu gehört insbesondere die Auseinandersetzung unter den Miterben. Ist ein Testaments-vollstrecker oder Nachlassverwalter vorhanden, so ist die Steuererklärung von diesem abzugeben (§ 31 Abs. 5 Satz 1 ErbStG).

521

5. Erklärungspflicht des Nachlasspflegers

Sinn und Zweck der *Nachlasspflegschaft* (§ 1960 BGB) besteht darin, den Nachlass bis zur Ermittlung der unbekannten Erben zu sichern. Die Einsetzung des Nachlasspflegers erfolgt durch das *Nachlassgericht.* Im Gegensatz zu Testamentsvollstrecker und Nach-lassverwalter ist der *Nachlasspfleger gesetzlicher Vertreter des unbekannten Erben* (BFH vom 30. 3. 1982, BStBl 1982 II S. 687). Ist ein Nachlasspfleger bestellt, so ist dieser nach § 31 Abs. 6 ErbStG zur Abgabe der Steuererklärung verpflichtet. Soweit die Besteue-rungsgrundlagen gegenüber den unbekannten Erben geschätzt werden müssen, ist dem Nachlasspfleger angemessene Zeit einzuräumen, seiner Pflicht zur Erbenermitt-lung sowie seinen Mitwirkungspflichten aus § 34 Abs. 1 i. V. mit § 90 AO nachzukom-men (BFH vom 21. 12. 2004, BFH/NV 2005 S. 704).

522

VIII. Bekanntgabe des Steuerbescheids an Vertreter

In den Fällen des § 31 Abs. 5 ErbStG ist der Steuerbescheid – abweichend von § 122 Abs. 1 Satz 1 AO – dem *Testamentsvollstrecker oder Nachlassverwalter* bekannt zu geben (§ 32 Abs. 1 Satz 1 ErbStG). Testamentsvollstrecker und Nachlassverwalter fungieren in-soweit als *Zugangsvertreter der Erben.* Die Bekanntgabe des Steuerbescheids an den Testamentsvollstrecker oder Nachlassverwalter entfaltet Wirkung gegenüber dem Steuerschuldner (BFH vom 14. 11. 1990, BStBl 1991 II S. 49, sowie vom 14. 11. 1990, BStBl 1991 II S. 52). Testamentsvollstrecker und Nachlassverwalter haben für die Bezah-lung der ErbSt zu sorgen (§ 32 Abs. 1 Satz 2 ErbStG), ohne dass diese Regelung etwas an der Steuerschuldnerschaft (§ 20 Abs. 1 ErbStG) des Erwerbers änderte.

523

Auch bei Bekanntgabe des Steuerbescheids an den Testamentsvollstrecker bleiben *Inhaltsadressaten des Erbschaftsteuerbescheids die Erben*. Der Testamentsvollstrecker ist daher auch nicht befugt, den Erbschaftsteuerbescheid anzufechten, es sei denn, er soll persönlich in Anspruch genommen werden (BFH vom 4. 11. 1981, BStBl 1982 II S. 262). Eine *Einspruchsentscheidung* zu einem Erbschaftsteuerbescheid in Fällen der Testamentsvollstreckung ist nicht dem Testamentsvollstrecker, sondern den Erben bekannt zu geben, es sei denn, der Testamentsvollstrecker hat den Einspruch als Bevollmächtigter der Erben eingelegt (H 88 ErbStH).

Nach § 31 Abs. 6 ErbStG ist in Fällen, in denen ein *Nachlasspfleger* bestellt ist, dieser zur Abgabe der Steuererklärung verpflichtet. § 32 Abs. 2 Satz 1 ErbStG greift diesen Gedanken auf und bestimmt folgerichtig, dass der Steuerbescheid dem Nachlasspfleger bekannt zu geben ist. Als gesetzlicher Vertreter der unbekannten Erben ist der Nachlasspfleger lediglich Bekanntgabeadressat eines Erbschaftsteuerbescheids nach § 32 Abs. 2 ErbStG und nicht im eigenen Namen rechtsmittelbefugt; Inhaltsadressat des Erbschaftsteuerbescheids sowie Einspruchsführer und Beteiligte im Finanzrechtsstreit sind die unbekannten Erben (BFH vom 21. 12. 2004, BFH/NV 2005 S. 704).

IX. Kleinbetragsgrenze

524   Von der *Festsetzung der ErbSt* ist *abzusehen*, wenn die Steuer, die für den einzelnen Steuerfall festzusetzen ist, den *Betrag von 50 € nicht übersteigt* (§ 22 ErbStG). Als Steuerfall i. S. des § 22 ErbStG ist nicht der „Erbfall" und damit bei mehreren Beteiligten nicht die Gesamtzahl der Erwerbe anzusehen, sondern − wie bei Zuwendungen unter Lebenden − der *einzelne Vermögensanfall* (H 83 ErbStH). Die Kleinbetragsregelung ist sowohl bei Erwerben von Todes wegen als auch bei Schenkungen unter Lebenden zu beachten.

X. Steuerstundung

525   Gehört zum Erwerb *Betriebsvermögen* oder *land- und forstwirtschaftliches Vermögen*, so ist dem Erwerber die darauf entfallende Steuer auf Antrag bis zu zehn Jahren zu stunden, soweit dies zur *Erhaltung des Betriebs notwendig* ist (§ 28 Abs. 1 Satz 1 ErbStG). Der Erwerber hat einen *Rechtsanspruch auf Stundung* der Steuer, soweit dies zur Erhaltung des Betriebs notwendig ist. Ein Anspruch auf Stundung nach § 28 ErbStG besteht nicht, wenn der Erwerber die Steuer für den Erwerb von Betriebsvermögen und land- und forstwirtschaftlichem Vermögen aus erworbenem weiterem Vermögen oder aus eigenem Vermögen aufbringen kann (R 86 Abs. 2 Satz 1 ErbStR; BFH vom 11. 5. 1988, BStBl 1988 II S. 730). Betriebsvermögen i. S. des § 28 Abs. 1 Satz 1 ErbStG sind auch Anteile an einer Personengesellschaft i. S. des § 15 Abs. 1 Nr. 2 und Abs. 3 oder § 18 Abs. 4 EStG, *nicht* jedoch *Anteile an einer Kapitalgesellschaft.*

526   Während bei *Erwerben von Todes wegen die Stundung zinslos* erfolgt, werden bei einem *Erwerb durch Schenkung Stundungszinsen erhoben*, wie aus dem Verweis von § 28 Abs. 1 Satz 2 1. Halbsatz ErbStG auf die §§ 234, 238 AO herzuleiten ist. Allerdings können die Stundungszinsen bei Vorliegen der entsprechenden Voraussetzungen nach § 234 Abs. 2

AO erlassen werden. Nach § 28 Abs. 1 Satz 3 ErbStG bleibt § 222 AO unberührt. Liegen die spezifischen Stundungsvoraussetzungen des § 28 Abs. 1 Satz 1 ErbStG nicht vor, kann eine Stundung nach den allgemeinen hierfür geltenden Grundsätzen des § 222 AO in Betracht kommen.

Beim Erwerb von *bebauten Grundstücken oder Grundstücksteilen*, die zu *Wohnzwecken*   527
vermietet werden (§ 13c ErbStG), im Inland, einem Mitgliedstaat der Europäischen Union oder in einem Staat des Europäischen Wirtschaftsraums belegen sind und nicht zum begünstigten Betriebsvermögen oder begünstigten Vermögen eines Betriebs der Land- und Forstwirtschaft im Sinne des § 13a ErbStG gehören, hat der Erwerber auf Antrag einen Rechtsanspruch auf Stundung der auf dieses Vermögen entfallenden Steuer, soweit er sie nur durch Veräußerung dieses Vermögens aufbringen kann (§ 28 Abs. 3 Satz 1 ErbStG). Dies gilt sowohl für Erwerbe von Todes wegen, als auch für Schenkungen unter Lebenden. Auf das Verwandtschaftsverhältnis des Erwerbers zum Erblasser oder Schenker kommt es nicht an.

Unter den vorgenannten Voraussetzungen besteht ein *Rechtsanspruch auf Stundung*   528
auch dann, wenn zum Erwerb ein *Ein- oder Zweifamilienhaus* oder *Wohneigentum* gehört, das der Erwerber nach dem Erwerb zu eigenen Wohnzwecken nutzt, längstens für die Dauer der Selbstnutzung. Diese Stundungsmöglichkeit erstreckt sich ausdrücklich nur auf ein Grundstück, das zu den genannten Grundstücksarten gehört. Eine Wohnung in einem Mietwohn-, Geschäfts- oder gemischt genutzten Grundstück oder in einem sonstigen bebauten Grundstück ist nicht begünstigt. Voraussetzung ist nicht, dass der Erblasser oder Schenker dieses Grundstück vor der Übertragung als Familienheim selbst genutzt hat. Nach Aufgabe der Selbstnutzung durch den Erwerber und anschließender Vermietung zu Wohnzwecken ist die Stundung bis zum Ende des ursprünglichen Zehnjahreszeitraums weiter zu gewähren.

Dem Erwerber ist die auf das genannte Vermögen entfallende Steuer *bis zu zehn Jahren*   529
zu stunden, *soweit er die Steuer nur durch Veräußerung dieses Vermögens aufbringen kann*. Eine Stundung kommt nicht in Betracht, wenn der Erwerber die auf das begünstigte Vermögen entfallende Erbschaftsteuer entweder aus weiterem erworbenem Vermögen oder aus eigenem Vermögen aufbringen kann. Dazu muss der Erwerber auch die Möglichkeit der Kreditaufnahme ausschöpfen. Die *Beweislast* dafür, dass kein eigenes Vermögen vorhanden und keine Kreditaufnahme möglich ist, *obliegt dem Steuerpflichtigen*. Kann der Schenker zur Zahlung der Schenkungsteuer herangezogen werden, sei es weil er die Steuer übernommen hat (§ 10 Abs. 2 ErbStG), sei es, weil er als Gesamtschuldner in Anspruch genommen werden kann, bleibt eine Stundung ebenfalls ausgeschlossen. Dem Erwerber ist zuzumuten, aus den Vermietungs- und aus seinen sonstigen Einnahmen die gestundete Steuer kontinuierlich zu tilgen. Die Stundung endet stets, soweit das erworbene Vermögen weiter verschenkt oder veräußert wird.

XI. Erlöschen der Steuer in besonderen Fällen

1. Herausgabe eines Geschenks wegen eines Rückforderungsrechts

530 Nach § 29 Abs. 1 Nr. 1 ErbStG *erlischt die Steuer mit Wirkung für die Vergangenheit*, soweit ein Geschenk wegen eines Rückforderungsrechts herausgegeben werden musste. Geschenk im Sinne dieser Vorschrift ist jeder Vermögensgegenstand, der aufgrund einer Schenkung unter Lebenden erworben wurde. Da die bloße Verpflichtung zur Herausgabe des Geschenks oder der bloße Widerruf der Schenkung den gesetzlichen Anforderungen des § 29 Abs. 1 Nr. 1 ErbStG nicht genügt (BFH vom 23. 10. 1985, BFH/NV 1986, S. 768), ist die *tatsächliche Herausgabe des Geschenks erforderlich*.

531 Rückforderungsrechte können auf *gesetzlicher* oder auch *vertraglicher Grundlage* basieren. Ein *gesetzliches Rückforderungsrecht* besteht in den Fällen der Nichtigkeit der Schenkung, die bspw. bei Anfechtung wegen Irrtums (§ 119 BGB) oder arglistiger Täuschung (§ 123 BGB) gegeben sein kann. Hier ergibt sich die Herausgabepflicht für den Beschenkten nach den Vorschriften über die ungerechtfertigte Bereicherung (§§ 812 ff. BGB). *Schenkungsrechtliche Rückforderungsrechte* sind u. a. in § 527 BGB (Schenkung mit Auflage, bei der die Vollziehung der Auflage ganz oder teilweise unterblieben ist), § 528 BGB (Notbedarf des Schenkers) sowie in den Fällen der §§ 530, 531 BGB (grober Undank des Beschenkten) verankert.

Ein Rückforderungsrecht *kraft vertraglicher Vereinbarung* liegt in Fällen der *Schenkung unter Widerrufsvorbehalt*, die schenkungsteuerrechtlich vollumfänglich als Schenkung unter Lebenden anerkannt wird (BFH vom 13. 9. 1989, BStBl 1989 II S. 1034).

Der Tatbestand des § 29 Abs. 1 Nr. 1 ErbStG ist auch dann erfüllt, wenn ein Nacherbe aufgrund eines *gesetzlichen Herausgabeanspruchs nach § 2113 BGB* von einem vom Vorerben Beschenkten das durch die Schenkung Erlangte erhält (BFH vom 24. 5. 2000, BFH/NV 2001, S. 39).

2. Abwendung der Herausgabe eines Geschenks/Abwendung des Herausgabeanspruchs eines Pflichtteilsberechtigten

532 Soweit der Schenker nach der Vollziehung der Schenkung außerstande ist, seinen angemessenen Unterhalt zu bestreiten und die ihm seinen Verwandten, seinem Ehegatten oder seinem früheren Ehegatten gegenüber obliegende Unterhaltspflicht zu erfüllen, kann er von dem Beschenkten die Herausgabe des Geschenks nach den Vorschriften über die Herausgabe einer ungerechtfertigten Bereicherung fordern (§ 528 Abs. 1 Satz 1 BGB). Die Steuer erlischt mit Wirkung für die Vergangenheit, soweit die Herausgabe eines Geschenks gem. § 528 Abs. 1 Satz 2 BGB durch Zahlung des für den Unterhalt erforderlichen Betrags abgewendet worden ist (§ 29 Abs. 1 Nr. 2 ErbStG).

533 Zahlungen des Beschenkten gem. § 2329 Abs. 2 BGB zur Abwendung des Herausgabeanspruchs eines Pflichtteilsberechtigten nach § 2329 Abs. 1 BGB führen nicht gem. § 29 Abs. 1 Nr. 2 ErbStG zum Erlöschen der Erbschaftsteuer; sie sind jedoch nach § 10 Abs. 5 Nr. 2 i. V. mit § 1 Abs. 2 ErbStG bei der Besteuerung der Schenkung erwerbsmindernd zu berücksichtigen (BFH vom 8. 10. 2003, BStBl 2004 II S. 234).

3. Anrechnung unentgeltlicher Zuwendungen zwischen Ehegatten auf den Zugewinnausgleichsanspruch

Nach § 1380 Abs. 1 BGB wird auf die *Ausgleichsforderung eines Ehegatten* angerechnet, was ihm von dem anderen Ehegatten durch Rechtsgeschäft unter Lebenden mit der Bestimmung zugewendet ist, dass es auf die Ausgleichsforderung angerechnet werden soll. Da zum Zeitpunkt der Ausführung dieser Zuwendungen ungewiss ist, ob dem beschenkten Ehegatten bei Beendigung des Güterstands ein Ausgleichsanspruch zustehen wird, ist in diesen Fällen Schenkungsteuer festzusetzen. Die Steuer erlischt mit Wirkung für die Vergangenheit, soweit im Anwendungsbereich des *§ 5 Abs. 2 ErbStG* unentgeltliche Zuwendungen auf die steuerfreie Ausgleichsforderung angerechnet worden sind (§ 29 Abs. 1 Nr. 3 ErbStG). Entsprechendes gilt, wenn unentgeltliche Zuwendungen bei der Berechnung des nach *§ 5 Abs. 1 ErbStG* steuerfreien Betrags berücksichtigt werden. 534

4. Zuwendungen an Gebietskörperschaften und Stiftungen

Durch das *Gesetz zur weiteren steuerlichen Förderung von Stiftungen* vom 14. 7. 2000 (BGBl 2000 I S. 1034) hat § 29 Abs. 1 Nr. 4 Satz 1 ErbStG eine wesentliche Ausweitung erfahren. Die Steuer erlosch nach bisher geltendem Recht mit Wirkung für die Vergangenheit, soweit Vermögensgegenstände, die von Todes wegen oder durch Schenkung erworben worden sind, innerhalb von 24 Monaten nach dem Zeitpunkt der Entstehung der Steuer einer inländischen Gebietskörperschaft (Bund, Land, Gemeinde oder Gemeindeverband) oder einer inländischen Stiftung zugewendet wurden, die nach der Satzung, dem Stiftungsgeschäft oder der sonstigen Verfassung und nach ihrer tatsächlichen Geschäftsführung ausschließlich und unmittelbar als gemeinnützig anzuerkennenden wissenschaftlichen oder kulturellen Zwecken dient. Infolge der Neuregelung des § 29 Abs. 1 Nr. 4 Satz 1 ErbStG *entfällt die Beschränkung auf die wissenschaftlichen und kulturellen Zwecke* mit der Folge, dass die Begünstigungsvorschrift alle Stiftungen erfasst, die steuerbegünstigten Zwecken i. S. der §§ 52 bis 54 AO mit Ausnahme der Zwecke, die nach § 52 Abs. 2 Nr. 23 AO gemeinnützig sind, dienen. Dies *gilt nicht*, wenn die Stiftung Leistungen im Sinne des § 58 Nr. 5 AO an den Erwerber oder seine nächsten Angehörigen zu erbringen hat oder soweit für die Zuwendung die Vergünstigung nach § 10b EStG, § 9 Abs. 1 Nr. 2 KStG oder § 9 Nr. 5 GewStG in Anspruch genommen wird. 535

S. Renten- und Nießbrauchsvermächtnisse

I. Rentenvermächtnis

Hat der Erblasser testamentarisch ein Rentenvermächtnis angeordnet, so liegt beim *Rentenberechtigten* ein Erwerb von Todes wegen vor. Bürgerlich-rechtlich entsteht die Rentenverpflichtung nicht bereits mit der testamentarischen Anordnung, sondern erst mit der Zusage der Rente durch die mit dieser Verpflichtung belasteten Erben. Erbschaftsteuerlich gilt jedoch als Zeitpunkt des Erwerbs bereits der Todeszeitpunkt des Erblassers (§ 9 Abs. 1 Nr. 1 ErbStG). Als steuerpflichtiger Erwerb gilt der *Zeitwert der* 536

Rentenverpflichtung; dieser ist nach der Tabelle zu § 14 Abs. 1 Satz 4 BewG zu ermitteln (§ 12 Abs. 1 ErbStG).

537 Der Rentenberechtigte hat die *Wahl*, die Steuer von dem *Kapitalwert der Rente einmalig zu entrichten* oder stattdessen *jährlich im Voraus vom Jahreswert* (§ 23 Abs. 1 Satz 1 ErbStG). Sind mehrere Rentenberechtigte vorhanden, hat jeder Rentenberechtigte unabhängig vom anderen das Wahlrecht. Soll die Jahresversteuerung an die Stelle der Sofortversteuerung treten, ist hierzu ein *Antrag* des Steuerpflichtigen erforderlich. Der Antrag kann bis zur Bestandskraft des auf Grundlage des Kapitalwerts erlassenen Steuerbescheids gestellt werden (BFH vom 30. 1. 1968, BStBl 1968 II S. 210). Die Vorschrift des § 23 ErbStG ist auch im Falle einer unverzinslichen, in gleichmäßigen Raten zu tilgenden Kapitalforderung anzuwenden, wenn die Resttilgungszeit beim Erbfall noch sieben Jahre beträgt und die Tilgungszuflüsse der Einkommensteuer zu unterwerfen sind.

Die Rente wird in jedem Fall nach dem Steuersatz erhoben, der sich nach § 19 ErbStG für den gesamten Erwerb einschließlich des Kapitalwerts der Rente oder anderer wiederkehrender Nutzungen oder Leistungen ergibt (§ 23 Abs. 1 Satz 2 ErbStG). Hiermit erreicht der Gesetzgeber, dass die Gesamtbereicherung des Erwerbers erfasst wird. Liegen Vorerwerbe i. S. des § 14 ErbStG vor, sind auch diese einzubeziehen (BFH vom 8. 6. 1977, BStBl 1979 II S. 562). Der maßgebende Steuersatz für den nach Abzug von Freibeträgen verbleibenden Betrag ist – unter Berücksichtigung der Tarifvorschrift des § 19 Abs. 3 ErbStG (BFH vom 23. 9. 1955, BStBl 1955 III S. 321) – nach § 19 ErbStG zu ermitteln.

538 Nach § 23 Abs. 2 Satz 1 ErbStG hat der Erwerber das Recht, die *Jahressteuer* zum jeweils nächsten Fälligkeitstermin *mit ihrem Kapitalwert abzulösen*, wobei für die Ermittlung des Kapitalwerts im Ablösungszeitpunkt die Vorschriften der §§ 13, 14 BewG anzuwenden sind. Der Antrag auf Ablösung der Jahressteuer ist gem. § 23 Abs. 2 Satz 3 ErbStG spätestens bis zum Beginn des Monats zu stellen, der dem Monat vorausgeht, in dem die nächste Jahressteuer fällig wird. Der Ablösungsbetrag wird mittels gesondertem Steuerbescheid festgesetzt. Bei einer stark verkürzten Lebenszeit des Rentenberechtigten kann eine Berichtigung dieses Bescheids nach § 14 Abs. 2 BewG in Betracht kommen.

II. Nießbrauchsvermächtnis

539 Ebenso wie bei der Rente bedeutet die Anordnung eines *Nießbrauchsvermächtnisses*, dass der Erbe dem Vermächtnisnehmer gegenüber verpflichtet ist, diesem den Nießbrauch einzuräumen. Der Erwerb des Vermächtnisses in Form des Nießbrauchs tritt jedoch bereits mit dem Tod des Erblassers bzw. Anordnenden ein. Der Wert des Nießbrauchs ist nach § 12 Abs. 1 ErbStG i. V. mit § 16 BewG zu ermitteln.

Bei der Zuwendung eines Vermächtnisses handelt es sich um einen erbschaftsteuerlichen Erwerb (§ 3 Abs. 1 Nr. 1 ErbStG). Im Falle des Vermächtnisses ist die Steuer vom Kapitalwert des Nießbrauchs zu berechnen (§§ 14, 16 BewG). Im Gegensatz zur Rente ist der Jahreswert der Nutzungen begrenzt. Nach § 16 BewG kann bei der Ermittlung des Kapitalwerts der Nutzungen eines Wirtschaftsguts der Jahreswert dieser Nutzungen nicht mehr als der 18,6te Teil des Werts betragen, der sich nach den Vorschriften des Bewertungsgesetzes für das genutzte Wirtschaftsgut ergibt. Es handelt sich um den gemeinen Wert.

Der Erwerber hat das Recht, die *Jahressteuer* zum jeweils nächsten Fälligkeitszeitpunkt 540
mit dem *Kapitalwert abzulösen*. Der Kapitalwert des Nießbrauchs ist zum Zeitpunkt der Ablösung nach den §§ 13, 14 BewG zu ermitteln. Der Antrag auf Ablösung der Jahressteuer ist spätestens zu Beginn des Monats zu stellen, der dem Monat vorausgeht, in dem die Jahressteuer fällig wird (§ 23 Abs. 2 ErbStG).

III. Folgerungen aus dem Wegfall des § 25 ErbStG a. F.

§ 25 ErbStG wurde mit Wirkung vom 1. Januar 2009 *aufgehoben*. Für Erwerbe, für die 541
die *Steuer vor dem 1. Januar 2009 entstanden* ist, bleibt § 25 ErbStG und dessen Rechtswirkung *weiterhin anwendbar*, es sei denn, der Erwerber hat einen Antrag auf rückwirkende Anwendung des ab 1. Januar 2009 geltenden Erbschaftsteuer- und Bewertungsrechts nach Artikel 3 ErbStRG gestellt. Insbesondere bleiben auch die Regelungen zur *zinslosen Stundung*, deren *Ablösung und Fälligkeit* für Erwerbsvorgänge, für die die Steuer vor dem 1. Januar 2009 entstanden ist, *anwendbar* (§ 37 Abs. 2 Satz 2 ErbStG).

Wird der Erwerb von Vermögen bei *nach dem 31. Dezember 2008 ausgeführten Erwer-* 542
ben mit einer Nutzungs-, Rentenlast oder mit der Verpflichtung zu sonstigen wiederkehrenden Leistungen belastet, ist der *Kapitalwert* der Belastung unabhängig davon, zu wessen Gunsten die Last zu erbringen ist, bei Berechnung des steuerpflichtigen Erwerbs *abzuziehen*.

Bei *Grundstücksschenkungen* unter Lebenden führt der Abzug der Nutzungslast, auch wenn der Schenker sich oder seinem Ehegatten das Nutzungsrecht vorbehält, hinsichtlich des Werts der Auflage *nicht mehr zur Anwendbarkeit der grunderwerbsteuerlichen Befreiung nach § 3 Nr. 2 GrEStG*.

Der *vorzeitige unentgeltliche Verzicht* auf ein vorbehaltenes Nießbrauchs- oder anderes 543
Nutzungsrecht erfüllt als *Rechtsverzicht* den Tatbestand des § 7 Abs. 1 Nr. 1 ErbStG, soweit dabei eine Bereicherung des Erwerbers eintritt, die bisher noch nicht der Steuer unterlag. Eine steuerliche Doppelerfassung des Nutzungsrechts kann im Gegensatz zu Übertragungen bei denen § 25 ErbStG noch anzuwenden war, nicht mehr eintreten, so dass in diesen Fällen der Wert des Nießbrauchs- oder anderen Nutzungsrechts im Zeitpunkt des Verzichts ungeschmälert als eigenständige Schenkung anzusetzen ist.

Lebenslängliche Nutzungen und Leistungen sind gemäß § 14 Abs. 1 BewG zu bewerten. 544
In Fällen des § 25 ErbStG wurde bisher die gestundete Steuer nicht gemäß § 14 Abs. 2 BewG berichtigt, wenn die Last durch Tod in den Grenzen des § 14 Abs. 2 BewG vorzeitig weggefallen ist, weil dies keinen Einfluss auf die Höhe der gestundeten Steuer hatte. Diese Voraussetzungen liegen nicht mehr vor, so dass § 14 Abs. 2 BewG nunmehr in diesen Fällen zu beachten ist.

T. Örtliche Zuständigkeit

545   Fragen der örtlichen Zuständigkeit sind Regelungsgegenstand des § 35 ErbStG. Die Vorschrift trägt dem Umstand Rechnung, dass die Bestimmungen der AO zur örtlichen Zuständigkeit bei der Veranlagung der ErbSt nicht genügen, da hier immer mehrere Beteiligte (Erblasser, Erben, sonstige Erwerber wie Pflichtteilsberechtigte oder Vermächtnisnehmer, Schenker und Beschenkte) vorhanden sind. Von *erheblicher fiskalischer Bedeutung* ist die Zuweisung der örtlichen Zuständigkeit im Hinblick auf die *Ertragshoheit der ErbSt*, die nach Art. 106 Abs. 2 Nr. 2 GG den *Bundesländern als Steuergläubiger* zugewiesen ist.

Die grundsätzliche Regelung der örtlichen Zuständigkeit ist in § 35 Abs. 1 ErbStG verankert. Danach bestimmt sich die örtliche Zuständigkeit für die Steuerfestsetzung nach dem *Wohnsitz* (§ 8 AO) oder *gewöhnlichen Aufenthalt* (§ 9 AO) bzw. dem *Ort der Geschäftsleitung* (§§ 19 und 20 AO) *des Erblassers oder Schenkers*, wenn dieser im Besteuerungszeitpunkt Inländer war. In den Fällen des § 2 Abs. 1 Nr. 1 Buchst. b ErbStG, in denen der Erblasser oder Schenker trotz Wegzugs ins Ausland unbeschränkt steuerpflichtig geblieben ist, richtet sich die Zuständigkeit nach dem letzten inländischen Wohnsitz oder gewöhnlichen Aufenthalt des Erblassers oder Schenkers (§ 35 Abs. 1 Satz 2 ErbStG).

546   *Abweichend* von § 35 Abs. 1 ErbStG bestimmt sich die örtliche Zuständigkeit nach den *Verhältnissen des Erwerbers*, wenn bei einer Schenkung unter Lebenden der Erwerber eine Körperschaft, Personenvereinigung oder Vermögensmasse ist (§ 35 Abs. 2 Nr. 1 ErbStG). Desgleichen sind bei einer Zweckzuwendung (§ 8 ErbStG) die Verhältnisse des Beschwerten maßgebend, wenn es sich bei diesem um eine Körperschaft, Personenvereinigung oder Vermögensmasse handelt. Nach § 35 Abs. 2 Nr. 2 ErbStG bestimmt sich die örtliche Zuständigkeit ebenfalls nach den Verhältnissen des Erwerbers, wenn der Erblasser zur Zeit seines Todes oder der Schenker zur Zeit der Ausführung der Schenkung kein Inländer war.

Von *Zweckmäßigkeitserwägungen* geprägt ist der Regelungsinhalt des § 35 Abs. 3 ErbStG. Danach ist bei Schenkungen und Zweckzuwendungen unter Lebenden von einer Erbengemeinschaft das Finanzamt zuständig, das für die Bearbeitung des Erbfalls zuständig ist. Die gilt auch, wenn eine *Erbengemeinschaft aus zwei Erben* besteht und der eine Miterbe bei der Auseinandersetzung eine *Schenkung an den anderen Miterben ausführt*.

Für Fälle der *beschränkten Steuerpflicht* (§ 2 Abs. 1 Nr. 3 ErbStG) weist § 35 Abs. 4 ErbStG dem Finanzamt die örtliche Zuständigkeit zu, in dessen Bezirk sich das der Steuerpflicht unterliegende Vermögen (Inlandsvermögen i. S. des § 121 BewG) bzw. der wertvollste Teil dieses Vermögen befindet (§ 19 Abs. 2 AO).

U. Rückanwendungsoption nach Art. 3 ErbStRG

547   Die *rückwirkende Anwendung* des durch das Erbschaftsteuerreformgesetz geänderten Erbschaftsteuer- und Bewertungsrechts ist in Art. 3 ErbStRG geregelt, der zum 1. Juli 2009 außer Kraft tritt (Art. 6 Abs. 3 ErbStRG; siehe aber Rz. 549). In einem *engen zeitli*

chen Korridor bietet das Gesetz die Option, *Erwerbe von Todes wegen* aus dem Zeitraum 1. Januar 2007 bis 31. Dezember 2008 nach neuem Recht besteuern zu lassen. *Hintergrund dieses Wahlrechts* ist der Umstand, dass bereits im Koalitionsvertrag vom 11. November 2005 die Novellierung des Erbschaftsteuerrechts zwecks steuerlicher Erleichterung der Unternehmensnachfolge politisch zugesagt und ein Inkrafttreten dieser Entlastungsmaßnahmen zum 1. Januar 2007 intendiert war. Um der entsprechenden Erwartungshaltung zu entsprechen, wird die rückwirkende Anwendung des neuen Verschonungsinstrumentariums des ErbStRG auf Erwerbe von Todes wegen ab dem 1. Januar 2007 zeitlich eng befristet in „Altfällen" zugelassen. Diesem Umstand wird zugunsten des Steuerpflichtigen entgegenkommend dadurch Rechnung getragen, dass er den *Antrag* auf Anwendung des neuen Rechts in „Altfällen" schon *vor Abgabe* oder *mit Abgabe der Erbschaftsteuererklärung* fristwahrend stellen und diesen u. U. auch nach dem 30. 6. 2009 (siehe hierzu jedoch Rz. 549) widerrufen kann, jedoch nicht in den Fällen nach Art. 3 Abs. 3 ErbStRG!

Die gleich lautenden Erlasse der obersten Finanzbehörden der Länder vom 23. Februar 2009 (BStBl. 2009 I S. 446) haben folgenden Wortlaut: 548

„(1) Nach Artikel 3 des Erbschaftsteuerreformgesetzes (ErbStRG) vom 24. Dezember 2008 (BGBl I S. 3018, BStBl 2009 I S. 67) kann ein Erwerber im Fall eines Erwerbs von Todes wegen, für den die Steuer gemäß § 9 ErbStG nach dem 31. Dezember 2006 und vor dem 1. Januar 2009 entstanden ist, beantragen, dass alle durch das ErbStRG geänderten Vorschriften des Erbschaftsteuer- und Schenkungsteuergesetzes und des Bewertungsgesetzes angewendet werden. Die Höhe des persönlichen Freibetrags richtet sich jedoch in diesem Fall nach § 16 ErbStG in der bis zum 31. Dezember 2008 anzuwendenden Fassung. Für die Besteuerung bleiben im Übrigen die tatsächlichen Verhältnisse vom Stichtag der Steuerentstehung maßgebend.

(2) Alle durch das ErbStRG geänderten oder neu eingeführten sachlichen Steuerbefreiungen, insbesondere nach §§ 13 bis 13c ErbStG, der Wegfall des § 25 ErbStG und die erweiterte Stundung nach § 28 ErbStG sowie die durch das ErbStRG geänderten oder neu eingeführten Bewertungsregelungen, insbesondere für Grundbesitz, Betriebsvermögen und für nicht notierte Anteile an Kapitalgesellschaften, sind zu berücksichtigen.

(3) Bei einer Steuerfestsetzung nach dem 31. Dezember 2008 kann der Antrag bis zur Unanfechtbarkeit der Steuerfestsetzung, das heißt bis zur formellen Bestandskraft, längstens bis zum 30. Juni 2009 (vgl. Absatz 7) gestellt werden (Artikel 3 Abs. 1 ErbStRG). Der Erwerber kann den Antrag schon vor Abgabe der Erklärung oder mit Abgabe der Erklärung stellen.

(4) Ist die Steuer vor dem 1. Januar 2009 bereits festgesetzt worden, kann ein Antrag innerhalb von sechs Monaten nach Inkrafttreten des Gesetzes, das heißt längstens bis zum 30. Juni 2009, gestellt werden (Artikel 3 Abs. 2 ErbStRG). In diesem Fall kann die Steuerfestsetzung entsprechend geändert werden.

(5) Wird in Fällen des Erwerbs von Todes wegen ein Antrag auf rückwirkende Anwendung des am 1. Januar 2009 in Kraft getretenen Rechts gestellt, sind auch § 14 BewG und § 203 Abs. 2 BewG mit dem ab dem 1. Januar 2009 geltenden Inhalt anzuwenden. Der Kapitalwert von Nutzungen und Leistungen nach § 14 BewG ist bei einem Erwerb von Todes we-

gen, für den die Steuer nach § 9 ErbStG nach dem 31. Dezember 2006 und vor dem 1. Januar 2008 entstanden ist mit den Vervielfältigern zu berechnen, die nach der ab dem 1. Januar 2007 geltenden Sterbetafel 2003/2005 ermittelt wurden, und bei einem Erwerb von Todes wegen, für den die Steuer nach § 9 ErbStG nach dem 31. Dezember 2007 und vor dem 1. Januar 2009 entstanden ist mit den Vervielfältigern zu berechnen, die nach der ab dem 1. Januar 2008 geltenden Sterbetafel 2004/2006 ermittelt wurden; Grundlage bildet dabei das Lebensalter des Berechtigten im Besteuerungszeitpunkt. Beim vereinfachten Ertragswertverfahren nach §§ 199 bis 203 BewG ist bei einem Erwerb von Todes wegen, für den die Steuer nach § 9 ErbStG nach dem 31. Dezember 2006 und vor dem 1. Januar 2008 entstanden ist, der Basiszins vom 2. Januar 2007 und bei einem Erwerb von Todes wegen, für den die Steuer nach § 9 ErbStG nach dem 31. Dezember 2007 und vor dem 1. Januar 2009 entstanden ist, der Basiszins vom 2. Januar 2008 zu Grunde zu legen.

(6) Das Wahlrecht auf Rückwirkung steht jedem Erwerber von Todes wegen kraft eigener Rechtstellung zu. Ein einheitlicher Antrag für alle an einem Erwerb Beteiligten ist nicht erforderlich. Die steuerliche Korrespondenz zwischen dem Ansatz beim Berechtigten (z. B. Vermächtnisnehmer) und dem Abzug beim Verpflichteten (z. B. Erbe) kann insoweit durchbrochen werden.

(7) Der gesamte Artikel 3 tritt nach Artikel 6 Abs. 3 ErbStRG zum 1. Juli 2009 außer Kraft. Damit erlischt auch das Antragsrecht auf rückwirkende Anwendung des ErbStRG. Das bedeutet, dass der Gesetzgeber das Antragsrecht nur in engen zeitlichen Grenzen eingeräumt hat. Die Vorschrift ist aber weiter anzuwenden, wenn ein Antrag vor dem 1. Juli 2009 gestellt wurde.

(8) Der Erwerber kann den Antrag bis zur Unanfechtbarkeit der Steuerfestsetzung widerrufen. Das gilt nach Artikel 3 Abs. 3 ErbStRG jedoch nicht, wenn die Steuerfestsetzung nachträglich deshalb geändert wird, weil er gegen die Verschonungsvoraussetzungen nach §§ 13a, 19a ErbStG in der Fassung des Artikels 1 des ErbStRG verstoßen hat.

(9) Artikel 3 Abs. 2 ErbStRG sieht nur die Möglichkeit vor, dass eine Festsetzung der Erbschaftsteuer auf Antrag des Erwerbers geändert werden kann. Eine Änderung der gesondert festgestellten Besteuerungsgrundlagen (z. B. Grundbesitzwert, Wert des Betriebsvermögens) ist im Gesetz nicht ausdrücklich vorgesehen. Auf Grund des Antrags des Erwerbers ist aber das ab dem 1. Januar 2009 geltende Bewertungsrecht zwingend anzuwenden. Bei Antragstellung durch einen Erwerber oder mehrere Erwerber ist der Feststellungsbescheid über die nach dem bis 31. Dezember 2008 geltenden Bewertungsrecht festgestellten Besteuerungsgrundlagen nach § 175 Abs. 1 Satz 1 Nr. 2 AO zu ändern, wenn diese nicht mit den nach dem ab 1. Januar 2009 geltenden Bewertungsrecht festzustellenden Besteuerungsgrundlagen übereinstimmen. Auf den Antrag des Erwerbers oder die Anträge der Erwerber nach Artikel 3 ErbStRG ist ausdrücklich hinzuweisen. Haben nicht alle Erwerber einen Antrag nach Art. 3 ErbStRG gestellt, bleibt diesen gegenüber der auf der Grundlage des bis zum 31. Dezember 2008 geltenden Bewertungsrechts ergangene Feststellungsbescheid bestehen. Bei einem nachfolgenden Widerruf des Antrags eines Erwerbers kann der Änderungsbescheid nach § 175 Abs. 1 Satz 1 Nr. 2 AO aufgehoben werden, wodurch der ursprungliche Feststellungsbescheid wieder in Kraft gesetzt wird (vgl. BFH-Urteil vom 9. Dezember 2004 VII R 16/03, BStBl 2006 II S. 346).

(10) In den Fällen des Art. 3 Abs. 1 ErbStRG gilt Absatz 9 entsprechend."

Durch das Bürgerentlastungsgesetz soll allerdings die *Frist* für die Ausübung des Antragsrechts zur Rückanwendung des neuen Rechts in „Altfällen" bis *31. Dezember 2009 verlängert* werden. Mit BMF-Schreiben vom 17.3.2009 (BStBl. 2009 I S. 473) ist der *Basiszinssatz für das vereinfachte Ertragswertverfahren* nach § 203 Abs. 2 BewG in Fällen der Rückanwendungsoption für die Jahre *2007* und *2008* bekannt gegeben worden. 549

V. Inkrafttreten/Rückforderungsrechte

I. Grundsatz

Die Neuregelungen des ErbStRG finden im Grundsatz auf Erwerbe Anwendung, für die die Steuer nach dem 31.12.2008 entsteht (§ 37 Abs. 1 ErbStG; Art. 6 Abs. 1 ErbStRG). Damit geht § 37 Abs. 1 ErbStG von einer *ex-nunc-Anwendung* aus, ein Umstand, der der Aussage des BVerfG in seiner Entscheidung vom 7.11.2006 (BStBl 2007 II S. 192) entspricht, wonach das damals geltende Recht den Besteuerungssachverhalten bis zu einer Neuregelung zugrunde zu legen ist. 550

II. Sonderregelung bei Ausübung eines Rückforderungsrechts

Liegen die Voraussetzungen des § 29 Abs. 1 ErbStG vor, erlischt die Steuer mit Wirkung für die Vergangenheit (ex-tunc-Wirkung). Folge hiervon ist, dass eine Steuerfestsetzung nach § 175 Abs. 1 Satz 1 Nr. 2 AO aufzuheben ist. Zu einem Erlöschen der Steuer mit Rückwirkung kommt es nach § 29 Abs. 1 Nr. 1 ErbStG insbesondere in den Fällen, in denen ein Geschenk wegen eines Rückforderungsrechts herausgegeben werden muss. 551

Eine *Sonderregelung für Rückforderungsrechte* sieht § 37 Abs. 3 ErbStG vor. Die Neuregelungen des § 13a ErbStG sind danach nicht anzuwenden, wenn das begünstigte Vermögen vor dem 1.1.2011 von Todes wegen oder durch Schenkung unter Lebenden erworben wird und es bereits Gegenstand einer vor dem 1.1.2007 ausgeführten Schenkung desselben Schenkers an dieselbe Person war und wegen eines vertraglichen Rückforderungsrechts nach dem 11.11.2005 (Datum des Koalitionsvertrags zwischen CDU, CSU und SPD, mit dem damals die Erleichterungen bei der Unternehmensnachfolge angekündigt worden waren) herausgegeben werden musste. Im Ergebnis wird § 29 Abs. 1 ErbStG in Teilen für nicht anwendbar erklärt. Ausweislich der Gesetzesbegründung ist Sinn dieser Sonderregelung, dass vor dem 1.1.2007 ausgeführte und bereits nach §§ 13a, 19a ErbStG a. F. begünstigte Schenkungen, die aufgrund *vertraglicher Widerrufs- oder Rücktrittsklauseln* rückabgewickelt werden, nicht nach dem Verschonungsinstrumentarium des neuen Rechts (ErbStRG) behandelt werden sollen. 552

STICHWORTVERZEICHNIS

(Die angegebenen Zahlen verweisen auf die nach Kapiteln getrennten Textziffern.)

Sechster Teil: Umsatzsteuer

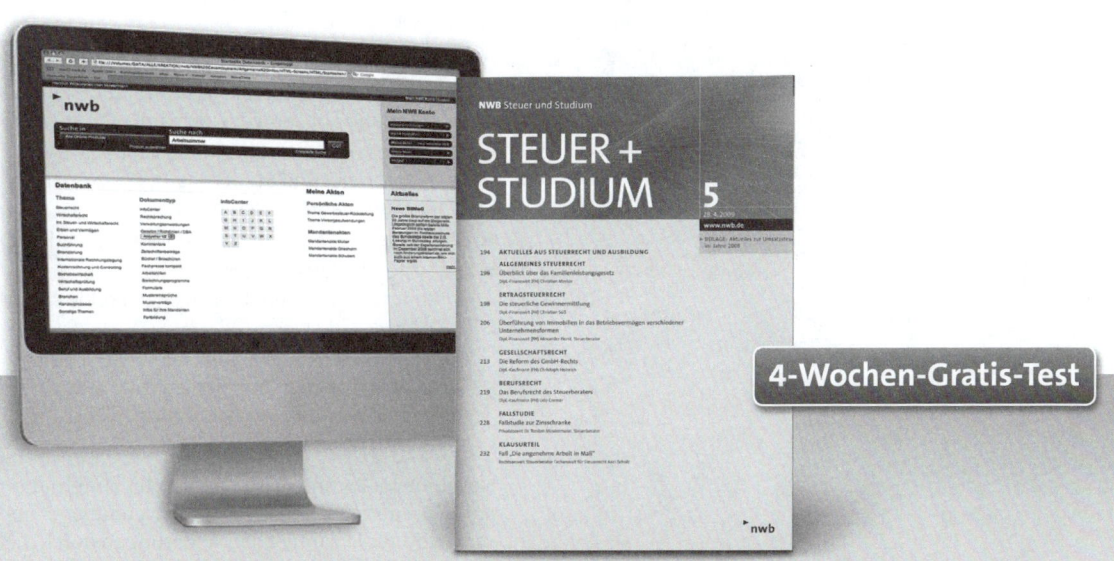

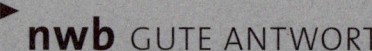